OBRAS COMPLETAS

Anne Frank, 1941

ANNE FRANK

OBRAS COMPLETAS

publicadas bajo los auspicios del Fondo Anne Frank, Basilea

Traducción de
Diego J. Puls

PLAZA JANÉS

Papel certificado por el Forest Stewardship Council®

Penguin
Random House
Grupo Editorial

Título original: *Verzameld Werk*
Publicado por primera vez en lengua neerlandesa en 2013 por Prometheus, Ámsterdam
Primera edición: septiembre de 2022

© 2013, Anne Frank Fonds, Basilea, por los textos de Anne Frank
y por todos los otros textos y material gráfico en esta edición
© 2022, Penguin Random House Grupo Editorial, S. A. U.
Travessera de Gràcia, 47-49. 08021 Barcelona
© 1993, 2022, Diego J. Puls, por la traducción

Este libro fue publicado con el apoyo de la Fundación neerlandesa de letras

Printed in Spain – Impreso en España

ISBN: 978-84-01-02848-9
Depósito legal: B-11.764-2022

Compuesto en M. I. Maquetación, S. L.

Impreso en EGEDSA
Sabadell (Barcelona)

L028489

Índice

Mensaje y legado
Prólogo del Fondo Anne Frank, de Basilea (Suiza)

La obra de Anne Frank es al mismo tiempo reducida y extensa. Cuando en 1944 los nacionalsocialistas irrumpieron en el escondite de Ámsterdam y se llevaron a los Frank, Anne tenía quince años. Alguien los había delatado. Tras su deportación a Auschwitz, Anne y su hermana murieron en el campo de concentración de Bergen-Belsen.

Considerada desde esta perspectiva, su obra es inmensa. En las presentes obras completas se publican por primera vez todos los textos conocidos de Anne Frank: diarios, cuentos, poemas, ensayos y cartas. No solo dan fe del extraordinario talento de la niña de Frankfurt del Meno, sino que también son muestra de una tradición de escritura mantenida en su familia, poco usual en nuestros tiempos.

Mediante estas obras completas, el Fondo Anne Frank de Basilea hace accesibles por primera vez todos los textos de Anne Frank en un único libro, en una edición para todos los públicos que incluye antecedentes históricos, explicaciones y material adicional. Las obras completas resultan indicadas para alumnos de educación primaria y secundaria y para su uso en clase. Por lo que respecta a los autores de las aportaciones incluidas en la parte III, Mirjam Pressler y Francine Prose son expertas reconocidas en materia de los textos de Anne, y Gerhard Hirschfeld es un destacado historiador.

El Fondo Anne Frank de Basilea fue fundado en 1963 por Otto Frank, padre de Anne y único miembro de la familia que sobrevivió al Holocausto. Tras la primera publicación del *Diario*, en 1947, su favorable acogida fue motivo suficiente para que Otto Frank esperara que el texto de su hija no solo fuera un documento único de la época, sino que también continuara siendo un éxito a escala mundial. Así, designó el Fondo Anne Frank de Basilea como su heredero universal. Con el producto de la venta de libros y los derechos de representación de las obras de teatro y las películas sobre el tema, el Fondo Anne Frank apoya proyectos de carácter benéfico y educativo en todo el mundo, siguiendo el espíritu de Anne y Otto Frank. El principal objetivo del Fondo Anne Frank es que cada nueva generación conozca el mensaje atemporal de paz, justicia y humanismo de Anne Frank a través de sus textos originales. Además, el Fondo Anne Frank siempre ha intentado presentar la historia de la familia judía Frank en relación con el contexto cultural e histórico. La publicación de estas obras completas de Anne Frank viene a llenar un vacío y a culminar su labor.

Basilea, octubre de 2013

Para más información, véase www.annefrank.ch

I
Textos

Beste Popp
Allweer 2 d...
delijk. Rosel...
waarom da...
Miep gaat ...
het goed v...
Wat in ste...
gevraagd ...
lig. Moeder...
maatjes, da...
lig nu bijna...
hebben er ou...
zorgster...
vak, maar ...
plaats va...
Ook wel een ...
krijgt want...
me zelf. Mar...
maar dat za...
2 broers en ...
Was nog een ...
Mijnh. v. Pels ...
ik zal ze hier ...

(opgeplakt briefje:)

de andere kant, een meneer. [-rdag]
De mannelijke heeft van het
paartje klopt het vrouwelijke toch sch...
steeds op zijn achterste ver-
wij! hij zegt:,, Ach was ein schö-
nes popöchen, von wem ist den
das schöne popöchen?" Daar roept
de man aan de andere kant:
,,Es wird sich doch noch raus-
stellen lassen, von wem das
verdamte asch ist!

Ze zijn wel goed hé! Beste Pop
Veel nieuws is er niet meer,
en ik vind altijd dat als ik de
brieven doorlees er niets
leuks instaat dus daag, ik hoop
dat ik spoedig bericht krijg.
                    Annefrank.

          Steno.

C U 𝓵 S C U = de hat til op
                de hak.
     𝓵 U 𝓵 6 ... = ik moes met de
                hen.

Wie doet 999 maal tik en 1 maal bak?
Een 1000 poot met 1 klompvoet.

Wie is zwart, zit op het dak, heeft twee poten en
kan fluiten?
De leerling van den schoorsteenmeester.
                    (Papi)
In een hotel zijn de muren net als bij ons beter
geld, en daar kan men dus alles door horen. Op een
bed is aan de ene kant een paartje en aan...

Diario («La casa de atrás»)

Edición al cuidado de Mirjam Pressler (versión D)
Reelaboración de la versión de Otto H. Frank (versión C)

Introducción

Anne Frank escribió su diario entre el 12 de junio de 1942 y el 1 de agosto de 1944. Es un diario en forma de cartas que inicialmente escribió solo para sí, hasta que en la primavera de 1944 oyó hablar por Radio Oranje* desde Londres al ministro de Educación de los Países Bajos en el exilio. Este hacía un llamamiento para que cuando acabara la guerra se compilaran y publicaran todos los escritos que testificaran los sufrimientos del pueblo holandés durante la ocupación alemana. Uno de los ejemplos que nombró fueron los diarios. Impresionada por el discurso, Anne Frank decidió publicar un libro después de la guerra, para el cual su diario serviría de base.

Empezó a adaptarlo y reescribirlo, introduciendo algunas correcciones, eliminando párrafos que consideraba poco interesantes y añadiendo datos rescatados de su memoria. Al mismo tiempo, siguió escribiendo su diario original, que recibe el nombre de «versión A» para diferenciarla de la «versión B», el segundo diario reelaborado. Las versiones A y B se recogen en los anexos del presente libro. Las últimas anotaciones de Anne Frank datan del 1 de agosto de 1944. El 4 de agosto, la Grüne Polizei (policía verde alemana) se llevó detenidos a los ocho escondidos.

El mismo día de la detención, Miep Gies y Bep Voskuijl pusieron a buen recaudo los textos de Anne. Miep Gies los guardó en un cajón de su escritorio y los entregó sin leerlos a Otto Frank, el padre de Anne, una vez que se supo con certeza que ella ya no vivía.

Tras largas cavilaciones, Otto Frank decidió cumplir el deseo de su hija desaparecida, publicando un libro basado en sus apuntes.

Tomando como base la versión original (A) y la versión reelaborada por ella misma (B), redactó una tercera versión abreviada (C): visto que el texto pasaría a formar parte de una colección existente, la editorial holandesa impuso ciertas limitaciones a su extensión.

Cuando en 1947 se publicó el libro en los Países Bajos, en la literatura

---

* Emisora del Gobierno neerlandés en el exilio, que emitía desde Londres. *(N. del T.)*.

no se acostumbraba a tratar temas sexuales con tanta libertad, y menos aún en los libros para jóvenes. Otro motivo importante por el que no se incluyeron determinados párrafos o ciertas formulaciones fue que Otto Frank quería respetar la memoria de su mujer y de las otras personas que se habían escondido en la Casa de atrás. Y es que Anne, que tenía entre trece y quince años cuando escribió su diario, expresó en él abiertamente sus antipatías e irritaciones, del mismo modo que sus simpatías.

Otto Frank falleció en 1980. Legó los apuntes originales del diario de su hija al Instituto de Documentación de Guerra de los Países Bajos (RIOD; en la actualidad, NIOD: Instituto de Estudios de Guerra, Holocausto y Genocidio), de Ámsterdam. A raíz de los múltiples cuestionamientos suscitados a partir de la década de 1950 en torno a la autenticidad del diario, el RIOD sometió los manuscritos a un concienzudo examen pericial.

Una vez comprobada fehacientemente su autenticidad, se decidió publicar todos los textos junto con los resultados de la investigación, que abarcaba, entre otros aspectos, la historia y trayectoria de la familia Frank, los hechos relativos a su detención y deportación, el material de escritura utilizado y la caligrafía de la autora. En la voluminosa publicación se describe, asimismo, la difusión que el diario ha tenido.

El Fondo Anne Frank, de Basilea (Suiza), heredero universal de Otto Frank y, por consiguiente, de los derechos de autor de su hija, decidió en 1986 compilar una nueva versión del diario que recogiera todos los párrafos conocidos de Anne Frank. El trabajo de edición realizado por Otto Frank, que sirvió para dar al diario una enorme difusión y le confirió significación política, de ningún modo quedó invalidado. La compilación estuvo a cargo de la escritora y traductora alemana Mirjam Pressler, quien partió de la versión íntegra de Otto Frank (C), añadiéndole extractos de las versiones A y B del diario. La versión de Mirjam Pressler, que recibe el nombre de «versión D», amplía en una cuarta parte la versión C. El texto, que cuenta con la autorización del Fondo Anne Frank, pretende dar al lector una idea más completa del mundo de Anne Frank.

A fines de la década de 1990 salió a la luz la existencia de cinco páginas manuscritas del diario desconocidas hasta entonces. Con el permiso del Fondo Anne Frank, un largo fragmento con fecha del 8 de febrero de 1944 se añadió asimismo al final de la entrada ya existente para ese día. Se omitió la alternativa breve de la entrada del 20 de junio de 1942 porque una versión más detallada forma ya parte del diario. Por otro lado, la entrada del 7 de noviembre de 1942 se trasladó al 30 de octubre, lugar que le corresponde según los últimos criterios.

Cuando Anne Frank escribió la segunda versión (B) de su diario, elaboró una lista (véase en la página siguiente) con los seudónimos que daría a los personajes del libro que pensaba publicar. Ella misma se llamaría primero Anne Aulis, luego Anne Robin. Otto Frank, en la edición a su cargo, en lugar de adoptar los nombres propuestos por su hija, conservó para los miembros de su familia su verdadero apellido; a los otros personajes sí les cambió los nombres. Sin embargo, los protectores de la familia, cuyas identidades son ahora generalmente conocidas, se merecen ser mencionados en el libro con sus nombres auténticos. Los nombres de todas las demás personas se corresponden con los utilizados en la versión anotada; en los casos de personas que prefirieron conservar el anonimato, el entonces RIOD escogió unas iniciales al azar.

Los verdaderos nombres de quienes se escondieron con los Frank son:

Familia Van Pels, de Osnabrück, Alemania:

Auguste, nacida el 29 de septiembre de 1890; Hermann, nacido el 31 de marzo de 1889, y Peter, nacido el 8 de noviembre de 1926; en su lista, Anne les dio los nombres de Petronella, Hans y Alfred van Daan; en el presente libro aparecen como Petronella, Hermann y Peter van Daan.

Fritz Pfeffer, nacido en Giessen (Alemania), en 1889; en su lista, Anne le dio el nombre de Albert Dussel, y así aparece en el libro.

Lista de Anne con los cambios de nombres

Anne = Anne Aulis Robin
Margot = Betty Aulis Robin
Pim = Frederik Aulis Robin
Mamá = Nora Aulis Robin
G. v. Pels = Petronella v. Daan
H. v. Pels = Hans v. Daan
P. v. Pels = Alfred v. Daan
F. Pfeffer = Albert Dussel

J. Kleiman = Simon Koophuis
V. Kugler = Harry Kraler
Bep = Elly Kuilmans
Miep = Anna v. Santen
Jan = Henk v. Santen
Gies & Co = Kolen & Cie
Opekta = Travies

12 de junio de 1942

Espero poder confiártelo todo como aún no lo he podido hacer con nadie, y espero que seas para mí un gran apoyo.

28 de septiembre de 1942 (añadido)

Hasta ahora has sido para mí un gran apoyo, y también Kitty, a quien escribo regularmente. Esta manera de escribir en mi diario me agrada mucho más y ahora me cuesta esperar cada vez a que llegue el momento para sentarme a escribir en ti.

¡Estoy tan contenta de haberte traído conmigo!

Domingo, 14 de junio de 1942

Lo mejor será que empiece desde el momento en que te recibí, o sea, cuando te vi en la mesa de los regalos de cumpleaños (porque también presencié el momento de la compra, pero eso no cuenta).

El viernes 12 de junio, a las seis de la mañana ya me había despertado, lo que se entiende, ya que era mi cumpleaños. Pero a las seis todavía no me dejan levantarme, de modo que tuve que contener mi curiosidad hasta las siete menos cuarto. Entonces ya no pude más: me levanté y me fui al comedor, donde Moortje,* el gato, me recibió haciéndome carantoñas.

Poco después de las siete fui a saludar a papá y mamá, y luego al salón, a desenvolver los regalos; lo primero que vi fuiste tú, y quizá hayas sido uno de mis regalos más bonitos. Luego un ramo de rosas y dos ramas de peonías. Papá y mamá me regalaron una blusa azul, un juego de mesa, una botella de zumo de uva que a mi entender sabe un poco a vino (¿acaso el vino no se

---

* En neerlandés, literalmente, «Morito» o «Morenito». *(N. del T.)*.

hace con uvas?), un rompecabezas, un tarro de crema, un billete de 2,50 florines y un vale para comprarme dos libros. Luego me regalaron otro libro, *Camera Obscura* (pero como Margot ya lo tiene he ido a cambiarlo), una bandeja de galletas caseras (hechas por mí misma, claro, porque últimamente se me da muy bien eso de hacer galletas), muchos dulces y una tarta de fresas hecha por mamá. También una carta de la abuela, que ha llegado justo a tiempo; pero eso, naturalmente, ha sido casualidad.

Entonces pasó a buscarme Hanneli y nos fuimos al colegio. En el recreo convidé a galletas de mantequilla a profesores y alumnos, y luego tuvimos que volver a clase. Llegué a casa a las cinco, pues había ido a gimnasia (aunque no me dejan participar porque se me dislocan fácilmente los brazos y las piernas) y como juego de cumpleaños elegí el voleibol para que jugaran mis compañeras. Al llegar a casa ya me estaba esperando Sanne Ledermann. A Ilse Wagner, Hanneli Goslar y Jacqueline van Maarsen las traje conmigo de la clase de gimnasia, porque son compañeras mías del colegio. Hanneli y Sanne eran antes mis mejores amigas, y cuando nos veían juntas, siempre nos decían: «Ahí van Anne, Hanne y Sanne». A Jacqueline van Maarsen la conocí hace poco en el Liceo Judío y es ahora mi mejor amiga. Ilse es la mejor amiga de Hanneli, y Sanne va a otro colegio, donde tiene sus amigas.

Me regalaron un libro precioso, *Sagas y leyendas neerlandesas*, pero por equivocación me dieron el segundo tomo, y por eso he cambiado otros dos libros por el primer tomo. La tía Helene me trajo otro rompecabezas, la tía Stephanie, un broche muy mono, y la tía Leny, un libro muy divertido, *Las vacaciones de Daisy en la montaña*. Esta mañana, cuando me estaba bañando, pensé en lo bonito que sería tener un perro como Rin-tin-tin. Yo también lo llamaría Rin-tin-tin, y en el colegio siempre lo dejaría con el conserje, o cuando hiciera buen tiempo, en el garaje para las bicicletas.

Lunes, 15 de junio de 1942

El domingo por la tarde festejamos mi cumpleaños. [La película para niños] *Rin-tin-tin* gustó mucho a mis compañeros. Me regalaron dos broches, un señalador y dos libros. Ahora quisiera contar algunas cosas sobre la clase y el colegio, comenzando por los alumnos.

Betty Bloemendaal tiene aspecto de pobretona, y creo que de veras lo es, vive en la Jan Klasenstraat, una calle al oeste de la ciudad que ninguno de nosotros sabe dónde queda. En el colegio es muy buena alumna, pero solo porque es muy aplicada, pues su inteligencia ya va dejando que desear. Es una chica bastante tranquila.

Jacqueline van Maarsen cuenta como mi mejor amiga, pero nunca he tenido una amiga de verdad. Al principio pensé que Jacque lo sería, pero me ha decepcionado bastante.

Lenij Duizend es una chica muy nerviosa que siempre se olvida algo y a la que en el colegio ponen un castigo tras otro. Es muy buena chica, sobre todo con Miep Lobatto.

Nannie Blitz es una chica que habla tanto que termina por cansarte. Cuando te pregunta algo, siempre se pone a tocarte el pelo o los botones. Dicen que no le caigo nada bien, pero no me importa mucho, ya que ella a mí tampoco me parece demasiado simpática.

Henny Mets es una chica alegre y divertida, solo que habla muy alto y cuando juega en la calle es muy infantil. Es una lástima que tenga una amiga, llamada Beppy, que tiene una impresión muy perniciosa sobre ella, ya que es una marrana y una grosera.

Danka Zajde, a quien podríamos dedicar capítulos enteros, es una chica presumida, cuchicheadora, desagradable, a la que le gusta hacerse la mayor; siempre anda con tapujos y es una hipócrita. Se ha ganado a Jacqueline, lo que es una lástima. Llora por cualquier cosa, es muy susceptible y sobre todo muy melindrosa. La señorita Danka siempre quiere tener razón. Es muy rica y tiene el armario lleno de vestidos preciosos, pero que la hacen muy mayor. La tonta se cree que es muy guapa, pero es todo lo contrario. Danka y yo no nos soportamos para nada.

Ilse Wagner es una niña alegre y divertida, pero es una quisquilla y por eso a veces un poco borde. Ilse me aprecia mucho. Es muy guapa, pero holgazana.

Hanneli Goslar, o Lies, como la llamamos en el colegio, es una chica un poco curiosa. Por lo general es tímida, pero en su casa es de lo más fresca. Todo lo que le cuentas se lo cuenta a su madre. Pero tiene una opinión abierta y sobre todo últimamente le tengo mucho aprecio.

Nannie van Praag-Sigaar es una chica graciosa, bajita e inteligente. Me cae simpática. Es bastante guapa. No hay mucho que comentar sobre ella.

Eefje de Jong es muy maja. Solo tiene doce años, pero ya es toda una damisela. Me trata siempre como a un bebé. También es muy servicial, y por eso me cae muy bien.

Miep Lobatto es sin duda la chica más guapa del curso. Tiene una cara preciosa, pero en el colegio es bastante cortita. Por eso creo que repetirá curso, pero eso, naturalmente, nunca se lo he dicho.

(añadido)
Para gran sorpresa mía, Miep Lobatto no ha repetido curso.
Y la última de las doce chicas de la clase soy yo, que comparto pupitre con Miep Lobatto.

Sobre los chicos hay mucho, aunque a la vez poco que contar.

Maurice Coster es uno de mis muchos admiradores, pero es un chico bastante pesado.

Sallie Springer es un chico terriblemente grosero y corre el rumor de que ha copulado. Aun así me cae simpático, porque es muy divertido.

Emiel Bonewit es el admirador de Miep Lobatto, pero ella a él no le hace demasiado caso. Es un chico bastante aburrido.

Rob Cohen también ha estado enamorado de mí, pero ahora ya no lo soporto. Es hipócrita, mentiroso, llorón, latoso, está loco y se da unos humos tremendos.

Max van de Velde es hijo de campesinos de Medemblik, pero es buena gente, como diría Margot.

Herman Koopman también es un grosero, igual que Jopie de Beer, que es un donjuán y un mujeriego.

Leo Blom es el amigo del alma de Jopie de Beer, pero se le contagia su grosería.

Albert de Mesquita es un chico que ha venido del sexto colegio Montessori y que se ha saltado un curso. Es muy inteligente.

Leo Slager ha venido del mismo colegio pero no es tan inteligente.

Ru Stoppelmon es un chico bajito y gracioso de Almelo, que ha comenzado el curso más tarde.

Pim Pimentel hace todo lo que está prohibido.

Jacques Kocernoot está sentado detrás de nosotras con Pim y nos hace morir de risa (a Miep y a mí).

Harry Schaap es el chico más decente de la clase, y es bastante simpático.

Werner Joseph ídem de ídem, pero por los tiempos que corren demasiado callado, por lo que parece aburrido.

Sam Salomon parece uno de esos pillos arrabaleros, un granuja. (¡Otro admirador!).

Appie Riem es bastante ortodoxo, pero otro mequetrefe.

Ahora debo dejarlo. La próxima vez tendré muchas cosas que escribir en ti, es decir, que contarte. ¡Adiós! ¡Estoy tan contenta de tenerte!

Sábado, 20 de junio de 1942

Para alguien como yo es una sensación muy extraña escribir un diario. No solo porque nunca he escrito, sino porque me da que más tarde ni a mí ni a ninguna otra persona le interesarán las confidencias de una colegiala de trece años. Pero eso en realidad da igual, tengo ganas de escribir y mucho más de desahogarme y sacarme de una vez unas cuantas espinas. «El papel aguanta más que las personas». Me acordé de esta frase uno de esos días medio melancólicos en que estaba sentada con la cabeza apoyada entre las manos, aburrida y desganada, sin saber si salir o quedarme en casa, y finalmente me puse a cavilar sin moverme de donde estaba. Sí, es cierto, el papel lo aguanta todo, y como no tengo intención de enseñarle nunca a nadie este cuaderno de tapas duras llamado pomposamente «diario», a no ser que alguna vez en mi vida tenga un amigo o una amiga que se convierta en el amigo o la amiga «del alma», lo más probable es que a nadie le interese.

He llegado al punto donde nace toda esta idea de escribir un diario: no tengo ninguna amiga.

Para ser más clara tendré que añadir una explicación, porque nadie entenderá cómo una chica de trece años puede estar sola en el mundo. Es que tampoco es tan así: tengo unos padres muy buenos y una hermana de dieciséis, y haciendo cuentas tengo como treinta conocidas y lo que llaman amigas. Tengo un montón de admiradores que tratan de que nuestras miradas se crucen o que, cuando no hay otra posibilidad, intentan mirarme en clase a través de un espejito roto. Tengo parientes, unas tías muy buenas y un buen hogar. Al parecer no me falta nada, salvo la amiga del alma. Con las chicas que conozco lo único que puedo hacer es divertirme y pasarlo bien. Nunca hablamos de otras cosas que no sean las cotidianas, nunca llegamos a hablar de cosas íntimas. Y ahí está justamente el quid de la cuestión. Tal vez la falta de confidencialidad sea culpa mía, el asunto es que las cosas son como son y lamentablemente no se pueden cambiar. De ahí este diario.

Para realzar todavía más en mi fantasía la idea de la amiga tan anhelada, no quisiera apuntar en este diario los hechos sin más, como hace todo el mundo, sino que haré que el propio diario sea esa amiga, y esa amiga se llamará Kitty.

¡Mi historia! (¡Idiota de mí! ¿Cómo iba a olvidármela?).

Como nadie entendería nada de lo que fuera a contarle a Kitty si lo hiciera así, sin ninguna introducción, tendré que relatar brevemente la historia de mi vida, por poco que me plazca hacerlo.

Mi padre, el más bueno de todos los padres que he conocido en mi vida, no se casó hasta los treinta y seis años con mi madre, que tenía veinticinco. Mi hermana Margot nació en 1926 en Alemania, en Frankfurt del Meno. El 12 de junio de 1929 la seguí yo. Viví en Frankfurt hasta los cuatro años. Como somos judíos «de pura cepa», mi padre se vino a Holanda en 1933, donde fue nombrado director de Opekta, una compañía holandesa de preparación de mermeladas. Mi madre, Edith Holländer, también vino a Holanda en septiembre, y Margot y yo fuimos a Aquisgrán, donde vivía nuestra abuela. Margot vino a Holanda en diciembre y yo en febrero, cuando me pusieron encima de la mesa como regalo de cumpleaños para Margot.

Pronto empecé a ir al jardín de infancia del colegio Montessori (el sexto), y allí estuve hasta cumplir los seis años. Luego pasé al primer curso de la escuela primaria. En sexto tuve a la señora Kuperus, la directora. Nos emocionamos mucho al despedirnos a fin de curso y lloramos las dos, porque yo había sido admitida en el Liceo Judío, al que también iba Margot.

Nuestras vidas transcurrían con cierta agitación, ya que el resto de la familia que se había quedado en Alemania seguía siendo víctima de las medidas antijudías decretadas por Hitler. Tras los pogromos de 1938, mis dos tíos maternos huyeron y llegaron sanos y salvos a Norteamérica; mi pobre abuela, que ya tenía setenta y tres años, se vino a vivir con nosotros.

Después de mayo de 1940, los buenos tiempos quedaron definitivamente atrás: primero la guerra, luego la capitulación, la invasión alemana, y así comenzaron las desgracias para nosotros los judíos. Las leyes antijudías se sucedieron rápidamente y se nos privó de muchas libertades. Los judíos deben llevar una estrella de David; deben entregar sus bicicletas; no les está permitido viajar en tranvía; no les está permitido viajar en coche, tampoco en coches particulares; los judíos solo pueden hacer la compra entre las tres y las cinco de la tarde; solo pueden ir a una peluquería judía; no pueden salir a la calle desde las ocho de la noche hasta las seis de la mañana; no les está permitida la entrada en los teatros, cines y otros lugares de esparcimiento; no les está permitida la entrada en las piscinas ni en las pistas de tenis, de hockey ni de ningún otro deporte; no les está permitido practicar remo; no les está permitido practicar ningún deporte en público; no les está permitido estar sentados en sus jardines después de las ocho de la noche, tampoco en los jardines de sus amigos; los judíos no pueden entrar en casa de cristianos; tienen que ir a colegios judíos, y otras cosas por el estilo. Así transcurrían nuestros días: que si esto no lo podíamos hacer, que si lo otro tampoco. Jacques siempre me dice: «Ya no me atrevo a hacer nada, porque tengo miedo de que esté prohibido». Pero todavía se aguanta, pese a la estrella, las escuelas separadas, la hora de volver a casa, etcétera, etcétera.

En el verano de 1941, la abuela enfermó gravemente. Hubo que operarla y mi cumpleaños apenas lo festejamos. El del verano de 1940 tampoco, porque hacía poco que había terminado la guerra en Holanda.

La abuela murió en enero de 1942. Nadie sabe lo mucho que pienso en ella, y cuánto la sigo queriendo. Este cumpleaños de 1942 lo hemos festejado para compensar los anteriores, y tuvimos encendida la vela de la abuela.

A Margot y a mí nos cambiaron al Liceo Judío en octubre de 1941, a ella a cuarto año y a mí a primero. Los cuatro todavía estamos bien, y así hemos llegado al día de hoy, 20 de junio de 1942, fecha en que estreno mi diario con toda solemnidad.

Sábado, 20 de junio de 1942

¡Querida Kitty!
Empiezo ahora mismo, que en casa está todo tranquilo. Papá y mamá han salido y Margot ha ido a jugar al ping-pong con unos chicos en casa de su amiga Trees. Yo también juego mucho al ping-pong últimamente, tanto que incluso hemos fundado un club con otras cuatro chicas, llamado «La Osa Menor menos dos». Un nombre algo curioso, que se basa en una equivocación. Buscábamos un nombre original, y como las socias somos cinco pensa-

mos en las estrellas, en la Osa Menor. Creíamos que estaba formada por cinco estrellas, pero nos equivocamos: tiene siete, al igual que la Osa Mayor. De ahí lo de «menos dos». En casa de Ilse Wagner tienen un juego de ping-pong, y la gran mesa del comedor de los Wagner está siempre a nuestra disposición. Como a las cinco jugadoras de ping-pong nos gusta mucho el helado, sobre todo en verano, y jugando al ping-pong nos acaloramos mucho, nuestras partidas suelen terminar en una visita a alguna de las heladerías más próximas abiertas a los judíos, como Oase o Delphi. No nos molestamos en llevar nuestros monederos o dinero, porque Oase está generalmente tan concurrida que entre los presentes siempre se encuentra algún señor dadivoso perteneciente a nuestro amplio círculo de amistades, o algún admirador, que nos ofrecen más helado del que podríamos tomar en toda una semana.

Supongo que te extrañará un poco el hecho de que, a pesar de ser tan joven, te hable de admiradores. Lamentablemente, aunque en algunos casos no tanto, en nuestro colegio parece ser un mal ineludible. Tan pronto como un chico me pregunta si me puede acompañar a casa en bicicleta y entablamos una conversación, nueve de cada diez veces puedo estar segura de que el muchacho en cuestión tiene la maldita costumbre de apasionarse y no quitarme más los ojos de encima. Después de algún tiempo, el enamoramiento se les va pasando, sobre todo porque yo no hago mucho caso de sus miradas fogosas y sigo pedaleando alegremente. Cuando a veces la cosa se pasa de castaño oscuro, sacudo un poco la bici, se me cae la cartera, el joven se siente obligado a detenerse para recogerla, y cuando me la entrega yo ya he cambiado completamente de tema. Estos no son sino los más inofensivos; también los hay que te tiran besos o que intentan cogerte del brazo, pero conmigo lo tienen difícil: freno y me niego a seguir aceptando su compañía, o me hago la ofendida y les digo sin rodeos que se vayan a su casa.

Basta por hoy. Ya hemos sentado las bases de nuestra amistad. ¡Hasta mañana!

Tu Anne

Domingo, 21 de junio de 1942

Querida Kitty:
Toda la clase tiembla. El motivo, claro, es la reunión de profesores que se avecina. Media clase se pasa el día apostando a que si aprueban o no el curso. Miep Lobatto y yo nos morimos de risa por culpa de nuestros compañeros de atrás, Pim Pimentel y Jacques Kocernoot, que ya han puesto en juego mutuamente todo el capital que tenían para las vacaciones. «¡Que tú apruebas!», «¡Que no!», «¡Que sí!», y así todo el santo día, pero ni las miradas suplicantes de Miep pidiendo silencio, ni las broncas que yo les suelto, logran que aquellos dos se calmen.

Calculo que la cuarta parte de mis compañeros de clase deberán repetir curso, por lo zoquetes que son, pero como los profesores son gente muy caprichosa, quién sabe si ahora, a modo de excepción, no les da por repartir buenas notas.

En cuanto a mis amigas y a mí misma no habrá problemas, creo que todo saldrá bien. Solo las matemáticas me preocupan un poco. En fin, habrá que esperar. Mientras tanto, nos damos ánimos unas a otras.

Con todos mis profesores y profesoras me entiendo bastante bien. Son nueve en total: siete hombres y dos mujeres. El profesor Keesing, el viejo de matemáticas, estuvo un tiempo muy enfadado conmigo porque hablaba demasiado. Me previno y me previno, hasta que un día me castigó. Me mandó hacer una redacción; tema: «La parlanchina». ¡La parlanchina! ¿Qué se podría escribir sobre ese tema? Ya lo vería más adelante. Lo apunté en mi agenda, guardé la agenda en la cartera y traté de tranquilizarme.

Por la noche, cuando ya había acabado con todas las demás tareas, descubrí que todavía me quedaba la redacción. Con el extremo de la pluma en la boca, me puse a reflexionar sobre el tema. Era muy fácil desvariar al buen tuntún y escribir lo más espaciado posible, pero dar con una prueba convincente de la necesidad de hablar ya resultaba más difícil. Estuve pensando y repensando, hasta que al final se me ocurrió una cosa, llené las tres hojas que me había dicho el profe y me quedé satisfecha. Los argumentos que había aducido eran que hablar era propio de las mujeres, que intentaría moderarme un poco, pero que lo más probable era que la costumbre de hablar no se me quitara nunca, ya que mi madre hablaba tanto como yo, si no más, y que los rasgos hereditarios eran muy difíciles de cambiar.

Al profesor Keesing le hicieron mucha gracia mis argumentos, pero cuando en la clase siguiente seguí hablando, tuve que hacer una segunda redacción, esta vez sobre «La parlanchina empedernida». También entregué esa redacción, y Keesing no tuvo motivo de queja durante dos clases. En la tercera, sin embargo, le pareció que había vuelto a pasarme de la raya. «Anne Frank, castigada por hablar en clase. Redacción sobre el tema: "Cuacuá, cuacuá, parpaba la pata"».

Todos mis compañeros soltaron la carcajada. No tuve más remedio que reírme con ellos, aunque ya se me había agotado la inventiva en lo referente a las redacciones sobre el parloteo. Tendría que ver si le encontraba un giro original al asunto. Mi amiga Sanne, poetisa excelsa, me ofreció su ayuda para hacer la redacción en verso de principio a fin, con lo que me dio una gran alegría. Keesing quería ponerme en evidencia mandándome hacer una redacción sobre un tema tan ridículo, pero con mi poema yo le pondría en evidencia a él por partida triple.

Logramos terminar el poema y quedó muy bonito. Trataba de una mamá pata y un papá cisne que tenían tres patitos. Como los patitos eran tan parlanchines, el papá cisne los mató a picotazos. Keesing por suerte entendió y soportó la broma; leyó y comentó el poema en clase y hasta en varios otros cursos. A partir de entonces no se opuso a que hablara en clase y nunca más me castigó; al contrario, ahora es él el que siempre está gastando bromas.

Tu Anne

Miércoles, 24 de junio de 1942

Querida Kitty:

¡Qué bochorno! Nos estamos asando, y con el calor que hace tengo que ir andando a todas partes. Hasta ahora no me había dado cuenta de lo cómodo que puede resultar un tranvía, sobre todo los que son abiertos, pero ese privilegio ya no lo tenemos los judíos: a nosotros nos toca ir en el «coche de San Fernando». Ayer a mediodía tenía hora con el dentista en la Jan Luykenstraat, que desde el colegio en Stadstimmertuinen es un buen trecho. Lógico que luego por la tarde en el colegio casi me durmiera. Menos mal que la gente te ofrece algo de beber sin tener que pedirlo. La ayudante del dentista es verdaderamente muy amable.

El único medio de transporte que nos está permitido coger es el transbordador. El barquero del canal Jozef Israëlskade nos cruzó nada más pedírselo. De verdad, los holandeses no tienen la culpa de que los judíos padezcamos tantas desgracias.

Ojalá no tuviera que ir al colegio. En las vacaciones de Semana Santa me robaron la bici, y la de mamá, papá la ha dejado en custodia en casa de unos amigos cristianos. Pero por suerte ya se acercan las vacaciones: una semana más y ya todo el sufrimiento habrá quedado atrás.

Ayer por la mañana me ocurrió algo muy gracioso. Cuando pasaba por el garaje de las bicicletas, oí que alguien me llamaba. Me volví y vi detrás de mí a un chico muy simpático que conocí anteanoche en casa de Wilma, y que es un primo segundo suyo. Wilma es una chica conocida mía que al principio me caía muy bien, pero que se pasa el día hablando nada más que de chicos, y eso termina por aburrirte. El chico se me acercó algo tímido y me dijo que se llamaba Hello Silberberg. Yo estaba un tanto sorprendida y no sabía muy bien lo que pretendía, pero no tardó en decírmelo: buscaba mi compañía y quería acompañarme al colegio. «Ya que vamos en la misma dirección, podemos ir juntos», le contesté, y juntos salimos. Hello ya tiene dieciséis años y me cuenta cosas muy entretenidas.

Hoy por la mañana me estaba esperando otra vez, y supongo que en adelante lo seguirá haciendo.

Anne

Miércoles, 1 de julio de 1942

Querida Kitty:

Hasta hoy te aseguro que no he tenido tiempo para volver a escribirte. El jueves estuve toda la tarde en casa de unos conocidos, el viernes tuvimos visitas y así sucesivamente hasta hoy.

Hello y yo nos hemos conocido más a fondo esta semana. Me ha contado muchas cosas de su vida. Es oriundo de Gelsenkirchen y vive en Holanda en casa de sus abuelos. Sus padres están en Bélgica, pero él no tiene la posibilidad de viajar allí para reunirse con ellos. Hello tenía una novia, Ursula. La conozco, es la dulzura y el aburrimiento personificados. Desde que me conoció a mí, Hello se ha dado cuenta de que al lado de Ursul se duerme. O sea, que soy una especie de antisomnífero. ¡Una nunca sabe para lo que puede llegar a servir!

El sábado por la noche, Jacque se quedó a dormir conmigo. Ella había pasado la tarde en casa de Hanneli y yo me aburrí como una ostra.

Hello había quedado en pasar al anochecer, pero a eso de las seis llamó por teléfono. Descolgué el auricular y me dijo:

—Habla Helmuth Silberberg. ¿Me podría poner un momento con Anne?

—Sí, Hello, soy Anne.

—Hola, Anne. ¿Cómo estás?

—Bien, gracias.

—Siento tener que decirte que esta noche no podré pasarme por tu casa, pero quisiera hablarte un momento. ¿Te parece bien que vaya dentro de diez minutos?

—Sí, está bien. ¡Hasta ahora!

—¡Hasta ahora!

Colgué el auricular y corrí a cambiarme de ropa y a arreglarme el pelo. Luego me asomé, nerviosa, por la ventana. Por fin lo vi llegar. Por milagro no me lancé escaleras abajo, sino que esperé hasta que sonó el timbre. Bajé a abrirle y él fue directamente al grano:

—Mira, Anne, mi abuela dice que eres demasiado joven para que esté saliendo contigo. Dice que tengo que ir a casa de los Löwenbach, aunque quizá sepas que ya no salgo con Ursul.

—No, no lo sabía. ¿Acaso habéis reñido?

—No, al contrario. Le he dicho a Ursul que de todos modos no nos entendíamos bien y que era mejor que dejáramos de salir juntos, pero que en casa siempre sería bien recibida, y que yo esperaba serlo también en la suya. Es que yo pensé que ella se estaba viendo con otro chico, y la traté como si así fuera. Pero resultó que no era cierto, y ahora mi tío me ha dicho que le tengo que pedir disculpas, pero yo naturalmente no quería, y por eso he roto con ella, pero ese es solo uno de los muchos motivos. Ahora mi abuela quiere que vaya a ver a Ursul y no a ti, pero yo no opino como ella y no tengo intención de hacerlo. La gente mayor tiene a veces conceptos muy anticuados, pero yo no tengo por qué acatarlos. Es verdad que necesito a mis abuelos, pero ellos en cierto modo también me necesitan. Ahora resulta que los miércoles por la noche estoy libre porque se supone que voy a clase de talla de madera, pero en realidad voy a una de esas reuniones del partido sionista. Mis abuelos no quieren que vaya porque se oponen rotundamente al sionismo. Yo no es que sea fanático, pero me interesa, aunque últimamente están armando tal jaleo que había pensado no ir más. El próximo miércoles será la última vez que vaya. Entonces podremos vernos los miércoles por la noche, los sábados por la tarde y por la noche, los domingos por la tarde y quizá también otros días.

—Pero si tus abuelos no quieren, no deberías hacerlo a sus espaldas.

—Es que el amor no se puede forzar.

En ese momento pasamos por delante de la librería Blankevoort, donde estaban Peter Schiff y otros dos chicos. Era la primera vez que me saludaba en mucho tiempo, y me hizo mucha ilusión.

El lunes, por la tarde, vino Hello a casa a conocer a papá y mamá. Yo había comprado una tarta y dulces, y además había té y galletas, pero ni a Hello ni a mí nos apetecía estar sentados en una silla uno al lado del otro, así que salimos a dar una vuelta, y no regresamos hasta las ocho y diez. Papá se enfadó mucho, dijo que no podía ser que llegara a casa pasada la hora. Tuve que prometerle que en adelante estaría en casa a las ocho menos diez a más tardar. El sábado que viene Hello me ha invitado a ir a su casa.

Wilma me ha contado que un día que Hello fue a su casa le preguntó:

—¿Quién te gusta más, Ursul o Anne?

Y entonces él le dijo:

—No es asunto tuyo.

Pero cuando se fue, después de no haber cambiado palabra con Wilma en toda la noche, le dijo:

—¡Pues Anne! Y ahora me voy. ¡No se lo digas a nadie!

Y se marchó.

Todo indica que Hello está enamorado de mí, y a mí, para variar, no me desagrada. Margot diría que Hello es buena gente, y yo opino igual que ella, y aún más. También mamá está todo el día alabándolo. Que es un muchacho apuesto, que es muy cortés y simpático. Me alegro de que en casa a todos les caiga tan bien, menos a mis amigas, a las que él encuentra muy niñas, y en eso tiene razón. Jacque siempre me está tomando el pelo por lo de Hello. Yo no es que esté enamorada, nada de eso. ¿Es que no puedo tener amigos? Con eso no hago mal a nadie.

Mamá sigue preguntándome con quién querría casarme, pero creo que ni se imagina que es con Peter, porque yo lo desmiento una y otra vez sin pestañear. Quiero a Peter como nunca he querido a nadie, y siempre trato de convencerme de que solo vive persiguiendo a todas las chicas para esconder sus sentimientos. Quizá él ahora también crea que Hello y yo estamos enamorados, pero eso no es cierto. No es más que un amigo, o, como dice mamá, un galán.

Tu Anne

Domingo, 5 de julio de 1942

Querida Kitty:
El acto de fin de curso del viernes en el Teatro Judío salió muy bien. Las notas que me han dado no son nada malas: un solo insuficiente (un cinco en álgebra) y por lo demás todo sietes, dos ochos y dos seises. En casa se pusieron contentos, pero es que en cuestión de notas mis padres son muy distintos a otros padres; nunca les importa mucho que mis notas sean buenas o malas; solo se fijan en si estoy sana, en que no sea demasiado fresca y en si me divierto. Mientras estas tres cosas estén bien, lo demás viene solo.

Yo soy todo lo contrario: no quiero ser mala alumna. Me admitieron en el liceo de forma condicional, ya que en realidad me faltaba ir al séptimo curso del sexto colegio Montessori, pero cuando a los chicos judíos nos obligaron a ir a colegios judíos, el señor Elte, después de algunas idas y venidas, nos dejó matricularnos a Lies Goslar y a mí de manera condicional. Lies también ha aprobado el curso pero tendrá que hacer un examen de recuperación de geometría bastante difícil.

Pobre Lies, en su casa casi nunca puede estudiar tranquila. En su habitación se pasa jugando todo el día su hermana pequeña, una bebé consentida que está a punto de cumplir dos años. Si no hacen lo que Gabi quiere, se pone a gritar, y si Lies no se ocupa de ella, la que se pone a gritar es su madre. De esa manera es imposible estudiar nada, y tampoco ayudan mucho las incontables clases de recuperación que tiene a cada rato. Y es que la casa de los Goslar es una verdadera casa de tócame Roque. Los abuelos maternos de Lies viven en la casa de al lado, pero comen con ellos. Luego hay una criada, la bebé, el eternamente distraído y despistado padre y la siempre nerviosa e irascible madre, que está nuevamente embarazada. Con un panorama así, la patosa de Lies está completamente perdida.

A mi hermana Margot también le han dado las notas, estupendas como siempre. Si en el colegio existiera el cum laude, se lo habrían dado. ¡Es un hacha!

Papá está mucho en casa últimamente; en la oficina ya no tiene nada que hacer. No debe de ser nada agradable sentirse un inútil. El señor Kleiman se ha hecho cargo de Opekta y el señor Kugler, de Gies & Co., la compañía de los sucedáneos de especias, fundada hace poco, en 1941.

Hace unos días, cuando estábamos dando una vuelta alrededor de la plaza, papá empezó a hablar del tema de la clandestinidad. Dijo que será muy difícil vivir completamente aislados del mundo. Le pregunté por qué me estaba hablando de eso ahora.

—Mira, Anne —me dijo—. Ya sabes que desde hace más de un año estamos llevando ropa, alimentos y muebles a casa de otra gente. No queremos que nuestras cosas caigan en manos de los alemanes, pero menos aún que nos pesquen a nosotros mismos. Por eso, nos iremos por propia iniciativa y no esperaremos a que vengan por nosotros.

—Pero, papá, ¿cuándo será eso?

La seriedad de las palabras de mi padre me angustió.

—De eso no te preocupes, ya lo arreglaremos nosotros. Disfruta de tu vida despreocupada mientras puedas.

Eso fue todo. ¡Ojalá que estas tristes palabras tarden mucho en cumplirse! Acaban de llamar al timbre. Es Hello. Lo dejo.

Tu Anne

Miércoles, 8 de julio de 1942

Querida Kitty:

Desde la mañana del domingo hasta ahora parece que hubieran pasado años. Han pasado tantas cosas que es como si de repente el mundo estuviera patas arriba, pero ya ves, Kitty: aún estoy viva, y eso es lo principal, como dice papá. Sí, es cierto, aún estoy viva, pero no me preguntes dónde ni cómo. Hoy no debes de entender nada de lo que te escribo, de modo que empezaré por contarte lo que pasó el domingo por la tarde.

A las tres de la tarde —Hello acababa de salir un momento, luego volvería— alguien llamó a la puerta. Yo no lo oí, ya que estaba leyendo en una tumbona al sol en la galería. Al rato apareció Margot toda alterada por la puerta de la cocina.

—Ha llegado una citación de las SS para papá —murmuró—. Mamá ya ha salido para la casa del señor Van Daan. (Van Daan es un amigo y socio de papá).

Me asusté muchísimo. ¡Una citación! Todo el mundo sabe lo que eso significa. En mi mente se me aparecieron campos de concentración y celdas solitarias. ¿Acaso íbamos a permitir que a papá se lo llevaran a semejantes lugares?

—Está claro que no irá —me aseguró Margot cuando nos sentamos a esperar en el salón a que regresara mamá—. Mamá ha ido a preguntarle a Van Daan si podemos instalarnos en nuestro escondite mañana. Los Van Daan se esconderán con nosotros. Seremos siete.

Silencio. Ya no podíamos hablar. Pensar en papá, que sin sospechar nada había ido al asilo judío a hacer unas visitas, esperar a que volviera mamá, el calor, la angustia, todo ello junto hizo que guardáramos silencio.

De repente llamaron nuevamente a la puerta.

—Debe de ser Hello —dije yo.

—No abras —me detuvo Margot, pero no hacía falta, oímos a mamá y al señor Van Daan abajo hablando con Hello. Luego entraron y cerraron la puerta. A partir de ese momento, cada vez que llamaran a la puerta, una de nosotras debía bajar sigilosamente para ver si era papá; no abriríamos la puerta a extraños. A Margot y a mí nos hicieron salir del salón; Van Daan quería hablar a solas con mamá.

Una vez en nuestra habitación, Margot me confesó que la citación no estaba dirigida a papá, sino a ella. De nuevo me asusté muchísimo y me eché a llorar. Margot tiene dieciséis años. De modo que quieren llevarse a chicas solas tan jóvenes como ella... Pero por suerte no iría, lo había dicho mamá, y seguro que a eso se había referido papá cuando conversaba conmigo sobre el hecho de escondernos.

Escondernos... ¿Dónde nos esconderíamos? ¿En la ciudad, en el campo, en una casa, en una cabaña, cómo, cuándo, dónde? Eran muchas las preguntas que no podía hacer, pero que me venían a la mente una y otra vez.

Margot y yo empezamos a guardar lo indispensable en una cartera del colegio. Lo primero que guardé fue este cuaderno de tapas duras, luego unas plumas, pañuelos, libros del colegio, un peine, cartas viejas... Pensando en escondernos, metí en la cartera las cosas más disparatadas, pero no me arrepiento. Me importan más los recuerdos que los vestidos.

A las cinco llegó por fin papá. Llamamos por teléfono al señor Kleiman, pidiéndole que viniera esa misma tarde. Van Daan fue a buscar a Miep. Miep vino, y en una bolsa se llevó algunos zapatos, vestidos, chaquetas, ropa interior y medias, y prometió volver por la noche. Luego hubo un gran silencio en la casa: ninguno de nosotros quería comer nada, aún hacía calor y todo resultaba muy extraño.

La habitación grande del piso de arriba se la habíamos alquilado a un tal señor Goldschmidt, un hombre divorciado de treinta y pico, que esa noche por lo visto no tenía nada que hacer, por lo que se quedó matando el tiempo hasta las diez con nosotros en el salón, sin que hubiera manera de hacerle entender que se fuera.

A las once llegaron Miep y Jan Gies. Miep trabaja desde 1933 para papá y se ha hecho íntima amiga de la familia, al igual que su flamante marido, Jan. Nuevamente desaparecieron zapatos, medias, libros y ropa interior en la bolsa de Miep y en los grandes bolsillos del abrigo de Jan, y a las once y media también ellos mismos desaparecieron.

Estaba muerta de cansancio, y aunque sabía que sería la última noche en que dormiría en mi cama, me dormí enseguida y no me desperté hasta las cinco y media de la mañana, cuando me llamó mamá. Por suerte hacía menos calor que el domingo; durante todo el día cayó una lluvia cálida. Todos nos pusimos tanta ropa que era como si tuviéramos que pasar la noche en un frigorífico, pero era para poder llevarnos más prendas de vestir. A ningún judío que estuviera en nuestro lugar se le habría ocurrido salir de casa con una maleta llena de ropa. Yo llevaba puestas dos camisetas, tres bragas, un vestido, encima una falda, una chaqueta, un abrigo de verano, dos pares de medias, zapatos cerrados, un gorro, un pañuelo y muchas cosas más; estando todavía en casa ya me entró asfixia, pero no había más remedio.

Margot llenó de libros la cartera del colegio, sacó la bicicleta del garaje para bicicletas y salió detrás de Miep, con un rumbo para mí desconocido. Y es que yo seguía sin saber cuál era nuestro misterioso destino.

A las siete y media también nosotros cerramos la puerta a nuestras espaldas. Del único del que había tenido que despedirme era de Moortje, mi gatito, que sería acogido en casa de los vecinos, según le indicamos al señor Goldschmidt en una nota.

Las camas deshechas, la mesa del desayuno sin recoger, medio kilo de carne para el gato en la nevera, todo daba la impresión de que habíamos abandonado la casa atropelladamente. Pero no nos importaba la impresión que dejáramos, queríamos irnos, solo irnos y llegar a puerto seguro, nada más.

Seguiré mañana.

Tu Anne

Jueves, 9 de julio de 1942

Querida Kitty:

Así anduvimos bajo la lluvia torrencial, papá, mamá y yo, cada cual con una cartera de colegio y una bolsa de la compra, cargadas hasta los topes con una mezcolanza de cosas. Los trabajadores que iban temprano a trabajar nos seguían compasivos con la mirada. En sus caras podía verse claramente que lamentaban no poder ofrecernos ningún transporte: la estrella amarilla que llevábamos era bien elocuente.

Solo cuando ya estuvimos en la calle, papá y mamá empezaron a contarme poquito a poco el plan del escondite. Llevaban meses sacando de la casa la mayor cantidad posible de muebles y enseres, y habían decidido que entraríamos en la clandestinidad voluntariamente, el 16 de julio. Por causa de la citación, el asunto se había adelantado diez días, de modo que tendríamos que conformarnos con unos aposentos menos arreglados y ordenados.

El escondite estaba situado en el edificio donde tenía las oficinas papá. Como para las personas ajenas al asunto esto es algo difícil de entender, pasaré a dar una aclaración. Papá no ha tenido nunca mucho personal: el señor Kugler, Kleiman y Miep, además de Bep Voskuijl, la taquimecanógrafa de veintitrés años. Todos estaban al tanto de nuestra llegada. En el almacén trabajan el señor Voskuijl, padre de Bep, y dos mozos, a quienes no les habíamos dicho nada.

El edificio está dividido de la siguiente manera: en la planta baja hay un gran almacén, que se usa para el depósito de mercancías. Este está subdividido en distintos cuartos, como el que se usa para moler la canela, el clavo y el sucedáneo de la pimienta, y luego está el cuarto de las provisiones. Al lado de la puerta del almacén está la puerta de entrada normal de la casa, tras la cual una puerta de paso da acceso a la escalera. Subiendo la escalera se llega a una puerta de vidrio traslúcido, en la que antiguamente ponía «oficina» en letras negras. Se trata de la oficina grande de delante, muy amplia, muy luminosa y muy llena. De día trabajan allí Bep, Miep y el señor Kleiman. Pasando por un cuartito donde está la caja fuerte, el guardarropa y un armario para guardar útiles de escritorio, se llega a una pequeña habitación bastante oscura y húmeda que da al patio. Este era el despacho que compartían el señor Kugler y el señor Van Daan, pero que ahora solo ocupa el primero. También se puede acceder al despacho de Kugler desde el pasillo, aunque solo a través de una puerta de vidrio que se abre desde dentro y que es difícil de abrir desde fuera. Saliendo de ese despacho se va por un pasillo largo y estrecho, se pasa por la carbonera y, después de subir cuatro peldaños, se llega a la habitación que es el orgullo del edificio: el despacho principal. Muebles oscuros muy elegantes, el piso cubierto de linóleo y alfombras, una radio, una hermosa lámpara, todo verdaderamente precioso. Al lado, una amplia cocina con calentador de agua y dos hornillos, y al lado de la cocina, un retrete. Ese es el primer piso.

Desde el pasillo de abajo se sube por una escalera corriente de madera. Arriba hay un pequeño rellano, al que llamamos normalmente descansillo. A la izquierda y derecha del descansillo hay dos puertas. La de la izquierda comunica con la casa de delante, donde hay almacenes, un desván y una buhardilla. Al otro extremo de esta parte delantera del edificio hay una escalera, superempinada, típicamente holandesa (de esas en las que es fácil romperse la crisma), que lleva a la segunda puerta que da a la calle.

A la derecha del descansillo se halla «la Casa de atrás». Nadie sospecharía nunca que detrás de la puerta pintada de gris, sin nada de particular, se esconden tantas habitaciones. Delante de la puerta hay un escalón alto, y por allí se entra. Justo enfrente de la puerta de entrada, una escalera empinada; a la izquierda hay un pasillito y una habitación que pasó a ser el cuarto de estar y dormitorio de los Frank, y al lado otra habitación más pequeña: el dormitorio y estudio de las señoritas Frank. A la derecha de la escalera, un cuarto sin ventanas, con un lavabo y un retrete cerrado, y otra puerta que da a la habitación de Margot y mía. Subiendo la escalera, al abrir la puerta de arriba, uno se asombra al ver que en una casa tan antigua de los canales pueda haber una habitación tan grande, tan luminosa y tan amplia. En este espacio hay un fogón (esto se lo debemos al hecho de que aquí Kugler tenía antes su laboratorio) y un fregadero. O sea, que esa es la cocina, y a la vez también dormitorio del señor y la señora Van Daan, cuarto de estar general, comedor y estudio. Luego, una diminuta habitación de paso, que será la morada de Peter van Daan, y, finalmente, al igual que en la casa de delante, un desván y una buhardilla. Y aquí termina la presentación de toda nuestra hermosa Casa de atrás.

Tu Anne

Viernes, 10 de julio de 1942

Querida Kitty:

Es muy probable que te haya aburrido tremendamente con mi tediosa descripción de la casa, pero me parece importante que sepas dónde he venido a parar. A través de mis próximas cartas ya te enterarás de cómo vivimos aquí.

Ahora primero quisiera seguir contándote la historia del otro día, que como sabes todavía no he terminado. Una vez que llegamos al edificio de Prinsengracht 263, Miep nos llevó enseguida por el largo pasillo, subiendo por la escalera de madera, directamente hacia arriba, a la Casa de atrás. Cerró la puerta detrás de nosotros y nos dejó solos. Margot había llegado mucho antes en bicicleta y ya nos estaba esperando.

El cuarto de estar y las demás habitaciones estaban tan atiborradas de trastos que superaban toda descripción. Las cajas de cartón que a lo largo de los últimos meses habían sido enviadas a la oficina se encontraban en el suelo y sobre las camas. El cuartito pequeño estaba hasta el techo de ropa de cama. Si por la noche queríamos dormir en camas decentes, teníamos que ponernos manos a la obra de inmediato. A mamá y a Margot les era imposible mover un dedo, estaban echadas en las camas sin hacer, cansadas, desganadas y no sé cuántas cosas más, pero papá y yo, los dos «ordenalotodo» de la familia, queríamos empezar cuanto antes.

Anduvimos todo el día desempaquetando, poniendo cosas en los armarios, martilleando y ordenando, hasta que por la noche caímos exhaustos en las camas limpias. No habíamos comido nada caliente en todo el día, pero no nos importaba; mamá y Margot estaban demasiado cansadas y nerviosas como para comer nada, y papá y yo teníamos demasiado que hacer.

El martes por la mañana retomamos la tarea donde la habíamos dejado el lunes. Bep y Miep hicieron la compra usando nuestras cartillas de racionamiento, papá arregló los paneles para oscurecer las ventanas, que no resultaban suficientes, fregamos el suelo de la cocina y estuvimos nuevamente trajinando de la mañana a la noche. Hasta el miércoles casi no tuve tiempo de ponerme a reflexionar sobre los grandes cambios que se habían producido en mi vida. Solo entonces, por primera vez desde que llegamos a la Casa de atrás, encontré ocasión para ponerte al tanto de los hechos y al mismo tiempo para darme cuenta de lo que realmente me había pasado y de lo que aún me esperaba.

Tu Anne

Sábado, 11 de julio de 1942

Querida Kitty:

Papá, mamá y Margot no logran acostumbrarse a las campanadas de la iglesia del Oeste, que suenan cada quince minutos anunciando la hora. Yo sí, me gustaron desde el principio, y sobre todo por las noches me dan una sensación de amparo. Te interesará saber qué me parece mi vida de escondida, pues nada, solo puedo decirte que ni yo misma lo sé muy bien. Creo que aquí nunca me sentiré realmente en casa, con lo que no quiero decir en absoluto que me desagrade estar aquí; más bien me siento como si estuviera pasando unas vacaciones en una pensión muy singular. Reconozco que es una concepción un tanto extraña de la clandestinidad, pero las cosas son así, y no las puedo cambiar. Como escondite, la Casa de atrás es ideal; aunque hay humedad y está toda inclinada, estoy segura de que en todo Ámsterdam y quizá hasta en toda Holanda no hay otro escondite tan confortable como el que hemos instalado aquí.

La pequeña habitación de Margot y mía, sin nada en las paredes, tenía hasta ahora un aspecto bastante desolador. Gracias a papá, que ya antes había traído mi colección de tarjetas postales y mis fotos de estrellas de cine, pude decorar con ellas una pared entera, pegándolas con cola. Quedó muy muy bonito, por lo que ahora parece mucho más alegre. Cuando lleguen los Van Daan, ya nos fabricaremos alguna estantería y otros chismes con la madera que hay en el desván.

Margot y mamá ya se han recuperado un poco. Ayer mamá quiso hacer la primera crema de guisantes, pero cuando estaba abajo charlando, se olvidó de la crema, que se quemó de tal manera que los guisantes quedaron negros como el carbón y no había forma de despegarlos del fondo de la olla.

Ayer por la noche bajamos los cuatro al antiguo despacho de papá y pusimos la radio inglesa. Yo tenía tanto miedo de que alguien pudiera oírnos que le supliqué literalmente a papá que volviéramos arriba. Mamá comprendió mi angustia y subió conmigo. También con respecto a otras cosas tenemos mucho miedo de que los vecinos puedan vernos u oírnos. Ya el primer día tuvimos que hacer cortinas, que en realidad no se merecen ese nombre, ya que no son más que unas telas sueltas, totalmente diferentes entre sí en cuanto a forma, calidad y dibujo. Papá y yo, que no entendemos nada del arte de coser, las unimos de cualquier manera con hilo y aguja. Estas verdaderas joyas las colgamos luego con chinchetas delante de las ventanas, y ahí se quedarán hasta que nuestra estancia aquí acabe.

A la derecha de nuestro edificio se encuentra una filial de la compañía Keg, de Zaandam, y a la izquierda una ebanistería. La gente que trabaja allí abandona el recinto cuando termina su horario de trabajo, pero aun así podrían oír algún ruido que nos delatara. Por eso, hemos prohibido a Margot que tosa por las noches, pese a que está muy acatarrada, y le damos codeína en grandes cantidades.

Me hace mucha ilusión la venida de los Van Daan, que se ha fijado para el martes. Será mucho más ameno y también habrá menos silencio. Porque es el silencio lo que por las noches y al caer la tarde me pone tan nerviosa, y daría cualquier cosa por que alguno de nuestros protectores se quedara aquí a dormir.

La vida aquí no es tan terrible, porque podemos cocinar nosotros mismos y abajo, en el despacho de papá, podemos escuchar la radio. El señor Kleiman y Miep y también Bep Voskuijl nos han ayudado muchísimo. Nos han traído ruibarbo, fresas y cerezas, y no creo que por el momento nos vayamos a aburrir. Tenemos suficientes cosas para leer, y aún vamos a comprar un montón de juegos. Está claro que no podemos mirar por la ventana ni salir fuera. También está prohibido hacer ruido, porque abajo no nos deben oír.

Ayer tuvimos mucho trabajo; tuvimos que deshuesar dos cestas de cerezas para la oficina. El señor Kugler quería usarlas para hacer conservas.

Con la madera de las cajas de cerezas haremos estantes para libros.

Me llaman.

Tu Anne

28 de septiembre de 1942 (añadido)

Me angustia más de lo que puedo expresar el que nunca podamos salir fuera, y tengo mucho miedo de que nos descubran y nos fusilen. Eso no es, naturalmente, una perspectiva demasiado halagüeña.

Domingo, 12 de julio de 1942

Hoy hace un mes todos fueron muy buenos conmigo, cuando era mi cumpleaños, pero ahora siento cada día más cómo me voy distanciando de mamá y Margot. Hoy he estado trabajando duro, y todos me han elogiado enormemente, pero a los cinco minutos ya se pusieron a regañarme.

Es muy clara la diferencia entre cómo nos tratan a Margot y a mí. Margot, por ejemplo, ha roto la aspiradora, y ahora nos hemos quedado todo el día sin luz. Mamá le dijo en alemán:

—Ay, Margot, cómo se nota que no estás acostumbrada a trabajar, si no habrías sabido que no se debe desenchufar una aspiradora tirando del cable.

Margot respondió algo y el asunto no pasó de ahí.

Pero hoy por la tarde yo quise pasar a limpio la lista de la compra de mamá, que tiene una letra bastante ilegible, pero no quiso que lo hiciera y enseguida me echó una tremenda regañina en la que se metió toda la familia.

Estos últimos días estoy sintiendo cada vez más claramente que no encajo en mi familia. Se ponen muy sentimentales cuando están juntos, y yo prefiero serlo cuando estoy sola. Y luego hablan de lo bien que estamos y que nos llevamos los cuatro, y de que somos una familia muy unida, pero en ningún momento se les ocurre pensar en que yo no lo siento así.

Solo papá me comprende de vez en cuando, pero por lo general está del lado de mamá y Margot. Tampoco soporto que en presencia de extraños hablen de que he estado llorando o de lo sensata e inteligente que soy. Lo aborrezco. Luego también a veces hablan de Moortje, y me sabe muy mal, porque ese es precisamente mi punto flaco y vulnerable. Echo de menos a Moortje a cada momento, y nadie sabe cuánto pienso en él. Siempre que pienso en él se me saltan las lágrimas. Moortje es tan bueno, y lo quiero tanto... Sueño a cada momento con su vuelta.

Aquí siempre tengo sueños agradables, pero la realidad es que tendremos que quedarnos aquí hasta que termine la guerra. Nunca podemos salir fuera, y tan solo podemos recibir la visita de Miep, su marido Jan, Bep Voskuijl, el señor Voskuijl, el señor Kugler, el señor Kleiman y la señora Kleiman, aunque esta nunca viene porque le parece muy peligroso.

Septiembre de 1942 (añadido)

Papá siempre es muy bueno. Me comprende de verdad, y a veces me gustaría poder hablar con él en confianza, sin ponerme a llorar enseguida. Pero eso parece que tiene que ver con la edad. Me gustaría escribir todo el tiempo, pero se haría muy aburrido.

Hasta ahora casi lo único que he escrito en mi libro son pensamientos, y no he tenido ocasión de escribir historias divertidas para poder leérselas a alguien más tarde. Pero a partir de ahora intentaré no ser sentimental, o serlo menos, y atenerme más a la realidad.

Viernes, 14 de agosto de 1942

Querida Kitty:
Durante todo un mes te he abandonado, pero es que tampoco hay tantas novedades como para contarte algo divertido todos los días. Los Van Daan llegaron el 13 de julio. Pensamos que vendrían el 14, pero como entre el 13 y el 16 de julio los alemanes empezaron a poner nerviosa cada vez a más gente, enviando citaciones a diestro y siniestro, pensaron que era más seguro adelantar un día la partida, antes de que fuera demasiado tarde.

A las nueve y media de la mañana —todavía estábamos desayunando— llegó Peter van Daan, un muchacho desgarbado, bastante soso y tímido que no ha cumplido aún los dieciséis años, y de cuya compañía no cabe esperar gran cosa. El señor y la señora Van Daan llegaron media hora más tarde.

Para gran regocijo nuestro, la señora traía una sombrerera con un enorme orinal dentro.

—Sin orinal no me siento en mi casa en ninguna parte —sentenció, y el orinal fue lo primero a lo que le asignó un lugar fijo: debajo del diván cama. El señor no traía orinal, pero sí una mesa de té plegable bajo el brazo.

El primer día de nuestra convivencia comimos todos juntos, y al cabo de tres días los siete nos habíamos hecho a la idea de que nos habíamos convertido en una gran familia. Como es natural, los Van Daan tenían mucho que contar de lo sucedido durante la última semana que habían pasado en el mundo exterior. Entre otras cosas nos interesaba mucho saber qué había sido de nuestra casa y del señor Goldschmidt.

El señor Van Daan nos contó lo siguiente:

—El lunes por la mañana, a las nueve, el señor Goldschmidt nos telefoneó y me dijo si podía pasar por ahí un momento. Fui enseguida y lo encontré muy alterado. Me dio a leer una nota que le habían dejado los Frank y, siguiendo las indicaciones de la misma, quería llevar al gato a casa de los vecinos, lo que me pareció estupendo. Temía que vinieran a registrar la casa, por lo que recorrimos todas las habitaciones, ordenando un poco aquí y allá, y también recogimos la mesa. De repente, en el escritorio de la señora Frank encontré un bloc que tenía escrita una dirección en Maastricht. Aunque sabía que ella lo había hecho adrede, me hice el sorprendido y asustado y rogué encarecidamente al señor Goldschmidt que quemara ese papel, que podía ser causante de alguna desgracia. Todo el tiempo hice como si no supiera nada de que ustedes habían desaparecido, pero después de ver el papelito se me ocurrió una buena idea. «Señor Goldschmidt —le dije—, ahora que lo pienso, me parece saber con qué puede tener que ver esa dirección. Recuerdo muy bien que hace más o menos medio año vino a la oficina un oficial de alta graduación, que resultó ser un gran amigo de infancia del señor Frank. Prometió ayudarlo en caso de necesidad, y precisamente residía en Maastricht. Se me hace que este oficial ha mantenido su palabra y que de alguna manera ayudará al señor Frank a pasar a Bélgica y de allí a Suiza. Puede decirles esto a los amigos de los Frank que pregunten por ellos. Claro que no hace falta que mencione lo de Maastricht». Dicho esto, me retiré. La mayoría de los amigos y conocidos ya lo saben, porque en varias oportunidades ya me ha tocado oír esta versión.

La historia nos causó mucha gracia, pero todavía nos hizo reír más la fantasía de la gente cuando Van Daan se puso a contar lo que algunos decían. Una familia de la Merwedeplein aseguraba que nos había visto pasar a los cuatro temprano por la mañana en bicicleta, y otra señora estaba segurísima de que en medio de la noche nos habían cargado en un furgón militar.

Tu Anne

Viernes, 21 de agosto de 1942

Querida Kitty:

Nuestro escondite solo ahora se ha convertido en un verdadero escondite. Al señor Kugler le pareció que era mejor que delante de la puerta que da acceso a la Casa de atrás colocáramos una estantería, ya que los alemanes están registrando muchas casas en busca de bicicletas escondidas. Pero se trata naturalmente de una estantería giratoria, que se abre como una puerta. La ha fabricado el señor Voskuijl. (Lo hemos puesto al corriente de los siete escondidos, y se ha mostrado muy servicial en todos los aspectos).

Ahora, cada vez que queremos bajar al piso de abajo, tenemos que agacharnos primero y luego saltar. Al cabo de tres días, todos teníamos la frente llena de chichones de tanto darnos con la cabeza al pasar por la puerta, demasiado baja. Para amortiguar los golpes en lo posible, Peter ha colocado un paño con virutas de madera en el umbral. ¡Veremos si funciona!

Estudiar no estudio mucho. Hasta septiembre he decidido que tengo vacaciones. Papá me ha dicho que luego él me dará clases, pero primero tendremos que comprar todos los libros del nuevo curso.

Nuestra vida aquí no cambia demasiado. Hoy le han lavado la cabeza a Peter, lo que no tiene nada de particular. El señor Van Daan y yo siempre andamos discutiendo. Mamá siempre me trata como a una niñita, y a mí eso me da mucha rabia. Por lo demás, estamos algo mejor. Peter sigue sin caerme más simpático que antes; es un chico latoso, que está todo el día ganduleando en la cama, luego se pone a martillear un poco y cuando acaba se vuelve a tumbar. ¡Vaya un tonto!

Esta mañana mamá me ha vuelto a soltar un soberano sermón. Nuestras opiniones son diametralmente opuestas. Papá es un cielo, aunque a veces se enfada conmigo durante cinco minutos.

Fuera hace buen tiempo y calor, y pese a todo tratamos de aprovecharlo en lo posible, tumbándonos en la cama de tablitas que tenemos en el desván.

Tu Anne

21 de septiembre de 1942 (añadido)

El señor Van Daan es como una malva conmigo últimamente. Yo lo dejo hacer, sin oponerme.

Miércoles, 2 de septiembre de 1942

Querida Kitty:

Los Van Daan han tenido una gran pelea. Nunca he presenciado una cosa igual, ya que a papá y mamá ni se les ocurriría gritarse de esa manera. El motivo fue tan insignificante que ni merecía la pena prestarle atención. En fin, allá cada uno.

Claro que es muy desagradable para Peter, que está en medio de los dos, pero a Peter ya nadie lo toma en serio, porque es tremendamente quisquilloso y vago. Ayer andaba bastante preocupado porque tenía la lengua de color azul en lugar de rojo. Este extraño fenómeno, sin embargo, desapareció tan rápido como se había producido. Hoy anda con una gran bufanda al cuello, ya que tiene tortícolis, y por lo demás el señor se queja de que tiene lumbago. Tampoco le son ajenos unos dolores en la zona del corazón, los riñones y el pulmón. ¡Es un verdadero hipocondriaco! (Se les llama así, ¿verdad?).

Mamá y la señora Van Daan no hacen muy buenas migas. Motivos para la discordia hay de sobra. Por poner un pequeño ejemplo: la señora ha sacado del ropero común todas sus sábanas, dejando solo tres. ¡Si se cree que toda la familia va a usar la ropa de cama de mamá, se llevará un buen chasco cuando vea que mamá ha seguido su ejemplo!

Además, la señora está de mala uva porque no usamos nuestra vajilla, y sí la suya. Siempre está tratando de averiguar dónde hemos metido nuestros platos; están más cerca de lo que ella supone: en el desván, metidos en cajas de cartón, detrás de un montón de material publicitario de Opekta. Mientras estemos escondidos, los platos estarán fuera de alcance. ¡Tanto mejor!

A mí siempre me ocurren toda clase de desgracias. Ayer rompí en mil pedazos un plato sopero de la señora.

—¡Ay! —exclamó furiosa—. Ten más cuidado con lo que haces, que es lo *uno* que me queda.

Por favor, ten en cuenta, Kitty, que las dos señoras de la casa hablan un neerlandés macarrónico (de los señores no me animo a decir nada, se ofenderían mucho). Si vieras cómo mezclan y confunden todo, te partirías de risa. Ya ni prestamos atención al asunto, ya que no tiene sentido corregirlas. Cuando te escriba sobre alguna de ellas, no te citaré textualmente lo que dicen, sino que lo pondré en neerlandés correcto.

La semana pasada ocurrió algo que rompió un poco la monotonía: tenía que ver con un libro sobre mujeres y Peter. Has de saber que a Margot y Peter les está permitido leer casi todos los libros que nos presta el señor Kleiman, pero este libro en concreto sobre un tema de mujeres, los adultos prefirieron reservárselo para ellos. Esto despertó enseguida la curiosidad de Peter. ¿Qué cosas prohibidas contendría ese libro? Lo cogió a escondidas de donde lo tenía guardado su madre mientras ella estaba abajo charlando, y se llevó el botín a la buhardilla. Este método funcionó bien durante dos días; la señora Van Daan sabía perfectamente lo que pasaba, pero no decía nada, hasta que su marido se enteró. Este se enojó, le quitó el libro a Peter y pensó que la cosa terminaría ahí. Sin embargo, había subestimado la curiosidad de su hijo, que no se dejó impresionar por la enérgica actuación de su padre. Peter se puso a rumiar las posibilidades de seguir con la lectura de este libro tan interesante.

Su madre, mientras tanto, consultó a mamá sobre lo que pensaba del asunto. A mamá le pareció que este no era un libro muy recomendable para Margot, pero los otros no tenían nada de malo, según ella.

—Entre Margot y Peter, señora Van Daan —dijo mamá—, hay una gran diferencia. En primer lugar, Margot es una chica, y las mujeres siempre son más maduras que los varones; en segundo lugar, Margot ya ha leído bastantes libros serios y no anda buscando temas que ya no le están prohibidos, y en tercer lugar, Margot está mucho más adelantada y es más juiciosa, puesto que ya ha ido cuatro años al liceo.

La señora Van Daan estuvo de acuerdo, pero de todas maneras consideró que en principio era inadecuado dar a leer a los jóvenes libros para adultos.

Entretanto, Peter encontró el momento indicado en el que nadie se preocupara por el libro ni le prestara atención a él: a las siete y media de la tarde, cuando toda la familia se reunió en el antiguo despacho de papá para escuchar la radio, se llevó de nuevo el tesoro a la buhardilla. A las ocho y media tendría que haber vuelto abajo, pero como el libro lo había cautivado tanto, no se fijó en la hora y justo estaba bajando la escalera del desván cuando su padre entraba en el cuarto de estar. Lo que siguió es fácil de imaginar: un cachete, un golpe, un tirón, el libro tirado sobre la mesa y Peter de vuelta en la buhardilla.

Así estaban las cosas cuando la familia se reunió para cenar. Peter se quedó arriba, nadie le hacía caso, tendría que irse a la cama sin probar bocado. Seguimos comiendo, conversando alegremente, cuando de repente se oyó un silbido penetrante. Todos soltamos los tenedores y nos miramos con las caras pálidas del susto.

Entonces oímos la voz de Peter por el tubo de la chimenea:

—¡No os creáis que bajaré!

El señor Van Daan se levantó de un salto, se le cayó la servilleta al suelo y con la cara de un rojo encendido exclamó:

—¡Hasta aquí hemos llegado!

Papá lo cogió del brazo, temiendo que algo malo pudiera pasarle, y juntos subieron al desván. Tras muchas protestas y pataleo, Peter fue a parar a su habitación, la puerta se cerró y nosotros seguimos comiendo.

La señora Van Daan quería guardarle un bocado a su niñito, pero su marido fue terminante.

—Si no se disculpa inmediatamente, tendrá que dormir en la buhardilla.

Todos protestamos; mandarlo a la cama sin cenar ya nos parecía castigo suficiente. Si Peter llegaba a acatarrarse, no podríamos hacer venir a ningún médico.

Peter no se disculpó, y volvió a instalarse en la buhardilla. El señor Van

Daan no intervino más en el asunto, pero por la mañana descubrió que la cama de Peter había sido usada. Este había vuelto a subir al desván a las siete, pero papá lo convenció con buenas palabras para que bajara. Al cabo de tres días de ceños fruncidos y de silencios obstinados, todo volvió a la normalidad.

Tu Anne

Lunes, 21 de septiembre de 1942

Querida Kitty:

Hoy te comunicaré las novedades generales de la Casa de atrás. Por encima de mi diván cama han instalado una lamparita para que pueda tirar de una cuerda en caso de que haya disparos. Sin embargo, de momento esto no es posible, ya que tenemos la ventana entornada día y noche.

La sección masculina de la familia Van Daan ha fabricado una despensa muy cómoda, de madera barnizada y provista de mosquiteros de verdad. Al principio habían instalado el armatoste en el cuarto de Peter, pero para que esté más fresco lo han trasladado al desván. En su lugar hay ahora un estante. Le he recomendado a Peter que ponga allí la mesa, con un bonito mantel, y que cuelgue la estantería en la pared, donde ahora tiene la mesa. Así, aún puede convertirse en un sitio acogedor, aunque a mí no me gustaría dormir ahí.

La señora Van Daan es insufrible. Arriba me regañan continuamente porque hablo sin parar, pero yo no les hago caso. Una novedad es que a madame ahora le ha dado por negarse a fregar las ollas. Cuando queda un poquitín dentro, en vez de guardarlo en una fuente de cristal deja que se pudra en la olla. Y si luego por la tarde a Margot le toca fregar muchas ollas, madame le dice: «Ay, Margot, Margotita, ¡cómo trabajas!».

El señor Kleiman me trae cada quince días algunos libros para niñas. Me encanta la serie de libros sobre Joop ter Heul. Todos los de Cissy van Marxveldt por lo general me gustan mucho. *Locura de verano* me lo he leído ya cuatro veces, pero me siguen divirtiendo mucho las situaciones tan cómicas que describe.

Con papá estamos haciendo un árbol genealógico de su familia, y sobre cada uno de sus miembros me va contando cosas.

Ya hemos empezado con los estudios. Yo hago mucho francés, y cada día me machaco la conjugación de cinco verbos irregulares. Sin embargo, he olvidado muchísimo de lo que aprendí en el colegio.

Peter ha encarado con muchos suspiros su tarea de inglés. Algunos libros de texto acaban de llegar; los cuadernos, lápices, gomas de borrar y etiquetas me los he traído de casa en grandes cantidades. Pim (así llamo cariñosamente a papá) pretende que le demos clases de neerlandés. A mí no me importa dárselas, en compensación por la ayuda que me presta en francés y otras asignaturas. Pero no te imaginas los errores garrafales que comete. ¡Son increíbles!

A veces me pongo a escuchar Radio Oranje; hace poco habló el príncipe Bernardo, que contó que para enero esperan el nacimiento de un niño. A mí me encanta la noticia, pero en casa no entienden mi afición por la Casa de Orange.*

Hace unos días estuvimos hablando de que todavía soy muy ignorante, por lo que al día siguiente me puse a estudiar como loca, porque no me apetece nada tener que volver a primero cuando tenga catorce o quince años. En esa conversación también se habló de que casi no me permiten leer nada. Mamá de momento está leyendo *Señores, criados y mujeres,* pero a mí por supuesto no me lo dejan leer (¡a Margot sí!); primero tengo que tener más cultura, como la sesuda de mi hermana. Luego hablamos de mi ignorancia en temas de filosofía, psicología y fisiología (estas palabras tan difíciles he tenido que buscarlas en el diccionario), y es cierto que de eso no sé nada. ¡Tal vez el año que viene ya sepa algo!

He llegado a la aterradora conclusión de que no tengo más que un vestido de manga larga y tres chalecos para el invierno. Papá me ha dado permiso para que me haga un jersey de lana blanca. La lana que tengo no es muy bonita que digamos, pero el calor que me dé me compensará de sobra. Tenemos algo de ropa en casa de otra gente, pero lamentablemente solo podremos ir a recogerla cuando termine la guerra, si es que para entonces todavía sigue allí.

Hace poco, justo cuando te estaba escribiendo algo sobre ella, apareció la señora Van Daan. ¡Plaf!, tuve que cerrar el diario de golpe.

—Oye, Anne, ¿no me enseñas algo de lo que escribes?

—No, señora.

—¿Tampoco la última página?

—No, señora, tampoco.

Menudo susto me llevé, porque lo que había escrito sobre ella justo en esa página no era muy halagüeño que digamos.

Así, todos los días pasa algo, pero soy demasiado perezosa y estoy demasiado cansada para escribírtelo todo.

Tu Anne

---

* Nombre de la casa real de los Países Bajos. (*N. del T.*).

Viernes, 25 de septiembre de 1942

Querida Kitty:

Papá tiene un antiguo conocido, el señor Dreher, un hombre de unos setenta y cinco años, bastante sordo, enfermo y pobre, que tiene a su lado, a modo de apéndice molesto, a una mujer veintisiete años menor que él, igualmente pobre, con los brazos y piernas llenos de brazaletes y anillos, falsos y de verdad, que le han quedado de otras épocas doradas. Este señor Dreher ya le ha causado a papá muchas molestias, y siempre he admirado su inagotable paciencia cuando atendía a este pobre tipo al teléfono. Cuando aún vivíamos en casa, mamá siempre le recomendaba a papá que colocara el auricular al lado de un gramófono, que a cada tres minutos dijera «Sí, señor Dreher; no, señor Dreher», porque, total, el viejo no entendía ni una palabra de las largas respuestas de papá.

Hoy el señor Dreher telefoneó a la oficina y le pidió al señor Kugler que pasara un momento a verlo. Al señor Kugler no le apetecía y quiso enviar a Miep. Miep llamó por teléfono para disculparse. Luego la señora Dreher telefoneó tres veces, pero como presuntamente Miep no estaba en toda la tarde, tuvo que imitar al teléfono la voz de Bep. En el piso de abajo, en las oficinas, y también arriba hubo grandes carcajadas, y ahora, cada vez que suena el teléfono, dice Bep: «¡Debe de ser la señora Dreher!», por lo que a Miep ya le da la risa de antemano y atiende el teléfono entre risitas muy poco corteses. Ya ves, seguro que en el mundo no hay otro negocio como el nuestro, en el que los directores y las secretarias se divierten horrores.

Por las noches me paso a veces por la habitación de los Van Daan a charlar un rato. Comemos una «galleta apolillada» con melaza (la caja de galletas estaba guardada en un ropero atacado por las polillas) y lo pasamos bien. Hace poco hablamos de Peter. Yo les conté que Peter me acaricia a menudo la mejilla y que eso a mí no me gusta. Ellos me preguntaron de forma muy paternalista si yo no podía querer a Peter, ya que él me quería mucho. Yo pensé «¡huy!» y contesté que no. ¡Figúrate! Entonces les dije que Peter era un poco torpe y que me parecía que era tímido. Eso les pasa a todos los chicos cuando no están acostumbrados a tratar con chicas.

Debo decir que la Comisión de Escondidos de la Casa de atrás (sección masculina) es muy inventiva. Fíjate lo que han ideado para hacerle llegar al señor Broks, representante de la Cía. Opekta, conocido nuestro y depositario de algunos de nuestros bienes escondidos, un mensaje de nuestra parte: escriben una carta a máquina dirigida a un tendero que es cliente indirecto de Opekta en la provincia de Zelanda, pidiéndole que rellene una nota adjunta y nos la envíe a vuelta de correo en el sobre también adjunto. El sobre ya lleva escrita la dirección en letra de papá. Cuando el sobre llega de vuelta de Zelanda, reemplazan la nota por una señal de vida manuscrita de papá. Así, Broks la lee sin albergar sospechas. Han escogido precisamente Zelanda porque al estar cerca de Bélgica la carta puede haber pasado la frontera de manera clandestina y porque nadie puede viajar allí sin permiso especial. Un representante corriente como Broks seguro que nunca recibiría un permiso así.

Anoche papá volvió a hacer teatro. Estaba muerto de cansancio y se fue a la cama tambaleándose. Como tenía frío en los pies, le puse mis escarpines para dormir. A los cinco minutos ya se le habían caído al suelo. Luego tampoco quería luz y metió la cabeza debajo de la sábana. Cuando apagamos la luz, fue sacando la cabeza lentamente. Fue algo de lo más cómico. Luego, cuando estábamos hablando de que Peter trata de «tía» a Margot, se oyó de repente la voz cavernosa de papá, diciendo: «tía María».

El gato Mouschi es cada vez más bueno y simpático conmigo, pero yo sigo teniéndole un poco de miedo.

Tu Anne

Domingo, 27 de septiembre de 1942

Querida Kitty:
Hoy he tenido lo que se dice una «discusión» con mamá, pero lamentablemente siempre se me saltan enseguida las lágrimas, no lo puedo evitar. Papá *siempre* es bueno conmigo, y también mucho más comprensivo. En momentos así, a mamá no la soporto, y es que se le nota que soy una extraña para ella, ni siquiera sabe lo que pienso de las cosas más cotidianas.

Estábamos hablando de criadas, de que habría que llamarlas «asistentas domésticas», y de que después de la guerra seguro que será obligatorio llamarlas así. Yo no estaba tan segura de ello, y entonces me dijo que yo muchas veces hablaba de lo que pasará «más adelante», y que me las daba de gran dama, pero eso no es cierto; ¿acaso yo no puedo construirme mis propios castillitos en el aire? Con eso no hago mal a nadie, no hace falta que se lo tomen tan en serio. Papá al menos me defiende; si no fuera por él, seguro que no aguantaría seguir aquí, o casi.

Con Margot tampoco me llevo bien. Aunque en nuestra familia nunca hay enfrentamientos como el que te acabo de describir, para mí no siempre es agradable ni mucho menos formar parte de ella. La manera de ser de Margot y de mamá me es muy extraña. Entiendo mejor a mis amigas que a mi propia madre. Una lástima, ¿verdad?

La señora Van Daan está de mala uva por enésima vez. Está muy malhumorada y va escondiendo cada vez más pertenencias personales. Lástima que mamá, a cada ocultación vandaaniana, no responda con una ocultación frankiana.

Hay algunas personas a las que parece que les diera un placer especial educar no solo a sus propios hijos, sino también participar en la educación de los hijos de sus conocidos. Tal es el caso de Van Daan. A Margot no hace falta educarla, porque es la bondad, la dulzura y la sapiencia personificadas; a mí, en cambio, me ha tocado en suerte ser maleducada por partida doble. Cuando estamos todos comiendo, las recriminaciones y las respuestas insolentes van y vienen más de una vez. Papá y mamá siempre me defienden a capa y espada, si no fuera por ellos no podría entablar la lucha tantas veces sin pestañear. Aunque a cada rato me dicen que tengo que hablar menos, no meterme en lo que no me importa y ser más modesta, mis esfuerzos no tienen demasiado éxito. Si papá no tuviera tanta paciencia, yo ya habría perdido hace mucho las esperanzas de llegar a satisfacer las exigencias de mis propios padres, que no son nada estrictas.

Cuando en la mesa me sirvo poco de alguna verdura que no me gusta nada y como patatas en su lugar, el señor Van Daan, y sobre todo su mujer, no soportan que me consientan tanto. No tardan en dirigirme un «¡Anda, Anne, sírvete más verdura!».

—No, gracias, señora —le contesto—. Me basta con las patatas.

—La verdura es muy sana, lo dice tu propia madre. Anda, sírvete —insiste, hasta que intercede papá y confirma mi negativa.

Entonces, la señora empieza a despotricar:

—Tendrían que haber visto cómo se hacía en mi casa. Allí por lo menos se educaba a los hijos. A esto no lo llamo yo educar. Anne es una niña terriblemente malcriada. Yo nunca lo permitiría. Si Anne fuese mi hija…

Así siempre empiezan y terminan todas sus peroratas: «Si Anne fuera mi hija…». ¡Pues por suerte no lo soy!

Pero volviendo a nuestro tema de la educación, ayer, tras las palabras elocuentes de la señora, se produjo un silencio. Entonces papá contestó:

—A mí me parece que Anne es una niña muy bien educada, al menos ya ha aprendido a no contestarle a usted cuando le suelta sus largos sermones. Y en cuanto a la verdura, no puedo más que contestarle que a lo dicho, viceversa.

La señora estaba derrotada, y bien. El «viceversa» de papá iba dirigido directamente a madame, claro, ya que por las noches nunca come judías ni coles de ninguna clase, porque le producen «ventosidades». Pero eso también podría decirlo yo. ¡Qué mujer más idiota! Por lo menos, que no se meta conmigo.

Es muy cómico ver la facilidad con que se pone colorada. Yo por suerte no, y se ve que eso a ella, secretamente, le da mucha rabia.

Tu Anne

Lunes, 28 de septiembre de 1942

Querida Kitty:
Cuando todavía faltaba mucho para terminar mi carta de ayer, tuve que interrumpir la escritura. No puedo reprimir las ganas de informarte sobre otra disputa, pero antes de empezar debo contarte otra cosa: me parece muy curioso que los adultos se peleen tan fácilmente, tanto y por toda clase de pequeñeces. Hasta ahora siempre había pensado que reñir era cosa de niños, y que con los años se pasaba. Claro que a veces hay motivo para pelearse en serio, pero las rencillas de aquí no son más que riñas de poca monta. Como están a la orden del día, en realidad ya debería estar acostumbrada a ellas. Pero no es el caso, y no lo será nunca, mientras sigan hablando de mí en casi todas las discusiones (esta es la palabra que usan en lugar de riña, lo que por supuesto está muy mal, pero la confusión es por el alemán). Nada, pero absolutamente nada mío les cae bien: mi comportamiento, mi carácter, mis modales, todos y cada uno de mis actos son objeto de un tremendo chismorreo y de continuas habladurías, y las duras palabras y gritos que me sueltan, dos cosas a las que no estaba acostumbrada, me los tengo que tragar alegremente, según me ha recomendado una autoridad en la materia. Pero ¡yo no puedo! Ni pienso permitir que me insulten de esa manera. Ya les enseñaré que Anne Frank no es ninguna tonta, se quedarán muy sorprendidos y deberán cerrar sus bocazas cuando les haga ver que antes de ocuparse tanto de mi educación, deberían ocuparse de la suya propia. Pero ¡qué se han creído! ¡Vaya unos zafios! Hasta ahora siempre me ha dejado perpleja tanta grosería y, sobre todo, tanta estupidez (de la señora Van Daan). Pero tan pronto como esté acostumbrada, y ya no falta mucho, les pagaré con la misma moneda. ¡Ya no volverán a hablar del mismo modo! ¿Es que realmente soy tan maleducada, tan terca, tan caprichosa, tan poco modesta, tan tonta, tan haragana, etcétera, etcétera, como dicen los de arriba? Claro que no. Ya sé que tengo muchos defectos y que hago muchas cosas mal, pero ¡tampoco hay que exagerar tanto! Si supieras, Kitty, cómo a veces me hierve la sangre cuando todos se ponen a gritar y a insultar de ese modo. Te aseguro que no falta mucho para que toda mi rabia contenida estalle.

Pero basta ya de hablar de este asunto. Ya te he aburrido bastante con mis disputas, y sin embargo no puedo dejar de relatarte una discusión de sobremesa harto interesante.

A raíz de no sé qué tema llegamos a hablar sobre la gran modestia de Pim. Dicha modestia es un hecho indiscutible, que hasta el más idiota no puede dejar de admitir. De repente, la señora Van Daan, que siempre tiene que meterse en todas las conversaciones, dijo:

—Yo también soy muy modesta, mucho más modesta que mi marido.

¡Habrase visto! ¡Pues en esta frase sí que puede apreciarse claramente toda su modestia! El señor Van Daan, que creyó necesario aclarar aquello de «que mi marido», replicó muy tranquilamente:

—Es que yo no quiero ser modesto. Toda mi vida he podido ver que las personas que no son modestas llegan mucho más lejos que las modestas.

Y luego, dirigiéndose a mí:

—No te conviene ser modesta, Anne. No llegarás a ninguna parte siendo modesta.

Mamá estuvo completamente de acuerdo con este punto de vista, pero la señora Van Daan, como de costumbre, tuvo que añadir su parecer a este tema educacional. Por esta única vez, no se dirigió directamente a mí, sino a mis señores padres, pronunciando las siguientes palabras:

—¡Qué concepción de la vida tan curiosa la suya, al decirle a Anne una cosa semejante! En mis tiempos no era así, y ahora seguro que tampoco lo es, salvo en una familia moderna como la suya.

Esto último se refería al método educativo moderno, tantas veces defendido por mamá. La señora Van Daan estaba coloradísima de tanto sulfurarse. Una persona que se pone colorada se altera cada vez más por el acaloramiento y por consiguiente lleva todas las de perder frente a su adversario.

La madre no colorada, que quería zanjar el asunto lo antes posible, recapacitó tan solo un instante, y luego respondió:

—Señora Van Daan, también yo opino ciertamente que en la vida es mucho mejor no ser tan modesta. Mi marido, Margot y Peter son todos tremendamente modestos. A su marido, a Anne, a usted y a mí no nos falta modestia, pero tampoco permitimos que se nos dé de lado.

La señora Van Daan:

—¡Pero, señora, no la entiendo! De verdad que soy muy pero que muy modesta. ¡Cómo se le ocurre llamarme poco modesta a mí!

Mamá:

—Es cierto que no le falta modestia, pero nadie la consideraría verdaderamente modesta.

La señora:

—Me gustaría saber en qué sentido soy poco modesta. ¡Si yo aquí no cuidara de mí misma, nadie lo haría, y entonces tendría que morirme de hambre, pero eso no significa que no sea igual de modesta que su marido!

Lo único que mamá pudo hacer con respecto a esta autodefensa tan ridícula fue reírse. Esto irritó a la señora Van Daan, que continuó su maravillosa perorata soltando una larga serie de hermosas palabras germano-holandesas y holando-germanas, hasta que la oradora nata se enredó tanto en su propia palabrería que finalmente se levantó de su silla y quiso abandonar la habitación, pero entonces sus ojos se clavaron en mí. ¡Deberías haberlo visto! Desafortunadamente, en el mismo momento en que la señora nos había vuelto la espalda, yo meneé burlonamente la cabeza, no a propósito, sino de manera más bien involuntaria, por haber estado siguiendo la conversación con tanta atención. La señora se volvió y empezó a reñirme en voz alta, en alemán, de manera soez y grosera, como una verdulera gorda y colorada. Daba gusto verla. Si supiera dibujar, ¡cómo me habría gustado dibujar a esa mujer bajita, ridícula y tonta en esa posición tan cómica! De todos modos, he aprendido una cosa, y es lo siguiente: a las personas no se las conoce bien hasta que se ha tenido una verdadera pelea con ellas. Solo entonces puede uno juzgar el carácter que tienen.

Tu Anne

Martes, 29 de septiembre de 1942

Querida Kitty:

A los escondidos les pasan cosas muy curiosas. Figúrate que como no tenemos bañera, nos bañamos en una pequeña tina, y como solo la oficina (con esta palabra siempre me refiero a todo el piso de abajo) dispone de agua caliente, los siete nos turnamos para bajar y aprovechar esta gran ventaja. Pero como somos todos tan distintos y la cuestión del pudor y la vergüenza está más desarrollada en unos que en otros, cada miembro de la familia se ha buscado un lugar distinto para bañarse. Peter se baña en la cocina, pese a que esta tiene una puerta de cristal. Cuando va a darse un baño, pasa a visitarnos a todos por separado para comunicarnos que durante la próxima media hora no debemos transitar por la cocina. Esta medida le parece suficiente. El señor se baña en el piso de arriba. Para él la seguridad del baño tomado en su propia habitación le compensa la molestia de subir toda el agua caliente tantos pisos. La señora, de momento, no se baña en ninguna parte; todavía está buscando el mejor sitio para hacerlo. Papá se baña en su antiguo despacho, mamá en la cocina, detrás de una mampara, y Margot y yo hemos elegido para nuestro chapoteo la oficina de delante. Los sábados por la tarde cerramos las cortinas y nos aseamos a oscuras. Mientras una está en la tina, la otra espía por la ventana por entre las cortinas cerradas y curiosea a la gente graciosa que pasa.

Desde la semana pasada ya no me agrada este lugar para bañarme y me he puesto a buscar un sitio más confortable. Fue Peter quien me dio la idea de instalar la tina en el amplio lavabo de las oficinas. Allí puedo sentarme, encender la luz, cerrar la puerta con el pestillo, vaciar la tina yo sola sin la ayuda de nadie, y además estoy a cubierto de miradas indiscretas. El domingo fue el día en que estrené mi hermoso cuarto de baño, y por extraño que suene, me gusta más que cualquier otro sitio.

El miércoles vino el fontanero para desplazar del lavabo de las oficinas al pasillo las tuberías de agua y de desagüe. Este cambio se ha hecho pensando en un invierno frío, para evitar que la tubería se congele. La visita del fontanero no fue nada placentera para nosotros. No solo porque durante el día no podíamos dejar correr el agua, sino porque tampoco podíamos ir al retrete. Ya sé que no es muy fino contarte lo que hicimos para remediarlo, pero no soy tan pudorosa como para no hablar de estas cosas. Ya al principio de nuestro periodo de escondidos, papá y yo improvisamos un orinal; al no disponer de uno verdadero, sacrificamos para este fin un frasco de los de hacer conservas. Durante la visita del fontanero, pusimos dichos frascos en la habitación y allí guardamos nuestras necesidades de ese día. Esto me pareció mucho menos desagradable que el hecho de tener que pasarme todo el día sentada sin moverme y sin hablar. No puedes imaginarte lo difícil que le resultó esto a la señorita Cuacuá, cuacuá. Habitualmente ya debemos hablar en voz baja, pero no poder abrir la boca ni moverse es mil veces peor.

Después de estar tres días seguidos pegada a la silla, tenía el trasero todo duro y dolorido. Con unos ejercicios de gimnasia vespertina pude hacer que se me quitara un poco el dolor.

Tu Anne

Jueves, 1 de octubre de 1942

Querida Kitty:

Ayer me di un susto terrible. A las ocho alguien tocó el timbre muy fuerte. Pensé que serían ya sabes quiénes. Pero cuando todos aseguraron que serían unos gamberros o el cartero, me calmé.

Los días transcurren en silencio. Levinsohn, un farmacéutico y químico judío menudo que trabaja para Kugler en la cocina, conoce muy bien el edificio y por eso tenemos miedo de que se le ocurra ir a echar un vistazo al antiguo laboratorio. Nos mantenemos silenciosos como ratoncitos bebés. ¡Quién iba a decir hace tres meses que «doña Anne Puro Nervio» debería y podría estar sentada quietecita horas y horas!

El 29 cumplió años la señora Van Daan. Aunque no hubo grandes festejos, se la agasajó con flores, pequeños obsequios y buena comida. Los claveles rojos de su señor esposo parece que son una tradición familiar.

Volviendo a la señora Van Daan, puedo decirte que una fuente permanente de irritación y disgusto para mí es cómo coquetea con papá. Le acaricia la mejilla y el pelo, se sube muchísimo la falda, dice cosas supuestamente graciosas y trata de atraer de esta manera la atención de Pim. Por suerte a Pim ella no le gusta ni la encuentra simpática, de modo que no hace caso de sus coqueteos. Como sabes, yo soy bastante celosa por naturaleza, así que todo esto me sabe muy mal. ¿Acaso mamá le hace esas cosas al marido de ella? Eso mismo se lo he dicho a la señora en la cara.

Peter tiene alguna ocurrencia divertida de vez en cuando. Al menos una de sus aficiones, que hace reír a todos, la comparte conmigo: le gusta disfrazarse. Un día aparecimos él metido en un vestido negro muy ceñido de su madre, y yo vestida con un traje suyo; Peter llevaba un sombrero y yo una gorra. Los mayores se partían de risa y nosotros no nos divertimos menos.

Bep ha comprado unas faldas nuevas para Margot y para mí en los grandes almacenes Bijenkorf. Son de una tela malísima, parece arpillera; como aquella tela de la que se hacen sacos para meter patatas. Una falda que las tiendas antes ni se habrían atrevido a vender vale ahora 7,75 florines o 24 florines, respectivamente. Otra cosa divertida que se avecina: Bep ha encargado a una academia unas clases de taquigrafía por correspondencia para Margot, para Peter y para mí. Ya verás en qué maravillosos taquígrafos nos habremos convertido el año que viene. A mí al menos me parece superinteresante aprender a dominar de verdad esa escritura secreta.

Tengo un dolor terrible en el índice izquierdo, con lo que no puedo planchar. ¡Mejor!

El señor Van Daan quiso que yo me sentara a su lado a la mesa, porque a su gusto Margot no come suficiente; a mí no me desagrada cambiar por un tiempo. En el jardín ahora siempre hay un gatito negro dando vueltas, que me recuerda a mi querido Moortje, pobrecillo. Mamá siempre tiene algo que objetar, sobre todo cuando estamos comiendo, por eso también me gusta el cambio que hemos hecho. Ahora la que tiene que soportarla es Margot, o, mejor dicho, no tiene que soportarla nada, porque total a ella mamá no le hace esos comentarios tan ponzoñosos, la niña ejemplar. Con eso de la niña ejemplar ahora me paso el día haciéndola rabiar, y ella no lo soporta. Quizá así aprenda a dejar de serlo. ¡Buena hora sería!

Para terminar esta serie de noticias variadas, un chiste muy divertido del señor Van Daan: ¿Sabes lo que hace 99 veces clic y una vez clac? ¡Un ciempiés con una pata de palo!

¡Adiós! Tu Anne

Sábado, 3 de octubre de 1942

Querida Kitty:
Ayer me estuvieron gastando bromas por haber estado tumbada en la cama junto al señor Van Daan. «¡A esta edad!». «¡Qué escándalo!» y toda clase de comentarios parecidos. ¡Qué tontos son! Nunca me acostaría con el señor Van Daan, en el sentido general de la palabra, naturalmente.

Ayer hubo otro encontronazo; mamá empezó a despotricar y le contó a papá todos mis pecados, y entonces se puso a llorar, y yo también, claro, y eso que ya tenía un dolor de cabeza horrible. Finalmente le conté a papaíto que lo quiero mucho más a él que a mamá. Entonces él dijo que ya se me pasaría, pero no lo creo. Es que a mamá no la soporto y tengo que esforzarme muchísimo para no estar siempre soltándole bufidos y calmarme. A veces me gustaría darle una torta, no sé de dónde sale esta enorme antipatía que siento por ella. Papá me ha dicho que cuando mamá no se siente bien o tiene dolor de cabeza, yo debería tomar la iniciativa para ofrecerme a hacer algo por ella, pero yo no lo hago, porque no la quiero y sencillamente no me sale. También puedo imaginarme que algún día mamá se morirá, pero me parece que nunca podría superar que se muriera papá. Tal vez sea muy cruel de mi parte, pero lo siento así. Espero que mamá *nunca* lea esto, y tampoco todo lo demás.

Estoy leyendo *La niñez de Eva*, de Nico van Suchtelen. No veo que haya mucha diferencia entre las novelas para chicas y esto. Eva pensaba que los niños crecían en los árboles, como las manzanas, y que la cigüeña los recoge cuando están maduros y se los lleva a las madres. Pero la gata de su amiga tuvo cría y los gatitos salían de la madre gata. Ella pensaba que la gata ponía huevos, igual que las gallinas, y que se ponía a empollarlos, y también que las madres que tienen un niño unos días antes suben a poner un huevo y luego lo empollan. Cuando viene el niño, las madres todavía están debilitadas de tanto estar en cuclillas. Eva también quería tener un niño. Cogió un chal de lana y lo extendió en el suelo, donde caería el huevo. Entonces se puso en cuclillas a hacer fuerza. Al mismo tiempo empezó a clocar, pero no le vino ningún huevo. Por fin, después de muchos esfuerzos, salió algo que no era ningún huevo, sino una salchichita. Eva sintió mucha vergüenza. Pensó que estaba enferma. ¿Verdad que es cómico? *La niñez de Eva* también habla de mujeres que venden sus cuerpos en unos callejones por un montón de dinero. A mí me daría muchísima vergüenza algo así. Además, también habla de que a Eva le vino la regla. Es algo que quisiera que también me pasara a mí, así al menos sería adulta.

Papá anda refunfuñando y amenaza con quitarme el diario. ¡Vaya un susto invencible! En lo sucesivo será mejor que lo esconda.

Anne Frank

Miércoles, 7 de octubre de 1942

Me imagino que... viajo a Suiza. Papá y yo dormimos en la misma habitación, mientras que el cuarto de estudio de los chicos* pasa a ser mi cuarto privado, en el que me instalo y recibo a las visitas. Para darme una sorpresa me han comprado un juego de muebles nuevos, con mesita de té, escritorio, sillones y un diván, todo muy pero que muy bonito. Después de unos días, papá me da 150 florines, o el equivalente en moneda suiza, claro, pero digamos que son florines, y dice que me compre todo lo que me haga falta, para

---

* Se refiere a sus primos Bernhard y Stephan. *(N. del T.)*.

mí exclusivamente. (Después, todas las semanas me da un florín, con el que también puedo comprarme lo que se me antoje). Salgo con Bernd y me compro:

3 camisetas de verano, a razón de 0,50 = 1,50
3 bragas de verano, a razón de 0,50 = 1,50
3 camisetas de invierno, a razón de 0,75 = 2,25
3 bragas de invierno, a razón de 0,75 = 2,25
2 enaguas, a razón de 0,50 = 1,00
2 sostenes (de la talla más pequeña), a razón de 0,50 = 1,00
5 pijamas, a razón de 1,00 = 5,00
1 salto de cama de verano, a razón de 2,50 = 2,50
1 salto de cama de invierno, a razón de 3,00 = 3,00
2 mañanitas, a razón de 0,75 = 1,50
1 cojín, a razón de 1,00 = 1,00
1 par de zapatillas de verano, a razón de 1,00 = 1,00
1 par de zapatillas de invierno, a razón de 1,50 = 1,50
1 par de zapatos de verano (colegio), a razón de 1,50 = 1,50
1 par de zapatos de verano (vestir), a razón de 2,00 = 2,00
1 par de zapatos de invierno (colegio), a razón de 2,50 = 2,50
1 par de zapatos de invierno (vestir), a razón de 3,00 = 3,00
2 delantales, a razón de 0,50 = 1,00
25 pañuelos, a razón de 0,05 = 1,25
4 pares de medias de seda, a razón de 0,75 = 3,00
4 pares de calcetines largos hasta la rodilla, a razón de 0,50 = 2,00
4 pares de calcetines cortos, a razón de 0,25 = 1,00
2 pares de medias de lana, a razón de 1,00 = 2,00
3 ovillos de lana blanca (bragas, gorro) = 1,50
3 ovillos de lana azul (jersey, falda) = 1,50
3 ovillos de lana de colores (gorro, bufanda) = 1,50
chales, cinturones, cuellos, botones = 1,25

También 2 vestidos para el colegio (verano), 2 vestidos para el colegio (invierno), 2 vestidos de vestir (verano), 2 vestidos de vestir (invierno), 1 falda de verano, 1 falda de invierno de vestir, 1 falda de invierno para el colegio, 1 gabardina, 1 abrigo de verano, 1 abrigo de invierno, 2 sombreros, 2 gorros.

Todo junto son 108 florines.

2 bolsos, 1 traje para patinaje sobre hielo, 1 par de patines con zapatos, 1 caja (con polvos, pomadas, crema desmaquilladora, aceite bronceador, algodón, gasas y esparadrapos, colorete, barra de labios, lápiz de cejas, sales de baño, talco, agua de colonia, jabones, borla).

Luego cuatro jerséis a razón de 1,50, 4 blusas a razón de 1,00, objetos varios por un valor total de 10,00, y libros y regalos por valor de 4,50.

Viernes, 9 de octubre de 1942

Querida Kitty:

Hoy no tengo más que noticias desagradables y desconsoladoras para contarte. A nuestros numerosos amigos y conocidos judíos se los están llevando en grupos. La Gestapo no tiene la mínima consideración con ellos, los cargan nada menos que en vagones de ganado y los envían a Westerbork, el gran campo de concentración para judíos en la provincia de Drente. Miep nos ha hablado de alguien que logró fugarse de allí. Debe de ser un sitio horroroso. A la gente no le dan casi nada de comer y menos de beber. Solo hay agua una hora al día, y no hay más que un retrete y un lavabo para varios miles de personas. Hombres y mujeres duermen todos juntos, y a estas últimas y a los niños a menudo les rapan la cabeza. Huir es prácticamente imposible. Muchos llevan la marca inconfundible de su cabeza rapada o también la de su aspecto judío.

Si ya en Holanda la situación es tan desastrosa, ¿cómo vivirán en las regiones apartadas y bárbaras adonde los envían? Nosotros suponemos que a la mayoría los matan. La radio inglesa dice que los matan en cámaras de gas, quizá sea la forma más rápida de morir.

Estoy muy confusa por las historias de horror tan sobrecogedoras que cuenta Miep y que también a ella la estremecen. Hace poco, por ejemplo, delante de la puerta de su casa se había sentado una viejecita judía tullida esperando a la Gestapo, que había ido a buscar una furgoneta para llevársela. La pobre vieja estaba muy atemorizada por los disparos dirigidos a los aviones ingleses que sobrevolaban la ciudad, y por el relampagueo de los reflectores. Sin embargo, Miep no se atrevió a hacerla entrar en su casa. Nadie lo haría. Sus señorías alemanas no escatiman medios para castigar.

También Bep está muy callada; a su chico lo mandan a Alemania. Cada vez que los aviones sobrevuelan nuestras casas, ella tiene miedo de que suelten sus cargas explosivas de hasta mil toneladas en la cabeza de su Bertus. Las bromas del tipo «Seguro que mil toneladas no le caerán» y «Con una sola bomba basta» me parece que están un tanto fuera de lugar. No creas que Bertus es el único, todos los días salen trenes llenos de muchachos holandeses que van a trabajar a Alemania. En el camino, cuando paran en alguna pequeña estación, algunos se bajan a escondidas e intentan buscar refugio. Una pequeña parte de ellos quizá lo consiga.

Todavía no he terminado con mis lamentaciones. ¿Sabes lo que es un rehén? Es el último método que han impuesto como castigo para los saboteadores. Es lo más horrible que te puedas imaginar. Detienen a destacados ciudadanos inocentes y anuncian que los ejecutarán en caso de que alguien realice un acto de sabotaje. Cuando hay un sabotaje y no encuentran a los responsables, la Gestapo sencillamente pone a cuatro o cinco rehenes contra el paredón. A menudo los periódicos publican esquelas mortuorias sobre estas personas, calificando sus muertes de «accidente fatal».

¡Bonito pueblo el alemán, y pensar que en realidad yo también pertenezco a él! Pero no, hace mucho que Hitler nos ha convertido en apátridas. De todos modos, no hay enemistad más grande en el mundo que entre los alemanes y los judíos.

Tu Anne

Miércoles, 14 de octubre de 1942

Querida Kitty:
Estoy atareadísima. Ayer, primero traduje un capítulo de *La belle Nivernaise* e hice un glosario. Luego resolví un problema de matemáticas dificilísimo y traduje tres páginas de gramática francesa. Hoy tocaba gramática francesa e historia. Me niego a resolver problemas tan difíciles todos los días. Papá también dice que son horribles. Yo casi los sé hacer mejor que él, pero en realidad no nos salen a ninguno de los dos, de modo que siempre tenemos que recurrir a Margot. También estoy muy afanada con la taquigrafía, que me encanta. Soy la que va más adelantada de los tres.

He leído *Los exploradores*. Es un libro divertido, pero no tiene ni punto de comparación con *Joop ter Heul*. Por otra parte, aparecen a menudo las mismas palabras, pero eso se entiende al ser de la misma escritora. Cissy van Marxveldt escribe de miedo. Fijo que luego se los daré a leer a mis hijos.

Además, he leído un montón de obras de teatro de Körner. Me gusta cómo escribe este hombre. Por ejemplo: *Eduviges*, *El primo de Bremen*, *La gobernanta*, *El dominó verde* y otras más.

Mamá, Margot y yo hemos vuelto a ser grandes amigas, y en realidad me parece que es mucho mejor así. Anoche estábamos acostadas en mi cama Margot y yo. Había poquísimo espacio, pero por eso justamente era muy divertido. Me pidió que le dejara leer mi diario.

—Algunas partes sí —le dije, y le pedí el suyo. Me dejó que lo leyera.

Así llegamos al tema del futuro, y le pregunté qué quería ser cuando fuera mayor. Pero no quiso decírmelo, se lo guarda como un gran secreto. Yo he captado algo así como que le interesaría la enseñanza. Naturalmente, no sé si le convendrá, pero sospecho que tirará por ese lado. En realidad no debería ser tan curiosa.

Esta mañana me tumbé en la cama de Peter, después de ahuyentarlo. Estaba furioso, pero me importa un verdadero bledo. Podría ser más amable conmigo, porque sin ir más lejos, anoche le regalé una manzana.

Le pregunté a Margot si yo le parecía muy fea. Me contestó que tenía un aire gracioso, y que tenía unos ojos bonitos. Una respuesta un tanto vaga, ¿no te parece?

Pues nada, ¡hasta la próxima!

Anne Frank

P.D.: Esta mañana todos hemos vuelto a pasar por la balanza. Margot pesa ahora 60 kilos, mamá 62, papá 70½, Anne 43½, Peter 67, la señora Van Daan 53, el señor Van Daan 75. En los tres meses que llevo aquí, he aumentado 8½ kilos. ¡Cuánto!, ¿no?

Martes, 20 de octubre de 1942

Querida Kitty:

Todavía me tiembla la mano, a pesar de que ya han pasado dos horas desde el enorme susto que nos dimos. Debes saber que en el edificio hay cinco aparatos Minimax contra incendios. Los de abajo fueron tan inteligentes de no avisarnos que venía el carpintero, o como se le llame, a rellenar estos aparatos. Por consiguiente, no estábamos para nada tratando de no hacer ruido, hasta que en el descansillo (frente a nuestra puerta armario) oí martillazos. Enseguida pensé que sería el carpintero y avisé a Bep, que estaba comiendo, de que no podría bajar a la oficina. Papá y yo nos apostamos junto a la puerta para oír cuándo se iba el hombre. Tras haber estado unos quince minutos trabajando, depositó el martillo y otras herramientas sobre nuestro armario (por lo menos, así nos pareció) y golpeó la puerta. Nos pusimos blancos. ¿Habría oído algún ruido y estaría tratando de investigar el misterioso mueble? Así parecía, porque los golpes, tirones y empujones continuaban.

Casi me desmayo del susto, pensando en lo que pasaría si aquel perfecto desconocido lograba desmantelar nuestro hermoso escondite. Y justo cuando pensaba que había llegado el fin de mis días, oímos la voz del señor Kleiman, diciendo:

—Abridme, soy yo.

Le abrimos inmediatamente. ¿Qué había pasado? El gancho con el que se cierra la puerta armario se había atascado, con lo que nadie nos había podido avisar de la venida del carpintero. El hombre ya había bajado y Kleiman vino a buscar a Bep, pero no lograba abrir el armario. No te imaginas lo aliviada que me sentí. El hombre que yo creía que quería entrar en nuestra casa había ido adoptando en mi fantasía proporciones cada vez más gigantescas, pasando a ser un fascista monstruoso como ninguno. ¡Ay!, por suerte esta vez todo acabó bien.

El lunes nos divertimos mucho. Miep y Jan pasaron la noche con nosotros. Margot y yo nos fuimos a dormir una noche con papá y mamá, para que los Gies pudieran ocupar nuestro lugar. La cena de honor estuvo deliciosa. Hubo una pequeña interrupción originada por la lámpara de papá, que causó un cortocircuito y nos dejó a oscuras. ¿Qué hacer? Plomos nuevos había, pero había que ir a cambiarlos al oscuro almacén del fondo, y eso de noche no era una tarea muy agradable. Igualmente, los hombres de la casa hicieron un intento y a los diez minutos pudimos volver a guardar nuestras velas iluminatorias.

Esta mañana me levanté temprano. Jan ya estaba vestido. Tenía que marcharse a las ocho y media, de modo que a las ocho ya estaba arriba desayunando. Miep se estaba vistiendo, y cuando entré solo tenía puesta la enagua. Usa las mismas bragas de lana que yo para montar en bicicleta. Margot y yo también nos vestimos y subimos al piso de arriba mucho antes que de costumbre. Después de un ameno desayuno, Miep bajó a la oficina. Llovía a cántaros, y se alegró de no tener que pedalear al trabajo bajo la lluvia. Hice las camas con papá y luego me aprendí la conjugación irregular de cinco verbos franceses. ¡Qué aplicada soy!, ¿verdad?

Margot y Peter estaban leyendo en nuestra habitación, y Mouschi se había instalado junto a Margot en el diván. Al acabar con mis irregularidades francesas yo también me sumé al grupo, y me puse a leer *El canto eterno de los bosques*. Es un libro muy bonito, pero muy particular, y ya casi lo he terminado.

La semana que viene también Bep nos hará una visita nocturna.

Tu Anne

Jueves, 29 de octubre de 1942

Queridísima Kitty:

Estoy muy preocupada; papá se ha puesto malo. Tiene mucha fiebre y le han salido granos colorados. Parece que tuviera viruela. ¡Y ni siquiera podemos llamar a un médico! Mamá lo hace sudar, quizá con eso le baje la fiebre.

Esta mañana Miep nos contó que han «desmueblado» la casa de los Van Daan, en la Zuider Amstellaan. Todavía no se lo hemos dicho a la señora, porque últimamente anda bastante nerviosa y no tenemos ganas de que nos suelte otra jeremiada sobre su hermosa vajilla de porcelana y las sillas tan elegantes que debió abandonar en su casa. También nosotros hemos tenido que abandonar casi todas nuestras cosas bonitas. ¿De qué nos sirve ahora lamentarnos?

Papá quiere que empiece a leer libros de Hebbel y de otros escritores alemanes famosos. Leer alemán ya no me resulta tan difícil, solo que por lo general leo bisbiseando, en vez de leer para mis adentros. Pero ya se me pasará. Papá ha sacado los dramas de Goethe y de Schiller de la biblioteca grande, y quiere leerme unos párrafos todas las noches. Ya hemos empezado por *Don Carlos*. Siguiendo el buen ejemplo de papá, mamá me ha dado su libro de oraciones. Para no contrariarla he leído algunos rezos en alemán. Me parecen bonitos, pero no me dicen nada. ¿Por qué me obliga a ser tan beata y religiosa?

Mañana encenderemos la estufa por primera vez. Seguro que se nos llenará la casa de humo, porque hace mucho que no han deshollinado la chimenea. ¡Esperemos que tire!

Tu Anne

Lunes, 2 de noviembre de 1942

Querida Kitty:

El viernes por la noche estuvo con nosotros Bep. Pasamos un rato agradable, pero no durmió bien porque había bebido vino. Por lo demás, nada de particular. Ayer me dolía mucho la cabeza y me fui a la cama temprano. Margot está nuevamente latosa.

Esta mañana empecé a ordenar un fichero de la oficina, que se había caído y que tenía todas las fichas mezcladas. Como era para volverme loca, les pedí a Margot y Peter que me ayudaran, pero los muy haraganes no quisieron. Así que lo guardé tal cual, porque sola no lo voy a hacer. ¡Soy tonta pero no tanto!

Tu Anne

P.D.: Había olvidado comunicarte la importante noticia de que es probable que pronto me venga la regla. Lo noto porque a cada rato tengo una sustancia pegajosa en las bragas y mamá ya me lo anticipó. Apenas puedo esperar. ¡Me parece algo tan importante! Es una lástima que ahora no pueda usar compresas, porque ya no se consiguen, y los palitos que usa mamá solo son para mujeres que ya han tenido hijos alguna vez.

22 de enero de 1944 (añadido)

Ya no podría escribir una cosa así.

Ahora que releo mi diario después de un año y medio, me sorprendo de que alguna vez haya sido tan cándida e ingenua. Sin pensar me doy cuenta de que, por más que quisiera, nunca más podré ser así. Mis estados de ánimo, las cosas que digo sobre Margot, mamá y papá, todavía lo comprendo como si lo hubiera escrito ayer. Pero esa manera desvergonzada de escribir sobre ciertas cosas ya no me la puedo imaginar. De verdad me avergüenzo de leer algunas páginas que tratan de temas que preferiría imaginármelos más bonitos. Los he descrito de manera tan poco fina... Pero ¡ya basta de lamentarme!

Lo que también entiendo muy bien es la añoranza de Moortje y el deseo de tenerlo conmigo. A menudo conscientemente, pero mucho más a menudo de manera inconsciente, todo el tiempo que he estado y que estoy aquí he tenido un gran deseo de confianza, cariño y mimos. Este deseo es fuerte a veces, y menos fuerte otras veces, pero siempre está ahí.

Jueves, 5 de noviembre de 1942

Querida Kitty:

Por fin los ingleses han tenido algunas victorias en África, y Stalingrado aún no ha caído, de modo que los señores de la casa están muy alegres y contentos y esta mañana sirvieron café y té. Por lo demás, nada de particular.

Esta semana he leído mucho y he estudiado poco. Así han de hacerse las cosas en este mundo, y así seguro que se llegará lejos.

Mamá y yo nos entendemos bastante mejor últimamente, aunque *nunca* llegamos a tener una verdadera relación de confianza, y papá, aunque hay algo que me oculta, no deja de ser un cielo.

La estufa lleva varios días encendida, y la habitación está inundada de humo. Yo realmente prefiero la calefacción central, y supongo que no soy la única. A Margot no puedo calificarla más que de detestable; me crispa terriblemente los nervios de la noche a la mañana.

Anne Frank

Lunes, 9 de noviembre de 1942

Querida Kitty:

Ayer fue el cumpleaños de Peter. Cumplió dieciséis años. A las ocho ya subí a saludarlo y a admirar sus regalos. Le han regalado, entre otras cosas, el juego de la Bolsa, una maquinilla de afeitar y un encendedor de cigarrillos. No es que fume mucho; al contrario, pero es por motivos de elegancia.

La mayor sorpresa nos la dio el señor Van Daan, cuando nos informó de que los ingleses habían desembarcado en Túnez, Argel, Casablanca y Orán.

«Es el principio del fin», dijeron todos, pero Churchill, el primer ministro inglés, que seguramente oyó la misma frase en Inglaterra, dijo: «Este desembarco es una proeza, pero no se debe pensar que sea el principio del fin. Yo más bien diría que significa el fin del principio». ¿Te das cuenta de la diferencia? Sin embargo, hay motivos para mantener el optimismo. Stalingrado, la ciudad rusa que ya llevan tres meses defendiendo, aún no ha sido entregada a los alemanes.

Para darte una idea de otro aspecto de nuestra vida en la Casa de atrás, tendré que escribirte algo sobre nuestra provisión de alimentos. (Has de saber que los de la sección de arriba son unos verdaderos golosos).

El pan nos lo provee un panadero muy amable, un conocido de Kleiman. No conseguimos tanto pan como en casa, naturalmente, pero nos alcanza. Las cartillas de racionamiento también las compramos de forma clandestina. El precio aumenta continuamente; de 27 florines ha subido ya a 33. ¡Y eso solo por una hoja de papel impresa!

Para tener una reserva de víveres no perecederos, aparte de las cien latas de conserva, hemos comprado 135 kilos de legumbres. Eso no es para nosotros solos; también se ha tenido en cuenta la oficina. Los sacos de legumbres estaban colgados con ganchos en el pasillito que hay detrás de la puerta armario. Algunas costuras de los sacos saltaron debido al gran peso. Decidimos que era mejor subir nuestras provisiones de invierno al desván, y encomendamos la tarea a Peter. Cuando cinco de los seis sacos ya se encontraban arriba sanos y salvos y Peter estaba subiendo el sexto, la costura de debajo se soltó y una lluvia, mejor dicho un granizo, de judías pintas voló por el aire y rodó por la escalera. En el saco había unos 25 kilos, de modo que fue un ruido infernal. Abajo pensaron que se les venía el viejo edificio encima. Peter se asustó un momento, pero soltó una carcajada cuando me vio al pie de la escalera como una especie de isla en medio de un mar de judías, que me llegaba hasta los tobillos. Enseguida nos pusimos a recogerlas, pero las judías son tan pequeñas y resbaladizas que se meten en todos los rincones y grietas posibles e imposibles. Cada vez que ahora alguien sube la escalera, se agacha para recoger un puñado de judías, que seguidamente entrega a la señora Van Daan.

Casi me olvidaba de decirte que a papá ya se le ha pasado totalmente la enfermedad que tenía.

Tu Anne

P.D.: Acabamos de oír por radio la noticia de que ha caído Argel. Marruecos, Casablanca y Orán ya hace algunos días que están en manos de los ingleses. Ahora solo falta Túnez.

Martes, 10 de noviembre de 1942

Querida Kitty:

¡Gran noticia! ¡Vamos a acoger a otro escondido!

Sí, es cierto. Siempre habíamos dicho que en la casa en realidad aún había lugar y comida para una persona más, pero no queríamos que Kugler y Kleiman cargaran con más responsabilidad. Pero como nos llegan noticias cada vez más atroces respecto de lo que está pasando con los judíos, papá consultó a los dos principales implicados y a ellos les pareció un plan excelente. «El peligro es tan grande para ocho como lo es para siete», dijeron muy acertadamente. Cuando nos habíamos puesto de acuerdo, pasamos revista mentalmente a todos nuestros amigos y conocidos en busca de una persona soltera o sola que encajara bien en nuestra familia de escondidos. No fue difícil dar con alguien así: después de que papá había descartado a todos los parientes de los Van Daan, la elección recayó en un dentista llamado Albert Dussel. Vive con una mujer cristiana muy agradable y mucho más joven que él, con la que seguramente no está casado, pero ese es un detalle sin importancia. Tiene fama de ser una persona tranquila y educada, y a juzgar por la presentación, aunque superficial, tanto a Van Daan como a nosotros nos pareció simpático. También Miep lo conoce, de modo que ella podrá organizar el plan de su venida al escondite. Cuando venga Dussel, tendrá que dormir en mi habitación en la cama de Margot, que deberá conformarse con la cama de tablitas.* También le pediremos que traiga algo para empastar muelas cariadas.

Tu Anne

Jueves, 12 de noviembre de 1942

Querida Kitty:
Vino Miep a informarnos de que había estado con el doctor Dussel, quien al verla entrar en su consulta le había preguntado enseguida si no sabía de un escondite. Se había alegrado muchísimo cuando Miep le contó que sabía de uno y que tendría que ir allí lo antes posible, mejor ya el mismo sábado. Pero eso lo hizo entrar en la duda, ya que todavía tenía que ordenar su fichero, atender a dos pacientes y hacer la caja. Esta fue la noticia que nos trajo Miep esta mañana. No nos pareció bien esperar tanto tiempo. Todos esos preparativos significan dar explicaciones a un montón de gente que preferiríamos no implicar en el asunto. Miep le iba a preguntar si no podía organizar las cosas de tal manera que pudiera venir el sábado, pero Dussel dijo que no, y ahora llega el lunes.

Me parece muy curioso que no haya aceptado inmediatamente nuestra propuesta. Si lo detienen en la calle tampoco podrá ordenar el fichero ni atender a sus pacientes. ¿Por qué retrasar el asunto entonces? Creo que papá ha hecho mal en ceder.

Ninguna otra novedad.

Tu Anne

Martes, 17 de noviembre de 1942

¡Querida Kitty!
Ha llegado Dussel. Todo ha salido bien. Miep le había dicho que a las once de la mañana estuviera en un determinado lugar frente a la oficina de correos, y que allí un señor lo pasaría a buscar. A las once en punto, Dussel

---

* Tras la llegada de Dussel, Margot tuvo que dormir en la habitación de sus padres. (*N. del T.*).

se encontraba en el lugar convenido. Se le acercó el señor Kleiman, informándole de que la persona en cuestión todavía no podía venir y que si no podía pasar un momento por la oficina de Miep. Kleiman volvió a la oficina en tranvía y Dussel hizo lo propio andando.

A las once y veinte Dussel tocó a la puerta de la oficina. Miep lo ayudó a quitarse el abrigo, para que no se le viera la estrella, y lo condujo al antiguo despacho de papá, donde Kleiman lo entretuvo hasta que se fue la asistenta. Esgrimiendo la excusa de que tenían que desocupar el despacho, Miep acompañó a Dussel arriba, abrió la estantería giratoria y, para gran sorpresa de este, entró en nuestra Casa de atrás.

Los siete estábamos sentados alrededor de la mesa con coñac y café, esperando a nuestro futuro compañero de escondite. Miep primero le enseñó nuestro cuarto de estar; Dussel enseguida reconoció nuestros muebles, pero no pensó ni remotamente en que nosotros pudiéramos encontrarnos encima de su cabeza. Cuando Miep se lo dijo, casi se desmaya del asombro. Pero por suerte, Miep no le dejó tiempo de seguir asombrándose y lo condujo hacia arriba. Dussel se dejó caer en un sillón y se nos quedó mirando sin decir palabra, como si primero quisiera enterarse bien de lo ocurrido a través de nuestras caras. Luego tartamudeó:

—Perro… entonces ¿ustedes no son en la Bélgica? ¿El militar no es aparrecido? ¿El coche? ¿El huida no es logrrado?*

Le explicamos cómo había sido todo, cómo habíamos difundido la historia del militar y el coche a propósito, para despistar a la gente y a los alemanes que pudieran venir a buscarnos. Dussel no tenía palabras ante tanta ingeniosidad, y no pudo más que asombrarse al hacer un primer recorrido por nuestra querida y superpráctica Casita de atrás. Comimos todos juntos, Dussel se echó a dormir un momento y luego tomó el té con nosotros, ordenó las poquitas cosas suyas que Miep había traído de antemano y muy pronto se sintió como en su casa. Sobre todo cuando se le entregaron las siguientes normas de la Casa escondite de atrás (obra de Van Daan):

PROSPECTO Y GUÍA DE LA CASA DE ATRÁS
Establecimiento especial para la permanencia temporal de judíos y similares.

Abierto todo el año.

Convenientemente situado, en zona tranquila y boscosa en el corazón de Ámsterdam. Sin vecinos particulares. Se puede llegar en las líneas 13 y 17 del tranvía municipal, en automóvil y en bicicleta. En los casos en que las autoridades alemanas no permiten el uso de estos últimos medios de transporte, también andando. Disponibilidad permanente de pisos y

---

* Dussel se expresaba muy mal en neerlandés. *(N. del T.)*.

habitaciones, amueblados y sin amueblar, con pensión incluida o sin ella.

Alquiler: gratuito.

Dieta: sin grasas.

Agua corriente: en el cuarto de baño (sin bañera, lamentablemente) y en varias paredes interiores y exteriores. Estufas y hogares de calor agradable.

Amplios depósitos para guardar bienes de todo tipo. Dos grandes y modernas cajas de seguridad.

Central de radio propia: con enlace directo desde Londres, Nueva York, Tel Aviv y muchas otras capitales. Este aparato está a disposición de todos los inquilinos a partir de las seis de la tarde, no existiendo emisoras prohibidas, con la salvedad de que las emisoras alemanas solo podrán escucharse a modo de excepción, por ejemplo audiciones de música clásica y similares. Queda terminantemente prohibido escuchar y difundir noticias alemanas (indistintamente de dónde provengan).

Horario de descanso: desde las 10 de la noche hasta las 7.30 de la mañana, los domingos hasta las 10.15. Debido a las circunstancias reinantes, el horario de descanso también regirá durante el día, según indicaciones de la dirección. ¡Se ruega encarecidamente respetar estos horarios por razones de seguridad!

Ocio: suspendido hasta nueva orden por lo que respecta a actividades fuera de casa.

Uso del idioma: es imperativo hablar en voz baja a todas horas; admitidas todas las lenguas civilizadas; o sea, el alemán no.

Lectura y entretenimiento: no se podrán leer libros en alemán, excepto los científicos y de autores clásicos; todos los demás, a discreción.

Ejercicios de gimnasia: a diario.

Canto: en voz baja exclusivamente, y solo después de las 18 horas.

Cine: funciones a convenir.

Clases: de taquigrafía, una clase semanal por correspondencia; de inglés, francés, matemáticas e historia, a todas horas; retribución en forma de otras clases, de idioma neerlandés, por ejemplo.

Sección especial: para animales domésticos pequeños, con atención esmerada (excepto bichos y alimañas, que requieren un permiso especial).

Reglamento de comidas.

Desayuno: todos los días, excepto domingos y festivos, a las 9 de la mañana; domingos y festivos, a las 11.30 horas, aproximadamente.

Almuerzo: parcialmente completo. De 13.15 a 13.45 horas.

Cena: fría y/o caliente; sin horario fijo, en relación con los partes informativos.

Obligaciones con respecto a la brigada de aprovisionamiento: estar siempre dispuestos a asistir en las tareas de oficina.

Aseo personal: los domingos a partir de las 9 de la mañana, los inquilinos pueden disponer de la tina; posibilidad de usarla en el lavabo, la cocina, el despacho o la oficina de delante, según preferencias de cada uno.

Bebidas fuertes: solo por prescripción médica.

Fin.

Tu Anne

Jueves, 19 de noviembre de 1942

Querida Kitty:

Como todos suponíamos, Dussel es una persona muy agradable. Por supuesto, le pareció bien compartir la habitación conmigo; yo sinceramente no estoy muy contenta de que un extraño vaya a usar mis cosas, pero hay que hacer algo por la causa común, de modo que es un pequeño sacrificio que hago de buena gana. «Con tal que podamos salvar a alguno de nuestros conocidos, todo lo demás es secundario», ha dicho papá, y tiene toda la razón.

El primer día de su estancia aquí, Dussel empezó a preguntarme enseguida toda clase de cosas, por ejemplo cuándo viene la asistenta, cuáles son las horas de uso del cuarto de baño, cuándo se puede ir al lavabo, etcétera. Te reirás, pero todo esto no es tan fácil en un escondite. Durante el día no podemos armar barullo, para que no nos oigan desde abajo, y cuando hay otra persona, como por ejemplo la asistenta, tenemos que prestar más atención aún para no hacer ruido. Se lo expliqué prolijamente a Dussel, pero hubo una cosa que me sorprendió: que es un poco duro de entenderas, porque pregunta todo dos veces y aun así no lo retiene.

Quizá se le pase, y solo es que está aturdido por la sorpresa. Por lo demás todo va bien.

Dussel nos ha contado mucho de lo que está pasando fuera, en ese mundo exterior que tanto echamos de menos. Todo lo que nos cuenta es triste. A muchísimos de nuestros amigos y conocidos se los han llevado a un horrible destino. Noche tras noche pasan las furgonetas militares verdes y grises. Llaman a todas las puertas, preguntando si allí viven judíos. En caso afirmativo, se llevan en el acto a toda la familia. En caso negativo continúan su recorrido. Nadie escapa a esta suerte, a no ser que se esconda. Muchas veces también llevan listas y solo llaman allí donde saben que obtendrán un rico botín. A menudo pagan un precio por persona que se llevan: tantos florines por cabeza. ¡Como una cacería de esclavos de las que se hacían antes! Pero no es broma, la cosa es demasiado dramática para eso. Por las noches veo a menudo a esa pobre gente inocente desfilando en la oscuridad, con niños que lloran, siempre en marcha, cumpliendo las órdenes de esos individuos, golpeados y maltratados hasta casi no poder más. No respetan a nadie: ancianos, niños, bebés, mujeres embarazadas, enfermos, todos sin excepción marchan camino de la muerte.

Qué bien estamos aquí, qué bien y qué tranquilos. No necesitaríamos tomarnos tan a pecho toda esta miseria, si no fuera que tememos por lo que les está pasando a todos los que tanto queríamos y a quienes ya no podemos ayudar. Me siento mal, porque mientras yo duermo en una cama bien abrigada, mis amigas más queridas quién sabe dónde estarán tiradas.

Me da mucho miedo pensar en todas las personas con quienes me he sentido siempre tan íntimamente ligada y que ahora están en manos de los más crueles verdugos que hayan existido jamás.

Y todo por ser judíos.

Tu Anne

Viernes, 20 de noviembre de 1942

Querida Kitty:

Ninguno de nosotros sabe muy bien qué actitud adoptar. Hasta ahora nunca nos habían llegado tantas noticias sobre la suerte de los judíos y nos pareció mejor conservar en lo posible el buen humor. Las pocas veces que Miep ha soltado algo sobre las cosas terribles que le sucedieron a alguna conocida o amiga, mamá y la señora Van Daan se han puesto cada vez a llorar, de modo que Miep decidió no contarles nada más. Pero a Dussel enseguida lo acribillaron a preguntas, y las historias que contó eran tan terribles y bárbaras que no eran como para entrar por un oído y salir por el otro. Sin embargo, cuando ya no tengamos las noticias tan frescas en nuestras memorias, seguramente volveremos a contar chistes y a gastarnos bromas. De nada sirve seguir tan apesadumbrados como ahora. A los que están fuera de todos modos no podemos ayudarlos. ¿Y qué sentido tiene hacer de la Casa de atrás una «Casa melancolía»?

En todo lo que hago me acuerdo de todos los que están ausentes. Y cuando alguna cosa me da risa, me asusto y dejo de reír, pensando en que es escandaloso que esté tan alegre. Pero ¿es que tengo que pasarme el día llorando? No, no puedo hacer eso, y esta pesadumbre ya se me pasará.

A todos estos pesares se les ha sumado ahora otro más, pero de tipo personal, y que no es nada comparado con la desgracia que acabo de relatar. Sin embargo, no puedo dejar de contarte que últimamente me estoy sintiendo muy abandonada, que hay un vacío demasiado grande a mi alrededor. Antes nunca pensaba realmente en estas cosas; mis alegrías y mis amigas ocupaban todos mis pensamientos. Ahora solo pienso en cosas tristes o acerca de mí misma. Y finalmente he llegado a la conclusión de que papá, por más bueno que sea, no puede suplantar él solo a mi antiguo mundo. Mamá y Margot ya no cuentan para nada en cuanto a mis sentimientos.

Pero ¿por qué molestarte con estas tonterías, Kitty? Soy muy ingrata, ya lo sé, pero ¡la cabeza me da vueltas cuando no hacen más que reñirme, y además, solo me vienen a la mente todas estas cosas tristes!

Tu Anne

Sábado, 28 de noviembre de 1942

Querida Kitty:
Hemos estado usando mucha luz, excediéndonos de la cuota de electricidad que nos corresponde. La consecuencia ha sido una economía exagerada en el consumo de luz y la perspectiva de un corte en el suministro. ¡Quince días sin luz! ¿Qué te parece? Pero quizá no lleguemos a tanto. A las cuatro o cuatro y media de la tarde ya está demasiado oscuro para leer, y entonces matamos el tiempo haciendo todo tipo de tonterías. Adivinar acertijos, hacer gimnasia a oscuras, hablar inglés o francés, reseñar libros, pero a la larga todo te aburre. Ayer descubrí algo nuevo: espiar con un catalejo las habitaciones bien iluminadas de los vecinos de atrás. Durante el día no podemos correr las cortinas ni un centímetro, pero cuando todo está tan oscuro no hay peligro.

Nunca antes me había dado cuenta de lo interesante que podían resultar los vecinos, al menos los nuestros. A unos los encontré sentados a la mesa comiendo, una familia estaba haciendo una proyección y el dentista de aquí enfrente estaba atendiendo a una señora mayor muy miedica.

El señor Dussel, el hombre del que siempre decían que se entendía tan bien con los niños y que los quería mucho a todos, ha resultado ser un educador de lo más chapado a la antigua, a quien le gusta soltar sermones interminables sobre buenos modales y buen comportamiento. Dado que tengo la extraordinaria dicha (!) de compartir mi lamentablemente muy estrecha habitación con este archidistinguido y educado señor, y dado que por lo general se me considera la peor educada de los tres jóvenes de la casa, tengo que hacer lo imposible para eludir las viejas, reiteradas regañinas y advertencias y hacerme la sueca. Todo esto no sería tan terrible si el estimado señor no fuera tan soplón y, para colmo de males, no hubiera elegido justo a mamá para irle con el cuento. Cada vez que me suelta un sermón, al poco tiempo aparece mamá y la historia se repite. Y cuando estoy realmente de suerte, a los cinco minutos me llama la señora Van Daan para pedirme cuentas, y ¡vuelta a empezar!

De veras, no creas que es tan fácil ser el foco maleducado de la atención de una familia de escondidos entrometidos.

Por las noches, cuando me pongo a repensar en la cama los múltiples pecados y defectos que se me atribuyen, la gran masa de cosas que debo considerar me confunde de tal manera que o bien me echo a reír, o bien a llorar, según cómo esté de humor. Y entonces me duermo con la extraña sensación de querer otra cosa de la que soy, o de ser otra cosa de la que quiero, o quizá también de hacer otra cosa de la que quiero o soy.

¡Santo cielo!, ahora también te voy a confundir a ti, perdóname, pero no me gusta hacer tachones, y tirar papel en épocas de gran escasez está prohibido. De modo que solo puedo recomendarte que no releas la frase de arriba y sobre todo que no te pongas a analizarla, porque de cualquier modo no sacarás nada en limpio.

Tu Anne

Lunes, 7 de diciembre de 1942

Querida Kitty:

Este año Januká* y San Nicolás** casi coinciden; hubo un solo día de diferencia. Januká no lo festejamos con tanto bombo, solo unos pequeños regalitos y luego las velas. Como hay escasez de velas, no las tenemos encendidas más que diez minutos, pero si va acompañado del cántico, con eso basta. El señor Van Daan ha fabricado un candelabro de madera, así que eso también lo tenemos.

La noche de San Nicolás, el sábado, fue mucho más divertida. Bep y Miep habían despertado nuestra curiosidad cuchicheando todo el tiempo con papá entre las comidas, de modo que ya intuíamos que algo estaban tramando. Y así fue: a las ocho de la noche todos bajamos por la escalera de madera, pasando por el pasillo superoscuro (yo estaba aterrada y hubiese querido estar nuevamente arriba, sana y salva), hasta llegar al pequeño cuarto del medio. Allí pudimos encender la luz, ya que este cuartito no tiene ventanas. Hecho esto, papá abrió la puerta del armario grande.

—¡Oh, qué bonito! —exclamamos todos.

En el rincón había una enorme cesta adornada con papel especial de San Nicolás y con una careta de su criado Pedro el Negro.

Rápidamente nos llevamos la cesta arriba. Había un regalo para cada uno, acompañado de un poema alusivo. Ya sabrás cómo son los poemas de San Nicolás, de modo que no te los voy a copiar.

A mí me regalaron un muñequito de feria, a papá unos sujetalibros, etcétera. Lo principal es que todo era muy ingenioso y divertido, y como ninguno de los ocho escondidos habíamos festejado jamás San Nicolás, este estreno estuvo muy acertado.

Tu Anne

---

* En el calendario judío, fiesta de la dedicación del Templo. *(N. del T.)*.

** Fiesta tradicional holandesa. El 5 de diciembre, san Nicolás trae regalos a los niños. *(N. del T.)*.

P.D.: Para los de abajo por supuesto que también había regalos, todos procedentes de otras épocas mejores, y además algún dinero, que a Miep y Bep siempre les viene bien.

Hoy supimos que el cenicero que le regalaron al señor Van Daan, el portarretratos de Dussel y los sujetalibros de papá los hizo todos el señor Voskuijl en persona. ¡Es asombroso lo que ese hombre sabe fabricar con las manos!

Jueves, 10 de diciembre de 1942

Querida Kitty:

El señor Van Daan ha trabajado toda su vida en el ramo de los embutidos, las carnes y las especias. En el negocio de papá se le contrató por sus cualidades de especiero, pero ahora está mostrando su lado de charcutero, lo que no nos viene nada mal.

Habíamos encargado mucha carne (clandestinamente, claro) para conservar en frascos para cuando tuviéramos que pasar tiempos difíciles. Van Daan quiso hacer salchichas, longanizas y salchichones. Fue gracioso ver cómo pasaba primero por la picadora los trozos de carne, dos o tres veces, y cómo introducía en la masa de carne todos los aditivos y llenaba las tripas a través de un embudo. Las salchichas nos las comimos enseguida al mediodía con el chucrut, pero las longanizas, que eran para conservar, primero debían secarse bien, y para ello las colgamos de un palo que pendía del techo con dos cuerdas. Todo el que entraba en el cuarto y veía la exposición de embutidos se echaba a reír. Es que era todo un espectáculo.

En el cuarto reinaba un gran ajetreo. El señor Van Daan tenía puesto un delantal de su mujer y estaba, todo lo gordo que era (parecía más gordo de lo que es en realidad), atareadísimo preparando la carne. Las manos ensangrentadas, la cara colorada y las manchas en el delantal le daban el aspecto de un carnicero de verdad. La señora hacía de todo a la vez: estudiar neerlandés con un librito, remover la sopa, mirar la carne, suspirar y lamentarse por su costilla pectoral superior rota. ¡Eso es lo que pasa cuando las señoras mayores (!) se ponen a hacer esos ejercicios de gimnasia tan ridículos para rebajar el gran trasero que tienen!

Dussel tenía un ojo inflamado y se aplicaba compresas de manzanilla junto a la estufa. Pim estaba sentado en una silla justo donde le daba un rayo de sol que entraba por la ventana; le pedían que se hiciera a un lado continuamente. Seguro que de nuevo le molestaba el reúma, porque torcía bastante el cuerpo y miraba lo que hacía el señor Van Daan con un gesto de fastidio en la cara. Era clavado a uno de esos viejecitos inválidos de un asilo de ancianos. Peter se revolcaba por el suelo con el gato Mouschi, y mamá, Margot y yo estábamos pelando patatas. Pero finalmente nadie hacía bien su trabajo, porque todos estábamos pendientes de lo que hacía Van Daan.

Dussel ha abierto su consulta de dentista. Para que te diviertas, te contaré cómo ha sido el primer tratamiento.

Mamá estaba planchando la ropa y la señora Van Daan, la primera víctima, se sentó en un sillón en el medio de la habitación. Dussel empezó a sacar sus cosas de una cajita con mucha parsimonia, pidió agua de colonia para usar como desinfectante, y vaselina para usar como cera. Le miró la boca a la señora y le tocó un diente y una muela, lo que hizo que se encogiera del dolor como si se estuviese muriendo, emitiendo al mismo tiempo sonidos ininteligibles. Tras un largo reconocimiento (según le pareció a ella, porque en realidad no duró más que dos minutos), Dussel empezó a escarbar una caries. Pero ella no se lo iba a permitir. Se puso a agitar frenéticamente brazos y piernas, de modo que en determinado momento Dussel soltó el escarbador... ¡que a la señora se le quedó clavado en un diente! ¡Ahí sí que se armó la gorda! La señora empezó a hacer aspavientos, lloraba (en la medida en que eso es posible con un instrumento así en la boca), intentaba sacarse el escarbador de la boca, pero en vez de salirse, se le iba metiendo más. El señor Dussel observaba el espectáculo con toda la calma del mundo, con las manos en la cintura. Los demás espectadores nos moríamos de risa, lo que estaba muy mal, porque estoy segura de que yo misma habría gritado más fuerte aún. Después de mucho dar vueltas, patear, chillar y gritar, la señora logró quitarse el escarbador y el señor Dussel, sin inmutarse, continuó su trabajo. Lo hizo tan rápido que a la señora ni le dio tiempo de volver a la carga. Es que Dussel contaba con más ayuda de la que había tenido jamás: dos asistentes no es poco, el señor Van Daan y yo lo hacíamos muy bien. La escena parecía una estampa de la Edad Media, titulada «Curandero en acción». Entretanto, la señora no se mostraba muy paciente, ya que tenía que vigilar «su» sopa y «su» comida. Lo que es seguro es que la señora dejará pasar algún tiempo antes de pedir que le hagan otro tratamiento.

Tu Anne

Domingo, 13 de diciembre de 1942

Querida Kitty:

Estoy cómodamente instalada en la oficina de delante, mirando por la ventana a través de la rendija del cortinaje. Estoy en la penumbra, pero aún hay suficiente luz para escribirte.

Es curioso ver pasar a la gente, parece que todos llevaran muchísima prisa y anduvieran pegando tropezones. Y las bicicletas, bueno, ¡esas sí que pasan a ritmo vertiginoso! Ni siquiera puedo ver qué clase de individuo va montado en ellas. La gente del barrio no tiene muy buen aspecto, y sobre todo los niños están tan sucios que da asco tocarlos. Son verdaderos barriobajeros, con los mocos colgándoles de la nariz. Cuando hablan, casi no entiendo lo que dicen.

Ayer por la tarde, Margot y yo estábamos aquí bañándonos y le dije:

—¿Qué pasaría si con una caña de pescar pescáramos a los niños que pasan por aquí y los metiéramos en la tina, uno por uno, les remendáramos la ropa y volviéramos a soltarlos?

A lo que Margot respondió:

—Mañana estarían igual de mugrientos y con la ropa igual de rota que antes.

Pero basta ya de tonterías, que también se ven otras cosas: coches, barcos y la lluvia. Oigo pasar el tranvía y a los niños, y me divierto.

Nuestros pensamientos varían tan poco como nosotros mismos. Pasan de los judíos a la comida y de la comida a la política, como en un tiovivo. Entre paréntesis, hablando de judíos: ayer, mirando por entre las cortinas, y como si se tratara de una de las maravillas del mundo, vi pasar a dos judíos. Fue una sensación tan extraña... como si los hubiera traicionado y estuviera espiando su desgracia.

Justo enfrente de aquí hay un barco vivienda en el que viven el patrón con su mujer y sus hijos. Tienen uno de esos perritos ladradores, que aquí solo conocemos por sus ladridos y por el rabo en alto, que es lo único que sobresale cuando recorre los pasadizos del barco.

¡Uf!, ha empezado a llover y la mayoría de la gente se ha escondido bajo sus paraguas. Ya no veo más que gabardinas y a veces la parte de atrás de alguna cabeza con gorro. En realidad no hace falta ver más. A las mujeres ya casi me las conozco de memoria: hinchadas de tanto comer patatas, con un abrigo rojo o verde, con zapatos de tacones desgastados, un bolso colgándoles del brazo, con un aire furioso o bonachón, según cómo estén de humor sus maridos.

Tu Anne

Martes, 22 de diciembre de 1942

Querida Kitty:

La Casa de atrás ha recibido la buena nueva de que para Navidad entregarán a cada uno 125 gramos de mantequilla extra. En el periódico dice un cuarto de kilo, pero eso es solo para los mortales dichosos que reciben sus cartillas de racionamiento del Estado, y no para judíos escondidos, que a causa de lo elevado del precio compran cuatro cartillas en lugar de ocho, y clandestinamente. Con la mantequilla todos pensamos hacer alguna cosa de repostería. Yo esta mañana he hecho galletas y dos tartas. En el piso de arriba todos andan trajinando como locos, y mamá me ha prohibido que vaya a estudiar o a leer hasta que hayan terminado de hacer todas las tareas domésticas.

La señora Van Daan guarda cama a causa de su costilla contusionada, se queja todo el día, pide que le cambien los vendajes a cada rato y no se conforma con nada. Daré gracias cuando vuelva a valerse por sí misma, porque hay que reconocer una cosa: es extraordinariamente hacendosa y ordenada y también alegre, siempre y cuando esté en forma, tanto física como anímicamente.

Como si durante el día no me estuvieran insistiendo bastante con el «¡chis, chis!» para que no haga ruido, a mi compañero de habitación ahora se le ha ocurrido chistarme también por las noches a cada rato. O sea, que, según él, ni siquiera puedo volverme en la cama. Me niego a hacerle caso, y la próxima vez le contestaré con otro «¡chis!».

Cada día que pasa está más fastidioso y egoísta. De las galletas que tan generosamente me prometió, después de la primera semana no volví a ver ni una. Sobre todo los domingos me pone furiosa que encienda la luz tempranísimo y se ponga a hacer gimnasia durante diez minutos.

A mí, pobre víctima, me parece que fueran horas, porque las sillas que hacen de prolongación de mi cama se mueven continuamente bajo mi cabeza, medio dormida aún. Cuando acaba con sus ejercicios de flexibilidad, haciendo unos enérgicos movimientos de brazos, el caballero comienza con su rito indumentario. Los calzoncillos cuelgan de un gancho, de modo que primero va hasta allí a recogerlos y luego vuelve a donde estaba. La corbata está sobre la mesa, y para ir hasta allí tiene que pasar junto a las sillas, a empujones y tropezones.

Pero mejor no te molesto con mis lamentaciones sobre viejos latosos, ya que de todos modos no cambian nada, y mis pequeñas venganzas, como desenroscarle la lámpara, cerrar la puerta con el pestillo o esconderle la ropa, debo suprimirlas, lamentablemente, para mantener la paz.

¡Qué sensata me estoy volviendo! Aquí todo debe hacerse con sensatez: estudiar, obedecer, cerrar el pico, ayudar, ser buena, ceder y no sé cuántas cosas más. Temo que mi sensatez, que no es muy grande, se esté agotando demasiado rápido y que no me quede nada para después de la guerra.

Tu Anne

Miércoles, 13 de enero de 1943

Querida Kitty:

Esta mañana me volvieron a interrumpir en todo lo que hacía, por lo que no he podido acabar nada bien.

Tenemos una nueva actividad: llenar paquetes con salsa de carne (en polvo), un producto de Gies & Co.

El señor Kugler no encuentra gente que se lo haga, y haciéndolo nosotros también resulta mucho más barato. Es un trabajo como el que hacen en las cárceles, muy aburrido, y que a la larga te marea y hace que te entre la risa tonta.

Fuera pasan cosas terribles. Día y noche se están llevando a esa pobre gente, que no lleva consigo más que una mochila y algo de dinero. Y aun estas pertenencias se las quitan en el camino. A las familias las separan sin clemencia: hombres, mujeres y niños van a parar a sitios diferentes. Al volver de la escuela, los niños ya no encuentran a sus padres. Las mujeres que salen a hacer la compra, al volver a sus casas se encuentran con la puerta sellada y con que sus familias han desaparecido. Los holandeses cristianos también empiezan a tener miedo, pues se están llevando a sus hijos varones a Alemania a trabajar. Todo el mundo tiene miedo. Y todas las noches cientos de aviones sobrevuelan Holanda, en dirección a Alemania, donde las bombas que tiran arrasan con las ciudades, y en Rusia y África caen cientos o miles de soldados cada hora. Nadie puede mantenerse al margen. Todo el planeta está en guerra, y aunque a los aliados les va mejor, todavía no se logra divisar el final.

¿Y nosotros? A nosotros nos va bien, mejor que a millones de otras personas. Estamos en un sitio seguro y tranquilo y todavía nos queda dinero para mantenernos. Somos tan egoístas que hablamos de lo que haremos «después de la guerra», de que nos compraremos ropa y zapatos nuevos, mientras que deberíamos ahorrar hasta el último céntimo para poder ayudar a esa gente cuando acabe la guerra, e intentar salvar lo que se pueda.

Los niños del barrio andan por la calle vestidos con una camisa finita, los pies metidos en zuecos, sin abrigos, sin gorros, sin medias, y no hay nadie que haga algo por ellos. Tienen la panza vacía, pero van mordiendo una zanahoria, dejan sus frías casas, van andando por las calles aún más frías y llegan a las aulas igualmente frías. Holanda ya ha llegado al extremo de que por las calles muchísimos niños paran a los transeúntes para pedirles un pedazo de pan.

Podría estar horas contándote las desgracias que trae la guerra, pero eso haría que me desanimara aún más. No nos queda más remedio que esperar con la mayor tranquilidad posible el final de toda esta desgracia. Tanto los judíos como los cristianos están esperando, todo el planeta está esperando, y muchos están esperando la muerte.

Tu Anne

Sábado, 30 de enero de 1943

Querida Kitty:
Me hierve la sangre y tengo que ocultarlo. Quisiera patalear, gritar, sacudir con fuerza a mamá, llorar y no sé qué más, por todas las palabras desagradables, las miradas burlonas, las recriminaciones que como flechas me

lanzan todos los días con sus arcos tensados y que se clavan en mi cuerpo sin que pueda sacármelas. A mamá, Margot, Van Daan, Dussel y también a papá me gustaría gritarles: «¡Dejadme en paz, dejadme dormir por fin una noche sin que moje de lágrimas la almohada, me ardan los ojos y me latan las sienes! ¡Dejadme que me vaya lejos, muy lejos, lejos del mundo si fuera posible!». Pero no puedo. No puedo mostrarles mi desesperación, no puedo hacerles ver las heridas que han abierto en mí. No soportaría su compasión ni sus burlas bienintencionadas. En ambos casos me daría por gritar.

Todos dicen que hablo de manera afectada, que soy ridícula cuando callo, descarada cuando contesto, taimada cuando tengo una buena idea, holgazana cuando estoy cansada, egoísta cuando como un bocado de más, ignorante, cobarde, calculadora, etcétera, etcétera. Todo el santo día me están diciendo que soy una tipa insoportable, y aunque me río de ello y hago como que no me importa, en verdad me afecta, y me gustaría pedirle a Dios que me diera otro carácter, uno que no haga que la gente siempre descargue su furia sobre mí.

Pero no es posible, mi carácter me ha sido dado tal cual es, y siento en mí que no puedo ser mala. Me esfuerzo en satisfacer los deseos de todos, más de lo que se imaginan aun remotamente. Arriba trato de reír, pues no quiero mostrarles mis penas.

Más de una vez, después de recibir una sarta de recriminaciones injustas, le he soltado a mamá: «No me importa lo que digas. No te preocupes más por mí, que soy un caso perdido». Naturalmente, ella me contestaba que era una descarada, me ignoraba más o menos durante dos días y luego, de repente, se olvidaba de todo y me trataba como a cualquier otro.

Me es imposible ser toda melosa un día, y al otro día echarles a la cara todo mi odio. Prefiero el justo medio, que de justo no tiene nada, y no digo nada de lo que pienso, y alguna vez trato de ser tan despreciativa con ellos como ellos lo son conmigo. ¡Ay, ojalá pudiera!

Tu Anne

Viernes, 5 de febrero de 1943

Querida Kitty:

Hace mucho que no te escribo nada sobre las riñas, pero de todos modos, nada ha cambiado al respecto. El señor Dussel al principio se tomaba nuestras desavenencias, rápidamente olvidadas, muy a la tremenda, pero está empezando a acostumbrarse a ellas y ya no intenta hacer de mediador.

Margot y Peter no son para nada lo que se dice «jóvenes»; los dos son tan aburridos y tan callados… Yo desentono muchísimo con ellos, y siempre me andan diciendo «Margot y Peter tampoco hacen eso, fíjate en cómo se porta tu hermana». ¡Estoy harta!

Te confesaré que yo no quiero ser para nada como Margot. La encuentro demasiado blandengue e indiferente, se deja convencer por todo el mundo y cede en todo. ¡Yo quiero ser más firme de espíritu! Pero estas teorías me las guardo para mí, se reirían mucho de mí si usara estos argumentos para defenderme.

En la mesa reina por lo general un clima tenso. Menos mal que los «soperos» cada tanto evitan que se llegue a un estallido. Los soperos son todos los que suben de la oficina a tomar un plato de sopa.

Esta tarde el señor Van Daan volvió a hablar de lo poco que come Margot: «Seguro que lo hace para guardar la línea», prosiguió en tono de burla.

Mamá, que siempre sale a defenderla, dijo en voz bien alta:

—Ya estoy cansada de oír las sandeces que dice.

La señora se puso colorada como un tomate; el señor miró al frente y no dijo nada.

Pero muchas veces también nos reímos de algo que dice alguno de nosotros. Hace poco la señora soltó un disparate muy cómico cuando estaba hablando del pasado, de lo bien que se entendía con su padre y de sus múltiples coqueteos:

—Y saben ustedes que cuando a un caballero se le va un poco la mano —prosiguió—, según mi padre, había que decirle: «Señor, que soy una dama», y él sabría a qué atenerse.

Soltamos la carcajada como si se tratara de un buen chiste.

Aun Peter, pese a que normalmente es muy callado, de tanto en tanto nos hace reír. Tiene la desgracia de que le encantan las palabras extranjeras, pero que no siempre conoce su significado. Una tarde en la que no podíamos ir al retrete porque había visitas en la oficina, Peter tuvo gran necesidad de ir, pero no pudo tirar de la cadena. Para prevenirnos del olor, sujetó un cartel en la puerta del lavabo, que ponía «svp gas». Naturalmente, había querido poner «cuidado, gas», pero svp le pareció más fino. No tenía la más mínima idea de que eso en francés significa «por favor».

Tu Anne

Sábado, 27 de febrero de 1943

Querida Kitty:

Según Pim, la invasión se producirá en cualquier momento. Churchill ha tenido una pulmonía, pero se está restableciendo. Gandhi, el independentista indio, hace su enésima huelga de hambre.

La señora afirma que es fatalista. Pero ¿a quién le da más miedo cuando disparan? Nada menos que a Petronella van Daan.

Jan nos ha traído la carta pastoral de los obispos dirigida a la grey católica. Está escrita en un estilo muy bonito y muy exhortativo. «¡Holandeses, no permanezcáis pasivos! ¡Que cada uno luche con sus propias armas por la libertad del país, de su pueblo y de su religión! ¡Ayudad, dad, no dudéis!». Esto lo proclaman sin más ni más desde el púlpito. ¿Servirá de algo? Decididamente no servirá para salvar a nuestros correligionarios.

No te imaginas lo que nos acaba de pasar: el propietario del edificio ha vendido su propiedad sin informar a Kugler ni a Kleiman. Una mañana se presentó el nuevo dueño con un arquitecto para ver la casa. Menos mal que estaba el señor Kleiman, que les enseñó todo el edificio, salvo nuestra Casita de atrás. Supuestamente había olvidado la llave de la puerta de paso en su casa. El nuevo casero no insistió. Esperemos que no vuelva para ver la Casa de atrás, porque entonces sí que nos veremos en apuros.

Papá ha vaciado un fichero para que lo usemos Margot y yo, y lo ha llenado de fichas con una cara todavía sin escribir. Será nuestro fichero de libros, en el que las dos apuntaremos qué libros hemos leído, el nombre de los autores y la fecha. He aprendido dos palabras nuevas: «burdel» y «cocotte». He comprado una libreta especial para apuntarlas.

Tenemos un nuevo sistema para la distribución de la mantequilla y la margarina. A cada uno se le da su ración en el plato, pero la distribución es bastante injusta. Los Van Daan, que son los que se encargan de preparar el desayuno, se dan a sí mismos casi el doble de lo que nos ponen a nosotros. Mis viejos no dicen nada porque no quieren pelea. Lástima, porque pienso que a esa gente siempre hay que pagarle con la misma moneda.

Tu Anne

Jueves, 4 de marzo de 1943

Querida Kitty:
La señora tiene un nuevo nombre; la llamamos la Sra. Beaverbrook. Claro, no comprenderás el porqué. Te explico: en la radio inglesa habla a menudo un tal mister Beaverbrook sobre que se bombardea demasiado poco a Alemania. La señora Van Daan siempre contradice a todo el mundo, hasta a Churchill y al servicio informativo, pero con mister Beaverbrook está completamente de acuerdo. Por eso, a nosotros nos pareció lo mejor que se casara con este señor Beaverbrook, y como se sintió halagada, en lo sucesivo la llamaremos Sra. Beaverbrook.

Vendrá a trabajar un nuevo mozo de almacén. Al viejo lo mandan a trabajar a Alemania. Lo lamentamos por él, pero a nosotros nos conviene porque el nuevo no conoce el edificio. Los mozos del almacén todavía nos tienen bastante preocupados.

Gandhi ha vuelto a comer.

El mercado negro funciona a las mil maravillas. Podríamos comer todo lo que quisiéramos si tuviéramos el dinero para pagar los precios prohibitivos que piden. El verdulero le compra las patatas a la Wehrmacht y las trae en sacos al antiguo despacho de papá. Sabe que estamos escondidos, y por eso siempre se las arregla para venir al mediodía, cuando los del almacén se van a sus casas a comer.

Cada vez que respiramos, nos vienen estornudos o nos da la tos, de tanta pimienta que estamos moliendo. Todos los que suben a visitarnos nos saludan con un «¡achís!». La señora afirma que no baja porque se enfermaría si sigue aspirando tanta pimienta.

No me gusta mucho el negocio de papá; no vende más que gelatinizantes y pimienta. ¡Un comerciante en productos alimenticios debería vender por lo menos alguna golosina!

Esta mañana ha vuelto a caer sobre mí una tormenta atronadora de palabras. Hubo rayos y centellas de tal calibre que todavía me zumban los oídos. Que esto y que aquello, que «Anne mal» y que «Van Daan bien», que patatín y que patatán.

Tu Anne

Miércoles, 10 de marzo de 1943

Querida Kitty:

Anoche se produjo un cortocircuito. Además, hubo tiros a granel. Todavía no le he perdido el miedo a todo lo que sea metrallas o aviones y casi todas las noches me refugio en la cama de papá para que me consuele. Te parecerá muy infantil, pero ¡si supieras lo horrible que es! No puedes oír ni tus propias palabras, de tanto que truenan los cañones. La Sra. Beaverbrook, la fatalista, casi se echó a llorar y dijo con un hilito de voz:

—¡Ay, por Dios, qué desagradable! ¡Ay, qué disparos tan fuertes!

Lo que viene a significar: ¡Estoy muerta de miedo!

A la luz de una vela no parecía tan terrible como cuando todo estaba oscuro. Yo temblaba como una hoja y le pedí a papá que volviera a encender la vela. Pero él fue implacable y no la encendió. De repente empezaron a disparar las ametralladoras, que son diez veces peor que los cañones. Mamá se levantó de la cama de un salto y, con gran disgusto de Pim, encendió la vela. Cuando Pim protestó, ella le contestó resueltamente:

—¡Anne no es soldado viejo!

Y sanseacabó.

¿Te he contado los demás miedos de la señora? Creo que no. Para que estés al tanto de todas las aventuras y desventuras de la Casa de atrás, debo contarte también lo siguiente: una noche, la señora creyó que había ladrones en el desván. De verdad oyó pasos fuertes, según ella, y sintió tanto miedo que despertó a su marido. Justo en ese momento, los ladrones desaparecieron y el único ruido que oyó el señor fue el latido del corazón temeroso de la fatalista.

—¡Ay, Putti —el apodo cariñoso del señor—, seguro que se han llevado las longanizas y todas nuestras legumbres! ¡Y Peter! ¡Ay!, ¿estará todavía en su cama?

—A Peter difícilmente se lo habrán llevado, no temas. Y ahora, déjame dormir.

Pero fue imposible. La señora tenía tanto miedo que ya no se pudo dormir.

Algunas noches más tarde, toda la familia del piso de arriba se despertó a causa del ruido fantasmal. Peter subió al desván con una linterna y, ¡trrrr!, vio cómo un ejército de ratas se daba a la fuga.

Cuando nos enteramos de quiénes eran los ladrones, dejamos que Mouschi durmiera en el desván, y los huéspedes inoportunos ya no regresaron. Al menos, no por las noches.

Hace algunos días, Peter subió a la buhardilla a buscar unos periódicos viejos. Eran las siete y media de la tarde y aún había luz. Para poder bajar por la escalera, tenía que agarrarse de la trampilla. Apoyó la mano sin mirar y… ¡casi se cae del susto y del dolor! Sin saberlo, había apoyado la mano en una enorme rata, que le dio un fuerte mordisco en el brazo. La sangre había traspasado la tela del pijama cuando llegó tambaleándose y más blanco que el papel donde estábamos nosotros. No era para menos: acariciar una rata no debe de ser nada agradable y recibir una mordedura encima, menos aún.

Tu Anne

Viernes, 12 de marzo de 1943

Querida Kitty:

Permíteme que te presente: mamá Frank, defensora de los niños. Más mantequilla para los jóvenes, los problemas de la juventud moderna: en todo sale en defensa de los jóvenes y, tras una buena dosis de disputas, casi siempre se sale con la suya.

Un frasco de lengua en conserva se ha echado a perder. Festín para Mouschi y Moffi.*

Moffi aún es un desconocido para ti. Sin embargo, ya pertenecía al edificio antes de que nos instaláramos aquí. Es el gato del almacén y de la oficina, que ahuyenta a las ratas en los depósitos de mercancías. Su nombre político es fácil de explicar. Durante una época, la firma Gies & Co. tenía dos gatos, uno para el almacén y otro para el desván. A veces sucedía que los dos se encontraban, lo que acababa en grandes peleas. El que atacaba era

---

* En neerlandés, «mof» es el mote despectivo de los alemanes. *(N. del T.)*

siempre el almacenero, aunque luego fuera el desvanero el que obtuviera la victoria. Igual que en la política. Por eso, el gato del almacén pasó a ser el alemán o Moffi, y el del desván, el inglés o Tommie.* Tommie ya no está, pero Moffi hace las delicias de todos nosotros cuando bajamos al piso de abajo.

Hemos comido tantas habas y judías pintas que ya no las puedo ni ver. Con solo pensar en ellas se me revuelve el estómago.

Hemos tenido que suprimir por completo el suministro de pan para cenar.

Papá acaba de anunciar que no está de muy buen humor. Otra vez tiene los ojos muy tristes, pobre ángel.

Estoy completamente enganchada con el libro *El golpe en la puerta*, de Ina Boudier-Bakker. La parte que describe la historia de la familia está muy bien escrita, pero los incisos sobre la guerra, los escritores y la emancipación de la mujer son menos buenos, y en realidad tampoco me interesan demasiado.

Bombardeos terribles en Alemania. El señor Van Daan está de mal humor. El motivo: la escasez de tabaco.

La discusión sobre si debemos consumir o no las latas de conservas la hemos ganado nosotros.

Ya no me entra ningún zapato, salvo las botas de esquí, que son poco prácticas para andar por dentro de casa. Un par de sandalias de esparto de 6,50 florines solo pude usarlas durante una semana, luego ya no me sirvieron. Quizá Miep consiga algo en el mercado negro.

Todavía tengo que cortarle el pelo a papá. Pim dice que lo hago tan bien que cuando termine la guerra nunca más irá a un peluquero. ¡Ojalá no le cortara tantas veces en la oreja!

Tu Anne

Jueves, 18 de marzo de 1943

Queridísima Kitty:
Turquía ha entrado en guerra. Gran agitación. Esperamos con gran ansiedad las noticias de la radio.

Viernes, 19 de marzo de 1943

Querida Kitty:
La alegría dio paso a la decepción en menos de una hora. Turquía aún no ha entrado en guerra; el ministro de allí solo mencionó la supresión in-

---

* Mote de los soldados ingleses. (*N. del T.*).

minente de la neutralidad. Un vendedor de periódicos de la plaza del Dam exclamaba: «¡Turquía del lado de Inglaterra!». La gente le arrebataba los ejemplares de las manos. Así fue como el grato rumor llegó también a nuestra casa.

Los billetes de mil florines serán declarados sin valor, lo que supondrá un gran chasco para los estraperlistas y similares, pero aún más para los que tienen dinero negro y para los escondidos. Los que quieran cambiar un billete de mil florines tendrán que explicar y demostrar cómo lo consiguieron exactamente. Para pagar los impuestos todavía se pueden utilizar, pero la semana que viene eso habrá acabado. Y para esa misma fecha, también los billetes de quinientos florines habrán perdido su validez. Gies & Co. aún tenía algunos billetes de mil en dinero negro, pero los han usado para pagar un montón de impuestos por adelantado, con lo que ha pasado a ser dinero limpio.

A Dussel le han traído un pequeño torno a pedal. Supongo que en poco tiempo más me tocará hacerme una revisión a fondo.

Hablando de Dussel, no acata para nada las reglas del escondite. No solo le escribe cartas a la mujer, sino que también mantiene una asidua correspondencia con varias otras personas. Las cartas se las da a Margot, la profesora de neerlandés de la Casa de atrás, para que se las corrija. Papá le ha prohibido terminantemente que siga con sus cartas. La tarea de corregir de Margot ha terminado, pero supongo que Dussel no estará mucho tiempo sin escribir.

El «Führer de todos los germanos» ha hablado con los soldados heridos. Daba pena oírlo. El juego de preguntas y respuestas era más o menos el siguiente:

—Me llamo Heinrich Scheppel.

—¿Lugar donde fue herido?

—Cerca de Stalingrado.

—¿Tipo de heridas?

—Pérdida de los dos pies por congelamiento y rotura de la articulación del brazo izquierdo.

Exactamente así nos transmitía la radio este horrible teatro de marionetas. Los heridos parecían estar orgullosos de sus heridas. Cuantas más tenían, mejor. Uno estaba tan emocionado de poder estrecharle la mano al Führer (si es que aún la tenía), que casi no podía pronunciar palabra.

Se me ha caído al suelo la pastilla de jabón de Dussel, y como luego la pisé, se le ha quedado en la mitad. Ya le he pedido a papá una indemnización por adelantado, sobre todo porque a Dussel no le dan más que una pastilla de jabón al mes.

Tu Anne

Jueves, 25 de marzo de 1943

Querida Kitty:

Mamá, papá, Margot y yo estábamos plácidamente reunidos, cuando de repente entró Peter y le susurró algo al oído a papá. Oí algo así como «un barril volcado en el almacén» y «alguien forcejeando con la puerta».

También Margot había entendido eso, pero trató de tranquilizarme un poco, porque me había puesto más blanca que el papel y estaba muy nerviosa, naturalmente. Las tres nos quedamos esperando a ver qué pasaba, mientras papá bajó con Peter. No habían pasado dos minutos cuando la señora Van Daan, que había estado escuchando la radio abajo, subió para decir que Pim le había pedido que la apagara y que subiera sin hacer ruido. Pero como suele pasar cuando uno no quiere hacer ruido: los escalones de una vieja escalera justamente crujen más que nunca. A los cinco minutos volvieron Peter y Pim, blancos hasta la punta de las narices, y nos contaron sus peripecias.

Se habían apostado a esperar al pie de la escalera, sin resultado. Pero de repente escucharon dos fuertes golpes, como si dentro de la casa se hubieran cerrado con violencia dos puertas. Pim subió en dos zancadas, pero Peter fue antes a avisar a Dussel, que haciendo muchos aspavientos y estruendo llegó también por fin arriba. Luego todos subimos en calcetines al piso de los Van Daan. El señor estaba muy acatarrado y ya se había acostado, de modo que nos reunimos alrededor de su lecho y le susurramos nuestras sospechas. Cada vez que se ponía a toser fuerte, la señora y yo pensamos que nos iba a dar algo del susto. Esto siguió así hasta que a alguien se le ocurrió la brillante idea de darle codeína. La tos se le pasó enseguida.

De nuevo esperamos y esperamos, pero ya no se oyó nada más. Entonces en realidad todos supusimos que los ladrones, al oír pasos en la casa por lo demás tan silenciosa, se habrían largado. Pero el problema era que la radio abajo había quedado sintonizada en Inglaterra, y las sillas ordenadamente dispuestas alrededor. Si alguien había forzado la puerta y los de la defensa antiaérea se enteraban y avisaban a la policía, las consecuencias podrían ser muy desagradables para nosotros. Así que el señor Van Daan se levantó, se puso los pantalones y la chaqueta, se caló el sombrero y siguió a papá escaleras abajo, cautelosamente, con Peter detrás, que para mayor seguridad iba armado con un gran martillo. Las mujeres (incluidas Margot y yo) nos quedamos arriba esperando con gran ansiedad, hasta que a los cinco minutos los hombres volvieron diciendo que en toda la casa reinaba la calma. Convinimos en que no dejaríamos correr el agua ni tiraríamos de la cadena, pero como el revuelo nos había trastocado casi a todos el estómago, te podrás imaginar el aroma que había en el retrete cuando fuimos uno tras otro a depositar nuestras necesidades.

Cuando pasa algo así, siempre hay un montón de cosas que coinciden. Lo mismo que ahora: en primer lugar, las campanas de la iglesia no tocaban, lo que normalmente siempre me tranquiliza. En segundo lugar, el señor Voskuijl se había retirado la tarde anterior un rato antes de lo habitual, sin que nosotros supiéramos a ciencia cierta si Bep se había hecho con la llave a tiempo o si había olvidado cerrar con llave.

Pero no importaban los detalles. Lo cierto es que aún era de noche y no sabíamos a qué atenernos, aunque por otro lado ya estábamos algo más tranquilos, ya que desde las ocho menos cuarto, aproximadamente, hora en que el ladrón había entrado en la casa a merodear, hasta las diez y media no oímos más ruidos. Pensándolo bien, nos pareció bastante poco probable que un ladrón hubiera forzado una puerta a una hora tan temprana, cuando todavía puede haber gente andando por la calle. Además, a uno de nosotros se le ocurrió que era posible que el jefe de almacén de nuestros vecinos, la compañía Keg, aún estuviera trabajando, porque con tanta agitación y dadas nuestras paredes tan finitas, uno puede equivocarse fácilmente en los ruidos, y en momentos tan angustiantes también la imaginación suele jugar un papel importante.

Por lo tanto nos acostamos, pero no todos podíamos conciliar el sueño. Tanto papá como mamá, y también el señor Dussel, estuvieron mucho rato despiertos, y exagerando un poco puedo asegurarte que tampoco yo pude pegar ojo. Esta mañana los hombres bajaron hasta la puerta de entrada, controlaron si aún estaba cerrada y vieron que no había ningún peligro.

Los acontecimientos por demás desagradables les fueron relatados, naturalmente, con pelos y señales a todos los de la oficina, ya que pasado el trance es fácil reírse de esas cosas, y solo Bep se tomó el relato en serio.

Tu Anne

P.D.: Esta mañana el retrete estaba atascado, y papá ha tenido que sacar de la taza con un palo bien largo todas las recetas de fresas (nuestro actual papel higiénico) junto con unos cuantos kilos de caca. El palo luego lo quemamos.

Sábado, 27 de marzo de 1943

Querida Kitty:
El curso de taquigrafía ha terminado. Ahora empezamos a practicar la velocidad. ¡Seremos unas hachas! Te voy a contar algo más sobre nuestras «asignaturas matarratos», que llamamos así porque las estudiamos para que los días transcurran lo más rápido posible, y de ese modo hacer que el fin de nuestra vida de escondidos llegue pronto. Me encanta la mitología, sobre todo los dioses griegos y romanos. Aquí piensan que son aficiones pasajeras, ya que nunca han sabido de ninguna jovencita con inclinaciones deístas. ¡Pues bien, entonces seré yo la primera!

El señor Van Daan está acatarrado, o, mejor dicho, le pica un poco la garganta. A causa de eso se hace el interesante: hace gárgaras con manzanilla, se unta el paladar con tintura de mirra, se pone bálsamo mentolado en el pecho, la nariz, los dientes y la lengua, y aun así está de mal humor.

Rauter, un pez gordo alemán, ha dicho en un discurso que para el 1 de julio todos los judíos deberán haber abandonado los países germanos. Del 1 de abril al 1 de mayo se hará una purga en la provincia de Utrecht (como si de cucarachas se tratara), y del 1 de mayo al 1 de junio en las provincias de Holanda Septentrional y Meridional. Como si fueran ganado enfermo y abandonado, se llevan a esa pobre gente a sus inmundos mataderos. Pero será mejor no hablar de ello, que de solo pensarlo me entran pesadillas.

Una buena nueva es que ha habido un incendio en la sección alemana de la Bolsa de trabajo, por sabotaje. Unos días más tarde le tocó el turno al Registro civil. Unos hombres con uniformes de la policía alemana amordazaron a los guardias e hicieron desaparecer un montón de papeles importantes.

Tu Anne

Jueves, 1 de abril de 1943

Querida Kitty:
No te creas que estoy para bromas (fíjate en la fecha).* Al contrario, hoy más bien podría citar aquel refrán que dice: «Las desgracias nunca vienen solas».

En primer lugar, el señor Kleiman, que siempre nos alegra la vida, sufrió ayer una grave hemorragia estomacal y tendrá que guardar cama por lo menos durante tres semanas. Has de saber que estas hemorragias le vienen a menudo, y que al parecer no tienen remedio. En segundo lugar, Bep está con gripe. En tercer lugar, al señor Voskuijl lo ingresan en el hospital la semana que viene. Según parece, tiene una úlcera y lo tienen que operar. Y en cuarto lugar, iban a venir los directores de la fábrica Pomosin, de Frankfurt, para negociar las nuevas entregas de mercancías de Opekta. Todos los puntos de las negociaciones los había conversado papá con Kleiman, y no había habido suficiente tiempo para informar bien de todo al señor Kugler.

Los señores de Frankfurt vinieron y papá temblaba pensando en los resultados de la reunión.

—¡Ojalá pudiera estar yo presente, ojalá pudiera estar yo allí abajo! —decía.

—Pues échate en el suelo con el oído pegado al linóleo. Los señores se reunirán en tu antiguo despacho, de modo que podrás oírlo todo.

---

* 1 de abril: fecha en que se festeja en Holanda el día de los Inocentes. *(N. del T.)*

A papá se le iluminó la cara, y ayer a las diez y media de la mañana, Margot y Pim (dos oyen más que uno) tomaron sus posiciones en el suelo. A mediodía la reunión no había terminado, pero papá no estaba en condiciones de continuar con su campaña de escuchas por la tarde. Estaba molido por la posición poco acostumbrada e incómoda. A las dos y media de la tarde, cuando oímos voces en el pasillo, yo ocupé su lugar. Margot me hizo compañía. La conversación era en parte tan aburrida y tediosa que de repente me quedé dormida en el suelo frío y duro de linóleo. Margot no se atrevía a tocarme por miedo a que nos oyeran abajo, y menos aún podía llamarme. Dormí una buena media hora, me desperté asustada y había olvidado todo lo referente a la importante conversación. Menos mal que Margot había prestado más atención.

Tu Anne

Viernes, 2 de abril de 1943

Querida Kitty:

¡Ay!, nuevamente se ha ampliado mi extensa lista de pecados. Anoche estaba acostada en la cama esperando que viniera papá a rezar conmigo y darme las buenas noches, cuando entró mamá y, sentándose discretamente en el borde de la cama, me preguntó:

—Anne, papá todavía no viene, ¿quieres que rece yo contigo?

—No, Mansa* —le contesté.

Mamá se levantó, se quedó de pie junto a la cama y luego se dirigió lentamente a la puerta. De golpe se volvió, y con un gesto de amargura en la cara me dijo:

—No quiero enfadarme contigo. El amor no se puede forzar.

Salió de la habitación con lágrimas deslizándose por sus mejillas.

Me quedé quieta en la cama y enseguida me pareció mal de mi parte haberla rechazado de esa manera tan ruda, pero al mismo tiempo sabía que no habría podido contestarle de otro modo. No puedo fingir y rezar con ella en contra de mi voluntad. Sencillamente no puedo. Sentí compasión por ella, una gran compasión, porque por primera vez en mi vida me di cuenta de que mi actitud fría no le es indiferente. Pude leer tristeza en su cara, cuando decía que el amor no se puede forzar. Es duro decir la verdad, y sin embargo es verdad cuando digo que es ella la que me ha rechazado, ella la que me ha hecho insensible a cualquier amor de su parte, con sus comentarios tan faltos de tacto y sus bromas burdas sobre cosas que yo difícilmente podía encontrar graciosas. De la misma manera que siento que me encojo cuando me

---

* Apelativo cariñoso de la madre de Anne. (*N. del T.*).

suelta sus duras palabras, se encogió su corazón cuando se dio cuenta de que el amor entre nosotras realmente había desaparecido.

Lloró casi toda la noche y toda la noche durmió mal. Papá ni me mira, y cuando lo hace solo un momento, leo en sus ojos las siguientes palabras: «¡Cómo puedes ser así, cómo te atreves a causarle tanta pena a tu madre!».

Todos esperan que le pida perdón, pero se trata de un asunto en el que no puedo pedir perdón, sencillamente porque lo que he dicho es cierto y es algo que mamá tarde o temprano tenía que saber. Parezco indiferente a las lágrimas de mamá y a las miradas de papá, y lo soy, porque es la primera vez que sienten algo de lo que yo me doy cuenta continuamente. Mamá solo me inspira compasión. Ella misma tendrá que buscar cómo recomponerse. Yo, por mi parte, seguiré con mi actitud fría y silenciosa, y tampoco en el futuro le tendré miedo a la verdad, puesto que cuanto más se la pospone, tanto más difícil es enfrentarla.

Tu Anne

Martes, 27 de abril de 1943

Querida Kitty:
La casa entera retumba por las disputas. Mamá y yo, Van Daan y papá, mamá y la señora, todos están enojados con todos. Bonito panorama, ¿verdad? Como de costumbre, sacaron a relucir toda la lista de pecados de Anne.

El sábado pasado volvieron a pasar los señores extranjeros. Se quedaron hasta las seis de la tarde. Estábamos todos arriba inmóviles, sin apenas respirar. Cuando no hay nadie trabajando en todo el edificio ni en los aledaños, en el despacho se oye cualquier ruidito. De nuevo me ha dado la fiebre sedentaria: no es nada fácil tener que estar sentada tanto tiempo sin moverme y en el más absoluto silencio.

El señor Voskuijl ya está en el hospital, y el señor Kleiman ha vuelto a la oficina, ya que la hemorragia estomacal se le ha pasado antes que otras veces. Nos ha contado que el Registro civil ha sido dañado de forma adicional por los bomberos, que en vez de limitarse a apagar el incendio, inundaron todo de agua. ¡Me gusta!

El hotel Carlton ha quedado destruido. Dos aviones ingleses que llevaban un gran cargamento de bombas incendiarias cayeron justo sobre el centro de oficiales alemán. Toda la esquina de Singel y Vijzelstraat se ha quemado. Los ataques aéreos a las ciudades alemanas son cada día más intensos. Por las noches ya no dormimos; tengo unas ojeras terribles por falta de sueño.

La comida que comemos es una calamidad. Para el desayuno, pan seco con sucedáneo de café. El almuerzo ya hace quince días que consiste en espinacas o lechuga. Patatas de veinte centímetros de largo, dulces y con sabor a podrido. ¡Quien quiera adelgazar, que pase una temporada en la Casa de atrás! Los del piso de arriba viven quejándose, pero a nosotros no nos parece tan trágico.

Todos los hombres que pelearon contra los alemanes o que estuvieron movilizados en 1940 se han tenido que presentar en los campos de prisioneros de guerra para trabajar para el Führer. ¡Seguro que es una medida preventiva para cuando sea la invasión!

Tu Anne

Sábado, 1 de mayo de 1943

Querida Kitty:
Ha sido el cumpleaños de Dussel. Antes de que llegara el día se hizo el desinteresado, pero cuando vino Miep con una gran bolsa de la compra rebosante de regalos, se puso como un niño de contento. Su mujer Lotje le ha enviado huevos, mantequilla, galletas, limonada, pan, coñac, pan de especias, flores, naranjas, chocolate, libros y papel de cartas. Instaló una mesa de regalos de cumpleaños, que estuvieron expuestos nada menos que tres días. ¡Viejo loco!

No vayas a pensar que pasa hambre; en su armario hemos encontrado pan, queso, mermelada y huevos. Es un verdadero escándalo que tras acogerlo con tanto cariño para salvarlo de una desgracia segura, se llene el estómago a escondidas sin darnos nada a nosotros. ¿Acaso nosotros no hemos compartido todo con él? Pero peor aún nos pareció lo miserable que es con Kleiman, Voskuijl y Bep, a quienes tampoco ha dado nada. Las naranjas que tanta falta le hacen a Kleiman para su estómago enfermo, Dussel las considera más sanas para el suyo propio.

Anoche recogí cuatro veces todas mis pertenencias, a causa de los fuertes disparos. Hoy he hecho una pequeña maleta, en la que he puesto mis cosas de primera necesidad en caso de huida. Pero mamá, con toda la razón, me ha preguntado: «¿Adónde piensas huir?».

Toda Holanda está castigada por la huelga de tantos trabajadores. Han declarado el estado de sitio y a todos les van a dar un cupón de mantequilla menos. ¡Eso les pasa a los niños por portarse mal!

Al final de la tarde le lavé la cabeza a mamá, lo que en estos tiempos no resulta nada fácil. Como no tenemos champú, debemos arreglarnos con un jabón verde todo pegajoso, y en segundo lugar Mans no puede peinarse como es debido, porque al peine de la familia solo le quedan diez púas.

Tu Anne

Domingo, 2 de mayo de 1943

Querida Kitty:

A veces me pongo a reflexionar sobre la vida que llevamos aquí, y entonces por lo general llego a la conclusión de que, en comparación con otros judíos que no están escondidos, vivimos como en un paraíso. De todos modos, algún día, cuando todo haya vuelto a la normalidad, me extrañaré de cómo nosotros, que en casa éramos tan pulcros y ordenados, hayamos venido tan a menos, por así decirlo. Venido a menos por lo que se refiere a nuestra manera de vivir. Desde que llegamos aquí, por ejemplo, tenemos la mesa cubierta con un hule que, como lo usamos tanto, por lo general no está demasiado limpio. A veces trato de adecentarlo un poco, pero con un trapo que es puro agujero y que ya es de mucho antes de que nos instaláramos aquí; por mucho que frote, no consigo quitarle toda la suciedad. Los Van Daan llevan todo el invierno durmiendo sobre una franela que aquí no podemos lavar por el racionamiento del jabón en polvo, que además es de pésima calidad. Papá lleva unos pantalones deshilachados y tiene la corbata toda desgastada. El corsé de mamá hoy se ha roto de puro viejo, y ya no se puede arreglar, mientras que Margot anda con un sostén que es dos tallas más pequeño del que necesitaría. Mamá y Margot han compartido tres camisetas durante todo el invierno, y las mías son tan pequeñas que ya no me llegan ni al ombligo. Ya sé que son todas cosas de poca importancia, pero a veces me asusta pensar: si ahora usamos cosas gastadas, desde mis bragas hasta la brocha de afeitar de papá, ¿cómo tendremos que hacer para volver a pertenecer a nuestra clase social de antes de la guerra?

Tu Anne

Domingo, 2 de mayo de 1943

Apreciaciones de los moradores de la Casa de atrás sobre la guerra.

El señor Van Daan: en opinión de todos, este honorable caballero entiende mucho de política. Sin embargo, nos predice que tendremos que permanecer aquí hasta finales del 43. Aunque me parece mucho tiempo, creo que aguantaremos. Pero ¿quién nos garantiza que esta guerra, que no nos ha traído más que penas y dolores, habrá acabado para esa fecha? ¿Y quién nos puede asegurar que a nosotros y a nuestros cómplices del escondite no nos habrá pasado nada? ¡Absolutamente nadie! Y por eso vivimos tan angustiados día a día. Angustiados tanto por la espera y la esperanza, como por el miedo cuando se oyen ruidos dentro o fuera de la casa, cuando suenan los terribles disparos o cuando publican nuevos «comunicados» en los periódicos, porque también es posible que en cualquier momento algunos de nuestros cómplices tengan que esconderse aquí ellos mismos. La palabra «escondite» se ha convertido en un término muy corriente. ¡Cuánta gente no se habrá refugiado en un escondite! En proporción no serán tantos, naturalmente, pero seguro que cuando termine la guerra nos asombraremos cuando sepamos cuánta gente buena en Holanda ha dado cobijo en su casa a judíos y también a cristianos que debían huir, con o sin dinero. Y también es increíble la cantidad de gente de la que dicen que tiene un carnet de identidad falso.

La señora Van Daan: cuando esta bella dama (solo según ella misma) se enteró de que ya no era tan difícil como antes conseguir un carnet de identidad falso, inmediatamente propuso que nos mandáramos hacer uno cada uno. Como si fueran gratis, o como si a papá y al señor Van Daan el dinero les lloviera del cielo. Cuando la señora Van Daan profiere las tonterías más increíbles, Putti a menudo pega un salto de exasperación. Pero es lógico, porque un día Kerli* dice: «Cuando todo esto acabe, haré que me bauticen», y al otro día afirma: «¡Siempre he querido ir a Jerusalén, porque solo me siento en mi casa cuando estoy rodeada de judíos!».

Pim es un gran optimista, pero es que siempre encuentra motivo para serlo.

El señor Dussel no hace más que inventar todo lo que dice, y cuando alguien osa contradecir a su excelencia, luego tiene que pagarlo. En casa del señor Alfred Dussel supongo que la norma es que él siempre tiene la última palabra, pero a Anne Frank eso no le va para nada.

Lo que piensan sobre la guerra los demás integrantes de la Casa de atrás no tiene ningún interés. Solo las cuatro personas mencionadas pintan algo en materia de política; en verdad tan solo dos, pero madame Van Daan y Dussel consideran que sus opiniones también cuentan.

Tu Anne

Martes, 18 de mayo de 1943

Querida Kitty:

He sido testigo de un feroz combate aéreo entre aviadores ingleses y alemanes. Algunos aliados han tenido que saltar de sus aviones en llamas, lamentablemente. El lechero, que vive en Halfweg, vio a cuatro canadienses sentados a la vera del camino, uno de los cuales hablaba un neerlandés fluido. Este le pidió fuego para encender un cigarrillo y le contó que la tripulación del avión había estado compuesta de seis personas. El piloto se había quemado y el quinto hombre se había escondido en alguna parte. A los otros cuatro, que estaban vivitos y coleando, se los llevó la «policía verde»** ale-

---

* Apelativo cariñoso de la señora Van Daan. *(N. del T.)*.
** Cuerpo de policía ligado a las fuerzas de ocupación alemanas en Holanda. *(N. del T.)*.

mana. ¡Qué increíble que después de un salto tan impresionante en paracaídas todavía tuvieran tanta presencia de ánimo!

Aunque ya va haciendo calor, tenemos que encender la lumbre un día sí y otro no para quemar los desechos de verduras y la basura. No podemos usar los cubos, porque eso despertaría las sospechas del mozo de almacén. La menor imprudencia nos delataría.

Todos los estudiantes tienen que firmar una lista del Gobierno, declarando que «simpatizan con todos los alemanes y con el nuevo orden político». El ochenta por ciento se ha negado a traicionar su conciencia y a renegar de sus convicciones, pero las consecuencias no tardaron en hacerse notar. A los estudiantes que no firmaron los envían a campos de trabajo en Alemania. ¿Qué quedará de la juventud holandesa si todos tienen que trabajar tan duramente en Alemania?

Anoche mamá cerró la ventana a causa de los fuertes estallidos. Yo estaba en la cama de Pim. De repente, oímos cómo en el piso de arriba la señora saltó de la cama, como mordida por Mouschi, a lo que inmediatamente siguió otro golpe. Sonó como si hubiera caído una bomba incendiaria junto a mi cama. Grité:

—¡La luz, la luz!

Pim encendió la luz. No me esperaba otra cosa sino que en pocos minutos estuviera la habitación en llamas. No pasó nada. Todos nos precipitamos por la escalera al piso de arriba para ver lo que pasaba. Los Van Daan habían visto por la ventana abierta un resplandor de color rosa. El señor creía que había fuego por aquí cerca, y la señora pensaba que la que se había prendido fuego era nuestra casa. Cuando se oyó el golpe, la bendita señora ya estaba en pie y le temblaban las piernas. Dussel se quedó arriba fumando un cigarrillo, mientras nosotros nos metíamos de nuevo en nuestras camas. Cuando aún no habían pasado quince minutos, volvimos a oír tiros. La señora se levantó enseguida y bajó la escalera a la habitación de Dussel, para buscar junto a él la tranquilidad que no le era dada junto a su cónyuge. Dussel la recibió pronunciando las palabras «Acuéstate aquí conmigo, hija mía», lo que hizo que nos desternilláramos de risa. El tronar de los cañones ya no nos preocupaba: nuestro temor había desaparecido.

Tu Anne

Domingo, 13 de junio de 1943

Querida Kitty:

El poema de cumpleaños que me ha hecho papá es tan bonito que no quisiera dejar de enseñártelo.

Como Pim escribe en alemán, Margot ha tenido que ponerse a traducir. Juzga por ti misma lo bien que ha cumplido su tarea de voluntaria. Tras el habitual resumen de los acontecimientos del año, pone lo siguiente:

Siendo la más pequeña, aunque ya no una niña,
no lo tienes fácil; todos quieren ser
un poco tu maestro, y no te causa placer.
«¡Tenemos experiencia!». «¡Te lo digo yo!».
«Para nosotros no es la primera vez,
sabemos muy bien lo que hay que hacer».
Sí, sí, es siempre la misma historia
y todos tienen muy mala memoria.
Nadie se fija en sus propios defectos,
solo miran los errores ajenos;
a todos les resulta muy fácil regañar
y lo hacen a menudo sin pestañear.
A tus padres nos resulta difícil ser justos,
tratando de que no haya mayores disgustos;
regañar a tus mayores es algo que está mal
por mucho que te moleste la gente de edad,
como una píldora has de tragar
sus regañinas para que haya paz.
Los meses aquí no pasan en vano,
aprovéchalos bien con tu estudio sano,
que estudiando y leyendo libros por cientos
se ahuyenta el tedio y el aburrimiento.
La pregunta más difícil es sin duda:
«¿Qué me pongo? No tengo ni una muda,
todo me va chico, pantalones no tengo,
mi camisa es un taparrabo, pero es lo de menos.
Luego están los zapatos: no puedo ya decir
los dolores inmensos que me hacen sufrir».
Cuando creces 10 cm no hay nada que hacer;
ya no tienes ni un trapo que te puedas poner.

Margot no logró traducir con rima la parte referida al tema de la comida, así que no te la he copiado. Pero el resto es muy bonito, ¿verdad?

Por lo demás me han consentido mucho con los hermosos regalos que me han dado; entre otras cosas, un libro muy gordo sobre mitología griega y romana, mi tema favorito. Tampoco puedo quejarme de los dulces, ya que todos me han dado algo de sus respectivas últimas provisiones. Como benjamina de la familia de escondidos me han mimado verdaderamente mucho más de lo que merezco.

Tu Anne

Martes, 15 de junio de 1943

Querida Kitty:
Han pasado cantidad de cosas, pero muchas veces pienso que todas mis charlas poco interesantes te resultarán muy aburridas y que te alegrarás de no recibir tantas cartas. Por eso, será mejor que te resuma brevemente las noticias.

Al señor Voskuijl no lo han operado del estómago. Cuando lo tenían tumbado en la mesa de operaciones con el estómago abierto, los médicos vieron que tenía un cáncer mortal en un estado tan avanzado, que ya no había nada que operar. Entonces le cerraron nuevamente el estómago, le hicieron guardar cama durante tres semanas y comer bien, y luego lo mandaron a su casa. Pero cometieron la estupidez imperdonable de decirle exactamente en qué estado se encuentra. Ya no está en condiciones de trabajar, está en casa rodeado de sus ocho hijos y cavila sobre la muerte que se avecina. Me da muchísima lástima, y también me da mucha rabia no poder salir a la calle, porque si no iría muchas veces a visitarlo para distraerlo. Para nosotros es una calamidad que el bueno de Voskuijl ya no esté en el almacén para informarnos sobre todo lo que pasa allí o todo lo que oye. Era nuestra mayor ayuda y apoyo en materia de seguridad, y lo echamos mucho de menos.

El mes que viene nos toca a nosotros entregar la radio. Kleiman tiene en su casa una radio miniatura clandestina, que nos dará para reemplazar nuestra Philips grande. Es una verdadera lástima que haya que entregar ese mueble tan bonito, pero una casa en la que hay escondidos no debe, bajo ningún concepto, despertar las sospechas de las autoridades. La radio pequeñita nos la llevaremos arriba, naturalmente. Entre judíos clandestinos y dinero negro, qué más da una radio clandestina.

Todo el mundo trata de conseguir una radio vieja para entregar en lugar de su «fuente de ánimo». De verdad, a medida que las noticias de fuera van siendo peores, la radio con su voz prodigiosa nos ayuda a que no perdamos las esperanzas y digamos cada vez: «¡Adelante, ánimo, ya vendrán tiempos mejores!».

Tu Anne

Domingo, 11 de julio de 1943

Querida Kitty:
Volviendo por enésima vez al tema de la educación, te diré que hago unos esfuerzos tremendos para ser cooperativa, simpática y buena y para hacer todo de tal manera que el torrente de comentarios se reduzca a una leve llovizna. Es endiabladamente difícil tener un comportamiento tan ejemplar ante personas que no soportas, sobre todo al ser tan fingido. Pero veo

que realmente se llega más lejos con un poco de hipocresía que manteniendo mi vieja costumbre de decirle a cada uno sin vueltas lo que pienso (aunque nunca nadie me pida mi opinión ni le dé importancia). Por supuesto que muy a menudo me salgo de mi papel y no puedo contener la ira ante una injusticia, y durante cuatro semanas no hacen más que hablar de la chica más insolente del mundo. ¿No te parece que a veces deberías compadecerme? Menos mal que no soy tan refunfuñona, porque terminaría agriándome y perdería mi buen humor. Por lo general me tomo las regañinas por el lado humorístico, pero me sale mejor cuando es otra persona a la que ponen como un trapo, y no cuando esa persona soy yo misma.

Por lo demás, he decidido abandonar un poco la taquigrafía, aunque me lo he tenido que pensar bastante. En primer lugar quisiera dedicar más tiempo a mis otras asignaturas, y en segundo lugar a causa de la vista, que es lo que más me tiene preocupada. Me he vuelto bastante miope y hace tiempo que necesito gafas. (¡Huy, qué cara de lechuza tendré!). Pero ya sabes que a los escondidos no les está permitido (etcétera).

Ayer en toda la casa no se habló más que de la vista de Anne, porque mamá sugirió que la señora Kleiman me llevara al oculista. La noticia me hizo estremecer, porque no era ninguna tontería. ¡Salir a la calle! ¡A la calle, figúrate! Cuesta imaginárselo. Al principio me dio muchísimo miedo, pero luego me puse contenta. Sin embargo, la cosa no era tan fácil, porque no todos los que tienen que tomar la decisión se ponían de acuerdo tan fácilmente. Todos los riesgos y dificultades debían ponerse en el platillo de la balanza, aunque Miep quería llevarme inmediatamente. Lo primero que hice fue sacar del ropero mi abrigo gris, que me quedaba tan pequeño que parecía el abrigo de mi hermana menor. Le sacamos el dobladillo y ya no puedo abotonármelo. Realmente tengo gran curiosidad por saber lo que pasará, pero no creo que el plan se lleve a cabo, porque mientras tanto los ingleses han desembarcado en Sicilia y papá tiene la mira puesta en un «desenlace inminente».

Bep nos da mucho trabajo de oficina a Margot y a mí. A las dos nos da la sensación de estar haciendo algo muy importante, y para Bep es una gran ayuda. Archivar la correspondencia y hacer los asientos en el libro de ventas lo hace cualquiera, pero nosotras lo hacemos con gran minuciosidad.

Miep parece un verdadero burro de carga, siempre llevando y trayendo cosas. Casi todos los días encuentra verdura en alguna parte y la trae en su bicicleta, en grandes bolsas colgadas del manillar. También nos trae todos los sábados cinco libros de la biblioteca. Siempre esperamos con gran ansiedad a que llegue el sábado, porque entonces nos traen los libros. Como cuando les traen regalitos a los niños. Es que la gente corriente no sabe lo que significa un libro para un escondido. La lectura, el estudio y las audiciones de radio son nuestra única distracción.

Tu Anne

Martes, 13 de julio de 1943

La mejor mesita.

Ayer por la tarde, con permiso de papá, le pregunté a Dussel (creo que de forma bastante educada) si por favor estaría de acuerdo en que dos veces por semana, de cuatro a cinco y media de la tarde, yo hiciera uso de nuestra mesita. Ya escribo ahí todos los días de dos y media a cuatro mientras Dussel duerme la siesta, y por lo demás el cuarto más la mesita son zona prohibida. En la habitación común hay demasiado alboroto por las tardes; ahí uno no se puede concentrar, y además también a papá le gusta sentarse a escribir en el escritorio por las tardes.

Por lo tanto, el motivo era bastante razonable y mi ruego una mera cuestión de cortesía. Pero ¿a que no sabes lo que contestó el distinguido señor Dussel?

—No.

¡Dijo lisa y llanamente que no!

Yo estaba indignada y no lo dejé ahí. Le pregunté cuáles eran sus motivos para decirme que no y me llevé un chasco. Fíjate cómo arremetió contra mí:

—Yo también necesito la mesita. Si no puedo disponer de ella por la tarde no me queda nada de tiempo. Tengo que poder escribir mi cuota diaria, si no todo mi trabajo habrá sido en balde. De todos modos, tus tareas no son serias. La mitología, qué clase de tarea es esa, y hacer punto y leer tampoco son tareas serias. De modo que la mesita la seguiré usando yo.

Mi respuesta fue:

—Señor Dussel, mis tareas sí que son serias. Dentro, en la habitación, por las tardes no me puedo concentrar, así que le ruego encarecidamente que vuelva a considerar mi petición.

Tras pronunciar estas palabras, Anne se volvió ofendida e hizo como si el distinguido doctor no existiera. Estaba fuera de mí de rabia. Dussel me pareció un gran maleducado (lo que en verdad era) y me pareció que yo misma había estado muy cortés.

Por la noche, cuando logré hablar un momento con Pim, le conté cómo había terminado todo y le pregunté qué debía hacer ahora, porque no quería darme por vencida y prefería arreglar la cuestión yo sola. Pim me explicó más o menos cómo debía encarar el asunto, pero me recomendó que esperara hasta el otro día, dado mi estado de exaltación. Desoí este último consejo, y después de fregar los platos me senté a esperar a Dussel. Pim estaba en la habitación contigua, lo que me daba una gran tranquilidad.

Empecé diciendo:

—Señor Dussel, creo que a usted no le ha parecido que valiera la pena hablar con más detenimiento sobre el asunto; sin embargo, le ruego que lo haga.

Entonces, con su mejor sonrisa, Dussel comentó:

—Siempre y en todo momento estaré dispuesto a hablar sobre este asunto ya zanjado.

Seguí con la conversación, interrumpida continuamente por Dussel:

—Al principio, cuando usted vino aquí, convinimos en que esta habitación sería de los dos. Si el reparto fuera equitativo, a usted le corresponderían las mañanas y a mí todas las tardes. Pero yo ni siquiera le pido eso, y por lo tanto me parece que dos tardes a la semana es de lo más razonable.

En ese momento Dussel saltó como pinchado por un alfiler:

—¿De qué reparto equitativo me estás hablando? ¿Adónde he de irme entonces? Tendré que pedirle al señor Van Daan que me construya una caseta en el desván, para que pueda sentarme allí. ¡Será posible que no pueda trabajar tranquilo en ninguna parte, y que uno tenga que estar siempre peleándose contigo! Si la que me lo pidiera fuera tu hermana Margot, que tendría más motivos que tú para hacerlo, ni se me ocurriría negárselo, pero tú...

Y luego siguió la misma historia sobre la mitología y el hacer punto, y Anne volvió a ofenderse. Sin embargo, hice que no se me notara y dejé que Dussel acabara:

—Pero ya está visto que contigo no se puede hablar. Eres una tremenda egoísta. Con tal de salirte con la tuya, los demás que revienten. Nunca he visto una niña igual. Pero al final me veré obligado a darte el gusto; si no, en algún momento me dirán que a Anne Frank la suspendieron porque el señor Dussel no le quería ceder la mesita.

El hombre hablaba y hablaba. Era tal la avalancha de palabras que al final me perdí. Había momentos en que pensaba: «¡Le voy a dar un sopapo que va a ir a parar con todas sus mentiras contra la pared!», y otros en que me decía a mí misma: «Tranquilízate. Este tipo no se merece que te sulfures tanto por su culpa».

Por fin Dussel terminó de desahogarse y, con una cara en la que se leía el enojo y el triunfo al mismo tiempo, salió de la habitación con su abrigo lleno de alimentos.

Corrí a ver a papá y a contarle toda la historia, en la medida en que no la había oído ya. Pim decidió hablar con Dussel esa misma noche, y así fue. Estuvieron más de media hora hablando. Primero hablaron sobre si Anne debía disponer de la mesita o no. Papá le dijo que ya habían hablado sobre el tema, pero que en aquella ocasión le había dado supuestamente la razón a Dussel para no dársela a una niña frente a un adulto, pero que tampoco en ese momento a papá le había parecido razonable. Dussel respondió que yo no debía hablar como si él fuera un intruso que tratara de apoderarse de todo, pero aquí papá le contradijo con firmeza, porque en ningún momento me había oído a mí decir eso. Así estuvieron un tiempo discutiendo: papá defendiendo mi egoísmo y mis «tareítas» y Dussel refunfuñando todo el tiempo.

Finalmente Dussel tuvo que ceder, y se me concedieron dos tardes a la semana para dedicarme a mis tareas sin ser molestada. Dussel puso cara de mártir, no me habló durante dos días y, como un niño caprichoso, fue a ocupar la mesita de cinco a cinco y media, antes de la hora de cenar.

A una persona de cincuenta y cuatro años que todavía tiene hábitos tan pedantes y mezquinos, la naturaleza la ha hecho así, y ya nunca se le quitarán.

Viernes, 16 de julio de 1943

Querida Kitty:

Nuevamente han entrado ladrones, pero esta vez ha sido de verdad. Esta mañana a las siete, como de costumbre, Peter bajó al almacén y enseguida vio que tanto la puerta del almacén como la de la calle estaban abiertas. Se lo comunicó enseguida a Pim, que en su antiguo despacho sintonizó la radio alemana y cerró la puerta con llave. Entonces subieron los dos. La consigna habitual para estos casos, «no lavarse, guardar silencio, estar listos a las ocho y no usar el retrete», fue acatada rigurosamente como de costumbre. Todos nos alegrábamos de haber dormido muy bien y de no haber oído nada durante la noche. Pero también estábamos un poco indignados de que en toda la mañana no se le viera el pelo a ninguno de los de la oficina, y de que el señor Kleiman nos dejara hasta las once y media en ascuas. Nos contó que los ladrones habían abierto la puerta de la calle con una palanca de hierro y luego habían forzado la del almacén. Pero como en el almacén no encontraron mucho para llevarse, habían probado suerte un piso más arriba. Robaron dos cajas de caudales con cuarenta florines, talonarios en blanco de la caja postal y del banco, y lo peor: toda nuestra asignación de azúcar en cupones de racionamiento, por un total de ciento cincuenta kilos. No será fácil hacernos con nuevos cupones.

El señor Kugler cree que el ladrón pertenece a la misma cofradía que el que estuvo aquí hace seis semanas y que intentó entrar por las tres puertas (la del almacén y las dos puertas de la calle), pero que en aquel momento no tuvo éxito.

El asunto nos ha estremecido a todos, y casi se diría que la Casa de atrás no puede pasar sin estos sobresaltos. Naturalmente nos alegramos de que las máquinas de escribir y la caja fuerte estuvieran a buen recaudo en nuestro ropero.

Tu Anne

P.D.: Desembarco en Sicilia. Otro paso más que nos acerca a...

Lunes, 19 de julio de 1943

Querida Kitty:

El domingo hubo un terrible bombardeo en el sector norte de Ámsterdam. Los destrozos parece que son enormes. Calles enteras han sido devastadas, y tardarán mucho en rescatar a toda la gente sepultada bajo los escombros. Hasta ahora se han contado doscientos muertos y un sinnúmero de heridos. Los hospitales están llenos hasta los topes. Se dice que hay niños que, perdidos entre las ruinas incandescentes, van buscando a sus padres muertos. Cuando pienso en los estruendos que se oían en la lejanía, que para nosotros eran una señal de la destrucción que se avecinaba, me da escalofríos.

Tu Anne

Viernes, 23 de julio de 1943

Querida Kitty:

De momento, Bep ha vuelto a conseguir cuadernos, sobre todo diarios y libros mayores, que son los que necesita mi hermana la contable. Otros cuadernos también se consiguen, pero no me preguntes de qué tipo y por cuánto tiempo. Los cuadernos llevan actualmente el siguiente rótulo: «Venta sin cupones». Como todo lo que se puede comprar sin cupones, son un verdadero desastre. Un cuaderno de estos consiste en doce páginas de papel grisáceo de líneas torcidas y estrechas. Margot está pensando si seguir un curso de caligrafía. Yo se lo he recomendado encarecidamente. Mamá me prohíbe que yo también participe, por no arruinarme la vista, pero me parece una tontería. Lo mismo da que haga eso u otra cosa.

Como tú nunca has vivido una guerra, Kitty, y como a pesar de todas mis cartas tampoco te haces una idea clara de lo que es vivir escondido, por gusto pasaré a escribirte cuál es el deseo más ferviente de cada uno de nosotros para cuando volvamos a salir de aquí:

Lo que más anhelan Margot y el señor Van Daan es un baño de agua caliente hasta el cogote, durante por lo menos media hora. La señora Van Daan quisiera irse enseguida a comer pasteles; Dussel en lo único que piensa es en su Charlotte, y mamá en su café. Papá iría a visitar al señor Voskuijl; Peter iría al centro y al cine, y yo de tanta gloria no sabría por dónde empezar.

Lo que más anhelo yo es una casa propia, poder moverme libremente y que por fin alguien me ayude en las tareas, o sea, ¡volver al colegio!

Bep nos ha ofrecido fruta, pero cuesta lo suyo, ¡y cómo! Uvas a 5 florines el kilo, grosellas a 70 céntimos el medio kilo, un melocotón a 50 céntimos, melón a 1,50 el kilo. Y luego ponen todas las tardes en el periódico en letras enormes: «¡El alza de los precios es usura!».

Lunes, 26 de julio de 1943

Querida Kitty:

Ayer fue un día de mucho alboroto, y todavía estamos exaltados. No me extrañaría que te preguntaras si es que pasa algún día sin sobresaltos.

Por la mañana, cuando estábamos desayunando, sonó la primera prealarma, pero no le hacemos mucho caso, porque solo significa que hay aviones sobrevolando la costa. Después de desayunar fui a tumbarme un rato en la cama porque me dolía mucho la cabeza. Luego bajé a la oficina. Eran alrededor de las dos de la tarde. A las dos y media, Margot había acabado con su trabajo de oficina. No había terminado aún de recoger sus bártulos cuando empezaron a sonar las sirenas, de modo que la seguí al piso de arriba. Justo a tiempo, porque menos de cinco minutos después de llegar arriba comenzaron los disparos y tuvimos que refugiarnos en el pasillo. Y en efecto, ahí retumbó toda la casa y cayeron las bombas. Yo tenía mi bolsa para la huida bien apretada entre los brazos, más para tener algo a que aferrarme que para huir realmente, porque de cualquier modo no nos podemos ir, o en caso extremo la calle implica el mismo riesgo de muerte que un bombardeo. Después de media hora se oyeron menos aviones, pero dentro de casa la actividad aumentó. Peter volvió de su atalaya en el desván de delante. Dussel estaba en la oficina de delante, la señora se sentía más segura en el antiguo despacho de papá, el señor Van Daan había observado la acción por la ventana de la buhardilla, y también los que habíamos esperado en el descansillo nos dispersamos para ver las columnas de humo que se elevaban en la zona del puerto. Al poco tiempo todo olía a incendio y fuera parecía que hubiera una tupida bruma.

A pesar de que un incendio de esa magnitud no es un espectáculo agradable, para nosotros el peligro felizmente había pasado y todos volvimos a nuestras respectivas ocupaciones. Al final de la tarde, a la hora de la comida: alarma aérea. La comida era deliciosa, pero al oír la primera sirena se me quitó el apetito. Sin embargo, no pasó nada y a los cuarenta y cinco minutos ya no había peligro. Cuando habíamos fregado los platos: alarma aérea, tiros, muchísimos aviones. «¡Cielos, dos veces en un mismo día es mucho!», pensamos todos, pero fue inútil, porque nuevamente cayeron bombas a raudales, esta vez al otro lado de la ciudad, en la zona del aeropuerto. Los aviones caían en picado, volvían a subir, había zumbidos en el aire y era terrorífico. A cada momento yo pensaba: «¡Ahora cae, ha llegado tu hora!».

Puedo asegurarte que cuando me fui a la cama a las nueve de la noche, todavía no podía tenerme en pie sin que me temblaran las piernas. A medianoche en punto me desperté: ¡más aviones! Dussel se estaba desvistiendo, pero no me importó: al primer tiro salté de la cama totalmente despabilada. Hasta la una estuve metida en la cama de papá, a la una y media vuelta a mi propia cama, a las dos otra vez en la de papá, y los aviones volaban y seguían volando. Por fin terminaron los tiros y me pude volver «a casita». A las dos y media me dormí.

Las siete. Me desperté de un sobresalto y me quedé sentada en la cama. Van Daan estaba con papá. «Otra vez ladrones», fue lo primero que pensé. Oí que Van Daan pronunciaba la palabra «todo» y pensé que se lo habían llevado todo. Pero no, era una noticia gratísima, quizá la más grata que hayamos tenido desde que comenzó la guerra. Ha renunciado Mussolini. El rey-emperador de Italia se ha hecho cargo del gobierno.

Pegamos un grito de alegría. Tras los horrores de ayer, por fin algo bueno y... ¡nuevas esperanzas! Esperanzas de que todo termine, esperanzas de que haya paz.

Kugler ha pasado un momento y nos ha contado que los bombardeos del aeropuerto han causado grandes daños a la fábrica de aviones Fokker. Mientras tanto, esta mañana tuvimos una nueva alarma aérea con aviones sobrevolándonos y otra vez prealarma. Estoy de alarmas hasta las narices, he dormido mal y no me puedo concentrar, pero la tensión de lo que pasa en Italia ahora nos mantiene despiertos y la esperanza por lo que pueda ocurrir de aquí a fin de año...

Tu Anne

Jueves, 29 de julio de 1943

Querida Kitty:

La señora Van Daan, Dussel y yo estábamos fregando los platos y yo estaba muy callada, cosa poco común en mí y que seguramente les debería de llamar la atención. A fin de evitar preguntas molestas busqué un tema neutral de conversación, y pensé que el libro *Enrique, el vecinito de la acera de enfrente* cumplía con esa exigencia. Pero me equivoqué de medio a medio. Cuando no me regaña la señora Van Daan, me regaña el señor Dussel. El asunto era el siguiente: el señor Dussel nos había recomendado este libro muy especialmente por ser una obra excelente. Pero a Margot y a mí no nos pareció excelente para nada. El niño estaba bien caracterizado, pero el resto... mejor no decir nada. Al fregar los platos hice un comentario de este tenor, y eso me sirvió para que toda la artillería se volviera contra mí.

—¡¿Cómo habrías de entender la psiquis de un hombre?! La de un niño, aún podría ser (!). Eres demasiado pequeña para un libro así. Aun para un hombre de veinte años sería demasiado difícil.

Me pregunto por qué nos habrá recomendado entonces el libro tan especialmente a Margot y a mí. Ahora Dussel y la señora arremetieron los dos juntos:

—Sabes demasiado de cosas que no son adecuadas para ti. Te han educado de manera totalmente equivocada. Más tarde, cuando seas mayor, ya no sabrás disfrutar de nada. Dirás que lo has leído todo en los libros hace veinte años. Será mejor que te apresures en conseguir marido o en enamorarte, porque seguro que nada te satisfará. En teoría ya lo sabes todo, solo te falta la práctica.

No resulta nada difícil imaginarse cómo me sentí en aquel momento. Yo misma me sorprendí de que pudiera guardar la calma para responder: «Quizá ustedes opinen que he tenido una educación equivocada, pero no todo el mundo está de acuerdo con ustedes».

¿Acaso es de buena educación sembrar cizaña todo el tiempo entre mis padres y yo (porque eso es lo que hacen muchas veces)? Y no hablarle de esas cosas a una chica de mi edad seguro que es estupendo... Los resultados de una educación semejante están a la vista.

En ese momento habría querido darles un bofetón a los dos, por ponerme en ridículo. Estaba fuera de mí de la rabia y realmente me habría gustado contar los días que faltaban para librarme de esa gente, de haber sabido dónde terminar.

¡La señora Van Daan es un caso serio! Es un modelo de conducta... pero ¡de qué conducta! A la señora Van Daan se la conoce por su falta de modestia, su egoísmo, su actitud taimada y calculadora y porque nunca nada la satisface. A esto se suman su vanidad y su coquetería. No hay más vueltas que darle, es una persona desagradable como ninguna. Podría escribir libros enteros sobre madame Van Daan, y puede que alguna vez lo haga. Cualquiera puede aplicarse un bonito barniz exterior. La señora es muy amable con los extraños, sobre todo si son hombres, y eso hace que uno se equivoque cuando la conoce poco.

Mamá la considera demasiado tonta para gastar saliva en ella, Margot demasiado insignificante, Pim demasiado fea (tanto por dentro como por fuera) y yo, tras un largo viaje —porque nunca me dejo llevar por los prejuicios—, he llegado a la conclusión de que es las tres cosas a la vez, y muchísimo más. Tiene tantas malas cualidades, que no sabría con cuál quedarme.

Tu Anne

P.D.: No olvide el lector que cuando fue escrito este relato, la ira de la autora todavía no se había disipado.

Martes, 3 de agosto de 1943

Querida Kitty:
La política marcha viento en popa. En Italia, el partido fascista ha sido prohibido. En muchos sitios el pueblo lucha contra los fascistas, y algunos militares participan en la lucha. ¿Cómo un país así puede seguir haciéndole la guerra a Inglaterra?

La semana pasada entregamos nuestra hermosa radio. Dussel estaba muy enfadado con Kugler porque la entregó en la fecha estipulada. Mi respeto por Dussel se reduce cada día más; ya debe de andar por debajo de cero. Son tales las sandeces que dice en materia de política, historia, geografía o cualquier otro tema, que casi no me atrevo a citarlas. «Hitler desaparece en la historia. El puerto de Rotterdam es más grande que el de Hamburgo. Los ingleses son idiotas porque no bombardean Italia de arriba abajo, etcétera, etcétera».

Ha habido un tercer bombardeo. He apretado los dientes, tratando de armarme de valor.

La señora Van Daan, que siempre ha dicho « Que vengan» y «Más vale un final con susto que ningún final», es ahora la más cobarde de todos. Esta mañana se puso a temblar como una hoja y hasta se echó a llorar. Su marido, con quien acaba de hacer las paces después de estar reñidos durante una semana, la consolaba. De solo verlo casi me emociono.

Mouschi ha demostrado de forma patente que el tener gatos en la casa no solo trae ventajas: todo el edificio está infestado de pulgas, y la plaga se extiende día a día. El señor Kleiman ha echado polvo amarillo en todos los rincones, pero a las pulgas no les hace nada. A todos nos pone muy nerviosos; todo el tiempo creemos que hay algo arañándonos un brazo, una pierna u otra parte del cuerpo. De ahí que muchos integrantes de la familia estén siempre haciendo ejercicios gimnásticos para mirarse la parte trasera de la pierna o la nuca. Ahora pagamos la falta de ejercicio: tenemos el cuerpo demasiado entumecido como para poder torcer bien el cuello. La gimnasia propiamente dicha hace mucho que no la practicamos.

Tu Anne

Miércoles, 4 de agosto de 1943

Querida Kitty:

Ahora que llevamos más de un año de reclusión en la Casa de atrás, ya estás bastante al tanto de cómo es nuestra vida, pero nunca puedo informarte de todo realmente. ¡Es todo tan extremadamente distinto de los tiempos normales y de la gente normal! Pero para que te hagas una idea de la vida que llevamos aquí, a partir de ahora describiré de tanto en tanto una parte de un día cualquiera. Hoy empiezo por la noche.

A las nueve de la noche comienza en la Casa de atrás el ajetreo de la hora de acostarse, y te aseguro que siempre es un verdadero alboroto. Se apartan las sillas, se arman las camas, se extienden las mantas, y nada queda en el mismo estado que durante el día. Yo duermo en el pequeño diván, que no llega a medir un metro y medio de largo, por lo que hay que colocarle un añadido en forma de sillas. De la cama de Dussel, donde están guardados durante el día, hay que sacar plumón, sábanas, almohadas y mantas.

En la habitación de al lado se oye un terrible chirrido: es la cama de tablitas de Margot. Nuevamente hay que extraer mantas y almohadas del diván: todo sea por hacer un poco más confortables las tablitas de madera de la cama. Arriba parece que se hubiera desatado una tormenta, pero no es más que la cama de la señora. Es que hay que arrimarla junto a la ventana, para que el aire pueda estimular los pequeños orificios nasales de Su Alteza de la mañanita rosa.

Las nueve: cuando sale Peter entro en el cuarto de baño y me someto a un tratamiento de limpieza a fondo. No pocas veces —solo en los meses, semanas o días de gran calor— ocurre que en el agua del baño se queda flotando alguna pequeña pulga. Luego toca lavarme los dientes, rizarme el pelo, tratarme las uñas, preparar los algodones con agua oxigenada —que son para teñir los pelillos negros del bigote— y todo esto apenas en media hora.

Las nueve y media: me pongo rápidamente el albornoz. Con el jabón en una mano y el orinal, las horquillas, las bragas, los rulos y el algodón en la otra, me apresuro a dejar libre el cuarto de baño, pero por lo general después me llaman para que vuelva y quite la colección de pelos primorosamente depositados en el lavabo, pero que no son del agrado del usuario siguiente.

Las diez: colgamos los paneles de oscurecimiento y… ¡buenas noches! En la casa aún se oyen durante un cuarto de hora los crujidos de las camas y el rechinar de los muelles rotos, pero luego reina el silencio; al menos, cuando los de arriba no tienen una disputa de lecho conyugal.

Las once y media: cruje la puerta del cuarto de baño. En la habitación entra un diminuto haz de luz. Crujido de zapatos, un gran abrigo, más grande que la persona que lo lleva puesto… Dussel vuelve de sus tareas nocturnas en el despacho de Kugler. Durante diez minutos se le oye arrastrar los pies, hacer ruido de papeles —son los alimentos que guarda— y hacer la cama. Luego, la figura vuelve a desaparecer y solo se oye venir a cada rato un ruidito sospechoso del lavabo.

A eso de las tres de la madrugada: debo levantarme para hacer aguas menores en la lata que guardo debajo de la cama y que para mayor seguridad está colocada encima de una esterilla de goma contra las posibles pérdidas. Cuando me encuentro en este trance, siempre contengo la respiración, porque en la latita se oye como el gorgoteo de un arroyuelo en la montaña. Luego devuelvo la lata a su sitio y la figura del camisón blanco, que a Margot le arranca cada noche la exclamación: «¡Ay, qué camisón tan indecente!», se mete en la cama. Entonces, alguien que yo sé permanece unos quince minutos atenta a los ruidos de la noche. En primer lugar, a los que puedan venir de algún ladrón en los pisos de abajo; luego, a los procedentes de las distintas camas de las habitaciones de arriba, de al lado y la propia, de los que por lo general se puede deducir cómo está durmiendo cada uno de los convecinos, o si están pasando la noche medio desvelados. Esto último no es nada agradable, sobre todo cuando se trata de un miembro de la familia que responde al nombre de doctor Dussel. Primero oigo un ruidito como de un pescado que se ahoga. El ruido se repite unas diez veces, y luego, con mucho aparato, pasa a humedecerse los labios, alternando con otros ruiditos como si estuviera masticando, a lo que siguen innumerables vueltas en la cama y reacomodamientos de las almohadas. Luego hay cinco minutos de tranquilidad absoluta, y toda la secuencia se repite tres veces como mínimo, tras lo cual el doctor seguramente se habrá adormilado por un rato.

También puede ocurrir que de noche, variando entre la una y las cuatro, se oigan disparos. Nunca soy realmente consciente hasta el momento en que, por costumbre, me veo de pie junto a la cama. A veces estoy tan metida en algún sueño, que pienso en los verbos franceses irregulares o en las riñas de arriba. Cuando termino de pensar, me doy cuenta de que ha habido tiros y de que me he quedado en silencio en mi habitación. Pero la mayoría de las veces pasa como te he descrito arriba. Cojo rápidamente un pañuelo y una almohada, me pongo el albornoz, me calzo las zapatillas y voy corriendo donde papá, tal como lo describió Margot en el siguiente poema con motivo de mi cumpleaños:

> *Por las noches, al primerísimo disparo,*
> *se oye una puerta crujir y aparecen*
> *un pañuelo, una almohada y una chiquilla...*

Una vez instalada en la cama grande, el mayor susto ya ha pasado, salvo cuando los tiros son muy fuertes.

Las siete menos cuarto: ¡Trrrrr...! Suena el despertador, que puede elevar su vocecita a cada hora del día, bien por encargo, bien sin él. ¡Crac...! ¡Paf...! La señora lo ha hecho callar. ¡Cric...! Se ha levantado el señor. Pone agua a hervir y se traslada rápidamente al cuarto de baño.

Las siete y cuarto: la puerta cruje nuevamente. Ahora Dussel puede ir al cuarto de baño. Una vez que estoy sola, quito los paneles de oscurecimiento, y comienza un nuevo día en la Casa de atrás.

Tu Anne

Jueves, 5 de agosto de 1943

Querida Kitty:
Tomemos hoy la hora de la comida, a mediodía.

Son las doce y media: toda la compañía respira aliviada. Por fin Van Maaren, el hombre de oscuro pasado, y De Kok se han ido a sus casas. Arriba se oye el traqueteo de la aspiradora que la señora le pasa a su hermosa y única alfombra. Margot coge unos libros y se los lleva bajo el brazo a la clase «para alumnos que no avanzan», porque así se podría llamar a Dussel. Pim se instala en un rincón con su inseparable Dickens, buscando un poco de tranquilidad. Mamá se precipita hacia el piso de arriba para ayudar a la hacendosa ama de casa, y yo me encierro en el cuarto de baño para adecentarlo un poco, haciendo lo propio conmigo misma.

La una menos cuarto: gota a gota se va llenando el cubo. Primero llega el señor Gies; luego Kleiman o Kugler, Bep y a veces también un rato Miep.

La una: todos escuchan atentos las noticias de la BBC, formando corro en torno a la radio miniatura. Estos son los únicos momentos del día en que los miembros de la Casa de atrás no se interrumpen todo el tiempo mutuamente, porque está hablando alguien al que ni siquiera el señor Van Daan puede llevar la contraria.

La una y cuarto: comienza el gran reparto. A todos los de abajo se les da un tazón de sopa, y cuando hay algún postre, también se les da. El señor Gies se sienta satisfecho en el diván o se reclina en el escritorio. Junto a él, el periódico, el tazón y, la mayoría de las veces, el gato. Si le falta alguno de estos tres, no dejará de protestar. Kleiman cuenta las últimas novedades de la ciudad; para eso es realmente una fuente de información estupenda. Kugler sube la escalera con gran estrépito, da un golpe seco y firme en la puerta y entra frotándose las manos, de buen humor y exaltado, o de mal humor y callado, según los ánimos.

Las dos menos cuarto: los comensales se levantan y cada uno retoma sus actividades. Margot y mamá se ponen a fregar los platos, el señor y la señora vuelven al diván, Peter al desván, papá al otro diván, Dussel también, y Anne a sus tareas.

Ahora comienza el horario más tranquilo. Cuando todos duermen, no se molesta a nadie. Dussel sueña con una buena comida, se le nota en la cara, pero no me detengo a observarlo porque el tiempo apremia y a las cuatro ya tengo al doctor pedante a mi lado, con el reloj en la mano, instándome a desocupar la mesita que he ocupado un minuto de más.

Tu Anne

Sábado, 7 de agosto de 1943

Querida Kitty:

Unas semanas atrás me puse a escribir un cuento, algo que fuera pura fantasía, y me ha dado tanto gusto hacerlo que mi producción literaria ya se va amontonando.

Tu Anne

Lunes, 9 de agosto de 1943

Querida Kitty:
Sigo con la descripción del horario que tenemos en la Casa de atrás. Tras la comida del mediodía, ahora le toca a la de la tarde.

El señor Van Daan: comencemos por él. Es el primero en ser atendido a la mesa, y se sirve bastante de todo cuando la comida es de su gusto. Por lo general participa en la conversación, dando siempre su opinión, y cuando así sucede, no hay quien le haga cambiar de parecer, porque cuando alguien osa contradecirle, se pone bastante violento. Es capaz de soltarte un bufido como un gato, y la verdad es que es preferible evitarlo. Si te pasa una vez, haces lo posible para que no se repita. Tiene la mejor opinión, es el que más sabe de todo. De acuerdo, sabe mucho, pero también su presunción ha alcanzado altos niveles.

Madame: en verdad sería mejor no decir nada. Ciertos días, especialmente cuando se avecina alguna tormenta, más vale no mirarla a la cara. Bien visto, es ella la culpable de todas las discusiones, ¡pero no el tema! Todos prefieren no meterse; pero tal vez pudiera decirse que ella es la iniciadora. Azuzar, eso es lo que le gusta. Azuzar a la señora Frank y a Anne. Azuzar a Margot y al señor no es tan fácil.

Pero volvamos a la mesa. La señora siempre recibe lo que le corresponde, aunque ella a veces piensa que no es así. Escoger las patatas más pequeñas, el bocado más sabroso, lo más tierno de todo: esa es su consigna. «A los demás ya les tocará lo suyo, primero estoy yo». (Exactamente así piensa ella que piensa Anne Frank). Lo segundo es hablar, siempre que haya alguien escuchando, le interese o no, eso al parecer le da igual. Seguramente piensa que a todo el mundo le interesa lo que dice la señora Van Daan.

Las sonrisas coquetas, hacer como si entendiera de cualquier tema, aconsejar un poco a todos o dárselas de madraza, eso seguro que *deja* una buena impresión. Pero si uno mira más allá, lo bueno se acaba enseguida. En primer lugar hacendosa, luego alegre, luego coqueta y a veces una cara bonita. Esa es Petronella van Daan.

El tercer comensal: no dice gran cosa. Por lo general, el joven Van Daan es muy callado y no se hace notar. Por lo que respecta a su apetito: un pozo sin fondo, que no se llena nunca. Aun después de la comida más sustanciosa, afirma sin inmutarse que podría comerse el doble.

En cuarto lugar está Margot: come como un pajarito, no dice ni una palabra. Lo único que toma son frutas y verduras. «Consentida», en opinión de Van Daan. «Falta de aire y deporte», en opinión nuestra.

Luego está mamá: un buen apetito, una buena lengua. No da la impresión de ser la dueña de la casa, como es el caso de la señora Van Daan. ¿La diferencia? La señora cocina y mamá friega los platos y limpia.

En sexto y séptimo lugar: de papá y yo será mejor que no diga mucho. El primero es el más modesto de toda la mesa. Siempre se fija en primer lugar si todos los demás ya tienen. No necesita nada, lo mejor es para los jóvenes. Es la bondad personificada, y a su lado se sienta el terremoto de la Casa de atrás.

Dussel: se sirve, no mira, come, no habla. Y cuando hay que hablar, que sea sobre la comida, así no hay disputa, solo presunción. Deglute raciones enormes y nunca dice que no: tanto en las buenas como también bastante poco en las malas.

Pantalones que le llegan hasta el pecho, chaqueta roja, zapatillas negras de charol y gafas de concha: así se le puede ver sentado frente a la mesita, eternamente atareado, no avanzando nunca, interrumpiendo su labor solo para dormirse su siestecita, comer y… acudir a su lugar preferido: el retrete. Tres, cuatro, cinco veces al día hay alguien montando guardia delante de la puerta, conteniéndose, impaciente, balanceándose de una pierna a otra, casi sin aguantar más. ¿Se da por enterado? En absoluto. De las siete y cuarto a las siete y media, de las doce y media a la una, de las dos a las dos y cuarto, de las cuatro a las cuatro y cuarto, de las seis a las seis y cuarto y de las once y media a las doce. Se puede tomar nota, son sus «horas fijas de sesión», de las que no se aparta. Tampoco hace caso de la voz implorante al otro lado de la puerta que presagia una catástrofe inminente.

La novena no forma parte de la familia de la Casa de atrás, pero sí es una convecina y comensal. Bep tiene un buen apetito. No deja nada, no es quisquillosa. Todo lo come con gusto, y eso justamente nos da gusto a nosotros. Siempre alegre y de buen humor, bien dispuesta y bonachona: esos son sus rasgos característicos.

Martes, 10 de agosto de 1943

Querida Kitty:
Una nueva idea: en la mesa hablo más conmigo misma que con los demás, lo cual resulta ventajoso en dos aspectos. En primer lugar, a todos les agrada que no esté charlando continuamente, y en segundo lugar no necesito estar irritándome a causa de las opiniones de los demás. Mi propia opinión a mí no me parece estúpida, y a otros sí, de modo que mejor me la guardo para mí. Lo mismo hago con la comida que no me apetece para nada: pongo el plato delante de mí, me imagino que es una comida deliciosa, la miro lo menos posible y me la como sin darme cuenta. Por las mañanas, al levantarme —otra de esas cosas nada agradables—, salgo de la cama de un salto, pienso «enseguida puedes volver a meterte en tu camita», voy hasta la ventana, quito los paneles de oscurecimiento, me quedo aspirando el aire que entra por la rendija y me despierto. Deshago la cama lo más rápido posible, para no poder caer en la tentación. ¿Sabes cómo lo llama mamá? «El arte de vivir». ¿No te parece graciosa la expresión?

Desde hace una semana todos estamos un poco desorientados en cuanto a la hora, ya que por lo visto se han llevado nuestra querida y entrañable campana de la iglesia para fundirla, por lo que ya no sabemos exactamente qué hora es, ni de día, ni de noche. Todavía tengo la esperanza de que inventen algo que a los del barrio nos haga recordar un poco nuestra campana, como, por ejemplo, un artefacto de estaño, de cobre o de lo que sea.

Vaya a donde vaya, ya sea al piso de arriba o al de abajo, todo el mundo me mira con admiración los pies, que llevan un par de zapatos verdaderamente hermosos para los tiempos que corren. Miep los ha conseguido por 27,50 florines. Color vino, de piel de ante y cuero y con un tacón bastante alto. Me siento como si anduviera con zancos y parezco mucho más alta de lo que soy.

Ayer fue un día de mala suerte. Me pinché el pulgar derecho con la punta gruesa de una aguja. En consecuencia, Margot tuvo que pelar las patatas por mí (su lado bueno debía tener) y yo casi no podía escribir. Luego, con la cabeza me llevé por delante la puerta armario y por poco me caigo de espaldas, pero me cayó una regañina por hacer tanto ruido y no podía hacer correr el agua para mojarme la frente, por lo que ahora tengo un chichón gigantesco encima del ojo derecho. Para colmo de males, me enganché el dedo pequeño del pie derecho en una clavija de la aspiradora. Me salía sangre y me dolía, pero estaba tan ocupada con mis otros males, que me olvidé completamente de este fastidio. Mal hecho, porque el dedo del pie se me ha infectado, y tengo que ponerme basilicón y gasas y esparadrapo, y no puedo ponerme mis preciosos zapatos.

Dussel nos ha puesto en peligro de muerte por enésima vez. Créase o no, Miep le trajo un libro prohibido, lleno de injurias dirigidas a Mussolini. En el camino la rozó una moto de las SS. Perdió los estribos, les gritó «¡miserables!» y siguió pedaleando. No quiero ni pensar en lo que habría pasado si se la llevaban a la comisaría.

Tu Anne

El deber del día en la comunidad: ¡pelar patatas!

Uno trae los periódicos, otro los pelapatatas (y se queda con el mejor, naturalmente), el tercero las patatas y el cuarto, el agua.

El que empieza es el señor Dussel. No siempre pela bien, pero lo hace sin parar, mirando a diestro y siniestro para ver si todos lo hacen como él. ¡Pues no!

—Anne, mírame, io cojo el pelador en mi mano de este manerra, y pelo de arriba abajo. *Nein!* Así no... ¡así!

—Pues a mí me parece más fácil así, señor Dussel —le digo tímidamente.

—Perro el mejor manerra es este. Te lo digo io. En fin, tú sabrrás lo que haces, a mí no me imporrta.

Seguimos pelando. Como quien no quiere la cosa, miro lo que está haciendo mi vecino. Sumido en sus pensamientos, menea la cabeza (por mi culpa, seguramente), pero ya no dice nada.

Sigo pelando. Ahora miro hacia el otro lado, donde está sentado papá. Para papá, pelar patatas no es una tarea cualquiera, sino una labor minuciosa. Cuando lee, se le forma una arruga profunda en el cogote, pero cuando ayuda a preparar patatas, judías u otras verduras, no parece enterarse de nada. Pone cara de pelar patatas y nunca entregará una patata que no esté bien pelada. Eso, con esa cara, es sencillamente imposible.

Sigo con la tarea y levanto un momento la mirada. Con eso me basta: la señora trata de atraer la atención de Dussel. Primero lo mira un momento, Dussel se hace el desentendido. Luego le guiña el ojo, pero Dussel sigue trabajando. Después sonríe, pero Dussel no levanta la mirada. Entonces también mamá ríe, pero Dussel no hace caso. La señora no ha conseguido nada, de modo que tendrá que utilizar otros métodos. Se produce un silencio, y luego:

—Pero, Putti, ¿por qué no te has puesto un delantal? Ya veo que mañana tendré que quitarte las manchas del traje.

—No me estoy ensuciando.

De nuevo un silencio, y luego:

—Putti, ¿por qué no te sientas?

—Estoy bien así, prefiero estar de pie.

Pausa.

—¡Putti, fíjate cómo estás salpicando!

—Sí, mamita, tendré cuidado.

La señora saca otro tema de conversación:

—Dime, Putti, ¿por qué los ingleses no tiran bombas ahora?

—Porque hace muy mal tiempo, Kerli.

—Pero ayer hacía buen tiempo y tampoco salieron a volar.

—No hablemos más de ello.

—¿Por qué no? ¿Acaso no es un tema del que se puede hablar y dar una opinión?

—No.

—¿Por qué no?

—Cállate, *Mammichen*.*

—¿Acaso el señor Frank no responde siempre a lo que le pregunta su esposa?

El señor lucha, este es su talón de Aquiles, no lo soporta, y la señora arremete una y otra vez:

—¡Pues esa invasión no llegará nunca!

---

* En alemán, «mamaíta». (*N. del T.*).

El señor se pone blanco; la señora, al notarlo, se pone colorada, pero igual sigue con lo suyo:

—¡Esos ingleses no hacen nada!

Estalla la bomba.

—¡Y ahora cierra el pico, qué demonios!

Mamá casi no puede contener la risa, yo trato de no mirar.

La escena se repite casi a diario, salvo cuando los señores acaban de tener alguna disputa, porque entonces tanto él como ella no dicen palabra.

Me mandan a buscar más patatas. Subo al desván, donde está Peter despulgando al gato. Levanta la mirada, el gato se da cuenta y, ¡zas!, se escapa por la ventana abierta, desapareciendo en el canalón.

Peter suelta un taco, yo me río y también desaparezco.

La libertad en la Casa de atrás

Las cinco y media: sube Bep a concedernos la libertad vespertina. Enseguida comienza el trajín. Primero suelo subir con Bep al piso de arriba, donde por lo general le dan por adelantado el postre que nosotros comeremos más tarde. En cuanto Bep se instala, la señora empieza a enumerar todos sus deseos, diciendo por ejemplo:

—Ay, Bep, quisiera pedirte una cosita…

Bep me guiña el ojo; la señora no desaprovecha ninguna oportunidad para transmitir sus deseos y ruegos a cualquier persona que suba a verla. Debe de ser uno de los motivos por los que a nadie le gusta demasiado subir al piso de arriba.

Las seis menos cuarto: se va Bep. Bajo dos pisos para ir a echar un vistazo. Primero la cocina, luego el despacho de papá, y de ahí a la carbonera para abrirle la portezuela a Mouschi.

Tras un largo recorrido de inspección, voy a parar al territorio de Kugler. Van Daan está revisando todos los cajones y archivadores, buscando la correspondencia del día. Peter va a buscar la llave del almacén y a Moffi. Pim carga con máquinas de escribir para llevarlas arriba. Margot se busca un rinconcito tranquilo para hacer sus tareas de oficina. La señora pone a calentar agua. Mamá baja la escalera con una olla llena de patatas. Cada uno sabe lo que tiene que hacer.

Al poco tiempo vuelve Peter del almacén. Lo primero que le preguntan es dónde está el pan: lo ha olvidado. Frente a la puerta de la oficina de delante se encoge lo más que puede y se arrastra a gatas hasta llegar al armario de acero, coge el pan y desaparece; al menos, eso es lo que quiere hacer, pero antes de percatarse de lo que ocurre, Mouschi le salta por encima y se mete debajo del escritorio.

Peter busca por todas partes y por fin descubre al gato. Entra otra vez a gatas en la oficina y le tira de la cola. Mouschi suelta un bufido, Peter suspira.

¿Qué es lo que ha conseguido? Ahora Mouschi se ha instalado junto a la ventana y se lame, muy contento de haber escapado de las manos de Peter. Y ahora Peter, como último recurso para atraer al animal, le tiende un trozo de pan y… ¡sí!, Mouschi acude a la puerta y esta se cierra.

He podido observarlo todo por la rendija de la puerta.

El señor Van Daan está furioso, da un portazo. Margot y yo nos miramos, pensamos lo mismo: seguro que se ha sulfurado a causa de alguna estupidez cometida por Kugler, y no piensa en Keg.

Se oyen pasos en el pasillo. Entra Dussel. Se dirige a la ventana con aire de propietario, husmea… tose, estornuda y vuelve a toser. Es pimienta, no ha tenido suerte. Prosigue su camino hacia la oficina de delante. Las cortinas están abiertas, lo que implica que no habrá papel de cartas. Desaparece con cara de enfado.

Margot y yo volvemos a mirarnos. Oigo que me dice:

—Tendrá que escribirle una hoja menos a su novia mañana.

Asiento con la cabeza.

De la escalera nos llega el ruido de un paso de elefante; es Dussel, que va a buscar consuelo en su lugar más entrañable.

Seguimos trabajando. ¡Tic, tic, tic…! Tres golpes: ¡a comer!

Lunes, 23 de agosto de 1943

Cuando el reloj da las ocho y media…

Margot y mamá están nerviosas. «¡Chis, papá! ¡Silencio, Otto! ¡Chis, Pim! ¡Que ya son las ocho y media! ¡Vente ya, que no puedes dejar correr el agua! ¡No hagas ruido al andar!». Así son las distintas exclamaciones dirigidas a papá en el cuarto de baño. A las ocho y media en punto tiene que estar de vuelta en la habitación. Ni una gota de agua, no usar el retrete, no andar, silencio absoluto. Cuando todavía no está el personal de oficina, en el almacén los ruidos se oyen mucho más.

Arriba abren la puerta a las ocho y veinte, y al poco tiempo se oyen tres golpecitos en el suelo: la papilla de avena para Anne. Subo trepando por la escalera y recojo mi platillo para perros.

De vuelta abajo, termino de hacer mis cosas corriendo: cepillarme el pelo, guardar el orinal, volver a colocar la cama en su sitio. ¡Silencio! El reloj da la hora. La señora cambia de calzado: comienza a desplazarse por la habitación en zapatillas de baño; también el señor Charlie Chaplin se calza sus zapatillas; tranquilidad absoluta.

La imagen de familia ideal llega a su apogeo: yo me pongo a leer o a estudiar, Margot también, al igual que papá y mamá. Papá —con Dickens y el diccionario en el regazo, naturalmente— está sentado en el borde de la cama hundida y crujiente, que ni siquiera cuenta con colchones como Dios manda. Dos colchonetas superpuestas también sirven. «No me hacen falta, me arreglo perfectamente sin ellas».

Una vez sumido en la lectura se olvida de todo, sonríe de tanto en tanto, trata por todos los medios de hacerle leer algún cuento a mamá, que le contesta:

—¡Ahora no tengo tiempo!

Por un momento pone cara de desencanto, pero luego sigue leyendo. Poco después, cuando otra vez encuentra algo divertido, vuelve a intentarlo:

—¡Ma, no puedes dejar de leer esto!

Mamá está sentada en la cama abatible, leyendo, cosiendo, haciendo punto o estudiando, según lo que toque en ese momento. De repente se le ocurre algo, y no tarda en decir:

—Anne, ¿te acuerdas…? Margot, apunta esto…

Al rato vuelve la tranquilidad. Margot cierra su libro de un golpe, papá frunce el ceño y se le forma un arco muy gracioso, reaparece la «arruga de la lectura» y ya está otra vez sumido en el libro, mamá se pone a parlotear con Margot, la curiosidad me hace escucharlas. Envolvemos a Pim en el asunto y… ¡Las nueve! ¡A desayunar!

Viernes, 10 de septiembre de 1943

Querida Kitty:

Cada vez que te escribo ha pasado algo especial, aunque la mayoría de las veces se trata de cosas más bien desagradables. Ahora, sin embargo, ha pasado algo bonito.

El miércoles 8 de septiembre a las siete de la tarde estábamos escuchando la radio, y lo primero que oímos fue lo siguiente: «*Here follows the best news from whole the war: Italy has capitulated!*». ¡Italia ha capitulado incondicionalmente! A las ocho y cuarto empezó a transmitir Radio Oranje: «Estimados oyentes: hace una hora y quince minutos, cuando acababa de redactar la crónica del día, llegó a la redacción la muy grata noticia de la capitulación de Italia. ¡Puedo asegurarles que nunca antes me ha dado tanto gusto tirar mis papeles a la papelera!».

Se tocaron el *God save the King*, el himno nacional de Estados Unidos y la Internacional rusa. Como de costumbre, Radio Oranje levantaba los ánimos, aun sin mostrarse demasiado optimista.

Los ingleses desembarcaron en Nápoles. El norte de Italia había sido ocupado por los alemanes. El viernes 3 de septiembre ya se firmó el armisticio, justo el día en que se produjo el desembarco de los ingleses en Italia. Los alemanes maldicen a Badoglio y al emperador italiano en todos los periódicos, por traidores.

Sin embargo, también tenemos nuestras desventuras. Se trata del señor Kleiman. Como sabes, todos le queremos mucho, y aunque siempre está enfermo, tiene muchos dolores y no puede comer ni andar mucho, anda siempre de buen humor y tiene una valentía admirable. «Cuando viene el señor Kleiman, sale el sol», ha dicho mamá hace poco, y tiene razón.

Resulta que deben ingresarlo en el hospital para una operación muy delicada de estómago, y que tendrá que quedarse allí por lo menos cuatro semanas. Tendrías que haber visto cómo se despidió de nosotros: como si fuera a hacer un recado, así sin más.

Tu Anne

Jueves, 16 de septiembre de 1943

Querida Kitty:

Las relaciones entre los habitantes de la Casa de atrás empeoran día a día. En la mesa nadie se atreve a abrir la boca —salvo para deslizar en ella un bocado—, por miedo a que lo que diga resulte hiriente o se malinterprete. El señor Voskuijl nos visita de vez en cuando. Es una pena que esté tan malo. A su familia tampoco se lo pone fácil, ya que anda siempre con la idea de que se va a morir pronto, y entonces todo le es indiferente. No resulta difícil hacerse una idea de la atmósfera que debe de reinar en la casa de los Voskuijl, basta con pensar en lo susceptibles que ya son todos aquí.

Todos los días tomo valeriana contra la angustia y la depresión, pero esto no logra evitar que al día siguiente esté todavía peor de ánimo. Poder reír alguna vez con gusto y sin inhibiciones: eso me ayudaría más que diez valerianas, pero ya casi nos hemos olvidado de lo que es reír. A veces temo que de tanta seriedad se me estirará la cara y la boca se me arqueará hacia abajo. Los otros no lo tienen mejor; todos miran con malos presentimientos la mole que se nos viene encima y que se llama invierno.

Otro hecho nada alentador es que Van Maaren, el mozo de almacén, tiene sospechas relacionadas con el edificio de atrás. A una persona con un mínimo de inteligencia le tiene que llamar la atención la cantidad de veces que Miep dice que va al laboratorio, Bep al archivo y Kleiman al depósito de Opekta, y que Kugler sostenga que la Casa de atrás no pertenece a esta finca, sino que forma parte del edificio de al lado.

No nos importaría lo que el señor Van Maaren pudiera pensar del asunto, si no fuera porque tiene fama de ser poco fiable y porque es tremendamente curioso, y que no se contenta con vagas explicaciones.

Un día, Kugler quiso ser en extremo cauteloso: a las doce y veinte del mediodía se puso el abrigo y se fue a la droguería de la esquina. Volvió antes de que hubieran pasado cinco minutos, subió la escalera de puntillas y entró en nuestra casa. A la una y cuarto quiso marcharse, pero en el descansillo se encontró con Bep, que le previno que Van Maaren estaba en la oficina. Kugler dio media vuelta y se quedó con nosotros hasta la una y media. Entonces se quitó los zapatos y así, a pesar de su catarro, fue hasta la puerta del desván de la casa de delante, bajó la escalera lenta y sigilosamente, y después de haberse balanceado en los escalones durante quince minutos para evitar cualquier crujido, aterrizó en la oficina como si viniera de la calle.

Bep, que mientras tanto se había librado un momento de Van Maaren, vino a buscar al señor Kugler a casa, pero Kugler ya se había marchado hacía rato, y todavía andaba descalzo por la escalera. ¿Qué habrá pensado la gente en la calle al ver al señor director calzándose los zapatos fuera? ¡Ajá, sabe el director dónde le aprieta el zapato!

Tu Anne

Miércoles, 29 de septiembre de 1943

Querida Kitty:

Hoy cumple años la señora Van Daan. Aparte de un cupón de racionamiento para comprar queso, carne y pan, tan solo le hemos regalado un tarro de mermelada. También el marido, Dussel y los de la oficina le han regalado flores y alimentos exclusivamente. ¡Los tiempos no dan para más!

El otro día a Bep casi le da un ataque de nervios, de tantos recados que le mandaban hacer. Diez veces al día le encargaban cosas, insistiendo en que lo hiciera rápido, en que volviera a salir o en que había traído alguna cosa equivocada. Si te pones a pensar en que abajo tiene que terminar el trabajo de oficina, que Kleiman está enfermo, que Miep está en su casa con catarro, que ella misma se ha torcido el tobillo, que tiene mal de amores y en casa un padre que se lamenta continuamente, te puedes imaginar cuál es su estado. La hemos consolado y le hemos dicho que si dijera unas cuantas veces con firmeza que no tiene tiempo, las listas de los recados se acortarían solas.

El sábado tuvimos un drama, cuya intensidad superó todo lo vivido aquí hasta el momento. Todo empezó con Van Maaren y terminó en una disputa general con llanto. Dussel se quejó ante mamá de que lo tratamos como a un paria, de que ninguno de nosotros es amable con él, de que él no nos ha hecho nada, y le largó toda una sarta de halagos y lisonjas de los que mamá esta vez felizmente no hizo caso. Le contestó que él nos había decepcionado mucho a todos y que más de una vez nos había causado disgustos. Dussel le prometió el oro y el moro, pero como siempre, hasta ahora nada ha cambiado.

Con los Van Daan el asunto va a acabar mal, ya me lo veo venir. Papá está furioso, porque nos engañan. Esconden carne y otras cosas. ¡Ay, qué desgracia nos espera! ¡Cuánto daría por no verme metida en todas estas trifulcas! ¡Ojalá pudiera escapar! ¡Nos van a volver locos!

Tu Anne

Domingo, 17 de octubre de 1943

Querida Kitty:

Ha vuelto Kleiman. ¡Menos mal! Todavía se le ve pálido, pero sale a la calle de buen talante a vender ropa para Van Daan.

Es un hecho desagradable el que a Van Daan se le haya acabado completamente el dinero. Los últimos cien florines los ha perdido en el almacén, lo que nos ha traído problemas. ¿Cómo es posible que un lunes por la mañana vayan a parar cien florines al almacén? Todos motivos de sospecha. Entretanto, los cien florines han volado. ¿Quién es el ladrón?

Pero te estaba hablando de la escasez de dinero. La señora no quiere desprenderse de ninguno de sus abrigos, vestidos ni zapatos; el traje del señor es difícil de vender, y la bicicleta de Peter ha vuelto de la subasta, ya que nadie la quiso comprar. No se sabe cómo acabará todo esto. Quiera o no, la señora tendrá que renunciar a su abrigo de piel. Según ella, la empresa debería mantenernos a todos, pero no logrará imponer su punto de vista. En el piso de arriba han armado una tremenda bronca al respecto, aunque ahora ya han entrado en la fase de reconciliación, con los respectivos «¡Ay, querido Putti!» y «¡Kerli preciosa!».

Las palabrotas que han volado por esta honorable casa durante el último mes dan vértigo. Papá anda por la casa con los labios apretados. Cuando alguien lo llama se espanta un poco, por miedo a que nuevamente lo necesiten para resolver algún asunto delicado. Mamá tiene las mejillas rojas de lo exaltada que está, Margot se queja del dolor de cabeza, Dussel no puede dormir, la señora se pasa el día lamentándose y yo misma no sé dónde tengo la cabeza. Honestamente, a veces ya ni sé con quién estamos reñidos o con quién ya hemos vuelto a hacer las paces.

Lo único que me distrae es estudiar, así que estudio mucho.

Tu Anne

Viernes, 29 de octubre de 1943

Queridísima Kitty:

El señor Kleiman se ha tenido que ausentar del trabajo nuevamente. Su estómago no lo deja tranquilo. Ni él mismo sabe si la hemorragia ha parado. Nos vino a decir que se sentía mal y que se marchaba para su casa. Es la primera vez que lo vi tan de capa caída.

Aquí ha vuelto a haber ruidosas disputas entre el señor y la señora. Fue así: se les ha acabado el dinero. Quisieron vender un abrigo de invierno y un traje del señor, pero nadie quiso comprarlos. El precio que pedían era demasiado alto.

Un día, hace ya algún tiempo, Kleiman comentó algo sobre un peletero amigo. De ahí surgió la idea del señor de vender el abrigo de piel de la señora. Es un abrigo hecho de pieles de conejo que ya tiene diecisiete años. Le dieron 325 florines por él, una suma enorme. La señora quería quedarse con el dinero para poder comprarse ropa nueva después de la guerra, y al señor no le resultó nada fácil convencerla de que ese dinero era más que necesario para los gastos de la casa.

No puedes ni imaginarte los gritos, los chillidos, los golpes y las palabrotas. Fue algo espeluznante. Los de mi familia estábamos aguardando al pie de la escalera conteniendo la respiración, listos para separar a los contrincantes en caso de necesidad. Todas esas peleas, llantos y nerviosismos provocan tantas tensiones y tiranteces, que por las noches caigo en la cama llorando, dando gracias al cielo de que por fin tengo media hora para mí sola.

A mí me va bien, salvo que no tengo ningún apetito. Viven repitiéndome: «¡Qué mal aspecto tienes!». Debo admitir que se esfuerzan mucho por mantenerme más o menos a nivel, recurriendo a la dextrosa, el aceite de hígado de bacalao, a las tabletas de levadura y de calcio. Mis nervios no siempre consigo dominarlos, sobre todo los domingos me siento muy desgraciada, cuando reina aquí en casa una atmósfera deprimente, aletargada y pesada; fuera no se oye cantar a ningún pájaro; un silencio sofocante y de muerte lo envuelve todo, y esa pesadez se aferra a mí como si quisiera arrastrarme hasta los más profundos infiernos. Papá, mamá y Margot me son entonces indiferentes de tanto en tanto, y yo deambulo por las habitaciones, bajando y subiendo la escalera, y me da la sensación de ser un pájaro enjaulado al que le han arrancado las alas violentamente, y que en la más absoluta penumbra choca contra los barrotes de su estrecha jaula al querer volar. Oigo una voz dentro de mí que me grita: «¡Sal fuera, al aire, a reír!». Ya ni le contesto; me tumbo en uno de los divanes y duermo para acortar el tiempo, el silencio, y también el miedo atroz, ya que es imposible matarlos.

Tu Anne

Sábado, 30 de octubre de 1943

Querida Kitty:

Mamá anda muy nerviosa, y eso para mí siempre es muy peligroso. ¿Puede ser casual que papá y mamá nunca regañen a Margot, y siempre sea yo la que cargue con la culpa de todo? Anoche, por ejemplo, pasó lo siguiente: Margot estaba leyendo un libro con ilustraciones muy bonitas. Se levantó y dejó de lado el libro con intención de seguir leyéndolo más tarde. Como yo en ese momento no tenía nada que hacer, lo cogí y me puse a mirar las láminas. Margot volvió, vio «su» libro en mis manos, frunció el ceño y me pidió que se lo devolviera, enfadada. Yo quería seguir mirando un poco más. Margot se enfadó más y más, y mamá se metió en el asunto diciendo:

—Ese libro lo estaba leyendo Margot, así que dáselo.

En eso entró papá sin saber siquiera de qué se trataba, pero al ver que le estaban haciendo un mal a Margot, arremetió contra mí:

—¡Ya quisiera ver lo que harías tú si Margot se pusiera a hojear tu libro!

Yo enseguida cedí, solté el libro y salí de la habitación, «ofendida» según ellos. No estaba ofendida ni enfadada, sino triste.

Papá no estuvo muy bien al juzgar sin conocer el objeto de la controversia. Yo sola le habría devuelto el libro a Margot, e incluso mucho antes, de no haberse metido papá y mamá en el asunto para proteger a Margot, como si de la peor injusticia se tratara.

Que mamá salga a defender a Margot es normal, siempre se andan defendiendo mutuamente. Yo ya estoy tan acostumbrada, que las regañinas de mamá y los piques de Margot ya no me hacen nada. Las quiero solo porque son mi madre y Margot; como personas, por mí que se vayan a freír espárragos. Con papá es distinto. Cuando hace distinción entre las dos, aprobando todo lo que hace Margot, alabándola y haciéndole cariños, yo siento que algo me carcome por dentro, porque a papá yo lo adoro, es mi gran ejemplo, no quiero a nadie más en el mundo entero sino a él. No es consciente de que a Margot la trata de otra manera que a mí. Y es que Margot es la más lista, la más buena, la más bonita y la mejor. Pero ¿acaso no tengo yo también derecho a que se me trate un poco en serio? Siempre he sido la payasa y la traviesa de la familia, siempre he tenido que pagar dos veces por las cosas que hacía: por un lado, las regañinas, y por el otro, la desesperación dentro de mí misma. Ahora esos mimos frívolos ya no me satisfacen, como tampoco las conversaciones presuntamente serias. Hay algo que quisiera que papá me diera que él no es capaz de darme. No tengo celos de Margot, nunca los he tenido. No ansío ser tan lista y bonita como ella, tan solo desearía sentir el amor verdadero de papá, no solamente como su hija, sino también como Anne-en-sí-misma.

Intento aferrarme a papá, porque cada día desprecio más a mamá, y porque papá es el único que todavía hace que conserve mis últimos sentimientos de familia. Papá no entiende que a veces necesito desahogarme sobre mamá. No quiere hablar, elude todo lo que pueda hacer referencia a los errores de mamá.

Y sin embargo es ella, con todos sus defectos, la que más me pesa en el corazón. No sé qué actitud adoptar; no puedo restregarle por las narices su dejadez, su sarcasmo y su dureza, pero tampoco encuentro siempre la culpa de todo en mí.

Soy exactamente opuesta a ella en todo, y eso, naturalmente, choca. No juzgo su carácter porque no es algo que yo pueda juzgar, solo la observo como madre. Para mí, mamá no es una madre. Yo misma tengo que ser mi madre. Me he separado de ellos, ahora navego sola y ya veré dónde voy a parar. Todo tiene que ver sobre todo con el hecho de que veo en mí misma un gran ejemplo de cómo ha de ser una madre y una mujer, y no encuentro en ella nada a lo que pueda dársele el nombre de madre.

Siempre me propongo no volver a mirar los malos ejemplos que ella me da; tan solo quiero ver su lado bueno, y lo que no encuentre en ella, buscarlo en mí misma. Pero no me sale, y lo peor es que ni papá ni mamá son conscientes de que están fallando en mi vida, y de que yo se lo tomo a mal. ¿Habrá gente que sí pueda satisfacer plenamente a sus hijos?

A veces creo que Dios me quiere poner a prueba, tanto ahora como más tarde. Debo ser buena sola, sin ejemplos y sin hablar, solo así me haré más fuerte.

¿Quién sino yo leerá luego todas estas cartas? ¿Quién sino yo misma me consolará? Porque a menudo necesito consuelo; muchas veces no soy lo suficientemente fuerte y fallo más de lo que acierto. Lo sé, y cada vez intento mejorar, todos los días.

Me tratan de forma poco coherente. Un día Anne es una chica muy sensata y le permiten saberlo todo, y al día siguiente es una borrica que no sabe nada y cree haber aprendido de todo en los libros. Ya no soy la bebé ni la niña mimada que encima causa gracia haciendo cualquier cosa. Tengo mis propios ideales, mis ideas y proyectos, pero aún no sé expresarlos en palabras.

¡Ah!, me vienen tantas cosas a la cabeza cuando estoy sola por las noches, y también durante el día, cuando tengo que soportar a todos los que ya me tienen harta y siempre interpretan mal mis intenciones. Por eso, al final siempre vuelvo a mi diario: es mi punto de partida y de llegada, porque Kitty siempre tiene paciencia conmigo. Le prometeré que, a pesar de todo, perseveraré, que me abriré mi propio camino y me tragaré mis lágrimas. Solo que me gustaría poder ver ya los resultados, o que alguien que me quisiera me animara a seguir.

No me juzgues, sino considérame como alguien que a veces siente que está rebosando.

Tu Anne

Miércoles, 3 de noviembre de 1943

Querida Kitty:
Para proporcionarnos un poco de distracción y conocimientos, papá ha pedido un folleto de los cursos por correspondencia de Leiden. Margot estuvo hojeando el voluminoso librito como tres veces, sin encontrar nada que le interesara y a la medida de su presupuesto. Papá fue más rápido en decidirse, y quiso escribir a la institución para solicitar una clase de prueba de «Latín elemental». Dicho y hecho. La clase llegó, Margot se puso a estudiar con buenos ánimos y el cursillo, aunque caro, se encargó. Para mí es demasiado difícil, aunque me encantaría aprender latín.

Para que yo también empezara con algo nuevo, papá le pidió a Kleiman una biblia para jóvenes, para que por fin me entere de algunas cosas del Nuevo Testamento.

—¿Le vas a regalar a Anne una biblia para Januká? —preguntó Margot algo desconcertada.

—Pues… en fin, creo que será mejor que se la regale para San Nicolás —contestó papá. Y es que Jesús y Januká no tienen nada que ver.

Como se ha roto la aspiradora, todas las noches me toca cepillar la alfombra con un viejo cepillo. Cierro la ventana, enciendo la luz, también la estufa, y paso el escobón. «Esto no puede acabar bien —pensé ya la primera vez—. Seguro que habrá quejas». Y así fue: a mamá las espesas nubes de polvo que quedaban flotando en la habitación le dieron dolor de cabeza, el nuevo diccionario de latín de Margot se cubrió de suciedad, y Pim hasta se quejó de que el suelo no había cambiado en absoluto de aspecto. «A buen servicio mal galardón», como dice el refrán.

La última consigna de la Casa de atrás es que los domingos la estufa se encienda con normalidad a las siete y media de la mañana, en vez de a las cinco y media. Me parece una cosa peligrosa. ¿Qué van a pensar los vecinos del humo que eche nuestra chimenea?

Lo mismo pasa con las cortinas. Desde que nos instalamos aquí siempre han estado herméticamente cerradas. Pero a veces, a alguno de los señores o a alguna de las señoras le viene el antojo de mirar hacia fuera un momento. El efecto: una lluvia de reproches. La respuesta: «¡Pero si no lo ve nadie!». Por ahí empiezan y terminan todos los descuidos. Que esto no lo ve nadie, que aquello no lo oye nadie, que a lo de más allá nadie le presta atención. Es muy fácil decirlo, pero ¿se corresponderá con la verdad? De momento las disputas tempestuosas han amainado, solo Dussel está enfadado con Van Daan. Cuando habla de la señora, no hace más que repetir las palabras «vaca idiota», «morsa» y «yegua»; viceversa, la señora califica al estudioso infalible de «vieja solterona», «damisela susceptible», etcétera. Dijo la sartén al cazo: «¡Apártate, que me tiznas!».

Tu Anne

Noche del lunes, 8 de noviembre de 1943

Querida Kitty:

Si pudieras leer mi pila de cartas una detrás de otra, seguramente te llamarían la atención los distintos estados de ánimo en que fueron escritas. Yo misma lamento que aquí, en la Casa de atrás, dependa tanto de los estados de ánimo. En verdad, no solo a mí me pasa; nos pasa a todos. Cuando leo un libro que me causa una impresión profunda, tengo que volver a ordenar bien toda mi cabeza antes de mezclarme con los demás, si no podrían llegar a pensar que me ocurre algo extraño. De momento, como podrás apreciar, estoy en una fase depresiva. De verdad no sabría explicarte a qué se debe, pero creo que es mi cobardía, con la que tropiezo una y otra vez.

Hace un rato, cuando aún estaba con nosotros Bep, se oyó un timbre fuerte, largo y penetrante. En ese momento me puse blanca, me vino dolor de estómago y taquicardia, y todo por la mieditis.

Por las noches, en sueños, me veo sola en un calabozo, sin papá y mamá. A veces vagabundeo por la carretera, o se quema nuestra Casa de atrás, o nos vienen a buscar de noche y me escondo debajo de la cama, desesperada. Veo todo como si lo estuviera viviendo en mi propia carne. ¡Y encima tengo la sensación de que todo esto me puede suceder en cualquier momento!

Miep dice a menudo que nos envidia tal como estamos aquí, por la tranquilidad que tenemos. Puede ser, pero se olvida de nuestra enorme angustia.

No puedo imaginarme en absoluto que para nosotros el mundo vuelva a ser normal alguna vez. Es cierto que a veces hablo de «después de la guerra», pero es como si hablara de un castillo en el aire, algo que nunca podrá ser realidad.

Nos veo a los ocho y a la Casa de atrás, como si fuéramos un trozo de cielo azul, rodeado de nubes de lluvia negras, muy negras. La isla redonda en la que nos encontramos aún es segura, pero las nubes se van acercando paulatinamente, y el anillo que nos separa del peligro inminente se cierra cada vez más. Ya estamos tan rodeados de peligros y de oscuridad, que la desesperación por buscar una escapatoria nos hace tropezar unos con otros. Miramos todos hacia abajo, donde la gente está peleándose entre sí, miramos todos hacia arriba, donde todo está en calma y es hermoso, y entretanto estamos aislados por esa masa oscura, que nos impide ir hacia abajo o hacia arriba, pero que se halla frente a nosotros como un muro infranqueable, que quiere aplastarnos, pero que aún no lo logra. No puedo hacer otra cosa que gritar e implorar: «¡Oh, anillo, anillo, ensánchate y ábrete, para que podamos pasar!».

Tu Anne

Jueves, 11 de noviembre de 1943

Querida Kitty:
Se me acaba de ocurrir un buen título para este capítulo:
Oda a la estilográfica
In memoriam

La estilográfica había sido siempre para mí un preciado tesoro; la apreciaba mucho, sobre todo por la punta gruesa que tenía, porque solo con la punta gruesa de una estilográfica sé hacer una letra realmente bonita. Mi estilográfica ha tenido una larga e interesante vida de estilográfica, que pasaré a relatar brevemente.

Cuando tenía nueve años, mi estilográfica me llegó, en un paquete, envuelta en algodón, catalogada como «muestra sin valor», procedente de Aquisgrán, la ciudad donde residía mi abuela, la generosa remitente. Yo estaba en cama con gripe, mientras el viento frío de febrero bramaba alrededor de la casa. La maravillosa estilográfica venía en un estuche de cuero rojo y fue mostrada a todas mis amigas el mismísimo día del obsequio. ¡Yo, Anne Frank, orgullosa poseedora de una estilográfica!

Cuando tenía diez años, me permitieron llevarla al colegio, y la señorita consintió que la usara para escribir. A los once años, sin embargo, tuve que guardarla, ya que la señorita del sexto curso solo permitía que se usaran plumas y tinteros del colegio como útiles de escritura. Cuando cumplí los doce y pasé al Liceo Judío, mi estilográfica, para mayor gloria, fue a dar a un nuevo estuche, en el que también cabía un lápiz y que, además, parecía mucho más auténtico, ya que cerraba con cremallera. A los trece la traje conmigo a la Casa de atrás, donde me acompañó a través de un sinnúmero de diarios y otros escritos. El año en que cumplí los catorce, fue el último año que mi estilográfica y yo pasamos juntas, y ahora…

Fue un viernes por la tarde después de las cinco; salí de mi habitación y quise sentarme a la mesa a escribir, pero Margot y papá me obligaron bruscamente a cederles el lugar para poder dedicarse a su clase de latín. La estilográfica quedó sobre la mesa, sin utilizar; suspirando, su propietaria tuvo que contentarse con un pequeñísimo rincón de la mesa y se puso a pulir judías. «Pulir judías» significa aquí dentro adecentar las judías pintas enmohecidas.

A las seis menos cuarto me puse a barrer el suelo, y la basura, junto con las judías malas, la tiré en la estufa, envuelta en un periódico. Se produjo una tremenda llamarada, y me puse contenta, porque el fuego estaba aletargado y se restableció.

Había vuelto la calma, los latinistas habían desaparecido y yo me senté a la mesa para volver a la escritura, pero por más que buscara en todas partes, la estilográfica no aparecía. Busqué otra vez, Margot también buscó, y mamá, y también papá, y Dussel, pero el utensilio había desaparecido sin dejar rastro.

—Quizá se haya caído en la estufa, junto con las judías —sugirió Margot.

—¡Qué ocurrencia! —le contesté.

Sin embargo, cuando por la noche, mi estilográfica aún no había aparecido, todos supusimos que se había quemado, sobre todo porque el celuloide arde que es una maravilla. Y en efecto, mi triste presentimiento se confirmó a la mañana siguiente cuando papá, al vaciar la estufa, encontró el clip con el que se sujeta una estilográfica en medio de una carga de cenizas. De la plumilla de oro no encontramos el menor rastro.

—Debe de haberse adherido a alguna piedra al arder —opinó papá.

Al menos me queda un consuelo, aunque sea pequeño: mi estilográfica ha sido incinerada, tal como quiero que hagan conmigo llegado el momento.

Tu Anne

Miércoles, 17 de noviembre de 1943

Querida Kitty:

Están ocurriendo hechos estremecedores. En casa de Bep hay difteria, y por eso tiene que evitar el contacto con nosotros durante seis semanas. Resulta muy molesto, tanto para la comida como para los recados, sin mencionar la falta que nos hace su compañía.

Kleiman sigue postrado y lleva tres semanas ingiriendo leche y finas papillas únicamente. Kugler está atareadísimo.

Las clases de latín enviadas por Margot vuelven corregidas por un profesor. Margot las envía usando el nombre de Bep. El profesor es muy amable y muy gracioso además. Debe de estar contento de que le haya caído una alumna tan inteligente.

Dussel está totalmente confuso, y nadie sabe por qué. Todo comenzó con que cuando estábamos arriba no abría la boca y no intercambiaba ni una sola palabra con el señor Van Daan ni con la señora. Esto llamó la atención a todos. Como la situación se prolongaba, mamá aprovechó la ocasión para prevenirlo que de esta manera la señora ciertamente podía llegar a causarle muchos disgustos. Dussel dijo que el que había empezado a no decir nada era el señor Van Daan, y que por lo tanto no tenía intención de romper su silencio. Debes saber que ayer fue 16 de noviembre, día en que se cumplió un año de su venida a la Casa de atrás. Con ocasión de ello, le regaló a mamá un jarrón de flores, pero a la señora Van Daan, que durante semanas había estado haciendo alusión a la fecha en varias oportunidades, sin ocultar en lo más mínimo su opinión de que Dussel tendría que convidarnos a algo, no le regaló nada. En vez de expresar de una buena vez su agradecimiento por la desinteresada acogida, no dijo ni una palabra. Y cuando el 16 por la mañana le pregunté si debía darle la enhorabuena o el pésame, contestó que podía darle lo que quisiera. Mamá, que quería hacer el noble papel de paloma de la paz, no avanzó ni un milímetro y al final la situación se mantuvo igual.

No exagero si te digo que en la mente de Dussel hay algo que no funciona. A menudo nos mofamos en silencio de su falta de memoria, opinión y juicio, y más de una vez nos reímos cuando transmite, de forma totalmente tergiversada y mezclándolo todo, las noticias que acaba de oír. Por otra parte, ante cada reproche o acusación esgrime una bella promesa, que en realidad nunca cumple:

Der Mann hat einen grossen Geist
und ist so klein von Taten!*

Tu Anne

Sábado, 27 de noviembre de 1943

Querida Kitty:

Anoche, antes de dormirme, se me apareció de repente Hanneli. La vi delante de mí, en harapos, con el rostro demacrado. Tenía los ojos muy grandes y me miraba de manera tan triste y con tanto reproche, que en sus ojos pude leer: «Ay, Anne, ¿por qué me has abandonado? ¡Ayúdame, ay, ayúdame a salir de este infierno!».

Y yo no puedo ayudarla, solo puedo mirar cómo otras personas sufren y mueren, y estar de brazos cruzados, y solo puedo pedirle a Dios que nos la devuelva. Es nada menos que a Hanneli a quien vi, ninguna otra sino Hanneli... y entendí. La juzgué mal, era yo demasiado niña para entender sus problemas. Ella estaba muy encariñada con su amiga y era como si yo quisiera quitársela. ¡Cómo se habrá sentido la pobre! Lo sé, yo también conozco muy bien ese sentimiento. A veces, como un relámpago, veía cosas de su vida, para luego, de manera muy egoísta, volver a dedicarme enseguida a mis propios placeres y dificultades.

No hice muy bien en tratarla así, y ahora me miraba con su cara pálida y su mirada suplicante, tan desamparada... ¡Ojalá pudiera ayudarla! ¡Dios mío, cómo es posible que yo tenga aquí todo lo que se me antoja, y que el cruel destino a ella la trate tan mal! Era tan piadosa como yo, o más, y quería hacer el bien, igual que yo; entonces ¿por qué fui yo elegida para vivir y ella tal vez haya tenido que morir? ¿Qué diferencia había entre nosotras? ¿Por qué estamos tan lejos una de otra?

A decir verdad, hacía meses, o casi un año, que la había olvidado. No del todo, pero tampoco la tenía presente con todas sus desgracias.

Ay, Hanneli, espero que, si llegas a ver el final de la guerra y a reunirte con nosotros, pueda acogerte para compensarte en parte el mal que te he hecho.

Pero cuando vuelva a estar en condiciones de ayudarla, no precisará mi ayuda tanto como ahora. ¿Pensará alguna vez en mí? ¿Qué sentirá?

Dios bendito, apóyala, para que al menos no esté sola. ¡Si pudieras decirle que pienso en ella con amor y compasión, quizá eso le dé fuerzas para seguir aguantando!

---

* En alemán: «El hombre es grande de espíritu, ¡pero sus actos son tan nimios!». (*N. del T.*).

No debo seguir pensando, porque no encuentro ninguna salida. Siempre vuelvo a ver sus grandes ojos, que no me sueltan. Me pregunto si la fe de Hanneli es suya propia, o si es una cosa que le han inculcado desde fuera. Ni siquiera lo sé, nunca me he tomado la molestia de preguntárselo.

Hanneli, Hanneli, ojalá pudiera sacarte de donde estás, ojalá pudiera compartir contigo todas las cosas de que disfruto. Es demasiado tarde. No puedo ayudar ni remediar todo lo que he hecho mal. ¡Pero nunca la olvidaré y siempre rezaré por ella!

Tu Anne

Lunes, 6 de diciembre de 1943

Querida Kitty:
A medida que se acercaba el día de San Nicolás, sin quererlo todos pensamos en la cesta primorosa del año pasado, y sobre todo a mí me pareció una lástima tener que saltárnoslo todo este año. Estuve mucho tiempo pensando hasta que encontré algo, algo que nos hiciera reír. Lo consulté con Pim, y la semana pasada nos pusimos manos a la obra para escribir un poema para cada uno.

El domingo por la noche a las ocho y cuarto aparecimos en el piso de arriba llevando el canasto de la colada entre los dos, adornado con pequeñas figuras y lazos de papel carbón de color celeste y rosa. El canasto estaba cubierto de un gran papel de embalar color marrón, que llevaba una nota adherida. Arriba todos estaban un tanto asombrados por el gran volumen del paquete sorpresa. Cogí la nota y me puse a leer:

PRÓLOGO:
*Como todos los años, san Nicolás ha venido
y a la Casa de atrás regalos ha traído.
Lamentablemente la celebración de este año
no puede ser tan divertida como antaño,
cuando teníamos esperanzas y creíamos
que conservando el optimismo triunfaríamos,
que la guerra acabaría y que sería posible
festejar San Nicolás estando ya libres.
De todas maneras, hoy queremos celebrar
y aunque ya no queda nada para regalar
podemos echar mano de un último recurso
que se encuentra en el zapato de cada uno...*

Cuando todos sacaron sus zapatos del canasto, hubo una carcajada general. En cada uno de ellos había un paquetito envuelto en papel de embalar, con la dirección de su respectivo dueño.

Tu Anne

Miércoles, 22 de diciembre de 1943

Querida Kitty:
Una fuerte gripe ha impedido que te escribiera antes. Es un suplicio caer enferma aquí; cuando me venía la tos, me metía enseguida debajo de las sábanas y trataba de acallar mi garganta lo más que podía, lo que por lo general tenía como consecuencia que la picazón no se me iba en absoluto y que había que recurrir a la leche con miel, al azúcar o a las pastillas. Me da vértigo pensar en todas las curas por las que me hicieron pasar: sudación, compresas, paños húmedos y secos en el pecho, bebidas calientes, gargarismos, pinceladas de yodo, reposo, almohada térmica, bolsas de agua caliente, limón exprimido y el termómetro cada dos horas. ¿Puede una curarse realmente de esa manera? Lo peor de todo me pareció cuando el señor Dussel se puso a hacer de médico y apoyó su cabeza engominada en mi pecho desnudo para auscultar los sonidos que había dentro. No solo me hacía muchísimas cosquillas su pelo, sino que me daba vergüenza, a pesar de que en algún momento, hace treinta años, estudió para médico y tiene el título. ¿Por qué tiene que estar ese hombre posando su cabeza donde tengo el corazón? ¿Acaso se cree mi amante? Además, lo que pueda haber de bueno o de malo allí dentro, él no lo oye, y debería hacerse un lavado de oídos, porque últimamente está teniendo serios problemas de audición. Pero basta ya de hablar de enfermedades. Ahora me siento como nueva, he crecido un centímetro, he aumentado un kilo de peso, estoy pálida y deseosa de ponerme a estudiar.

Ausnahmsweise* —no cabe emplear otra palabra—, reina en la casa un buen entendimiento, nadie está enfadado con nadie, pero no creo que dure mucho, porque hace como seis meses que no disfrutábamos de esta paz hogareña.

Bep sigue separada de nosotros, pero esta hermana nuestra seguro que no tardará en librarse de todos sus bacilos.

Para Navidad nos darán una ración extra de aceite, de caramelos y de melaza. Para Januká, Dussel les ha regalado a la señora Van Daan y a mamá un hermoso pastel, hecho por Miep a petición suya. Con todo el trabajo que tiene, encima ha tenido que hacer eso. A Margot y a mí nos han regalado un

---

* En alemán, «excepcionalmente». *(N. del T.).*

broche, fabricado con una moneda de dos céntimos y medio lustrada y brillante. En fin, no te lo puedo describir, es sencillamente muy bonito.

Para Miep y Bep yo también tengo un regalito de Navidad, y es que durante un mes he estado ahorrando azúcar que era para echar en la papilla de avena. Kleiman la ha usado para mandar hacer dulces.

Hace un tiempo feo y lluvioso, la estufa despide mal olor y la comida nos cae muy pesada a todos, lo que produce unos «truenos» tremendos por todos los rincones.

Tregua en la guerra, humor de perros.

Tu Anne

Viernes, 24 de diciembre de 1943

Querida Kitty:

Ya te he escrito en otras oportunidades sobre lo mucho que todos aquí dependemos de los estados de ánimo, y creo que este mal está aumentando mucho últimamente, sobre todo en mí. Aquello de *Himmelhoch jauchzend, zu Tode betrübt* ciertamente es aplicable en mi caso. En «la más alta euforia» me encuentro cuando pienso en lo bien que estamos aquí y me comparo con otros chicos judíos, y «la más profunda aflicción» me viene, por ejemplo, cuando ha estado aquí la señora Kleiman y nos ha hablado del club de hockey de Jopie, de paseos en canoa, representaciones teatrales y tés con amigas.

No creo que envidie a Jopie, pero lo que sí me da es un ansia enorme de poder salir a divertirme como una loca y reírme hasta que me duela la tripa. Sobre todo ahora, en invierno, con las fiestas de Navidad y Año Nuevo, estamos aquí encerrados como parias, aunque ya sé que en realidad no debo escribir estas palabras, porque parecería que soy una desagradecida, pero no puedo guardármelo todo, y prefiero citar mis palabras del principio: «El papel lo aguanta todo».

Cuando alguien acaba de venir de fuera, con el viento entre la ropa y el frío en el rostro, querría esconder la cabeza debajo de las sábanas para no pensar en el momento en que nos sea dado volver a oler el aire puro. Pero como no me está permitido esconder la cabeza debajo de las sábanas, sino que, al contrario, debo mantenerla firme y erguida, mis pensamientos me vuelven a la cabeza una y otra vez, innumerables veces.

Créeme, cuando llevas un año y medio encerrada, hay días en que ya no puedes más. Entonces ya no cuenta si es justo ni si debo estar agradecida; los sentimientos no se dejan ahuyentar. Montar en bicicleta, bailar, silbar, mirar el mundo, sentirme joven, saber que soy libre, eso es lo que anhelo, y sin embargo no puedo dejar que se me note, porque imagínate que los ocho empezáramos a lamentarnos o pusiéramos caras largas... ¿Adónde iríamos a parar?

A veces me pongo a pensar: ¿no habrá nadie que pueda entenderme, que pueda ver más allá de esa ingratitud, más allá del ser o no ser judía, y ver en mí tan solo a esa chica de catorce años, que tiene una inmensa necesidad de divertirse un rato despreocupadamente? No lo sé, y es algo de lo que no podría hablar con nadie, porque sé que me pondría a llorar. El llanto es capaz de proporcionar alivio, pero tiene que haber alguien con quien llorar. A pesar de todo, a pesar de las teorías y los esfuerzos, todos los días y a toda hora echo de menos a esa madre que me comprenda. Por eso, en todo lo que hago y escribo, pienso que cuando tenga hijos querría ser para ellos la mamá que me imagino. La mamá que no se toma tan en serio las cosas que se dicen por ahí, pero que sí se toma en serio las cosas que digo yo. Me doy cuenta de que me cuesta describirlo, pero la palabra «mamá» ya lo dice todo. ¿Sabes lo que se me ha ocurrido para llamar a mi madre usando una palabra parecida a «mamá»? A menudo la llamo Mansa, y de ahí se deriva Mans. Es como si dijésemos una mamá imperfecta, a la que me gustaría honrar cambiándole un poco las letras al nombre que le he puesto. Por suerte, Mans no sabe nada de esto, porque no le haría ninguna gracia si lo supiera.

Ahora ya basta. Al escribirte se me ha pasado un poco mi «más profunda aflicción».

Tu Anne

En estos días, ahora que hace solo un día que pasó la Navidad, estoy todo el tiempo pensando en Pim y en lo que me dijo el año pasado. El año pasado, cuando no entendí el significado de sus palabras tal como las entiendo ahora. ¡Ojalá hablara otra vez, para que yo pudiera hacerle ver que lo entiendo!

Creo que Pim me ha hablado de ello porque él, que conoce tantos secretos íntimos de otros, también tenía que desahogarse alguna vez; porque Pim normalmente no dice nada de sí mismo, y no creo que Margot sospeche las cosas por las que ha pasado. Pobre Pim, yo no me creo que la haya olvidado. Nunca olvidará lo ocurrido. Se ha vuelto indulgente, porque también él ve los defectos de mamá. ¡Espero llegar a parecerme un poco a él, sin tener que pasar por lo que ha pasado!

Anne

Lunes, 27 de diciembre de 1943

El viernes por la noche, por primera vez en mi vida, me regalaron algo por Navidad. Las chicas, Kleiman y Kugler habían vuelto a preparar una hermosa sorpresa. Miep hizo un delicioso pastel de Navidad, que llevaba la inscripción de «Paz 1944». Bep nos trajo medio kilo de galletas de una calidad que ya no se ve desde que empezó la guerra.

Para Peter, para Margot y para mí hubo un tarro de yogur, y para los mayores una botellita de cerveza para cada uno. Todo venía envuelto en un papel muy bonito, con estampas pegadas en los distintos paquetes. Por lo demás, los días de Navidad han pasado rápido.

Anne

Miércoles, 29 de diciembre de 1943

Anoche me sentí nuevamente muy triste. Volvieron a mi mente la abuela y Hanneli. Abuela, mi querida abuela, ¡qué poco nos dimos cuenta de lo que sufrió, qué buena fue siempre con nosotros, cuánto interés ponía en todo lo que tuviera que ver con nosotros! Y pensar que siempre guardó cuidadosamente el terrible secreto del que era portadora.*

¡Qué buena y leal fue siempre la abuela! Jamás habría dejado en la estacada a ninguno de nosotros. Hiciera lo que hiciese, me portara como me portase, la abuela siempre me perdonaba. Abuela, ¿me quisiste o acaso tampoco me entendiste? No lo sé.

¡Qué sola debe de haberse sentido la abuela, pese a que nos tenía a nosotros! El ser humano puede sentirse solo a pesar del amor de muchos, porque para nadie es realmente el «más querido».

¿Y Hanneli? ¿Vivirá aún? ¿Qué estará haciendo? ¡Dios querido, protégela y haz que vuelva a estar con nosotros! Hanneli, en ti veo siempre cómo podría haber sido mi suerte, siempre me veo a mí misma en tu lugar.

¿Por qué entonces estoy tan triste a menudo por lo que pasa aquí? ¿No debería estar siempre alegre, feliz y contenta, salvo cuando pienso en ella y en los que han corrido su misma suerte? ¡Qué egoísta y cobarde soy! ¿Por qué sueño y pienso siempre en las peores cosas y quisiera ponerme a gritar de la angustia que siento? Porque a pesar de todo no confío lo suficientemente en Dios. Él me ha dado tantas cosas que yo todavía no merecía, y pese a ello, sigo haciendo tantas cosas mal...

Cuando uno se pone a pensar en sus semejantes, podría echarse a llorar; en realidad podría pasarse el día llorando. Solo le queda a uno rezar para que Dios quiera que ocurra un milagro y salve a algunos de ellos. ¡Espero estar rezando lo suficiente!

Anne

---

* La abuela padecía una grave enfermedad. (*N. del T.*).

Jueves, 30 de diciembre de 1943

Querida Kitty:

Después de las últimas grandes peleas, todo ha seguido bien, tanto entre nosotros, Dussel y los del piso de arriba, como entre el señor y la señora. Pero ahora se acercan nuevos nubarrones, que tienen que ver con... ¡la comida! A la señora se le ocurrió la desafortunada idea de rehogar menos patatas por la mañana y mejor guardarlas. Mamá y Dussel e incluso nosotros no estuvimos de acuerdo, y ahora también hemos separado las patatas. Pero ahora se está repartiendo de manera injusta la manteca, y mamá ha tenido que intervenir. Si el desenlace resulta ser más o menos interesante, te lo relataré. En el transcurso de los últimos tiempos hemos estado separando: la carne (ellos con grasa, nosotros sin grasa); ellos sopa, nosotros no; las patatas (ellos mondadas, nosotros peladas). Ello supone compras extra, a lo que ahora se añaden las patatas rehogadas.

¡Ojalá estuviéramos otra vez separados del todo!

Tu Anne

P.D.: Bep ha mandado hacer por encargo mío una postal de toda la familia real, en la que Juliana aparece muy joven, al igual que la reina. Las tres niñas son preciosas. Creo que Bep ha sido muy buena conmigo, ¿no te parece?

Domingo, 2 de enero de 1944

Querida Kitty:

Esta mañana, como no tenía nada que hacer, me puse a hojear mi diario y me topé varias veces con cartas que tratan el tema de la madre con tanta vehemencia, que me asusté y me pregunté: «Anne, ¿eres tú la que hablabas de odio? ¡Ay, Anne!, ¿cómo has podido escribir una cosa así?».

Me quedé con el diario abierto en la mano, y me puse a pensar en cómo había podido ser que estuviera tan furiosa y tan verdaderamente llena de odio, que tenía que confiártelo todo. He intentado entender a la Anne de hace un año y de perdonarla, porque no tendré la conciencia tranquila mientras deje que sigas cargando con estas acusaciones, y sin que te haya explicado cómo fue que me puse así. He padecido y padezco estados de ánimo que me mantenían con la cabeza bajo el agua —en sentido figurado, claro— y que solo me dejaban ver las cosas de manera subjetiva, sin que intentara detenerme a analizar tranquilamente las palabras de la otra parte, para luego poder actuar conforme al espíritu de aquellas personas a las que, por mi temperamento efervescente, haya podido ofender o causado algún dolor.

Me he recluido en mí misma, me he mirado solo a mí misma, y he escrito en mi diario de modo imperturbable todas mis alegrías, mofas y llantos.

Para mí este diario tiene valor, ya que a menudo se ha convertido en el libro de mis memorias, aunque en muchas páginas ahora podría poner: «Pertenece al ayer».

Estaba furiosa con mamá, y a menudo lo sigo estando. Ella no me entendía, es cierto, pero yo tampoco la entendía a ella. Como me quería, era cariñosa conmigo, pero como también se vio envuelta en muchas situaciones desagradables por mi culpa, y a raíz de ello y de muchas otras circunstancias tristes estaba nerviosa o irascible, es de entender que me tratara como me trató.

Yo me lo tomaba demasiado en serio, me ofendía, me insolentaba y la trataba mal, lo que a su vez la entristecía. Era entonces, en realidad, un ir y venir de cosas desagradables y tristezas. De ningún modo fue placentero, para ninguna de las dos, pero todo pasa. El que yo no quisiera verlo y tuviera mucha compasión conmigo misma, también es comprensible.

Las frases tan violentas solo son manifestaciones de enfado, que en la vida normal habría podido ventilar dando cuatro patadas en el suelo, encerrada en una habitación, o maldiciendo a mamá a sus espaldas.

El periodo en que condeno a mamá bañada en lágrimas ha quedado atrás; ahora soy más sensata, y los nervios de mamá se han calmado. Por lo general me callo la boca cuando algo me irrita, y ella hace lo mismo, por lo que todo parece marchar mejor. Porque sentir un verdadero amor filial por mamá es algo que no me sale.

Tranquilizo mi conciencia pensando en que los insultos más vale confiárselos al papel, y no que mamá tenga que llevarlos consigo en el corazón.

Tu Anne

Jueves, 6 de enero de 1944

Querida Kitty:

Hoy tengo que confesarte dos cosas que llevarán mucho tiempo, pero que debo contarle a alguien, y entonces lo mejor será que te lo cuente a ti, porque sé a ciencia cierta que callarás siempre y bajo cualquier concepto.

Lo primero tiene que ver con mamá. Bien sabes que muchas veces me he quejado de ella, pero que luego siempre me he esforzado por ser amable con ella. De golpe me he dado cuenta por fin de cuál es el defecto que tiene. Ella misma nos ha contado que nos ve más como amigas que como hijas. Eso es muy bonito, naturalmente, pero sin embargo una amiga no puede ocupar el lugar de una madre. Siento la necesidad de tomar a mamá como ejemplo, y de respetarla; es cierto que en la mayoría de las cosas mamá es un ejemplo para mí, pero más bien un ejemplo a no seguir. Me da la impresión de que Margot piensa muy distinto a mí en todas estas cosas, y que nunca entendería esto que te acabo de escribir. Y papá evita toda conversación que pueda tratar sobre mamá.

A una madre me la imagino como una mujer que en primer lugar posee mucho tacto, sobre todo con hijos de nuestra edad, y no como Mansa, que cuando lloro —no a causa de algún dolor, sino por otras cosas— se burla de mí.

Hay una cosa que podrá parecerte insignificante, pero que nunca le he perdonado. Fue un día en que tenía que ir al dentista. Mamá y Margot iban a acompañarme y les pareció bien que llevara la bicicleta. Cuando habíamos acabado en el dentista y salimos a la calle, Margot y mamá me dijeron sin más ni más que se iban de tiendas a mirar o a comprar algo, ya no recuerdo exactamente qué. Yo, naturalmente, quería ir con ellas, pero no me dejaron porque llevaba conmigo la bicicleta. Me dio tanta rabia, que los ojos se me llenaron de lágrimas, y Margot y mamá se echaron a reír. Me enfurecí, y en plena calle les saqué la lengua. Una viejecita que pasaba casualmente nos miró asustada. Me monté en la bicicleta y me fui a casa, donde estuve llorando un rato largo. Es curioso que de las innumerables heridas que mamá me infligió, justo esta vuelva a enardecerme cuando pienso en lo enfadada que estaba en ese momento.

Lo segundo es algo que me cuesta muchísimo contártelo, porque se trata de mí misma. No soy pudorosa, Kitty, pero cuando aquí en casa a menudo se ponen a hablar con todo detalle sobre lo que hacen en el retrete, siento una especie de repulsión en todo mi cuerpo.

Resulta que ayer leí un artículo de Sis Heyster sobre por qué nos sonrojamos. En ese artículo habla como si se estuviera dirigiendo solo a mí. Aunque yo no me sonrojo tan fácilmente, las otras cosas que menciona sí son aplicables a mí. Escribe más o menos que una chica, cuando entra en la pubertad, se vuelve muy callada y empieza a reflexionar acerca de las cosas milagrosas que se producen en su cuerpo. También a mí me pasa, y por eso últimamente me da la impresión de que empiezo a sentir vergüenza frente a Margot, mamá y papá. Sin embargo, Margot, que es mucho más tímida que yo, no siente ninguna vergüenza.

Me parece muy milagroso lo que me está pasando, y no solo lo que se puede ver del lado exterior de mi cuerpo, sino también lo que se desarrolla en su interior. Justamente al no tener a nadie con quien hablar de mí y de todas estas cosas, las converso conmigo misma. Cada vez que me viene la regla —lo que hasta ahora solo ha ocurrido tres veces— me da la sensación de que, a pesar de todo el dolor, el malestar y la suciedad, guardo un dulce secreto y por eso, aunque solo me trae molestias y fastidio, en cierto sentido me alegro cada vez que llega el momento en que vuelvo a sentir en mí ese secreto.

Otra cosa que escribe Sis Heyster es que a esa edad las adolescentes son muy inseguras y empiezan a descubrir que son personas con ideas, pensamientos y costumbres. Como yo vine aquí cuando acababa de cumplir los trece años, empecé a reflexionar sobre mí misma y a descubrir que era una «persona por mí misma» mucho antes. A veces, por las noches, siento una terrible necesidad de palparme los pechos y de oír el latido tranquilo y seguro de mi corazón.

Inconscientemente, antes de venir aquí ya había tenido sentimientos similares, porque recuerdo una vez en que me quedé a dormir en casa de Jacque y que no podía contener la curiosidad por conocer su cuerpo, que siempre me había ocultado y que nunca había llegado a ver. Le pedí que, en señal de nuestra amistad, nos tocáramos mutuamente los pechos. Jacque se negó. También ocurrió que sentí una terrible necesidad de besarla, y lo hice. Cada vez que veo una figura de una mujer desnuda, como, por ejemplo, la Venus en el manual de historia de arte de Springer, me quedo extasiada contemplándola. A veces me parece de una belleza tan maravillosa, que tengo que contenerme para que no se me salten las lágrimas.

¡Ojalá tuviera una amiga!

Jueves, 6 de enero de 1944

Querida Kitty:

Mis ansias de hablar con alguien se estaban volviendo tan grandes que de alguna manera se me ocurrió escoger a Peter para ello. Antes, cuando de tanto en tanto entraba de día en su cuartito, me parecía siempre un sitio muy acogedor, pero como Peter es tan modesto y nunca echaría a una persona que se pusiera latosa de su cuarto, nunca me atreví a quedarme mucho tiempo, temiendo que mi visita le resultara aburrida. Buscaba la ocasión de quedarme en el cuartito sin que se notara, charlando, y esa ocasión se presentó ayer. Y es que a Peter le ha entrado de repente la manía de resolver crucigramas, y ya no hace otra cosa. Me puse a ayudarlo, y al poco tiempo estábamos sentados uno a cada lado de su mesita, uno frente al otro, él en la silla y yo en el diván.

Me dio una sensación muy extraña mirarlo a los ojos, de color azul oscuro, y ver lo cohibido que estaba por la inusual visita. Todo me transmitía su mundo interior; en su rostro vi aún ese desamparo y esa inseguridad sobre cómo actuar, y al mismo tiempo un asomo de conciencia de su masculinidad. Al ver esa actitud tan tímida, sentí que me derretía por dentro. Me habría gustado pedirle que me contara algo sobre sí mismo; que viera más allá de ese fatídico afán mío de charlar. Sin embargo, me di cuenta de que ese tipo de peticiones son más fáciles de preparar que de ejecutar.

El tiempo transcurría y no pasaba nada, salvo que le conté aquello de que se ruborizaba. Por supuesto que no le dije lo mismo que he escrito aquí, pero sí que con los años ganaría más seguridad.

Por la noche, en la cama, lloré. Lloré, y sin embargo nadie debía oírme. La idea de que debía suplicar los favores de Peter me repelía. Uno hace cualquier cosa para satisfacer sus deseos, como podrás apreciar en mi caso, porque me propuse ir a sentarme más a menudo con Peter para hacer que, de una u otra manera, se decidiera a hablar.

No vayas a creer que estoy enamorada de Peter, ¡nada de eso! Si los Van Daan hubieran tenido una niña en vez de un hijo varón, también habría intentado trabar amistad con ella.

Esta mañana me desperté a eso de las siete menos cinco y enseguida recordé con gran seguridad lo que había soñado. Estaba sentada en una silla, y frente a mí estaba sentado Peter... Schiff. Estábamos hojeando un libro ilustrado por Mary Bos. Mi sueño era tan nítido que aún recuerdo en parte las ilustraciones. Pero aquello no era todo, el sueño seguía. De repente, los ojos de Peter se cruzaron con los míos, y durante algún tiempo me detuve a mirar esos hermosos ojos de color pardo aterciopelado. Entonces, Peter me dijo susurrando:

—¡De haberlo sabido, hace tiempo que habría venido a tu lado!

Me volví bruscamente, porque sentía una emoción demasiado grande. Después sentí una mejilla suave y deliciosa rozando la mía, y todo estuvo tan bien, tan bien...

En ese momento me desperté, mientras seguía sintiendo su mejilla contra la mía y sus ojos pardos mirándome en lo más profundo de mi corazón, tan profundamente que él había leído allí dentro cuánto lo había amado y cuánto seguía amándolo. Los ojos se me volvieron a llenar de lágrimas, y me sentí muy triste por haber vuelto a perderlo, pero al mismo tiempo también contenta, porque sabía con seguridad que Peter seguía siendo mi elegido.

Es curioso que a menudo tenga estos sueños tan nítidos. La primera vez fue cuando, una noche, vi a mi abuela Omi* de forma tan clara, que pude distinguir perfectamente su piel de terciopelo suave y grueso. Luego se me apareció la abuela Oma como si fuera mi ángel de la guarda, y luego Hanneli, que me sigue pareciendo el símbolo de la miseria que pasan todos mis amigos y todos los judíos; por lo tanto, cuando rezo por ella, rezo por todos los judíos y por toda esa pobre gente junta.

Y ahora Peter, mi querido Peter, que nunca antes se me ha aparecido tan claramente; no necesito una foto suya: así ya lo veo muy bien.

Tu Anne

Viernes, 7 de enero de 1944

Querida Kitty:

¡Idiota de mí, que no me di cuenta en absoluto de que nunca te había contado la historia de mi gran amor!

Cuando era aún muy pequeña, pero ya iba al jardín de infancia, mi simpatía recayó en Sally Kimmel. Ya no tenía padre y vivía con su madre en

---

* Omi es la abuela paterna y Oma, la abuela materna. *(N. del T.)*.

casa de una tía. Un primo de Sally, Appy, era un chico guapo, esbelto y moreno que más tarde tuvo todo el aspecto de un perfecto galán de cine y que cada vez despertaba más admiración que el gracioso, bajito y rechoncho de Sally. Durante algún tiempo anduvimos mucho juntos, aunque mi amor nunca fue correspondido, hasta que se cruzó Peter en mi camino y me entró un amor infantil elevado al cubo. Yo también le gustaba, y durante todo un verano fuimos inseparables. En mis pensamientos aún nos veo cogidos de la mano, caminando por la Zuider Amstellaan, él con su traje de algodón blanco y yo con un vestido corto de verano. Cuando acabaron las vacaciones de verano, él pasó a primero de la secundaria y yo a sexto de primaria. Me pasaba a recoger al colegio o yo a él. Peter era un muchacho hermoso, alto, guapo, esbelto, de aspecto serio, sereno e inteligente. Tenía el pelo oscuro y hermosos ojos castaños, mejillas marrón rojizas y la nariz respingona. Me encantaba sobre todo su sonrisa, que le daba un aire pícaro y travieso.

En las vacaciones me fui afuera y al volver no encontré a Peter en su antigua dirección; se había mudado de casa y vivía con un chico mucho mayor que él. Este le hizo ver seguramente que yo no era más que una chiquilla tonta, y Peter me soltó. Yo lo quería tanto que me negaba a ver la realidad y me seguía aferrando a él, hasta que llegó el día en que me di cuenta de que si seguía detrás de él, me tratarían de «perseguidora de chicos».

Pasaron los años. Peter salía con chicas de su edad y ya ni me saludaba. Empecé a ir al Liceo Judío, muchos chicos de mi curso se enamoraron de mí, a mí eso me gustó, me sentí halagada, pero por lo demás no me hizo nada. Más adelante, Hello estuvo loco por mí, pero como ya te he dicho, nunca más me enamoré.

Hay un refrán que dice: «El tiempo todo lo cura». Así también me pasó a mí. Me imaginaba que había olvidado a Peter y que ya no me gustaba nada. Pero su recuerdo seguía tan latente en mí, que a veces me confesaba a mí misma que estaba celosa de las otras chicas, y que por eso él ya no me gustaba. Esta mañana comprendí que nada en mí ha cambiado; al contrario, mientras iba creciendo y madurando, también mi amor crecía en mí. Ahora puedo entender muy bien que yo le pareciera a Peter una chiquilla, pero de cualquier manera siempre me hirió el que se olvidara de mí de ese modo. Su rostro se me apareció de manera tan nítida, que ahora sé que nunca llevaré grabada en mi mente la imagen de otro chico como la de él.

Por eso, hoy estoy totalmente confusa. Esta mañana, cuando papá me dio un beso, casi exclamé: «¡Ojalá fueras Peter!». Todo me recuerda a él, y todo el día no hago más que repetir la frase: «¡Ay, Petel,* mi querido Petel!».

*Apelativo cariñoso de Peter Schiff. (*N. del T.*).

¿Hay algo que pueda ayudarme? Tengo que seguir viviendo y pedirle a Dios que si llego a salir de aquí, ponga a Peter en mi camino y que, mirándome a los ojos y leyendo mis sentimientos, me diga: «¡Anne, de haberlo sabido, hace tiempo que habría venido a tu lado!».

Una vez, hablando de sexualidad, papá me dijo que en ese momento yo no podía entender lo que era el deseo, pero yo siempre supe que lo entendía, y ahora lo entiendo completamente. ¡Nada me es tan querido como él, mi Petel!

He visto mi cara en el espejo, y ha cambiado tanto… Tengo una mirada bien despierta y profunda; mis mejillas están teñidas de color de rosa, algo que hacía semanas que no sucedía; tengo la boca mucho menos tirante, tengo aspecto de ser feliz, y sin embargo tengo una expresión triste, la sonrisa se me desliza enseguida de los labios. No soy feliz, porque aun sabiendo que no estoy en los pensamientos de Petel, siento una y otra vez sus hermosos ojos clavados en mí, y su mejilla suave y fresca contra la mía. ¡Ay, Petel, Petel! ¿Cómo haré para desprenderme de tu imagen? A tu lado, ¿no son todos los demás un mísero sucedáneo? Te amo, te quiero con un amor tan grande, que era ya imposible que siguiera creciendo en mi corazón, y en cambio debía aflorar y revelarse repentinamente en toda su magnitud.

Hace una semana, hace un día, si me hubieras preguntado a cuál de los chicos que conozco elegiría para casarme, te habría contestado que a Sally, porque a su lado todo es paz, seguridad y armonía. Pero ahora te diría a gritos que a Petel, porque a él lo amo con toda mi alma y a él me entrego con todo mi corazón. Pero solo hay una cosa: no quiero que me toque más que la cara.

Esta mañana, en mis pensamientos estaba sentada con Petel en el desván de delante, encima de unos maderos frente a las ventanas, y después de conversar un rato, los dos nos echamos a llorar. Y luego sentí su boca y su deliciosa mejilla. ¡Ay, Petel, ven conmigo, piensa en mí, mi propio y querido Petel!

Miércoles, 12 de enero de 1944

Querida Kitty:

Bep volvió a la oficina hace quince días, aunque a su hermana no la dejan ir al colegio hasta dentro de una semana. Ahora Bep ha estado dos días en cama con un fuerte catarro. Tampoco Miep y Jan han podido acudir a sus puestos de trabajo; los dos tenían el estómago revuelto.

De momento me ha dado por el baile y la danza y todas las noches practico pasos de baile con mucho empeño. Con una enagua de color violeta claro con encaje de Mansa me he fabricado un traje de baile supermoderno. Arriba tiene un lazo que cierra a la altura del pecho. Una cinta rosa acanalada completa el conjunto. En vano he intentado transformar mis zapatos de deporte en verdaderas zapatillas de baile. Mis endurecidos miembros van camino de recuperar rápidamente su antigua flexibilidad. Un ejercicio que me encanta hacer es sentarme en el suelo y levantar las piernas en el aire cogiéndolas con las manos por los talones. Solo que debo usar un cojín para sentarme encima, para no maltratar demasiado la rabadilla.

En casa están leyendo un libro titulado *Madrugada sin nubes*. A mamá le pareció un libro estupendo porque describe muchos problemas de los jóvenes. Con cierta ironía pensé para mí que sería bueno que primero se ocupara de sus propias jóvenes...

Creo que mamá piensa que la relación que tenemos Margot y yo con nuestros padres es de lo mejor que hay, y que nadie se ocupa más de la vida de sus hijos que ella. Con seguridad entonces que solo se fija en Margot, porque creo que ella nunca tiene los mismos problemas o pensamientos que yo. De ningún modo quiero que mamá piense que para uno de sus retoños las cosas son totalmente distintas de lo que ella se imagina, porque se quedaría estupefacta y de todas formas no sabría de qué otra manera encarar el asunto; quisiera evitarle el dolor que ello le supondría, sobre todo porque sé que para mí nada cambiaría. Mamá se da perfecta cuenta de que Margot la quiere mucho más que yo, pero cree que son rachas.

Margot se ha vuelto más buena; me parece muy distinta a como era antes. Ya no es tan arisca y se está convirtiendo en una verdadera amiga. Ya no me considera para nada una pequeñaja a la que no es necesario tener en cuenta.

Es muy raro eso de que a veces yo misma me vea como a través de los ojos de otra persona. Observo lo que le pasa a una tal Anne Frank con toda parsimonia y me pongo a hojear el libro de mi vida como si fuera ajeno.

Antes, en mi casa, cuando aún no pensaba tanto las cosas, de vez en cuando me daba la sensación de no pertenecer a la misma familia que Mansa, Pim y Margot, y que siempre sería una extraña. Entonces, a veces me hacía la huérfana como medio año, hasta que me castigaba a mí misma, reprochándome que solo era culpa mía, que me hacía la víctima, pese a estar todavía tan bien. A eso seguía un periodo en el que me obligaba a ser amable. Todas las mañanas, cuando oía pasos en la escalera del desván, esperaba que fuera mamá que venía a darme los buenos días, y yo la saludaba con buenas maneras, ya que de verdad me alegraba de que me mirara con buenos ojos. Después, a raíz de algún comentario, me soltaba un bufido, y yo me iba al colegio con los ánimos por el suelo. En el camino de vuelta a casa la perdonaba, pensaba que tal vez tuviera problemas, llegaba a casa de buen ánimo, hablando por los codos, hasta que se repetía lo ocurrido por la mañana y yo salía de casa con la cartera del colegio, apesadumbrada. A veces me proponía seguir enfadada, pero al volver del colegio tenía tantas cosas que contar, que se me olvidaba lo que me había propuesto y mamá no tenía más remedio que prestar atención a los relatos de mis andanzas. Hasta que volvían los tiempos en que por la mañana no me ponía a escuchar los pasos en la escalera, me sentía sola y por las noches bañaba de lágrimas la almohada.

Aquí las cosas son aún peores; en fin, ya lo sabes. Pero ahora Dios me ha enviado una ayuda para soportarlas: Peter. Cojo mi colgante, lo palpo, le estampo un beso y pienso en que nada ha de importarme todo el rollo, porque Petel está conmigo y solo yo lo sé. Así podré hacer frente a cualquier bufido. ¿Sabrá alguien en esta casa todo lo que le puede pasar por la mente a una adolescente?

Sábado, 15 de enero de 1944

Queridísima Kitty:

No tiene sentido que te describa una y otra vez con todo detalle nuestras peleas y disputas. Me parece suficiente contarte que hay muchas cosas que ya no compartimos, como la manteca y la carne, y que comemos nuestras propias patatas rehogadas. Hace algún tiempo que comemos un poco de pan de centeno extra, porque a eso de las cuatro ya estábamos todos esperando ansiosamente que llegara la hora de la comida y casi no podíamos controlar nuestros estómagos.

El cumpleaños de mamá se acerca a pasos agigantados. Kugler le ha regalado algo de azúcar extra, lo que ha suscitado la envidia de los Van Daan, ya que para el cumpleaños de la señora nos hemos saltado los regalos. Pero de qué serviría realmente aburrirte con palabras duras, llantos y conversaciones acres; basta con que sepas que a nosotros nos aburren aún más.

Mamá ha manifestado el deseo, por ahora irrealizable, de no tener que verle la cara al señor Van Daan durante quince días. Me pregunto si uno siempre acaba enfadado con toda la gente con la que convive durante tanto tiempo. ¿O es que hemos tenido mala suerte? Cuando Dussel, mientras estamos a la mesa, se sirve la cuarta parte de la salsa de carne que hay en media salsera, dejándonos a todos los demás comer sin salsa, así como así, a mí se me quita el apetito, y me levantaría de la mesa para abalanzarme sobre él y echarlo de la habitación a empujones.

¿Acaso el género humano es tan tremendamente egoísta y avaro en su mayoría? Me parece muy bien haber adquirido aquí algo de mundología, pero ya me parece suficiente. Peter ha dicho lo mismo.

Sea como sea, a la guerra no le importan nuestras rencillas o nuestros deseos de aire y libertad, y por lo tanto tenemos que tratar de que nuestra estancia aquí sea lo más placentera posible.

Estoy sermoneando, pero es que creo que si sigo mucho más tiempo aquí encerrada, me convertiré en una vieja avinagrada. ¡Cuánto me gustaría poder seguir comportándome como una chica de mi edad!

Tu Anne

Noche del miércoles, 19 de enero de 1944

Querida Kitty:

No sé qué me pasa, pero cada vez que me despierto después de haber soñado, me doy cuenta de que estoy cambiada. Entre paréntesis, anoche soñé nuevamente con Peter y volví a ver su mirada penetrante clavada en la mía, pero este sueño no era tan hermoso ni tan nítido como los anteriores.

Tú sabes que yo siempre le he tenido envidia a Margot en lo que respecta a papá. Pues bien, de eso ya no queda ni rastro. Eso sí, me sigue doliendo cuando papá, cuando se pone nervioso, me trata mal y de manera poco razonable, pero igualmente pienso que no les puedo tomar a mal que sean así. Hablan mucho de lo que piensan los niños y los jóvenes, pero no entienden un rábano del asunto. Mis deseos van más allá de los besos de papá o de sus caricias. ¡Qué terrible soy, siempre ocupándome de mí misma! Yo, que aspiro a ser buena y bondadosa, ¿no debería perdonarlos a ellos en primer lugar? Pero si es que a mamá la perdono… Solo que casi no puedo contenerme cuando se pone tan sarcástica y se ríe de mí a cada rato.

Ya lo sé, aún me falta mucho para ser como debería ser. ¿Acaso llegaré a serlo?

Anne Frank

P.D.: Papá preguntó si te había contado lo de la tarta. Es que los de la oficina le han regalado a mamá para su cumpleaños una tarta de verdad como las de antes de la guerra, de moka. Era realmente deliciosa. Pero de momento tengo tan poco sitio en la mente para este tipo de cosas…

Sábado, 22 de enero de 1944

Querida Kitty:

¿Serías capaz de decirme por qué la gente esconde con tanto recelo lo que tiene dentro? ¿Por qué será que cuando estoy en compañía me comporto de manera tan distinta de como debería hacerlo? ¿Por qué la gente se confía mutuamente tan pocas cosas? Sí, ya sé, algún motivo habrá, pero a veces me parece muy feo que en ninguna parte, aun entre los seres más queridos, una encuentre tan poca confianza.

Es como si desde aquella noche del sueño me sintiera mayor, como si fuera mucho más una persona por mí misma. Te sorprenderá mucho que te diga que hasta los Van Daan han pasado a ocupar un lugar distinto para mí. De repente, todas esas discusiones, disputas y demás, ya no las miro con la misma predisposición que antes. ¿Por qué será que estoy tan cambiada? Verás, de repente pensé que si mamá fuera distinta, una verdadera madre, nuestra relación también habría sido muy pero que muy distinta. Naturalmente, es cierto que la señora Van Daan no es una mujer demasiado agradable, pero sin embargo pienso que si mamá no fuera una persona tan difícil de tratar cada vez que sale algún tema espinoso, la mitad de las peleas podrían haberse evitado. Y es que la señora Van Daan tiene un lado bueno: con ella siempre se puede hablar. Pese a todo su egoísmo, su avaricia y su hipocresía, es fácil convencerla de que ceda siempre que no se la irrite ni se le lleve la contraria. Esto no dura hasta la siguiente vez, pero si se es paciente, se puede volver a intentar y ver hasta dónde se llega.

Todas nuestras cuestiones relacionadas con la educación, con cómo nos consienten nuestros padres, con la comida: todo, absolutamente todo habría tomado otro cauce si se hubieran encarado las cosas de manera abierta y amistosa, en vez de ver siempre solo el lado malo de las cosas.

Sé perfectamente lo que dirás, Kitty: «Pero, Anne, ¿son estas palabras realmente tuyas? ¡Tú, que has tenido que tragarte tantos reproches provenientes del piso de arriba, y que has sido testigo de tantas injusticias!».

En efecto, son palabras mías. Quiero volver a examinarlo todo a fondo, sin dejarme guiar por el refrán que dice «De tal palo tal astilla». Quiero analizar a los Van Daan por mí misma y ver qué hay de cierto y qué de exagerado. Si yo también acabo decepcionada, podré seguirles los pasos a papá y mamá; de lo contrario, tendré que tratar de quitarles de la cabeza en primer lugar la idea equivocada que tienen, y si no resulta, mantendré en alto de todos modos mi propia opinión y mi propio parecer. Aprovecharé cualquier ocasión para hablar abiertamente con la señora sobre muchos puntos controvertidos, y a pesar de mi fama de sabihonda, no tendré miedo de decir mi opinión neutral. Tendré que callarme lo que vaya en contra de los míos, pero a partir de ahora, el cotilleo por mi parte pertenece al pasado, aunque eso no significa que en algún momento dejaré de defenderlos contra quien sea.

Hasta ahora estaba plenamente convencida de que toda la culpa de las peleas la tenían ellos, pero es cierto que gran parte de la culpa también la teníamos nosotros. Nosotros teníamos razón en lo que respecta a los temas, pero de las personas razonables (¡y creemos que lo somos!) se podía esperar un mejor criterio en cuanto a cómo tratar a los demás.

Espero haber adquirido una pizca de ese criterio y encontrar la ocasión de ponerlo buenamente en práctica.

Tu Anne

Lunes, 24 de enero de 1944

Querida Kitty:
Me ha ocurrido algo —aunque en realidad no debería hablar de «ocurrir»— que a mí me parece muy curioso.

Antes, en el colegio y en casa, se hablaba de las cuestiones sexuales de manera misteriosa o bien repulsiva. Las palabras que hacían referencia al sexo se decían en voz baja, y si alguien no estaba enterado de algún asunto, a menudo se reían de él. Esto siempre me ha parecido extraño, y muchas veces me he preguntado por qué estas cosas se comentan susurrando o de modo desagradable. Pero como de todas formas no se podía cambiar nada, yo trataba de hablar lo menos posible al respecto o les pedía información a mis amigas.

Cuando ya estaba enterada de bastantes cosas, mamá una vez me dijo:

—Anne, te voy a dar un consejo. Nunca hables del tema con los chicos y no contestes cuando ellos te hablen de él.

Recuerdo perfectamente cuál fue mi respuesta:

—¡No, claro que no, faltaría más!

Y ahí quedó todo.

Al principio de nuestra estancia en el escondite, papá a menudo me contaba cosas que habría preferido oír de boca de mamá, y el resto lo supe por los libros o por las conversaciones que oía.

Peter van Daan nunca fue tan fastidioso en cuanto a estos temas como mis compañeros de colegio; al principio quizá alguna vez, pero nunca para hacerme hablar. La señora nos contó una vez que ella nunca había hablado con Peter sobre estas cosas y, por lo que ella sabía, su marido tampoco. Parece que ni siquiera estaba al tanto de cómo se había informado Peter, ni sobre qué.

Ayer, cuando Margot, Peter y yo estábamos pelando patatas, la conversación derivó sola hacia Moffi.

—Seguimos sin saber de qué sexo es Moffi, ¿no? —pregunté.

—Sí que lo sabemos —contestó Peter—. Es macho.

Me eché a reír.

—¿Cómo puede ser macho si va a tener cría?

Peter y Margot también se rieron. Hacía unos dos meses que Peter había comprobado que Moffi no tardaría en tener descendencia, porque se le estaba hinchando notablemente la panza. Pero la hinchazón resultó ser fruto del gran número de huesecillos que robaba, y las crías no siguieron creciendo, y nacer, menos todavía.

Peter se vio obligado a defenderse de mis acusaciones:

—Tú misma podrás verlo si vienes conmigo. Una vez, jugando con él, vi muy bien que era macho.

No fui capaz de contener mi curiosidad y bajé con él al almacén. Pero no era la hora de recibir visitas de Moffi, y no se le veía por ninguna parte. Esperamos un rato, nos entró frío y volvimos a subir todas las escaleras.

Un poco más avanzada la tarde, oí que Peter bajaba por segunda vez la escalera. Me envalentoné para recorrer sola el silencioso edificio y fui a parar al almacén. En la mesa de embalar estaba Moffi jugando con Peter, que justo lo estaba poniendo en la balanza para controlar su peso.

—¡Hola! ¿Quieres verlo?

Sin mayores preparativos, cogió al animal y, manteniéndolo boca arriba por las patas y por la cabeza, comenzó la lección:

—Este es el genital masculino, estos son unos pelitos sueltos y ese es el culito.

El gato volvió a darse la vuelta y se quedó apoyado en sus cuatro botitas blancas.

A cualquier otro chico que me hubiera indicado el «genital masculino» no le habría vuelto a dirigir la palabra. Pero Peter siguió hablando como si nada sobre este tema siempre tan espinoso, sin segundas intenciones, y al final me tranquilizó, en el sentido de que a mí también me terminó pareciendo un tema normal. Jugamos con Moffi, nos divertimos, charlamos y finalmente nos encaminamos hacia la puerta del amplio almacén.

—¿Tú viste cómo castraron a Mouschi?

—Sí. Fue muy rápido. Claro que primero lo anestesiaron.

—¿Le quitaron algo?

—No, el veterinario solo corta el conducto deferente. Por fuera no se ve nada.

Me armé de valor, porque finalmente la conversación no me resultaba tan «normal».

—Peter, lo que llamamos «genitales» también tiene un nombre más específico para el macho y para la hembra.

—Sí, ya lo sé.

—El de las hembras se llama vagina, según tengo entendido, y el de los machos ya no me acuerdo.

—Sí.

—En fin —añadí—. Cómo puede uno saber todos estos nombres. Por lo general uno se los encuentra por casualidad.

—No hace falta. Yo les pregunto a mis padres. Ellos saben más que yo y tienen más experiencia.

Ya habíamos llegado a la escalera y me callé.

Te aseguro que con una chica jamás habría hablado del tema de un modo tan normal. También estoy segura de que mamá nunca se refería a esto cuando me prevenía de los chicos.

Pese a todo, anduve todo el día un tanto desorientada; cada vez que recordaba nuestra conversación, me parecía algo curiosa. Pero hay un aspecto en el que al menos he aprendido algo: también hay jóvenes, y nada menos que del otro sexo, que son capaces de conversar de forma natural y sin gastar bromas pesadas.

¿Les preguntará Peter realmente muchas cosas a sus padres? ¿Será en verdad tal como se mostró ayer?

En fin, ¡yo qué sé!

Tu Anne

Viernes, 28 de enero de 1944

Querida Kitty:

Últimamente he desarrollado una fuerte afición por los árboles y cuadros genealógicos de las casas reales y he llegado a la conclusión de que, una vez comenzada la investigación, hay que hurgar cada vez más en la antigüedad y así descubrir las cosas más interesantes.

Aunque pongo muchísimo esmero en el estudio de mis asignaturas del colegio y ya puedo seguir bastante bien las audiciones de la radio inglesa, todavía me paso muchos domingos seleccionando y ordenando mi gran colección de estrellas de cine, que ya está adquiriendo proporciones más que respetables. El señor Kugler me da una gran alegría todos los lunes, cuando me trae la revista *Cinema & Theater*. Aunque los menos mundanos de entre mis convecinos opinan que estos obsequios son un despilfarro y que con ellos se me malcría, se quedan sorprendidos una y otra vez por la exactitud con que, después de un año, recuerdo todos y cada uno de los nombres de las figuras que actúan en una determinada película. Los sábados, Bep, que a menudo pasa sus días libres en el cine en compañía de su novio, me comunica el título de la película que piensa ir a ver, y yo le nombro de un tirón tanto el reparto completo de protagonistas como las críticas publicadas. No hace mucho, Mans dijo que más tarde no necesitaré ir al cine, ya que ya me sé de memoria los argumentos, los actores y las críticas.

Cuando un día aparezco con un nuevo peinado, todos me miran con cara de desaprobación, y puedo estar segura de que alguien me preguntará qué estrella de cine luce semejante *coiffure*. Si contesto que se trata de una creación personal, solo me creen a medias. En cuanto al peinado, solo se mantiene durante media hora, porque después me canso tanto de oír los juicios de rechazo, que corro al cuarto de baño a restaurar mi peinado de rizos habitual.

Tu Anne

Viernes, 28 de enero de 1944

Querida Kitty:

Esta mañana me preguntaba si no te sientes como una vaca que tiene que estar rumiando cada vez las mismas viejas noticias y que, harta de tan poca variedad de alimento, al final se pone a bostezar y desea en silencio que Anne le presente algo nuevo.

Sé lo aburrida que debes de estar de mis repeticiones, pero imagínate lo harta que estoy yo de tantas viejas historias que vuelven una y otra vez. Si el tema de conversación durante la comida no llega a ser la política o algún delicioso banquete, mamá o la señora no tardan en sacar a relucir sus eternas historias de cuando eran jóvenes, o Dussel se pone a disertar sobre el amplio vestuario de su mujer, o sobre hermosos caballos de carreras, botes de remo que hacen agua, niños que saben nadar a los cuatro años, dolores musculares o pacientes miedicas. Todo se reduce a que cuando alguno de los ocho abre la boca para contar algo, los otros siete ya saben cómo seguir contando la historia. Sabemos cómo terminan todos los chistes, y el único que se ríe de ellos es quien los cuenta. Los comentarios de las antiguas amas de casa sobre los distintos lecheros, tenderos y carniceros ya nos parecen del año de la pera; en la mesa han sido alabados o criticados millones de veces. Es imposible que una cosa conserve su frescura o lozanía cuando se convierte en tema de conversación de la Casa de atrás.

Todo esto sería soportable, si los adultos no tuvieran la manía de repetir diez veces las historias contadas por Kleiman, Jan o Miep, adornándolas cada vez con sus propias fantasías, de modo a menudo debo darme un pellizco a mí misma bajo la mesa, para reprimirme y no indicarle al entusiasmado narrador el buen camino. Los menores, como por ejemplo Anne, bajo ningún concepto están autorizados a corregir a los mayores, sin importar las meteduras de pata o la medida en que estén faltando a la verdad o añadiendo cosas inventadas por ellos mismos.

Un tema al que a menudo hacen honor Kleiman y Jan es el de la clandestinidad. Saben muy bien que todo lo relativo a otra gente escondida o refugiada nos interesa sobremanera, y que nos solidarizamos sinceramente con los escondidos cuando son encontrados y deportados por los alemanes, de la misma manera que celebramos la liberación de los que han estado detenidos.

Hablar de ocultos y escondidos se ha convertido en algo tan común como lo era antes poner las zapatillas de papá delante de la estufa. En Holanda hay muchas organizaciones clandestinas, tales como «Holanda libre», que falsifican documentos de identidad, dan dinero a quienes viven en la clandestinidad, preparan lugares para usar como escondite o dan trabajo a los jóvenes cristianos escondidos, y es admirable la labor noble y abnegada que realizan estas personas, que, a riesgo de sus propias vidas, ayudan y salvan a otros.

El mejor ejemplo de ello creo que son nuestros propios protectores, que nos han ayudado hasta ahora a sobrellevar nuestra situación y, según espero, nos conducirán a buen puerto; de lo contrario, correrán la misma suerte que todos los perseguidos. Jamás les hemos oído hacer alusión a la molestia que seguramente les ocasionamos, ninguno de ellos se ha quejado jamás de la carga que representamos. Todos suben diariamente a visitarnos y hablan de negocios y política con los hombres; de comida y de los pesares de la guerra con las mujeres, y de libros y periódicos con los menores. En lo posible ponen buena cara, nos traen flores y regalos en los días de fiesta o cuando celebramos algún cumpleaños, y están siempre a nuestra disposición. Esto es algo que nunca debemos olvidar: mientras otros muestran su heroísmo en la guerra o frente a los alemanes, nuestros protectores lo hacen con su buen ánimo y el cariño que nos demuestran.

Circulan los rumores más disparatados, y sin embargo se refieren a hechos reales. Así, por ejemplo, el otro día Kleiman nos informó de que en la provincia de Güeldres se ha jugado un partido de fútbol entre un equipo formado exclusivamente por escondidos y otro por once policías nacionales. El ayuntamiento de Hilversum va a expedir nuevas tarjetas de identificación. Para que al gran número de escondidos también les toque su parte del racionamiento (las cartillas con los cupones para la compra de alimentos solo podrán adquirirse mostrando la tarjeta de identificación o al precio de 60 florines cada una), las autoridades encargadas de expedirlas han citado a una hora determinada a todos los escondidos de los alrededores, para que puedan retirar sus tarjetas en una mesa aparte.

Hay que andarse con muchísimo cuidado para que semejantes osadías no lleguen a oídos de los alemanes.

Tu Anne

Domingo, 30 de enero de 1944

Queridísima Kit:

Otra vez estamos en domingo. Reconozco que ya no me parece un día tan horrible como antes, aunque me sigue pareciendo bastante aburrido.

Todavía no he ido al almacén; quizá aún pueda ir más tarde. Anoche bajé yo sola en plena oscuridad después de haber estado allí con papá hace algunas noches. Estaba en el umbral de la escalera, con un montón de aviones alemanes sobrevolando la casa; sabía que era una persona por mí misma, y que no debía contar con la ayuda de otros. Mi miedo desapareció, levanté la vista al cielo y confié en Dios.

Tengo una terrible necesidad de estar sola. Papá se da cuenta de que no soy la de siempre, pero no puedo contarle nada. «¡Dejadme tranquila, dejadme sola!», eso es lo que quisiera gritar todo el tiempo.

A ver si algún día no me dejan más sola de lo que yo quiero…

Tu Anne

Jueves, 3 de febrero de 1944

Querida Kitty:

En todo el país aumenta día a día el clima de invasión, y si estuvieras aquí, seguro que por un lado te impresionarían los preparativos igual que a mí, pero por el otro te reirías de nosotros por hacer tantos aspavientos, quién sabe si para nada.

Los periódicos no hacen más que escribir sobre la invasión y vuelven loca a la gente, publicando: «Si los ingleses llegan a desembarcar en Holanda, las autoridades alemanas deberán hacer todo lo posible para defender el país, llegando al extremo de inundarlo si fuera necesario». Junto a esta noticia imprimen mapas en los que aparecen sombreadas las zonas inundables de Holanda. Como entre ellas figura gran parte de Ámsterdam, lo primero que nos preguntamos fue qué hacer si las calles de la ciudad se llenan con un metro de agua. Las respuestas a esta difícil pregunta fueron de lo más variadas:

—Como será imposible ir andando o montar en bicicleta, tendremos que ir vadeando por el agua estancada.

—Que no, que hay que tratar de nadar. Nos ponemos todos un gorro de baño y un bañador, y nadamos en lo posible bajo el agua, para que nadie se dé cuenta de que somos judíos.

—¡Pamplinas! Ya quisiera yo ver nadando a las mujeres, con las ratas mordiéndoles los pies. (Esto, naturalmente, lo dijo un hombre. ¡Ya veremos quién grita más cuando lo muerdan!).

—Ya no podremos abandonar la casa. El almacén se tambalea tanto que con una inundación así sin duda se desplomará.

—Bueno, bueno, basta ya de bromas. Tendremos que hacernos con un barquito.

—¿Para qué? Tengo una idea mucho mejor. Cada uno coge del desván de delante una caja de las de lactosa y un cucharón para remar.

—Pues yo iré en zancos. En mis años mozos era un campeón.

—A Jan Gies no le hacen falta. Se sube a su mujer al hombro, y así Miep tendrá zancos propios.

Supongo que te habrás hecho una idea, ¿verdad, Kit? Toda esta conversación es muy divertida, pero la realidad será muy distinta. Y no podía faltar la segunda pregunta con respecto a la invasión: ¿qué hacer si los alemanes deciden evacuar Ámsterdam?

—Irnos con ellos, disfrazándonos lo mejor que podamos.

—¡De ninguna manera salir a la calle! Lo único es quedarnos aquí. Los alemanes son capaces de llevarse a toda la población a Alemania, y una vez allí, dejar que se mueran.

—Claro, por supuesto, nos quedaremos aquí. Esto es lo más seguro. Trataremos de convencer a Kleiman para que se instale aquí con su familia. Conseguiremos una bolsa de virutas de madera y así podremos dormir en el suelo. Que Miep y Kleiman vayan trayendo mantas. Encargaremos más cereal, aparte de los treinta kilos que tenemos. Que Jan trate de conseguir más legumbres; nos quedan unos treinta kilos de judías y cinco kilos de guisantes. Sin contar las cincuenta latas de verdura.

—Mamá, ¿podrías contar los demás alimentos que aún nos quedan?

—Diez latas de pescado, cuarenta de leche, diez kilos de leche en polvo, tres botellas de aceite, cuatro tarros (de los de conserva) con mantequilla, cuatro tarros de carne, dos damajuanas de fresas, dos de frambuesas y grosellas, veinte de tomates, cinco kilos de avena en copos y cuatro kilos de arroz. Eso es todo.

Las reservas parecen suficientes, pero si tienes en cuenta que con ellas también tenemos que alimentar a las visitas y que cada semana consumimos parte de ellas, no son tan enormes como parecen. Carbón y leña quedan bastante, y velas también.

—Cosámonos todos unos bolsillos en la ropa, para que podamos llevarnos el dinero en caso de necesidad.

—Haremos listas de lo que haya que llevar primero si debemos huir, y por lo pronto... ¡a llenar las mochilas!

—Cuando llegue el momento pondremos dos vigías para que hagan guardia, uno en la buhardilla de delante y otro en la de atrás.

—¿Y qué hacemos con tantos alimentos, si luego no nos dan agua, gas ni electricidad?

—En ese caso tendremos que usar la estufa para guisar. Habrá que filtrar y hervir el agua. Limpiaremos unas damajuanas grandes para conservar agua en ellas. Además, nos quedan tres calderas de las de hacer conservas y una tina para usar como depósito de agua.

—También tenemos unas diez arrobas de patatas de invierno en el cuarto de las especias.

Estos son los comentarios que oigo todos los días, que si habrá invasión, que si no habrá invasión. Discusiones sobre pasar hambre, morir, bombas, mangueras de incendio, sacos de dormir, carnets de judíos, gases tóxicos, etcétera, etcétera. Nada de esto resulta demasiado alentador.

Un buen ejemplo de las claras advertencias de los señores de la casa es la siguiente conversación con Jan:

Casa de atrás: Tenemos miedo de que los alemanes, cuando emprendan la retirada, se lleven consigo a toda la población.

Jan: Imposible. No tienen suficientes trenes a su disposición.

Casa de atrás: ¿Trenes? ¿Se piensa usted que van a meter a los civiles en un coche? ¡De ninguna manera! El coche de San Fernando es lo único que les quedará. (*Per pedes apostolorum*, como suele decir Dussel).

Jan: Yo no me creo nada de eso. Lo ven ustedes todo demasiado negro. ¿Qué interés podrían tener los alemanes en llevarse a todos los civiles?

Casa de atrás: ¿Acaso no sabe lo que ha dicho Goebbels? «Si tenemos que dimitir, a nuestras espaldas cerraremos las puertas de todos los territorios ocupados».

Jan: Se han dicho tantas cosas...

Casa de atrás: ¿Se piensa usted que los alemanes son demasiado nobles o humanitarios como para hacer una cosa así? Lo que piensan es: «Si hemos de sucumbir, sucumbirán todos los que estén al alcance de nuestro poder».

Jan: Ustedes dirán lo que quieran, yo no me lo creo.

Casa de atrás: Siempre la misma historia. Nadie quiere ver el peligro hasta que lo siente en su propio pellejo.

Jan: No saben ustedes nada a ciencia cierta. Todo son meras suposiciones.

Casa de atrás: Pero si ya lo hemos vivido todo en nuestra propia carne, primero en Alemania y ahora aquí. Y además, ¿qué está pasando en Rusia?

Jan: Si dejamos fuera de consideración a los judíos, no creo que nadie sepa lo que está pasando en Rusia. Al igual que los alemanes, tanto los ingleses como los rusos exagerarán por hacer pura propaganda.

Casa de atrás: Nada de eso. La radio inglesa siempre ha dicho la verdad. Y suponiendo que las noticias sean exageradas en un diez por ciento, los hechos siguen siendo horribles, porque no me va usted a negar que es un hecho que en Polonia y en Rusia están asesinando a millones de personas pacíficas o enviándolas a la cámara de gas, sin más ni más.

El resto de nuestras conversaciones me las reservaré. Me mantengo serena y no hago caso de todo este lío. He llegado al punto en que ya me da lo mismo morir que seguir viviendo. El mundo seguirá girando aunque yo no esté, y de cualquier forma no puedo oponer ninguna resistencia a los acontecimientos. Que sea lo que haya de ser, y por lo demás seguiré estudiando y esperando que todo acabe bien.

Tu Anne

Martes, 8 de febrero de 1944

Querida Kitty:

No sabría decirte cómo me siento. Hay momentos en que anhelo la tranquilidad y otros en que quisiera algo de alegría. Nos hemos desacostumbrado a reírnos, quiero decir, a reírnos de verdad. Lo que sí me dio esta mañana fue la risa tonta, ya sabes, como la que a veces te da en el colegio. Margot y yo nos estuvimos riendo como dos verdaderas bobas.

Anoche nos volvió a pasar algo con mamá. Margot se había enrollado en su manta de lana, y de repente se levantó de la cama de un salto y se puso a mirar la manta minuciosamente; ¡en la manta había un alfiler! La había remendado mamá. Papá meneó la cabeza de manera elocuente y dijo algo sobre lo descuidada que era. Al poco tiempo volvió mamá del cuarto de baño y yo le dije medio en broma:

—¡Mira que eres una madre desnaturalizada!

Naturalmente, me preguntó por qué y le contamos lo del alfiler. Puso una cara de lo más altiva y me dijo:

—¡Mira quién habla de descuidada! ¡Cuando coses tú, dejas en el suelo un reguero de alfileres! ¡O dejas el estuche de la manicura tirado por ahí, como ahora!

Le dije que yo no había usado el estuche de la manicura, y entonces intervino Margot, que era la culpable.

Mamá siguió hablándome de descuidos y desórdenes, hasta que me harté y le dije, de manera bastante brusca:

—¡Si ni siquiera he sido yo la que ha dicho que eras descuidada! ¡Siempre me echáis la culpa a mí de lo que hacen los demás!

Mamá no dijo nada, y menos de un minuto después me vi obligada a darle el beso de las buenas noches. El hecho quizá no tenga importancia, pero a mí todo me irrita.

Como por lo visto atravieso en este momento un periodo de reflexión y dejo vagar mi mente por esto y aquello, mis pensamientos se han dirigido naturalmente hacia el matrimonio de papá y mamá. Me lo han presentado siempre como un matrimonio ideal. Sin una sola pelea, sin malas caras, perfecta armonía, etcétera, etcétera.

Sé unas cuantas cosas sobre el pasado de papá, y lo que no sé lo he imaginado; creo saber que se casó con mamá porque la consideraba apropiada para ocupar el lugar de su esposa. Debo decir que admiro a mamá por la manera en que ha ocupado ese lugar, y nunca, que yo sepa, se ha quejado ni ha tenido celos. No puede ser fácil para una esposa afectuosa saber que nunca será la primera en el corazón de su marido, y mamá lo sabía. Sin duda papá admiraba la actitud de mamá y pensaba que tenía un carácter excelente. ¿Por qué casarse con otra? Papá ya había dejado atrás su juventud, y sus ideales se habían esfumado. ¿En qué clase de matrimonio se ha convertido? No hay peleas ni discrepancias, pero no es precisamente un matrimonio ideal. Papá aprecia a mamá y la quiere, pero no con la clase de amor que yo concibo para un matrimonio. Acepta a mamá tal como es, se enfada a menudo pero dice lo menos posible, porque es consciente de los sacrificios que ella ha tenido que hacer.

Papá no siempre le pide su opinión sobre el negocio, sobre otros asuntos, sobre la gente, sobre cualquier cosa. No le cuenta casi nada, porque sabe que ella es demasiado exagerada, demasiado crítica, y a menudo demasiado prejuiciosa. Papá no está enamorado. La besa como nos besa a nosotras. Nunca la pone como ejemplo, porque no puede. La mira en broma, o con expresión burlona, pero nunca con cariño. Es posible que el gran sacrificio que mamá ha hecho la haya convertido en una persona adusta y desagradable hacia quienes la rodean, pero eso con toda seguridad la apartará aún más del camino del amor, hará que despierte menos admiración, y un día papá, por fuerza, se dará cuenta de que si bien ella, en apariencia, nunca le ha exigido un amor total, en su interior ha estado desmoronándose lenta pero irremediablemente. Mamá lo quiere más que a nadie, y es duro ver que esa clase de amor no es correspondido.

Así pues, ¿debería sentir mucha más compasión por mamá? ¿Debería ayudarla? ¿Y a papá?… No puedo, siempre estoy imaginando a otra madre. Sencillamente no puedo. ¿Cómo voy a poder? Ella nunca me ha contado nada de sí misma, ni yo le he preguntado. ¿Qué sabemos ella y yo de nuestros respectivos pensamientos? No puedo hablar con ella; no puedo mirar afectuosamente esos fríos ojos suyos, no puedo. ¡Nunca! Si tuviera tan solo una de las cualidades que se supone que debe tener una madre comprensiva —ternura o simpatía o paciencia o *algo*—, seguiría intentando aproximarme a ella. Pero en cuanto a querer a esta persona insensible, a este ser burlón… cada día me resulta más y más imposible.

Tu Anne

Sábado, 12 de febrero de 1944

Querida Kitty:
Hace sol, el cielo está de un azul profundo, hace una brisa deliciosa y yo tengo unos enormes deseos de… ¡de todo! Deseos de hablar, de ser libre, de ver a mis amigos, de estar sola. Tengo tantos deseos de… ¡de llorar! Siento en mí una sensación como si fuera a estallar, y sé que llorar me aliviaría. Pero no puedo. Estoy intranquila, voy de una habitación a la otra, respiro por la rendija de una ventana cerrada, siento que mi corazón palpita como si me dijera: «¡Cuándo cumplirás mis deseos!».

Creo que siento en mí la primavera, siento el despertar de la nueva estación, lo siento en el cuerpo y en el alma. Tengo que contenerme para comportarme de manera normal, estoy totalmente confusa, no sé qué leer, qué escribir, qué hacer, solo sé que ardo en deseos…

Tu Anne

Lunes, 14 de febrero de 1944

Querida Kitty:
Mucho ha cambiado para mí desde el sábado. Lo que pasa es que sentía en mí un gran deseo (y lo sigo sintiendo), pero… en parte, en una pequeñísima parte, he encontrado un remedio.

El domingo por la mañana ya me di cuenta (y confieso que para mi gran alegría) de que Peter me miraba de una manera un tanto peculiar, muy distinta de la habitual, no sé, no puedo explicártelo, pero de repente me dio la sensación de que no estaba tan enamorado de Margot como yo pensaba. Durante todo el día me esforcé en no mirarlo mucho, porque si lo hacía él también me miraba siempre, y entonces… bueno, entonces eso me producía una sensación muy agradable dentro de mí, que era preferible no sentir demasiado a menudo.

Por la noche estaban todos sentados alrededor de la radio, menos Pim y yo, escuchando «Música inmortal de maestros alemanes». Dussel no dejaba de tocar los botones del aparato, lo que exasperaba a Peter y también a los demás. Después de media hora de nervios contenidos, Peter, un tanto irritado, le rogó a Dussel que dejara en paz los botones. Dussel le contestó de lo más airado:

—Tú déjame a mí.

Peter se enfadó, se insolentó, el señor Van Daan le dio la razón y Dussel tuvo que ceder. Eso fue todo.

El asunto en sí no tuvo demasiada trascendencia, pero parece que Peter se lo tomó muy a pecho; lo cierto es que esta mañana, cuando estaba yo en el desván, buscando algo en el baúl de los libros, se me acercó y me empezó a contar toda la historia. Yo no sabía nada; Peter se dio cuenta de que había encontrado a una interlocutora interesada y atenta, y pareció animarse.

—Bueno, ya sabes —me dijo—, yo nunca digo gran cosa, porque sé de antemano que se me va a trabar la lengua. Tartamudeo, me pongo colorado y lo que quiero decir me sale al revés, hasta que en un momento dado tengo que callarme porque ya no encuentro las palabras. Ayer me pasó igual; quería decir algo completamente distinto, pero cuando me puse a hablar, me hice un lío y la verdad es que es algo horrible. Antes tenía una mala costumbre, que aun ahora me gustaría seguir poniendo en práctica: cuando me enfadaba con alguien, prefería darle unos buenos tortazos antes que ponerme a discutir con él. Ya sé que este método no lleva a ninguna parte, y por eso te admiro. Tú al menos no te lías al hablar, le dices a la gente lo que le tienes que decir y no eres nada tímida.

—Te equivocas de medio a medio —le contesté—. En la mayoría de los casos digo las cosas de un modo muy distinto del que me había propuesto, y entonces digo demasiadas cosas y hablo demasiado tiempo, y eso es un mal no menos terrible.

—Puede ser, pero sin embargo tienes la gran ventaja de que a ti nunca se te nota que eres tímida. No cambias de color ni te inmutas.

Esta última frase me hizo reír para mis adentros, pero quería que siguiera hablando sobre sí mismo con tranquilidad; no hice notar la gracia que me causaba, me senté en el suelo sobre un cojín, abrazando mis rodillas levantadas, y miré a Peter con atención.

Estoy muy contenta de que en casa haya otra persona a la que pueden darle los mismos ataques de furia que a mí. Se notaba que a Peter le hacía bien poder criticar a Dussel duramente, sin temor a que me chivara. Y a mí también me hacía sentirme muy bien, porque notaba una fuerte sensación de solidaridad, algo que antes solo había tenido con mis amigas.

Tu Anne

Martes, 15 de febrero de 1944

El nimio asunto con Dussel trajo mucha cola, y todo únicamente por culpa suya. El lunes al final de la tarde, Dussel se acercó a mamá con aire triunfal y le contó que, esa misma mañana, Peter le había preguntado si había dormido bien esa noche, y había agregado que lamentaba lo ocurrido la noche del domingo y que lo del exabrupto no había ido tan en serio. Entonces Dussel había tranquilizado a Peter, asegurándole que él tampoco se lo había tomado tan a mal. Todo parecía acabar ahí. Mamá me vino a mí con el cuento y yo, en secreto, me quedé muy sorprendida de que Peter, que estaba tan enfadado con Dussel, se hubiera rebajado de esa manera a pesar de todas sus afirmaciones.

No pude dejar de tantear a Peter al respecto, y por él me enteré enseguida de que Dussel había mentido. ¡Tendrías que haber visto la cara de Peter, era digna de fotografiar! En su cara se alternaban claramente la indignación por la mentira, la rabia, consultarme sobre lo que debía hacer, la intranquilidad y muchas cosas más.

Por la noche, el señor Van Daan y Peter echaron una reprimenda a Dussel, pero no debe de haber sido tan terrible, porque hoy Peter se sometió a tratamiento «dentístico».

En realidad, habrían preferido no dirigirse la palabra.

Tu Anne

Miércoles, 16 de febrero de 1944

Peter y yo no nos hablamos en todo el día, salvo algunas palabras sin importancia. Hacía demasiado frío para subir al desván, y además era el cumpleaños de Margot. A las doce y media bajó a ver los regalos y se quedó charlando mucho más tiempo de lo estrictamente necesario, lo que en otras circunstancias nunca habría hecho. Pero por la tarde llegó la oportunidad. Como yo quería agasajarla, aunque solo fuera una vez al año, fui a buscar el café y luego las patatas. Tuve que entrar en la habitación de Peter, él enseguida quitó sus papeles de la escalera y yo le pregunté si debía cerrar la trampilla.

—Sí, ciérrala —me dijo—. Cuando vuelvas, da unos golpecitos para que te abra.

Le di las gracias, subí al desván y estuve como diez minutos escogiendo las patatas más pequeñas del tonel. Entonces me empezó a doler la espalda y me entró frío. Por supuesto que no llamé, sino que abrí yo misma la trampilla, pero Peter se acercó muy servicial, me tendió la mano y me cogió la olla.

—He buscado un buen rato, pero no las he encontrado más pequeñas que estas.

—¿Has mirado en el tonel?

—Sí, lo he revuelto todo de arriba abajo.

Entretanto, yo ya había llegado al pie de la escalera y él estaba examinando detenidamente el contenido de la olla, que aún tenía en sus manos.

—¡Pero si están muy bien! —dijo.

Y cuando cogí nuevamente la olla, añadió:

—¡Enhorabuena!

Al decirlo, me miró de una manera tan cálida y tierna, que también a mí me dio una sensación muy cálida y tierna por dentro. Se notaba que me quería hacer un cumplido, y como no era capaz de hacer grandes alabanzas, lo hizo con la mirada. Lo entendí muy bien y le estuve muy agradecida. ¡Aún ahora me pongo contenta cuando me acuerdo de esas palabras y de esa mirada!

Cuando llegué abajo, mamá dijo que había que subir a buscar más patatas, esta vez para la cena. Me ofrecí gustosamente a subir de nuevo al desván. Cuando entré en la habitación de Peter, le pedí disculpas por tener que volver a molestarlo. Se levantó, se puso entre la escalera y la pared, me cogió del brazo cuando yo ya estaba subiendo la escalera, e insistió en que no siguiera:

—Iré yo, tengo que subir de todos modos —dijo.

Pero le respondí que de veras no hacía falta y que esta vez no tenía que buscar patatas pequeñas. Se convenció y me soltó el brazo. En el camino de regreso, me abrió la trampilla y me volvió a coger la olla. Junto a la puerta le pregunté:

—¿Qué estás haciendo?

—Francés —fue su respuesta.

Le pregunté si podía echar un vistazo a lo que estaba estudiando, me lavé las manos y me senté frente a él en el diván.

Después de explicarle una cosa de francés, pronto nos pusimos a charlar. Me contó que más adelante le gustaría irse a las Indias neerlandesas a vivir en las plantaciones. Me habló de su vida en casa de sus padres, del estraperlo y de que se sentía un inútil. Le dije que por lo visto tenía un complejo de inferioridad muy grande. Me habló de la guerra, de que los ingleses y los rusos seguro que volverían a entrar en guerra entre ellos, y me habló de los judíos. Dijo que todo le habría resultado mucho más fácil de haber sido cristiano, y de poder serlo una vez terminada la guerra. Le pregunté si quería que lo bautizaran, pero tampoco ese era el caso. Dijo que de todos modos no podía sentir como un cristiano, pero que de todas formas después de la guerra nadie sabría si él era cristiano o judío. Sentí como si me clavaran un puñal en el corazón. Lamento tanto que conserve dentro de sí un resto de insinceridad…

Otra cosa que dijo:

—Los judíos siempre han sido el pueblo elegido y nunca dejarán de serlo.

Le respondí:

—¡Espero que alguna vez lo sean para bien!

Pero por lo demás estuvimos conversando muy amenamente sobre papá y sobre tener mundología y sobre un montón de cosas, ya no recuerdo bien cuáles.

No me fui hasta las cinco y cuarto, cuando llegó Bep.

Por la noche todavía me dijo una cosa que me gustó. Estábamos comentando algo sobre una estrella de cine que yo le había regalado y que lleva como año y medio colgada en su habitación. Dijo que le gustaba mucho, y le ofrecí darle otras estrellas.

—No —me contestó—. Prefiero dejarlo así. Estas que tengo aquí, las miro todos los días y nos hemos hecho amigos.

Ahora también entiendo mucho mejor por qué Peter siempre abraza tan fuerte a Mouschi. Es que también él tiene necesidad de cariño y de ternura. Hay otra cosa que mencionó y que he olvidado contarte. Dijo que no sabía lo que era el miedo, pero que sí le tenía miedo a sus propios defectos, aunque ya lo estaba superando.

Ese sentimiento de inferioridad que tiene Peter es una cosa terrible. Así, por ejemplo, siempre se cree que él no sabe nada y que nosotras somos las más listas. Cuando le ayudo en francés, me da las gracias mil veces. Algún día tendré que decirle que se deje de tonterías, que él sabe mucho más inglés y geografía, por ejemplo.

Anne Frank

Jueves, 17 de febrero de 1944

Querida Kitty:

Esta mañana fui arriba. Le había prometido a la señora pasar a leerle algunos de mis cuentos. Empecé por «El sueño de Eva», que le gustó mucho, y después les leí algunas cosas del diario, que les hizo partirse de risa. Peter también escuchó una parte —me refiero solo a lo último— y me preguntó si no me podía pasar por su habitación a leerle otro poco. Pensé que podría aprovechar la oportunidad, fui a buscar mi diario y le dejé leer la parte en la que Cady y Hans hablan de Dios. No sabría decirte qué impresión le causó; dijo algo que ya no recuerdo, no si estaba bien o no, sino algo sobre la idea en sí. Le dije que solamente quería demostrarle que no solo escribía cosas divertidas. Asintió con la cabeza y salí de la habitación. ¡Veremos si me hace algún otro comentario!

Tu Anne Frank

Viernes, 18 de febrero de 1944

Queridísima Kitty:
En cualquier momento en que subo arriba, es siempre con intención de verlo a «él». Mi vida aquí realmente ha mejorado mucho, porque ha vuelto a tener sentido y tengo algo de que alegrarme.

El objeto de mi amistad al menos está siempre en casa y, salvo Margot, no hay rivales que temer. No te creas que estoy enamorada, nada de eso, pero todo el tiempo tengo la sensación de que entre Peter y yo algún día nacerá algo hermoso, algo llamado amistad y que dé confianza. Todas las veces que puedo, paso por su habitación y ya no es como antes, que él no sabía muy bien qué hacer conmigo. Al contrario, sigue hablándome cuando ya estoy saliendo.

Mamá no ve con buenos ojos que suba a ver a Peter. Siempre me dice que lo molesto y que tengo que dejarlo tranquilo. ¿Acaso se cree que no tengo intuición? Siempre que entro en el cuartito de Peter, mamá me mira con cara rara. Cuando bajo del piso de arriba, me pregunta dónde he estado. ¡No me gusta nada decirlo, pero poco a poco estoy empezando a odiarla!

Tu Anne M. Frank

Sábado, 19 de febrero de 1944

Querida Kitty:
Estamos otra vez en sábado y eso en sí mismo ya dice bastante. La mañana fue tranquila. Estuve casi una hora arriba, pero a «él» no le hablé más que de pasada.

A las dos y media, cuando estaban todos arriba, bien para leer, bien para dormir, cogí una manta y bajé a instalarme frente al escritorio para leer o escribir un rato. Al poco tiempo no pude más: dejé caer la cabeza sobre un brazo y me puse a sollozar como una loca. Me corrían las lágrimas y me sentí profundamente desdichada. ¡Ay, ojalá hubiera venido a consolarme «él»!

Ya eran las cuatro cuando volví arriba. A las cinco fui a buscar patatas, con nuevas esperanzas de encontrarme con él, pero cuando todavía estaba en el cuarto de baño arreglándome el pelo, oí que bajaba a ver a Moffi.

Quise ir a ayudar a la señora y me instalé arriba con libro y todo, pero de repente sentí que me venían las lágrimas y corrí abajo al retrete, cogiendo al pasar el espejo de mano. Ahí estaba yo sentada en el retrete, toda vestida, cuando ya había terminado hacía rato, profundamente apenada y con mis lagrimones haciéndome manchas oscuras en el rojo del delantal.

Lo que pensé fue más o menos que así nunca llegaría al corazón de Peter. Que quizá yo no le gustaba para nada y que quizá él lo que menos estaba necesitando era confianza. Quizá nunca piense en mí más que de manera superficial. Tendré que seguir adelante sola, sin Peter y sin su confianza. Y quién sabe, dentro de poco también sin fe, sin consuelo y sin esperanzas. ¡Ojalá pudiera apoyar mi cabeza en su hombro y no sentirme tan desesperadamente sola y abandonada! Quién sabe si no le importo en lo más mínimo, y si mira a todos con la misma mirada tierna. Quizá sea pura imaginación mía pensar que esa mirada va dirigida solo a mí. ¡Ay, Peter, ojalá pudieras verme u oírme! Aunque yo tampoco podría oír la quizá tan desconsoladora verdad.

Más tarde volví a confiar y me sentí otra vez más esperanzada, aunque las lágrimas seguían fluyendo dentro de mí.

Tu Anne M. Frank

Domingo, 20 de febrero de 1944

Lo que otra gente hace durante la semana, en la Casa de atrás se hace los domingos. Cuando los demás se ponen sus mejores ropas y salen a pasear al sol, nosotros estamos aquí fregando, barriendo y haciendo la colada.

Las ocho: sin importarle los que aún quieren dormir, Dussel se levanta. Va al cuarto de baño, luego baja un piso, vuelve a subir y a ello sigue un encierro en el cuarto de baño para una sesión de aseo personal de una hora de duración.

Las nueve y media: se encienden las estufas, se quitan los paneles de oscurecimiento y Van Daan va al cuarto de baño. Uno de los suplicios de los domingos por la mañana es que desde la cama justo me toca mirarle la espalda a Dussel mientras reza. A todos les asombrará que diga que Dussel rezando es un espectáculo horrible. No es que se ponga a llorar o a hacerse el sentimental, nada de eso, pero tiene la costumbre de balancearse sobre los talones y las puntas de los pies durante nada menos que un cuarto de hora. De los talones a las puntas y de las puntas a los talones, sin parar, y si no cierro los ojos, por poco me entran mareos.

Las diez y cuarto: se oye silbar a Van Daan: el cuarto de baño está libre. En nuestra familia, las primeras caras somnolientas se yerguen de las almohadas. Luego todo adquiere un ritmo acelerado. Margot y yo nos turnamos para ayudar abajo en la colada. Como allí hace bastante frío, no vienen nada mal los pantalones largos y un pañuelo para la cabeza. Entretanto, papá usa el cuarto de baño. A las once va Margot (o yo), y después está todo el mundo limpito.

Las once y media: desayuno. Mejor no extenderme sobre el particular, porque la comida ya es tema de conversación continua, sin necesidad de que ponga yo mi granito de arena.

Las doce y cuarto: todo el mundo se dispersa. Papá, con su mono puesto, se hinca de rodillas en el suelo y se pone a cepillar la alfombra con tanta fuerza que la habitación se transforma en una gran nube de polvo. El señor Dussel hace las camas (mal, por supuesto), silbando siempre el mismo concierto para violín de Beethoven. En el desván se oyen los pasos de mamá, que cuelga la ropa. El señor Van Daan se pone el sombrero y desaparece hacia las regiones inferiores, por lo general seguido por Peter y Mouschi; la señora se pone un largo delantal, una chaqueta negra de punto y unos chanclos, se ata una gruesa bufanda de lana roja a la cabeza, coge un fardo de ropa sucia bajo el brazo y, tras hacer una inclinación muy estudiada de lavandera con la cabeza, se va a hacer la colada. Margot y yo fregamos los platos y ordenamos un poco la habitación.

Miércoles, 23 de febrero de 1944

Queridísima Kitty:
Desde ayer hace un tiempo maravilloso fuera y me siento como nueva. Mis escritos, que son lo más preciado que poseo, van viento en popa. Casi todas las mañanas subo al desván para purificar el aire viciado de la habitación que llevo en los pulmones. Cuando subí al desván esta mañana, estaba Peter allí, ordenando cosas. Acabó rápido y vino a donde yo estaba, sentada en el suelo, en mi rincón favorito. Los dos miramos el cielo azul, el castaño sin hojas con sus ramas llenas de gotitas resplandecientes, las gaviotas y demás pájaros que en su vuelo rasante parecían de plata, y todo eso nos conmovió y nos sobrecogió a ambos tanto que ya no podíamos hablar. Peter estaba de pie, con la cabeza apoyada contra un grueso travesaño, y yo seguía sentada. Respiramos el aire, miramos hacia fuera y sentimos que era algo que no había que interrumpir con palabras. Nos quedamos mirando hacia fuera un buen rato, y cuando se puso a cortar leña, supe que era un buen tipo. Subió la escalera de la buhardilla, yo lo seguí, y durante el cuarto de hora que estuvo cortando leña no dijimos palabra. Desde el lugar donde me había instalado me puse a observarlo, viendo cómo se esmeraba visiblemente para cortar bien la leña y mostrarme su fuerza. Pero también me asomé a la ventana abierta, y pude ver gran parte de Ámsterdam, y por encima de los tejados hasta el horizonte, que era de un color celeste tan claro que no se distinguía bien su línea.

«Mientras exista este sol y este cielo tan despejado, y pueda yo verlo —pensé—, no podré estar triste».

Para todo el que tiene miedo, está solo o se siente desdichado, el mejor remedio sin duda es salir al aire libre, a algún sitio donde poder estar totalmente solo, solo con el cielo, con la naturaleza y con Dios. Porque solo entonces, solo así se siente que todo es como debe ser y que Dios quiere que los hombres sean felices en la sencilla, aunque hermosa naturaleza.

Mientras todo esto exista, y creo que existirá siempre, sé que toda pena tiene consuelo, en cualquier circunstancia que sea. Y estoy convencida de que la naturaleza es capaz de paliar muchas cosas terribles, pese a todo el horror.

¡Ay!, quizá ya no falte tanto para poder compartir este sentimiento de felicidad avasallante con alguien que se tome las cosas de la misma manera que yo.

Tu Anne

P.D.: Pensamientos: A Peter.
Echamos de menos muchas, muchísimas cosas aquí, desde hace mucho tiempo, y yo las echo de menos igual que tú. No pienses que estoy hablando de cosas exteriores, porque en ese sentido aquí realmente no nos falta nada. No, me refiero a las cosas interiores. Yo, como tú, ansío tener un poco de aire y de libertad, pero creo que nos han dado compensación de sobra por estas carencias. Quiero decir, compensación por dentro.

Esta mañana, cuando estaba asomada a la ventana mirando hacia fuera, mirando en realidad fija y profundamente a Dios y a la naturaleza, me sentí dichosa, únicamente dichosa. Y, Peter, mientras uno siga teniendo esa dicha interior, esa dicha por la naturaleza, por la salud y por tantas otras cosas; mientras uno lleve eso dentro, siempre volverá a ser feliz.

La riqueza, la buena fama, todo se puede perder, pero la dicha en el corazón a lo sumo puede velarse, y siempre, mientras vivas, volverá a hacerte feliz.

Alguna vez que te sientas solo y desdichado o triste y estés en la buhardilla cuando haga un tiempo tan hermoso, intenta tú también mirar hacia fuera. No mires las casas y los tejados, sino al cielo. Mientras puedas mirar al cielo sin temor, sabrás que eres puro por dentro y que, pase lo que pase, volverás a ser feliz.

Domingo, 27 de febrero de 1944

Queridísima Kitty:
Desde la primera hora de la mañana hasta la última hora de la noche no hago más que pensar en Peter en realidad. Me duermo viendo su imagen, sueño con él y me despierto con su cara aún mirándome.

Se me hace que Peter y yo en realidad no somos tan distintos como parece por fuera, y te explicaré por qué: a los dos nos hace falta una madre. La suya es demasiado superficial, le gusta coquetear y no se interesa mucho por los pensamientos de Peter. La mía sí se ocupa mucho de mí, pero no tiene tacto, ni sensibilidad, ni comprensión de madre.

Peter y yo luchamos ambos con nuestro interior, los dos aún somos algo inseguros, y en realidad demasiado tiernos y frágiles por dentro como para que nos traten con mano tan dura. Por eso a veces quisiera escaparme, o esconder lo que llevo dentro. Me pongo a hacer ruido, con las ollas y con el agua por ejemplo, para que todos me quieran perder de vista. Peter, sin embargo, se encierra en su habitación y casi no habla, no hace nada de ruido y se pone a soñar, ocultándose así recelosamente.

Pero ¿cómo y cuándo llegaremos por fin a encontrarnos?

No sé hasta cuándo mi mente podrá controlar este deseo.

Tu Anne M. Frank

Lunes, 28 de febrero de 1944

Queridísima Kitty:

Esto se está convirtiendo en una pesadilla, de noche y de día. Lo veo casi a todas horas y no puedo acercarme a él, tengo que disimular mis sentimientos y mostrarme alegre, mientras que dentro de mí todo es desesperación.

Peter Schiff y Peter van Daan se han fundido en un único Peter, que es bueno y bondadoso y con quien ansío estar con toda mi alma. Mamá está imposible conmigo; papá me trata bien, lo que resulta difícil, y Margot resulta aún más difícil, ya que pretende que ponga cara de agrado mientras que lo que yo quiero es que me dejen en paz.

Peter no subió a estar conmigo en el desván; se fue directamente a la buhardilla y se puso a martillear. Cada crujido, cada golpe que pegaba hacía que mis ánimos se desmoronaran poco a poco, y me sentí aún más triste. Y a lo lejos se oía un carillón que tocaba «¡Arriba, corazones!».

Soy una sentimental, ya lo sé. Soy una desesperanzada y una insensata, también lo sé.

¡Ay de mí!

Tu Anne M. Frank

Miércoles, 1 de marzo de 1944

Querida Kitty:

Mis propias tribulaciones han pasado a un segundo plano porque... ¡han entrado ladrones! Ya estarás aburrida de mis historias de ladrones, pero ¿qué culpa tengo yo de que a los señores ladrones les dé tanto gusto honrar a Gies & Co. con su visita? Esta vez, el asunto fue más complicado que la vez anterior, en julio del año pasado.

Anoche, cuando el señor Van Daan se dirigió a las siete y media al despacho de Kugler como de costumbre, vio que la puerta de paso de cristal y la puerta del despacho estaban abiertas, lo que le sorprendió. Siguió andando y se fue sorprendiendo cada vez más, al ver que también estaban abiertas las puertas del cuartito intermedio y que en la oficina de delante había un tremendo desorden.

—Por aquí ha pasado un ladrón —se le pasó por la cabeza.

Para tener certeza inmediata al respecto, bajó la escalera, fue hasta la puerta de entrada y palpó la cerradura: todo estaba cerrado.

—Entonces, esta tarde tanto Bep como Peter habrán sido muy descuidados —supuso. Se quedó un rato en el despacho de Kugler, apagó la luz, subió al piso de arriba y no se preocupó demasiado por las puertas abiertas y el desorden que había en la oficina de delante.

Pero esta mañana temprano, Peter llamó a la puerta de nuestra habitación y nos contó la no tan agradable noticia de que la puerta de entrada estaba abierta de par en par y de que del armario empotrado habían desaparecido el proyector y el maletín nuevo de Kugler. Le ordenaron a Peter que cerrara la puerta; Van Daan relató sus experiencias de la noche anterior y a nosotros nos entró una gran intranquilidad.

La única explicación posible para toda esta historia es que el ladrón debe de tener una copia de la llave de la puerta, porque la cerradura no había sido forzada en lo más mínimo. Debe de haber entrado al edificio sigilosamente al final de la tarde. Cerró la puerta tras de sí, Van Daan lo interrumpió, el ladrón se escondió hasta que Van Daan se fue, y luego se escapó llevándose el botín y dejando la puerta abierta, con las prisas.

¿Quién puede tener la llave de la puerta? ¿Por qué el ladrón no fue al almacén? ¿Acaso el ladrón será uno de nuestros propios mozos del almacén, y no nos delatará, ahora que seguramente ha oído y quizá hasta visto a Van Daan? Estamos todos muy asustados, porque no sabemos si al susodicho se le ocurrirá abrir otra vez la puerta. ¿O acaso se habrá asustado él de que hubiera un hombre dando vueltas por aquí?

Tu Anne

P.D.: Si acaso pudieras recomendarnos un buen detective, te lo agradeceríamos mucho. Naturalmente, se requiere discreción absoluta en materia de escondites.

Jueves, 2 de marzo de 1944

Querida Kitty:

Margot y yo hemos estado hoy juntas en el desván, pero con ella no puedo disfrutar tanto como me había imaginado que disfrutaría con Peter (u otro chico). Sí sé que siente lo mismo que yo con respecto a la mayoría de las cosas.

Cuando estábamos fregando los platos, Bep empezó a hablar con mamá y con la señora Van Daan sobre su melancolía. ¿En qué la pueden ayudar aquellas dos? Particularmente mamá, siempre tan diplomática, hace que una salga de Guatemala y entre en Guatepeor. ¿Sabes qué le aconsejó? ¡Que pensara en toda la gente que se hunde en este mundo! ¿De qué te puede servir pensar en la miseria de los demás cuando tú misma te sientes miserable? Eso mismo fue lo que les dije. La respuesta, como te podrás imaginar, fue que yo no podía opinar sobre estas cosas.

¡Qué idiotas y estúpidos son los mayores! Como si Peter, Margot, Bep y yo no sintiéramos todos lo mismo… El único remedio es el amor materno, o el amor de los buenos amigos, de los amigos de verdad. ¡Pero las dos madres de la casa no entienden ni pizca de nosotros! La señora Van Daan quizá aún entienda un poco más que mamá. ¡Ay, cómo me habría gustado decirle algo a la pobre Bep, algo que por experiencia sé que ayuda! Pero papá se interpuso y me empujó a un lado de manera bastante ruda. ¡Son todos unos cretinos!

Con Margot también he estado hablando sobre mamá y papá. ¡Qué bien lo podríamos pasar aquí, si no fuera porque siempre andan fastidiando! Podríamos organizar veladas en las que todos nos turnaríamos para hablar de algún tema interesante. Pero ¡hasta aquí hemos llegado, porque a mí justamente lo que menos me dejan es hablar!

El señor Van Daan ataca, mamá se pone desagradable y no puede hablar de nada de manera normal, a papá no le gustan estas cosas, lo mismo que al señor Dussel, y a la señora siempre la atacan de tal modo que se pone toda colorada y casi no es capaz de defenderse. ¿Y nosotros? A nosotros no nos dejan opinar. Sí, son extremadamente modernos: ¡no nos dejan opinar! Nos pueden decir que nos callemos la boca, pero no que no opinemos: eso es imposible. Nadie puede prohibir a otra persona que opine, por muy joven que esta sea. A Bep, a Margot, a Peter y a mí solo nos sirven mucho amor y devoción, que aquí no se nos da a ninguno. Y nadie, sobre todo estos cretinos sabelotodo, nos entiende, porque somos mucho más sensibles y estamos mucho más adelantados en nuestra manera de pensar de lo que ellos remotamente puedan imaginarse.

El amor. ¿Qué es el amor? Creo que el amor es algo que en realidad no puede expresarse con palabras. El amor es entender a una persona, quererla, compartir con ella la dicha y la desdicha. Y con el tiempo también forma parte de él el amor físico, cuando se ha compartido, se ha dado y recibido, y no importa si se está casado o no, o si es para tener un hijo o no. Si se pierde el honor o no, todo eso no tiene importancia, ¡lo que importa es tener a alguien a tu lado por el resto de tu vida, alguien que te entiende y que no tienes que compartir con nadie!

Mamá está nuevamente quejándose. Está claro que está celosa porque hablo más con la señora Van Daan que con ella. ¡Pues me da igual!

Esta tarde por fin he podido estar con Peter. Hemos estado hablando por lo menos tres cuartos de hora. Le costaba mucho contarme algo sobre sí mismo, pero poco a poco se fue animando. Te aseguro que no sabía si era mejor bajar o quedarme arriba. ¡Pero es que tenía tantas ganas de ayudarlo! Le conté lo de Bep y lo de la falta de tacto de nuestras madres. Me dijo que sus padres siempre andan peleándose, por la política, por los cigarrillos o por cualquier otra cosa. Como ya te he dicho, Peter es muy tímido, pero no tanto como para no confesarme que le gustaría dejar de ver a sus padres al menos dos años.

—Mi padre no es tan agradable como parece —dijo—, pero en el asunto de los cigarrillos, la que lleva toda la razón es mi madre.

Yo también le hablé de mamá. Pero a papá, Peter lo defendía. Dijo que le parecía un «tipo fenomenal».

Esta noche, cuando estaba colgando el delantal después de fregar los platos, me llamó y me pidió que no les contara a los míos que sus padres habían estado nuevamente riñendo y que no se hablaban. Se lo prometí, aunque ya se lo había contado a Margot. Pero estoy segura de que Margot no hablará.

—No te preocupes, Peter —le dije—. Puedes confiar en mí. Me he impuesto la costumbre de no contarles tantas cosas a los demás. De lo que tú me cuentas, no le digo nada a nadie.

Eso le gustó. Entonces también le conté lo de los tremendos cotilleos en casa, y le dije:

—Debo reconocer que tiene razón Margot cuando dice que miento, porque si bien digo que no quiero ser cotilla, cuando se trata de Dussel me encanta cotillear.

—Es una buena cualidad —dijo. Se había ruborizado, y su cumplido tan sincero casi me hace subir los colores a mí también.

Luego también hablamos de los de arriba y los de abajo. Peter realmente estaba un poco sorprendido de que sigamos sin tenerles demasiado aprecio a sus padres.

—Peter —le dije—, sabes que soy sincera contigo. ¿Por qué no habría de decírtelo? ¿Acaso no conocemos sus defectos también nosotros?

Y también le dije:

—Peter, me gustaría tanto ayudarte. ¿No puedo hacerlo? Tú estás entre la espada y la pared y yo sé que, aunque no lo dices, te tomas todo muy a pecho.

—Siempre aceptaré tu ayuda.

—Quizá sea mejor que consultes con papá. Él tampoco dice nada a nadie, le puedes contar tus cosas tranquilamente.

—Sí, es un camarada de verdad.

—Lo quieres mucho, ¿verdad?

Peter asintió con la cabeza y yo seguí hablando:

—¡Pues él también te quiere a ti!

Levantó la mirada fugazmente. Se había puesto colorado. De verdad era conmovedor ver lo contento que le habían puesto esas palabras.

—¿Tú crees? —me preguntó.

—Sí —dije yo—. Se nota por lo que deja caer de vez en cuando.

Entonces llegó el señor Van Daan para hacernos un dictado. Peter también es un «tipo fenomenal», igual que papá.

Tu Anne M. Frank

Viernes, 3 de marzo de 1944

Queridísima Kitty:

Esta noche, mirando la velita, me puse contenta otra vez y me tranquilicé. En realidad, en esa vela está la abuela, y es ella la que me protege y me cobija, y la que hace que me ponga otra vez contenta. Pero… hay otra persona que domina mis estados de ánimo y es… Peter. Hoy, cuando fui a buscar las patatas y todavía estaba bajando la escalera con la olla llena en las manos, me preguntó:

—¿Qué has hecho a mediodía?

Me senté en la escalera y empezamos a hablar. Las patatas no llegaron a destino hasta las cinco y cuarto: una hora después de haber subido a buscarlas. Peter ya no dijo palabra sobre sus padres, solo hablamos de libros y del pasado. ¡Ay, qué mirada tan cálida tiene ese chico! Creo que ya casi me estoy enamorando de él.

De eso mismo hemos hablado luego. Después de pelar las patatas, entré en su habitación y le dije que tenía mucho calor.

—A Margot y a mí se nos nota enseguida la temperatura: cuando hace frío, nos ponemos blancas, y cuando hace calor, coloradas —le dije.

—¿Enamorada? —me preguntó.

—¿Por qué habría de estarlo?

Mi respuesta, o, mejor dicho, mi pregunta, era bastante tonta.

—¿Por qué no? —dijo, y en ese momento nos llamaron a comer.

¿Habrá querido decir algo en especial con esa pregunta? Hoy por fin le he preguntado si no le molestan mis charlas. Lo único que me dijo fue:

—¡Qué va…!

No puedo juzgar hasta qué punto esta respuesta tiene que ver con su timidez.

Kitty, soy como una enamorada que no habla más que de su amor. Es que Peter es realmente un cielo. ¿Cuándo podré decírselo? Claro que solo podré hacerlo cuando sepa que él también me considera un cielo a mí. Pero sé muy bien que soy una gatita a la que hay que tratar con guantes de seda. Y a él le gusta su tranquilidad, de modo que no tengo ni idea de hasta qué punto le gusto. De todas formas, nos estamos conociendo un poco más. ¡Ojalá tuviéramos el valor de confesarnos muchas cosas más! Pero a saber si ese momento no llegará antes de lo pensado. Unas cuantas veces al día me dirige una mirada cómplice, yo le guiño el ojo y los dos nos ponemos contentos. Parece una osadía decirlo así, pero tengo la irresistible sensación de que él piensa igual que yo.

Tu Anne M. Frank

Sábado, 4 de marzo de 1944

Querida Kitty:
Hacía meses y meses que no teníamos un sábado que al menos no fuera tan fastidioso, triste y aburrido como los demás. Y la causa reside nada menos que en Peter. Esta mañana subí al desván a tender el delantal, y papá me preguntó si no quería quedarme un rato para hablar francés. Me pareció bien. Primero hicimos eso, yo le expliqué una cosa, y luego hicimos inglés. Papá nos leyó unas líneas del libro de Dickens y yo estaba en la gloria porque estaba sentada en la silla de papá, bien cerca de Peter.

A las once menos cuarto bajé. Cuando volví, a las once y media, ya estaba él esperándome en la escalera. Hablamos hasta la una menos cuarto. Cuando se presenta la más mínima oportunidad, por ejemplo cuando salgo de la habitación después de comer y nadie nos oye, me dice:

—¡Hasta luego, Anne!

¡Ay, estoy tan contenta! ¿Estará empezando a quererme entonces? En cualquier caso, es un tipo muy simpático y quién sabe lo bien que podremos hablar.

A la señora le parece bien que yo hable con él, pero hoy igual me preguntó en tono burlón:

—¿Puedo fiarme de lo que hacéis vosotros dos ahí arriba?

—¡Pues claro! —protesté—. ¡Cuidado que me voy a ofender!

De la mañana a la noche me alegra saber que veré a Peter.

Tu Anne M. Frank

P.D.: Se me olvidaba decirte que anoche cayó una cantidad enorme de nieve. Pero ya ni se nota casi, se ha fundido toda.

Lunes, 6 de marzo de 1944

Querida Kitty:
¿No te parece curioso que después de que Peter me contara aquello de sus padres, ahora me sienta un poco responsable por él? Es como si esas peleas me incumbieran lo mismo que a él, y sin embargo ya no me atrevo a hablarle de ello, porque temo que no le agrade. Por nada del mundo quisiera cometer un desatino ahora.

A Peter se le nota en la cara que piensa tanto como yo, y por eso anoche me dio rabia cuando la señora dijo en tono burlón:

—¡El pensador!

Peter se sintió incómodo y se puso colorado, y a mí me empezó a hervir la sangre.

¡Cuándo dejará la gente de decir tonterías! No te imaginas lo feo que es ver lo solo que se siente Peter, y no poder hacer nada. Yo puedo imaginarme, como si lo hubiera vivido en mi propia carne, lo desesperado que debe de estar a veces en relación con las peleas y el cariño. ¡Pobre Peter, qué necesitado de cariño está!

Me parecieron muy duras sus palabras cuando dijo que no necesitaba amigos. ¡Ay, cómo se equivoca! No creo que lo diga en serio. Se aferra a su masculinidad, a su soledad y a su falsa indiferencia para no salirse de su papel, y para no tener que mostrar nunca cómo se siente. ¡Pobre Peter! ¿Hasta cuándo podrá seguir haciendo este papel? ¿Cuánto faltará para que, después de tanto esfuerzo sobrehumano, explote?

¡Ay, Peter, ojalá pudiera ayudarte y tú permitieras que lo hiciera! ¡Los dos juntos podríamos ahuyentar nuestras respectivas soledades!

Pienso mucho, pero digo poco. Me pongo contenta cuando lo veo y si al mismo tiempo brilla el sol. Ayer, cuando me estaba lavando la cabeza, me puse bastante eufórica, a sabiendas de que en la habitación de al lado estaba él. No pude remediarlo: cuanto más callada y seria estoy por dentro, tanto más bulliciosa me pongo por fuera. ¿Quién será el primero en descubrir mi coraza y perforarla?

Al final, ¡qué suerte que los Van Daan no tienen una niña! Mi conquista nunca sería tan difícil, tan hermosa y tan placentera si no fuera justamente por la atracción del sexo opuesto.

Tu Anne M. Frank

P.D.: Sabes que soy sincera contigo al escribirte, y por eso es que debo confesarte que en realidad vivo de encuentro en encuentro. Estoy continuamente al acecho para ver si descubro que también él vive esperándome a mí, y salto de alegría dentro de mí cuando noto sus pequeños y tímidos esfuerzos al respecto. Creo que Peter quisiera tener la misma facilidad de expresión que yo; no sabe que justamente su torpeza me enternece.

Martes, 7 de marzo de 1944

Querida Kitty:

Cuando ahora me pongo a pensar en la vida que llevaba en 1942, todo me parece tan irreal. Esa vida de gloria la vivía una Anne Frank muy distinta de la Anne que aquí se ha vuelto tan juiciosa. Una vida de gloria, eso es lo que era. Un admirador en cada esquina, una veintena de amigas y conocidas, la favorita de la mayoría de los profesores, consentida por papá y mamá, muchos dulces, dinero suficiente… ¿qué más se podía pedir?

Seguro que te preguntarás cómo hice para ganarme la simpatía de toda esa gente. Dice Peter que por mi «encanto personal», pero eso no es del todo cierto. A todos los profesores les gustaban y les divertían mis respuestas ingeniosas, mis ocurrencias, mi cara sonriente y mi ojo crítico. No había más. Me encantaba coquetear, era coqueta y divertida. Además, tenía algunas ventajas por las que me ganaba el favor de los que me rodeaban: mi esmero, mi sinceridad y mi generosidad. Nunca le habría negado a nadie, fuera quien fuera, que en clase copiara de mí; repartía dulces a manos llenas y no era engreída.

¿No me habré vuelto temeraria después de tanta admiración? Es una suerte que en medio de todo aquello, en el punto culminante de la fiesta, volviera de repente a la realidad, y ha tenido que pasar más de un año para que me acostumbrara a que ya nadie me demuestra su admiración.

¿Cómo me veían en el colegio? Como la que encabezaba las bromas y las juergas, siempre al frente de todo y nunca de mal humor o lloriqueando. No era de sorprender que a todos les gustara acompañarme al colegio en bici o cubrirme de atenciones.

Veo a esa Anne Frank como a una niña graciosa, divertida, pero superficial, que no tiene nada que ver conmigo. ¿Qué es lo que ha dicho Peter de mí? «Siempre que te veía, estabas rodeada de dos o más chicos y un grupo de chicas. Siempre te reías y eras el centro de la atención». Tenía razón.

¿Qué es lo que ha quedado de aquella Anne Frank? Ya sé que he conservado mis risas y mi manera de responder, y que aún no he olvidado cómo criticar a la gente, e incluso lo hago mejor que antes, y que sigo coqueteando y siendo divertida cuando quiero…

Ahí está el busilis: una noche, un par de días, una semana me gustaría volver a vivir así, aparentemente despreocupada y alegre. Pero al final de esa semana estaría muerta de cansancio y al primero que se le ocurriera hablarme de algo interesante le estaría enormemente agradecida. No quiero admiradores, sino amigos, no quiero que se maravillen por mi sonrisa lisonjera, sino por mi manera de actuar y mi carácter. Sé muy bien que en ese caso el círculo de personas en torno a mí se reduciría bastante, pero ¿qué importaría que no me quedaran sino unas pocas personas? Pocas, pero sinceras.

Pese a todo, en 1942 tampoco era enteramente feliz. A menudo me sentía abandonada, pero como estaba ocupada de la mañana a la noche, no me detenía a pensar y me divertía todo lo que podía, intentando, consciente o inconscientemente, ahuyentar con bromas el vacío.

Ahora examino mi propia vida y me doy cuenta de que al menos una fase ha concluido irreversiblemente: la edad escolar, tan libre de preocupaciones y problemas, que nunca volverá. Ya ni siquiera la echo en falta: la he superado. Ya no puedo hacer solamente tonterías; una pequeña parte en mí siempre conserva su seriedad.

Veo mi vida placentera hasta el Año Nuevo de 1944 como bajo una lupa muy potente. En casa, la vida con mucho sol; luego aquí, en 1942, el cambio tan repentino, las peleas, las recriminaciones; no lograba entenderlo, me había cogido por sorpresa, y la única postura que supe adoptar fue la de ser insolente.

La primera mitad de 1943, los accesos de llanto, la soledad, el ir dándome cuenta paulatinamente de todos mis fallos y defectos, que son muy grandes y que parecían ser el doble de grandes. De día hablaba y hablaba cambiando siempre de tema, intentaba atraer a Pim hacia mí, pero sin resultado, me encontraba sola ante la difícil tarea de hacerme a mí misma de tal forma que ya no me hicieran esos reproches que tanto me oprimían y desalentaban.

En la segunda mitad de ese año las cosas mejoraron un poco. Dejé de ser tan niña, me empezaron a ver más como a una adulta. Comencé a pensar, a escribir cuentos, y llegué a la conclusión de que los demás ya no tenían nada que ver conmigo, que no tenían derecho a empujarme de un lado para otro como si fuera el péndulo de un reloj; quería reformarme a mí misma según mi propia voluntad. Comprendí que me podía pasar sin mamá, de manera total y absoluta, lo que me dolió, pero algo que me afectó mucho más fue darme cuenta de que papá nunca llegaría a ser mi confidente. No confiaba en nadie más que en mí misma.

Después de Año Nuevo el segundo gran cambio: mi sueño… con el que descubrí mis deseos de tener… un chico; no quería una amiga mujer, sino un amigo varón. También descubrí dentro de mí la felicidad y mi coraza de superficialidad y alegría. Pero de tanto en tanto me volvía silenciosa. Ahora no vivo más que para Peter, porque de él dependerá en gran medida lo que me ocurra de ahora en adelante.

Y por las noches, cuando acabo mis rezos pronunciando las palabras «Te doy las gracias por todas las cosas buenas, queridas y hermosas», oigo gritos de júbilo dentro de mí, porque pienso en esas cosas buenas, como nuestro escondite, mi buena salud y todo mi ser, en las cosas queridas, como Peter y esa cosa diminuta y sensible que ninguno de los dos se atreve a nombrar aún, el amor, el futuro, la dicha, y en las cosas hermosas, como el mundo, la naturaleza y la gran belleza de todas las cosas hermosas juntas.

En esos momentos no pienso en la desgracia, sino en todas las cosas bellas que aún quedan. Ahí está gran parte de la diferencia entre mamá y yo. El consejo que ella da para combatir la melancolía es: «Piensa en toda la desgracia que hay en el mundo y alégrate de que no te pase a ti». Mi consejo es: «Sal fuera, a los prados, a la naturaleza y al sol. Sal fuera y trata de reencontrar la felicidad en ti misma; piensa en todas las cosas bellas que hay dentro de ti y a tu alrededor, y sé feliz».

En mi opinión, la frase de mamá no tiene validez, porque ¿qué se supone que tienes que hacer cuando esa desgracia sí te pasa? Entonces, estás perdida. Por otra parte, creo que toda desgracia va acompañada de alguna cosa bella, y si te fijas en ella, descubres cada vez más alegría y encuentras un mayor equilibrio. Y el que es feliz hace feliz a los demás; el que tiene valor y fe nunca estará sumido en la desgracia.

Tu Anne M. Frank

Miércoles, 8 de marzo de 1944

Margot y yo nos hemos estado escribiendo notitas, solo por divertirnos, naturalmente.

Anne: cosa curiosa, a mí las cosas que pasan por la noche solo me vuelven a la memoria mucho más tarde. Ahora, por ejemplo, recuerdo de repente que anoche el señor Dussel estuvo roncando como un loco (ahora son las tres menos cuarto del miércoles por la tarde y el señor Dussel está otra vez roncando, por eso me acordé, claro). Cuando tuve que hacer pipí en el orinal hice más ruido de lo normal, para hacer que cesaran los ronquidos.

Margot: ¿qué es mejor: los resuellos o los ronquidos?

Anne: los ronquidos, porque si yo hago ruido, cesan sin que la persona en cuestión se despierte.

Lo que no le he escrito a Margot, pero que sí te confieso a ti, querida Kitty, es que sueño mucho con Peter. Anteanoche, en nuestro cuarto de estar de aquí, soñé que estaba patinando en la pista de hielo de la Apollolaan con un chico bajito, ese que tenía una hermana que siempre llevaba una falda azul y tenía patas de alambre. Me presenté de manera un tanto ceremoniosa y le pregunté su nombre. Se llamaba Peter. En mi sueño me pregunté a cuántos Peters conocía ya…

Luego también soñé que estábamos en el cuartito de Peter, de pie, uno frente a otro al lado de la escalera. Le dije algo, me dio un beso, pero me contestó que no me quería tanto como yo pensaba y que dejara de coquetear. Con voz desesperada y suplicante, le dije:

—Pero ¡si yo no coqueteo, Peter!

Cuando me desperté, me alegré de que Peter todavía no hubiera dicho eso.

Anoche también nos estábamos besando, pero las mejillas de Peter me decepcionaron, porque no eran tan suaves como parecen, sino que eran como las mejillas de papá, o sea, como las de un hombre que ya se afeita.

Viernes, 10 de marzo de 1944

Queridísima Kitty:

Hoy es aplicable el refrán que dice que las desgracias nunca vienen solas. Lo acaba de decir Peter. Te contaré todas las cosas desagradables que nos pasan y las que quizá aún nos esperan.

En primer lugar, Miep está enferma, a raíz de la boda de Henk y Aagje, celebrada ayer en la iglesia del Oeste, donde se resfrió. En segundo lugar, el señor Kleiman aún no ha vuelto desde que tuvo la hemorragia estomacal, con lo que Bep sigue sola en la oficina. En tercer lugar, la policía ha arrestado a un señor, cuyo nombre no mencionaré. No solo es horrible para el susodicho señor, sino también para nosotros, ya que andamos muy escasos de patatas, mantequilla y mermelada. El señor M., por llamarlo de alguna manera, tiene cinco hijos menores de trece años y uno más en camino.

Anoche tuvimos otro pequeño sobresalto, ya que de repente se pusieron a golpear en la pared de al lado. Estábamos cenando. El resto de la noche transcurrió en un clima de tensión y nerviosismo.

Últimamente no tengo ningunas ganas de escribirte sobre lo que acontece en casa. Me preocupan mucho más mis propios intereses. Pero no me entiendas mal, porque lo que le ha ocurrido al pobre y bueno del señor M. me parece horrible, pero en mi diario de cualquier forma no hay demasiado sitio para él.

El martes, miércoles y jueves estuve con Peter desde las cuatro y media hasta las cinco y cuarto. Hicimos francés y charlamos sobre miles de cosas. Realmente me hace mucha ilusión esa horita que pasamos juntos por la tarde, y lo mejor de todo es que creo que también a Peter le gusta que yo vaya.

Tu Anne M. Frank

Sábado, 11 de marzo de 1944

Querida Kitty:

Últimamente estoy hecha un culo de mal asiento. Voy de abajo al piso de arriba y vuelta abajo. Me gusta mucho hablar con Peter, pero siempre tengo miedo de molestarlo. Me ha contado algunas cosas sobre su vida de antes, sobre sus padres y sobre sí mismo. Yo con eso no tengo suficiente y cada cinco minutos me pregunto cómo se me ocurre pedir más. A él yo antes le parecía insoportable, lo que era una cosa recíproca; ahora yo he cambiado de opinión, entonces ¿también él habrá cambiado de opinión? Supongo que sí, pero eso no implica que tengamos que ser grandes amigos, aunque para mí eso haría mucho más soportable toda esta historia de estar escondida. Pero no me engaño; me ocupo bastante de él y no tengo por qué aburrirte a la vez que a mí, porque la verdad es que ando bastante desanimada.

Domingo, 12 de marzo de 1944

Querida Kitty:

Todo está cada vez más patas arriba. Desde ayer, Peter ya no me dirige la mirada. Es como si estuviera enfadado conmigo, y por eso me esfuerzo para no ir detrás de él y para hablarle lo menos posible, pero ¡es tan difícil! ¿Qué será lo que a menudo lo aparta de mí y a menudo lo empuja hacia mí? Quizá solo yo me imagine que las cosas son peores de lo que son en realidad, quizá él también tenga sus estados de ánimo, quizá mañana todo haya pasado…

Lo más difícil de todo es mantenerme igual por fuera, cuando por dentro estoy triste y me siento mal. Tengo que hablar, ayudar, estar sentados juntos y sobre todo estar alegre. Lo que más echo de menos es la naturaleza y algún lugar en el que pueda estar sola todo el tiempo que quiera. Creo que estoy mezclando muchas cosas, Kitty, pero es que estoy muy confusa: por un lado me vuelve loca el deseo de tenerlo a mi lado, y casi no puedo estar en la habitación sin mirarlo, y por el otro, me pregunto por qué me importa tanto en realidad, y por qué no puedo recuperar la tranquilidad.

Día y noche, siempre que estoy despierta, no hago más que preguntarme: «¿Lo has dejado suficientemente en paz? ¿No subes a verlo demasiado? ¿No hablas demasiado a menudo de temas serios de los que él todavía no sabe hablar? ¿Es posible que él no te encuentre nada simpática? ¿Habrá sido todo el asunto pura imaginación? Pero entonces ¿por qué te ha contado tantas cosas sobre sí mismo? ¿Se habrá arrepentido de haberlo hecho?». Y muchas otras cosas más.

Ayer por la tarde, después de escuchar una ristra de noticias tristes de fuera, estaba tan hecha polvo que me eché en el diván para dormir un rato. Solo quería dormir, para no pensar. Dormí hasta las cuatro de la tarde, y entonces tuve que ir a la habitación. Me resultó muy difícil responder a todas las preguntas de mamá y encontrar una excusa para explicarle a papá por qué había dormido. Como pretexto dije que tenía dolor de cabeza, con lo que no mentí, puesto que de verdad lo tenía… ¡por dentro!

La gente normal, las chicas normales, las adolescentes como yo, dirán que ya basta de tanta autocompasión, pero ahí está el quid de la cuestión: yo te cuento todo lo que me pesa en el corazón, y el resto del día me muestro de lo más atrevida, alegre y segura de mí misma, con tal de evitar cualquier pregunta y de no enfadarme conmigo misma por dentro.

Margot es muy buena conmigo y quisiera ser mi confidente, pero sin embargo yo no puedo contarle todas mis cosas. Me toma en serio, demasiado en serio, y reflexiona mucho sobre su hermanita loca, me mira con ojos inquisitivos cuando le cuento algo y siempre se pregunta: «¿Me lo dice en serio o me lo dice por decir?».

Todo tiene que ver con que estamos siempre juntas y con que yo no soportaría tener a mi confidente siempre a mi lado.

¿Cuándo saldré de esta maraña de pensamientos? ¿Cuándo volverá a haber paz y tranquilidad dentro de mí?

Tu Anne

Martes, 14 de marzo de 1944

Querida Kitty:

Te parecerá divertido —para mí no lo es en absoluto— saber lo que comeremos hoy. En estos momentos, dado que abajo está trabajando la asistenta, estoy sentada junto a la mesa con el hule de los Van Daan, tapándome la nariz y la boca con un pañuelo impregnado de un exquisito perfume de antes de escondernos. Supongo que no entenderás nada, de modo que empezaré por el principio.

Como a nuestros proveedores de cupones se los han llevado los alemanes, ya no tenemos cupones ni manteca; solo nos quedan nuestras cinco cartillas de racionamiento clandestinas. Como Miep y Kleiman están otra vez enfermos, Bep no puede salir a hacer la compra, y como hay un ambiente muy triste, la comida también lo es. A partir de mañana ya no habrá nada de manteca, mantequilla ni margarina. Ya no desayunamos patatas rehogadas (por ahorrar pan), sino papilla de avena, y como la señora teme que nos muramos de hambre, hemos comprado una cantidad extra de leche entera. La comida caliente de hoy consiste en un guiso de patatas y col rizada de conserva. De ahí las medidas preventivas con el pañuelo. ¡Es increíble el olor que despide la col rizada, que seguramente ya lleva varios años en conserva! La habitación huele a una mezcla de ciruelas en descomposición, conservante amargo y huevos podridos. ¡Qué asco! La sola idea de que tendré que comerme esa porquería me da náuseas. A ello hay que sumarle que nuestras patatas han sufrido unas enfermedades tan extrañas que de cada dos cubos de tubérculos, uno va a parar a la estufa. Nos divertimos tratando de determinar con exactitud las distintas enfermedades que tienen, y hemos llegado a la conclusión de que se van turnando el cáncer, la viruela y el sarampión. Entre paréntesis, no es ninguna bicoca tener que estar escondidos en este cuarto año de guerra. ¡Ojalá que toda esta porquería se acabe pronto!

A decir verdad, lo de la comida me importaría poco, si al menos otras cosas aquí fueran más placenteras. Ahí está el quid de la cuestión: esta vida tan aburrida nos tiene fastidiados a todos. Te enumero la opinión de cinco escondidos adultos sobre la situación actual (los menores no pueden opinar, algo a lo que por una vez me he atenido):

La señora Van Daan: «La tarea de reina de la cocina hace rato que no tiene ningún aliciente para mí. Pero como me aburre estar sentada sin hacer nada, me pongo otra vez a cocinar. Y sin embargo me quejo: cocinar sin manteca es imposible, me marean los malos olores. Y luego me pagan con ingratitud y con gritos todos mis esfuerzos, siempre soy la oveja negra, de todo me echan la culpa. Por otra parte, mi parecer es que la guerra no adelanta mucho, los alemanes al final se harán con la victoria. Tengo mucho miedo de que nos muramos de hambre y despotrico contra todo el mundo cuando estoy de mal humor».

El señor Van Daan: «Necesito fumar, fumar y fumar, y así la comida, la política, el mal humor de Kerli y todo lo demás no es tan grave. Kerli es una buena mujer. Si no me dan nada que fumar, me pongo malo, y además quiero comer carne, y además vivimos muy mal, nada está bien y seguro que acabaremos tirándonos los trastos a la cabeza. ¡Vaya una estúpida que está hecha esta Kerli mía!».

La señora Frank: «La comida no es tan importante, pero ahora mismo me gustaría comer una rebanada de pan de centeno, porque tengo mucha hambre. Yo, en el lugar de la señora Van Daan, le habría puesto coto hace rato a esa eterna manía de fumar del señor. Pero ahora me urge fumar un cigarrillo, porque tengo la cabeza que está a punto de estallar. Los Van Daan son una gente horrible. Los ingleses cometen muchos errores, pero la guerra va adelantando; necesito hablar, y alegrarme de no estar en Polonia».

El señor Frank: «Todo está bien, no me hace falta nada. Sin prisas, que tenemos tiempo. Dadme mis patatas y me conformo. Hay que guardar parte de mi ración para Bep. La política sigue un curso estupendo, soy muy optimista».

El señor Dussel: «Tengo que escribir mi cuota diaria, acabar todo a tiempo. La política va viento en poopa, es im-po-sii-ble que nos descubrran. ¡Yo, yo y yo...!».

Tu Anne

Jueves, 16 de marzo de 1944

Querida Kitty:

¡Pfff...! ¡Al fin! He venido a descansar después de oír tantas historias tristes sobre los de la oficina. Lo único que andan diciendo es: «Si pasa esto o aquello, nos veremos en dificultades, y si también se enferma aquella, estaremos solos en el mundo, que si esto, que si aquello...».

En fin, el resto ya puedes imaginártelo; al menos supongo que conoces a los de la Casa de atrás lo bastante como para adivinar sus conversaciones.

El motivo de tanto «que si esto, que si aquello» es que al señor Kugler le ha llegado una citación para ir seis días a cavar, que Bep está más que acatarrada y probablemente se tendrá que quedar en su casa mañana, que a Miep todavía no se le ha pasado la gripe y que Kleiman ha tenido una hemorragia estomacal con pérdida del conocimiento. ¡Una verdadera lista de tragedias para nosotros!

Lo primero que tiene que hacer Kugler según nosotros es consultar a un médico de confianza, pedir que le dé un buen certificado y presentarlo en el ayuntamiento de Hilversum. A la gente del almacén le han dado un día de asueto mañana, así que Bep estará sola en la oficina. Si (¡otro «si»!) Bep se llegara a quedar en su casa, la puerta de entrada al edificio permanecerá cerrada, y nosotros deberemos guardar absoluto silencio, para que no nos oiga Keg. Jan vendrá al mediodía a visitar a los pobres desamparados durante media hora, haciendo las veces de cuidador de parque zoológico, como si dijéramos.

Hoy, por primera vez después de mucho tiempo, Jan nos ha estado contando algunas cosas del gran mundo exterior. Tenías que habernos visto a los ocho sentados en corro a su alrededor, parecía una imagen de «Los cuentos de la abuelita».

Jan habló y habló ante un público ávido, en primer lugar sobre la comida, por supuesto. La señora Pf., una conocida de Miep, cocina para él. Anteayer le hizo zanahorias con guisantes, ayer se tuvo que comer los restos de anteayer, hoy le hace guisantes grises, y mañana un guiso con las zanahorias que hayan sobrado.

Le preguntamos por el médico de Miep.

—¿Médico? —preguntó Jan—. ¿Qué queréis de él? Esta mañana lo llamé por teléfono, me atendió una de esas asistentas de la consulta, le pedí una receta para la gripe y me contestó que para las recetas hay que pasarse de ocho a nueve de la mañana. Si tienes una gripe muy fuerte, puedes pedir que se ponga al teléfono el propio médico, y te dice: «Saque la lengua, diga "Aaa". Ya veo, tiene la garganta irritada. Le daré una receta, para que se pase por la farmacia. ¡Buenos días!». Y sanseacabó. Atendiendo solo por teléfono, ¡así cualquiera tiene una consulta! Pero no les reprochemos nada a los médicos, que al fin y al cabo también ellos solo tienen dos manos, y en los tiempos que corren los pacientes abundan y los médicos escasean.

De todos modos, a todos nos hizo mucha gracia cuando Jan reprodujo la conversación telefónica. Me imagino cómo será la consulta de un médico hoy en día. Ya no desprecian a los enfermos del seguro de enfermedad, sino a los que no padecen nada, y piensan: «Y usted, ¿qué es lo que viene a hacer aquí? ¡A la cola, que primero se atiende a los enfermos de verdad!».

Tu Anne

Jueves, 16 de marzo de 1944

Querida Kitty:

Hace un tiempo maravilloso, indescriptiblemente hermoso. No tardaré en subir al desván.

Ahora ya sé por qué estoy siempre mucho más intranquila que Peter. Él tiene una habitación propia donde estudiar, soñar, pensar y dormir. A mí me empujan de un rincón a otro de la casa. No estoy nunca sola en mi habitación compartida, lo que sin embargo desearía tanto. Ese es precisamente el motivo por el que huyo al desván. Solo allí y contigo puedo ser yo misma, aunque solo sea un momento. Pero no quisiera darte la lata hablándote de mis deseos; al contrario, ¡quiero ser valiente!

Abajo, por suerte, no se dan cuenta de lo que siento por dentro, salvo que cada día estoy más fría y despreciativa con respecto a mamá, le hago menos mimos a papá y tampoco le suelto nada a Margot: estoy herméticamente cerrada. Ante todo debo seguir mostrándome segura de mí misma por fuera, nadie debe saber que dentro de mí se sigue librando una batalla: una batalla entre mis deseos y la razón. Hasta ahora ha triunfado siempre esta última, pero a la larga ¿no resultarán más fuertes los primeros? A veces me temo que sí, y a menudo lo deseo.

¡Ay!, es tan terriblemente difícil no soltar nunca nada delante de Peter, pero sé que es él quien tiene que tomar la iniciativa. ¡Es tan difícil deshacer de día todas las conversaciones y todos los actos que me han ocurrido de noche en sueños! Sí, Kitty, Anne es una chica muy loca, pero es que los tiempos que me han tocado vivir también lo son, y las circunstancias lo son más aún.

Me parece que lo mejor de todo es que lo que pienso y siento al menos lo puedo apuntar; si no, me asfixiaría completamente. ¿Qué pensará Peter de todas estas cosas? Una y otra vez pienso que algún día podré hablar con él al respecto. Algo tiene que haber adivinado en mí, porque la Anne de fuera que ha conocido hasta ahora no le puede gustar. ¿Cómo puede ser que él, que ama tanto la paz y la tranquilidad, tenga simpatía por mi bullicio y alboroto? ¿Será el primero y único en el mundo que ha mirado detrás de mi máscara de hormigón? ¿Irá él a parar allí detrás dentro de poco? ¿No hay un viejo refrán que dice que el amor a menudo viene después de la compasión, y que los dos van de la mano? ¿No es ese también mi caso? Porque siento la misma compasión por él que la que a menudo siento por mí misma.

No sé, realmente no sé de dónde sacar las primeras palabras, ni de dónde habría de sacarlas él, que le cuesta mucho más hablar. ¡Ojalá pudiera escribirle, así al menos sabría que él sabe lo que yo le quisiera decir, porque es tan difícil decirlo con palabras!

Tu Anne M. Frank

Viernes, 17 de marzo de 1944

Queridísimo tesoro mío:
Finalmente todo ha terminado bien, porque el catarro de Bep no se ha convertido en gripe, sino tan solo en afonía, y el señor Kugler se ha librado de los trabajos forzados gracias al certificado médico. La Casa de atrás res-

pira aliviada. Aquí todo sigue bien, salvo que Margot y yo nos estamos cansando un poco de nuestros padres.

No me interpretes mal, sigo queriendo a papá y Margot sigue queriendo a papá y a mamá, pero cuando tienes la edad que tenemos nosotras, te apetece decidir un poco por ti misma, quieres soltarte un poco de la mano de tus padres. Cuando voy arriba, me preguntan adónde voy; sal no me dejan comer; a las ocho y cuarto de la noche, mamá me pregunta indefectiblemente si no es hora de cambiarme; todos los libros que leo tienen que pasar por la censura. A decir verdad, la censura no es nada estricta y me dejan leer casi todo, pero nos molestan los comentarios y observaciones, más todas las preguntas que nos hacen todo el día.

Hay otra cosa que no les agrada, sobre todo en mí: que ya no quiera estar todo el tiempo dando besitos aquí y allá. Los múltiples sobrenombres melosos que inventan me parecen tontos, y la predilección de papá por las conversaciones sobre ventosidades y retretes, asquerosa. En resumidas cuentas, me gustaría perderlos de vista un tiempo, pero no lo entienden. No es que se lo hayamos propuesto; nada de eso, de nada serviría, no lo entenderían en absoluto.

Aun anoche Margot me decía: «¡Estoy tan aburrida de que al más mínimo suspiro ya te pregunten si te duele la cabeza o si te sientes mal!».

Para las dos es un duro golpe el que de repente veamos lo poco que queda de todo ese ambiente familiar y esa armonía que había en casa. Pero esto deriva en gran medida de la desquiciada situación en que nos encontramos. Me refiero al hecho de que nos tratan como a dos chiquillas por lo que respecta a las cosas externas, mientras que somos mucho más maduras que las chicas de nuestra edad en cuanto a las cosas internas. Aunque solo tengo catorce años, sé muy bien lo que quiero, sé quién tiene razón y quién no, tengo mi opinión, mi modo de ver y mis principios, y por más extraño que suene en boca de una adolescente, me siento más bien una persona y no tanto una niña, y me siento totalmente independiente de cualquier otra alma. Sé que sé debatir y discutir mejor que mamá, sé que tengo una visión más objetiva de las cosas, sé que no exagero tanto como ella, que soy más pulcra y diestra, y por eso —ríete si quieres— me siento superior a ella en muchas cosas. Si he de querer a una persona, en primer lugar debo sentir admiración por ella, admiración y respeto, y estos dos requisitos en mamá no veo que se cumplan en absoluto.

Todo estaría bien si tuviera a Peter, porque a él lo admiro en muchas cosas. ¡Ay, qué chico tan bueno y tan guapo que es!

Tu Anne M. Frank

Sábado, 18 de marzo de 1944

Querida Kitty:

A nadie en el mundo le he contado tantas cosas sobre mí misma y sobre mis sentimientos como a ti. Entonces ¿por qué no habría de contarte algo sobre cosas sexuales?

Los padres y las personas en general tienen una actitud muy curiosa al respecto. En vez de contarles tanto a sus hijas como a sus hijos a los doce años todo lo que hay para contar, cuando surgen conversaciones sobre el tema les obligan a abandonar la habitación, y que se busquen por su cuenta la información que necesitan. Cuando luego los padres se dan cuenta de que sus hijos están enterados de algunas cosas, creen que los críos saben más o menos de lo que se corresponde con la realidad. ¿Por qué no intentan en ese momento recuperar el tiempo perdido y preguntarles hasta dónde llegan sus conocimientos?

Existe un obstáculo considerable para los adultos —aunque me parece que no es más que un pequeño obstáculo—, y es que temen que los hijos supuestamente ya no vean al matrimonio como algo sagrado e inviolable, si se enteran de que aquello de la inviolabilidad son cuentos chinos en la mayoría de los casos. A mi modo de ver, no está nada mal que un hombre llegue al matrimonio con alguna experiencia previa, porque ¿acaso tiene eso algo que ver con el propio matrimonio?

Cuando acababa de cumplir los once años, me contaron lo de la menstruación, pero aún no tenía la más mínima noción de dónde venía ni qué significaba. A los doce años y medio ya me contaron algo más, ya que Jacque era mucho menos ignorante que yo. Yo misma me imaginé cómo era la cohabitación del hombre y la mujer. Al principio la idea me pareció bastante extraña, pero cuando Jacque me lo confirmó, me sentí muy orgullosa por haber tenido tan buena intuición.

Aquello de que los niños no salen directamente de la panza, también lo supe por Jacque, que me dijo sin más vueltas: «El producto acabado sale por el mismo lugar por donde entra la materia prima».

De lo del himen y otros detalles específicos nos enteramos Jacque y yo por un libro sobre educación sexual. También supe que se podía evitar el tener hijos, pero siguió siendo un secreto para mí cómo funcionaba todo aquello por dentro. Cuando llegamos aquí, papá me habló de prostitutas, etcétera, pero al cabo quedan algunas preguntas sin responder.

Si una madre no les cuenta todo a sus hijos, estos se van enterando poquito a poco, y eso no está bien.

Aunque hoy es sábado, no estoy de malas. Es que he estado en el desván con Peter, soñando con los ojos cerrados. ¡Ha sido maravilloso!

Tu Anne M. Frank

Domingo, 19 de marzo de 1944

Querida Kitty:
Ayer fue un día muy importante para mí. Después de la comida del mediodía, todo se desarrolló de manera normal. A las cinco puse a hervir las patatas y mamá me dio un trozo de morcilla para que se la llevara a Peter. Al principio yo no quería hacerlo, pero luego fui de todas formas. Él no la quiso y tuve la horrible sensación de que todavía era por lo de la discusión sobre la desconfianza. Llegado un momento, no pude más, me vinieron las lágrimas a los ojos y sin insistir volví a llevar el platito a mamá y me fui a llorar al retrete. Entonces decidí hablar del asunto con Peter de una vez para siempre. Antes de cenar éramos cuatro en su habitación ayudándolo a resolver un crucigrama, y entonces no pude decirle nada, pero justo antes de ir a sentarnos a la mesa, le susurré:
—¿Vas a hacer taquigrafía más tarde, Peter?
—No —contestó.
—Entonces luego quisiera hablarte.
Le pareció bien.
Por lo tanto, después de fregar los platos fui a su habitación y le pregunté si había rechazado la morcilla por la discusión que habíamos tenido. Pero por suerte no era ese el motivo, solo que no le pareció correcto ceder tan pronto. Hacía mucho calor en la habitación y yo estaba colorada como un cangrejo; por eso, después de llevarle el agua a Margot abajo, volví un momento arriba a tomar algo de aire. Para salvar las apariencias, primero me paré junto a la ventana de los Van Daan, pero al poco tiempo pasé a ver a Peter. Él estaba en el lado izquierdo de la ventana abierta, y yo me puse en el lado derecho. Era mucho más fácil hablar junto a la ventana abierta, en la relativa oscuridad, que con mucha luz, y creo que también a Peter le pareció así. Nos contamos tantas, pero tantas cosas, que simplemente no podría repetirlo todo aquí, pero fue muy bonito, la noche más hermosa que he vivido hasta ahora en la Casa de atrás. No obstante, te resumiré en pocas palabras de qué temas hablamos:
Primero hablamos de las discusiones, de que ahora mi actitud con respecto a ellas es muy distinta, luego sobre el distanciamiento con respecto a nuestros padres. Le hablé de mamá y papá, de Margot y de mí misma. En un momento dado me dijo:
—Vosotros seguro que os dais las buenas noches con un beso.
—¿Uno? ¡Un montón! Tú no, ¿verdad?
—No, yo casi nunca le he dado un beso a nadie.
—¿Para tu cumpleaños tampoco?
—Sí, para mi cumpleaños sí.
Hablamos de la confianza, de que ninguno de los dos la hemos depositado en nuestros padres. De que los suyos se quieren mucho y que tam-

bién habrían querido tener la confianza de Peter, pero que él se la ha negado. De que cuando yo estoy triste me desahogo llorando en la cama, y que él sube al desván a decir palabrotas. De que Margot y yo solo hace poco que hemos intimado, y que tampoco nos contamos tanto, porque estamos siempre juntas. En fin, de todo un poco, de la confianza, de los sentimientos y de nosotros mismos. Y resultó que Peter era tal como yo sabía que era.

Luego nos pusimos a hablar sobre el periodo de 1942, sobre lo distintos que éramos entonces. Ninguno de los dos se reconoce en cómo era en aquel periodo. Lo insoportables que nos parecíamos al principio. Para él yo era una parlanchina y muy molesta, y a mí él muy pronto me pareció muy aburrido. Entonces no entendía por qué no me cortejaba, pero ahora me alegro. Otra cosa de la que habló fue de lo mucho que se aislaba de los demás, y yo le dije que entre mi bullicio y temeridad y su silencio no había tanta diferencia, que a mí también me gusta la tranquilidad, y que no tengo nada para mí sola, salvo mi diario, que todos se alegran cuando los dejo tranquilos, en primer lugar el señor Dussel, y que tampoco quiero estar siempre en la habitación. Que él está muy contento de que mis padres tengan hijos, y que yo me alegro de que él esté aquí. Que ahora sí comprendo su recogimiento y la relación con sus padres, y que me gustaría ayudarlo con las peleas.

—¡Pero si tú ya me ayudas!

—¿Cómo? —le pregunté muy sorprendida.

—¡Con tu alegría!

Es lo más bonito que me ha dicho hasta ahora. También me dijo que no le parecía para nada molesto que fuera a verlo como antes, sino que le agradaba. Yo también le dije que todos esos nombres cariñosos de papá y mamá no tienen ningún contenido, que la confianza no se crea dando un besito acá y otro allá. Otra cosa de la que hablamos fue de nuestra propia voluntad, del diario y la soledad, de la diferencia que hay entre la persona interior y exterior que todos tenemos, de mi máscara, etcétera.

Fue hermoso, debe de haber empezado a quererme como a una camarada, y eso por ahora me basta. Me faltan las palabras, de lo agradecida y contenta que estoy, y debo pedirte disculpas, Kitty, por el estilo infame de mis escritos de hoy. He escrito todo tal y como se me ha ido ocurriendo…

Tengo la sensación de que Peter y yo compartimos un secreto. Cuando me mira con esos ojos, esa sonrisa y me guiña el ojo, dentro de mí se enciende una lucecita. Espero que todo pueda seguir siendo así, y que juntos podamos pasar muchas muchas horas agradables.

Tu agradecida y contenta Anne

Lunes, 20 de marzo de 1944

Querida Kitty:

Esta mañana, Peter me preguntó si me apetecía pasar más a menudo por la noche, que de ningún modo lo molestaría y que en su habitación tanto cabían dos como uno. Le dije que no podía pasar todas las noches, ya que abajo no lo consentirían, pero me dijo que no les hiciera caso. Le dije que me gustaría pasar el sábado por la noche, y le pedí que sobre todo me avisara cuando se pudiera ver la luna.

—Entonces iremos a mirarla abajo —dijo.

Me pareció bien, porque mi miedo a los ladrones tampoco es para tanto.

Entretanto algo ha eclipsado mi felicidad. Hacía rato que me parecía que a Margot Peter le caía más que simpático. No sé hasta qué punto lo quiere, pero es que no me gusta nada. Ahora, cada vez que me encuentro con Peter, tengo que hacerle daño adrede a Margot, y lo mejor del caso es que ella lo disimula muy bien. Sé que en su lugar yo estaría muerta de celos, pero Margot solo dice que no tengo que tener compasión con ella.

—Me sabe mal que tú te quedes así, al margen —añadí.

—Estoy acostumbrada —contestó en tono acre.

Esto todavía no me atrevo a contárselo a Peter, quizá más adelante; aún nos quedan tantas otras cosas que aclarar primero…

Anoche mamá me dio un cachete, que a decir verdad me había ganado. Debo contenerme un poco en cuanto a mis demostraciones de indiferencia y desprecio hacia ella. Así que tendré que volver a tratar de ser amable y guardarme mis comentarios pese a todo.

Tampoco Pim es tan cariñoso como antes. Intenta ser menos infantil en su comportamiento con nosotras, pero ahora se ha vuelto demasiado frío. Ya veremos lo que pasa. Me ha amenazado con que si no estudio álgebra, que no me crea que luego me pagará clases particulares. Aunque aún puede esperar, quisiera volver a empezar, a condición de que me den otro libro.

Por ahora basta. No hago más que mirar a Peter y estoy a punto de rebosar.

Tu Anne M. Frank

Una prueba del espíritu bondadoso de Margot. Esto lo he recibido hoy, 20 de marzo de 1944:

Anne, cuando ayer te dije que no tenía celos de ti, solo fui sincera contigo a medias. La verdad es que no tengo celos de ti ni de Peter, solo que lamento un poco no haber encontrado aún a nadie —y seguro que por el momento tampoco lo encontraré— con quien hablar de lo que pienso y de lo que siento. Pero eso no quita que os desee de todo corazón que podáis teneros confianza mutuamente. Aquí ya echamos de menos bastantes cosas que a otros les resultan muy naturales.

Por otro lado, estoy segura de que con Peter nunca habría llegado muy lejos, porque tengo la sensación de que mi relación con la persona a la que quisiera contarle todas mis cosas tendría que ser bastante íntima. Tendría que tener la impresión de que me comprendiera totalmente, aun sin que yo le contara tanto. Pero entonces tendría que ser una persona a quien considerara intelectualmente superior a mí, y eso estando con Peter nunca es el caso. Entre tú y él sí que me podría imaginar una cosa así.

De modo que no necesitas hacerte ningún reproche de que me pueda faltar algo o porque estés haciendo algo que me correspondía a mí. Nada de eso. Tú y Peter solo saldréis ganando con el trato mutuo.

Esta fue mi respuesta:

Querida Margot:
Tu carta me pareció enormemente cariñosa, pero no ha terminado de tranquilizarme y creo que tampoco lo hará.

Entre Peter y yo aún no existe tal confianza en la medida que tú dices, aunque frente a una ventana abierta y oscura uno se dice más cosas que a plena luz del sol. También resulta más fácil contarse lo que uno siente susurrando, que no anunciándolo a los cuatro vientos. Tengo la impresión de que has ido desarrollando una especie de cariño fraternal por Peter y de que quisieras ayudarlo, al menos igual que yo. Quizá algún día puedas llegar a hacerlo, aunque esa no sea la confianza como la entendemos tú y yo. Opino que la confianza es una cosa mutua, y creo que es ese el motivo por el cual entre papá y yo nunca hemos llegado a ese punto.

No nos ocupemos más del asunto y ya no me hables de él. Si quieres alguna otra cosa de mí, te pido que me lo hagas saber por escrito, porque así podré expresar mucho mejor que oralmente lo que te quiera decir. No sabes lo mucho que te admiro y solo espero que algún día yo también pueda tener algo de la bondad de papá y de la tuya, porque entre las dos ya no veo mucha diferencia.

Tu Anne

Miércoles, 22 de marzo de 1944

Querida Kitty:
Esta es la respuesta de Margot, que recibí anoche:

Querida Anne:
Tu carta de ayer me ha dado la desagradable impresión de que cada vez que vas a estudiar o a charlar con Peter te da cargo de conciencia, pero de

verdad me parece que no hay motivo para ello. Muy dentro de mí algo me dice que una persona tiene derecho a la confianza mutua, y yo aún no estoy preparada para que esa persona sea Peter.

Sin embargo, tal como me has escrito, me da la impresión de que Peter es como un hermano, aunque, eso sí, un hermano menor, y de que nuestros sentimientos extienden unas antenas buscándose mutuamente, para que quizá algún día, o tal vez nunca, puedan encontrarse en un cariño como de hermano a hermana; pero aún no hemos llegado a tanto, ni mucho menos. De modo que de verdad no hace falta que te compadezcas de mí. Disfruta lo más que puedas de la compañía que has encontrado.

Ahora aquí todo es cada día más hermoso. Creo, Kitty, que en la Casa de atrás quizá tengamos un verdadero gran amor. Todas esas bromas sobre que Peter y yo terminaremos casándonos si seguimos aquí mucho más tiempo, ahora resulta que no estaban tan fuera de lugar. No es que esté pensando en casarme con él, nada de eso; no sé cómo será cuando sea mayor, ni si llegaremos a querernos tanto como para que deseemos casarnos.

Entretanto estoy convencida de que Peter también me quiere; de qué manera exactamente, no lo sé. No alcanzo a descubrir si lo que busca no es más que una buena camarada, o si le atraigo como chica, o bien como hermana. Cuando me dijo que siempre lo ayudo cuando sus padres se pelean, me puse muy contenta y me pareció que era el primer paso para creer en su amistad. Ayer le pregunté qué haría si hubiera aquí una docena de Annes que lo visitaran continuamente. Su respuesta fue:

—Si fueran todas como tú, no sería tan grave.

Es muy hospitalario conmigo y creo que de verdad le gusta que vaya a verlo. Ahora estudia francés con mucho empeño, incluso por la noche en la cama, hasta las diez y cuarto.

¡Ay, cuando pienso en el sábado por la noche, en nuestras palabras, en nuestras voces, por primera vez estoy satisfecha conmigo misma! Me refiero a que ahora volvería a decir lo mismo y que no lo cambiaría todo, como suele ser el caso. Es muy guapo, tanto cuando se ríe como cuando está callado, con la mirada perdida. Es muy cariñoso y bueno y guapo. Creo que lo que más le ha sorprendido de mí es darse cuenta de que no soy en absoluto la Anne superficial y frívola, sino otra soñadora como él, con las mismas dificultades.

Anoche, después de fregar los platos, contaba absolutamente con que me invitaría a quedarme arriba; pero nada de eso ocurrió: me marché, él bajó a llamar a Dussel para escuchar la radio, se quedó bastante tiempo en el cuarto de baño, pero como Dussel tardaba demasiado en venir, subió de nuevo a su habitación. Allí lo oí pasearse de un lado a otro, y luego se acostó muy temprano.

Estuve toda la noche muy intranquila, y a cada rato me iba al cuarto de baño a lavarme la cara con agua fría, leía un poco, volvía a soñar, miraba la hora y esperaba, esperaba, esperaba y lo escuchaba. Cuando me acosté, temprano, estaba muerta de cansancio.

Esta noche me toca bañarme, ¿y mañana? ¡Falta tanto para mañana!

Tu Anne M. Frank

Mi respuesta:

Querida Margot:

Me parece que lo mejor será que esperemos a ver lo que pasa. Peter y yo seguro que no tardaremos en tomar una decisión: seguir como antes, o cambiar. Cómo será, no lo sé; en ese sentido, prefiero no pensar «más allá de mis narices».

Pero hay una cosa que seguro haré: si Peter y yo entablamos amistad, le contaré que tú también lo quieres mucho y que estás a su disposición para lo que pueda necesitar. Esto último seguro que no lo querrás, pero eso ahora no me importa. No sé qué piensa Peter de ti, pero se lo preguntaré cuando llegue el momento. Seguro que no piensa mal, más bien todo lo contrario. Pásate por el desván si quieres, o dondequiera que estemos, de verdad que no nos molestas, ya que creo que tácitamente hemos convenido que cuando queramos hablar, lo haremos por la noche, en la oscuridad.

¡Ánimo! Yo intento tenerlo, aunque no siempre es fácil. A ti también te tocará, tal vez antes de lo que te imaginas.

Tu Anne

Jueves, 23 de marzo de 1944

Querida Kitty:

Aquí todo marcha nuevamente sobre ruedas. A nuestros proveedores de cupones los han soltado de la cárcel, ¡por suerte!

Ayer volvió Miep. Hoy le ha tocado a su marido meterse en el sobre: tiene escalofríos y fiebre, los consabidos síntomas de la gripe. Bep está mejor, aunque la tos aún no se le ha quitado; Kleiman todavía tendrá que quedarse en casa bastante tiempo.

Ayer se estrelló un avión cerca de aquí. Los ocupantes se salvaron saltando a tiempo en paracaídas. El aparato fue a parar a un colegio donde no había niños. Un pequeño incendio y algunos muertos fueron las consecuencias del episodio. Los alemanes dispararon con ensañamiento a los aviadores mientras bajaban, los amsterdameses que lo vieron soltaron bufidos de rabia por un acto tan cobarde. Nosotras, las mujeres de la casa, nos asustamos de lo lindo. ¡Puaj, cómo odio los tiros!

Paso a contarte de mí.

Ayer, cuando fui a ver a Peter, no sé cómo fue que tocamos el tema de la sexualidad. Hacía mucho que me había propuesto hacerle algunas preguntas al respecto. Lo sabe todo. Cuando le conté que ni Margot ni yo estábamos demasiado informadas, se sorprendió mucho. Le conté muchas cosas de Margot, y de papá y mamá, y de que últimamente no me atrevo a preguntarles nada. Se ofreció para informarme sobre el tema y yo aproveché gustosa su ofrecimiento. Me contó cómo funcionan los anticonceptivos y le pregunté muy osada cómo hacen los chicos para darse cuenta de que ya son adultos. Dijo que necesitaba tiempo para pensarlo, y que me lo diría por la noche. Entre otras cosas, le conté aquella historia de Jacque y de que las chicas, ante la fuerza de los varones, están indefensas.

—¡Pues de mí no tienes nada que temer! —dijo.

Cuando volví por la noche, me contó lo de los chicos. Me dio un poco de vergüenza, pero me gustó poder hablar de estas cosas con él. Ni él ni yo nos podíamos imaginar que algún día pudiésemos hablar tan abiertamente sobre los asuntos más íntimos con otra chica u otro chico, respectivamente. Creo que ahora lo sé todo. Me contó muchas cosas sobre los «preventivos», o sea, los preservativos.

Por la noche, en el cuarto de baño, Margot y yo estuvimos hablando de Bram y Trees.

Esta mañana me esperaba algo muy desagradable: después del desayuno, Peter me hizo señas para que lo acompañara arriba.

—Me has tomado el pelo, ¿verdad? —dijo—. Oí lo que comentabais tú y Margot anoche en el cuarto de baño. Creo que solo querías ver lo que Peter sabía del asunto y luego divertirte con ello.

¡Ay, me dejó tan desconcertada! Intenté por todos los medios quitarle de la cabeza esas mentiras infames. ¡Me imagino lo mal que se debe de haber sentido, y sin embargo nada de ello es cierto!

—Que no, Peter —le dije—. Nunca podría ser tan ruin. Te he dicho que no diría nada, y así será. Hacer teatro de esa manera y ser tan ruin adrede, no, Peter, eso ya no sería divertido, eso sería desleal. No he dicho nada, de verdad. ¿Me crees?

Me aseguró que me creía, pero aún tendré que hablar con él al respecto. No hago más que pensar en ello todo el día. Menos mal que enseguida dijo lo que pensaba; imagínate que hubiera llevado dentro de sí semejante ruindad por mi parte. ¡El bueno de Peter!

¡Ahora sí que deberé y tendré que contarle todo!

Tu Anne

Viernes, 24 de marzo de 1944

Querida Kitty:

Últimamente subo mucho a la habitación de Peter por las noches a respirar algo del aire fresco nocturno. En una habitación a oscuras se puede conversar como Dios manda, mucho más que cuando el sol te hace cosquillas en la cara. Es un gusto estar sentada arriba a su lado delante de la ventana y mirar hacia fuera. Van Daan y Dussel me gastan bromas pesadas cuando desaparezco en la habitación de Peter. «La segunda patria de Anne», dicen, o «¿Corresponde a un caballero recibir la visita de una joven tan tarde por la noche, en la oscuridad?». Peter tiene una presencia de ánimo sorprendente cuando nos hacen esos comentarios supuestamente graciosos. Por otra parte, mamá es bastante curiosa y le encantaría preguntarme de qué temas hablamos, si no fuera porque secretamente tiene miedo a un rechazo por mi parte. Peter dice que lo que pasa es que los mayores nos tienen envidia porque somos jóvenes y no hacemos caso de sus comentarios ponzoñosos.

A veces viene abajo a buscarme, pero eso también es muy penoso, porque pese a todas las medidas preventivas se pone colorado como un tomate y se le traba la lengua. ¡Qué suerte que yo nunca me pongo colorada! Debe de ser una sensación muy desagradable.

Por lo demás, me sabe muy mal que mientras yo estoy arriba gozando de buena compañía, Margot esté abajo sola. Pero ¿qué ganamos con cambiarlo? A mí no me importa que venga arriba con nosotros, pero es que sobraría y no se sentiría cómoda.

Todo el día me hacen comentarios sobre nuestra repentina amistad, y te prometo que durante la comida ya se ha dicho no sé cuántas veces que tendremos que casarnos en la Casa de atrás, si la guerra llega a durar cinco años más. Y a nosotros, ¿qué nos importan esas habladurías de los viejos? De cualquier manera no mucho, porque son una bobada. ¿Acaso también mis padres se han olvidado de que han sido jóvenes? Al parecer sí; al menos, siempre nos toman en serio cuando les gastamos una broma, y se ríen de nosotros cuando hablamos en serio.

De verdad, no sé cómo ha de seguir todo esto, ni si siempre tendremos algo de que hablar. Pero si lo nuestro sigue en pie, también podremos estar juntos sin necesidad de hablar. ¡Ojalá los viejos del piso de arriba no fueran tan estúpidos! Seguro que es porque prefieren no verme. De todas formas, Peter y yo nunca les diremos de qué hablamos. ¡Imagínate si supieran que tratamos aquellos temas tan íntimos!

Quisiera preguntarle a Peter si sabe cómo es realmente el cuerpo de una chica. Creo que en los varones la parte de abajo no es tan complicada como la de las mujeres. En las fotos o imágenes de hombres desnudos puede apreciarse perfectamente cómo son, pero en las mujeres no. Los órganos sexuales (o como se llamen) de las mujeres están más escondidos entre las piernas.

Es de suponer que Peter nunca ha visto a una chica de tan cerca, y a decir verdad, yo tampoco. Realmente lo de los varones es mucho más sencillo. ¿Cómo diablos tendría que explicarle a Peter el funcionamiento del aparato femenino? Porque, por lo que me dijo una vez, ya me he dado cuenta de que no lo sabe exactamente. Dijo algo de la abertura del útero, pero esta está por dentro, y no se la puede ver. Es notable lo bien organizada que está esa parte del cuerpo en nosotras.

Antes de cumplir los once o doce años, no sabía que también estaban los labios de dentro de la vulva, porque no se veían. Y lo mejor del caso es que yo pensaba que la orina salía del clítoris. Una vez, cuando le pregunté a mamá lo que significaba esa cosa sin salida, me dijo que no sabía. ¡Qué rabia me da que siempre se esté haciendo la ignorante!

Pero volvamos al tema. ¿Cómo diablos hay que hacer para describir la cosa sin un ejemplo a mano? ¿Hacemos la prueba aquí? ¡Pues vamos!

De frente, cuando estás de pie, no ves más que pelos. Entre las piernas en realidad hay una especie de almohadillas, unos elementos blandos, también con pelo, que cuando estás de pie se tocan, y no se puede ver lo que hay dentro. Cuando te sientas, se separan, y por dentro tienen un aspecto muy rojo y carnoso, nada bonito. En la parte superior, entre los labios mayores, arriba, hay como un pliegue de la piel, que mirado más detenidamente resulta ser una especie de almohadilla, y que es el clítoris. Luego vienen los labios menores, que también están pegados uno a otro como si fueran un pliegue. Cuando se abren, dentro hay un bultito carnoso, no más grande que la punta de un dedo. La parte superior es porosa: allí hay unos cuantos orificios por donde sale la orina. La parte inferior parece estar compuesta solo de piel, pero sin embargo allí está la vagina. Está casi toda cubierta de pliegues de la piel, y es muy difícil descubrirla. Es tan tremendamente pequeño el orificio que está debajo, que casi no logro imaginarme cómo un hombre puede entrar ahí, y menos cómo puede salir un niño entero. Es un orificio al que ni siquiera con el dedo puedes entrar fácilmente. Eso es todo, y pensar que todo esto juega un papel tan importante.

Tu Anne M. Frank

Sábado, 25 de marzo de 1944

Querida Kitty:
Cuando una va cambiando, solo lo nota cuando ya está cambiada. Yo he cambiado, y mucho: completa y totalmente. Mis opiniones, mis pareceres, mi visión crítica, mi aspecto, mi carácter: todo ha cambiado. Y puedo decir tranquilamente, porque es cierto, que todo ha cambiado para bien.

Ya alguna vez te he contado lo difícil que ha sido para mí dejar atrás esa vida placentera de personita adorada y venir aquí, en medio de la cruda realidad de regañinas y de mayores. Pero papá y mamá son culpables en gran parte de muchas de las cosas por las que he tenido que pasar. En casa veían con gusto que fuera una chica alegre, y eso estaba bien, pero aquí a la postre no debieron haberme instigado ni mostrado solo «su» lado de las peleas y cotilleos. Pasó mucho tiempo antes de darme cuenta de que aquí, en cuestión de peleas, van más o menos empatados. Pero ahora sé cuántos errores se han cometido aquí, por parte de los mayores y por parte de los jóvenes. El error más grande de papá y mamá con respecto a los Van Daan es que nunca hablan de manera franca y amistosa (aunque lo amistoso solo sea fingido). Yo lo que quisiera es, ante todo, preservar la paz y no pelearme ni cotillear. En el caso de papá y de Margot no es tan difícil; en el de mamá, sí lo es, y por eso está muy bien que ella misma a veces me llame la atención. Al señor Van Daan una puede ganárselo dándole la razón, escuchándolo muda y sin rechistar, y sobre todo… respondiendo a sus múltiples chistes y bromas pesadas con otra broma. A la señora hay que ganársela hablando con franqueza y admitiéndolo todo. Ella también reconoce sus fallos, que son muchos, sin regatear. Me consta que ya no piensa tan mal de mí como al principio, y solo es porque soy sincera y a la gente también le digo a la cara las cosas menos halagüeñas. Quiero ser sincera, y creo que siéndolo se llega mucho más lejos. Además, la hace sentir a una mucho mejor.

Ayer la señora me habló del arroz que le hemos dado a Kleiman:

—Le hemos dado, y dado, y vuelto a dar —dijo—. Pero llega un momento en que hay que decir: basta, ya es suficiente. El propio señor Kleiman, si se toma la molestia, puede conseguir arroz por su cuenta. ¿Por qué hemos de dárselo todo de nuestras provisiones? Nosotros aquí lo necesitamos igual que él.

—No, señora —le contesté—. No estoy de acuerdo con usted. Tal vez sea cierto que el señor Kleiman puede conseguir arroz, pero le fastidia tener que ocuparse de ello. No es asunto nuestro criticar a quienes nos protegen. Debemos darles todo lo que no nos haga absolutamente falta a nosotros y que ellos necesiten. Un platito de arroz a la semana no nos sirve de mucho, también podemos comer legumbres.

A la señora no le pareció que fuera así, pero también dijo que, aunque no estaba de acuerdo, no le importaba ceder, que era algo completamente distinto.

Bueno, dejémoslo ahí; a veces sé muy bien cuál es mi lugar, y otras aún estoy en la duda, pero ya me abriré camino. ¡Ah!, y sobre todo ahora, que tengo ayuda, porque Peter me ayuda a roer bastantes huesos duros y a tragar mucha saliva.

De verdad no sé hasta qué punto me quiere o si alguna vez nos llegaremos a dar un beso. De cualquier manera, no quisiera forzarlo. A papá le he dicho que voy mucho a ver a Peter y le pregunté si le parecía bien. ¡Naturalmente que le pareció bien!

A Peter le cuento cosas con gran facilidad, que a otros nunca les cuento. Así, por ejemplo, le he dicho que más tarde me gustaría mucho escribir, e incluso ser escritora, o al menos no dejar de escribir aunque ejerza una profesión o desempeñe alguna otra tarea.

No soy rica en dinero ni en bienes terrenales; no soy bella, ni inteligente ni lista; ¡pero soy feliz y lo seguiré siendo! Soy feliz por naturaleza, quiero a las personas, no soy desconfiada y quiero verlas a todas felices conmigo.

Tuya, afectísima, Anne M. Frank

De nuevo el día no ha traído nada,
ha sido cual una noche cerrada.

(Esto es de hace unas semanas y ahora ya no cuenta. Pero como mis versos son tan contados, he querido escribírtelos).

Lunes, 27 de marzo de 1944

Querida Kitty:

En nuestra historia de escondidos escrita, no debería faltar un extenso capítulo sobre política, pero como el tema no me interesa tanto, no le he prestado demasiada atención. Por eso, hoy dedicaré una carta entera a la política.

Es natural que existan muchas opiniones distintas al respecto, y es aún más lógico que en estos tiempos difíciles de guerra se hable mucho del asunto, pero... ¡es francamente estúpido que todos se peleen tanto por ella! Que apuesten, que se rían, que digan palabrotas, que se quejen, que hagan lo que les venga en gana y que se pudran si quieren, pero que no se peleen, porque eso por lo general acaba mal. La gente que viene de fuera nos trae muchas noticias que no son ciertas; sin embargo, nuestra radio hasta ahora nunca ha mentido. En el plano político, los ánimos de todos (Jan, Miep, Kleiman, Bep y Kugler) van para arriba y para abajo, los de Jan algo menos que los de los demás.

Aquí, en la Casa de atrás, el ambiente en lo que a política se refiere es siempre el mismo. Los múltiples debates sobre la invasión, los bombardeos aéreos, los discursos, etcétera, etcétera, van acompañados de un sinnúmero de exclamaciones, tales como «¡Im-po-sii-ble! ¡Por el amor de Dios, si todavía no han empezado, adónde irremos a parrar! ¡Todo va viento en poopa, es-tu-penn-do, ex-ce-lenn-te!».

Optimistas y pesimistas, sin olvidar sobre todo a los realistas, manifiestan su opinión con inagotable energía, y como suele suceder en todos estos casos, cada cual cree que solo él tiene razón. A cierta señora le irrita la confianza sin igual que les tiene a los ingleses su señor marido, y cierto señor ataca a su señora esposa a raíz de los comentarios burlones y despreciativos de esta respecto de su querida nación.

Y así sucesivamente, de la mañana a la noche, y lo mejor es que nunca se aburren. He descubierto algo que funciona a las mil maravillas: es como si pincharas a alguien con alfileres, haciéndole pegar un bote. Exactamente así funciona mi descubrimiento. Ponte a hablar sobre política, y a la primera pregunta, la primera palabra, la primera frase… ¡ya ha metido baza toda la familia!

Como si las noticias del frente alemanas y de la BBC inglesa no fueran suficientes, hace algunos días han empezado a transmitir un «aviso de las posiciones aéreas». Estupendo, en una palabra; pero la otra cara de la moneda muchas veces también decepciona. Los ingleses han hecho de su arma aérea una empresa de régimen continuo, que solo se puede comparar con las mentiras alemanas, que son ídem de ídem.

O sea, que la radio se enciende ya a las ocho de la mañana (si no más temprano) y se la escucha cada hora, hasta las nueve, las diez o muchas veces incluso las once de la noche. Esta es la prueba más clara de que los adultos tienen paciencia y un cerebro de difícil acceso (algunos de ellos, naturalmente; no quisiera ofender a nadie). Con una sola emisión, o dos a lo sumo, nosotros ya tendríamos bastante para todo el día, pero esos viejos gansos… en fin, que ya lo he dicho. El programa para los trabajadores, Radio Oranje, Frank Philips o su majestad la reina Guillermina, a todos les llega su turno y a todos se les sigue con atención; si no están comiendo o durmiendo, es que están sentados alrededor de la radio y hablan de comida, de dormir o de política. ¡Uf!, es una lata, y si no nos cuidamos nos convertiremos todos en unos viejos aburridos. Aunque esto a los mayores ya no les afecta…

Para dar un ejemplo edificante, el discurso de nuestro muy querido Winston Churchill resulta ideal.

Nueve de la noche del domingo. La tetera está en la mesa, debajo del cubreteteras. Entran los invitados. Dussel se sienta junto a la radio, a la izquierda. El señor delante, y Peter a su lado; mamá junto al señor, la señora detrás, Margot y yo detrás del todo y Pim se sienta a la mesa. Me parece que no te he descrito muy claramente dónde se ha sentado cada uno, pero nuestros sitios tampoco importan tanto. Los señores fuman sin parar, los ojos de Peter se cierran por el esfuerzo que hace al escuchar, mamá lleva un negligé largo, oscuro, y la señora no hace más que temblar de miedo a causa de los aviones, que no hacen caso del discurso y enfilan alegremente hacia Essen. Papá bebe té a sorbos, Margot y yo estamos fraternalmente unidas por Mouschi, que ha acaparado una rodilla de cada una para dormir. Margot se ha puesto rulos, yo llevo un camisón demasiado pequeño, corto y ceñido. La escena parece íntima, armoniosa, pacífica, y por esta vez lo es, pero yo espero con el corazón en un puño las consecuencias que traerá el discurso.

Casi no pueden esperar hasta el final, se mueren de impaciencia por ver si habrá pelea o no. ¡Chis, chis!, como un gato que está al acecho de un ratón, todos se azuzan mutuamente hasta acabar en riñas y disputas.

Tu Anne

Martes, 28 de marzo de 1944

Queridísima Kitty:
Podría escribirte mucho más sobre política, pero hoy tengo antes muchas otras cosas que contarte. En primer lugar, mamá en realidad me ha prohibido que vaya arriba, porque según ella la señora Van Daan está celosa. En segundo lugar, Peter ha invitado a Margot para que también vaya arriba, no sé si por cortesía o si va en serio. En tercer lugar, le he preguntado a papá si le parecía que debía hacer caso de esos celos y me ha dicho que no.

¿Qué hacer? Mamá está enfadada, no me deja ir arriba, quiere que vuelva a estudiar en la habitación con Dussel, quizá también sienta celos. Papá está de acuerdo con que Peter y yo pasemos esas horas juntos y se alegra de que nos llevemos tan bien. Margot también quiere a Peter, pero según ella no es lo mismo hablar sobre determinados temas a tres que a dos.

Por otra parte, mamá cree que Peter está enamorado de mí, te confieso que me gustaría que lo estuviera, así estaríamos a la par y podríamos comunicarnos mucho mejor. Mamá también dice que Peter me mira mucho; es cierto que más de una vez nos hemos guiñado el ojo estando en la habitación, y que él me mira los hoyuelos de las mejillas, pero ¿acaso es culpa mía?

Estoy en una posición muy difícil. Mamá está en mi contra, y yo en la suya. Papá cierra los ojos ante la lucha silenciosa entre mamá y yo. Mamá está triste, ya que aún me quiere; yo no estoy triste para nada, ya que ella y yo hemos terminado.

¿Y Peter…? No quiero renunciar a él. ¡Es tan bueno y lo admiro tanto! Entre nosotros puede que ocurra algo muy bonito, pero ¿por qué tienen que estar metiendo los viejos sus narices? Por suerte, estoy acostumbrada a ocultar lo que llevo dentro, por lo que no me resulta nada difícil no demostrar lo mucho que lo quiero. ¿Dirá él algo alguna vez? ¿Sentiré alguna vez su mejilla, tal como sentí la de Petel en sueños? ¡Ay, Peter y Petel, sois el mismo! Ellos no nos entienden, nunca entenderán que nos conformamos con estar juntos sin hablar. No entienden lo que nos atrae tanto mutuamente. ¡Ay!, ¿cuándo superaremos todas estas dificultades? Y sin embargo, está bien superarlas, así es más bonito el final. Cuando él está recostado con la cabeza en sus brazos y los ojos cerrados, es aún un niño. Cuando juega con Mouschi o habla de él, es cariñoso. Cuando carga patatas o alguna otra cosa pesada, es fuerte. Cuando va a mirar los disparos o los ladrones en la oscuridad, es valiente, y cuando hace las cosas con torpeza y falto de habilidad, es tierno. Me gusta mucho más que él me explique alguna cosa, y no que le tenga que enseñar algo yo. ¡Cuánto me gustaría que tuviera ascendiente sobre mí en casi todo!

¡Qué me importan a mí todas esas madres! ¡Ay, ojalá hablara!

Papá siempre dice que soy vanidosa, pero no es cierto: solo soy coqueta. No me han dicho muchas veces que soy guapa; solo Pim Pimentel me dijo que le gustaba cuando me reía. Ayer Peter me hizo un cumplido sincero y, por gusto, te citaré más o menos nuestra conversación.

Peter me decía a menudo «¡Sonríe!», lo que me llamaba la atención. Entonces, ayer le pregunté:

—¿Por qué siempre quieres que sonría?

—Porque me gusta. Es que se te forman hoyuelos en las mejillas. ¿De qué te saldrán?

—Son de nacimiento. También tengo uno en la barbilla. Son los únicos elementos de belleza que poseo.

—¡Qué va, eso no es verdad!

—Sí que lo es. Ya sé que no soy una chica guapa; nunca lo he sido y no lo seré nunca.

—Pues a mí no me parece que sea así. Yo creo que eres guapa.

—No es verdad.

—Créetelo, te lo digo yo.

Yo, naturalmente, le dije lo mismo de él.

Tu Anne M. Frank

Miércoles, 29 de marzo de 1944

Querida Kitty:

Anoche, por Radio Oranje, el ministro Bolkestein dijo que después de la guerra se hará una recolección de diarios y cartas relativos a la guerra. Por supuesto que todos se abalanzaron sobre mi diario. ¡Imagínate lo interesante que sería editar una novela sobre la Casa de atrás! El título daría a pensar que se trata de una novela de detectives.

Pero hablemos en serio. Seguro que diez años después de que haya acabado la guerra, resultará gracioso contar cómo hemos vivido, comido y hablado ocho judíos escondidos. Pero si bien es cierto que te cuento bastantes cosas sobre nosotros, solo conoces una pequeña parte de nuestras vidas. El miedo que tenemos las mujeres cuando hay bombardeos, por ejemplo el domingo, cuando trescientos cincuenta aviones ingleses tiraron media tonelada de bombas sobre IJmuiden, haciendo temblar las casas como la hierba el viento; la cantidad de epidemias que se han desatado.

De todas esas cosas tú no sabes nada, y yo tendría que pasarme el día escribiendo si quisiera contártelo todo y con todo detalle. La gente hace cola para comprar verdura y miles de artículos más; los médicos no pueden ir a asistir a los enfermos porque cada dos por tres les roban el vehículo; son tantos los robos y hurtos que hay, que te preguntas qué bicho ha picado a los holandeses que les ha dado ahora por robar tanto. Niños de ocho a once años rompen las ventanas de las casas y entran a desvalijarlas. Nadie se atreve a dejar su casa más de cinco minutos, porque si te vas, desaparecen todas tus cosas. Todos los días salen avisos en los periódicos ofreciendo recompensas por la devolución de máquinas de escribir, alfombras persas, relojes eléctricos, telas, etcétera, robados. Los relojes eléctricos callejeros los desarman todos, y a los teléfonos de las cabinas no les dejan ni los cables.

El ambiente entre la población no puede ser bueno; todo el mundo tiene hambre, la ración semanal no alcanza ni para dos días, salvo en el caso del sucedáneo del café. La invasión se hace esperar, a los hombres se los llevan a Alemania a trabajar, los niños caen enfermos o están desnutridos, todo el mundo tiene la ropa y los zapatos en mal estado. Una suela cuesta 7,50 florines en el mercado negro. Además, la mayoría de los zapateros no acepta clientes nuevos, o hay que esperar cuatro meses para que te arreglen los zapatos, que entretanto muchas veces han desaparecido.

Hay una cosa buena en todo esto, y es que el sabotaje contra el Gobierno aumenta a medida que la calidad de los alimentos empeora y las medidas contra la población se hacen más severas. El servicio encargado del racionamiento, la policía, los funcionarios, todos cooperan para ayudar a sus conciudadanos, o bien los delatan para que vayan a parar a la cárcel. Por suerte, solo un pequeño porcentaje de la población holandesa colabora con el bando contrario.

Tu Anne

Viernes, 31 de marzo de 1944

Querida Kitty:

Imagínate que con el frío que aún hace, la mayoría de la gente ya lleva casi un mes sin carbón. ¿No te parece terrible? Los ánimos en general han vuelto a ser optimistas con respecto al frente ruso, que es formidable. Es cierto que no te escribo tanto sobre política, pero ahora sí que tengo que comunicarte su posición: están muy cerca del Gobierno General y a orillas del Prut, en Rumanía. Han llegado casi hasta Odesa y han sitiado Tarnopol, desde donde todas las noches esperan un comunicado extra de Stalin.

En Moscú tiran tantas salvas de cañón, que la ciudad se estremece a diario. No sé si será que les gusta hacer como si la guerra estuviera cerca, o si es la única manera que conocen para expresar su alegría.

Hungría ha sido ocupada por tropas alemanas. Allí todavía viven un millón de judíos. Ahora seguro que les ha llegado la hora.

Aquí no pasa nada en especial. Hoy es el cumpleaños del señor Van Daan. Le han regalado dos paquetes de tabaco, café como **para una** taza, que le había guardado su mujer; Kugler le ha regalado ponche de limón, Miep sardinas, y nosotros agua de colonia; luego dos ramas de lilas y tulipanes, sin olvidar una tarta rellena de frambuesas y grosellas, un tanto gomosa por la mala calidad de la harina y la ausencia de mantequilla, pero aun así deliciosa.

Las habladurías sobre Peter y yo han remitido un poco. Esta noche pasará a buscarme; muy amable de su parte, ¿no te parece?, sobre todo porque odia hacerlo. Somos muy amigos, estamos mucho juntos y hablamos de los temas más variados. Estoy tan contenta de que nunca necesite contenerme al tocar temas delicados, como sería el caso con otros chicos. Así, por ejemplo, hemos estado hablando sobre la sangre, y eso también abarca la menstruación, etcétera. Dice que las mujeres somos muy tenaces, por la manera en que resistimos la pérdida de la sangre así como así. Dijo que también yo era muy tenaz. Adivina por qué.

Mi vida aquí ha mejorado mucho, muchísimo. Dios no me ha dejado sola, ni me dejará.

Tu Anne M. Frank

Sábado, 1 de abril de 1944

Queridísima Kitty:

Y sin embargo todo sigue siendo tan difícil, ya sabes a lo que me refiero, ¿verdad? Deseo fervorosamente que me dé un beso, ese beso que está tardando tanto. ¿Seguirá considerándome solo como una camarada? ¿Acaso no soy ya algo más?

Tú sabes y yo sé que soy fuerte, que la mayoría de las cargas puedo soportarlas yo sola. Nunca he estado acostumbrada a compartir mis cargas con nadie, nunca me he aferrado a una madre, pero ¡cómo me gustaría ahora reposar mi cabeza contra su hombro y tan solo estar tranquila!

No puedo, nunca puedo olvidar el sueño de la mejilla de Peter, cuando todo estaba tan bien. ¿Acaso él no desea lo mismo? ¿O es que solo es demasiado tímido para confesarme su amor? ¿Por qué quiere tenerme consigo tan a menudo? ¡Ay!, ¿por qué no habla?

Será mejor que acabe, que recupere la tranquilidad. Seré fuerte, y con un poco de paciencia también aquello llegará, pero lo peor es que parece que siempre fuera yo la que lo persigue. Siempre soy yo la que va arriba, y no él quien viene hacia mí. Pero eso es por la distribución de las habitaciones, y él entiende muy bien el inconveniente. Como también entiende tantas otras cosas.

Tu Anne M. Frank

Lunes, 3 de abril de 1944

Queridísima Kitty:

Contrariamente a lo que tengo por costumbre, pasaré a escribirte con todo detalle sobre la comida, ya que se ha convertido en un factor primordial y difícil, no solo en la Casa de atrás, sino también en toda Holanda, en toda Europa y aun más allá.

En los veintiún meses que llevamos aquí, hemos tenido unos cuantos «ciclos de comidas». Te explicaré de qué se trata. Un «ciclo de comidas» es un periodo en el que todos los días comemos el mismo plato o la misma verdura. Durante una época no hubo otra cosa que comer que escarola: con arena, sin arena, con puré de patatas, sola o en la fuente refractaria; luego fueron las espinacas, a las que siguieron los colinabos, los salsifíes, los pepinos, los tomates, el chucrut, etcétera, etcétera.

Te aseguro que no es nada agradable comer todos los días chucrut, por ejemplo, y menos aún dos veces al día; pero cuando se tiene hambre, se come cualquier cosa; ahora, sin embargo, estamos en el mejor periodo: no se consigue nada de verdura.

El menú de la semana para la comida del mediodía es el siguiente: judías pintas, crema de guisantes, patatas con albóndigas de harina, *cholent** de patatas; luego, cual regalo del cielo, nabizas o zanahorias podridas, y de nuevo judías. De primero siempre comemos patatas; en primer lugar a la hora del desayuno a falta de pan, pero entonces al menos las rehogan un poco. Hacemos sopa de judías pintas o blancas, crema de patatas, sopa juliana de sobre, sopa de pollo de sobre o sopa de judías pintas de sobre. Todo lleva judías pintas, hasta el pan. Por las noches siempre comemos patatas con sucedáneo de salsa de carne y ensalada de remolachas, que por suerte todavía hay. De las albóndigas de harina faltaba mencionar que las hacemos con harina del Gobierno, agua y levadura. Son tan gomosas y duras que es como si te cayera una piedra en el estómago, pero en fin…

El mayor aliciente culinario que tenemos es el trozo de embutido de hígado de cada semana y el pan seco con mermelada. ¡Pero aún estamos con vida, y a veces todas estas cosas hasta saben bien!

Tu Anne M. Frank

---

* Plato tradicional de los judíos del Este de Europa; especie de estofado o guiso, de carne normalmente. (*N. del T.*).

Miércoles, 5 de abril de 1944

Queridísima Kitty:

Durante mucho tiempo me he preguntado para qué sigo estudiando; el final de la guerra está terriblemente lejos y es tan irreal, tan de cuento de hadas y tan maravilloso. Si a finales de septiembre aún estamos en guerra, ya no volveré a ir al colegio, porque no quiero estar retrasada dos años.

Los días estaban compuestos de Peter, nada más que de Peter, sueños y pensamientos, hasta que el sábado por la noche sentí que me entraba una tremenda flojera, un horror... Estuve con Peter conteniendo las lágrimas, y más tarde, mientras tomábamos el ponche de limón con los Van Daan, no paré de reírme, de lo animada y excitada que estaba, pero apenas estuve sola, supe que tenía que llorar para desahogarme. Con el camisón puesto me dejé deslizar de la cama al suelo y recé primero muy intensamente mi largo rezo; luego lloré con la cabeza apoyada en los brazos y las rodillas levantadas, a ras del suelo, toda encorvada. Un fuerte sollozo me hizo volver a la habitación y contuve mis lágrimas, ya que al lado no debían oírme. Entonces empecé a balbucear unas palabras para alentarme a mí misma: «¡Debo hacerlo, debo hacerlo, debo hacerlo...!». Entumecida por la inusual postura, fui a dar contra el borde de la cama y seguí luchando, hasta que poco antes de las diez y media me metí de nuevo en la cama. ¡Se me había pasado!

Y ahora ya se me ha pasado del todo. Debo seguir estudiando, para no ser ignorante, para progresar, para ser periodista, porque eso es lo que quiero ser. Me consta que sé escribir. Algunos cuentos están bien; mis descripciones de la Casa de atrás son humorísticas; muchas partes del diario son expresivas, pero... aún está por ver si de verdad tengo talento.

«El sueño de Eva»* es mi mejor cuento de hadas, y lo curioso es que de verdad no sé de dónde lo he sacado. Mucho de «La vida de Cady»** también está bien, pero en su conjunto no vale nada. Yo misma soy aquí mi mejor crítico, y el más duro. Yo misma sé lo que está bien escrito, y lo que no. Quienes no escriben no saben lo bonito que es escribir. Antes siempre me lamentaba por no saber dibujar, pero ahora estoy más que contenta de que al menos sé escribir. Y si llego a no tener talento para escribir en los periódicos o para escribir libros, pues bien, siempre me queda la opción de escribir para mí misma. Pero quiero progresar; no puedo imaginarme que tuviera que vivir como mamá, la señora Van Daan y todas esas mujeres que hacen sus tareas y que más tarde todo el mundo olvidará. Aparte de un marido e hijos, necesito otra cosa a la que dedicarme. No quiero haber vivido para nada, como la mayoría de las personas. Quiero ser de utilidad y alegría

---

* Véase el cuento en la página 296. (*N. de la E.*).
** Véase el cuento en la página 365. (*N. de la E.*).

para los que viven a mi alrededor, aun sin conocerme. ¡Quiero seguir viviendo, aun después de muerta! Y por eso le agradezco tanto a Dios que me haya dado desde que nací la oportunidad de instruirme y de escribir, o sea, de expresar todo lo que llevo dentro de mí.

Cuando escribo se me pasa todo, mis penas desaparecen, mi valentía revive. Pero entonces surge la gran pregunta: ¿podré escribir algo grande algún día? ¿Llegaré algún día a ser periodista y escritora?

¡Espero que sí, ay, espero tanto que sí! Porque al escribir puedo plasmarlo todo: mis ideas, mis ideales y mis fantasías.

Hace mucho que he abandonado «La vida de Cady»; en mi mente sé perfectamente cómo la historia ha de continuar, pero me cuesta escribirlo. Tal vez nunca la acabe; tal vez vaya a parar a la papelera o a la estufa. No es una idea muy alentadora, pero si lo pienso, reconozco que a los catorce años, y con tan poca experiencia, tampoco se puede escribir filosofía.

Así que adelante, con nuevos ánimos, ya saldrá, ¡porque he de escribir, sea como sea!

Tu Anne M. Frank

Jueves, 6 de abril de 1944

Querida Kitty:

Me has preguntado cuáles son mis pasatiempos y aficiones, y quisiera responderte, pero te aviso: no te asustes, que son unos cuantos.

En primer lugar: escribir, pero eso en realidad no lo considero un pasatiempo.

En segundo lugar: los árboles genealógicos. En todos los periódicos, libros y demás papeles busco genealogías de las familias reales de Francia, Alemania, España, Inglaterra, Austria, Rusia, Noruega y Holanda. En muchos casos ya voy bastante adelantada, sobre todo ya que hace mucho que llevo tomando apuntes cuando leo alguna biografía o algún libro de historia. Muchos párrafos de historia hasta me los copio enteros.

Y es que mi tercer pasatiempo es la historia, y para ello papá ya me ha comprado muchos libros. ¡No veo la hora de poder ir a la biblioteca pública para documentarme!

Mi cuarto pasatiempo es la mitología de Grecia y Roma. También sobre este tema tengo unos cuantos libros. Puedo nombrarte de memoria las nueve musas y las siete amantes de Zeus, me conozco al dedillo las esposas de Hércules, etcétera, etcétera.

Otras aficiones que tengo son las estrellas de cine y los retratos de familia. Me encantan la lectura y los libros. Me interesa mucho la historia del arte, sobre todo los escritores, poetas y pintores. Los músicos quizá vengan más tarde. Auténtica antipatía le tengo al álgebra, a la geometría y a la aritmética. Las demás asignaturas me gustan todas, pero especialmente historia.

Tu Anne M. Frank

Martes, 11 de abril de 1944

Queridísima Kitty:

La cabeza me da vueltas, de verdad no sé por dónde empezar. El jueves (la última vez que te escribí) fue un día normal. El viernes fue Viernes Santo; por la tarde jugamos al juego de la Bolsa, al igual que el sábado por la tarde. Esos días pasaron todos muy rápido. El sábado, alrededor de las dos de la tarde, empezaron a cañonear; eran cañones de tiro rápido, según los señores. Por lo demás, todo tranquilo.

El domingo a las cuatro y media de la tarde vino a verme Peter, por invitación mía; a las cinco y cuarto subimos al desván de delante, donde nos quedamos hasta las seis. De seis a siete y cuarto pusieron por la radio un concierto muy bonito de Mozart; sobre todo me gustó mucho la *Pequeña serenata nocturna*. En la habitación casi no puedo escuchar música, porque cuando es música bonita, dentro de mí todo se pone en movimiento.

El domingo por la noche Peter no pudo bañarse, porque habían usado la tina para poner ropa en remojo en la cocina de abajo. A las ocho subimos juntos al desván de delante, y para tener algo blando en que sentarnos me llevé el único cojín que encontré en nuestra habitación. Nos sentamos encima de un baúl. Tanto el baúl como el cojín eran muy estrechos; estábamos sentados uno pegado al otro, apoyados en otros baúles. Mouschi nos hacía compañía, de modo que teníamos un espía. De repente, a las nueve menos cuarto, el señor Van Daan nos silbó y nos preguntó si nos habíamos llevado un cojín del señor Dussel. Los dos nos levantamos de un salto y bajamos con el cojín, el gato y Van Daan.

El cojín de marras todavía nos trajo un buen disgusto. Dussel estaba enfadado porque me había llevado el cojín que usaba de almohada, y tenía miedo de que tuviera pulgas. Por ese bendito cojín movilizó a medio mundo. Para vengarnos de él y de su repelencia, Peter y yo le metimos dos cepillos bien duros en la cama, que luego volvimos a sacar, ya que Dussel quiso volver a entrar en la habitación. Nos reímos mucho con este interludio.

Pero nuestra diversión no duraría mucho. A las nueve y media, Peter llamó suavemente a la puerta y le pidió a papá si podía subir para ayudarlo con una frase difícil de inglés.

—Aquí hay gato encerrado —le dije a Margot—. Está clarísimo que ha sido una excusa. Están hablando en un tono como si hubieran entrado ladrones.

Mi suposición era correcta: en el almacén estaban robando. Papá, Van Daan y Peter bajaron en un santiamén. Margot, mamá, la señora y yo nos quedamos esperando. Cuatro mujeres muertas de miedo necesitan hablar, de modo que hablamos, hasta que abajo oímos un golpe, y luego todo volvió a estar en silencio. El reloj dio las diez menos cuarto. Se nos había ido el color de las caras, pero aún estábamos tranquilas, aunque teníamos miedo. ¿Dónde estarían los hombres? ¿Qué habría sido ese golpe? ¿Estarían luchando con los ladrones? Nadie pensó en otra posibilidad, y seguimos a la espera de lo que viniera.

Las diez. Se oyen pasos en la escalera. Papá, pálido y nervioso, entra seguido del señor Van Daan.

—Apagad las luces y subid sin hacer ruido. Es probable que venga la policía.

No hubo tiempo para tener miedo. Apagamos las luces, cogí rápido una chaqueta y ya estábamos arriba.

—¿Qué ha pasado? ¡Anda, cuenta!

Pero no había nadie que pudiera contar nada. Los hombres habían vuelto a bajar, y no fue hasta las diez y diez cuando volvieron a subir los cuatro; dos se quedaron montando guardia junto a la ventana abierta de Peter; la puerta que da al descansillo tenía el cerrojo echado, y la puerta giratoria estaba cerrada. Alrededor de la lamparilla de noche colgamos un jersey, y luego nos contaron:

Peter había oído dos fuertes golpes en el descansillo, corrió hacia abajo y vio que del lado izquierdo de la puerta del almacén faltaba una gran tabla. Corrió hacia arriba, avisó al sector combatiente de la familia y los cuatro partieron hacia abajo. Cuando entraron en el almacén, los ladrones todavía estaban robando. Sin pensarlo, Van Daan gritó: «¡Policía!». Se oyeron pasos apresurados fuera, los ladrones habían huido. Para evitar que la policía notara el hueco, volvieron a poner la tabla, pero una fuerte patada desde fuera la hizo volar de nuevo por el aire. Semejante descaro dejó perplejos a nuestros hombres; Van Daan y Peter sintieron ganas de matarlos. Van Daan cogió un hacha y dio un fuerte golpe en el suelo. Ya no se oyó nada más. Volvieron a poner la madera en el hueco, y nuevamente fueron interrumpidos. Desde fuera, un matrimonio iluminó con una linterna muy potente todo el almacén. «¡Rediez!», murmuró uno de nuestros hombres, y… ahora su papel había cambiado del de policía al de ladrones. Los cuatro subieron corriendo, Dussel y Van Daan cogieron los libros del primero, Peter abrió puertas y ventanas de la cocina y del despacho de papá, tiró el teléfono al suelo y por fin todos desaparecieron detrás de las paredes del escondite. (Fin de la primera parte).

Muy probablemente, el matrimonio de la linterna avisó a la policía. Era domingo por la noche, la noche del domingo de Pascua, y el lunes de Pascua no habría nadie en la oficina,* o sea, que antes del martes por la

---

* El lunes de Pascua es día festivo en los Países Bajos. *(N. del T.)*.

mañana no nos podríamos mover. ¡Imagínate, dos noches y un día aguantando con ese miedo! Nosotros no nos imaginamos nada, estábamos en la más plena oscuridad, porque la señora, por miedo, había desenroscado completamente la bombilla; las voces susurraban, y cuando algo crujía se oía «¡Chis, chis!».

Se hicieron las diez y media, las once, ningún ruido; por turnos, papá y Van Daan venían a estar con nosotros. Entonces, a las once y cuarto, un ruido abajo. Entre nosotros se oía la respiración de toda la familia, por lo demás no nos movíamos. Pasos en la casa, en el despacho de papá, en la cocina, y luego… ¡en nuestra escalera! Ya no se oía la respiración de nadie, solo los latidos de ocho corazones. Pasos en nuestra escalera, luego un traqueteo en la puerta giratoria. Ese momento no te lo puedo describir.

—¡Estamos perdidos! —dije, y ya veía que esa misma noche la Gestapo nos llevaría consigo a los quince.

Traqueteo en la puerta giratoria, dos veces, luego se cae una lata, los pasos se alejan. ¡Hasta ahí nos habíamos salvado! Todos sentimos un estremecimiento, oí castañetear varios dientes de origen desconocido, nadie decía aún una sola palabra, y así estuvimos hasta las once y media.

No se oía nada más en el edificio, pero en el descansillo estaba la luz encendida, justo delante del armario. ¿Sería porque nuestro armario resultaba misterioso? ¿Acaso la policía había olvidado apagar la luz? ¿Vendría aún alguien a apagarla? Se desataron las lenguas, ya no había nadie en la casa, tal vez un guardia delante de la puerta. A partir de ese momento hicimos tres cosas: enunciar suposiciones, temblar de miedo y tener que ir al retrete. Los cubos estaban en el desván; solo nos podría servir la papelera de lata de Peter. Van Daan empezó, luego vino papá, a mamá le daba demasiada vergüenza. Papá trajo la papelera a la habitación, donde Margot, la señora y yo hicimos buen uso de ella, y por fin también mamá se decidió. Cada vez se repetía la pregunta de si había papel. Por suerte, yo tenía algo de papel en el bolsillo.

La papelera apestaba, todos susurrábamos y estábamos cansados, eran las doce de la noche.

«¡Tumbaos en el suelo y dormid!». A Margot y a mí nos dieron una almohada y una manta a cada una. Margot estaba acostada a cierta distancia de la despensa, y yo entre las patas de la mesa. A ras del suelo no olía tan mal, pero aun así, la señora fue a buscar sigilosamente polvos de blanqueo; tapamos el orinal con un paño de cocina a modo de doble protección.

Conversaciones en voz alta, conversaciones en voz baja, mieditis, mal olor, ventosidades y un orinal continuamente ocupado: ¡a ver cómo vas a dormir! A las dos y media, sin embargo, ya estaba demasiado cansada y hasta las tres y media no oí nada. Me desperté cuando la señora estaba acostada con la cabeza encima de mis pies.

—¡Por favor, deme algo que ponerme! —le pedí.

Algo me dio, pero no me preguntes qué: unos pantalones de lana para ponerme encima del pijama, el jersey rojo y la falda negra, medias blancas y unos calcetines rotos.

Entonces, la señora fue a instalarse en el sillón y el señor vino a acostarse sobre mis pies. A partir de las tres y media me puse a pensar, y como todavía temblaba, Van Daan no podía dormir. Me estaba preparando para cuando volviera la policía. Tendríamos que decir que éramos un grupo de escondidos. Si eran holandeses del lado bueno, no pasaría nada, pero si eran del NSB,* tendríamos que sobornarlos.

—¡Hay que esconder la radio! —suspiró la señora.

—¡Sí, en el horno…! —le contestó el señor—. Si nos encuentran a nosotros, ¡que también encuentren la radio!

—¡Entonces también encontrarán el diario de Anne! —se inmiscuyó papá.

—¡Pues quemadlo! —sugirió la más miedosa de todos.

Eso y cuando la policía se puso a traquetear en la puerta armario fueron mis momentos de mayor angustia; ¡mi diario no, a mi diario solo lo quemarán conmigo! Pero papá ya no contestó, por suerte.

No tiene ningún sentido que te cite todas las conversaciones que recuerdo. Dijimos un montón de cosas, y yo estuve tranquilizando a la señora, que estaba muerta de miedo. Hablamos de huir y de interrogatorios de la Gestapo, de llamar por teléfono y de tener valor.

—Ahora tendremos que comportarnos como soldados, señora. Si perdemos la vida, que sea por la reina y por la patria, por la libertad, la verdad y la justicia, como suele decir Radio Oranje. Lo único terrible es que junto con nosotros sumimos en la desgracia a todos los demás.

Después de una hora, el señor Van Daan se volvió a cambiar con su mujer, y papá vino a estar conmigo. Los hombres fumaban sin parar; de vez en cuando un profundo suspiro, luego alguien que hacía pis, ¡y otra vez vuelta a empezar!

Las cuatro, las cinco, las cinco y media. Ahora me senté a escuchar junto a Peter, uno pegado al otro, tan pegados, que cada uno sentía los escalofríos en el cuerpo del otro; nos dijimos alguna que otra palabra y aguzamos los oídos. Dentro quitaban los paneles de oscurecimiento y apuntaban los puntos que querían contarle a Kleiman por teléfono.

Y es que a las siete querían llamar por teléfono a Kleiman y hacer venir a alguien. Existía el riesgo de que el guardia que estaba delante de la puerta o en el almacén oyera la conversación por teléfono, pero era mayor el riesgo de que volviera la policía.

Aunque inserto aquí la hoja con la memoria de lo ocurrido, lo pasaré a limpio para mayor claridad.

---

* Movimiento nacionalsocialista holandés. *(N. del T.)*.

Han entrado ladrones: inspección de la policía, llegan hasta *puerta giratoria,* pero no pasan. Ladrones, al parecer interrumpidos, forzaron puerta del almacén y huyeron por jardín. Entrada principal con cerrojo, Kugler *forzosamente* tiene que haber salido por segunda puerta.

La máquina de escribir y la de calcular están seguras en caja negra de despacho principal.

También colada de Miep o Bep en tina en la cocina.

Solo Bep o Kugler tienen llave de segunda puerta; cerradura quizá estropeada.

Intentar avisar a Jan para buscar llave y echar vistazo a oficina; también dar comida al gato.

Por lo demás, todo salió a pedir de boca. Llamaron a Kleiman, se quitaron las trancas, pusieron la máquina de escribir en la caja. Luego nos sentamos alrededor de la mesa a esperar a Jan o a la policía.

Peter se había dormido, el señor Van Daan y yo estábamos tumbados en el suelo, cuando abajo oímos pasos firmes. Me levanté sin hacer ruido.

—¡Ese debe de ser Jan!

—¡No, no, es la policía! —dijeron todos los demás.

Llamaron a nuestra puerta armario, Miep silbó. Para la señora Van Daan fue demasiado: blanca como el papel, se quedó medio traspuesta en su sillón, y si la tensión hubiera durado un minuto más, se habría desmayado.

Cuando entraron Jan y Miep, la habitación ofrecía un espectáculo maravilloso; la sola mesa merecía que le sacaran una foto: un ejemplar de *Cinema & Theater* lleno de mermelada y pectina contra la diarrea estaba abierto en una página con fotos de bailarinas, dos tarros de mermelada, medio bollo por un lado y un cuarto de bollo por otro, pectina, espejo, peine, cerillas, ceniza, cigarrillos, tabaco, cenicero, libros, unas bragas, linterna, peineta de la señora, papel higiénico, etcétera.

Recibimos a Jan y Miep con gritos de júbilo y lágrimas, naturalmente. Jan tapó con madera blanca el hueco de la puerta y al poco tiempo salió de nuevo con Miep para dar cuenta del robo a la policía. Debajo de la puerta del almacén, Miep había encontrado una nota de Sleegers, el sereno, que había descubierto el hueco y avisado a la policía. También a él pasarían a verlo.

Teníamos entonces media hora para arreglarnos. Nunca antes vi producirse tantos cambios en media hora. Abajo, Margot y yo tendimos las camas, fuimos al retrete, nos lavamos los dientes y las manos y nos arreglamos el pelo. Luego recogí un poco la habitación y volví arriba. Allí ya habían ordenado la mesa, cogimos agua del grifo, hicimos té y café, hervimos leche y pusimos la mesa para la hora del café. Papá y Peter vaciaron y limpiaron los recipientes de orina y excrementos con agua caliente y polvos de blanqueo; el más grande estaba lleno a rebosar y era tan pesado que era muy difícil levantarlo, y además perdía, de modo que hubo que llevarlo dentro de un cubo.

A las once estábamos sentados alrededor de la mesa con Jan, que ya había vuelto, y poco a poco se fue creando ambiente. Jan nos contó la siguiente versión:

En casa de Sleegers, su mujer —Sleegers dormía— le contó que su marido descubrió el hueco de la puerta de casa al hacer su ronda nocturna por los canales, y que, junto con un agente de policía al que avisó, recorrieron la planta baja del edificio. El señor Sleegers es sereno particular y todas las noches hace su recorrido por los canales en bicicleta, con sus dos perros. Tenía pensado venir a ver a Kugler el martes para notificarle lo ocurrido. En la comisaría todavía no sabían nada del robo, pero tomaron nota enseguida para venir a ver también el martes.

En el camino de vuelta, Jan pasó de casualidad por la tienda de Van Hoeven, nuestro proveedor de patatas, y le contó lo del robo.

—Ya estoy enterado —contestó Van Hoeven, como quien no quiere la cosa—. Anoche pasábamos con mi mujer por su edificio y vimos un hueco en la puerta. Mi mujer quiso que pasáramos de largo, pero yo miré con la linterna, y seguro que entonces los ladrones se largaron. Por las dudas, no llamé a la policía; en el caso de ustedes, preferí no hacerlo. Yo no sé nada, claro, pero tengo mis sospechas.

Jan se lo agradeció y se marchó. Seguro que Van Hoeven sospecha que estamos aquí escondidos, porque siempre trae las patatas después de las doce y media y nunca después de la una y media. ¡Buen tipo!

Cuando Jan se fue y nosotras acabamos de fregar los platos, se había hecho la una. Los ocho nos fuimos a dormir. A las tres menos cuarto me desperté y vi que el señor Dussel ya había desaparecido. Por pura casualidad, en el cuarto de baño me encontré, semidormida, con Peter, que acababa de bajar. Quedamos en vernos abajo. Me arreglé un poco y bajé.

—¿Aún te atreves a ir al desván de delante? —me preguntó. Dije que sí, cogí mi almohada envuelta en una tela y nos fuimos al desván de delante. Hacía un tiempo maravilloso, y al poco rato sonaron las sirenas, pero nos quedamos donde estábamos. Peter me rodeó el hombro con el brazo, yo hice lo mismo y así nos quedamos, abrazados, esperando tranquilamente hasta que a las cuatro nos vino a buscar Margot para merendar.

Comimos un bocadillo, tomamos limonada y estuvimos bromeando, lo que por suerte era posible otra vez, y por lo demás todo normal. Por la noche agradecí a Peter ser el más valiente de todos.

Ninguno de nosotros ha pasado jamás por un peligro tan grande como el que pasamos esa noche. Dios nos protegió una enormidad, figúrate: la policía delante de la puerta del escondite, la luz del descansillo encendida, ¡y nosotros aun así pasamos inadvertidos! «¡Estamos perdidos!», dije entonces en voz baja, pero otra vez nos hemos salvado. Si llega la invasión y las bombas, cada uno podrá defenderse a sí mismo, pero esta vez el miedo era por los buenos e inocentes cristianos.

«¡Estamos salvados, seguid salvándonos!». Es lo único que podemos decir.

Esta historia ha traído consigo bastantes cambios. En lo sucesivo, Dussel por las noches se instala en el cuarto de baño, Peter baja a controlar la casa a las ocho y media y a las nueve y media. Ya no podemos abrir la ventana de Peter, puesto que el hombre de Keg vio que estaba abierta. Después de las nueve y media ya no podemos tirar de la cadena. El señor Sleegers ha sido contratado como vigilante nocturno. Esta noche vendrá un carpintero clandestino, que usará la madera de nuestras camas blancas de Frankfurt para fabricar unas trancas para las puertas. En la Casa de atrás se somete ahora todo a debate. Kugler nos ha reprochado nuestra imprudencia; nunca debemos bajar, ha dicho también Jan. Ahora es cuestión de averiguar si Sleegers es de fiar, saber si sus perros se echan a ladrar si oyen a alguien detrás de la puerta, cómo fabricar las trancas, etcétera.

Hemos vuelto a tomar conciencia del hecho de que somos judíos encadenados, encadenados a un único lugar, sin derechos, con miles de obligaciones. Los judíos no podemos hacer valer nuestros sentimientos, tenemos que tener valor y ser fuertes, tenemos que cargar con todas las incomodidades y no quejarnos, tenemos que hacer lo que está a nuestro alcance y confiar en Dios. ¡Algún día esta horrible guerra habrá terminado, algún día volveremos a ser personas y no solamente judíos!

¿Quién nos ha impuesto esto? ¿Quién ha hecho de nosotros la excepción entre los pueblos? ¿Quién nos ha hecho sufrir tanto hasta ahora? Ha sido Dios quien nos ha hecho así, pero será también Dios quien nos eleve. Si cargamos con todo este dolor y aun así siguen quedando judíos, algún día los judíos dejarán de ser los eternos condenados y pasarán a ser un ejemplo. Quién sabe si algún día no será nuestra religión la que pueda enseñar al mundo y a todos los pueblos lo bueno, y por eso, solo por eso nosotros tenemos que sufrir. Nunca podemos ser solo holandeses o solo ingleses o pertenecer a cualquier otra nación: aparte de nuestra nacionalidad, siempre seguiremos siendo judíos, estaremos obligados a serlo, pero también queremos seguir siéndolo.

¡Valor! Sigamos siendo conscientes de nuestra tarea y no nos quejemos, que ya habrá una salida. Dios nunca ha abandonado a nuestro pueblo. A lo largo de los siglos ha habido judíos que han sobrevivido, a lo largo de los siglos ha habido judíos que han tenido que sufrir, pero a lo largo de los siglos también se han hecho fuertes. Los débiles caerán, pero ¡los fuertes sobrevivirán y nunca sucumbirán!

Esa noche supe realmente que debía morir; esperé a que llegara la policía, estaba preparada, preparada como los soldados en el campo de batalla. Quería sacrificarme gustosa por la patria, pero ahora, ahora que me he vuelto a salvar, mi primer deseo después de la guerra es: ¡hacedme holandesa!

Amo a los holandeses, amo a nuestro país, amo la lengua y quiero trabajar aquí. Y aunque tenga que escribirle a la reina en persona: ¡no desistiré hasta que haya alcanzado mi objetivo!

Cada vez me independizo más de mis padres, a pesar de mis pocos años, tengo más valor vital y un sentido de la justicia más preciso e intacto que mamá. Sé lo que quiero, tengo una meta, una opinión formada, una religión y un amor. Que me dejen ser yo misma, y me daré por satisfecha. Sé que soy una mujer, una mujer con fuerza interior y con mucho valor.

Si Dios me da la vida, llegaré más lejos de lo que mamá ha llegado jamás, no seré insignificante, trabajaré en el mundo y para la gente.

¡Y ahora sé que lo primero que hace falta es valor y alegría!

Tu Anne M. Frank

Viernes, 14 de abril de 1944

Querida Kitty:

Hay todavía un ambiente muy tenso. Pim está que arde, la señora está en cama con catarro y despotricando, el señor sin sus pitillos está pálido; Dussel, que ha sacrificado mucha comodidad, se pasa el día haciendo comentarios y objeciones, etcétera, etcétera. De momento no estamos de suerte. El retrete pierde y el grifo se ha pasado de rosca. Gracias a nuestros múltiples contactos, tanto una cosa como la otra podrán arreglarse pronto.

A veces me pongo sentimental, ya lo sabes… pero es que aquí a veces hay lugar para el sentimentalismo. Cuando Peter y yo estamos sentados en algún duro baúl de madera, entre un montón de trastos y polvo, con los brazos al cuello y pegados uno al otro, él con un rizo mío en la mano; cuando fuera los pájaros cantan trinando; cuando ves que los árboles se ponen verdes; cuando el sol invita a salir fuera; cuando el cielo está tan azul, entonces… ¡ay, entonces quisiera tantas cosas!

Aquí no se ven más que caras descontentas y gruñonas, no se oyen más que suspiros y quejas contenidas, es como si de repente nuestra situación hubiera empeorado muchísimo. De verdad, las cosas van tan mal como uno las hace ir. Aquí, en la Casa de atrás, nadie marcha al frente dando el buen ejemplo, aquí cada uno tiene que apañárselas para dominar sus ánimos.

Ojalá todo acabe pronto, es lo que se oye todos los días.

Mi trabajo, mi esperanza, mi amor, mi valor,
todo ello me mantiene erguida y me hace buena.

De veras creo, Kit, que hoy estoy un poco loca, aunque no sé por qué. Todo aquí está patas arriba, las cosas no guardan ninguna relación, y a veces me entran serias dudas sobre si más tarde le interesará a alguien leer mis bobadas. «Las confidencias de un patito feo»: ese será el título de todas estas tonterías. De verdad, no creo que a los señores Bolkestein y Gerbrandy* les sea de mucha utilidad mi diario.

Tu Anne M. Frank

Sábado, 15 de abril de 1944

Querida Kitty:

«Un susto trae otro. ¿Cuándo acabará todo esto?». Son frases que ahora realmente podemos emplear… ¿A que no sabes lo que acaba de pasar? Peter olvidó quitar el cerrojo de la puerta, por lo que Kugler no pudo entrar en el edificio con los hombres del almacén. Tuvo que ir al edificio de Keg y romper la ventana de la cocina. Teníamos las ventanas abiertas, y esto Keg también lo vio. ¿Qué pensarán los de Keg? ¿Y Van Maaren? Kugler está que trina. Le reprochamos que no hace nada para cambiar las puertas, ¡y nosotros cometemos semejante animalada! Peter no sabe dónde meterse. Cuando en la mesa mamá dijo que por quien más compasión sentía era por Peter, él casi se echó a llorar. La culpa es de todos nosotros por igual, porque tanto el señor Van Daan como nosotros le preguntamos casi a diario si ha quitado el cerrojo. Tal vez luego pueda ir a consolarlo un poco. ¡Me gustaría tanto poder ayudarlo!

A continuación, te escribo algunas confidencias de la Casa de atrás de las últimas semanas:

El sábado de la semana pasada, Moffi se puso malo de repente. Estaba muy silencioso y babeaba. Miep enseguida lo cogió, lo envolvió en un trapo, lo puso en la bolsa de la compra y se lo llevó a la clínica para perros y gatos. El veterinario le dio un jarabe, ya que Moffi padecía del vientre. Peter le dio un poco del brebaje varias veces, pero al poco tiempo Moffi desapareció y se quedó fuera día y noche, seguro que con su novia. Pero ahora tiene la nariz toda hinchada y cuando lo tocas, se queja. Probablemente le han dado un golpe en algún sitio donde ha querido robar. Mouschi estuvo unos días con la voz trastornada. Justo cuando nos habíamos propuesto llevarlo al veterinario también a él, estaba ya prácticamente curado.

Nuestra ventana del desván ahora también la dejamos entreabierta por las noches. Peter y yo a menudo vamos allí a sentarnos después del anochecer.

* Miembros del Gobierno de los Países Bajos en el exilio, que residían en Londres. *(N. del T.).*

Gracias a un pegamento y pintura al óleo, pronto se podrá arreglar la taza del lavabo. El grifo que estaba pasado de rosca también se ha cambiado por otro.

El señor Kleiman anda ya mejor de salud, por suerte. Pronto irá a ver a un especialista. Esperemos que no haga falta operarlo del estómago.

Este mes hemos recibido ocho cartillas para la compra de alimentos. Desafortunadamente, para los primeros quince días solo dan derecho a legumbres, en lugar de a copos de avena o cebada. Nuestro manjar más novedoso es el *piccalilly*. Si no tienes suerte, en un tarro solo te vienen pepinos y algo de salsa de mostaza. Verdura no hay en absoluto. Solo lechuga, lechuga y otra vez lechuga. Nuestras comidas tan solo traen patatas y sucedáneo de salsa de carne.

Los rusos tienen en su poder más de la mitad de Crimea. En Cassino los ingleses no avanzan. Lo mejor será confiar en el muro del oeste. Bombardeos hay muchos y de gran envergadura. En La Haya un bombardero ha atacado el edificio del Registro civil nacional. A todos los holandeses les darán nuevas tarjetas de identificación.

Basta por hoy.

Tu Anne M. Frank

Domingo, 16 de abril de 1944

Queridísima Kitty:

Grábate en la memoria el día de ayer, pues es muy importante en mi vida. ¿No es importante para cualquier chica cuando la besan por primera vez? Para mí al menos lo es. El beso que me dio Bram en la mejilla derecha no cuenta, y el que me dio Woudstra en la mano derecha tampoco. ¿Que cómo ha sido lo del beso? Pues bien, te lo contaré.

Anoche, a las ocho, estaba yo sentada con Peter en su diván, y al poco tiempo me puso el brazo al cuello. (Como era sábado, no llevaba puesto el mono).

—Corrámonos un poco, así no me doy con la cabeza contra la estantería.

Se corrió casi hasta la esquina del diván, yo puse mi brazo debajo del suyo, alrededor del cuello, y por poco sucumbo bajo el peso de su brazo sobre mis hombros. Es cierto que hemos estado sentados así en otras ocasiones, pero nunca tan pegados como anoche. Me estrechó bien fuerte contra su cuerpo, yo tenía mi pecho izquierdo pegado al suyo, sentí cómo me palpitaba el corazón, pero todavía no habíamos terminado. No descansó hasta que tuvo mi cabeza reposada en su hombro, con su cabeza encima de la mía. Cuando a los cinco minutos, aproximadamente, quise sentarme un poco más derecha, enseguida cogió mi cabeza en sus manos y la llevó de nuevo hacia sí. ¡Ay, fue tan maravilloso! No pude decir gran cosa, la dicha era demasiado grande. Me acarició con su mano algo torpe la mejilla y el brazo, jugó con mis rizos y la mayor parte del tiempo nuestras cabezas estuvieron pegadas una contra la otra.

No puedo describirte la sensación que me recorrió todo el cuerpo, Kitty; me sentía demasiado dichosa, y creo que él también.

A las ocho y media nos levantamos. Peter se puso sus zapatillas de deporte para hacer menos ruido al hacer su segunda ronda por la casa, y yo estaba de pie a su lado. No me preguntes cómo hice para encontrar el movimiento adecuado, porque no lo sé; lo cierto es que antes de bajar me dio un beso en el pelo, medio sobre la mejilla izquierda y medio en la oreja. Bajé corriendo sin volverme, y ahora estoy muy deseosa de ver lo que va a pasar hoy.

Domingo por la mañana, poco antes de las 11 horas.

Tu Anne M. Frank

Lunes, 17 de abril de 1944

Querida Kitty:

¿Crees tú que papá y mamá estarían de acuerdo en que yo, una chica que aún no ha cumplido los quince años, estuviera sentada en un diván, besando a un chico de diecisiete años y medio? En realidad creo que no, pero lo mejor será confiar en mí misma al respecto. Me siento tan tranquila y segura al estar en sus brazos, soñando, y es tan emocionante sentir su mejilla contra la mía, tan maravilloso saber que alguien me está esperando… Pero, y es que hay un pero, ¿se contentará Peter con esto? No es que haya olvidado su promesa, pero al fin y al cabo él es un chico.

Yo misma también sé que soy bastante precoz; a algunos les resulta un tanto difícil entender cómo puedo ser tan independiente, cuando aún no he cumplido los quince años. Estoy casi segura de que Margot nunca besaría a un chico si no hubiera perspectiva concreta de compromiso o boda. Ni Peter ni yo tenemos planes en ese sentido. Seguro que mamá tampoco tocó a ningún hombre antes que a papá. ¿Qué dirían mis amigas y Jacque si me vieran en brazos de Peter, con mi corazón contra su pecho, mi cabeza sobre su hombro, su cabeza y su cara sobre mi cabeza?

¡Ay, Anne, qué escándalo! Pero la verdad es que a mí no me parece ningún escándalo. Estamos aquí encerrados, aislados del mundo, presas del miedo y la preocupación, sobre todo últimamente. Entonces ¿por qué los que nos queremos habríamos de permanecer separados? ¿Por qué no habríamos de besarnos, con los tiempos que corren? ¿Por qué habríamos de esperar hasta tener la edad adecuada? ¿Por qué habríamos de pedir permiso para todo?

Yo misma me encargaré de cuidarme, y él nunca haría nada que me causara tristeza o me hiciera daño; entonces ¿por qué no habría de dejarme guiar por lo que me dicta el corazón y dejar que seamos felices los dos?

Sin embargo, Kitty, creo que notarás un poco mis dudas; supongo que es mi sinceridad, que se rebela contra el escondimiento. ¿Te parece que es mi deber contarle a papá lo que hago? ¿Te parece que nuestro secreto debería llegar a oídos de un tercero? Perdería mucho de su encanto, pero ¿me haría sentir más tranquila por dentro? Tendré que consultarlo con *él*.

Por cierto, aún hay muchas cosas de las que quisiera hablar con él, porque a solo acariciarnos no le veo el sentido. Para poder contarnos lo que sentimos necesitamos mucha confianza, pero saber que disponemos de ella nos hará más fuertes a los dos.

Tu Anne M. Frank

P.D.: Ayer por la mañana, toda la familia ya estaba levantada a las seis, ya que habíamos oído ruido de ladrones. Esta vez la víctima quizá haya sido uno de nuestros vecinos. Cuando a las siete controlamos las puertas del edificio, estaban herméticamente cerradas. ¡Menos mal!

Martes, 18 de abril de 1944

Querida Kitty:

Por aquí todo bien. Ayer al caer la tarde vino de nuevo el carpintero, que empezó con la colocación de las planchas de hierro delante de los paneles de las puertas. Papá acaba de decir que está seguro de que antes del 20 de mayo habrá operaciones a gran escala, tanto en Rusia y en Italia como en el frente occidental. Cada vez resulta más difícil imaginarme que nos vayan a liberar de esta situación.

Ayer Peter y yo por fin tuvimos ocasión de tener la conversación que llevábamos postergando por lo menos diez días.

Le expliqué todo lo relativo a las chicas, sin escatimar los detalles más íntimos. Me pareció bastante cómico que creyera que normalmente omitían dibujar el orificio de las mujeres en las ilustraciones. De verdad, Peter no se podía imaginar que se encontrara tan metido entre las piernas. La noche acabó con un beso mutuo, más o menos al lado de la boca. ¡Es realmente una sensación maravillosa!

Tal vez un día me lleve conmigo el libro de frases bonitas cuando vaya arriba, para que por fin podamos ahondar un poco más en las cosas. No me satisface pasarnos todos los días abrazados sin más, y quisiera imaginarme que a él le pasa igual.

Después de un invierno de medias tintas, ahora nos está tocando una primavera hermosa. Abril en efecto es maravilloso; no hace ni mucho calor ni mucho frío, y de vez en cuando cae algún chubasco. El castaño del jardín está ya bastante verde, aquí y allá asoman los primeros tirsos.

El sábado, Bep nos mimó trayéndonos cuatro ramos de flores: tres de narcisos y un ramillete de jacintos enanos, este último era para mí. El aprovisionamiento de periódicos del señor Kugler es cada vez mejor.

Tengo que estudiar álgebra, Kitty, ¡hasta luego!

Tu Anne M. Frank

Miércoles, 19 de abril de 1944

Amor mío:

(Así se titula una película en la que actúan Dorit Kreysler, Ida Wüst y Harald Paulsen).

¿Existe en el mundo algo más hermoso que estar sentada delante de una ventana abierta en los brazos de un chico al que quieres, mirando la naturaleza, oyendo a los pájaros cantar y sintiendo cómo el sol te acaricia las mejillas? ¡Me hace sentir tan tranquila y segura con su brazo rodeándome, y saber que está cerca y sin embargo callar! No puede ser nada malo, porque esa tranquilidad me hace bien. ¡Ay, ojalá nunca nos interrumpieran, ni siquiera Mouschi!

Tu Anne M. Frank

Viernes, 21 de abril de 1944

Queridísima Kitty:

Ayer por la tarde estuve en cama con dolor de garganta, pero como ya esa misma tarde me aburrí y no tenía fiebre, hoy me he levantado. Y el dolor de garganta prácticamente ha «des-a-pa-rrecii-do».

Ayer, como probablemente ya hayas descubierto tú misma, cumplió cincuenta y cinco años nuestro Führer. Hoy es el 18.º cumpleaños de su alteza real, la princesa heredera Isabel de York. Por la BBC han comunicado que, contrariamente a lo que se acostumbra a hacer con las princesas, todavía no la han declarado mayor de edad. Ya hemos estado conjeturando con qué príncipe desposarán a esta beldad, pero no hemos podido encontrar al candidato adecuado. Quizá su hermana, la princesa Margarita Rosa, quiera quedarse con el príncipe Balduino, heredero de la corona de Bélgica…

Aquí caemos de una desgracia en la otra. No acabábamos de ponerles unos buenos cerrojos a las puertas exteriores, cuando aparece de nuevo en escena Van Maaren. Es casi seguro que ha robado fécula de patata, y ahora le quiere echar la culpa a Bep. La Casa de atrás, como te podrás imaginar, está convulsionada. Bep está que trina. Quizá Kugler ahora haga vigilar a ese libertino.

Esta mañana vino el tasador de la Beethovenstraat. Nos ofrece 400 florines por el cofre; también las otras ofertas nos parecen demasiado bajas.

Voy a pedir a la redacción de *De Prins* que publiquen uno de mis cuentos de hadas; bajo seudónimo, naturalmente. Pero como los cuentos que he escrito hasta ahora son demasiado largos, no creo que vaya a tener suerte.

Hasta la próxima, *darling*.

Tu Anne M. Frank

Martes, 25 de abril de 1944

Querida Kitty:

Hace como diez días que Dussel y Van Daan otra vez no se hablan, y eso solo porque hemos tomado un montón de medidas de seguridad después de que entraron los ladrones. Una de ellas es que a Dussel ya no le permiten bajar por las noches. Peter y el señor Van Daan hacen la última ronda todas las noches a las nueve y media, y luego nadie más puede bajar. Después de las ocho de la noche ya no se puede tirar de la cadena, y tampoco después de las ocho de la mañana. Las ventanas no se abren por la mañana hasta que esté encendida la luz en el despacho de Kugler, y por las noches ya no se les puede poner las tablitas. Esto último ha sido motivo del enfurruñamiento de Dussel. Asegura que Van Daan le ha soltado un gruñido, pero ha sido culpa suya. Dice que antes podría vivir sin comer que sin respirar aire puro, y que habrá que buscar un método para que puedan abrirse las ventanas.

—Hablaré de ello con el señor Kugler —me ha dicho, y le he contestado que estas cosas no se discuten con el señor Kugler, sino que se resuelven en comunidad—. ¡Aquí todo se hace a mis espaldas! —refunfuñó—. Tendré que hablar con tu padre al respecto.

Tampoco lo dejan instalarse en el despacho de Kugler los sábados por la tarde ni los domingos, porque podría oírlo el jefe de la oficina de Keg cuando viene. Pero Dussel no hizo caso y se volvió a instalar allí. Van Daan estaba furioso y papá bajó a prevenirlo. Por supuesto que se salió con algún pretexto pero esta vez ni papá lo aceptó. Ahora también papá habla lo menos posible con él, porque Dussel lo ha ofendido, no sé de qué manera, ni lo sabe ninguno de nosotros, pero debe de haber sido grave.

¡Y pensar que la semana que viene el desgraciado festeja su cumpleaños! Cumplir años, no decir ni mu, estar con cara larga y recibir regalos: ¿cómo casa una cosa con otra?

El estado del señor Voskuijl va empeorando mucho. Lleva más de diez días con casi cuarenta grados de fiebre. El médico dice que no hay esperanzas, creen que el cáncer ha llegado hasta el pulmón. Pobre hombre, ¡cómo nos gustaría ayudarlo! Pero solo Dios puede hacerlo.

He escrito un cuento muy divertido. Se llama «Blurry, el descubridor del mundo»,* y ha gustado mucho a mis tres oyentes.

Aún sigo muy acatarrada, y he contagiado tanto a Margot como a mamá y a papá. Espero que no se le pegue también a Peter, quiso que le diera un beso y me llamó su El Dorado. Pero ¡si eso ni siquiera es posible, tonto! De cualquier manera, es un cielo.

Tu Anne M. Frank

Jueves, 27 de abril de 1944

Querida Kitty:
Esta mañana la señora estaba de mal humor. No hacía más que quejarse, primero por su resfriado, y porque no le daban caramelos, y porque no aguanta tener que sonarse tantas veces la nariz. Luego porque no había salido el sol, por la invasión que no llega, porque no podemos asomarnos por la ventana, etcétera, etcétera. Nos hizo reír mucho con sus quejas, y por lo visto no era todo tan grave, porque le contagiamos la risa.

Receta del *cholent* de patatas, modificada por escasez de cebollas:

Se cogen patatas peladas, se pasan por el molinillo, se añade un poco de harina del Gobierno y sal. Se untan con parafina o estearina las bandejas de horno o fuentes refractarias y se cuece la masa durante 2 ½ horas. Cómase con compota de fresas podridas. (No se dispone de cebollas ni de manteca para la fuente y la masa).

En estos momentos estoy leyendo *El emperador Carlos V*, escrito por un catedrático de la Universidad de Gotinga, que estuvo cuarenta años trabajando en este libro. En cinco días me leí cincuenta páginas, más es imposible. El libro consta de 598 páginas, así que ya puedes ir calculando cuánto tiempo tardaré en leérmelo todo, ¡y luego viene el segundo tomo! Pero es muy interesante.

¡Hay que ver la cantidad de cosas a las que pasa revista una estudiante de secundaria como yo a lo largo de una jornada! Primero traduje del neerlandés al inglés un párrafo sobre la última batalla de Nelson. Después, repasé la continuación de la Gran Guerra del Norte (1700-1721), con Pedro el Grande, Carlos XII, Augusto el Fuerte, Estanislao Leszczynski, Mazepa, Von Görtz, Brandemburgo, Pomerania anterior y ulterior y Dinamarca, más las fechas de rigor. A continuación, fui a parar al Brasil, y leí acerca del tabaco de Bahía, la abundancia de café, el millón y medio de habitantes de Río de Janeiro, de Pernambuco y São Paulo, sin olvidar el río Amazonas; de negros, mulatos, mestizos, blancos, más del 50% de analfabetos y de la

---

* Véase el cuento en la página 340. *(N. de la E.).*

malaria. Como aún me quedaba algo de tiempo, le di un repaso rápido a una genealogía: Juan el Viejo, Guillermo Luis, Ernesto Casimiro I, Enrique Casimiro I, hasta la pequeña Margarita Francisca,* nacida en Ottawa en 1943.

Las doce del mediodía: continué mis estudios en el desván, repasando diáconos, curas, pastores, papas... ¡uf!, hasta la una.

Después de las dos, la pobre criatura (¡ejem!) volvió nuevamente a sus estudios; tocaban los monos catarrinos y platirrinos. Kitty, ¡a que no sabes cuántos dedos tiene un hipopótamo!

Luego vino la Biblia, el Arca de Noé, Sem, Cam y Jafet. Luego Carlos V. En la habitación de Peter leí *El coronel* de Thackeray, en inglés. Repasamos léxico francés y luego comparamos el Mississippi con el Missouri.

Basta por hoy. ¡Adiós!

Tu Anne M. Frank

Viernes, 28 de abril de 1944

Querida Kitty:

Nunca he olvidado aquella vez en que soñé con Peter Schiff (véase principios de enero). Cuando me vuelve a la memoria, aún hoy siento su mejilla contra la mía, y esa sensación maravillosa que lo arreglaba todo. Aquí también he tenido alguna vez esa sensación con Peter, pero nunca en tal medida, hasta... anoche, cuando estábamos sentados juntos en el diván, abrazados, como de costumbre. En ese momento la Anne habitual se esfumó de repente, y en su lugar apareció la segunda Anne, esa segunda Anne que no es temeraria y divertida, sino que tan solo quiere amar y ser tierna.

Estaba sentada pegada a él y sentí cómo crecía mi emoción, se me llenaron los ojos de lágrimas, la de la izquierda le cayó en el mono a Peter, la de la derecha me resbaló por la nariz, voló por el aire y también fue a parar al mono. ¿Se habrá dado cuenta? Ningún movimiento lo reveló. ¿Sentirá lo mismo que yo? Tampoco dijo casi palabra. ¿Sabrá que tiene frente a sí a dos Annes? Son todas preguntas sin responder.

A las ocho y media me levanté y me acerqué a la ventana, donde siempre nos despedimos. Todavía temblaba, aún era la segunda Anne, él se me acercó, yo lo abracé a la altura del cuello y le di un beso en la mejilla izquierda. Justo cuando quería hacer lo mismo en la derecha, mi boca se topó con la suya y nos dimos el beso allí. Embriagados, nos apretamos el uno contra el otro, una y otra vez, hasta nunca acabar, ¡ay!

---

* Princesa de Orange, hija de la reina Juliana de los Países Bajos. *(N. del T.)*.

A Peter le hace falta algo de cariño, por primera vez en su vida ha descubierto a una chica, ha visto por primera vez que las chicas que más bromean tienen también su lado interior y un corazón, y que cambian a partir del momento en que están a solas contigo. Por primera vez en su vida ha dado su amistad y se ha dado a sí mismo; nunca antes ha tenido un amigo o una amiga. Ahora nos hemos encontrado los dos, yo tampoco lo conocía, ni había tenido nunca un confidente, y esto es lo que ha resultado de ello…

Otra vez la pregunta que no deja de perseguirme: ¿está bien? ¿Está bien que ceda tan pronto, que sea impetuosa, tan impetuosa y tan ansiosa como el propio Peter? ¿Puedo dejarme llevar de esa manera, siendo una chica?

Solo existe una respuesta: estaba deseándolo tanto y desde hace tanto tiempo… Estaba tan sola, ¡y ahora he encontrado un consuelo!

Por la mañana estamos normales, por la tarde también bastante, salvo algún caso aislado, pero por la noche vuelve a surgir el deseo contenido durante todo el día, la dicha y la gloria de todas las veces anteriores, y cada cual solo piensa en el otro. Cada noche, después del último beso, querría salir corriendo, no volver a mirarlo a los ojos, irme lejos, para estar sola en la oscuridad.

¿Y qué me espera después de bajar los catorce escalones? La plena luz, preguntas por aquí y risitas por allá, debo actuar y disimular.

Tengo aún el corazón demasiado blando como para quitarme de encima un golpe como el de anoche. La Anne suave aparece muy pocas veces y por eso no se deja mandar a paseo tan pronto. Peter me ha afectado como jamás me he visto afectada en mi vida, salvo en sueños. Me ha sacudido, ha sacado hacia fuera mi parte interior, y entonces ¿no es lógico que una quiera estar tranquila para restablecerse por dentro? ¡Ay, Peter! ¿Qué me has hecho? ¿Qué quieres de mí?

¿Adónde iremos a parar? ¡Ay, ahora entiendo a Bep! Ahora que estoy pasando por esto, entiendo sus dudas. Si yo fuera mayor y Peter quisiera casarse conmigo, ¿qué le contestaría? ¡Anne, di la verdad! No podrías casarte con él, pero también es difícil dejarlo ir. Peter tiene aún poco carácter, poca voluntad, poco valor y poca fuerza. Es un niño aún, no mayor que yo por dentro; solo quiere encontrar la tranquilidad y la dicha.

¿De verdad solo tengo catorce años? ¿De verdad no soy más que una colegiala tonta? ¿De verdad soy aún tan inexperta en todo? Tengo más experiencia que los demás, he vivido algo que casi nadie conoce a mi edad.

Me tengo miedo a mí misma, tengo miedo de que, impulsada por el deseo, me entregue demasiado pronto. ¿Qué hacer para que las cosas salgan bien con otros chicos en el futuro? ¡Ay, qué difícil es! Siempre está esa lucha entre el corazón y la razón, hay que escuchar la voz de ambos a su debido tiempo, pero ¿cómo saber a ciencia cierta si he escogido el buen momento?

Tu Anne M. Frank

Martes, 2 de mayo de 1944

Querida Kitty:

El sábado por la noche le pregunté a Peter si le parecía que debía contarle a papá algo de lo nuestro, y tras algunas idas y venidas le pareció que sí. Me alegré, porque es una señal de su buen sentir. Enseguida después de bajar, acompañé a papá a buscar agua, y ya en la escalera le dije:

—Papá, como te imaginarás, cuando Peter y yo estamos juntos, hay menos de un metro de distancia entre los dos. ¿Te parece mal?

Papá no contestó enseguida, pero luego dijo:

—No, mal no me parece, Anne; pero aquí, en este espacio tan reducido, debes tener cuidado.

Dijo algo más por el estilo, y luego subimos.

El domingo por la mañana me llamó y me dijo:

—Anne, lo he estado pensando —¡ya me lo temía!—; en realidad creo que aquí, en la Casa de atrás, lo vuestro no es conveniente; pensé que solo erais camaradas. ¿Peter está enamorado?

—¡Nada de eso! —contesté.

—Mira, Anne, tú sabes que os entiendo muy bien, pero tienes que ser prudente; ya no subas tanto a su habitación, no lo animes más de lo necesario. En estas cosas el hombre siempre es el activo, la mujer puede frenar. Fuera, en libertad, es otra cosa totalmente distinta; ves a otros chicos y chicas, puedes marcharte cuando quieres, hacer deporte y demás; aquí, en cambio, cuando estás mucho tiempo juntos y quieres marcharte, no puedes, te ves a todas horas, por no decir siempre. Ten cuidado, Anne, y no te lo tomes demasiado en serio.

—No, papá. Pero Peter es un chico decente, y es muy bueno.

—Sí, pero no es fuerte de carácter; se deja influenciar fácilmente hacia el lado bueno, pero también hacia el lado malo. Espero por él que siga siendo bueno, porque lo es por naturaleza.

Seguimos hablando un poco y quedamos en que también le hablaría a Peter.

El domingo por la tarde, en el desván de delante, Peter me preguntó:

—¿Y qué, Anne, has hablado con tu padre?

—Sí —le contesté—. Te diré lo que me ha dicho. No le parece mal, pero dice que aquí, al estar unos tan encima de otros, es fácil que tengamos algún encontronazo.

—Pero si hemos quedado en que no habría peleas entre nosotros, y yo estoy dispuesto a respetar nuestro acuerdo.

—También yo, Peter, pero papá no sabía lo que había entre nosotros, creía que solo éramos camaradas. ¿Crees que eso ya no es posible?

—Yo sí, ¿y tú?

—Yo también. Y también le he dicho a papá que confiaba en ti. Confío en ti, Peter, tanto como en papá, y creo que te mereces mi confianza, ¿no es así?

—Espero que sí. —Lo dijo muy tímidamente y poniéndose medio colorado.

—Creo en ti, Peter —continué diciendo—. Creo que tienes un buen carácter y que te abrirás camino en el mundo.

Luego hablamos sobre otras cosas, y más tarde aún le dije:

—Si algún día salimos de aquí, sé muy bien que no te interesarás más por mí.

Se le subió la sangre a la cabeza:

—¡Eso sí que no es cierto, Anne! ¿Cómo puedes pensar eso de mí?

En ese momento nos llamaron.

Papá habló con él, me lo dijo el lunes.

—Tu padre cree que en algún momento nuestra camaradería podría desembocar en enamoramiento —dijo—. Pero le contesté que sabremos contenernos mutuamente.

Papá ahora quiere que por las noches suba menos a ver a Peter, pero yo no quiero. No es solo que me gusta estar con él, sino que también le he dicho que confío en él. Y es que confío en él, y quiero demostrárselo, pero nunca lo lograría quedándome abajo por falta de confianza.

¡No, señor, subiré!

Entretanto se ha arreglado el drama de Dussel. El sábado por la noche, a la mesa, presentó sus disculpas en correcto neerlandés. Van Daan enseguida se dio por satisfecho. Seguro que Dussel se pasó el día estudiando su discurso.

El domingo, día de su cumpleaños, pasó sin sobresaltos. Nosotros le regalamos una botella de vino de 1919, los Van Daan —que ahora podían darle su regalo— un tarro de *piccalilly* y un paquete de hojas de afeitar, Kugler una botella de limonada, Miep un libro, *El pequeño Martín*, y Bep una plantita. Él nos convidó a un huevo para cada uno.

Tu Anne M. Frank

Miércoles, 3 de mayo de 1944

Querida Kitty:

Primero las noticias de la semana. La política está de vacaciones; no hay nada, lo que se dice nada que contar. Poco a poco también yo estoy empezando a creer que se acerca la invasión. No pueden dejar que los rusos hagan solos todo el trabajo, que por cierto tampoco están haciendo nada de momento.

El señor Kleiman viene de nuevo todas las mañanas a la oficina. Ha conseguido un nuevo muelle para el diván de Peter, de modo que Peter tendrá que ponerse a tapizar; como comprenderás, no le apetece nada tener que hacerlo. Kleiman también nos ha traído pulguicida para el gato.

¿Ya te he contado que ha desaparecido Moffi? Desde el jueves pasado, sin dejar ni rastro. Seguramente ya estará en el cielo gatuno, mientras que algún amante de los animales lo habrá usado para hacerse un guiso. Tal vez vendan su piel a una niña adinerada para que se haga un gorro. Peter está muy desconsolado a raíz del hecho.

Desde hace dos semanas, los sábados almorzamos a las once y media, por lo que debíamos aguantarnos con una taza de papilla por la mañana. A partir de mañana tendremos lo mismo todos los días, con el propósito de ahorrar una comida. Todavía es muy difícil conseguir verdura; hoy por la tarde comimos lechuga podrida cocida. Lechuga en ensalada, espinacas y lechuga cocida: otra cosa no hay. A eso se le añaden patatas podridas. ¡Una combinación deliciosa!

Hacía más de dos meses que no me venía la regla, pero por fin el domingo me volvió. A pesar de las molestias y la aparatosidad, me alegro mucho de que no me haya dejado plantada durante más tiempo.

Como te podrás imaginar, aquí vivimos diciendo y repitiendo con desesperación «Para qué, ¡ay!, para qué diablos sirve la guerra, por qué los hombres no pueden convivir pacíficamente, por qué tienen que destruirlo todo…».

La pregunta es comprensible, pero hasta el momento nadie ha sabido formular una respuesta satisfactoria. De verdad, ¿por qué en Inglaterra construyen aviones cada vez más grandes, bombas cada vez más potentes y, por otro lado, casas prefabricadas para la reconstrucción del país? ¿Por qué se destinan a diario millones a la guerra y no se reserva ni un céntimo para la medicina, los artistas y los pobres? ¿Por qué la gente tiene que pasar hambre, cuando en otras partes del mundo hay comida en abundancia pudriéndose? ¡Ay!, ¿por qué el hombre es tan estúpido?

Yo no creo que la guerra solo sea cosa de grandes hombres, gobernantes y capitalistas. ¡Nada de eso! Al hombre pequeño también le gusta; si no, los pueblos ya se habrían levantado contra ella. Es que hay en el hombre un afán de destruir, un afán de matar, de asesinar y ser una fiera, y mientras toda la humanidad, sin excepción, no haya sufrido una gran metamorfosis, la guerra seguirá haciendo estragos, y todo lo que se ha construido, cultivado y desarrollado hasta ahora quedará truncado y destruido, para luego volver a empezar.

Muchas veces he estado decaída, pero nunca he desesperado; este periodo de estar escondidos me parece una aventura, peligrosa, romántica e interesante. En mi diario considero cada una de nuestras privaciones como una diversión. ¿Acaso no me había propuesto llevar una vida distinta de las otras chicas, y más tarde también distinta de las amas de casa corrientes? Este es un buen comienzo de esa vida interesante y por eso, solo por eso, me da la risa en los momentos más peligrosos, por lo cómico de la situación.

Soy joven y aún poseo muchas cualidades ocultas; soy joven y fuerte y vivo esa gran aventura, estoy aún en medio de ella y no puedo pasarme el día quejándome de que no puedo divertirme. Muchas cosas me han sido dadas al nacer: felicidad por naturaleza, mucha alegría y fuerza. Cada día me siento crecer por dentro, siento cómo se acerca la liberación, lo bella que es la naturaleza, lo buenos que son quienes me rodean, lo interesante y divertida que es esta aventura. Entonces ¿por qué habría de desesperar?

Tu Anne M. Frank

Viernes, 5 de mayo de 1944

Querida Kitty:

Papá no está conforme conmigo; se pensó que después de nuestra conversación del domingo, automáticamente dejaría de ir todas las noches arriba. Quiere que acabemos con los «amoríos». No me gustó nada esa palabra; bastante difícil ya es tener que hablar de ese tema. ¿Por qué me quiere hacer sentir tan mal? Hoy hablaré con él. Margot me ha dado algunos buenos consejos. Lo que le voy a decir es más o menos lo siguiente:

«Papá, creo que esperas que te dé una explicación, y te la daré. Te he desilusionado, esperabas que fuera más recatada. Seguramente quieres que me comporte como ha de comportarse una chica de catorce años, pero ¡te equivocas!

»Desde que estamos aquí, desde julio de 1942 hasta hace algunas semanas, las cosas no han sido nada fáciles para mí. Si supieras lo mucho que he llorado por las noches, lo desesperanzada y desdichada que he sido; lo sola que me he sentido, comprenderías por qué quiero ir arriba. No ha sido de un día para otro que me las he apañado para llegar al punto de poder vivir sin una madre y sin la ayuda de nadie en absoluto. Me ha costado mucho, muchísimo sudor y lágrimas llegar a ser tan independiente. Ríete si quieres y no me creas, que no me importa. Sé que soy una persona que está sola y no me siento responsable en lo más mínimo ante vosotros. Te he contado todo esto porque no quisiera que pensaras que estoy ocultándote algo, pero solo a mí misma tengo que rendir cuentas de mis actos.

»Cuando me vi en dificultades, vosotros, y también tú, cerrasteis los ojos e hicisteis oídos sordos, y no me ayudasteis; al contrario, no hicisteis más que amonestarme, para que no fuera tan escandalosa. Pero yo solo era escandalosa por no estar siempre triste, era temeraria por no oír continuamente esa voz dentro de mí. He sido una comedianta durante año y medio, día tras día; no me he quejado, no me he salido de mi papel, nada de eso, y ahora he dejado de luchar. ¡He triunfado! Soy independiente, en cuerpo y alma, ya no necesito una madre, la lucha me ha hecho fuerte.

»Y ahora, ahora que he superado todo esto, y que sé que ya no tendré que seguir luchando, quisiera seguir mi camino, el camino que me plazca.

No puedes ni debes considerarme una chica de catorce años; las penas vividas me han hecho mayor. No me arrepentiré de mis actos, y haré lo que crea que puedo hacer.

»No puedes impedirme que vaya arriba, de no ser con mano dura: o me lo prohíbes del todo, o bien confías en mí en las buenas y en las malas, de modo que déjame en paz».

Tu Anne M. Frank

Sábado, 6 de mayo de 1944

Querida Kitty:

Ayer, antes de comer, le metí a papá la carta en el bolsillo. Después de leerla estuvo toda la noche muy confuso, según Margot. (Yo estaba arriba fregando los platos). Pobre Pim, podría haberme imaginado las consecuencias que traería mi esquela. ¡Es tan sensible...! Enseguida le dije a Peter que no preguntara ni dijera nada. Pim no ha vuelto a mencionar el asunto. ¿Lo hará aún?

Aquí todo ha vuelto más o menos a la normalidad. Las cosas que nos cuentan Jan, Kugler y Kleiman sobre los precios y la gente de fuera son verdaderamente increíbles; un cuarto de kilo de té cuesta 350 florines; un cuarto de café, 80 florines; la mantequilla está a 35 florines el medio kilo, y un huevo vale 1,45 florines. ¡El tabaco búlgaro se cotiza a 14 florines los cien gramos! Todo el mundo compra y vende en el mercado negro, cualquier recadero te ofrece algo para comprar. El chico de la panadería nos ha conseguido seda para zurcir, a 90 céntimos una madejuela, el lechero nos consigue cartillas de racionamiento clandestinas, un empresario de pompas fúnebres nos suministra queso. Todos los días hay robos, asesinatos y hurtos, los policías y vigilantes nocturnos no se quedan atrás con respecto a los ladrones de oficio, todos quieren llenar el estómago y como está prohibido aumentar los salarios, la gente se ve obligada a hacer trampa. La policía de menores no cesa de buscar el paradero de chicas de quince, dieciséis, diecisiete años y más que desaparecen a diario.

Intentaré terminar el cuento del hada Ellen.* Se lo podría regalar a papá para su cumpleaños, en broma, incluidos los derechos de autor. ¡Hasta más ver! (en realidad está mal, en la emisión en alemán de la radio inglesa dicen *Auf wiederhören*, «Hasta más oír», con lo cual yo debería despedirme con un «Hasta más escribir»).

Tu Anne M. Frank

---

* Véase el cuento en la página 353. *(N. de la E.)*.

Domingo, 7 de mayo de 1944, por la mañana

Querida Kitty:

Papá y yo estuvimos ayer por la tarde conversando largo y tendido. Lloré mucho, y papá hizo otro tanto. ¿Sabes lo que me dijo, Kitty?

«He recibido muchas cartas en mi vida, pero ninguna tan horrible como esta. ¡Tú, Anne, que has experimentado tanto amor de tus padres, que tienes unos padres siempre dispuestos a ayudarte, y que siempre te han defendido en lo que fuera, tú hablas de no sentirte responsable! Estás ofendida y te sientes abandonada. No, Anne, has sido muy injusta con nosotros. Tal vez no haya sido esa tu intención, pero lo has escrito así, Anne, y de verdad, no nos merecemos tus reproches».

¡Ay, qué error tan grande he cometido! Es el acto más vil que he hecho en mi vida. No he querido más que darme aires con mis llantos y mis lágrimas, y hacerme la importante para que él me tuviera respeto. Es cierto que he sufrido mucho, y lo que he dicho de mamá es verdad, pero inculpar así al pobre Pim, que siempre ha hecho todo por mí y que sigue haciéndolo, ha sido más que vil.

Está muy bien que haya descendido de las alturas inalcanzables en las que me encontraba, que se me haya quebrado un poco el orgullo, porque se me habían subido demasiado los humos. Lo que hace la señorita Anne no siempre está bien, ¡ni mucho menos! Alguien que hace sufrir tanto a una persona a la que dice querer, y aposta además, es un ser bajo, muy bajo.

Pero de lo que más me avergüenzo es de la manera en que papá me ha perdonado; ha dicho que echará la carta al fuego, en la estufa, y me trata ahora con tanta dulzura, que es como si fuera él quien ha hecho algo malo. Anne, Anne, aún te queda muchísimo por aprender. Empieza por ahí, en lugar de mirar a los demás por encima del hombro y echarles la culpa de todo.

Sí, he sufrido mucho, pero ¿acaso no sufren todos los de mi edad? He sido una comedianta muchas veces sin darme cuenta siquiera; me sentía sola, pero casi nunca he desesperado. Nunca he llegado a los extremos de papá, que alguna vez salió a la calle armado con un cuchillo para quitarse la vida.

He de avergonzarme y me avergüenzo profundamente. Lo hecho, hecho está, pero es posible evitar que se repita. Quisiera volver a empezar y eso no será tan difícil, ya que ahora tengo a Peter. Con su apoyo podré hacerlo. Ya no estoy sola, él me quiere, yo lo quiero, tengo mis libros, mis cuadernos y mi diario, no soy tan fea, ni me falta inteligencia, soy alegre por naturaleza y quiero tener un buen carácter.

Sí, Anne, te has dado perfecta cuenta de que tu carta era demasiado dura y falsa, y sin embargo te sentías orgullosa de haberla escrito. Debo volver a tomar ejemplo de papá, y voy a enmendarme.

Tu Anne M. Frank

Lunes, 8 de mayo de 1944

Querida Kitty:

¿Te he contado alguna vez algo sobre nuestra familia? Creo que no, y por eso empezaré a hacerlo enseguida. Papá nació en Frankfurt del Meno, y sus padres eran gente de dinero. Michael Frank era dueño de un banco, y con él se hizo millonario, y Alice Stern era de padres muy distinguidos y también de mucho dinero. Michael Frank no había sido rico en absoluto de joven, pero fue escalando posiciones. Papá tuvo una verdadera vida de niño bien, con reuniones todas las semanas, y bailes, fiestas, chicas guapas, valses, banquetes, muchas habitaciones, etcétera. Todo ese dinero se perdió cuando murió el abuelo, y después de la guerra mundial y la inflación no quedó nada. Hasta antes de la guerra aún nos quedaban bastantes parientes ricos. O sea, que papá ha tenido una educación de primera, y por eso ayer le dio muchísima risa cuando, por primera vez en sus cincuenta y cinco años de vida, tuvo que rascar la comida del fondo de la sartén.

Mamá no era tan tan rica, aunque sí bastante, con lo que ahora nos deja boquiabiertos con sus historias de fiestas de compromiso de doscientos cincuenta invitados, bailes privados y grandes banquetes.

Ya no podemos llamarnos ricos, ni mucho menos, pero tengo mis esperanzas puestas en lo que vendrá cuando haya acabado la guerra. Te aseguro que no le tengo ningún apego a la vida estrecha, como mamá y Margot. Me gustaría irme un año a París y un año a Londres, para aprender el idioma y estudiar historia del arte. Compáralo con Margot, que quiere irse a Palestina a trabajar de enfermera en una maternidad. A mí me siguen haciendo ilusión los vestidos bonitos y la gente interesante, quiero ver mundo y tener nuevas experiencias, no es la primera vez que te lo digo, y algún dinero no me vendrá mal para poder hacerlo…

Esta mañana, Miep nos contó algunas cosas sobre la fiesta de compromiso de su prima, a la que fue el sábado. Los padres de la prima son ricos, los del novio más ricos aún. Se nos hizo la boca agua cuando Miep nos contó lo que comieron: sopa juliana con albondiguillas, queso, canapés de carne picada, entremeses variados con huevo y rosbif, canapés de queso, bizcocho borracho, vino y cigarrillos, de todo a discreción.

Miep se bebió diez copas y se fumó tres cigarrillos. ¿Es esta la mujer antialcohólica que dice ser? Si Miep estuvo bebiendo tanto, ¿cuánto se habrá echado al coleto su señor esposo? En esa fiesta todos deben de haberse achispado un poco, naturalmente. También había dos agentes de la brigada de homicidios, que sacaron fotos a la pareja. Como verás, Miep no se olvida ni un instante de sus escondidos, porque enseguida memorizó los nombres y las señas de estos dos señores, por si llega a pasar algo y hacen falta holandeses de confianza.

¡Cómo no se nos iba a hacer la boca agua, cuando solo habíamos desayunado dos cucharadas de papilla de avena y teníamos un hambre que nos moríamos; cuando día a día no comemos otra cosa que no sean espinacas a medio cocer (por aquello de las vitaminas) con patatas podridas; cuando en nuestros estómagos vacíos no metemos más que lechuga en ensalada y lechuga cocida, y espinacas, espinacas y otra vez espinacas! ¡Quién sabe si algún día no seremos tan fuertes como Popeye, aunque de momento no se nos note…

Si Miep nos hubiera invitado a que la acompañáramos a la fiesta, no habría quedado un solo bocadillo para los demás invitados. Si hubiéramos estado nosotros en esa fiesta, habríamos organizado un gran pillaje y no habríamos dejado ningún mueble en su sitio. Te puedo asegurar que le íbamos sacando a Miep las palabras de la boca, que nos pusimos a su alrededor como si en la vida hubiéramos oído hablar de una buena comida o de gente distinguida. ¡Y esas son las nietas del famoso millonario! ¡Cómo pueden cambiar las cosas en este mundo!

Tu Anne M. Frank

Martes, 9 de mayo de 1944

Querida Kitty:

He terminado el cuento del hada Ellen. Lo he pasado a limpio en un bonito papel de cartas, adornado con tinta roja, y lo he cosido. En su conjunto tiene buena pinta, pero no sé si no será poca cosa. Margot y mamá han hecho un poema de cumpleaños cada una.

A mediodía subió el señor Kugler a darnos la noticia de que la señora Broks tiene la intención de venir aquí todos los mediodías durante dos horas a tomar café, a partir del lunes. ¡Imagínate! Ya nadie podrá subir a vernos, no podrán traernos las patatas, Bep no podrá venir a comer, no podremos usar el retrete, no podremos hacer ningún ruido, y demás molestias por el estilo. Pensamos en toda clase de posibilidades que pudieran disuadirla. Van Daan sugirió que bastaría con darle un buen laxante en el café.

—No, por favor —contestó Kleiman—. ¡Que entonces ya no saldría más del excusado!

Todos soltamos la carcajada.

—¿Del excusado? —preguntó la señora—. ¿Y eso qué significa?

Se lo explicamos.

—¿Y esta expresión se puede usar siempre? —preguntó muy ingenua.

—¡Vaya ocurrencia! —dijo Bep entre risitas—. Imaginaos que uno entrara en unos grandes almacenes y preguntara por el excusado… ¡Ni lo entenderían!

Por lo tanto, Dussel ahora se encierra a las doce y media en el «excusado», por seguir usando la expresión. Hoy cogí resueltamente un trozo de papel rosa y escribí:

Horario de uso del retrete para el señor Dussel
Mañana: de 7.15 a 7.30
Mediodía: después de las 13
Por lo demás, a discreción.

Sujeté el cartel en la puerta verde del retrete estando Dussel todavía dentro. Podría haber añadido fácilmente: «En caso de violación de esta ley se aplicará la pena de encierro». Porque el retrete se puede cerrar tanto por dentro como por fuera.

El último chiste de Van Daan:
A raíz de la clase de religión y de la historia de Adán y Eva, un niño de trece años le pregunta a su padre:

—Papá, ¿me podrías decir cómo nací?

—Pues... —le contesta el padre—. La cigüeña te cogió de un charco grande, te dejó en la cama de mamá y le dio un picotazo en la pierna que la hizo sangrar, y tuvo que guardar cama una semana.

Para enterarse de más detalles, el niño fue a preguntarle lo mismo a su madre:

—Mamá, ¿me podrías decir cómo naciste tú y cómo nací yo?

La madre le contó exactamente la misma historia, tras lo cual el niño, para saberlo todo con pelos y señales, acudió igualmente al abuelo:

—Abuelo, ¿me podrías decir cómo naciste tú y cómo nació tu hija?

Y por tercera vez consecutiva, oyó la misma historia.

Por la noche escribió en su diario: «Después de haber recabado informes muy precisos, cabe concluir que en nuestra familia no ha habido relaciones sexuales durante tres generaciones».

¡Ya son las tres!, y todavía tengo que estudiar.

Tu Anne M. Frank

P.D.: Como ya te he contado que tenemos una nueva asistenta, quisiera añadir que esta señora está casada, tiene sesenta años y es dura de oído. Esto último viene bien, teniendo en cuenta los posibles ruidos procedentes de ocho escondidos.

¡Ay, Kit, hace un tiempo tan bonito! ¡Cómo me gustaría salir a la calle!

Miércoles, 10 de mayo de 1944

Querida Kitty:

Ayer por la tarde estábamos estudiando francés en el desván, cuando de repente oí detrás de mí un murmullo como de agua. Le pregunté a Peter qué pasaba, pero él, sin responderme siquiera, subió corriendo a la buhardilla —el lugar del desastre—, y cogiendo bruscamente a Mouschi, que en lugar de usar su cubeta, ya toda mojada, se había puesto a hacer pis al lado, lo metió con brusquedad en la cubeta para que siguiera haciendo pis allí. Se produjo un gran estrépito y Mouschi, que entretanto había acabado, bajó como un relámpago. Resulta que el gato, buscando un poco de comodidad cubetística para hacer sus necesidades, se había sentado encima de un montoncito de serrín que tapaba una raja en el suelo de la buhardilla, que es bastante poroso; el charco que produjo no tardó en atravesar el techo del desván y, por desgracia, fue a parar justo dentro y al lado del tonel de las patatas. El techo chorreaba, y como el suelo del desván tiene a su vez unos cuantos agujeros, algunas gotas amarillas lo atravesaron y cayeron en la habitación, en medio de una pila de medias y libros que había sobre la mesa.

El espectáculo era tan cómico que me entró la risa: Mouschi acurrucado debajo de un sillón, Peter dándole al agua, a los polvos de blanqueo y a la bayeta, y Van Daan tratando de calmar los ánimos. El desastre se reparó pronto, pero como bien es sabido, el pis de gato tiene un olor horrible, lo que quedó demostrado ayer de forma patente por las patatas y también por el serrín, que papá llevó abajo en un cubo para quemarlo.

¡Pobre Mouschi! ¡¿Cómo iba él a saber que el polvo de turba* es tan difícil de conseguir?!

Anne

Jueves, 11 de mayo de 1944

Querida Kitty:

Otro episodio que nos hizo reír:

Había que cortarle el pelo a Peter y su madre, como de costumbre, haría de peluquera. A las siete y veinticinco desapareció Peter en su habitación, y a las siete y media en punto volvió a salir, todo desnudo, aparte de un pequeño bañador azul y zapatillas de deporte.

—¿Vamos ya? —le preguntó a su madre.

—Sí, pero espera que encuentre las tijeras.

Para ayudarla a buscar, Peter se puso a hurgar descaradamente en el cajón donde la señora guarda sus artículos de tocador.

—¡No me revuelvas las cosas, Peter! —se quejó.

No entendí qué le contestó Peter, pero debió de haber sido alguna impertinencia, porque la señora le dio un golpe en el brazo. Él se lo devolvió, ella volvió a golpearle con todas sus fuerzas y Peter retiró el brazo haciendo una mueca muy cómica.

---

* La turba se usaba, entre otras cosas, para ponerla en las cubetas de los gatos domésticos, para que hicieran allí sus necesidades. *(N. del T.)*.

—¡Vente ya, vieja!

La señora se quedó donde estaba, Peter la cogió de las muñecas y la arrastró por toda la habitación. La señora lloraba, se reía, profería maldiciones y pataleaba, pero todo era en vano. Peter condujo a su prisionera hasta la escalera del desván, donde tuvo que soltarla por la fuerza. La señora volvió a la habitación y se dejó caer en una silla con un fuerte suspiro.

—El rapto de la madre —bromeé.

—Sí, pero me ha hecho daño.

Me acerqué a mirar y le llevé agua fría para aplacar el dolor de sus muñecas, que estaban todas rojas por la fricción. Peter, que se había quedado esperando junto a la escalera, perdió de nuevo la paciencia y entró en la habitación como un domador, con un cinturón en la mano. Pero la señora no lo acompañó; se quedó sentada frente al escritorio, buscando un pañuelo.

—Primero tienes que disculparte.

—Está bien, te pido disculpas, que ya se está haciendo tarde.

A la señora le dio la risa a pesar suyo, se levantó y se acercó a la puerta. Una vez allí, se sintió obligada a darnos una explicación antes de salir. (Estábamos papá, mamá y yo, fregando los platos).

—En casa no era así —dijo—. Le habría dado un golpe que le hubiera hecho rodar escaleras abajo (!). Nunca ha sido tan insolente, y ya ha recibido unos cuantos golpes, pero es la educación moderna, los hijos modernos, yo nunca habría tratado así a mi madre, ¿ha tratado usted así a la suya, señor Frank?

Estaba exaltada, iba y venía, preguntaba y decía de todo, y mientras tanto seguía sin subir. Hasta que por fin, ¡por fin!, se marchó.

No estuvo arriba más que cinco minutos. Entonces bajó como un huracán, resoplando, tiró el delantal, y a mi pregunta de si ya había terminado, contestó que bajaba un momento, lanzándose como un remolino escaleras abajo, seguramente en brazos de su querido Putti.

No subió hasta después de las ocho, acompañada de su marido. Hicieron bajar a Peter del desván, le echaron una tremenda regañina, le soltaron unos insultos, que si insolente, que si maleducado, que si irrespetuoso, que si mal ejemplo, que si Anne es así, que si Margot hace así: no pude pescar más que eso.

Lo más probable es que hoy todo haya vuelto a la normalidad.

Tu Anne M. Frank

P.D.: El martes y el miércoles por la noche habló por la radio nuestra querida reina. Dijo que se tomaba unas vacaciones para poder regresar a Holanda refortalecida. Dijo que «Cuando vuelva... pronta liberación... coraje y valor... y cargas pesadas».

A ello le siguió un discurso del ministro Gerbrandy. Este hombre tiene una vocecita tan infantil y quejumbrosa, que mamá, sin quererlo, soltó un ¡ay!

de compasión. Un pastor protestante, con una voz robada a Don Fatuo, concluyó la velada con un rezo, pidiéndole a Dios que cuidara de los judíos y de los detenidos en los campos de concentración, en las cárceles y en Alemania.

Jueves, 11 de mayo de 1944

Querida Kitty:

Como me he dejado la «caja de chucherías» arriba, y por lo tanto también la pluma, y como no puedo molestar a los que duermen su siestecita (hasta las dos y media), tendrás que conformarte con una carta escrita a lápiz.

De momento tengo muchísimo que hacer, y por extraño que parezca, me falta el tiempo para liquidar la montaña de cosas que me esperan. ¿Quieres que te cuente en dos palabras todo lo que tengo que hacer? Pues bien, para mañana tengo que leer el primer tomo de la biografía de Galileo Galilei, ya que hay que devolverlo a la biblioteca. Empecé a leer ayer, y voy por la página 220. Como son 320 páginas en total, lo acabaré. La semana que viene tengo que leer *Palestina en la encrucijada* y el segundo tomo de Galileo. Ayer también terminé de leer la primera parte de la biografía del emperador Carlos V y tengo que pasar a limpio urgentemente la cantidad de apuntes y genealogías que he extraído de ella. A continuación tengo tres páginas de vocablos extranjeros que tengo que leer en voz alta, apuntar y aprenderme de memoria, todos extraídos de los distintos libros. En cuarto lugar está mi colección de estrellas de cine, que están todas desordenadas y necesitan urgentemente que las ordene; pero puesto que tal ordenamiento tomaría varios días y que la profesora Anne, como ya se ha dicho, está de momento agobiada de trabajo, el caos por de pronto seguirá siendo un caos. Luego también Teseo, Edipo, Peleo, Orfeo, Jasón y Hércules están a la espera de un ordenamiento, ya que varias de sus proezas forman como una maraña de hilos de colores en mi cabeza; también Mirón y Fidias necesitan un tratamiento urgente, para evitar que se conviertan en una masa informe. Lo mismo es aplicable, por ejemplo, a las guerras de los Siete y de los Nueve Años: llega un momento en que empiezo a mezclarlo todo. ¿Qué voy a hacer con una memoria así? ¡Imagínate lo olvidadiza que me volveré cuando tenga ochenta años!

¡Ah, otra cosa! La Biblia. ¿Cuánto faltará para que me encuentre con la historia del baño de Susana? ¿Y qué querrán decir con aquello de la culpa de Sodoma y Gomorra? ¡Ay, todavía quedan tantas preguntas y tanto por aprender! Y mientras tanto, a Liselotte von der Pfalz la tengo totalmente abandonada.

Kitty, ¿ves que la cabeza me da vueltas?

Ahora otro tema: hace mucho que sabes que mi mayor deseo es llegar a ser periodista y más tarde una escritora famosa. Habrá que ver si algún día podré llevar a cabo este delirio (?!) de grandeza, pero temas hasta ahora no me faltan. De todos modos, cuando acabe la guerra quisiera publicar un libro titulado *La Casa de atrás*; aún está por ver si resulta, pero mi diario podrá servir de base.

También tengo que terminar «La vida de Cady». He pensado que en la continuación del relato, Cady vuelve a casa tras la cura en el sanatorio y empieza a cartearse con Hans. Eso es en 1941. Al poco tiempo se da cuenta de que Hans tiene simpatías nacionalsocialistas y, como Cady está muy preocupada por la suerte de los judíos y la de su amiga Marianne, se produce entre ellos un alejamiento. Rompen después de un encuentro en el que primero se reconcilian, pero después del cual Hans conoce a otra chica. Cady está hecha polvo y, para dedicarse a algo bueno, decide hacerse enfermera. Cuando acaba sus estudios de enfermera, se marcha a Suiza por recomendación de unos amigos de su padre, para aceptar un puesto en un sanatorio para enfermos de pulmón. Sus primeras vacaciones allí las pasa a orillas del lago de Como, donde se topa con Hans por casualidad. Este le cuenta que dos años antes se casó con la sucesora de Cady, pero que su mujer se ha quitado la vida a raíz de un ataque de depresión. A su lado, Hans se ha dado cuenta de lo mucho que ama a la pequeña Cady, y ahora vuelve a pedir su mano. Cady se niega, aunque sigue amándolo igual que antes, a pesar suyo, pero su orgullo se interpone entre ellos. Después de esto, Hans se marcha, y años más tarde Cady se entera de que ha ido a parar a Inglaterra, donde acaba más enfermo que sano.

La propia Cady se casa a los veintisiete años con Simon, un hombre de campo con un buen pasar. Empieza a quererlo mucho, pero nunca tanto como a Hans. Tiene dos hijas, Lilian y Judith, y un varón, Nico. Simon y ella son felices, aunque en los pensamientos ocultos de Cady siempre sigue estando Hans. Hasta que una noche sueña con él y se despide de él.

No son meras sensiblerías, porque en el relato está entrelazada en parte la historia de papá.

Tu Anne M. Frank

Sábado, 13 de mayo de 1944

Queridísima Kitty:

Ayer fue el cumpleaños de papá, papá y mamá cumplían diecinueve años de casados, no tocaba asistenta y el sol brillaba como nunca lo ha hecho en lo que va de 1944. El castaño está en flor de arriba abajo, y lleno de hojas además, y está mucho más bonito que el año pasado.

Kleiman le regaló a papá una biografía sobre la vida de Linneo, Kugler también un libro sobre la naturaleza, Dussel el libro *Ámsterdam desde el agua*, los Van Daan una caja gigantesca adornada como por un decorador de primera, con tres huevos, una botella de cerveza, un yogur y una corbata verde dentro. Nuestro pote de melaza desentonaba un poco. Mis rosas despiden un aroma muy rico, a diferencia de los claveles rojos de Miep y Bep. Lo han mimado mucho. De la pastelería Siemons trajeron cincuenta *petits fours* (¡qué bien!), y además papá nos convidó a pan de especias, y a cerveza para los hombres y yogur para las mujeres. ¡Todos lo apreciaron!

Tu Anne M. Frank

Martes, 16 de mayo de 1944

Queridísima Kitty:

Para variar (como hace tanto que no ocurría) quisiera contarte una pequeña discusión que tuvieron ayer el señor y la señora Van Daan:

La señora: «Los alemanes a estas alturas deben de haber reforzado mucho su muro del Atlántico; seguramente harán todo lo que esté a su alcance para detener a los ingleses. ¡Es increíble la fuerza que tienen estos alemanes!».

El señor: «¡Sí, sí, terrible!».

La señora: «¡Pues sí!».

El señor: «Seguro que los alemanes acabarán ganando la guerra, de lo fuertes que son».

La señora: «Pues podría ser; a mí no me consta lo contrario».

El señor: «Será mejor que me calle».

La señora: «Aunque no quieras, siempre contestas».

El señor: «¡Qué va, si no contesto casi nunca!».

La señora: «Sí que contestas, y siempre quieres tener la razón. Y tus predicciones no siempre resultan acertadas, ni mucho menos».

El señor: «Hasta ahora siempre he acertado en mis predicciones».

La señora: «¡Eso no es cierto! La invasión iba a ser el año pasado, los finlandeses conseguirían la paz, Italia estaría liquidada en el invierno, los rusos ya tenían Lemberg… ¡Tus predicciones no valen un ochavo!».

El señor (levantándose): «¡Cállate de una buena vez! ¡Ya verás que tengo razón, en algún momento tendrás que reconocerlo, estoy harto de tus críticas, ya me las pagarás!». *(Fin del primer acto)*.

No pude evitar que me entrara la risa, mamá tampoco, y también Peter tuvo que contenerse. ¡Ay, qué tontos son los mayores! ¿Por qué no aprenden ellos primero, en vez de estar criticando siempre a sus hijos?

Desde el viernes abrimos de nuevo las ventanas por las noches.

Tu Anne M. Frank

Asuntos que interesan a la familia de escondidos en la Casa de atrás: (Relación sistemática de asignaturas de estudio y de lectura).

El señor Van Daan: no estudia nada; consulta mucho la enciclopedia Knaur; le gusta leer novelas de detectives, libros de medicina e historias de suspense y de amor sin importancia.

La señora Van Daan: estudia inglés por correspondencia; le gusta leer biografías noveladas y algunas novelas.

El señor Frank: estudia inglés (¡Dickens!) y algo de latín; nunca lee novelas, aunque sí le gustan las descripciones serias y áridas de personas y países.

La señora Frank: estudia inglés por correspondencia; lee de todo, menos las historias de detectives.

El señor Dussel: estudia inglés, español y neerlandés sin resultado aparente; lee de todo; su opinión se ajusta a la de la mayoría.

Peter van Daan: estudia inglés, francés (por correspondencia), taquigrafía neerlandesa, inglesa y alemana, correspondencia comercial en inglés, carpintería, economía política y, a veces, aritmética; lee poco, a veces libros sobre geografía.

Margot Frank: estudia inglés, francés, latín por correspondencia, taquigrafía inglesa, alemana y neerlandesa, mecánica, goniometría, estereometría, física, química, álgebra, geometría, literaturas inglesa, francesa, alemana y neerlandesa, contabilidad, geografía, historia moderna, biología, economía; lee de todo, preferentemente libros sobre religión y medicina.

Anne Frank: estudia francés, inglés, alemán, taquigrafía neerlandesa, geometría, álgebra, *historia*, geografía, historia del arte, mitología, biología, historia bíblica, literatura neerlandesa; le encanta leer biografías, áridas o entretenidas, libros de historia (a veces novelas y libros de esparcimiento).

Viernes, 19 de mayo de 1944

Querida Kitty:

Ayer estuve muy mal. Vomité (¡yo, figúrate!), me dolía la cabeza, la tripa, todo lo que te puedas imaginar. Hoy ya estoy mejor, tengo mucha hambre, pero las judías pintas que nos dan hoy será mejor que no las toque.

A Peter y a mí nos va muy bien. El pobre tiene más necesidad de cariño que yo, sigue poniéndose colorado cada vez que le doy el beso de las buenas noches y siempre me pide que le dé otro como si tal cosa. ¿Seré algo así como una sustituta mejorada de Moffi? A mí no me importa, él es feliz sabiendo que alguien lo quiere.

Después de mi tortuosa conquista, estoy un tanto por encima de la situación, pero no te creas que mi amor se ha entibiado. Es un encanto, pero yo he vuelto a cerrarme por dentro; si Peter quisiera romper otra vez el candado, esta vez deberá usar una palanca más fuerte...

Tu Anne M. Frank

Sábado, 20 de mayo de 1944

Querida Kitty:

Anoche bajé del desván, y al entrar en la habitación vi enseguida que el hermoso jarrón de los claveles había rodado por el suelo. Mamá estaba de rodillas fregando y Margot intentaba pescar mis papeles mojados del suelo.

—¿Qué ha pasado? —pregunté, llena de malos presentimientos, y sin esperar una respuesta me puse a estimar los daños desde la distancia. Toda mi carpeta de genealogías, mis cuadernos, libros, todo empapado. Casi me pongo a llorar y estaba tan exaltada, que empecé a hablar en alemán. Ya no me acuerdo en absoluto de lo que dije, pero según Margot murmuré algo así como «daños incalculables, espantosos, horribles, irreparables» y otras cosas más. Papá se reía a carcajadas, mamá y Margot se contagiaron, pero yo casi me echo a llorar al ver todo mi trabajo estropeado y mis apuntes pasados a limpio todos emborronados.

Ya examinándolo mejor, los «daños incalculables» no lo eran tanto, por suerte. En el desván despegué y clasifiqué con sumo cuidado los papeles pegoteados y los colgué en hilera de las cuerdas de colgar la colada. Resultaba muy cómico verlo y me volvió a entrar risa: María de Médicis al lado de Carlos V, Guillermo de Orange al lado de María Antonieta.

—¡Eso es *Rassenschande!** —bromeó el señor Van Daan.

Tras confiar el cuidado de mis papeles a Peter, volví a bajar.

—¿Cuáles son los libros estropeados? —le pregunté a Margot, que estaba haciendo una selección de mis tesoros librescos.

—El de álgebra —dijo.

Pero lamentablemente ni siquiera el libro de álgebra se había estropeado realmente. ¡Ojalá se hubiera caído en el jarrón! Nunca he odiado tanto un libro como el de álgebra. En la primera página hay como veinte nombres de chicas que lo tuvieron antes que yo; está viejo, amarillento y lleno de apuntes, tachaduras y borrones. Cualquier día que me dé un ataque de locura, cojo y lo rompo en pedazos.

Tu Anne M. Frank

Lunes, 22 de mayo de 1944

Querida Kitty:

El 20 de mayo, papá perdió cinco tarros de yogur en una apuesta con la señora Van Daan. En efecto, la invasión no se ha producido aún, y creo

* En alemán, «escándalo racial». Alusión a las teorías nacionalsocialistas sobre la pureza de la raza. *(N. del T.)*

poder decir que en todo Ámsterdam, en toda Holanda y en toda la costa occidental europea hasta España, se habla, se discute y se hacen apuestas noche y día sobre la invasión, sin perder las esperanzas.

La tensión sigue aumentando. No todos los holandeses de los que pensamos que pertenecen al bando «bueno» siguen confiando en los ingleses. No todos consideran que los faroles ingleses son una muestra de maestría, nada de eso, la gente por fin quiere ver actos, actos de grandeza y heroísmo.

Nadie ve más allá de sus narices, nadie piensa en que los ingleses luchan por sí mismos y por su país; todo el mundo opina que los ingleses tienen la obligación de salvar a Holanda lo antes posible y de la mejor manera posible. ¿Por qué habrían de tener esa obligación? ¿Qué han hecho los holandeses para merecer la generosa ayuda que esperan con tanta certeza que les darán? No, los holandeses se llevarán un chasco; los ingleses, pese a todos sus faroles, ciertamente no se han desacreditado más que todos los otros países, grandes y pequeños, que ahora están ocupados. De veras, los ingleses no van a presentar sus disculpas por haber dormido mientras Alemania se armaba, porque los demás países, los que limitan con Alemania, también dormían. Con la política del avestruz no se llega a ninguna parte, eso lo ha podido ver Inglaterra y lo ha visto el mundo entero, y ahora tienen que pagarlo caro, uno a uno, y la propia Inglaterra tampoco se salvará.

Ningún país va a sacrificar a sus hombres en vano, sobre todo si lo que está en juego son los intereses de otro país, y tampoco Inglaterra lo hará. La invasión, la liberación y la libertad llegarán algún día; pero la que puede elegir el momento es Inglaterra, y no algún territorio ocupado, ni todos ellos juntos.

Con gran pena e indignación por nuestra parte nos hemos enterado de que la actitud de mucha gente frente a los judíos ha dado un vuelco. Nos han dicho que hay brotes de antisemitismo en círculos en los que antes eso era impensable. Este hecho nos ha afectado muchísimo a los ocho. La causa de este odio hacia los judíos es comprensible, a veces hasta humana, pero no es buena. Los cristianos les echan en cara a los judíos que se van de la lengua con los alemanes, que delatan a quienes los protegieron, que por culpa de los judíos muchos cristianos corren la misma suerte y sufren los mismos horribles castigos que tantos otros. Todo esto es cierto. Pero como pasa con todo, tienen que mirar también la otra cara de la moneda: ¿actuarían los cristianos de otro modo si estuvieran en nuestro lugar? ¿Puede una persona, sin importar si es cristiano o judío, mantener su silencio ante los métodos alemanes? Todos saben que es casi imposible. Entonces ¿por qué les piden lo imposible a los judíos?

En círculos de la resistencia se murmura que los judíos alemanes emigrados en su momento a Holanda y que ahora se encuentran en Polonia no podrán volver a Holanda; aquí tenían derecho de asilo, pero cuando ya no esté Hitler, deberán volver a Alemania.

Oyendo estas cosas, ¿no es lógico que uno se pregunte por qué se está librando esta guerra tan larga y difícil? ¿Acaso no oímos siempre que todos juntos luchamos por la libertad, la verdad y la justicia? Y si en plena lucha ya empieza a haber discordia, ¿otra vez el judío vale menos que otro? ¡Ay, es triste, muy triste, que por enésima vez se confirme la vieja sentencia de que lo que hace un cristiano es responsabilidad suya, pero lo que hace un judío es responsabilidad de todos los judíos!

Sinceramente no me cabe en la cabeza que los holandeses, un pueblo tan bondadoso, honrado y recto, opinen así sobre nosotros, opinen así sobre el pueblo más oprimido, desdichado y lastimero de todos los pueblos, tal vez del mundo entero.

Solo espero una cosa: que ese odio a los judíos sea pasajero, que los holandeses en algún momento demuestren ser lo que son en realidad, que no vacilen en su sentimiento de justicia, ni ahora ni nunca, ¡porque esto de ahora es injusto!

Y si estas cosas horribles de verdad se hicieran realidad, el pobre resto de judíos que queda abandonará Holanda. También nosotros liaremos nuestros bártulos y seguiremos nuestro camino Dejaremos atrás este hermoso país que nos ofreció cobijo tan cordialmente y que ahora nos vuelve la espalda.

¡Amo a Holanda, en algún momento he tenido la esperanza de que a mí, apátrida, pudiera servirme de patria, y aún conservo esa esperanza!

Tu Anne M. Frank

Jueves, 25 de mayo de 1944

Querida Kitty:

¡Bep se ha comprometido! El hecho en sí no es tan sorprendente, aunque a ninguno de nosotros nos alegra demasiado. Puede que Bertus sea un muchacho serio, simpático y deportivo, pero Bep no lo ama y eso para mí es motivo suficiente para desaconsejarle que se case.

Bep ha puesto todos sus empeños en abrirse camino en la vida, y Bertus la detiene. Es un obrero, un hombre sin inquietudes y sin interés en salir adelante, y no creo que Bep vaya a sentirse feliz con esa situación. Es comprensible que quiera poner fin a esta cuestión de medias tintas; hace apenas cuatro semanas había roto con él, pero luego se sintió más desdichada, y por eso volvió a escribirle, y ahora ha acabado por comprometerse.

En este compromiso entran en juego muchos factores. En primer lugar, el padre enfermo, que quiere mucho a Bertus; en segundo lugar, el hecho de que es la mayor de las hijas de Voskuijl y que su madre le gasta bromas por su soltería; en tercer lugar, el hecho de que Bep tiene todavía veinticuatro años, algo que para ella cuenta bastante.

Mamá dijo que habría preferido que empezaran teniendo una relación. Yo no sé qué decir, compadezco a Bep y entiendo que se sintiera sola. De todos modos, la boda no podrá ser antes de que acabe la guerra, ya que Bertus es un clandestino, o sea, un «hombre negro», y además ninguno de ellos tiene un céntimo y tampoco tienen ajuar. ¡Qué perspectivas tan miserables para Bep, a la que todos nosotros deseamos lo mejor! Esperemos que Bertus cambie bajo el influjo de Bep, o bien que Bep aún encuentre a un hombre bueno que sepa valorarla.

Tu Anne M. Frank

El mismo día

Todos los días pasa algo nuevo. Esta mañana han detenido a Van Hoeven. En su casa había dos judíos escondidos. Es un duro golpe para nosotros, no solo porque esos pobres judíos están ahora al borde del abismo, sino que también es horrible para Van Hoeven.

El mundo está patas arriba. A los más decentes los encierran en campos de concentración, en cárceles y celdas solitarias, y la escoria impera sobre jóvenes y viejos, ricos y pobres. A unos los pillan por dedicarse al estraperlo, a otros por ayudar a los judíos o a otros escondidos, y nadie que no pertenezca al movimiento nacionalsocialista sabe lo que puede pasar mañana.

También para nosotros lo de Van Hoeven supone una enorme pérdida. Bep no puede ni debe cargar con esas raciones de patatas; lo único que nos queda es comer menos. Ya te contaré cómo lo arreglamos, pero seguro que no será nada agradable. Mamá dice que no habrá más desayuno: papilla de avena y pan al mediodía, y por las noches patatas rehogadas, y tal vez verdura o lechuga una o dos veces a la semana, más no. Pasaremos hambre, pero cualquier cosa es mejor que ser descubiertos.

Tu Anne M. Frank

Viernes, 26 de mayo de 1944

Queridísima Kitty:

Por fin, por fin ha llegado el momento de sentarme a escribir tranquila junto a la rendija de la ventana para contártelo todo, absolutamente todo.

Me siento más miserable de lo que me he sentido en meses, ni siquiera después de que entraron los ladrones me sentí tan destrozada por dentro y por fuera. Por un lado Van Hoeven, la cuestión de los judíos, que es objeto de amplios debates en toda la casa, la invasión que no llega, la mala comida, la tensión, el ambiente deprimente, la desilusión por lo de Peter y, por el otro lado, el compromiso de Bep, la recepción por motivo de Pentecostés, las flores, el cumpleaños de Kugler, las tartas y las historias de teatros de revista, cines y salas de concierto. Esas diferencias, esas grandes diferencias, siempre se hacen patentes: un día nos reímos de nuestra situación tan cómica de estar escondidos, y al otro día y tantos otros días tenemos miedo, y se nos notan en la cara el temor, la angustia y la desesperación.

Miep y Kugler son los que más sienten la carga que les ocasionamos, tanto nosotros como los demás escondidos; Miep en su trabajo, y Kugler, que a veces sucumbe bajo el peso que supone la gigantesca responsabilidad hacia nosotros ocho, y que ya casi no puede hablar de los nervios y la exaltación contenida. Kleiman y Bep también cuidan muy bien de nosotros, de verdad muy bien, pero hay momentos en que también ellos se olvidan de la Casa de atrás, aunque tan solo sea por unas horas, un día, acaso dos. Tienen sus propias preocupaciones que atender, Kleiman su salud, Bep su compromiso, que dista mucho de ser de color de rosa, y aparte de esas preocupaciones también tienen sus salidas, sus visitas, toda su vida de gente normal, para ellos la tensión a veces desaparece, aunque solo sea por poco tiempo, pero para nosotros no, nunca, desde hace dos años. ¿Hasta cuándo esa tensión seguirá aplastándonos y asfixiándonos cada vez más?

Otra vez se han atascado las tuberías del desagüe, no podemos dejar correr el agua, salvo a cuentagotas, no podemos usar el retrete, salvo si llevamos un cepillo, y el agua sucia la guardamos en una gran tinaja. Por hoy nos arreglamos, pero ¿qué pasará si el fontanero no puede solucionarnos el problema él solo? Los del ayuntamiento no trabajan hasta el martes...*

Miep nos mandó una hogaza con pasas con una inscripción que decía «Feliz Pentecostés». Es casi como si se estuviera burlando, nuestros ánimos y nuestro miedo no están nada «felices».

Nos hemos vuelto más miedosos desde el asunto de Van Hoeven. A cada momento se oye algún «¡chis!», y todos tratan de hacer menos ruido. Los que forzaron la puerta en casa de Van Hoeven eran de la policía, de modo que tampoco estamos a buen recaudo de ellos. Si nos llegan a... no, no debo escribirlo, pero hoy la pregunta es ineludible, al contrario, todo el miedo y la angustia se me vuelven a aparecer en todo su horror.

A las ocho de la noche he tenido que bajar sola al retrete, abajo no había nadie, todos estaban escuchando la radio, yo quería ser valiente, pero no fue fácil. Sigo sintiéndome más segura aquí arriba que sola en el edificio tan grande y silencioso; sola con los ruidos sordos y enigmáticos que se oyen arriba y los bocinazos de los coches en la calle, me pongo a temblar cuando no me doy prisa y reflexiono un momento sobre la situación.

Miep se ha vuelto mucho más amable y cordial con nosotros desde la

---

* El lunes de Pentecostés es día festivo en los Países Bajos. *(N. del T.)*

conversación que ha tenido con papá. Pero eso todavía no te lo he contado. Una tarde, Miep vino a ver a papá con la cara toda colorada y le preguntó a quemarropa si creíamos que también a ella se le había contagiado el antisemitismo. Papá se pegó un gran susto y habló con ella para quitárselo de la cabeza, pero a Miep le siguió quedando en parte su sospecha. Ahora nos traen más cosas, se interesan más por nuestros pesares, aunque no debemos molestarlos contándoselos. ¡Son todos tan tan buenos!

Una y otra vez me pregunto si no habría sido mejor para todos que en lugar de escondernos ya estuviéramos muertos y no tuviéramos que pasar por esta pesadilla, y sobre todo que no comprometiéramos a los demás. Pero también esa idea nos estremece, todavía amamos la vida, aún no hemos olvidado la voz de la naturaleza, aún tenemos esperanzas, esperanzas de que todo salga bien.

Y ahora, que pase algo pronto, aunque sean tiros, eso no nos podrá destrozar más que esta desazón, que venga ya el final, aunque sea duro, así al menos sabremos si al final hemos de triunfar o si sucumbiremos.

Tu Anne M. Frank

Miércoles, 31 de mayo de 1944

Querida Kitty:
El sábado, domingo, lunes y martes hizo tanto calor, que no podía sostener la pluma en la mano, por lo que me fue imposible escribirte. El viernes se rompió el desagüe, el sábado lo arreglaron. La señora Kleiman vino por la tarde a visitarnos y nos contó muchas cosas sobre Jopie, por ejemplo que se ha hecho socia de un club de hockey junto con Jacque van Maarsen. El domingo vino Bep a ver si no habían entrado ladrones y se quedó a desayunar con nosotros. El lunes de Pentecostés, el señor Gies hizo de vigilante del escondite y el martes por fin nos dejaron abrir otra vez las ventanas. Rara vez hemos tenido un fin de semana de Pentecostés tan hermoso y cálido, hasta podría decirse que caluroso. Cuando en la Casa de atrás hace mucho calor es algo terrible; para darte una idea de la gran cantidad de quejas, te describiré los días de calor en pocas palabras:

El sábado: «¡Qué bueno hace!», dijimos todos por la mañana. «¡Ojalá hiciera menos calor!», dijimos por la tarde, cuando hubo que cerrar las ventanas.

El domingo: «¡No se aguanta el calor, la mantequilla se derrite, no hay ningún rincón fresco en la casa, el pan se seca, la leche se echa a perder, no se puede abrir ninguna ventana. Somos unos parias que nos estamos sofocando, mientras los demás tienen vacaciones de Pentecostés!». (Palabras de la señora).

El lunes: «¡Me duelen los pies, no tengo ropa fresca, no puedo fregar los platos con este calor!». Quejidos desde la mañana temprano hasta las últimas horas de la noche. Fue muy desagradable.

Sigo sin soportar bien el calor, y me alegro de que hoy sople una buena brisa y que igual haga sol.

Tu Anne M. Frank

Viernes, 2 de junio de 1944

Querida Kitty:

«Quienes suban al desván, que se lleven un paraguas bien grande, de hombre si es posible». Esto para guarecerse de las lluvias que vienen de arriba. Hay un refrán que dice: «En lo alto, seco, santo y seguro», pero esto no es aplicable a los tiempos de guerra (por los tiros) y a los escondidos (por el pis de gato). Resulta que Mouschi ha tomado más o menos por costumbre depositar sus menesteres encima de unos periódicos o en una rendija en el suelo, de modo que no solo el miedo a las goteras está más que fundado, sino también el temor al mal olor. Sépase, además, que también el nuevo Moortje del almacén padece los mismos males, y todo aquel que haya tenido un gato pequeño que hiciera sus necesidades por todas partes sabrá hacerse una idea de los aromas que flotan por la casa aparte del de la pimienta y del tomillo.

Por otra parte, tengo que comunicarte una flamante receta antitiros: al oír fuertes disparos, dirigirse rápidamente a la escalera de madera más cercana, bajar y volver a subir por la misma, intentando rodar por ella suavemente hacia abajo al menos una vez en caso de repetición. Los rasguños y el estruendo producidos por las bajadas y subidas y por las caídas te mantienen lo suficientemente ocupada como para no oír los disparos ni pensar en ellos. Quien escribe estas líneas ciertamente ha probado esta receta ideal, ¡y con éxito!

Tu Anne M. Frank

Lunes, 5 de junio de 1944

Querida Kitty:

Nuevos disgustos en la Casa de atrás. Pelea entre Dussel y los Frank a raíz del reparto de la mantequilla. Capitulación de Dussel. Gran amistad entre la señora Van Daan y el último, coqueteos, besitos y sonrisitas simpáticas. Dussel empieza a sentir deseos de estar con una mujer.

Los Van Daan no quieren que hagamos un pan de especias para el cumpleaños de Kugler, porque aquí tampoco se comen. ¡Qué miserables!

Arriba un humor de perros. La señora con catarro. Pillamos a Dussel tomando tabletas de levadura de cerveza, mientras que a nosotros no nos da nada.

Entrada en Roma del 5.º Ejército, la ciudad no ha sido destruida ni bombardeada. Enorme propaganda para Hitler.

Hay poca verdura y patatas, una bolsa de pan se ha echado a perder.

El Esqueleto (así se llama el nuevo gato del almacén) no soporta bien la pimienta. Utiliza la cubeta retrete para dormir, y para hacer sus necesidades coge virutas de madera de las de empacar. ¡Vaya un gato imposible!

El tiempo, malo. Bombardeos continuos sobre el paso de Calais y la costa occidental francesa.

Imposible vender dólares, oro menos aún, empieza a verse el fondo de nuestra caja negra. ¿De qué viviremos el mes que viene?

Tu Anne M. Frank

Martes, 6 de junio de 1944

Queridísima Kitty:

This is D-day,* ha dicho a las doce del mediodía la radio inglesa, y con razón. *This is «the» day:*** ¡La invasión ha comenzado!

Esta mañana, a las ocho, los ingleses anunciaron: intensos bombardeos en Calais, Boulogne-sur-Mer, El Havre y Cherburgo, así como en el paso de Calais (como ya es habitual). También una medida de seguridad para los territorios ocupados: toda la gente que vive en la zona de treinta y cinco kilómetros desde la costa tiene que prepararse para los bombardeos. Los ingleses tirarán volantes una hora antes, en lo posible.

Según han informado los alemanes, en la costa francesa han aterrizado tropas paracaidistas inglesas. «Lanchas inglesas de desembarco luchan contra la infantería de marina alemana», según la BBC.

Conclusión de la Casa de atrás a las nueve de la mañana durante el desayuno: es un desembarco piloto, igual que hace dos años en Dieppe.

La radio inglesa en su emisión de las diez, en alemán, neerlandés, francés y otros idiomas: *The invasion has begun,**** o sea, la invasión *de verdad*.

La radio inglesa en su emisión de las once, en alemán: discurso del general Dwight Eisenhower, comandante de las tropas.

La radio inglesa en su emisión en inglés: «Ha llegado el día D». El general Eisenhower le ha dicho al pueblo francés: «Nos espera un duro combate, pero luego vendrá la victoria. 1944 será el año de la victoria total. ¡Buena suerte!».

La radio inglesa en su emisión de la una, en inglés: once mil aviones están preparados y vuelan incesantemente para transportar tropas y realizar bombardeos detrás de las líneas de combate. Cuatro mil naves de desembarco y otras embarcaciones más pequeñas tocan tierra sin cesar entre Cherburgo y El Havre. Tropas inglesas y estadounidenses se encuentran ya en pleno

---

* En inglés: «Ha llegado el día D». *(N. del T.).*

** En inglés: «Ha llegado "el" día». *(N. del T.).*

*** En inglés: «La invasión ha comenzado». *(N. del T.).*

combate. Discursos del ministro holandés Gerbrandy, del primer ministro belga, del rey Haakon de Noruega, de De Gaulle por Francia y del rey de Inglaterra, sin olvidar a Churchill.

¡Conmoción en la Casa de atrás! ¿Habrá llegado por fin la liberación tan ansiada, la liberación de la que tanto se ha hablado, pero que es demasiado hermosa y fantástica como para hacerse realidad algún día? ¿Acaso este año de 1944 nos obsequiará la victoria? Ahora mismo no lo sabemos, pero la esperanza, que también es vida, nos devuelve el valor y la fuerza. Porque con valor hemos de superar los múltiples miedos, privaciones y sufrimientos. Ahora se trata de guardar la calma y de perseverar, y de hincarnos las uñas en la carne antes de gritar. Gritar y chillar por las desgracias padecidas, eso lo pueden hacer en Francia, Rusia, Italia y Alemania, pero nosotros todavía no tenemos derecho a ello...

¡Ay, Kitty, lo más hermoso de la invasión es que me da la sensación de que quienes se acercan son amigos! Los malditos alemanes nos han oprimido y nos han puesto el puñal contra el pecho durante tanto tiempo, que los amigos y la salvación lo son todo para nosotros. Ahora ya no se trata de los judíos, se trata de toda Holanda, Holanda y toda la Europa ocupada. Tal vez, dice Margot, en septiembre u octubre aún pueda volver al colegio.

Tu Anne M. Frank

P.D.: Paso a mantenerte al tanto de las últimas noticias. Esta mañana, y también por la noche, desde los aviones soltaron muñecos de paja y maniquíes que fueron a parar detrás de las posiciones alemanas; estos muñecos explotaron al tocar tierra. También aterrizaron muchos paracaidistas, que estaban pintados de negro para pasar inadvertidos en la noche. A las seis de la mañana llegaron las primeras embarcaciones, después de que se había bombardeado la costa por la noche, con cinco mil toneladas de bombas. Hoy entraron en acción veinte mil aviones. Las baterías costeras de los alemanes ya estaban destruidas a la hora del desembarco. Ya se ha formado una pequeña cabeza de puente, todo marcha a pedir de boca, por más que haga mal tiempo. El ejército y también el pueblo tienen la misma voluntad y la misma esperanza.

Viernes, 9 de junio de 1944

Querida Kitty:

¡La invasión marcha viento en popa! Los aliados han tomado Bayeux, un pequeño pueblo de la costa francesa, y luchan ahora para entrar en Caen. Está claro que la intención es cortar las comunicaciones de la península en la que está situada Cherburgo. Los corresponsales de guerra informan todas las noches de las dificultades, el valor y el entusiasmo del ejército, se llevan a cabo las proezas más increíbles, también los heridos que ya han vuelto a Inglaterra han hablado por el micrófono. A pesar de que hace un tiempo malísimo, los aviones van y vienen. Nos hemos enterado a través de la BBC que Churchill quería acompañar a las tropas cuando la invasión, pero que este plan no se llevó a cabo por recomendación de Eisenhower y de otros generales. ¡Figúrate el valor de este hombre tan mayor, que ya tiene por lo menos setenta años!

La conmoción del otro día ya ha amainado; sin embargo, esperamos que la guerra acabe por fin a finales de año. ¡Ya sería hora! Las lamentaciones de la señora Van Daan no se aguantan; ahora que ya no nos puede dar la lata con la invasión, se queja todo el día del mal tiempo. ¡Te vienen ganas de meterla en un cubo de agua fría y subirla a la buhardilla!

La Casa de atrás en su conjunto, salvo Van Daan y Peter, ha leído la trilogía *Rapsodia húngara*. El libro relata la historia de la vida del compositor, pianista y niño prodigio Franz Liszt. Es un libro muy interesante, aunque para mi gusto contiene demasiadas historias de mujeres; Liszt no fue tan solo el más grande y famoso pianista de su época, sino también el mayor de los donjuanes aun hasta los setenta años. Tuvo relaciones amorosas con la condesa Marie d'Agoult, la princesa Carolina de Sayn-Wittgenstein, la bailarina Lola Montes, las pianistas Agnes Kingworth y Sophie Menter, la princesa circasiana Olga Janina, la baronesa Olga von Meyendorff, la actriz de teatro Lilla no sé cuántos, etcétera, etcétera: son una infinidad. Las partes del libro que tratan de música y otras artes son mucho más interesantes. En el libro aparecen: Schumann y Clara Wieck, Hector Berlioz, Johannes Brahms, Beethoven, Joachim, Richard Wagner, Hans von Bülow, Anton Rubinstein, Frédéric Chopin, Victor Hugo, Honoré de Balzac, Hiller, Hummel, Czerny, Rossini, Cherubini, Paganini, Mendelssohn, etcétera, etcétera. El propio Liszt era un tipo estupendo, muy generoso, nada egoísta, aunque extremadamente vanidoso; ayudaba a todo el mundo, no conocía nada más elevado que el arte, amaba el coñac y a las mujeres, no soportaba las lágrimas, era un caballero, no denegaba favores a nadie, no le importaba el dinero, era partidario de la libertad de culto y amaba al mundo.

Tu Anne M. Frank

Martes, 13 de junio de 1944

Querida Kit:
Ha vuelto a ser mi cumpleaños, de modo que ahora ya tengo quince. Me han regalado un montón de cosas: papá y mamá, los cinco tomos de la historia del arte de Springer, un juego de ropa interior, dos cinturones, un pañuelo, dos yogures, un tarro de mermelada, dos panes de miel (de los peque-

ños) y un libro de botánica; Margot un brazalete sobredorado, Van Daan un libro de la colección «Patria», Dussel un tarro de malta Biomalt y un ramillete de almorta, Miep caramelos, Bep caramelos y unos cuadernos, y Kugler lo más hermoso: el libro *María Teresa* y tres lonchas de queso con toda su crema. Peter me regaló un bonito ramo de peonías. El pobre hizo un gran esfuerzo por encontrar algo adecuado, pero no tuvo éxito.

La invasión sigue yendo viento en popa, pese al tiempo malísimo, las innumerables tormentas, los chaparrones y la marejada.

Churchill, Smuts, Eisenhower y Arnold visitaron ayer los pueblos franceses conquistados y liberados por los ingleses. Churchill se subió a un torpedero que disparaba contra la costa; ese hombre, como tantos otros, parece no saber lo que es el miedo. ¡Qué envidia!

Desde nuestra «fortaleza de atrás» nos es imposible sondear el ambiente que impera en Holanda. La gente sin duda está contenta de que la ociosa (!) Inglaterra por fin se haya puesto manos a la obra. No saben lo injusto que es su razonamiento cuando dicen una y otra vez que aquí no quieren una ocupación inglesa. Con todo, el razonamiento viene a ser más o menos el siguiente: Inglaterra tiene que luchar, combatir y sacrificar a sus hijos por Holanda y los demás territorios ocupados. Los ingleses no pueden quedarse en Holanda, tienen que presentar sus más serviles disculpas a todos los Estados ocupados, tienen que devolver las Indias* a sus antiguos dueños, y luego podrán volverse a Inglaterra, empobrecidos y maltrechos. Pobres diablos los que piensan así, y sin embargo, como ya he dicho, muchos holandeses parecen pertenecer a esta categoría. Y ahora me pregunto yo: ¿qué habría sido de Holanda y de los países vecinos si Inglaterra hubiera firmado la paz con Alemania, la paz posible en tantas ocasiones? Holanda habría pasado a formar parte de Alemania y asunto concluido.

A todos los holandeses que aún miran a los ingleses por encima del hombro, que tachan a Inglaterra y a su gobierno de viejos seniles, que califican a los ingleses de cobardes, pero que sin embargo odian a los alemanes, habría que sacudirlos como se sacude una almohada, así tal vez sus sesos enmarañados se plegarían de forma más sensata…

En mi cabeza rondan muchos deseos, muchos pensamientos, muchas acusaciones y muchos reproches. De verdad que no soy tan presumida como mucha gente cree, conozco mis innumerables fallos y defectos mejor que nadie, con la diferencia de que sé que quiero enmendarme, que me enmendaré y que ya me he enmendado un montón.

---

* Referencia a las antiguas Indias neerlandesas, la actual Indonesia. *(N. del T.)*.

¿Cómo puede ser entonces, me pregunto muchas veces, que todo el mundo me siga considerando tan tremendamente sabidilla y poco modesta? ¿De verdad soy tan sabidilla? ¿Soy realmente yo sola, o quizá también los demás? Suena raro, ya me doy cuenta, pero no tacharé la última frase, porque tampoco es tan rara como parece. La señora Van Daan y Dussel, mis principales acusadores, tienen fama ambos de carecer absolutamente de inteligencia y de ser, sí, digámoslo tranquilamente, «ignorantes». La gente ignorante no soporta por lo general que otros hagan una cosa mejor que ellos; el mejor ejemplo de ello son, en efecto, estos dos ignorantes, la señora Van Daan y el señor Dussel. La señora me considera ignorante porque yo no padezco esa enfermedad de manera tan aguda como ella; me considera poco modesta, porque ella lo es menos aún; mis faldas le parecen muy cortas, porque las suyas lo son más aún; me considera una sabidilla, porque ella misma habla el doble que yo sobre temas de los que no entiende absolutamente nada. Lo mismo vale para Dussel. Pero uno de mis refranes favoritos es «En todos los reproches hay algo de cierto», y por eso soy la primera en reconocer que algo de sabidilla tengo.

Sin embargo, lo más molesto de mi manera de ser es que nadie me regaña y me increpa tanto como yo misma; y si a eso mamá añade su cuota de consejos, la montaña de sermones se hace tan inconmensurable que yo, en mi desesperación por salir del paso, me vuelvo insolente y me pongo a contradecir, y automáticamente salen a relucir las viejas palabras de Anne: «¡Nadie me entiende!».

Estas palabras las llevo dentro de mí, y aunque suenen a mentira, tienen también su parte de verdad. Mis autoinculpaciones adquieren a menudo proporciones tales, que desearía encontrar una voz consoladora que lograra reducirlas a un nivel razonable y a la que también le importara mi fuero interno, pero, ¡ay!, por más que busco, no he podido encontrarla.

Ya sé que estarás pensando en Peter, ¿verdad, Kit? Es cierto, Peter me quiere, no como un enamorado, sino como amigo, su afecto crece día a día, pero sigue habiendo algo misterioso que nos detiene a los dos, y que ni yo misma sé lo que es.

A veces pienso que esos enormes deseos míos de estar con él eran exagerados, pero en verdad no es así, porque cuando pasan dos días sin que haya subido, me vuelven los mismos fuertes deseos de verlo que he tenido siempre. Peter es bueno y bondadoso, pero no puedo negar que muchas cosas en él me decepcionan. Sobre todo su rechazo a la religión, las conversaciones sobre la comida y muchas otras cosas de toda índole no me gustan en absoluto. Sin embargo, estoy plenamente convencida de que nunca reñiremos, tal como lo hemos convenido sinceramente. Peter es amante de la paz, tolerante y capaz de ceder. Acepta que yo le diga muchas más cosas de las que le permite a su madre. Intenta con gran empeño borrar las manchas de tinta en sus libros y de poner cierto orden en sus cosas. Y sin embargo,

¿por qué sigue ocultando lo que tiene dentro y no me permite llegar hasta allí? Es mucho más cerrado por naturaleza que yo, es cierto; pero yo ahora realmente sé por la práctica (recuerda la «Anne en teoría» que sale a relucir una y otra vez) que llega un momento en que hasta las personas más cerradas ansían, en la misma medida que otras, o más, tener un confidente.

En la Casa de atrás, Peter y yo ya hemos tenido nuestros años para pensar, a menudo hablamos sobre el futuro, el pasado y el presente, pero como ya te he dicho: echo en falta lo auténtico y sin embargo estoy segura de que está ahí.

¿Será que el no haber podido salir al aire libre ha hecho que creciera mi afición por todo lo que tiene que ver con la naturaleza? Recuerdo perfectamente que un límpido cielo azul, el canto de los pájaros, la luz de la luna o el florecimiento de las flores antes no lograban captar por mucho tiempo mi atención. Aquí todo eso ha cambiado: para Pentecostés, por ejemplo, cuando hizo tanto calor, hice el mayor de los esfuerzos para no dormirme por la noche, y a las once y media quise observar bien la luna por una vez a solas, a través de la ventana abierta. Lamentablemente mi sacrificio fue en vano, ya que la luna emitía mucha luz y no podía arriesgarme a abrir la ventana. En otra ocasión, hace ya unos cuantos meses, subí una noche por casualidad, estando la ventana abierta. No bajé hasta que terminó la hora de airear. La noche oscura y lluviosa, la tormenta, las nubes que pasaban rápido me cautivaron; después de año y medio, era la primera vez que veía a la noche cara a cara. Después de aquella vez, mis deseos de volver a ver la noche así superaron mi miedo a los ladrones, a la casa a oscuras y llena de ratas y a los asaltos. Bajé completamente sola a mirar hacia fuera por la ventana del despacho de papá y la de la cocina. A mucha gente le gusta la naturaleza, muchos duermen alguna que otra vez a la intemperie, muchos de los que están en cárceles y hospitales no ven el día en que puedan volver a disfrutar libremente de la naturaleza, pero son pocos los que viven tan separados y aislados de aquello que desean, y que es igual para ricos y pobres.

No es ninguna fantasía cuando digo que ver el cielo, las nubes, la luna y las estrellas me tranquiliza y me mantiene expectante. Es mucho mejor que la valeriana o el bromo: la naturaleza me empequeñece y me prepara para recibir cualquier golpe con valentía.

En alguna parte estará escrito que solo pueda ver la naturaleza, de vez en cuando y a modo de excepción, a través de unas ventanas llenas de polvo y con cortinas sucias delante, y hacerlo así no resulta nada agradable. ¡La naturaleza es lo único que realmente no admite sucedáneos!

Más de una vez, una de las preguntas que no me dejan en paz por dentro es por qué en el pasado, y a menudo aún ahora, los pueblos conceden a la mujer un lugar tan inferior al que ocupa el hombre. Todos podrán decir que es injusto, pero con eso no me doy por contenta: lo que quisiera conocer es la causa de semejante injusticia.

Es de suponer que el hombre, dada su mayor fuerza física, ha dominado a la mujer desde el principio. El hombre, que gana el sustento; el hombre, que procrea; el hombre, al que todo le está permitido... Ha sido una gran equivocación por parte de todas esas mujeres tolerar, hasta hace poco tiempo, que todo siguiera así sin más, porque cuantos más siglos perdura esta norma, tanto más se arraiga. Por suerte, la enseñanza, el trabajo y el desarrollo le han abierto un poco los ojos a la mujer. En muchos países las mujeres han obtenido la igualdad de derechos; muchas personas, sobre todo mujeres, aunque también hombres, ven ahora lo mal que ha estado dividido el mundo durante tanto tiempo, y las mujeres modernas exigen su derecho a la independencia total.

Pero no se trata solo de eso: ¡también hay que conseguir la valoración de la mujer! En todos los continentes el hombre goza de una alta estima generalizada. ¿Por qué la mujer no habría de ser la primera en compartir esa estima? A los soldados y héroes de guerra se les honra y rinde homenaje, a los descubridores se les concede fama eterna, se venera a los mártires, pero ¿qué parte de la humanidad en su conjunto también considera soldados a las mujeres?

En el libro *Combatientes de por vida* pone algo que me ha llamado mucho la atención, y es algo así como que por lo general las mujeres, tan solo por el hecho de tener hijos, padecen más dolores, enfermedades y desgracias que cualquier héroe de guerra. ¿Y cuál es la recompensa por aguantar tantos dolores? La echan en un rincón si ha quedado mutilada por el parto, sus hijos al poco tiempo ya no son suyos, y su belleza se ha esfumado. Las mujeres son soldados mucho más valientes, mucho más valerosos, que combaten y padecen dolores para preservar a la humanidad, mucho más que tantos héroes de la libertad con sus bocazas...

Con esto no quiero decir en absoluto que las mujeres tendrían que negarse a tener hijos, al contrario, así lo quiere la naturaleza y así ha de ser. A los únicos que condeno es a los hombres y a todo el orden mundial, que nunca ha querido darse cuenta del importante, difícil y a su tiempo también bello papel desempeñado por la mujer en la sociedad.

Paul de Kruif, el autor del libro mencionado, cuenta con toda mi aprobación cuando dice que los hombres tienen que aprender que en las partes del mundo llamadas civilizadas, un parto ha dejado de ser algo natural y corriente. Los hombres lo tienen fácil, nunca han tenido que soportar los pesares de una mujer, ni tendrán que soportarlos nunca.

Creo que todo el concepto de que el tener hijos constituye un deber de la mujer cambiará a lo largo del próximo siglo, dando lugar a la estima y a la admiración por quien lleva esa carga al hombro, sin rezongar y sin pronunciar grandes palabras.

Tu Anne M. Frank

Viernes, 16 de junio de 1944

Querida Kitty:

Nuevos problemas: la señora está desesperada, habla de pegarse un tiro, de la cárcel, de ahorcarse y suicidarse. Tiene celos de que Peter deposite en mí su confianza y no en ella, está ofendida porque Dussel no hace suficiente caso de sus coqueteos, teme que su marido gaste en tabaco todo el dinero del abrigo de piel, riñe, insulta, llora, se lamenta, ríe y vuelve a empezar con las riñas.

¿Qué hacer con una individua tan plañidera y tonta? Nadie la toma en serio, carácter no tiene, se queja con todos y anda por la casa con un aire de «vista por detrás, liceo; vista de frente, museo». Y lo peor de todo es que Peter se vuelve insolente con ella, el señor Van Daan susceptible, y mamá cínica. ¡Menudo panorama! Solo hay una regla a tener siempre presente: ríete de todo y no hagas caso de los demás. Parece egoísta, pero en realidad es la única medicina para los autocompasivos.

A Kugler lo mandan cuatro semanas a Alkmaar a cavar; intentará salvarse presentando un certificado médico y una carta de Opekta. Kleiman quiere someterse a una operación de estómago lo antes posible. Anoche, a las once de la noche, cortaron el teléfono a todos los particulares.

Tu Anne M. Frank

Viernes, 23 de junio de 1944

Querida Kitty:

No ha pasado nada en especial por aquí. Los ingleses han iniciado la gran ofensiva hacia Cherburgo; según Pim y Van Daan, el 10 de octubre seguro que nos habrán liberado. Los rusos participan en la operación, ayer empezó su ofensiva cerca de Vítebsk. Son tres años clavados desde la invasión alemana.

Bep sigue teniendo un humor por debajo de cero. Casi no nos quedan patatas. En lo sucesivo vamos a darle a cada uno su ración de patatas por separado, y que cada cual haga con ellas lo que le plazca. Miep se toma una semana de vacaciones anticipadas a partir del lunes. Los médicos de Kleiman no han encontrado nada en la radiografía. Duda mucho si operarse o dejar que venga lo que venga.

Tu Anne M. Frank

Martes, 27 de junio de 1944

Queridísima Kitty:
El ambiente ha dado un vuelco total: las cosas marchan de maravilla. Hoy han caído Cherburgo, Vítebsk y Slobin. Un gran botín y muchos prisioneros, seguramente. En Cherburgo han muerto cinco generales alemanes, y otros dos han sido hechos prisioneros. Ahora los ingleses podrán desembarcar todo lo que quieran, porque tienen un puerto: ¡toda la península de Cotentin en manos de los ingleses, tres semanas después de la invasión! ¡Se han portado!

En las tres semanas que han pasado desde el «Día D» no ha parado de llover ni de haber tormenta ni un solo día, tanto aquí como en Francia, pero esta mala racha no impide que los ingleses y los norteamericanos demuestren toda su fuerza, ¡y cómo! La que sí ha entrado en plena acción es la *Wuwa*,* pero ¿qué puede llegar a significar semejante nimiedad, más que unos pocos daños en Inglaterra y grandes titulares en la prensa teutona? Además, si en Teutonia se dan cuenta de que ahora de verdad se acerca el peligro bolchevique, les dará la tembladera como nunca.

Las mujeres y los niños alemanes que no trabajan para el ejército alemán serán evacuados de las zonas costeras y llevados a las provincias de Groninga, Frisia y Güeldres. Mussert ha declarado que si la invasión llega a Holanda, él se pondrá un uniforme militar. ¿Acaso ese gordinflón tiene pensado pelear? Para eso podría haberse marchado a Rusia hace tiempo... Finlandia rechazó la propuesta de paz en su momento, y también ahora se han vuelto a romper las negociaciones al respecto. ¡Ya se arrepentirán los muy estúpidos!

¿Cuánto crees que habremos adelantado el 27 de julio?

Tu Anne M. Frank

Viernes, 30 de junio de 1944

Querida Kitty:
Mal tiempo, o *bad weather from one at a stretch to the thirty June.***
¿Qué te parece? Ya ves cómo domino el inglés, y para demostrarlo estoy leyendo *Un marido ideal* en inglés (¡con diccionario!).

La guerra marcha a pedir de boca: han caído Bobruisk, Moguiliov y Orsha; muchos prisioneros.

Por aquí todo bien. Los ánimos mejoran, nuestros optimistas a toda prueba festejan sus triunfos, los Van Daan hacen malabarismos con el azú-

---

 * Del alemán *Wunderwaffe*, «arma mágica» o «milagrosa». *(N. del T.).*
 ** En inglés: «Racha ininterrumpida de mal tiempo del 1 al 30 de junio». *(N. del T.).*

car, Bep se ha cambiado de peinado y Miep está de vacaciones durante una semana. Hasta aquí las noticias.

Me están haciendo un tratamiento muy desagradable del nervio, nada menos que en uno de los dientes incisivos, ya me ha dolido una enormidad, tanto que Dussel se pensó que me desmayaría. Pues faltó poco. Al rato le empezó a doler la muela a la señora…

Tu Anne M. Frank

P.D.: De Basilea nos ha llegado la noticia de que Bernd* ha hecho el papel de mesonero en *Minna von Barnhelm.*** Mamá dice que tiene madera de artista.

Jueves, 6 de julio de 1944

Querida Kitty:
Me entra un miedo terrible cuando Peter dice que más tarde quizá se haga criminal o especulador. Aunque ya sé que lo dice en broma, me da la sensación de que él mismo tiene miedo de su débil carácter. Una y otra vez, tanto Margot como Peter me dicen: «Claro, si yo tuviera tu fuerza y tu valor, si yo pudiera imponer mi voluntad como haces tú, si tuviera tu energía y tu perseverancia…».

¿De verdad es una buena cualidad el no dejarme influenciar? ¿Está bien que siga casi exclusivamente el camino que me indica la conciencia?

A decir verdad, no puedo imaginarme que alguien diga «Soy débil» y siga siéndolo. Si uno lo sabe, ¿por qué no combatirlo, por qué no adiestrar su propio carácter? La respuesta fue: «¡Es que es mucho más fácil así!». La respuesta me desanimó un poco. ¿Más fácil? ¿Acaso una vida comodona y engañosa equivale a una vida fácil? No, no puede ser cierto, no ha de ser posible que la facilidad y el dinero sean tan seductores. He estado pensando bastante tiempo lo que debía responder, cómo tengo que hacer para que Peter crea en sí mismo y sobre todo para que se mejore a sí mismo. No sé si habré acertado.

Tantas veces me he imaginado lo bonito que sería que alguien depositara en mí su confianza, pero ahora que ha llegado el momento, me doy cuenta de lo difícil que es identificarse con los pensamientos de la otra persona y luego encontrar la respuesta. Sobre todo dado que «fácil» y «dinero» son conceptos totalmente ajenos y nuevos para mí.

Peter está empezando a apoyarse en mí, y eso no ha de suceder bajo

---

*   El primo Bernhard Elias, apodado Buddy. *(N. del T.)*.
** Obra teatral del dramaturgo alemán Gotthold E. Lessing. *(N. del T.)*.

ningún concepto. Es difícil valerse por sí mismo en la vida, pero más difícil aún es estar solo, teniendo carácter y espíritu, sin perder la moral.

Estoy flotando un poco a la deriva, buscando desde hace muchos días un remedio eficaz contra la palabra «fácil», que no me gusta nada. ¿Cómo puedo hacerle ver que lo que parece fácil y bonito hará que caiga en un abismo, en el que ya no habrá amigos, ni apoyo, ni ninguna cosa bonita, un abismo del que es prácticamente imposible salir?

Todos vivimos sin saber por qué ni para qué, todos vivimos con la mira puesta en la felicidad, todos vivimos vidas diferentes y sin embargo iguales. A los tres nos han educado en un buen círculo, podemos estudiar, tenemos la posibilidad de llegar a ser algo en la vida, tenemos motivos suficientes para pensar que llegaremos a ser felices, pero... nos lo tendremos que ganar a pulso. Y eso es algo que no se consigue con algo que sea fácil. Ganarse la felicidad implica trabajar para conseguirla, y hacer el bien y no especular ni ser un holgazán. La holgazanería podrá parecer atractiva, pero la satisfacción solo la da el trabajo.

No entiendo a la gente a la que no le gusta trabajar, aunque ese tampoco es el caso de Peter, que no tiene ninguna meta fija y se cree demasiado ignorante e inferior como para conseguir lo que se pueda proponer. Pobre chico, no sabe lo que significa poder hacer felices a los otros, y yo tampoco puedo enseñárselo. No tiene religión, se mofa de Jesucristo, usa el nombre de Dios irrespetuosamente; aunque yo tampoco soy ortodoxa, me duele cada vez que noto lo abandonado, lo despreciativo y lo pobre de espíritu que es.

Las personas que tienen una religión deberían estar contentas, porque no a todos les es dado creer en cosas sobrenaturales. Ni siquiera hace falta tenerles miedo a los castigos que pueda haber después de la muerte; el purgatorio, el infierno y el cielo son cosas que a muchos les cuesta imaginarse, pero sin embargo el tener una religión, no importa de qué tipo, hace que el hombre siga por el buen camino. No se trata del miedo a Dios, sino de mantener en alto el honor y la conciencia de uno. ¡Qué bellas y buenas serían las personas si todas las noches, antes de cerrar los ojos para dormir, pasaran revista a los acontecimientos del día y analizaran con precisión los aspectos buenos y malos de sus acciones! Sin darte casi cuenta, cada día intentas mejorar y superarte desde el principio, y lo más probable es que al cabo de algún tiempo consigas bastante. Este método lo puede utilizar cualquiera, no cuesta nada y ciertamente es de gran utilidad. Porque para quien aún no lo sepa, que tome nota y lo viva en su propia carne: ¡una conciencia tranquila te hace sentir fuerte!

Tu Anne M. Frank

Sábado, 8 de julio de 1944

Querida Kitty:

Broks estuvo en Beverwijk y consiguió fresas directamente de la subasta. Llegaron aquí todas cubiertas de polvo, llenas de arena, pero en grandes cantidades. Nada menos que veinticuatro cajas, a repartir entre los de la oficina y nosotros. Al final de la tarde, hicimos enseguida los primeros seis tarros grandes de conserva y ocho pequeños de mermelada. A la mañana siguiente Miep iba a hacer mermelada para la oficina.

A las doce y media echamos el cerrojo a la puerta de la calle, bajamos las cajas, Peter, papá y Van Daan haciendo estrépito por la escalera, Anne sacando agua caliente del calentador, Margot que va a buscar el cubo, ¡todos manos a la obra! Con una sensación muy extraña en el estómago, entré en la cocina de la oficina, que estaba repleta de gente: Miep, Bep, Kleiman, Jan, papá, Peter: los escondidos y su brigada de aprovisionamiento, todos mezclados, ¡y eso a plena luz del día! Las cortinas y las ventanas abiertas, todos hablando alto, portazos... Me dio la tembladera de tanta excitación.

«¿Es que estamos aún realmente escondidos? —pensé—. Esto debe de ser lo que se siente cuando uno puede mostrarse al mundo otra vez».

La olla se llenó, ¡rápido, arriba! En nuestra cocina estaba el resto de la familia de pie alrededor de la mesa, quitándoles las hojas y los rabitos a las fresas, al menos eso era lo que supuestamente estaban haciendo, porque la mayor parte iba desapareciendo en las bocas en lugar de ir a parar al cubo. Pronto hizo falta otro cubo, y Peter fue a la cocina de abajo, sonó el timbre, el cubo se quedó abajo, Peter subió corriendo, se cerró la puerta armario. Nos moríamos de impaciencia, no se podía abrir el grifo y las fresas a medio lavar estaban esperando su último baño, pero hubo que atenerse a la regla del escondite de que cuando hay alguien en el edificio no se abre ningún grifo por el ruido que hacen las tuberías.

A la una sube Jan: era el cartero. Peter vuelve a bajar rápidamente las escaleras. ¡Ríííng!, otra vez el timbre, media vuelta. Voy a escuchar si viene alguien, primero detrás de la puerta armario, luego arriba, en el rellano de la escalera. Por fin, Peter y yo estamos asomados al hueco de la escalera cual ladrones, escuchando los ruidos que vienen de abajo. Ninguna voz desconocida. Peter baja la escalera sigilosamente, se para a medio camino y llama: «¡Bep!», y otra vez: «¡Bep!». El bullicio en la cocina tapa la voz de Peter. Corre escaleras abajo y entra en la cocina. Yo me quedo tensa mirando para abajo.

—¿Qué haces aquí, Peter? ¡Fuera, rápido, que está el contable, vete ya!

Es la voz de Kleiman. Peter llega arriba dando un suspiro, la puerta armario se cierra.

Por fin, a la una y media, sube Kugler:

—Madre mía, no veo más que fresas, para el desayuno fresas, Jan comiendo fresas, Kleiman degustando fresas, Miep cociendo fresas, Bep limpiando fresas, en todas partes huele a fresas, vengo aquí para escapar de ese maremágnum rojo, ¡y aquí veo gente lavando fresas!

Con lo que ha quedado de ellas hacemos conserva. Por la noche se abren dos tarros, papá enseguida los convierte en mermelada. A la mañana siguiente resulta que se han abierto otros dos, y por la tarde otros cuatro. Van Daan no los había esterilizado a temperatura suficiente. Ahora papá hace mermelada todas las noches. Comemos papilla con fresas, suero de leche con fresas, rebanadas de pan con fresas, fresas de postre, fresas con azúcar, fresas con arena. Durante dos días enteros hubo fresas, fresas y más fresas dando vueltas por todas partes, hasta que se acabaron las reservas o quedaron guardadas bajo siete llaves, en los tarros.

—¿A que no sabes, Anne? —me dice Margot—. La señora Van Hoeven nos ha enviado guisantes, nueve kilos en total.

—¡Qué bien! —respondo. Es cierto, qué bien, pero ¡cuánto trabajo!

—El sábado por la mañana tendréis que ayudar todos a desenvainarlos —anuncia mamá cuando estamos sentados a la mesa.

Y así fue. Esta mañana, después de desayunar, pusieron en la mesa la olla más grande de esmalte, que rebosaba de guisantes. Desenvainar guisantes ya es una lata, pero no sabes lo que es pelar las vainas. Creo que la mayoría de la gente no sabe lo ricas en vitaminas, lo deliciosas y blandas que son las cáscaras de los guisantes, una vez que les has quitado la piel de dentro. Sin embargo, las tres ventajas que acabo de mencionar no son nada comparadas con el hecho de que la parte comestible es casi tres veces mayor que los guisantes por sí solos.

Quitarles la piel a las vainas es una tarea muy minuciosa y meticulosa, indicada quizá para dentistas pedantes y especieros quisquillosos, pero para una chica de poca paciencia como yo es un suplicio.

Empezamos a las nueve y media, a las diez y media me siento, a las once me pongo de pie, a las once y media me vuelvo a sentar. Oigo como una voz interior que me va diciendo: quebrar la punta, tirar de la piel, sacar la hebra, desgranarla, etcétera, etcétera. Todo me da vueltas: verde, verde, gusanillo, hebra, vaina podrida, verde, verde, verde. Para ahuyentar la desgana me paso toda la mañana hablando, digo todas las tonterías posibles, hago reír a todos y me siento deshecha por tanta estupidez. Con cada hebra que desgrano me convenzo más que nunca de que jamás seré solo ama de casa. ¡Jamás!

A las doce por fin desayunamos, pero de las doce y media a la una y cuarto toca quitar pieles otra vez. Cuando acabamos me siento medio mareada, los otros también un poco. Me acuesto y duermo hasta las cuatro, pero al levantarme siento aún el mareo a causa de los malditos guisantes.

Tu Anne M. Frank

Sábado, 15 de julio de 1944

Querida Kitty:

De la biblioteca nos han traído un libro con un título muy provocativo: *¿Qué opina usted de la adolescente moderna?* Sobre este tema quisiera hablar hoy contigo.

La autora critica de arriba abajo a los «jóvenes de hoy en día»; sin embargo, no los rechaza totalmente a todos como si no fueran capaces de hacer nada bueno. Al contrario, más bien opina que si los jóvenes quisieran, podrían construir un gran mundo mejor y más bonito, que los jóvenes disponen de los medios, pero que al ocuparse de cosas superficiales, no reparan en lo esencialmente bello. En algunos momentos de la lectura me dio la fuerte sensación de que la autora se refería a mí con sus censuras, y por eso ahora por fin quisiera mostrarte cómo soy realmente por dentro y defenderme de este ataque.

Tengo una cualidad que sobresale mucho y que a todo aquel que me conoce desde algún tiempo tiene que llamarle la atención, y es el conocimiento de mí misma. Soy capaz de observarme en todos mis actos, como si fuera una extraña. Sin ningún prejuicio ni con una bolsa llena de disculpas, me planto frente a la Anne de todos los días y observo lo que hace bien y lo que hace mal. Esa conciencia de mí misma nunca me abandona y enseguida después de pronunciar cualquier palabra sé: esto lo tendrías que haber dicho de otra forma, o: esto está bien dicho. Me condeno a mí misma en miles de cosas y me doy cuenta cada vez más de lo acertadas que son las palabras de papá, cuando dice que cada niño debe educarse a sí mismo. Los padres tan solo pueden dar consejos o buenas indicaciones, pero en definitiva la formación del carácter de uno está en sus propias manos. A esto hay que añadir que poseo una enorme valentía de vivir, me siento siempre tan fuerte y capaz de aguantar, tan libre y tan joven… La primera vez que me di cuenta de ello me puse contenta, porque no pienso doblegarme tan pronto a los golpes que a todos nos toca recibir.

Pero de estas cosas ya te he hablado muchas veces, ahora prefiero tocar el tema de «papá y mamá no me entienden». Mis padres siempre me han mimado mucho, han sido siempre muy buenos conmigo, me han defendido ante los ataques de los de arriba y han hecho todo lo que estaba a su alcance. Sin embargo, durante mucho tiempo me he sentido terriblemente sola, excluida, abandonada, incomprendida. Papá intentó hacer de todo para moderar mi rebeldía, pero sin resultado. Yo misma me he curado, haciéndome ver a mí misma lo errado de mis actos.

¿Cómo es posible que papá nunca me haya apoyado en mi lucha, que se haya equivocado de medio a medio cuando quiso tenderme una mano? Papá ha recurrido a métodos desacertados, siempre me ha hablado como a una niña que tiene que pasar por una infancia difícil. Suena extraño, porque nadie ha confiado siempre en mí más que papá y nadie me ha dado la sensación de ser una chica sensata más que papá. Pero hay una cosa que ha descuidado, y es que no ha pensado en que mi lucha por superarme era para mí mucho más importante que todo lo demás. No quería que me hablaran de «cosas de la edad», «otras chicas» y «ya se te pasará», no quería que me trataran como a una chica como todas, sino como a Anne en sí misma, y Pim no lo entendía. Además, yo no puedo confiar ciegamente en una persona si no me cuenta un montón de cosas sobre sí misma, y como yo de Pim no sé nada, no podré recorrer el camino de la intimidad entre nosotros. Pim siempre se mantiene en la posición del padre mayor que en su momento también tuvo inclinaciones pasajeras parecidas, pero que ya no es capaz de participar de mis asuntos como amigo de los jóvenes, por mucho que se esfuerce. Todas estas cosas han hecho que, salvo a mi diario y alguna que otra vez a Margot, nunca le contara a nadie mis filosofías de vida ni mis teorías bien meditadas. A papá siempre le he ocultado todo lo que me conmovía, nunca he dejado que compartiera mis ideales, y a sabiendas he creado una distancia entre nosotros.

No podía hacer otra cosa, he obrado totalmente de acuerdo con lo que sentía, de manera egoísta quizá, pero de un modo que favoreciera mi tranquilidad. Porque la tranquilidad y la confianza en mí misma que he construido de forma tan tambaleante, las perdería completamente si ahora tuviera que soportar que me criticaran mi labor a medio terminar. Y eso no estoy dispuesta a hacerlo ni siquiera por Pim, por más crudo que suene, porque no solo no he compartido con Pim mi vida interior, sino que a menudo mi susceptibilidad lo aparta cada vez más de mí.

Es un tema que me da mucho que pensar: ¿por qué será que a veces Pim me irrita tanto? Que casi no puedo convivir con él, que sus múltiples mimos me parecen fingidos, que quiero estar tranquila y preferiría que me dejara en paz, hasta que me sintiera un poco más segura frente a él. Porque me sigue carcomiendo el reproche por la carta tan mezquina que tuve la osadía de escribirle aquella vez que estaba tan exaltada. ¡Ay, qué difícil es ser realmente fuerte y valerosa por los cuatro costados!

Sin embargo, no ha sido esa la causa de mi mayor decepción, no, mucho más que por papá me devano los sesos por Peter. Sé muy bien que he sido yo quien lo ha conquistado a él, y no a la inversa, me he forjado de él una imagen de ensueño, lo veía como a un chico callado, sensible, bueno, muy necesitado de cariño y amistad. Yo necesitaba expresarme alguna vez con una persona viva. Quería tener un amigo que me pusiera otra vez en camino, acabé la difícil tarea y poco a poco hice que él se volviera hacia mí. Cuando por fin había logrado que tuviera sentimientos de amistad para conmigo, llegaron solas las intimidades que ahora, pensándolo bien, me parecen inauditas. Hablamos de las cosas más ocultas, pero hasta ahora hemos callado las que me pesaban y aún me pesan en el corazón. Todavía no sé cómo tomar a Peter. ¿Es superficialidad o timidez lo que lo detiene, incluso frente a mí? Pero dejando eso de lado, he cometido un gran error al excluir cualquier otra posibilidad de tener una amistad con él, y al acercarme a él a través de las intimidades. Está ansioso de amor y me quiere cada día más, lo noto muy bien. Nuestros encuentros le satisfacen, a mí solo me producen el deseo de volver a intentarlo una y otra vez con él y no tocar nunca los temas que tanto me gustaría sacar a la luz. He atraído a Peter hacia mí a la fuerza, mucho más de lo que él se imagina, y ahora él se aferra a mí y de momento no veo ningún medio eficaz para separarlo de mí y hacer que vuelva a valerse por sí mismo. Es que desde que me di cuenta, muy al principio, de que él no podía ser el amigo que yo me imaginaba, me he empeñado para que al menos superara su mediocridad y se hiciera más grande aun siendo joven.

«Porque en su base más profunda, la juventud es más solitaria que la vejez». Esta frase se me ha quedado grabada de algún libro y me ha parecido una gran verdad.

Entonces ¿de verdad los mayores aquí lo tienen más difícil que los jóvenes? No, de ninguna manera. Las personas mayores tienen su opinión formada sobre todas las cosas y en sus actos ya no van tambaleándose por la vida. A los jóvenes nos resulta doblemente difícil mantener nuestras opiniones en unos tiempos en los que se destruye y se aplasta cualquier idealismo, en los que la gente deja ver su lado más desdeñable, en los que se duda de la verdad y de la justicia y de Dios.

Quien así y todo sostiene que aquí, en la Casa de atrás, los mayores lo tienen mucho más difícil, seguramente no se da cuenta de que a nosotros los problemas se nos vienen encima en mucha mayor proporción. Problemas para los que tal vez seamos demasiado jóvenes, pero que igual acaban por imponérsenos, hasta que al cabo de mucho tiempo creemos haber encontrado una solución, que por lo general resulta no ser resistente a los hechos, que la hacen rodar por el suelo. Ahí está lo difícil de estos tiempos: la terrible realidad ataca y aniquila totalmente los ideales, los sueños y las bellas esperanzas en cuanto se presentan. Es un milagro que todavía no haya renunciado a todas mis esperanzas, porque parecen absurdas e irrealizables. Sin embargo, sigo aferrándome a ellas, pese a todo, porque sigo creyendo en la bondad interna de los hombres.

Me es absolutamente imposible construir cualquier cosa sobre la base de la muerte, la desgracia y la confusión. Veo cómo van convirtiendo poco a poco el mundo en un desierto, oigo cada vez más fuerte el trueno que se avecina y que nos matará, comparto el dolor de millones de personas, y sin embargo, cuando me pongo a mirar el cielo, pienso que todo cambiará para bien, que esta crueldad también acabará, que la paz y la tranquilidad volverán a reinar en el orden mundial. Mientras tanto tendré que mantener bien altos mis ideales, tal vez en los tiempos venideros aún se puedan llevar a la práctica...

Tu Anne M. Frank

Viernes, 21 de julio de 1944

Querida Kitty:

¡Me han vuelto las esperanzas, por fin las cosas resultan! Sí, de verdad, ¡todo marcha viento en popa! ¡Noticias bomba! Ha habido un atentado contra Hitler y esta vez no han sido los comunistas judíos ni los capitalistas ingleses, sino un germanísimo general alemán, que es conde y joven además. La «divina providencia» le ha salvado la vida al Führer, y por desgracia solo ha sufrido unos rasguños y quemaduras. Algunos de sus oficiales y generales más allegados han resultado muertos o heridos. El autor principal del atentado ha sido fusilado.

Sin duda es la mejor prueba de que muchos oficiales y generales están hartos de la guerra y querrían que Hitler se fuera al otro barrio, para luego fundar una dictadura militar, firmar la paz con los aliados, armarse de nuevo y empezar una nueva guerra después de una veintena de años. Tal vez la providencia se haya demorado un poco aposta en quitarlo de en medio, porque para los aliados es mucho más sencillo y económico que los inmaculados germanos se maten entre ellos, así a los rusos y los ingleses les queda menos trabajo por hacer y pueden empezar antes a reconstruir las ciudades de sus propios países. Pero todavía falta para eso, y no quisiera adelantarme a esos gloriosos acontecimientos. Sin embargo, te darás cuenta de que lo que digo es la verdad y nada más que la verdad. A modo de excepción, por una vez dejo de darte la lata con mis charlas sobre nobles ideales.

Además, Hitler ha sido tan amable de comunicarle a su leal y querido pueblo que, a partir de hoy, todos los militares tienen que obedecer las órdenes de la Gestapo y que todo soldado que sepa que su comandante ha tenido participación en el cobarde y miserable atentado tiene permiso para meterle un balazo.

¡Menudo cirio se va a armar! Imagínate que a Perico de los Palotes le duelan los pies de tanto caminar, y su jefe el oficial le grita. Perico coge su escopeta y exclama: «Tú querías matar al Führer, ¡aquí tienes tu merecido!». Le pega un tiro y el jefe mandón, que ha osado regañar a Perico, pasa a mejor vida (¿o a mejor muerte?). Al final, el asunto va a ser que los señores oficiales van a hacérselo encima de miedo cuando se topen con un soldado o cuando tengan que impartir órdenes en alguna parte, porque los soldados tendrán más autoridad y poder que ellos.

¿Me sigues, o me he ido por las ramas? No lo puedo remediar, estoy demasiado contenta como para ser coherente, si pienso en que tal vez en octubre ya podré ocupar nuevamente mi lugar en las aulas. ¡Ayayay!, ¿acaso no acabo de decir que no me quiero precipitar? Perdóname, no por nada tengo fama de ser un manojo de contradicciones...

Tu Anne M. Frank

Martes, 1 de agosto de 1944

Querida Kitty:
«Un manojo de contradicciones» es la última frase de mi última carta y la primera de esta. «Un manojo de contradicciones», ¿serías capaz de explicarme lo que significa? ¿Qué significa contradicción? Como tantas otras palabras, tiene dos significados, contradicción por fuera y contradicción por dentro. Lo primero es sencillamente no conformarse con las opiniones de los demás, pretender saber más que ellos, tener la última palabra, en fin, todas las cualidades desagradables por las que se me conoce, y lo segundo, que no es por lo que se me conoce, es mi propio secreto.

Ya te he contado alguna vez que mi alma está dividida en dos, como si dijéramos. En una de esas dos partes reside mi alegría extrovertida, mis bromas y risas, mi alegría de vivir y sobre todo el no tomarme las cosas a la tremenda. Eso también incluye el no ver nada malo en los coqueteos, en un beso, un abrazo, un chiste verde. Ese lado está generalmente al acecho y desplaza al otro, mucho más bonito, más puro y más profundo. No es verdad, el lado bonito de Anne no lo conoce nadie, y por eso a muchos no les caigo bien. Es cierto que soy un payaso divertido por una tarde, y luego durante un mes todos están de mí hasta las narices. En realidad soy lo mismo que una película de amor para los intelectuales: simplemente una distracción, una diversión por una vez, algo para olvidar rápidamente, algo que no está mal pero que menos aún está bien. Es muy desagradable para mí tener que contártelo, pero ¿por qué no habría de hacerlo, si sé que es la pura verdad? Mi lado más ligero y superficial siempre ganará por la mano al más profundo, y por eso siempre vencerá. No te puedes hacer una idea de cuántas veces he intentado apartar a esta Anne, que solo es la mitad de todo lo que lleva ese nombre, de darle la vuelta, de esconderla, pero no lo logro y yo misma sé por qué no puede ser.

Tengo mucho miedo de que todos los que me conocen tal y como siempre soy descubran que tengo otro lado, un lado mejor y más bonito. Tengo miedo de que se burlen de mí, de que me encuentren ridícula, sentimental y de que no me tomen en serio. Estoy acostumbrada a que no me tomen en serio, pero solo la Anne «ligera» está acostumbrada a ello y lo puede soportar, la Anne de mayor «peso» es demasiado débil. Cuando de verdad logro alguna vez con gran esfuerzo que suba a escena durante quince minutos la Anne auténtica, se encoge como una mimosa sensitiva* en cuanto le toca decir algo, cediéndole la palabra a la primera Anne y desapareciendo antes de que me pueda dar cuenta.

O sea, que la Anne buena no se ha mostrado nunca, ni una sola vez, en sociedad, pero cuando estoy sola casi siempre lleva la voz cantante. Sé perfectamente cómo me gustaría ser y cómo soy… por dentro, pero lamentablemente lo soy solo para mí. Y esa quizá sea, no, seguramente es, la causa de que yo misma me considere una persona feliz por dentro, y de que la gente me considere una persona feliz por fuera. Por dentro, la Anne auténtica me indica el camino, pero por fuera no soy más que una cabrita exaltada que trata de soltarse de las ataduras.

Como ya te he dicho, siento las cosas de modo distinto a cuando las digo, y por eso tengo fama de correr detrás de los chicos, de coquetear, de ser una sabihonda y de leer novelitas de poca monta. La Anne alegre lo toma a risa, replica con insolencia, se encoge de hombros, hace como si no le importara, pero no es cierto: la reacción de la Anne callada es totalmente opuesta. Si te soy totalmente sincera, he de confesarte que me afecta, y que hago un esfuerzo enorme para ser de otra manera, pero que una y otra vez sucumbo a ejércitos más fuertes.

Dentro de mí oigo un sollozo: «Ya ves lo que has conseguido: malas opiniones, caras burlonas y molestas, gente que te considera antipática, y todo ello solo por no querer hacer caso de los buenos consejos de tu propio lado mejor». ¡Ay, cómo me gustaría hacerle caso, pero no puedo! Cuando estoy callada y seria, todos piensan que es una nueva comedia, y entonces tengo que salir del paso con una broma, y para qué hablar de mi propia familia, que enseguida se piensa que estoy enferma, y me hace tragar píldoras para el dolor de cabeza y calmantes, me palpa el cuello y la sien para ver si tengo fiebre, me pregunta si estoy estreñida y me critica mi mal humor, y yo no lo aguanto; cuando se fijan tanto en mí, primero me pongo arisca, luego triste y, al final, termino volviendo mi corazón, con el lado malo hacia fuera y el bueno hacia dentro, buscando siempre la manera de ser como de verdad me gustaría ser y como podría ser… si no hubiera otra gente en este mundo.

Tu Anne M. Frank

Aquí termina el diario de Anne.

---

* Planta que se caracteriza por sus hojas sensibles al tacto. *(N. del T.).*

60,

Zondag 20 Februari. Zondag.
1944.   Wat bij andere mensen in de week gebeurt, gebeurt
in het Achterhuis 's zondags. Als andere mensen
mooie kleren aanhebben en in het zonnetje wandelen,
zijn wij hier aan het schrobben, stoffen en wassen.

8 uur: Ondanks de langslapers staat Pf. toch al om
8 uur op. Gaat naar de badkamer, vervolgens
naar beneden, weer naar boven en dan volgt in
de badkamer een wasbeurt die een vol uur duurt.

half 10: Kachels worden aangemaakt. Vrijkamertd en
J.P. gaan naar de badkamer. Een van de hoofd-
morgen beproevingen is, dat ik vanuit m'n
bed Pf. kruist op z'n weg moet kijken als hij
bidt. Iedereen heeft wel iets opvallends als ik zeg
dat een biddende Pf. iets verschrikkelijks is, om
aan te kijken. Niet dat hij gaat huilen of senti-
menteel doen, o nee, maar 't heeft de gewoonte
een kwartier lang, zegge wel een kwartier, van
z'n hakken op z'n tenen te wiebelen. Heen en weer,
heen en weer, eindeloos duurt dat en als ik
m'n ogen niet dichtknijp word ik er bijna
draaierig van.

kwart over 10: J.P. fluiten, de badkamer is leeg. Bij ons ge-
heffen zich de eerste slaperige gezichten uit de
kussens. Dan gaat alles! Hup, hup, hup. Om
de beurt gaan Margot en ik weer onder de wa-
Daar 't beneden, flink koud is, komt een lange
broek en een hoofddoek om wel te pas. Intussen
is Vader in de badkamer bezig; om 11 uur gaat
Margot (of ik) naar de badkamer en dan is
alles weer schoon.

half 12:   Ontbijten. Hierbij zal ik maar niet over uitweiden,
want over 't eten wordt zonder mij toch al
genoeg gesproken.

kwart over 12: Gaan alle personen een andere weg op. Vader is
overal ligt al gauw op z'n knieën op de grond
en schuiert het kleed zo hard dat de kamer
in een grote stofwolk gehuld is. De heer Pf. maakt
de bedden op (natuurlijk verkeerd, hij) en zing
daarbij steeds maar weer hetzelfde zoel-zooie
van Beethoven. Moeder hoort men op de zolder
schuifelen, terwijl ze de was ophangt.
Mijnheer v. Pels zet het z'n hoed op en verdwijnt

Historias y episodios de la Casa de atrás

Introducción

El legado en papel de Anne Frank también abarca el llamado «libro de cuentos», al que la autora se refiere en su diario el 7 de agosto de 1943: «Unas semanas atrás me puse a escribir un cuento, algo que fuera pura fantasía, y me ha dado tanto gusto hacerlo que mi producción literaria ya se va amontonando». Menos de un mes más tarde, Anne empieza a pasar a limpio dicha producción en un cuaderno aparte de tapas duras y grandes dimensiones. En la primera página anota el título: «Historias y episodios de la Casa de atrás, descritos por Anne Frank»; en la misma página, abajo, apunta: «estrenado el jueves 2 de septiembre de 1943».

Como ya viene indicado en el título, se trata de dos categorías de textos, a saber: historias o cuentos que son «pura fantasía», y relatos que describen sendos episodios de la vida cotidiana en el escondite. Al final del libro, Anne Frank compuso un índice, en el que señaló asimismo a qué categoría pertenece cada uno de los textos (compárese el índice que se reproduce en las páginas 348 y 349 de la presente edición).

En primera instancia, Anne concibió presumiblemente la mayoría de las historias en hojas sueltas y luego las pasó a limpio en el libro de cuentos, pues este casi no contiene tachaduras ni otras correcciones. La historia más antigua está fechada el 8 de diciembre de 1942, lo que también constituye una indicación de que el cuaderno contiene la copia en limpio de versiones anteriores de los textos; la última historia data del 12 de mayo de 1944.

Anne también incluyó algunas historias en la versión reescrita de su diario (versión B), mientras que Otto Frank, su padre, incorporó otras más en su edición personal del *Diario* («La Casa de atrás»), publicada por primera vez en 1947.

Ya en 1949, se publicaron en los Países Bajos ocho historias de Anne bajo el título de *Weet je nog? Verhalen en sprookjes* («¿Te acuerdas? Historias y cuentos de hadas»). Una colección ampliada considerablemente, *Verhalen rondom het Achterhuis* («Historias en torno a la Casa de atrás»), salió a la luz en 1960. En 1982, Joke Kniesmeyer publicó la primera edición completa de los relatos de Anne. Por último, en 2001 se dio a la estampa el volumen titulado *Verhaaltjes, en gebeurtenissen uit het Achterhuis / Cady's leven* («Pequeñas historias y episodios de la Casa de atrás / La vida de Cady») (Ámsterdam, 3.ª edición 2005), editado y prologado por Gerrold van der Stroom sobre la base de los manuscritos de todos los relatos de Anne. Para cualquier investigación rigurosa de dichos textos, esta publicación, de solidez científica, constituye la fuente indicada. Por ese motivo, las versiones de las «historias y episodios» de Anne aquí recogidas se basan en ese libro. De él también proceden las notas y remisiones contenidas en las obras completas.

En las obras completas, en lugar de las abreviaturas utilizadas por Anne en sus relatos, los nombres de personas aparecen con todas sus letras.

¿Han entrado ladrones?*

Miércoles, 24 de marzo de 1943 por la noche

Mamá, papá, Margot y yo estábamos plácidamente reunidos, cuando de pronto entró Piet y le susurró algo al oído a papá. Alcancé a oír algo sobre un barril que se había caído en el almacén y sobre alguien intentando forzar la puerta. Margot había entendido lo mismo, pero igual intentó tranquilizarme un poco, porque, como es natural, me había puesto blanca como el papel y estaba muy nerviosa.

Las tres nos quedamos a la espera; mientras, papá había bajado con Piet, y menos de dos minutos más tarde subió de la radio la señora Van Pels, diciendo que Pim le había pedido que la apagara y que subiera sin hacer ruido. Pero ¿qué pasa cuando uno trata de hacer el menor ruido posible al andar? Ahí los peldaños de una vieja escalera justamente crujen el doble. Cinco minutos después volvieron Piet y Pim, blancos hasta la punta de la nariz, y nos contaron sus peripecias.

Se habían sentado a esperar al pie de la escalera, aunque sin resultado. Pero de repente, sí, señor, oyeron dos fuertes golpes, como si dieran dos portazos dentro de la casa. Pim subió en dos zancadas, Piet primero avisó a Pfeffer, que con mucho aparato y barullo finalmente también aterrizó arriba. Acto seguido subimos todos de puntillas a la planta de los Van Pels. El señor estaba muy resfriado y ya se había metido en la cama, de modo que nos reunimos todos en torno a su tálamo y le susurramos nuestras suposiciones.

Cada vez que el señor tosía fuerte, la señora y yo pensamos que nos iba a dar algo del susto. Esto siguió así hasta que a una de nosotras se le ocurrió la brillante idea de darle codeína. La tos se calmó de inmediato.

De nuevo esperamos y esperamos, pero ya no se percibía nada y entonces en realidad todos supusimos que los ladrones, al oír pasos en la casa por lo demás tan silenciosa, se habían dado a la fuga.

---

* Anne describió este episodio asimismo en su diario, en la entrada del 25 de marzo de 1943.

Por accidente, la radio abajo había quedado sintonizada en Inglaterra, y las sillas ordenadamente dispuestas alrededor. Si resultaba que habían forzado la puerta y los de la vigilancia antiaérea se daban cuenta y avisaban a la policía, se armaría la gorda y el asunto podría tener consecuencias muy desagradables. Así que el señor Van Pels se levantó, se puso los pantalones y el abrigo, se caló el sombrero y bajó sigilosamente las escaleras detrás de papá, seguido de Peter, que por seguridad iba armado de un gran martillo. Arriba, las mujeres (Margot y yo incluidas) esperaron en tensión, hasta que a los cinco minutos los hombres regresaron diciendo que toda la casa estaba en orden. Quedamos en que no haríamos correr el agua ni tiraríamos de la cadena. Pero como a casi todos los convecinos las emociones les habían afectado al estómago, es fácil imaginarse cómo olía después de que todos hubiéramos hecho nuestras deposiciones.

Cuando pasa algo así, siempre coinciden muchas cosas, como ahora. Lo primero fue que no sonaba la campana de la iglesia del Oeste, que siempre me tranquiliza tanto, y que la víspera el señor Voskuijl se había marchado antes y no estábamos seguros de que Bep se hubiera hecho con la llave y quizá hubiese olvidado echar el cerrojo a la puerta.

Seguía siendo de noche y continuaba la incertidumbre, aunque nos habíamos tranquilizado un poco, ya que desde las ocho y cuarto, cuando entró el ladrón, hasta las diez y media no habíamos vuelto a oír nada.

Pensándolo bien, nos pareció bastante improbable que un ladrón hubiera forzado una puerta a una hora tan temprana de la noche, cuando aún puede haber gente por la calle. Además, a uno de nosotros se le ocurrió que era posible que el jefe de almacén de nuestros vecinos, la compañía Keg, aún estuviera trabajando. Pues en medio de la agitación y con las paredes tan finas, es fácil confundir los sonidos, y en momentos tan precarios también la imaginación juega un papel importante.

Así que nos tumbamos en nuestras camas, aunque no todos logramos conciliar el sueño. Tanto papá como mamá y el señor Pfeffer estuvieron despiertos mucho tiempo y yo, con un poco de exageración, puedo decir que no pegué ojo en toda la noche.

Esta mañana los señores bajaron para asegurarse de que la puerta de fuera siguiera cerrada, y todo parecía estar en orden.

Lo sucedido, que, dicho sea, no había sido nada agradable, desde luego se le contó con pelos y señales a toda la oficina, porque cuando todo ha quedado atrás es fácil reírse de esas cosas, y solo Bep nos tomó en serio.

Nota: A la mañana siguiente, el retrete estaba completamente atascado, y papá tuvo que pescar todas las recetas de fresas (nuestro actual papel higiénico) más unos cuantos kilos de caca con un palo bien largo, que después quemamos.

El dentista*

Miércoles, 8 de diciembre de 1942

Hoy hemos asistido al mejor espectáculo que he visto nunca en esta casa. Mamá estaba planchando y la señora Van Pels iba a someterse a tratamiento «dentístico». Así que Pfeffer, con mucha parsimonia (era la primera vez que trataba aquí a alguien), empezó a sacar sus cosas de una cajita y pidió agua de colonia para usar como desinfectante y vaselina para usar como cera. La señora se sentó y Pfeffer empezó a mirarle la boca. Pero cada vez que le tocaba un diente o una muela, la pobre mujer se encogía del dolor y emitía sonidos ininteligibles. Tras un largo reconocimiento (según le pareció a la señora, porque en realidad no fueron más que dos minutos), Pfeffer empezó a escarbar una caries. Pero ella no se lo iba a permitir: se puso a agitar frenéticamente brazos y piernas, de modo que en determinado momento Pfeffer soltó el escarbador y a la señora se le quedó clavado en un diente. ¡Y ahí sí que se armó la gorda! La señora hacía aspavientos, lloraba (en la medida en que eso es posible con un instrumento así en la boca), intentaba sacarse el escarbador de la boca, pero en vez de salirse, se le iba metiendo más. El señor Pfeffer observaba el espectáculo con toda la calma del mundo, con las manos en la cintura. Los demás espectadores nos moríamos de risa, lo que estuvo muy mal, porque estoy segura de que yo misma habría gritado más fuerte aún. Después de mucho dar vueltas, patear, chillar y gritar, logró salirse el escarbador y el señor Pfeffer, sin inmutarse, continuó su trabajo como si nada hubiera pasado. Lo hizo tan rápido que a la señora ni le dio tiempo de volver a la carga. Y es que Pfeffer contaba con más ayuda de la que había tenido jamás: dos asistentes no es poco, el señor Van Pels y yo lo hacíamos muy bien. Parecía una estampa de la Edad Media de un curandero.

Entretanto, la señora no se mostraba muy paciente, ya que tenía que vigilar «su» sopa y «su» comida. Lo que es seguro es que nunca más pedirá que le hagan un tratamiento.

La última frase no se hizo realidad.

---

* Anne describió este episodio asimismo en su diario, en la entrada del 10 de diciembre de 1942.

Día de salchichas*

Viernes, 10 de diciembre de 1942

El señor Van Pels tenía un montón de carne. Quería hacer salchichas y salchichón hoy, y longaniza mañana. Fue gracioso ver cómo se pasan primero por la picadora los trozos de carne, dos o tres veces, y cómo se añade de todo a la carne y luego otra vez por la picadora, y al cabo se embuten las tripas a través de un embudo. Las salchichas las comimos directamente al mediodía con puré de patatas, cebollas y chucrut. Las longanizas las colgamos del techo por medio de un palo con dos cuerdas. Todo el que entraba y veía la exposición de embutidos se echaba a reír. Es que era todo un espectáculo.

Allí reinaba un gran ajetreo. Van Pels tenía puesto un delantal de su mujer y estaba, todo lo gordo que era (parecía más gordo de lo que es en realidad), ocupado con la carne. Las manos ensangrentadas, la cara colorada y el delantal le daban realmente el aspecto de un carnicero.

La señora hacía todo a la vez: estudiar neerlandés, cocinar, mirar, suspirar y lamentarse; tenía rota (según dice) una costilla pectoral superior. ¡Eso es lo que pasa cuando se hacen esos ejercicios de gimnasia tan ridículos!

Pfeffer tenía un ojo inflamado y estaba junto a la estufa aplicándose compresas de manzanilla. Pim estaba sentado al sol en una silla y le pedían que se hiciera a un lado continuamente. Seguro que de nuevo le dolía la espalda, porque torcía bastante el cuerpo y tenía un gesto de fastidio en la cara. Era clavado a un viejecito de un asilo de ancianos. Piet se revolcaba por el suelo con el gato, tentándolo continuamente con un pedacito de carne y luego llevándoselo. Mamá, Margot y yo estábamos pelando patatas y al final ninguna hacía bien su trabajo porque mirábamos lo que hacía Van Pels.

---

* Anne describió este episodio asimismo en su diario, en la entrada del 10 de diciembre de 1942.

La pulga

Miércoles, 7 de julio de 1943

Nos aqueja aquí un nuevo mal, a saber: las pulgas de Mouschi. No teníamos noticia de que las pulgas de los gatos se pasan a la gente, pero es así.

Ayer arriba había atrapado una que tenía en la pierna, diez minutos más tarde otra, abajo, y por la noche en la cama de Pfeffer se me paseaba por la pierna otra más. Se me escurrió entre los dedos, son unos bicharracos tremendamente rápidos. Esta mañana me estaba vistiendo delante del armario y veo caminar otra de esas sabandijas. Nunca he visto una pulga que caminara y saltara. La cogí del suelo y casi la estrujé, pero enseguida la señora pulga se escabulló dando un saltito. Suspirando me desvestí y me puse a revisar mi cuerpo desnudo y mi ropa hasta que la encontré en mis bragas. En menos de un segundo quedó decapitada.

¿Te acuerdas?
Recuerdos de mi etapa escolar en el Liceo Judío

¿Te acuerdas? Son muy gratos los momentos en que puedo hablar de la escuela, de los profesores, de aventuras y de chicos. Cuando aún hacíamos vida normal, todo era fantástico. Ese año en el liceo fue para mí algo maravilloso. Los profesores, lo mucho que aprendí, las bromas, las miradas, los enamoramientos y los admiradores.

¿Te acuerdas? De esa tarde en que volví a casa del centro y en el buzón había un paquetito «*d'un ami. R.*». No podía ser de nadie más que de Rob Cohen. En él había un broche que valía como *f* 2,50, supermoderno, de los que vendía el padre de Rob. Lo llevé dos días y luego se rompió.

¿Te acuerdas? De cómo Lies y yo acusamos a toda la clase. Teníamos prueba de francés. Yo sabía bastante, Lies no. Ella se copió todo de mí y yo miré su hoja para corregir (su trabajo). Ella sacó 5/6, yo 4/5, porque ella por mi ayuda aún tenía algunas cosas bien. El 5/6 y el 4/5 estaban tachados con un cero enorme cada uno. Gran indignación. Fuimos a explicarle el asunto a Premsela y Lies acabó diciendo: «Sí; pero toda la clase tenía el libro debajo del pupitre». Premsela prometió a la clase que no habría castigo si todos los que habían copiado la prueba levantaban la mano. Naturalmente, solo alrededor de diez levantaron la mano: ni la mitad. Después de tres clases nos pusieron otra vez la prueba de sopetón. A Lies y a mí nos hicieron el vacío por soplonas. Pronto no pude seguir soportándolo y le escribí una larga carta suplicatoria a la clase 1 L II para hacernos amigos de nuevo. Dos semanas después, el asunto quedó olvidado. La carta decía más o menos así:
A los alumnos de la clase 1 L II:
Por la presente, Anne Frank y Lies Goslar presentan a los alumnos de la clase 1 L II sus más sinceras disculpas por haberles acusado cobardemente en la prueba de francés. Sin embargo, la acción había ocurrido antes de que lo hubiéramos pensado bien y ambas admitimos gustosamente que en realidad únicamente nosotras dos deberíamos haber cargado con el castigo. Conside-

ramos que a cualquiera le puede pasar que en un momento de rabia se le escape una palabra o frase que tienen una consecuencia desagradable, y que sin embargo no había sido en absoluto su intención. Esperamos que 1 L II querrá interpretar así lo ocurrido y devolver bien por mal. Ahora ya no tiene remedio y las dos culpables ya no pueden deshacer la acción.

No escribiríamos esta carta si no lamentásemos realmente lo ocurrido. Por lo demás, pedimos a aquellos que hasta hoy nos hicieron el vacío, que dejen de hacerlo, porque la acción tampoco fue tan grande como para que nos tomen por delincuentes hasta la eternidad.

Que aquellos que todavía no puedan pasarnos por alto, a nosotras o nuestra acción, se nos acerquen y nos lean la cartilla o nos pidan algún servicio, que siempre que nos sea medianamente posible, ciertamente accederemos a prestarlo.

Confiamos en que ahora todos los alumnos de la clase 1 L II olvidarán lo ocurrido.

Anne Frank y Lies Goslar

¿Te acuerdas? De cómo Pim Pimentel le dijo en el tranvía a Rob Cohen, de tal modo que Sanne Ledermann lo oyó y luego me lo contó, que Anne era mucho más bonita de cara que Diana Zajde, sobre todo cuando se reía. La respuesta de Rob fue: «¡Qué agujeros más grandes tienes en la nariz, Pim!».

¿Te acuerdas? De cómo Maurice Coster quería presentarse ante Pim para pedirle permiso para tener trato con su hija.

¿Te acuerdas? De cómo Rob Cohen y Anne Frank mantuvieron una intensa correspondencia cuando Rob estuvo ingresado en el hospital.

¿Te acuerdas? De cómo Sam Salomon me perseguía todo el tiempo en la bicicleta y pretendía cogerme del brazo.

¿Te acuerdas? De cómo A. W.* me dio un beso en la mejilla cuando le prometí que no le diría nada a nadie sobre él y E.G.*

Espero que algún día volverá otra etapa escolar tan despreocupada.

---

* Los nombres de algunas personas que aparecen en esta historia se han sustituido por iniciales al azar.

La mejor mesita*

Martes, 13 de julio de 1943

Ayer por la tarde, con permiso de papá, le pregunté a Pfeffer (creo que de forma bastante educada) si por favor estaría de acuerdo en que dos veces por semana, de cuatro a cinco y media de la tarde, yo hiciera uso de nuestra mesita. Ya escribo ahí todos los días de dos y media a cuatro mientras Pfeffer duerme la siesta, y por lo demás el cuarto más la mesita son zona prohibida. En la habitación común hay demasiado alboroto por las tardes; ahí uno no se puede concentrar, y además también a papá le gusta sentarse a escribir en el escritorio por las tardes.

Por lo tanto, el motivo era bastante razonable y mi ruego una mera cuestión de cortesía. Pero ¿a que no sabes lo que contestó el distinguido señor Pfeffer?

—No.

¡Dijo lisa y llanamente que no!

Yo estaba indignada y no lo dejé ahí. Le pregunté cuáles eran sus motivos para decirme que no y me llevé un chasco. Fíjate cómo arremetió contra mí:

—Yo también necesito la mesita. Si no puedo disponer de ella por la tarde no me queda nada de tiempo. Tengo que poder escribir mi cuota diaria; si no, todo mi trabajo habrá sido en balde. De todos modos, tus tareas no son serias. La mitología, qué clase de tarea es esa, y hacer punto y leer tampoco son tareas serias. De modo que la mesita la seguiré usando yo.

Mi respuesta fue:

—Señor Pfeffer, mis tareas sí que son serias. Dentro, en la habitación, por las tardes no me puedo concentrar, así que le ruego encarecidamente que vuelva a considerar mi petición.

Tras pronunciar estas palabras, Anne se volvió ofendida e hizo como si el distinguido doctor no existiera. Estaba fuera de mí de rabia. Pfeffer me

---

* Otto Frank recogió este episodio en su versión del *Diario* («La Casa de atrás»), en la entrada del 13 de julio de 1943.

pareció un gran maleducado (lo que en verdad era) y me pareció que yo misma había estado muy cortés.

Por la noche, cuando logré hablar un momento con Pim, le conté cómo había terminado todo y le pregunté qué debía hacer ahora, porque no quería darme por vencida y prefería arreglar la cuestión yo sola. Pim me explicó más o menos cómo debía encarar el asunto, pero me recomendó que esperara hasta el otro día, dado mi estado de exaltación.

Desoí este último consejo, y después de fregar los platos me senté a esperar a Pfeffer. Pim estaba en la habitación contigua, lo que me daba una gran tranquilidad. Empecé diciendo:

—Señor Pfeffer, creo que a usted no le ha parecido que valiera la pena hablar con más detenimiento sobre el asunto; sin embargo, le ruego que lo haga.

Entonces, con su mejor sonrisa, Pfeffer comentó:

—Siempre y en todo momento estaré dispuesto a hablar sobre este asunto ya zanjado.

Seguí con la conversación, interrumpida continuamente por Pfeffer:

—Al principio, cuando usted vino aquí, convinimos en que esta habitación sería de los dos. Si el reparto fuera equitativo, a usted le corresponderían las mañanas y a mí todas las tardes. Pero yo ni siquiera le pido eso, y por lo tanto me parece que dos tardes a la semana es de lo más razonable.

En ese momento Pfeffer saltó como pinchado por un alfiler:

—¿De qué reparto equitativo me estás hablando? ¿Adónde he de irme entonces? Tendré que pedirle al señor Van Pels que me construya una caseta en el desván, para que pueda sentarme allí. ¡Será posible que no pueda trabajar tranquilo en ninguna parte, y que uno tenga que estar siempre peleándose contigo! Si la que me lo pidiera fuera tu hermana Margot, que tendría más motivos que tú para hacerlo, ni se me ocurriría negárselo, pero tú…

Y luego siguió la misma historia sobre la mitología y el hacer punto, y Anne volvió a ofenderse. Sin embargo, hice que no se me notara y dejé que Pfeffer acabara:

—Pero ya está visto que contigo no se puede hablar. Eres una tremenda egoísta. Con tal de salirte con la tuya, los demás que revienten. Nunca he visto una niña igual. Pero al final me veré obligado a darte el gusto; si no, en algún momento me dirán que a Anne Frank la suspendieron porque el señor Pfeffer no le quería ceder la mesita.

El hombre hablaba y hablaba. Era tal la avalancha de palabras que al final me perdí. Había momentos en que pensaba: «¡Le voy a dar un sopapo que va a ir a parar con todas sus mentiras contra la pared!», y otros en que me decía a mí misma: «Tranquilízate. Este tipo no se merece que te sulfures tanto por su culpa».

Por fin Pfeffer terminó de desahogarse y, con una cara en la que se leía el enojo y el triunfo al mismo tiempo, salió de la habitación con su abrigo lleno de alimentos.

Corrí a ver a papá y a contarle toda la historia, en la medida en que no la había oído ya. Pim decidió hablar con Pfeffer esa misma noche, y así fue. Estuvieron más de media hora hablando. El tema de conversación fue más o menos el siguiente:

Primero hablaron sobre si Anne debía disponer de la mesita o no. Papá le dijo que Pfeffer y él ya habían hablado sobre el tema, pero que en aquella ocasión le había dado supuestamente la razón a Pfeffer para no dársela a una niña frente a un adulto, aunque tampoco en ese momento a papá le había parecido razonable. Pfeffer respondió que yo no debía hablar como si él fuera un intruso que tratara de apoderarse de todo, pero aquí papá le contradijo con firmeza, porque en ningún momento me había oído a mí decir eso. Así estuvieron un tiempo discutiendo: papá defendiendo mi egoísmo y mis «tareítas» y Pfeffer refunfuñando todo el tiempo.

Finalmente Pfeffer tuvo que ceder, y se me concedieron dos tardes a la semana para dedicarme a mis tareas sin ser molestada. Pfeffer puso cara de mártir, no me habló durante dos días y, como un niño caprichoso, fue a ocupar la mesita de cinco a cinco y media, antes de la hora de cenar.

A una persona de cincuenta y cuatro años que todavía tiene hábitos tan pedantes y mezquinos, la naturaleza la ha hecho así, y ya nunca se le quitarán.

Anne en teoría*

Lunes, 2 de agosto de 1943

La señora Van Pels, Pfeffer y yo estábamos fregando los platos y Anne estaba muy callada, cosa poco común y que seguramente les debería de llamar la atención. A fin de evitar preguntas molestas busqué un tema neutral de conversación, y pensé que el libro *Enrique, el vecinito de la acera de enfrente* cumplía con esa exigencia. Pero me equivoqué de medio a medio. Cuando no me regaña la señora Van Pels, me regaña el señor Pfeffer. El asunto era el siguiente: Pfeffer nos había recomendado este libro muy especialmente por ser una obra excelente. Pero a Margot y a mí no nos pareció excelente para nada. El niño estaba bien caracterizado, pero el resto… mejor no decir nada. Al fregar los platos hice un comentario de este tenor, pero, ¡ay!… eso desató toda la artillería.

—¡¿Cómo habrías de entender la vida psíquica de un hombre?! La de un niño sí, claro (!). Eres demasiado pequeña para un libro así. Aun para un hombre de veinte años sería demasiado difícil. (Me pregunto por qué nos habrá recomendado entonces el libro tan especialmente a Margot y a mí).

Ahora Pfeffer y la señora arremetieron los dos juntos:

—Sabes demasiado de cosas que no son adecuadas para ti. Te han educado de manera totalmente equivocada. Más tarde, cuando seas mayor, ya no sabrás disfrutar de todas las cosas. Dirás que lo has leído ya todo en los libros hace veinte años. Será mejor que te apresures en conseguir marido o en enamorarte, porque seguro que nada te satisfará. (Ahora viene lo mejor). En teoría ya lo sabes todo, solo te falta la práctica.

No resulta nada difícil imaginarse cómo me sentí en aquel momento. Yo misma aún me sorprendí de que pudiera guardar la calma para responder:

—Quizá ustedes opinen que he tenido una educación equivocada, pero no todo el mundo está de acuerdo con ustedes.

* Anne describió este episodio asimismo en su diario, en la entrada del 29 de julio de 1943.

¿Acaso es de buena educación sembrar cizaña todo el tiempo entre mis padres y yo (porque eso es lo que hacen muchas veces)? Y no hablarle de esas cosas a una chica de mi edad seguro que es estupendo… Los resultados de una educación semejante están a la vista.

En ese momento habría querido matarlos a los dos, por ponerme en ridículo. Estaba fuera de mí de la rabia y realmente me habría gustado contar los días para librarme de esa gente.

Carácter de la señora Van Pels

¡La señora Van Pels es un caso serio! Es un modelo de conducta… pero ¡de qué conducta! A la señora Van Pels se la conoce por su falta absoluta de modestia, su incultura y porque nunca nada la satisface. A esto se suman su vanidad y su coquetería. No hay más vueltas que darle, es de un carácter desagradable como ninguna. Podría escribir libros enteros sobre ella, y puede que alguna vez lo haga. A simple vista, no posee ninguna buena cualidad por dentro. Cualquiera puede aplicarse un bonito barniz por fuera. La señora es muy amable con los hombres, y eso hace que uno se equivoque cuando la conoce poco en toda su naturaleza.

Es tan taimada y calculadora, tan egoísta, que a cualquier persona de bien no le es fácil hacerse una idea. Se diría que es casi imposible que una persona de apariencia relativamente civilizada presente por dentro un aspecto tan desnudo y despojado.

Mamá la considera demasiado tonta para gastar saliva en ella, Margot demasiado insignificante, Pim demasiado fea (tanto por dentro como por fuera) y yo, tras un largo viaje —porque nunca soy tan desconfiada desde el principio—, he llegado a la conclusión de que es las tres cosas a la vez, y mucho más. Tiene tantas malas cualidades, que no hace falta que me quede con una.

No olvide el lector que cuando fue escrito este relato, la ira de la autora todavía no se había disipado.

La pelea por las patatas

Miércoles, 4 de agosto de 1943

Después de haber tenido tres meses de paz, interrumpidos por un par de discusiones sin importancia, hoy tuvo lugar nuevamente una intensa disputa.

Fue al pelar las patatas por la mañana temprano, y nadie se lo esperaba. Paso a reproducir aquí la disputa; como todos los interesados hablaban a la vez, resultaba imposible seguir toda la conversación.

La señora Van Pels (como es natural) empezó diciendo que quienes no ayudasen a pelar patatas por la mañana tendrían que quitar las pieles por la tarde. Nadie contestó, y esto ciertamente no fue del gusto de los Van Pels, porque al poco tiempo el señor arremetió con que en realidad cada uno podía pelarse sus propias patatas, excepto Peter, ya que pelar patatas no es tarea de chicos. (¡Aquí ya se aprecia la lógica!).

El señor Van Pels prosiguió:

—Tampoco veo por qué siempre tienen que ayudar los señores. Esto hace que las tareas se distribuyan de forma muy poco equitativa. ¿Por qué unos habrían de trabajar mucho más por la comunidad que otros?

En ese momento, al ver el derrotero que iba a tomar la conversación, intervino mamá:

—Ah, señor Van Pels, ya veo, seguro que las niñas no trabajan lo suficiente, ¿verdad? Pero ¿acaso no sabe usted que cuando Margot no ayuda lo hace Anne, y viceversa? Y Peter tampoco ayuda, pero en su caso a usted no le parece necesario. ¡Pues bien, a mí tampoco me parece necesario en el caso de las niñas!

Entonces, entremedio ladró el señor, chilló la señora, Pfeffer trató de calmar los ánimos y mamá gritó. Era un escándalo de mil demonios, y allí estaba una pobre servidora contemplando cómo los supuestos «adultos sabios» se tiraban, casi literalmente, los trastos a la cabeza.

Las palabras iban y venían, la señora acusó a Pfeffer de jugar un doble juego (yo pienso igual), el señor le comentó algo a mamá sobre la comunidad, de lo mucho que él hacía y que en realidad deberían tenerle compasión. De repente se puso a gritar:

—Sería mejor que las niñas ayudasen un poco más en vez de estar siempre con la nariz metida en los libros. ¡No hace falta que las niñas estudien tanto! (Muy moderno el señor).

Ya algo tranquilizada, mamá dijo que no le tenía ninguna compasión al señor Van Pels. Ahí él volvió a la carga:

—¿Por qué las niñas nunca suben patatas al desván ni bajan a por agua caliente? Tampoco son tan débiles...

—¡Usted está loco! —gritó de repente mamá, y de veras me asusté un poco, nunca pensé que se atrevería a hacerlo.

El resto carece relativamente de importancia, todo venía a redundar en lo mismo: a Margot y a mí había que ascendernos a sirvientas de la Casa de atrás. Aquí lo único que cabe es aplicar la no tan simpática frase de «a palabras necias, oídos sordos», pues no habrá tal.

Van Pels encima tuvo la osadía de decir que el que Margot llevara más de un año fregando los platos mañana y tarde no era una tarea.

Con solo oír lo sucedido, papá habría querido subir corriendo a decirle al señor unas cuantas verdades; a mamá le pareció mejor comunicarle que si aquí todo el mundo debía guisárselo y comérselo solo, que entonces también cada cual se las arreglara con su propio dinero.

Mi conclusión ahora es: todo este asunto es típico de los Van Pels, siempre removiendo viejas historias. Si papá no fuese demasiado bueno con esa gente, lo mejor sería restregarles de una vez por todas por las narices que nosotros y los demás les salvamos de la muerte en el verdadero sentido de la palabra. ¡En un campo de trabajo se harán cosas peores que pelar patatas, o que quitar las pulgas al gato!

La tarde y la noche en la Casa de atrás*

Miércoles, 4 de agosto de 1943

Antes de las nueve de la noche comienza en la Casa de atrás el ajetreo de la hora de acostarse, y te aseguro que siempre es un verdadero alboroto. Se corren las sillas, se arman las camas, se extienden las mantas, y nada queda en el mismo estado que durante el día. Yo duermo en el pequeño diván, que no llega a medir un metro y medio de largo, por lo que hay que colocarle un añadido en forma de sillas. De la cama de Pfeffer, donde están guardados durante el día, hay que sacar un plumón, sábanas, almohadas y mantas.

En la habitación de al lado se oye un terrible chirrido: es la cama de tablitas de Margot. Nuevamente hay que extraer mantas y almohadas del diván: todo sea por hacer un poco más confortables las tablitas de madera de la cama. Arriba parece que cayeran bombas, pero no es más que la cama de la señora. Es que hay que arrimarla junto a la ventana, para que el aire pueda estimular los pequeños orificios nasales de su alteza de la mañanita rosa.

Las nueve: cuando sale Peter entro en el cuarto de baño y me someto a un tratamiento de limpieza a fondo. No pocas veces —solo en los meses, semanas o días de gran calor— ocurre que en el agua del baño se queda flotando alguna pequeña pulga. Luego toca lavarme los dientes, rizarme el pelo, tratarme las uñas, preparar los algodones con agua oxigenada, y todo esto apenas en media hora.

Las nueve y media: me pongo rápidamente el albornoz. Con el jabón en una mano y el orinal, las horquillas, las bragas, los rulos y el algodón en la otra, me apresuro a dejar libre el cuarto de baño, pero por lo general después me llaman para que vuelva y quite la colección de pelos primorosamente depositados en el lavabo, pero que no son del agrado del usuario siguiente.

---

* Anne describió este episodio asimismo en su diario, en la entrada del 4 de agosto de 1943.

Las diez: colgamos los paneles de oscurecimiento y... ¡buenas noches! En la casa aún se oyen durante un cuarto de hora los crujidos de las camas y el rechinar de los muelles rotos. Luego reina el silencio; al menos, cuando los de arriba no tienen una disputa de lecho conyugal.

Las once y media: cruje la puerta del cuarto de baño. En la habitación entra un diminuto haz de luz. Crujido de zapatos, un gran abrigo, más grande que la persona que lo lleva puesto... Pfeffer vuelve de sus tareas nocturnas en el despacho de Kugler. Durante diez minutos se le oye arrastrar los pies, hacer ruido de papeles —son los alimentos que guarda— y hacer la cama. Luego, la figura vuelve a desaparecer y solo se oye venir a cada rato un ruidito sospechoso del lavabo.

± *tres de la madrugada*: debo levantarme para hacer aguas menores en la lata que guardo debajo de la cama y que para mayor seguridad está colocada encima de una esterilla de goma contra las posibles pérdidas. Cuando me encuentro en este trance, siempre contengo la respiración, porque en la latita se oye como el gorgoteo de un arroyuelo en la montaña. Luego devuelvo la lata a su sitio y una figura de camisón blanco, que a Margot le arranca cada noche la exclamación: «¡Ay, qué camisón tan indecente!», se mete de nuevo en la cama. Entonces, alguien que yo sé permanece unos quince minutos atenta a los ruidos de la noche. En primer lugar, cuando son alrededor de las tres y media o cuatro de la madrugada, a los que puedan venir de algún ladrón en los pisos de abajo; luego, a los procedentes de las distintas camas de las habitaciones de arriba, de al lado y la propia, de los que por lo general se puede deducir cómo está durmiendo cada uno de los convecinos, o si están pasando la noche medio desvelados. Esto último no es nada agradable, sobre todo cuando se trata de uno que responde al nombre de doctor Pfeffer. Primero se oye un ruidito como de un pescado que se ahoga. El ruido se repite unas diez veces, y luego, con mucho aparato, pasa a humedecerse los labios, alternando con otros ruiditos como si estuviera masticando, a lo que siguen innumerables vueltas en la cama y reacomodamientos de las almohadas. Luego hay cinco minutos de tranquilidad absoluta, y toda la secuencia se repite tres veces como mínimo, tras lo cual el doctor seguramente se habrá adormilado por un rato.

También puede ocurrir que de noche, variando entre la una y las cuatro, se oigan disparos. Nunca soy realmente consciente hasta el momento en que, por costumbre, me veo de pie junto a la cama. A veces estoy tan metida en algún sueño, que pienso en los verbos franceses irregulares o en las riñas de arriba. Cuando termino de pensar, tomo conciencia de que ha habido tiros y de que me he quedado en silencio en la cama. Pero la mayoría de las veces pasa como te he relatado arriba. Cojo rápidamente un pañuelo y una almohada, me pongo el albornoz, me calzo las zapatillas y voy corriendo donde papá, tal como lo describió Margot en el siguiente poema con motivo de mi cumpleaños: «Por las noches, al primerísimo disparo, se oye una puerta crujir y aparecen un pañuelo, una almohada y una chiquilla...».

Una vez instalada en la cama grande, el mayor susto ya ha pasado, salvo cuando los tiros son muy fuertes.

Las siete menos cuarto: ¡Trrrrr...! Suena el despertador, que puede elevar su vocecita a cada hora del día, bien por encargo, bien sin él. ¡Crac...! ¡Paf...! La señora lo ha hecho callar. ¡Cric...! Se ha levantado el señor. Pone agua a hervir y se traslada al cuarto de baño.

Las siete y cuarto: la puerta cruje nuevamente. Ahora Pfeffer puede ir al cuarto de baño. Una vez que estoy sola, quito los paneles de oscurecimiento, y comienza un nuevo día en la Casa de atrás.

La hora de la comida*

Jueves, 5 de agosto de 1943

Son las doce y media: toda la compañía respira aliviada. Por fin Van Maaren, el hombre de oscuro pasado, y De Kok se han ido a sus casas. Arriba se oye el traqueteo de la aspiradora que la señora le pasa a su hermosa y única alfombra. Margot coge unos libros y se los lleva bajo el brazo a la clase «para alumnos que no avanzan», porque así se podría llamar a Pfeffer. Pim se instala en un rincón con su inseparable Dickens, buscando un poco de tranquilidad. Mamá se precipita hacia el piso de arriba para ayudar a la hacendosa ama de casa, y yo me encierro en el cuarto de baño para adecentarlo un poco, haciendo lo propio conmigo misma.

La una menos cuarto: gota a gota se va llenando el cubo. Primero llega el señor Gies; luego Kleiman o Kugler, Bep y a veces también un rato Miep.

La una: todos escuchan atentos las noticias de la BBC, formando corro en torno a la radio miniatura. Estos son los únicos momentos del día en que los miembros de la Casa de atrás no se interrumpen todo el tiempo mutuamente, porque está hablando alguien al que ni siquiera el señor Van Pels puede llevar la contraria.

La una y cuarto: comienza el gran reparto. A todos los de abajo se les da un tazón de sopa, y cuando hay algún postre, también se les da. El señor Gies se sienta satisfecho en el diván o se reclina en el escritorio. Junto a él, el periódico, el tazón y, la mayoría de las veces, el gato. Si le falta alguno de estos tres, no dejará de protestar. Kleiman cuenta las últimas novedades de la ciudad; para eso es realmente una fuente de información estupenda. Kugler sube la escalera con gran estrépito, da un golpe seco y firme en la puerta y

---

* Anne describió este episodio asimismo en su diario, en la entrada del 5 de agosto de 1943.

entra frotándose las manos, de buen humor y exaltado, o de mal humor y callado, según los ánimos.

Las dos menos cuarto: los comensales se levantan y cada uno retoma sus actividades. Margot y mamá se ponen a fregar los platos, el señor y la señora vuelven al diván, Piet al desván, papá al otro diván, Pfeffer también, y Anne a sus tareas.

Ahora comienza el horario más tranquilo. Cuando todos duermen, no se molesta a nadie. Pfeffer sueña con una buena comida, se le nota en la cara, pero no me detengo a observarlo porque el tiempo apremia y a las cuatro ya tengo al doctor pedante a mi lado, con el reloj en la mano, porque me he pasado un minuto.

Los ocho comensales de la Casa de atrás*

Jueves, 5 de agosto de 1943

¿Qué aspecto presenta la mesa a la hora de comer? ¿Cómo se entretienen los distintos comensales? Unos son ruidosos, otros callan; unos comen mucho, otros poco, según el caso.

El señor Van Pels: comencemos por él. Es el primero en ser atendido a la mesa, y se sirve bastante de todo cuando la comida es de su gusto. Por lo general participa en la conversación, dando siempre su opinión, y cuando así sucede, no hay quien le haga cambiar de parecer, porque cuando alguien osa contradecirle, se pone bastante violento. Es capaz de soltarte un bufido como un gato, y la verdad es que es preferible evitarlo. Si te pasa una vez, haces lo posible para que no se repita. Tiene la mejor opinión, es el que más sabe de todo. De acuerdo, sabe mucho, pero también su presunción ha alcanzado altos niveles.

Madame: en verdad sería mejor no decir nada. Ciertos días, especialmente cuando se avecina alguna tormenta, más vale no mirarla a la cara. Bien visto, es ella la culpable de todas las discusiones, ¡pero no el tema! Todos prefieren no meterse; pero tal vez pudiera decirse que ella es la iniciadora. Azuzar, eso es lo que le gusta. Azuzar a la señora Frank y a Anne, a Margot y al señor no es tan fácil.

Pero volvamos a la mesa. La señora siempre recibe lo que le corresponde, aunque ella a veces piensa que no es así. Escoger las patatas más pequeñas, el bocado más sabroso, lo mejor de todo: esa es su consigna. «A los demás ya les tocará lo suyo, primero estoy yo». (Exactamente así piensa ella que piensa Anne Frank).

Lo segundo es hablar, siempre que haya alguien escuchando, le interese o no, eso al parecer le da igual. Seguramente piensa que a todo el mundo le

---

* Anne describió este episodio asimismo en su diario, en la entrada del 9 de agosto de 1943.

interesa lo que es la señora Van Pels. A veces me pregunto si antes habrá sido como yo. Pero por suerte yo así no he cumplido cuarenta y tres años.

Las sonrisas coquetas, hacer como si entendiera de cualquier tema, aconsejar y mimar un poco a todos, se supone que dejan una buena impresión. Pero mira más allá y lo bueno se acaba enseguida.

En primer lugar hacendosa, luego alegre, luego coqueta y a veces una cara bonita. Esa es Gusti van Pels.

El tercer comensal: no dice gran cosa. Por lo general, el joven Van Pels es muy callado y no se hace notar. Por lo que respecta a su apetito: un pozo sin fondo, que no se llena nunca. Aun después de la comida más sustanciosa, afirma sin inmutarse que podría comerse el doble.

En cuarto lugar está Margot: come como un pajarito, no dice ni una palabra. Lo único que toma a veces son frutas y verduras. «Consentida», en opinión de Van Pels. «Falta de aire y deporte», en opinión nuestra.

Luego está mamá: un buen apetito, pero no se hace valer. Siempre me da la impresión de que en su esquinita pasa un poco desapercibida. En las conversaciones sobre literatura se puede aprender mucho de ella. Es una enormidad lo que ha leído. No da la impresión de ser ama de casa, como es el caso de la señora Van Pels. ¿La diferencia? La señora cocina y mamá friega los platos y limpia. No se nota mucho, pero en las habitaciones listonadas todo está lo más limpio que puede estar.

En sexto y séptimo lugar: de papá y yo será mejor que no diga mucho. El primero es el más modesto de toda la mesa. Siempre se fija en primer lugar si todos los demás tienen. No lo necesita todo, lo mejor es para los jóvenes. Él es el ejemplo, y a su lado está el lienzo al que, es de esperar, algún día ese ejemplo se trasladará.

Pfeffer: se sirve, no mira, come, no habla. Y cuando hay que hablar, que sea sobre la buena comida, así no hay disputa, solo presunción. Deglute raciones enormes y nunca dice que no: tanto en las buenas como también bastante poco en las malas.

Pantalones que le llegan hasta el pecho, chaqueta roja, zapatillas negras de charol y gafas de concha: así se le puede ver sentado frente a la mesita, eternamente atareado, no avanzando nunca, interrumpiendo su labor solo para dormirse su siestecita, comer y… acudir a su lugar preferido: el retrete. Tres, cuatro, cinco veces al día hay alguien montando guardia delante de la puerta, conteniéndose, impaciente, balanceándose de una pierna a otra, casi sin aguantar más. ¿Se da por enterado? En absoluto. De las siete y cuarto a las siete y media, de las doce y media a la una, de las dos a las dos y cuarto, de las cuatro a las cuatro y cuarto, de las seis a las seis y cuarto y de las once y media a las doce. Se puede tomar nota, son sus «asientos fijos», de los que no se aparta. Tampoco hace caso de la voz implorante al otro lado de la puerta que presagia una catástrofe inminente.

La novena no forma parte de la familia de la Casa de atrás, pero sí es una convecina y comensal. Bep tiene un buen apetito. No deja nada, no es quisquillosa. Todo lo come con gusto, y eso justamente nos da gusto a nosotros. Siempre alegre y de buen humor, bien dispuesta y bonachona: esos son sus rasgos característicos.

Cuando el reloj da las ocho y media...*

Viernes, 6 de agosto de 1943

Margot y mamá están nerviosas. «¡Chis, papá! ¡Silencio, Otto! ¡Chis, Pim! ¡Que ya son las ocho y media! ¡Vente ya, que no puedes dejar correr el agua! ¡No hagas ruido al andar!». Así son las distintas exclamaciones dirigidas a papá en el cuarto de baño. A las ocho y media en punto tiene que estar de vuelta en la habitación. Ni una gota de agua, no usar el retrete, no andar, silencio absoluto. Cuando no están abajo los de la oficina, en el almacén los ruidos se oyen mucho más.

Arriba abren la puerta a las ocho y veinte, y al poco tiempo se oyen tres golpecitos en el suelo: la papilla de avena para Anne. Subo trepando por la escalera y recojo mi platillo para perros.

De vuelta abajo, termino de hacer mis cosas corriendo: cepillarme el pelo, guardar el orinal, volver a colocar la cama en su sitio. ¡Silencio! El reloj da la hora. La señora cambia de calzado: comienza a desplazarse por la habitación en zapatillas de baño; también el señor... Charlie Chaplin se calza sus zapatillas; tranquilidad absoluta.

La imagen de familia ideal llega a su apogeo: yo me pongo a leer o a estudiar, Margot también, al igual que papá y mamá. Papá —con Dickens y el diccionario en el regazo, naturalmente— está sentado en el borde de la cama hundida y crujiente, que ni siquiera cuenta con colchones como Dios manda. Dos colchonetas superpuestas también sirven. «No me hacen falta, me arreglo perfectamente sin ellas».

Una vez sumido en la lectura se olvida de todo, sonríe de tanto en tanto, trata por todos los medios de hacerle leer algún cuento a mamá, que le contesta: «¡Ahora no tengo tiempo!».

Por un momento pone cara de desencanto, pero luego sigue leyendo.

* Otto Frank recogió este episodio en su versión del *Diario* («La Casa de atrás»), en la entrada del 23 de agosto de 1943.

Poco después, cuando otra vez encuentra algo divertido, vuelve a intentarlo: «¡Ma, no puedes dejar de leer esto!».

Mamá está sentada en la cama abatible, leyendo, cosiendo, haciendo punto o estudiando, según lo que toque en ese momento. De repente se le ocurre algo, y no tarda en decir: «Anne, ¿te acuerdas...? Margot, apunta esto...».

Al rato vuelve la tranquilidad. El libro de Margot se cierra de un golpe, papá frunce el ceño y se le forma un arco muy gracioso, reaparece la «arruga de la lectura» y ya está otra vez sumido en el libro, mamá se pone a parlotear con Margot, la curiosidad me hace escucharlas. Envolvemos a Pim en el asunto y...

¡Las nueve! ¡A desayunar!

¡Canallas!

Viernes, 6 de agosto de 1943

¿Quiénes son aquí los canallas?

¡Grandes canallas!

¡Van Pels!

¿Qué es lo que pasa?

Te lo voy a contar.

Es la pura verdad que por la negligencia de Van Pels se nos ha llenado la casa de pulgas. Venimos advirtiéndoselo desde hace meses: «¡Lleven ese gato a un centro de tratamiento antipulgas!». La respuesta ha sido invariablemente: «¡Nuestro gato no tiene pulgas!».

Cuando las pulgas quedaron claramente demostradas y ya no podíamos dormir de la picazón, Peter, que solo se compadecía del gato, se dignó a echarle un vistazo y hete aquí que las pulgas le saltaron a la cara. Se puso manos a la obra, peinó al gato con el peine fino de la señora y lo cepilló con nuestro único cepillo. ¿Y qué apareció?

¡Como cien pulgas!

Consultamos a Kleiman y al día siguiente quedó todo cubierto de un polvo verde asqueroso. No sirvió de nada.

Luego echamos mano de una bomba con una especie de insecticida para pulgas. Papá, Pfeffer, Margot y yo estuvimos un montón de tiempo limpiando, fregando, restregando y echando insecticida con la bomba. Lo cubrimos todo: las alfombras, las mantas, los suelos, los divanes, todos los rincones. Nada quedó sin rociar.

Arriba, el cuarto de Peter; a Van Pels no le pareció necesario rociar su habitación. Insistimos en que en cualquier caso trataran las alfombras, las mantas y las sillas. Eso harían. Llevaron todo al desván y supuestamente fumigaron. ¡Pues no! A los Frank es fácil tomarles el pelo. No habían hecho nada, nada olía.

¡La excusa fue que el olor a insecticida afectaría a las provisiones!

Conclusión: las pulgas llegaron aquí por su culpa. A nosotros nos tocan el mal olor, la picazón y las molestias.

La señora por las noches no soporta el olor. Él hace como que fumiga y luego devuelve las sillas, las mantas, etcétera a su sitio sin fumigar. ¡Que los Frank se ahoguen en sus pulgas!

El deber del día en la comunidad: ¡pelar patatas!*

Viernes, 6 de agosto de 1943

Uno trae los periódicos, otro los pelapatatas (y se queda con el mejor, naturalmente), el tercero las patatas y el cuarto, el agua.

El que empieza es el señor Pfeffer. No siempre pela bien, pero lo hace sin parar, mirando a diestro y siniestro para ver si todos lo hacen como él. ¡Pues no!

—Enne, mírrame, io cojo el pelador en mi mano de este manerra, y pelo de arriba abajo. *Nein!* Así no... ¡así!

—Pues a mí me parece más fácil así, señor Pfeffer —le digo tímidamente.

—Perro el mejor manerra es este. Te lo digo io. En fin, tú sabrrás lo que haces, a mí no me imporrta.

Seguimos pelando. Como quien no quiere la cosa, miro lo que está haciendo mi vecino. Sumido en sus pensamientos, menea la cabeza (por mi culpa, seguramente), pero ya no dice nada.

Sigo pelando. Ahora miro hacia el otro lado, donde está sentado papá. Para papá, pelar patatas no es una tarea cualquiera, sino una labor minuciosa. Cuando lee, se le forma una arruga profunda en el cogote, pero cuando ayuda a preparar patatas, judías u otras verduras, no parece enterarse de nada. Pone cara de pelar patatas y nunca entregará una patata que no esté bien pelada. Eso, con esa cara, es sencillamente imposible.

Sigo con la tarea y levanto un momento la mirada. Con eso me basta: la señora trata de atraer la atención de Pfeffer. Primero lo mira un momento, Pfeffer se hace el desentendido. Luego le guiña el ojo, pero Pfeffer sigue trabajando. Después sonríe, pero Pfeffer no levanta la mirada. Entonces también mamá ríe, pero Pfeffer no hace caso. La señora no ha conseguido

---

* Otto Frank recogió este episodio en su versión del *Diario* («La Casa de atrás»); ahora se encuentra en la edición de Mirjam Pressler (versión D) después de la entrada del 10 de agosto de 1943.

nada, de modo que tendrá que utilizar otros métodos. Se produce un silencio, y luego:

—Pero, Putti, ¿por qué no te has puesto un delantal? Ya veo que mañana tendré que quitarte las manchas del traje.

—No me estoy ensuciando.

De nuevo un silencio:

—Putti, ¿por qué no te sientas?

—Estoy bien así, prefiero estar de pie.

Pausa.

—¡Putti, fíjate cómo estás salpicando!

—Sí, mamita, tendré cuidado.

La señora saca otro tema de conversación:

—Dime, Putti, ¿por qué los ingleses no tiran bombas ahora?

—Porque hace muy mal tiempo, Kerli.

—Pero ayer hacía buen tiempo y tampoco salieron a volar.

—No hablemos más de ello.

—¿Por qué no? ¿Acaso no es un tema del que se puede hablar y dar una opinión?

—No.

—¿Por qué no?

—Cállate, *mammichen*.

—¿Acaso el señor Frank no responde siempre a lo que le pregunta su esposa?

El señor lucha, este es su talón de Aquiles, no lo soporta, y la señora arremete una y otra vez:

—¡Pues esa invasión no llegará nunca!

El señor se pone blanco; la señora, al notarlo, se pone colorada, pero igual sigue con lo suyo:

—¡Esos ingleses no hacen nada!

Estalla la bomba.

—¡Y ahora cierra el pico, qué demonios!

Mamá casi no puede contener la risa, yo trato de no mirar.

La escena se repite casi a diario, salvo cuando los señores acaban de tener alguna disputa, porque entonces tanto él como ella no dicen palabra.

Me mandan a buscar más patatas. Subo al desván, donde está Piet despulgando al gato. Levanta la mirada, el gato se da cuenta y, ¡zas!, se escapa por la ventana abierta, desapareciendo en el canalón.

Piet suelta un taco, yo me río y también desaparezco.

La libertad en la Casa de atrás*

Viernes, 6 de agosto de 1943

Las cinco y media: sube Bep a concedernos la libertad vespertina. Enseguida comienza el trajín. Primero suelo subir un momento con Bep al piso de arriba, donde por lo general le dan por adelantado el postre que nosotros comeremos más tarde.

En cuanto Bep se instala, la señora empieza a enumerar todos sus deseos, diciendo por ejemplo:

—Ay, Bep, quisiera pedirte una cosita…

Bep me guiña el ojo; la señora no desaprovecha ninguna oportunidad para transmitir sus deseos y ruegos a cualquier persona que suba a verla. Debe de ser uno de los motivos por los que a nadie le gusta demasiado subir al piso de arriba.

Las seis menos cuarto: se va Bep. Bajo dos pisos para ir a echar un vistazo. Primero la cocina, luego el despacho de papá, y de ahí a la carbonera para abrirle la portezuela a Mouschi.

Tras un largo recorrido de inspección, voy a parar al territorio de Kugler.

Van Pels está revisando todos los cajones y archivadores, buscando la correspondencia del día. Piet va a buscar la llave del almacén y a Moffi. Pim carga con máquinas de escribir para llevarlas arriba. Margot se busca un rinconcito tranquilo para hacer sus tareas de oficina. La señora pone a calentar agua. Mamá baja la escalera con una olla llena de patatas. Cada uno sabe lo que tiene que hacer.

Al poco tiempo vuelve Peter del almacén. Lo primero que le preguntan es dónde está el pan: lo ha olvidado. Frente a la puerta de la oficina de delante se encoge lo más que puede y se arrastra a cuatro patas hasta llegar al armario de acero, coge el pan y desaparece; al menos, eso es lo que quiere hacer,

---

* Otto Frank recogió este episodio en su versión del *Diario* («La Casa de atrás»); ahora se encuentra en la edición de Mirjam Pressler (versión D) después de la entrada del 10 de agosto de 1943.

pero antes de percatarse de lo que ocurre, Mouschi le salta por encima y se mete debajo del escritorio.

Piet busca por todas partes y por fin descubre al gato. Entra otra vez a gatas en la oficina y le tira de la cola.

Mouschi suelta un bufido, Piet suspira. ¿Qué es lo que ha conseguido? Ahora Mouschi se ha instalado junto a la ventana y se lame, muy contento de haber escapado de las manos de Piet. Y ahora Piet, como último recurso para atraer al animal, le tiende un trozo de pan y... ¡sí!, este acude y la puerta se cierra. He podido observarlo todo por la rendija de la puerta.

El señor Van Pels está furioso, da un portazo. Margot y yo nos miramos, pensamos lo mismo: seguro que se ha sulfurado a causa de alguna estupidez cometida por Kugler, y no piensa en Keg, el vecino.

Se oyen pasos en el pasillo. Entra Pfeffer. Se dirige a la ventana con aire de propietario, husmea... tose, estornuda y vuelve a toser. Es pimienta, no ha tenido suerte. Prosigue su camino hacia la oficina de delante. Las cortinas están abiertas, lo que implica que no habrá papel de cartas. Desaparece con cara de enfado.

Margot y yo volvemos a mirarnos. Oigo que me dice:

—Tendrá que escribirle una hoja menos a su novia mañana.

Asiento con la cabeza.

Continuamos con nuestra tarea. De la escalera nos llega el ruido de un paso de elefante; es Pfeffer, que va a buscar consuelo en su lugar más entrañable.

Seguimos trabajando. ¡Tic, tic, tic...! Tres golpes: ¡a comer!

Kaatje*

Kaatje es nuestra vecinita de al lado, y cuando miro por la ventana hacia fuera, si hace buen tiempo puedo verla jugando en el jardín.

Kaatje tiene un vestido de terciopelo color rojo vino para los domingos y otro de algodón para diario, pelo rubio pajizo con dos coletas muy finitas y los ojos azul claros.

Kaatje tiene una madre muy buena, pero ya no tiene padre. La mamá de Kaatje es lavandera. Durante el día a veces se va para mantener limpias las casas de otra gente, y por las noches hace en su casa la colada de esa gente. A las once todavía sacude alfombras y tiende hileras de ropa lavada.

Kaatje tiene como seis hermanitos y hermanitas. Entre ellos también hay un pequeñajo muy chillón, que se agarra a las faldas de su hermana de once años cuando la madre les dice en voz alta: «¡A dormir!».

Kaatje tiene un gatito negro que parece un moro, de lo negro que es. Ella cuida muy bien de su gatito. Todas las noches, justo antes de la hora de acostarse, la oigo llamar: «¡Gati-to, gati-to, *ka-tje, ka-tje*…». Y de ahí le vino el nombre de Kaatje. A lo mejor ni siquiera se llama así, aunque por su aspecto bien podría ser.

Kaatje también tiene dos conejitos, uno blanco y otro marrón, que saltan de aquí para allá sobre la hierba, al pie de la escalera que lleva a la casa de Kaatje.

A veces Kaatje también se porta mal, igual que otros niños, y eso suele ser cuando se pelea con sus hermanitos. ¡Huy, cómo se enfada Kaatje! ¡Y hay que ver cómo pega, patea y muerde! Los pequeños le tienen mucho respeto a su hermana grandota y forzuda.

—¡Kaatje, ve a hacer la compra! —la llama su madre.

Kaatje se tapa rápidamente los oídos para poder decirle luego sin mentir que no la oyó. Kaatje detesta hacer la compra, pero tampoco le merece la

---

* Anne también incluyó esta historia en la versión reelaborada de su diario (versión B), en la entrada del 7 de agosto de 1943.

pena mentir por no hacer un recado. Kaatje no miente, eso se nota enseguida por sus ojos azules.

Un hermano de Kaatje ya tiene dieciséis años y trabaja como aprendiz de comercio. A este hermano le gusta mangonear a los niños como si fuera el papá. A Piet Kaatje tampoco se atreve a decirle nada, porque Piet es muy brusco, y Kaatje sabe por experiencia que si se le obedece puede que caiga un caramelo. Los caramelos a Kaatje le gustan mucho, y a sus hermanitas también.

Los domingos, cuando las campanas de la iglesia hacen talán, talán, la madre de Kaatje va a la iglesia con todos los hermanitos y hermanitas. Entonces Kaatje reza por su amado papá que está en el cielo y también por su mamá, para que siga viviendo muchos años. Cuando salen de la iglesia, dan un paseo con la mamá. Eso a Kaatje le encanta, por el parque y alguna vez también van al zoológico. Pero para volver al zoológico todavía hay que esperar unos meses, hasta septiembre, que es cuando la entrada solo cuesta veinticinco céntimos, o hasta que llegue el cumpleaños de Kaatje, que entonces podrá pedir como regalo que la lleven. Para otros regalos, la madre de Kaatje no tiene dinero.

Kaatje consuela a menudo a su madre, pues por la noche, cuando ha trabajado duro y está cansada, suele echarse a llorar, y entonces Kaatje promete comprarle todo lo que desee, cuando sea mayor.

A Kaatje le gustaría muchísimo ser ya mayor, así podría ganar dinero y comprarse ropa bonita, y darles también caramelos a las hermanitas, igual que Piet.

Pero antes Kaatje tiene que aprender muchas cosas e ir muchos años a la escuela. Su madre quiere que después aún vaya a la escuela de economía doméstica, pero eso a Kaatje no la atrae nada. Ella no quiere ser empleada de una señora, quiere ir a la fábrica, igual que esa ristra de chicas que pasan todos los días. En la fábrica no estará sola, y además podrá charlar, ¡algo que a Kaatje le encanta! En la escuela a veces la mandan castigada al rincón por hablar, pero por lo demás es buena alumna.

Kaatje también quiere mucho a su profesora, que por lo general es muy buena con ella y es muy muy sabia. ¡Qué difícil debe de ser llegar a ser tan sabia! Pero con menos una también se las puede arreglar. La madre de Kaatje siempre dice que si se vuelve muy sabia luego no encontrará marido, y eso a Kaatje no le gustaría nada. Porque más tarde quisiera tener hijos, pero no como sus hermanitos y hermanitas: los hijos de Kaatje serán mucho más buenos y también mucho más hermosos. Tendrán un hermoso pelo rizado color castaño, y no rubio pajizo, que no es bonito, ni pecas, que Kaatje las tiene a montones. Tampoco quiere tener tantos hijos como su madre; con dos o tres le basta. Pero, bueno, todavía falta muchísimo, como el doble de su propia vida.

—¡Kaatje! —la llama la madre—. Ven aquí, niña traviesa, ¿dónde te habías metido? ¡Vete rápido a la cama, que seguro que andabas soñando otra vez!

Kaatje suspira. ¡Justo estaba haciendo unos hermosos planes de futuro!

La familia del portero

Invierno o verano, la familia del portero hace caso omiso de las leyes de oscurecimiento. Parecen los tiempos de paz, cuando en todas las casas encendían la lámpara y se veía a las familias plácidamente sentadas a la mesa del comedor o alrededor de la mesa de té.

En ese sentido a la familia del portero no parecen importarle la guerra o la paz; al menos, a través de la ventana bien iluminada puede verse al papá, a la mamá, al hijo y a la hija reunidos en torno a la mesa.

Y es que la mamá no quiere saber nada de la guerra. Se niega a preparar sucedáneo de la salsa de carne y prefiere no probarla. Tampoco hace sucedáneo del té, sino que bebe infusión de menta y cuando disparan y ella no lo quiere oír, también tiene un remedio eficaz, a saber: se sienta en el cuarto de la ducha y en el gramófono pone la música de jazz más escandalosa. Si los vecinos se quejan, ella ni caso, aunque al día siguiente, para hacer las paces, va y les lleva algo rico.

A la señora del tercero, cuya hija está de novia con el hijo de la casa, le regala una crepe bien gorda y a la señora Steen, su vecina de la derecha, la obsequia con cincuenta gramos de azúcar.

Tampoco se olvida del dentista del segundo interior, donde la hija menor trabaja como asistente, aunque el papá está enfadado con él, porque después de cada noche de disparos tiene que ofrendarle tres cigarrillos.

Durante el día el papá y la mamá están solos y cuidan amorosamente de sus cinco conejos, que cada día están más gordos. Una cuna hace las veces de conejera, un cobertizo los protege de la lluvia y su mesa es un comedero. En invierno tienen una casita con ventanas y cuartos amplios muy bonitos. En el menú diario figuran hojas de zanahoria y otras delicias.

El papá trabaja mucho en el jardín; la mamá, en la casa. Todo está limpio como una patena. Todas las semanas toca limpiar los vidrios por delante y por detrás, las alfombras, la batería de cocina, todo junto con la sirvienta rolliza que lleva ya muchos años trabajando con ellos.

El papá ya no tiene mucho trabajo. Actualmente es portero de la gran empresa de comercio de arriba y solo requiere tener un sueño ligero para poder percatarse de los posibles ladrones. La mamá antes mantenía limpio todo el edificio junto con la sirvienta. Pero desde que una de sus hijas se casó y la otra tuvo su décimo hijo, lo dejó.

La mayor alegría del papá y la mamá es cuando vienen a verlos los nietos. Ahí resuena todo el tiempo en el jardín: «¡Abuelo, abuela, mirad qué cosas graciosas hacen los conejos!». Entonces el abuelo y la abuela corren a su encuentro, pues en su opinión a los nietos hay que mimarlos. Los nietos no son como los hijos, a los que hubo que hacer entrar en vereda con mano firme.

El abuelo está muy ocupado fabricando una canoa para su nieta mayor, por su cumpleaños. «¡Ojalá tuviera yo un abuelo así!».

Mi primer día en el liceo

Miércoles, 11 de agosto de 1943

Tras muchas idas y venidas, debates y deliberaciones, se convino que iría al Liceo Judío y, después de algunas llamadas telefónicas, incluso sin examen de ingreso. Yo era una alumna floja en todo, pero en primer lugar en aritmética, y temblaba por dentro al pensar en la geometría que me esperaba.

A fines de septiembre llegó la carta tan esperada, diciendo que en tal y tal fecha de octubre debía presentarme en el Liceo Judío de Stadstimmertuinen. El día fijado llovía a cántaros, con lo que fue imposible montarme en la bicicleta.

No hubo más remedio que ir en tranvía, no sin suficiente compañía, naturalmente. Al llegar a la escuela había mucho ajetreo. Grupos de chicas y chicos conversando unos con otros. Muchos iban de acá para allá y no paraban de preguntar: «¿Estás en la misma clase que yo?», «¡Yo a ti te conozco!», «¿Tú en qué clase estás?».

A mí me pasó más o menos lo mismo. Exceptuando a Lies Goslar, no había detectado ni una conocida que fuese a mi misma clase, y esa perspectiva no me agradó.

Llegó el momento de entrar y en el aula nos dio la bienvenida una señorita canosa, con zapatos de tacón bajo, un vestido muy largo y cara de ratón.

Contemplaba el bullicio frotándose continuamente las manos y suministrando la información deseada. Pasó lista, anunció los libros que debíamos encargar, habló de todo un poco y al cabo nos dejó volver a nuestras casas.

A decir verdad, fue una gran decepción. Como mínimo me había esperado que nos dieran el horario, y algo más... el director. En el pasillo sí vi a un hombrecito regordete y simpático de mofletes sonrosados que saludaba amablemente con la cabeza a todo el mundo mientras hablaba con otro hombrecito de la misma estatura, delgado y con gafas, pelo sedoso y ralo y un aire distinguido, pero no tenía la menor idea de que el primero era el llamado conserje y el segundo el director.

De vuelta en casa relaté emocionada mis experiencias, aunque bien mirado sabía tanto de la escuela, los profesores, los alumnos y las clases como antes de presentarme.

Justo una semana después del día de la presentación empezaban las clases. Otra vez diluviaba, pero aun así quise ir en bicicleta. Mamá metió un pantalón de gimnasia en mi bolso para que al menos no me empapase, y así salimos.

Pero resulta que Margot suele pedalear a gran velocidad y en menos de dos minutos me había quedado sin aliento y tuve que pedirle que por favor fuera más despacio. Otros dos minutos después cayó tal chaparrón que, acordándome del pantalón de mamá, me bajé de la bici y con mucho aparato, evitando arrastrarla por los charcos, tuve que ponerme esa prenda. Volví a montarme de buen ánimo en mi bicicleta, pero pronto me di cuenta de que íbamos demasiado rápido para mí y tuve que pedirle a Margot más calma.

Ella estaba al borde de la desesperación y declaró ya esa primera vez que en lo subsiguiente prefería ir sola: ¡tendría miedo de llegar tarde!

Pero todavía llegamos al liceo con tiempo de sobra, y después de dejar las bicicletas en el garaje retomamos la charla debajo del pórtico que lleva al río Amstel.

A las ocho y media en punto nos dejaron entrar, y justo al lado de la entrada había un gran cartel en el que ponía que unos veinte alumnos debían cambiar de clase.

Precisamente, entre ellos estaba yo, y ponía que debía mudarme a la clase 1 L II. Ahora fui a parar a una clase donde sí conocía a un par de chicos y también superficialmente a otras chicas. Pero Lies se había quedado en 1 L I y me sentí un poco abandonada cuando me asignaron el pupitre del fondo, detrás de unas chicas, todas más altas, y estaba más sola que la una.

Por eso, ya en la segunda hora levanté la mano y pedí que me cambiasen de lugar, ya que detrás de esas espaldas tan anchas apenas veía nada, a menos que asomara medio cuerpo al pasillo.

Enseguida accedieron a mi petición y volví a coger mis bártulos para mudarme. La tercera hora era la de gimnasia y la señorita era tan agradable que le pedí con mucha insistencia si podía hacer que me juntaran con Lies, y no sé cómo lo logró, pero en cualquier caso en la hora siguiente vino Lies y la sentaron a mi lado. Me reconcilié con toda la escuela; la escuela, donde habría de divertirme tanto y que me sería de tanta utilidad, me sonreía y, de buen ánimo, comencé a prestar atención a lo que nos contaba el profesor de geografía.

Una clase de biología

Miércoles, 11 de agosto de 1943

Entra en el aula frotándose las manos, se sienta frotándose las manos, está todo el rato frotándose las manos.

La señorita Biegel, de biología (no nos dejan decir «historia natural»), bajita, canosa, ojos azul grisáceo, nariz grande, cara realmente de ratón o de otro animal.

Detrás de ella entran el mapa y el esqueleto.

Ella se pone detrás de la estufa, siempre frotándose las manos, y empieza la clase.

Primero nos toma la lección y luego explica. Sabe mucho la señorita Biegel, explica muy bien, desde los peces hasta los renos y de preferencia (me cuenta Margot) explica y pregunta sobre la reproducción. (Seguro que justamente por ser una vieja solterona).

En eso se ve interrumpida la lección. Una bolita de papel vuela por los aires y aterriza justo en mi pupitre.

—¿Qué tienes ahí? —sonó la pregunta de la señorita Biegel (con su acento afectado de La Haya).

—No lo sé, señorita.

—¡Trae ese papelito!

Dudé un poco antes de levantarme y llevárselo.

—¿De quién es?

—No lo sé, señorita. Todavía no lo he leído.

—Ajá, pues hagamos eso primero.

Desdobló el papelito y me enseñó el contenido, compuesto de una sola palabra: «Acusona». Me puse colorada. Ella se miró.

—¿Sabes ahora de quién es?

—No, señorita.

—¡Mentira!

Me puse colorada como un tomate y miré a la señorita con los ojos brillantes, pero no dije ni una palabra.

—Decidme de quién es esto. Que el dueño levante la mano.

Bien al fondo de la clase se levantó una mano. Justo lo que yo había pensado: de Rob Cohen.

—¡Rob, ven aquí!

Rob fue.

—¿Por qué has escrito eso en el papelito?

Silencio.

—Anne, ¿tú sabes a qué se refiere?

—Sí, señorita.

—¡Cuenta!

—¿Puede ser en otro momento, señorita? Es una historia muy larga.

—¡No, cuenta!

Y le conté lo de la prueba de francés, con el cero por copiar y el haber acusado a la clase.

—¡Pues muy bonito! Dime, Rob, ¿te pareció necesario dar a conocer tu opinión a Anne ahora, durante la clase? Y Anne, no te creo en cuanto a tu silencio sobre el origen del papelito. ¡A sentarse!

Estaba furiosa. En casa conté lo sucedido y cuando más tarde se presentó una buena ocasión de abordar a la señorita Biegel, mandé allí a papá.

Él volvió a casa con la noticia de que todo el tiempo la había llamado señorita Biggel y que a ella Anne Frank le parecía una chica muy simpática y que de la supuesta mentira ya no se acordaba en lo más mínimo.

Una clase de matemáticas

Jueves, 12 de agosto de 1943

Impresiona parado frente a la clase, alto, bastante mayor, con el cuello vuelto, indefectible traje gris, una calva redonda rodeada de canas. Habla un dialecto muy peculiar, refunfuña a menudo y se ríe también a menudo. Paciente con los que se esfuerzan, rabioso con los perezosos.

De los diez alumnos a los que toma la lección, a nueve pone suspensos. Una y otra vez explica, aclara, razona, para luego obtener resultados por debajo de cero.

Le gusta poner acertijos, conversa de forma amena después de clase y ha sido presidente de una importante junta directiva de fútbol. El señor Keesing y yo tuvimos unos cuantos encontronazos por... charlar. En un espacio de tres clases me previno seis veces, hasta que al señor le pareció que me había pasado de la raya y como último remedio me puso una redacción de dos páginas.

Entregué la redacción en la clase siguiente y el señor Keesing, que soportó muy bien la broma, se rio de buena gana del contenido. Había una oración que rezaba: «En efecto, debo hacer un esfuerzo para quitarme la costumbre de charlar, pero me temo que no se pueda hacer mucho al respecto, ya que el mal es hereditario. A mi progenitora también le gusta mucho charlar, de modo que habré salido a ella. A ella hasta ahora tampoco se le ha quitado esa costumbre».

Mandó hacer la redacción con el tema de «La charlatana».

Sin embargo, en la clase siguiente hubo nuevos motivos para una charla entretenida y... el señor Keesing cogió su libreta y anotó: «Señorita Anne Frank, para la próxima clase una redacción sobre una charlatana empedernida».

Esa redacción también fue entregada como corresponde a una alumna aplicada, pero ya en la clase siguiente el mal volvió a repetirse, tras lo cual el señor Keesing apuntó en su libreta: «Señorita Anne Frank, una redacción de dos páginas sobre el tema "Cuacuá, cuacuá, parpaba la pata"».

¿Qué hacer ahora? Me di perfecta cuenta de que en realidad se trataba de una broma; si no, me habría castigado mandándome resolver problemas matemáticos, y por ese motivo me lie la manta a la cabeza y respondí a la broma con otra broma, a saber: escribí una redacción en rima con ayuda de Sanne Ledermann, y la primera parte reza como sigue:

«Cuacuá, cuacuá», parpaba la pata
llamando a sus polluelos.
Con un «pío, pío» acudieron.
«¿Te queda algo de pan
para Pepe, María y Juan?».
«Pues claro que me queda,
lo busqué y encontré en tierra.
A robar he tenido que salir.
¡Ahora vosotros a compartir!».
Los patitos se atuvieron a lo dicho por mamá,
tomando cada uno lo justo y nada más.
Pero también un «¡chínchate!» han soltado,
«¡que el trozo más grande a mí me ha tocado!».
Mas ahí llegó, hecho una fiera,
papá cisne, y que nadie se riera.
etcétera, etcétera.

Keesing lo leyó; lo leyó en clase, en varios otros cursos y se dio por vencido.

A partir de entonces se volvió más permisivo. Ya no hizo caso de mis charlas y nunca más me castigó.

P.D.: Por todo esto se ve que era un tipo legal.

Y así pues, el mote de parlanchina se lo debo al señor Keesing.*

* Compárense las redacciones de castigo y el poema con la entrada en el diario del 21 de junio de 1942.

El sueño de Eva*

Miércoles, 6 de octubre de 1943

Primera parte

—Hasta mañana, Eva. Que descanses.

—Tú también, mamá.

¡Chas!, se apagó la luz y Eva se quedó un momento a oscuras, porque cuando se acostumbró a la oscuridad, vio que la madre había corrido las cortinas de tal modo que quedaba una amplia rendija, por la que Eva justo alcanzaba a ver la cara mofletuda de la luna. La luna estaba tranquila en el cielo, no se movía, sonreía todo el tiempo y era igual de amable con todo el mundo.

—¡Ojalá yo fuera como ella! —pensó Eva medio en voz alta—. ¡Ojalá pudiera ser siempre amable y tranquila, para que todo el mundo me quisiera. ¡Ay, qué hermoso sería!

Eva siguió cavilando sobre la luna y el parecido con ella, que era tan amargamente pequeño. De tanto pensar, al cabo se le cerraron los ojos, mientras sus pensamientos pasaron a ser un sueño que al día siguiente Eva recordaba tan nítidamente que a veces dudaba si no había sido realidad.

Eva se encontraba en la entrada de un parque muy grande, delante de cuya verja miraba indecisa hacia dentro y no se atrevía a entrar.

Justo cuando estaba a punto de dar media vuelta, se le acercó una niñita con alas que le dijo:

—Ven, Eva, entra tranquila, ¿o no sabes a dónde ir?

—No —admitió Eva con timidez.

—Pues entonces te enseñaré el camino.

Y enseguida la duende, muy resuelta, cogió la mano de Eva.

Eva ya había paseado mucho por los distintos parques con su madre y su abuela, pero nunca había visto uno tan hermoso como ese.

---

* Véanse para esta historia las entradas en el diario de los días 17 de febrero de 1944 y 5 de abril de 1944.

Vio una abundancia de flores, árboles y prados, toda clase de insectos y pequeños animales, como ardillas y tortugas.

La duende hablaba alegremente con ella y Eva superó su cohibición en la medida en que le preguntó algo, pero la duende la mandó callar rápidamente, apoyando un dedito en los labios de Eva.

—Te enseñaré y explicaré todo a su debido tiempo, después de cada explicación podrás preguntarme lo que no entiendas, pero por lo demás debes cerrar la boca y no interrumpirme. Si lo haces, te llevaré enseguida de vuelta a tu casa y seguirás sabiendo lo mismo que toda esa otra gente ignorante. Pues nada, empiezo. Antes de nada vemos aquí a la rosa, la reina de las flores. Es tan hermosa y su aroma es tan exquisito que embriaga a todos, en primer lugar a sí misma.

»La rosa es bella, elegante y aromática, pero cuando algo le produce disgusto, enseguida vuelve hacia ti sus espinas. La rosa es como una niñita mimada: hermosa, elegante y, a simple vista, también muy buena; pero si la tocas o te entretienes con otra y deja de ser el centro de la atención, enseguida aparecen las uñas. Adopta un tono arisco, está ofendida y de ahí que ponga una cara bonita. Sus maneras son estudiadas y por lo tanto afectadas.

—Pero, duende, entonces ¿por qué motivo todos consideran a la rosa la reina de las flores?

—Eso es porque casi todas las personas se dejan deslumbrar por el brillo exterior. Son pocos los que no habrían votado por la rosa si la gente hubiera podido elegir. La rosa es distinguida y hermosa y, de igual modo que en el mundo, tampoco entre las flores preguntan si otra que por fuera se ve más fea, acaso por dentro es más hermosa y más apta para gobernar.

—Oye, duende, entonces ¿a ti la rosa no te parece hermosa?

—Que sí, Eva, la rosa «es» hermosa por fuera, y si no estuviera siempre en primer plano, a lo mejor también sería buena, pero dado que es la reina entre las flores, siempre se considerará más hermosa de lo que es en realidad; y mientras eso siga siendo así, la rosa será altanera, y a mí las criaturas altaneras no me agradan.

—Entonces ¿Leentje también es altanera? Es que ella también es muy bonita y, por su riqueza, la líder de la clase.

—Piénsalo un momento, Eva, y tendrás que admitir que si la Marietje de vuestro curso va en contra de Leentje, esta azuzará al resto de las niñas en su contra. Aducirá que Marietje es fea y pobre. Las demás hacéis lo que dice Leentje, pues todas sabéis que si no hacéis lo que quiere la líder, reñirá con vosotras y caeréis en desgracia de inmediato y para siempre.

»Para vosotras, caer en desgracia con Leentje casi equivale a que el director lleve un tiempo enfadado con vosotras.

»Ya no os invitará a su casa, el resto de la clase os hará el vacío. Las chicas como Leentje más tarde se quedan solas en la vida, pues cuando las otras chicas se hacen mayores, se rebelan en conjunto contra Leentje, y Eva, si eso ocurre pronto, a lo mejor Leentje todavía puede corregirse antes de quedarse sola para siempre.

—Entonces ¿tengo que empeñarme en convencer a las otras niñas para que dejen de hacerle caso siempre a Leentje?

—Así es. Al principio reñirá y se enfurecerá contigo; sin embargo, una vez que entre en razón y vea cómo ha obrado, te estará ciertamente muy agradecida y entablará amistades más sinceras de lo que ha sido el caso hasta ahora.

—Ahora lo he entendido todo, pero dime, duende, ¿yo también soy tan altanera como la rosa?

—Mira, Eva, las personas y los niños que empiezan a hacerse en serio esa pregunta ellos mismos ya no son altaneras, pues los altaneros no saben de sí mismos que lo son. O sea, que eres tú misma quien mejor puede responder a esa pregunta, y te recomiendo que lo hagas.

»Y ahora sigamos. Mira esta, ¿no es preciosa?

Al pronunciar estas palabras, la duende se arrodilló junto a una campanilla azul, que se mecía en la hierba al compás del viento.

—Esta campanilla es amable, buena y sencilla. Trae alegría al mundo: repica para las flores igual que las campanas de la iglesia para las personas. Ayuda a muchas flores y les presta apoyo. La campanilla nunca se siente sola, tiene música en el corazón. Esta florecilla es una criatura mucho más feliz que la rosa. No necesita preocuparse por los elogios de los demás; la rosa solo vive para y de la admiración; cuando no se la profesan, no le queda nada por lo que alegrarse. Su lado exterior vive para los demás, su corazón está vacío y, por lo tanto, no alegre. La campanilla, por el contrario, no es tan hermosa, pero tiene amigos «de verdad» que la alaban por sus melodías, y esos amigos viven en su corazón.

—¡Pero si la campanilla también es bonita!

—Sí, pero no es tan llamativa como la rosa y eso, lamentablemente, atrae más a la mayoría de la gente.

—Pero yo también muchas veces me siento sola y entonces quisiera estar con otros. ¿Eso no está bien?

—Eso no tiene nada que ver, Eva. Más tarde, cuando seas mayor, oirás cantar la cancioncilla en tu propio corazón, estoy segura.

—Entonces sigue contándome tu historia, querida duende. Tú y tu historia me parecéis muy bonitas.

—Vale, sigo. Mira hacia arriba.

Con su dedito, la duende señalaba hacia arriba, hacia un viejo e imponente castaño.

—Este árbol es impresionante, ¿verdad?

—¡Oh, sí, qué grande que es! ¿Cuántos años te parece que tendrá, duende?

—Seguro que tendrá más de ciento cincuenta años, Pero todavía se mantiene bien erguido y tampoco se siente viejo. A este castaño todos lo admiran por su fuerza, y su fuerza queda demostrada por su indiferencia ante tanta admiración. No tolera a nadie por encima de él y en todo es egoísta e indiferente; con tal de que «él» viva, lo demás ya no tiene mucha importancia. A simple vista, el castaño parece generoso y un apoyo para todos, pero uno puede equivocarse mucho. El castaño se pone contento cuando nadie le viene con sus quejas. Lleva una vida alegre, pero a otros no se la concede. Los árboles y las flores lo saben; siempre van con sus quejas donde el hogareño y acogedor pino, y pasan del castaño.

»Con todo, también el castaño tiene una pequeña cancioncilla en un corazón muy grande, lo que se nota por su cariño a los pájaros. A ellos siempre les hace un hueco y también les concede algo, aunque no mucho.

—¿Podría comparar el castaño con cierta clase de personas?

—Eso tampoco hace falta que lo preguntes nunca, Eva. Todos los seres vivientes pueden compararse entre sí. El castaño no es ninguna excepción. Por otra parte, no es que sea malo, pero tampoco es bueno para la gente. No hace daño a nadie, vive su vida y está contento. ¿Tienes algo más que quieras preguntarme, Eva?

—No, lo he entendido todo, y te estoy muy agradecida por tus explicaciones, duende. Ahora me voy a mi casa, pero ¿vendrás otro día a contarme más cosas?

—Eso no es posible. Que duermas bien, Eva.

La duende se esfumó y Eva despertó, mientras la luna había cedido su lugar al sol y un reloj de cuco de los vecinos daba las siete.

Segunda parte

El sueño había impresionado a Eva. Ahora se sorprendía envuelta casi a diario en pequeñas desavenencias, y entonces siempre recordaba los consejos de la duende.

También, poco a poco, hacía un gran esfuerzo por no dar siempre gusto a Leentje. Pero las chicas como Leentje enseguida se dan cuenta si alguien tiene algo en contra de ellas o quiere derribarlas de su lugarcito.

Por eso, cuando en algún juego Eva proponía que alguna vez fuera otra la que mandara, Leentje se defendía enérgicamente. Azuzaba a sus «leales» (así llamaban a las niñas que seguían a Leentje «en las buenas y —según decían— también en las malas») contra «la mangoneadora de Eva». Pero Eva notó con alegría que Leentje no obraba con ella con tanta resolución como con Marietje.

Marietje era una niña muy menuda, endeble y tímida, de la que a Eva le sorprendía sobremanera que se atreviera a ir en contra de Leentje.

Pensándolo bien, para Eva en realidad Marietje resultaba ser una amiga mucho más agradable y buena que Leentje.

A su madre, Eva no le contó nada de la duende; ni ella misma sabía por qué. Hasta entonces le había confiado todo, pero ahora sintió por primera vez la necesidad de guardárselo todo para sí sola. Ni ella misma se entendía, pero tenía la sensación de que en eso su madre tampoco la entendería, la duende era muy bonita y su madre no había estado con ellas en el parque. O sea, que nunca había visto a la duende. Y Eva tampoco podía explicarle qué aspecto tenía.

Poco tiempo después, el sueño había tenido tal efecto sobre Eva, que a su madre le llamó la atención lo cambiada que estaba su hijita.

Contaba cosas distintas, más importantes, ya no se sulfuraba tanto por insignificancias. Pero dado que no le contaba nada sobre lo que la había cambiado tan notoriamente, su madre no se atrevía a entrometerse en su confianza.

Así siguió viviendo Eva, añadiendo en sus pensamientos otros buenos consejos a los de la duende. De la propia duende nunca volvió a ver ni rastro.

Leentje ya no era la líder de la clase, ahora las niñas se turnaban para mandar.

Leentje al principio estuvo furiosa, pero cuando después de un tiempito se dio cuenta de que era inútil, adoptó una actitud más amistosa. Al final la volvieron a tratar de manera normal, porque ya no recayó en sus errores del pasado.

Cuando estuvo a punto, Eva decidió contarle toda la historia a su madre. Un poco para su sorpresa, esta no se echó a reír, sino que le dijo:

—Ha sido un gran privilegio el que te ha concedido la duende, hija mía. No creo que considere a muchos niños aptos para ello. Que esa confianza te sirva de lección y no hables de esto con nadie más. Haz siempre lo que te ha recomendado la duende y no te apartes de sus consejos.

Eva se hizo mayor e hizo muchas cosas buenas en su entorno. Cuando llegó a la edad de dieciséis años (cuatro años después de su encuentro con la duende), se la conocía en general como una chica amable, tierna y solícita.

Cada vez que realizaba una buena acción, sentía una gran alegría y un gran calor por dentro, y poco a poco entendió a qué se refería la duende cuando hablaba de la cancioncilla en el corazón.

Cuando llegó a la edad adulta, de pronto se le ocurrió la idea y al mismo tiempo la solución de qué y quién podía haber sido la duende.

De repente supo con certeza que había sido su propia conciencia la que le hizo ver el bien en sueños, pero estaba muy agradecida de haber tenido de niña a la duende de ejemplo.

Fin

Huéspedes o inquilinos

Viernes, 15 de octubre de 1943

Cuando tuvimos que decidir si alquilábamos nuestra habitación grande de atrás, nos costó bastante trabajo dejar de lado nuestro orgullo, porque ¿quién de nosotros estaba acostumbrado a tener un extraño en casa pagando?

Pero en caso de necesidad, cuando se hace absolutamente necesario alquilar, hay que poder superar el orgullo y muchas cosas más. Y eso es lo que hicimos. La habitación se desalojó y se amuebló con un par de muebles que nos sobraban. Sin embargo, era demasiado poco para una habitación y sala de estar elegante, así que… mi padre salió a la caza y captura, husmeó en todas las subastas y ventas públicas y un día llegaba con un chisme y al día siguiente con otro.

Transcurridas tres semanas, teníamos una bonita papelera y una preciosa mesita de té, pero seguían faltando dos sillones y un buen armario.

Mi padre volvió a salir, y esta vez me llevó con él a modo de atracción especial. Cuando llegamos a la subasta, nos sentamos en unos bancos de madera entre un par de chamarileros zumbados y otros personajes siniestros y esperamos, esperamos y volvimos a esperar.

Podíamos haber esperado así sentados hasta el otro día, porque el día que fuimos solo subastaban porcelana.

Nos retiramos desilusionados, para hacer un nuevo intento al día siguiente, no muy esperanzados.

Pero… esta vez tuvimos más suerte y mi padre se hizo con un armario de roble realmente muy bonito y dos sillones de cuero.

Para congratularnos por la compra de nuestros nuevos enseres y el inquilino que, esperábamos, pronto llegaría, nos convidamos a un té y pastelillo y volvimos a casa de buen ánimo.

Pero, ¡oh, cruz!, cuando al día siguiente trajeron el armario y los sillones y los instalaron en el cuarto, mi madre descubrió que en el armario había unas grietas muy raras. Mi padre fue a mirar y… efectivamente, estaba infestado de carcoma. Esas cosas no se mencionan en ningún papel ni se alcanzan a ver en una oscura casa de subastas.

Hecho el descubrimiento, miramos con lupa también los sillones y ¡sí, señor! tenían los mismos bichitos.

Llamamos a la casa de subastas y les pedimos que se llevaran las cosas lo antes posible. Así ocurrió y mi madre lanzó un suspiro de alegría una vez que los muebles de la subasta salieron por la puerta. Mi padre también suspiró, pero fue por el dinero que había perdido en la transacción.

Unos días después, mi padre se topó con un conocido al que le sobraban algunos muebles en su casa y que se ofreció a dejárnoslos encantado hasta que encontráramos algo mejor. Así que por fin quedó resuelta la cuestión.

Lamentablemente, aquí lo dejé. Como es sabido, entretanto eché mi estilográfica a la estufa y ahora tengo que seguir escribiendo con otra pluma.*

A continuación nos sentamos a redactar un anuncio decente para el escaparate de la librería de la esquina, por el que pagaríamos una semana.

Pronto llegaron los primeros interesados. El primero de todos fue un señor mayor que buscaba una habitación para su hijo soltero. Cuando ya estaba casi todo arreglado, el hijo empezó a participar en la conversación y afirmó cosas tan insólitas que mi madre empezó a dudar seriamente de sus facultades mentales. Y no le faltó nada de razón, visto que el viejo admitió algo cohibido que su hijo era ligeramente anormal. Mi madre se apresuró a ponerlos de patitas en la calle cuanto antes.

Vinieron y se fueron decenas de personas, hasta que un día se presentó un hombre bajo y gordo, ya de mediana edad, dispuesto a pagar mucho y exigir poco, y a este lo cogimos. Este señor nos causó realmente más satisfacciones que molestias. Todos los domingos traía chocolate para los niños, cigarrillos para los adultos y más de una vez nos llevó a todos al cine. Después de estar un año y medio con nosotros, se alquiló una vivienda propia con su madre y su hermana y luego, cuando alguna vez vino a visitarnos, declaró que ciertamente nunca antes había vivido una temporada tan agradable como con nosotros.

Volvimos a poner un anuncio en el escaparate y otra vez nos tocaron el timbre personas altas y bajas, jóvenes y viejas. Entre otras, vino una mujer aún relativamente joven con un sombrero como del Ejército de Salvación, a la que ipso facto bautizamos «Salvation Josephine». La cogimos, aunque no fue una convecina tan amena como el señor gordo. En primer lugar, era terriblemente desordenada y dejaba sus cosas desparramadas por todas partes, y en segundo lugar, y eso era lo principal: tenía un novio que se embriagaba a menudo y no resultaba nada agradable en casa. Así, por ejemplo, una

---

* Véase la «Oda a la estilográfica» que Anne escribió en su diario el 11 de noviembre de 1943.

noche nos despertaron de un timbrazo. Mi padre fue a mirar y se encontró frente a frente con el borracho perdido, que, dándole palmaditas en la espalda, no hacía más que repetir: «¡Somos grandes amigos! ¡Sí, somos grandes amigos!». ¡Blam! Mi padre le dio con la puerta en las narices.

Cuando en mayo de 1940 estalló la guerra, rescindimos el contrato y alquilamos la habitación a un conocido nuestro, un joven comprometido de alrededor de treinta años.

Era muy agradable, pero también tenía un gran defecto: era terriblemente malcriado. Cuando comenzaron los fríos días de invierno y ya todos teníamos que ahorrar electricidad, se quejó amargamente del frío. Era escandalosamente exagerado, pues en su cuarto la calefacción estaba puesta al máximo.

Pero como con los inquilinos hay que ser un poco condescendientes, le dimos permiso para encender su estufa eléctrica una horita de vez en cuando. Pero ¿cuál fue el resultado? La estufa estaba puesta todo el día en «máximo». Los ruegos y las súplicas para que fuese un poco más ahorrador no sirvieron de nada. El contador de electricidad se disparó de manera alarmante, y un buen día mi intrépida madre desconectó el plomo y pasó toda la tarde fuera de casa. Echaron la culpa a la estufa eléctrica: supuestamente, el plomo no había aguantado, y el joven tuvo que quedarse encerrado en su fría habitación.

No obstante, estuvo también con nosotros año y medio, y luego se casó.

La habitación volvió a estar disponible y cuando mi madre quiso poner un anuncio, llamó por teléfono un conocido y nos encajó a un señor divorciado que buscaba una habitación con urgencia. Era un tipo alto, con gafas, de unos treinta y cinco años y aspecto no demasiado simpático. No quisimos decepcionar a nuestro conocido y le alquilamos la habitación al señor. También él estaba comprometido y la chica venía a menudo a casa. La boda estaba ya al caer, cuando riñeron y de golpe y porrazo él se casó con otra.

Por la misma época nos mudamos y nos liberamos (esperemos que para siempre) de nuestros inquilinos.

El vuelo de Paula

Miércoles, 22 de diciembre de 1943

Antes, cuando todavía era pequeña, Pim siempre me contaba los cuentos de «Paula la mala». Había una gran variedad de aquellos cuentos y a mí me encantaban. Ahora, cuando por la noche estoy con Pim, de vez en cuando ha vuelto a contarme historias de Paula y acabo de apuntar el último cuento.

Capítulo I

En la mente de Paula hacía mucho que maduraba el plan de ir a ver un día un avión de cerca. Desde hacía algún tiempo, su padre trabajaba en un aeródromo cerca de Berlín, adonde Paula y su madre también se habían mudado.

Un buen día en que en el aeródromo había poca actividad, Paula se lio la manta a la cabeza y trepó al primer avión que encontró. Con toda tranquilidad inspeccionó todos los rincones del aparato hasta que al final, muy interesada, se detuvo frente a la cabina del piloto. Justo cuando se disponía a poner la mano en el pomo de la puerta, se llevó un susto indescriptible al oír unas voces muy altas fuera.

Rápidamente se metió debajo de una de las butacas y esperó temblando lo que estaba a punto de suceder.

Las voces se acercaron más y más y muy pronto vio entrar a dos hombres que avanzaron por el pasillo sin detenerse y casi se chocan con la butaca debajo de la cual estaba ella. Se sentaron juntos en los asientos detrás del suyo y se pusieron a hablar en un dialecto tal que a Paula le resultaba imposible entender. Al cabo de un buen cuarto de hora se pusieron de pie y uno de ellos se marchó, mientras que el otro se metió en la cabina del piloto para salir completamente vestido de aviador. Ahí también fue el segundo, seguido de otros seis hombres, que subieron todos al avión, y Paula oyó temblando cómo se ponía en marcha el motor y giraban las hélices.

Capítulo II

Visto que pese a su audacia Paula a menudo era muy cobarde y miedosa y a veces inesperadamente valiente, resultaba difícil definir cuál de esos dos opuestos se revelaría ahora.

Pero en ese momento se mostró extremadamente valiente, pues cuando llevaban un tiempo volando salió de debajo de la butaca y, para gran sorpresa de la tripulación, se presentó y explicó cómo había llegado allí.

La tripulación deliberó sobre qué hacer con Paula y, como no tenían alternativa, decidieron permitir que se quedara. Le contaron que volaban a Rusia para bombardear las líneas rusas.

Dando un suspiro, Paula se tumbó en una butaca y se durmió. ¡Pum, paf, pum…! Paula se incorporó enseguida y se quedó mirando a los tripulantes con los ojos como platos. Sin embargo, nadie tenía tiempo para ocuparse de ella, porque los rusos estaban disparando frenéticamente al avión enemigo. De repente… Paula soltó un grito, las butacas se tambalearon, los cristales de las ventanillas tintinearon y un par de granadas cayeron dentro del avión, un vuelo en picado, y el avión descendió a tierra para realizar un aterrizaje forzoso.

Enseguida se acercaron corriendo unos rusos y esposaron a toda la tripulación. Es fácil imaginarse la cara que pusieron esos extranjeros al encontrarse de pronto con una niña de unos trece años. Los alemanes y los rusos no entendían una palabra de lo que se decían, y por eso un joven ruso cogió a Paula de la mano y así se fueron detrás de la tripulación, en dirección de un campo de prisioneros. El jefe del campo rio de buena gana al ver a Paula muy desenvuelta parada frente a él. No quiso tomar prisionera también a la niña y decidió mandar averiguar al día siguiente detrás de las líneas de combate si vivía allí gente humilde dispuesta a acoger a la niña hasta después de la guerra.

Capítulo III

Tras haber permanecido una semana en el despacho del jefe, una mañana lluviosa cogieron a Paula y así como estaba la subieron a una furgoneta en la que transportaban soldados heridos a los hospitales. Durante cinco horas el vehículo se sacudió incesantemente sobre el empedrado, mientras fuera una densa cortina de lluvia impedía ver cualquier paisaje. Alguna que otra casa interrumpía el solitario camino, pero todas ellas parecían desiertas. Al comienzo del viaje seguía oyéndose a lo lejos el tronar de los cañones, pero poco a poco el estrépito fue disminuyendo y finalmente cesó por completo.

De repente el camino se volvió más transitado, se cruzaron con algunos coches y la furgoneta se detuvo frente a una casa blanca con cruces rojas pintadas de arriba abajo. Descargaron y entraron a los heridos, y unas enfermeras muy solícitas se hicieron cargo de ellos.

Cuando ya no quedaba nadie, el conductor reemprendió la marcha sin decir una palabra. Había pasado una hora entera cuando volvió a detenerse y Paula alcanzó a ver una granja bastante grande entre los árboles. El conductor hizo un gesto con la mano en dirección de la casa y Paula comprendió que debía bajarse.

Cuando se quedó en la calle esperando al conductor, antes de darse cuenta la furgoneta se había esfumado y ella se encontraba sola en la carretera solitaria. «Los rusos son realmente muy peculiares, me dejan aquí en este país extranjero completamente abandonada a mi suerte. ¡Estoy segura de que en un caso así los alemanes habrían actuado de manera muy distinta!». (Hemos de recordar que Paula era una niña alemana). Sin embargo, de golpe se acordó de que el conductor le había señalado la casa, de modo que cruzó la carretera, abrió la puerta de la valla y accedió a una especie de prado cercado. Delante de la casa vislumbró a una mujer haciendo la colada y una niña tendiendo la ropa.

Con la mano tendida, Paula se acercó a la mujer, diciendo únicamente «Paula Müller». La mujer alzó la mirada, le estrechó a su vez la mano después de enjugársela en un delantal empapado, y dijo:

—*Iustijiarreia kolovina*.

Paula creyó entender que ese era su nombre, pero significaba simplemente «bienvenida seas».

Capítulo IV

La señora Kantavoska (así se llamaba) vivía en esa granja con su marido y tres hijos. Además, empleaba a un peón y dos muchachas. Le habían comunicado hacía tres días que probablemente en uno de los próximos días llegaría una niña de unos trece años. Con ello quedaría dispensada de alojar a cualquier otra persona.

La señora Kantavoska accedió de buen grado y ahora suponía que había llegado la niña en cuestión. A los Kantavoska les resultó muy difícil enseñarle a Paula lo que fuera. La niña no entendía lo que esperaban de ella ni con la mejor de las voluntades. Durante los primeros quince días incluso le costó mucho trabajo tragarse la comida, pero como a buen hambre no hay pan duro, se habituó también a ella y realmente empezó a arrimar el hombro en la colada y la costura siguiendo el ejemplo de los demás. Así siguió viviendo Paula y al cabo de medio año ya entendía bastante bien el ruso. Transcurrido otro medio año, entendía casi todo y, aunque con cierta dificultad, de vez en cuando incluso abría la boca. Los Kantavoska no notaron nada del carácter travieso de Paula, y es que era demasiado lista para ello; no le apetecía amargarse la vida también allí. Hacía sus tareas y como no era en absoluto tan torpe como siempre había fingido ser en casa, poco a poco se incorporó a la familia.

Capítulo V

Dos años después de su llegada donde los Kantavoska le hicieron la propuesta de aprender algo del arte de la lectura y la escritura rusas. Aceptó con gusto y a partir de entonces acudió tres veces por semana a clases de lectura y escritura con una niña de la vecindad. Hizo rápidos progresos y tras unas doce semanas dominaba la lectura del ruso. Junto con su vecinita también le permitieron aprender baile y al poco tiempo se la podía ver bailar polcas y mazurcas en los locales de esparcimiento a cambio de unas monedas. La mitad del dinero que ganaba en esas noches se la entregaba a mamá Kantavoska, la otra mitad la deslizaba en su propio bolsillo, pues llevaba ya mucho tiempo cavilando sobre la posibilidad de marcharse del país.

Mientras, la guerra había llegado a su fin, aunque nunca había llegado a sus oídos noticia alguna de parte de sus padres.

Capítulo VI

Estaba a punto de cumplir dieciséis años, no había estudiado mucho y sabía muy bien que desde la óptica occidental debía de ser bastante ignorante. Por eso se aplicó y siguió bailando, y no tardó mucho en ahorrar el dinero suficiente para pagarse un billete de tren desde Minsk (en cuya proximidad se encontraba) hasta Varsovia. «Una vez que esté en Varsovia —pensó— seguro que la Cruz Roja se ocupará del resto de mi transporte».

Dicho y hecho. Una mañana, cuando iba supuestamente a clase, metió todas sus pertenencias acumuladas en una bolsa y tomó las de Villadiego.

Tal como había previsto, no fue nada fácil llegar a Minsk andando desde la granja de los Kantavoska. Si bien es cierto que un par de horas la llevó un carretero, el resto supuso un viaje a pie de varias horas.

Cuando al anochecer llegó a Minsk muerta de cansancio, se dirigió directamente a la estación, donde solicitó información sobre el tráfico ferroviario con destino a Varsovia. Se llevó un gran susto cuando se enteró de que el próximo tren no partiría hasta el mediodía del día siguiente. Pidió ver con urgencia al jefe de estación y cuando este se halló frente a ella le rogó encarecidamente si podía pasar la noche en el vestíbulo de la estación. Se le concedió ese permiso, y no tardó en dormirse allí del cansancio. Cuando amaneció despertó entumecida y se preguntó asombrada dónde estaba. Sin embargo, muy pronto recobró la conciencia, pues tenía el estómago en los talones. Este problema Paula no lo había tenido en cuenta.

En la cafetería de la estación había una dependienta muy amable que, tras las francas declaraciones de Paula, le cedió muy predispuesta y gratuitamente un auténtico bocadillo ruso. Pasó toda la mañana conversando con la dependienta y a las doce, totalmente entonada y de buen ánimo, se subió al tren en dirección a Varsovia.

Capítulo VII

Una vez allí, siguiendo las indicaciones del jefe de estación, se dirigió directamente al hogar de las enfermeras de la Cruz Roja, donde se quedó mucho más tiempo de lo que se esperaba, pues ninguna de las enfermeras sabía qué hacer con ella. No disponían de direcciones u otras señas de instituciones que se ocuparan de localizar personas, y dado que Paula no tenía ni un céntimo, las enfermeras no podían despacharla en un tren ni dejar que se muriera de hambre. Sin embargo, al cabo de un tiempo y para salir del paso, las enfermeras adoptaron la decisión de pagarle a la niña el viaje a Berlín, ya que Paula les había contado que una vez allí ya sabría encontrar el camino hasta la casa paterna.

La despedida de las enfermeras fue afectuosa y Paula se montó de nuevo en un tren. En la primera estación se instaló en su compartimiento un joven muy agradable que no tardó en entablar conversación con la chica de aspecto atrevido. Durante todo ese viaje pudo verse a Paula en compañía del apuesto y joven soldado y cuando se bajaron en Berlín, quedaron en volver a encontrarse pronto. Paula se lanzó a caminar a paso firme y al cabo de no mucho tiempo llegó a la casita de sus padres, pero allí todo estaba desierto y abandonado. Nunca se le había ocurrido la idea de que durante su ausencia sus padres se hubiesen mudado. ¿Qué hacer? Otra vez se dirigió a la Cruz Roja y relató su historia en alemán chapurreado. Y otra vez la acogieron y cuidaron de ella, pero no tenía derecho a permanecer allí más que quince días.

La única noticia que tuvo de sus padres fue que su madre se había marchado de Berlín en busca de una colocación en otra parte, y que a su padre lo habían llamado a filas en el último año de la guerra, y que estaba ingresado herido en un hospital.

Se buscó rápidamente una colocación como sirvienta y cuando la encontró fue en busca de Erich, el joven apuesto, que le consiguió un empleo por tres noches a la semana en un cabaret. Así pues, también allí las danzas rusas le vinieron como de molde.

Capítulo VIII

Paula llevaba ya cierto tiempo así cuando una noche anunciaron en el cabaret que en quince días se realizaría un espectáculo de danzas, pero únicamente para los soldados convalecientes dados de alta de los distintos hospitales no mucho antes.

En esa gran velada, Paula tendría una participación no menor en la ejecución. Tuvo que ensayar mucho y cuando volvía a casa tarde por la noche estaba tan cansada que por la mañana, a las siete, le costaba levantarse. Su único consuelo en esos tiempos era Erich. Su amistad había ido en aumento cada vez más, y Paula realmente ya no sabía qué hacer sin él. Cuando llegó la noche en cuestión, por primera vez en su vida Paula sintió pánico escénico. Le causaba angustia tener que bailar ante un público exclusivamente masculino. Sin embargo, no había más remedio que aventurarse y su principal motivo era que al menos podría volver a ganar algún dinero.

La noche se desarrolló a pedir de boca y al cabo Paula se dirigió de inmediato a la sala para estar lo antes posible con Erich. De repente se quedó tiesa: a escasa distancia de ella se encontraba su propio padre conversando con otro soldado. Soltando un chillido de júbilo corrió a su encuentro y se echó en sus brazos.

El hombre, avejentado, la miró con gran asombro, pues no había reconocido a su hijita, ni en el escenario ni entonces. ¡Ella realmente debió presentársele!

Capítulo IX

Una semanita después pudo volverse a ver a Paula del brazo de su padre entrando en la estación de Frankfurt del Meno, donde los recibió, profundamente emocionada, la madre de Paula, que todo ese tiempo había mantenido en vano la esperanza de que su hija regresara.

Una vez que le relató a su madre toda la historia, su padre le preguntó jocosamente si no le apetecía subirse al avión aparcado un poco más allá para regresar volando a Rusia…

No ha de olvidarse que esta historia se desarrolla en la guerra de 1914-1918, cuando en la campaña de Rusia los alemanes salieron victoriosos.

Ilusión de actriz de cine

Viernes, 24 de diciembre de 1943

(Esto a raíz de las eternas preguntas de la señora Van Pels de por qué no quisiera ser una actriz de cine).

Tenía yo diecisiete años, una joven bonita de abundantes rizos negros y ojos traviesos, colmada de ideales e ilusiones. De alguna manera, más tarde todo el mundo conocería mi nombre y aparecería en los álbumes de numerosas adolescentes soñadoras.

El cómo convertirme en una persona famosa y en qué dirección discurriría no era algo que me preocupara mucho. A los catorce años decía: «Ya se verá», y a los diecisiete lo seguía diciendo. Mis padres no sospechaban demasiado que tuviera esos planes, y yo era lo bastante lista para guardarlos para mí, pues tenía la impresión de que si se me presentaba la oportunidad de ser famosa, mis viejitos no estarían muy a favor y era preferible pasar primero por la experiencia yo sola.

Que nadie piense que se trataba de ilusiones demasiado serias, y que tampoco nadie piense que mis pensamientos no hacían otra cosa que girar alrededor de mi pretendida fama. Al contrario, siempre me dediqué con empeño a mis estudios y husmeaba en muchísimos libros, por gusto.

A los quince años había hecho el examen final del bachillerato de tres años y ahora acudía por la mañana a una escuelita donde daban clases de idiomas y por la tarde hacía mis tareas y jugaba al tenis.

Un buen día (era otoño) me había quedado en casa y estaba ordenando mi armario de los trastos, cuando en medio de las cajas y cajitas encontré una caja de zapatos en la que ponía con grandes letras: «Estrellas de cine». Enseguida me acordé de que en realidad esa caja, por consigna de mis padres, hacía tiempo que debía haber sido tirada a la basura y que seguramente yo la había escondido lo más posible para que nadie pudiera encontrarla.

Curiosa, la destapé y empecé a retirar las gomitas que sujetaban con primor los distintos paquetes. Una vez sumida en la contemplación de aquellos rostros maquillados, ya no pude parar. Por eso me asusté muchísimo cuando, dos horas después, alguien me dio unas palmaditas en el hombro y yo levanté la vista sentada en el suelo, rodeada de una montaña de papeles y cajas. Eran tantas que me costó pasar por encima para ir a tomar el té.

Una vez ordenados todos los trastos, había separado la caja de estrellas de cine y por la noche seguí con mis pesquisas y encontré algo que me quedó rondando la cabeza. Se trataba de un sobre que contenía un montón de imágenes, grandes y pequeñas, especialmente de la familia cinematográfica Lane, de la que había leído que tres de sus hijas eran actrices de cine. También encontré la dirección de estas chicas, y... cogí papel y pluma y empecé a escribirle una carta en inglés a la más pequeña, Priscilla Lane.

Sin que nadie supiera nada de la epístola, eché al buzón mi carta, en la que ponía que me encantaría recibir fotos de Priscilla y sus hermanas y le pedía que me contestara, ya que me interesaba enormemente por ella y toda su familia.

Esperé más de dos meses y aunque me negaba a reconocerlo, en realidad había abandonado toda esperanza de recibir jamás una respuesta a mi carta. Tampoco era de extrañar, pues si las hermanas Lane les escribieran extensas respuestas a todos sus admiradores y admiradoras y les enviaran fotos a todos, era de imaginar que después de unas semanas podrían estar ocupándose todo el día exclusivamente de su correspondencia.

Pero... justo cuando ya no me esperaba nada, una mañana mi padre me entregó un sobre dirigido a la señorita Anne Franklin, que abrí rápidamente. En casa todos se morían de curiosidad por saber de qué se trataba, y después de contarles lo de mi carta les leí la contestación.

Priscilla me escribía más o menos que no podía mandarme fotos hasta saber algo más de mí, pero que estaba dispuesta a responderme si le contaba algo más de mí y de mi familia. Sin faltar a la verdad, le escribí a Priscilla que, más que sus talentos cinematográficos, me interesaba su persona. Le pregunté si salía de noche, si Rosemary hacía tantas películas como ella, etcétera, etcétera. Mucho después me dio permiso para que la llamara por su apodo, «Pat». Priscilla parecía estar tan encantada con mi manera de escribir, según decía ella misma, que me contestaba gustosa y extensamente.

Visto que la correspondencia que se inició se desarrollaba íntegramente en inglés, mis padres difícilmente podían oponerse, ya que para mí ciertamente era una muy buena práctica. Priscilla me contó en sus cartas siguientes que pasaba sus días mayormente en los estudios, y cómo los organizaba. Mis cartas en inglés me las devolvía corregidas, pero yo luego tenía que reenviárselas. Mientras, también me había enviado toda una serie de fotos.

Priscilla no estaba casada ni tenía novio, a pesar de tener ya veinte años como mínimo. Esto no me molestaba en absoluto, y yo estaba tremendamente orgullosa de mi amiga la actriz de cine.

Así pasó el invierno y, ya bien entrada la primavera, un día llegó una carta de los Lane, en la que Priscilla me preguntaba si en verano me apetecía ir a visitarla en avión y quedarme dos meses en su casa. Me puse a dar saltos de alegría, pero no había tenido en cuenta el gran número de reparos que tendrían mis padres. Que si no podía viajar sola a Estados Unidos, que si no podía aceptar la invitación, que si no tenía bastantes vestidos, que si no podía pasar tanto tiempo fuera, y todos los otros reparos que suelen poner los padres preocupados por sus retoños. Pero es que a mí se me había metido en la cabeza viajar a Estados Unidos y eso haría.

Le escribí a Priscilla todos los reparos y ella respondió descartándolos de manera convincente. En primer lugar, no necesitaría viajar sola, ya que su dama de compañía pasaría cuatro semanas en La Haya visitando a su familia; o sea, que ella podría acompañarme. Para la vuelta seguro que también se encontraría alguna acompañante.

Naturalmente, me enseñarían gran parte de California, pero mis padres seguían teniendo reparos. Es que se trataba de una familia de desconocidos y a lo mejor no iba a sentirme para nada cómoda…

Estaba furiosa. Era como si mis padres no me concedieran esa oportunidad tan extraordinaria. ¿Acaso Priscilla no había sido siempre amabilísima y atenta conmigo? Después de muchas vueltas, la cuestión quedó zanjada cuando recibieron una carta muy personal de la señora Lane.

Seguí estudiando con tesón durante los meses de mayo y junio, y cuando Priscilla me escribió que su señorita llegaría a Ámsterdam el 18 de julio, los preparativos del gran viaje se volvieron serios.

El día 18, papá y yo fuimos a la estación a recoger a la señorita. Priscilla me había enviado una foto suya y la reconocí bastante rápido entre la multitud de pasajeros. La señorita Kalwood era una mujer bajita, de cabello entre rubio y canoso, que hablaba mucho y deprisa, pero que tenía un aspecto muy simpático y dulce.

Papá, que vivió un tiempo en Estados Unidos y que habla muy buen inglés, se puso a conversar con la señorita Kalwood y yo intercalaba una palabra de vez en cuando.

Habíamos quedado en que la miss pasaría una semana con nosotros y que no viajaría hasta entonces. La semana pasó bastante rápido y, antes de que hubiera pasado un solo día, ya nos habíamos hecho grandes amigas con la pequeña miss. El 25 de julio yo estaba tan emocionada que a la hora del desayuno no me entraba la comida.

En cambio, la señorita Kalwood no estaba emocionada en absoluto, aunque, claro, ella ya había hecho el viaje una vez antes. Toda la familia fue a despedirnos al aeropuerto de Schiphol y por fin, ¡por fin!, mi viaje a Estados Unidos había comenzado.

Volamos durante cinco días enteros, y al anochecer del quinto día aterrizamos cerca de Hollywood.

Priscilla y Rosemary, la hermana un año mayor que ella, nos fueron a recoger al aeropuerto y, visto que estaba algo cansada del viaje, fuimos rápidamente en coche a un hotel próximo.

A la mañana siguiente desayunamos con calma y volvimos a montarnos en el coche, que conducía la propia Rosemary.

Al cabo de tres buenas horas de viaje, llegamos a la mansión de los Lane, donde me recibieron calurosamente. La señora Lane me indicó enseguida una primorosa habitación con balcón, que a partir de ese momento sería mía durante dos meses.

En la hospitalaria mansión de los Lane, donde había mucho bullicio y diversión, donde a cada paso uno se tropezaba con un montón de gatos, donde las tres famosas actrices ayudaban a su madre mucho más que yo —una chica de lo más normal— hacía en mi casa, y donde había muchísimo que ver, era de esperar que cualquiera se sintiera a gusto. Me habitué rápido a hablar inglés, sobre todo porque el idioma no me era extraño del todo.

Priscilla, que los primeros quince días de mis vacaciones estadounidenses libraba, me enseñó muchas cosas de los alrededores. Íbamos casi todos los días a la playa, donde poco a poco fui conociendo a gente de la que ya había oído hablar antes. Una amiga muy especial de Priscilla era Magde Bellamy, que por serlo nos acompañaba a menudo en nuestras excursiones.

Nadie que conociera a Priscilla habría sospechado jamás que era mucho mayor que yo. Nos tratábamos muy naturalmente como amigas. Cuando se acabaron los primeros quince días, Priscilla tuvo que volver al estudio de la Warner Bros y, ¡qué delicia!, me dejó ir con ella. La acompañé al camerino y me quedé con ella mientras le hacían tomas de prueba.

Ese día Priscilla terminó pronto y me llevó a que viera todo el estudio.

—Oye, Anne —dijo de repente—. Tengo una idea estupenda: mañana por la mañana te pasas por una de esas agencias adonde se presentan todas las chicas guapas, y les preguntas si te consideran apta para algún trabajo, pero todo en broma, por supuesto.

—¡Pues sí, me parece una idea genial! —le contesté y, en efecto, al día siguiente me fui para una agencia de esas. Había muchísima gente y las chicas que también querían presentarse hacían cola delante de la puerta. Me uní a ellas y al cabo de media horita me dejaron entrar, pero pese a que ahora estaba dentro, faltaba mucho para que me atendieran. Había como veinticinco chicas antes que yo. De nuevo me tocó esperar, unas dos horas, y, por fin, me llegó el turno.

Sonó una campanilla y me armé de valor para entrar en un despacho donde había un señor de mediana edad sentado frente a un escritorio. Me saludó con cierta sequedad, preguntó por mi nombre y dirección y se mostró muy sorprendido cuando le dije que me alojaba en casa de los Lane. Cuando se terminaron las preguntas, volvió a examinarme de pies a cabeza y me preguntó:

—¿Seguro que quiere ser actriz de cine?

—Si tengo aptitudes, con mucho gusto, señor —contesté yo.

Entonces pulsó una campanilla e inmediatamente después entró una joven muy elegante que me hizo señas de que la siguiera. Abrió una puerta y por un momento mis ojos parpadearon, por la luz potente y deslumbrante que había en la habitación.

Un hombre joven sentado frente a un complicado aparato me saludó más amablemente que el hombre mayor de dentro y me pidió que tomara asiento en un taburete alto. Me hizo algunas tomas, llamó a la chica y me volvieron a llevar donde el «viejo». Este me prometió que me comunicarían si debía volver o no. De buen ánimo enfilé el camino de vuelta a la mansión de los Lane.

Pasó una semana hasta que tuve noticias del señor Harwich (Priscilla me había dicho su nombre). Me escribió que las fotos habían salido muy bien y que fuera a verle al día siguiente a las tres. Esta vez me dieron prioridad porque me habían citado. El señor Harwich me preguntó si quería posar para un fabricante de raquetas de tenis. Sería solo por una semana. Una vez que me dijo el precio, acepté.

Llamaron por teléfono al hombre del tenis y esa misma tarde lo conocí.

Al día siguiente me presenté en un estudio fotográfico al que durante una semana debía acudir a diario. Tenía que cambiarme de ropa cada dos por tres, ponerme de pie, sentarme, sonreír, andar de un lado a otro y volver a cambiarme, poner cara bonita y vuelta a maquillar. Por la noche estaba muerta de cansancio y me metía en la cama arrastrando los pies.

Al cabo de tres días ya no podía sonreír casi, pero en fin, tenía que atenerme a mi acuerdo con el fabricante.

Cuando al caer la tarde del cuarto día llegué donde los Lane, estaba tan pálida que la señora Lane me prohibió que volviera a posar. Ella misma llamó por teléfono al hombre y canceló el acuerdo.

Se lo agradecí profundamente de corazón.

A partir de ese momento disfruté tranquila de mis inolvidables vacaciones, curada para siempre de todas mis ilusiones de hacerme famosa, pues había visto más de cerca por una vez la vida de los famosos.

Katrientje

Viernes, 11 de febrero de 1944

Katrientje estaba sentada en la piedra grande que había delante de la granja, al sol. Pensaba y pensaba con mucho empeño. Katrientje era una de esas chicas calladas que años después se convirtieron en *, por haber estado siempre pensando mucho.

¿Y en qué pensaba la niña del delantal? Solo ella lo sabía. Nunca revelaría sus pensamientos a nadie; para ello era demasiado callada e introvertida.

Amigas ahora no tenía, y probablemente tampoco las haría fácilmente; su madre la consideraba extraña y, lamentablemente, ella lo notaba. Su padre, el granjero, estaba demasiado ocupado como para prestarle atención a su única hija. Así pues, Trientje tenía que arreglárselas sola. No le molestaba estar siempre sola; siempre había sido así y se conformaba con poco.

Sin embargo, esa calurosa mañana de verano suspiró profundamente cuando, levantando la mirada, la dejó vagar por los campos de trigo. ¡Qué bonito sería poder jugar con las niñas un poco más allá! ¡Mira cómo corren y se ríen y se divierten!

Ahora las niñas se acercaban, cada vez más, ¿vendrían a su encuentro? ¡Ay, qué feo, cómo se burlan de ella! Ahora también oía claramente su nombre, su sobrenombre, ese que tanto aborrecía, pero que siempre oía cuchichear a sus espaldas: Katrientje la gandula. ¡Ay, qué desgraciada se sentía! ¡Ojalá pudiera refugiarse en la casa, aunque entonces las niñas se burlarían aún más de ella!

¡Pobrecita, no será la primera vez en tu vida que te sientes tan abandonada y que envidias a las niñas más pobres!

—¡Trientje, Trien! ¡A comer!

Otro profundo suspiro y la niña se levantó lentamente para obedecer la llamada de su madre.

---

* Aquí falta una palabra en el manuscrito de Anne.

—¡Qué carita tan alegre trae nuestra hija, qué niña tan contenta tenemos! —exclamó la granjera al ver entrar a la niña arrastrando los pies, más lenta y triste que nunca—. ¿No podrías decir algo? —espetó la mujer.

Su tono era más desagradable de lo que ella misma sabía, pero ¡es que su hijita cumplía tan poco sus expectativas de tener una niña alegre y vivaracha!

—Sí, mamá —sonó de forma casi inaudible.

—Mira que eres un caso, no apareces en toda la mañana y no haces nada. ¿Dónde te habías metido?

—Ahí fuera.

A Trien le pareció sentir un nudo en la garganta, pero la madre, que interpretaba mal la timidez de la niña y tenía curiosidad, con razón, por saber lo que había estado haciendo toda la mañana su hija, volvió a preguntar:

—Dame una respuesta clara por una vez. Quiero saber dónde has estado, ¿me has entendido? No soporto más tu gandulería.

Al oír la palabra que aludía a su aborrecido sobrenombre, Katrientje ya no se pudo contener y rompió en un desconsolado llanto.

—¿Y ahora qué te pasa? ¡Qué cobarde que eres! ¿No puedes decir simplemente dónde te habías metido, o acaso es un secreto?

A la pobre criatura le era imposible contestar, ya que los fuertes sollozos le impedían completamente hablar. De golpe se puso de pie, volteó la silla con violencia y salió corriendo de la habitación en dirección al desván, donde en un rincón se dejó caer sobre unos sacos y siguió sollozando por lo bajo.

Encogiéndose de hombros, abajo la granjera recogió la mesa. No estaba muy sorprendida por la conducta de su hija. Aquellos berrinches eran bastante usuales. Lo mejor era dejar a la niña en paz, de todos modos era imposible sacarle nada, y esas eternas lágrimas nunca tardaban en aparecer. ¿Era esta una verdadera hija de granjeros de doce años?

En el desván, Trien se había tranquilizado y se había puesto de nuevo a pensar. En un momento bajaría y le diría a la madre que solo había estado sentada en la piedra y se ofrecería para terminar las tareas por la tarde. Así pues, su madre vería que ella no se amedrentaba ante el trabajo, y si le preguntaba por qué se había pasado toda la mañana quieta, sentada, le respondería que era porque necesitaba pensar mucho sobre una cosa. Y al final de la tarde, cuando fuera a repartir los huevos, en el pueblo le compraría a su madre un nuevo dedal, de esos tan bonitos de plata, que brillaban tanto. Justo le alcanzaba el dinero. Así la madre vería que no era tan gandula. Por un momento sus pensamientos se detuvieron. ¡Ay!, ¿cómo hacer para librarse de aquel aborrecido sobrenombre? A ver… ¡ya lo tenía! Con el dinero que quizá le sobrara de la compra del dedal, compraría una bolsa grande de caramelas (así llamaban los niños de las granjas a unos caramelos rojos y pegajosos) y, cuando fuera donde el maestro al día siguiente, los repartiría entre todas las niñas, y así se congraciaría con ellas y le propondrían jugar con ellas y pronto verían que ella también era capaz de jugar y ya nadie la llamaría con otro nombre que no fuera Katrientje.

Dudando todavía un poco, se levantó y bajó sigilosamente la escalera del desván. Cuando en el pasillo se topó con la granjera y esta le preguntó si se le había pasado el berrinche, a ella le faltó valor para seguir hablando de su ausencia esa mañana y se apresuró a limpiar los cristales antes que cayera la tarde.

Cuando ya el sol estaba por ponerse, Trientje cogió bajo el brazo la cesta de los huevos y, a paso firme, se puso en camino. Después de andar media hora, llegó a la casa de su primera clienta, que ya la esperaba en la puerta con un cuenco de porcelana.

—Quiero diez huevos, hija —le dijo amablemente la señora.

Trien se los entregó y, tras despedirse, siguió su camino. En tres cuartos de hora había vaciado la cesta y Trien entró en una tiendecita de la que sabía que vendían de todo. Un bonito dedal y una bolsa de caramelas fueron a parar a la cesta y Trien emprendió el camino de vuelta. A mitad del trayecto, vio venir a lo lejos a dos de las niñas que tanto se habían burlado de ella por la mañana. Reprimió con valentía el impulso de esconderse y, con el corazón palpitante, continuó su camino.

—¡Mira a quién tenemos aquí, a Katrientje la gandula, a la necia de Katrientje la gandula!

A Trien se le cayó el alma a los pies. Al borde de la desesperación, por hacer algo, cogió de su cesta la bolsa de caramelas y se la tendió a las niñas. Con un movimiento rápido, una de ellas agarró la bolsa y echó a correr. La otra la siguió y, antes de desaparecer en un recodo del camino, se volvió y le sacó la lengua.

Desconsolada, desamparada y completamente sola, Trientje se dejó caer en la hierba a la vera del camino y rompió a llorar. Lloró y lloró hasta no poder más. Ya había anochecido cuando recogió la cesta, que se había volcado, y enfiló el camino hacia su casa. En medio de la hierba relucía el dedal de plata...

Día domingo

Domingo, 20 de febrero de 1944

Lo que otra gente hace durante la semana, en la Casa de atrás se hace los domingos. Cuando los demás se ponen sus mejores ropas y salen a pasear al sol, nosotros estamos aquí fregando, barriendo y haciendo la colada.

Las ocho: sin importarle los que aún quieren dormir, Pfeffer se levanta. Va al cuarto de baño, luego baja un piso, vuelve a subir y a ello sigue un encierro en el cuarto de baño para una sesión de aseo personal de una hora de duración.

Las nueve y media: se encienden las estufas, se quitan los paneles de oscurecimiento y Van Pels va al cuarto de baño. Uno de los suplicios de los domingos por la mañana es que desde la cama justo me toca mirarle la espalda a Pfeffer mientras reza. A todos les asombrará que diga que Pfeffer rezando es un espectáculo horrible. No es que se ponga a llorar o a hacerse el sentimental, nada de eso, pero tiene la costumbre de balancearse sobre los talones y las puntas de los pies durante nada menos que un cuarto de hora. De los talones a las puntas y de las puntas a los talones, sin parar, y si no cierro los ojos, por poco me entran mareos.

Las diez y cuarto: se oye silbar a Van Pels: el cuarto de baño está libre. En nuestra familia, las primeras caras somnolientas se yerguen de las almohadas. Luego todo adquiere un ritmo acelerado. Margot y yo nos turnamos para ayudar abajo en la colada. Como allí hace bastante frío, no vienen nada mal los pantalones largos y un pañuelo para la cabeza. Entretanto, papá usa el cuarto de baño. A las once va Margot (o yo), y después está todo limpito.

Las once y media: desayuno. Mejor no extenderme sobre el particular, porque la comida ya es tema de conversación continua, sin necesidad de que ponga yo mi granito de arena.

Las doce y cuarto: todo el mundo se dispersa. Papá, con su mono puesto, se hinca de rodillas en el suelo y se pone a cepillar la alfombra con tanta fuerza que la habitación se transforma en una gran nube de polvo. El señor Pfeffer hace las camas (mal, por supuesto), silbando siempre, una y otra vez, el mismo concierto para violín de Beethoven. En el desván se oyen los pasos de mamá, que cuelga la ropa. El señor Van Pels se pone el sombrero y desaparece hacia las regiones inferiores, por lo general seguido por Peter y Mouschi; la señora se pone un largo delantal, una chaqueta negra de punto y unos chanclos, se ata una gruesa bufanda de lana roja a la cabeza, coge un fardo de ropa sucia bajo el brazo y, tras hacer una inclinación muy estudiada de lavandera con la cabeza, se va a hacer la colada. Margot y yo fregamos los platos y ordenamos un poco la habitación.

La una menos cuarto: cuando todo se ha secado y solo esperan su turno las ollas, bajo a quitar el polvo y, si por la mañana he hecho la colada, limpiar el lavabo.

La una: las noticias.

La una y cuarto: una de nosotras va a lavarse o cortarse el pelo.
   Luego volvemos a estar todos ocupados pelando patatas, colgando ropa, fregando el descansillo, limpiando el baño, etcétera, etcétera.

Las dos: Después de las noticias de la Wehrmacht, todos esperan a que empiece el programa de música y llegue la hora del café, y vuelve la calma. ¿Quién puede decirme por qué aquí los adultos siempre tienen que dormir? Ya a las once de la mañana se ve a algunos bostezando y no es raro oír a alguno suspirar: «¡Ay, ojalá pudiera echarme una siestecita de media hora!». De verdad que no es nada agradable no ver más que caras soñolientas adondequiera que uno vaya entre las dos y las cuatro de la tarde. En nuestro cuarto, Pfeffer; en la habitación común, papá y mamá, y arriba los Van Pels, que por la tarde comparten sus sitios para dormir. Pero en fin, no hay nada que hacer, tal vez lo entienda cuando yo misma sea mayor.
   En cualquier caso, los domingos la hora de la siesta se alarga todavía más. Antes de las cuatro y media o las cinco, es mejor no subir, porque ahí todos siguen en el país de los sueños.
   Las últimas horas de la tarde son como durante la semana, salvo por el concierto de las seis a las siete.
   Una vez que hemos cenado y fregado los platos, me pongo muy contenta porque ya se ha pasado el domingo.

La niña florista

Domingo, 20 de febrero de 1944

Cada mañana, a las siete y media, se abre la puerta de la casita que está al final del pueblo. Por ella sale una niña relativamente pequeña, con una cesta llena de flores bajo cada brazo.

Cuando ha cerrado la puerta tras de sí, reacomoda bien las cestas y se pone en camino. Toda la gente del pueblo que la ve pasar y a la que ella saluda amablemente con la cabeza la mira con compasión y cada mañana todos piensan lo mismo: «Este camino es demasiado largo y penoso para una criatura de doce años».

Pero ella no oye los pensamientos de sus vecinos y camina y camina, lo más deprisa y alegremente que puede.

Es realmente un largo trecho hasta llegar a la ciudad: son al menos dos horas y media a paso firme, y con las dos cestas tan pesadas no es tarea fácil.

Cuando finalmente recorre las calles de la ciudad, se cae ya de cansancio y solo se sostiene en pie ante la perspectiva de poder sentarse y descansar pronto. Pero la pequeña es valerosa y no afloja la marcha hasta que llega a su lugarcito en el mercado. Entonces se sienta y espera y espera…

A veces se pasa el día entero esperando así, porque no hay mucha gente que quiera comprarle algo a la pobre niña florista. Sucede más de una vez que Krista tenga que volverse cargando con las cestas vacías solo por la mitad.

Pero ese día es distinto. Es miércoles y el mercado está más concurrido de lo habitual. A su lado las vendedoras pregonan su mercancía y por todas partes a su alrededor la niña oye voces insultantes y enfadadas.

Los transeúntes casi no oyen a Krista, pues su fina vocecita desaparece prácticamente en la algarabía del mercado. Pero ella no deja de anunciar a lo largo del día: «¡Aquí hay flores muy bonitas, a diez céntimos el ramillete! ¡Compren estas flores tan bonitas!».

Y cuando los que han terminado de hacer sus compras echan un vistazo a las cestas llenas, gustosos ofrecen unas monedas para adquirir unas flores tan bonitamente arregladas.

A mediodía Krista se levanta de su silla y se dirige al otro lado del mercado, donde el dueño de la cafetería le regala todos los días una taza caliente con mucho azúcar. Krista reserva para este hombre su mejor ramillete.

Luego se sienta de nuevo en su sillita y vuelve a vocear su mercancía. A las tres y media por fin se levanta, coge las cestas y regresa al pueblo. Camina ahora más despacio que por la mañana. Krista está cansada, terriblemente cansada. Esta vez tarda tres horas en recorrer el camino y no llega a la puerta de su diminuta y vieja casa hasta las seis y media.

En el interior, todo sigue igual que como lo dejó por la mañana: frío, solitario y poco acogedor. Su hermana, con quien comparte la casa, trabaja de sol a sol en el pueblo.

Krista todavía no puede concederse reposo. Inmediatamente después de llegar a casa, se pone a pelar patatas y a hervir verduras y cuando a las siete y media llega su hermana, por fin se sienta a la mesa para dar cuenta de su escasa comida.

A las ocho de la noche vuelve a abrirse la puerta de la casita y vuelve a salir la niña con las dos grandes cestas bajo el brazo. Sus pasos ahora se dirigen al prado y al campo que rodean la casa. No se aleja mucho, sino que se agacha en la hierba y se pone a coger flores, de todas clases, de todos colores, grandes y pequeñas, todo desaparece en sus cestas y mientras el sol ya casi se ha puesto, la niña sigue sentada en la hierba recogiendo más y más flores.

Por fin ha acabado, las cestas están repletas. Entretanto, el sol se ha puesto y Krista se echa en la hierba, las manos cruzadas en la nuca, y con los ojos bien abiertos contempla el cielo aún azul claro.

Este es su mejor cuarto de hora, y nadie ha de pensar que esta pequeña florista, que ya trabaja tan duro, está descontenta. Descontenta no está nunca y nunca lo estará, mientras pueda vivir esto cada nuevo día: en medio del prado, entre las flores y la hierba, con el cielo de frente, Krista está contenta. Atrás queda todo el cansancio, atrás quedan el mercado y la gente. La niña sueña y piensa solo en esto.

¡Que esto le sea dado todos los días, este cuartito de hora sin hacer nada, a solas con Dios y la naturaleza!

Mi primera entrevista

Martes, 22 de febrero de 1944

¡Imaginaos que el sujeto de mi primera entrevista supiera que está siendo usado como material! Seguro que se le pondría la cara colorada y preguntaría: «¿Qué tengo yo para que se me entreviste?».

Mejor será que lo saque a relucir: mi sujeto es Peter, y os diré ahora mismo cómo ha sido que mi elección recayó en él.

Se me ocurrió la idea de entrevistar a alguien, y como de todas las personas de la casa ya se ha hablado tanto y con tanto detalle, de pronto pensé en Peter, que siempre se mantiene en segundo término y que, al igual que Margot, casi nunca es motivo de descontento o pelea.

Si al caer la tarde uno llama a la puerta de su cuarto y oye por lo bajo un «¡Adelante!», puede estar seguro de que al abrir la puerta se encontrará con su cabeza entre dos peldaños de la escalera del desván, mirando al visitante y pronunciando un acogedor «¡Ajá!».

Su cuartito es…, a ver, ¿qué es en realidad? Creo que es una especie de descansillo del desván, muy pequeño, muy oscuro y muy húmedo, pero él lo ha convertido en un cuarto de verdad.

Cuando se sienta a la izquierda de la escalera, entre esta y la pared seguro que no hay más que un metro. Allí tiene su mesita, por lo general sembrada de libros como las nuestras (también usa la escalera como estantes), una silla y, colgada al otro lado de la escalera, sujeta al techo, su bicicleta. Este vehículo de momento inútil está envuelto en papel de embalar, mientras que de uno de los pedales cuelga alegremente un largo cable alargador. Completando el rinconcito de estudio, encima de la cabeza del entrevistador hay colgada una lámpara, que tiene una pantalla muy a la moda, a saber: hecha de un trozo de cartón recubierto de papel pegado encima.

Sigo pues parada junto a la puerta y dirijo la mirada al otro lado. Contra la pared, es decir, enfrente de Peter, detrás de la mesita, hay un diván de flores azules, cuya ropa de cama está escondida detrás del respaldo. Encima cuelga una lámpara similar a la de cincuenta centímetros más allá, además de un espejo de mano y, un poco más alejada, una pequeña biblioteca atiborrada de arriba abajo de manera poco elegante, típica de chicos, de libros forrados con papel de embalar. Para mejorar ligeramente el aspecto (o porque el dueño no encontró ningún otro lugar para meterla) hay una caja de herramientas, donde con seguridad uno encuentra cualquier cosa que ande buscando. Aunque hace ya bastante tiempo, en una ocasión encontré en el fondo de esa caja mi cuchillo favorito, y no será lo único que habrá ido a parar allí por accidente.

Al lado de la biblioteca hay un estante forrado de papel que alguna vez fue blanco. Dicho estante estaba pensado para poner botellas de leche y otros artículos de la cocina, pero vista la gran acumulación de libros por parte del joven inquilino, el conjunto ha sido requisado en beneficio de esos elementos instructivos y la variedad de botellas de leche ha encontrado refugio en el suelo.

En la tercera pared hay colgado otro pequeño mueble (otrora una caja de ciruelas) donde se encuentra otra deliciosa colección, compuesta de, entre otras cosas, una brocha de afeitar, una maquinilla, cinta adhesiva, purgantes, etcétera, etcétera.

Al lado de ese mueble se encuentra un glorioso ejemplar de la inventiva Van Pels: un armario hecho de cartón, con solo dos o tres puntales de material más resistente. Delante de este armario, lleno de trajes de hombre, abrigos, calcetines, zapatos y demás, cuelga una cortina realmente hermosa, que Peter consiguió que le diera su madre después de mucho mendigar. Encima del armario hay tantas cosas que hasta ahora no he podido enterarme de lo que son exactamente.

También el revestimiento del suelo del joven Van Pels merece consideración. No solo porque en su cuarto tiene dos grandes alfombras persas auténticas y una pequeña, sino porque dichas alfombras son de un colorido tan particular que deben llamar inmediatamente la atención de cualquiera que acceda a él. Así pues, el suelo, que tiene varias maderas flojas y es bastante irregular, por lo que hay que andar encima con mucho cuidado, está ornado con dichas otrora costosas piezas.

Dos de las paredes están revestidas de arpillera verde y en las otras dos hay pegadas un montón de estrellas de cine, guapas y no tan guapas, y carteles publicitarios. No hay que fijarse demasiado en las manchas de grasa y las quemaduras, ya que realmente cabe esperar que al cabo de año y medio de convivencia con tantos trastos algo se ensucie.

El techo, tampoco muy cómodo que digamos, es como son todos los techos aquí, con vigas a la antigua, y dado que en la buhardilla se filtra agua que penetra en el cuartito de Peter a través del desván, unas hojas de cartón hacen las veces de protección contra la lluvia. Este sistema no es del todo eficaz, como lo demuestran a las claras las incontables manchas y marcas de agua.

Creo que ya hemos recorrido todo el cuarto y solo me he saltado las dos sillas. Una de ellas es marrón con agujeritos y la segunda, una vieja silla de cocina blanca a la que Peter quiso dar una mano de pintura el año pasado, pero que al empezar a rascar se dio cuenta de que no se podía. Así pues, ahora la silla luce rascada por la mitad, con un solo travesaño (el otro lo necesitábamos como atizador), más negra que blanca, no muy vistosa. Pero, como ya se dicho, el cuartito es oscuro y entonces la silla no salta mucho a la vista. La puerta que da a la cocina está tapizada de delantales y al lado encontramos unos ganchos con paños para el polvo y un cepillo.

Después de esta relación, cualquiera podrá señalar exactamente todo lo que hay en el cuartito de Peter, menos al personaje principal, el propio Peter. De modo que me haré cargo también de esa tarea y pasaré revista al propietario de todas las gloriosas pertenencias enumeradas.

En Peter hay una gran diferencia entre la ropa de diario y la de domingo. Entre semana viste un mono del que puede decirse con tranquilidad que es inseparable de él, ya que se opone absolutamente a que la pobre prenda se lave demasiado. No se me ocurre ningún otro motivo al respecto, salvo el de que Peter tema que su amado atuendo se desgaste demasiado y acabe siendo descartado. En todo caso, está recién lavado y otra vez puede verse que su color es azul. Alrededor del cuello, igual de inseparable que el mono, lleva anudado un pañuelo azul. A la cintura, un ancho cinturón de piel marrón, y calcetines de lana blancos. Todo esto servirá para reconocer inmediatamente a Peter en caso de visitarlo un lunes, martes o cualquier otro día laborable. Sin embargo, los domingos en su ropa se produce un renacimiento. Un traje muy bonito, bonitos zapatos, camisa, corbata… En fin, no hace falta que enumere todo lo demás, pues todos sabrán lo que es una indumentaria decente.

Esto por lo que respecta a lo exterior. Sobre el propio Peter, últimamente mi opinión ha sufrido un cambio profundo. Antes me parecía ignorante y soso, pero actualmente no es una cosa ni la otra, y todos estarán de acuerdo conmigo cuando digo que se ha vuelto muy agradable.

Estoy absolutamente convencida de que es honesto y generoso. Modesto y muy servicial siempre ha sido, y tengo la sensación de que es mucho más sensible de lo que cualquiera pensaría o supondría. Tiene una gran afición que no puedo dejar de mencionar: los gatos. Nada es demasiado para él tratándose de Mouschi o Moffi, y creo que aquellos dos le compensan mucho del cariño que echa en falta. Tampoco tiene miedo, al contrario, ni es fanfarrón como otros chicos de su edad. Ignorante tampoco es en absoluto, y sobre todo la memoria le funciona perfectamente.

Huelga decir que es guapo, pues quienes lo conocen ya lo sabrán. Tiene un pelo estupendo: una espesa melena de rizos castaños, ojos de color gris azulado y luego…, confieso que describir caras siempre ha sido mi punto flaco, de modo que lo mejor será que después de la guerra pegue su foto junto a las de los demás escondidos, así ya no hará falta describir nada con la pluma.

El antro de perdición

Martes, 22 de febrero de 1944

No se asusten, que no es mi intención enumerar una ristra de ejemplos del título susodicho. El motivo por el cual lo he elegido no es más que el haber leído esa expresión ayer en una revista.

Ahora ustedes seguramente se preguntarán: «¿En relación con qué?», con lo que será mejor que pase a responder enseguida. El antro de perdición aparecía en una revista (*Cinema & Theater*, n.º 8) en relación con unas escenas de desnudos en una película, que el crítico al parecer consideraba indecentes. No quisiera afirmar en absoluto que él no tenga razón, pero en general soy de la opinión de que aquí en Holanda la gente vitupera enseguida todo lo que no esté lo suficientemente tapado.

Llaman pudibundez a lo que impera aquí, y por un lado puede que esté muy bien, pero por otro, si a los niños vuelven a educarlos de tal modo que todo lo que raye en la desnudez es indecente, a la larga seguro que llegaremos a un punto en que los jóvenes se preguntarán: «¿Es que están todos locos?».

Y no puedo menos que darles la razón. El recato y la pudibundez también pueden ir demasiado lejos, y eso en Holanda es ciertamente el caso, pues piensen ustedes por un momento en lo paradójico que es en realidad que, con solo tocar la palabra «desnudo», lo miren a uno de todos lados como si fuera la persona más deshonrosa del mundo.

No crean ustedes que soy de esos que quisieran que volviesen también aquí los tiempos de los pueblos primitivos, y que todos anduviéramos ataviados únicamente con pieles de animales. Nada de eso, sino un poco más libre, un poco más normal, así todo sería menos forzado y natural.

Y ahora quisiera hacerles una pregunta: ¿Tapan ustedes también enseguida las flores cuando las recogen, y nunca comentan nada de cómo se ven?

Me parece que la diferencia entre la naturaleza nunca es tan grande, y visto que los humanos también somos una pequeña parte de ella, ¿por qué habríamos de avergonzarnos por la forma en que nos ha vestido?

El ángel de la guarda

Martes, 22 de febrero de 1944

Hace muchos años vivían en la linde de un bosque muy grande dos personas: una anciana y su nieta. Los padres de la niña habían muerto siendo ella aún muy pequeña y la abuela siempre cuidaba muy bien de ella.

Era una casita solitaria donde ambas vivían, pero ellas no lo percibían así y estaban siempre muy felices y contentas juntas.

Una día la anciana no pudo levantarse de la cama por la mañana porque tenía dolores en todo el cuerpo. Su nieta por entonces tenía ya catorce años y cuidó de su abuelita lo mejor que pudo.

Duró cinco días, entonces la abuela murió y la niña se quedó completamente sola en la casita solitaria. Dado que no conocía prácticamente a nadie, ni sintió necesidad de ir a buscar a nadie para enterrar a su abuela, ella misma cavó una profunda fosa al pie de un viejo árbol del bosque y allí depositó a su abuelita.

Cuando la pobre niña volvió a la casa se sintió completamente abandonada y triste. Se echó en la cama y lloró desconsoladamente. Así se quedó todo el día echada y no se levantó hasta el anochecer, para comer algo.

Así siguió día tras día. La pobre criatura ya no tenía ganas de nada y no hacía más que llorar en silencio la pérdida de su querida abuelita. Entonces sucedió algo que hizo que cambiara completamente en un solo día.

Era de noche y la niña dormía, cuando de repente se le apareció la abuela. Iba vestida completamente de blanco, sus blancos cabellos le caían sobre los hombros y llevaba una lucecita en la mano. La niña la miraba desde la cama, esperando a que la abuela empezase a hablar:

—Nietita querida —empezó diciendo la abuelita—, llevo cuatro semanas observándote todos los días y veo que no haces más que llorar y dormir. Eso no está bien y por eso he venido para decirte que debes trabajar e hilar, mantener en orden nuestra casita y tú misma volver a arreglarte. No has de pensar que ahora que estoy muerta ya no me ocupo de ti. Estoy en el cielo y no dejo de observarte. Ahora soy tu angelito de la guarda y sigo estando siempre a tu lado, igual que antes. Retoma tus tareas, querida, y nunca olvides que tu abuelita está contigo.

Ahí la anciana desapareció y la niña siguió durmiendo. Sin embargo, a la mañana siguiente, cuando despertó, recordó lo que le había dicho su abuela y se puso muy contenta pues ya no se sintió abandonada.

Volvió a trabajar, vendía el producto de su hilado en el mercado y seguía siempre el consejo de su abuelita. Más tarde, mucho más tarde, en el mundo tampoco se encontró ya sola, pues se casó con un buen molinero. Entonces la niña agradeció a su abuelita por no haberla dejado nunca sola, y sabía que aunque ahora tenía compañía, su angelito de la guarda ya no la abandonaría hasta la muerte.

La felicidad

Domingo, 12 de marzo de 1944

Antes de empezar mi verdadero relato, tendré que resumir brevemente cómo se ha desarrollado mi vida hasta ahora.

Ya no tengo madre (en realidad, no llegué a conocerla) y mi padre tiene poco tiempo para mí.

Cuando mi madre murió, yo tenía dos años. Mi padre me confió a unas personas muy buenas, que me tuvieron durante cinco años. A los siete me mandaron a una especie de internado, donde estuve hasta cumplir catorce. Ahí por suerte me pude marchar y papá me llevó a vivir con él.

Ahora vivimos en una pensión y yo voy al liceo. Mi vida transcurría con toda normalidad hasta que…, sí, hasta que llegó Jacques.

Conocí a Jacques porque se vino a vivir aquí, en la pensión, con sus padres. Primero nos cruzamos un par de veces en la escalera, luego en el parque por casualidad, y a continuación fuimos varias veces juntos al bosque.

Jacques enseguida me pareció un buen chico, algo callado y tímido, aunque creo que fue justamente eso lo que tanto me atrajo. Poco a poco fuimos saliendo más y más juntos, y ahora ya viene a menudo a mi cuartito o voy yo al suyo.

Antes que a Jacques nunca había conocido de cerca a ningún chico y me sorprendió mucho que él no fuera un bravucón ni un fanfarrón como me parecía que eran todos los chicos de mi curso.

Empecé a reflexionar sobre Jacques después de haber reflexionado demasiado tiempo sobre mí misma. Sabía que sus padres siempre se peleaban y creí entender que eso le molestaba mucho, pues uno de sus rasgos característicos es que ama la paz y la tranquilidad.

Paso mucho tiempo sola y a menudo me siento triste y abandonada. Seguro que es porque echo mucho de menos a mi madrecita y nunca he tenido una verdadera amiga a quien poder contarle todo. A Jacques le pasa igual: él también solo tenía amigos superficiales y, según me parecía, él también tenía necesidad de confianza. Pero yo no podía acercarme a él y seguimos hablando de cosas sin importancia.

Sin embargo, un día vino a verme con un recado inventado, mientras yo estaba sentada en un cojín en el suelo, mirando únicamente al cielo.

—¿Molesto? —me preguntó por lo bajo al entrar.

—¡Claro que no! —le contesté, volviéndome hacia él—. Pasa y ven a sentarte conmigo. ¿A ti no te agrada sentarte de vez en cuando así, a soñar?

Se acercó a la ventana y, con la frente apoyada en el cristal, respondió:

—Sí; yo también sueño a menudo así. ¿Sabes cómo le llamo a eso? Contemplar la historia del mundo.

Lo miré sorprendida.

—Me parece genial, esa expresión me la apunto.

—Muy bien.

Me miró con esa sonrisa peculiar que de algún modo siempre me desconcertaba. Al menos, nunca sabía realmente cuál era su intención cuando sonreía así.

Nos pusimos a hablar otra vez de cosas sin importancia y, al cabo de media hora, se marchó.

La vez siguiente que vino a verme, yo estaba sentada en el mismo sitio y él volvió a asomarse a la ventana. Hacía un día espléndido, el cielo era de un azul intenso (estábamos tan alto que ya no veíamos las casas, al menos yo desde el suelo). De las ramas del pelado castaño delante de la casa colgaban gotas de rocío que al mecerse reflejaban por instantes los haces de sol; las gaviotas y otros pájaros pasaban volando frente a la ventana y por todas partes se oían piidos.

No sabría decir a qué se debió, pero el asunto es que ninguno de los dos podía emitir palabra. Estábamos juntos en la misma habitación, y encima bastante cerca uno de otro, pero ya casi no nos veíamos. No hacíamos más que mirar al cielo y hablábamos con nosotros mismos. Digo «nosotros» porque estoy convencida de que él sentía lo mismo que yo y que, como yo, no tenía ninguna intención de romper el silencio.

Después de haber estado así juntos un cuarto de hora, él sin embargo pronunció la primera palabra, a saber:

—Viendo esto, te das cuenta de que es una locura que la gente ande siempre peleándose. ¡Qué poca importancia tiene entonces todo, y sin embargo, en otros momentos nunca lo siento así!

Me miró con cierta timidez y seguro que temió que no lo entendería, pero me puse muy contenta de que él esperase una respuesta y de que por fin pudiera contarle mis pensamientos a alguien que me entendiese. De modo que respondí:

—¿Sabes lo que yo siempre pienso? Que es una tontería pelearse con gente que te es indiferente; con gente que no te es indiferente, es distinto. Los quieres y en realidad, más que darte rabia, te duele cuando empiezan a pelearse o hacen algo que provoca una pelea.

—¿Tú crees? Pero si tú no te peleas tanto…

—No, aunque sí lo suficiente para saber cómo es. Y lo peor me parece que en realidad la mayoría de la gente vaya sola por el mundo.

—¿A qué te refieres?

Aunque Jacques me estaba mirando fijamente, igualmente decidí perseverar; tal vez así consiguiera ayudarlo.

—Me refiero a que la mayoría de la gente, casada o no, por dentro está sola. No tiene a nadie con quien hablar de sus sentimientos y pensamientos, y es eso lo que más echo en falta.

Lo único que dijo Jaques fue:

—Yo también.

Volvimos a mirar otro momento al cielo y entonces dijo:

—La gente que no tiene a nadie con quien hablar, como tú dices, echa muchas cosas en falta, muchísimas. Y darme cuenta de eso es, precisamente, lo que muchas veces me deprime.

—No estoy de acuerdo. No es que no puedas deprimirte, es algo que te pasa y que no es culpa tuya, ¡pero saber de antemano que estarás triste no hace falta!

»Porque lo que realmente buscas cuando estás triste es la Felicidad, y aunque eches muchas cosas en falta al no tener a nadie con quien hablar, la felicidad dentro de ti, una vez que la has encontrado, nunca se pierde. Y no me refiero a cosas terrenales, sino exclusivamente a lo espiritual. Creo que una vez que has encontrado la felicidad en ti mismo, puede que permanezca mucho tiempo velada, ¡pero nunca se habrá perdido!

—¿Y tú cómo la has encontrado?

Me puse de pie.

—Ven —le dije y lo conduje al desván. Encima había otro espacio reducido para guardar cosas, donde había una ventanita. Nuestra casa era bien alta y cuando llegamos a ese lugar y miramos por la ventana, pudimos ver un buen pedazo de cielo.

»Ahora mira. Si buscas la felicidad en ti mismo, tendrás que salir fuera un día con mucho sol y cielo azul. También asomándote a una ventana como esta y mirando más allá de los tejados, viendo el cielo sin nubes, como ahora, algún día ciertamente encontrarás la felicidad.

»Te diré cómo fue mi caso. Vivía en el internado y me sentía muy desgraciada, pero cuanto mayor me hacía, más desgraciada me sentía. Una tarde libre me fui yo sola al brezal, a sentarme por ahí a soñar un poco. Al alzar la mirada vi que hacía un día maravilloso. Hasta ese momento no le había prestado atención, porque estaba demasiado ocupada con mis desgracias. Pero una vez que alcé la mirada y vi que todo a mi alrededor era tan hermoso, de golpe esa vocecita por dentro dejó de enumerar todo lo que era desagradable. Ya no pude hacer ni pensar ni sentir otra cosa que no fuera notar que aquello era hermoso y lo único verdadero.

»Estuve allí sentada como media hora y cuando por fin me levanté para volver paseando a la aborrecida escuela, ya no me sentí para nada deprimida; al contrario, todo me pareció hermoso y bueno tal como era.

»Más tarde comprendí que aquella tarde había encontrado por primera vez en mí misma la felicidad, pues sin importar las circunstancias, esa felicidad siempre puede estar presente.

—¿Y entonces cambiaste? —preguntó él por lo bajo.

—En el sentido de que estaba contenta. No siempre, no creas; seguí refunfuñando bastante, pero ya nunca me sentí tan absolutamente triste como antes, seguro que porque sentí que esa tristeza solo nacía de la compasión que sentía por mí misma, y la felicidad, de la alegría.

Cuando acabé de hablar, él seguía mirando por la ventanita y pareció estar pensando, porque no dijo nada. Entonces, de repente, se volvió hacia mí y se me quedó mirando.

—Yo todavía no he encontrado la felicidad, aunque sí otra cosa: ¡alguien que me entenderá!

Entendí a lo que se refería y hasta hoy nunca más he estado sola.

Miedo

Sábado, 25 de marzo de 1944

Eran tiempos horribles los que viví entonces. La guerra hacía estragos a nuestro alrededor y nadie sabía si a la hora siguiente seguiría con vida.

Mis padres, mis hermanos y yo vivíamos en la ciudad, pero esperábamos que pronto nos evacuarían o que tendríamos que huir. Los días estaban colmados de cañones y disparos; las noches, llenas de chispas y detonaciones misteriosas, que parecían provenir de las profundidades.

No puedo describirlo, y tampoco recuerdo claramente la agitación de aquellos días, solo que en todo el día no hacía más que sentir miedo. Mis padres intentaban calmarme por todos los medios, pero era inútil. Tenía miedo por dentro y por fuera, no comía, dormía mal, solo temblaba.

Así pasó toda una semana, hasta que llegaron aquella tarde y aquella noche que recuerdo como si fueran ayer.

A las ocho y media, justo cuando habían disminuido algo los disparos y yo me había echado en un diván con toda la ropa puesta y estaba dormitando un poco, de repente dos grandes estruendos nos sobresaltaron a todos. Como pinchados con un alfiler, saltamos todos al mismo tiempo y nos refugiamos en el pasillo.

Incluso mamá, que nunca perdía la calma, estaba pálida. Los estruendos se repitieron —a intervalos bastante regulares— y de pronto: un tremendo crujido, tintineo, chillidos y salí corriendo lo más rápido que pude. Con una mochila al hombro, bien abrigada, corría y corría, escapando de aquella terrible masa ardiendo.

Por todas partes a mi alrededor, había gente corriendo y gritando; la calle estaba intensamente iluminada debido a las casas en llamas y todos los objetos incandescentes tenían un aspecto aterrador.

Yo no pensaba en mis padres ni en mis hermanos, solo pensaba en mí misma y en que debía seguir adelante, siempre adelante. No sentía ningún cansancio, mi miedo era más fuerte; no noté que perdí la mochila, no hacía más que correr.

Me sería imposible decir cuánto tiempo seguí avanzando así, contemplando siempre la imagen de casas ardiendo y chillidos y rictus de dolor y con miedo en todo lo que tenía. Entonces de pronto advertí que a mi alrededor había más silencio. Me volví, como si acabara de despertar de un sueño, y ya no vi nada ni a nadie: ni incendios, ni bombas ni gente.

Me detuve, miré con más detenimiento: me encontraba en un prado. Sobre mi cabeza centelleaban las estrellas y brillaba la luna, hacía un tiempo maravilloso, la noche era fresca, pero no hacía frío. Ya no oía ningún sonido. Rendida, me senté en la hierba, extendí la manta que todavía llevaba colgada del brazo y apoyé mi cabeza encima.

Miré al cielo y de pronto me di cuenta de que ya no tenía nada de miedo; al contrario, estaba muy tranquila.

Lo curioso fue que no pensaba en absoluto en mi familia y que tampoco la echaba de menos. Lo único que ansiaba era descansar. Así pues, no tardé mucho en quedarme dormida en medio de la hierba a cielo descubierto.

Cuando desperté, estaba saliendo el sol. Enseguida supe dónde estaba cuando a la luz del día divisé a lo lejos las casas que me eran tan familiares en las lindes de nuestra ciudad.

Me restregué los ojos y volví a mirar bien a mi alrededor. No se veía a nadie cerca, solo me hacían compañía los dientes de león y el trébol entre la hierba. Me eché de nuevo sobre la manta y me puse a pensar en lo que debía hacer ahora, pero mis pensamientos se desviaban continuamente, hacia aquella prodigiosa sensación que había tenido por la noche, sentada sola en el prado y sin tener miedo.

Más tarde encontré de nuevo a mis padres y juntos nos fuimos a vivir a otra ciudad. Ahora que hace mucho que terminó la guerra, sé cómo fue que bajo la inmensidad del cielo mi miedo se esfumó.

Y es que al encontrarme a solas con la naturaleza, comprendí —aun sin darme cuenta realmente— que el miedo no ayuda y no sirve de nada y que lo mejor que puede hacer todo aquel que sienta el mismo miedo que yo entonces es mirar de frente a la naturaleza y ver que Dios está mucho más cerca de lo que la mayoría de la gente piensa.

Después de esa época, aunque siguió cayendo un sinnúmero de bombas cerca de mí, nunca más he tenido miedo de verdad.

¡Den!

¿Quiénes, de todas aquellas personas instaladas en habitaciones calentitas y acogedoras, tienen idea del tipo de vida que llevan los mendigos?

¿Quiénes, de todas esas personas «buenas» y «caritativas», se han preguntado alguna vez cómo es la vida de tantos niños y tantas personas a su alrededor? Vale, todos damos alguna vez unas monedas a un mendigo, pero por lo general con brusquedad y seguido de un portazo. Y en la mayoría de los casos, al buen dador encima le da asco rozarle la mano al mendigo. ¿Es así o no es así? ¡Y luego todo el mundo se extraña de que los mendigos sean tan descarados! ¿Acaso no se volvería descarado todo aquel al que tratan más como a un perro que como a una persona?

Es muy triste que en Holanda, un país que se jacta de sus buenas leyes sociales y de su población tan decente, la gente se trate así. Para el grueso de la burguesía acomodada, el mendigo es un ser inferior, alguien que está sucio y descuidado, que es descarado y no tiene modales. Pero de todas las personas ¿quiénes se han preguntado cómo esos mendigos han llegado a serlo?

Comparen a sus propios hijos con los hijos de los mendigos. ¿Qué diferencia hay entre ellos? Sus hijos son hermosos y pulcros, los otros están descuidados y son feos. ¿Eso es todo? Sí, en efecto, ahí está toda la diferencia, pero si a un niño mendigo se le viste igualmente con buenas ropas y se le enseñan buenos modales, ya no habría ninguna diferencia.

Todos los hombres nacen iguales, todos vienen al mundo indefensos e inmaculados. Todos los hombres respiran el mismo aire, muchos creen en el mismo Dios. Y sin embargo, sin embargo, para muchos la diferencia sigue siendo indecible. Y lo es porque tantos nunca se han detenido a pensar en qué reside realmente esa diferencia, porque de haberlo hecho, hace tiempo que habrían descubierto que de verdad no existe.

Todos los hombres nacen iguales, todos mueren y de su gloria mundana no les queda nada. Toda la riqueza, todo el poder y toda la grandeza valen para muy pocos años. ¿Por qué la gente se aferra entonces con tanto ahínco a lo efímero? ¿Por qué las personas que tienen demasiado para su propio uso no pueden ceder ese excedente a sus prójimos? ¿Por qué han de vivir tan mal esos pocos años de permanencia en la Tierra?

Y ante todo: no se han de arrojar esas dádivas a la cara de la gente, todo el mundo tiene derecho a un trato amable. ¿Por qué se habría de ser más amable con una señora rica que con una pobre? ¿Acaso alguien ha desentrañado ya la diferencia de carácter entre las dos?

La grandeza de las personas no reside en su riqueza ni en su poder, sino en su carácter y su bondad. Todos los humanos no son más que humanos, todos los humanos tienen sus taras y sus defectos, pero todos también nacen con mucha bondad. Y si ahora se empezara a hacer más grande esa bondad, en vez de sofocarla, a dar también a los pobres un sentimiento de ser humano, entonces ni siquiera harán falta dinero o bienes, pues no todos disponen de ellos para dar.

Todo empieza por lo pequeño; también aquí se puede empezar por cosas pequeñas. Por ejemplo, en el tranvía no cedamos el asiento solo a las madres ricas, sino que tampoco nos saltemos a las pobres. Pidamos perdón cuando le damos un pisotón a un pobre del mismo modo que lo hacemos cuando es un rico.

Es poca molestia, pero significa mucho. A los niños mendigos, ya privados de tantas cosas, ¿por qué no habríamos de ofrecerles ese poco de amabilidad?

Todo el mundo sabe que bien predica quien bien vive. ¿Por qué no predicar entonces con el ejemplo? No mucho después los demás lo seguirán. Cada vez más personas se volverán amables y dadivosos, hasta que al final ya nadie despreciará a los pobres.

¡Ojalá hubiéramos llegado ya a este punto! ¡Ojalá Holanda, luego Europa y finalmente todo el mundo se diera ya cuenta de que obra injustamente! ¡Ojalá hubiera llegado ya el momento en que las personas fuesen bondadosas unas con otras, conscientes de que todos somos iguales y que las cosas terrenales son solo efímeras!

¡Qué maravilloso es que nadie tenga que esperar ni un minuto para empezar a cambiar poquito a poco el mundo! ¡Qué maravilloso es que todos, grandes o pequeños, puedan aportar directamente su parte para que haya justicia y dar! Como sucede en tantísimas cosas, la mayoría de las personas busca la justicia en otra parte muy distinta, y se queja de que les toque tan poco a ellas…

¡Abran los ojos, sean ustedes los primeros en hacer justicia! ¡Den ustedes lo que haya para dar! Y siempre, siempre hay algo para dar, aunque no sea más que amabilidad. Si todos dieran esto último y no escatimaran tanto sus palabras amables, habría mucho más amor y justicia en el mundo.

Den y recibirán, mucho más de lo que nunca creyeron posible. ¡Den, una y otra vez, y a no desanimarse, a seguir adelante y dar, que por mucho dar nadie se ha arruinado!

Si lo hacen así, dentro de un par de generaciones la gente ya no tendrá que compadecerse de los niños mendigos, ¡pues ya no los habrá!

En el mundo hay sitio, riqueza, dinero y belleza suficientes. Dios ha creado suficiente para todos. ¡Empecemos, pues, todos a repartirlo con justicia!

El enano sabio

Martes, 18 de abril de 1944

Érase una vez una duende que se llamaba Dora. Esta Dora era hermosa y rica, y sus padres la consentían enormemente. Quien veía a Dora nunca la veía de otra forma que no fuera riendo. Reía de la mañana a la noche, se alegraba por todo y ninguna pena la preocupaba.

En el mismo bosque donde habitaba Dora, vivía también un enano llamado Peldron. Peldron era lo opuesto a Dora en todo: mientras ella siempre reía por lo bello, él estaba triste por las desgracias que seguía habiendo en el mundo, y sobre todo en el de los enanos y los duendes.

Un día, la madre de Dora le pidió que llevara un recado al zapatero del pueblo de los duendes, y se dio la casualidad de que se encontrara con el desagradable y mustio Peldron.

Dora era realmente un encanto, pero como les caía tan bien a todos, era también muy creída. Osada como era, se fue corriendo hacia Peldron, le arrebató su hermoso gorro de enano y, alejándose de él, se rio a carcajadas con el gorro en la mano. Peldron realmente se enfadó con esa cosa odiosa. Pataleando, le gritó:

—¡Devuélveme mi gorro, bandida, devuélvemelo enseguida!

Pero a Dora ni se le ocurría hacerlo, se alejó cada vez más y acabó escondiendo el gorro en el hueco de un árbol. Luego prosiguió rápidamente su camino hacia el zapatero.

Después de mucho buscar, Peldron por fin encontró su gorro. No aguantaba en absoluto las bromas, y sobre todo no soportaba a Dora. Siguió andando desganado, cuando de repente una voz muy profunda lo sobresaltó de sus cavilaciones.

—Mírame, Peldron. Soy el enano más viejo del mundo, pero también soy el más pobre. ¿No me darías algo para que pueda comprarme un poco de comida?

Peldron sacudió la cabeza diciendo que no.

—No te daré nada, es mucho mejor que te mueras, así no tendrás que seguir soportando las desgracias de este mundo —dijo, y ya no miró atrás cuando continuó andando.

Mientras, Dora había terminado donde el zapatero y, en el camino de vuelta, también a ella el viejo enano le pidió algo de dinero o un bien.

—No —le dijo igualmente Dora—. Dinero no te daré. Es culpa tuya que seas pobre. El mundo es tan bonito, que no puedo tener tratos con gente pobre.

Y se fue dando brincos.

Soltando un suspiro, el viejo enano se sentó en el musgo y se puso a reflexionar sobre qué hacer con aquellos dos mocosos. Uno estaba demasiado triste, la otra demasiado alegre y de esa manera ninguno de los dos llegaría muy lejos en la vida.

Habéis de saber que el enano, que era ya viejísimo, no era un enano cualquiera: era un mago, pero no un mago malo. Al contrario, quería que los humanos, los enanos y los duendes fueran mejores e hicieran avanzar el mundo. Se quedó reflexionando profundamente una hora entera, luego se levantó y enfiló lentamente hacia la casa de los padres de Dora.

Al día siguiente de su encuentro en el bosque, Dora y Peldron se encontraban en una casita cerrada: estaban prisioneros. El viejo enano se los había llevado para educarlos, y si él quería eso, ningún padre debía oponerse.

¿Qué iban a hacer esos dos en una casita? No podían salir fuera, tampoco pelearse, pero sí trabajar mucho todo el día: esas eran las tres cosas que les había impuesto el enano. De modo que Dora trabajaba y luego bromeaba, y Peldron también se puso a trabajar y luego se puso triste. Todos los días, a las siete de la tarde, el viejo enano venía a ver su trabajo y luego volvía a abandonarlos a su suerte.

¿Y qué debían hacer para recobrar la libertad? Había una sola opción y esa era: hacer todo lo que dijera el enano, que no era poco.

No podían salir fuera, no podían pelearse y debían trabajar mucho: esas eran las tres tareas que les había impuesto el viejo enano.

¡Ay, qué difícil le resultaba a Dora tener que ver todo el día al aburrido de Peldron! Peldron aquí y Peldron allá, y nunca otro. Pero tampoco le sobraba el tiempo para hablar con él, porque Dora tenía que guisar (había aprendido en casa con su madre), mantener la casita en orden, y si le quedaba tiempo se ponía a hilar.

En cambio, Peldron partía leña y cavaba el huerto cercado. Cuando terminaba la tarea del día, se ponía a remendar zapatos. A las siete de la tarde Dora lo llamaba para cenar, y luego los dos estaban tan cansados que apenas eran capaces de contestar al viejo enano cuando este pasaba al anochecer a inspeccionar el trabajo.

Una semana aguantaron este ritmo de vida: Dora seguía riendo mucho, aunque también empezó a ver la seriedad de la vida, y comprendió que había muchas personas que lo tenían muy difícil y que entonces no era ningún lujo superfluo si se les daba algo y no se las despachaba con una respuesta descarada.

Y Peldron perdió algo de su tristeza, y a veces incluso ocurría que silbara por lo bajo mientras trabajaba o se riera de las bromas de Dora.

Cuando llegó el domingo, el enano les permitió acompañarlo a la capillita del pueblo de los duendes, que estaba siempre muy concurrida. Ambos prestaron mucha más atención a las palabras del enano pastor y se sintieron contentos en el camino de vuelta por el verde bosque.

—Y como os habéis portado tan bien, hoy podréis pasar el día fuera, como antes, pero recordad que mañana tenéis que volver a trabajar y no volver a vuestra casa ni a las de otras familias: os quedaréis juntos.

A ninguno de los dos se le ocurrió poner morros, estaban encantados de poder ir al bosque. Pasaron el día bailando, mirando los pajarillos, las flores y el cielo azul, y sobre todo el amable y cálido sol, y se quedaron contentos.

Y al anochecer, siguiendo la indicación de su guía, regresaron a la casita y durmieron de un tirón hasta la mañana siguiente, tras lo cual retomaron su trabajo. Durante cuatro meses el viejo enano los tuvo así juntos. Los domingos podían ir a la iglesia y luego pasar el día fuera y entre semana trabajaban duro. Al cabo de esos cuatro meses, un día, al caer la tarde, el viejo enano cogió a cada uno de la mano y se fue con ellos al bosque.

—Mirad, hijos míos —les dijo—. Creo que muchas veces habéis estado muy enfadados conmigo, y supongo que los dos estáis deseando volver a vuestras casas, ¿no es así?

—Sí —asintió Dora.

—Sí —asintió también Peldron.

—Pero ¿habéis comprendido también que estar aquí ha sido algo bueno para vosotros?

No, ni Dora ni Peldron acababan de comprenderlo.

—Pues nada, entonces os lo explicaré —prosiguió el enano—. Os traje aquí para haceros ver que en el mundo hay también otras cosas además de vuestra alegría y vuestra tristeza. Ambos estáis ahora mejor preparados para enfrentaros al mundo que antes de venir aquí. Dora ha adquirido algo de seriedad y Peldron está un poco más alegre, precisamente al estar forzados a extraer de vuestra estancia lo que se pudiera extraer de ella. Y también creo que ahora os lleváis mucho mejor que antes, ¿no crees, Peldron?

—Sí, ahora Dora me parece mucho más simpática —dijo el enano pequeño.

—Entonces ahora podéis volver con vuestros padres, y recordad alguna vez vuestra estancia en la casita de madera. Alegraos de todo lo bueno que os brinda la vida, pero tampoco olvidéis lo triste, e intentad ayudar a reducir la tristeza. Todas las personas pueden ayudarse entre sí; también todos los duendes y los enanos, incluso las duendes pequeñas como Dora y los enanitos pequeños como Peldron pueden hacer bastante. Y ahora coged vuestro camino y no estéis más enfadados conmigo. He hecho por vosotros lo que he podido, y ha sido por vuestro bien. Adiós, hijos míos, y hasta más ver.

—¡Adiós! —dijeron Dora y Peldron, y deprisa se fueron cada uno a su casa.

El viejo enano se sentó en la hierba y deseaba solo una cosa: que pudiera encaminar a todos los humanos con la misma prontitud que a aquellos dos.

Y realmente, Dora y Peldron siguieron contentos toda la vida. Habían aprendido de una vez para siempre que hay que reír y llorar, todo a su tiempo. Y después, mucho después, cuando se hicieron mayores, se fueron a vivir juntos en una casita por voluntad propia, y Dora hacía las labores de dentro y Peldron las de fuera, igual que cuando eran pequeños.

Blurry, el descubridor del mundo*

Domingo, 23 de abril de 1944

Cuando Blurry era todavía muy pequeño, un día tuvo muchísimas ganas de librarse por una vez de los cuidados de su mamá osa y salir a descubrir por su cuenta algo del gran mundo.

Durante varios días estuvo mucho menos vivaracho que de costumbre, tan ocupado estaba reflexionando sobre su plan. Pero al caer la tarde del cuarto día, por fin «lo» tenía. Su plan estaba listo y solo esperaba a su ejecución. Saldría al jardín por la mañana temprano, muy despacito naturalmente, para que Miesje, su amita, no se diera cuenta. Luego pasaría a rastras por un hueco en el seto y después… ¡pues después descubriría el mundo!

Así lo hizo, y fue tan despacito que nadie notó nada de su huida hasta varias horas después de iniciado el viaje.

Toda su piel se había ensuciado con tierra y barro al pasar por debajo del seto, ¡pero un oso, y mucho menos un osito de juguete deseoso de descubrir el mundo, ciertamente no debe alterarse por un poquito de mugre! De modo que, los ojos bien fijos hacia delante para no tropezar con las baldosas desiguales, Blurry se dirigió muy garboso hacia el lado de la calle, a la que se llegaba por el pasillo entre los jardines.

Una vez en plena calle, por un momento se asustó al ver a tantos adultos, entre cuyas piernas Blurry desaparecía por completo. «Será mejor que me mantenga a un lado, de lo contrario me atropellarán», pensó, y realmente era lo más sensato. Sí, Blurry era sensato, eso ya se veía por el hecho de que, aun siendo tan pequeño, quisiera descubrir él solo el mundo.

Así pues, echó a andar por el borde de la calle, cuidando de evitar los apretujones, pero de golpe su corazón empezó a latir como dando mazazos. ¿Qué era eso? A sus pies se abría un gran abismo negro y oscuro. Era una

---

* Para este cuento, véase asimismo la entrada del diario del 25 de abril de 1944.

trampilla, que conducía a un sótano, pero Blurry no lo sabía y sintió vértigo. ¿Tendría que meterse allí? Miró temeroso a su alrededor, pero las piernas enfundadas en pantalones de los hombres y en medias de las mujeres rodeaban alegremente esa cosa oscura, haciendo como si no pasara nada.

Sin acabar de recobrarse del susto, Blurry siguió andando paso a paso en la misma dirección y no tardó en poder hacerlo bordeando la pared.

—Así que ahora estoy recorriendo el gran mundo —caviló Blurry—. Pero ese mundo ¿dónde está? Todas estas piernas con medias y pantalones ni siquiera me lo dejan ver. Me parece que soy demasiado pequeño para poder descubrir el mundo, pero no importa. Cuando sea mayor, también seré más grande y si bebo leche y me como la nata (con solo pensarlo se le revolvía el estómago), seguro que me haré tan alto como toda esa gente. Así que mejor seguir adelante, que alguna vez conseguiré ver el mundo.

De modo que Blurry siguió andando, haciendo el menor caso posible de las muchas piernas gordas y flacas a su alrededor. Pero ¿es que tenía que andar siempre? Le había entrado mucha hambre y además en la calle ya estaba oscureciendo. Blurry en ningún momento había pensado que también tendría que comer y dormir. Había estado tan absorto en sus planes de descubrimiento, que no se detuvo a pensar en algo tan ordinario y poco heroico como comer y dormir.

De modo que, suspirando, siguió andando un rato más hasta que divisó una casa con la puerta abierta. Se paró y dudó un momento, pero luego tomó una decisión y entró sigilosamente.

Tuvo suerte, pues tras cruzar otra puerta, debajo de un armatoste con cuatro patas de madera, vio dos platos: uno lleno de leche con la nata y el otro lleno de una especie de puré. Famélico y ansioso de comer algo tan rico, Blurry se bebió toda la leche de un tirón y —como corresponde a los osos adultos— no le importó para nada tragarse la nata. Luego también se ventiló el puré y se quedó satisfecho y contento.

Pero, ¡horror!, ¿qué era aquello que se acercaba? Una cosa blanca con grandes ojos verdes se aproximaba a un ritmo lento, mirándolo fijamente. Se detuvo justo frente a él y, con una vocecita aguda, le preguntó:

—¿Quién eres y por qué te has comido mi comida?

—Soy Blurry, y es que para descubrir el mundo también necesito alimento, por eso me he comido esta comida, pero de verdad no sabía que era tuya.

—Ajá, vas a descubrir el mundo, pero entonces ¿por qué has venido justo donde estaba mi plato?

—Porque no había visto ningún otro —contestó Blurry del modo más antipático que pudo. Luego recapacitó y preguntó con voz más amable—: Pero ¿y tú cómo te llamas y qué clase de extraño humano eres?

—Soy Mirwa y pertenezco a la raza de los gatos de Angora. Soy muy valiosa, según suele decir mi ama. Pero, ¿sabes, Blurry?, me aburro tanto tiempo sola. ¿No quieres quedarte un rato conmigo?

—Puedo quedarme a dormir contigo —contestó Blurry muy resuelto, con un tono como si con ello hiciera un favor a la bella Mirwa—, pero mañana debo seguir mi camino para descubrir el mundo.

De momento, Mirwa se dio por contenta.

—Ven —dijo, y Blurry la siguió a otro cuarto, donde de nuevo no vio más que patas: patas de madera, de las grandes y de las pequeñas, pero también… había algo más: en un rincón, había una gran cesta de mimbre con un cojín dentro recubierto de seda verde.

Mirwa se subió al cojín sin más, con las patas sucias, pero a Blurry le pareció un pecado ensuciarlo todo.

—¿Podría lavarme antes un poco? —preguntó.

—¡Pues claro! —contestó Mirwa—. Te lavaré yo, como hago conmigo misma.

Blurry no conocía para nada ese método, y tanto mejor, pues de otro modo seguro que no le habría permitido a Mirwa que empezara. La gata le ordenó que se pusiera recto, y con mucha calma pasó la lengua por los pies de Blurry. Blurry se estremeció y le preguntó angustiado a Mirwa si esa era su manera de lavar.

—Así es —contestó ella—. Ya verás lo limpio que quedarás y cómo resplandecerás. A un osito de peluche resplandeciente le permiten entrar mucho más fácilmente en todas partes y así podrás descubrir el mundo mucho mejor.

Así pues, Blurry disimuló en lo posible sus estremecimientos y, como un oso valiente, ya no dijo ni pío.

El lavado de Mirwa duró una eternidad. Blurry casi empezó a impacientarse y le dolían los pies de tanto estar quieto de pie, pero por fin, ¡por fin!, de verdad que quedó resplandeciente.

Mirwa volvió a entrar en la cesta y Blurry, que ahora estaba muerto de cansancio, se echó delante de ella. Mirwa lo tapó, por así decirlo, con su propia piel, porque se acurrucó casi toda encima de él.

En menos de cinco minutos, los dos estaban dormidos.

A la mañana siguiente, Blurry se despertó con asombro y tardó un buen rato en darse cuenta de lo que tenía acurrucado encima de la espalda. Mirwa roncaba ligeramente y a Blurry le apetecía mucho un desayuno. De modo que, sin preocuparse por la comodidad de su hospitalaria protectora, se la sacudió de encima y empezó enseguida a dar órdenes:

—Por favor, Mirwa, dame mi desayuno. Tengo un hambre que no veo.

Mirwa empezó por dar un buen bostezo, se estiró hasta ser el doble de grande de lo habitual y luego le contestó:

—Nada de eso, ya no te daré nada más. Mi amita no debe notar que estás aquí, tienes que largarte cuanto antes por el jardín.

Y Mirwa saltó de la cesta, cruzó el cuarto, salió por una puerta, entró por otra y volvió a salir, esta vez por una puerta de cristal, y al cabo estaban fuera.

—¡Buen viaje, Blurry, y hasta la vista! —dijo Mirwa, y desapareció.

Solitario y ya no tan convencido en absoluto de su aptitud (ese cambio seguramente lo había provocado la noche), Blurry cruzó el jardín y salió a la calle por un hueco en el seto. ¿A dónde debía ir ahora, y cuánto faltaría para que pudiera descubrir el mundo? Blurry no lo sabía. Enfiló despacito la calle cuando de repente una gran cosa cuadrúpeda dobló una esquina corriendo a toda marcha. Emitía sonidos muy fuertes, que a Blurry le retumbaron en los oídos. Temeroso, se arrimó lo mejor que pudo al muro de una casa. El mastodonte se detuvo justo delante de él y se le acercó. Blurry se echó a llorar de miedo, pero a esa cosa grandota no le importó para nada; al contrario, se sentó y no hacía más que mirar al pobre osito con los ojos abiertos de par en par.

Blurry temblaba como una hoja, pero luego hizo acopio de valor y preguntó:

—¿Qué es lo que quieres de mí?

—Solo quiero examinarte un poco. ¡Es que nunca he visto nada de tu especie!

Blurry respiró. ¡Qué curioso! Por lo visto, también con esa cosa gigante se podía hablar. Entonces ¿por qué su amita nunca le entendía? Sin embargo, no tenía mucho tiempo para reflexionar sobre esa cuestión tan importante, pues el animalote abrió la boca y al hacerlo enseñó todos los dientes. Blurry se estremeció aún más que durante el lavado de Mirwa. ¿Qué querría hacer con él esa cosa monstruosa?

Lo descubrió mucho antes de lo que habría preferido, pues sin preguntarle, el animal le cogió por la nuca con los dientes y lo arrastró por la calle.

Blurry ya no podía llorar, porque se ahogaría, y gritar, mucho menos. Lo único que le quedaba era temblar, y eso ni siquiera le daba nuevo valor.

Pero ahora él ya no tenía que andar. Si no le doliera tanto la nuca, no estaría nada mal. Era como ir en coche, a fin de cuentas tampoco era para tanto. ¡Ay, qué modorra le entraba a uno con ese traqueteo acompasado debajo! ¿A dónde estaré yendo? ¿Dónde…? ¿Hacia dónde…? Firmemente cogido por el animal, Blurry se había adormecido.

Pero la siestecita no duró mucho rato, porque de golpe la bestia ya no supo por qué iba caminando con aquel elemento en la boca. Despreocupado, tras darle un buen mordisco en la nuca, soltó a Blurry y salió corriendo.

Allí, tirado en el suelo, estaba el osito desamparado que quería descubrir el mundo, completamente solo con su dolor. No tuvo más remedio que ponerse de pie para no ser arrollado por la gente, y frotándose los ojos miró a su alrededor.

Muchas menos piernas, muchos menos muros, mucho más sol y menos baldosas bajo las pies: ¿Sería eso entonces el mundo? No había sitio en su cabeza para los pensamientos, allí dentro no había más que golpes y martillazos. No quiso seguir andando, ¿para qué? ¿A dónde debía ir? Mirwa estaba lejos; su mamá, más lejos aún y, con ella, su amita. ¡Nada, ahora que ya estaba en camino, era preferible aguantar hasta que hubiera descubierto el mundo!

Volvió la cabeza asustado al oír ruido detrás de sí. ¿No sería de otro animal deseoso de morderle? No, era de una niñita que lo había descubierto.

—¡Mira, mamá, un osito! ¿Puedo llevármelo? —le preguntó a su madre, que la había seguido.

—No, hija, que está todo sucio. Fíjate cómo sangra.

—Eso no importa, en casa podremos lavarlo. Me lo llevo, así en adelante tendré algo con qué jugar.

Blurry no entendió nada de lo que decían, sus oídos solo entendían la lengua de los animales, pero la niña de pelo rubio parecía muy buena y por eso no se resistió cuando, envuelto en un paño, lo metieron en una bolsa. Y así, zarandeado de aquí para allá, Blurry continuó su viaje por el mundo.

Después de andar un buen rato, sacaron a Blurry de la bolsa envuelto en el paño y la niña lo cogió en brazos. ¡Qué suerte, ahora podía ver el camino desde arriba por primera vez!

¡Cuántas piedras había allí delante de él, y qué altas que eran, todas apiladas, con aberturas blancas aquí y allá! Y encima de todo, ya tocando el cielo, eso seguro que era un adorno, igual que la pluma en el sombrero de su amita. De aquello salía una columnita de humo. ¿Tendría esa pluma un cigarrillo en la boca, uno de esos pequeños como los que siempre hacía desaparecer en casa el señor, haciéndose humo? ¡Qué gracioso! Pero encima de las piedras por lo visto seguía habiendo espacio, porque allí todo era azul. Pero hete aquí que empezó a haber movimiento, algo blanco tapó lo azul y se acercó cada vez más, hasta quedar colgado completamente encima de sus cabezas. Luego se alejó flotando, y encima de la cosa alta del humo todo volvió a estar azul como antes. Y allá abajo algo tocaba la bocina y andaba muy rápido, pero ¿dónde estaban las patas o piernas sobre las que se sostenía? No tenía, solo unas cosas redondas, hinchadas. ¡Desde luego, bien valía la pena salir a descubrir el mundo! ¿De qué servía quedarse siempre en casa? ¿Para qué se nace? No para quedarse todo el rato con la mamá. Ver y vivir en carne propia: para eso quería hacerse mayor. ¡Sí, señor, Blurry sabía muy bien lo que quería!

Por fin, ¡por fin!, la niña se detuvo ante una puerta. Entraron y lo primero que se le cruzó a Blurry fue una cosa similar a lo que era Mirwa y que se llamaba gato, si no recordaba mal. El gato que había allí se restregaba contra las piernas de la niña rubia, pero ella lo apartó y se fue con Blurry en brazos hacia donde había un cacharro blanco, que en casa su amita también tenía, pero del que Blurry no sabía el nombre. El cacharro se encontraba a bastante altura del suelo y era ancho, blanco y liso. A un lado había unas cosas de metal reluciente que se podían girar, porque eso fue lo que hizo la niña rubia.

Blurry fue colocado sobre una gran plancha, dura y fría, y la niña empezó a lavarlo, sobre todo la nuca, en el lugar donde le había mordido el animalote malo. Dolía mucho, y por eso Blurry se puso a gruñir, pero a nadie le importó.

Por suerte, ese tipo de lavado no duraba tanto como el método empleado por Mirwa, pero… era más frío y uno se mojaba más.

Así pues, la niña acabó bastante pronto, lo secó, lo envolvió en un paño limpio y lo metió en una cama con ruedas, igual a la que también utilizaba para él su amita.

¿Por qué a la cama a esa hora? Blurry no estaba cansado en absoluto ni le apetecía irse a la cama. Así que tan pronto como la niña salió de la habitación, él se deslizó de la cama y, atravesando un gran número de puertas, fue a parar de nuevo a la calle.

«Ahora de verdad necesito comer algo», pensó Blurry. Se puso a husmear. Por allí cerca debía de haber algo para comer, porque ya se olía desde donde él estaba. Guiándose, pues, por el olfato, pronto se encontró delante de la puerta de donde provenía ese olor tan agradable.

Por entre las piernas enfundadas en medias de una señora, Blurry se metió en una gran tienda. Detrás de un armatoste muy alto había dos chicas que muy pronto se percataron de él. Las dos trabajaban duro todo el largo día, y les estaba viniendo algo de ayuda, así que enseguida lo cogieron y lo metieron en un cuarto bastante oscuro, en el que hacía muchísimo calor. Pero eso no era tan terrible, lo principal era que allí se podía comer todo lo que uno quisiera. En el suelo y en unos asientos bajitos, por todas partes a su alrededor, había hileras de bollos y pastelillos, tantos y tan bonitos como Blurry no había visto jamás. Pero ¿qué había visto hasta ahora en realidad? ¡Pues aún no mucho!

Atacó ávidamente los dulces y comió tanto que casi le dan náuseas. Luego miró más detenidamente a su alrededor. Había realmente mucho para ver, parecía Jauja: panes, bollos, pasteles y galletas por todas partes y al alcance de la mano. También había mucho movimiento, Blurry veía muchas piernas blancas, muy distintas que en la calle.

Mucho tiempo para soñar no le quedó. Las chicas, que lo habían estado observando desde una distancia, le encajaron una gran escoba y le enseñaron cómo debía manejarla. Barrer el suelo: ¡qué fácil! Blurry sabía perfectamente cómo se hacía, ya su mamá lo había hecho alguna vez en su presencia.

Muy valiente, se puso manos a la obra. Pero al final no resultó tan fácil. ¡Qué pesada era la escoba y cuántas cosquillas le hacía el polvo en la nariz! ¡Hasta le hizo estornudar! Y hacía mucho calor, el trabajo inusual a altas temperaturas le producía cada vez más sofoco, pero cuando descansaba un momento cada tanto, siempre aparecía alguien que le obligaba a seguir trabajando y encima le daba un coscorrón.

«¡Ojalá no me hubiese precipitado aquí dentro! —pensó Blurry en silencio—. Me habría ahorrado el tener que hacer este trabajo tan odioso». Pero ahora ya nada servía. Tenía que barrer, y así lo hizo.

Después de haber barrido un buen rato, tanto que la suciedad se había amontonado formando una gran montaña, una de las chicas volvió a cogerlo de la mano y lo condujo a un rincón donde había unas virutas duras y amarillas sueltas. Lo acostó allí encima y Blurry comprendió que le dejaban dormir.

Muy a gusto, como si aquello fuera la camita más cómoda, Blurry se tumbó y durmió, durmió hasta la mañana siguiente.

A las siete le obligaron a levantarse, le dejaron comer todos los dulces que quisiera y le pusieron otra vez a trabajar. ¡Pobre Blurry, ni siquiera había podido descansar lo suficiente del largo y agotador día anterior! No estaba acostumbrado a trabajar y sobre todo el calor le molestaba un montón. Le dolían la cabecita y las extremidades, y tuvo la sensación de que todo él se hinchaba.

Empezó a añorar por primera vez su casa, su madre, la amita, su cómoda cama y la vida regalada que llevaba, pero… ¿cómo hacer para volver allí? Escapar era imposible, pues lo vigilaban continuamente y, además, la única puerta que se abría daba al cuarto donde estaban las dos chicas. Ellas acabarían interceptándolo en caso de que llegara tan lejos.

Pues nada, no le quedaba más remedio que esperar.

Sus pensamientos eran confusos, se sentía débil y mal. Todo a su alrededor comenzó a girar, él se sentó en el suelo, nadie le reprendió. Cuando se le pasó, se puso otra vez a trabajar.

A todo se acostumbra uno, incluso al trabajo que tenía que hacer Blurry. Después de barrer de sol a sol con la escoba durante una semana, su nueva vida le parecía de lo más normal.

Los ositos olvidan pronto, y mejor que fuera así. No obstante, a su madre y su antigua casa aún no las había olvidado, solo que parecían tan enormemente lejanas, tan inaccesibles…

Una tarde, las dos chicas que tenían capturado al osito leyeron el siguiente anuncio en el periódico: «Se gratificará devolución de un osito pardo que atiende por Blurry».

—¿Será nuestro osito? —se preguntaron la una a la otra—. De todos modos no trabaja duro, y es que tampoco se puede esperar de un animalito tan pequeño. Si nos dan una recompensa por devolverlo, probablemente salgamos ganando.

Corrieron hacia atrás, a la panadería, y llamaron bien alto:

—¡Blurry!

Interrumpiendo el trabajo, Blurry levantó la cabeza. ¿Alguien lo había llamado por su nombre? El escobón cayó al suelo, sus orejitas se irguieron. Las chicas se acercaron y volvieron a llamarle.

—¡Blurry!

Blurry fue corriendo hacia donde estaban.

—Sí, se llama Blurry, es fácil darse cuenta —le dijo una chica a la otra—. Vayamos a devolverlo esta misma noche.

La otra chica estuvo de acuerdo. Y esa misma noche, Blurry fue entregado a su amita en su casa, y las chicas recibieron su recompensa.

La amita le dio una buena paliza por su desobediencia, y luego un beso por estar de vuelta. Su madre se limitó a decirle:

—Blurry, ¿por qué te marchaste?

—Quería descubrir el mundo —contestó Blurry.

—¿Y lo has descubierto?

—Oh, pues he visto mucho, muchísimo. Y ahora soy un oso muy experimentado.

—Sí, ya lo sé, pero te he preguntado si has descubierto el mundo.

—Pues… ejem… en realidad no… ¡Es que no he podido encontrarlo!

Inhoudsopgave.

De fee, die ik bedoel was geen gewone fee,
zoals er zovele te vinden zijn in sprookjesland.
Onnee, mijn fee was een heel byzondere fee,
byzonder in haar uiterlijk en byzonder in
haar manier van doen! Waarom zal nu
iedereen vragen was die fee dan zo byzonder?
Wel omdat zij niet hier wat hielp en daar
wat pret maakte, maar omdat zij het zich
tot taak had gesteld, wereld en mensen te
heb lijden.
Die byzondere fee heette Ellen. Haar ouders
waren gestorven toen zij nog maar heel
klein was, maar hadden haar veel geld na-
gelaten. Ellen kon dus al als klein meisje
alles doen wat zij verkoos en alles kopen wat
zij graag wilde hebben. Andere kinderen,
feetjes of elfjes zouden daardoor verwend
geworden zijn, maar daar Ellen altijd
al zo byzonder was, werd zij helemaal
niet verwend!
Toen zij ouder werd had zij nog steeds
veel geld, en dat diende nergens anders
toe dan om mooie kleren te kopen en
lekker te eten.

Otras historias

Introducción

Los cuentos «El hada», «Riek», «Joke», «¿Por qué?» y «¿Quién es interesante?» no están incluidos en el libro de cuentos de Anne Frank («Historias y episodios de la Casa de atrás», véase la página 253), sino que fueron escritos en hojas sueltas de papel carbón. Es posible que Anne proyectara reelaborarlos. Por ejemplo, de «El hada» existen dos manuscritos: uno que contiene el comienzo del relato y otro con una versión completa, incluido el comienzo idéntico.

En contra de su costumbre de titular todos sus relatos, Anne Frank no les puso título a dos de ellos: «Riek» y «Joke». Los títulos se han añadido aquí.

De estos cinco relatos, solo «El hada» está fechado por Anne.

Los primeros cuatro cuentos se publicaron en 1960 en el volumen *Verhalen rondom het Achterhuis* («Historias en torno a la Casa de atrás»). «¿Quién es interesante?» siguió en 1982, cuando Joke Kniesmeyer lo incluyó en su edición completa de las historias y episodios de la Casa de atrás (*Verhaaltjes, en gebeurtenissen uit het Achterhuis*). En 2001, Gerrold van der Stroom presentó una nueva edición completa, basada por primera vez en los distintos manuscritos de Anne: *Verhaaltjes, en gebeurtenissen uit het Achterhuis / Cady's leven* («Pequeñas historias y episodios de la Casa de atrás / La vida de Cady»; Ámsterdam, 3.ª edición, 2005). Los textos de los relatos aquí recogidos se basan en esa edición; de ella también procede la remisión contenida en las obras completas.

El hada*

Viernes, 12 de mayo de 1944

El hada a la que me refiero no era un hada normal, como se encuentran tantas en el país de los cuentos. ¡Nada de eso! Mi hada era un hada muy especial: especial en su aspecto y especial en su manera de actuar. ¿Y por qué —se preguntará ahora todo el mundo— era tan especial esa hada?

Pues porque no ayudaba un poco por aquí y se divertía un poco por allá, sino porque se había impuesto la tarea de alegrar al mundo y a las personas.

Esa hada tan especial se llamaba Ellen. Sus padres habían muerto cuando ella era aún muy pequeña, pero le habían dejado mucho dinero. Así pues, ya desde niña Ellen pudo hacer todo lo que le apetecía y comprar todo lo que quería. Otros niños, hadas o duendes se habrían vuelto consentidos, pero como Ellen siempre había sido tan especial, no se volvió consentida en absoluto.

Cuando se hizo mayor, seguía teniendo mucho dinero, que no usaba más que para comprar ropa bonita y comer cosas ricas.

Una mañana, Ellen se despertó y, mientras seguía acostada en su cama blandita, empezó a reflexionar sobre qué hacer con todo ese dinero. «Para mí sola no puedo usarlo, y tampoco podré llevármelo a la tumba, así que ¿por qué no habría de alegrar con él a otras personas?». Era un buen plan y Ellen quiso empezar enseguida con su ejecución. Se levantó, se vistió, cogió una cestita de mimbre, metió en ella algo de lo que guardaba en sus bolsas de dinero y salió de casa.

«¿Por dónde empezar? —se preguntó—. A ver… ¡ya lo tengo! La viuda del leñador seguro que se alegrará si le hago una visita. Su marido murió hace poco y la pobre mujer debe de tenerlo muy difícil».

Cantando, Ellen anduvo por la hierba y llamó a la puerta de la cabaña del leñador.

---

* El 9 de mayo de 1944, Anne escribió en su diario: «He terminado el cuento del hada Ellen. Lo he pasado a limpio en un bonito papel de cartas, adornado con tinta roja, y lo he cosido» (probablemente para regalárselo a su padre por su cumpleaños, el 12 de mayo).

—¡Adelante! —sonó una voz desde dentro.

Ellen abrió despacito la puerta y asomó la cabeza. En un apartado rincón oscuro del cuarto había una viejecita sentada en un sillón desvencijado haciendo punto.

Se quedó muy sorprendida cuando Ellen entró y depositó un puñado de dinero sobre la mesa. Como todas las demás personas, la mujercita sabía que siempre había que aceptar las dádivas de las hadas y de los duendes sin negarse. Por eso, dijo amablemente:

—Muy gentil de tu parte, pequeña. No hay muchas personas que den algo por nada, pero por suerte los que vivís en el país de los cuentos sois una excepción.

Ellen la miró con sorpresa.

—¿A qué se refiere? —preguntó.

—Pues que no hay mucha gente que dé sin pedir nada a cambio.

—¿Ah, no? ¿Y por qué habría de pedirle algo a cambio? Estoy realmente contenta de que ahora mi cestita pese un poco menos.

—Pues entonces, ¡muchísimas gracias!

Ellen dio los buenos días y siguió su camino. A los diez minutos llegó a la siguiente cabaña. Si bien no conocía a sus dueños, también llamó a la puerta. Nada más abrirla, Ellen se dio cuenta de que allí no hacía falta dinero. Las personas que allí vivían no eran pobres en lo material, aunque sí en cuanto a felicidad.

La mujer la recibió también amablemente, pero no estaba muy animada. Sus ojos no tenían brillo y tenía un aspecto triste.

Ellen decidió quedarse un rato. «Tal vez pueda ayudar a esta mujer de algún otro modo», pensó y en efecto, cuando la pequeña hada buena se acomodó sobre un cojín, la mujer empezó por sí sola a contarle sus penas. Le habló de su mal marido, de sus hijos revoltosos, de todo lo que la decepcionaba y Ellen la escuchaba, preguntando algo de vez en cuando e interesándose mucho por todo ese sufrimiento. Cuando la mujer por fin terminó de hablar, las dos se quedaron un ratito en silencio, pero luego empezó a hablar Ellen:

—Buena mujer —dijo—, nunca he sufrido como has sufrido tú ni tengo experiencia con esta clase de cosas, y menos aún sé cómo podría ayudarte, pero aun así te daré un consejo, que yo misma también siempre sigo cuando me siento tan sola y tan triste como tú. Una mañana tranquila y bonita, atraviesa el gran bosque, ya sabes, aquel en cuya linde comienza un extenso brezal. Pues nada, cuando hayas caminado un trecho por el brezal, siéntate en el suelo y no hagas nada. Solo mira al cielo y los árboles. Eso te tranquilizará completamente y de golpe ya no habrá nada que te sea tan insuperablemente desagradable que no pueda resolverse.

—¡Que no, hadita! Ese remedio resultará tan ineficaz como todas las otras pócimas que ya he probado.

—Inténtalo —insistió Ellen—. Estoy segurísima de que, a solas con la naturaleza, se te quitarán todas las penas. Te pondrás seria y alegre y sentirás que Dios aún no te ha abandonado, como hacía mucho que creías.

—Si con ello puedo complacerte, lo intentaré —respondió la mujer.

—Está bien. Ahora me iré y volveré la semana que viene, a la misma hora.

Ellen entró en casi todas las casas, alegrando a la gente, y al final del largo día tenía la cesta vacía, pero lleno el corazón, porque sentía que realmente había empleado bien su dinero y sus dádivas, mucho mejor que comprando ropa cara.

A partir de ese día, Ellen salía a menudo con la cestita al brazo, su vestido de flores amarillas, su pelo atado con un gran lazo, y así iba a las casas de la gente y a todos alegraba.

También esa mujer que tenía bastante dinero, aunque también bastantes penas, estaba mucho más alegre. Ellen lo sabía muy bien: ¡su remedio nunca fallaba!

Con tantas visitas, Ellen hizo muchos amigos y amigas; no duendes ni hadas, sino humanos corrientes. Estos le contaban sus vidas, y así Ellen acumuló muchísima experiencia y pronto supo dar la respuesta indicada para cada queja.

Sin embargo, por lo que respecta a su dinero había calculado mal, pues al cabo de un año todo el sobrante se había acabado y solo le quedaba lo justo para vivir.

Quienes ahora crean que Ellen estaba triste, o que dejó de dar, se equivocan. Ellen siguió dando, solo que ya no dinero, sino buenos consejos y palabras cariñosas.

¡Ah!, y además Ellen había aprendido que aunque uno sea el único que queda de una gran familia, aún puede embellecer su vida, y que por más pobre que uno sea, se puede seguir compartiendo con otros las riquezas interiores.

Cuando Ellen, siendo ya un hada muy mayor, falleció, todos la lloraron como nunca antes se había llorado en el mundo. Sin embargo, el espíritu de Ellen aún no había muerto, porque cuando la gente dormía, ella regresaba y les hacía soñar sueños bonitos, para que mientras durmieran todavía recibieran los consejos de esa Ellen tan especial.

Riek

Eran las cuatro y cuarto cuando iba paseando por una calle relativamente tranquila y decidí entrar en la pastelería más cercana, cuando de una bocacalle, cogidas bien firmes del brazo, salieron dos adolescentes parloteando animadamente, que enfilaron en la misma dirección.

A su tiempo resulta interesante y estimulante para todo el mundo prestar atención a las charlas de dos adolescentes, no solo porque se ríen por menos de nada, sino porque su risa es tan contagiosa que todo el que ande cerca acaba riendo involuntariamente con ellas.

Así me fue también a mí. Mientras caminaba detrás de las dos amigas, fui escuchando su conversación, que esta vez iba sobre la adquisición de un dulce de diez céntimos. Deliberaban intensamente sobre qué podían comprar por ese dinero, y se les hacía la boca agua ya de antemano, pues se recomendaban la una a la otra las más ricas golosinas. Cuando llegaron a la pastelería, siguieron hablando de su elección frente al escaparate, y dado que yo también contemplaba las delicias detrás de ellas, ya sabía qué habían escogido antes de que entraran en la tienda.

Dentro no había mucha gente, y a las dos niñas enseguida les tocó la vez. Su elección había recaído en dos grandes pastelillos, con los que salieron a la calle sin haberlos probado todavía de milagro. Menos de medio minuto después que a ellas me habían atendido también a mí, y volví a verlas andando delante de mí, hablando en voz alta.

En la esquina siguiente había otra pastelería, delante de cuyo escaparate una pequeñaja no quitaba los ojos de todas las cosas ricas expuestas al otro lado del cristal.

Las dos felices propietarias de los pastelillos hicieron un alto junto a la pequeña para examinar también ellas lo expuesto, y pronto trabaron conversación con la pobre criatura. Como llegué a la esquina cuando llevaban ya bastante tiempo hablando, solo capté el resto de la conversación.

—¿Tienes hambre, hijita? —preguntó una de las adolescentes—. ¿Te apetecería comerte un pastelillo?

La niña dijo que sí moviendo la cabeza.

—Déjate de tonterías, Riek —dijo la otra—. Haz como yo y métete rápido ese pastel en la boca. Si lo tiene ella, tú te quedarás sin probarlo.

Riek no contestó, sino que se quedó mirando indecisa a la niña y el pastel. Luego, presurosa, se lo entregó y le dijo amablemente:

—Anda, cógelo. Total, a mí esta noche me vuelven a dar de comer.

Y en un periquete, antes de que la pequeña delante del escaparate pudiera dar las gracias, las dos amigas se esfumaron. Yo también seguí andando y, al pasar junto a la niña, que saboreaba su pastelillo, esta me dijo:

—¿Quiere probar, señorita? Me lo han regalado.

Le agradecí y seguí caminando con una sonrisa. ¿A quién os parece que le habrá dado más gusto: a Riek, a su amiga o a la niña pobre?

¡Yo ciertamente creo que a Riek!

Joke

Joke está asomada a la ventana abierta de su cuartito y respira el aire puro y fresco. Tiene calor y a su cara llena de lágrimas le sienta bien recibir un poco de aire.

Sus ojos se elevan más y más, hasta que al final se quedan mirando las estrellas y la luna.

«¡Ay, no puedo más! —piensa Joke—, incluso me cuesta estar triste. Paul me ha abandonado, ahora estoy sola, quién sabe si para siempre, pero no puedo más, ya no puedo hacer nada, lo único que sé es que estoy desesperada».

Y mientras Joke mira y mira la naturaleza, que esta noche se le manifiesta con toda su hermosura, se tranquiliza. Mientras una ráfaga de viento tras otra sacude los árboles delante de la casa, mientras el cielo está oscuro y las estrellas se esconden tras grandes y espesas nubes que a la luz nebulosa parecen pelotones de papel secante que adquieren toda clase de formas, de golpe Joke siente que no está desesperada en absoluto, que todavía puede hacer algo y que su propia felicidad, eso que ella siente, nadie se la podrá arrebatar.

—Nadie podrá hacerlo —murmura, sin ser consciente de ello—. Ni siquiera Paul.

Después de pasar una hora asomada a la ventana, Joke está curada. Sigue estando triste, pero ya no desesperada. Y todo el que eche una mirada lo suficientemente larga y profunda a la naturaleza y, al mismo tiempo, a sí mismo, se sanará de toda desesperación él solo, igual que Joke.

¿Por qué?

La expresión «¿por qué?» en realidad vive y crece conmigo desde que era muy pequeña y ni siquiera sabía hablar bien.

Es sabido que los niños pequeños hacen preguntas sobre todas las cosas dado que casi todo les es aún desconocido. En mi caso siempre fue muy manifiesto, y no solamente eso, sino que al hacerme mayor tampoco dejé nunca de informarme acerca de todas las cosas. En sí mismo, eso no fue tan terrible, y también he de decir que mis padres siempre contestaron con mucha paciencia a mis preguntas, hasta que… tampoco dejaba en paz a los extraños, y por lo general a la otra gente le fastidian las «preguntas inoportunas» infantiles.

Debo admitir que alguna vez puede resultar molesto, pero me consolaba con la idea de que preguntando se aprende, un dicho que tampoco es del todo cierto, porque si fuera así, hace mucho que debería ser catedrática.

A medida que fui creciendo, me di cuenta de que no se le puede hacer cualquier pregunta a todo el mundo, ni mucho menos, y de que hay muchísimos «¿por qué?» que no tienen respuesta.

La consecuencia de ello fue que traté de ayudarme a mí misma reflexionando sobre mis propias preguntas. Y llegué al importante descubrimiento de que las preguntas que no se pueden o deben hacer en público, o las preguntas que no se pueden explicar bien con palabras, pueden resolverse perfectamente por dentro. De modo que en realidad la expresión «¿por qué?» no solo me había enseñado a preguntar, sino también a pensar.

Y ahora la segunda parte de la expresión «¿por qué?». Si todo el mundo, en todos sus actos, se preguntara primero «¿por qué?», creo que todos serían muchísimo mejores y muchísimo más honestos. Porque lo mejor para ser bueno y honesto es nunca omitir examinarse a sí mismo.

Lo más cobarde que puedo imaginarme en una persona es que no admita sus errores y defectos (que cada uno tiene) ni siquiera a sí misma. Esto vale tanto para los niños como para los adultos. Porque es este caso da exactamente lo mismo. La mayoría de la gente pensará que los padres tienen que educar a sus hijos y deben tratar de formar su carácter de la mejor manera posible, pero no es verdad en absoluto.

Desde pequeños, los niños tiene que educarse a sí mismos y tratar de adquirir carácter por su cuenta. A muchos les parecerá muy extraño, pero sin embargo no lo es. Un niño, por pequeño que sea, es ya una personita que tiene una conciencia propia. Tratando al niño de tal manera que se dé cuenta de que su propia conciencia es la que le castiga con mayor dureza, se le educa.

Cuando los adolescentes tienen catorce o quince años, cualquier castigo es ridículo, pues ellos saben perfectamente que nadie, tampoco los propios padres, pueden abordarles o hacerles daño con castigos.

Solo hablando e involucrándose uno mismo se notará mucho más rápido una mejoría que aplicando los más duros castigos.

Pero no quería enumerar aquí consejos pedagógicos, solo quería decir que en cada niño y en cada persona la expresión «¿por qué?» desempeña y debe desempeñar un papel destacado.

Entonces, el «preguntando se aprende» sí es cierto en la medida en que lleva a pensar, y pensar nunca nos hace peores, al contrario: solo puede hacernos mejores.

¿Quién es interesante?

La semana pasada viajaba yo en tren. Iba a visitar a mi tía en Bussum y tenía intención de divertirme todavía un poco en el tren, ya que aguantar una semana la compañía de la tía Josephine no es divertido en absoluto.

Estaba, pues, sentada en el tren con ese plan, pero no tuve suerte, porque a primera vista la compañía no parecía muy interesante ni divertida. Una viejecita diminuta que se había instalado frente a mí se preocupaba por mí, pero no era para nada divertida. El señor muy distinguido sentado a su lado, al que resultaba imposible despegar de su periódico, tampoco. Por último, la campesina del otro lado no parecía ávida de conversar, y sin embargo yo me había propuesto divertirme, y eso haría.

En último caso, tendría que molestar a otra persona, pero la culpa la cargaría sobre el alargado y flaco cuello de mi tía Josephine.

Cuando ya llevaba un cuarto de hora sola con mi plan y ciertamente no parecía estar divirtiéndome más que mis compañeros de compartimiento, el tren paró ya en la primera estación y para mi gran alegría se subió un señor de unos treinta años que, si bien no divertido, sí tenía aspecto de interesante.

En general, entre las mujeres impera la opinión de que los hombres de caras jóvenes y canas en las sienes son interesantes, y yo nunca había dudado de la verdad de ese razonamiento. Ahora pondría, pues, a prueba a uno de esos hombres interesantes, o en cualquier caso no lo dejaría ser interesante en vano.

La gran pregunta que se planteaba era: ¿cómo hacer para extraerle la interesantez al interesante? Seguro que ya había transcurrido otro cuarto de hora cuando de repente se me ocurrió un recurso muy sencillo y utilizado ya, por cierto, multitud de veces, a saber: dejé caer sencillamente mi pañuelo y la verdad es que el resultado fue magnífico.

El interesante caballero no solo recogió muy galante (como corresponde, ¿verdad?) del sucio suelo mi pañuelito, sino que, además, enseguida aprovechó por propia iniciativa la oportunidad de iniciar una conversación.

—Muy bien, señorita —empezó diciendo muy desenvuelto, naturalmente en voz baja, pues no hacía falta que los otros compañeros de viaje lo oyesen todo—, aquí tiene esto que es suyo, pero a cambio de su pañuelo me gustaría saber su nombre.

A decir verdad, el hombre me pareció bastante descarado, pero como quería divertirme como fuera, le respondí en el mismo tono, diciendo:

—Pero, claro, caballero. Soy la señorita Van Bergen.

Él me lanzó una mirada llena de reproche y me preguntó algo halagador:

—¡Ah, mi estimada señorita! Lo que quisiera es saber su nombre de pila.

—Pues Hetty —respondí.

—Ajá, Hetty —retomó mi vecino, y pasamos a hablar del tiempo y otras trivialidades, pero de verdad no pude hacer que la conversación fuera interesante, y en realidad esperaba que lo hiciera el hombre que pasaba por ser interesante ante el mundo.

En la próxima estación el señor ya se bajó y me sentí más que decepcionada.

Sin embargo, de pronto la viejecita salió de su rinconcito y empezó a hablarme. Me contó cosas tan divertidas e interesantes que el tiempo pasó volando y antes de darme cuenta había llegado al final de mi destino.

Di las gracias a la mujercita interesante y ahora sé que la fama de los hombres interesantes reside únicamente en su aspecto.

Quien quiera divertirse durante un viaje o en otro sitio, que haga como yo y vea si encuentra a alguna persona vieja o fea. Ella le ofrecerá en mucha mayor medida la distracción deseada que los señores con caras que poco menos que irradian vanidad.

Sinds hun gesprek over God voelden Hans
en Cady alle twee dat ze een vriend-
schap gesloten hadden, die veel dieper ging
dan ieder buitenstaander zou denken.
Cady was er intussen zo aan gewend ge-
raakt alles wat er rondom haar gebeurde,
op te schrijven in haar dagboek, dat ze
ook langzamerhand haar gevoelens en
gedachten daar, behalve bij Hans, het
beste kon beschrijven.
Zo schreef ze eens:
„Ondanks dat ik nu een vriend heb, die echt
is, ben ik toch niet altijd vrolijken bij.
Zouden stemmingen bij alle mensen zo
wisselen? Maar, als ik altijd vrolijk was zou
ik misschien niet genoeg na kunnen
denken over allemogelijke dingen, die heus
wel de moeite van het overdenken waard
zijn.
Ons gesprek over God zit me nog altijd
in mijn hoofd en het gebeurt me vaak
dat ik plotseling onder het lezen, in bed
of in het bos denk: „Hoezo spreekt God
dan door mezelf?" Dan volgt er een hele
gedachtenwisseling in mijn eentje.
Ik geloof dat God, door mezelf spreekt.

La vida de Cady

Introducción

La novela en ciernes «La vida de Cady» figura en el segundo cuaderno que conforma el diario de Anne Frank (versión A). Anne se dedicó a escribirla en la primera mitad de 1944, mencionando el proyecto en varias entradas del diario. El 17 de febrero de 1944 apuntó que le había hecho leer unos párrafos a Peter: «Le dije que solamente quería demostrarle que no solo escribía cosas divertidas». El 5 de abril de 1944, Anne se lamentaba de que, aunque mucho en «La vida de Cady» estaba bien, «en su conjunto no vale nada». Y ese mismo día se quejaba: «Hace mucho que he abandonado "La vida de Cady"; en mi mente sé perfectamente cómo la historia ha de continuar, pero me cuesta escribirlo. Tal vez nunca la acabe; tal vez vaya a parar a la papelera o a la estufa». El primer temor de Anne se hizo realidad; el segundo, no. Por último, el 11 de mayo de 1944, Anne todavía le expuso a Kitty, su amiga epistolar, cómo se imaginaba la continuación de su novela, confiándole que «no son meras sensiblerías, porque en el relato está entrelazada en parte la historia de papá». En unas hojas sueltas se encontraron otros tres fragmentos de la novela, que aquí se presentan al final de la primera parte (la más extensa).

«La vida de Cady» formó parte en 1960 de las «Historias en torno a la Casa de atrás»; en 1982, Joke Kniesmeyer incluyó el texto en su edición de los cuentos de Anne, y Gerrold van der Stroom la publicó en 2001 como parte integrante de su libro *Verhaaltjes, en gebeurtenissen uit het Achterhuis / Cady's leven* («Pequeñas historias y episodios de la Casa de atrás / La vida de Cady»; Ámsterdam, 3.ª edición, 2005). Se trata en este último caso de una edición académica basada en los manuscritos de Anne, en la que se recogen por primera vez los tres fragmentos completos. Esa publicación, normativa para cualquier investigación en torno a la novelista Anne Frank, constituye la base de la presente edición de la novela en ciernes de Anne; de ella también procede la remisión contenida en las obras completas.

Tengo muchas ideas, y estoy intentando reunirlas en un todo. Para tener una visión de conjunto, y porque si no ya no tendré más papel rayado, las escribiré aquí al final [de uno de los diarios].

Primera parte: Capítulo I

Cuando Cady abrió los ojos, lo primero que vio fue que a su alrededor todo era blanco. Lo último que recordaba claramente era que alguien la llamó… un coche, luego se cayó… y al final todo estaba oscuro. Ahora también sentía un dolor punzante en la pierna derecha y en el brazo izquierdo y, sin darse cuenta, soltó un suave gemido. Enseguida se inclinó sobre ella un rostro amable que la miraba desde debajo de una cofia blanca.

—¿Duele mucho, pequeña? ¿Recuerdas algo de lo que te ha ocurrido? —preguntó la enfermera.

—No es nada…

La enfermera sonrió. Luego Cady, hablando con dificultad, prosiguió:

—Sí… un coche, me caí… ¡y luego nada!

—Entonces solo dime un momento cómo te llamas, así podrán pasar a verte tus padres y dejar de preocuparse.

Cady se asustó visiblemente.

—Pero… pero, pero es que…

Más no pudo decir.

—No te asustes. No hace mucho que tus padres te están esperando. No llevas más que una buena hora con nosotros.

Cady, aunque con dificultad, esbozó una leve sonrisa.

—Me llamo Caroline Dorothea van Altenhoven, pero me dicen simplemente Cady, y vivo en Zuider Amstellaan, 261.

—¿Echas mucho de menos a tus padres?

Cady asintió por sola respuesta. Estaba muy cansada y todo le dolía. Otro suspiro y se durmió.

La enfermera Ank, que montaba guardia junto a la cama en el blanco cuartito, miró con inquietud la pálida carita apoyada con serenidad sobre la almohada, como si nada ocurriera. ¡Pero sí que estaba ocurriendo algo! Por lo que le había contado el doctor, la niña había sido atropellada por un coche que justo doblaba una esquina cuando iba a cruzar la calle. Se había caído, pero por suerte el coche tenía buenos frenos y no le pasó totalmente por encima. Según pensaba el médico, tenía una doble fractura de pierna, el brazo izquierdo contusionado y algo en el pie izquierdo que no estaba en orden. ¿Sería capaz esta dulce niña de volver a andar alguna vez? La enfermera Ank lo dudaba mucho: el médico había tenido una expresión muy grave en la cara. Por suerte, la niña aún no sospechaba nada de todo esto y en lo posible no le informarían la verdad. Cady gemía en sueños y la enfermera Ank se sobresaltó de sus cavilaciones. Como fuera, ella no podía ayudar a la niña, de modo que se levantó enseguida, apretó un botón y le entregó a la enfermera que acudió un papelillo con las señas de los Van Altenhoven.

—Busca rápido en el listín el número de esta gente y comunícales en términos cautelosos el estado de su hija. Pídeles que vengan lo antes posible. Si no llegas a encontrar el número de teléfono, escribe una nota y envía un recadero.

La puerta se volvió a cerrar sin hacer ruido. Soltando un suspiro, la enfermera Ank cogió su labor de la mesita que tenía a su lado. Sus pensamientos de esa tarde eran muy sombríos. ¿Por qué sería que se preocupaba tanto por la suerte de esa niña? ¿Acaso no había visto ya a mucha gente quedarse tullida de por vida por algo similar? ¿Acaso no había aprendido hace mucho tiempo ya a desactivar sus sentimientos? Pero no resultaba, una y otra vez sus pensamientos giraban en torno al mismo tema.

Llamaron suavemente a la puerta. Una enfermera hizo pasar a una señora de mediana estatura, seguida de un señor particularmente alto y apuesto. La enfermera Ank se puso de pie: esos debían de ser los padres de Cady. La señora Van Altenhoven estaba muy pálida y miraba a su hija con ojos angustiados. Esta no se daba cuenta de nada, pues seguía plácidamente dormida.

—¡Enfermera, por favor cuénteme lo que ha pasado! Estuvimos esperándola un rato largo, pero que sufriera un accidente… ¡no, eso no!

—Tranquilícese, señora, que su hija ya ha recobrado el conocimiento.

La enfermera Ank les contó todo lo que sabía del caso, y mientras le restaba gran parte de su gravedad, ella misma también se sintió más ligera y más alegre. ¡Quién sabe si el estado de la niña de verdad mejoraría!

Mientras los adultos hablaban, Cady había despertado y al ver a sus padres allí en la habitación, de golpe se sintió mucho peor que cuando estaba a solas con la enfermera. La asaltaron los pensamientos, de todas partes la invadían imágenes terroríficas, se veía convertida en una coja para siempre… con un solo brazo y otros muchos fantasmas.

Entretanto, la señora Van Altenhoven había notado que su hija estaba despierta y se acercó a la cama.

—¿Te duele mucho? ¿Cómo te encuentras? ¿Quieres que me quede contigo? ¿Necesitas algo?

A Cady le resultaba imposible contestar a todas esas preguntas. Se limitaba a asentir con la cabeza y ansiaba que llegara el momento en que todo ese alboroto quedara atrás.

—¡Papá! —fue lo único que le salió.

El señor Van Altenhoven se sentó en el borde de la gran cama de hierro y, sin decir palabra ni preguntar nada, cogió la mano sana de su hijita con la suya.

—Gracias, muchas gracias…

Cady no dijo más. Había vuelto a dormirse.

Capítulo II

Había transcurrido una semana desde que ocurrió el accidente. Todas las mañanas y todas las tardes, la señora Van Altenhoven iba a ver a su hija, pero no la dejaban quedarse mucho porque con su charla nerviosa y continua cansaba mucho a Cady y la enfermera que siempre la cuidaba se daba cuenta perfectamente de que Cady esperaba mucho más a su padre que a su madre.

A la enfermera no le pesaba en absoluto tener que cuidar de la enfermita que le habían confiado. Si bien a menudo Cady debía de tener mucho dolor, sobre todo en los tratamientos del médico, nunca se quejaba ni estaba descontenta.

Lo que más quería era soñar despierta en la cama mientras la enfermera Ank estaba sentada a su lado con un libro o su labor. Al cabo de los primeros días, Cady ya no se pasaba el día durmiendo, sino que le gustaba conversar un poco, y con nadie podía hacerlo mejor que con la enfermera Ank. Era una persona tranquila que hablaba siempre en voz baja. Su ternura era lo que más atraía a Cady. Y al mismo tiempo se daba cuenta de que esa bondad y cariño maternal eran algo que siempre había echado en falta.

Pronto se generó una confianza entre la enfermera y Cady, y esta empezó a hacer preguntas sobre toda clase de temas.

Cuando habían pasado los primeros quince días y Cady ya le había contado muchas cosas, una mañana, empleando palabras cautelosas, la enfermera Ank le preguntó por su madre. Cady ya se esperaba esa pregunta y le agradó poder revelar a alguien sus sentimientos.

—¿Por qué me lo pregunta? ¿Acaso le ha llamado la atención que no fui muy amable con mi madre?

—No, no es eso. Pero me da la sensación de que tienes una actitud distinta y más reservada con tu madre que con tu padre.

—En eso ha acertado. No puedo sentir una auténtica calidez hacia mi madre, y eso ya me ha deparado mucha tristeza. ¡Mi madre es tan distinta de mí! Eso en sí no sería tan terrible, pero es que tiene una actitud tan poco comprensiva ante cosas que yo considero importantes y que me tocan el corazón. ¿No podría usted ayudarme, enfermera Ank, y decirme cómo mejorar mi actitud frente a mi madre, para que no sienta que no puedo quererla como a papá? Porque sé que ella a mí, su única hija, me quiere mucho.

—Tu madre tiene buenas intenciones, solo que creo que no encuentra el tono adecuado. ¿Tal vez ella, a su manera, sea un poco tímida?

—Oh, no, no es eso. Mamá cree que su actitud como madre es impecable. Se quedaría muy asombrada si alguien le dijera que emplea un tono equivocado conmigo. Ella piensa sin la menor duda que la culpa es solamente mía. Enfermera Ank, usted es realmente la madre que yo quisiera tener. ¡Ansío tanto tener una madre de verdad! Y ese lugar, la que es mi madre nunca podrá ocuparlo.

»Nadie en este mundo está completamente a gusto, aunque la mayoría de la gente piensa de mí que no me falta nada. Tengo un hogar agradable, la relación entre papá y mamá es buena y me dan todo lo que pueda desear, y sin embargo: ¿no ocupa una verdadera madre comprensiva un lugar muy importante en la vida de una chica? ¿O acaso no solo en la vida de una chica? ¡Qué sé yo de lo que piensan y sienten los chicos! Nunca he conocido más o menos de cerca a ningún chico. Seguramente tendrán la misma necesidad de una madre comprensiva, aunque a lo mejor de una manera distinta.

»Ahora ya sé lo que le falta a mi madre: no tiene tacto. Habla de los temas más delicados de manera tan desagradable, no entiende nada de lo que me pasa por la cabeza y aun así siempre dice que se interesa mucho por los jóvenes. No tiene idea de lo que son la paciencia y la ternura. Es una mujer, ¡pero no una madre de verdad!

—¿No estás mirando con demasiada dureza a tu madre, Cady? Puede que sea distinta, pero también puede que haya sufrido mucho y que ahora evite los asuntos delicados.

—No lo sé. ¿Qué sabe una chica como yo de la vida de sus padres? ¿O de la vida de su madre? ¿Se la cuentan? Precisamente porque no entiendo a mi madre, ni ella a mí, nunca ha habido confianza entre nosotras.

—¿Y tu padre, Cady?

—Papá sabe que mamá y yo no congeniamos. Nos entiende tanto a ella como a mí. Es un tesoro, e intenta compensarme mucho de lo que echo en falta en mi madre, solo que tiene miedo de hablar del tema, y evita cualquier conversación entre nosotros que pudiera desembocar en mamá. Un hombre es capaz de muchas cosas, pero nunca podrá sustituir del todo a una madre.

—Me gustaría contradecirte, Cady, pero no puedo, porque sé que tienes razón. Lamento mucho que tu madre y tú estéis tan enfrentadas en lugar de unidas. ¿Crees que la situación nunca mejorará, tampoco cuando seas mayor?

Cady se encogió de hombros de manera casi imperceptible.

—¡Echo tanto en falta una madre! ¡Cuánto me gustaría tener a alguien en quien pudiera confiar plenamente y que también confiara en mí!

—Cady, te quiero mucho y me gustaría darte eso que mencionas, pero presiento que nunca podría ser lo que debería ser. Podría contarte muchas cosas, también sobre mí, pero la confianza que existe entre madre e hija o entre dos amigas no puede existir entre nosotras, porque esa confianza tiene que crecer con el tiempo.

Las palabras de la enfermera Ank habían hecho saltar las lágrimas a Cady. Cuando terminó de hablar, le tendió la mano, porque aún no podía incorporarse. De todos modos, la enfermera Ank entendió perfectamente lo que quería decir.

—Mi querida enfermera, odio decirlo, pero tiene razón. Yo puedo darle mi confianza a usted, pero usted no a mí.

La enfermera Ank puso cara seria cuando Cady calló.

—No hablemos más del asunto, hija, aunque me alegro de que me hayas contado todo esto sobre tu madre.

Y luego, de repente, cambiando de tema:

—Tengo una noticia para ti, que por poco se me olvida. Si sigues así, la semana que viene tus amigas podrán venir a verte una por una.

A Cady se le notó en los ojos que estaba encantada. No tanto por el hecho de que volvería a ver a sus amigas, sino porque era la prueba más clara de su mejoría. Contenta y aliviada, se comió la papilla que acababan de traerle, y luego se tumbó para echar la siesta.

Capítulo III

Así las cosas, para Cady las semanas pasaron con cierta monotonía. La visitaban muchas amigas y conocidas, pero la mayor parte del día estaba sola. Su estado había mejorado en el sentido de que ahora le permitían sentarse y podía leer. Le dieron una tabla de cama y su padre le compró un diario. Ahora se sentaba a menudo y apuntaba sus sentimientos y pensamientos. Nunca se había imaginado que eso le depararía tanta distracción y alegría.

La enfermera Ank, que ahora tenía que cuidar de otros pacientes, había conservado el hábito de quedarse media horita charlando con Cady después de lavarla y arreglarla por la mañana.

La vida en un hospital sí que era monótona, muy monótona. Todos los días la misma rutina, todo siguiendo un estricto horario, nunca una equivocación. También estaba todo muy silencioso, y Cady, que ya no tenía dolores en el brazo ni en la pierna, habría preferido tener un poco más de vida y bullicio a su alrededor. No obstante y pese a todo, el tiempo pasaba relativamente rápido. Cady nunca se aburría y todo el mundo le traía juegos a los que podía jugar con la mano derecha y sola. Tampoco desatendía sus libros de texto, a los que dedicaba una determinada parte del día. Hacía ya tres meses que estaba en el hospital, pero pronto sería suficiente. Sus fracturas no tenían tan mal aspecto como habían pensado al principio, y a los médicos les pareció mejor que, ahora que ya estaba algo recuperada, fuera a un sanatorio externo para acabar de curarse.

Así pues, a la semana siguiente la señora Van Altenhoven recogió las cosas de Cady y viajó con ella en ambulancia varias horas hasta el sanatorio. Allí, los días para Cady eran mucho más solitarios. Uno o dos días a la semana recibía visitas, no había enfermera Ank y todo le era nuevamente extraño. Su mayor rayo de esperanza era que presentaba una buena mejoría.

Cuando ya se había aclimatado en el sanatorio y le quitaron el cabestrillo, tuvo que aprender a andar de nuevo de cero. ¡Fue horrible! Apoyándose en dos enfermeras, iba pasito a pasito… y cada día se repetía el suplicio. Pero cuanto más andaba, más progresaba y al final sus piernas se habituaron de nuevo al movimiento.

Fue una fiesta cuando se había recuperado lo suficiente y podía andar tan bien que la dejaron salir al jardín con una enfermera y un bastón.

Capítulo IV

Cuando hacía buen tiempo, Cady y la enfermera Truus, que siempre la acompañaba, se sentaban en un banco del amplio jardín a charlar un rato o a leer, si habían llevado un libro. Los últimos días también ocurrió alguna vez que, fuera del jardín, dieron un paseo por el bosque, y dado que a Cady eso le agradaba mucho más, la enfermera no veía inconveniente en ceder en ese aspecto. Si bien es cierto que debían andar muy despacio y que, al hacer algún movimiento brusco, Cady solía sentir dolor, aun así ansiaba cada día que llegara esa media horita que pasaba en medio de la naturaleza y podía hacerse un poco la ilusión de que estaba sana.

Tres semanas después, cuando Cady conocía el camino y las sendas transversales del bosque como la palma de la mano, el médico le preguntó si prefería o no le agradaría salir a pasear sola. A Cady le pareció fantástico.

—¿De verdad puedo?

—¡Claro que sí! De modo que luego sal sola y procura que no te veamos más por aquí —bromeó el médico.

Así pues, cuando Cady estuvo lista para salir, cogió el bastón y atravesó la puerta sola. Era una sensación extraña. Estaba tan acostumbrada a tener a la enfermera Truus a su alrededor… si bien aquel primer día no la dejaron ir más allá de la verja del jardín. Cuando había transcurrido media hora, la enfermera de sala la vio entrar con las mejillas inusualmente encendidas y una cara alegre.

—Por lo que veo, el paseo te ha gustado. ¡Seguro que te agradó perderte un poco!

—No diga eso —respondió Cady—, pero sí que estoy muy contenta de poder volver a hacer alguna cosa sola.

La enfermera asintió comprensiva y le recomendó que volviera a acostarse.

A partir de ese día, se la podía ver a diario en el jardín, y cuando esto iba muy bien, también la dejaron ir un poco más allá de la verja.

La zona donde se encontraba el sanatorio era muy tranquila, casi no había casas en los alrededores, salvo las grandes villas situadas a diez minutos, y también a diez minutos unas de otras.

En una de las sendas transversales, Cady había descubierto un banco formado por el tronco de un árbol caído, y se llevaba unos paños para estar más cómoda. Todas las mañanas se sentaba allí a soñar o a leer. Si se había llevado un libro, después de leer unas páginas a menudo se le caía de las manos y ella pensaba para sí: «¿Qué me importa en realidad el dichoso libro? ¿No es mucho más agradable sentarme aquí a mirar? ¿No es mucho mejor reflexionar yo misma sobre el mundo y su contenido, que leer las vivencias de la niña libresca?». Y entonces miraba a su alrededor, observaba los pájaros y las flores, seguía con la vista a una hormiga que pasaba deprisa ante sus pies con un palito, y estaba contenta. Luego soñaba con el momento en que pudiese volver a andar e ir saltando adonde quisiera, y comprobó que su caída, que tanta desgracia había traído consigo, había tenido también su lado bueno. De pronto Cady comprendió que allí, en el bosque, en el sanatorio y en las horas silenciosas del hospital había descubierto algo nuevo sobre sí misma: descubrió que era una persona con sentimientos, pensamientos y opiniones propios, independiente de todo aquel que es algo él mismo.

¿Por qué sería que no lo había descubierto antes, que nunca antes se le había ocurrido reflexionar sobre las personas que la rodeaban a diario, incluidos sus propios padres?

¿Qué era lo que había dicho la enfermera Ank? «Puede que tu madre haya sufrido mucho y que ahora evite los asuntos delicados de la vida». ¿Y qué había contestado ella?: «¿Qué sabe una hija de la vida de sus padres?».

¿Cómo le había salido esa respuesta un tanto amarga, sabiendo a ciencia cierta que nunca antes había reflexionado sobre esa cuestión? Y aun así, ¿no habría dado ahora la misma respuesta? ¿Acaso no era cierta? ¿Qué sabe un niño de la vida de todos? También habría podido contestar eso: ¿qué sabía de sus amigas, de su familia, de sus profesores, aparte de la parte exterior? ¿Había hablado alguna vez en serio con alguno de ellos? En lo más hondo de su corazón se avergonzaba de ello, aunque tampoco sabía cómo hacer si no para saber algo de esas personas, y concluyó: «¿De qué me sirve en realidad tener su confianza? ¿Acaso puedo ayudarles en sus dificultades? Y aunque sabía que no había sabido cómo ayudar, al mismo tiempo también sabía cuánta tranquilidad y apoyo le daba a uno poder sincerarse con alguien. Hacía poco ella misma había echado mucho en falta tener a alguien con quien hablar «de verdad». ¿Acaso esa soledad asfixiante que ella a veces sentía no era lo mismo? ¿No habría desaparecido esa sensación si tuviera una amiga a la que pudiera contárselo todo? Y Cady tenía el firme convencimiento de que había fallado, pero de que también los demás siempre se habían desentendido de ella.

Cady alzó los ojos y se dio cuenta de que en todo ese tiempo no había oído nada de los sonidos a su alrededor. Cogió rápidamente su libro y esa mañana leyó más de lo que jamás había leído en el bosque.

Capítulo V

Cady era alegre por naturaleza y le gustaba hablar. Sin embargo, no se sentía sola porque no encontrara suficientes ocasiones para contar algo. No, no era eso, la sensación de estar sola venía por otro lado.

¡Ay, ya estaba otra vez cavilando! «¡Anda, que acabarás mareada de tanto darle vueltas al mismo tema!». Cady se dio a sí misma un empujoncito mental y le causó gracia la ironía de que ahora que nadie la regañaba, probablemente lo echara también de menos y se regañara ella misma.

Súbitamente alzó la mirada: oyó pasos acercándose y hasta entonces nunca le había pasado que en esa senda solitaria se encontrara con nadie. Los pasos se aproximan más y más y al cabo apareció del bosque un chico de unos diecisiete años, que la saludó amablemente y de inmediato siguió su camino.

«¿Quién será? —se preguntó Cady—. ¿Será alguien que vive en las villas? Sí, seguramente. Por aquí no vive nadie más». Con estos pensamientos, Cady dio por concluido el tema y se olvidó del chico hasta que, a la mañana siguiente, volvió a pasar, y así durante varias semanas, todas las mañanas exactamente a la misma hora.

Una mañana, cuando Cady se había sentado otra vez en su banco y el chico apareció del bosque, él se detuvo y, tendiéndole la mano, le dijo:

—Me llamo Hans Donkert. Hace tiempo que nos conocemos, ¿verdad? Entonces ¿por qué no conocernos de veras?

—Yo me llamo Cady van Altenhoven —contestó ella—, y estoy encantada de que por una vez te pares —añadió.

—Es que… verás, no sabía si no te parecería raro que siempre pasara así, sin más, o al contrario, que te hablara. Pero al final sentí curiosidad y me he arriesgado.

—¿Acaso tengo pinta de que a alguien le dé miedo hablarme? —preguntó Cady con picardía.

—Ahora que te veo más de cerca, no —continuó Hans la broma—. Pero, oye, en realidad solo quería preguntarte si te has mudado a alguna de las villas o si eres una paciente del sanatorio, lo que me parece muy poco probable —se apresuró a añadir.

—¿Muy poco probable? —no pudo menos de preguntar Cady—. Claro que soy del sanatorio. Me fracturé una pierna y me contusioné un brazo y un pie, y tengo seis meses para curarme.

—¿Tanto a la vez?

—Sí, tuve un accidente muy tonto, me atropelló un coche. No te asustes, ya ves que ni siquiera me has tomado por una paciente.

En efecto, Hans se había asustado un poco, pero le pareció más recomendable no seguir hablando del tema.

—Yo vivo en la casa «Dennegroen», allí detrás —dijo señalando con el dedo—. Te parecerá curioso que pase tan regularmente por aquí. Tengo vacaciones y he vuelto a casa de la escuela, pero todas las mañanas voy a casa de uno de mis amigos, ya que si no me aburro.

Cady hizo ademán de levantarse, y Hans, que lo notó, enseguida le tendió la mano, porque a ella aún le costaba trabajo hacerlo desde esa posición tan baja. Sin embargo, Cady se empeñó y rechazó cogérsela.

—No me lo tomes a mal, pero es que tengo que hacer el ejercicio de levantarme sola.

Hans, que quería ayudarla como fuera, cogió entonces el libro y lo consideró un motivo para acompañar a esa chica tan simpática de vuelta al sanatorio. Delante de la verja se despidieron como si se conocieran desde hace tiempo, y a Cady no le sorprendió en absoluto que a la mañana siguiente Hans llegara algo más temprano de lo habitual y se sentara a su lado en el tronco.

Hablaron de una variedad de temas, pero nunca de cosas profundas, y Cady, que simpatizaba mucho con Hans, lamentaba en gran medida que con él tampoco tocara nunca algún tema que no fuera trivial.

Una mañana estaban sentados juntos en el tronco a cierta distancia uno de otro y la conversación no fluía, algo que nunca solía ser el caso. Al cabo, ninguno de los dos pronunció ya palabra y se quedaron con la mirada perdida. Cady, totalmente absorta en sus pensamientos, alzó bruscamente la vista, pues tenía la sensación de que alguien la estaba mirando. Hans efectivamente llevaba un buen rato observando la carita a su lado y ahora sus ojos se encontraron, y se quedaron mirándose más tiempo del que en realidad querían. Hasta que Cady fue consciente de ello y desvió rápidamente la vista al suelo.

—Cady —resonó la voz de él a su lado—. Cady, ¿no podrías contarme algo de lo que te pasa por la cabeza?

Cady calló un momento para reflexionar y luego respondió:

—¡Es tan difícil! No lo comprenderás. Seguro que te parecerá infantil.

Cady se desanimó de repente y, al pronunciar las últimas palabras, su voz decayó completamente.

—¿Me tienes tan poca confianza? ¿Acaso crees que no tengo yo también sentimientos y pensamientos que no comparto con cualquiera?

—No quise decir que no confiara en ti, pero es que es tan difícil... y realmente no sé lo que debería contarte.

Los dos clavaron los ojos en el suelo y pusieron cara seria. Cady se dio cuenta de que había decepcionado profundamente a Hans, y como se arrepentía de ello, de pronto le dijo:

—¿Tú también te sientes a menudo solo, aun teniendo cerca a tus amigos? Me refiero a solo por dentro.

—Creo que todos los jóvenes nos sentimos solos a su tiempo, quien más, quien menos. A mí también me pasa, y hasta ahora tampoco he podido hablar de ello con nadie. Los chicos no se sinceran muy fácilmente con sus camaradas, mucho menos que las chicas, tienen mucho más miedo de que no les entiendan y se burlen de ellos.

Cuando calló, Cady le miró un momento a la cara. Luego prosiguió:

—He reflexionado ya muchas veces sobre ello: ¿por qué las personas confían tan poco unas en otras, por qué escatiman tanto las palabras «de verdad»? ¡Con solo un par de frases a veces se resuelven tantas dificultades y tantos malentendidos!

Otra vez, ninguno de los dos pronunció una palabra durante un buen rato, hasta que por fin Cady pareció haber tomado una decisión.

—¿Tú crees en Dios, Hans?

—Sí, creo firmemente en Dios.

—Últimamente he reflexionado mucho sobre Dios, pero nunca he hablado sobre él. En casa me enseñaron ya de muy pequeña a rezar antes de acostarme, lo hacía siempre como un hábito, igual que cepillarme cada día los dientes. Nunca me detenía a pensar en Dios, me refiero a que en mis pensamientos en realidad nunca aparecía, porque mis deseos de entonces por lo general podían satisfacerlos las personas. Ahora que he sufrido este accidente y estoy mucho sola, tengo tiempo de sobra para reflexionar sobre las cosas. Una de las primeras noches que pasé aquí, me atasqué en mis oraciones y me di cuenta de que estaba con la mente en otra parte. Entonces eso lo cambié, reflexioné sobre el significado más profundo de esas palabras y descubrí que esas oraciones infantiles, en apariencia tan inocentes, esconden muchísimo más de lo que podría haber sospechado jamás. Aquella noche empecé a rezar también otras cosas, cosas que me gustaban a mí, y no solamente una oración general. Pero unas semanas después volví a atascarme una noche en mis oraciones, cuando me pasó una idea por la cabeza como un relámpago: ¿por qué Dios, en quien nunca pensaba cuando vivía bien, habría de ayudarme ahora que le necesito? Y esa pregunta siguió rondando mi mente, porque sabía que sería justo que ahora Dios, a su vez, no pensara en mí.

—En eso último que has dicho no puedo darte del todo la razón. Antes, cuando en tu casa vivías feliz y contenta, no rezabas aposta así, sin contenido, solo que no reflexionabas sobre Dios. Y ahora, ahora que le buscas porque sientes dolor y angustia, ahora que de verdad estás intentando ser como crees que debes ser, ahora seguro que Dios no te abandonará. ¡Confía en él, Cady, que ya a tantos ha ayudado!

Cady se quedó pensativa, mirando a los árboles.

—¿Cómo se puede saber que Dios existe, Hans? ¿Qué y quién es Dios, si nadie le ha visto jamás? ¡A veces me da la impresión de que todos esos rezos a Dios son rezos al aire!

—Si me preguntas qué y quién es Dios, solo puedo contestarte que no puedes preguntarle a nadie quién es Dios ni qué aspecto tiene, porque nadie lo sabe. Pero si preguntas qué es Dios, puedo contestarte que mires a tu alrededor, a las flores, los árboles, los animales y las personas, y ahí sabrás qué es Dios. Eso maravilloso que vive y muere, que se multiplica y que se llama naturaleza, ese es Dios. Todo eso lo ha hecho él así, no hace falta que te lo representes de otra manera. A esta maravilla, las personas, resumiendo, la llamaron Dios; también podrían haberla llamado de otra manera. ¿Estás de acuerdo conmigo, Cady?

—Sí, lo entiendo, y yo misma también he reflexionado sobre ello. A veces, cuando el médico del hospital me decía: «Vas mejorando, estoy casi seguro de que sanarás por completo», estaba tan agradecida, y entonces ¿a quién, exceptuando a los médicos y las enfermeras, debía estar agradecida sino a Dios? Pero otras veces, cuando sentía mucho dolor, pensaba que lo que yo llamaba Dios era el destino, y así siempre daba vueltas en círculo como una peonza, no llegando sin embargo a ningún resultado final. Y si entonces me preguntaba a mí misma: «Vamos a ver, ¿en qué crees?», tenía realmente la certeza de que creía en Dios. Eso me pasa a menudo: que, por decirlo así, le pido consejo a Dios y que luego sé con seguridad infalible que recibiré la única respuesta acertada. Pero, Hans, ¿esa respuesta no saldrá de alguna manera de mí misma?

—Como ya te he dicho, Cady, Dios creó al hombre y a todo lo que vive tal y como son. También el alma y el afán de justicia provienen de él. Las respuestas que obtienes a tus preguntas provienen de ti y sin embargo de Dios, pues él te ha hecho como eres.

—Entonces ¿quieres decir que Dios en realidad me habla a través de mí misma?

—Sí, eso es lo que quiero decir, y ahora que hemos hablado de todo esto, Cady, en realidad ya nos hemos confiado mutuamente muchas cosas. Dame la mano y que sea esta nuestra señal de que siempre confiaremos en el otro y si alguna vez uno de los dos tiene dificultades y quiere contarle algo al respecto a otra persona, por lo menos ambos conoceremos el camino hacia donde deberemos ir.

Cady enseguida le tendió la mano y permanecieron un buen rato cogidos así, mientras sentían crecer una maravillosa calma dentro de sí.

Desde su conversación sobre Dios, Hans y Cady sentían ambos que habían trabado una amistad que calaba mucho más hondo de lo que cualquier extraño podría imaginar. Entretanto, Cady se había acostumbrado tanto a anotar en su diario todo lo que ocurría a su alrededor, que en determinado momento fue también allí, aparte de con Hans, donde mejor pudo describir sus sentimientos y pensamientos.

Así, un día escribió:

«A pesar de que ahora tengo un amigo "de verdad", no siempre estoy alegre y contenta. ¿Cambian tanto los estados de ánimo de todas las personas? Pero si siempre estuviera alegre, a lo mejor no podría reflexionar lo suficiente sobre toda clase de cosas que realmente merecen una reflexión.

»Nuestra conversación sobre Dios la sigo teniendo en mi cabeza, y muchas veces me pasa que de repente, mientras estoy leyendo, o estoy acostada o en el bosque, me pregunto: "¿Cómo es eso de que Dios me habla a través de mí misma?". Y a eso sigue todo un intercambio de ideas en solitario.

»Creo que Dios "me habla a través de mí misma" porque antes de enviar a las personas al mundo le da a cada una un pedacito de sí mismo. Ese pedacito es lo que en el hombre hace la diferencia entre el bien y el mal y lo que da respuesta a sus preguntas. Ese pedacito es naturaleza de igual modo que el crecimiento de las flores y el canto de los pájaros.

»Pero Dios también sembró en las personas pasiones y deseos, y en todas se libra una batalla entre esos deseos y la justicia. Hans dijo: "También el afán de justicia proviene de Dios".

»¿Tienen realmente todas las personas un afán de justicia? ¿Y los delincuentes? Casi creería que ellos también lo tienen, pero que en ellos con el tiempo los deseos han triunfado sobre la justicia y por tanto su pasión es más fuerte que su afán por lo recto. Entonces ¿podrían destruir las personas todo lo bueno que Dios les dio? ¿Ya no quedaría nada de lo bueno? ¿O tendrían también los peores delincuentes, que para el mundo son perniciosos de pies a cabeza, todavía algo en sus adentros que pudiese aparecer algún día?

»Y sin embargo, todo afán de justicia a menudo todavía no es bueno; porque ¿qué es la guerra sino que dos partes se disputen el derecho?

»La guerra, ¿cómo he ido a parar de repente a la guerra? Las últimas semanas se habla muchísimo sobre una guerra inminente.

»Pero aún no he acabado.

»Toda la gente que únicamente ha hecho valer su derecho hasta ahora no ha tenido éxito. Después de años, a veces después de un periodo mucho más largo, algunas personas quisieron volver a utilizar su libertad y su propio derecho. Porque si todos están sometidos a un solo derecho, eso en sí mismo ya es una injusticia. Es que en todas las personas Dios ha hecho el derecho de manera distinta. Entonces, si todos tienen que actuar años y años según una de esas maneras, su propia justicia amenaza con perderse. Pero no en todos. Un día u otro, el afán de libertad siempre resurgirá.

»Sin darme cuenta, he pasado del derecho a la libertad, pero es que creo que estas dos cosas solo pueden crecer y convertirse en algo grande juntas.

»¡Quién sabe si algún día las personas harán más caso al "pedacito de Dios" que se llama conciencia, que a sus deseos!

Mientras, para los judíos los tiempos no mejoraban. En 1942 se decidiría la suerte de muchos de ellos. En julio empezaron a citar y deportar a los jóvenes de dieciséis años. Fue una suerte que al parecer se olvidaran de Mary, una amiga de Cady. Más tarde no se limitaron a los jóvenes, sino que ya no se libró nadie. En el otoño y el invierno, Cady vivió cosas terribles. Noche a noche oía los coches circulando por las calles; resonaban llantos de niños y portazos. Debajo de la lámpara, el señor y la señora Van Altenhoven y Cady se miraban angustiados, y en sus ojos se leía la pregunta: «¿Quiénes faltarán mañana?».

Una noche de diciembre, Cady decidió pasarse por la casa de Mary para distraerla un poco. Esa noche, en la calle había más ruido que nunca. Cady tocó el timbre tres veces en casa de los Hopken y tranquilizó a Mary cuando esta se asomó recelosa a la mirilla. La hicieron pasar a donde estaba reunida toda la familia, vestida de chándal y con las mochilas al hombro, como esperando. Todos estaban muy pálidos y nadie dijo una palabra cuando Cady entró en la sala. ¿Llevarían meses sentados allí cada noche? La visión de todas esas caras angustiadas y pálidas era espantosa. Cada vez que se oía un portazo fuera, todos los allí sentados se estremecían. Los portazos bien parecían simbolizar el cierre de las puertas de la vida.

A las diez, Cady se despidió. Se había dado perfecta cuenta de que no tenía ningún objeto seguir sentada allí: aunque quisiera, le era imposible ayudar o distraer a esa gente, que parecía estar ya en otro mundo. La única que se sostenía más o menos en pie era Mary. De tiempo en tiempo le hacía señales a Cady con la cabeza y se empeñaba con todas sus fuerzas en persuadir a sus hermanas y a sus padres de que comieran algo.

Mary la acompañó nuevamente hasta la puerta y corrió el cerrojo después de que Cady saliera. Con la linternita en la mano, Cady enfiló hacia su casa. No había dado ni cinco pasos cuando se detuvo, aguzando el oído. A la vuelta de la esquina oyó ruido de pisadas que se acercaban, como de todo un regimiento de soldados. En la oscuridad, Cady no alcanzaba a distinguir nada, pero sabía perfectamente quiénes se aproximaban y lo que ello significaba. Se pegó a la pared y apagó la luz con la esperanza de que esos hombres no la descubrieran. Pero de repente uno de ellos se detuvo delante de ella, pistola en mano, y la miró con ojos amenazantes y cara de pocos amigos.

—¡Andando! —fue lo único que dijo, y al instante la aprehendieron con violencia y se la llevaron.

—¡Soy una chica cristiana, señor, de padres honorables! —se atrevió a decir Cady, temblando de pies a cabeza y preguntándose qué querría hacer con ella ese hombre siniestro. A cualquier precio debía intentar enseñarle su documento de identidad.

—¡Qué honorables ni qué ocho cuartos! ¡Enséñame tu documento!

Cady lo sacó del bolsillo.

—¡Haberlo dicho enseguida! —dijo el hombre, examinándolo—. ¡Vaya chusma!

Y antes de que pudiera darse cuenta de lo que ocurría, Cady se vio tirada en el suelo. De rabia por su equivocación, el alemán había dado una buena patada a la honorable «chica cristiana». Sin hacer caso del dolor, Cady se levantó y fue corriendo a su casa.

Después de esa noche, pasó una semana sin que Cady tuviera ocasión de volver a ver a Mary. Pero una tarde se liberó de sus ocupaciones y otros compromisos. Antes de llegar a la casa de los Hopken, supo casi con certeza de que ya no encontraría a Mary allí y, en efecto, cuando estuvo delante de la puerta, esta estaba sellada.

Un profundo desánimo se apoderó de Cady. «¡Quién sabe dónde estará Mary ahora!», pensó. Enseguida dio media vuelta y volvió a su casa. Allí corrió a su cuartito y dio un portazo tras de sí. Se dejó caer en el diván con el abrigo puesto y se puso a pensar en Mary, siempre en Mary.

¿Por qué tenían que llevarse a Mary y a ella la dejaban quedarse? ¿Por qué Mary tenía que padecer ese horrible destino y ella podía seguir divirtiéndose? ¿Dónde estaba la diferencia entre las dos? ¿Acaso era ella mejor que Mary? ¿No eran las dos iguales? ¿Qué delito había cometido Mary? ¡Ay, no podía ser sino una tremenda injusticia! Y de pronto vio ante sus ojos la diminuta figura de Mary, encerrada en una celda, vestida con harapos, con la cara desmejorada y demacrada. Sus ojos se habían vuelto muy grandes y miraba a Cady con tristeza y reproche. Cady no aguantó más, se hincó de rodillas y lloró, lloró hasta que su cuerpo se estremeció. Una y otra vez veía los ojos de Mary y su mirada suplicando ayuda, una ayuda que Cady sabía que era incapaz de dar.

—¡Mary, perdóname, vuelve...!

Cady ya no supo qué decir ni qué pensar, ante esa desgracia que veían tan claramente sus ojos ya no valían las palabras. Y en sus oídos resonaron los portazos y el llanto de los niños, y ante sus ojos desfiló una tropa de hombres brutales armados, como aquel que la había tumbado en el lodo, y en medio, sola y desvalida, Mary. Mary, que era lo mismo que ella.*

* Anne describió la intriga de la continuación en su diario, en la entrada del 11 de mayo de 1944.

Fragmentos

«La vida de Cady» (fragmento)

A la mañana siguiente, hacía un tiempo absolutamente gris, típico del mes de abril. Aún no llovía, pero el barómetro estaba en su nivel más bajo. Cady no se despertó hasta las diez y le pidió a la enfermera Ank que le contara más detalles de cómo había sido su caída. La lavaron un poco, le dieron algo de papilla y se volvió a dormir. Así fue durante cuatro días: Cady despertaba de rato en rato, comía algo y seguía durmiendo. No tenía mucho dolor y, salvo que debía estarse quieta todo el tiempo, se sentía a gusto.

En la tarde del cuarto día, Cady estaba bien despierta por primera vez cuando vino a verla su madre. Hasta ese momento, la señora Van Altenhoven siempre se había encontrado a su hija durmiendo y, después de permanecer un cuarto de hora sentada al lado de la cama, se había marchado. Por eso, se quedó muy sorprendida cuando su hija la saludó tan alegremente:

—¿Qué hay, mamá? ¿Así que por fin tengo visitas?

—¡Pero hija, si he estado todos los días contigo, gandula! ¡No has hecho más que dormir!

—Lo sé, la enfermera Ank siempre me ha dado tus recuerdos.

Madre e hija no tenían mucho que contarse. Cady preguntó por todos los conocidos y vecinos y luego la conversación se atascó. Después de media hora, la señora Van Altenhoven se inclinó sobre Cady y le dio un beso:

—Pues nada, me voy. ¡Hasta mañana! —Y salió por la puerta.

La madre de Cady no era una mujer bella, si bien tenía una cara inteligente y decidida. Una gran nariz afilada y unos ojos pardos penetrantes enfriaban su rostro, y cuando miraba así a alguien, resultaba desagradable. Cuando reía, aparecía una hilera de hermosos dientes y ya nadie pensaba en calificar su cara de fría. Cady nunca había reflexionado mucho sobre el aspecto de su madre, pero ahora le llamaba la atención que caminaba bamboleándose ligeramente, como una gansa vieja. Aunque no habría pronunciado en voz alta esa comparación por nada del mundo, no pudo evitar reír un poquito por lo bajo y luego castigarse supuestamente por llamar vieja gansa a su propia madre.

Por otro lado, cuando se acercaba la hora de las visitas al final de la tarde, Cady nunca estaba soñolienta. Acostada en su cama, esperaba con impaciencia la llegada de su padre, que nunca dejaba de traerle algo. Un ramo de tulipanes, algo de fruta, aunque solo fuera una pequeñez, a Cady le encantaban esas pequeñas atenciones. Cuando se abría la puerta y entraba el señor Van Altenhoven, a Cady se le iluminaba la cara y siempre le permitía quedarse con ella más tiempo que a su madre.

El padre de Cady era un hombre tranquilo y apuesto, con muchas canas y ojos azules. Su mirada alegraba y transmitía calidez a quien se fijara en él. Esa también parecía ser su magia para Cady. Ella y su padre eran capaces de estar sentados juntos con tranquilidad un buen rato, sin hablar, únicamente contentos de estar juntos.

La enfermera Ank, que cuidaba por entero de Cady, siempre miraba con gratitud a ese hombre amable, que nunca dejaba pasar un día sin hacer feliz a su hija.

A la enfermera no le pesaba para nada tener que cuidar de la enfermita que le habían confiado. Cady, que sobre todo en los tratamientos del médico debía de tener dolor a menudo, nunca se quejaba y, por el contrario, siempre se contentaba con todo.

«La vida de Cady» (fragmento)

Sucedió como había dicho la enfermera Ank. A las tres de la tarde del domingo se presentó por primera vez una joven visitante para Cady. Era una chica alta, no bonita, pero de cara agradable y alegre, que en portería preguntó por Caroline Dorothea van Altenhoven.

—Ah, te refieres a esa niña tan maja a la que llaman Cady, pues es la tercera puerta a la derecha, habitación número cuatro.

Cady se había ganado la simpatía del portero cuando le regalaron una bolsa de bombones y ella la hizo circular por todo el hospital. A las enfermeras y los pacientes, en la medida en que les estaba permitido comerlos, les habían tocado dos bombones a cada uno. De ahí que ahora, entre quienes no la conocían, se la llamara «esa niña tan maja, Cady».

Mientras, la joven se dirigió a la habitación número cuatro y llamó a la puerta. La enfermera Ank abrió y preguntó:

—Eres Greet, ¿verdad? ¡Pasa!

—¡Hola, Greet, no pongas esa cara, que todavía estoy entera!

Cady estaba encantada de ver algo distinto que únicamente enfermeras de cara seria.

—Bueno, Cady, ¿qué tal estás?

Greet estaba visiblemente cohibida y la enfermera Ank, que la quería un poco más alegre, salió de la habitación.

Cuando volvió poco después, oyó ya desde lejos cómo resonaban las risas. Abrió rápidamente la puerta de la habitación y dijo en voz alta:

—¡Chsss, menos ruido, niñas!

—¡Ay, enfermera, no puedo más! ¡Oiga lo que hicieron en la escuela…! ¡Lástima no haber estado allí!

Y, acto seguido, la enfermera Ank se enteró de todo con pelos y señales.

Cuando Greet se fue a las tres y media, Cady estaba agotada pero satisfecha por su visita, y eso era lo principal, porque para dormir todavía había tiempo.

Sin embargo, en general las semanas transcurrían de manera bastante monótona.

«La vida de Cady» (fragmento)

El 3 de septiembre, la calma en el sanatorio se vio interrumpida por primera vez desde que Cady se había instalado allí.

A la una del mediodía, cuando por casualidad escuchaba las noticias a través de sus auriculares, se asustó muchísimo cuando el locutor de la ANP empezó por la declaración de guerra del ministro Chamberlain a Alemania. Cady nunca se había ocupado de la política, lo que era lógico para una chica de catorce años. Tampoco le iba ni le venía para nada lo que pasaba en países lejanos, aunque sospechaba vagamente que esa declaración de guerra algún día también la afectaría a ella. Cuando después de la hora de descanso la enfermera trajo el té, les contó la noticia a las demás pacientes.

En la habitación donde estaba ingresada Cady, solo había pacientes que estaban recuperándose.

Un día antes de que estallara la guerra, habían ingresado en la sala a una nueva señora, que tenía su cama al lado de Cady. Con esta mujer, aparte de los «buenos días» y «buenas noches», Cady no había intercambiado palabra, pero ahora entablaron conversación solas. Cuando la enfermera comunicó la noticia, por todos los rincones de la sala hubo exclamaciones, únicamente la mujer al lado de Cady se mantuvo callada.

A Cady le llamó la atención, y pronto notó que corrían lágrimas por el rostro todavía bastante joven, que se veía muy triste y digno de lástima. No se atrevió a preguntarle nada, por miedo a molestar a su vecina, tan sumida en sus pensamientos. Un poco más avanzado el día —Cady estaba leyendo—, escuchó sollozos a su lado. Apoyó rápido el libro en su mesilla y preguntó en voz baja:

—¿Quiere que llame a la enfermera? ¿No se siente bien?

La mujer a su lado alzó la mirada. Tenía cara de haber llorado. Por un momento escrutó a Cady con los ojos, luego dijo:

—No, no, hija mía, déjalo. Para mi dolor no hay enfermeras ni remedios que valgan.

Esto hizo que la compasión de Cady aumentara. Su vecina parecía tan abatida y desgraciada, que no pudo conformarse al oír esas palabras:

—¿A lo mejor puedo ayudarla yo?

La mujer, que había vuelto a hundirse en sus almohadas, se incorporó de nuevo, se secó las lágrimas con su pañuelo y miró a Cady con amabilidad.

—Noto que no es solo por curiosidad que me lo preguntas. Aunque todavía eres muy joven, te diré qué es lo que me pone tan triste.

Hizo una pausa, miró a su alrededor con ojos que no veían, y luego continuó:

—Mi hijo, se trata de mi hijo. Está en un internado en Inglaterra y se supone que regresaría el mes que viene, y ahora, ahora…

Los sollozos le impedían seguir hablando, aunque Cady completó su frase:

—¿Ahora ya no puede volver?

Cady obtuvo un ligero movimiento de cabeza como respuesta.

—Quién sabe cuánto durará la guerra y qué pasará allí. No me creo nada de todas las cosas que dicen, de que todo habrá acabado dentro de unos meses. Una guerra siempre dura más de lo que la gente piensa.

—Pero de momento, salvo en Polonia, no hay combates en ningún lado, ¿no? No se asuste. Su hijo está bien cuidado.

Si bien Cady no sabía nada sobre el hijo de la mujer, no quiso callar ante la respuesta desanimada a su lado. Pero por lo visto la mujer no reaccionaba:

—Después de cada guerra, la gente dice: esto nunca más, esto ha sido tan terrible, debe evitarse una repetición a toda costa, y una y otra vez vuelven a combatirse unos a otros. Esto nunca cambiará, mientras la gente respire y viva, siempre se peleará, y cuando haya paz, volverán a buscar pelea.

—No lo sé, nunca he vivido una guerra y… nosotros no estamos en guerra, hasta ahora no nos incumbe. Lo que me acaba de contar de su hijo es lamentable, por supuesto, pero después de la guerra es de esperar que vuelvan a verse sanos y salvos. Pero a ver… ¿por qué no puede volver su hijo, si las comunicaciones entre Holanda e Inglaterra no se han interrumpido? Pregúntele al doctor, que lo sabrá seguro. Si su hijo quiere marcharse pronto, todavía está a tiempo para volver a casa.

Cady nunca había visto semejante cambio de cara en menos de un minuto:

—¿Lo dices en serio? No se me ocurrió pensarlo en absoluto. Ahí viene la enfermera, le preguntaré.

La enfermera que se acercaba acudió a las llamadas de Cady y su vecina:

—Enfermera —preguntó la mujer—, ¿sabe usted si las comunicaciones entre Holanda e Inglaterra se han interrumpido?

—De ninguna manera, señora. ¿Tiene intención de viajar a Inglaterra?

—No, no… No es por eso que lo pregunto. Mil gracias, enfermera.

Tras lanzar una última mirada de agradecimiento a Cady, la mujer se volvió y comenzó a hacer planes para sí de cómo hacer para escribirle a su hijo.

Liebe Omi,

Ich gratuliere herzlichst zum Geburstag.
Ist es bei Euch auch so kalt, bei
uns kann zum auskalten, es ist 8 Grad
unter null im Tag, nachts 11 Grad
Ist pussie wieder zurück, und hat
Stephan sie wieder auf der Schulter.
Hat Chanuka auch bei euch gewese
bei uns wohl und es gab viel zu
"snoepen.
Wir sind viel auf der Eisbaan, und
ich hab auch Schlittschuh laufen
gelernt, erst bin ich viel gevallen
jetzt geht es schon, und ich habbe
spass dran. Viele grüsse an alle
und Küsschen an dich

　　　　　Tärtlein.

　　　　　　　　　　　　　　　b. w.

Cartas

Introducción

A continuación se recopilan todas las cartas de Anne Frank conocidas hasta la fecha. Sin embargo, debido a que el Archivo Anne Frank, de Ámsterdam, no ha facilitado el acceso a ellas, no hay que descartar que exista más material escrito. Las cartas sin fechar —en la medida en que se pueda deducir del contenido— se presentan en el orden cronológico probable.

Carta del 18 de diciembre dirigida a Alice Frank, que cumple años el 20 de diciembre

Viernes, 18 de diciembre de 1936

Querida Omi:

Te deseo mis mejores deseos por tu cumpleaños. ¿Cómo están Stephan y Bernd? Agradezco a la tía Leni por el bonito pequeño esquiador. ¿Has recibido regalos bonitos? Escríbeme. Un beso,

Anne

Carta sin fechar dirigida a Alice Frank, que cumple años el 20 de diciembre

Querida Omi:

Te deseo un muy feliz cumpleaños.

¿Hace tanto frío allí como aquí? Aquí casi no se soporta, hace 8 grados bajo cero de día, 11 grados por la noche.

¿Ha vuelto Pussie y la tiene otra vez Stephan encima del hombro?

¿Ya habéis celebrado Januká? Nosotros sí y ha habido muchas cosas ricas.

Vamos mucho a la pista de patinaje y también he aprendido a patinar. Al principio me caí mucho, ahora ya va mejor y me divierte. Muchos recuerdos a todos y un beso para ti,

[Tu] Tierna [pequeña]

Carta sin fechar dirigida a Stephan Elias, que, al igual que la abuela Alice Frank, cumple años el 20 de diciembre

Querido Stephan:
También a ti te deseo un muy feliz cumpleaños.
Aquí hace mucho frío.
¿Vosotros también vais mucho a patinar? Nosotros sí, yo también he aprendido.
¿Has recibido muchos regalos?
¿La abuela ya se encuentra mejor? Espero que sí.
¿Es agradable vivir juntos?
Omi nos ha contado muchas cosas. No es una carta de cumpleaños, pero la intención es buena.
Recuerdos a todos, especialmente a ti, y también a Bernd,

Anne

Carta dirigida a Juanita Wagner, amiga por correspondencia de Anne, en Danville, Iowa, fechada el 29 de abril de 1940

Ámsterdam, lunes, 29 de abril

Querida Juanita:
He recibido tu carta y quisiera contestarte lo antes posible. Margot y yo somos las únicas hijas en casa. Nuestra abuela vive con nosotros. Mi padre tiene una oficina y mi madre se ocupa de la casa. No vivo lejos de la escuela y voy al quinto curso. No tenemos clases por horas, podemos hacer lo que prefiramos. Por supuesto que tenemos que cumplir un objetivo determinado. Tu madre seguro que conoce este sistema, se llama Montessori. Nos ponen pocos deberes. Miré de nuevo en el mapa y encontré el nombre de Burlington. Le pregunté a una amiga mía si le gustaría comunicarse con alguna de tus amigas. Quiere hacerlo con una chica más o menos de mi edad, no con un chico.
Apuntaré su dirección abajo. ¿Escribiste tú misma la carta que me enviaste, o la escribió tu madre? Incluyo una postal de Ámsterdam y seguiré haciéndolo; colecciono tarjetas postales: ya tengo unas 800. Una chica que antes iba a la escuela conmigo se marchó a Nueva York y escribió una carta a nuestra clase hace un tiempo. En caso de que tú y Betty os saquéis una foto, envíame una copia, ya que tengo curiosidad por saber qué aspecto tienes. Mi cumpleaños es el 12 de junio. Dime cuál es el tuyo, si eres tan amable. Quizá alguna de tus amigas quiera escribirle primero a mi amiga, pues ella tampoco sabe escribir en inglés, pero su padre o su madre le traducirán la carta.
Esperando saber de ti, te saluda tu amiga holandesa, Annelies Marie Frank.
P.D.: Por favor escríbeme la dirección de una chica.

Tarjeta postal sin fechar de los canales de Ámsterdam, adjunta a la carta arriba mencionada del 29 de abril dirigida a Juanita Wagner

Querida Juanita:
Esta foto muestra uno de los muchos canales antiguos de Ámsterdam. Pero este es solo uno del casco antiguo. También hay canales grandes y por encima de todos ellos hay puentes. Hay alrededor de 340 puentes en la ciudad.

Anne Frank

Tarjeta postal del 17 de noviembre de 1940 dirigida a Alice Frank en Basilea

17 de noviembre de 1940

Querida Omi:
¿Cómo estás? Hoy es domingo y estoy bastante aburrida. Estaba jugando con mis postales, y de golpe se me ocurrió que podía escribiros. Esta mañana papá y mamá salieron, y Margot y yo tuvimos que hacer las habitaciones. En esta tarjeta no puedo escribir mucho, pero pronto le seguirá una carta.
Muchos recuerdos a todos, muchos besos.

Carta sin fechar dirigida a Alice Frank, que cumple años el 20 de diciembre

Querida Oma:
No tengo nada para ti, solo un ramo de flores y nada más. Es poco, pero no escribo más.

Tu Anne

Carta del 13 de diciembre de 1940 dirigida a Alice Frank y Stephan Elias

Viernes, 13 de diciembre de 1940

Querida Omi y querido Stephan:
Os deseo un feliz cumpleaños y espero que pronto podamos volver a celebrarlo juntos. Esperemos que este haya sido el cumpleaños menos agradable.
Esta tarde nos pusieron dictado y saqué nada menos que 27 faltas. Os reiréis cuando lo leáis, pero no es ninguna maravilla porque era muy difícil y no soy ninguna luz en dictados.

Me hace mucha ilusión que llegue mañana porque iremos a la pista de patinaje (será la primera vez este año). Pero ya no nos pilla tan lejos, está en la sala Apollo. Omi sabrá dónde queda, creo que una vez tomaste café allí. Y mañana por la tarde acompañaré a papá a la subasta.

A Margot le han dado un boletín muy bueno y estoy muy orgullosa de ella. No creo que más adelante yo vaya a tener todo nueves y ochos.

Gabrielle Goslar es una bebé preciosa, a Margot y a mí a veces nos dejan estar presentes cuando la bañan.

Margot está poniendo los paneles de oscurecimiento, esas son [ahora] *las preocupaciones*, y estoy muy enfadada porque todavía no hace falta, y justo hace un día muy bonito. Ahora Margot acaba de salir de la habitación y yo lo he quitado todo cuidadosamente.

Os deseo todo lo mejor en este nuevo año. Muchos besos a todos, pero especialmente a Omi,

vuestra Anne

Carta del 13 de enero de 1941 dirigida a Alice Frank y a la familia Elias en Basilea

13 de enero de 1941

Queridos todos:
Hoy me ha llegado la carta de Bernd, me alegro mucho de que nos haya escrito, así que muchas gracias.

Cada minuto libre que tengo voy a la pista de patinaje. Hasta ahora todavía tenía mis viejos patines, que antes usaba Margot, esos que se atornillan con una llave. Y en la pista todas mis amigas tenían patines de patinaje artístico de verdad, que se sujetan a los zapatos con clavos y luego ya no se salen.

Yo también tenía muchísimas ganas de tener unos patines así, y después de mucho insistir me los han comprado.

Ahora tomo clases de patinaje artístico regularmente, ahí se aprende a bailar vals, hacer saltos y todo lo que tiene que ver con el patinaje artístico.

Mis otros patines ahora los tiene Hanneli, y está muy contenta con ellos. Así que ahora las dos estamos felices.

La hermanita de Hanneli es preciosa. A veces me dejan cogerla en brazos, ahora le sonríe a todo el mundo. Todos los niños envidian a Hanneli, por Gabi.

¿Vosotros cómo estáis? No hago más que escribir todo el tiempo sobre mí, y sobre la pista de patinaje, pero no me lo toméis a mal, porque estoy un poco obsesionada con el tema.

Espero poder aprender a patinar tan bien como Bernd.

Aquí (me refiero a la escuela) todo va bien, durante la semana tengo poco tiempo, salvo cuando nos dan asueto para ir a patinar.

Los lunes, miércoles y jueves tengo francés y no llego a casa hasta casi las seis.

Los martes y viernes me toca hacer deberes, así que para el patinaje solo me quedan los sábados y domingos.

Bernd: quizá más adelante podamos hacer una representación juntos, pero antes tendré que practicar mucho para alcanzar el nivel que tienes tú ahora.

Muchos recuerdos a todos y también muchos besos,

vuestra Anne

Carta del 22 de marzo de 1941 dirigida a Alice Frank y a la familia Elias en Basilea

Ámsterdam, 22 de marzo de 1941

Querida Omi y queridos todos:

Muchas gracias por la foto tan bonita, se ve que Bernd es muy gracioso porque todos se ríen. Colgué la foto encima de mi cama.

El señor Wronker se ha marchado y ahora la habitación grande la tenemos solo para nosotros, lo cual obviamente nos agrada mucho, y también tenemos algo más de espacio.

Hoy mamá y yo fuimos al centro para comprar un abrigo para mí, uno gris con un sombrero haciendo juego, me gusta mucho.

El sábado acompañé a papá a la oficina. Allí trabajé desde las nueve hasta las tres. Luego nos fuimos juntos al centro y al final volvimos a casa.

Ojalá pudiera empezar de nuevo a patinar, pero para eso tendré que tener un poco de paciencia, hasta que acabe la guerra. Si entonces papá todavía puede pagarlo, volveré a tener clases de patinaje artístico, y cuando ya sepa patinar muy bien, papá me ha prometido un viaje a Suiza, para veros a todos.

En la escuela nos ponen muchos deberes. La señora Kuperus es muy buena. Hanneli también está bien. A Margot la dejan sacar a pasear a la bebé completamente sola, y el domingo me dejarán a mí acompañar a la señora Goslar y la bebé.

Sanne está ya muy poco con nosotras, tiene sus propias amigas.

Barbara baila de la mañana a la noche, tiene clases de baile y de ballet todo el tiempo, o baila sin más.

Margot suele salir los sábados y domingos, ahora está en un grupo del señor Melker. La abuela sale a pasear con sus señoras todas las tardes y, cuando hace mal tiempo, a veces vienen aquí y charlan sin parar. Me encanta escuchar a las viejitas cuando presumen tanto.

Estoy sentada a la mesa escritorio. Nuestra habitación es muy grande: tenemos una cómoda, un lavabo, luego un planisferio, enfrente el secreter de mamá, que hemos adoptado como una mesita muy coqueta para escribir, luego la cama abatible de Margot y otra mesita para poner cosas, luego el diván, ahí duermo yo, y en el medio una mesita con un gran sillón y todos mis cuadritos y fotos, entre otros la de Bernd.

Acaba de llegar a casa papá, y mamá ha salido a hacer la compra. Así que lo dejaré aquí, para que papá no esté solo.

Muchos recuerdos e incontables besos a todos,

vuestra Anne

Carta sin fechar dirigida a Otto Frank desde la casa donde pasa las vacaciones, tal vez en junio de 1941

Queridísimo ming kungka, con eso me refiero a papá:
Muchas gracias por las dos tarjetas de estrellas de cine que siguen a la primera, todavía no tengo ninguna.

Tu carta me puso muy contenta, también el azúcar, la mermelada y el arroz. El arroz me viene muy bien, porque tenía el estómago revuelto y entonces primero comí mucho arroz.

¿Podría mamá enviarme otras «kole»* en una carta? Así las tomo después de comer. Hoy me he levantado por primera vez, ya estoy mejor, salvo un poco de dolor de cabeza esta mañana y algo de «presión» en el estómago. Hoy hemos cenado pescado frito con patatas y ensalada. La ensalada no me la dejaron comer, y el pan tampoco. De postre nos pusieron un delicioso pudín con cerezas y salsa. Me encanta el pudín, pero solo con salsa, mamá también podría prepararla alguna vez, por ejemplo salsa de frambuesa.

Tu carta me dio una gran alegría y sobre todo el «control» se queda conmigo. ¿No podrías tomarte vacaciones una semana más tarde, y si no se puede, no sería posible que vinieras a verme? Me haría mucha ilusión, coges el tren de las nueve y media de Ámsterdam, luego de Apeldoorn el autobús a Beekbergen delante de la estación. Y pides que te dejen en *Zonnehuis*, allí preguntas por Koningweg 5, *Op den Driest*. Lo mejor sería que antes me mandaras una tarjeta. Y tráete bocadillos.

Aquí les parece bien.

Espero que lo hagas, porque os echo muchísimo de menos a todos.

---

* Comprimidos de bicarbonato, probablemente de la marca Norit.

Escríbeme pronto, porque los domingos no hay correo, y entonces es muy feo no recibir nada hasta el lunes a última hora.

Muchos recuerdos a todos, y besos de

vuestra Anne

Carta dirigida a Alice Frank y a la familia Elias en Basilea. La fecha es ilegible; probablemente junio de 1941

Querida Omi y queridos todos:

Gracias a todos por la bonita carta de cumpleaños. No la leí hasta el día 20, pues mi cumpleaños se pospuso porque el día 11 justo a la abuela hubo que ingresarla en el hospital.

Me han regalado muchas cosas. La abuela, *f* 2,50 y un atlas; mamá y papá, una bicicleta, una nueva cartera para ir al colegio, un vestido de playa y varias cosas más. Margot me regaló este papel de cartas, porque ya no me quedaba, y no me han faltado dulces y otros regalitos.

Aquí está haciendo mucho calor, ¿allí también? El poema de Stephan me ha gustado mucho. También papá me ha regalado uno, y es que no puede faltar.

Pronto tendremos vacaciones, me iré con Sanne Ledermann (Omi tal vez la recuerde) quince días a ver a su familia. Luego también iré a una casa de niños, también con Sanne, de manera que no será tan terrible.

Ayer (domingo) salí con Sanne, Hanneli y un chico. Fue muy divertido, compañía de chicos no me falta.

No tengo muchas posibilidades de ponerme morena por el sol, porque no nos dejan entrar en la piscina, lo cual es una pena, pero no se puede hacer nada.

En la escuela no hacemos mucho, por la mañana dibujamos un poco y por la tarde nos sentamos en el jardín a cazar moscas o coger flores.

Ahora tengo que dejarlo porque hace demasiado calor para seguir escribiendo.

Muchos recuerdos y besos a todos de

vuestra Anne

Carta del 30 de julio de 1941 dirigida a Alice Frank

30 de julio de 1941

Querida Omi:

Estoy en Beekbergen, es un sitio muy agradable, solo que lamentablemente hace muy mal tiempo. ¿Vosotros cómo estáis? ¿Lo estáis pasando bien en Sils-Maria? Si me contestas, hazlo a Ámsterdam, porque no me quedaré mucho aquí, y entonces tendrían que reenviar el correo, y es un trabajo innecesario. Hay aquí un niño pequeño, se llama Raymond, Sanne y yo jugamos todo el día con él. Tiene un año y medio. ¿Cuánto tiempo estaréis fuera y sigue siendo tan bonito Sils? Esta casa es muy anticuada, pero aun así muy acogedora. Sanne y yo tenemos nuestro propio cuarto. Leo mucho, lástima que no podamos salir fuera. Por la noche dormimos mucho más tranquilas aquí que en Ámsterdam, no nos molesta nada ni nadie.

Ahora me voy a jugar de nuevo con Ray, que ya me está llamando.

¿Me escribiréis pronto? Y muchos besos de

Anne

Carta sin fechar dirigida a Otto Frank, hacia julio de 1941

Lunes por la noche

Querido papi:

Muchas gracias por la carta y el dinero, que me viene muy bien. Ya he gastado bastante, pero no innecesariamente; y es que necesitaba sellos para todas las personas a las que quería escribir.

gasté *f* 0,25 en litronella [=¿citronela?]
" *f* 0,05 en sobres
" *f* 0,10 en caramelos
" *f* 0,30 en flores para la tía Eva
" *f* 1,80 en sellos
" *f* 0,05 en una libreta de apuntes
" *f* 0,73 en tarjetas postales
O sea, que en total son *f* 3,28.

¿Podrías felicitar al señor Dreher de mi parte? A él también le he enviado una tarjeta. Hoy me he pasado todo el día tumbada en el jardín, y también jugando al ping-pong, que ya voy aprendiendo. El tío Heinz y la tía Eva juegan de maravilla, y la tía Eva ahora me está enseñando. Leo mucho y, salvo uno, ya me he leído todos los libros de Sanne y míos. No me ha llegado ninguna carta de mamá desde el sábado por la noche, y ahora ya es lunes por la noche.

Todavía no hace un tiempo muy bueno, aunque tampoco llueve. Ray está un poco latoso hoy, pero sigue siendo un primor. ¿Me escribirás pronto? Muchos besos de

Anne

Carta sin fechar dirigida a Alice Frank, probablemente en el otoño de 1941

Querida Omi:

¿Cómo estás? Nos ha llegado la foto de Bernd, ha salido muy bien en ella. En la escuela todo va bien, el maestro hace ya dos años que se marchó. Este año me ha tocado la señora Kuperus, ya sabes, a la directora siempre le decimos señora. El año que viene acabo la escuela, ojalá pueda ir al bachillerato.

Tengo que estudiar muchísimo y ya no puedo salir casi nunca a la calle a jugar.

Voy a tener un vestido nuevo, es muy difícil conseguir tela y encima hay que entregar muchos cupones.

Hanneli está enferma, en la escuela es mucho peor que yo, está muy atrasada y eso que yo tampoco soy de las mejores. Ahora viene a verla dos veces por semana un señor para ayudarla a recuperar, esas clases naturalmente son muy caras.

Papá tiene mucho trabajo en la oficina, se mudará pronto porque en Singel le falta espacio. Ahora se irá a vivir a Prinsengracht, lo recojo muy a menudo del tranvía. Dormir con papá es muy agradable, pero preferiría que hubiera otra razón por la que duermo abajo y que los tiempos volvieran a ser normales.

Estoy haciéndome un jersey de punto, es un modelo muy bonito y a la vez fácil. Al final de la carta lo dibujaré, siempre hay que hacer 6 al derecho y 6 al revés, hasta llenar el cuadrado.

Tengo el pelo bastante largo, ya lo habréis visto en la foto. Papá y mamá quieren que me lo corte, pero yo prefiero mucho más dejármelo crecer.

¿Vosotros cómo estáis? Me encantaría poder ver a Bernd patinando sobre hielo, ¡espero que pueda ser antes de lo que todos pensamos!

Tengo clases de francés y ahí sí que soy la mejor, y también nos dan boletines, pero no antes de las vacaciones de otoño. La clase judía de momento la han cancelado, y en invierno de todos modos no creo que pueda ir, porque ahí tendría que volver a casa de noche, y prefiero no hacerlo, y tampoco me dejarían.

Me han puesto una maquinita en la boca, y también un aparato. Ahora tengo que ir al dentista todas las semanas, y al día siguiente me lo quitan. Ya llevo ocho semanas así, y naturalmente me parece muy desagradable. Ahora tengo que dejar de escribir porque tengo que irme a la cama. Muchos recuerdos al tío Erich, a la tía Lenie, a Stephan, Bernd y a la abuela Ida, y muchos besos para ti de

tu Anne

Carta sin fechar dirigida a Alice Frank, con una anotación manuscrita en cada página: «1942 después de Pascua»

Querida Omi:
Hace mucho que no te escribo, pero también se debe a que nos ponen muchos deberes y apenas me sobra tiempo.

Para Semana Santa nos dieron los boletines. En matemáticas mejoré 3 puntos, pero en neerlandés, alemán y francés bajé otros 3 (ojo: en total).

¿Vosotros cómo estáis?

Hoy es el primer día que hace un tiempo de verano de verdad. Las vacaciones ya se acabarán el martes, va demasiado deprisa. Aunque esta carta va dirigida a la abuela, por supuesto que también es para toda la familia.

El patinaje sobre hielo ya habrá terminado, ¿verdad, Bernd?

Yo estoy completamente desentrenada, pues llevo mucho tiempo sin practicarlo.

En el liceo sigo estando a gusto, en la clase somos doce chicas y dieciocho chicos. Al principio andábamos mucho con los chicos, pero ahora la cosa se ha enfriado un poco. Por suerte, porque se ponen realmente pesados.

Con Hanneli estamos otra vez en el mismo curso, su hermanita es preciosa y ya sabe andar suelta.

Sanne no va al colegio con nosotras, aunque sigo viéndola a menudo. Igual que yo, adora a Moortje, así se llama la gata que tenemos desde hace seis meses. Como es hembra, espero que tenga cría pronto, visto que estos días se encuentra con muchos gatos machos en el tejado.

Por lo demás, aquí todo bien. Papá tuvo lumbago o reumatismo en la espalda, pero por suerte ya se le ha pasado.

A ver si un día podéis escribirme, me encanta recibir una carta para mí sola.

Pronto iremos a hacernos fotos en una tienda, me imagino que entonces os enviaremos alguna.

Estoy muy cambiada, porque me he cortado el pelo y me pongo rulos, pero ya lo veréis en la foto, siempre que los rizos no se me quiten por el viento.

Esta noche Margot ha salido, al Club de la escuela. Pero lamentablemente tiene que volver a casa temprano; si no, tendría el cuarto para mí sola.

Ahora me voy, adiós a todos, espero recibir noticias pronto.

Anne

Tarjeta postal sin fechar dirigida a Alice Frank en Sils-Maria, hacia el verano de 1942

Querida Omi:
Como hoy ha hecho un día estupendo, hemos salido de excursión, y como hay unas postales muy bonitas, pensamos en vosotros. Muchos recuerdos,

Anne

Carta dirigida a Bernd (Buddy) Elias en Basilea por su cumpleaños, el 2 de junio de 1942

Querido Bernd:
Feliz cumpleaños (así comienzan todas las cartas de cumpleaños) y que cumplas muchos más. Espero que todos estéis bien de salud, igual que nosotros.

Hemos tenido cinco días de vacaciones por Pentecostés. Ha estado muy bien, y tengo los días muy ocupados. Por las noches no llego a casa antes de las diez, aunque por lo general me acompaña a casa algún chico.

¿Cómo está esa chica de la que me enviaste aquella foto? Escríbeme algo sobre ella, esas cosas me interesan.

Margot también tiene novio, pero es más joven que el mío.

La carta no ha resultado muy larga, pero es que no tengo tiempo, pues saldré con papá a ver una película en casa de unos conocidos.

Recuerdos a todos. Escríbeme.

Anne

Lieve Juultje,
Wat zal ik schrijven op dit blad?
Wacht Juultjelief ik weet al wat:
Gezondheid en, het beste hoor!
Ga braaf en flink de wereld door.
En denk steeds wat je lot zal zijn,
Na regen volgt altijd zonneschijn.

Ter herinnering
aan je vriendinnetje.
Anne Frank.

Poemas en álbumes recordatorios

Introducción

Se han conservado cuatro poemas que Anne escribió en álbumes recordatorios de sus amigas de la infancia. Siguiendo una costumbre que aún se mantiene, están ornados de toda clase de elementos decorativos. Aunque se trata de poemas de conocimiento público, la elección de los versos dice algo sobre la propia Anne y sobre la relación con sus amigas, motivo por el cual se recogen en estas obras completas.

Poema escrito en el álbum recordatorio de Mary Caroline Bos el 5 de marzo de 1938

Querida Mary:

Cuando al cabo de los años
este álbum vayas a leer
y veas en la escuela quiénes
tus amigas pudieron ser.

Y cuando pases revista
a toda esa hilera sin fin
y evoques tus recuerdos,
Mary, también piensa en mí.

Recuerdo de tu amiga de la escuela
Anne Frank

Poema escrito en el álbum recordatorio de Juultje Ketellapper en julio de 1939

Querida Juultje:

¿Qué puedo escribir yo en esta hoja?
¡Espera Juultje, que algo se me antoja!
Salud en la vida, y ahora antes de irme:
que andes por el mundo con paso firme.
Y siempre recuerda, como cualquiera sabe:
donde una puerta se cierra, otra se abre.

Recuerdo de tu amiga
Anne Frank

Poema escrito en el álbum recordatorio de Dinie Amelsbeek el 18 de octubre de 1940

Querida Dinie:

Cuando ya a clase juntas no vayamos
y recorramos el mundo dejando una estela,
a este, tu álbum, echa un vistazo
y piensa en mí, tu amiga de la escuela.

Anne Frank

Poema escrito en el álbum recordatorio de Jacqueline van Maarsen el 13 de marzo de 1942

Querida Jacque:

Sigue siendo ese rayito de sol,
en la escuela una buena niña.
Para mí la amiga más querida,
que todos amarán de por vida.

Recuerdo de tu amiga
Anne Frank

Verschillende verzis von allerlei:

15 Aug. 1943. Willst du glücklich sein im Leben,
Frage bei un and'rer Glück,
Denn die Freude die wir geben
Strahlt ins eig'ne Herz zurück.

· ·

15 Aug. 1943. Mann mit zugeknöpften Taschen
Dir tut niemand was zu lieb.
Hand wird nur von Hand gewaschen;
Wenn du nehmen willst, so gib.

· ·

15 Aug. 1943 Willst du glücklich sein im Leben,
Scheue niemand, tue recht.
Dann wird alles gut gelingen,
Und es geht dir niemals schlecht.

· ·

15 Aug. 1943 Du weintest einst als du die Welt
begrüsstest,
Doch alles Lächeln grüsste dein
Erscheinen.
Gott gebe — dass — wenn du die Augen
schliessest,
Dein Antlitz lächle, während alle
weinen.

· ·

15 Aug. 1943 Mit vielen teile deine Freuden,
Mit allen Munterkeit und Scherz.
Mit wenigen nur deine Leiden!
Mit Auserwählten nur dein Herz.

Mit Julius Cäsar von Shakespeare:

18 Aug. 1943

Wer ist so fest, den nichts verführen kann?

18 Aug. '43 Noch felsenfeste Burg, noch eh'rne Mauern
Noch dumpfe Kerker, noch der Ketten Last,
Sind Hindernisse für des Geistes Stärke.

El libro de frases bonitas

Introducción

Desde junio de 1943 hasta el 2 de julio de 1944, Anne Frank compiló lo que ella misma llamaba su «Libro de frases bonitas»: un libro de caja alargado en el que no solo anotaba frases bonitas sueltas, sino donde también copiaba extensos párrafos interesantes de los libros que leía. Anne menciona el libro de frases bonitas en la entrada de su diario del 18 de abril de 1944. Su padre, Otto Frank, la animó a crear un compendio de este tipo, pues en la primera página Anne escribió: «¡Un invento de Pim!» (Pim era el apodo cariñoso de Otto).

Entre los autores citados, aparece aquí y allá la propia Anne Frank, que se esconde detrás del seudónimo de «Rea». El 28 de febrero de 1944 y el 24 de marzo de 1944, Rea también aparece en la versión A del diario. Al igual que en el libro de frases bonitas, Anne Frank firmó allí con ese nombre sus poemas. Por lo tanto, Rea podría considerarse el alter ego poético de Anne.

De igual manera que en el llamado *Libro de Egipto*, la inmensa mayoría de los textos del *Libro de frases bonitas* no son de la propia Anne: y es que lo que escribió en él, lo copió en gran parte de las obras de otros autores. Su selección, sin embargo, ofrece un muestrario de locuciones proverbiales y textos que invitan a la reflexión y que la inspiraron. Por tanto, forma parte de la documentación de su oficio de escritora y constituye un elemento indisoluble del legado literario de Anne.

La versión neerlandesa del *Libro de frases bonitas* fue publicada por primera vez por Gerrold van der Stroom. Su edición de 2004 se basa en el manuscrito de Anne, que, además, se reproduce allí de forma facsímil. Por otra parte, el libro contiene información biográfica y bibliográfica sobre los autores y los libros que Anne citó en su *Libro de frases bonitas*. Para cualquier investigación sobre la relación entre las lecturas y los escritos de Anne Frank, esa edición seguirá siendo la fuente primaria.

Casa de atrás, 14 de agosto de 1943

¡Un invento de Pim!

Junio de 1943
Extraído de: *I Begin Again*, 1940 [*Volver a empezar*]
de Alice Bretz

Un ejemplo de esa fe viva que guardo como un recuerdo inspirador fue la reacción de una chica irlandesa cuyo hermano había venido a Nueva York. Su tía organizó una reunión en su honor, y cuando los dos llegaron a su apartamento, el baile ya había comenzado. La chica corrió a un dormitorio para quitarse el sombrero y el abrigo. Pasaron unos minutos y, como no regresaba, su tía fue a buscarla. La encontró de rodillas y le preguntó qué hacía. Ella le explicó:

—Doy gracias a Dios, porque estoy muy feliz. Temía olvidarlo una vez que me pusiera a bailar.

Una oración de gracias es algo que la mayoría de nosotros tendemos a olvidar. Nos acordamos de pedirle cosas a Dios, pero rara vez nos acordamos de agradecerle por todo lo que ya ha nos ha dado.

[...]

Cuando alguien sugiere que mi ceguera es un azote divino, su concepción de Dios me horroriza. Es una idea bárbara. Un padre humano que cegara a su hijo por cualquier motivo que fuera sería linchado por los vecinos, y únicamente lamentarían no haberlo hecho antes. El concepto de un Padre Celestial más cruel que un padre humano me repugna. No culpo a Dios de mi ceguera. Es consecuencia de mi ignorancia. Pero Dios me ayuda, como Padre mío que es.

No me preocupa la manera en que otros encuentran a Dios, ni si mi fe es ortodoxa o no. Mi fe es sencilla y certera. El Señor es nuestro amigo. Y así como un buen amigo aquí en la Tierra contribuye a nuestra dicha, ayudando en las tareas diarias, hablándonos, o acompañándonos a las reuniones, así mismo la presencia del Señor contribuye a nuestra alegría.

[...]

Para mi fe sencilla, la asistencia al culto no es realmente necesaria. Las controversias de las Iglesias no tienen cabida en ella. Las discusiones teológicas y las fórmulas eclesiásticas se mantienen fuera de su funcionamiento. No soy una mística, y si Dios me hablara en el silencio, pensaría que el mensaje es fruto de mi imaginación. Dios lo sabe y usa a la gente para mostrarme su amor y cuidado. Yo lo siento a través de un acto amable, una palabra de aliento, un obsequio, y acepto a la gente como mensajeros de Dios. Cuando agradezco a alguien, también agradezco a Dios.

Es esta actitud la que hace que la amabilidad sea un factor tan importante en mi vida. [...] es la sonrisa de Dios.

Este hecho explica mi felicidad y alegría a pesar de lo que la gente llama las tragedias de mi vida. No hay tragedia en la felicidad, ni pesar en la alegría. Para mí la vida se compone de pequeñas cosas que contribuyen a mi alegría y solaz. No necesito pedirle a Dios que cumpla un deseo mío en particular. Si él quiere que se cumpla, me llega a través de una persona.

Las horas tranquilas que componen mi día son un placer en sí mismas. Mi fe en Dios llena los rincones de mi corazón donde reina el silencio. Pensar en Él, en algo que ha dicho, aunque sea una sola palabra, es algo que ciertamente me inspira. El pensamiento se aplica directamente a alguna necesidad del momento y me da fuerzas para seguir adelante. La paz colma mi corazón.

[...]

Puedo haber estado reflexionando sobre un problema, intentando remediarlo, y no me queda claro cuál es la solución. He ido lo más lejos posible y le he abierto el camino a Dios. Su ayuda nunca ha fallado. Estoy tan segura de ello, que no me parece más que justo hacer yo misma todo lo que pueda, arreglármelas lo mejor que pueda, y cuando me encuentro con un muro, pedirle a Dios sabiduría y entendimiento y que me indique qué hacer. No solo hay ayuda y solaz en la amistad de Dios, sino también una profunda alegría.

Uno de sus obsequios es un mayor reconocimiento de la amabilidad del mundo. Nadie puede quitarnos ese reconocimiento, pues los ciegos tenemos más ocasiones de llevarlo a la práctica que otras personas. El reconocimiento puede ser el primer paso hacia la gratitud, y la gratitud está en nuestros corazones, es como un fuego nuevo en un hogar apagado. Nos calienta por entero y hace más felices nuestras vidas. Ese calor también podemos compartirlo con otros; pues los ciegos tenemos un lugar en la sociedad que está en nuestro poder convertir en un lugar importante. A la gente le gusta hablar con nosotros porque mantenemos la cabeza en alto y no nos agobian nuestras dificultades.

Mis lecturas religiosas me han llevado al convencimiento de que la necesidad esencial es la amistad con Dios. Hay un versículo en el Antiguo Testamento que reza: «Vuelve ahora en amistad con él, y tendrás paz». Es así de sencillo. Podemos llegar a conocer a Dios. Él siempre está dispuesto a ser nuestro amigo; todo lo que tenemos que hacer es desear su amistad y tratar de entender.

Nuestro deseo es la parte primordial y más fuerte; la comprensión llega más lentamente, y a cada uno de nosotros le llega de manera distinta. Cuando se trata de un amigo humano, sabemos que nos complace decir y hacer cosas que le complacerán. Podemos adoptar la misma actitud con respecto a Dios. Nos gusta pensar en él, hablar con él, sentir que está cerca. Sabemos que entiende nuestro deseo, que entiende nuestros errores y las ocupaciones diarias que distraen nuestras mentes.

Es difícil expresar con palabras este sentimiento. Lo intenté una vez y mi interlocutora me interrumpió con una exclamación:

—Realmente me parece chocante la forma en que hablas de Dios. Lo tratas como si fuera un amigo.

—Espero que lo sea —fue mi respuesta.

Para esa persona, Dios era un potentado muy lejano, cuya ira se debe apaciguar con oraciones y súplicas. Por supuesto que nos sentimos humildes y pequeños en presencia de Toda la sabiduría, Todo el poder y Toda la comprensión. Del mismo modo que un niño se siente pequeño, impotente y *seguro* en los brazos de su padre.

Sí, hay mucha maldad, mucho dolor y mucha desgracia en el mundo, pero en esa desgracia y ese dolor también está la amistad de Dios.

(Alice Bretz escribió este libro cuando se quedó ciega).

14 de agosto de 1943

Extraído de: *Vorstenschool* [*Escuela de príncipes*], 1872
de Multatuli

Reina madre: ¿Mucho trabajo?
Louise: Tuve una visita.
Ya sabe, recibo de ocho a diez…
¡Ay!, mire, madre, mire esos fardos.
Noticias sobre todo lo que en el pueblo
no es como debería ser, y sin embargo
—¡eso espero!— cambiará algún día.

Pero, madre… hija tosca que soy…
¡Ni siquiera he preguntado por su salud!
¿Ha descansado bien tras la velada de anoche?

Pero el hombre vivir debe,
es decir: sentir, pensar, trabajar, aspirar,
y dar fruto, cien… ¡mil veces!
Quien no da más de lo que recibió es… nulo.
Y al nacer hizo un esfuerzo innecesario.

¡El pueblo ha caído muy bajo, madre! Alma y corazón
se hunden cuando persiste el sufrimiento material.
El ardor de un brío más elevado se extingue.
Si la vida es solo un campo con lo bajo,
si no es morir el único objetivo de la vida,
¡y un sucumbir pospuesto el mayor premio!
¿Qué es al pobre la belleza de la primavera? ¡Nada!
¿Un cielo estrellado? ¡Nada! ¿Qué es para él el arte?
¿Qué le son tonos, tintas, aromas? ¡Nada!
¿Qué le es la poesía? ¿Qué el amor? ¡Nada!
Todo eso puede no serle nada. Toda huida
le está vedada por la realidad,
que con puño de hierro lo oprime en el fango.
Y castiga todo intento de resistir
con… hambre…

Nacimiento, títulos, riqueza, rango, prejuicio,
mas pregunto: ¿alguna clase prescribe el hambre?
¿O puede alguna clase estar condenada a la escasez?
Pregunto, ¿ocupa un animal clases más bajas
que la oveja o el buey que pastan despreocupados
y que seguramente despreciarían al hombre
si supieran lo mal que este se alimenta?
¿Es menos el hijo del pobre que un ternero?
¿La madre menos que una vaca? Dios mío,
¿es esa su clase? ¿Exige eso tu sociedad?
¡Ah!, entonces es todo mentira lo que se predica
sobre la nobleza del alma y la civilización.

Una parte, una nimia parte de la sociedad
gobierna, regula, cabildea, hace leyes y remite
a la otra parte —la mayor— a la miseria.

Versos varios de varios autores:

15 de agosto de 1943

> Si en la vida quieres ser feliz
> haz algo por la dicha de otros.
> Pues la alegría que ofrecemos
> repercute en el corazón propio.

15 de agosto de 1943

> [Johann Wolfgang von Goethe]
> Hombre de bolsillos abotonados
> por darte gusto nadie hace na.
> Solo una mano lava a la otra;
> si quieres tomar, antes da.

15 de agosto de 1943

> Si en la vida quieres ser feliz
> a nadie escatimes, lo justo haz.
> Todo entonces saldrá bien
> y a ti nunca te irá mal.

15 de agosto de 1943

> Lloraste otrora cuando al mundo saludaste,
> mas saludaron tu llegada las sonrisas de todos.
> Dios conceda que cuando los ojos cierres
> tu semblante sonría mientras lloran los otros.

15 de agosto de 1943

> [Johann Gaudenz von Salis-Seewis]
> Tus alegrías comparte con muchos;
> con todos, tu deleite y buen humor.
> ¡Tus penas, solo con algunos!
> Y solo con los elegidos, tu corazón.

18 de agosto de 1943

Extraído de: *Julio César*
de William Shakespeare

¿Quién es tan firme que no se le puede seducir?

18 de agosto de 1943

[Shakespeare]
Ni torres de piedra, ni muros de bronce,
ni insanas mazmorras ni argollas de fierro
pueden someter la fuerza del espíritu.

[Shakespeare]
Mas es sabido que la humildad
es el primer peldaño en la ambición
que el trepador pone en su mira,
y el primero que olvida, cuando en la cima,
al ver las nubes, de espalda a la pendiente,
desprecia el inicio de su ascenso.

[Shakespeare]
Pues le encanta oír
que los unicornios se atrapan con árboles,
los osos con espejos, los elefantes con trampas,
los leones con redes, y los hombres con elogios.
Cuando le digo que odia a los aduladores,
me jura que sí, sumamente adulado.

[Shakespeare]
Pero dime, Bruto, ¿en qué cláusula del contrato conyugal,
me está vedado conocer los secretos que te conciernen?
Soy parte de ti, o eso creo, mas ¿solo cuando te conviene?
Acompañarte a la mesa, complacerte en la cama,
hablarte de vez en cuando, rondar los márgenes de tu deseo,
¿ese es mi lugar en tu vida? Entonces, podría decirse
que Porcia es la ramera de Bruto, pero jamás su esposa.

[Shakespeare]
Mil veces muere un cobarde antes de muerto;
los valientes prueban ese sabor una sola vez.

[Shakespeare]
El mal que hacen los hombres les sobrevive;
el bien queda a menudo sepultado con sus huesos.

23 de agosto de 1943

Extraído de: *Lord Byron*
de André Maurois

¡La paz sea con los muertos! La añoranza no los puede despertar. Un suspiro por los desaparecidos, luego retomemos la triste rutina de la vida, con la certeza de que también nosotros tendremos nuestro descanso algún día.

22 de agosto de 1943

Extraído de: *Utopía*
una obra de Tomás Moro

Hacéis ladrones

Estando yo un día a su mesa se hallaba casualmente presente un cierto laico, perito en vuestras leyes, el cual, con no sé qué ocasión, comenzó a celebrar a remo y vela la implacable justicia que se aplicaba entonces a los ladrones, de los que en algunos sitios —contaba— se habían colgado hasta veinte en una sola cruz, diciendo el hombre que lo que más le sorprendía era por qué aciaga fatalidad, siendo tan pocos los que escapaban a este castigo, fueran, no obstante, tantísimos los que andaban por ahí latrocinando. Yo entonces le dije (pues me atreví a hablar libremente delante del cardenal):
—No te extrañes en absoluto. Esta punición, en efecto, de los ladrones excede lo justo y no aprovecha a la sociedad. Es demasiado cruel para reparar los robos e insuficiente, sin embargo, para refrenarlos. Pues ni el simple robo es un delito tan grande que deba sancionarse con la pena capital ni hay pena tan grande que pueda disuadir de robar a quienes no posean otro medio para conseguir su sustento. A este respecto, tanto vosotros como buena parte del mundo parecéis imitar a los malos preceptores, más dispuestos a azotar a sus discípulos que a enseñarles. Se decretan severos y terribles castigos contra el ladrón, cuando sería mucho mejor proveer algún medio de vida para que nadie se viera en la cruel necesidad de robar primero y perecer en consecuencia después.
—A eso —dijo él— se ha provisto lo suficiente. Existen las artes mecánicas, existe la agricultura; de ellas podrían vivir si no fuera que les da la gana ser malos.

—Por ahí —le dije— no te saldrás con la tuya. Para empezar, pasemos por alto a los muchos que vuelven mutilados a casa de las guerras con el extranjero o las civiles, como hace poco la vuestra de Cornish o la Francesa, los cuales pierden sus miembros en servicio de la república o en servicio del rey, y a los cuales su desgracia no les permite volver a sus antiguas ocupaciones ni su edad aprender otra nueva. Pasemos, digo, por alto a estos, puesto que las guerras tienen lugar de tiempo en tiempo.

»Centrémonos en lo que no hay día que no suceda. Por ejemplo, en el gran número de nobles que no se contentan solo con andar ellos ociosos cual zánganos en medio de los sudores ajenos —piensa en los colonos de sus campos a los que desuellan vivos para incrementar sus rentas, pues no han conocido otro sistema de hacer economías, unos hombres que, de otra manera, son pródigos hasta acabar en la mendicidad— sino que, además, se rodean de una caterva innumerable de servidores ociosos que nunca aprendieron arte alguno de ganarse el sustento. A esta gente se la despide de inmediato cuando se muere su señor o cuando ellos mismos enferman, porque se prefiere alimentar a un ocioso que a un enfermo o porque, como sucede a menudo, el heredero del difunto no puede de momento mantener a los familiares de su padre. Esta gente, entonces, se muere de hambre a conciencia como no robe a conciencia.

»Y, ¿qué pueden hacer si, tras vagar durante algún tiempo, al haber estropeado la ropa y la salud, al estar extenuados por la enfermedad y cubiertos de harapos, ni los señores se dignan recibirlos ni se atreven a hacerlo los campesinos? Pues estos no ignoran que quien se ha educado muellemente en el ocio y los regalos está acostumbrado a mirar en torno suyo con gesto ceñudo y altanero y a hacer ascos de todos, vestido con su espada y su broquel, no valiendo en modo alguno para trabajar honradamente para un pobre con un azadón y una almádena por un salario mísero y una comida parca.

—Precisamente —dijo él en este punto— ese tipo de hombres es el que debemos fomentar a toda costa, pues constituyen la fuerza y el empuje del ejército en el caso de una guerra, al tener una altura y entereza de ánimo que no tienen los artesanos y labradores.

—Según ese mismo argumento —le dije yo— también podrías decir que, por razón de la guerra, se deben fomentar los ladrones, aunque estos, estate seguro, nunca te faltarán mientras tengas soldados [...]. La necesidad de robar, empero, no se reduce a esta sola. Hay otra, a lo que creo, mucho más privativa de vosotros.

—¿Cuál es? —dijo el cardenal.

—Vuestras ovejas —le dije yo—. Tan mansas y tan frugales habitualmente, ahora (por lo visto) se han vuelto tan voraces e indómitas que hasta devoran a los hombres, devastan los campos y derriban casas y aldeas. Ocurre en este reino que dondequiera se da una lana más fina y, por tanto, más cara, los nobles y los hidalgos y hasta algunos abades, varones santos ellos, no contentos con las rentas y anatas que sus mayores solían devengar de las tierras, ni dándose por satisfechos con no aportar nada en absoluto al bien público, viviendo como viven ociosa y suntuosamente, si, además, no lo entorpecen, no dejan nada para la labranza, lo cercan todo para pastos, destruyen las casas, arrasan las aldeas, respetando no más que la iglesia para corral de las ovejas, y, como si ya fuera poco el terreno que os hacen perder los pastaderos y los vivares, estos buenos señores convierten en desierto todos los poblados y cuanto hay de cultivo. Para que un solo tragón insaciable y azote cruel de la patria pueda cercar con una sola valla algunos miles de yugadas después de unir los campos, se echa fuera a los colonos, se les despoja de sus posesiones por medio de engaños o por la fuerza, o, cansados de sufrir vejaciones, se ven obligados a venderlas. Cualquiera que sea el motivo, emigran al fin los desgraciados, varones, mujeres, maridos, esposas, huérfanos, viudas, padres con hijos pequeños y con una familia más numerosa que rica —el trabajo del campo precisa de muchos brazos—; emigran, digo, de los lares conocidos y acostumbrados sin encontrar dónde acogerse. Forzados a abandonar sus enseres, que tampoco valdrían mucho si pudieran esperar por un comprador, los venden por una cantidad mínima. Consumida esta tras poco de andar errando, ¿qué otra cosa les queda sino robar y que los cuelguen —justamente, por supuesto— o vagar y mendigar, en cuyo caso también se les meterá en la cárcel por vagabundos, pues deambulan ociosos sin que nadie acepte sus servicios a pesar de que ellos los ofrecen con la mayor insistencia? Donde no se siembra ya no hay tareas de campo que hacer, que son las que ellos aprendieron. Un único ovejero o boyerizo, en efecto, alcanza para todo el terreno en que pasta el ganado; cuando se le cultivaba, en cambio, se necesitaban muchos brazos para que la simiente llegara a fructificar.

»Debido a esto, los alimentos se han vuelto mucho más caros en muchos sitios. [...] Porque esta carestía de alimentos es la causa de que cada uno despida a todos los familiares que puede; y ¿a dónde han de ir, pregunto, sino a mendigar, o, si son gente más atrevida, a robar, como te puedes suponer fácilmente?

»Arrojad de vosotros estas perniciosas pestes, decretad que quienes destruyeron las granjas y las aldeas campesinas las reconstruyan o las cedan a los que se pongan a restaurarlas y a los que quieran erigirlas. Poned freno a estas compras de los ricos y a la especie de monopolio que detentan. Que sean menos los que se alimenten en el ocio, que se introduzca de nuevo la agricultura, que se restablezcan las manufacturas lanares para que haya un trabajo decente en que pueda ocuparse útilmente esa turba ociosa: los que la pobreza ha hecho ya ladrones y los que ahora son vagabundos y criados ociosos, unos y otros los ladrones del día de mañana.

»En verdad, que si no remediáis estos males en vano os jactáis de la justicia con que se reparan los robos, pues tiene más de especiosa que de justa o útil. Efectivamente, si consentís que se les eduque pésimamente desde los más tiernos años y que sus costumbres se corrompan paso a paso para que se les haya de castigar de mayores cuando consumen al fin unos crímenes que ya de pequeños prometían claramente cometer, ¿qué otra cosa hacéis, pregunto, que ejecutar a los ladrones que vosotros mismos hacéis?

24 de agosto de 1943

Extraído de: *Het eeuwige vuur* [*El fuego eterno*]
de Jacob van Maerlant

Los eternos «lo mío» y «lo tuyo»

Querido Jacob, oh, dime,
si todo el mundo desciende
de nuestro padre común Adán,
¿por qué hay nobles y libres,
y siervos además?
¿Cómo surgieron esas clases?
A los aldeanos les dicen: «¡Eh,
largo de aquí, deshonrosos,
que avergonzáis a la humanidad!».
Al noble en cambio le alaban,
y le dicen: «¡Bienvenido, señor!».
Es algo que me llena de ira,
que me parece indecoroso.

Martijn, es para muchos oscura
la cuestión que has meditado,
y lo que preguntas llega muy lejos:
pues si un prestamista te despelleja
y te desnuda hasta la última camisa
él enseguida quiere que lo cuenten
entre los miembros de la nobleza;
y aunque mil máculas tuviera,
el dinero lo depura de toda inmundicia.
Eso hace que la gente aspire
a sacar de algo lo que se pueda sacar.
Para Dios eso es causante de ira
Y causa confusión en las almas.

Martijn, dice la antigua ley
que los siervos surgieron
por la injusticia y la violencia.
Cuando un soberano triunfaba en el campo,
dejaba a algunos con vida,
los condenaba a la esclavitud
y por dinero los vendía.
Son los que tildan de no libres,
Son los que se oye llamar esclavos.

Jacob, he sabido por ti
que todo el género humano
alguna vez empezó por Adán.
¿Cómo esa gran familia se ha alterado,
que cada uno mata a cada cual?
A eso llamo lástima y pecado.
La envidia vuelve a ser ama y señora
de la ciudad y del campo,
y el pueblo, más pobre que los perros.
Cuéntame lo que saber quiero,
todo me fuerza a preguntarte
lo que escucharía gustosa
y cabalmente de principio a fin.

En el mundo cuatro palabras hay:
son ellas «lo mío» y «lo tuyo».
Ojalá se pudieran ahuyentar,
la paz y el amor durarían,
todos serían libres y nadie siervo,
hombre y mujer, mujer y hombre,
trigo y vino todos en común tendrían.
A nadie se haría morir
ni en el mar ni en el Rin,
eso el veneno de la codicia
aún lo impide, oh Martijn.
Eso hace rezagarse todo.
Ahora otras leyes hay que escribir.

Extraído de: *Past and Present* [*Pasado y presente*]
de Thomas Carlyle

Bendito sea el que ha encontrado su tarea; que no pida otra bendición. Tiene un trabajo, un propósito de vida; lo ha encontrado y lo seguirá.

Leído en: *De jeugd van Florence Nightingale* [*La juventud de Florence Nightingale*]
de Willy Corsari

Rea
Solo cuando me miro a mí misma a los ojos puedo reencontrar la verdad. *Véase una página más adelante. Esto está mal.*

Rea
Quien «quiera» escuchar la voz de Dios, solo oirá la suya propia y no sus propios anhelos.

Más o menos así, leído en: *La juventud de Florence Nightingale*
de Willy Corsari

Extraído de: *Van allerlei slag* [*De toda clase*]
[de] Justus van Maurik Jr.

Resulta difícil juzgar un semblante cuando no se ven los ojos.

21 de diciembre de 1943

Extraído de: *Peter Paul Rubens* [*Pedro Pablo Rubens*, 2.ª parte, «En la flor de la vida»], 1940
[de Zsolt von Harsányi]
(Para ver cómo observa a Dios y a las personas un católico ferviente).

R: No creo que se deba subestimar tanto a la humanidad. Dios amaba tanto a los hombres, que hizo que su único hijo fuera también humano por un tiempo.
D.D: Eso aún no prueba nada, quizá ame tanto las estrellas que haga o ha hecho que su único hijo sea una estrella. Él ama todo, por eso es el amor

infinito. Pero este amor a la gente se le sube a la cabeza. Recurren a cualquier medio para sentirse lo más elevados posible. ¿Cuál es la razón, cree usted, de que los ricos tengan enanos en su séquito? Es para poder mirar en todo momento con desprecio al enano y regocijarse, triunfantes, conscientes de que ellos son grandes, poderosos y magníficos, aunque en la Creación no conformen más que partículas invisibles. Cuando están de mal humor, piensan que hacen la guerra, si bien esta es una tormenta que los hace bailar. Y cuando se sienten tranquilos de ánimo, creen que hacen la paz, si bien tan solo significa que ha desaparecido la fuerza del cometa entre las estrellas. No habrá paz mundial. Ella existió una sola vez, y tan solo en la poesía: *aurea prima sata est*, la edad de oro. Sin embargo, el día llegará, tal vez dentro de diez años, tal vez mañana, en que las tensiones causadas por fuerzas supraterrenales en un lugar determinado de la Tierra cedan y la gente allí vuelva a ser amigable una con otra.

octubre de 1943

Rea
Si me miro a mí misma a los ojos,
siempre reencontraré la verdad.

21 de diciembre de 1943

Extraído de: *Kristin Lavransdochter* [*Cristina, hija de Lavrans*, 2.ª parte: *Mujer*]
[de Sigrid Undset]
(Antes de morir, Lavrans le habla a su hija Cristina. A continuación, unos fragmentos).

Lavrans: Es poco sensato aquel que llora la desaparición de un ser humano. Cristo te protegerá mejor que yo, sin duda lo habrás oído decir; tengo plena confianza en la misericordia divina. Pero los amigos no están separados mucho tiempo. A veces puede parecer largo, mientras que se es joven; pero tienes a tus hijos y a tu marido. Cuando tengas mis años, te parecerá que hacía apenas un instante que nos habías visto a todos los que habremos desaparecido, y si cuentas los inviernos que habrán pasado, te sorprenderá contar tantos.

Aquí hay una interrupción, luego Lavrans cuenta su juventud.

En mi adolescencia tuve la idea de entrar en el convento, pero cuando cumplí dieciséis años, mi padre me regaló armas, y por mi voluntad elegí el mundo y traté de convencerme de que, puesto que el mundo venía a mí, sería una cobardía quejarme del destino que yo mismo había elegido. Porque con los años me fui dando cuenta cada vez más de que no hay ocupación más digna para el hombre que ha recibido la gracia de comprender un poco la misericordia de Dios que servirle, velar y rezar por los hombres que tienen aún ante sus ojos la sombra de las cosas mundanas. Un hombre que procrea hijos de su carne debe, pues, soportar que su corazón sufra si le ocurre que los pierde o que el mundo va en su contra. No es a mí a quien pertenecen, sino a Dios, que les ha dado un alma...

4 de enero de 1944

Extraído de: *Siegfried* [*Sigfrido*]
de Richard Wagner

Sigfrido:
    Salir del bosque,
    recorrer el mundo:
    nunca regresaré.
    Lo feliz que estoy
    de liberarme:
    ¡nada me ata ni obliga!
A Mime:
    Tú no eres mi padre,
    lejos está mi patria;
    tu hogar no es mi casa,
    mi manta no es tu techo.
    Como el pez que nada
    alegre en la marea,
    como el pinzón que, libre,
    revoloteando se aleja:
    me voy de aquí volando,
    me lleva la corriente,
    me arrastra el viento
    sobre el bosque.
    ¡Para no verte, Mime, nunca más!

7 de enero de 1944

Extraído de: *Pedro Pablo Rubens* (1940), 3.ª parte: *La obra coronada*
[de Zsolt von Harsányi]
(Conversación entre Federico Enrique de Orange y Rubens)

Federico Enrique: La guerra es un monstruo malvado; la paz, una bendición. Pero yo pregunto: ¿quién está haciendo aquí la guerra? ¿Un pueblo diligente, amante de la paz, que quiere trabajar en libertad y elegir su propia Iglesia, o el tirano, que quiere subyugar a ese pueblo por la fuerza y mantenerlo cautivo en una camisa de fuerza?

Pedro Pablo Rubens: Los Países Bajos son la herencia legítima de la corona española, mi príncipe, si consideramos el asunto desde un punto de vista dinástico. Y es difícil para quien tiene sucesores renunciar a una herencia legítima.

Federico Enrique: Es cierto. Los holandeses, zelandeses, frisones y otros más vivimos otrora en libertad. Los padres se la dejaron a sus hijos como herencia. ¿Cómo deberemos luego renunciar a nuestra libertad quienes tenemos hijos? Han querido reprimir a los Países Bajos por la fuerza, y por la fuerza los hemos liberado. Esta se ha convertido en nuestra propia patria y la defenderemos con las armas. No de buen grado, pues cada uno de nosotros preferiría quedarse en paz junto a los suyos. Pero nos vemos obligados a hacerlo, del mismo modo que usted tomaría las armas si unos bandidos armados quisieran apoderarse de las posesiones de sus hijos. Escuche mis palabras, Rubens, aunque nos será difícil entendernos porque cada uno habla un idioma diferente. Usted parte de la idea del reino, del legado otorgado por Dios a los Habsburgo, de la actitud obediente de los pueblos humildemente sometidos a ellos y, sobre todo, de la santidad de la corona de poder ilimitado. Porque hay una cosa que habéis olvidado allí, del otro lado, sometidos al dominio español: que también existe algo así como una nación. Vosotros habéis olvidado vuestro propio país flamenco, al igual que os gustaría olvidar nuestra nación holandesa. Pero nosotros no lo olvidamos. Aquí en Europa vive un pueblo. No es particularmente querido, porque es trabajador y fuerte. Ese pueblo no desea nada en el mundo más que vivir y trabajar. El mundo entero a su alrededor se resiste a ello. ¿Qué puede hacer ese pueblo sino liberarse de sus cadenas haciendo un tremendo esfuerzo, porque quiere vivir? Y si luego se defiende de los intentos de asfixiarlo, vosotros decís: bárbaros holandeses, que se defienden con la ferocidad de los animales salvajes. Pero del duque de Alba ya no se habla, de Egmont y Horn ya no se sabe nada. Aprende de mí, Rubens, que también existe el derecho a la legítima defensa. Y tu rey podrá enviar otros cien duques de Alba, intentar impedirnos el acceso a todos los puertos del mundo, encerrarnos con puño de hierro, todo será en vano. Nos defenderemos mientras respiremos. Y si respondes a ello que, por tanto, soy el defensor de la violencia de la guerra y un enemigo de toda humanidad, te digo: considero la paz como el bien supremo, pero la libertad como un bien aún mayor, de modo que no estoy dispuesto a morir solo para luchar por la paz para España. Invierto tus palabras: vosotros significáis la guerra. Tú, que vienes aquí como apóstol de la paz, predicas la guerra, porque intentas justificar la opresión de un pueblo pacífico y trabajador.

1 de febrero de 1944

Extraído de: *Return of a Hero* [*El regreso de un héroe*]
de Eric Lowe
La historia de Robin Stuart*

Reflexiones de Robin:
Cuando la muerte llegaba de repente, la amargura de la pérdida podía parecer insoportable. Esto —la separación irrevocable— era la parte de la muerte que parecía siempre tan dura, aunque en realidad era evanescente, y aun el más sentimental, por mucho que lo deseara, era incapaz de mantener vivo ese dolor a lo largo de los años. Había, por supuesto, otros dolores —de los que la muerte podía ser bien el efecto, bien la causa— que no se desvanecían tan rápidamente; pero el sentimental poco tenía que ver con ello, al estar enteramente absorbido por la autocompasión, aun sentida a través de otra persona.

En el campamento, un nuevo amigo le dice a Robin Stuart:
«Las despedidas no me dicen nada. Yo nunca me despido. ¿No has notado nunca que cuanto mayor es la sensación de pérdida, tanto menos sincera es la amistad? Si la amistad es realmente sincera, ganas algo que nunca perderás».

Una opinión interesante:**
«¡Libre albedrío!», dijo con esa sonrisa enigmática que siempre hacía que Robin se preguntara si hablaba realmente en serio. «¿A qué te refieres con libre albedrío? ¿Libertad de acción del individuo? ¿Libertad de pensamiento? Las leyes que gobiernan la vida no están tan íntimamente ligadas al individuo como pretendes creer. Mirar a tu alrededor. En todo momento ves a los individuos tomar decisiones, decir esto o aquello, hacer esto o aquello. ¿Te negarías a ti mismo la capacidad de razonar? Y si puedes razonar, también podrás actuar. Cada uno de nosotros puede razonar y actuar hasta el

---

* En su diario, Anne se refirió a la primera parte de esta trilogía el 12 de enero de 1944.

** Estas tres palabras no son de Lowe, sino de la propia Anne.

límite de su fuerza y capacidad. El límite es pequeño, lo reconozco; demasiado pequeño para afectar a las causas naturales. Pero la fuerza colectiva de muchas personas puede controlar y controla el progreso. El razonamiento, el pensamiento constructivo, es una evolución relativamente reciente. ¡Pero mira lo que ya ha conseguido! No es un sueño imposible que algún día nuestro conocimiento nos permitirá forjar nuestro propio futuro».

11 de febrero de 1944

Extraído de: *La Saga de los Forsyte*, 2.ª parte: *En apuros**
de John Galsworthy

El joven Jolyon a Irene Heron tras la muerte del viejo Jolyon:
A todos nos gustaría morir en pleno verano, con la belleza acercándose a nosotros por un prado.

11 de febrero de 1944

Pensamientos del joven Jolyon:
¡Qué terrible soledad! No podría seguir viviendo allí solo. Y sin embargo, mientras hubiera belleza, ¿por qué habría de sentirse solo un hombre? La respuesta —como a un acertijo idiota— era: porque así se sentía. Cuanto mayor la belleza, tanto mayor la soledad, pues detrás de la belleza había armonía, y detrás de la armonía había… unión. La belleza no podría consolar si el alma estuviera fuera de ella.

12 de febrero de 1944

Extraído de: *Egmont*
de Johann Wolfgang von Goethe

    Canción de Clara

    Llenarse de alegría,
    colmarse de pena,
    tener pensamientos;

---

* El 15 de marzo de 1944, Anne apuntó en su versión A: «He terminado de leer los cinco primeros libros de los Forsyte. Jon me recuerda a Peter [van Pels] en muchos aspectos, Fleur es mejor y peor que yo en algunas cosas, aunque también se parece un poco».

anhelar
y temer
en dolor fluctuante,
de la más alta euforia
a la más profunda aflicción;*
feliz solo es
el alma que ama.

12 de febrero de 1944

[Goethe]

La violeta

En el prado una violeta había
inclinada y desconocida.
Era una dulce violeta.
En eso una joven pastora,
con paso ligero y gran desenfado,
se acercó atravesando el prado.
De su boca se oía un canto.
«¡Ay! —suspira la violeta—, ¡ojalá fuera
de todas las flores la más bella,
por un breve instante siquiera,
hasta que me cortara la doncella
y contra su pecho me apretara!
¡Y ojalá allí me tuviera
un cuarto de hora si quisiera!».
¡Ay, pero ay! La niña llegó,
y en la pobre violeta no se fijó.
En cambio, con sus pies la pisó.
La violeta, al hundirse y morir,
aún con alegría pensó:
«Aunque muera, al menos es
por ella, rendida a sus pies».

* El 24 de diciembre de 1943, Anne citó estos dos versos en su diario para reflejar su estado de ánimo.

12 de febrero de 1944

[Goethe]

Encuentro

Iba yo por el bosque
andando sin objeto,
nada buscaba,
era ese mi fin.

En la sombra vi
una florecilla,
brillante cual estrellas,
bella cual unos ojos.

Quise cortarla,
y ella me dice:
«¿Me vas a quebrar
para verme marchitar?».

Ahí la excavé
con toda su raíz,
y a casa la llevé,
al bello jardín.

Volví a plantarla
en quieto lugar.
Ya nada dice:
florece sin más.

12 de febrero de 1944

Dichos de Goethe

Si no fuera el ojo soleado
el sol nunca podría verlo;
si en nosotros no yaciera la propia fuerza de Dios,
¿cómo podría deleitarnos lo divino?

Siempre le va bien a un señor:
quien hace él mismo lo que ordenó.

¿Vas a seguir errando siempre?
Mira lo cerca que está el bien.
La dicha solo aprende a asir,
pues la dicha siempre está ahí.

19 de febrero de 1944

Extraído de: *Het eeuwige lied* [*La canción eterna*]
de F. J. de Clercq Zubli
2.ª parte de *De blijde stilte* [*El feliz silencio*]

La madre de Joep le dice a Joep:

—No puedes espirar si primero no has vivido: vivido muy intensa y plenamente. ¿Recuerdas el día en que empezaste a escribir? Y es que en esa época difícil en que te volviste sordo habías inspirado muy profundamente en lo espiritual. Entonces tenías que expresarte, aunque solo fuera para tomar conciencia claramente de lo que había sucedido dentro de ti.

»Por otra parte, todo libro verdadero es el intento de una persona de obtener claridad en sus propios pensamientos. En un libro verdadero, un escritor se libera escribiendo.

»Por amor del cielo, sé honesto frente a tu trabajo y olvida el qué dirán. Si tu forma de expresión, como dices, es el cuento de hadas, debes escribirlos, con tal de que sean buenos, sanos, honestos, eso es lo importante; el resto es pura apariencia. Hasta ahora tan solo has escrito para revistas. Ahora escribe exactamente a donde te lleva tu inclinación, escribe cuentos de hadas, todos los que quieras. Ciertamente hay demanda de una colección de cuentos de hadas buenos y puros, y si no encuentras editor, al menos habrás disfrutado la dicha de la escritura.

»Nunca tuerzas tu arte, Joep, es un sacrilegio, sabes, y al cabo toda persona sensible es receptiva a lo que es verdadero y puro y fluye directamente de tu corazón, sin adornos. En cualquier forma en que se haya vertido.

Conversación con su madre tras el nacimiento de su hijo Hans:

—¿Te resultó difícil, mamá, tener hijos varones? —le pregunto pensativamente.

Mamá me mira con sorpresa.

—¿A qué te refieres, Joep?

—Pues me refiero a si no temías que más tarde, cuando fueran mayores, no llegaras a entenderlos completamente.

—Creo que no nos planteamos bien esas cosas. No creo que nuestra educación deba estar orientada a hacer de ellos hombres o mujeres, sino personas. Creo que todos los problemas pueden resolverse desde un punto de vista puramente humano, no desde un punto de vista femenino o masculino.

»El verdadero ser humano es la síntesis del elemento femenino y masculino.

»Por eso, no creo que no llegues a entender a tu hijo si eres capaz de elevarte del punto de vista exclusivamente femenino al puramente humano. Si tu hijo es capaz de hacer lo mismo, os encontraréis allí, y ese entendimiento es el más puro posible.

Conversación entre Joep y su madre:

—La confianza no es algo a lo que tengas derecho por ser madre. ¿Qué busca un niño, una persona, cuando te abre su pecho? Un amigo comprensivo, y si la felicidad de tu hijo es lo que más cuenta para ti, deberás agradecer que haya encontrado a un amigo así, aun si ese amigo no eres tú.

»La confianza, después de todo, sirve para la concienciación del niño, no para la felicidad autosatisfecha de la madre. Por supuesto que la madre, al tener la misma naturaleza y por el mutuo afecto, tendrá quizá más probabilidades de convertirse en esa amiga de confianza que un extraño, pero que una jamás tenga *derecho* a esa confianza de su hijo, siempre me ha parecido absurdo. Una especie de explotación de la maternidad.

La dicha verdadera reside en ti, no la puedes perder.

Todo el sufrimiento que padecemos por lo que la muerte nos quita nada tiene que ver con el amor, sino que nace del amor propio.

Y es que la vida, que ha convertido en algo tan indeciblemente dulce y querido las formas que se nos confiaron, vive en todos nosotros, en toda la creación, en nosotros mismos. Y lo que echamos de menos no es más que la dicha que hemos poseído a través de ella, lo que nos ha sido revelado de ella en el cuerpo amado.

Hemos creído que poseíamos, y sufriremos inexpresablemente a causa de ello, pues ninguna persona puede poseer jamás a otra persona, ni a otra cosa en el mundo, pues todo lo creado nace de la vida y la vida está en todo lo creado.

Atreverse, atreverse a pensar, por más feo y duro que sea.

Los médicos deberían ser funcionarios del Estado; ese vivir a costa del sufrimiento de los demás me parece antisocial.

La muerte, a la que todavía no te atreves a mirar a la cara, se ve muy distinta de lo que piensas ahora.

Es buena y dulce, y asimismo una forma de vida, a la que amamos tanto como a todo lo demás. ¿Cómo puede la creación ser nueva y joven una y otra vez, si no destruye ella misma las formas viejas?

23 de marzo de 1944

Extraído de los *Forsyte*, 3.ª parte

¡Cuán necios son los mayores al pensar que pueden expresar los sentimientos de los jóvenes!

Rea
El amor. ¿Qué es el amor? Creo que el amor es algo que en realidad no puede expresarse con palabras.

El amor es entender a una persona, quererla, compartir con ella la dicha y la desdicha. Y con el tiempo también forma parte de él el amor físico, cuando se ha compartido, se ha dado y recibido, y no importa si se está casado o no, o si es para tener un hijo o no. Si se pierde el honor o no, todo eso no tiene importancia, ¡lo que importa es tener a alguien a tu lado por el resto de tu vida, alguien que te entiende y que no tienes que compartir con nadie!*

Rea
¿De qué sirve pensar en más miseria cuando te sientes miserable?**

¡Piensa en cosas bonitas y en todo lo bonito que aún te queda!

---

* Anne escribió el mismo texto con anterioridad en su diario, el 2 de marzo de 1944.

** El 2 de marzo de 1944, Anne apuntó en su diario: «¿De qué te puede servir pensar en la miseria de los demás cuando tú misma te sientes miserable?».

No mostrar confianza ya supone desconfiar.

Quien no tiene nada que decir habla mucho.

¿Quién honra al héroe que supo prevenir una lucha?

Solo a aquel que se tiene en mucha o en poca estima no se le contradice.

El verdadero dolor calla.

Callar puede ser fruto tanto de la desesperación como de la convicción.

12 de mayo de 1944

Extraído de: *E pur si muove. La vida de Galileo Galilei* (1937)
de Zsolt von Harsányi*

Aquel que entiende la geometría entiende todas las cosas del mundo. El que no sabe nada de geometría, que cierre sus libros, pues nunca entenderá nada de las otras ciencias. La geometría nos enseña en qué consiste el aprendizaje, pues esta ciencia se explica a sí misma. Quien habla en contra de la geometría niega la verdad que se ha revelado…

La geometría te da la posibilidad de reconocer a un burro cuando te topas con uno. En cualquier otra ciencia, alguien pueden defender estupideces, y todo lo que puedes hacer es discutir con él. Pero aquí cualquier argumentación queda excluida; ¡solo existe la verdad!

Y quien no la vea es un burro. ¡Respeta la geometría, el celoso perro guardián de la casa de la ciencia! La geometría es la única piedra de toque para distinguir a los necios de los sabios.

¡Oh, Anne, que te sirva de ejemplo!

---

* En su diario, Anne se refirió a este libro el 11 de mayo de 1944.

14 de mayo de 1944

Extraído de: *E pur si muove. La vida de Galileo Galilei* (1937)
de Zsolt von Harsányi

Conversación entre Galileo y el cardenal Belarmino. Algunos sacerdotes habían denunciado a Galileo ante la Inquisición, ya que, según ellos, predicaba cosas contrarias a las Sagradas Escrituras; por ejemplo, que la Tierra gira alrededor del Sol, es decir, lo contrario de Aristóteles. A continuación, un fragmento:

Belarmino: ¿Alguna vez te has dado cuenta de la maravillosa organización que es nuestra Iglesia? ¿De la fabulosa habilidad con que utiliza todo lo que puede unir y elevar el alma humana? Piensa en nuestras iglesias y en su esplendor: su mera contemplación da fuerza a los pobres, pues les hacemos sentir que el oro reluciente de los ornamentos y la pompa de las procesiones son en realidad de ellos.

»Piensa en las obras de arte que los pintores y escultores más brillantes de todos los siglos crearon para la Iglesia. Piensa en los sacramentos, que asisten a un ser humano desde el nacimiento hasta la edad adulta y le siguen asistiendo hasta que entrega el alma en los brazos de la Iglesia. Piensa en la confesión, esa sabia y gloriosa institución que da a millones de personas paz espiritual, ánimo para seguir viviendo y un sueño tranquilo. Ningún movimiento del alma humana puede escapar al celo amoroso de la Iglesia en su lucha contra la debilidad de los pecadores. Y toda esta maravillosa institución, cuya sabiduría no puede ser alabada lo suficiente, se basa en la verdad de las Sagradas Escrituras. Cada hecho, tal como es en este momento, nació directamente de Dios. Sus preceptos sagrados, sus cuerpos rectores, su autoridad universal son divinos. Cualquiera que dude de ello es un hereje.

Galileo: Dios no permita que yo dude de eso, monseñor.

Belarmino: Bien, escucha entonces. Los sacerdotes, elevados por la bondad de Dios a puestos de gobierno y autoridad, tenemos el deber sagrado de defender y fortalecer esta maravillosa institución. Con sabiduría debemos adaptar su dominio ante cualquier problema que pueda surgir.

»Mucho antes de la victoria del cristianismo, Aristóteles y Tolomeo crearon su imagen del universo. El cristianismo hizo suyas sus ideas, pues parecían concordar con el fin sagrado. Dios creó a Adán y Eva y, a través de ellos, a la humanidad. Nos redimió a través de su Hijo Unigénito. El cosmos entero está relacionado con la humanidad… con la lucha del hombre por salvar su alma. Nada puede ser más importante que la salvación de un individuo, aunque fuera el mendigo más pobre que anduviera por ahí. Incluso el sol significa menos para nuestra Madre, la Santa Iglesia, porque el sol, la luna y las estrellas son solo una parte del universo humano, en el que tuvo lugar el terrible drama de la redención a través de la muerte de Jesús.

»El alma de un único mendigo entre la gran multitud que ha vivido y crecido en las manos de la Iglesia de Dios, sabiendo que nada en el mundo importa de verdad salvo su participación personal en el sacrificio de la carne y la sangre de Cristo, es más importante para mí que toda tu sapiencia. Ese mendigo confía en el Dios que bajó del cielo y fue clavado en la cruz. ¿Puedo admitir en su mente la idea de que la Tierra no es más que un planeta insignificante y el Sol el verdadero centro del cosmos?

»¿Puedo permitir que la humanidad se imagine que la Tierra, con todos sus humanos aspirando a la salvación, no es el centro de todo lo creado? ¿Puedo admitir la duda en sus corazones? Ello nos asestaría un golpe más duro que el protestantismo y todas las demás herejías juntas. Sería suficiente para socavar la autoridad política del papa y con ella el sabio y misericordioso poder de la Iglesia. A la primera duda le seguirían otras cien. Toda la estructura colapsaría. En lugar de la fe, gobernarían contiendas caprichosas; la gente incluso perdería su felicidad terrenal. No, Galileo Galilei, mientras yo detente aquí el poder, nunca permitiré que se hagan estas cosas.

Galileo: ¿Puedo hacerle una pregunta, monseñor?

Belarmino: Pregunta lo que quieras.

Galileo: ¿Es impensable que esta doctrina contenga verdad?

Belarmino: No lo sé. Es contraria a todos mis conceptos: mi mente se pierde en ella. No obstante, es posible que contenga verdad. Pero su verdad no despierta interés en mí. Solo he de ocuparme de lo que se enseña. ¿Qué puedo permitir que el pueblo crea, en interés de la Iglesia y el de su propia salvación? ¿Es tan importante la verdad en las cuestiones científicas? Puede que sí para los hombres de ciencia; para mí, tiene más importancia la fe de millones de pobres. Pero prosigo: si tu doctrina fuera una verdad probada, mi fe podría respaldarla, es lo suficientemente fuerte para ello. El misterio sagrado de la Redención también puedo imaginármelo en una Tierra que se mueve alrededor del Sol. Pero no puedo equiparar la fe inocente de esos millones de personas pequeñas e incultas a la mía.

—Ese es el punto al que quería llegar, monseñor. Eso es lo que yo también pienso, creo que mi cosmología es la correcta y, sin embargo, sigo siendo un hijo fiel de la Iglesia. Y no pretendo en absoluto animar a ningún miembro casual de las masas ignorantes a creer lo contrario de lo que ven sus ojos. ¿Por qué habría de suponer que no es realmente el Sol el que sale al amanecer, como hago yo? Solo pido eso a las personas cultas cuya fe es lo suficientemente fuerte como para permanecer intactas ante esta cuestión. La gente aprende lentamente; pero su cultura avanza paso a paso. Porque está escrito: Sed perfectos, como vuestro Padre celestial es perfecto. Llegará el momento en que cientos de miles se sentirán lo suficientemente fuertes en su fe como para soportar la verdad de Copérnico, de modo que al fin incluso la multitud la aceptará sin perder la fe. ¿Por qué no se me permite revelar esta verdad a personas cultas?

—Porque entre ellos hay muchos sacerdotes. Y un sacerdote no debe pensar con su propio cerebro, sino con el del papa. Ningún sacerdote puede convencer a sus oyentes con un sermón en el que él mismo no crea.

—¿Y los laicos eruditos?

—¿Cómo mantener separadas esas dos categorías? No puedo pedirle a la Inquisición que compile dos índices diferentes. Tendrás que someterte al hecho de que nunca te permitiré presentar este sistema al mundo como verdad. Escucha. Te queremos mucho aquí, no dudo en admitirlo abiertamente. Admiramos tu trabajo científico, y Su Santidad, que no tiene tiempo para la ciencia, respeta en ti al cortesano de un príncipe que ha hecho méritos en la promoción de la política exterior de la Iglesia. Te tratamos con la mayor consideración; por ejemplo, no hemos hecho ningún comentario a tu libro sobre las manchas solares, por más que esté escrito en el espíritu de Copérnico. Tampoco tenemos nada en contra de alguna prueba de que el Sol es imperfecto. En otras palabras, te tratamos con mucha más benevolencia que, por ejemplo, a Foscarini. Incluso podríamos cerrar los ojos si prometieras presentar tu sistema como una hipótesis extraña y curiosa, no basada en modo alguno en la realidad.

»Pero nunca te permitiría proclamarlo y defenderlo como una verdad establecida, porque soy un buen sacerdote y un buen católico, y quiero ver felices a todos los hijos de Dios. Dejo a tu conciencia como católico hacer lo que creas que es correcto. Yo, para mí, ya he tomado la decisión...

18 de mayo de 1944

Extraído de: *E pur si muove. La vida de Galileo Galilei* (1937) de Zsolt von Harsányi

Conversación entre Galileo y su hija mayor, la hermana María Celeste (Virginia)

Celeste: Nunca puedes estar solo, padre. Dios, en quien puedes confiar, está siempre contigo. Y yo nunca te decepcionaré. Quizá todos los demás sí, y sin embargo te digo: ama y confía en las personas. Pues el amor es una dicha tan grande que el dolor de la decepción nunca puede oscurecerlo. El amor puede ser perfecto, pero la decepción no, porque siempre hay consuelo en Dios. Por tanto, el que confía tiene razón, porque si sustrae el dolor de la decepción de la dicha que le obsequia la confianza, ¡todavía le resta mucho!

Perdona la mala letra, ¡estaba a punto de desmayarme! Anne

Extraído de: *Rapsodia húngara* (*La vida de Liszt,* 1936)
de Zsolt von Harsányi*

[El sacerdote] Lamennais [a] Liszt:
Investigar y reconocer todo el mundo como creación de Dios es ciencia.
Reproducir todo el mundo en todas sus partes como creación de Dios es arte.

1 de julio de 1944

Extraído de: *Un marido ideal* (1895)
de Oscar Wilde**

Sir Robert Chiltern y Lady Chiltern, su esposa:
Lady Chiltern: Robert, los hombres pueden amar lo que está por debajo de ellos…, cosas indignas, mancilladas, deshonradas. Las mujeres adoramos cuando amamos, y cuando perdemos nuestra adoración, lo perdemos todo.

1 de julio de 1944

Lord Goring: Pues anoche ella llevaba demasiado rouge y casi nada de ropa. Eso siempre es una señal de desesperación en una mujer.

2 de julio de 1944

Sir Robert Chiltern a su esposa, Lady Chiltern:
Las mujeres cometéis un gran error. ¿Por qué no podéis amarnos con nuestros defectos? ¿Por qué nos colocáis en monstruosos pedestales? Todos tenemos pies de barro, tanto hombres como mujeres; pero cuando los hombres amamos a las mujeres, las amamos conociendo sus debilidades, sus locuras, sus imperfecciones; puede que las amemos aún más por ese motivo. No son los perfectos, sino los imperfectos, los que tienen necesidad de amor. Cuando estamos heridos por nuestras propias manos, o por las manos de otros, es cuando el amor debería venir a curarnos… Si no, ¿para qué sirve el amor? El amor debería perdonar todos los pecados, excepto un pecado contra sí mismo. El amor verdadero debía perdonar todas las vidas, salvo las vidas sin amor. El amor de un hombre es así. Es más grande, más amplio,

---

* En su diario, Anne se refirió a este libro el 9 de junio de 1944.
** En su diario, Anne se refirió a esta obra de teatro el 30 de junio de 1944.

más humano que el de una mujer. Las mujeres creen que convierten a los hombres en ideales. Lo que hacen es convertirnos en ídolos falsos. Tú has hecho de mí un ídolo falso y yo no he tenido el valor de bajar, mostrarte mis heridas, contarte mis debilidades. Tenía miedo de perder tu amor, como lo he perdido ahora. Así pues, anoche me arruinaste la vida... ¡sí, la arruinaste! Lo que esa mujer me pedía no era nada comparado con lo que me ofrecía. Me ofrecía seguridad, paz, tranquilidad. El pecado de mi juventud, que yo creí que estaba sepultado, se alzó ante mí, horroroso, espantoso, las manos apretándome el cuello. Podía haberlo matado para siempre, devolverlo a su sepulcro, destruir su constancia, quemar el único testimonio contra mí.

Tú me lo impediste. Ninguna otra sino tú, lo sabes. Y ahora se cierne ante mí el escarnio público, la ruina, la vergüenza, las burlas del mundo, una vida solitaria y deshonrosa, y algún día una muerte igualmente solitaria y deshonrosa. ¡Que las mujeres no conviertan más en ídolos a los hombres, que no los pongan en altares y se inclinen ante ellos o arruinarán otras vidas tan completamente como tú..., tú, a quien he amado tan ardientemente..., has arruinado la mía!

12 de mayo de 1944

Proclama de cumpleaños de mamá, 1944*

Mil novecientos cuarenta y cuatro
Cincuenta y cinco años.
Siempre la guerra.
Poco pelo,
poco dinero y
comida escasa.
Regalos, hace mucho que no hay.
Un paquete de melaza:
no pudimos conseguir más.
Son tiempos de gran humildad.
Y, sin embargo, Pim sigue animado:
«¡La guerra pronto habrá acabado!».

Porque en su base más profunda, la juventud es más solitaria que la vejez.**

Quien no sepa escuchar tampoco sabrá contar.

* El 12 de mayo cumplía años Otto Frank, padre de Anne.
** Anne escribió las mismas líneas en su diario el 15 de julio de 1944.

Gouden met emaille versierd masker van Tut-ankh-
Amon, ter bedekking van hoofd en schouders van
de mummie.
Nu in het museum te Cairo.
Egypte. Nieuwe Rijk <u>XVIII</u>. Dynastie ± 1350 v. Christus.

Buitenste mummie-
kist geopend; onder
het lijkkleed de
tweede kist.
Nu in het museum
te Cairo.
Egypte. Nieuwe Rijk.

<u>XVII</u> Dynastie ± 1350 v. Christus

Buitenste mummiekist
van Tut-Ankh-Amon,
hout, met goud overtrok-
ken. Nu in Egyptisch
museum te Cairo.
Archief: kunst in beeld A51

El libro de Egipto

Introducción

Aún no se sabe qué impulsó a Anne a emprender la redacción del llamado «Libro de Egipto». A lo mejor ya había comenzado a redactarlo antes de esconderse y continuó su tarea en la Casa de atrás. El 13 de julio de 1943 (véase asimismo la historia «La mejor mesita», p. 263) Anne escribe sobre una discusión con el señor Pfeffer/Dussel sobre el uso de la pequeña mesa escritorio de ambos, y él exclama: «¡La mitología, qué clase de tarea es esa!». Ello podría indicar que Anne ya entonces estaba trabajando en su libro de Egipto.

El texto se publica aquí por primera vez. Al igual que en el «Libro de las frases bonitas», solo una pequeña parte de los textos fue escrita por la propia Anne. La inmensa mayoría son inscripciones que copió de la colección sobre arte publicada en hojas sueltas *Kunst in Beeld*, cuyas imágenes recortó y pegó en su cuaderno. En el texto que se presenta a continuación, ello se indica mediante el rótulo «[imagen]». Algunos de los fragmentos de texto más extensos de este «álbum de recortes» probablemente sí hayan sido formulados por Anne; por ejemplo, las entradas generales sobre Egipto, Mesopotamia y Grecia, o sobre personas, como Champollion y Pericles. Para ello reservó las páginas de la izquierda de su cuaderno; las imágenes con las inscripciones correspondientes suelen estar pegadas en las páginas de la derecha.

El Libro de Egipto se ha incluido en las obras completas por constituir los textos una muestra de los temas de los que Anne se ocupó intensamente.

[imagen]

Arriba: La ciudad de Tiro enviando por barco el tributo adeudado a Asiria. Abajo: Campamento del ejército en muralla de circunvalación con ejército entrando en acción. Ambas secuencias adornaban las puertas revestidas de cobre de un palacio de Nínive de la época de Salmanassar II. Mesopotamia. Asirio. ± 850 a. C.
Archivo: *Kunst in Beeld* B95

[imagen]

Estela de la victoria del rey Naram-Sin, nieto de Sargón de Acad. Mesopotamia. Sumerio. ± 2800 a. C.
Archivo: *Kunst in Beeld* B84

Petroglifos de las cuevas de Altamira. Font-de-Gaume y Combarelles. La cueva de Altamira se encuentra en la frontera de España y Francia en los Pirineos [*sic*].

[imagen]

Reno.

[imagen]

Manada.

[imagen]

Bisonte.
Archivo: *Kunst in Beeld* C1

[imagen]

Mapa de Egipto.

Egipto es un país que tenía una civilización muy temprana, lo que se debió sobre todo al Nilo. El Nilo se desbordaba todos los años y por eso la gente aprendió a construir diques y puentes para protegerse del agua. Pero a veces no construían nada para detener el agua y se inundaba todo el país, pero eso hacía que la tierra se volviera muy fértil y la gente aprendió a cultivarla bien. Si no fuera por el Nilo, Egipto habría sido un desierto como el Sáhara. Por eso, Egipto recibe el nombre de «regalo del Nilo». Los pueblos que vivían alrededor de Egipto intentaron conquistarlo varias veces, pero lo lograron solo un par de veces.

Egipto estaba gobernado por faraones, pero solo tenían nombres adoptados. El faraón era muy venerado. Los sacerdotes también eran muy influyentes.

En Egipto había muy pocas ciudades, dos de las más grandes eran Menfis y Tebas. Como el Nilo se desbordaba todos los años, los pobladores de las pocas ciudades muchas veces tenían que ayudar a los campesinos. Estas personas también comerciaban mucho con otros pueblos y les enseñaron también a ellos a trabajar la tierra. Mucho más tarde, en la época de Alejandro Magno, Egipto fue completamente conquistado y se fundó la gran ciudad de Alejandría, llamada así en honor a Alejandro Magno. Antes de que este reinara sobre el país, estaban Darío y Jerjes, que también poseían todo el territorio, excepto Grecia, país que nunca lograron conquistar. Bajo su reinado, Egipto se había rebelado varias veces, pero los poderosos soberanos siempre supieron reprimir las rebeliones. Alejandro hizo por primera vez que los egipcios volvieran a estar más o menos contentos, porque también introdujo sus costumbres en Macedonia y las costumbres macedonias en Macedonia [probable referencia a Egipto], de tal manera que en realidad se convirtió en una única gran nación. Y es que Alejandro era hijo de Filipo, rey de Macedonia.

[imagen]

Máscara dorada de Tutankamón decorada con esmalte, que cubría la cabeza y los hombros de la momia. Se conserva en el museo de El Cairo. Egipto. Imperio Nuevo. Dinastía XVIII. ± 1350 a. C.
Archivo: *Kunst in Beeld* A53

[imagen]

Ataúd exterior de momia abierto; debajo del sudario, el segundo ataúd. Se conserva en el museo de El Cairo. Egipto. Imperio Nuevo. Dinastía XVII. ± 1350 a. C.

[imagen]

Ataúd exterior de la momia de Tutankamón, madera, recubierto de oro. Se conserva en el Museo Egipcio de El Cairo.
Archivo: *Kunst in Beeld* A51

La momia de Tutankamón se encontró en una pirámide. En el lateral tiene inscripciones en escritura jeroglífica, descifrada más tarde por el científico francés Champollion, que utilizó la piedra de Rosetta. Esta piedra la encontraron cerca de Rosetta y tenía inscripciones en tres idiomas, entre ellos la escritura jeroglífica y el griego. Este señor Champollion sabía griego y así descifró la escritura jeroglífica.

[imagen]

Pirámides de Jafra (Kefrén) y Menkaura (Micerino) en Guiza. Egipto. Imperio Antiguo. Dinastía IV. ± 2800 y 2750 a. C.

[imagen]

Pirámide de Jufu (Keops). Egipto. Imperio Antiguo. Dinastía IV. ± 2850 a. C. En Guiza.
Archivo: *Kunst in Beeld* A9

Las pirámides eran unas piedras muy grandes todas apiladas en forma de torre. Ya mucho antes de morir, los faraones mandaban juntar esas grandes montañas de piedras. Dentro de las pirámides hay toda clase de cámaras y también [un] tesoro. Cuando el rey moría, lo enterraban en la pirámide construida para él.

[imagen]

Tumba de Tutankamón. Tebas. La antesala con la puerta sellada situada en la pared septentrional de la cámara funeraria. Egipto. Imperio Nuevo. Dinastía XVIII. ± 1350 a. C.
Archivo: *Kunst in Beeld* A48

[imagen]

Pirámide de Seneferu, en Meidum. Egipto. Imperio Antiguo. Dinastía III. 2900 a. C.

[imagen]

Esfinge junto a la pirámide de Jafra. Guiza. Egipto. Imperio Antiguo. Dinastía [IV]. ± 2700 a. C.
Archivo: *Kunst in Beeld* A11

El rey Jerjes fue el sucesor del rey Darío. El rey Darío murió justo cuando estaba preparando otro gran ejército para ir a la guerra contra Grecia. Tras la muerte de su padre, el rey Jerjes siguió reforzando el ejército. Pero no pudo derrotar a los griegos.

[imagen]

El rey Jerjes escoltado de sirvientes portando un abanico y una sombrilla. La sombrilla era considerada un símbolo de dignidad. Relieve de Persépolis.
Archivo: *Kunst in Beeld* B120

[imagen]

Ruina de palacio o templo en Ur. Al fondo, los restos de una construcción en terrazas (torre observatorio o zigurat). El núcleo de las paredes es de adobe, el revestimiento de ladrillo cocido. Mesopotamia. Neobabilónico. ± 550 a. C. Archivo: *Kunst in Beeld* A82

[mapa de Mesopotamia]

Mesopotamia

En la cuenca de los ríos Éufrates y Tigris vivía alrededor de 3.000 años antes de Cristo (hace 5.000 años) un pueblo con un alto grado de civilización: los sumerios. A diferencia de Egipto, Mesopotamia tiene una situación prácticamente abierta, mientras que Egipto está casi completamente aislado. Mesopotamia es el país de los dos ríos. El resultado de esa situación es que Mesopotamia padeció muchas más guerras que Egipto. Además, Mesopotamia libró muchas guerras, que aparte de para conquistas también sirvieron para proteger su comercio. Al mismo tiempo, los pueblos de este país de los dos ríos también pudieron influir en gran medida en otros países (pueblos) a través de su comercio. El primer gran rey de Mesopotamia fue Hammurabi, cuya legislación estaba inscrita en una columna de basalto de dos metros de altura. La legislación de Hammurabi fue importante porque introdujo un nuevo Derecho para su pueblo. (Ya nadie podía ser su propio juez). La escritura del país de los dos ríos se llama escritura cuneiforme. La religión de los babilonios estaba organizada inicialmente de tal manera que cada ciudad tenía su propio Dios. Por ejemplo, Marduk era el dios de la ciudad de Babilonia, mientras que Shamash (Sol) era el dios de otra ciudad, pero también bastante famoso. Más tarde, muchas veces el dios de una ciudad se convertía en el dios de todo el país; esto, por ejemplo, le sucedió a Marduk. Entre los babilonios, la influencia de las fuerzas naturales en la religión fue importante; en ese sentido cabe pensar otra vez en Shamash (Sol). También hacían predicciones basadas en las estrellas, lo que se llama astrología. Más tarde, a partir de allí se desarrolló la ciencia llamada astronomía. Incluso en nuestra época todavía conocemos los restos de esa astrología: decimos que alguien «nace con estrella». También en el judaísmo todavía queda algo de ello. Sin embargo, en neerlandés se adoptó una parte de la religión de los germanos, y también varias palabras.

[imagen]

Puerta de la ciudad de Babilonia. De la época del rey Nabopolasar. Mesopotamia. Neobabilónico. ± 610 a. C. Archivo: *Kunst in Beeld* A81

[imagen]

Tumbas abovedadas, posiblemente tumbas familiares, visto que cada tumba tiene espacio para varios ataúdes. Mesopotamia. Babilónico.
Archivo: *Kunst in Beeld* A91

[imagen]

Estela legislativa del rey Hammurabi, el rey recibiendo la legislación de un dios solar. Mesopotamia.
Babilónico. ± 2000 a. C.

[dos imágenes]

Dos estelas: el rey adorando al dios solar Shamash.
Mesopotamia. Babilónico. ± 2000 a. C.
Archivo: *Kunst in Beeld* B82

[dos imágenes]

Figuras de reinas (posiblemente también sacerdotisas) de ciudades sumerias de los siglos anteriores a la fundación del Imperio babilónico. Ambas figuras de Tello, Lagash. Izquierda: ± 3000, derecha (reina Gudea) ± 2500 a. C. Mesopotamia.
Archivo: *Kunst in Beeld* B80

[imagen]

Cabeza de rey. Asiria. ± 800 a. C.
Archivo: *Kunst in Beeld* B90

[imagen]

El rey Asurnasirpal II en la caza del león. Relieve de alabastro del palacio del rey. En Nimrud-Calaj. Mesopotamia. Asirio. ± 870 a. C.
Archivo: *Kunst in Beeld* B93

[imagen]

Asalto a una fortaleza enemiga. A la derecha, el rey Asurnasirpal II dirigiendo el ataque. Delante del rey, una gran máquina de asedio, una torre de batalla móvil con ariete. El enemigo intenta levantar el ariete con cadenas para neutralizarlo. Unos soldados asirios se han colgado de las cadenas con ganchos para mantener el ariete apuntando a la puerta enemiga. Ambos bandos disparan flechas con arcos; unos enemigos heridos caen de las murallas de la fortaleza. Relieve de alabastro del palacio de Asurnasirpal II en Nimrud-Calaj. Mesopotamia. Asirio. ± 870 a. C.
Archivo: *Kunst in Beeld* B94

[imagen]

Arqueros con carros blindados asaltando una fortaleza. El rey dirige el ataque desde su trono.

[imagen]

Palacio del rey Sargón. Puerta de entrada junto a la gran escalera.

[imagen]

Reconstrucción. Mesopotamia. Asiria. ± 720 a. C.
Archivo: *Kunst in Beeld* A87

Persia

Alrededor de medio siglo después de la caída de Nínive, los persas, que estaban relacionados con los medos, lograron liberarse. Por esa época, gobernaba un rey llamado Ciro. Los persas habían coronado a Ciro como rey de su país alrededor de 550 años antes de Cristo. Persia conquistó Lidia, Babilonia y una serie de otros pequeños países, hasta que al cabo poseía toda Asia Menor o Anterior. Los pueblos subyugados no eran tratados de mala manera. En particular, los israelitas y los fenicios gozaban del favor de los persas. El comercio fenicio volvió a florecer. El hijo de Creso [probable referencia a Ciro II], un soberano muy rico, fue Cambises. Este también subyugó a los egipcios en 525, pero los egipcios eran un pueblo muy orgulloso y reiteradas veces intentaron liberarse. Cambises simplemente no podía ganárselos. Cuando Cambises murió, el reino acabó en una terrible [aquí falta una palabra], pero pronto llegó Darío, que restauró el orden. Darío reinó de 521 a 485. Le dio a Persia el poder mundial, tenía un Gobierno ordenado y fue dividida en provincias y gobernada por estatúderes (sátrapas). Para desgracia de Persia, Darío quiso expandir su poder hacia el oeste, pero al hacerlo chocó con los griegos, a los que sin embargo tampoco supo ganarse, igual que su hijo Jerjes.

[imagen]

Tumba de Kyros (Ciro). En Pasargada. Mesopotamia. ± 530 a. C.
Archivo: *Kunst in Beeld* A100

[imagen]

Tumba de Darío excavada en roca. Persépolis. Mesopotamia. Persa. 500 ± a. C.
Archivo: *Kunst in Beeld* A108

[imagen]

Guardia persa del rey Darío. Relieve del palacio de Persépolis. Mesopotamia. Persa. ± 500 a. C.

[imagen]

El rey Darío combatiendo un dragón, símbolo de la lucha entre el bien y el mal (Ormuz contra Arimán).
Archivo: *Kunst in Beeld* B122

Grecia

[mapa]

Mapa de Grecia con asentamientos en Asia Menor e Italia.
Archivo: *Kunst in Beeld* A132.

Capiteles conforme a los tres órdenes griegos.

[imagen]

Jónico. Propileos (Atenas).

[imagen]

Corintio. Tholos (Epidauro).

[imagen]

Dórico. Propileos (Atenas).
Archivo: *Kunst in Beeld* A153

Sócrates y su discípulo Platón fueron los filósofos más famosos de estos siglos. Sócrates era un hombre muy bueno y ponderativo, que hacía mucho por los demás.

[imagen]

Teatro de Pérgamo. Asia Menor. Como todos los teatros griegos, está construido contra la ladera de una montaña, en la que están excavados los asientos. Entre los asientos y el escenario hay un espacio semicircular, la orquesta, destinado a los coros participantes. El fondo del escenario ha desaparecido. Griego. ± 200 a. C.
Archivo: *Kunst in Beeld* A155

[imagen]

Cabeza de pugilista. Bronce. Griego. ± 325 a. C.
Archivo: *Kunst in Beeld* B178

[imagen]

Sócrates. Original blanco. ± 300 a. C.
Archivo: *Kunst in Beeld* B176

Hermes es uno de los muchos dioses griegos. Su padre es Zeus. Hermes es el dios del arte de declamar y el recadero de todos los dioses. Hermes siempre debe viajar con las almas muertas para indicarles el camino hacia Caronte y la Estigia. Para llevar a cabo lo más rápido posible los recados que le encargan, tiene alas en sus sandalias, y cuando eso no era suficiente, también las tiene en su sombrero.

[imagen]

Cabeza de atleta. ± 340 a. C. Griego.
Archivo: *Kunst in Beeld* B178

[imagen]

El Hermes de Praxíteles. Tras el «estilo sublime» de la escuela de Fidias, Praxíteles y su escuela presentan el «estilo de la bella forma». Griego. ± 350 a. C. Archivo: *Kunst in Beeld* B174

En 461 Pericles asumió el gobierno de Atenas. Se dice ahora que fue uno de los más grandes estadistas que ha tenido la historia. Cuando Pericles tomó el gobierno, trató de expandir el poder de Atenas; eso solo podía hacerlo si tenía más influencia en la Liga. Muchos aliados que hasta entonces habían suministrado barcos ahora también dieron apoyo monetario, y el tesoro de la Liga se trasladó a Atenas. Y todos estaban obligados a pagar el dinero a Atenas. Si los ciudadanos habían luchado en la guerra, también se les admitía a los cargos públicos y podían formar parte de los tribunales. El Areópago fue privado del derecho a anular las decisiones de la asamblea popular. Pericles también era muy aficionado al arte, mandó construir hermosos edificios y palacios por excelentes artistas, y también bellas decoraciones. A los ciudadanos pobres les permitió entrar en los teatros de forma gratuita. Les dejó asistir a las disertaciones de Sócrates y Platón. Es decir, hizo que el pueblo fuera más o menos culto. Y que supiera de todo un poco.

[imagen]

Heródoto. Copia romana de original griego.
Del siglo IV a. C.

[imagen]

Pericles. Copia romana. De original griego.
± 440 a. C.
Archivo: *Kunst in Beeld* B176

[imagen]

Copia de mármol pequeña, probablemente no muy lograda, de la Atenea Pártenos de Fidias. La copia es romana. El original es griego. ± 450 a. C.
Archivo: *Kunst in Beeld* B154

[imagen]

Lado noroeste del Partenón en la Acrópolis de Atenas. Un períptero de ocho columnas (octástilo). Construido por Ictino y Calícrates. Las esculturas se hicieron bajo la dirección de Fidias, en parte por él mismo. Griego. Orden dórico. 447-432 a. C.
Archivo: *Kunst in Beeld* A138

[imagen]

Lado sudeste del Partenón en la Acrópolis de Atenas. En el siglo XVII, la parte central del templo con todo el techo quedó destruida por una explosión. La imagen de arriba muestra el estado del edificio antes de las reparaciones que comenzaron en 1929. Griego. Orden dórico. 447-432 a. C.
Archivo: *Kunst in Beeld* A137

Atenea es la diosa de la sabiduría y la guerra. Se encuentra coronando el Partenón, con una lanza en la mano, y encima había una gran piedra que brillaba muy intensamente. Ahora bien, cuando los soldados regresaban de la guerra a Atenas, o partían de Atenas, veían que la diosa de la guerra estaba con ellos, de modo que no les podía pasar nada.

Delfos es conocida sobre todo por su famoso oráculo. Este oráculo no era más que una fisura en el suelo de la que salían vapores embriagadores; sobre el suelo colocaron un trípode y una sacerdotisa sentada encima. Estaba completamente embriagada por los vapores, y cuando le preguntaban algo, respondía muy confusa. Pero los griegos pensaban que era el dios Apolo quien les predecía esos proverbios, y les atribuían un gran valor.

[imagen]

El discóbolo de Mirón. Reconstrucción moderna en bronce, compuesta de la cabeza de la copia de Lancelotti. Con el cuerpo de la copia del Vaticano. El original también era de bronce. Griego. Escuela ática. ± 450 a. C.
Archivo: *Kunst in Beeld* B150

[dos imágenes]

Izquierda: cabeza de la diosa Atenea de Mirón. Griego. ± 450 a. C.
Derecha: copia clásica de mármol de la Atenea de Fidias. ± 450 a. C.
Archivo: *Kunst in Beeld* B152

[imagen]

Cabeza de una diosa. Una reproducción más sensible de las formas, una cierta gracia en la postura y la elegancia en el pliegue del vestido son características de la obra jónica. Griego. Jónico. ± 470 a. C.
Archivo: *Kunst in Beeld* B142

[imagen]

El estadio de Delfos, destinado a las carreras. De un lado los asientos se habían excavado en la ladera de la montaña, del otro se habían construido. Había aforo para siete mil espectadores. La línea de salida todavía se aprecia en primer plano. Griego. Probablemente 500 a. C.
Archivo: *Kunst in Beeld* A157

[imagen]

Cabeza de una diosa. Cierta dureza de formas. La postura rígida del cuerpo y la expresión facial con una sonrisa algo estática son características de la obra dórica. Griego. Dórico. 600 a. C.
Archivo: *Kunst in Beeld* B142

[imagen]

Tumba abovedada (llamada el tesoro de Atreo) en Micenas. Griego.
Periodo creto-micénico. ± 1300 a. C.
Archivo: *Kunst in Beeld* A130

[imagen]

Muralla de la antigua Troya. Paredes ciclópeas de piedra labrada.
Los bloques ahora encajan bien, aunque todavía tienen una forma y un tamaño muy desiguales. ± 1300 a. C.
Archivo: *Kunst in Beeld* A125

[imagen]

La Puerta de los Leones en Micenas. Tercera forma de mampostería ciclópea; los bloques de piedra están, al menos en su mayor parte, cortados en forma rectangular.
Griego. Periodo creto-micénico. ± 1400 a. C.
Archivo: *Kunst in Beeld* A129

[imagen]

Galería abovedada en la fortaleza de Tirinto. El método de construcción presenta la forma más primitiva de las murallas ciclópeas. Griego.
Periodo creto-micénico. ± 1500 a. C.
Archivo: *Kunst in Beeld* A125

[imagen]

Vestíbulo y escalera en el palacio de Cnosos en Creta. Griego.
Periodo creto-micénico. ± 1500 a. C.
Archivo: *Kunst in Beeld* A121
[al final del cuaderno:]
Anne Frank
Merwedeplein 37[II]
Ámsterdam (Z.)
tel. 90441

HERINNERING
AAN MIJN
SCHOOLJAAR
1935

II
Fotografías

Introducción

Existen numerosas fotografías de Anne Frank y de su hermana Margot; su padre era un fotógrafo entusiasta. El factor decisivo para la elección de las fotos aquí presentadas ha sido que ofrecieran una imagen de las diferentes etapas de la vida de Anne. También se incluyen fotos de las personas que conformaban su entorno inmediato, de sus convecinos de la Casa de atrás y de sus protectores durante el periodo de clandestinidad. Además, se reproducen de forma facsímil algunas páginas de su diario, así como su partida de nacimiento y sus dos actas de defunción.

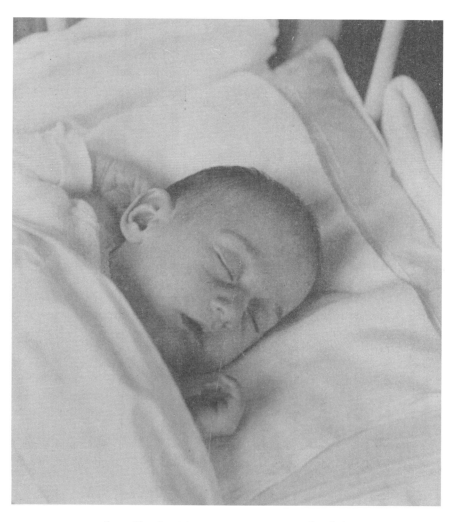

Anne Frank, 1929, con cuatro semanas de edad.

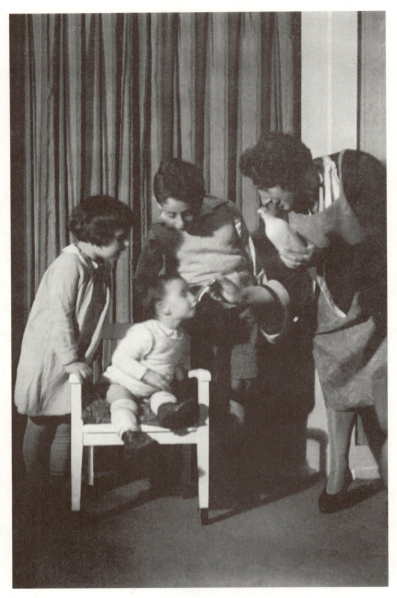

Dando de comer a Anne. De izquierda a derecha: Margot (hermana de Anne), Anne, su primo Stephan y su madre Edith Frank (probablemente 1930).

Anne, c. 1931.

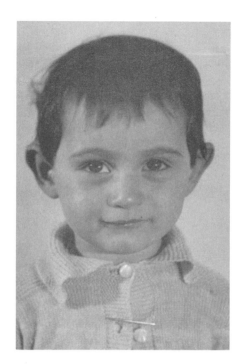

Anne en Sils-Maria, c. 1935.

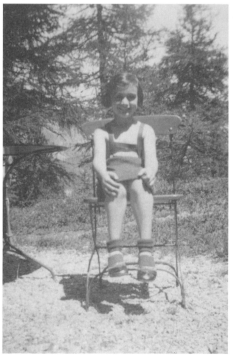

Izquierda, arriba: Anne con alrededor de cinco años.
Izquierda, abajo: Anne (derecha) y Margot en Aquisgrán, octubre de 1933.

Arriba: Anne (izquierda) y Margot en Aquisgrán, verano de 1933.

Izquierda: Anne, 11 de septiembre de 1934.

Arriba, izquierda: Anne, c. 1934.
Arriba, derecha: Anne, «Recuerdo de mi año escolar 1935».

Anne, c. 1937.

Anne (segunda de la izquierda) con sus amigas el día de su décimo cumpleaños, 1939.

mayo de 1935

mayo de 1936

mayo de 1937

mayo de 1938

mayo de 1939

mayo de 1940

mayo de 1941

mayo de 1942

Anne en la azotea de la casa de Merwedeplein, 1940.

Anne, 1942.

Retrato de boda de Otto Frank y Edith Frank-Holländer, padres de Anne,
12 de mayo de 1925.

Edith Frank-Holländer, mayo de 1935, y Otto Frank, mayo de 1936.

Margot Frank, 1942, y Alice Frank, abuela paterna de Anne, c. 1945.

Rosa Holländer, abuela materna de Anne, en la década de 1920.

Hermann y Auguste van Pels, convecinos de los Frank en la Casa de atrás; en su diario, Anne les pone el nombre de Van Daan.

Los primos de Anne en Basilea: Stephan (izquierda) y Bernd (Buddy) Elias,
c. 1935.

Los colaboradores de Otto Frank de la firma Opekta, 1941. De izquierda
a derecha: Victor Kugler, Esther, Bep Voskuijl, Pine y Miep Gies.

Derecha: Fritz Pfeffer, convecino de los Frank en la Casa de atrás —en su diario,
Anne le pone el nombre de Albert Dussel—, y Peter van Pels, con alrededor
de diecisiete años en su diario; Anne le pone el nombre de Peter van Daan.

Miep y Jan Gies, el día de su boda,
16 de julio de 1941.

Miep Gies (sentada) y Bep
Voskuijl, c. 1940.

Victor Kugler, c. 1938.

Johannes Kleiman.

Bolsa de pijama con bordados hechos por Anne antes de su paso a la
clandestinidad. Otto Frank se la regaló a Bernd (Buddy) Elias, primo de Anne.

Derecha: Tarjeta postal, firmada por todos los miembros de la familia,
que Otto Frank envió a su hermana Leni Elias en Basilea poco antes
de su paso a la clandestinidad, 5 de julio de 1942.

Carta de Anne a su abuela Alice Frank en Basilea, diciembre de 1936.

Portada del primer diario de Anne, 12 de junio de 1942 y 28 de septiembre
de 1942.

Últimas dos páginas del diario de Anne, 1 de agosto de 1944.

125

alles alleen omdat je niet naar de goede raad
van je eigen goede helft luistert. Ach, ik zou wel
willen luisteren, maar het gaat niet, als ik stil
en ernstig ben denken alleen dat het een nieuwe
comedie is en dan moet ik me wel met een
grapje eruit redden, nog niet eens van mijn
eigen familie gesproken, die beslist denkt dat
ik ziek ben, me hoofdpijnpillen en kalmeer-
tabletten laat slikken, me mijn hals en voorhoofd
voelt of ik koorts heb, naar mijn ontlasting
vraagt en mijn slechte bui bekritiseert; dat
houd ik niet vol, als er zo op me gelet
wordt dan word ik eerst snibbig, dan verdrie-
tig en tenslotte draai ik mijn hart weer om,
draai het slechte naar buiten, het goede naar
binnen en zoek altijd naar een middel om te
worden zoals ik zo erg graag zou willen zijn
en zo als ik zou kunnen zijn, als ...... er geen
andere mensen in de wereld zouden wonen.

je Anne M. Frank.

450

Carta de Anne a su primo Bernd (Buddy) Elias en Basilea con motivo
de su cumpleaños, 1942.

Poema escrito por Anne en el álbum recordatorio de su compañera
de clase Dinie, 1940.

Portada del «Libro de frases bonitas».

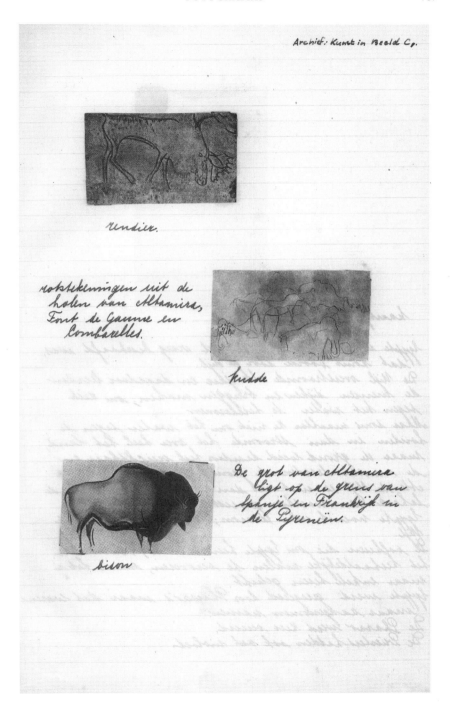

Página del llamado «Libro de Egipto».

Partida de nacimiento de Anne.

INFORMATIEBUREAU VAN HET NEDERLANDSCHE ROODE KRUIS
Jan Evertstraat 9, 's-Gravenhage
Telefoon: 184200

Abt.: J.
Dossier: 117266   's-Gravenhage, 5.Mai 1954
Betr.: Uw schr.z.d.

B E S C H E I N I G U N G

Unterzeichneter, Direktor des "Informatiebureau van het Nederlandsche Roode Kruis", bestätigt hierdurch, dass laut der ihm
zur Verfügung stehenden Angaben

Annelies Marie FRANK

geboren: 12.Juni 1929   in: Frankfurt/M.

letzter Wohnsitz: Amsterdam, Merwedeplein 37

aus rassischen Gründen und zwar wegen jüdischer Abstammung

am 8.August 1944   ins K.L.Westerbork (Holland) eingeliefert
wurde.

Deportation erfolgte am 3.Sept. 1944   vom K.L.Westerbork aus
nach Auschwitz.

Obengenannte Person ist nach den hier vorhandenen Unterlagen
verkaltet xxxhxxxxxxxxxxxx   xxxxx
ix nach 1.März 1945, spätestens aber 31.März 1945 in Bergen-
Belsen verstorben. Nach den hiesigen Unterlagen ist der
Sterbefall in Holland noch nicht beurkundet.

(J. van de Vosse)
Direktor.

373/54

Model: J.80

Acta de defunción de Anne del 5 de mayo de 1954.

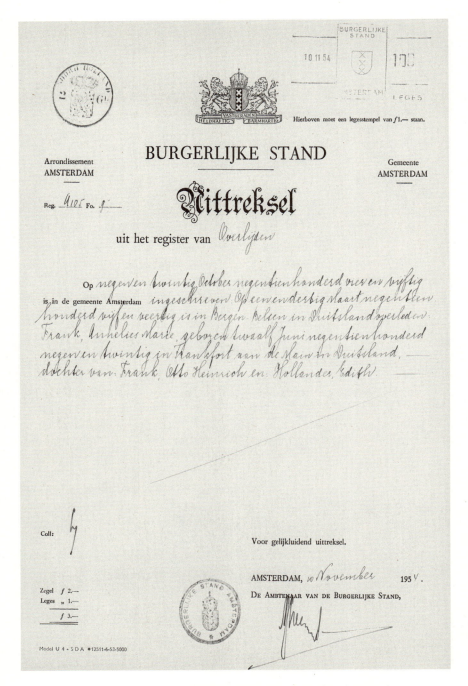

Acta de defunción de Anne del 10 de noviembre de 1954.

Cubierta de la primera edición holandesa del diario, 1947.

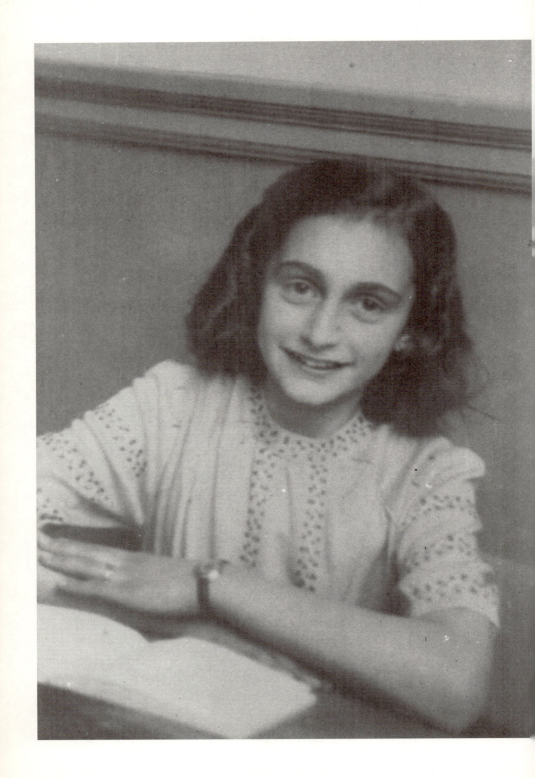

III
Contexto

La vida de Anne Frank

Mirjam Pressler

¿Cómo escribir la biografía de una niña que no llegó a vivir mucho más que quince años? En el caso de Anne Frank, no basta con decir que nació el 12 de junio de 1929, que vivió los primeros cuatro años en Frankfurt del Meno, luego diez años en Ámsterdam y, a continuación, un breve periodo en el campo de tránsito de Westerbork, después del cual —previo paso por Auschwitz— fue deportada al campo de concentración de Bergen-Belsen, en el brezal de Luneburgo (norte de Alemania), donde murió a la edad de quince años. Para contar correctamente la historia de su vida, se ha de indagar asimismo en la situación política de Europa, que fue determinante para su vida y condujo a su muerte prematura.

El padre de Anne, Otto Frank, hijo de una familia judía acomodada de Frankfurt del Meno, tenía ya treinta y seis años cuando se casó en 1925 con Edith Holländer, de veinticinco, nacida en Aquisgrán e hija de un fabricante adinerado. Su aportación al matrimonio, además de su juventud, consistió en una importante dote. La joven pareja se instaló en Frankfurt, inicialmente en la casa de Alice, madre de Otto, donde también vivían sus hermanos y hermanas con sus respectivas familias. Su primera hija, Margot Betti, nació allí el 16 de febrero de 1926. Tres años después, tras haberse mudado a la Marbachweg, siguió su segunda hija, Annelies Marie, a la que llamaban Anne. En Marbachweg reinaba un clima liberal y progresista: los niños, pertenecientes en su mayoría a la congregación protestante, jugaban con los pocos católicos y Anne, al igual que su hermana Margot, se integró en el grupo de niños del barrio sin ningún problema. Forzados por las secuelas de la Primera Guerra Mundial y la crisis económica mundial, en 1931 los Frank se mudaron a una vivienda más pequeña y más económica. Optaron por alquilar una casa en Ganghoferstrasse, en el llamado «barrio de los poetas», con la esperanza de que allí estarían mejor protegidos contra las actuaciones cada vez más descomedidas y violentas de los nacionalsocialistas. Sin embargo, a finales de marzo de 1933 los Frank, «por causa de la situación económica», rescindieron el contrato de alquiler y se mudaron de nuevo a la casa de la madre de Otto.

La situación política se volvió acuciante. El 30 de enero de 1933, el presidente de Alemania, Paul von Hindenburg, nombró canciller del Reich a Adolf Hitler. En las elecciones municipales de marzo, los nacionalsocialistas se alzaron con la victoria en todo el país, incluida Frankfurt del Meno. Y el 1 de abril de ese mismo año, los nacionalsocialistas comenzaron a boicotear las instituciones y empresas judías. Los Frank cayeron en la cuenta de que ya no tenían futuro en Frankfurt ni en Alemania y decidieron emigrar. Aunque las circunstancias políticas fueron determinantes para esa decisión, probablemente también influyó la difícil situación económica, visto que el banco de la familia había entrado en franca decadencia.

Robert, el hermano mayor de Otto, emigró a Londres con su esposa; Herbert, el menor, se marchó a casa de un primo en París; Leni, la hermana de Otto, ya había emigrado con su esposo Erich Elias y sus hijos Stephan y Bernard —apodado Buddy— a Basilea, Suiza, donde Erich abrió una sucursal de la empresa alemana Opekta. Alice Frank, la madre, también se mudó a Basilea para estar cerca de su hija. Por su parte, Otto Frank eligió Ámsterdam por varios motivos. En primer lugar, los Países Bajos se habían mantenido neutrales en la Primera Guerra Mundial. ¿Por qué habría de ser distinto en la guerra siguiente? Por lo tanto, consideró que el país era seguro. En segundo lugar, Otto ya había intentado establecer en el pasado una sucursal del banco en Ámsterdam. Había fracasado, pero conocía la ciudad y tenía amigos allí. Sin embargo, la razón principal fue que su cuñado Erich Elias se había asegurado de que Otto tuviera la representación exclusiva de la empresa comercial Opekta en los Países Bajos, con la que Otto Frank esperaba poder mantener a su familia. Ya en 1933 llevó a su esposa y a sus hijas Margot y Anne a la casa de la abuela Holländer en Aquisgrán. Él mismo siguió viaje a Ámsterdam para montar su empresa.

Los trabajadores que contrató desempeñarían posteriormente el papel de protectores tras su paso a la clandestinidad. Ninguno de ellos era judío, pero arriesgaron sus vidas para proteger a un grupo de judíos. Sin estos cómplices, esconderse era imposible. La solicitud y abnegación de estos fieles colaboradores fueron admirables, razón por la cual se merecen ser presentados uno por uno.

Victor Kugler, nacido en 1900 en Hohenelbe, era de ascendencia austriaca, si bien adquirió la nacionalidad neerlandesa en 1938. Estuvo implicado en la empresa desde el principio y fue la mano derecha de Otto.

No mucho después de Kugler, Miep Santrouschitz comenzó a trabajar como oficinista. Miep también era austriaca: había nacido en Viena en 1909. Después de la Primera Guerra Mundial, la habían enviado a los Países Bajos para recuperar fuerzas en el marco de un programa de ayuda para niños desfavorecidos, y se había quedado con sus padres de acogida. En 1941 se casó con Jan Gies —quien también formaba parte del círculo de cómplices—, por lo que más tarde se la conoció como Miep Gies.

Elisabeth Voskuijl, apodada Bep, era una amsterdamesa que Otto Frank contrató en 1937 como oficinista a la edad de dieciocho años.

Por último, cabe mencionar a Johannes Kleiman, nacido en 1896 en Koog aan de Zaan, un viejo amigo de Otto Frank de la época de su primera estancia en Ámsterdam. Antes de unirse a la empresa —poco después de Hermann van Pels— ya se había encargado de la contabilidad.

Cuando en 1938 Otto Frank quiso establecer una nueva empresa para el comercio de especias y conservantes, recurrió a Hermann van Pels, hijo de un carnicero judío de Osnabrück y gran conocedor de condimentos, que, huyendo de los nazis, se había refugiado en los Países Bajos con su esposa Auguste y su hijo Peter. Van Pels se convirtió en socio de la nueva empresa Pectacon. Más tarde, los Van Pels se esconderían con los Frank; en su diario, Anne los llamó «la familia Van Daan».

Volviendo a Anne, en la primavera de 1934 fue la última de la familia en llegar a Ámsterdam, a la casa de Merwedeplein. En ese nuevo barrio vivían muchos inmigrantes llegados de Alemania. Anne fue al jardín de infancia Montessori y posteriormente a la escuela primaria homónima. Al igual que su hermana Margot, aprendió neerlandés muy rápidamente, pero a diferencia de Margot, no era muy buena alumna. Al parecer, era una niña bastante extrovertida, más interesada en jugar y salir que en los estudios. Su primo Buddy Elias, con quien había tenido un trato regular en Frankfurt y con quien pasó varias vacaciones en Suiza, también la recuerda como una niña alegre, eufórica y juguetona que cometía travesuras todo el tiempo, mientras que sobre Margot cuenta que siempre estaba tranquilamente leyendo. Una maestra que lo había sido tanto de Anne como de Margot, cuando se le preguntó más tarde si consideraba capaz a Anne de escribir un diario como el que escribió, declaró que lo habría esperado antes de Margot. En cualquier caso, todo parece indicar que Anne tuvo una infancia despreocupada, y a su edad presumiblemente no se enteró de muchos de los acontecimientos acaecidos en Alemania, al menos no hasta 1939.

El 1 de septiembre de 1939, la Wehrmacht (el ejército alemán) invadió Polonia y comenzó la Segunda Guerra Mundial. Ocho meses después, los alemanes invadieron los Países Bajos y, tras una corta y feroz resistencia de las fuerzas armadas holandesas, ocuparon todo el país. Así pues, los nazis habían dado alcance a los Frank: huir no era posible, las fronteras estaban cerradas. Otto Frank todavía intentó conseguir un visado para Estados Unidos, pero fue en vano.

Como en todos los territorios ocupados, también en los Países Bajos los alemanes adoptaron toda clase de medidas contra los judíos, comenzando por la destitución de funcionarios judíos y desembocando en el aislamiento social y la privación de derechos a la población judía mediante la llamada «arianización» o «desjudaización» de la economía. Naturalmente, Otto Frank estaba al tanto de la situación de los judíos en Alemania y transfirió a tiempo su empresa a sus amigos Johannes Kleiman y Jan Gies, marido de Miep, evitando así la expropiación. Pero las disposiciones antijudías pronto afectaron a toda la familia: cuando ya no se permitió a los niños judíos acudir a la escuela junto con los niños no judíos, Anne Frank se pasó al Liceo Judío, creado poco antes.

El 12 de junio de 1942, Anne cumplió trece años y, entre otras cosas, le regalaron un diario. Ya en la primera entrada, mencionó que era el mejor regalo que había recibido jamás. Lo que escribió en su diario en las pocas semanas que aún vivió en libertad son apuntes como los que cabría esperar de cualquier niña de su edad. Habla de los regalos que recibió y a quiénes visitó, de un club de ping-pong que fundó con un grupo de amigas, de los chicos que se fijaban en ella y de ir a tomar un helado: cosas normales de todos los días. Aun así, las entradas de las primeras semanas ya contienen descripciones de sus compañeros que revelan su capacidad de observación y la posesión de una pluma afilada.

Ese mismo verano se distribuyen las primeras «citaciones» dirigidas a mujeres y hombres judíos, en las que se les insta a presentarse en un lugar determinado en una fecha determinada, con el fin de ser enviados a un campo de trabajo. Las primeras citaciones iban dirigidas a jóvenes de entre dieciséis y veintiséis años, y no mucho después incluso a niños y ancianos. Margot, hermana de Anne, que acababa de cumplir dieciséis años, fue una de las primeras en recibir una citación. Otto Frank ya había tenido en cuenta el posible empeoramiento de la situación y había tomado medidas preventivas. En el inmueble donde funcionaba su empresa, había preparado un refugio para su familia, no sin antes consultar a sus empleados si estarían dispuestos a ayudarles. Todos ellos, incluido Jan Gies, marido de Miep, habían dicho que sí, demostrando así una solicitud y magnanimidad difíciles de valorar lo suficiente. Al fin y al cabo, los alemanes habían amenazado con castigar severamente a cualquiera que ayudara a los judíos. En efecto, muchos holandeses pagaron con la muerte el haberlo hecho.

Un año y medio antes, la empresa de Otto Frank se había trasladado a la finca de Prinsengracht 263, una construcción estrecha, encajada entre otras casas estrechas bordeando el canal, que contaba con una extensión: la llamada «Casa de atrás». En la primera planta de esa edificación se encontraba el despacho principal de la empresa. A las plantas superiores solo se podía acceder por una escalera, que luego se disimuló mediante una estantería que podía girarse conociendo el correspondiente mecanismo. En la segunda y tercera plantas de la Casa de atrás, Otto Frank había instalado el escondite para su familia y los Van Pels. Junto con Kleiman, había llevado allí muebles, ropa de cama y reservas de víveres. En la segunda planta se encontraban, además de un retrete con lavabo, dos pequeñas habitaciones: una para el matrimonio Frank y la otra para Margot y Anne. En la planta superior, a la que se accedía por una escalera empinada, había una amplia cocina que durante el día era la sala de estar común, pero que por la noche hacía las veces de dormitorio del matrimonio Van Pels. La cocina daba a un rellano donde había una escalera que conducía al desván, y ese rellano se convirtió en el cuartito de Peter. En su totalidad, el escondite no medía más que unos cincuenta o sesenta metros cuadrados.

El día después de que Margot recibiera la citación, los Frank se mudaron a la Casa de atrás de madrugada, y los Van Pels llegaron poco tiempo después. Los colaboradores de la empresa proveían a los siete escondidos de alimentos y noticias del mundo exterior. Sobre todo Miep Gies y Bep Voskuijl acarreaban incansablemente todos los víveres que conseguían, aunque esa tarea se volvió cada vez más difícil. Después de todo, era la guerra y la mayoría de los alimentos solo podía adquirirse con cupones. Si bien a veces los protectores podían comprar cupones para los escondidos en el mercado negro, la provisión de alimentos era una cuestión problemática y, naturalmente, los protectores tampoco debían llamar la atención. Miep Gies debe haber poseído un talento organizativo excepcional para poder llevar a cabo durante dos años su difícil tarea.

Además del suministro de alimentos, había otro problema, a saber, la convivencia de siete personas en un espacio tan reducido. Los moradores de la Casa de atrás tenían que acostumbrarse a una nueva e inusual forma de vida, lo que no resultaba nada fácil. En primer lugar, la falta de espacio les impedía eludirse unos a otros en caso de conflictos, inevitables cuando conviven personas tan diferentes. En segundo lugar, todos tenían que acatar una serie de reglas para no revelar su presencia. Naturalmente, los colaboradores de la empresa —los protectores— sabían que encima de la oficina había judíos escondidos, pero los mozos del almacén no estaban enterados de nada. Por eso, y también porque personas de fuera —clientes, la asistenta o el asesor fiscal— se personaban en ocasiones en la oficina, los escondidos debían guardar absoluto silencio en horas de trabajo. Tenían que caminar de puntillas y no podían tirar de la cadena del inodoro, por ejemplo. Solo durante la pausa del mediodía, cuando los mozos del almacén se marchaban a sus casas a comer, podían estirar un rato las piernas. Por lo demás, debían permanecer quietos y en silencio durante horas. Nada fácil si se tiene en cuenta que tres de los escondidos eran todavía muy jóvenes —Margot tenía dieciséis años, Peter quince y Anne trece— y tenían que pasar el día sin hacer ejercicio, sin distracciones y sin obligaciones como los deberes escolares, y sin la perspectiva de que esa situación fuera a durar poco. Era absolutamente necesario buscar maneras de pasar el tiempo. Pero aparte de leer y estudiar, no había mucho para hacer. También en ese aspecto, Otto Frank había sido muy previsor: a Margot, a Anne y a Peter les había ordenado que se llevaran consigo todos sus libros de texto y un surtido de cuadernos y útiles de escritura. Luego les exigió que pasaran revista a todo ese material, incluidas las asignaturas que no les gustaban; Anne, por ejemplo, odiaba las matemáticas. Además, se suscribió a través de Bep a un curso de taquigrafía por correspondencia para mantener a los jóvenes ocupados.

Después de unas semanas, cuando ya se iban acostumbrando a la situación, empezaron a llegar cada vez más noticias aciagas del exterior. Había redadas, acordonamientos de calles, registros de casas en busca de judíos, y las consiguientes deportaciones. Los moradores de la Casa de atrás, que se sentían bastante seguros, se dijeron que en un sitio donde cabían siete personas, también cabían ocho, que si había suficiente comida para siete, también habría suficiente para ocho; y el peligro para los protectores seguía siendo el mismo, escondieran a siete o a ocho personas. Entonces decidieron acoger a una persona más. Su elección recayó en el dentista judío Fritz Pfeffer, que había llegado a Ámsterdam procedente de Giessen huyendo de los nazis y a quien conocían superficialmente. Como no disponían de ninguna habitación adicional, Margot, que con sus dieciséis años era ya casi una mujer, se mudó al cuarto de sus padres con una cama abatible, y Fritz Pfeffer pasó a compartir el cuarto con Anne, que todavía era considerada una niña. En su diario, Anne se refiere con regularidad a las desavenencias y riñas con Pfeffer, a quien da el poco halagador mote de *Dussel* («tonto» o «memo» en alemán).

Anne y su diario. Está claro que le costaba aceptar la drástica reducción de su radio de acción y la limitación de sus contactos a solo un puñado de personas. Debe de haberse sentido muy sola, incomprendida y postergada, y a menudo reñía con su madre. Por otra parte, daba lugar a menudo a acaloradas discusiones entre los adultos, especialmente entre su madre y la señora Van Pels, que solía sermonear a Edith Frank a raíz de sus «métodos educativos modernos». Anne comenzó a centrarse cada vez más en su diario. Constituía su única distracción y compensaba la falta de amigos y contactos sociales, a tal punto que lo personificó y dio un nombre a su amiga ficticia: Kitty. Kitty no era un nombre ideado por ella misma. Remitía a un personaje de *Joop ter Heul*, un ciclo de novelas de la autora holandesa Cissy van Marxveldt, muy popular por aquellos tiempos. A Anne Frank le gustaban mucho esos libros, en los que se sigue a un grupo de amigas desde la escuela secundaria hasta la época en que las primeras se casan y tienen hijos. Al principio, Anne le escribía a todas las integrantes del grupo, pero pronto quedó solo Kitty. Además del diario, en 1943 también empezó a escribir historias y cuentos de hadas, que más tarde se publicaron con el título de *Verhaaltjes, en gebeurtenissen uit het Achterhuis* («Pequeñas historias y episodios de la Casa de atrás»).

Escribir era de importancia vital para Anne; la escritura le brindaba la oportunidad de pintar con palabras una imagen de sí misma y su lugar en el mundo. Su interés siempre creciente por la escritura, que acabó convirtiéndose casi en una obsesión, puede explicarse ante todo por su soledad y su dependencia de sí misma. Mientras la convivencia de las ocho personas en la

Casa de atrás parecía consistir en feroces y agotadoras peleas, Anne se embarcó en la gran aventura de su vida y se convirtió en la escritora que conquistaría de manera póstuma el mundo entero. Ya hacía mucho que había dejado de ser una niña. No solo creció físicamente, sino que su desarrollo mental evolucionó a un ritmo impresionante. Y vivió una historia de amor con Peter van Pels. En efecto, se trató de una auténtica historia de amor, si bien cabe preguntarse si Anne estaba enamorada del verdadero Peter van Pels o si solo proyectaba su afán de emociones en su «imagen de ensueño». La prueba de esto último es el hecho de que, tras semanas de júbilo, volvió a replegarse en su soledad. Sin embargo, a través de la descripción de su historia de amor, nos ha obsequiado con un documento único sobre el desarrollo de una niña que se convierte en mujer, un documento no modificado ni influenciado por experiencias y razonamientos posteriores, no idealizado ni ensombrecido, sino sincero y motivado por sus ansias y deseos de ese momento. Quizá sea esa la razón por la cual el diario de Anne Frank sigue atrayendo y conmoviendo a los lectores jóvenes de hoy.

A principios de 1944, sucedió algo que fue de gran importancia para Anne como escritora. Gerrit Bolkestein, ministro del Gobierno de los Países Bajos en el exilio en Londres, pronunció un discurso por Radio Oranje en el que hizo un llamamiento para crear después de la guerra una institución donde conservar material que mostrara cuánto había sufrido el pueblo holandés bajo la ocupación alemana; como ejemplo de ese material, mencionó los diarios íntimos. Ese discurso también lo escucharon en la Casa de atrás. Anne, que ya mucho antes había confiado a su diario que cuando acabara la guerra quería ser periodista o escritora, lo consideró un estímulo para reelaborar su propio diario con miras a una futura publicación. Al hacerlo, no solo se puso de manifiesto que era consciente de la diferencia entre un diario íntimo y un diario como género literario, sino también que había pasado de ser una adolescente que escribía un diario a una escritora de verdad. No solo se tomó la molestia de mejorar estilísticamente sus apuntes, sino que también procedió a seleccionar, a omitir elementos que consideró poco importantes y a añadir numerosos párrafos nuevos. Por otra parte, siguió escribiendo su diario original, que luego recibiría el nombre de «versión A», para distinguirlo del texto reelaborado y completado, que se denomina «versión B».

Los ocho escondidos permanecieron más de dos años en la Casa de atrás, ayudados por sus protectores. Durante todo este tiempo, la vida de Anne Frank giró en torno a su diario. Su última entrada data del 1 de agosto de 1944. A ella solo le sigue un comentario del editor: «Aquí termina el diario de Anne». Pero su vida no termina aquí.

El 4 de agosto detuvieron a los escondidos. Está claro que fueron delatados, pero no se sabe por quién. Después de la guerra, uno de los mozos de almacén fue objeto de una investigación. Se pudo demostrar que estaba al tanto de la existencia de los judíos escondidos, pero no que los hubiera delatado. También existe la sospecha de que un nazi holandés que había tenido contacto ocasional con Otto Frank delató a los escondidos, pero resultó igualmente imposible de probar. En cualquier caso, los escondidos fueron detenidos y, al cabo de unos días, enviados al campo de Westerbork.

Westerbork se había creado originalmente como un campo de acogida para refugiados judíos procedentes de Alemania y estaba financiado por las congregaciones israelitas de los Países Bajos, pero los alemanes lo habían convertido en un campo de tránsito judío. Desde allí partían todas las semanas hacia el este —en su mayoría a Auschwitz y Sobibor— unos trenes que transportaban presos. Sin embargo, cuando llegaron los ocho escondidos de la Casa de atrás, hacía tiempo que no había habido deportaciones de Westerbork. De hecho, los presos se sintieron relativamente a salvo durante ese periodo, pues la liberación parecía inminente. Y es que en el oeste los aliados ya habían desembarcado en Francia, y en el este, el Ejército Rojo había logrado avanzar considerablemente. Era evidente que los alemanes perderían la guerra y nadie creía que aún fueran capaces de deportar presos judíos a Polonia. Sin embargo, el 3 de septiembre, justo cuando los aliados habían llegado a la frontera meridional de los Países Bajos, todavía se llevó a cabo un traslado a Auschwitz, el último que partió de Westerbork.

Los ocho judíos de la Casa de atrás formaron parte en su conjunto de ese traslado. Los transportaron en vagones de ganado, sin comida ni bebida, sin aseos, todos apiñados. Nada más llegar a Auschwitz, tuvo lugar la selección. De los 1019 presos trasladados, 549 fueron enviados inmediatamente a la cámara de gas, entre ellos los menores de quince años. Separaron a las familias y encerraron a hombres y mujeres en campos distintos.

Otto Frank, Hermann van Pels, Fritz Pfeffer y Peter van Pels se mantuvieron juntos. Hermann van Pels fue el primero en ser asesinado. Fritz Pfeffer fue trasladado de Auschwitz al campo de concentración de Neuengamme, donde murió el 20 de diciembre. A mediados de enero, Peter van Pels participó en una de las llamadas «marchas de la muerte», organizadas por los alemanes para asegurarse de que ningún testigo vivo cayera en manos de los rusos que se aproximaban. Llegó al campo de Mauthausen, en Austria, y allí murió unos días antes de la liberación por los estadounidenses. Otto Frank, demasiado debilitado para realizar una marcha de la muerte, se quedó en Auschwitz y fue liberado por el Ejército Rojo el 27 de enero de 1945. La madre de Peter, Auguste van Pels, fue trasladada a otros campos desde Auschwitz; solo se sabe que estuvo en Bergen-Belsen, en Buchenwald y finalmente en Theresienstadt. La Cruz Roja registró su fallecimiento entre el 9 de abril y el 8 de mayo, en algún lugar de Alemania o Checoslovaquia.

Edith Frank, Margot y Anne permanecieron juntas en Auschwitz-Birkenau. Según relataron las mujeres que conocieron a Anne y sobrevivieron al Holocausto, en los dos meses escasos que Margot y Anne estuvieron en Auschwitz, pasaron la mayor parte del tiempo en el llamado «barracón de las sarnosas», llamado así porque estaba infestado de piojos. El 28 de octubre, Anne y Margot fueron trasladadas a Bergen-Belsen. Edith se quedó atrás y murió de inanición el 6 de enero de 1945. Bergen-Belsen, el campo de concentración instalado en el brezal de Luneburgo, tenía fama originalmente de campo «bueno». Allí los nazis habían alojado a judíos en posesión de pasaportes extranjeros o certificados que ofrecían la posibilidad de emigrar a Palestina. Dichos presos debían servir como garantía para el intercambio de alemanes capturados por los aliados. En efecto, un intercambio de esas características había tenido lugar en una ocasión en 1944, cuando se intercambió a 222 judíos por templarios alemanes que se habían establecido en Palestina un siglo antes y que mediante esta acción fueron devueltos a Alemania.

Sin embargo, cuando Margot y Anne Frank llegaron a Bergen-Belsen, el campo se encontraba en un estado lamentable. Había demasiados presos y los efectivos de las SS no lograban poner orden en el caos cada vez mayor. Se limitaban principalmente a vigilar el campo para evitar intentos de fuga. Las desastrosas condiciones higiénicas —no había retretes ni aseos— causaban enfermedades a las que los presos, por desnutrición y su mala condición física, sucumbían.

La epidemia de tifus que hizo estragos a principios de 1945 fue especialmente catastrófica: la mitad de los 125.000 judíos de Bergen-Belsen murieron, la inmensa mayoría en los últimos meses previos a la liberación y en las primeras semanas después. Existen varias declaraciones de mujeres que estuvieron alojadas en el campo con Margot y Anne Frank o que las conocían de Ámsterdam. Según ellas, las dos hermanas también se contagiaron de tifus, Margot presumiblemente la primera. Sus cuerpos agotados por el hambre no resistieron a la enfermedad y ambas sucumbieron. Si bien la fecha exacta de su muerte se desconoce, en general se presume que ambas murieron en marzo de 1945, unas semanas antes de que los británicos liberaran el campo. Cuando el 15 de abril entraron en el campo asolado por la fiebre tifoidea, encontraron a unos 60.000 supervivientes demacrados en medio de montañas de cadáveres, para los que mandaron excavar fosas comunes. Debido al riesgo de contaminación, los barracones tuvieron que ser quemados.

Junto a las fosas comunes existe en la actualidad en Bergen-Belsen un monumento conmemorativo de las víctimas del Holocausto. Entre muchas otras hay también una lápida dedicada a Margot y Anne Frank. Anne Frank no alcanzó a cumplir mucho más que quince años y medio.

La historia de la familia de Anne Frank

Mirjam Pressler

Para contar la historia de la familia Frank, primero hemos de echar un vistazo a la Judengasse o callejón de los judíos, el gueto de Frankfurt del Meno. A partir de 1462, todos los judíos de Frankfurt, que hasta entonces habían vivido en el centro de la ciudad, tuvieron que mudarse a las casas recién construidas a lo largo de la Staufenmauer, una de las murallas de la ciudad. En ambos extremos de la calle, a la que se dio el nombre de Judengasse, se instalaron puertas que se cerraban los días festivos cristianos. La calle, que no tenía más que 330 metros de largo, era tan estrecha que un carro tirado por caballos no tenía espacio para girar. Al principio había suficientes viviendas para los 110 judíos de entonces, pero especialmente en el siglo XVI el número de vecinos allí asentados se multiplicó. Aunque en la Judengasse había cada vez menos espacio, el ayuntamiento se negaba a aprobar una ampliación. Alrededor de 1800, en el callejón vivían tres mil judíos: en cada patio, en cada jardín, aun en el foso de la ciudad: en cada sitio disponible había una construcción. Incluso en los tejados se habían construido casas. El vertedor abierto que los moradores usaban para hacer sus necesidades siempre estaba obstruido, y la calle era tan estrecha que apenas se podía respirar. Así pues, no era de extrañar que los niños estuvieran pálidos y flacos y padecieran sarna y otras enfermedades.

A los judíos no se les permitía ejercer ningún oficio. En su lugar, se les necesitaba para el tráfico monetario, puesto que la Iglesia no permitía que los cristianos prestaran dinero a cambio de intereses. En muchas localidades, solo se otorgaban permisos de establecimiento a judíos que emitían cédulas hipotecarias y concedían préstamos. Los judíos más acaudalados vivían del comercio de mercancías, monedas y caballos. Los más pobres lo hacían del comercio de trapos y artículos de segunda mano. Muchos iban de puerta en puerta como vendedores ambulantes, apenas capaces de mejorar sus lamentables condiciones de vida. Pero a diferencia de la mayoría de las ciudades alemanas, los judíos de Frankfurt nunca fueron expulsados y pudieron continuar viviendo en la ciudad. La única excepción la constituyó el llamado levantamiento de Fettmilch (llamado así por su instigador: el panadero Fettmilch), que iba dirigido tanto contra los judíos como contra el ayuntamiento. La revuelta tuvo como resultado que se obligó a los judíos a vivir fuera de la ciudad durante dos años, hasta que en 1614 los insurgentes fueron aplastados y se atrajo de nuevo a los judíos a la ciudad.

Después de la Revolución francesa, el clamor de libertad, igualdad y fraternidad se hizo más fuerte. En 1796, Frankfurt fue atacada y finalmente conquistada por tropas francesas. Se produjeron incendios en varios puntos de la ciudad; también el sector norte de la Judengasse ardió en llamas. Fue el principio del fin del gueto, si bien no se concedió de inmediato a los judíos los mismos derechos que disfrutaban los ciudadanos de Frankfurt. Eso no sucedió hasta en 1871, con ocasión de la proclamación del Imperio.

Entre los vecinos originales de la Judengasse también se contaban las familias Stern y Cahn, antepasados directos de Anne Frank. Su tatarabuelo Elkan Juda Cahn (1796-1884) había pasado parte de su infancia en la Judengasse. Más tarde se convirtió en un acaudalado comerciante. En una fotografía ovalada coloreada de Elkan y su esposa Betty aparece un distinguido caballero con patillas y una cadena de reloj sentado en una silla, y junto a él una dama de elegante atuendo, con un festivo vestido oscuro ceñido en la cintura, un cuello de encaje y puños también de encaje. Elkan Juda Cahn casó a su hija Cornelia (1840-1921), bisabuela de Anne Frank, con August Heinrich Stern (1838-1878), cuya familia, que incluía a académicos y libreros, también procedía de la Judengasse de Frankfurt. También de Cornelia se conserva una fotografía coloreada, en la que aparece una niña muy seria y elegantemente vestida de unos tres años con mejillas regordetas, con un paisaje ondulado como telón de fondo. En 1865, la pareja tuvo una hija: Alice Betty, la abuela de Anne Frank, que desempeñaría un papel muy particular en la familia. Un retrato pintado muestra a Alice a una edad aproximada de cuatro años, con un vestido de encaje blanco transparente sobre una enagua rosa y con botas y calcetines blancos sobre un fondo marrón y verde.

Alice tenía trece años cuando, tras la repentina muerte de su padre, se mudó con su madre a casa del abuelo Elkan Juda Cahn. Sin embargo, su relación con la familia de su padre, los Stern, parece haber sido más cordial que con los Cahn. Bernhard Stern, el hermano de su padre, era un médico muy apreciado por todos, según declaró Alice más tarde. Sus hijos, especialmente la prima Klärchen, tres años mayor que ella; Richard, de su misma edad, y Karl, seis años menor, probablemente compensaban la falta de hermanos propios. El buen entendimiento con Klärchen siempre se mantuvo.

Cuando tenía veinte años, Alice se casó con el empresario judío Michael Frank, de treinta y cinco, que había llegado a Frankfurt procedente de Landau, en el Palatinado, en el suroeste de Alemania. Michael era el sexto de nueve hijos de Zacharias y Babette Frank. Zacharias Frank, cuyo padre, Abraham, se había trasladado a Niederhochstadt procedente de Fürth como profesor asociado, se había mudado en 1841 a la próxima ciudad de Landau tras obtener un permiso para establecer una ferretería. Más tarde se convirtió en prestamista. Debió de hacer buenos negocios, visto que en 1870 adquirió para su familia la casa Zur Blum, una antigua oficina de correos. En la actualidad, el edificio, hermosamente restaurado y conocido como Frank-Loebsches Haus, alberga una institución científica y un museo.

Michael Frank era un hombre de negocios astuto, que ganaba dinero suficiente para brindar a su esposa una vida despreocupada. Trabajaba como corredor de cambios independiente e invertía las ganancias en otros sectores. Transcurrido cierto tiempo, volvía a vender sus participaciones; solo conservó la copropiedad de la fábrica de pastillas para la tos de Bad Soden. En 1896/97 fundó el banco Michael Frank, especializado en la compraventa de valores, letras y divisas. Resulta llamativo el grado en que Michael Frank, oriundo del Palatinado, se convirtió en un auténtico *Frankfurter*. Los miembros de la familia radicada en Frankfurt estaban tan estrechamente vinculados entre sí que quien venía de fuera y pasaba a ser integrante de la familia por la vía del matrimonio dejaba de ser un extraño y era considerado un enriquecimiento.

Exactamente a los nueve meses de la boda, en 1886 la pareja tuvo un hijo, Robert Hermann, y tres años después nació Otto Heinrich, el padre de Anne Frank. Herbert, el tercer hijo, nació en 1891. Por último, en 1893 nació la tan esperada hija Helene, apodada Leni. Existe un retrato suyo, un dibujo al pastel en el que Leni aparece como una joven muy bonita de alrededor de quince años, con cabello de color castaño claro y las orejas algo separadas, con un vestido de encaje blanco con cuello alto decorado con una cinta rosa. En la familia se hicieron retratos así únicamente de la niña, lo que demuestra cuán orgullosos de ella estaban los padres.

Los Frank se instalaron en primera instancia en la Leerbachstrasse. Tras el nacimiento del segundo hijo, se mudaron al Gärtnerweg, y en 1901 Michael Frank compró un caserón cerca del jardín de palmeras de la Jordanstrasse (más tarde Mertonstrasse, hoy Dantestrasse). En la segunda planta se instaló Cornelia Stern, madre de Alice; el desván se alquiló. Los Frank concedían gran importancia a una buena educación. Los niños aprendieron a tocar un instrumento —Otto, por ejemplo, tocaba el violonchelo— y por supuesto estudiaron inglés, francés e italiano. Desde una edad temprana se les alentaba a escribir cartas a sus padres cuando estos salían de viaje, lo que por lo visto sucedía a menudo. En tal caso, los niños se quedaban en Frankfurt al cuidado de la abuela Cornelia y, naturalmente, también disponían de personal doméstico, como una cocinera y niñeras. En sus cartas, los niños les contaban a sus padres lo que sucedía en casa. Sobre todo de Robert, el hijo mayor, se han conservado muchas cartas. Tenía dotes de artista y decoraba sus epístolas con hermosos dibujos. En las cartas de Otto llama la atención la frecuencia con la que hablaba de sus notas escolares, y en las de Herbert se trataba a menudo de comida. De Leni solo se conservan pocas cartas; al fin y al cabo, era la más pequeña. A Alice le gustaba escribir poemas, de modo que no era de extrañar que los niños también lo hicieran, pues sabían que con ello complacían a su madre. En cualquier caso, la relación entre padres e hijos parece haber sido cordial y amistosa, y ello sin duda constituyó la base de los notablemente estrechos lazos familiares.

Alice y Michael Frank llevaban una vida de gente adinerada y culta. Asistían a conciertos y representaciones de teatro y ópera, recibían y hacían visitas, aunque no pertenecían a las altas esferas del imperio. Quienes no podían preciarse de poseer una red finamente ramificada de ascendencia y relaciones no eran considerados miembros de la clase alta. En la escala hacia arriba parecía haber un cartel invisible con la inscripción «Prohibida la entrada a los judíos». Los Frank eran judíos, judíos liberales. Aunque no eran religiosos, tenían una acusada afinidad con su filiación hebrea. Ninguno de los miembros de la familia se había bautizado, y a lo largo de las distintas generaciones siempre habían buscado casarse con otros judíos alemanes.

Eran, podría decirse, una familia bendecida por la fortuna. Pero el 17 de septiembre de 1909, Michael, de apenas cincuenta y ocho años, murió inesperadamente, del mismo modo que había fallecido el padre de Alice siendo ella todavía una niña. Los dos hijos mayores ya no vivían en casa entonces. Después de estudiar historia del arte, Robert se había convertido en apoderado de una tienda de antigüedades, y Otto, que había abandonado la misma carrera, se había marchado a Estados Unidos por invitación de un amigo. Cuando le llegó la noticia de la muerte de su padre, le escribió a su madre una carta que impresiona por su sensibilidad y que da muestras de su desarrollo personal. Mientras las cartas que había escrito cuando niño habían sido en su mayoría de naturaleza obligada, ahora, a pesar de no tener más que veinte años, reflejaban una gran madurez, una asombrosa empatía y una gran comprensión de la difícil situación de su madre. Es como si saliera de la sombra de su hermano mayor y asumiera la responsabilidad de toda la familia. Regresó de Estados Unidos a Frankfurt y, al igual que su hermano menor, Herbert, se incorporó al banco familiar tras una breve formación. Robert, el hermano mayor, no estaba interesado en un puesto en el banco.

En 1914 estalló la guerra. Dada su posición social, es de suponer que los Frank tuvieran tendencias conservadoras antes que socialistas. Al igual que otros ciudadanos alemanes, Alice Frank adquirió con su patrimonio privado bonos de guerra. Y sus hijos no dudaron en alistarse en el ejército. Otto fue enviado al frente occidental. Desde allí le escribía a menudo a su hermana, para quien ejercía una especie de papel de padre. Inmediatamente después de estallar la guerra, Alice Frank había ofrecido sus servicios como enfermera auxiliar en un hospital militar, y también Leni trabajaba como enfermera auxiliar en un hospital de campaña.

Los tres hijos varones de la familia sobrevivieron a la guerra; Otto fue ascendido a teniente en 1918 y condecorado con la Cruz de Hierro. La capitulación alemana y el fin del imperio tuvieron consecuencias significativas para la vida de los Frank. La familia había perdido mucho dinero y, como es natural, el banco especializado en divisas casi no había podido hacer transacciones durante la guerra. Aunque las perspectivas no eran demasiado halagüeñas económicamente, la familia celebraba fiestas de vez en cuando. En 1921, Leni contrajo matrimonio con Erich Elias, un judío de Zweibrücken que también había participado en la guerra y que, como Otto y Robert, había sido condecorado con la Cruz de Hierro por su valentía. Sin embargo, la alegría de la joven pareja se vio atemperada por el duelo. El mismo año en que Alice celebró la boda de su hija, perdió a su madre, Cornelia Cahn, que murió en junio de 1921.

Un año después, Herbert, el tercer hijo, se casó con la estadounidense Hortense Rah Schott. Sin embargo, el matrimonio, que no tuvo descendencia, no duró mucho tiempo: al cabo de unos años, Hortense abandonó a Herbert, tras lo cual el vínculo se disolvió. En el mismo año que Herbert, Robert se casó con Charlotte Witt. Fue el primero en la historia de la familia en casarse con una mujer cristiana.

La boda siguiente tuvo lugar en 1925. Otto Frank se casó con Edith Holländer, hija de Abraham Holländer, fabricante de Aquisgrán, y su esposa Rosa Stern. Otto tenía ya treinta y cinco años; era hora de que se casara, y Edith Holländer provenía de una buena familia judía y, sobre todo, acaudalada. La dote de Edith seguro que influyó, pues en el plano financiero el banco iba de mal en peor.

Sobre la infancia y juventud de Edith no se sabe mucho. Nació el 16 de enero de 1900 en Aquisgrán. Como indica su apellido, sus antepasados llegaron a Alemania procedentes de Ámsterdam alrededor del año 1800. Benjamin Holländer, abuelo de Edith, se dedicó al comercio de chatarra, amasó rápidamente una fortuna y luego fue propietario de varias fábricas metalúrgicas.

Abraham, padre de Edith, nació en 1860 y tuvo ocho hermanos. Él y su esposa Rosa tuvieron cuatro hijos. En 1894 vino al mundo Julius; tres años después, Walter; al año siguiente, Bettina, y por último Edith. Abraham comandaba el negocio familiar y como empresario tuvo mucho éxito.

Aunque los Holländer no eran ortodoxos, Abraham era un miembro destacado de la colectividad judía de Aquisgrán. En comparación con los Frank, los Holländer eran religiosos. Su régimen alimenticio era kosher y asistían a la sinagoga con regularidad. Edith fue alumna de la Evangelische Viktoriaschule, un liceo de señoritas que también admitía alumnas de otras religiones. Se la describe como una chica tímida, aunque debe de haber tenido muchas amigas y conocidas. Era una mujer atractiva, jugaba al tenis y vestía a la última moda, de lo que testimonian varias fotos.

En 1914 sucedió algo que tuvo un gran impacto en la vida de Edith: con solo dieciséis años, su hermana Betti murió de apendicitis. Para honrar su memoria, más tarde Edith puso a su primera hija los nombres de Margot Betti. Durante la guerra, Edith acabó la educación secundaria y asistió a su padre en la oficina. Su hermano Julius quedó mutilado durante la guerra por un disparo en el brazo.

Si bien los padres de Edith estaban al tanto de los problemas económicos de Otto Frank, debió de agradarles la idea de que su hija se casara con un vástago de una familia de cierto prestigio de Frankfurt, por más que los Frank pertenecían al grupo de judíos asimilados. La boda se celebró en Aquisgrán el 12 de mayo de 1925, el día en que Otto cumplía treinta y seis años. Después de la luna de miel, que tuvo como destino San Remo, la joven pareja se instaló en la casa de la madre de Otto, en el número 4 de la Mertonstrasse, donde ya vivían Leni y Erich con sus hijos Stephan (1921-1980) y Bernhard, apodado Buddy (1925-2015). Tras el nacimiento de su primera hija, Margot Betti (1926), en 1927 Otto y Edith se mudaron a una vivienda situada en Marbachweg, 307. El motivo de la mudanza fue probablemente que Otto y Edith intentaban eludir de antemano que la familia se entrometiera en la educación de sus hijos. Además, Otto indicó que quería que sus hijos crecieran «libres», lo que implicaba que quería vivir en un entorno liberal, sin limitaciones sociales. Sus ideas humanistas sobre la educación coincidían con las convicciones de Edith. Era una mujer inteligente y abierta a nuevas ideas, que más tarde, en la Casa de atrás, causaría con frecuencia irritación con sus métodos de educación «modernos».

En junio de 1929, para gran alegría suya, la pareja tuvo una segunda hija, Annelies Marie, la que con su diario y su nombre abreviado —Anne— haría mundialmente famoso el apellido Frank. Toda la familia estaba más que feliz con el nacimiento de este segundo retoño, especialmente la madre de Otto, Alice, y su hermana Leni. En todo caso, entre las familias no existía ninguna desavenencia: Margot y Anne visitaban regularmente a su abuela, y Buddy también recuerda que solía jugar con sus primas. Los lazos familiares eran estrechos y continuaron siéndolo.

Mientras tanto, además de Herbert y Otto, también Erich Elias, marido de Leni, trabajaba en el banco de Michael Frank, lo que probablemente se debió a los problemas que atravesaba la entidad. La crisis económica mundial y las reparaciones de guerra que Alemania estaba obligada a pagar después de su derrota complicaban la situación financiera. Además, el creciente antisemitismo dio lugar a una gran agitación social. El NSDAP se hacía cada vez más fuerte, también en Frankfurt. Erich Elias fue el primero en atenerse a las consecuencias del cambio registrado en las condiciones económicas y políticas. En 1929 aceptó la oferta de fundar una sucursal en Suiza de la fábrica Opekta, una empresa cuyo producto principal era un gelificante para mermeladas. Dos años después, su familia se unió a él. En 1931, Otto y Edith Frank se habían mudado con sus hijas a la Ganghoferstrasse, a una vivienda más pequeña y económica, y alrededor de 1933 decidieron volver a la casa de Alice en la Mertonstrasse.

El 30 de enero de 1933, el presidente de Alemania, Paul von Hindenburg, nombró canciller del Reich a Adolf Hitler. En las elecciones municipales del 12 de marzo, el NSDAP de Frankfurt obtuvo 42 de los 85 escaños de la corporación municipal. El alcalde judío Ludwig Landmann había dimitido un día antes de las elecciones.

El 1 de abril de 1933 comenzó el gran boicot nacionalsocialista a las instituciones, tiendas, consultas médicas, bufetes de abogados, etcétera judíos. En ese momento, muchos pensaron que el terror nazi pronto pasaría, e incluso la junta directiva de la congregación israelita, en una carta abierta, se pronunció en contra de la emigración argumentando que un judío alemán no debía darse a la fuga ahora.

Sin embargo, los Frank decidieron emigrar de todos modos, principalmente porque el banco atravesaba serios problemas financieros y no cabía esperar que la situación mejorara. Robert emigró a Inglaterra con su esposa Lotti, Herbert ya residía en París, Erich y Leni Elias estaban en Basilea, adonde también se mudó Alice para estar cerca de su hija y sus nietos Stephan y Buddy.

Otto Frank optó por los Países Bajos. En 1933 viajó a Ámsterdam y fundó allí una sucursal de la fábrica Opekta. Su relación con esa empresa se la debía a su cuñado Erich Elias. Edith Frank se instaló un tiempo con Margot y Anne en casa de la abuela Holländer en Aquisgrán, hasta que a principios de 1934 Otto Frank las hizo venir. La historia de las familias Frank y Elias en Frankfurt del Meno había llegado a su fin.

Los Frank pronto se sintieron como en casa en los Países Bajos, aunque eso cambió con la ocupación militar alemana del país en mayo de 1940. Como sucedió en todos los territorios ocupados, también en los Países Bajos los alemanes adoptaron toda clase de medidas contra los judíos. Se les impusieron sistemáticamente cada vez más restricciones de carácter social y empresarial, hasta que perdieron prácticamente todos sus derechos. Cuando a los niños judíos ya no se les permitió ir a la misma escuela que los niños no judíos, Anne se cambió al Liceo Judío, creado poco antes, donde se sintió muy cómoda. Lo peor que le sucedió en ese periodo fue la muerte de su abuela materna, que, procedente de Aquisgrán, se había instalado en casa de su hija en Ámsterdam. Murió en 1942, no mucho antes de que para los Frank todo cambiara.

En 1942, poco después de que Margot recibiera la citación para ser enviada a un campo de trabajo, los Frank se ocultaron. El escondite se encontraba en la finca de Prinsengracht, 263 (donde Otto Frank había establecido su empresa un año y medio antes), en una extensión, la denominada «Casa de atrás». También Hermann van Pels, el socio judío de Otto Frank, se escondió allí con su esposa y su hijo Peter. Al igual que los Frank, habían abandonado Alemania huyendo de los nazis. Más tarde, los siete moradores de la Casa de atrás acogieron a un octavo escondido: el dentista Fritz Pfeffer, que había llegado a los Países Bajos procedente de Giessen.

Durante dos años vivieron en el refugio ocho personas, abastecidas de alimentos y protegidas por un pequeño grupo de colaboradores de la empresa: Miep Gies y su esposo Jan, Johannes Kleiman, Victor Kugler y Bep Voskuijl. Durante esos años de estancia en el escondite, Anne Frank escribió su mundialmente famoso diario.

El 4 de agosto de 1944 fueron detenidos y deportados a Auschwitz, previo paso por el campo de tránsito holandés de Westerbork. Edith Frank murió a principios de enero en el campo de Auschwitz-Birkenau. En ese momento, Margot y Anne ya se encontraban en el campo de concentración de Bergen-Belsen, al que habían sido trasladadas después de permanecer unas semanas en Auschwitz. Allí fueron víctimas de la epidemia de tifus que estalló en el campo en la primavera de 1945. Sus restos yacen en una fosa común en Bergen-Belsen.

Otto Frank fue el único de la familia que sobrevivió al Holocausto. Fue liberado por el Ejército Rojo el 27 de enero de 1945. En el verano de ese año regresó a Ámsterdam. Ya sabía entonces que su esposa había fallecido, pero pasó mucho tiempo antes de que se enterara, por unas personas que habían coincidido con ellas en Bergen-Belsen, que sus hijas tampoco estaban vivas. Se había quedado solo, sin dinero, sin papeles, sin techo. Miep y Jan Gies se hicieron cargo de él. Cuando tuvo la certeza de que Margot y Anne ya no regresarían, Miep Gies le entregó el diario de Anne, que había encontrado en la Casa de atrás después de la detención de los Frank y había puesto a buen recaudo. Desesperanzado y con el corazón destrozado, a Otto le debe de haber costado un gran esfuerzo leer el diario, colmado de recuerdos de su esposa e hijas. Pero una vez más, como lo había hecho antes, demostró lo fuerte que era: se resignó a aceptar su destino y dedicó todas sus energías a mantener vivo el recuerdo. Nadie debía olvidar jamás lo que les había sucedido a sus hijas Margot y Anne, nadie debía olvidar la suerte que habían corrido el millón y medio de niños judíos que perdieron la vida en el Holocausto.

El diario de Anne Frank se publicó en 1947. Una vez adaptado para teatro y, posteriormente, para el cine, emprendió su marcha triunfal alrededor del mundo. En 1953 Otto Frank se casó con Elfriede (Fritzi) Geiringer, quien, como él, había sobrevivido al campo de concentración de Auschwitz. Su esposo y su hijo habían perecido; ella y su hija se habían salvado. Otto dejó la empresa y se fue a vivir con su nueva esposa a Basilea, en la casa que habían comprado Leni y Erich Elias. En ella habían vivido durante la guerra con sus hijos Stephan y Buddy, junto con Alice Frank e Ida Elias, la madre de Erich, a quien habían traído de Alemania justo a tiempo, y con

Herbert Frank, venido de París, sin olvidar un ama de llaves italiana. Alice Frank murió en 1953. Solo dos meses después, su hijo mayor, Robert, murió en Londres.

Otto siguió viviendo unos años en la casa de su hermana, pero luego se mudó con Fritzi a Birsfelden. Hasta su muerte, acaecida en 1980, dedicó todo su tiempo y energía al diario de su hija. Dio conferencias y, asistido por su esposa, respondió a las numerosas cartas de jóvenes que le contaban cuánto les había cambiado la vida el diario. En Basilea fundó el Fondo Anne Frank, que gestiona los derechos del diario y utiliza los beneficios para apoyar distintas causas humanitarias. Y es que Otto Frank siempre hizo hincapié en que no era dinero suyo, sino el dinero de su hija, y que, siguiendo el espíritu de Anne, debía destinarse a hacer realidad sus ideales humanitarios y pacifistas. Cuando murió, los derechos permanecieron en el Fondo Anne Frank; los apuntes de Anne, sus diarios y las hojas sueltas con sus escritos se donaron al NIOD (Instituto de Estudios de Guerra, Holocausto y Genocidio), de Ámsterdam.

Tras la muerte de Otto, Fritzi, su esposa, se fue a vivir con su hija en Londres, donde murió en 1998. La mayoría de los miembros de la familia vivieron hasta una edad muy avanzada, excepto Stephan Elias, que murió a los cincuenta y nueve años, solo unos días después que su tío Otto Frank. Erich Elias, su padre, llegó a cumplir noventa y cuatro años; Leni Elias-Frank murió en 1986 a la edad de noventa y tres años, y un año después murió su hermano Herbert, a los noventa y seis.

Buddy Elias, que tras acabar la escuela de teatro había trabajado durante muchos años como comediante en *Holiday on Ice*, regresó a Basilea en 1961 y se dedicó a una carrera como actor. En 1965 se casó con Gerti Wiedner, una actriz nacida en Austria en 1933, a la que había conocido haciendo teatro en Tubinga. Tuvieron dos hijos: Patrick (1966) y Oliver (1971), que en la actualidad viven en Alemania con sus familias. Ya a partir de 1986, Buddy Elias dedicó cada vez más tiempo al Fondo Anne Frank, del que llegó a ser presidente, y su esposa Gerti, miembro del consejo asesor. El diario de su prima Anne se convirtió en el centro de la nueva fase vital de Buddy. Dio conferencias, respondió cartas y procuró que los grandes ideales que Anne acariciaba, así como sus convicciones humanistas, no cayeran en el olvido.

Antecedentes históricos
Gerhard Hirschfeld

El 10 de mayo de 1940, un mes antes de que Anne Frank celebrara en Ámsterdam su undécimo cumpleaños, la Alemania nazi invadió el pequeño y neutral Reino de los Países Bajos. Debido a la superioridad material del ejército alemán y las numerosas bajas, especialmente entre la población civil, el ejército holandés capituló después de solo cinco días. El día anterior, la fuerza aérea alemana había reducido a cenizas el centro de Rotterdam, con un saldo de más de ochocientos muertos y miles de vecinos sin techo. La ofensiva alemana estremeció a la población. La reacción de la gente fue desde el pánico y la histeria hasta la resignación y la desesperanza. Cientos de personas, entre ellas muchos ciudadanos judíos, se suicidaron. Solo unos pocos lograron escapar a Inglaterra cruzando el mar del Norte. Entre los afortunados también cabe mencionar a un grupo de 75 niños judíos procedentes de Alemania y Austria que, en el marco de lo que se llamó «traslado de niños», viajaron a Ámsterdam en 1938 y fueron alojados en un orfanato.

Ya al tercer día de la invasión alemana, la reina Guillermina había abandonado el país a bordo de un buque de guerra británico. El primer ministro y todo el gabinete hicieron lo propio unas horas más tarde, después de encomendar a los secretarios generales de los distintos ministerios la gestión provisional de los asuntos. El día de su llegada a Londres, la reina declaró por la radio de la BBC que continuaría desde allí la lucha contra Alemania. Si bien la constitución no preveía trasladar la sede del Gobierno al extranjero, Guillermina proclamó la capital británica como residencia temporal. En los propios Países Bajos, la población inicialmente reaccionó indignada y decepcionada por la huida de la reina y el Gobierno. Sin embargo, después de un tiempo comenzó a entender que había sido la decisión correcta. Para muchos holandeses, la Casa de Orange volvió a convertirse rápidamente en el símbolo de la soberanía y la unidad nacionales, y la reina Guillermina en el baluarte de la resistencia contra la Alemania nacionalsocialista.

Adolf Hitler aprovechó el vacío de poder surgido el 13 de mayo de 1940 y, al igual que en la previamente invadida Noruega, instaló enseguida una administración civil alemana, la llamada Reichscommissariaat Nederland, al mando del nacionalsocialista austriaco Arthur Seyss-Inquart, considerado un político moderado. Tres de los cuatro comisarios generales de Seyss-Inquart eran asimismo austriacos. Este órgano de gobierno —bautizado como «el Club del Danubio» en el habla popular local— no solo debía ejercer la autoridad alemana, sino también encargarse de que la «nazificación voluntaria» deseada por Hitler obtuviera un amplio apoyo entre la población. Mediante una ofensiva de seducción, alentando a las instituciones a colaborar, los nazis esperaban poder integrar a los Países Bajos en el Reich alemán, sin aspirar todavía a una anexión formal. Transferir el poder al movimiento nacionalsocialista de los Países Bajos (NSB), cuyo líder era Anton Mussert, de momento no era una opción, puesto que la gran mayoría de la población no quería saber nada de ese partido. Además, el NSB era considerado políticamente corrupto y, por lo tanto, inepto.

Inicialmente no se descartó la posibilidad de que los Países Bajos se unieran al Tercer Reich. El comportamiento mayoritariamente correcto de los soldados alemanes, la ausencia de detenciones de judíos y opositores políticos al principio, así como la buena cooperación entre los órganos administrativos locales y las fuerzas de ocupación calmaron los ánimos. Impresionados por los éxitos de la Wehrmacht, durante los primeros meses de la ocupación la mayoría de los holandeses parecieron dispuestos a acomodarse a los vencedores. Esa disposición favorable se registró a la sazón en casi todos los países ocupados por Alemania, y se basaba en la expectativa de que la victoria germana sería «definitiva y total» y que en adelante la Alemania nacionalsocialista empuñaría el bastón de mando en toda Europa. Los historiadores holandeses utilizaron más tarde el término «acomodación» para designar esa actitud política: ceder ante los alemanes donde parecía inevitable, manteniendo al mismo tiempo la mayor autonomía nacional posible.

Tras el fracaso de la invasión de Inglaterra, y más aún tras la derrota del ejército alemán en su avance hacia el este en el invierno de 1941-1942, la voluntad de acomodarse fue decayendo. El brutal comportamiento de los ocupantes contribuyó a ello. En lugar de la buena relación esperada por muchos, los alemanes comenzaron a proclamar cada vez más disposiciones que afectaban profundamente a la vida de los ciudadanos. Hubo protestas esporádicas, pero la Grüne Polizei (policía verde, por el color de sus uniformes) alemana y los demás servicios de seguridad (Gestapo, SS y SD) cortaron de raíz inmediatamente las primeras señales de resistencia. Eso cambió cuando, en febrero de 1941, el personal del transporte público amsterdamés y los trabajadores del metal y la construcción naval se declararon en huelga durante dos días en señal de protesta contra la deportación de cuatrocientos hombres judíos. La huelga se reprimió con violencia y dejó siete muertos e innumerables heridos, y muchos huelguistas detenidos. Si bien la «huelga de febrero» de 1941 fue una acción valiente y la primera manifestación pública a raíz de la persecución de los judíos en los países ocupados, llegó demasiado pronto, como se afirmó más tarde; la huelga fue considerada por la mayoría de la población como una acción aislada y local, lo que puede haber constituido el motivo por el cual no se produjeron protestas importantes durante mucho tiempo.

En su lugar, la mayoría de los órganos administrativos, así como grandes segmentos del sector empresarial y de la sociedad, pronto comenzaron a colaborar más o menos estrechamente con los ocupantes, aunque esto sirvió, sin excepción, a los intereses de los alemanes. La colaboración en muchos sectores (administrativo, económico, cultural, etcétera) y en todas partes del país se desarrolló de varias maneras y ciertamente no solo por razones políticas. La industria local, por ejemplo, destinó inicialmente un tercio y, a partir de 1944, incluso más de la mitad de su capacidad a encargos alemanes, en particular de la Wehrmacht. Los empresarios y los secretarios generales competentes esperaban promover de esa manera la economía y el comercio y mantener el empleo. Sin embargo, dicha colaboración, que puede calificarse de pragmática, no se limitó a cuestiones económicas y administrativas: también la policía y el poder judicial cooperaron con los servicios de seguridad alemanes, lo que tuvo consecuencias fatídicas.

Fatídico fue, no en último lugar, el ejemplo de las élites holandesas en el Estado, la economía y la sociedad en general. Con miras a una posible cooperación a gran escala con las fuerzas de ocupación, la voluntad de cooperar demostrada por la mayoría de los altos funcionarios, jueces y alcaldes (en la medida en que no habían sido destituidos por los alemanes) influyó considerablemente en los niveles inferiores de los distintos órganos e instituciones. Sin embargo, esa actitud poco tenía que ver con una particular receptividad de los funcionarios públicos holandeses a la propaganda nacionalsocialista o a la intención alemana de controlar los servicios públicos. El número de nacionalsocialistas convencidos se mantuvo limitado y no aumentó hasta 1943, tras el nombramiento de alcaldes del NSB en algunas grandes capitales.

Los defensores de la colaboración pragmática con los alemanes continuaron convencidos de que ella había conducido a un régimen moderado por parte de los ocupantes. Las decisiones adoptadas por sus propios gobernantes habrían protegido a la población de medidas mucho más estrictas. Sin embargo, los hechos históricos apuntan en una dirección muy distinta: en los dos acontecimientos más dramáticos acaecidos durante la ocupación, a saber: la deportación y el asesinato de los judíos y el empleo forzoso de hombres y mujeres en Alemania, los órganos de gobierno locales no parecen haber tenido una influencia moderadora. Más bien al contrario: el conformismo de las autoridades y la cooperación de la policía y el poder judicial contribuyeron a que las deportaciones de los judíos y el envío de trabajadores forzosos y prisioneros de guerra a los campos de trabajo en Alemania se llevaran a cabo en general de forma impecable.

La persecución de los judíos comenzó mediante la adopción de medidas administrativas. En ello también participaron ministerios y órganos de gobierno holandeses; por ejemplo, la inspección general de registros de población, con sede en La Haya. En enero de 1941, a petición de los alemanes, esta llevó a cabo una investigación en torno al número exacto de judíos residentes en los Países Bajos: eran exactamente 140.245. La mayoría (alrededor de 118.000) eran ciudadanos holandeses. A ellos se sumaban unos 15.000 refugiados alemanes y unos 7.000 judíos de otras nacionalidades. Muchos inmigrantes germanos llevaban años viviendo en los Países Bajos y a la mayoría se le había retirado la nacionalidad alemana. Además de los judíos «plenos» (en la jerga racial del régimen nazi), había unos 20.000 «mestizos»: aquellos que tenían menos de dos abuelos judíos o que integraban un matrimonio mixto germano-judío. Las primeras víctimas de las medidas antijudías del ocupante alemán fueron los más de 140.000 judíos plenos, entre ellos los Frank, que, procedentes de Frankfurt del Meno, se habían reunido en Ámsterdam en febrero de 1934. El padre, Otto Frank, trabajaba allí como director de la filial holandesa de la compañía Opekta.

Después de un breve periodo de una llamativa reserva por parte de las fuerzas de ocupación, a fines del verano de 1940 se introdujeron cada vez más medidas excluyentes y discriminatorias. A fines de agosto, se instó a toda persona empleada por el Estado a que presentara la llamada «declaración de pertenencia a la raza aria», es decir, una declaración de que no se era judío. Hubo algunas protestas por parte de los secretarios generales, pero al cabo se mostraron dispuestos a acatar las instrucciones alemanas y despachar el asunto administrativamente. Unos meses después, todos los funcionarios judíos fueron separados de sus funciones y despedidos al poco tiempo. Paralelamente a la introducción de las declaraciones de pertenencia a la raza aria para los funcionarios públicos, en octubre se dio la orden a las empresas judías de registrarse. A tal fin, las cámaras de comercio holandesas enviaron formularios a las gerencias de las empresas judías. Ese fue el primer paso hacia las expropiaciones forzosas («arianizaciones») proyectadas por las fuerzas de ocupación. Con todo, la exclusión no se limitó a los funcionarios y las empresas: en enero de 1941 se prohibió a todos los judíos ir al cine, y no mucho después se les denegó asimismo el acceso a los museos y otras entidades culturales.

A las represiones administrativas y sociales pronto siguieron las primeras medidas físicas contra los judíos. En respuesta a los violentos disturbios ocurridos en Ámsterdam en febrero de 1941, en los que perdió la vida un miembro del NSB, la policía alemana realizó violentas redadas y detuvo a unos cuatrocientos hombres judíos, que a continuación fueron deportados a los campos de concentración de Buchenwald y Mauthausen. Ninguno de esos judíos amsterdameses sobrevivió al «trato especial» dispensado en las canteras de Mauthausen. En los meses siguientes, llegaron a este campo de concentración próximo a Linz (Austria) otros tres traslados, integrados por 850 judíos en total. Tampoco esos presos sobrevivieron a las condiciones inhumanas imperantes en Mauthausen.

La deportación de los hombres judíos de Ámsterdam no solo resultó en la mencionada huelga de febrero, que paralizó el transporte público y la industria durante dos días, sino que también llevó a la conversión transitoria en un gueto de un sector de la ciudad habitado preponderantemente por judíos. Al mismo tiempo, se estableció en Ámsterdam el Consejo Judío, pensado para hacer las veces de portavoz de los aproximadamente 80.000 judíos de Ámsterdam ante las autoridades alemanas, pero que para el ocupante militar era sobre todo un instrumento que servía para mantener la paz y el orden. Los miembros del Consejo Judío podían ser convocados a rendir cuentas de forma colectiva e individual en cualquier momento. Como presidentes del Consejo Judío se designó al comerciante Abraham Asscher y al catedrático de Historia Antigua David Cohen. Los vocales eran hombres de negocios amsterdameses y representantes de las altas esferas de la burguesía. Los trabajadores y los judíos extranjeros no estaban representados. Los presidentes rechazaban cualquier comentario crítico sobre el papel del Consejo Judío como mero ejecutor de las órdenes impartidas por las fuerzas de ocupación, afirmando que no había alternativa a su política «realista» de cooperación con los alemanes. Vista la voluntad general de colaborar, esa posición no era de extrañar.

Las atribuciones y los cometidos del Consejo Judío de Ámsterdam se ampliaban continuamente. Para las cuestiones de la vida diaria (empleo, vivienda, trabajo social), el Consejo tenía las mismas competencias que para la promulgación y aplicación de las disposiciones y medidas alemanas. Pronto se le encomendaron tantas tareas en los ámbitos social y cultural y se regularon con tal detalle sus facultades, que podía hablarse de un —completamente dependiente, cierto es— «Estado dentro del Estado». Así pues, el aislamiento de la población judía de la no judía pretendido por las fuerzas de ocupación se había vuelto prácticamente irreversible y el encierro en un gueto de los judíos, en un hecho consumado.

La exclusión social y la privación de derechos de la población judía iban de la mano del saqueo económico. Se obligó a todos los judíos, ya no únicamente a los comerciantes y empresarios adinerados, a depositar todo su caudal en un banco —previamente judío— que operaba en beneficio de los alemanes. Cada individuo no podía conservar más que 250 florines. Al mismo tiempo, las fuerzas de ocupación restringieron casi por completo la libertad de movimiento de la población judía: los judíos tenían que entregar sus bicicletas al municipio, ya no se les permitía utilizar el transporte público, solo podían hacer la compra en un horario determinado y no podían salir a la calle entre las ocho de la noche y las seis de la mañana. Esta restricción de la libertad de movimiento sentó las bases para el inicio de las deportaciones previstas.

A principios de julio de 1942, cuatro mil judíos —en su mayoría vecinos de Ámsterdam, muchos de ellos refugiados alemanes— recibieron una citación por escrito de la Zentralstelle für jüdische Auswanderung (Oficina de Emigración Judía), que dependía de la Gestapo. Los destinatarios debían «presentarse sin demora en el campo de tránsito de Westerbork, estación de Hooghalen, a efectos de someterse a un examen sanitario tendente a determinar su posible participación en unos trabajos supervisados por la policía en Alemania». Se adjuntaban un permiso de viaje —obligatorio a esas alturas para los judíos— y un billete de tren (gratuito) a la estación de Hooghalen. Pese al lenguaje velado —«trabajos en Alemania», «examen sanitario»—, solo unos pocos respondieron a la convocatoria. Mediante redadas y detenciones arbitrarias, y una amenaza de la Gestapo —transmitida por el Consejo Judío— de deportar directamente a todos los judíos detenidos a un campo de concentración alemán, la Oficina de Emigración Judía intentó intimidar a los judíos convocados. La hermana de Anne Frank, Margot, de dieciséis años, también recibió el 5 de julio una citación para prepararse para el traslado a un campo de trabajo alemán. A raíz de ello, su padre, Otto Frank, decidió que era hora de mudarse al escondite que habían preparado durante un año en la Casa de atrás de la filial de Opekta en Prinsengracht 263. El 6 de julio de 1942, los Frank pasaron a la clandestinidad junto con un puñado de amigos judíos.

En la noche del 14 al 15 de julio, un tren que transportaba a 962 judíos partió de la estación central de Ámsterdam hacia Hooghalen/Westerbork. Pero el campo de tránsito de Westerbork, en la provincia de Drente, no era más que una parada intermedia. El destino final del tren de carga era el campo de exterminio de Auschwitz. Había comenzado la última fase de la persecución nacionalsocialista de los judíos en los Países Bajos ocupados.

Solo en el mes de julio de 1942 partieron de Ámsterdam un total de nueve traslados. A ellos les siguieron otros, así como nuevas redadas y detenciones. A partir de mediados de octubre, el «Teatro Holandés» de Ámsterdam hizo las veces de sala de espera para las deportaciones. Pronto empezaron a llegar a Hooghalen trenes especiales de los ferrocarriles holandeses procedentes de las principales ciudades del país; los costes de esos traslados se cargaron a cuenta de la sede de las SS y fueron debidamente abonados.

Las llegadas y salidas en tránsito seguían siempre el mismo patrón: desde la estación de Hooghalen, los deportados recorrían a pie una distancia de aproximadamente cinco kilómetros hasta el campo de Westerbork. Una vez allí, se les volvía a registrar y se les sometía a un control. La dirección se incautaba de las joyas y el dinero en metálico. El tiempo que los presos no exentos de traslado (aunque fuera temporalmente) pasaban en el campo un tiempo breve, a menudo incluso inferior a 24 horas. Hasta finales de febrero de 1943 habían partido del campo de tránsito de Westerbork hacia Auschwitz 49 traslados, con un total de 46.455 judíos de todas las edades. El ritmo de las deportaciones solo se interrumpió por espacio de cuatro semanas alrededor de Navidad, puesto que en ese periodo los ferrocarriles alemanes precisaban todos los vagones disponibles para el transporte de soldados alemanes con licencia.

Entre marzo y julio de 1943, los traslados tuvieron por destino el campo de exterminio de Sobibor, en el sudeste de Polonia. A diferencia de Auschwitz, allí no se realizaban más selecciones. Sobibor tenía una única función: matar a todos los judíos a las pocas horas de llegar. De las 33.208 personas deportadas de Westerbork a Sobibor, solo 19 sobrevivieron al indescriptible horror de ese campo. El mayor traslado fue el llamado «traslado de niños», mediante el cual se deportó a 3.017 personas, casi sin excepción niños y sus madres. Eran parientes de trabajadores judíos empleados en la producción de material de guerra, entre otros lugares en las fábricas de Philips en Eindhoven. A las madres y los pequeños les habían prometido una estancia en un «campo especial para niños». Ese campo era Sobibor y, salvo contadas excepciones, las madres y los niños fueron asesinados nada más llegar.

No solo los judíos que trabajaban en la industria armamentística y sus familiares perdieron su hasta entonces vigente condición excepcional: lo mismo se aplicó a otros judíos exentos de deportación, entre ellos a los talladores de diamantes de Ámsterdam y a los judíos de nacionalidad extranjera o doble nacionalidad, que entraban en consideración como «judíos de intercambio», así como a los numerosos empleados del Consejo Judío y sus familias. En mayo y junio de 1943, con ocasión de tres redadas realizadas en todo el país, miles de judíos que se habían salvado hasta ese momento fueron detenidos y trasladados a Westerbork. También los dos presidentes del Consejo Judío, Abraham Asscher y David Cohen, fueron a parar allí con sus familias en el otoño de 1943.

Al mismo tiempo, los traslados continuaron: el 1 de octubre de 1943, ya habían sido deportados de Westerbork y el campo de concentración de Vught a Auschwitz y Sobibor 86.000 hombres, mujeres y niños judíos, y otros 2.000 a Mauthausen, Buchenwald y Ravensbrück. En esa última fase de las deportaciones adquirieron significación otros dos campos de concentración: Theresienstadt y Bergen-Belsen. En total ocho traslados procedentes de los Países Bajos tuvieron como destino Bergen-Belsen, y otros siete, Theresienstadt. Mientras que el gueto de Theresienstadt, en el norte de Bohemia, era considerado un «campo de propaganda» cuyo objetivo era camuflar las prácticas brutales del Holocausto, Bergen-Belsen, construido en las lindes del brezal de Luneburgo, había sido ideado como un «campo de intercambio» para judíos que disponían de conexiones con los llamados Estados enemigos. De ese modo, los nazis esperaban conseguir la liberación de los ciudadanos alemanes allí internados por motivo de la guerra. Cuando ese objetivo fracasó, cambió asimismo el carácter de Bergen-Belsen, que en poco tiempo se transformó en un campo de acogida abarrotado de presos procedentes de otros campos de concentración, enviados al oeste durante los últimos meses de la guerra integrando las llamadas «marchas de la muerte».

El último traslado a Auschwitz, que partió de Westerbork el 3 de septiembre, incluyó también a Anne Frank, que entretanto había cumplido quince años, a sus padres y a su hermana Margot. Los Frank y sus amigos, que habían vivido escondidos desde julio de 1942, habían sido delatados a principios de agosto de 1944 y seguidamente enviados a Westerbork. En Auschwitz, Anne, su madre y su hermana fueron alojadas en el llamado campo de mujeres, donde sobrevivieron a las selecciones, las formaciones diarias, las enfermedades contagiosas y el hambre. A finales de octubre, las dos jóvenes fueron trasladadas —a modo de evacuación— de Auschwitz-Birkenau al campo de Bergen-Belsen, que con 200.000 presos estaba ahora superpoblado. Allí, en marzo de 1945 —la fecha exacta se desconoce— Anne y Margot fueron víctimas de la epidemia de tifus que llevaba varias semanas haciendo estragos. La madre de Anne, Edith, que se había quedado en Auschwitz, ya había muerto a principios de enero, presumiblemente por inanición. Otto, el padre, fue uno de los pocos presos judíos de Auschwitz liberados por el Ejército Rojo el 27 de enero de 1945.

Del total de 107.000 judíos deportados de los Países Bajos, solo unos 5.000 sobrevivieron a los campos de concentración y exterminio alemanes. Entre 20.000 y 25.000 judíos, en su mayoría jóvenes, se escondieron en el país y lograron sobrevivir a las persecuciones con la ayuda de valientes protectores no judíos. A diferencia del número exacto de judíos deportados, de los que llevaban la cuenta los perpetradores, el de los judíos escondidos resulta ya imposible de determinar, en particular porque se les sumaban nuevos continuamente y otros resultaban detenidos por casualidad, aunque también por delación. Con todo, el número de personas que lograron esconderse en las grandes ciudades y más tarde también en el campo después de 1943 es asombroso. Ello se debe en parte a la resistencia más activa contra los detentadores del poder a partir de 1942-1943 y a la creciente solidaridad de la población holandesa con los judíos perseguidos.

Cuanto más acuciante era la situación militar de la Alemania nazi, tanto más despiadada y draconiana se volvía la ocupación: detenciones, internamientos, toma de rehenes y ejecuciones estaban a la orden del día y tuvieron lugar durante los últimos días de la guerra; por ejemplo, en Putten, donde en octubre de 1944 la Wehrmacht prendió fuego a decenas de casas y deportó a cientos de hombres en represalia por un atentado contra oficiales alemanes cometido por combatientes de la resistencia.

Durante los meses de invierno de 1944-1945, la economía colapsó casi por completo. A causa de la guerra y la paralización casi total del transporte público, se produjo una grave escasez por todas partes, lo que en el último año de la guerra dio lugar al «invierno de la hambruna». Más de 20.000 personas, en primer lugar en las grandes capitales del densamente poblado oeste del país, murieron de hambre o de enfermedades carenciales.

Debido a la pauperización económica y social, cada vez más holandeses estaban dispuestos a participar en alguna forma en la resistencia. Las acciones de las organizaciones de resistencia contra los ocupantes alemanes y los colaboracionistas holandeses, a menudo iniciadas y apoyadas por el Gobierno en el exilio en Londres, se hicieron cada vez más efectivas. La policía y los servicios de seguridad, así como la Wehrmacht, respondieron con brutales represalias y un terror despiadado. Cuando entre finales de abril y principios de mayo de 1943, casi un millón de holandeses se declararon en huelga en señal de protesta contra la deportación de exprisioneros de guerra a los campos de trabajo en Alemania, ochenta personas fueron condenadas a muerte por los tribunales alemanes en los Países Bajos ocupados. Otros sesenta holandeses fueron ejecutados sumariamente. La huelga fue la mayor manifestación popular realizada contra un régimen de ocupación alemán durante la Segunda Guerra Mundial.

El gran número de víctimas del Holocausto en los Países Bajos, en el que murió más del 75 por ciento de los judíos que vivían en el país antes de la guerra, dio lugar posteriormente a acaloradas discusiones y controversias. Como tantas veces en la historia, no existe solo una, sino varias explicaciones para la gran cantidad de víctimas judías holandesas, solo comparable con las registradas en Europa del Este. Un factor importante fue el alto grado de energía y eficiencia criminales con que las fuerzas de ocupación alemanas encararon el aislamiento y la deportación de los judíos. Otro factor fue sin duda la fuerte posición de poder de las organizaciones de las SS y otras autoridades persecutorias en los Países Bajos ocupados. A ello se suman la voluntad de adaptación y la colaboración pragmática de la población, de las que también fue un ejemplo la postura del Consejo Judío.

Pero el elemento decisivo probablemente haya sido otra cosa. Los judíos holandeses estaban mejor integrados en la sociedad que en cualquier otro país de Europa, lo que provocó en muchos una sensación de seguridad fácilmente comprensible desde el punto de vista psicológico, y que tuvo consecuencias fatales en una situación como la de la ocupación alemana. Explica asimismo por qué, una vez que comenzaron las deportaciones, pocos judíos se escondieron como lo hicieron los Frank y sus amigos. La gran mayoría de judíos optó por posponer los traslados mediante las «exenciones» adquiridas con esfuerzo por el Consejo Judío.

Lo trágico del judaísmo en los Países Bajos consistió, no en última instancia, en su integración exitosa en la sociedad holandesa, lo que les dio una sensación de seguridad engañosa que acabó resultando funesta.

Historia de la recepción del diario
Francine Prose

La primera publicación del diario

En el verano de 1945, después de que Otto Frank regresó de Auschwitz a Ámsterdam y una vez que se confirmó que sus dos hijas habían muerto en Bergen-Belsen, Miep Gies entregó el diario de Anne a su desconsolado padre. En agosto del año anterior, los Frank habían sido detenidos por los nazis después de permanecer más de dos años escondidos en una vivienda encima de los almacenes de la empresa Opekta, en Prinsengracht 263. Junto con otros protectores que habían cuidado de su antiguo patrón y su familia por espacio de dos años, Miep Gies rescató del caos producido por la detención de la familia los apuntes que conformaban el diario de Anne. Estaban distribuidos en un álbum encuadernado en una tela a cuadros —que Anne había estrenado en junio de 1942—, dos cuadernos negros en los que siguió escribiendo su diario, y más de doscientas hojas sueltas de colores en las que reescribió y corrigió el primer borrador de su informe sobre la vida en el escondite. Miep había guardado el diario en un cajón de su escritorio por si Anne volvía después de la guerra y preguntaba por él.

Sin embargo, cuando se supo que no volvería, Miep entregó el diario a Otto Frank. Este se retiró a su antiguo despacho y leyó —según declararía más tarde— el diario de una hija a la que nunca había conocido bien. Entre otras revelaciones sorprendentes sobre su vida, también descubrió que Anne abrigaba el deseo de que su diario se publicara.

El 28 de marzo de 1944, los escondidos habían escuchado ilegalmente una emisión de Radio Oranje desde Londres en la que Gerrit Bolkestein, ministro de Educación, Cultura y Ciencia, pedía a la ciudadanía que conservara sus apuntes personales, para que sus descendientes pudieran hacerse una idea de los sufrimientos a los que habían estado expuestos los holandeses durante la guerra. Anne se dio cuenta de que su diario respondía a lo que quería decir el ministro. Se le ocurrió la idea de utilizar los apuntes de su diario para redactar una novela que se titulara «La Casa de atrás», presumiblemente inspirada en las novelas de detectives que tanto le gustaba leer.

Anne se puso manos a la obra. Tachó algunos apuntes, amplió otros y añadió nuevos párrafos, todo con el objetivo de hacer aún más precisa y completa su descripción de la vida cotidiana en Prinsengracht 263. Tras haber superado su apasionado enamoramiento de Peter van Pels, eliminó los párrafos sobre su tímido primer amor. Teniendo en cuenta que su libro sería leído por extraños, eliminó asimismo una serie de comentarios íntimos sobre sus cambios físicos y su incipiente sexualidad. Visto que durante los dos años de estancia en el refugio había madurado, atenuó las duras e infantiles críticas a su madre. A diferencia del principio, cuando había llenado las páginas del álbum a cuadros con su caligrafía de niña, su letra se había vuelto más fluida y escribía a ritmo acelerado en las hojas sueltas de colores. Hacia el momento de su detención, llenaba más de once páginas por día.

Otto Frank tenía en sus manos ese voluminoso manuscrito, compuesto de varias partes, cuando comenzó con la lectura del diario de su hija. No fue hasta que leyó el párrafo en el que Anne expresaba la esperanza de que su libro se publicara algún día, cuando consideró la posibilidad de que también otros leyeran el diario.

Para empezar, mecanografió algunos párrafos, los tradujo y se los envió a su madre, que vivía en Suiza. A continuación, empezó a combinar el primer borrador de Anne —que más tarde se llamaría «versión A»— y su versión reescrita —denominada posteriormente «versión B»—, hasta convertirlo en un manuscrito completamente mecanografiado —la «versión C», en el que se basarían las traducciones publicadas no mucho después en Alemania, Francia, Reino Unido y Estados Unidos.

Otto Frank había tomado extractos de la primera y la segunda versión de Anne y los había juntado con la intención de dar cabida de nuevo al gran número de apuntes que su hija había eliminado al reelaborar el texto. En dichos apuntes describía, entre otras cosas, la alegría que sintió cuando le regalaron el diario con motivo de su decimotercer cumpleaños, cómo celebró su último cumpleaños antes de esconderse y, tal vez, el párrafo más importante: cómo evolucionó su relación con el joven Peter van Pels. Otto Frank tenía la sensación —que luego resultaría acertada— de que la historia de amor de dos jóvenes inocentes realzaría el encanto del libro. Se atuvo al deseo de Anne de cambiar los nombres de las personas con las que compartía el escondite en la Casa de atrás (los Van Pels y el dentista Fritz Pfeffer). Sin embargo, aunque para la versión que debía publicarse más tarde Anne se había inventado para los suyos el apellido Robin, su padre mantuvo el nombre real de la familia.

Cuando tuvo lista una versión preliminar, Otto Frank sometió el diario a la consideración de algunas personas del ambiente literario de Ámsterdam. Marcado por el dolor, llevaba consigo el manuscrito, leía —luchando contra las lágrimas— algunos párrafos e invitaba a amigos y extraños a leer el diario. Entre esos primeros lectores se encontraban los famosos historiadores neerlandeses Jan y Annie Romein, a quienes impresionó el diario de Anne. Sin embargo, no consiguieron encontrar un editor: las editoriales temían que el libro evocara en los lectores recuerdos dolorosos que preferían reprimir. No fue hasta que Jan Romein elogió el diario en un artículo entusiasta publicado en el periódico *Het Parool*, cuando un redactor de la editorial Contact, de Ámsterdam, ofreció publicar el libro, a condición de que Otto Frank suprimiera unos párrafos en los que Anne, según él, hablaba con demasiada desenvoltura sobre su cuerpo y sus sentimientos sexuales.

El diario se publicó por primera vez en los Países Bajos en 1947, con el título de «La Casa de atrás - Diario epistolar, 14 de junio de 1942 a 1 de agosto de 1944». El libro contenía una introducción de Annie Romein, cuyo tono era ciertamente positivo, pero que, en comparación con el entusiasmo de su marido en *Het Parool*, era al mismo tiempo reservado. Su tirada inicial fue de 1.500 ejemplares; recibió críticas favorables, pero solo tuvo un éxito moderado. Aun así, captó la atención de varios editores extranjeros, si bien las editoriales más reconocidas lo rechazaron. Finalmente, en 1950 la editorial Lambert Schneider, de Heidelberg (Alemania) lo publicó en ese país bajo el título de *Das Tagebuch der Anne Frank* (El diario de Anne Frank).

A fin de no asustar ni ofender a los lectores germanos, se eliminaron algunos párrafos que hablaban muy negativamente sobre el pueblo alemán. Sin embargo, y a pesar de esos cambios, el libro no llegó al público en general. En Francia, donde se publicó por la misma época, encontró más lectores que en Alemania. Solo después del éxito alcanzado en Estados Unidos y las numerosas representaciones de la obra teatral homónima en todo el mundo, las editoriales y los lectores europeos se percataron del interés y el potencial comercial del libro.

Con todo, también en Estados Unidos el diario de Anne Frank había sido rechazado inicialmente por casi todas las grandes editoriales. Al igual que en Europa, consideraban que la temática del libro era demasiado limitada, demasiado familiar, demasiado judía, demasiado aburrida. Temían sobre todo que recordaría a los lectores la guerra, que todos preferían olvidar. Finalmente, en 1952 la editorial Doubleday lo publicó, precedido de un prólogo de Eleanor Roosevelt, y recibió críticas muy entusiastas. La primera tirada se agotó rápidamente, a lo que siguieron una segunda y tercera de 10.000 ejemplares cada una.

En el plazo de unos días, la editorial Doubleday recibió solicitudes de dramaturgos para hacer adaptaciones teatrales del diario. Así comenzó la historia del diario de Anne Frank en Broadway, una historia tan rica en traiciones y maldad, tan insondable en su complejidad, que al menos cuatro autores han intentado dilucidar la cuestión.

En 1950, el estadounidense Meyer Levin, autor de varias novelas bien recibidas, vivía con su esposa Tereska Torrès y sus dos hijos en el sur de

Francia. Su esposa le regaló un ejemplar del diario de Anne Frank, de reciente publicación en Francia. Levin había acariciado la idea de escribir sobre la aniquilación de los judíos europeos, pero había llegado a la conclusión de que debía surgir un narrador «de su medio». Tras leer el diario, estaba convencido de haber encontrado a ese narrador en la niña que había descrito de forma tan conmovedora su prolongada estancia en un desván de Ámsterdam.

Levin escribió una carta a Otto Frank, ofreciéndole traducir el libro al inglés y ayudarle en la búsqueda de un editor estadounidense. Aunque esto último no lo consiguió, sí logró convencer a Otto Frank, con quien trabó amistad, de que el libro se prestaba para una adaptación teatral. Por esa época, Otto Frank se vio implicado en negociaciones con Doubleday y estaba ansioso por conservar para sí los derechos escénicos; la idea de que una actriz cualquiera pudiera interpretar a su Anne le resultaba chocante.

La ironía del destino quiso que la reseña de Levin en el *New York Times* confiriese una popularidad inmediata al libro, pero que al propio Levin se le dejase a un lado del asunto. Cuando quedó claro que el libro era un éxito comercial y que una versión teatral cautivaría al público de Broadway, se presentaron autores mucho más famosos que él para adaptar la obra. Se mencionó a todos los dramaturgos estadounidenses de renombre de la época —Arthur Miller, Maxwell Anderson, Lillian Hellman, Carson McCullers, Thornton Wilder— como posibles adaptadores.

Mientras tanto, Levin escribió su obra de teatro, pero cuando quedó claro que no sería aceptada, esto tuvo consecuencias para su relación con Otto Frank y Doubleday. La correspondencia entre los antiguos amigos se volvió más distante y terminó en desavenencia. Otto Frank y Meyer Levin solo siguieron teniendo contacto a través de sus abogados. Levin presentó una demanda alegando que se plagiaba su texto. Pero ello resultó difícil de probar, puesto que tanto la versión de Levin como la que finalmente se llevó a escena se basaban en el mismo texto: el diario de Anne.

En la primavera de 1953, Kermit Bloomgarden, un conocedor del mundo del teatro de Broadway, se puso en contacto con el matrimonio integrado por Frances Goodrich y Albert Hackett, que tenían fama de ser dos buenos dramaturgos. Tras alguna reticencia inicial, Goodrich y Hackett aceptaron el encargo. Escribieron a Otto Frank comunicándole que se sentían honrados de haber sido elegidos para dar vida al espíritu de su hija en el escenario. En su carta de respuesta, Otto Frank les ofreció su ayuda y les hizo saber que estaba contento de que el diario de Anne los hubiera conmovido tan profundamente.

Sin embargo, el entusiasmo de Otto se esfumó una vez que leyó la primera versión de la pieza. Escribió a los autores que no podía estar de acuerdo con una obra que dejaba fuera de consideración la filosofía de vida de Anne, su idealismo y su deseo de ayudar a la gente. Con todo, al cabo de un tiempo, Otto Frank se resignó a aceptar que muchas de sus ideas no encontraban eco, incluida su propuesta de mencionar en el programa que la obra se basaba en un hecho real. Otto Frank se enteraría más tarde por un conocido holandés que una mujer estadounidense con la que había tenido contacto afirmaba haber visto la obra tres veces sin percatarse de que se basaba en hechos históricos. En 1954, cuando los Hackett estaban trabajando en una quinta versión después de que cuatro anteriores se descartaran, se recurrió al director escénico Garson Kanin. A este se le ocurrió la idea de terminar la obra con las palabras de Anne de que el hombre es bueno de corazón. Además, para aumentar la tensión, agregó sonidos procedentes del exterior del refugio: pisadas, el aullido de sirenas, etcétera.

En el otoño de 1954, los Hackett tuvieron un encuentro con Garson Kanin en Londres, donde trabajaron en una nueva versión. En diciembre permanecieron una semana en Ámsterdam y mantuvieron conversaciones con Otto Frank, que posteriormente Frances Goodrich describió como «extremadamente dificultosas». Habían venido fotógrafos para sacar fotos del escondite de la Casa de atrás, y unos ingenieros de sonido grabaron las campanadas de la iglesia del Oeste y ruidos de la calle.

La obra se estrenó el 5 de octubre de 1955 en el Cort Theatre de Nueva York. Temiendo que la representación lo conmoviera demasiado, Otto Frank no asistió al estreno. La obra no solo fue del gusto de la crítica, sino que también se convirtió en un gran éxito de público. En el transcurso de dos años, tuvo 717 funciones y fue galardonada con el premio Pulitzer y el premio del Círculo de Críticos de Teatro de Nueva York.

Un año después de su estreno mundial en Broadway, la obra también se representó en Alemania. El crítico de teatro Kenneth Tynan fue testigo de la siguiente reacción del público al final de la representación: «Cuando se encendieron las luces de la sala, el público se quedó como petrificado. Durante medio minuto, algunos se quedaron con la mirada perdida, otros miraron al suelo. Luego todos se levantaron, como despertando de una pesadilla, y enfilaron en silencio hacia la salida. No se miraron entre ellos e incluso evitaron las habituales miradas breves entre amigos y conocidos. No hubo aplausos ni se volvió a llamar a los actores al escenario».

El diario no había tenido inicialmente muchos lectores, pero con el éxito de la obra, también las ventas del libro en Alemania y el resto de Europa se dispararon. Anne Frank pronto se convirtió en objeto de una veneración casi religiosa. En la casa de Frankfurt donde había vivido cuando niña se colocó una lápida conmemorativa, y en 1957 unos 2.000 jóvenes alemanes realizaron una peregrinación a Bergen-Belsen para depositar flores en la fosa común donde presuntamente está enterrada Anne Frank.

La película

En 1956, Samuel Goldwyn manifestó su interés en realizar una película basada en el diario de Anne Frank. La dirección se encomendaría a William Wyler. Pero visto que Otto Frank insistió en que quería tener la última palabra en el guion, Goldwyn retiró su oferta, algo de lo que luego se arrepintió. Otto Frank firmó un contrato con Twentieth Century Fox para la adaptación cinematográfica del diario, con un presupuesto de tres millones de dólares. La película se basaría en la obra de Broadway y del guion también se encargarían Frances Goodrich y Albert Hackett.

El tráiler de la película, estrenada en 1959, prometía: «¡Nunca antes se ha contado una historia más emocionante que en la magistral adaptación de Twentieth Century Fox del diario de Anne Frank! El estremecimiento de su primer beso, el milagro de la juventud, la exaltación del primer amor, su risa arrebatadora: ¡esta película lo muestra todo!». La película cumple lo que promete el tráiler, pues se ha convertido en un thriller psicológico en el que el primer beso se anticipa con el mismo suspense que precede a su detención. La versión definitiva probablemente tuvo en cuenta las reacciones del público durante las pruebas, en las que se pidió a los espectadores que escribieran en tarjetas preimpresas (que se conservan en el archivo de la Casa de Anne Frank) qué escenas les habían gustado más, si algunas de ellas les habían parecido confusas y si recomendarían la película a sus amigos. En una prueba realizada en San Francisco, el público criticó la escena final, que muestra a Anne Frank en el campo de concentración. Esta escena se eliminó de la película para que al final Anne pudiera proclamar su fe en la bondad de las personas.

En 1997, Anne Frank volvió a representarse en Broadway en una nueva adaptación teatral de Wendy Kesselmann, quien había aceptado el encargo porque quería «restaurar la verdad» en la historia de Anne Frank que se presentaba en el escenario.

La adaptación teatral de Kesselmann se ajusta más fielmente al diario que la de sus predecesores. Se aprecia más claramente la voz de Anne, su inteligencia y sus convicciones; también se leen en ella en voz alta algunos párrafos del diario. Se han añadido los pensamientos de Anne sobre ciertos aspectos físicos y su recuerdo de haber tocado los senos de otra chica. El público también oye el discurso por radio del ministro Bolkestein, del que Anne extrajo la idea de publicar su diario después de la guerra y convertirse en escritora. Las circunstancias históricas y religiosas están claramente presentes, y el espectador entiende lo que significó para los escondidos estar encerrados. Por último, el público también se entera de la suerte que corrieron Anne y los otros escondidos de la Casa de atrás.

El diario de Anne y el mundo creado por ella habían vuelto a la vida de forma paradójica A lo mejor Otto Frank había tenido razón cuando expresó sus dudas sobre una adaptación teatral del diario de su hija. Tal vez debería haber escuchado su voz interior y resistido a la tentación de buscar una audiencia significativamente mayor para el libro de Anne. Pero a ese público más amplio también le debemos la existencia de las versiones teatrales y la adaptación cinematográfica. Es difícil determinar cuántas personas han leído el libro gracias a la obra de teatro, cuántas personas nunca habrían leído el libro si no hubieran visto la obra primero, cuántos jóvenes nunca habrían oído hablar del diario si la historia sobre la Casa de atrás no hubiera adquirido tanta fama a través del escenario y la pantalla. En la actualidad, el diario de Anne Frank cuenta con traducciones a más de sesenta idiomas y es de lectura obligatoria en muchas escuelas alrededor del mundo. Muchas escuelas llevan el nombre de Anne Frank, y en Japón incluso una iglesia.

ATAQUES A LA AUTENTICIDAD DEL LIBRO

En las décadas de 1960 y 1970, surgió un movimiento que registró un crecimiento alarmante y que sostenía que el Holocausto nunca había tenido lugar, que los nazis no habían construido ni usado cámaras de gas ni crematorios, y que el número de víctimas judías en la Segunda Guerra Mundial no fue tan elevado como se afirmaba. Los llamados negacionistas del Holocausto cuentan con el apoyo de neonazis y están organizados en agrupaciones como el Institute for Historical Review (Instituto de Revisión Histórica) y el Committee for Open Debate on the Holocaust (Comité para el Debate Abierto sobre el Holocausto). Mediante campañas de anuncios y en sitios web, hostigan a los que ellos tildan de «teóricos del exterminio». Si bien la negación del Holocausto es un delito penal en muchos países, el movimiento cuenta con numerosos seguidores, entre ellos algunos muy activos en la antigua Unión Soviética. También han conseguido afianzarse en el mundo islámico, cuyo representante más conocido es el expresidente iraní Mahmud Ahmadineyad: según él, el Holocausto es un mito sionista.

Si el Holocausto es un mito, como afirman los partidarios de ese «revisionismo histórico», el diario de Anne Frank debe de ser una falsificación. El primero que se atrevió a decirlo en voz alta fue Harald Nielsen, un danés que en 1957 escribió en un periódico sueco que el diario surgió en parte de la pluma de Meyer Levin. La acusación de Nielsen fue recogida al año siguiente por un periodista noruego, que calificó el diario de falsificación.

En 1958, Lothar Stielau, profesor de inglés y exmonitor de las Juventudes Hitlerianas, publicó un artículo en Alemania en el que equiparaba el diario de Anne Frank con los diarios —falsificados— de Eva Braun, la amante de Adolf Hitler. En la investigación que se llevó a cabo, Stielau admitió que, en lugar del concepto de «falsificación», habría sido preferible que utilizara el término de «alterado sustancialmente». Stielau fue defendido en los tribunales por el político de derechas Heinrich Buddeberg, que reiteró la acusación de que Meyer Levin había participado en la falsificación. Stielau fue despedido como docente, y Otto Frank demandó a Stielau y a su defensor Buddeberg por difamación e injurias.

Sus abogados exigieron que se verificara la autenticidad del diario y se remitieron a un artículo del semanario alemán *Der Spiegel* en el que se alegaba que Albert Cauvern, un amigo de Otto que había sido el primero en leer el manuscrito, había intervenido drásticamente en el texto. Miep y Jan Gies, y también Bep Voskuijl, tuvieron que declarar bajo juramento ante el tribunal que, en efecto, Anne había escrito un diario, y más precisamente el mismo que le habían entregado a Otto Frank después de la guerra. Unos expertos forenses en caligrafía lograron convencer al juez de la autenticidad del diario.

Aun así, el litigio no había terminado. No fue hasta 1961 cuando se llegó a un acuerdo. La parte defensora admitió que el diario era auténtico. Stielau y Buddeberg presentaron sus disculpas, diciendo que no habían tenido la intención de agraviar a Otto Frank ni de profanar la memoria de su hija. La multa a la que fue condenado Stielau fue sufragada en gran parte por el Estado alemán.

Sin embargo, a partir de ese momento la cantidad de libros y artículos que cuestionaban la autenticidad del diario no hizo más que aumentar. Los autores respectivos invocaban el «hecho» de que los necios falsificadores del diario de Anne habían utilizado bolígrafos, mientras que antes de 1944 no se conocían. En realidad, solo hay seis hojas sueltas que contienen números de página escritos con bolígrafo, y la letra pertenece sin lugar a dudas a Otto Frank. El resto del texto está escrito con tinta de pluma estilográfica y corresponde indudablemente a la caligrafía de Anne.

En 1967, *The American Mercury* publicó un artículo de Teressa Hendry en el que se afirma nuevamente que Meyer Levin es el autor del diario. Lo molesto del artículo de Hendry es el tono reflexivo y académico. La articulista cita en su artículo la pregunta que presuntamente le hizo Abraham Lincoln a Harriet Beecher Stowe, autora de «La cabaña del tío Tom»: «Entonces ¿es usted la pequeña mujer que inició esta gran guerra?». Hendry concluye su artículo con un alegato por la verdad: «Si el señor Frank ha utilizado el trabajo de Meyer Levin para regalar al mundo un diario del que asumió que procedía en parte o en su totalidad de su hija, entonces ahora debe salir a la luz la verdad. Vender una historia inventada como hechos reales nunca se justifica y es imperdonable».

La afirmación de que el diario es una falsificación le venía de perlas a los negacionistas prominentes del Holocausto, entre ellos Richard Harwood, autor de *Did Six Million Really Die? The Truth At Last* (¿De verdad murieron seis millones? La verdad al fin), y David Irving, que consideraba la cuestión Levin como la prueba de que Otto Frank había colaborado en la falsificación del diario de su hija. Tras la protesta de Otto Frank, Irving borró de su libro *Hitler und seine Feldherren* (Hitler y sus comandantes, 1975) el párrafo que contenía esa acusación. Fue condenado a pagar daños y perjuicios al Fondo Anne Frank.

El alemán Heinz Roth escribió otros panfletos en los que calificaba el diario de «engaño». Los panfletos que distribuyó en 1976 durante una representación de la obra *El diario de Anne Frank* en Hamburgo captaron la atención del ministerio público de Hamburgo, que prohibió a Roth seguir distribuyendo esos panfletos. En su defensa ante el tribunal, su abogado citó párrafos del libro *Le journal d'Anne Frank - est-il authentique?* (El diario de Anne Frank ¿es auténtico?, 1980) de un tal Robert Faurisson, uno de los primeros negacionistas del Holocausto, que afirmaba que los aliados y los judíos habían contado mentiras sobre las cámaras de gas y los crematorios para difamar al partido nazi.

Otros distribuidores de panfletos no fueron perseguidos legalmente por motivos formales o previa apelación al derecho a la libertad de expresión. Únicamente Edgar Geiss, un periodista que distribuyó panfletos en la sala de audiencia durante el juicio a un colega, fue condenado a un año de prisión, sentencia contra la que apeló.

Anne Frank's Diary, A Hoax (El diario de Anne Frank, un engaño, 1979), de Ditlieb Felderer, es uno de los ejemplos más desdeñables de ataques al diario. El autor, un judío nacido en Austria, se unió a los testigos de Jehová, emigró a Suecia y, gracias a su investigación sobre la persecución de sus antiguos correligionarios, era considerado por los nazis un adalid del revisionismo histórico. La lectura de sus absurdas afirmaciones y sus peroratas de odio de varias páginas resulta agotadora y deprimente. Solo los lectores insensibles o de ideas afines pueden soportar más de unos pocos párrafos de este engendro que, al decir de Felderer, ha escrito en nombre de la historia, de la verdad, de la ciencia, del sentido común y basándose en conocimientos secretos. En su libro afirma, entre otras cosas, que fue idea de los propios judíos introducir la estrella de David amarilla, un «hecho» que habría sido corroborado por un semanario sionista que recomendaba a los judíos que llevaran la estrella con orgullo. Hace creer al lector que la estrella era algo así como una condecoración, similar a la insignia de los portadores de la Legión de Honor francesa. Menciona, además, que en Frankfurt la familia de Otto Frank nadaba en la abundancia, y que es bien sabido que los judíos no se contentaban con poseer solo una parte de Alemania, sino que querían tener todo el país. Felderer intenta demostrar que las ventanas de la Casa de atrás no se podían oscurecer con papel, como se describe en el diario, que los adultos nunca habrían podido fumar tanto sin que los mozos del almacén lo notaran, que los escondidos nunca habrían podido conseguir tantos alimentos sin ser descubiertos.

A Felderer la idea de los protectores de pernoctar en el escondite de la Casa de atrás le parece tan disparatada, que los apuntes del diario que versan sobre esas pernoctaciones presentan la prueba convincente de que todo el libro es una mentira. Además, a ningún holandés en su sano juicio se le habría ocurrido guardar un diario lleno de injurias antigermanas en un cajón, donde cualquier alemán podría haberlo descubierto. Y ¿por qué Anne habría guardado su diario en el maletín de su padre, donde este podría encontrarlo y leer sus sucios secretos? También esto demuestra la incapacidad de Felderer de entender el tacto que hace falta para respetar los secretos, incluidos los de los hijos. Incluso en la situación en que se encontraban, los escondidos seguían siendo personas civilizadas.

LAS EDICIONES HISTÓRICO-CRÍTICAS

Todos esos ataques hicieron que el Instituto de Documentación de Guerra de los Países Bajos (el actual NIOD, o Instituto de Estudios de Guerra, Holocausto y Genocidio) decidiera encomendar una investigación al laboratorio forense del Ministerio de Justicia. El informe de investigación, de 250 páginas, contiene la prueba de la autenticidad del diario. Por lo que respecta a los elementos físicos —papel, pegamento, tinta, tela de la cubierta—, los investigadores pudieron demostrar que todo se había usado ya antes de 1944. Las fotografías y postales que Anne había pegado en su diario también se examinaron y fecharon. Sin embargo, el elemento más importante de la investigación tuvo que ver con la caligrafía.

Un resultado positivo de la investigación fue la publicación de la edición crítica de los *Diarios de Anne Frank*, que comprendían las versiones A, B y C. En ese voluminoso libro, que se publicó en neerlandés en 1986 y, dos años después en alemán, se describían en detalle los resultados de la investigación llevada a cabo por el laboratorio forense: entre otras cosas, los rasgos característicos de la caligrafía del diario, el espaciado entre palabras y los puntos de apoyo, la posición con respecto a la superficie de escritura y las variaciones de presión sobre los útiles de escritura. Las conclusiones sacadas son inequívocas. Tanto la letra de molde de las primeras páginas como la escritura continua de los apuntes posteriores, así como las correcciones, provienen de la misma niña. Además, los cambios que registra la caligrafía de Anne Frank a lo largo de dos años coinciden con una escritura en desarrollo. Las correcciones realizadas en una fecha posterior por otra persona son esporádicas.

Si bien es cierto que los ataques al diario de Anne Frank fueron horribles, les debemos la publicación de la edición académica, que contiene asimismo numerosos facsímiles de páginas del manuscrito, que ilustran a su vez los resultados de la investigación. Ahora los lectores están en condiciones de comparar las tres versiones del diario: la versión original de Anne (A), la versión que ella misma reescribió (B) y el manuscrito que Otto Frank compiló (C) basándose en esas dos versiones. Además, el lector puede ver por sí mismo cómo evolucionó el estilo de Anne Frank a lo largo de dos años y qué partes del texto original quería incluir en su libro titulado «La Casa de atrás».

La edición académica permite al lector seguir los trabajos de redacción de Anne, forjarse una imagen del desarrollo de su carácter y estilo literario en los años de clandestinidad y —quizá lo más importante— valorar su talento literario. Ese talento también se pone de manifiesto en otros textos de Anne Frank: historias, recuerdos e incluso fragmentos de una novela en ciernes titulada «La vida de Cady». Las historias se publicaron por primera vez en los Países Bajos en 1949; en 1960 vio la luz también allí una edición ampliada, que también incluía «La vida de Cady». Aunque esos textos poseen el encanto de ser las primeras pruebas de un talento literario que despierta, es sobre todo el diario el que muestra de qué era capaz Anne Frank en el ámbito literario.

En 1991 se publicó la llamada versión D del diario, una edición considerablemente más extensa que el texto publicado originalmente en 1947: contiene párrafos sobre la sexualidad de Anne, sobre su enfado con su madre y sus pensamientos sobre el frío matrimonio de sus padres. Se trata de párrafos que Otto Frank había omitido parcialmente en su versión (C).

No obstante los ataques de los negacionistas del Holocausto y las numerosas críticas a las intervenciones textuales de Otto Frank, el diario de Anne Frank sigue siendo uno de los libros más leídos del mundo. En todo el mundo se han vendido millones de ejemplares. Una prueba del lugar especial que ocupa el libro es la conmoción que se crea cada vez que aparece algo nuevo que contar sobre el diario o sobre la vida de Anne Frank.

El 10 de septiembre de 1998, el *New York Times* publicó en primera plana, bajo el título de «Cinco preciadas páginas renuevan las disputas sobre Anne Frank», un extenso artículo sobre unas páginas hasta entonces desconocidas del diario de Anne Frank. En el artículo se lee, entre otras cosas: «Un párrafo retenido durante mucho tiempo revela problemas con su madre: "No puedo hablar con ella; no puedo mirar afectuosamente esos fríos ojos suyos, no puedo. ¡Nunca!"». Otra noticia provocó revuelo en 2007 cuando se descubrió en el YIVO (Instituto de Investigación Judía) de Nueva York una correspondencia que arroja luz sobre los desesperados esfuerzos de Otto Frank por obtener asilo para él y su familia en Estados Unidos o Cuba. En los Países Bajos, una mayoría parlamentaria intentó en 2004 otorgar de manera póstuma a Anne Frank la nacionalidad neerlandesa. Si bien esta naturalización no siguió adelante, se determinó que era de nacionalidad neerlandesa por asimilación. Por esta vía, pudo terminar octava en una elección de los más grandes neerlandeses de todos los tiempos.

En varias películas y obras de teatro, distintos directores abordaron con mayor o menor éxito la historia de Anne Frank. Jon Blair fue merecedor de un Oscar al mejor documental en 1996 por su película *Anne Frank Remembered*. Una película para televisión titulada *¿Quién delató a Anne Frank?* incluso convierte la historia en una especie de película de investigación criminal. En 2003 se estrenó una película de hip-hop titulada *Anne B. Real*, protagonizada por una rapera que se inspira en la historia de Anne Frank. La historia de ese filme luego incluso se adaptó para realizar una película de dibujos animados japonesa.

En 1998, la banda de música indie Neutral Milk Hotel lanzó el álbum *In The Airplane Over the Sea*, algunas de cuyas canciones estaban inspiradas en la vida y muerte de Anne Frank. Diez años después se estrenó en Madrid un musical basado en el diario de Anne Frank: *El Diario de Ana Frank. Un canto a la vida*, y en Atlanta, Estados Unidos, el diario se convirtió en un espectáculo de marionetas. El programa de televisión estadounidense *60 Minutes* también reveló que en Corea del Norte se animaba a los escolares a leer el diario de Anne Frank con la idea de que el entonces presidente de Estados Unidos, George W. Bush, era el nuevo Hitler y los estadounidenses, los nuevos nazis que apuntan a exterminar a los norcoreanos.

Siguiendo el ejemplo del diario de Anne Frank, se han escrito muchos libros, tanto de ficción como de no ficción. Con frecuencia, algún editor descubre el diario de guerra de una joven desdichada y lo comercializa como la Anne Frank de Serbia, Polonia o Vietnam, o de algún otro lugar donde los niños son víctimas de los adultos. La novela de Philip Roth *La visita al maestro*, (1979) contiene una exposición detallada sobre Anne Frank y su diario, motivada por la fantasía del protagonista, Nathan Zuckerman, de que Anne Frank es la bella amante de su ídolo literario. No solo sobrevivió al campo de concentración, sino que emigró a Estados Unidos, donde vive previa adopción de otro nombre y trabaja archivando manuscritos para su amante. En 2007, la encarnación de Roth de Anne Frank, Amy Bellette, ya mayor y achacosa, resurge en su novela *Sale el espectro*.

Ese mismo año se pudo leer en los periódicos que el castaño detrás de la Casa de atrás, afectado por la edad y las enfermedades, debía ser talado. Ello dio lugar a acalorados debates, planteándose la cuestión de si el árbol, que había marcado para Anne la alternancia de las estaciones, no podía salvarse. En agosto de 2010, con ocasión de un vendaval, el árbol se partió en dos. En muchos lugares, sin embargo, la gente ha plantado retoños del castaño, a través de los cuales sigue creciendo, al igual que el libro, surgido de la pluma de la niña que miraba a menudo ese árbol desde el escondite donde escribió su hermoso, asombroso e inmortal diario.

IV
Anexos

Introducción a las versiones A y B del diario

La versión A se refiere a la primera versión del diario epistolar de Anne Frank, que ella escribió espontáneamente sin proyecto subyacente. Dicha versión de su diario consta de tres tomos e incluye asimismo una serie de páginas pegadas en ellos posteriormente. El diario 1 (el conocido álbum a cuadros), que abarca el periodo que va del 12 de junio al 5 de diciembre de 1942, fue un regalo para su decimotercer cumpleaños. En los años 1943 y 1944, Anne Frank añadió varios párrafos en páginas que habían quedado en blanco, lo que tuvo como consecuencia que las entradas del diario no siempre aparecen en estricto orden cronológico. El diario 2 comienza con una entrada fechada el 22 de diciembre de 1943 y termina el 17 de abril de 1944. Cabe suponer que Anne también escribió un diario durante los meses intermedios y que este se perdió. El diario 3 —el último— comienza el 17 de abril de 1944; la última entrada data del 1 de agosto de 1944, tres días antes de la detención producida el 4 del mismo mes.

El 28 de marzo de 1944, Anne escuchó por Radio Oranje al ministro de Educación de los Países Bajos, Gerrit Bolkestein, instando a la población a recopilar testimonios de la vida durante la ocupación alemana —por ejemplo, diarios— y publicarlos después de la liberación. A continuación, Anne, pensando en una posible publicación posterior, comenzó a elaborar una versión reescrita y corregida, a veces aumentada, otras abreviada, de su diario. La escribió en hojas de papel carbón, las llamadas «hojas sueltas». Esta versión, que también se ha conservado, recibe el nombre de versión B. La primera entrada en él data del 20 de junio de 1942; la última, del 29 de marzo de 1944. Su detención puso fin a esta tarea de reelaborar las cartas originales del diario. En la presente edición se incluyen en su totalidad los textos de ambas versiones, basados en la edición de los manuscritos de Anne tal y como los publicaron en 1986 David Barnouw y Gerrold van der Stroom, del Instituto de Documentación de Guerra de los Países Bajos, de Ámsterdam: *De Dagboeken van Anne Frank* (Los diarios de Anne Frank), Ámsterdam/La Haya (séptima edición, 2004). Para un estudio serio de los manuscritos de Anne Frank, dicha edición académica sigue siendo la publicación de referencia, que hizo posible que Mirjam Pressler compilara una versión ampliada del *Diario* («La Casa de atrás») por encargo del Fondo Anne Frank de Basilea, publicada en 1991 y considerada la versión D.

Versión A

Diario 1: del 12 de junio de 1942 al 5 de diciembre de 1942

¡Qué foto más mona!, ¿verdad?

Espero poder confiarte de todo como aún no lo he podido hacer con nadie, y espero que seas para mí un gran apoyo.

Anne Frank. 12 de junio de 1942.

Hasta ahora has sido para mí un gran apoyo, y también nuestro querido club, al que escribo regularmente. Esta manera de escribir en mi diario me agrada mucho más y ahora me cuesta esperar cada vez a que llegue el momento para sentarme a escribir en ti.

28 de sept. de 1942.
AnneFrank.

¡Estoy tan contenta de haberte traído conmigo!

Aquí tienen que ir las 7 o 12 bellezas (¡no mías!), así puedo completar cuáles poseo y cuáles no.

28 de sept. de 1942. (hecho por mí).

1. ojos azules, cabello negro. (no).
2. hoyuelos en las mejillas (sí).
3. hoyuelo en la barbilla (sí).
4. triángulo en la frente (no).
5. piel blanca (sí).
6. dientes rectos (no).
7. boca pequeña (no).
8. pestañas rizadas (no).

<u>9.</u> nariz recta (sí). {al menos hasta ahora}.
<u>10.</u> ropa bonita (a veces) {muy poca para mi gusto}.
<u>11.</u> uñas bonitas (a veces).
<u>12.</u> inteligente (a veces).

Domingo, 14 de junio de 1942.

Estas páginas que siguen creo que tendrán todas la misma fecha (página), porque todavía tengo que informarte de todo.

Lo mejor será que empiece desde el momento en que te recibí, o sea, cuando te vi en la mesa de los regalos de cumpleaños (porque también presencié el momento de la compra, pero eso no cuenta).

El viernes 12 de junio, a las seis de la mañana ya me había despertado, lo que se entiende, ya que era mi cumpleaños.

Pero a las seis todavía no me dejan levantarme, de modo que tuve que contener mi curiosidad hasta las siete menos cuarto. Entonces ya no pude más: me levanté y me fui al comedor, donde Moortje, el gato, me recibió haciéndome carantoñas.

Las puertas de paso, naturalmente, las cerré. Poco después de las siete fui a saludar a papá y mamá, y luego al salón, a desenvolver los regalos; lo primero que vi fuiste <u>tú</u>, y quizá hayas sido uno de mis regalos más bonitos. Luego un ramo de rosas, dos ramas de peonías, una plantita, esos fueron esa mañana los hijos de flora puestos sobre la mesa, aunque vendrían muchos más.

Papá y mamá me regalaron una blusa azul, Variété, un juego de mesa para adultos muy moderno parecido al Monopoly, una botella de zumo de uva que a mi entender sabe un poco a vino y que ahora ha empezado a fermentar y ya no lo puedo beber, con lo que al final acabaré teniendo razón, porque ¿acaso el vino no se hace con uvas?, luego un rompecabezas, un botellín de esencia Peek «con tapa» (que me dieron más tarde, es decir, la tapa); un tarro de crema, un billete de 2,50 florines, un vale para comprarme dos libros; un libro de los Katz, *Camera Obscura* (pero como Margot ya lo tiene he ido a cambiarlo); una bandeja de galletas caseras (hechas por mí misma, claro, porque últimamente se me da muy bien eso de hacer galletas); una bandejita de bolas de melaza (que son muy pegajosas); papá una bandeja de «trufas»; una bandejita de galletas María; una carta de la abuela, que ha llegado justo a tiempo; pero eso, naturalmente, ha sido casualidad; y una tarta de fresas hecha por mamá.

Entonces pasó a buscarme Hanneli y nos fuimos al colegio. En el recreo convidé a galletas de mantequilla a profesores y alumnos, y luego vuelta a clase. Cuando llegué a casa a las cinco, pues había ido a gimnasia (aunque no me dejan participar porque se me dislocan fácilmente los brazos y las piernas) y como juego de cumpleaños elegí el voleibol para que jugaran mis compañeras. Luego todas bailaron en corro a mi alrededor y me cantaron el «cumpleaños feliz». Al llegar a casa ya me estaba esperando Sanne Ledermann, y a Ilse Wagner, Hanneli Goslar y Jacqueline van Maarsen las traje conmigo de la clase de gimnasia, porque son compañeras mías del colegio. Hanneli y Sanne eran antes mis mejores amigas, y cuando nos veían juntas, siempre nos decían: «Ahí van Anne, Hanne y Sanne». A Jacqueline van Maarsen la conocí hace poco en el Liceo Judío y es ahora mi mejor amiga. Ilse es la mejor amiga de Hanneli, y Sanne va a otro colegio, donde tiene sus amigas.

Entre las cinco formamos un club llamado «La Osa Menor menos dos», abreviado LOM-2.

Eso se debe a que pensábamos que la Osa Menor tenía cinco estrellas, pero en eso nos equivocamos, porque al igual que la Osa Mayor, tiene siete; «menos dos» tiene el significado de que Sanne es la presidenta y Jacque la secretaria y que entonces quedamos nosotras (Ilse, Hanneli y yo) como el club. Es un club de ping-pong. El club me regaló un libro precioso, *Sagas y leyendas neerlandesas*, de Joseph Cohen, pero por equivocación me dieron el segundo tomo, y por eso he cambiado la *Camera Obscura* por el primer tomo de *Sagas y leyendas neerlandesas*, incluido un libro de mamá, porque es muy caro. Hello me regaló seis hermosos claveles. Hello es un primo lejano o político de Wilma de Jonge, y Wilma de Jonge es una chica del tranvía que al principio parecía muy simpática y lo es, pero se pasa todo el día hablando nada más que de chicos y ya me empieza a aburrir.

Este Hello tiene una novia llamada Ursula, abreviado Ursul.

Pero yo soy su amiga. Curioso, ¿verdad?

Todos creen que estoy enamorada de Hello, pero eso no es verdad en absoluto... La tía Helene me trajo otro rompecabezas, la tía Stephanie, un broche muy mono, y la tía Leny, un libro muy divertido, *Las vacaciones de Daisy en la montaña*, y una pulsera con un beso de Anneke; el señor Wronker, una caja de chocolates Droste y un juego; la señora Ledermann, un rollo de caramelos ácidos; la señora Pfeffer, un rollo de caramelos ácidos; el señor Van Maarsen, un ramo de vicias;

Peter van Pels, una tableta de chocolate con leche, la señora Pfeffer y el señor Wronker, también flores y así me han consentido bastante. Esta tarde todavía me regalarán algo mis compañeros de clase. Anoche vimos la película *El guardián del faro*, con Rin-tin-tin, y esta tarde la volveremos a ver, ¡genial!

Todavía falta que me den (de mi propio dinero) *Mitos de Grecia y Roma*. Otro libro del señor Kohnke y en Blankevoort una cajita del Variété como reserva. Ahora debo dejarlo. La próxima vez tendré muchas cosas que escribir en ti, es decir, que contarte. ¡Adiós! ¡Estoy tan contenta de tenerte!

El libro *Las vacaciones de Daisy en la montaña* es realmente muy bonito; me ha conmovido profundamente lo de la chica que tenía tantos lujos y, sin embargo, era tan buena y al final muere, pero ese final era inevitable y precisamente es muy bonito.

Esta mañana, cuando me estaba bañando, pensé en lo bonito que sería tener un perro como Rin-tin-tin. Yo también lo llamaría Rin-tin-tin, y en el colegio siempre lo dejaría con el conserje, o cuando hiciera buen tiempo, en el garaje para las bicicletas. He esbozado a grandes rasgos cómo será mi palacio subterráneo, como lo llamo para mis adentros. Espero que algún día mi deseo se haga realidad, pero para eso tendría que suceder un milagro, porque no es tan normal que siempre traigan comida y dinero y todas esas cosas y que incluso pueda navegar a Norteamérica y que uno pueda desaparecer simplemente en el suelo y estar dentro, es demasiado bueno para ser verdad.

Mamá sigue preguntándome con quién querría casarme, pero creo que ni se imagina que es con Peter, porque yo lo desmiento una y otra vez sin pestañear. Quiero tanto a Peter como nunca he querido a nadie, y siempre trato de convencerme de que solo vive persiguiendo a todas las chicas para esconder sus sentimientos. Quizá él ahora también crea que Hello y yo estamos enamorados y eso no es cierto en absoluto, porque no es más que un amigo, o, como dice mamá, un galán mío.

Lunes, 15 de junio de 1942.

El domingo por la tarde festejamos mi cumpleaños. *Rin-tin-tin* gustó mucho a mis compañeros. Miep me regaló un broche, Leny también un broche, Nannie Blitz un señalador; Danka, Nanny van Praag y Eefje, un libro titulado *Buenos días, lechero*. Henny y Betty también un libro, *Las dificultades de Lydia*. Ahora quisiera contar algunas cosas sobre la clase y el colegio, comenzando por los alumnos. Los alumnos de la clase 1 L II.

1) Betty Bloemendaal tiene aspecto de pobretona, y creo que de veras lo es, vive en la Jan Klasenstraat, una calle al oeste de la ciudad que ninguno de nosotros sabe dónde queda. En el colegio es muy buena alumna, pero solo porque es muy aplicada, pues su inteligencia ya va dejando que desear.

Es una chica bastante tranquila.

2) Jacqueline van Maarsen cuenta como mi mejor amiga, pero nunca he tenido una amiga de verdad. Al principio pensé que Jacque lo sería, pero me ha decepcionado bastante.

Siempre va guardando secretos y anda con otras chicas, como Danka Zajde.

3) Lenij Duijzend es una chica muy nerviosa que siempre se olvida un poco de las cosas y a la que en el colegio ponen un castigo tras otro. Es muy buena chica, sobre todo con Miep Lobatto.

4) Nannie Blitz es una chica que habla tanto que termina por cansarte. Cuando te pregunta algo, siempre se pone a tocarte el pelo o los botones.

Dicen que no le caigo nada bien, pero no me importa mucho, ya que ella a mí tampoco me parece demasiado simpática.

5) Henny Mets es una chica alegre y divertida, solo que habla muy alto y cuando juega en la calle es muy infantil. Es una lástima que tenga una amiga, llamada Beppy, que tiene una impresión muy perniciosa sobre ella, ya que es una marrana y una grosera.

6) Danka Zajde, a quien podríamos dedicar capítulos enteros, es una chica presumida, cuchicheadora, desagradable, a la que le gusta hacerse la mayor; siempre anda con tapujos y es una hipócrita. Se ha ganado a Jacqueline, lo cual es una verdadera lástima.

Danka llora por cualquier cosa, es muy susceptible y sobre todo muy melindrosa.

La señorita Danka siempre quiere tener la razón. Es muy rica y tiene el armario lleno de vestidos preciosos, pero que la hacen muy mayor. La tonta se cree que es muy guapa, pero es todo lo contrario. Tiene una cara alegre pero atrevida (descocada). Danka y yo no nos soportamos para nada.

7) Ilse Wagner es una chica alegre y divertida, pero es una quisquilla y por eso a veces un poco borde, por ejemplo cuando tiene los pies mojados, quiere venir a mi casa y luego quiere irse a la suya. En lugar de irse primero a su casa y ponerse medias secas, se viene conmigo pero luego da la lata. Ilse me aprecia mucho. También es muy guapa, pero holgazana.

8) Hanneli Goslar es una chica un poco curiosa. Por lo general es tímida y en su casa de lo más fresca, pero con otros muy modesta.

Todo lo que le cuentas se lo cuenta a su madre.

Pero tiene una opinión abierta y sobre todo últimamente le tengo mucho aprecio. Sigo en otro momento.

Martes, 16 de junio de 1942.

Hanneli o Lies, como la llamamos en el colegio, se comporta de manera rara con Ilse y Jacque. No sé muy bien qué pensar de ella en realidad.

9) Nannie van Praag-Sigaar es una chica graciosa, bajita e inteligente. Me cae simpática. Es bastante guapa. No hay mucho que comentar sobre ella.

10) Eefje de Jong es muy maja. Solo tiene doce años, pero ya es toda una damisela. Me trata siempre como a un bebé.

Eefje es muy servicial, y por eso me cae muy bien.

11) Miep Lobatto es sin duda la chica más guapa del curso. Tiene una cara preciosa, pero en el colegio es bastante cortita, por lo que creo que repetirá curso, pero eso, naturalmente, nunca se lo he dicho. Para mi gran asombro, Miep Lobatto no ha repetido curso.

12) Y la última de las doce chicas de la clase soy yo, que comparto pupitre con Miep Lobatto.

Sobre los chicos hay mucho, aunque a la vez poco que contar.

Maurice Coster es uno de mis muchos admiradores, pero es un chico bastante pesado.

Sallie Springer es un chico terriblemente grosero y corre el rumor de que ha copulado. Aun así me cae simpático, porque es muy divertido.

Emiel Bonewit es el admirador de Miep Lobatto, pero Miep a él no le hace demasiado caso. Es un chico bastante aburrido.

Rob Cohen también ha estado enamorado de mí, pero ahora ya no lo soporto. Es hipócrita, mentiroso, llorón, latoso, está loco y se da unos humos tremendos.

Max van der Velde es hijo de campesinos de Medemblik, pero es buena gente, como diría Margot.

Herman Koopman también es un grosero, igual que Jopie de Beer, que es un donjuán y un mujeriego.

Leo Blom es el amigo del alma de Jopie de Beer, pero también se le contagia su grosería.

Albert de Mesquita es un chico que ha venido del sexto colegio Montessori y que se ha saltado un curso. Es muy inteligente.

Leo Slager ha venido del mismo colegio pero no es tan inteligente.

Ru Stoppelmon es un chico bajito y gracioso de Almelo, que ha comenzado el curso más tarde.

Pim Pimentel hace todo lo que está prohibido ????????????????????????? me refería a lo alemán, pero no lo quise escribir, por si alguien encontraba el libro. 1943 Casa de atrás.

Jacques Kocernoot está sentado detrás de nosotras con Pim y nos hace morir de risa (a Miep y a mí).

Harry Schaap es el chico más decente de la clase, y es bastante simpático.

Werner Joseph (ídem de ídem), pero debido a los tiempos que corren demasiado callado, por lo que parece aburrido. Sam Salomon parece uno de esos pillos arrabaleros, un granuja. (¡Otro admirador!).

Appie Riem es bastante ortodoxo, pero otro mequetrefe.

¡Idiota de mí! Mi historia (¿Cómo iba a olvidármela?).

Nací el 12 de junio de 1929 en Frankfurt del Meno. Viví en Frankfurt hasta los cuatro años, y ahí mi padre Otto Heinrich Frank se vino a Holanda para buscar empleo, eso fue en junio. Encontró algo, y en septiembre su esposa Edith Frank-Holländer también viajó a Holanda. Margot y yo fuimos a Aquisgrán, donde vivía nuestra abuela Rosa Holländer-Stern. Margot vino a Holanda en diciembre y yo en febrero, cuando me pusieron encima de la mesa como regalo de cumpleaños para Margot.

Pronto empecé a ir al jardín de infancia del colegio Montessori (el sexto), y allí estuve hasta cumplir los seis años. Luego pasé al primer curso de la escuela primaria. Fui a parar al 1.º B con el maestro Van Gelder, donde me quedé hasta cuarto, ahí el señor Van Gelder se marchó y en su lugar vino la señorita Gadron. Después de haber estado un año en quinto con la señorita

Gadron, pasé a 6.º C con la señora Kuperus, la directora. Tuvimos una despedida muy emotiva al final del curso y lloramos las dos. Pero después de las vacaciones volví al curso de la señora Kuperus, iba a quedarme un séptimo año con ella, pero no resultó necesario, porque había sido admitida en el Liceo Judío, al que también iba Margot. A todos les pareció que mis boletines no eran tan malos, aunque tal vez no sean lo suficientemente buenos para pasar de curso. En el verano de 1941, la abuela Holländer enfermó gravemente (ya estaba viviendo con nosotros). Hubo que operarla y mi cumpleaños apenas lo festejamos. El del verano de 1940 tampoco, porque hacía poco que había terminado la guerra en Holanda.

La abuela murió este invierno de 1941-1942. Y nadie sabe lo mucho que pienso en ella, y cuánto la sigo queriendo.

Este cumpleaños de 1942 lo hemos festejado para compensar los anteriores, y tuvimos encendida la vela de la abuela.

Viernes, 19 de junio de 1942.

Pasé la mañana en casa, dormí hasta tarde, luego vino Hanneli y charlamos un rato. Jacque ahora de repente se ha hecho muy amiga de Ilse y se comporta de manera muy infantil y tonta conmigo, me decepciona cada vez más.

Anne.

Esto es junio de 1939.

Es la única foto de la abuela Holländer, pienso en ella a menudo y desearía que mantuviera la paz hogareña. Margot y yo acabábamos de salir del agua y recuerdo que tenía mucho frío, por eso me puse la bata, la abuela está sentada ahí detrás muy dulce y pacífica. Como lo ha hecho muchas veces.

Anne Frank.

28 de sept. de 1942.

Esto es en 1940, otra vez Margot y yo. Me consuela pensar que en la foto de arriba, de 1939, Margot tampoco estaba tan desarrollada. Ella tenía entonces la misma edad que yo ahora, trece años, e incluso más, así que no hace falta que me mire por encima del hombro en ese sentido.

Anne Frank.

28 de sept. de 1942.

Empiezo por la foto de Margot y termino con la mía. Esto también es enero de 1942. Esta foto es horrible, y no es parecida en absoluto.

Omi está en Suiza, es una mujer muy buena y hermosa, muy apegada a todos sus conocidos, amigos y familiares, y hará cualquier cosa por ellos. Ahora vive con la hermana de papi, la tía Leni, y con Stephan y Bernd. Omi también ha sido siempre muy buena conmigo. Ahora, en 1942, tiene setenta y seis años y esperamos volver a verla sana y salva después de la guerra.

Anne Frank.

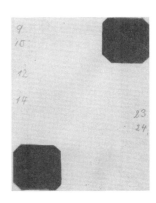

El 11 de mayo de 1939 recibí esta carta muy tierna de papi, será un apoyo para mi vida, al menos si no la dejo como Margot tirada en algún lugar, como Margot la tiene ahora en casa.

12. V. 39

Mi querida Annelein:

La abuela ya te llamaba «pequeña individua» cuando eras todavía muy pequeñita. Y eso es lo que sigues siendo, gatita zalamera.

Como bien sabes, a menudo tenemos secretos entre nosotros. Es que a veces pasa algo que luego tenemos que discutir entre nosotros. Eso no siempre es tan fácil como con tu hermana, si bien por lo general tu buen ánimo, tu espíritu amable te permiten sortear bailando juguetonamente muchos obstáculos. A menudo te he dicho que tienes que educarte tú misma, hemos apagado juntos el «control» y haces un gran esfuerzo tragándote tus «peros». Por otro lado, te gusta consentirte y más aún que te consientan.

Todo eso no es terrible si en tu corazón te mantienes tan buena como hasta ahora. Ya te he dicho que cuando niño yo también solía precipitarme y que cometí unas cuantas tonterías. En esos casos, lo principal es recapacitar y retomar el camino correcto.

No eres terca y por eso, después de llorar un poco, enseguida recuperas la risa.

«A mal tiempo, buena cara», como dice la *Mutti*.

Que conserves esa risa alegre con la que embelleces tu vida, la nuestra y la de los demás.

Tu
Pim

Anne Frank. 28 de sept. de 1942.

Esta carta me la dio papi en 1939, y me parece muy bonita, y lo es, pero papi no siempre es así. Es lo que pensé al principio, pero se ha comprobado lo contrario.

Jacque pensó que como mínimo se trataba de una declaración de amor de algún chico, y no hice ningún esfuerzo por sacárselo de la cabeza. Nunca me han hecho declaraciones de amor por escrito, pero todo puede ocurrir, como se suele decir, aunque sí me las han hecho verbalmente, y varias veces además.

28 de sept. de 1942. Ahora papi sí que siempre es muy bueno. Me comprende de verdad, y a veces me gustaría poder hablar con él en confianza, sin ponerme a llorar enseguida. Pero eso parece que tiene que ver con la edad. Me gustaría seguir escribiendo todo el tiempo, pero se haría muy aburrido. Anne Frank.

Esta es la única cartita de Jacqueline van Maarsen que tengo, muchas veces le he pedido una foto, pero me dijo que ya la buscaría; ahora, 28 de sept. de 1942, es demasiado tarde, quien lea esto ya se dará cuenta, porque ya llevamos un buen rato escondidos. Anne Frank.

{Esta es la única señal escrita de la amistad de Jacque, aparte de mi soso álbum recordatorio. Ha vuelto a ser muy amable conmigo, y espero que siga así}. Muchas de las cosas que escribí anteriormente las he vuelto a mirar ahora en parte de manera muy diferente, pero no puedo arrancar ninguna página de mi diario, y espero que más tarde no me reprochen haber tenido una letra tan fea, porque eso no era cierto. Solo se debió a que no me apetecía, y me resultaba muy incómodo, escribir en mi diario.

Con ello solo quisiera disculparme y explicar la cuestión.

28 de sept. de 1942.
Anne Frank.

———

Muchas veces cuando he añadido o vaya a añadir algo a determinados fragmentos, solo es para corregir lo escrito o para ver las cosas desde mi nuevo punto de vista.

28 de sept. de 1942.
Anne Frank.

Este es el testimonio escrito del nacimiento de la pequeña Ruth Cauvern.

Martes, 30 de junio de 1942.

Todavía tengo que pasarte el informe de toda la semana.

x El viernes 26 de junio por la tarde vinieron a verme Jacque y Miep, nos divertimos bastante e hicimos galletas.

x El sábado 27 de junio por la mañana fui a la sinagoga y por la tarde me esperaba a las tres y media Hello Silberberg; había otro chico llamado Fredie Weiss y pasamos un rato muy agradable. Fuimos a Oase y nos dieron un helado de 12 céntimos, luego vino Wilma, y nos quisieron convidar a otro helado, Wilma y yo dijimos que no, pero igual nos dieron otro de 12 a cada una, aunque no los aceptamos, y así Fredie y Hello tuvieron otros dos helados de 12 céntimos.

x El domingo 28 de junio por la tarde, Jacque y yo queríamos ir a ver cine en casa de Alfred Bloch, pero se canceló porque iban a ir Hanneli y Sanne. El sábado por la noche, Jacque se quedó a dormir conmigo.

x El lunes 29 de junio fue un día bastante tranquilo. Por la mañana fui a ver a Hanneli como de costumbre e hicimos la compra juntas; por la tarde pasó a verla Jacque y yo me aburrí como una ostra.

Hello había quedado en pasar al anochecer, pero a eso de las seis llamó por teléfono. Descolgué el auricular y me dijo:

—Habla Helmuth Silberberg. ¿Me podría poner un momento con Anne?

—Sí, Hello, soy Anne.

—Hola, Anne. ¿Cómo estás?

—Bien, gracias.

—Siento tener que decirte que esta noche no podré pasarme por tu casa, pero quisiera hablarte un momento. ¿Te parece bien que vaya dentro de diez minutos?

—Sí, está bien. ¡Hasta ahora!

—¡Hasta ahora!

Colgué el auricular y corrí a cambiarme de ropa y a arreglarme el pelo. Luego me asomé, nerviosa, por la ventana. Por fin lo vi llegar. Por milagro no me lancé escaleras abajo, sino que esperé hasta que sonara el timbre. Bajé a abrirle y él fue directamente al grano:

—Mira, Anne, mi abuela dice que eres demasiado joven para que esté saliendo contigo y dice que tengo que ir a casa de los Löwenbach, aunque quizá sepas que ya no salgo con Ursul.

—No, no lo sabía. ¿Acaso habéis reñido?

—No, al contrario. Le he dicho a Ursul que de todos modos no nos entendíamos bien y que era mejor que dejáramos de salir juntos, pero que en casa siempre sería bien recibida, y que yo esperaba serlo también en la suya. Es que yo pensé que ella se estaba viendo con otro chico, y la traté como si así fuera. Pero resultó que no era cierto, y ahora mi tío me ha dicho que le tengo que pedir disculpas, pero yo naturalmente no quería, y por eso he roto con ella, pero ese es solo uno de los muchos motivos. Ahora mi abuela quiere que vaya a ver a Ursul y no a ti, pero yo no opino como ella y no tengo intención de hacerlo. La gente mayor tiene a veces conceptos muy anticuados, pero yo no tengo por qué acatarlos. Es verdad que necesito a mis abuelos, pero ellos en cierto modo también me necesitan a mí. Ahora resulta que los miércoles por la noche siempre estoy libre porque se supone que voy a clase de talla de madera, pero en realidad voy a una de esas reuniones del partido sionista. Mis abuelos no quieren que vaya porque se oponen rotundamente al sionismo. Yo no es que sea fanático, pero en cierto modo me atrae y me interesa, aunque últimamente están armando tal jaleo que había pensado no ir más. El próximo miércoles será la última vez que vaya. Entonces podremos vernos los miércoles por la noche, los sábados por la tarde y por la noche, los domingos por la tarde y quizá también otros días.

—Pero si tus abuelos no quieren, no deberías hacerlo a sus espaldas.

—Es que el amor no se puede forzar.

En ese momento pasamos por delante de la librería Blankevoort, donde estaban Peter Schiff y otros dos chicos. Era la primera vez que me saludaba en mucho tiempo, y me hizo mucha ilusión.

Entretanto, Hello y yo seguimos dando vueltas a la manzana y de pronto estábamos caminando detrás de papi y mami, lo cual era una casualidad, porque a esa hora extraña ellos volvían de donde los Katz.

Luego me quedé un rato hablando con Hello frente a la puerta de casa y llegan los Sulman con Jantje, que por supuesto se nos unen, y el asunto acabó con que el jueves por la noche Hello me espera a las ocho y cinco en la puerta de su casa.

El lunes por la noche todavía me encontré con el señor Van Pels, que nos convidó a un helado a Jacque, a Lies, a Ilse y a mí, y luego en Oase también nos encontramos con el señor Bernhardt, que también me invitó a un helado. Así, Wilma todavía me contó que un día que Hello fue a su casa le preguntó:

—¿Quién te gusta más, Ursul o Anne?

Y que entonces él le dijo:

—No es asunto tuyo.

Pero cuando se fue, después de no haber cambiado palabra con Wilma en toda la noche, le dijo:

—¡Pues Anne! Y ahora me voy. ¡No se lo digas a nadie!

Y se marchó.

Todo indica que Hello está enamorado de mí, y a mí, para variar, no me desagrada.

Margot diría que Hello es buena gente, y yo opino igual que ella, y aún más. También mamá está todo el día alabándolo. Que es un muchacho apuesto, que es muy cortés y simpático. Me alegro de que en casa a todos les caiga tan bien, menos a mis amigas, a las que él encuentra muy niñas, y en eso tiene razón, salvo Ilse, que aparte de que es muy niña, ya no me parece tan simpática. Anne Frank.

Miércoles, 8 de julio de 1942.

Todavía me falta escribir mucho en mi diario. El domingo vino a verme Hello, el sábado salimos con Fredie Weiss, también fuimos a Oase, claro, y a otros lugares. El domingo por la mañana Hello y yo estuvimos tumbados al sol en el balcón, el domingo por la tarde volvería, pero a eso de las tres pasó un policía y le gritó a mamá desde la puerta de abajo: «Señorita Margot Frank», mamá bajó las escaleras y el policía le entregó una tarjeta en la que ponía que Margot Frank tenía que presentarse ante las S.S.

Mamá estaba completamente alterada y se fue enseguida a casa de los Van Pels, el señor se vino a casa con ella y a mí me dijeron que al que habían citado era a papá. Cerraron la puerta con el cerrojo y ya no dejaron entrar a nadie en nuestra casa. Papá y mamá hacía mucho que habían tomado medidas, y mamá me aseguró que Margot no iría y que al día siguiente nos iríamos todos. Yo, naturalmente, me eché a llorar y en casa hubo un gran jaleo.

Papá y mamá ya habían sacado muchas cosas de la casa, pero a la hora de la verdad, aún falta de todo. Miep Gies y su marido Jan luego pasaron hasta las 11 de la noche para llevarse más cosas. Al día siguiente salimos de casa ya a las ocho menos cuarto. Yo llevaba una combinación y además dos camisetas y dos bragas, luego un vestido y una falda, luego un chaleco de lana y un abrigo. Como llovía a cántaros, me até un pañuelo a la cabeza, y mamá y yo cogimos una cartera bajo el brazo cada una. Margot también se llevó una cartera en la bici, y nosotros tuvimos que ir andando hasta la oficina. Ahí papi y mami me contaron un montón de cosas. Iríamos a la oficina de papi y ahí encima nos habían liberado una planta. Los Van Pels también vendrían, así que seríamos siete, y también vendría el gato de Van Pels, para que tuviéramos un poco de distracción.

Llegamos bien a la oficina y allí enseguida subimos a la planta de arriba, donde estaba en primer lugar el retrete y luego un pequeño cuarto de baño con lavabo nuevo, y lindando con él un cuartito con dos divanes, que sería la habitación de Margot y mía. Había tres armarios empotrados, y lindando con ellos otro cuarto, el de papá y mamá, con otros dos divanes y dos mesitas con una mesa de fumar y una estantería para libros y otro armario empotrado, donde había 150 latas de verduras en conserva y toda clase de reservas de alimentos. Luego salimos a un pequeño pasillo y había otras dos puertas, una daba al pasillo y por ahí se bajaba al despacho de papá. Y por la otra se volvía a nuestro bañito, luego subía una escalera muy empinada y ahí hay un gran salón cocina de los Van Pels, con un cuartito para Peter y luego un desván y una buhardilla. La vida aquí no es tan terrible, porque podemos cocinar nosotros mismos y abajo, en el despacho de papá, podemos escuchar la radio.

Ahora puedo escribir abiertamente en mi diario todos los nombres y todas las cosas que quiera. Kleiman y Miep y también Bep Voskuijl nos han ayudado mucho, ya nos han traído ruibarbo, fresas y cerezas, y no creo que por el momento nos vayamos a aburrir.

El señor Van Pels difunde el rumor de que papá es amigo de un capitán del ejército y que este lo ayudó a viajar a Bélgica. Ese rumor ya lo conoce todo el mundo y a nosotros nos divierte. Tenemos suficientes cosas para leer, y aún vamos a comprar un montón de juegos.

Está claro que no podemos mirar por la ventana ni salir fuera. También está prohibido hacer ruido, porque abajo no nos deben oír.

Ahora lo dejo porque todavía tengo muchas cosas que hacer.

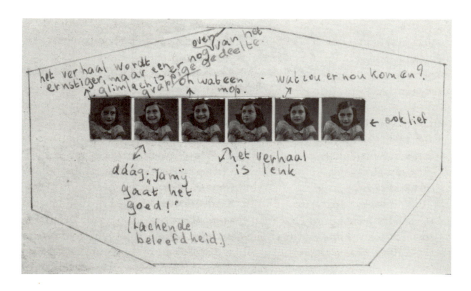

La foto más bonita de papá.

1939

28 de sept. de 1942

En general, a todo el club:

Querida Kitty:

Cuando me da miedo por la noche, voy y me acuesto en la cama de papá, a él no le molesta. Una noche en que el tiroteo se prolongaba, junté un montón de mantas y me acosté en el suelo delante de su cama a modo de perro. Hola Kitty Franken y amigo François de <u>Anne Frank</u>.

Querida Pop:

Cuando hay tormenta o cuando no puedo dormir, también puedo ir a acostarme en la cama de Pim, a él todo le parece bien. Recuerdos Kees ter Heul, hola Pop o Emilie ter Heul-Helmer, de <u>Anne Frank</u>.

Querida Phien:

Cuando tengo que ir al retrete por la noche, espero hasta que papá también tiene que ir y muchas veces nos encontramos en el cuarto de baño. Recuerdos a Bobbel Breed-Philippiene Breed-Greve, de <u>Anne Frank</u>.

Querida Marjan:

¡¡¡<u>Papi es un tesoro</u>!!! Marjan van Hoven y Jaap ter Duin de <u>Anne Frank</u>

Querida Conny:

Mamá no suele ser muy amable conmigo, quiero mucho más a Pim, recuerdos a Ru Duyff - Connie Duyff-Ralandt, de <u>Anne Frank</u>.

Querida Lou:

Recuerdos a Kaki Kruivers - Lou Kruivers, de Poll de <u>Annefrank</u>.

Queridas Jetje y Emmy:

A vosotras solo os escribo una vez al mes y Jacqueline tampoco forma parte de ello.

Domingo, 12 de julio de 1942

Hoy hace un mes todos fueron muy buenos conmigo, cuando era mi cumpleaños, pero ahora siento cada día más cómo me voy distanciando de mamá y Margot. Hoy he estado trabajando duro, y todos me han elogiado enormemente, pero a los cinco minutos ya se pusieron a regañarme.

Es muy clara la diferencia entre cómo nos tratan a Margot y a mí. Margot, por ejemplo, ha roto la aspiradora, y ahora nos hemos quedado todo el día sin luz. Mamá le dijo en alemán:

—Ay, Margot, cómo se nota que no estás acostumbrada a trabajar, si no habrías sabido que no se debe desenchufar una aspiradora tirando del cable.

Margot respondió algo y el asunto no pasó de ahí.

Pero hoy por la tarde yo quise pasar a limpio la lista de la compra de mamá, que tiene una letra bastante ilegible, pero no quiso que lo hiciera y enseguida me echó una tremenda regañina en la que se metió toda la familia.

Estos últimos días estoy sintiendo cada vez más claramente que no encajo en mi familia. Se ponen muy sentimentales cuando están juntos, y yo prefiero serlo cuando estoy sola. Y luego hablan de lo bien que estamos y que nos llevamos los cuatro, y de que somos una familia muy unida, pero en ningún momento se les ocurre pensar en que yo no lo siento así.

Solo papá me entiende de vez en cuando, pero por lo general está del lado de mamá y Margot. Tampoco soporto que en presencia de extraños hablen de que he estado llorando o de lo sensata e inteligente que <u>soy</u>. Lo aborrezco. Luego también a veces hablan de Moortje, y me sabe muy mal, porque ese es precisamente mi punto flaco y vulnerable. Echo de menos a Moortje a cada momento, y nadie sabe cuánto pienso en él. Siempre que pienso en él se me saltan las lágrimas. Moortje es tan bueno, y lo quiero tanto… Sueño a cada momento con su vuelta porque es muy bueno y a él le confío todo.

Papá dice que se podría escribir un diario al respecto, sobre lo estupendos que son los holandeses, quiere decir un libro, por supuesto. Voy a dejarlo de nuevo, ¡adiós!

Anne.

Jueves, julio de 1942.

Tal vez ya lo haya escrito, aunque no estoy segura, de que estamos aquí escondidos en Prinsengracht 263 con los Van Pels. En estos momentos pasan muchas cosas aquí en la ciudad, pero voy a empezar por el principio. El 9 de mayo de 1940 estalló la guerra aquí en Holanda, entraron los alemanes con sus ejércitos y en cinco días conquistaron todo el país. Con Inglaterra ya están en guerra desde* septiembre de 1939. Ahora tienen Holanda, Bélgica, Francia (casi entera), Polonia,** Noruega, Dinamarca, Yugoslavia, Grecia, Rumanía, Bulgaria, Hungría es un aliado de Alemania.

Desde que los alemanes llevan la batuta, comenzaron las desgracias para nosotros los judíos, empezando por el racionamiento y que hubiera que comprar todo con cupones; luego, en los dos años que llevan aquí, decretaron un montón de leyes contra los judíos: los judíos deben llevar una estrella de David; deben entregar sus bicicletas; no les está permitido viajar en tranvía; no pueden viajar en coche, tampoco en coches particulares; los judíos solo pueden hacer la compra entre las tres y las cinco de la tarde, y únicamente en tiendas judías donde pone «local judío»; solo pueden ir a una peluquería judía; no pueden salir a la calle desde las ocho de la noche hasta las seis de la mañana; no les está permitida la entrada en los teatros, cines y otros lugares de esparcimiento; no les está permitida la entrada en las piscinas ni en las pistas de tenis, de hockey ni de ningún otro deporte; no les está permitido practicar remo; no les está permitido practicar ningún deporte en público; no les está permitido estar sentados en sus jardines después de las ocho de la noche, tampoco en los jardines de sus amigos; los judíos no pueden entrar en casa de cristianos; tienen que ir a colegios judíos, y otras cosas por el estilo. Así transcurrían nuestros días: que si esto no lo podíamos hacer, que si lo otro tampoco. Jacques siempre me decía: «Ya no me atrevo a hacer nada, porque tengo miedo de que esté prohibido». Aquí siempre tengo sueños agradables, pero la realidad es que tendremos que quedarnos aquí hasta que termine la guerra. Nunca podemos salir fuera, y tan solo podemos recibir la visita de Miep Gies-Santroschits, Jan Gies, su marido,

---

    * ¡A estas alturas ya han pasado por allí!
   ** Ya me entiendes, ¿verdad?

Bep Voskuijl, el señor Voskuijl, el señor Kugler, el señor Kleymann y la señora Kleyman, aunque esta nunca viene porque le parece muy peligroso. No <u>puedo</u> escribir todo lo que me pasa por la cabeza ni todas las cosas de las que se me acusa porque es de <u>no</u> creer. Querido diario, espero que nadie te lea <u>nunca</u> excepto mi dulce y querido maridito, y sabes muy bien a quién me refiero, aunque a veces dudo de mi amor, y el chico de mis sueños es Frits van Altenhoven. Creo que aquí nunca he escrito nada sobre Peter Schiff, lo cual es un escándalo o un *Skandal*, como diría la señora Van Pels, porque es mi único.

<u>Anne Frank</u>   Anne} {Peter

Anne. 28 de sept. de 1942
1 de agosto de 1942

Hasta ahora casi lo único que he escrito en mi libro son pensamientos, y no he tenido ocasión de escribir historias divertidas para poder leérselas a alguien más tarde. Pero a partir de ahora intentaré no ser sentimental, o serlo menos, y atenerme más a la realidad.

Ahora estamos aquí, empieza ya por la mañana, nos levantamos y los siete vamos al baño uno detrás de otro, después subimos a desayunar, luego fregamos los platos y alguna que otra tarea doméstica. Así seguimos hasta la noche, ahí por lo general hacemos una horita de gimnasia y practico con esmero mis pasos de baile. Aquí en nuestro cuartito se está muy bien, pero no me siento para nada en casa. Me angustia más de lo que puedo expresar el que <u>nunca</u> podamos salir fuera, y tengo mucho miedo de que nos descubran y nos fusilen. Eso no es, naturalmente, una perspectiva demasiado halagüeña. Luego hay otro hecho y es que el señor Van Pels adora a Margot y a mí me odia, y siempre intenta quedarse conmigo, aunque no tiene mucho éxito, porque papá y mamá están los dos de mi lado. Así, por ejemplo, anoche cenamos carne fría y anguila. Yo, naturalmente, no comí carne, pero sí anguila. Quedaba muy poco pan, pero a Margot y a mí todavía nos quedaba una rebanada y entonces el señor Van Pels dijo:

—Margot, ahora tienes que comerte el pan con carne y luego el queso.

Yo tomé buena nota de sus palabras y cogí un pedacito de queso para mi pan porque otra cosa no había, y luego Margot y yo nos comimos nuestros bocadillos. Cuando Margot terminó, ya no quería el queso y entonces le pregunté si podía comérmelo yo, papá se rio y me lo dio, porque dice si Margot puede, tú también puedes. El señor Van Pels se quedó con un palmo de narices y luego dijo:

—No, ese queso es solo para los que comen carne.

—Sí, pero Anne comió anguila —dijo enseguida Margot.

—¡Sí, pero anguila muchos no comen, y carne come todo el mundo!

Entonces yo le contesté:

—¡Sí, señor Van Pels, pero usted siempre anda buscando algo para que a mí no me den o algo por el estilo! —Y ahí me levanté de la mesa.

Otro caso:

Había sopa de cebada y a mí no me gusta y además hacía mucho calor y entonces no como mucho. Pero, claro, algo tenía que comer, pero había carne y yo no quería, así que se la di a mamá, y mamá me dice no, te la tienes que comer, y me la devolvió. Por eso el señor no me dejó que le pusiera esencia. Margot no tenía ni un milímetro de grasa en su carne, se la quitó y el señor no dijo nada. Entonces ya no me entró más cebada y la dejé en el plato, y el señor me dijo de sopetón que no me darían yogur, pero mamá estaba en contra y por eso me dieron más que a todos.

Los Van Pels se quedaron muy indignados y enseguida soltaron historias maravillosas sobre lo bien que come Peter.

Papá y mamá no les hicieron ni caso.

......

Por la mañana hemos quedado en que tomamos té, y a Peter el té no le gusta; cuando alguna vez nos sirven cacao y hago una mueca, todo el mundo me regaña. Cuando nos dan té, a Peter no le satisface, y sin decir nada la señora le sirve cacao. Está muy mal porque cuando a nosotras algo no nos gusta, nadie lo tiene en cuenta.

......

Así, todos los días pasa algo, pero soy demasiado
perezosa y estoy demasiado cansada para
escribírtelo todo.

¡adiós! AnneFrank.

Viernes, 14 de ago. de 1942

Nuestra vida aquí no cambia demasiado. Hoy le han lavado la cabeza a Peter, lo que no tiene nada de particular. El señor Van Pels y yo siempre andamos discutiendo y esta noche nos morimos de risa. Mamá siempre me trata como a una niñita, y a mí eso me da mucha rabia. Por lo demás, estamos algo mejor.

Esta noche Miep pasará a ver al señor Goldsmit, nuestro inquilino, e intentará traerse algo de ropa, espero que consiga algo bonito. Papá ahora me da clases regularmente, pero he olvidado muchísimo de lo que aprendí en la escuela. Mientras tanto, me he enterado de que Hanneli y Jacque (al menos creo que fueron ellas) han estado en nuestra casa buscando mi diario, seguro que querían hacerse con la misteriosa carta de papi. Al caer la tarde suelen darnos trabajo de oficina, pero hoy casualmente no me han dado nada.

Aquí todo se está volviendo muy misterioso, el señor Kugler tenía miedo de que vinieran a registrar el edificio en busca bicicletas escondidas, así que quiso camuflar la puerta que da acceso a nuestro sector; lo que han hecho ahora es algo que parece una estantería con libros, pero que en realidad es una puerta, pues la librería con libros y todo está sujeta con unas bisagras, por lo que puede abrirse como una puerta, empero (qué palabra tan distinguida, ¿no?) parece que la librería estuviera colgada.

Ahora, cada vez que queremos salir, es decir, bajar a la oficina, primero tenemos que agacharnos y luego saltar.

Basta por hoy, que se me empieza a entumecer el brazo, ¡adiós!

Anne Frank

22 de agosto de 1942.

Miep y Jan fueron a ver al señor Goldsmith, ya sabes, nuestro inquilino, y le pidieron que les dejara mirar la casa para ver si no podían salvar alguna que otra cosa para nosotros. Goldsmith les dijo que nosotros nos habíamos llevado todo y que no entendía cómo habíamos comido, porque quedaba un solo plato. De modo que él sacó todas nuestras cosas de la casa. Además, les dio a entender que la señora Goslar había pasado a por cigarrillos y la señora Lefkowits a por ropita para el bebé de los Kohnke, pero que ambas se habían ido con las manos vacías. Me imagino que una parte la vendió y que la otra parte se le dio a Ulla Cohen, porque hace poco se casó y creemos que con Ulla Cohen.

Ahora el señor Kleiman ha ido a ver al señor Lefkowits y le ha pedido que fuera a ver a Goldsmith, pero Lefkowits antes quiere hablarlo con Goslar y no sé si Goslar lo hará. Porque lo que pretenden es que Goldsmith le diga a Kleiman dónde están nuestras cosas, y el señor Dunselman tiene el poder, con lo que siempre podrán hacerlo valer.

Es realmente una bajeza que Goldsmith haya robado nuestras cosas y que encima mienta. Por lo demás no hay nada especial, solo que el señor y la señora Van Pels tuvieron una gran pelea, en la cual el señor soltó tales gritos que con seguridad se le oyó varias casas más allá. Esta mañana mamá me ha vuelto a sermonear soberanamente y eso no lo soporto. Nuestras opiniones son diametralmente opuestas. Papá es un cielo, aunque a veces se enfada conmigo durante cinco minutos.

¡Adiós! <u>Anne Frank</u>.

21 de septiembre de 1942.

Estudio mucho, modestia aparte.

Hace siglos que no escribo, pero ya compensaré. El señor Van Pels está como una malva conmigo últimamente. Yo lo dejo hacer, sin oponerme. Con Peter nos partimos de risa, un día tiene lumbago, al otro día se le ha puesto la lengua azul y le pica algo y así sucesivamente. Hace poco hubo todo un drama. A Peter y Margot les dejan leer casi todos los libros, y el señor Kleiman trajo un libro sobre la guerra pasada que encima estaba escrito con mucha libertad, con lo cual a Peter y Margot no les dejaron leerlo. Eso bastó para que Peter quisiera leerlo y se lo llevó, a lo que la señora fue a ver a mamá (no sabía que Peter estaba leyendo el libro) para decirle que le parecía raro que Margot pudiera leer todos los libros que quisiera. Mamá por supuesto que le dijo que Margot era muy sensata en esas cosas (demasiado sensata para mi gusto), pero que de todos modos no le dejaban leer esa trilogía.

Al caer la tarde, Peter bajó con «el» libro y su madre y él se pasaron un buen rato comentándolo, después de lo cual la señora Van Pels dijo que no le parecía mal. Pero el señor no quiso saber nada y se lo quitó, y entonces Peter se enfureció y dijo que quería el libro, y que si no, no estudiaría más inglés. A eso el señor Van Pels también se enfureció y Piet se fue para arriba. Antes de comer, el señor le gritó a Peter que bajara, pero no bajó nadie. Volvieron a llamarlo y entonces él gritó que no bajaba, que se quedaría a dormir en el desván en la cama de tablitas. A eso el señor subió y se trajo la cama, y luego le dijo que todavía podía pensárselo pero que en diez minutos sería demasiado tarde y que entonces tendría que dormir solo en el desván. Eso le pareció bien, pero a la mesa todos dijimos que Peter no podía dormir arriba porque se enfermaría. Si no le daban de comer, eso no le haría daño. De repente escuchamos un silbido. Nos pegamos un gran susto, porque al principio no sabíamos de dónde venía, y entonces una voz gritó muy fuerte:

—¡No os creáis que bajaré!

El señor se levantó de un salto, con la cara de un rojo encendido, pero papá subió con él, y ahí lo bajaron. Al día siguiente dijo que otra vez no bajaría si no le daban el libro. Pero no le quedó más remedio. Y la señora Van Pels ahora le da toda la razón. ¡¡¡Esa idiota!!!

Esta tarde también, simplemente se llevó del armario todas las sábanas y fundas, menos dos. Todas nuestras toallas ya están en uso. Ahora ella pretende que nuestras sábanas se rompan al lavarlas y usarlas, y la señora pone las suyas a buen recaudo para después de la guerra. Pero papá no lo dejará pasar. Ayer fue Yom Kipur, no muchos lo habrán pasado tan tranquilos como nosotros. Bep me ha contado que a mi compañera de clase Betty Bloemendal también la han mandado a Polonia, ¿no es horrible? Y nosotros que estamos tan bien aquí. Se habla de que también vendrá aquí el señor Pfeffer, así podremos ayudarlo también a él. La guerra sigue y sigue, y ahora apenas tenemos mantequilla para untar en el pan. Con papá estamos haciendo un árbol genealógico de su familia, y sobre cada uno de sus miembros me va contando cosas. Miep y Jan acaban de volver de vacaciones y puedo volver a mirar a Miep a la cara. Tengo muchas ganas de escribirme con alguien, y eso es lo que haré en adelante con mi diario. Es decir, que escribiré en forma de cartas, lo que de hecho viene a ser lo mismo.

Querida Jettje: (es un decir)

Mi querida amiga, en adelante y también ahora tendré muchas cosas para contarte. He empezado a hacer punto, un jersey de una lana blanca. Pero no debo hacer demasiado, que si no lo acabaré demasiado pronto. También han instalado una lamparita por encima de mi cama. ¡Adiós!, me toca pelar patatas para la persona más odiosa del mundo (un poco exagerado, pero solo un poco). Recuerdos a todos y besos de

<u>Anne Frank</u> 21 de sept. de 1942.

El mismo día

Esta noche todavía tengo algo de tiempo, querida Emmy, así que te escribiré rápidamente unas líneas; esta tarde le escribí una carta bastante tonta a Jettje, porque no llevaba ni un minuto cuando me hicieron pelar patatas para «la señora mamá», que ella me lo dice en ese tono mandón, y si no me doy prisa, me suelta un «*loos*», que es alemán pero no sé exactamente cómo se escribe. Igual que el «*tabeh*» de *Joop ter Heul*. Entre paréntesis, ¿has leído *Joop ter Heul*? ¿Cómo está Janeau? ¿Vosotros dos estáis bien, o todavía discutís todos los días, para luego terminar a besos por la noche? Esa seguro que es la mejor parte del asunto. Todos los sábados por la noche me quedo pegada a la radio, en Alemania ponen unas variedades, pero se vuelve cada vez más aburrido después de la primera noche, ahí el programa se llamó «Enamorados, comprometidos, casados», pero eso en alemán, claro, aunque no me pondré a hablar en alemán, porque te pone furiosa, lo que me puedo imaginar perfectamente. Esta noche volví a hacer trabajos de oficina y sin querer rasgué por la mitad un albarán de envío, pero todavía no lo he dicho, aunque creo que harán uno nuevo. El señor Kleiman ha ido a ver otra vez al señor Goldschmith después de haberlo intentado ya dos veces, le dejó su número de teléfono, luego Goldschmith le llamó y Kleiman fue al asilo judío, donde trabaja Goldschmith. Goldschmith dijo que le contó a todo el mundo que en casa no quedaba nada, pues si no, todos querían llevarse algo: ahora ha metido casi todo en cajas y maletas y lo ha puesto en el trastero, una pequeña parte la donó al Consejo Judío, pues nada, si no es más que una pequeña parte, no me importa, pero mamá cree que lo habrá escamoteado, pero yo creo que no hay que ser tan desconfiados, y papá está completamente de acuerdo conmigo, naturalmente. Hoy ha habido cambios en el cuarto de Peter, la despensa ahora la han instalado en el desván y en su lugar hay un estante para poder dejar rápidamente algo. Le he recomendado a Peter que ponga allí la mesa, con un bonito mantel, y que cuelgue el pequeño mueble en la pared, donde ahora tiene la mesa. Así, aún puede convertirse en un sitio acogedor, aunque a mí no me gustaría dormir ahí. Una novedad es que a madame ahora le ha dado por negarse a fregar las ollas, y cuando queda un poquitín dentro, en vez de guardarlo en una fuente de cristal deja que se pudra en la olla, lo cual es muy raro, por supuesto. Y si luego por la tarde a Margot le toca fregar muchas ollas, madame le dice: «Ay, Margot, Margotita, ¡cómo trabajas!», pero es mentira, y aunque a veces Margot tiene siete ollas sucias, es más que una o dos como máximo. Ahora lo dejo, querida Emmy, recuerdos a Georgette de

Anne Frank

Ámsterdam, 22-9-1942.

Querida Kitty:

Ayer les escribí a Emmy y Jettje, pero lo que más me gusta es escribirte a ti, eso tú también lo sabes, ¿verdad?, y espero que sea recíproco.

Anoche estuvimos hablando en cierto sentido de que todavía soy muy ignorante, por lo que al día siguiente Annetje se puso a estudiar como una loca (esta mañana me la pasé entera machacando verbos irregulares franceses, ¡qué aplicada soy!, ¿verdad?), pero es que no me apetece nada tener que volver a primero cuando tenga catorce o quince años. Ayer también se habló de que casi no me permiten leer nada. Mamá de momento está con *Señores, criados y mujeres* (no te rías, porque no recuerdo cómo se llama exactamente), pero a mí ese libro tampoco me lo dejan leer, porque primero tengo que tener más cultura, como la sesuda de mi hermana. También hablamos sobre psicología y filosofía y otros temas profundos por el estilo. Creo que mañana le escribiré a Jacqueline mi carta de despedida de hace dos meses y medio. Ya hace un frío endemoniado y he llegado a la aterradora conclusión de que aquí no tengo más que un vestido de manga larga y tres chalecos. Todavía me estoy haciendo ese jersey blanco pero es muy sucio. Todos mis jerséis están donde Broks, pero tal vez Miep les proponga guardarlos ella, y así por supuesto nos los pasará. ¿Vosotros cómo estáis? Lamento mucho no recibir nunca una respuesta. Ayer le escribí a Emmy algo sobre la señora, y ahí justo apareció. ¡Plaf!, tuve que cerrar el diario de golpe.

—Oye, Anne, ¿no me enseñas algo de lo que escribes?

—No, señora.

—¿Tampoco la última página?

—No, señora, tampoco.

Menudo susto me llevé, porque lo que había escrito sobre ella justo en esa página no era muy halagüeño que digamos. *Joop ter Heul* lo terminé de leer tan rápido que hasta el sábado no me traerán ningún libro nuevo. Cuando termine los dos últimos tomos le pediré a Kleiman si no me trae *Kees de Jongen* de Theo Thijssen, ¿lo conoces? Ojalá pudieras venir a ver nuestro alojamiento aquí; aunque no es tan terrible, te partirías de risa. A mi estilográfica (me refiero a la estilográfica de mamá) se le ha acabado la tinta y como no me gusta escribir a lápiz, *je t´embrasse* (qué sentimental, ¿verdad?, me lo ha pegado la buena de Jettje)

Anne Frank

Esta es la carta de despedida prometida
25 de sept. de 1942.

Querida Jacqueline:

Te escribo esta carta para despedirme, lo que supongo que te sorprenderá, pero es que el destino no lo ha querido de otra manera, debo marcharme (como ya te habrás enterado a estas alturas, naturalmente) con mi familia, el motivo tú misma ya lo conocerás.

Cuando me llamaste por teléfono el domingo por la tarde, no pude decirte nada, porque mamá no quería, toda la casa ya estaba patas arriba y la puerta de calle estaba cerrada a cal y canto. Iba a venir Hello, pero no le abrimos. No puedo escribirles a todos y por eso solo te escribo a ti. Supongo que no hablarás con nadie sobre esta carta y ni sobre quién te la dio. Si fueras tan amable de mantener una correspondencia secreta conmigo, te estaría muy agradecida. ¡¡¡Razón señora Gies!!! Espero que nos volvamos a ver pronto, aunque es de suponer que no será antes de que acabe la guerra. Si Lies o cualquier otra persona te llega a preguntar si nunca tienes noticias mías, nunca digas que sí, porque pondrás en peligro a la señora Gies y a nosotros, y por eso espero que seas así de sensata. Por supuesto, más adelante podrás decir que recibiste una carta mía de despedida. Pues nada, Jackie, que te vaya bien, espero tener pronto una señal de vida tuya y hasta pronto.

Tu «mejor» amiga Anne

P.D.: Espero que hasta que nos volvamos a ver siempre sigamos siendo «mejores» amigas.

¡adiós!

<u>Segunda carta.</u>
25 de sept. de 1942.

Querida Jackie:

Tu carta me ha puesto muy contenta, si ningún alemán ha pasado todavía por nuestra casa, puedes ir a ver al señor Goldschmith y llevarte algunos libros, cuadernos y juegos nuestros, puedes quedártelos o guardármelos, aunque también puedes llevárselos a la señora Gies. En mi carta anterior olvidé decirte que <u>no debes</u> conservar estas cartas, pues <u>nadie debe</u> encontrarlas. Por lo tanto, hazlas trizas tal y como hicimos en la azotea con la cartita del estuche de mamá. Confío en que lo harás. ¿Cómo estáis todos? De mí te imaginarás que no puedo escribir nada. Pienso mucho en ti. ¿Cómo está Ilse? ¿Sigue ahí? Supe por la señora Gies que Lies todavía está. Nosotros no nos aburrimos y tenemos compañía, más que eso no me dejan escribir sobre nuestras vidas, si bien es angustiante aunque interesante para después. La carta no debe ser muy larga, así que hasta pronto y un besito de

<u>Anne</u>

25 de sept. de 1942.

Querida Pop:

Te escribo cuatro líneas, hace mucho que no has tenido noticias mías, ¿verdad?, pero todavía estoy bien. ¿Cómo está Kees? ¿Cuándo será el gran día? Es buena gente, ¿no? En realidad no tengo que preguntártelo a ti, porque lógicamente te parecerá natural que lo sea, tratándose de tu prometido. Tengo que contarte un «drama de Dreher». Ya sabes, el señor Dreher es ese viejo sordo que Pim solía visitar. Hoy llamó por teléfono para hablar con el señor Kugler y este le dijo muy alegremente que Miep pasaría a verlo, Miep llamó para disculparse y luego la señora Dreher llamó tres veces y Miep tuvo que imitar la voz de Bep, porque la primera vez le había dicho que Miep había salido con el señor Kugler. Cuando te lo cuenta Miep, te partes de risa. Todavía me puedo pasar horas mirando a Miep. Hoy el día está tan feo que me he puesto medias largas por primera vez, eso en casa nunca lo haría. Anoche fui a visitar a los Van Pels, siempre es muy entretenido. Me convidaron a dos rebanadas de pan con melaza y un vaso de limonada fermentada. Hablamos de Peter, les conté que Peter siempre me acaricia la mejilla, que eso me molestaba, y que no me gustaban los chicos sobones. Entonces me dijeron que seguro que Peter me quería y si yo no podía quererlo a él. Yo pensé «¡huy!» y contesté que eso no era posible. Luego me preguntaron de todo sobre mis amigos, pero no solté gran cosa sobre Peter, lo mismo podría haber dicho Frits o Sallie. Entonces dije que Peter era un poco torpe y que me parecía que era tímido. Eso les pasa a todos los chicos cuando no están acostumbrados a tratar con chicas.

Bueno, Pop, estoy oliendo la máquina de escribir y siento un hormigueo en los dedos. Muchos recuerdos a Betty y a su *ami*.

Anne Frank.

26 de sept. de 1942.

Querida Marianne:

Voy despachando a una por una con la escritura, pero contigo se cierra la fila. Esta mañana he vuelto a hacer francés toda la mañana. Ahora también le doy clases de neerlandés a Pim, ha cometido algunos errores garrafales, por ejemplo «la rana golpea con los ojos» en lugar de «las olas golpean», es un germanismo puro, y pronunciar *dievegge* acentuando la primera sílaba en vez de la segunda, y «una victoria reflejante», cuando se trataba del verbo «reflejar», como por ejemplo en «el sol se reflejaba en el agua». Aquí van a volver a hacer una de las suyas. Broks, ya sabes, el representante de Opekta en cuya casa tenemos guardadas todas nuestras cosas, siempre pregunta por nosotros y no deja de dar la lata, por eso quieren intentar mandarle una carta. Entonces le escriben a un hombre en la provincia de Zelanda al que le mandan Opekta todos los años, preguntándole si este año también ha recibido, y se lo preguntan de tal modo que tiene que tacharlo en la nota, meterla en el sobre adjunto y simplemente enviarla de vuelta, pero en el sobre papá ya ha escrito la dirección, y llega aquí con la letra manuscrita de papá. Entonces el señor Kleiman lo abre, extrae la nota del hombre y le hace escribir una cartita a papá, que luego mete en el sobre, y así reciben una carta nuestra desde Bélgica que ha pasado la frontera de manera clandestina. Lo han hecho adrede en Zelanda porque no se puede viajar allí, y Broks u otra persona tampoco pueden ir. ¡Qué inteligentes!, ¿verdad? A mí también me lo parece. Anoche papá volvió a hacer teatro. Estaba muerto de cansancio y se fue a la cama tambaleándose. Como tenía frío en los pies, le puse mis escarpines para dormir. A los cinco minutos ya se le habían caído al suelo. Luego tampoco quería luz y metió la cabeza debajo de la sábana. Cuando apagamos la luz, fue sacando la cabeza lentamente. Fue algo de lo más cómico. Luego, cuando estábamos hablando de que Peter trata de «tía» a Margot, se oyó de repente una voz cavernosa de papá, al que suponíamos dormido, diciendo «María», con lo que había querido decir «tía María». Madame está resfriada y muy arisca, a la mesa mamá y yo las pasamos canutas todo el tiempo. Ahora está arriba la señora Kleiman, lo que para variar no está mal.

Musschie (el gato) es cada vez más bueno y simpático conmigo, pero yo sigo teniéndole un poco de miedo. Hoy nos trajeron tres cestitas de ciruelas pequeñas, muy ricas, aunque todavía no las he probado. El señor Kleiman hoy me trajo *Joop-van Dil-ter Heul* y *Joop y su chico*. ¡Es tan amable! Me trae todo justo a tiempo. Esta noche escucharé la radio, estaba rota, pero ya la han traído de vuelta, en mucho mejor estado. La próxima vez sigo, adiós, Marian, recuerdos a Jaap.

Anne

P.D.: ¿Cómo van vuestra relación y el canto de Gabi? ¿Cuándo llega el mofletudo? Ya no tardará mucho. ¿Cómo están tu madre y papá-sofá? Espero que todos estéis bien. En mis cartas siempre lo olvido, porque siempre tengo mucho que escribir sobre nosotros y nuestra vida aquí. Bueno, adiós.

Anne

26 de sept. de 1942.

Querida Kitty:

Lo mejor será que te escriba entremedias, porque me puedo imaginar muy bien cómo debes sentirte en este momento. Es muy feo, por supuesto, pero, Kit, estoy segura de que ya encontrarás a otro; te parecerá que no tengo corazón, claro, porque sé lo sincero que era tu amor por Henk y nunca me lo había esperado de él, pero tienes una gran ventaja, Kitty, y es que todavía puedes hablarlo todo con tu madre, yo en cambio no, y aunque tengo mucha confianza con Pim, con una mujer es otra cosa. Pero mejor dejémoslo y no toquemos más el tema, porque no sé si no te molestará que me meta, y si no te molesta, puedes escribirme tranquilamente todo sobre él, pues ya sabes que nunca lo comentaré con nadie.

Ayer vi a mamá rebuscando en el armario y sacando todas nuestras monedas de diez y de veinticinco céntimos, ahora papá me ha dicho que me las puedo volver a quedar y me parece una sensación muy agradable. No puedo contarte todo lo que acontece aquí, porque en un solo día se me acabaría el papel, y ya tengo que ahorrar papel de todos modos. Acaba de venir «la apestosa» a darme la lata porque he quitado las cosas de Margo de la casilla de mi armario, pero es que no quiero tener que mirar una lámpara sucia y el estuche aún más sucio de una estilográfica, la muy idiota, tiene una manera tan denigrante de decir que esa es la casilla de Margo y que puede meter allí lo que quiera, pero ya lo hablaré con Margo. Y ya estoy otra vez hablando de mí, pero es que esa mujer siempre aparece en los momentos más íntimos. Ya se me han ido todas las ganas, adiós, Kit, recuerdos a todos de mi parte, tu

AnneFrank.

27 de sept. de 1942.

Querida Connie:

¿Como estáis tú y la seño? Estás tan sola, pobre, es cierto, pero oye, mira, una bonita perspectiva es que podrás quedarte a dormir en casa conmigo, pasé toda una mañana con tu madre y me ha dicho que le parece bien, espero que esta pequeña distracción te agrade, vente lo antes posible. Hoy he tenido lo que se dice una «discusión» con mamá, pero lamentablemente siempre se me saltan enseguida las lágrimas, no lo puedo evitar. Papá <u>siempre</u> es bueno conmigo, y también mucho más comprensivo. En momentos así, a mamá no la soporto, y es que se le nota que soy una extraña para ella, ni siquiera sabe lo que pienso de las cosas más cotidianas. Estábamos hablando de criadas, de que habría que llamarlas «asistentas domésticas», y de que después de la guerra seguro que será obligatorio llamarlas así. Yo no estaba tan segura de ello, y entonces me dijo que yo muchas veces hablaba de lo que pasará «más adelante», y que me las daba de gran dama, igual que Peter, pero eso no es cierto; ¿acaso yo no puedo construirme mis propios castillitos en el aire? Con eso no hago mal a nadie, no hace falta que se lo tomen tan en serio. Papi al menos me defiende; si no fuera por él, seguro que no aguantaría seguir aquí, o casi. Ayer la señora volvió a estar de mala uva, nada le venía bien, primero mamá había cogido una toalla limpia porque no sabía que madame ha colgado las toallas en el desván, porque no quiere tener toallas sucias colgadas en la habitación, una novedad.

Luego quiso que no dejáramos las verduras en la olla porque si no le tocaría a ella fregarla por la noche, y ella pretendía que la fregara Margot a mediodía. Pero eso no tiene sentido, porque por la noche las verduras vuelven a calentarse en la olla.

Luego guardó sus platitos de cristal, y ahora solo usamos los nuestros. Los suyos son demasiado buenos, pero los nuestros no importa si se rompen.

A la mesa no quise servirme verdura, y entonces según la señora tampoco me darían patatas, pero a mí me resbalaba, porque sabía que mamá me las daría de todos modos. Acto seguido, mamá me sirvió las patatas a mí primero. El señor también dijo que debía comer algo de verdura, pero no le hice caso. Entonces la señora empezó a despotricar y dijo que a eso ella no lo llamaba educación, y que, si yo fuera su hija, ciertamente me habría dado verdura y que me habían educado mal. Entonces papá dijo me parece que Anne estaba muy bien educada, porque no le dice nada a usted, y añadió «viceversa», lo cual significa tal para cual. El viceversa de papá iba dirigido a madame, claro, ya que por las noches nunca come judías ni coles de ninguna clase, porque le producen «ventosidades».

Pero eso también podría decirlo yo. ¡Qué mujer más idiota! Recuerdos a tus padres y ven lo antes posible, te espera

AnneFrank

27 de sept. de 1942.

Querida Pien:

Hace mucho que no te escribo, pero es que he estado bastante ocupada. No creas que estoy enfadada contigo, porque no es así en absoluto. Te contaré un drama que tuvo lugar hace un par de semanas y que te dará una idea clara de nuestras condiciones aquí.

Estábamos sentados a la mesa del desayuno dominical, hablando de lo modesto que es papi, y entonces la señora dijo:

—¡Yo también soy muy modesta, mucho más modesta que mi marido!

El señor:

—Es que yo no quiero ser modesto.

Y luego, dirigiéndose a mí:

—No te conviene ser modesta, Anne, porque nunca llegarás a ninguna parte siendo modesta.

Mamá estuvo de acuerdo.

La señora:

—¡Qué tontería decirle algo así a Anne, es una concepción de la vida bastante curiosa!

Mamá:

—Yo también opino que se llega mucho más lejos no siendo modesta. Fíjese que mi marido y Margot y Peter son todos extremadamente modestos, mientras que Anne, su marido, usted y yo no somos nada modestos. No somos inmodestos, pero tampoco somos modestos.

La señora:

—¡Ah, no, todo lo contrario, soy muy modesta! ¿Cómo puede decir que soy inmodesta?

Mamá:

—Es que no he dicho que sea inmodesta, pero tampoco es que sea modesta.

La señora:

—¿En qué sentido no soy modesta? ¡Si yo aquí no cuidara de mí misma, me moriría de hambre!

Mamá se rio y siguieron discutiendo. Yo estaba tan compenetrada que en determinado momento sacudí la cabeza. Ella, por supuesto, se enfureció más aún y me soltó otro sermón, a lo cual yo estallé de risa.

Es una tonta, él también un poco pero mucho más amable, y su hijo es amable pero un muermo. Pues nada, Pien, pronto más noticias, mejor que una historia tan larga y que se vuelve aburrida. Recuerdos a tu familia y a Kaki de mi parte. Como siempre tu

AnneFrank

27 de sept. de 1942.

Querida Pop:
Te escribo cuatro líneas más, hoy me ha tocado bañarme, lo que es una experiencia muy curiosa, y es que tengo que colocar una pequeña tina abajo en el lavabo grande, luego del calentador que hay en la cocina de la oficina de al lado, vierto agua caliente en la tina y me pongo con los pies en ella, mientras tanto me siento en el inodoro y empiezo a lavarme, pero, claro, todo se desparrama y luego, cuando estoy limpia, tengo que secar todo con un trapo sucio. En casa nunca me habría imaginado que alguna vez me bañaría sentada en un inodoro, pero tampoco es tan terrible, porque también podría ser que tuviera que vivir en un lavabo, entonces me haría un estante para libros y una mesita y luego el inodoro como silla, pero no hay lugar para dormir y entonces tendría que quitar todo y eso no podría ser. Luz también hay y paneles para oscurecer también se podrían fabricar. Pues nada, Pop, ha llegado la familia, con el gato, y estoy distraída porque quiero ir a ver. Muchos recuerdos a Kees, y recuerdos de

<u>Anne Frank</u>

28 de sept. de 1942.

Querida Kit:
Esta tarde no podemos ir al lavabo, lo cual es muy desagradable, pero no hay nada que hacer, pueden pasar cosas peores. Los trabajadores tienen que cambiar las tuberías del lavabo de la oficina y tienen miedo de que se rompan, y entonces tendrían que subir, lo cual sería problemático, pero entonces Kleiman les dirá que no ha traído la llave y tendrán que volver mañana. En ese caso tendremos que desalojar el cuarto de baño y el retrete, pero, bueno, esperemos que no suceda. Nuestra estantería que tenemos como puerta, creo que alguna vez te lo he contado, a lo mejor tendremos que quitarla, pero no sé si eso es posible. Los Broks quieren alquilar una habitación, pues no puede ser otra que la nuestra, eso es muy ruin porque entonces cobrarán doble alquiler por una misma habitación. Tenemos mucho miedo de que saquen todas nuestras cosas. Esta mañana fuimos muy hacendosos, había que hacer *cholent* de patatas y todo el orfanato, como le decimos, tuvo que ayudar a pelar patatas y pasarlas por el molinillo, las froté como se hace con las manzanas encima de esa cosa con agujeros, así sale más fino, pero es un trabajito de hormiga y requiere mucho esfuerzo y, claro, lleva mucho más tiempo que pasarlo por el molinillo.

Anoche estábamos acostadas en mi cama Margot y yo. Había poquísimo espacio, pero por eso justamente era muy divertido. Me pidió que le dejara leer mi diario. Le dije que algunas partes sí y le pedí el suyo. Me dejó que lo leyera, y entonces llegamos al tema del futuro y le pregunté qué quería ser cuando fuera mayor. Pero no quiere decírmelo, se lo guarda como un gran secreto. Yo he captado algo así como que le interesaría la enseñanza. Naturalmente, no sé si le convendrá, pero sospecho que tirará por ese lado. En realidad no debería ser tan curiosa. Esta mañana me tumbé en la cama de Peter, después de ahuyentarlo. Estaba furioso, pero me importa un verdadero bledo. Podría ser más amable conmigo, porque sin ir más lejos, anoche le regalé una manzana como consuelo para su amor desesperado que, presumo, me puedo figurar perfectamente. Le pregunté a Margot si yo le parecía muy fea. Me contestó que tenía un aire gracioso, y que tenía unos ojos bonitos. Una respuesta un tanto vaga, ¿no te parece? Pues nada, ¡hasta la próxima! Recuerdos a tu cara mitad perikita de

Anne Frank

28 de sept. de 1942.

Querida Pien:
Como orinal uso un tarro de los de conserva, durante el día lo dejo en el cuarto de baño pero me angustia que alguna vez quieran usarlo para hacer conserva, aunque si lo huelen, será suficiente. Por la noche ya lo hago a tientas y me lo coloco justo alrededor de la «vagina», con un pequeño borde, y va muy bien. No ha sido una carta muy larga ni muy decente que digamos, ¿verdad?, pues nada, en otro momento habrá más, la última vez tampoco fuiste mal servida. Dale mis recuerdos a tu amado, de tu amiga,

Anne Frank.

28 de sept. de 1942.

Querida Loutje:
Por las noches Peter baja al almacén para vaciar los cubos de la basura, los lunes por la noche a menudo suena el timbre y nos pegamos un buen susto. A veces también llaman por teléfono después del horario de oficina. En cada página que escribo podría poner «¡¡¡Pim es un tesoro!!! ¡¡¡Mamá no!!!!». Lo primero tan sincero como lo segundo, ¡¡¡qué mala!!!, ¿verdad? Me parece que queda muy interesante tener «algo» bien llamativo en cada página. ¿Cómo está Kaki? He terminado de leer los libros de Joop ter Heul y el último es el que más me gusta, igual que tú. No estoy bien sentada, como podrás apreciar por mi letra, así que *good bye my girl, your*

Anne Frank.

30 de sept. de 1942.

Querida Connie:

Ayer no te pude escribir porque cumplía años la señora, fue muy diverti-do, y por la tarde me bebí cinco tazas de té. A la señora le regalaron crisante-mos el personal y rosas nosotros. El señor la honró con unos claveles rojos muy bonitos. A mediodía comimos coliflor con lengua y patatas, sopa de tomate de entrante y una salsa de carne deliciosa. Cuando por la tarde subió toda la oficina, incluido el señor Voskuijl, hubo tartaletas de manzana y café (salvo para mí té). Por la noche en la mesa nos morimos de risa porque a papi le puse en la cabeza la piel de la señora Dreher y puso una cara tan celestial, era para troncharse, luego el señor Van Pels también se lo probó y le quedaba todavía más disparatado, sobre todo cuando encima se puso las gafas de Mar-got. Parecía una viejecita alemana, y nadie reconocería en ella al señor Van Pels. Por la noche ya no fue tan divertido, porque estábamos todos muy can-sados sin excepción. La señora había hecho un pastel de ciruelas riquísimo.

Esta mañana nos alegramos de que no viniera el fontanero, porque su hijo estuvo en Alemania y ha vuelto, pero ahora tiene que volver porque ha recibido otra citación. En su lugar vino el señor Levinsohn, al que llamaron para que hiciera unas pruebas para Kugler. Fue desagradable, porque este hombre, igual que el fontanero, conoce todo el edificio, con lo cual tuvimos que mantenernos silenciosos como unos ratoncitos. Aun así me apliqué es-tudiando verbos irregulares franceses y también las palabras de *La belle Nivernaise*. Luego vino Miep y se fue para arriba, papá y yo, que estábamos abajo, la seguimos. Yo me acosté junto al señor Van Pels, bien calentita, y cuando Miep se fue, me puse a escribirte. Miep y Jan se quedarán a dormir aquí este viernes o el que viene, y correremos la cama de papi a nuestro cuarto para que duerman los dos ahí. Miep traerá dos mantas de lana, y a nosotros también nos sobran dos mantas de lana, y además de arriba nos podrán dejar de la maleta del señor Fuchs un edredón y un plumón con al-mohada, con lo que es de suponer que no pasarán demasiado frío. Mi diván lo pasaremos a la habitación contigua y Margot dormirá en la cama de tabli-tas. La señora Van Pels y yo reñimos todo el tiempo, porque ella siempre quiere acariciarle el pelo a papá, y como sabes, yo soy bastante celosa por naturaleza, así que todo esto me sabe muy mal, sobre todo porque se hace la interesante. ¿Acaso mamá le hace esas cosas al marido de ella? Eso mismo se lo he dicho a la señora en la cara.

A Bertus, el novio de Bep, también lo mandan a Alemania. Como com-prenderás, Bep está muy deprimida.

Tengo un dolor terrible en el dedo índice (el de la mano izquierda por suerte), con lo que ahora no puedo planchar. ¡Mejor!

El señor Van Pels quiso que yo me sentara a su lado a la mesa, porque a su gusto Margot no come lo suficiente; a mí no me desagrada cambiar por un tiempo. En el jardín ahora siempre hay un gatito negro dando vueltas, que me recuerda a <u>mi</u> querido Moortje, pobrecillo. Mamá siempre tiene algo que objetar, sobre todo cuando estamos comiendo, por eso también me gusta el cambio que hemos hecho. Ahora la que tiene que soportarla es Margot, o, mejor dicho, no tiene que soportarla nada, porque total a ella mamá no le hace esos comentarios tan ponzoñosos, la niña ejemplar. Con eso de la niña ejemplar ahora me paso el día haciéndola rabiar, y ella no lo soporta. Quizá así aprenda a dejar de serlo. ¡Buena hora sería!

Cuando hay alguien abajo, todos subimos a la buhardilla con tarros de los de conserva o con orinales, porque al lavabo no podemos ir. Ahora basta por hoy, adiós, Con, recuerdos a tu señor esposo de

AnneFrank

30 de sept.
1942.

Esta mañana, después del desayuno pudimos volver a bajar normalmente. El fontanero no vino, ya que su hijo había recibido una citación para Alemania y tenía que viajar de inmediato. Yo bajé a estudiar. A eso de las doce y media llegó el señor Levinsohn, que tenía que cocinar algo en la cocina con el señor Kugler. Nueva carga, porque el señor Levinsohn conoce el edificio igual de bien, si no mejor, que el fontanero. Así que toda la familia se quedó sin hacer nada de ruido mientras el señor Levinsohn le hablaba al señor Kugler con esa voz ahuecada que tiene, y cuando este se retiró de la cocina cinco minutos, se fue gritando detrás de él: «¡¡¡Señor Kugler, señor Kugler!!!».

Al pobre hombre no le daban un minuto de descanso. Cuando a las dos y media el señor Levinsohn por fin se marchó, el señor Kugler tuvo que volver donde el contador que está metiendo las narices en los libros abajo.

En la mesa, gran cambio, pues yo me siento al lado del señor Van Pels y Margot al lado de mamá, esto porque Margot ya no tiene un efecto favorable en el apetito del señor y ahora yo tengo que servir de sustituta. El menú no era muy atractivo, al menos para mí, pero por otro lado el señor se comió tres grandes platos y, según sus afirmaciones, podría haberse comido uno más.

1 de octubre de 1942. Hoy están juntos <u>los tres</u> peligrosos, a saber: Levinsohn, la asistenta y el señor Broks. El señor Levinsohn por teléfono ahora se hace llamar Muller, porque en casa de cristianos no puede telefonear.

En consecuencia, esta mañana toda la familia estaba <u>otra vez</u> arriba. El menú se componía de puré de patatas y verduras, pero «sin cosquilla» (en vez de costilla), según Peter.

6 de oct. de 1942.

Bokkie Pepertje Sokkie Tokkie Pepertje - Pokkie Pepertje Pokkie

Hoy por fin volveremos a tener un poco de paz, al menos en la medida en que pueda llamarse así si Levinsohn igual llega a venir por la tarde. Por la mañana hice francés e historia con papá, aunque no sin interrupciones de Kugler y Kleiman. Kleiman sufre de una cosa que da mucho miedo: hemorroides, que son venas en los intestinos, y si va de cuerpo o suelta un gas, hace presión en esos vasos sanguíneos y estos saltan de tal modo que derraman sangre y entonces de repente uno se encuentra con los pantalones llenos de sangre en plena calle. La operación respectiva es muy penosa, le tienen que extraer los intestinos y no puede hacer sus necesidades durante ocho días. De esa manera se le hincha enormemente la tripa, claro. Kleiman ya ha tenido una operación de este tipo una vez y se le hace muy cuesta arriba, pero quizá se le pase con una pomada. Esta tarde vino Miep con las listas de deudores todavía de mayo, papá y yo las despachamos juntos antes de comer. El libro de ventas también hay que componerlo todo esta noche y es mucho, pero creo que eso lo hará papá, acabar no creo que acabe, porque también falta sumar las listas de deudores.

A Miep le ha vuelto a pasar algo desagradable, en casa de sus padres (adoptivos) ha habido un registro domiciliario y les han sellado una habitación, porque el hombre tenía allí guardados unos objetos de su yerno. En esa habitación también hay muchas otras cosas, muy molesto. Casi todas las noches pasan a llevarse gente y eso es terrible, especialmente también ancianos y enfermos, los tratan como esclavos en épocas pasadas. A esos pobres ancianos se los llevan después de las ocho de la noche y entonces los hacen andar, por ejemplo, hasta la plaza Adama van Scheltema en la oscuridad, como en procesión, con niños y todo. Una vez que han llegado a esa plaza, los mandan a la calle Ferdinand Bol y de allí de vuelta a la plaza, y así maltratan a esa pobre gente. También les echan agua si chillan. Suerte que nosotros estamos aquí. Miep también ha pasado a ver a Helene, que tiene una casa de reposo y está tratando de conseguir un sello para que no tenga que marcharse. Al señor Rozendaal, el sordo de Tokita, también lo han detenido por haber borrado la «J» de judío de su documento de identidad. El señor Huisburg también está en Westerbork, pero de momento puede quedarse allí, para atender los asuntos del Consejo Judío. El hijo del señor Holland, el comentarista deportivo, y su mujer también se han marchado, igual que el señor De Vries, del club deportivo de la Noorder Amstellaan. La señora Bunjes ha tenido un bebé el 1 de octubre: Joke Regina, bonito nombre. Al señor Bunjes lo han despedido del Cineac porque una noche acortó un poco una película para alcanzar el último tranvía, pero eso solo lo han hecho porque es un judío cuarterón, y no cuenta como tal. Esta noche nos reímos un montón de nada más que tonterías en realidad. Margot tiene aspecto de barriobajera y mi aspecto no es mucho mejor, porque anoche nos lavaron el pelo.

Como muchísimo, tanto que a todo el mundo le sorprende, también verduras, solo que por la noche prefiero que no. Hoy almorzamos y cenamos col rizada pero sin salchicha, y en la cena me la salté. Esta tarde, después de mucho tiempo, volví a echar una siesta y antes de eso, en lugar de leer, vestí mi muñeca de la cuna de la señora Eichwald, se ve muy bonita, y el oso, la única bisutería que me queda (qué triste que suena, ¿verdad?), lo he colocado de tal modo que parece que estuviera gateando. Terminé de leer *La escuela de Kingford*, pero no me parecen tan buenos como los otros libros de Cissy van Marxveldt, no tienen nada que realmente te capte.

3 de oct. de 1942.

Querida Marianne:

Llevo varios días sin escribirte, pero es que mientras tanto han pasado muchas cosas. Ayer me estuvieron gastando bromas por haber estado tumbada en la cama junto al señor Van Pels. «¡A esta edad!», «¡Qué escándalo!» y toda clase de comentarios parecidos. ¡Qué tontos son! Nunca me acostaría con el señor Van Pels, en el sentido general de la palabra, naturalmente. Esta mañana vino de nuevo Miep para contarnos que anoche en los barrios del sur volvieron a pasar casa por casa para llevarse a los judíos. Tremendo. Quién sabe cuáles de nuestros conocidos todavía siguen allí. Una viejecita tullida estaba sentada delante de la puerta de casa de Miep porque no podía caminar y los malvados se fueron a buscar una furgoneta, mientras la pobre mujer esperaba sentada en el frío delante de la puerta (no le permitían entrar) y había muchísimos disparos. Es difícil imaginarse lo terrible que es todo eso, no puedo decir lo contenta que estoy de estar aquí. Ayer hubo otro encontronazo y mamá empezó a despotricar y le contó a papi todos mis pecados, y entonces se puso a llorar, y yo también, claro, y eso que ya tenía un dolor de cabeza horrible. Finalmente le conté a papi que lo quiero mucho más a él que a mamá. Entonces él dijo que ya se me pasaría, pero no lo creo. Es que a mamá no la soporto y tengo que esforzarme muchísimo para no estar siempre soltándole bufidos y calmarme. A veces me gustaría darle una torta, no sé de dónde sale esta enorme antipatía que siento por ella. Papá me ha dicho que cuando mamá no se siente bien o tiene dolor de cabeza, yo debería tomar la iniciativa para ofrecerme a hacer algo por ella, pero yo no lo hago, porque no la quiero y sencillamente no me sale. Con papá sí que me sale, me di cuenta cuando estuvo enfermo. También puedo imaginarme que algún día mamá se morirá, pero me parece que nunca podría superar que se muriera papá. Tal vez sea muy cruel de mi parte, pero lo siento así. Espero que mamá <u>nunca</u> lea «esto», y tampoco todo lo demás.

El infeliz de Peter ahora tiene una molestia en el pie y me doy perfecta cuenta de que está enamorado. Ayer recorté los cupones, es un trabajito divertido. Mondar patatas es algo que ahora también hago a menudo, pero aborrezco pelarlas. Hoy me toca leer en el libro de oraciones, no entiendo por qué mamá me fuerza a hacerlo, pero lo haré para darle gusto y sobre todo por Pim.

Mamá acaba de decir que si estuviéramos en casa y pudiéramos quedarnos, podríamos acoger a la bebé Goslar, sería genial; pero creo que ya no la dejaríamos ir. Estoy leyendo un libro muy bonito que se llama *La niñez de Eva*, donde Eva pensaba que los niños crecían en un árbol, como las manzanas, y que la cigüeña los recoge cuando están maduros y se los lleva a las madres. Pero la gata de su amiga tuvo cría y los gatitos salían de la madre gata. Ella pensaba que la gata ponía huevos, igual que las gallinas, y que se ponía a empollarlos, y también que las madres que tienen un niño unos días antes suben a poner un huevo y luego lo empollan. Cuando viene el niño, las madres todavía están debilitadas de tanto estar en cuclillas. Eva también quería tener un niño. Cogió un chal de lana y lo extendió en el suelo, donde caería el huevo. Entonces se puso en cuclillas a hacer fuerza. Al mismo tiempo empezó a clocar, pero no le vino ningún huevo. Por fin, después de muchos esfuerzos, salió algo que no era ningún huevo, sino una salchichita. ¡Ay!, Eva sintió mucha vergüenza. Y la niña pensó que estaba enferma. ¿Verdad que es cómico? Voy a dejarlo, querida Marianne, la próxima vez más de

Anne Frank.

P.D.: Recuerdos a Jaap. <u>Te quiero</u>. Ya me entiendes, ¿verdad?

4 de oct. 1942.
<u>*Domingo.*</u>

Querida Kitty:
Hoy es otro de esos días de vagancia que detesto. Esta mañana me di un baño en la tina, fue divertido y me lo paso bien. También escuché la radio, Göring estaba maldiciendo a los judíos ¡¡¡pues genial!!! Anoche estuve escuchando la radio con Peter, fue divertido por primera vez después de varias semanas, los chistes fueron los siguientes:
{{{Un fotógrafo quería fotografiar a una mujer alta y delgada, pero fue un fracaso y la foto no era más que una larga raya negra. La mujer, sin embargo, estaba satisfecha y dijo que su marido boy scout también lo estaba. Después de unos días, la mujer regresó y le preguntó al fotógrafo si también podía venir a fotografiarla por la noche. El fotógrafo fue, captó la intención y empezó a desvestirse, en tanto que la mujer se retiró}}}. Papá está un poco mosqueado hoy, pero ya se le pasará. Estuve acostada en el diván con Margot leyendo *Los exploradores*. Es un libro divertido, pero no tiene ni punto de comparación con *Joop ter Heul*. Por otra parte, aparecen a menudo las mismas palabras, pero eso se entiende al ser de la misma escritora. Cissy van Marxveldt escribe de miedo. Fijo que luego se los daré a leer a mis hijos. *La niñez de Eva* también habla de mujeres desconocidas que venden sus cuerpos en unos callejones por un montón de dinero. A mí me daría muchísima

vergüenza algo así. Además, también habla de que a Eva le vino la regla. Es algo que quisiera que también me pasara a mí, así al menos sería adulta. Papá anda refunfuñando y amenaza con quitarme el diario. ¡Vaya un susto invencible! En lo sucesivo será mejor que lo esconda, adiós (fin de la diversión)

AnneFrank

5 de oct. de 1942.
Lunes

Querida Pop:
Charlo cinco minutos contigo antes de que me laven la cabeza. Hoy volvimos a decirnos «¡Silencio!». Vinieron el fontanero, Levinsohn (sin Susi, la perra) y la asistenta, o sea, que rondaban tres peligros negros. Mi jersey blanco ya está hecho un chaleco porque solo falta terminar las mangas. La señora hoy está de mala uva, pero ya hace un tiempo que estamos acostumbrados. Esta tarde casi todos nos hicimos encima porque no podíamos ir al lavabo. ///Siempre tengo manchas amarillas en las bragas, como semen de hombre con un poco de imaginación, me da un poco de miedo pero no me atrevo a preguntar /// ¡adiós! no me atrevo a seguir porque hierve el agua.

Anne Frank

7 de oct. de 1942.
Miércoles.

Querida Phien:
Por suerte esta mañana no hay nadie abajo, así que podemos estar nosotros. He hecho un poco de francés, pero Margot necesitaba el diccionario y entonces empecé con historia. Hoy ya han hecho un pan de especias para el viernes, para cuando vengan Miep y Jan. Me encanta que vengan, Bep también quiere. Mi nueva imaginación ahora es Suiza, tal vez dibuje aquí los ocho vestidos nuevos, aunque todavía no lo sé porque mi talento para dibujar no es tan grande, y entonces tengo miedo de estropearlos, con lo cual el efecto de mi imaginación ya no sería tan divertido. Mamá y yo hemos vuelto a estar a buenas, mientras que papi ayer estaba muy malhumorado, pero no se lo tomaremos a mal. También he estrenado una caja de tocador, aunque no es tan bonita como mi caja suiza. También me gustaría tener la película. A Piet le supura la uña del dedo gordo del pie, y ahora de noche camina con un gran calcetín alrededor, es para troncharse. Anoche parecía un aprendiz de panadero, en pijama y con el torso desnudo, y luego ese pedazo de pie y una toalla al hombro y un cepillo de uñas, era para troncharse. Papi acaba de salir del baño en camiseta y calzoncillos, iba caminando como el viejo

Dreher, para morirse de risa. Phien, hija, me está empezando a doler la espalda, así que hasta la próxima.

AnneFrank.

7 de oct. de 1942
Miércoles.

Querida Connie:
Anoche todavía me apetecía comerme un pan con mantequilla y habíamos hablado de que en la mesa no había mantequilla, abajo supusimos que arriba también comerían pan con mantequilla, pero, claro, no lo podíamos decir. Subí y me corté una rebanada de pan. Ahí ya se enfadaron porque dijeron que entonces también tenía que comer col rizada, pero les dije que al menos tenía una ventaja al ser la más joven. Me contradijeron, entonces todos podrían tener algo que decir, pero, claro, la señora comió menos de lo que comería un pajarito, de nuevo no podía decirlo porque no quería ser atrevida. Con toda tranquilidad fui a buscar la mantequilla, pero ahí el señor se puso furioso, soltó un rugido y me dijo que bajara así y lo mostrara, y que estaba enfadado conmigo. Bajé con toda la calma del mundo mientras arriba la señora sosegaba un poco al señor, abajo no me fue mucho mejor porque papi también empezó a gritarme, lo que naturalmente me dio muchísima vergüenza, porque arriba podían entender cada palabra. Pero el incidente pronto se resolvió y al final me di cuenta de que había sido una estupidez por mi parte, y esta mañana, o mejor dicho ya anoche, todo el asunto quedó olvidado. En el desayuno comí un pan sin mantequilla y los demás otra vez con. Vino Miep, pero por suerte no contó mucho porque lo que cuenta no suele ser muy agradable. Bep ha traído una caja con la ropa que ha preparado Corry, solo falta la falda, pero, claro, no podemos pedírsela porque Miep no lo sabe, naturalmente.

AnneFrank.

Me imagino que…
viajo a Suiza y me llevo todo, incluidos los muebles y dinero. Llegamos allí, papá y yo dormimos en la misma habitación, mientras que el cuarto de estudio de los chicos pasa a ser mi cuarto privado, en el que me instalo y recibo a las visitas. Para darme una sorpresa me han comprado un juego de muebles nuevos, con mesita de té, escritorio, sillones y un diván, todo muy pero que muy bonito. Después de unos días, papá me da 150 florines, o el equivalente en moneda suiza, naturalmente, pero digamos que son florines, y dice que me compre todo lo que me parezca necesario, para mí exclusivamente, eso lo puedo gastar enseguida, y luego todas las semanas me da un

florín, con el que también puedo comprarme lo que se me antoje. Salgo con Bernd y me compro:

3 camisetas de verano	a razón de f 0,50	= f 1,50
3 bragas " "	a razón de f 0,50	= f 1,50
3 camisetas de invierno	a razón de f 0,75	= f 2,25
3 bragas " "	a razón de f 0,75	= f 2,25
2 enaguas	a razón de f 0,50	= f 1,00
2 sostenes (de la talla más pequeña)	a razón de$f$ 0,50	= f 1,00
5 pijamas	a razón de f 1,00	= f 5,00
1 salto de cama de verano	a razón de f 2,50	= f 2,50
1 " " " de invierno	a razón de f 3.-	= f 3.-
2 mañanitas	a razón de f 0,75	= f 1,50
1 cojín	a razón de f 1.-	= f 1.-
1 par de zapatillas de verano	a razón de f 1.-	= f 1.-
1 " " " de invierno	a razón de f 1,50	= f 1,50
1 par de zapatos de verano (colegio)	a razón de f 1,50	= f 1,50
1 " " " de verano (vestir)	a razón de f 2,00	= f 2,00
1 " " " de invierno (colegio)	a razón de f 2,50	= f 2,50
1 " " " de invierno (vestir)	a razón de f 3.-	= f 3.-
2 delantales	a razón de f 0,50	= f 1.-
25 pañuelos	a razón de f 0,05	= f 1,25
4 pares de medias de seda	a razón de f 0,75	= f 3.-
4 " " calcetines largos hasta la rodilla	a razón de f 0,50	= f 2.-
4 " " " cortos	a razón de f 0,25	= f 1.-
2 " " medias de lana	a razón de f 1,00	= f 2.-
3 ovillos de lana blanca (pantalones, gorro)		f 1,50
3 " " " azul (jersey, falda)		ff 1,50
3 " " " de colores (gorro, bufanda)		ff 1,50.
chales, cinturones, cuellos, botones		f 1,25
	f 50.	

Marianne
Kit.
Pop.

2 vestidos para el colegio (verano)	a razón de f 2.-	= f 4.- Phien.
2 vestidos para el colegio (invierno)	a razón de f 3,75	= f 7,50 Con.
2 vestidos de vestir (verano)	a razón de f 2,50	= f 5.-
2 vestidos de vestir (invierno)	a razón de f 4.-	= f 8.- (Em).
		(Jet).
1 falda de verano	a razón de f 1,00	= f 1.-
1 falda de invierno de vestir	a razón de f 3,00	= f 3,00 (Lou).
1 falda de invierno para el colegio	a razón de f 2.-	= f 2.-

1 gabardina	a razón de f 5.-	= f 5.-
1 abrigo de verano	a razón de f 7,50	= f 7,50
1 abrigo de invierno	a razón de f 10.-	= f 10.-
2 sombreros	a razón de f 2.-	= f 4,00
2 gorros	a razón de f 0,50	= f 1.-
		– 58.-

2 bolsos a razón de f 2.-= f 4,00   108.-
1 traje patinaje hielo = f 2,50
1 par de patines + zapatos = f 10.-
    1 caja con (polvos, pomadas, crema desmaquilladora, aceite bronceador, algodón, gasas y esparadrapos, colorete, barra de labios, lápiz de cejas, sales de baño, talco, agua de colonia, jabón, borla) a razón de f 5.-.
    1 caja con utensilios para uñas y esmalte a razón de f 2,50
cinturón con estuche = f 1.-
                    = f 25.
                    f 133.
4 jerséis a razón de f 1,50 = f 1,50
4 blusas a razón de f 1.- = f 1.-
objetos varios a razón de f 10.- y libros.
Regalos f 4,50.

22 de enero de 1944.
    Solo quisiera señalar
    que siguen
    entregándonos
    pasta de dientes
    y similares.

                    AnneFrank.

                    Anne.
            18 de oct. de 1942
                Domingo.

    En estas fotos tenía once años.

10 de oct. de 1942
<u>*Sábado.*</u>

Querida Marianne:

Un escándalo, ¿verdad?, que hace tanto que no hayas tenido noticias mías, y sin embargo han pasado muchas cosas, pero es que no he tenido tiempo de escribirte. Ayer por la tarde Miep estuvo con la señora Stoppelman, que está escondida en Bussum en casa de la señora Van der Horst, así que Miep fue a verla. Cuando volvió, vino directamente desde la estación, porque ella y Jan iban a quedarse a dormir con nosotros. Primero comimos: zanahorias, patatas y dos albóndigas cada uno, con sopa de entrante. Luego nos quedamos un rato haciendo sobremesa y la señora Van Pels ya estaba fregando los platos, cuando de repente, ¡pum!, se apagó la luz, naturalmente nos asustamos muchísimo y papi gritó desde abajo: «¿Se ha apagado la luz?». Le contestamos que sí y bajé a por velas. La iluminación era muy festiva y naturalmente pensamos que los hombres ya no bajarían al almacén. Pero no eran más que las siete y cuarto y fueron de todos modos, de modo que a los cinco minutos la casa volvió a estar bañada de luz. El cortocircuito lo había causado la lámpara de escritorio de papi. A las ocho y media volvimos arriba, donde ya habían aireado y bebimos café con pan de especias y galletas María. A los menores nos dieron zumo de limón. A las 10 ya nos tocó ir al cuarto de baño y poco después ya estábamos en la cama. Los hombres bajaron con Jan para escuchar la radio y las señoras se quedaron arriba con Miep, mientras Lord Peter ya se había ido a la cama y estaba leyendo. Por fin, a las once y media hubo movimiento y los demás también se fueron a la cama. A las 11 apagaron la luz. Margot y yo leímos en la cama de 10 a 11, con permiso por la ocasión especial. Esta mañana me levanté temprano y Jan ya estaba vestido, tenía que marcharse a las ocho y media, de modo que a las ocho ya estaba arriba desayunando. Miep se estaba vistiendo, y cuando entré solo tenía puesta la enagua. Usa las mismas bragas de lana que yo para montar en bicicleta. Margot y yo también nos vestimos y subimos al piso de arriba mucho antes que de costumbre. Después de un ameno desayuno, Miep bajó a la oficina. Llovía a cántaros, y se alegró de no tener que pedalear al trabajo bajo la lluvia. Miep propuso llevarme una noche consigo y tomar un baño en su casa, y traerme de vuelta a la noche siguiente. Pero es demasiado peligroso porque podría ser que alguien me viese. Después del desayuno bajé con papi a arreglar de nuevo las camas y luego a aprender la conjugación irregular de cinco verbos franceses. ¡Qué aplicada soy!, ¿verdad? Margot y Peter estaban leyendo en nuestra habitación, y Musschi se había instalado junto a Margot en el diván. Al acabar con mis irregularidades francesas yo también me sumé al grupo, y me puse a leer *El canto eterno de los bosques*. Es un libro muy bonito, pero muy particular, y ya casi lo he terminado.

Musschi ahora está otra vez acostado con mamá, como un gatito bebé, lo he arropado todo y se le ve muy tierno. Papi luego me peinará con el rizador, será muy divertido. El señor Kleiman me ha traído dos libros de su hija: *Los trabajitos de Else* y *Rick el pillo*, uno ya lo conocía y el otro me parece que es muy infantil. Así siempre le dicen aquí a la hija del señor Kleiman, y me parece muy antipático. El señor Kleiman hace como si los libros que me trae fueran para las hermanas de Bep, y ha dicho que tengo dieciséis o quince años. Por un lado me gustaría que fuera cierto, pero por otro lado no. Adiós, querida Marjan, saluda a Jaap de mi parte, y recordando nuestro «secreto».

AnneFrank

10 de oct. de 1942.
Sábado

Querida Kitty:
Mi vagina se ensancha cada vez más, pero también es posible que me lo esté imaginando. Cuando me siento en el inodoro, a veces la examino y veo muy claramente que la orina sale por un agujerito en la vagina, pero arriba también hay otra cosa, que también tiene un agujero, pero no sé para qué sirve. Pim vuelve a ser un cielo, siempre que me mima estoy en la gloria. Madame tomó un baño pero puso la tina en la cocina, a mí me daría muchísimo miedo. Ahora voy a dejarlo, tengo que ir al lavabo. ¡Adiós! Esperando poder continuar nuestras charlas singulares, te saludo a ti y a tus seres queridos. ¡Adiós!

AnneFrank.

Miércoles. 14 de oct. de 1942.

Querida Pop:
Sencillamente no tengo tiempo para sentarme un momento a escribiros. Estoy atareadísima. Ayer, primero traduje un capítulo de *La belle Nivernaise* e hice un glosario. Luego resolví un problema de matemáticas dificilísimo y traduje tres páginas de gramática francesa. Hoy tocaba gramática francesa e historia. Me niego a resolver problemas tan difíciles todos los días. Papá también dice que son horribles y yo casi los sé hacer mejor que él, pero en realidad no nos salen a ninguno de los dos, de modo que siempre tenemos que recurrir a Margot. También estoy muy afanada con la taquigrafía, que me encanta. Soy la que va más adelantada de los tres. Ahora Bep encarga las clases por nosotros y a cada uno nos dan un cuaderno de taquigrafía, Margot ya lo tiene. Anoche volví a soñar con P.S. y volvió a ser el de siempre. ¡Un encanto! ¡Ojalá viniera a esconderse él también aquí! Pobre chico, a lo mejor

ya está muerto en Polonia. Solo espero que no me decepcionara. Mamá ha vuelto a ser la habitual. Anoche tuve trabajo de oficina. Miep ha pillado un gran resfriado y por eso no viene, Jan lo mismo. Le hemos propuesto que venga a guardar cama aquí para que podamos cuidarla, pero ella no quiere. Hoy madame otra vez me considera una egoísta, para variar. Curioso, ¿verdad? La muy idiota no tiene carácter, a veces tan solo hace como si lo tuviera, y entonces de verdad es agradable. El lunes le lavé la cabeza a mamá y ayer a la señora. Tiene un champú tan rico que todavía me huelen las manos y yo misma. Pim es muy bueno. Se ha vuelto a recortar el bigote, ya era hora, ahora solo se lo deja crecer a lo ancho. Hoy ha llegado una carta del tío Erich, Herbi está en Suiza con ellos, y también esperan a Paul, el hermano de Erich. ¡Ojalá Pim y yo pudiéramos viajar allí! ¡Cuántos sueños!, ¿verdad? Popita, hasta dentro de no más que cinco días espero, y entonces en pensamientos volveré a estar contigo.

Anne Frank.

14 de oct. de 1942.
Miércoles.

Querida Phine:
Hace mucho que no sabes nada de mí, pero es que tampoco quiero perturbar tantas veces vuestra luna de miel con mi estúpido parloteo, ¿o no te importa? ¿Bob ya ha vuelto a trabajar? ¿Y ya se perciben en ti rastros de fecundación?, espero que sí por ti, aunque no siempre es fácil, ni mucho menos. El bebé de los Goslar ya hace mucho que debería haber nacido. Lástima que no podamos verlo. Cuando Miep esté mejor, seguro que irá a verlo. Adiós, Phiene, hija, recuerdos a tu cara mitad, esperando con ansias volver a vernos.

AnneFrank.

15 de oct. de 1942.
Jueves.

Querida Connie:
Ayer nos pegamos otro susto tremendo. Frente a nuestro armario estaba trabajando el carpintero, que tenía que llenar el extintor de incendios y reparar algo en la puerta de paso hacia la casa de delante. No nos habían avisado y estábamos alegremente a los gritos por toda la casa, sin sospechar nada. De repente, después de comer, cuando Bep estaba a punto de bajar, oí un martilleo, les digo «¡chis!» a los de arriba, pero pensamos que era mamá que justo bajaba las escaleras del desván, pero estando Bep en las escaleras

vuelvo a oírlo, y los demás también, y así nos dimos cuenta de que estaba el carpintero. Papá y yo fuimos a la puerta a escuchar, pero pasaron quince minutos y el señor no se iba. Bep, naturalmente, no podía bajar porque entonces el hombre vería nuestro camuflaje. De repente oímos un fuerte traqueteo en nuestra puerta. Lo único que pensamos era que debía de ser el carpintero, que quería entrar para echar un vistazo. Era aterrador. Luego continuos silbidos y golpeteo. Yo estaba muy asustada y pensé que nos había llegado la hora. En mi mente ya nos veía en un campo de concentración o ante el paredón de fusilamiento. Finalmente oímos a Kleiman gritando algo y respiramos. A la hora todavía me temblaban las rodillas y las manos. Kleiman no había podido quitar el gancho de la puerta y, por lo tanto, no pudo avisarnos. Ahora el carpintero había bajado un momento y por eso quería recoger a Bep, pero de nuevo no lograba abrir la puerta. ¡Qué susto, puedo decirte! Anoche papá y yo hablamos francés y nos morimos de risa. Ya hemos tenido la primera clase de taquigrafía por correspondencia del curso de desarrollo personal, es muy divertido y va rápido. La semana que viene me darán un cuaderno de taquigrafía. Agur, *my darling*

AnneFrank

15 de oct. de 1942.
Jueves.

Querida Emmy:

Solo te escribo cuatro líneas entre una cosa y otra, aunque todavía no haya pasado un mes. Esta mañana tuvimos que quedarnos de nuevo arriba por culpa de la asistenta, ¡qué molesta! Comimos patatas en la fuente refractaria pero crudas, con puré de manzana y compota de pera. Ayer publicaron en el periódico todo lo que ya no se consigue, entre otras cosas pasta de dientes, agua de colonia, antigüedades, colorete y polvos, guantes de piel, porcelana, estufas, pieles y más cosas por el estilo. Emmy, todavía tengo trabajo de oficina para hacer y estudiar francés porque no hice gran cosa durante el día, así que hasta la próxima de AnneFrank.

16 de oct. de 1942.
Viernes.

Querida Jet:

Si le escribo cuatro líneas a Emmy entre una cosa y otra, tampoco vas a ser tú la pariente pobre, así que ¿cómo estás? ¿Ya algo recuperada del susto? Espero que sí. Aquí por suerte todo sigue igual. Hoy hice listas de los verbos irregulares franceses. Es un trabajito preciso y tedioso, pero quiero terminarlo. Aún no he hecho nada de taquigrafía, tal vez esta noche, pero es viernes, así que es crítico. Mamá está otra vez de mal humor. Nos enteramos de que los Kohnke se han escondido, mejor así. Ahora estoy leyendo a Körner, me gusta cómo escribe. Pues nada, hasta la próxima, Jettie querida, de

AnneFrank

18 de oct. de 1942
<u>Domingo</u>

Querida Marianne:
Ayer se me pasó escribirte. Primero porque quería terminar la lista de verbos franceses y segundo porque también tenía otros trabajos que hacer. Kleiman me trajo otros dos libros: *Arcadia*, que trata sobre un viaje a Spitsbergen, y *La cura de purificación*, parece que son divertidos. También me trajo *Los insurrectos,* que es de Ammers-

Küller, la misma que escribió *Señores, criados y mujeres,* que ahora también me dejan leer, ¡me alegro! Luego también he leído un montón de obritas de teatro románticas de Körner. Me gusta cómo escribe este hombre. Por ejemplo: *Eduviges, El primo de Bremen, El peñón de Hans Heiling, El dominó verde, La gobernanta, El puesto de los cuatro años, La penitencia, La lucha con el dragón, El sereno* y unas cuantas más. Papá quiere que empiece a leer libros de Hebbel y de otros escritores alemanes famosos. Leer alemán ya no me resulta tan difícil, solo que por lo general leo bisbiseando, en vez de leer para mis adentros. Pero ya se me pasará.

Ayer colgué un par de estrellas de cine nuevas en la pared de mi cuarto, pero esta vez con esquinas de fotos para que luego pueda volver a quitarlas. Bep ayer fue al centro y compró faldas para Margot y para mí. Pero hay que ir a cambiarlas, porque no nos van del todo bien.

Bertus, el novio de Bep, se marcha el miércoles, con un montón de otras personas holandesas. Ahora los envían a casi todos a Alemania para trabajar. Tanto hombres como mujeres. Esta mañana todos hemos vuelto a pasar por la balanza.

Margot pesa ahora 60 kilos
Mamá   "   "   62   "
Papá   "   "   70 ½ "
Anne   "   "   43 ½ "
Peter   "   "   67 kilos
la señora   " " 53   "
el señor   " " 75   "

En los tres meses que llevo aquí, he aumentado 8 ½ kilos. ¡Cuánto!, ¿no? Esta mañana empecé a ordenar un fichero de la oficina, que se había caído y que tenía todas las fichas mezcladas. Como era para volverme loca, les pedí a Margot y Peter que me ayudaran, pero los muy haraganes no quisieron. Así que lo guardé tal cual, porque sola no lo voy a hacer. ¡Soy tonta pero no tanto! Luego bajaré con mi labor de punto o mi libro y me sentaré a escuchar la radio. También me tengo que bañar, aunque no me apetece nada, tal vez me lo salte.

La señora le encargó al señor Kleiman toda clase de artículos de tocador, entre ellos un tubo de crema fina que al final no le agradó, pero a mamá sí, así que la usarían entre las dos. Después de unos días, la señora descubrió que la crema era muy agradable y fabricada todavía a la antigua, y ahora de repente quiere guardarla, pero mamá no está loca. Lo que la señora naturalmente no sabe es que Margot y yo también la usamos. Pero no nos importa nada, lo hacemos igual. Pues nada, Marjan, recuerdos a tu compañero (de cama o de vida) de

Anne Frank

Con clases particulares me he puesto al día con la escuela y también sé suficiente francés y alemán para seguir el ritmo, mientras que también sé hablar un poco de alemán suizo. En el liceo entro en el segundo año con chicas y chicos muy majos donde pronto encuentro a Kitty, una chica muy maja de catorce años, nos hacemos grandes amigas y también hago buenas migas con los chicos.

Bernd me enseña patinaje artístico con mucho empeño y yo me convierto en su partenaire, ya que casualmente la pareja de todos modos no está, juntos formamos una pareja muy mona y todo el mundo está encantado, enviamos cinco fotos a la oficina 1 Anne haciendo piruetas 2 Anne del brazo de Bernd con el pie izquierdo delante 3 Anne y Bernd bailando el vals 4 Anne y Bernd haciendo el barquito 5 Anne a la izquierda, Bernd a la derecha tirándose un beso. Luego se rueda una película para Holanda y Suiza, tanto a las amigas en Holanda como en Suiza les encanta. Es en tres partes.

1.ª parte. Anne en patines.

Primero se la ve saliendo por un lado mientras su pareja sale por el otro, con un vestido de patinaje azul con ribetes de piel blanca en la parte delantera con bolsillos con cremallera y cremallera y cinturón con estuche.

Luego hacen el barquito y Anne ejecuta un impresionante salto en el aire. Luego bailan el vals y bromean como en las clases.

2.ª parte. Anne con visitas y en la escuela.

En el cuartito con Kitty y dos chicos, entre ellos Bernd, alrededor de la mesa de té, luego en la escuela rodeada por un enjambre de alumnos y toda clase de escenas tontas, por ejemplo en la cama con papá y a la mesa.

3.ª parte. Los atuendos de Anne los ocho vestidos nuevos vestido de patinaje que es un regalo uno blanco y zapatos.

20 de oct. de 1942.
Martes.

Querida Kitty:

Ya nos han traído las faldas, pero fíjate qué ridículo: la mía es larguísima y muy estrecha, luego el tipo de tela es más o menos como arpillera, de la que se hacen los sacos de patatas. Las costuras enseguida se rompieron cuando me la puse. Los botones ya estaban medio sueltos antes de que la falda llegara aquí, y en todas partes donde había algo cosido tenía hilos largos colgando y la costura estaba abierta a trozos por todos lados. Un ejemplar que las tiendas antes no se habrían atrevido a vender cuesta ahora f 7,75. En casa tenía una falda que usé durante tres años y que todavía está bien que costó f 1,95. De la misma tela de arpillera, Margot también tiene un ejemplar plisado. En la parte de arriba es demasiado ancho y a la altura de las caderas demasiado estrecho, y alrededor de las costuras un montón de bultos, y cuesta f 24. Es ridículo por donde lo mires. Han vuelto a matar a quince rehenes, ¿no es terrible? Esa gente no ha hecho nada, pero es una garantía contra todo lo que es sabotaje. Son todos hombres destacados y en el periódico simplemente han dicho que es por sabotaje, lo que naturalmente nadie puede probar. Si algún hombre hace algo, por ejemplo, matar a un alemán o provocar una explosión y no lo encuentran, liquidan a alrededor de cinco de esos hombres destacados, que no tienen absolutamente nada que ver con el asunto. Naturalmente lo hacen porque si ahora alguien sabotea, tienen que sufrir las consecuencias sus compatriotas y eso es terrible. También en Francia todos los hombres de entre dieciocho y cincuenta años deben presentarse para trabajar en Alemania, eso seguro que también aquí ocurrirá pronto. A Rosel y Wronker los han enviado a Polonia.

Hoy estuvo aquí primero la asistenta, cuando acababa de irse llegó Daatselaar y cuando este se vaya vendrá Levinsohn, así que nadie puede ir al lavabo. Bep ya me ha traído el cuaderno de taquigrafía. Ayer tuve que volver a hacer listas de deudores para Miep, pero aún no las he terminado.

Aquí ha habido una gran pelea. El señor Westerman llamó por teléfono y dijo que si el señor Kugler no suspende sus experimentos de laboratorio, Hijbroek y él le comprarán sus mercancías a otro. Pues si Westerman y Heibroek se marchan, la firma Gies & Co. se irá al garete. Y entonces Kugler tendrá que venderla, pero no quiere verlo. El señor Van Pels y Pim durmieron mal de lo enfadados que estaban. Es que ese Kugler también está loco. Ahora quiere contratar a otra chica, pero eso naturalmente no es posible, por nosotros y también por él. *Los insurrectos* es un libro fantástico. Trata de la familia Coornvelt, que tenía catorce hijos, de los cuales dos murieron de viruela y cuatro por convulsiones. Los otros ocho son Nicolaas, el mayor, que también tiene convulsiones, luego Keejetje que se casó con Willem Wijsman y tiene cuatro hijos: Willem, Lize, Agatha y Constance. Constance también ya tiene un hijo. Luego viene Henrik, que es pastor en la iglesia, y luego Koosje, que se encarga de las tareas domésticas en casa del viudo Henrik. Koosje también tiene viruela. Luego viene David, que es catedrático y está casado con Aleida y tiene por hijos a Clara y Louis. Luego viene Saartje, que está casada con un oficial del ejército retirado y también tiene cuatro hijas: Sophie, Betsy, Cateau y Coba. Luego en el libro también aparece una prima que vive en París, Marie Elisabeth Sylvain, que es una de las primeras en participar en la emancipación de la mujer, la lucha que ha habido por la mujer, de que también quería estudiar y tener los mismos derechos que el hombre. Porque antes, cuando la mujer no estaba casada, acababa trabajando duro en casa de alguno de sus hermanos. Me olvidaba de otros dos hijos: Naatje, que no está casada y que se ocupa de la casa de Abraham, y Abraham, que tiene doce hijos, dos de los cuales ya los tuvo antes de casarse.

Quizá me dejen pedirle a Bep que pase por Perrij para ver si todavía venden diarios, porque si no pronto tendré que coger un cuaderno, porque mi diario está casi lleno, ¡lástima! Por suerte puedo estirarlo un poco con las hojas que pegué entre medio. Ya basta, que la carta se hace interminable, adiós, cariño de

AnneFrank

P.D.: Había olvidado comunicarte la importante noticia de que es probable que pronto me venga la regla. Lo noto porque a cada rato tengo una especie de semen pegajoso en las bragas y mamá ya me lo anticipó. Apenas puedo esperar. ¡Me parece algo tan importante! Es una lástima que ahora no pueda usar compresas, porque ya no se consiguen, y los palitos que usa mamá solo son para mujeres que ya han tenido hijos alguna vez. Pues nada, hija, adiós

AnneFrank

Ya no podría escribir una cosa así.

AnneFrank
22 de ene. de 1944

22 de oct. de 1942.
Jueves

Querida Poppie:

Han pasado dos días y no he escrito nada, ¡qué escándalo! A Rosel y Wronker los han mandado de vuelta, no sabemos por qué, es una suerte. Miep esta mañana irá a verlos. La taquigrafía va progresando, más tarde quizá escriba algo en taquigrafía. Papi le ha pedido a Bep que me compre un orinal, por suerte. Mamá, Margot y yo hemos vuelto a ser grandes amigas, y en realidad me parece que es mucho mejor así. Ahora me tumbo en la cama con Margot casi todas las noches, hemos hablado de que Margot quiere ser enfermera de maternidad, me parece una buena profesión, aunque yo prefiero estar con los párvulos en lugar de los bebés, pero también quisiera estar presente alguna vez cuando alguien tiene un hijo, porque así me dará mucho menos miedo cuando me toque a mí. Margot y yo hemos pillado las dos un resfriado terrible, pero ya se nos pasará. Bertus se ha marchado con dos hermanos y una cuñada a Alemania, fue todo un drama, pero se me hace muy largo contártelo. El señor Van Pels ha contado un par de chistes muy divertidos, te los copiaré.

———

¿Sabes lo que hace 99 veces clic y una vez clac? ¡Un ciempiés con una pata de palo!

———

¿Quién es negro, está sentado en el tejado, tiene dos patas y sabe silbar? ¡El aprendiz del maestro deshollinador!

(Papi)

Hay un hotel que tiene las paredes listonadas como las nuestras, con lo que se oye todo a través de ellas. Un día se encuentran una joven pareja de un lado y un caballero del otro. La mitad masculina de la pareja le da palmaditas todo el tiempo en el trasero a la femenina diciéndole: «¡Ay, qué culito más bonito! ¿De quién es este culito tan bonito?». Ahí el hombre del otro lado les grita: «¡Ya veremos de quién es el endemoniado culo!».

———

Son muy buenos, ¿verdad? Querida Pop, no hay muchas más noticias que contar, y siempre que releo mis cartas me da la impresión de que no tienen nada de divertido, así que adiós, espero recibir noticias tuyas pronto.

AnneFrank.

Taquigrafía

= el gato está en la rama.

= derramo la bebida.

26 de octubre 1942.
Lunes

El viernes y el sábado los pasé en cama, había pillado un resfriado y no me sentía muy bien.

Querida Phienny:

Papá le ha pedido al señor Kleiman un diario y a Bep un orinal. Huy, de lo pensativa que estaba me había olvidado por completo que suelo escribir con letra de imprenta. Nos han pronosticado que Levinsohn se pasará como un mes seguido abajo. Han reordenado los armarios, porque en el armario empotrado la ropa se moja por la humedad, ahora tengo tres estantes a mi disposición, genial. En África ha comenzado una nueva ofensiva, esperemos que los ingleses no cometan nuevos errores garrafales y la guerra termine pronto. El señor Kugler ha traído doce nuevas revistas *Panorama*, así que volvemos a tener algo para leer. Miep fue a ver a la señora Stoppelman, la pobre no aguanta estar escondida, de la nostalgia y el hambre. En la verdulería donde suele comprar Bep, se encontró con una antigua empleada de Tokita con su hijo de tres años. Yo enseguida le pregunté si acaso se había casado, y por supuesto que no era el caso, y la gente supone que se trata del enésimo hijo de Rozendaal. Un escándalo, qué tipo.

Miep nos ha hablado de alguien que logró fugarse de Westerbork. Debe de ser un sitio horroroso, y si la situación es tan tremenda allí, ¿cómo ha de ser en Polonia? A la gente no le dan casi nada de comer y menos de beber. Solo hay agua una hora al día, y no hay más que un retrete y un lavabo para varios miles de personas. Hombres y mujeres duermen todos juntos, y a estas últimas y a los niños a menudo les rapan la cabeza, así que cuando se escapan, todos pueden reconocerlos.

AnneFrank.

El señor: «*C'est la vie*, señorita».
La señorita: «Sí, señor, así es la vida».
El señor: «No, "se la vi": ¡le vi la enagua!».
-.-.-.-.-

28 de oct. de 1942.
Miércoles.

Querida Lou:

¿Cómo estás? Esta mañana volvieron a interrumpirme en todo lo que hacía y, por lo tanto, no he podido acabar nada como es debido. He aprendido dos palabras nuevas: «burdel» y «cocotte». He comprado una libreta especial para apuntarlas, pero está entre las cartas. Nada más de particular.

AnneFrank

2 de nov. de 1942.
Lunes.

Querida Marianne:

El viernes por la noche estuvo con nosotros Bep. Pasamos un rato agradable, pero no durmió bien porque había bebido vino. Por lo demás, nada de particular. Ayer me dolía mucho la cabeza y me fui a la cama temprano. Anoche empezó el horario de invierno. Margot está nuevamente latosa. Ayer encendimos la estufa por primera vez y hoy la habitación está inundada de humo. Hasta la próxima,

AnneFrank.

2 de nov. de 1942.
Lunes.

Querida Kitty:

Creo que todavía no te lo he contado, pero los Goslar tuvieron un bebé muerto, es horrible, y la pobre Hanneli, qué ocupada debe de estar. Esta mañana pasó Miep a contarnos que han vaciado la casa de los Van Pels, pero la señora estaba de tan mal humor que aún no se lo hemos dicho. El domingo me bañé, esta vez en la cocina, pero aún era temprano y detrás de la mampara nadie podía verme. Estuve un rato espiando la calle por entre las cortinas de la oficina de delante, es una sensación muy extraña, parece como si la gente ahí fuera estuviera loca. Ahora también hago álgebra, pero de la geometría me abstengo. La taquigrafía va bien, te garabatearé otra frase trivial.

Es divertido, pero ahora toca practicar y no me apetece. Papi acaba de anunciar que no está de muy buen humor. Otra vez tiene los ojos muy tristes, pobre ángel. Estoy completamente enganchada con el libro *El golpe en la puerta*, de Ina Boudier-Bakker. La parte que describe la historia de la familia está muy bien escrita, pero los incisos sobre la guerra, los escritores y la emancipación de la mujer son menos buenos, y en realidad tampoco me interesan demasiado. Bertus le ha escrito a Bep desde Berlín, hasta el momento todo le parece bastante decente. Necesito ver urgentemente al señor Kleiman para pedirle el nuevo diario. Pues nada, agur

AnneFrank

5 de nov. de 1942.
Jueves.

Querida Pop:

Por suerte, hemos conseguido 135 kilos de legumbres, pero una parte es para el personal. Ahora, en vez de cartillas de racionamiento de la ciudad, compramos las del Estado, porque con eso nos ahorramos siete florines. Es que las cartillas del Estado solo cuestan 33 florines y si vendemos los cupones de pan que traen, solo nos salen por 20 florines. Van Pels ya casi no tiene dinero, por suerte Pim sí, el señor Siemans (nuestro panadero) ahora consigue lactosa y por eso ha vuelto a vendernos el pan sin cupones al precio normal. Kleiman ha ido otra vez a ver a Goldschmidt, pero no quiere soltar nuestras cosas, y también dice que ha dado casi todo a la beneficencia, pero no le creemos, y se remite a la señora Levie, pero Miep hablará con Pfeffer y este se lo pedirá a la señora Levie. Al señor Voskuijl le estamos dando algo de comer a mediodía. La oficina estos días cierra a las cinco, aunque el almacén sigue trabajando un rato más. *El golpe en la puerta* ya casi lo he acabado, pero es que el viernes hay que devolverlo. Ayer adecenté un poco mis estrellas de cine, pero aún no he terminado. Por fin los ingleses han tenido algunas victorias en África, y Stalingrado aún no ha caído, de modo que los señores de la casa están muy alegres y contentos y esta mañana sirvieron café y té. Por lo demás, nada de particular. El domingo 8 de noviembre es el cumpleaños de Peter, y los Kleiman vendrán para la ocasión. Recuerdos a Kees de

AnneFrank

7 de nov. de 1942.
Sábado.

Querida Phien:

De verdad hace mucho que no te escribo. Esta semana he leído mucho y he estudiado poco. Así han de hacerse las cosas en este mundo, y así seguro que se llegará lejos. Mañana es el cumpleaños de Peter, pero ya te escribiré sobre eso más adelante. Mamá y yo nos entendemos bastante mejor últimamente, aunque <u>nunca</u> será una relación de confianza. Margot está más arisca que nunca y papá, aunque hay algo que me oculta, no deja de ser un cielo. Levinsohn sigue haciéndonos la vida imposible todos los días. El jueves por la noche fui abajo con papá e hice las listas de deudores en el despacho de Kugler, me daba mucho miedo estar allí y me alegré cuando el trabajo estuvo terminado. La señora abajo vio fantasmas, pero no era más que un trozo de revoque que se había soltado de la pared. Papá me ha traído una lata del despacho de Kugler y ahora está intentando ver si es hermética; si es así, lo tendré como orinal, pero el señor Van Pels primero le colocará un asa, y también se le puede poner una tapa, por lo que está completo, solo espero que no gotee. Vuelvo a echar de menos más que nunca a Moortje y no veo el momento de tenerlo a él o a una cría suya. Sigo sintiéndome abandonada aquí y como que sobro, y sueño mucho con la bóveda subterránea pero entonces la realidad vuelve a ser tan gris, así que no sé qué haré. La estufa lleva varios días encendida, y la habitación está inundada de humo. Yo realmente prefiero la calefacción central, y supongo que no soy la única. A Margot no puedo calificarla más que de detestable; me crispa terriblemente los nervios de la noche a la mañana. Recuerdos a todos de

Anne.

13 de nov. de 1942.
<u>*Viernes.*</u>

Querida Jetty:
Ayer por la mañana vino Miep a contarnos que había ido a ver al Dr. Pfeffer. Por supuesto que aceptó encantado la oferta de esconderse con nosotros. Pero literalmente le suplicó a Miep que le concediera una semana más de plazo porque tiene dos cirugías dentales pendientes, Van der Hoeden (el dentista para el que trabaja clandestinamente) le debe dinero y todavía tiene que terminar de ordenar el fichero con Van der Hoeden, porque si no este no se aclara. Pero a nosotros nos pareció demasiado peligroso, porque luego le dirá a Van der Hoeden que el próximo jueves se esconderá, y luego Van der Hoeden se lo cuenta a otro, y a continuación a Pfeffer lo acribillan a preguntas. Y en segundo lugar también puede llamar la atención que el judío Pfeffer pase todos los días a ver a Miep y Jan y les lleve sus cosas, porque si les pasa algo a Miep y Jan, también nosotros corremos peligro. Así que dijimos que si Pfeffer hoy dice que necesita posponer y que no puede venir hacia el sábado, que directamente no venga, porque si hoy o mañana lo detienen en la calle o en su casa, o incluso en la consulta, tampoco podrá decir que todavía tiene

que ordenar su fichero y que le deben dinero. Ahora Miep volverá a hablar con él y hoy se decidirá si viene mañana. Se hará de tal manera que deberá pasar por la oficina de correos a las diez y haga de cuenta que le escribe una tarjeta a su padre en Alemania, luego el señor Kleiman se lo encuentra supuestamente por casualidad y le pide que camine unos diez metros detrás de él. Entonces, cuando Kleiman entre en la oficina, también vendrá Pfeffer, lo que no llamará la atención, porque Levinsohn y Kahn y muchos otros judíos vienen aquí a la oficina todos los días. Ahora lo dejo, por lo demás no hay nada de particular. La política va bien. Marruecos y Argel, Casablanca y Orán se han rendido, ahora solo falta Túnez. Mi jersey blanco está terminado, la cremallera me la regaló la señora Van Pels, ha quedado superelegante. Recuerdos a tu madre de

AnneFrank.

INSERTADO EN EL OTRO DIARIO.
5 de dic. de 1942

Querida Kitty:

El festejo de anoche fue hermoso, primero encendimos una vela y luego subimos, allí ya estaba todo sembrado de flores, de Pim para mamá, del señor Van Pels y el señor Pfeffer para mamá, del señor Van Pels para la señora y de Pim y el señor Pfeffer para la señora. Además, a Mamá le regalaron un paquete de cigarrillos y una tableta de chocolate. A Margot y a mí un costurero muy mono a cada una, a Piet y a nosotras dos dulces de azúcar, y a Margot y a mí una tableta de chocolate y una bandejita de plata. Y a mí también un candado para mi diario. Hoy volví a sentirme muy mal, pasé toda la mañana con ganas de llorar, y es que Pim a veces es capaz de gritarme tanto, aunque sigue siendo un cielo.

adiós de AnneFrank.

10 de nov. 1942.
Martes.

Querida Connie:

Todavía no te he comunicado las novedades del domingo, que de hecho fue un día muy importante. A las siete de la mañana ya encendieron la estufa, con lo que ya nadie podía dormir y todas las mujeres de la casa se enfadaron mucho. A las ocho ya subí a contemplar los regalos con Peter. El personal de la oficina le ha regalado el juego de la Bolsa, sus padres un encendedor, un espejo, una brocha de afeitar, una corbata, caramelos y una lata de crema de guisantes, y nosotros una maquinilla de afeitar, con piedra de alumbre. A las doce y media bajamos y por casualidad oímos por la radio que las tropas inglesas y norteamericanas han desembarcado en Túnez, Argel, Casablanca y Orán. Fue una sorpresa. Por la tarde pasaron los Kleiman, que ya estaban al corriente de la feliz noticia. Por la noche, Hitler pronunció un discurso de nada. El lunes convidamos a la oficina con motivo del cumpleaños. Que duermas bien y recuerdos a la seño, te quiere

AnneFrank

10 de nov. 1942.
Martes por la noche.

Querida Emmy:
Hoy en realidad anduvimos un poco desconcertados, porque hemos vuelto a hablar de que en realidad en el escondite bien podríamos acoger a una persona más, y la suerte recayó en el señor Pfeffer, que no tiene muchos parientes. Ya lo hemos hablado con Kugler, que ha dicho que lo consultará con la almohada, pero la decisión en realidad ya está tomada. El hombre se quedará muy admirado, pero ya te informaré al respecto cuando haya llegado a nuestro escondite. Le pediremos que también traiga algo para empastar muelas cariadas, ya que es dentista, y creo que compartirá el cuarto conmigo.
Me despido,

AnneFrank.

[Edith Frank-Holländer]

Sábado 22 de enero de 1944.

Me parece una estupidez de mi parte haber dejado todas estas hermosas páginas en blanco, pero quizá no esté de más si aquí detrás anoto mis pensamientos generales sobre lo escrito.
Ahora que releo mi diario después de un año y medio, me sorprendo de que alguna vez haya sido tan cándida e ingenua. Sin pensar me doy cuenta de que, por más que quisiera, nunca más podré ser así. Mis estados de ánimo, las cosas que digo sobre Margot, mamá y papá, todavía lo comprendo como si lo hubiera escrito ayer. Pero esa manera desvergonzada de escribir sobre ciertas cosas ya no me la puedo imaginar.

De verdad me avergüenzo de leer algunas páginas que tratan de temas que preferiría imaginármelos más bonitos. Los he descrito de manera tan poco fina... Pero ¡ya basta de lamentarme!

Lo que también entiendo muy bien es la añoranza de Moortje y el deseo de tenerlo conmigo. A menudo conscientemente, pero mucho más a menudo de manera inconsciente, todo el tiempo que he estado y que estoy aquí he tenido un gran deseo de confianza, cariño y mimos. Este deseo es fuerte a veces, y menos fuerte otras veces, pero siempre está ahí.

AnneFrank.

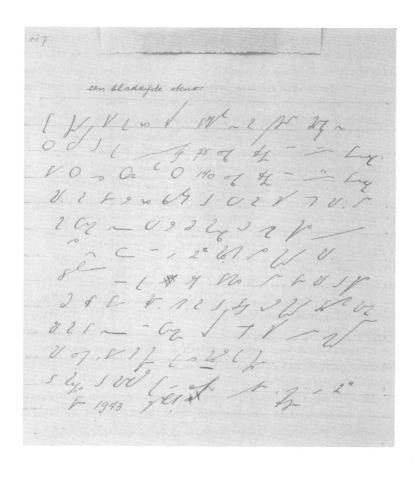

2 de mayo de 1943.
Domingo.

Apreciaciones de los moradores de la Casa de atrás sobre la guerra.

El señor Van Pels: en opinión de todos, este honorable caballero entiende mucho de política. Sin embargo, nos predice que tendremos que permanecer aquí hasta finales del 43. Aunque me parece mucho tiempo, creo que aguantaremos. Pero ¿quién nos garantiza que esta guerra, que no nos ha traído más que penas y dolores, habrá acabado para esa fecha? ¿Y quién nos puede asegurar que a nosotros y a nuestros cómplices del escondite no nos habrá pasado nada? ¡Absolutamente nadie! Y por eso vivimos tan angustiados día a día. Angustiados tanto por la espera y la esperanza, como por el miedo cuando se oyen ruidos dentro o fuera de la casa, cuando suenan los terribles disparos o cuando publican nuevos «comunicados» en los periódicos, porque también es posible que en cualquier momento algunos de nuestros cómplices tengan que esconderse aquí ellos mismos. La palabra «escondite» se ha convertido en un término muy corriente. ¡Cuánta gente no se habrá refugiado en un escondite! En proporción no serán tantos, naturalmente, pero seguro que cuando termine la guerra nos asombraremos cuando sepamos cuánta gente buena en Holanda ha dado cobijo en su casa a judíos y también a cristianos que debían huir, con o sin dinero. Y también es increíble la cantidad de gente de la que dicen que tiene un carnet de identidad falso.

La señora Van Pels: cuando esta bella dama (solo según ella misma) se enteró de que ya no era tan difícil como antes conseguir un carnet de identidad falso, inmediatamente propuso que nos mandáramos hacer uno cada uno. Como si fueran gratis, o como si a papá y al señor Van Pels el dinero les lloviera del cielo. Cuando la señora Van Pels profiere las tonterías más increíbles, Putti a menudo pega un salto de exasperación. Pero es lógico, porque un día Kerli dice: «Cuando todo esto acabe, haré que me bauticen», y al otro día afirma: «¡Siempre he querido ir a Jerusalén, porque solo me siento en mi casa cuando estoy rodeada de judíos!».

= = = = = = = = = = = = =
= = = = = =

Pim es un gran optimista, pero es que siempre encuentra motivo para serlo.

El señor Pfeffer no hace más que inventar todo lo que dice, y cuando alguien osa contradecir a su excelencia, luego tiene que pagarlo. En casa del señor Fritz Pfeffer supongo que la norma es que él siempre tiene la última palabra, pero a Anne Frank eso no le va para nada.

Lo que piensan sobre la guerra los demás integrantes de la Casa de atrás no tiene ningún interés. Solo las cuatro personas mencionadas pintan algo en materia de política; en verdad tan solo dos, pero madame Van Pels y Pfeffer consideran que sus opiniones también cuentan.

2 de mayo de 1943.
Domingo.

A veces me pongo a reflexionar sobre la vida que llevamos aquí, y entonces por lo general llego a la conclusión de que, en comparación con otros judíos que no están escondidos, vivimos como en un paraíso. De todos modos, algún día, cuando todo haya vuelto a la normalidad, me extrañaré de cómo nosotros, que en casa éramos tan pulcros y ordenados, hayamos venido tan a menos, por así decirlo. Venido a menos por lo que se refiere a nuestra manera de vivir. Desde que llegamos aquí, por ejemplo, tenemos la mesa cubierta con un hule que, como lo usamos tanto, por lo general no está demasiado limpio. A veces trato de adecentarlo un poco, pero con un trapo que es puro agujero y que ya es de mucho antes de que nos instaláramos aquí; por mucho que frote, no consigo quitarle toda la suciedad. Los Van Pels llevan todo el invierno durmiendo sobre una franela que aquí no podemos lavar por el racionamiento del jabón en polvo, que además es de pésima calidad. Papá lleva unos pantalones deshilachados y tiene la corbata toda desgastada. El corsé de mamá hoy se ha roto de puro viejo, y ya no se puede arreglar, mientras que Margot anda con un sostén que es dos tallas más pequeño del que necesitaría.

Mamá y Margot han compartido tres camisetas durante todo el invierno, y las mías son tan pequeñas que ya no me llegan ni al ombligo. Ya sé que son todas cosas de poca importancia, pero a veces me asusta pensar: si ahora usamos y nos arreglamos con cosas gastadas, desde mis bragas hasta la brocha de afeitar de papá, ¿cómo tendremos que hacer para volver a pertenecer a nuestra clase social de antes de la guerra?

aquí tenía una dentadura sin dientes y por eso estoy feísima.

A B c D E F G H I J K L M N O P Q R S T U V W X Y Z
3 5 4 1 2 6 8 7 9 11 12 10 14 13 16 18 15 17 20 19 21 22 24 23 25 26

Diario 2: del 22 de diciembre de 1943 al 17 de abril de 1944

Diario de
> Anne Frank

del 22 de diciembre de 1943 al 17 de abril de 1944.

> Casa de atrás
> Ámsterdam (Centro)

En parte cartas a «Kitty».

Casa de atrás, miércoles 22/-12-'43

Querida Kitty:

Papá ha conseguido rastrear un nuevo diario para mí y, encima, de un grosor respetable, de lo que podrás convencerte tú misma en su momento. Todavía tengo que disculparme por no haberte escrito en mucho tiempo, pero es que existen buenos motivos para ello. Desde el sábado de la semana pasada hasta ayer martes estuve en cama. El martes de hace una semana estuve levantada un día, pero eso para lo único que sirvió fue para que me resfriara aún más. Tuve que pasar por dolor de garganta, sudación, compresas, pastillitas, etcétera, etcétera. Ahora estoy un poquito mejor, pero todavía no se me ha pasado del todo.

Ausnahmsweise —no cabe emplear otra palabra—, reina en la casa un buen entendimiento, nadie está enfadado con nadie, pero no creo que dure mucho, porque hace como seis meses que no disfrutábamos de esta paz hogareña.

Bep sigue separada de nosotros, pero esta hermana nuestra seguro que no tardará en librarse de todos sus bacilos. Estaba tan contenta con mi regalo de San Nicolás que me trajo una manzana, una bolsa de merengues, unas revistas *Libelle*, etcétera.

Para Miep y Bep yo también tengo un regalito de Navidad, y es que durante por lo menos un mes estuve guardando el azúcar de mi papilla y para San Nicolás había juntado medio kilo, pero no había tenido en cuenta lo concurridas que están las tiendas para esas fechas. Kleiman ha mandado hacer ahora los dulces de azúcar para Navidad. Para Janucá, los de arriba nos han regalado a Margot y a mí un pan de especias y a mí un delantal, a Peter también un pan de especias y tres cupones de carne. El señor Pfeffer les ha regalado a la señora Van Pels y a mamá un hermoso pastel, nosotros pensamos que lo había hecho su esposa, pero Miep le contó a papá que la señora Pfeffer no sabía nada del dichoso pastel y que lo había hecho ella a petición de Pfeffer. Con todo el trabajo que tiene, encima ha tenido que hacer eso. Para San Nicolás y Navidad, del racionamiento nos han dado a todos 180 gramos de aceite, 100 gramos de caramelos y un tarro de melaza. De los caramelos he convidado al señor Kugler, a Pfeffer, a Margot, a la señora y mí misma. Solo a las mujeres y a los menores nos han dado caramelos, pues seguimos teniendo cinco cartillas. A Margot y a mí nos han regalado un broche, que tiene engastadas una moneda de dos céntimos y medio y una de un céntimo, el conjunto tiene un brillo hermoso, casi todos los miembros de la rama femenina de la Casa de atrás tienen uno igual, también Peter. Serían entonces Miep, Bep, la señora Kleiman, Margot, Anne y Peter, y también la señora Pfeffer tiene uno.

Basta por hoy, hasta la próxima, Kitty, tu

Anne.

Viernes, 24 de diciembre de 1943.

Querida Kitty:

Ya te he escrito en otras oportunidades sobre lo mucho que todos aquí dependemos de los estados de ánimo, y creo que esto está aumentando mucho últimamente, sobre todo en mí. Aquello de *Himmelhoch jauchzend, zu Tode betrübt* ciertamente es aplicable en mi caso. En «la más alta euforia» me encuentro cuando pienso en lo bien que todavía estamos aquí en relación con todos esos otros chicos judíos, y siento «la más profunda aflicción» hoy, por ejemplo, cuando ha estado aquí esta tarde la señora Kleiman y nos ha hablado de Jopie, de cómo juega al hockey y tiene amigos y pandillas. No creo que envidie a Jopie, pero lo que entonces sí me da es un ansia enorme de poder salir a divertirme como una loca y reír hasta que te duele la tripa. No me preguntes cuándo fue la última vez que nos reímos de verdad, de eso ya hace por lo menos un año. Sobre todo ahora, en invierno, con las fiestas de Navidad y Año Nuevo, estamos aquí encerrados como parias, aunque ya sé que lo que escribo es exagerado. No debo escribir esto, y sin embargo es necesario que lo haga. Cuando alguien acaba de venir de fuera, con el aire libre pegado al cuerpo, podría romper a llorar y me pongo a pensar en el momento en que podamos volver a oler ese aire.

Créeme, Kitty, cuando llevas un año y medio así encerrada, hay días en que ya no puedes más. Si es justo o si soy una desagradecida, el sentimiento no se deja ahuyentar.

Volver a montar en bicicleta, bailar, coquetear y no sé cuántas otras cosas más, todo eso lo abrazaría; ¡pero antes tengo que ser libre! A veces me pongo a pensar: ¿no habrá nadie que pueda entenderme, que pueda ver más allá de esa ingratitud, más allá del ser o no ser judía, y ver en mí tan solo a esa chica de catorce años, que tiene una inmensa necesidad de divertirse un rato despreocupadamente? No lo sé, y es algo de lo que no podría hablar con nadie, porque sé que me pondría a llorar. El llanto es capaz de proporcionar alivio, pero tiene que haber alguien con quien llorar y a pesar de todo, a pesar de las teorías y los esfuerzos, todos los días y a toda hora echo de menos a esa madre que me comprenda. Por eso, en todo lo que hago y escribo, pienso que cuando tenga hijos querría ser para ellos la mamá que me imagino. La mamá que no se toma tan en serio las cosas que se dicen por ahí, pero que sí se toma en serio las cosas que digo yo. Me doy cuenta de que me cuesta describirlo, pero la palabra «mamá» ya lo dice todo. ¿Sabes lo que se me ha ocurrido para llamar a mi madre usando una palabra parecida a «mamá»? A menudo la llamo Mansa, y de ahí se deriva Mans. Es como si dijésemos una mamá imperfecta, a la que me gustaría honrar cambiándole un poco las letras al nombre que le he puesto, pero que no se da cuenta de ello. Por suerte, Mans no sabe nada de esto, porque no le haría ninguna gracia si lo supiera.

Ahora ya basta con esto. Al escribirte se me ha pasado un poco mi «más profunda aflicción».

Anne.

—··—··—··—··—··—··—··—··—··—··—··—··

En estos días, ahora que hace solo un día que pasó la Navidad, estoy todo el tiempo pensando en Pim y en lo que me dijo el año pasado. El año pasado, cuando no entendí el significado de sus palabras tal como las entiendo ahora. ¡Ojalá hablara otra vez, para que yo pudiera hacerle ver que lo entiendo!

Creo que Pim me ha hablado de ello porque él, que conoce tantos secretos íntimos de otros, también tenía que desahogarse alguna vez; porque Pim normalmente no dice nada de sí mismo, y no creo que Margot sospeche las cosas por las que ha pasado. Pobre Pim, yo no me creo que la haya olvidado. Nunca olvidará lo ocurrido. Se ha vuelto indulgente, porque también él ve los defectos de mamá. ¡Espero llegar a parecerme un poco a él, sin tener que pasar por lo que ha pasado! tu

Anne.

Lunes, 27 de diciembre de 1943.

El viernes por la noche, por primera vez en mi vida, me regalaron algo por Navidad.

Las chicas, Kleiman y Kugler habían vuelto a preparar una hermosa sorpresa. Miep hizo un delicioso pastel de Navidad, que llevaba la inscripción de «Paz 1944». Bep nos trajo medio kilo de galletas de una calidad que ya no se ve desde que empezó la guerra.

Para Peter, para Margot y para mí hubo un tarro de yogur, y para los mayores una cerveza para cada uno. Todo venía envuelto en un papel muy bonito, con estas estampas pegadas en los distintos paquetes. Por lo demás, los días de Navidad han pasado rápido.

Anne

Miércoles, 29 de diciembre de 1943.

Anoche me sentí nuevamente muy triste. Volvieron a mi mente la abuela y Hanneli. Abuela, ¡ay, mi querida abuela, qué poco nos dimos cuenta de lo que sufrió, qué buena fue siempre con nosotros, cuánto interés ponía en todo lo que tuviera que ver con nosotros! Y pensar que siempre guardó cuidadosamente el terrible secreto del que era portadora.

¡Qué buena y leal fue siempre la abuela! Jamás habría dejado en la estacada a ninguno de nosotros. Hiciera lo que hiciese, me portara como me portase, la abuela siempre me perdonaba. Abuela, ¿me quisiste o acaso tú tampoco me entendiste? No lo sé. A la abuela tampoco nadie le contó jamás algo de sí mismo. ¡Qué sola debe de haberse sentido la abuela, pese a que nos tenía a nosotros! El ser humano puede sentirse solo a pesar del amor de muchos, porque para nadie es realmente el «más querido».

¿Y Hanneli? ¿Vivirá aún? ¿Qué estará haciendo? ¡Dios querido, protégela y haz que vuelva a estar con nosotros! Hanneli, en ti veo siempre cómo podría haber sido mi suerte, siempre me veo a mí misma en tu lugar. ¿Por qué entonces estoy tan triste a menudo por lo que pasa aquí? ¿No debería estar siempre alegre, feliz y contenta, salvo cuando pienso en ella y en los que han corrido su misma suerte? ¡Qué egoísta y cobarde soy! ¿Por qué sueño y pienso siempre en las peores cosas y quisiera ponerme a gritar de la angustia que siento? Porque a pesar de todo no confío lo suficientemente en Dios. Él me ha dado tantas cosas que yo todavía no merecía, y pese a ello, sigo haciendo tantas cosas mal…

Cuando uno se pone a pensar en sus semejantes, podría echarse a llorar; en realidad podría pasarse el día llorando. Solo le queda a uno rezar para que Dios quiera que ocurra un milagro y salve a algunos de ellos. ¡Espero estar rezando lo suficiente!

Anne.

Jueves, 30 de diciembre de 1943.

Querida Kitty:

Después de las últimas grandes peleas, todo ha seguido bien, tanto entre nosotros, Pfeffer y los del piso de arriba, como entre el señor y la señora. Pero ahora se acercan nuevos nubarrones, que tienen que ver con… ¡la comida! A la señora se le ocurrió la desafortunada idea de rehogar menos patatas por la mañana y mejor guardarlas. Mamá y Pfeffer e incluso nosotros no estuvimos de acuerdo, y ahora también hemos separado las patatas. Pero ahora se está repartiendo de manera injusta la manteca, y mamá ha tenido que intervenir. Si el desenlace resulta ser más o menos interesante, te lo relataré. En el transcurso de los últimos tiempos hemos estado separando: la carne (ellos con grasa, nosotros sin grasa); ellos sopa, nosotros no; las patatas (ellos mondadas, nosotros peladas). Ello supone compras extra, a lo que ahora se añaden las patatas rehogadas.

¡Ojalá estuviésemos otra vez separados del todo!

tu Anne.

P.D.: Bep ha mandado hacer por encargo mío una postal de toda la familia real, en la que Juliana aparece muy joven, al igual que la reina. Las tres niñas son preciosas. Creo que Bep ha sido muy buena conmigo, ¿no te parece? Lo de los dulces míos para las chicas en Navidad salió bien. Bep también me dio las gracias por mi lata de leche y el resto de los regalitos de San Nicolás. Me alegro mucho de que mamá no sepa nada de todo esto, creo que nunca estaría de acuerdo. El 15 de enero, cuando cumpla años el señor Voskuijl, le regalaré mi próximo tarro de mermelada de ciruela. Adiós.

Jueves, 6 de enero de 1944

Querida Kitty:

Hoy tengo que confesarte tres cosas que llevarán mucho tiempo, pero que <u>debo</u> contarle a alguien, y entonces lo mejor será que te lo cuente a ti, porque sé a ciencia cierta que callarás siempre y bajo cualquier concepto. Lo primero tiene que ver con mamá. Bien sabes que muchas veces me he quejado de ella, pero que luego siempre me he esforzado por ser amable con ella. De golpe me he dado cuenta por fin de cuál es el defecto que tiene. Ella misma nos ha contado que nos ve más como amigas que como sus hijas. Eso es muy bonito, naturalmente, pero sin embargo una amiga no puede ocupar el lugar de una madre. Siento la necesidad de tomar a mamá como ejemplo, y de respetarla; es cierto que en la mayoría de las cosas mamá es un ejemplo para mí, pero más bien un ejemplo a no seguir. Me da la impresión de que Margot piensa muy distinto a mí en todas estas cosas, y que nunca entendería esto que te acabo de escribir. Y papá evita toda conversación que pueda tratar sobre mamá.

A una madre me la imagino como una mujer que en primer lugar posee mucho tacto, sobre todo con hijos de nuestra edad, y no como Mansa, que cuando lloro —no a causa de algún dolor, sino por otras cosas— se burla de mí en mi cara. Hay una cosa que podrá parecerte insignificante, pero que nunca le he perdonado. Fue un día en que tenía que ir al dentista. Mamá y Margot iban a acompañarme y les pareció bien que llevara la bicicleta. Cuando habíamos acabado en el dentista y salimos a la calle, Margot y mamá me dijeron sin más ni más que se iban de tiendas a mirar o a comprar algo, ya no recuerdo exactamente qué. Yo, naturalmente, quería ir con ellas, pero no me dejaron porque llevaba conmigo la bicicleta. Me dio tanta rabia, que los ojos se me llenaron de lágrimas, y Margot y mamá se echaron a reír. Me enfurecí, y en plena calle les saqué la lengua. Una viejecita que pasaba casualmente nos miró asustada. Me monté en la bicicleta y me fui a casa, donde estuve llorando un rato largo. Es curioso que de las innumerables heridas que mamá me infligió, justo esta vuelva a enardecerme cuando pienso en lo enfadada que estaba en ese momento.

———

Lo segundo es algo que me cuesta muchísimo contártelo, porque se trata de mí misma. No soy pudorosa, Kitty, pero cuando aquí en casa a menudo se ponen a hablar con todo detalle sobre lo que hacen en el retrete, siento una especie de repulsión en todo mi cuerpo.

Resulta que ayer leí un artículo de la Dra. Sis Heyster sobre por qué nos sonrojamos, te lo explicaré a continuación. En ese artículo, Sis Heyster habla como si se estuviera dirigiendo solo a mí. Aunque yo no me sonrojo tan fácilmente, las otras cosas que menciona sí son aplicables a mí. Escribe más o menos que una chica, cuando entra en la pubertad, se vuelve muy callada y empieza a reflexionar acerca de las cosas milagrosas que se producen en su cuerpo. También a mí me pasa, y por eso últimamente me da la impresión de que empiezo a sentir vergüenza frente a Margot, mamá y papá. Sin embargo, Margot, que es mucho más tímida que yo, no siente ninguna vergüenza.

Me parece muy milagroso lo que me está pasando, y no solo lo que se puede ver del lado exterior de mi cuerpo, sino también lo que se desarrolla en su interior. Justamente al no tener a nadie con quien hablar de mí y de todas estas cosas, las converso conmigo misma. Cada vez que me viene la regla —lo que hasta ahora solo ha ocurrido tres veces— me da la sensación de que, a pesar de todo el dolor, el malestar y la suciedad, guardo un dulce secreto y por eso, aunque solo me trae molestias y fastidio, en cierto sentido de la palabra me alegro cada vez que llega el momento en que vuelvo a sentir en mí ese secreto. Otra cosa que escribe Sis Heyster es que a esa edad las adolescentes son muy inseguras y empiezan a descubrir que son personas con ideas, pensamientos y costumbres. Como yo vine aquí cuando acababa de cumplir los trece años, empecé a reflexionar sobre mí misma y a descubrir que era una «persona por mí misma» mucho antes. A veces, por las noches, siento una terrible necesidad de palparme los pechos y de oír el latido tranquilo y seguro de mi corazón.

Inconscientemente, antes de venir aquí ya había tenido sentimientos similares, porque recuerdo una vez en que me quedé a dormir en casa de Jacque y que no podía contener la curiosidad por conocer su cuerpo, que siempre me había ocultado, y que nunca había llegado a ver. Le pedí a Jacque que, en señal de nuestra amistad, nos tocáramos mutuamente los pechos. Jacque se negó. También ocurrió que sentí una terrible necesidad de besarla, y lo hice. Cada vez que veo una figura de una mujer desnuda, como, por ejemplo, en el manual de historia de arte de Springer una Venus, me quedo extasiada contemplándola. A veces me parece de una belleza tan maravillosa, que tengo que contenerme para que no se me salten las lágrimas.

¡Ojalá tuviera una amiga!

Ahora la tercera confesión, que para mí es la más preciada. Lo mejor será que empiece por el principio:

Mis ansias de hablar con alguien se estaban volviendo tan grandes que de alguna manera quise hablar con Peter. Antes, cuando de tanto en tanto entraba de día en su cuartito, me parecía siempre un sitio muy acogedor, pero como Peter siempre es tan modesto y nunca echa a nadie de su cuarto, nunca me atreví a quedarme mucho tiempo, temiendo que mi visita le resultara tremendamente aburrida. Buscaba cualquier ocasión de charlar alguna vez con él, y esa ocasión se presentó ayer. Y es que a Peter le ha entrado de repente la manía de resolver crucigramas, y ya no hace otra cosa en todo el día. Me puse a ayudarlo, y al poco tiempo estábamos sentados uno a cada lado de su mesita, uno frente al otro, él en la silla y yo en el diván. Y puedo decirte que me dio una sensación muy extraña mirarlo cada vez a los ojos, de color azul oscuro, con esa sonrisa misteriosa en la boca. Todo me transmitía su mundo interior; en su rostro vi aún ese desamparo y esa inseguridad sobre cómo actuar, y al mismo tiempo un asomo de conciencia de su masculinidad. Al ver esa actitud tan tímida, sentí que me derretía por dentro. No podía dejar de encontrarme una y otra vez, y otra, con aquellos ojos oscuros y casi le imploré de todo corazón que me contara lo que le pasaba por la mente, que viera más allá de ese fatídico afán mío de charlar.

Pero el tiempo transcurría y no pasaba nada, salvo que le conté aquello de que se ruborizaba. Por supuesto que no le dije lo mismo que he escrito aquí, pero sí que con los años ganaría más seguridad.

Por la noche, en la cama, lloré. Lloré desconsoladamente, y sin embargo nadie debía oírme. En la cama debatí lo que le diría hoy a Peter y no pude parar de sollozar. Muy tarde me dormí.

Sin embargo, no vayas a creer que estoy enamorada de Peter, ¡nada de eso! Si los Van Pels, en vez de un hijo varón, hubieran tenido una hija, también habría intentado contarle algo sobre mí y que ella también hablara.

Esta mañana me desperté a eso de las siete menos cinco y enseguida recordé con gran seguridad lo que había soñado. Estaba sentada en una silla, y frente a mí estaba sentado Peter… Schiff. Estábamos hojeando un libro con imágenes de Mary Bos, que llenaban siempre únicamente una página, en las otras había otras cosas. Mi sueño era tan nítido que aún recuerdo en parte las ilustraciones. Pero el sueño seguía. De repente, los ojos de Peter y los míos se cruzaron, y durante algún tiempo me detuve a mirar esos hermosos ojos de color pardo aterciopelado. Entonces, Peter me dijo susurrando: «¡De haberlo sabido, hace tiempo que habría venido a tu lado…!». Me volví bruscamente, porque sentía una emoción demasiado grande. Después sentí una mejilla suave y deliciosa rozando la mía, y todo estuvo tan bien, tan bien…

Entonces me desperté, mientras seguía sintiendo su mejilla contra la mía y sus ojos pardos mirándome en lo más profundo de mi corazón, tan profundamente que él había leído allí dentro cuánto lo había amado y cuánto seguía amándolo. Entonces los ojos se me volvieron a llenar de lágrimas, y me sentí muy triste por haber vuelto a perderlo, pero también estaba muy contenta, porque de pronto sabía con seguridad cuánto quiero a Peter. Se habían esfumado los sueños de tener seis hijos, una casa bonita y largos viajes, con tal de poder tener conmigo a Peter. ¡Ay, Petel, Petel!

Es curioso que aquí a menudo tenga estos sueños tan nítidos. La primera vez fue cuando, una noche, vi a mi abuela Omi de forma tan clara, que la vi como si su piel fuera como de terciopelo suave y grueso. Luego se me apareció la abuela Oma, de modo que la considero mi ángel de la guarda y le rezo y le envío mis besos todas las noches. Y luego Hanneli, tan claramente, que todas las noches rezo por ella y me sigue pareciendo el símbolo de la miseria que pasan todos mis amigos y todos los judíos; por lo tanto, cuando rezo por ella, rezo por todos los judíos y por toda esa pobre gente junta.

Y ahora Peter, mi querido Peter, que nunca antes se me ha aparecido tan claramente; no necesito una foto suya: así ya lo veo muy bien.

Pero, Kitty, creo que nunca te conté la historia mía y de todos mis admiradores. Lo hago aquí:

Cuando era aún muy pequeña, pero ya iba al jardín de infancia, mi simpatía recayó en Sally Kimmel. Ya no tenía padre, creo que se había separado, y vivía con su madre en casa de una hermana de ella. Un primo de Sally era Appy, y los dos por lo general andaban juntos y por lo general iban vestidos igual. Appy, era un chico guapo, esbelto y moreno y Sally un chico bajito, rechoncho, rubio y muy sociable, con un gran sentido del humor. Pero yo no me fijaba en la guapeza, sino que durante muchos años quise mucho a Sally. Un tiempo anduvimos mucho juntos, aunque mi amor nunca fue correspondido, hasta que se cruzó Peter en mi camino y me entró un verdadero amor infantil. Yo también le gustaba, y durante todo un verano fuimos inseparables. Aún nos veo caminar por las calles cogidos de la mano. Luego yo pasé a sexto de la escuela primaria y él a primero de la secundaria. Yo pasaba a recogerlo del colegio a menudo y él también a mí, y yo iba mucho a su casa. Peter era un muchacho hermoso, alto, guapo, esbelto, de aspecto serio, sereno e inteligente. Tenía el pelo oscuro y hermosos ojos castaños, mejillas marrón rojizas y la nariz respingona. Cuando se reía tenía un aire pícaro y travieso. Cuando llevábamos tres meses juntos, se mudó de casa y pasó a vivir con un chico mucho mayor que él, Rolf (Peter tenía tres años más que yo). Este parece que le hizo ver lo chiquilla que yo era, y él me soltó. Yo lo quería tanto que me negaba a ver las cosas y me seguía aferrando a él, hasta que llegó el día en que entendí que si seguía detrás de él, todavía me tratarían de «perseguidora de chicos». Pasaron los años. Peter salía con chicas de su edad y ya ni me saludaba, pero yo no podía olvidarme de él. Empecé a ir al Liceo Judío, casi todos los chicos de mi curso se enamoraron de mí, a mí eso me gustó, me sentí halagada, pero por lo demás no me hizo nada. Más adelante vino Hello, que estaba loco por mí, pero yo nunca más me enamoré. Dice el refrán: «El tiempo todo lo cura», así también me pasó a mí. Me imaginaba que había olvidado a Peter y que ya no me gustaba nada, y sin embargo en mi subconsciente seguía tan latente el recuerdo, que a veces me admitía a mí misma que estaba celosa de las otras chicas, y que por eso él ya no me gustaba. Esta mañana comprendí que nada en mí ha cambiado; al contrario, mientras iba creciendo y madurando, también mi amor crecía en mí.

Ahora puedo entender muy bien que yo le pareciera a Peter una chiquilla, pero de cualquier manera siempre me hirió el que se olvidara de mí de ese modo.

Su rostro se me apareció de manera tan nítida, que ahora sé que nunca llevaré grabada en mi mente la imagen de otro chico como la de él. Quiero a Peter con todo lo que tengo en mí. Por eso, hoy estoy totalmente confusa.

Esta mañana, cuando papá me dio un beso, casi exclamé: «¡Ojalá fueras Peter!». Todo me recuerda a él, y todo el día no hago más que repetir la frase: «¡Ay, Petel, mi querido, querido Petel…!».

¿Hay algo que pueda ayudarme? Tengo que seguir viviendo y pedirle a Dios que si llego a salir de aquí, ponga a Peter en mi camino y que este, mirándome a los ojos y leyendo mis sentimientos, me diga: «¡Ay, Anne, de haberlo entendido, hace tiempo que me habría declarado!».

Una vez, hablando de sexualidad, papá me dijo que de todos modos yo no podía entender lo que era el deseo, pero yo siempre supe que lo entendía, y ahora lo entiendo completamente. ¡Nada me es tan querido como él, mi Petel!

————

He visto mi cara en el espejo, y ha cambiado tanto… Tengo una mirada bien despierta y profunda; mis mejillas están teñidas de color de rosa, algo que hacía semanas que no sucedía; tengo la boca mucho menos tirante, tengo aspecto de ser feliz, y sin embargo tengo una expresión triste, y la sonrisa se me desliza enseguida de los labios. No soy feliz, porque aun sabiendo que no estoy en los pensamientos de Petel, siento una y otra vez sus hermosos ojos clavados en mí, y su mejilla suave y fresca contra la mía. ¡Ay, Petel, Petel! ¿Cómo haré para desprenderme de tu imagen? A tu lado, ¿no son todos los demás un mísero sucedáneo? Te amo, te quiero con un amor tan grande, que era ya imposible que siguiera creciendo en mi corazón, y en cambio debía aflorar y revelarse repentinamente en toda su grandeza.

Hace una semana, hace un día, si me hubieras preguntado a cuál de los chicos que conozco elegiría para casarme, te habría contestado que a Sally, porque a su lado todo es paz, seguridad y armonía. Pero ahora te diría a gritos que a Petel, porque a él lo amo con toda mi alma y a él me entrego con todo mi corazón. Pero solo hay una cosa: no quiero que me toque más que la cara.

Esta mañana, en mis pensamientos estaba sentada con Petel en el desván de delante, encima de unos maderos frente a las ventanas, y después de conversar un rato, los dos nos echamos a llorar. Y luego sentí su boca y su deliciosa mejilla. ¡Ay, Petel, ven conmigo, piensa en mí, mi propio y querido Petel!

Miércoles, 12 de enero de 1944

Querida Kitty:

Bep volvió a la oficina hace quince días, aunque a su hermana todavía no la dejan ir al colegio. También Dina y Joop siguen en casa; el Servicio Médico simplemente se había olvidado de Gerda. Bep no estuvo aquí el lunes ni ayer, sino que se quedó en casa en cama con dolor de garganta. La semana pasada Miep también se quedó dos días en casa con Jan con el estómago revuelto. Al segundo día, Jan tuvo que volver a la oficina y la señora se lo tomó con calma.

Bep me ha prometido enseñarme los pasos de baile modernos, Voskuijl también estuvo con nosotros el sábado y por casualidad resultó que está familiarizado con «Pallada».

De momento me ha dado por el baile y la danza y todas las noches practico con mucho empeño. Con una enagua de color violeta claro de mamá, con encaje arriba y abajo, me he fabricado un traje de baile supermoderno. Arriba cierra con una cintita a la altura del pecho, que se extiende todo alrededor de la espalda y por debajo de las mangas. Una cinta de seda rosa acanalada completa el conjunto.

En vano he intentado transformar mis zapatillas de deporte en zapatillas de baile. En un montón de ejercicios difíciles ya voy bastante adelantada, por ejemplo sentarme en el suelo y levantar las piernas en el aire cogiéndolas con las manos por los pies. Lo que sí debo usar es un cojín para sentarme encima. (¡Aquí me interrumpieron y seguí el jueves 13 de enero de 1944!).

Pese a todos los ejercicios, mis brazos y mis piernas no mejoraron. El brazo izquierdo y las piernas izquierda y derecha se me dislocaron, después de un día y medio mi brazo volvió a estar bien, pero todavía tengo las piernas muy doloridas. Por eso, esta ilusión de hacer gimnasia todas las noches se ha vuelto a desvanecer.

En casa están leyendo un libro titulado *Madrugada sin nubes*. A mamá le pareció muy bueno porque describe muchos problemas de los jóvenes. Con cierto sarcasmo pensé para mí que sería bueno que primero se ocupara de sus propias jóvenes…

Creo que mamá piensa que la relación que tenemos Margot y yo con nuestros padres es de lo mejor que hay, y que nadie se ocupa más de la vida de sus hijos que ella. Con seguridad que en ese sentido solo se fija en Margot, porque creo que ella nunca tiene los mismos problemas o pensamientos que yo.

De ningún modo quiero que mamá piense que para uno de sus retoños las cosas son totalmente distintas de lo que ella se imagina, porque se quedaría estupefacta y de todas formas no sabría de qué otra manera encarar el asunto; quisiera evitarle el dolor que ello le supondría, sobre todo porque sé que para mí nada cambiaría. Mamá se da perfecta cuenta de que Margot la quiere mucho más que yo, pero cree que son rachas.

¿No es raro, Kitty, que a veces me vea a mí misma con los ojos de otra persona? Veo de manera muy nítida las cosas que le pasan a una tal Anne Frank. Antes, cuando aún no pensaba tanto las cosas, había momentos en que ya me daba la sensación de no pertenecer a la misma familia que mamá, Pim y Margot, y entonces a veces estaba triste como medio año, hasta que me castigaba a mí misma, reprochándome que solo era culpa mía, que me hacía la víctima y que no me merecía estar todavía tan bien.

A eso seguía un tiempo en el que me obligaba a tener ganas de volver a casa y ser amable. Todas las mañanas, cuando oía pasos en la escalera, esperaba que fuera mamá que viniese a darme los buenos días, y yo la saludaba con buenas maneras, ya que de verdad me alegraba de que me mirara con buenos ojos. Después, a raíz de algún comentario, me soltaba un bufido, y yo me iba al colegio con los ánimos por el suelo, pensando que a fin de cuentas mamá no era buena. A mediodía, al volver del colegio, volvía a perdonarla, pensando que tal vez tuviera mucho que hacer, llegaba otra vez a casa de buen ánimo, y por lo general por la tarde se repetía la misma historia. A veces me proponía seguir enfadada, pero al volver del colegio tenía tantas cosas que contar, que se me olvidaba lo que me había propuesto, y tanto mejor que fuera así. Hasta que ya no me ponía a esperar por la mañana, volvía a sentirme sola y por las noches lloraba un buen rato.

Ahora la única diferencia es que al tener a mamá todo el día a mi alrededor, nunca más puedo verle bien la cara, porque ella no es la mamá que yo quiero y nunca podrá serlo.

Anoche de repente me vino eso a la cabeza y no sé por qué, pero nunca encuentro el momento adecuado para hablar con él. Y luego… cuando hablo de esas cosas enseguida me pongo a llorar y luego no puedo decirlas con la calma que yo quisiera.

Pero ahora Dios me ha enviado una ayuda para soportar todas estas cosas: Peter… Cojo mi colgante, lo palpo, le estampo un beso y pienso en que nada ha de importarme todo el rollo, porque Petel está conmigo y solo yo lo sé. Así podré hacer frente a cualquier bufido.

¿Sabrá alguien en esta casa todo lo que le puede pasar por la mente a una adolescente?

Sábado, 15 de enero de 1944.

Queridísima Kitty:

De nada sirve que te describa una y otra vez con todo detalle nuestras peleas y disputas. Ya es suficiente si te cuento que nos vamos apartando cada vez más unos de otros y tenemos en cuenta cada vez menos los deseos de los demás.

Se acerca el cumpleaños de mamá. Kugler le ha regalado azúcar, lo que ha suscitado envidia, ya que para el cumpleaños de la señora no hubo azúcar. Sé que a ti y a cualquier otra persona le aburriría tener que oír una y otra vez esas conversaciones, esos llantos, esas palabras duras, y a nosotros nos aburren aún más. Mamá ha deseado el por ahora irrealizable deseo de no tener que verle más la cara al señor Van Pels.

Me pregunto si uno siempre acaba enfadado con toda la gente con la que convive durante tanto tiempo. ¿O es que hemos tenido mucha mala suerte? Cuando Pfeffer, mientras estamos a la mesa, de media salsera se sirve un cuarto, y todos los demás todavía estamos esperando la salsa, a mí se me quita el apetito, y me levantaría de la mesa para abalanzarme sobre él y echarlo de la habitación a empujones.

¿Es el género humano tan tremendamente egoísta y avaro en su mayoría? En los Van Pels, la actitud es: «Una vez que nosotros tenemos suficiente, les toca también a los otros, nosotros lo mejor, nosotros primero, nosotros más». La de Pfeffer: «Me sirvo de todo la cantidad que yo quiero, no me fijo si queda algo y les digo a todos que soy muy modesto». Me parece muy bien haber adquirido aquí algo de mundología, pero ya me parece suficiente. Lo mismo ha dicho Peter y ya lo dije yo cuando no llevábamos aquí más que medio año, en vez de año y medio. Dios sabrá lo que es necesario y bueno para nosotros y debemos hacer que nuestra estancia aquí sea lo más placentera posible.

Estoy sermoneando, Kitty, pero es que creo que si sigo mucho más tiempo aquí encerrada, mi alma de quinceañera desaparecerá. ¡Cuánto me gustaría poder seguir comportándome como una chica de mi edad!

AnneFrank.

Noche del miércoles a las 20 (!) horas
19 de enero de 1944

Querida Kitty:

No sé qué me pasa, pero cada vez que me despierto después de haber soñado, me doy cuenta de que estoy cambiada. Entre paréntesis, anoche soñé nuevamente con Peter y volví a ver su mirada penetrante clavada en la mía, pero este sueño no era tan hermoso ni tan nítido como los anteriores.

Tú sabes que yo siempre le he tenido envidia a Margot en lo que respecta a papá. Pues bien, de eso ya no queda ni rastro. Eso sí, me sigue doliendo cuando papá, cuando se pone nervioso, me trata mal y de manera poco razonable, pero igualmente pienso que no les puedo tomar a mal que sean así. Hablan mucho de lo que piensan los niños y los jóvenes, pero no entienden un rábano del asunto. Mis deseos van más allá de los besos de papá o de sus caricias. ¡Qué terrible soy, siempre ocupándome de mí misma! Yo, que aspiro a ser buena y bondadosa, ¿no debería perdonarlos a ellos en primer lugar? Pero si es que a mamá la perdono… Solo que casi no puedo contenerme cuando se pone tan sarcástica y se ríe de mí a cada rato.

Ya lo sé, aún me falta mucho para ser como debería ser. ¿Acaso llegaré a serlo?

AnneFrank.

P.D.: Papá preguntó si te había contado lo de la tarta. Es que los de la oficina le han regalado a mamá para su cumpleaños una tarta de verdad como las de antes de la guerra, de moka. Era realmente deliciosa. Pero de momento tengo tan poco sitio en la mente para este tipo de cosas...

Sábado por la tarde (a las tres y cuarto),
22 de enero de 1944

Queridísima Kit:

¿Serías capaz de decirme por qué la gente esconde con tanto recelo lo que tiene dentro? ¿O por qué cuando estoy en compañía siempre soy tan distinta de como debería ser, y también tan distinta de como soy por dentro? ¿Por qué la gente se confía mutuamente tan pocas cosas? Sí, ya sé, algún motivo habrá, pero me parece muy muy feo.

Desde aquella noche del sueño estoy cambiada, me siento mayor, y mucho más una persona por mí misma. Te sorprenderá mucho que te cuente que hasta los Van Pels han pasado a ocupar un lugar distinto para mí. De repente, todas esas discusiones, disputas y demás, ya no las miro con la misma predisposición que antes. ¿Por qué será que estoy tan cambiada? De repente me ha dado la sensación (ni yo misma sé de dónde) que si mamá fuera distinta, una verdadera madre, nuestra relación aquí habría sido muy pero que muy distinta. Naturalmente, es cierto que la señora Van Pels tiene un carácter que no es muy agradable, pero la gente aquí no será tan mala como para no tener también un lado bueno.

Si mamá no fuera tan imposible en cada discusión, tan dura, tan rechazante y tan poco femenina, todas nuestras peleas fácilmente podrían haberse evitado, porque hablando, y hablando de buena manera, la señora Van Pels no es para nada tan mala como parece. Es cierto que es avariciosa, egoísta e ignorante, pero sin embargo se puede hablar con ella.

Todas nuestras cuestiones relacionadas con la educación, con cómo nos consienten nuestros padres, con la comida: todo, absolutamente todo habría tomado otro cauce si se hubieran encarado las cosas de manera abierta y amistosa, en vez de ver siempre solo el lado malo de las cosas. Sé perfectamente lo que dirás, Kitty: «Pero, Anne, ¿son estas palabras realmente tuyas? ¡Tú, que has tenido que tragarte tantos reproches provenientes del piso de arriba, y que has sido testigo de tantas injusticias!». Sí, en efecto, son palabras mías. En estos momentos aprovecho cualquier ocasión para encontrar algo que pueda hablar conmigo y la señora, pese a sus malas inclinaciones, no es del todo mala.

Naturalmente, a ella no puedo decírselo, porque ahora no debo ir en contra de los míos, pero me esforzaré por no cotillear y los defenderé lo más posible.

Hasta ahora siempre había pensado que toda la culpa de las peleas la tenían ellos, pero una parte muy grande de la culpa también la tenemos nosotros. Nosotros teníamos razón en lo que respecta a los temas, pero de las personas razonables (¡y creemos que lo somos!) se podía esperar un mejor criterio en cuanto a cómo tratar a la gente.

Ahora he adquirido ese criterio y espero encontrar una ocasión para ponerlo buenamente en práctica.

AnneFrank.

P.D.: Sigo estudiando mucho y sobre todo últimamente he desarrollado una fuerte afición por los árboles genealógicos de las casas reales. Una vez que se empieza, se llega bien lejos. Tampoco he dejado plantadas a mis estrellas de cine. El señor Kugler me trae todas las semanas la revista *Cinema & Theater*. Adiós, tu Anne.

Lunes, 24 de ene. de 1944.

Querida Kitty:

Me ha ocurrido algo —aunque en realidad no debería hablar de «ocurrir»— que a mí me parece muy curioso.

Antes, en el colegio y en casa, se hablaba de las cuestiones sexuales de manera misteriosa o bien repulsiva. Las palabras que hacían referencia al sexo se decían en voz baja, y si alguien no estaba enterado de algún asunto, se reían de él. Esto siempre me ha parecido curioso y me he preguntado por qué estas cosas siempre se comentan susurrando o de modo desagradable. Pero como de todas formas no parecía que pudiera cambiarse nada, yo hablaba lo menos posible al respecto o únicamente cuando estaba a solas con Jacque o así.

Cuando ya estaba enterada de un montón de cosas, mamá una vez me dijo:

—Anne, te voy a dar un consejo. Nunca hables de estas cosas con los chicos y no contestes cuando ellos las mencionen.

Yo respondí:

—¡No, claro que no, faltaría más!

Y nunca hablé de estos temas con los chicos.

Cuando llegué aquí, papá me contó un montón de cosas, y del resto me enteré al pasar, por los libros o por las conversaciones que oía.

Peter aquí nunca fue tan fastidioso en esas cosas como mis compañeros de colegio; al principio quizá alguna vez, pero nunca para provocarme. La señora nos contó una vez que ella nunca había hablado con Peter sobre estas cosas, y, por lo que ella sabía, su marido tampoco. Parece que ni siquiera estaba al tanto de cómo se había informado Peter, ni sobre qué.

Y ayer, cuando Margot, Peter y yo estábamos pelando patatas, la conversación derivó sola hacia Moffi. Y no sé cómo fue que Peter dijo que Moffi era un gato y añadió que Pfeffer también lo había dicho.

—Pero al principio también decía que era una gata, así que no importa.

—Pues nada —dije—, ahora ya no sé cómo distinguirlo, pero hace tiempo que quería volver abajo contigo, así que podrás enseñármelo.

A Peter le pareció bien.

—Pero decididamente es un gato —alcanzó a decir—. Incluso he visto desde el despacho principal que ha estado noviando.

Seguro que puse cara de estar un poco aturdida; no estaba acostumbrada, y menos de Peter, a que hablara tan abiertamente de estas cosas.

Así que por la tarde me puse la chaqueta y bajé con él. Entramos en el invernadero, porque Moffi no estaba y Piet se puso a llamarlo.

—Sí —dijo—, Moffi decididamente es un gato, lo veo cuando juega conmigo, me salta encima y cuando se pone un poco salvaje incluso piensa que soy una gata, ¡y eso se hace notar!

—Lo sé —dije— porque ya se lo había visto a Tor, el perro de los Amende.

Quería preguntarle todo el tiempo si entonces a Moffi no lo habían castrado, pero no me atrevía. Sin embargo, Peter ya me quitó las palabras de la boca:

—Moffi decididamente no es un gato castrado.

—Peter —le pregunté—, ¿qué edad tenía Mouschi cuando lo castraron?

—Enseguida después de que llegó a nuestra casa, muy pequeño todavía.

Y seguía silbando y llamando en voz baja a Moffi y este no venía.

—Oye, ¿cómo se les dice a las partes sexuales?

—Genitales.

—No me refiero a eso.

—Ah, te refieres a lo otro, pues no lo sé.

Y subimos las escaleras.

Un poco más avanzada la tarde, oí que Peter volvía a bajar y me fui yo sola detrás de él. Ya estaba junto a la mesa de embalar jugando con Moffi.

—Pues aquí está. Entonces ¿quieres verlo?

Y enseguida cogió al gato y me señaló:

—Esto que ves aquí es el genital masculino, estos son unos pelitos sueltos y ahí detrás está el culito.

Luego dio la vuelta al gato, que se quedó apoyado sobre el mostrador.

A cualquier otro chico que me hubiera indicado así el «genital masculino», le habría dado una cachetada de la indignación. Pero Peter hablaba de todo esto de una manera tan normal, sin ninguna burla y sin ninguna segunda intención, que al final a mí también me terminó pareciendo un tema normal.

—¿Tú viste cómo castraron a Mouschi?

—Sí. Fue muy rápido. Claro que primero lo anestesiaron.

—¿Le quitaron algo?

—No, el veterinario solo corta el conducto deferente. Por fuera no se ve nada. ¡Oye cómo maúlla ese otro gato!

Fuera maullaba todo el tiempo un gato, día y noche, siempre alrededor de la época de celo.

—Ese seguro que es macho —supuse.

—Nunca se sabe.

—Pero ¿acaso no son siempre los machos los que chillan así?

—Este seguro que no consigue a nadie.

—¿A los perros los castran tanto como a los gatos?

—No, solo a los perros falderos.

Mientras tanto, Peter estaba jugando con el gato y quería enseñarme la dentadura de Moffi. Me armé de valor, porque finalmente la conversación no me resultaba tan «normal».

—Peter, lo que llamamos «genitales» también tiene un nombre más específico para el macho y para la hembra.

—Sí, ya lo sé.

—El de las hembras se llama vagina, según tengo entendido, y el de los machos ya no me acuerdo.

—Sí.

—En fin —añadí—. Cómo puede uno saber todos estos nombres. Por lo general uno se los encuentra por casualidad.

—No hace falta. Yo les pregunto a mis padres. Ellos saben más que yo y también tienen más experiencia.

Ahí volvimos a subir.

«Todo es posible», dijo el poeta. Te aseguro que con una chica jamás habría hablado del tema de un modo tan normal. Y mamá tampoco se refería a esto cuando decía que nunca tenía que hablar de estas cosas con los chicos.

Pese a todo, anduve un tanto desorientada. Cuando me ponía a pensar, me parecía bastante curioso.

Por suerte ahora al menos sé algo: que también hay jóvenes, y nada menos que del otro sexo, que son capaces de conversar así, de forma natural y sin gastar bromas pesadas.

¿Les preguntará Peter realmente siempre las cosas a sus padres? ¿Será realmente tal como se mostró ayer?

En fin, ¡yo qué sé!

Anne.

Viernes, 28 de enero de 1944.

Querida Kitty:

Aunque aquí no ha habido muchas novedades, no debo descuidar del todo los asuntos de la Casa de atrás, en particular los que tienen que ver conmigo. En primer lugar quisiera hablarte de «los escondidos». Esconderse y pasar a la clandestinidad se ha convertido en algo muy corriente para todos y no te puedes imaginar cuánto están haciendo instituciones como «Holanda libre». Procuran miles y miles de documentos de identidad y cartillas para la compra de alimentos, en parte de forma gratuita y en parte por dinero. ¡Cuántos documentos de identidad falsos no circularán! Conocidos nuestros judíos deambulan usando nombres cristianos corrientes y seguro que no hay muchos escondidos como nosotros que no tienen documento de identidad ni salen nunca a la calle. El novio de Bep, que en realidad debería estar en Berlín, se encuentra a diario con camaradas en la calle, y muchas veces saben unos de otros dónde se esconden. Tres de los hijos varones de nuestro lechero se han marchado al campo, etcétera, etcétera.

Circulan las historias más disparatadas procedentes de fuentes muy fidedignas, como por ejemplo que en Güeldres hubo un partido de fútbol en el que jugaron un equipo de escondidos y uno de policías nacionales.

En Hilversum, donde expiden nuevas tarjetas de identificación para el racionamiento de alimentos, reservan un horario especial en el que no hay vigilancia policial para que los escondidos también puedan retirar sus tarjetas. Todavía tengo que estudiar, hasta la próxima.

AnneFrank.

Domingo, 30 de enero de 1944.

Queridísima Kit:

Otra vez estamos en domingo. Reconozco que ya no me parece un día tan horrible como antes, aunque me sigue pareciendo bastante aburrido.

Todavía no he ido al almacén; quizá aún pueda ir más tarde. Anoche bajé yo sola en plena oscuridad después de haber estado allí con papá hace algunas noches. Estaba en el umbral de la escalera, con un montón de aviones alemanes sobrevolando la casa; sabía que era una persona por mí misma, y que no debía contar con la ayuda de otros. Mi miedo desapareció, levanté la vista al cielo y confié en Dios.

Tengo una terrible necesidad de estar sola. Papá se da cuenta de que no soy la de siempre, pero no puedo contarle nada. «¡Dejadme tranquila, dejadme sola!», eso es lo que quisiera gritar todo el tiempo.

A ver si algún día no me dejan más sola de lo que yo quiero...

AnneFrank.

Jueves, 3 de febrero de 1944.

Querida Kitty:

En todo el país aumenta día a día el clima de invasión, y si estuvieras aquí, seguro que te impresionarían los preparativos igual que a mí; por otro lado, te reirías de nosotros por hacer tantos aspavientos, quién sabe si para nada.

Los periódicos no hacen más que escribir sobre la invasión y vuelven loca a la gente, publicando: «Si los ingleses llegan a desembarcar aquí, las autoridades alemanas deberán hacer todo lo posible para defender el país, llegando al extremo de inundarlo si fuera necesario». Por todas partes se ven mapas en los que aparecen sombreadas las zonas inundables de Holanda. Lo primero que nos preguntamos fue qué hacer si las calles de la ciudad se llenan con un metro de agua. Dado que seguro que te interesará, te enunciaré a continuación la variedad de respuestas que se formularon a esa pregunta aquí en la Casa de atrás.

1. Ya no se podrá ir andando ni montar en bicicleta, con lo que si queremos huir tendremos que ir vadeando por el agua, que a la larga será agua estancada, naturalmente.

2. Hay que tratar de nadar. La señora Van Pels: «Todavía tengo un traje de baño y Peter deberá aprender rápido a nadar». Respuesta: «Si se pone un gorro de baño y nada mucho bajo el agua, nadie se dará cuenta de que es judía».

3. ¡Qué mal olerá todo! Seguro que las calles se llenarán de ratas de agua.

4. Quizá se desplome todo el almacén, que está hecho más de madera que de piedra.

5. Basta ya de bromas. Tendremos que hacernos con un barquito.

6. Nada de eso, será mucho mejor que cada uno se meta en una caja de las de lactosa y coja un cucharón para remar.

7. ¿No podemos ir en zancos?

8. A Jan Gies no le hacen falta. Y que se suba a su mujer al hombro.

Etcétera, etcétera. Todo esto suena muy divertido, pero la realidad no es divertida en absoluto.

A la segunda pregunta le tocó el turno esta mañana, a raíz de los carteles que han colgado en las calles: ¿Qué hacer si los alemanes deciden evacuar?

1. Irnos con ellos, disfrazándonos lo mejor que podamos.

2. ¡De ninguna manera irnos con ellos! ¡Quedarnos aquí! Los alemanes son capaces de llevarse a toda la población a Alemania, y una vez allí, dejar que se mueran.

3. Sí, quedarnos aquí. Aquí es donde más seguros estamos. Trataremos de convencer a Kleiman para que se instale aquí con su familia. Conseguiremos virutas de madera extra y así podremos acostarnos en el suelo. Que Miep y los Kleiman vayan trayendo mantas. Encargaremos veinticinco kilos de harina donde Siemons. Ya tenemos treinta kilos de cereal, molidos y todo. Pidámosle a Jan otros cinco kilos de guisantes, ya tenemos treinta kilos de judías pintas, cinco kilos de guisantes normales y dos kilos y medio de guisantes grises, cincuenta latas de verdura, veinte latitas de pescado, cuarenta de leche, cuatro kilos de leche en polvo, tres botellas de aceite,

cuatro tarros (de los de conserva) con mantequilla, cuatro tarros de carne, cuatro tarros de naranjada, sesenta tarros de fruta, veinte botellas de sopa de tomate, cinco kilos de avena en copos, cuatro kilos de arroz, y nada de azúcar. Las reservas son relativamente abundantes, pero si tienes en cuenta que con ellas a lo mejor de repente hay que dar de comer a mucha más gente, realmente no son tan grandes. Carbón y leña quedan bastante, y velas, de ser posible, hay de sobra.

4. Cosámonos todos unos bolsillos en la ropa, para poner todo el dinero en caso de necesidad.

5. Haremos listas y meteremos las cosas de mayor necesidad en las mochilas.

6. Cuando llegue el momento montaremos una vigía en el desván de delante y otra en el de atrás.

7. Pues nada, tenemos suficientes reservas, pero ¿qué hacemos si luego no funcionan el gas ni la electricidad? En ese caso tendremos que usar la estufa para guisar. Habrá que filtrar y hervir el agua. Limpiaremos ya unas damajuanas y cuando llegue el momento las llenaremos de agua. Además, nos quedan tres calderas de las de hacer conservas y una tina para usar como depósito de agua.

8. Pediremos que nos traigan lo antes posible de la casa de los Amende nuestra caja de la Cruz Roja, todos los abrigos de invierno, zapatos, coñac y azúcar.

9. También tenemos unas diez arrobas de patatas de invierno en el cuarto de las especias de atrás. Y así sucesivamente todo el día. Papá tiene previsto darnos a Margot y a mí, llegado el momento, *f* 500.- a cada una, en parte probablemente también dólares. Mamá y él cogerán *f* 1.000.- cada uno.

Durante la comida tuvimos la siguiente conversación con Jan:

Los señores: Jan, tenemos miedo de que los alemanes se lleven de aquí a toda la población.

Jan: Imposible. ¿De dónde van a sacar los trenes?

Los señores: ¿Trenes? El coche de San Fernando es lo que deberán usar los civiles.

Jan: Que no, que lo ven ustedes todo demasiado negro. ¿Qué interés podrían tener en ello?

Los señores: ¿Qué ha dicho Goebbels? «Si tenemos que dimitir, a nuestras espaldas cerraremos las puertas de todos los territorios ocupados».

Jan: Se han dicho tantas cosas...

Los señores: ¿Se piensa usted que los alemanes son demasiado finos para eso? Lo que dicen es: «Si hemos de sucumbir, sucumbirán todos».

Jan: Yo eso no me lo creo.

Los señores: Siempre la misma historia. Ustedes no quieren ver lo que pasa.

Jan: ¿Pues de dónde lo han sacado? Todo son meras suposiciones.

Los señores: Pero si ya lo hemos vivido en nuestra propia carne, y además ¿qué está pasando en Rusia?

Jan: Eso es algo completamente distinto, si dejamos totalmente fuera de consideración a los judíos. Y en Rusia ustedes tampoco saben lo que está pasando. Al igual que los alemanes, tanto los ingleses como los rusos exagerarán por hacer pura propaganda.

Los señores: No lo creemos, y suponiendo que exageren en un cien por ciento, sigue siendo horrible, porque es un hecho que en Polonia y en Rusia han asesinado y enviado a la cámara de gas a millones y millones de personas.

Kitty, mejor dejo de enumerarte todos los detalles. Me mantengo serena y no hago caso de todo este lío, solo que me agradaría y me tranquilizaría si los Kleiman se vinieran a vivir aquí. He llegado al punto en que ya me da lo mismo morir que seguir viviendo. El mundo seguirá girando aunque yo no esté, y de cualquier forma no puedo oponer ninguna resistencia a los acontecimientos. Que sea lo que haya de ser, pero si me salvo y no sucumbo, me parecería terrible que mis diarios y mis cuentos se echaran a perder.

AnneMaryFrank.

Martes, 8 de febrero de 1944.

Querida Kitty:

No sabría decirte cómo me siento. Hay momentos en que anhelo la tranquilidad y otros en que quisiera algo de alegría. Nos hemos desacostumbrado a reírnos, quiero decir, a reírnos de verdad.

Lo que sí me dio esta mañana fue la risa tonta, ya sabes, como la que a veces te da en el colegio. Margot y yo nos estuvimos riendo como dos verdaderas bobas.

Anoche nos volvió a pasar algo con mamá. Margot se había enrollado en su manta de lana, y de repente se levantó de la cama de un salto y se puso a mirar la manta minuciosamente; ¡en la manta había un alfiler! La había remendado mamá. Papá meneó la cabeza de manera elocuente y dijo algo sobre lo descuidada que era. Al poco tiempo volvió mamá del cuarto de baño y yo le dije medio en broma:

—¡Mira que eres una madre desnaturalizada!

Naturalmente, me preguntó por qué y le contamos lo del alfiler. Puso su cara más altiva y me dijo:

—¡Mira quién habla de descuidada! ¡Cuando coses tú, dejas en el suelo un reguero de alfileres! ¡O dejas el estuche de la manicura tirado por ahí, como ahora!

Le dije que yo no había usado el estuche de la manicura, y entonces intervino Margot, que era la culpable. Mamá siguió hablándome de descuidos y desórdenes, hasta que me harté y le dije, de manera bastante brusca:

—¡Si ni siquiera he sido yo la que ha dicho que eras descuidada! ¡Siempre me echáis la culpa a mí de lo que hacen los demás!

Mamá no dijo nada, y menos de un minuto después me vi obligada a darle el beso de las buenas noches. El hecho quizá no tenga importancia, pero a mí todo me irrita.

Por lo visto, en este momento atravieso un periodo de reflexión y así es como he ido a parar al matrimonio de papá y mamá. Me lo han presentado siempre como un matrimonio ideal. Sin una sola pelea, sin malas caras, perfecta armonía, etcétera, etcétera. Sé unas cuantas cosas sobre el pasado de papá, y lo que no sé lo he imaginado; creo saber que se casó con mamá porque la consideraba apropiada para ocupar el lugar de su esposa. Debo decir que admiro a mamá por la manera en que ha ocupado ese lugar, y nunca, que yo sepa, se ha quejado ni ha tenido celos. No puede ser fácil para una esposa afectuosa saber que nunca será la primera en el corazón de su marido, y mamá lo sabía. Sin duda papá admiraba la actitud de mamá y pensaba que tenía un buen carácter. ¿Por qué casarse con otra? Papá ya no era joven y sus ideales se habían esfumado.

¿En qué clase de matrimonio se ha convertido? No hay peleas ni discrepancias, pero no es precisamente un matrimonio ideal. Papá aprecia a mamá y la quiere, pero no con la clase de amor que yo concibo para un matrimonio. Acepta a mamá tal como es, se enfada a menudo pero dice lo menos posible, porque es consciente de los sacrificios que ella ha tenido que hacer.

Papá no siempre le pide su opinión sobre el negocio, sobre otros asuntos, sobre la gente, sobre cualquier cosa. No le cuenta casi nada, porque sabe que ella es demasiado exagerada, demasiado crítica, y a menudo demasiado prejuiciosa. No está enamorado. La besa como nos besa a nosotras. Nunca la pone como ejemplo, porque no puede. La mira en broma, o con expresión burlona, pero nunca con cariño.

Es posible que el gran sacrificio que mamá ha hecho la haya convertido en una persona adusta y desagradable hacia quienes la rodean, pero eso con toda seguridad la apartará aún más del camino del amor, hará que despierte menos admiración, y un día papá, por fuerza, se dará cuenta de que si bien ella, en apariencia, nunca le ha exigido un amor total, en su interior ha estado desmoronándose lenta pero irremediablemente. Mamá lo quiere más que a nadie, y es duro ver que esa clase de amor no es correspondido.

————

Así pues, ¿debería sentir mucha más compasión por mamá? ¿Debería ayudarla? ¿Y a papá?... No puedo, siempre estoy imaginando a otra madre. Sencillamente no puedo. ¿Cómo voy a poder? Ella nunca me ha contado nada, yo nunca le he preguntado. ¿Qué sabemos ella y yo de nuestros respectivos pensamientos? No puedo hablar con ella; no puedo mirar afectuosamente esos fríos ojos suyos, no puedo. ¡Nunca! Si tuviera tan solo una de las cualidades que se supone que debe tener una madre comprensiva —ternura o simpatía o paciencia o *algo*—, seguiría intentando aproximarme a ella. Pero en cuanto a querer a esta persona insensible, a este ser burlón... cada día me resulta más y más imposible.

Anne Mary Frank.

Sábado, 12 de febrero de 1944.

Querida Kitty:

Hace sol, el cielo está de un azul profundo, hace una brisa deliciosa y yo tengo unos enormes deseos de... ¡de todo!

Deseos de hablar, de ser libre, de ver a mis amigos, de estar sola. Tengo tantos deseos de... ¡de llorar! Siento en mí una sensación como si fuera a estallar, y sé que llorar me aliviaría. Pero no puedo. Estoy intranquila, voy de una habitación a la otra, respiro por debajo de una ventana, siento que mi corazón palpita como si me dijera: «¡Cuándo cumplirás mis deseos!».

Creo que siento en mí la primavera, siento el despertar de la nueva estación, lo siento en todo mi cuerpo y en el alma.

Tengo que contenerme, una y otra vez, ardo en deseos de estar con Petel, de estar con cualquier chico, también con Peter... aquí. Me gustaría poder gritarle: «¡Ay, dime algo, no te quedes siempre en esa sonrisa, tócame, para que vuelva a tener esa maravillosa sensación como la que tuve por primera vez en sueños, de la mejilla de Petel!».

Estoy totalmente confusa, no sé qué leer, qué escribir, qué hacer, solo sé que ardo en deseos...

tu
Anne Mary Frank.

Lunes, 14 de febrero
'44

Querida Kitty:

Mucho ha cambiado para mí desde el sábado. Lo que pasa es que sentía en mí un gran deseo (y lo sigo sintiendo), pero... en parte, en una pequeñísima parte, he encontrado un remedio.

El domingo por la mañana ya me di cuenta (y confieso que para mi gran alegría) de que Peter me miraba de una manera un tanto peculiar, muy distinta de la habitual, no sé, no puedo explicártelo, pero de repente me dio la sensación de que no estaba tan enamorado de Margot como yo pensaba. Durante todo el día me esforcé en no mirarlo mucho, porque si lo hacía él también me miraba siempre, y entonces... bueno, entonces eso me producía una sensación muy agradable dentro de mí, que era preferible no sentir demasiado a menudo.

El lunes por la mañana tuve que subir al desván a buscar unos libros para el señor Pfeffer, y Peter enseguida aprovechó la ocasión y subió conmigo. Hablamos de cosas sin importancia; vino también el señor Van Pels y yo bajé relativamente rápido. Cuando le llevé los libros a Pfeffer, me dio otros que ya había leído para devolverlos. (Bien podía haber postergado el recado, por supuesto, pero no lo hice).

Volví a subir las escaleras con la chaqueta puesta y me senté en el suelo sobre una pila de sacos con un cojín encima. La ventana estaba abierta, el sol brillaba que era una delicia y yo estaba contenta porque sabía que Peter volvería. Efectivamente, vino y me contó lo que había pasado la noche anterior.

El domingo por la noche estaban todos sentados alrededor de la radio, excepto papá y yo, escuchando el concierto de los domingos. Pfeffer no dejaba de tocar los botones del aparato, lo que exasperaba a Peter y también a los demás. Cuando ya llevaba media hora haciéndolo, Peter, un tanto irritado, le rogó a Pfeffer que dejara en paz los botones. Pfeffer le contestó con su tono acostumbrado:

—Tú déjame a mí.

Peter se enfadó, no sé exactamente lo que dijo pero fue insolente. El señor Van Pels intervino, también estaba enfadado y defendió a Peter. Eso fue todo.

Peter se animó, seguro que vio que yo le entendía, en cualquier caso por una vez se desahogó un poco conmigo.

—Bueno, ya sabes —me dijo—, yo nunca digo gran cosa, porque sé de antemano que se me va a trabar la lengua. Tartamudeo, me pongo colorado y lo que quiero decir me sale al revés. Ayer también; quería decir algo completamente distinto, pero cuando me puse a hablar, me hice un lío y la verdad es que es algo horrible. Tengo una muy mala costumbre, y es que cuando antes me enfadaba con alguien, prefería darle unos buenos tortazos antes que ponerme a discutir con él. Pero ya sé que con eso no voy a ninguna parte, y por eso te admiro tanto, tú al menos no te lías al hablar, le dices a la gente lo que le tienes que decir y no eres tan tímida.

—Pues mira —le contesté—, yo por lo general también digo las cosas de un modo muy distinto de lo que quería decir. Hablo demasiado, y eso tampoco está bien.

Peter siguió hablando y volvía cada vez sobre Pfeffer. Lo que dijo será mejor que no te lo escriba, porque ya conoces de sobra mis rabietas con Pfeffer. Una cosa nada más te citaré de lo que dijo:

—Anoche me puse muy nervioso, temblaba como una hoja, nunca había estado así antes. ¡No era yo! No es fácil que me pase algo así, normalmente casi nunca me pongo nervioso.

Realmente me dio mucha pena. Estaba ahí parado al parecer muy despreocupadamente, apoyado contra un tonel de patatas, conmigo sentada prácticamente a sus pies. Y por sus palabras, sus gestos, su voz y sus ojos pude ver y darme cuenta de que dentro de él algo lo atormentaba de la misma manera que a mí. Es relativamente de mi misma edad y también un poco inseguro en todo.

Martes 15-2-1944.

El martes supe por mamá que Pfeffer le había contado lo siguiente:

—Ayer por la mañana, Peter vino a verme, me dio los buenos días y me preguntó si había dormido bien. Agregó que lamentaba lo de anteanoche y que no había sido su intención. Ahí yo le dije que yo tampoco me lo había tomado tan a mal.

Me pareció valiente de parte de Peter que hubiera pedido disculpas, y cuando subí al desván a las doce y cuarto, se lo conté.

—¡Es todo mentira! —exclamó.

Me asusté. ¿Por qué habría mentido Pfeffer? Seguimos hablando un rato sobre películas y cines y luego bajamos.

Por la noche, el señor Van Pels y Peter echaron una reprimenda a Pfeffer y volvieron a enfadarse. Pero no debe de haber sido tan terrible, porque hoy Peter se sometió a tratamiento «dentístico».

En realidad, habrían preferido no dirigirse la palabra.

Miércoles, 16-2-1944.

Peter y yo no nos hablamos en todo el día, salvo algunas palabras sin importancia. Hacía demasiado frío para subir al desván, y además era el cumpleaños de Margot.

A las doce y media bajó a ver los regalos y se quedó charlando mucho más tiempo de lo estrictamente necesario o de lo que jamás había hecho. Pero por la tarde llegó la oportunidad. Como yo quería agasajarla, aunque solo fuera una vez al año, fui a buscar el café y luego las patatas. Tuve que entrar en la habitación de Peter, él enseguida quitó sus papeles de la escalera y yo le pregunté si debía cerrar la trampilla.

—Sí, ciérrala —me dijo—. Cuando vuelvas, da unos golpecitos para que te abra.

Le di las gracias, subí al desván y estuve como diez minutos escogiendo las patatas más pequeñas del tonel. Entonces me empezó a doler la espalda y me entró frío. Por supuesto que no llamé, sino que abrí yo misma la trampilla, pero Peter se acercó muy servicial, me tendió la mano y me cogió la olla.

—He buscado un buen rato, pero no las he encontrado más pequeñas que estas.

—¿Has mirado en el tonel?

—Sí, lo he revuelto todo de arriba abajo.

Entretanto, yo ya había llegado al pie de la escalera y él estaba examinando detenidamente el contenido de la olla, que aún tenía en sus manos.

—¡Pero si están muy bien! —dijo.

Y cuando cogí nuevamente la olla, añadió:

—¡Enhorabuena!

Al decirlo, me miró de una manera tan cálida y tierna, que también a mí me dio una sensación muy cálida y tierna por dentro. Se notaba que me quería hacer un cumplido, y como no era capaz de hacer grandes alabanzas, lo hizo con la mirada. Lo entendí perfectamente y le estuve muy agradecida. ¡Aún ahora me pongo contenta cuando me acuerdo de esas palabras y de esa mirada!

Cuando llegué abajo, mamá dijo que había que subir a buscar más patatas, esta vez para la cena. Me ofrecí gustosamente a subir de nuevo al desván. Cuando entré en la habitación de Peter, le pedí disculpas por tener que volver a molestarlo. Se levantó, se puso entre la escalera y la pared (exterior), me cogió del brazo cuando yo ya estaba subiendo la escalera, e insistió en que no siguiera:

—Iré yo, tengo que subir de todos modos —dijo.

Pero le respondí que de veras no hacía falta y que esta vez no tenía que buscar patatas pequeñas. Se convenció y me soltó el brazo. En el camino de regreso, me abrió la trampilla y me volvió a coger la olla. Junto a la puerta le pregunté:

—¿Qué estás haciendo?

—Francés —fue su respuesta.

Le pregunté si podía echar un vistazo a lo que estaba estudiando, me lavé las manos y me senté frente a él en el diván.

Después de explicarle una cosa de francés, pronto nos pusimos a charlar. Me contó que más adelante le gustaría irse a las Indias neerlandesas a vivir en las plantaciones. Me habló de su vida en casa de sus padres, del estraperlo y de que se sentía un inútil. Le dije que por lo visto tenía un complejo de inferioridad muy grande. Me habló de la guerra, de que los ingleses y los rusos seguro que volverían a entrar en guerra entre ellos, y me habló de los judíos. Dijo que todo le habría resultado mucho más fácil de haber sido cristiano, y de poder serlo una vez terminada la guerra. Le pregunté si quería que lo bautizaran, pero tampoco ese era el caso. Dijo que de todos modos no podía sentir como un cristiano, pero que de todas formas después de la guerra nadie sabría si él era cristiano o judío ni qué nombre tenía.*

Sentí como si me clavaran un puñal en el corazón. Lamento tanto que conserve dentro de sí un resto de insinceridad. Pero por lo demás estuvimos conversando muy amenamente sobre papá y sobre tener mundología y sobre un montón de cosas, ya no recuerdo bien cuáles.

No me fui hasta las cinco y cuarto, cuando llegó Bep.

Por la noche todavía me dijo una cosa que me gustó. Estábamos comentando algo sobre una estrella de cine que yo le había regalado y que lleva como año y medio colgada en su habitación. Dijo que le gustaba mucho, y le ofrecí darle otras estrellas.

—No —me contestó—. Prefiero dejarlo así. Estas que tengo aquí, las miro todos los días y nos hemos hecho amigos.

Ahora también entiendo mucho mejor por qué Peter siempre abraza tan fuerte a Muschi. Es que también él tiene necesidad de cariño y de ternura. Hay otra cosa que mencionó y que he olvidado contarte. Dijo que no sabía lo que era el miedo, pero que sí le tenía miedo a sus propios defectos, aunque ya lo estaba superando.

Ese sentimiento de inferioridad que tiene Peter es una cosa terrible. Así, por ejemplo, siempre se cree que él no sabe nada y que nosotras somos las más listas. Cuando le ayudo en francés, me da las gracias mil veces. Algún día tendré que decirle que se deje de tonterías, que él sabe mucho más inglés y geografía, por ejemplo.

Anne Frank.

P.D.:

* Otra cosa que dijo Peter:

—Los judíos siempre han sido el pueblo elegido y nunca dejarán de serlo.

Le respondí:

—¡Espero que alguna vez lo sean para bien!

*Jueves, 17 de febrero de
1944.*

Querida Kitty:

Esta mañana fui arriba. Le había prometido a la señora pasar a leerle algunos de mis cuentos. Empecé por «El sueño de Eva», que le gustó mucho, y después les leí algunas cosas del diario, que les hizo partirse de risa. Peter también escuchó una parte —me refiero solo a lo último— y me preguntó si no me podía pasar por su habitación a leerle otro poco. Pensé que podría aprovechar la oportunidad, fui a buscar mi diario y le dejé leer la parte en la que Cady y Hans hablan de Dios. No sabría decirte qué impresión le causó; dijo algo que ya no recuerdo, no si estaba bien o no, sino algo sobre la idea en sí. Le dije que solamente quería demostrarle que no solo escribía cosas divertidas. Asintió con la cabeza y salí de la habitación. ¡Veremos si me hace algún otro comentario!

tu
Anne Frank.

Viernes, 18 de febrero de
1944

Queridísima Kitty:

En cualquier momento en que subo arriba, es siempre con intención de verlo a «él». Mi vida aquí realmente ha mejorado mucho, porque ha vuelto a tener sentido y tengo algo de que alegrarme.

El objeto de mi amistad al menos está siempre en casa y, salvo Margot, no hay rivales que temer. No te creas que estoy enamorada, nada de eso, pero todo el tiempo tengo la sensación de que entre Peter y yo algún día nacerá algo hermoso, algo llamado amistad y que dé confianza. Todas las veces que puedo, paso por su habitación y ya no es como antes, que él no sabía muy bien qué hacer conmigo. Al contrario, sigue hablándome cuando ya estoy saliendo. Mamá no ve con buenos ojos que suba a ver a Peter. Siempre me dice que lo molesto y que tengo que dejarlo tranquilo. ¿Acaso se cree que no tengo intuición? (aquí esta palabra al menos está bien empleada, ¡el señor Van Pels la emplea con acierto y con desacierto!).

Siempre que entro en el cuartito de Peter, mamá me mira con cara rara. Cuando bajo del piso de arriba, me pregunta dónde he estado. ¡No me gusta nada decirlo, pero poco a poco estoy empezando a odiarla!

tu
<u>Anne M. Frank.</u>

Sábado, 19 de febrero de
1944.

Querida Kitty:

Estamos otra vez en sábado y eso en sí mismo ya dice bastante. La mañana fue tranquila. Estuve casi una hora ocupada con las albondiguillas, y por lo tanto arriba, pero a «él» no le hablé más que de pasada.

A las dos y media, cuando estaban todos arriba, bien para leer, bien para dormir, cogí una manta y bajé a instalarme frente al escritorio para leer o escribir un rato. Al poco tiempo, a eso de poco más de las tres, no pude más: dejé caer la cabeza sobre un brazo y me puse a sollozar como una loca. Me corrían las lágrimas y me sentí profundamente desdichada.

¡Ay, ojalá hubiera venido a consolarme «él»! Ya eran las cuatro cuando volví arriba. A las cinco fui a buscar patatas, con nuevas esperanzas de encontrarme con él, pero cuando todavía estaba en el cuarto de baño arreglándome el pelo, oí que bajaba a ver a Moffi.

Quise ir a ayudar a la señora y me instalé arriba con libro y todo, pero de repente sentí que me venían las lágrimas y corrí abajo al retrete, cogiendo al pasar el espejo de mano.

Ahí estaba yo sentada en el retrete, toda vestida, cuando ya había terminado hacía rato, profundamente apenada y con mis lagrimones haciéndome manchas oscuras en el rojo del delantal. Lo que pensé fue más o menos que así nunca llegaría al corazón de Peter. Que quizá yo no le gustaba para nada y que quizá él lo que menos estaba necesitando era confianza. Quizá nunca piense en mí más que de manera superficial y aquel párrafo sobre Dios no le pareciera para nada generador de confianza. ¡Ay!, tendré que seguir adelante sola, sin Peter y sin su confianza. Y quién sabe, dentro de poco también sin fe, sin consuelo y sin esperanzas. ¡Ojalá pudiera apoyar mi cabeza en su hombro y no sentirme tan desesperadamente sola y abandonada!

Quién sabe si no le importo en lo más mínimo, y si mira a todos con la misma mirada tierna. Quizá sea pura imaginación mía pensar que esa mirada va dirigida solo a mí. ¡Ay, Peter, ojalá pudieras verme u oírme! Aunque yo tampoco podría oír la quizá tan desconsoladora verdad.

Más tarde volví a confiar y me sentí otra vez más esperanzada, aunque las lágrimas seguían fluyendo dentro de mí.

tu
Anne M. Frank.

Miércoles, 23 de febrero de 1944.

Queridísima Kitty:

Desde ayer hace un tiempo maravilloso fuera y me siento otra vez como nueva. Mis escritos, que son lo más preciado que poseo, van viento en popa.

Esta mañana (jueves), cuando subí de nuevo al desván, estaba Peter allí, ordenando cosas. Acabó rápido y vino a donde yo estaba, sentada en el suelo, en mi rincón favorito. Los dos miramos el maravilloso azul del cielo, el castaño sin hojas con sus ramas llenas de gotitas resplandecientes, las gaviotas y demás pájaros que al sol parecían de plata, y todo eso nos conmovió y nos sobrecogió a ambos tanto que ya no podíamos hablar. Peter estaba de pie y yo seguía sentada, respiramos el aire, miramos hacia fuera y ambos sentimos que era algo que no había que interrumpir. Nos quedamos así un buen rato juntos y no me atreví a empezar, porque es que sin transición no puedo ponerme a hablar de las cosas más íntimas. Cuando estaba sentada allí y vi claramente que él también reflexionaba sobre todas las cosas, supe que era un buen tipo y un tesoro.

A las doce y media subimos a la buhardilla, durante el cuarto de hora que estuvo cortando leña no dijimos palabra. Me puse a observarlo, viendo cómo se esmeraba visiblemente para cortar bien la leña y mostrarme su fuerza. Pero también me asomé a la ventana abierta, y pude ver gran parte de Ámsterdam, y por encima de los tejados hasta el horizonte, que acababa siendo de un color violado.

«Mientras siga existiendo este sol y este cielo tan despejado, y pueda yo verlo —pensé—, no podré estar triste».

Y para todo el que tiene miedo, está solo o se siente desdichado, el mejor remedio sin duda es salir al aire libre, a algún sitio donde poder estar totalmente solo, solo con el cielo, con la naturaleza y con Dios. Porque solo entonces, solo así se siente que todo es como debe ser y que Dios quiere que los hombres sean felices en la sencilla, aunque hermosa naturaleza.

Mientras todo esto exista, y creo que existirá siempre, sé que toda pena tiene consuelo, en cualquier circunstancia que sea. Y creo que, aun entre bombas y disparos, la naturaleza quita todo el miedo, pese a todo el horror.

¡Ay!, quizá ya no falte tanto para poder compartir este sentimiento de felicidad avasallante con Peter.

tu Anne M. Frank.

P.D.: Pensamiento: A Peter.
Echamos de menos muchas, muchísimas cosas aquí, desde hace mucho tiempo, y yo las echo de menos igual que tú. No pienses que estoy hablando de cosas exteriores, porque en ese sentido aquí realmente no nos falta nada. No, me refiero a las cosas interiores. Yo, como tú, ansío tener un poco de aire y de libertad, pero creo que nos han dado compensación de sobra por estas carencias. Intentaré explicártelo. Esta mañana, cuando estaba asomada a la ventana, de repente me di cuenta de que hemos recibido una compensación grande, muy grande por nuestras carencias. Quiero decir, compensación por dentro. Cuando miraba hacia fuera, mirando en realidad fija y profundamente a Dios y a la naturaleza, me sentí dichosa, únicamente dichosa. Y, Peter, mientras siga existiendo esa dicha interior, esa dicha por la naturaleza, por la salud y por tantas otras cosas; mientras uno lleve eso dentro, siempre volverá a ser feliz.

La riqueza, la buena fama, todo se puede perder, pero esa dicha en el corazón a lo sumo puede velarse, y siempre, mientras vivas, volverá a hacerte feliz.

Alguna vez que te sientas solo y desdichado o triste y estés en la buhardilla cuando haga un tiempo tan hermoso, intenta tú también mirar hacia fuera. No mires las casas y los tejados, sino al cielo. Mientras puedas mirar al cielo sin temor, sabrás que eres puro por dentro y que, pase lo que pase, volverás a ser feliz.

Domingo, 27 de febrero de 1944.

Queridísima Kitty:
Desde la primera hora de la mañana hasta la última hora de la noche no hago más que pensar en Peter en realidad. Me duermo viendo su imagen, sueño con él y me despierto con su cara aún mirándome.

Se me hace que Peter y yo en realidad no somos tan distintos como parece por fuera, y te explicaré por qué: a los dos nos hace falta una madre. La suya es demasiado superficial, le gusta coquetear y no se interesa mucho por los pensamientos de Peter. La mía sí se ocupa mucho de mí, pero no tiene tacto, ni sensibilidad, ni comprensión de madre.

Peter y yo luchamos ambos con nuestro interior, los dos aún somos algo inseguros, y en realidad demasiado tiernos y frágiles por dentro como para que nos traten con mano tan dura. Por eso a veces quisiera escaparme, o esconder lo que llevo dentro. Me pongo a hacer ruido, con las ollas y con el agua por ejemplo, para que todos me quieran perder de vista. Peter, sin embargo, se encierra en su habitación y casi no habla, no hace nada de ruido y se pone a soñar, ocultándose así recelosamente.

Pero ¿cómo y cuándo llegaremos por fin a encontrarnos?

No sé hasta cuándo mi mente podrá controlar este deseo.

tu Anne M. Frank.

Lunes, 28 de febrero de '44.

Queridísima Kitty:

Esto se está convirtiendo en una pesadilla, de noche y de día. Lo veo casi a todas horas y no puedo acercarme a él, tengo que disimular mis sentimientos y mostrarme alegre, mientras que dentro de mí todo es desesperación.

Peter Schiff y Peter van Pels se han fundido en un único Peter, que es bueno y bondadoso y con quien ansío estar con toda mi alma. Mamá está imposible conmigo; papá me trata bien, lo que resulta difícil, y Margot resulta aún más difícil, ya que pretende que ponga cara de agrado mientras que lo que yo quiero es que me dejen en paz.

Peter no subió a estar conmigo en el desván; se fue directamente a la buhardilla y se puso a martillear. Cada crujido, cada golpe que pegaba hacía que mis ánimos se desmoronaran poco a poco, y me sentí aún más triste. Y a lo lejos se oía un carillón que tocaba «¡Arriba, corazones!».

Soy una sentimental, ya lo sé. Soy una desesperanzada y una insensata, también lo sé.

¡Ay de mí!

tu Anne M. Frank.

Aquí me pongo a estudiar
por Él; ¡no puedo más!

Rea.

Miércoles, 1 de marzo de '44

Querida Kitty:

¡Me he ganado mi tarrito de yogur del 1 de marzo! Esta mañana la señora ya me lo ha dado. Lástima que aún no haya llegado la invasión.

Hemos vuelto a tener bastante excitación porque han entrado ladrones. Esta vez, el asunto fue más complicado que la vez anterior.

Anoche, cuando el señor Van Pels bajó al piso de abajo como de costumbre, se encontró con la puerta de paso de cristal y la puerta de Kugler abiertas, lo que le sorprendió. Siguió andando y se sorprendió aún más al ver que las puertas de las oficinas, que siempre quedan abiertas, estaban cerradas. Siguió su camino hasta la oficina de delante, donde había un gran desorden, había cajones de escritorio encima de la mesa y la puerta de un armario abierta.

—Por aquí ha pasado un ladrón —pensó y bajó corriendo para inspeccionar la puerta de entrada, que estaba cerrada, incluso con llave. Entonces supuso que Bep había dejado atrás la oficina un tanto desordenada.

Pero esta mañana, Peter subió y nos trajo la noticia de que la puerta de entrada estaba abierta. Pfeffer contó que había desaparecido el proyector y ahora también Van Pels relató su sorpresa de la noche anterior. Peter volvió a bajar y echó la llave a la puerta.

¿Qué había pasado? Este ladrón debe de haber tenido una copia de la llave, porque la puerta no estaba forzada. Cuando anoche el señor Van Pels bajó, debe de haberse escondido rápidamente y haberse ido cuando Van Pels subió, sin echar la llave.

Es un misterio. ¿Quién puede tener la llave de la puerta? ¿Y por qué el ladrón no fue al almacén? Si el ladrón llega a ser uno de los mozos de almacén, ahora sabe que por las noches hay alguien en casa. El ladrón también pretendía llevarse el gran reloj eléctrico Pauwe; a tal fin ya había limpiado la repisa de la chimenea de la oficina de delante, pero seguro que lo interrumpieron.

Estamos todos muy asustados, aunque no me excité y veo que también puedo pasarme sin excitación.

tu Anne M. Frank.

Jueves, 2 de marzo de '44.

Querida Kitty:

Margot y yo hemos estado hoy juntas en el desván, pero con ella no puedo disfrutar tanto como me había imaginado que disfrutaría con Peter (u otro chico). Sí sé que siente lo mismo que yo con respecto a la mayoría de las cosas.

Cuando estábamos fregando los platos, Bep empezó a hablar con mamá y con la señora Van Pels sobre su melancolía. ¿En qué la pueden ayudar aquellas dos? Particularmente mamá, siempre tan diplomática, hace que una salga de Guatemala y entre en Guatepeor. ¿Sabes qué le aconsejó? ¡Que pensara en toda la gente que se hunde en este mundo! ¿De qué te puede servir pensar en la miseria de los demás cuando tú misma te sientes miserable? Eso mismo fue lo que les dije. La respuesta, como te podrás imaginar, fue que yo no podía opinar sobre estas cosas.

¡Qué idiotas y estúpidos son los mayores! Como si Peter, Margot, Bep y yo no sintiéramos todos lo mismo… El único remedio es el amor materno, o el amor de los buenos amigos, de los amigos de verdad. ¡Pero las dos madres de la casa no entienden ni pizca de nosotros! La señora Van Pels quizá aún entienda un poco más que mamá. ¡Ay, cómo me habría gustado decirle algo a la pobre Bep, algo que por experiencia sé que ayuda! Pero papá se interpuso y me empujó a un lado de manera bastante ruda. ¡Son todos unos cretinos!

Con Margot también he estado hablando sobre mamá y papá. ¡Qué bien lo podríamos pasar aquí, si no fuera porque siempre andan fastidiando! Podríamos organizar veladas en las que todos nos turnaríamos para hablar de algún tema interesante. Pero ¡hasta aquí hemos llegado, porque a mí justamente lo que menos me dejan es hablar! El señor Van Pels ataca, mamá se pone desagradable y no puede hablar de nada de manera normal, a papá no le gustan estas cosas, lo mismo que al señor Pfeffer, y a la señora siempre la atacan de tal modo que se pone toda colorada y casi no es capaz de defenderse. ¿Y nosotros? A nosotros no nos dejan opinar.

Sí, son extremadamente modernos: ¡no nos dejan opinar! Nos pueden decir que nos callemos la boca, pero no que no opinemos: eso es imposible. Nadie puede prohibir a otra persona que opine, por muy joven que esta sea.

A Bep, a Margot, a Peter y a mí solo nos sirven mucho amor y devoción, que aquí no se nos da a ninguno. Y nadie, sobre todo estos cretinos sabelotodo, nos entiende, porque somos mucho más sensibles y estamos mucho más adelantados en nuestra manera de pensar de lo que ellos remotamente puedan imaginarse.

El amor. ¿Qué es el amor? Creo que el amor es algo que en realidad no puede expresarse con palabras. El amor es entender a una persona, quererla, compartir con ella la dicha y la desdicha. Y con el tiempo también forma parte de él el amor físico, cuando se ha compartido, se ha dado y recibido, y no importa si se está casado o no, o si es para tener un hijo o no. Si se pierde el honor o no, todo eso no tiene importancia, ¡lo que importa es tener a alguien a tu lado por el resto de tu vida, alguien que te entiende y que no tienes que compartir con nadie!

tu
Anne M. Frank.

Mamá está nuevamente quejándose. Está claro que está celosa porque hablo más con la señora Van Pels que con ella. ¡Pues me da igual!

Esta tarde por fin he podido estar con Peter. Hemos estado hablando por lo menos tres cuartos de hora. Le costaba mucho contarme algo sobre sí mismo, pero poco a poco se fue animando. Te aseguro que no sabía si era mejor bajar o quedarme arriba. ¡Pero es que tenía tantas ganas de ayudarlo!

Le conté lo de Bep y lo de la falta de tacto de nuestras madres. Me dijo que sus padres siempre andan peleándose, por la política, por los cigarrillos o por cualquier otra cosa. Como ya te he dicho, Peter es muy tímido, pero no tanto como para no confesarme que le gustaría dejar de ver a sus padres al menos dos años.

—Mi padre no es tan agradable como parece —dijo—, pero en el asunto de los cigarrillos, la que lleva toda la razón es mi madre.

Yo también le hablé de mamá. Pero a papá, Peter lo defendía. Dijo que le parecía un «tipo fenomenal».

Esta noche, cuando estaba colgando el delantal después de fregar los platos, me llamó y me pidió que no les contara a los míos que sus padres habían estado nuevamente riñendo y que no se hablaban. Se lo prometí, aunque ya se lo había contado a Margot. Pero estoy segura de que Margot no hablará.

—No te preocupes, Peter —le dije—. Puedes confiar en mí. Me he impuesto la costumbre de no contarles tantas cosas a los demás. De lo que tú me cuentas, no le digo nada a nadie.

Eso le gustó. Entonces también le conté lo de los tremendos cotilleos en casa, y le dije:

—Debo reconocer que tiene razón Margot cuando dice que miento, porque si bien digo que no quiero ser cotilla, cuando se trata de Pfeffer me encanta cotillear.

—Es una buena cualidad —dijo. Se había ruborizado, y su cumplido tan sincero casi me hace subir los colores a mí también.

Luego también hablamos de los de arriba y los de abajo. Peter realmente estaba un poco sorprendido de que sigamos sin tenerles demasiado aprecio a sus padres.

—Peter —le dije—, sabes que soy sincera contigo. ¿Por qué no habría de decírtelo? ¿Acaso no conocemos sus defectos también nosotros?

También nos prometimos que yo le creo y él me cree plenamente, y entre otras cosas aún le dije:

—Peter, me gustaría tanto ayudarte. ¿No puedo hacerlo? Tú estás entre la espada y la pared y yo sé que, aunque no lo dices, te tomas todo muy a pecho.

—Ah, siempre aceptaré tu ayuda.

—Quizá sea mejor que consultes con papá. Él tampoco dice nada a nadie, le puedes contar tus cosas tranquilamente.

—Sí, es un camarada de verdad.

—Lo quieres mucho, ¿verdad?

Peter asintió con la cabeza y yo seguí hablando:

—¡Pues él también te quiere a ti!

Levantó la mirada fugazmente. Se había puesto colorado. De verdad era conmovedor ver lo contento que le habían puesto esas palabras.

—¿Tú crees? —me preguntó.

—Sí —dije yo—. Se nota por lo que deja caer de vez en cuando.

Entonces llegó el señor Van Pels para hacernos un dictado. Peter también es un «tipo fenomenal», igual que papá.

tu Anne M. Frank.

Viernes, 3 de marzo de 1944.

Queridísima Kitty:

Esta noche (viernes a las ocho menos cinco), mirando la velita, me puse contenta otra vez y me tranquilicé. En realidad, en esa vela está la abuela, y es ella la que me protege y me cobija, y la que hace que me ponga otra vez contenta. Pero… hay otra persona que domina mis estados de ánimo y es… Peter. Hoy, cuando fui a buscar las patatas y todavía estaba bajando la escalera con la olla llena en las manos, me preguntó:

—¿Qué has hecho a mediodía?

Me senté en la escalera y empezamos a hablar. Las patatas (que a esas alturas había depositado en el suelo) no llegaron a destino hasta las cinco y cuarto (una hora después de haber subido a buscarlas). Peter ya no dijo palabra sobre sus padres, solo hablamos de libros y del pasado. ¡Ay, qué mirada tan cálida tiene ese chico! Creo que ya casi me estoy enamorando de él.

De eso mismo hablamos luego. Después de pelar las patatas, entré en su habitación y le dije que tenía mucho calor.

—A Margot y a mí se nos nota enseguida la temperatura: cuando hace frío, nos ponemos blancas, y cuando hace calor, coloradas —le dije.

—¿Enamorada? —me preguntó.

—¿Por qué habría de estarlo?

Mi respuesta, o, mejor dicho, mi pregunta, era bastante tonta.

—¿Por qué no? —dijo, y en ese momento nos llamaron a comer.

¿Habrá querido decir algo en especial con esa pregunta? Hoy por fin le he preguntado si no le molestan mis charlas. Lo único que me dijo fue:

—¡Qué va…!

No puedo juzgar hasta qué punto esta respuesta tiene que ver con su timidez.

También le conté que mamá estaba al tanto de la pelea, pero no por mí. Fue la propia señora Van Pels la que le ha contado a mamá que ella y su marido no se hablan. Él confía en mí y me cree, ¡pienso yo!

Kitty, soy como una enamorada que no habla más que de su amor. Es que Peter es realmente un cielo. ¿Cuándo podré decírselo? Claro que solo podré hacerlo cuando sepa que él también me considera un cielo a mí. Pero sé muy bien que soy una gatita a la que hay que tratar con guantes de seda. Y a él le gusta su tranquilidad, de modo que no tengo ni idea de hasta qué punto le gusto. De todas formas, nos estamos conociendo un poco más. ¡Ojalá tuviéramos el valor de confesarnos muchas cosas más! Pero a saber si ese momento no llegará antes de lo pensado. Unas cuantas veces al día me dirige una mirada cómplice, yo le guiño el ojo y los dos nos ponemos contentos.

Parece una osadía decirlo así, pero tengo la irresistible sensación de que él piensa igual que yo.

tu Anne M. Frank.

Sábado, 4 de marzo de 1944.

Querida Kitty:

Hacía meses y meses que no teníamos un sábado que al menos no fuera tan fastidioso, triste y aburrido como los demás. Y la causa reside nada menos que en Peter. Esta mañana subí al desván a tender el delantal, y papá me preguntó si no quería quedarme un rato para hablar francés. Me pareció bien. Primero hicimos eso, yo le expliqué una cosa, y luego hicimos inglés. Papá nos leyó unas líneas del libro de Dickens y yo estaba en la gloria porque estaba sentada en la silla de papá, bien cerca de Peter.

A las once menos cuarto bajé, pero volví rápido para subir al desván. Peter subió en dos zancadas para abrir la ventana, y se quedó cuando le dije que igual podía volver más tarde.

Me sorprendió un poco, porque si no seguro que habría ido a abrir la ventana. En lo más profundo de mí yacía la pregunta: «¿Preferirá subir más tarde conmigo?».

Y efectivamente, a las once y media, ya en la escalera me dijo que podía dejar la trampilla abierta. Hablamos hasta la una menos cuarto. Cuando se presenta la más mínima oportunidad, por ejemplo cuando salgo de la habitación después de comer y nadie nos oye, me dice:

—¡Hasta luego, Anne!

¡Ay, estoy tan contenta! ¿Estará empezando a quererme entonces? En cualquier caso, es un tipo muy simpático y quién sabe lo bien que podremos hablar.

A la señora le parece bien que yo hable con él, pero hoy igual me preguntó en tono burlón:

—¿Puedo fiarme de lo que hacéis vosotros dos ahí arriba?

—¡Pues claro! —protesté—. ¡Cuidado que me voy a ofender!

De la mañana a la noche me alegra saber que veré a Peter.

tu Anne M. Frank.

P.D.: Se me olvidaba decirte que anoche cayó una cantidad enorme de nieve, aunque ya ni se nota casi, se ha fundido toda.

tu A.M.F.

Lunes, 6 de marzo de 1944.

Querida Kitty:

¿No te parece curioso que después de que Peter me contara aquello de sus padres, ahora me sienta un poco responsable por él? Es como si esas peleas me incumbieran lo mismo que a él, y sin embargo ya no me atrevo a hablarle de ello, porque temo que no le agrade. Por nada del mundo quisiera cometer un desatino ahora.

A Peter se le nota en la cara que piensa tanto como yo, y por eso anoche me dio rabia cuando la señora dijo en tono burlón:

—¡El pensador!

Peter se sintió incómodo y se puso colorado, y a mí me empezó a hervir la sangre.

¡Cuándo dejará por fin la gente de decir tonterías! No te imaginas lo feo que es ver lo solo que se siente Peter, y no poder hacer nada. Yo puedo imaginarme, como si lo hubiera vivido en mi propia carne, lo desesperado que debe de estar a veces en relación con las peleas y el cariño. ¡Pobre Peter, qué necesitado de cariño está!

Me parecieron muy duras sus palabras cuando dijo que no necesitaba amigos. ¡Ay, cómo se equivoca! No creo que lo diga en serio.

Se aferra a su masculinidad, a su soledad y a su falsa indiferencia para no salirse de su papel, y para no tener que mostrar nunca cómo se siente. ¡Pobre Peter! ¿Hasta cuándo podrá seguir haciendo este papel? ¿Cuánto faltará para que, después de tanto esfuerzo sobrehumano, explote?

¡Ay, Peter, ojalá pudiera ayudarte y tú permitieras que lo hiciera! ¡Los dos juntos podríamos ahuyentar nuestras respectivas soledades!

———

Pienso mucho, pero digo poco. Me pongo contenta cuando lo veo y si al mismo tiempo brilla el sol. Ayer, cuando me estaba lavando la cabeza, me puse bastante eufórica, aun a sabiendas de que en la habitación de al lado estaba él. No pude remediarlo: cuanto más callada y seria estoy por dentro, tanto más bulliciosa me pongo por fuera. ¿Quién será el primero en descubrir mi coraza y perforarla?

Al final, ¡qué suerte que los Van Pels no tienen una niña! Mi conquista nunca sería tan difícil, tan hermosa y tan placentera si no fuera justamente por la atracción del sexo opuesto.

tu Anne M. Frank.

P.D.: Sabes que soy sincera contigo al escribirte, y por eso es que debo confesarte que en realidad vivo de encuentro en encuentro. Estoy continuamente al acecho para ver si descubro que también él vive esperándome a mí, y salto de alegría dentro de mí cuando noto sus pequeños y tímidos esfuerzos al respecto. Creo que Peter quisiera tener la misma facilidad de expresión que yo; no sabe que justamente su torpeza me enternece.

¡Ay, tesoro! (suena muy banal, y sin embargo no lo es)

tu A.

Martes, 7 de marzo de 1944.

Querida Kitty:

Cuando ahora me pongo a pensar en la vida que llevaba en 1942, todo me parece tan irreal. Esa vida de gloria la vivía una Anne Frank muy distinta de la Anne que aquí se ha vuelto tan juiciosa. Una vida de gloria, eso es lo que era. Un admirador en cada esquina, una veintena de amigas y conocidas, la favorita de la mayoría de los profesores, consentida por papá y mamá de arriba abajo, muchos dulces, dinero suficiente ¿qué más se podía pedir?

Seguro que te preguntarás cómo hice para ganarme la simpatía de toda esa gente. Dice Peter que por mi «encanto personal», pero eso no es del todo cierto. A todos los profesores les gustaban y les divertían mis respuestas ingeniosas, mis ocurrencias, mi cara sonriente y mi ojo crítico. No había más. Me encantaba coquetear, era coqueta y divertida. Además, tenía algunas ventajas por las que me ganaba el favor de los que me rodeaban: mi esmero, mi sinceridad y mi generosidad. Nunca le habría negado a nadie, fuera quien fuera, que en clase copiara de mí; repartía dulces a manos llenas y no era engreída.

¿No me habré vuelto temeraria después de tanta admiración? Es una suerte que en medio de todo aquello, en el punto culminante de la fiesta, volviera de repente a la realidad, y ha tenido que pasar más de un año para que me acostumbrara a que ya nadie me demuestra su admiración.

¿Cómo me veían en el colegio? Como la que encabezaba las bromas y las juergas, siempre al frente de todo y nunca de mal humor o lloriqueando. No era de sorprender que a todos les gustara acompañarme al colegio en bici o cubrirme de atenciones.

Veo ahora a esa Anne Frank como a una niña graciosa, divertida, pero superficial, que no tiene nada que ver conmigo. ¿Qué es lo que ha dicho Peter de mí? «Siempre que te veía, estabas rodeada de dos o más chicos y un grupo de chicas. Siempre te reías y eras el centro de la atención». Tenía razón.

¿Qué es lo que ha quedado de aquella Anne Frank? Ya sé que he conservado mis risas y mi manera de responder, y que aún no he olvidado cómo criticar a la gente, e incluso lo hago mejor que antes, y que sigo coqueteando y siendo divertida cuando quiero… – Ahí está el busilis: una noche, un par de días, una semana me gustaría volver a hacer teatro así, porque esa vida no puede ser otra cosa que teatro. Luego estaría muerta de cansancio y al primero que me hablara de manera decente seguro que casi correría a abrazarlo. No quiero admiradores, sino amigos, no quiero que se maravillen por mi sonrisa lisonjera, sino por mi manera de actuar y mi carácter. Pero no necesito tantos admiradores, ¡yo misma sé lo que está bien y lo que está mal!

La Anne de 1942 también era distinta, también estaba sola, también ansiaba tener una verdadera amiga, pero intentaba, consciente o inconscientemente, ahuyentar con bromas el vacío.

Ahora desdeño mi propia vida, porque una fase ya ha concluido: la de la vida escolar despreocupada y sin problemas. Esa nunca volverá. Tampoco la echo en falta: la he superado. ¡Quién sabe si, quedándome en ella, alguna vez me habría librado de ella!

Veo mi vida placentera hasta el Año Nuevo de 1944 como bajo una lupa muy potente. En casa, la vida escolar despreocupada, con mucha diversión y muchas alegrías, aunque también con algo de vacío. Luego 1942, la adversidad, las peleas; no lograba entenderlo, me había cogido totalmente por sorpresa, y la única postura que supe adoptar fue la de ser insolente. Luego la primera mitad de 1943. Mis enormes penas, mis accesos de llanto, mi soledad, el darme cuenta de todos esos fallos y defectos, que en mí eran y son mucho más grandes de lo que jamás me había imaginado. Seguía hablando mucho, intentaba por todos los medios hacer de papá mi confidente, pero sin resultado, me encontraba sola y (casi) no hacía otra cosa que llorar noche tras noche.

Luego la segunda mitad de 1943, dejé de ser tan niña, me hice adulta físicamente y mi mente experimentó un gran, gran cambio, ¡conocí a Dios! Comencé a pensar, a escribir y me descubrí a mí misma. Adquirí confianza, aunque también seguí pasando penas, porque comprendí que tendría que pasarme del todo sin mamá y que papá nunca llegaría a ser mi confidente. Ya no tenía sueños hablados. Me tenía a mí misma.

Después de Año Nuevo el segundo gran cambio: mi sueño… con el que descubrí a Peter, descubrí una segunda lucha igual de intensa, descubrí mis deseos de tener… un chico; no quería una amiga mujer, sino un amigo varón. También descubrí dentro de mí la felicidad y mi coraza de superficialidad y alegría. Pero de tanto en tanto me volvía silenciosa. Ahora no vivo más que para Peter, porque de él dependerá en gran medida lo que me ocurra de ahora en adelante.

¡Ay!, por las noches, cuando acabo mis rezos pronunciando las palabras «Te doy las gracias por todas las cosas buenas, queridas y hermosas», oigo gritos de júbilo dentro de mí, porque pienso en esas cosas buenas, como nuestro escondite, mi buena salud y todo mi ser, en las cosas queridas, como Peter y esa cosa diminuta y sensible que ninguno de los dos se atreve aún a nombrar o a tocar, y en las cosas hermosas, como el mundo, el mundo y la naturaleza, la belleza y todas, todas las cosas hermosas juntas.

Entonces no pienso en toda la desgracia, sino que pienso en todas las cosas bellas que aún quedan. Y ahí también está la diferencia entre mamá y yo. El consejo que ella da para combatir la melancolía es: «Piensa en toda la desgracia que hay en el mundo y alégrate de que tú aún estés con vida».

Mi consejo es: «Sal fuera, a los prados, a la naturaleza y al sol. Sal fuera y trata de reencontrar la felicidad en ti misma y en Dios; piensa en todas las cosas bellas que aún quedan dentro y alrededor de ti y sé feliz». Entre los dos consejos hay una diferencia enorme, la misma diferencia enorme que hay entre nosotras dos. ¿De qué sirve pensar en la desgracia cuando uno sufre de melancolía? ¿De qué sirve la vida cuando en ella solo hay desgracia?

Sin embargo, la naturaleza, la luz del sol, la libertad y uno mismo, eso sí que sirve. Ahí, y solo ahí, uno se encuentra a sí mismo y encuentra a Dios.

Y el que es feliz también hace feliz a los demás; el que tiene valor y fe nunca estará sumido en la desgracia.

tu Anne Mary Frank.

Miércoles, 8 de marzo de 1944.

A continuación te copiaré unas notitas que Margot y yo nos hemos estado escribiendo asyer y esta tarde, solo por divertirnos, naturalmente.

Martes:

Anne: Me gustaría enseñarte el texto que escribí hoy en mi diario, pero todavía no me atrevo. Más tarde, tal vez ya dentro de un mes, cuando haya avanzado un poco, podré mostrártelo. ¡Que mamá luego diga que no entiendo nada de las cosas de la vida!

¿Sabes por qué creo que te puede interesar? Porque en ninguna parte, tampoco en mis cuentos, soy capaz de expresarme de verdad y eso en mi diario es completamente posible.

¡Ese en realidad grita y vocea como lo hago yo misma a veces!

Miércoles:

Anne: Cosa curiosa, a mí las cosas que pasan por la noche solo me vuelven a la memoria mucho más tarde. Ahora, por ejemplo, recuerdo de repente que anoche el señor Pfeffer estuvo roncando como un loco (ahora son las tres menos cuarto del miércoles por la tarde y el señor Pfeffer está otra vez roncando, por eso me acordé, claro) y que cuando tuve que hacer pipí en el orinal hice más ruido de lo normal, para hacer que cesaran los ronquidos.

Por lo demás, oí aviones (¡en sueños y literalmente!), soñé con Jacque y J. y con el final de la guerra y me divertí bastante. A.

Margot: ¿qué es mejor: los resuellos o los ronquidos? ¿Armaste jaleo con J. y J. como en los viejos tiempos?

Anne: los ronquidos, porque si yo hago ruido, cesan sin que la persona en cuestión se despierte.

Jacque y J. solo estuvieron implicadas en el sueño de después de la guerra, Jacque quería que le enseñara taquigrafía, pero mientras tanto estaba arriba en la cocina, revolviendo una olla. J. estaba sentada en la silla junto al chinero, con una falda de punto de todos los colores. Se parecía un poco a mi plastrón, ¡pero tenía un punto caído!

A.

Lo que no le he escrito a Margot, pero que sí te confieso a ti, querida Kitty, es que sueño mucho con Peter. Anteanoche, en nuestro cuarto de estar de aquí, soñé que estaba patinando en la pista de hielo de la Apollolaan con un chico bajito, ese que tenía una hermana que siempre llevaba una falda azul y tenía patas de alambre. Me presenté de manera un tanto ceremoniosa como: Anne Frank y le pregunté su nombre, él: Peter. En mi sueño me pregunté a cuántos Peter conocía ya....

Luego también soñé que estábamos en el cuartito de Peter, de pie, uno frente a otro al lado de la escalera. Le dije algo, me dio un beso, pero me contestó que no me quería tanto como yo pensaba y que dejara de coquetear. Con voz desesperada y suplicante, le dije:

—Pero ¡si yo no coqueteo, Peter!

Cuando me desperté, me alegré de que Peter todavía no hubiera dicho eso.

Anoche también nos estábamos besando, pero las mejillas de Peter me decepcionaron, porque no eran tan suaves como parecen, sino como la mejilla de papá, o sea, como la mejilla de un hombre que ya se afeita.

——

Hoy después de comer, cuando Bep, papá y el señor Pfeffer ya habían bajado, quise decirle de una buena vez a la señora Van Pels que no fuera tan desconsiderada con Bep hablándole todo el tiempo de Henk. Es que le había dicho algo así como: «Tú también podrías haberte casado perfectamente con Henk, con lo bien que te cae... Pues nada, espera a que se divorcie, etcétera, etcétera».

Llevé a efecto lo que me había propuesto, diciéndole:

—Señora, no entiendo que siga usted hablándole de Henk a Bep. Me resulta incomprensible que no se dé cuenta de lo desagradable que es eso para Bep.

Madame se puso colorada, claro, y dijo:

—Sé perfectamente lo que le tengo que decir o no a Bep; si le resultara tan desagradable, ¡no me hablaría tanto de Henk!

Mi respuesta fue bastante altanera y fría:

—¡Solo sé que a Bep todos esos chismorreos le resultan desagradables!

Y un momento después bajé.

Mi triunfo con respecto a la señora es que hoy por hoy sé mantener muy bien la compostura; ella se pone colorada y yo me mantengo normal y digo exactamente lo que me había propuesto. Creo que es mi seguridad, que muchas veces también deja perpleja a mamá.

Porque Kitty, sigo fallando a menudo, muy a menudo, en todo, pero sé cuándo. ¡Y una cosa en mí que funciona muy bien es que digo lo que quiero decir!

Ahora únicamente tengo una enorme curiosidad por saber qué dirá Peter al respecto, y es que esperé a que él estuviera presente. También es posible que no diga nada, naturalmente, ¡pero espero que sí lo haga!

tu Anne M. Frank.

Viernes, 10 de marzo de 1944.

Queridísima Kitty:

En efecto, Peter no dijo nada, aunque yo ayer le pregunté. No dijo nada en particular al respecto. Hoy es aplicable el refrán que dice que las desgracias nunca vienen solas. Lo acaba de decir Peter. Te contaré todas las cosas desagradables que nos pasan y las que quizá aún nos esperan.

En primer lugar, a raíz de la boda de Henk y Aagje de ayer, Miep está enferma. La iglesia del Oeste, donde se celebró la ceremonia, le produjo un grave resfriado. Estuvo con vómitos, dolor de cabeza y de garganta y demás.

En segundo lugar, el señor Kleiman aún no ha vuelto desde que tuvo la hemorragia estomacal, con lo que Bep sigue sola en la oficina.

En tercer lugar, la policía ha arrestado a un señor, al que no nombraré y cuyo nombre tampoco viene a cuento. No solo para el susodicho señor es horrible, sino también para nosotros, ya que andamos muy escasos de patatas, mantequilla y mermelada. El señor M., por llamarlo de alguna manera, tiene cinco hijos menores de trece años y uno más en camino.

Anoche tuvimos otro pequeño sobresalto, ya que de repente se pusieron a golpear en la pared de al lado. Estábamos cenando. El resto de la noche transcurrió en un clima de tensión y nerviosismo.

———

Últimamente no tengo ningunas ganas de escribirte sobre lo que acontece en casa. Me preocupan mucho más mis propios intereses. Pero no me entiendas mal, porque lo que le ha ocurrido al pobre y bueno del señor M.

me parece horrible, pero en mi diario de cualquier forma no hay demasiado sitio para él.

El martes, miércoles y jueves estuve con Peter desde las cuatro y media hasta las cinco y cuarto, después de que se fueran todos. Hicimos francés y charlamos sobre miles de cosas. Realmente me hace mucha ilusión esa horita que pasamos juntos por la tarde, y lo mejor de todo es que creo que también a Peter le gusta que yo vaya.

tu Anne M. Frank.

Sábado, 11 de marzo de 1944.

Querida Kitty:

Últimamente estoy hecha un culo de mal asiento. Voy de abajo al piso de arriba y vuelta abajo. A veces tengo rachas que <u>necesito</u> estar sola o por lo menos con Peter. Pobre, pobre Peter, sus padres han vuelto a reñir. El griterío y los insultos vuelven a retumbar sobre nuestras cabezas. Yo subo y no <u>puedo</u> hacer mucho más.

tu Anne M. Frank.

Domingo, 12 de marzo de 1944.

Querida Kitty:

Todo está cada vez más patas arriba. Desde ayer, Peter ya no me dirige la mirada. Es como si estuviera enfadado conmigo, y por eso me esfuerzo para no ir detrás de él y para hablarle lo menos posible, pero ¡es tan difícil! ¿Qué será lo que a menudo lo aparta de mí y a menudo lo empuja hacia mí? Quizá solo yo me imagine que las cosas son peores de lo que son en realidad, quizá él también tenga sus estados de ánimo, quizá mañana todo haya pasado…

Lo más difícil de todo es mantenerme igual por fuera, cuando por dentro estoy triste y me siento mal. Tengo que hablar, ayudar, estar sentados juntos y sobre todo estar alegre. Lo que más echo de menos es la naturaleza y algún lugar en el que pueda estar sola todo el tiempo que quiera. Creo que estoy mezclando muchas cosas, Kitty, pero es que estoy muy confusa: por un lado me vuelve loca el deseo de tenerlo a mi lado, y casi no puedo estar en la habitación sin mirarlo, y por el otro, me pregunto por qué me importa tanto en realidad, por qué no tengo bastante conmigo misma, por qué no puedo recuperar la tranquilidad.

Día y noche, siempre que estoy despierta, no hago más que preguntarme: «¿Lo has dejado suficientemente en paz? ¿No subes a verlo demasiado? ¿No hablas demasiado a menudo de temas serios de los que él todavía no sabe hablar? ¿Es posible que él no te encuentre nada simpática? ¿Habrá sido todo el asunto pura imaginación? Pero entonces ¿por qué te ha contado tantas cosas sobre sí mismo? ¿Se habrá arrepentido de haberlo hecho?». Y muchas otras cosas más.

Ayer por la tarde, después de una mañana llena de desgana, de recibir noticias sobre varias detenciones (ahora también de D.), de malas noticias sobre el padre de Bep y ni una mirada amable de Peter, estaba tan hecha polvo y tan desanimada que me eché a dormir. Solo quería dormir, para no pensar. Dormí hasta las cuatro de la tarde, y entonces tuve que ir a la habitación. ¡Ay, qué difícil resulta entonces responderle a mamá y contarle a papá por qué me eché a dormir! Para salir del paso dije que tenía dolor de cabeza, y es que de verdad lo tenía… ¡por dentro!

La gente normal, las chicas normales, las adolescentes como yo, dirán que estoy loca, pero nadie sabe lo difícil que es estar tan enamorada, sin amor por el otro lado y tener siempre alrededor a la persona de su adoración. Por nada del mundo quisiera no tener a Peter, pero aun así a veces me gustaría estar completamente alejada de él. Suena raro, pero también es comprensible, porque cuando me paso una hora estudiando y poniendo un poco de orden en mis pensamientos y sentimientos, vuelvo a verlo y todos mis buenos propósitos se vienen abajo de golpe.

Soy desdichada en el amor, innumerables admiradores y jóvenes amados han suplicado mis favores, mientras que yo no sentía más que camaradería por ellos. Solo ha habido tres a los que yo quería, pero a ninguno de ellos le agradaba yo.

¡Ay, Peter, dime algo por fin, no me dejes a la deriva entre la esperanza y el abatimiento! Dame un beso o échame de la habitación, pero de este modo cometeré una desgracia. Por las noches las escenas más dulces, por las mañanas la desnuda realidad y eso durante semanas, todos los días: ¡para eso todavía no soy lo suficientemente fuerte!

———

Ahí está el quid de la cuestión, todos piensan que soy atrevida, segura de mí misma y divertida, mientras que yo no deseo nada más que ser Anne para una sola persona. En todas partes hago la comedia, soy la payasa, la atrevida, la osada, con uno no quisiera ser nada más que la sensible. Porque soy sensible ¡muy sensible! Margot quisiera ser mi confidente, yo no puedo. Es tierna, y buena, y bonita, pero le falta algo que yo tanto necesito. Tampoco podría soportar ver todo el día que alguien sabe lo que me pasa por la cabeza, mi confidente no puede estar todo el día a mi alrededor, salvo… ¡Peter!

Es muy pesada la carga que tengo que soportar, y aun así soy fuerte. En cierto sentido también soy consciente de mí misma, aunque muy distinta de lo que la gente piensa. Sé que estoy en un lugar más alto que mamá y la señora Van Pels. No puedo sentir más que desprecio por todas sus acciones, y ser consciente de que soy diferente. Sé que tengo a Dios, a Dios y a la abuela y tantas cosas más y eso es lo que me mantiene erguida. Sin esa voz que una y otra vez me augura consuelo y bondades, hace mucho que ya no tendría esperanzas, sin Dios hace mucho que me habría hundido.

Sé que no estoy a salvo, temo las celdas y los campos de concentración, ¡pero siento que me he vuelto más valiente y que estoy en los brazos de Dios!

tu Anne M. Frank.

Martes 14 de marzo de 1944.

Querida Kit:

Te parecerá divertido —para mí no lo es en absoluto— saber cómo comeremos hoy. En estos momentos, dado que abajo está haraganeando la asistenta, estoy con los Van Pels sentada a la mesa con el hule, con un pañuelo en la boca y tapándome la nariz, impregnado de un exquisito perfume de antes de escondernos. Supongo que no entenderás nada, de modo que empezaré por el principio.

Como a B. y D. se los han llevado los alemanes, ya no tenemos cupones (salvo nuestras cinco cartillas de racionamiento) ni manteca. Como Miep y Kleiman están enfermos, Bep no puede salir, y como hay un ambiente muy triste, la comida también lo es. A partir de mañana ya no habrá nada de manteca, mantequilla ni margarina y probablemente tampoco conseguiremos hasta el sábado, cuando salgan los nuevos cupones. Ya no desayunamos patatas rehogadas, sino papilla de avena, y como la señora teme que nos muramos de hambre, hemos comprado algo más de leche entera. La comida caliente de hoy consiste en un guiso de patatas y col rizada de conserva. De ahí las medidas preventivas con el pañuelo. ¡Es increíble el olor que despide la col rizada, que seguramente ya lleva varios años en conserva! Huele a una mezcla de retrete, ciruelas en descomposición y conservante, más diez huevos podridos. ¡Qué asco! La sola idea de que tendré que comerme esa porquería me da náuseas.

A ello hay que sumarle que nuestras patatas han sufrido unas enfermedades tan extrañas que de cada dos cubos de tubérculos, uno va a parar a la estufa. Por eso, nos divertimos tratando de determinar con exactitud las distintas enfermedades que tienen, y hemos llegado a la conclusión de que se van turnando el cáncer, la viruela y el sarampión. Entre paréntesis, no es fácil tener que estar escondidos en este cuarto año de guerra (por lo que respecta a Holanda). ¡Ojalá que toda esta porquería se acabe pronto!

A decir verdad, lo de la comida me importa poco, si al menos otras cosas aquí fueran más placenteras. Ahí precisamente está el quid de la cuestión: esta vida tan aburrida nos tiene fastidiados a todos. A continuación, te enumero brevemente cómo nos tomamos respectivamente los escondidos la situación actual:

La señora Van Pels:

La tarea de reina de la cocina hace rato que no tiene ningún aliciente para mí. Estar sentada sin hacer nada o estudiar inglés me aburren. Por eso, mejor cocinar, no quejarme. Cocinar sin manteca es imposible, me marean los malos olores. Y luego me pagan con ingratitud y con gritos, siempre he sido la oveja negra, de todo me echan la culpa. Por otra parte, mi parecer es que la guerra no avanza lo suficientemente rápido, los alemanes al final conseguirán la victoria. Tengo mucho miedo de que nos muramos de hambre. *Scheisse, Schwein, Rottzeug!*

El señor Van Pels:

Necesito fumar, fumar y fumar, y así la comida, la política, el mal humor de Kerli y todo lo demás no es tan grave. Kerli al final es una buena mujer.

Si no me dan nada que fumar, me pongo malo, y además quiero comer carne, y además vivimos muy mal, nada está bien y seguro que acabaremos tirándonos los trastos a la cabeza. ¡Al final, vaya una estúpida que está hecha esta Kerli mía!

Peter:

Estudiar, callar, no quejarse, no molestar a nadie y hacer lo que hay que hacer.

La señora Frank:

La comida no es tan importante, pero me apetecería comer una rebanada de pan de centeno, porque tengo mucha hambre.

Si yo fuera la señora Van Pels, hace rato que habría acabado con esa eterna manía de fumar del señor. Ahora me urge fumar un cigarrillo, porque tengo la cabeza que está a punto de estallar.

Los Van Pels son una gente horrible. Los ingleses cometen muchos errores, necesito hablar y alegrarme de no estar en Polonia.

El señor Frank:

Todo está bien, no me hace falta nada. Sin prisas, que tenemos tiempo. Dadme diez patatas y eso me basta. Hay que apartar algo para Bep. La política avanza.

Margot Frank:

Todo es feo y desagradable, no se puede cambiar nada, hay que tomar las cosas como vienen y sobre todo no lamentarse. Apetito nunca tengo, déjalo correr.

Fritz Pfeffer:

Tengo que escribir mi cuota diaria, acabar todo a tiempo. La política va viento en poopa, es im-po-sii-ble que nos descubrran. ¡Yo, yo y yo…!

Anne Frank:

Tener ánimos, buscar la felicidad, estar alegre. En la cama se puede llorar tanto como uno quiera. De hambre no nos moriremos y espero que todo salga bien. ¡Sé amable y anímate!

tu Anne M. Frank.

Miércoles 15 de marzo de 1944.

Querida Kitty:

No hay muchas novedades que informar. Miep todavía está bastante enferma, Kleiman no va nada bien. Creemos que ha vuelto a tener una hemorragia puesto que perdió el conocimiento.

Bep asistió anoche a un recital de piano en el Concertgebouw. Tocaba una chica de veinte años, Telma no sé cuántos. ¡Esta noche irá a escuchar a Evelyn Künneke! Hace un día delicioso, aunque frío. Estudio mucho inglés y francés, otras cosas de momento no me apetecen.

He terminado de leer los cinco primeros libros de los Forsyte. Jon me recuerda a Peter en muchos aspectos, Fleur es mejor y peor que yo en algunas cosas, aunque también se parece un poco. Anoche volví a soñar con Peter. Estábamos juntos en algún lugar y le pregunté si me regalaba un mechón de su pelo. Le pareció bien, por alguna razón nos volvimos a dar un beso.

Otra vez estoy bien de ánimo. ¡Ojalá nunca fuera sábado ni domingo!

tu Anne M. Frank.

Jueves, 16 de marzo de 1944.

Querida Kitty:

Las cosas aquí se están poniendo cada vez peores: Bep está muy acatarrada y tiene mucho dolor de espalda y de garganta. Tememos que también se contagie la gripe. ¿Cómo acabará todo entonces?

Hace un tiempo maravilloso, indescriptiblemente hermoso. No tardaré en subir al desván.

Ahora ya sé por qué estoy siempre mucho más intranquila que Peter. Él tiene una habitación propia donde estudiar, soñar, pensar y dormir. A mí me empujan de un rincón a otro de la casa. En mi habitación compartida no estoy nunca sola, lo que sin embargo desearía tanto. Ese es precisamente el motivo por el que huyo al desván. Solo allí y contigo puedo ser yo misma, aunque solo sea un momento. Pero no quisiera darte la lata hablándote de mis deseos; al contrario, ¡quiero ser valiente!

Abajo, por suerte, no se dan cuenta de lo que siento por dentro, salvo que cada día estoy más fría y despreciativa con respecto a mamá, le hago menos mimos a papá y tampoco le suelto nada a Margot: estoy herméticamente cerrada. Ante todo debo seguir mostrándome segura de mí misma por fuera, nadie debe saber que dentro de mí se sigue librando una batalla: una batalla entre mis deseos y la razón. Hasta ahora ha triunfado siempre esta última, pero a la larga ¿no resultarán más fuertes los primeros? A veces me temo que sí, y a menudo lo deseo.

¡Ay!, es tan terriblemente difícil no soltar nunca nada delante de Peter, pero sé que es él quien tiene que tomar la iniciativa. ¡Es tan difícil deshacer de día todas las conversaciones y todos los actos que me han ocurrido de noche en sueños! Sí, Kitty, Anne es una chica muy loca, pero es que los tiempos que me han tocado vivir también lo son, y las circunstancias lo son más aún.

Me parece que lo mejor de todo es que lo que pienso y siento al menos lo puedo apuntar; si no, me asfixiaría completamente. ¿Qué pensará Peter de todas estas cosas? Una y otra vez pienso que algún día podré hablar con él al respecto. Algo tiene que haber adivinado en mí, porque la Anne de fuera que ha conocido hasta ahora no le puede gustar. ¿Cómo puede ser que él, que ama tanto la paz y la tranquilidad, tenga simpatía por mi bullicio y alboroto? ¿Será el primero y único en el mundo que ha mirado detrás de mi máscara de hormigón? ¿Irá él a parar allí detrás dentro de poco? ¿No hay un viejo refrán que dice que el amor a menudo viene después de la compasión, y que los dos van de la mano? ¿No es ese también mi caso? Porque siento la misma compasión por él que la que a menudo siento por mí misma.

No sé, realmente no sé de dónde sacar las primeras palabras, ni de dónde habría de sacarlas él, al que le cuesta mucho más hablar. ¡Ojalá pudiera escribirle, así al menos sabría que él sabe lo que yo le quisiera decir, porque es tan difícil decirlo con palabras!

tu Anne M. Frank.

Jueves por la tarde.

En efecto, esta mañana todavía no sabía lo que se cernía sobre nosotros. A Kugler le ha llegado una citación del servicio de trabajo de que tiene que ir seis días a hacer trabajos forzados. Ahora se ha ido a ver a un médico de confianza que el señor Van Pels también conoce para que le dé un buen certificado. Bep no tiene fiebre, aunque aún no está mejor. Según Jan, Miep guardará cama al menos otros quince días. Lo que tuvo Kleiman no fue otra hemorragia estomacal, sino un ataque de nervios. De ahí la pérdida de conocimiento. ¡Menudo panorama! Para empezar, hemos convenido que el personal del almacén no venga mañana, solo Bep, al menos si se mantiene en pie. La puerta de entrada se cerrará con llave y nosotros tendremos que guardar silencio por los vecinos.

Si no llegara a venir Bep, tendremos que guardar aún más silencio y en cualquier caso después de la una vendrá a vernos un momento Jan.

Por mencionar solo un ejemplo de la situación fuera, Jan nos contó lo que comió desde el sábado. El sábado comió tres zanahorias grandes de invierno, las hirvió la señora Pfeffer o él mismo, no lo sé, junto con unos guisantes, todo revuelto, y esa fue la comida del sábado, el domingo y el lunes. El martes hubo guisantes grises y el miércoles le hicieron un puré con lo que sobró de la zanahoria.

Cuando le preguntamos si el médico de Miep volvería a verla, la respuesta fue:

—El médico tiene tanto que hacer que en su consulta privada ahora tiene un asistente. Cuando uno le pide por teléfono que le preparen una receta para unos polvos, le responde que la consulta es de las ocho a nueve de la mañana y que hay que pasarse a esa hora para recoger la receta.

En resumen es una historia trágica; si no fuera tan desagradable para nosotros y para todos, hasta podría ser interesante y divertido. Preferimos no hacernos mala sangre, de hambre no nos moriremos y a lo mejor no es tan terrible y todo acaba bien.

Anne.

Viernes, 17 de marzo de 1944.

Queridísimo tesoro mío:

Finalmente todo ha terminado bien, porque el catarro de Bep no se ha convertido en gripe, sino tan solo en afonía, y el señor Kugler se ha librado de los trabajos forzados gracias al certificado médico. El que no está nada bien es el señor Kleiman, que al final resultó que sí tuvo una hemorragia estomacal.

Aquí todo sigue bien, salvo que Margot y yo nos estamos cansando un poco de nuestros padres. No me interpretes mal, sigo queriendo a papá y Margot sigue queriendo a papá y a mamá, pero cuando tienes la edad que tenemos nosotras, te apetece decidir un poco por ti misma, quieres soltarte un poco de la mano de tus padres. Cuando voy arriba, me preguntan adónde voy; sal no me dejan comer; a las ocho y cuarto de la noche, mamá me pregunta indefectiblemente si no es hora de cambiarme; todos los libros que leo tienen que pasar por la censura. A decir verdad, la censura no es nada estricta y me dejan leer casi todo, pero nos molestan los comentarios y observaciones, más todas las preguntas que nos hacen todo el día.

Hay otra cosa que no les agrada, sobre todo en mí: que ya no quiera estar todo el tiempo dando besitos aquí y allá. Los múltiples sobrenombres melosos que inventan me parecen tontos, y la predilección de papá por las conversaciones sobre ventosidades y retretes, asquerosa. En resumidas cuentas, me gustaría perderlos de vista un tiempo, pero no lo entienden. No es que se lo hayamos propuesto; nada de eso, de nada serviría, no lo entenderían en absoluto.

Aun anoche Margot me decía: «¡Estoy tan aburrida de que al más mínimo suspiro ya te pregunten si te duele la cabeza o si te sientes mal!».

Margot ahora también entiende por primera vez que es más fácil contarles cosas personales a las amigas que a los padres.

Para las dos es un duro golpe el que de repente veamos lo poco que queda de todo ese ambiente familiar y esa armonía que había en casa. Pero esto deriva en gran medida de la desquiciada situación en que nos encontramos. Me refiero al hecho de que nos tratan como a dos chiquillas por lo que respecta a las cosas externas, mientras que somos mucho más maduras que las chicas de nuestra edad en cuanto a las cosas internas. Aunque solo tengo catorce años, sé muy bien lo que quiero, sé quién tiene razón y quién no, tengo mi opinión, mi modo de ver y mis principios, y por más extraño que suene en boca de una adolescente, me siento una persona y no tanto una niña, y me siento totalmente independiente de cualquier otra alma.

Sé que sé debatir y discutir mejor que mamá, sé que tengo una visión más objetiva de las cosas, sé que no exagero tanto como ella, que soy más pulcra y diestra, y por eso —ríete si quieres— me siento superior a ella en muchas cosas. Si he de querer a una persona, en primer lugar debo sentir admiración por ella, admiración y respeto, y estos dos requisitos en mamá no veo que se cumplan en absoluto.

Todo estaría bien, no le daría importancia a nada mientras tenga a Peter, porque siento admiración por él en muchas cosas. ¡Ay, qué chico tan bueno y tan guapo que es!

tu Anne M. Frank.

Sábado, 18 de marzo de 1944.

Querida Kitty:

A nadie en el mundo le he contado tantas cosas sobre mí misma y sobre mis sentimientos como a ti. Entonces ¿por qué no habría de contarte algo sobre cosas sexuales?

Los padres y las personas en general tienen una actitud muy curiosa al respecto. En vez de contarles tanto a sus hijas mujeres como a sus hijos varones a los doce años todo lo que hay para contar, cuando surgen conversaciones sobre el tema les obligan a abandonar la habitación, y que se busquen por su cuenta la información que necesitan. Cuando luego los padres se dan cuenta de que sus hijos están enterados de algunas cosas, creen que los críos saben más o menos de lo que se corresponde con la realidad. ¿Por qué no intentan en ese momento recuperar el tiempo perdido y preguntarles hasta dónde llegan sus conocimientos?

Existe un obstáculo considerable para los adultos —aunque me parece que no es más que un pequeño obstáculo—, y es que temen que los hijos supuestamente ya no vean al matrimonio como algo sagrado e inviolable, si se enteran de que aquello de la inviolabilidad son cuentos chinos en la mayoría de los casos.

A mi modo de ver, no está nada mal que un hombre llegue al matrimonio con alguna experiencia previa, porque ¿acaso tiene eso algo que ver con el propio matrimonio?

Cuando acababa de cumplir los once años, me contaron lo de la menstruación, pero aún no tenía la más mínima noción de dónde venía ni qué significaba. A los doce años y medio ya me contaron algo más, ya que Jacque era mucho menos ignorante que yo. Yo misma me imaginé cómo era la cohabitación del hombre y la mujer. Al principio la idea me pareció bastante extraña, pero cuando Jacque me lo confirmó, me sentí muy orgullosa por haber tenido tan buena intuición.

Aquello de que los niños no salen directamente de la panza, también lo supe por Jacque, que me dijo sin más vueltas: «El producto acabado sale por el mismo lugar por donde entra la materia prima».

De lo del himen y otros detalles específicos nos enteramos Jacque y yo por un libro sobre educación sexual. También supe que se podía evitar el tener hijos, pero siguió siendo un secreto para mí cómo funcionaba todo aquello por dentro.

Cuando llegamos aquí, papá me habló de prostitutas, etcétera, pero al cabo quedan algunas preguntas sin responder.

Si una madre no les cuenta todo a sus hijos, estos se van enterando poquito a poco, y eso no está bien.

———

Aunque hoy es sábado, no estoy de malas. Es que he estado en el desván con Peter, soñando con los ojos cerrados. ¡Ha sido maravilloso!

tu Anne M. Frank.

Domingo, 19 de marzo de 1944.

Querida Kitty:

Ayer fue un día muy importante para mí, por lo siguiente: después de la comida del mediodía, todo se desarrolló de manera normal. A las cinco puse a hervir las patatas y mamá me dio un trozo de morcilla para que se la llevara a Peter. Al principio yo no quería hacerlo, pero luego fui de todas formas.

—Peter —le dije—, ¿puedo darte esto de parte nuestra, para tus bocadillos?

Pero él no quiso y tuve la horrible sensación de que todavía era por lo de la discusión sobre la desconfianza. Llegado un momento, no pude más, me vinieron las lágrimas a los ojos y sin insistir volví a llevar el platito a mamá y me fui a llorar al retrete. Cuando se me pasó, decidí hablar del asunto con Peter de una vez para siempre. Antes de cenar éramos cuatro en su habitación ayudándolo a resolver un crucigrama, y entonces no pude decirle nada, pero justo antes de ir a sentarnos a la mesa, le susurré:

—¿Vas a hacer taquigrafía más tarde, Peter?

—No —contestó.

—Entonces luego quisiera hablarte.

Le pareció bien.

Por lo tanto, después de fregar los platos fui a su habitación y le pregunté si había rechazado la morcilla por esa discusión que habíamos tenido. Pero por suerte no era ese el motivo, solo que no le pareció correcto ceder tan pronto. Seguimos hablando un poco sobre esas discusiones y sobre que mi actitud con respecto a ellas es ahora muy distinta, etcétera, etcétera. Hacía mucho calor en la habitación y yo estaba colorada como un cangrejo; por eso, después de llevarle el agua a Margot abajo, volví un momento arriba a tomar algo de aire. Para salvar las apariencias, primero me paré junto a la ventana de los Van Pels, pero al poco tiempo pasé a ver a Peter. Él estaba en el lado izquierdo de la ventana abierta, yo me puse en el lado derecho y nos pusimos a hablar. Era mucho más fácil hablar junto a la ventana abierta, en la relativa oscuridad, que con mucha luz, y creo que también a Peter le pareció así.

Nos contamos tantas, pero tantas cosas, que simplemente no podría repetirlo todo aquí, pero fue muy bonito, la noche más hermosa que he vivido hasta ahora en la Casa de atrás.

No obstante, te resumiré en pocas palabras de qué temas hablamos:

Primero hablamos de las discusiones, de que ahora mi actitud con respecto a ellas es muy distinta, luego sobre el distanciamiento con respecto a nuestros padres. Le hablé de mamá y papá, de Margot y de mí misma. En un momento dado me dijo:

—Vosotros seguro que os dais las buenas noches con un beso.

—¿Uno? ¡Un montón! Tú no, ¿verdad?

—No, yo casi nunca le he dado un beso a nadie.

—¿Para tu cumpleaños tampoco?

—Sí, para mi cumpleaños sí.

Hablamos de la confianza, de que ninguno de los dos la hemos depositado en nuestros padres. De que los suyos se quieren mucho y que también habrían querido tener la confianza de Peter, pero que él se la ha negado. De que cuando yo estoy triste me desahogo llorando en la cama, y que él sube al desván a decir palabrotas. De que Margot y yo solo hace poco que hemos intimado, y que tampoco nos contamos tanto, porque estamos siempre juntas. En fin, de todo un poco, de la confianza, de los sentimientos y de nosotros mismos. Y resultó que Peter era tal como yo sabía que era.

Luego nos pusimos a hablar sobre 1942, sobre lo distintos que éramos entonces. Ninguno de los dos se reconoce en cómo era en aquel periodo. Lo insoportables que nos parecíamos al principio. A él le molestaba que yo me sentara con él a escuchar la radio, para él yo era una parlanchina y muy molesta, y a mí él muy pronto me pareció muy aburrido. Entonces no entendía por qué no me cortejaba, pero ahora me alegro. Otra cosa de la que habló fue de lo mucho que se aislaba de los demás, y yo le dije que entre mi bullicio y temeridad y su silencio no había tanta diferencia.

Que a mí también me gusta la tranquilidad, y que no tengo nada para mí sola, salvo mi diario, que todos se alegran cuando los dejo tranquilos, en primer lugar el señor Pfeffer, y que tampoco quiero estar siempre en la habitación. Que él está muy contento de que mis padres tengan hijos, y que yo me alegro de que él esté aquí. Que ahora sí comprendo su recogimiento y la relación con sus padres, y que me gustaría ayudarlo con las peleas.

—Peter, si alguna vez necesitas ayuda, ¿me lo dirás?

—¡Pero si tú ya me ayudas!

—¿Cómo? —le pregunté muy sorprendida.

—¡Con tu alegría!

Es lo más bonito que me ha dicho hasta ahora. También me dijo que no le parecía para nada molesto que fuera a verlo como antes, sino que le agradaba.

Yo también le dije que todos esos nombres cariñosos de papá y mamá no tienen ningún contenido, que la confianza no se crea dando un besito acá y otro allá.

Otra cosa de la que hablamos fue de nuestra propia voluntad, del diario y la soledad, de la diferencia que hay entre la persona interior y exterior que todos tenemos, de mi máscara, etcétera.

Fue hermoso, debe de haber empezado a quererme como camarada, y eso por ahora me basta. Me faltan las palabras, de lo agradecida y contenta que estoy, y debo pedirte disculpas, Kitty, por el estilo infame de mis escritos de hoy. He escrito todo tal y como se me ha ido ocurriendo…

Ahora tengo la sensación de que Peter y yo compartimos un secreto. Cuando me mira con esos ojos, esa sonrisa y me guiña el ojo, dentro de mí es como si se encendiera una lucecita. ¡Espero que todo pueda seguir siendo así, y que juntos podamos pasar muchas muchas horas agradables!

<u>tu agradecida y contenta Anne.</u>

Lunes, 20 de marzo de 1944.

Querida Kitty:

Esta mañana, Peter me preguntó si me apetecía pasar más a menudo por la noche, que de ningún modo lo molestaría y que en su habitación tanto cabían dos como uno. Le dije que no podía pasar todas las noches, ya que abajo no lo consentirían, pero me dijo que no les hiciera caso. Le dije que me gustaría pasar el sábado por la noche, y le pedí que sobre todo me avisara cuando se pudiera ver la luna.

—Entonces iremos a mirarla abajo —dijo.

Me pareció bien, porque mi miedo a los ladrones tampoco es para tanto.

Entretanto algo ha eclipsado mi felicidad. Hacía rato ya que me parecía que a Margot Peter le caía más que simpático. No sé hasta qué punto lo quiere, pero es que no me gusta nada. Ahora, cada vez que me encuentro con Peter, tengo que hacerle daño adrede a Margot, y lo mejor del caso es que ella lo disimula muy bien. Sé que en su lugar yo estaría muerta de celos, pero Margot solo dice que no tengo que tener compasión con ella.

—Me sabe mal que tú te quedes así, al margen —añadí.

—Estoy acostumbrada —contestó en tono acre.

Esto todavía no me atrevo a contárselo a Peter, quizá más adelante; aún nos quedan tantas otras cosas que aclarar primero...

Anoche mamá me dio un cachete, que a decir verdad me había ganado. Debo contenerme un poco en cuanto a mis demostraciones de indiferencia y desprecio hacia ella. Así que tendré que volver a tratar de ser amable y guardarme mis comentarios pese a todo.

Tampoco Pim es tan cariñoso como antes. Intenta ser menos infantil en su comportamiento con nosotras, pero ahora se ha vuelto demasiado frío. Ya veremos lo que pasa. Me ha amenazado con que si no estudio álgebra, que no me crea que luego me pagará clases particulares. Aunque aún puede esperar, quisiera volver a empezar, a condición de que me den otro libro.

Por ahora basta. No hago más que mirar a Peter y estoy a punto de rebosar.

tu Anne M. Frank.

Una prueba del espíritu bondadoso de Margot. Esto lo he recibido hoy, 20 de marzo de 1944:

Anne, cuando ayer te dije que no tenía celos de ti, solo fui sincera contigo a medias. La verdad es que no tengo celos de ti ni de Peter, solo que lamento un poco (aquí me había saltado una página, véase la página anterior) no haber encontrado aún a nadie —y seguro que por el momento tampoco lo encontraré— con quien hablar de lo que pienso y de lo que siento. Pero eso no quita que os desee de todo corazón que podáis teneros confianza mutuamente. Aquí ya echamos de menos bastantes cosas que a otros les resultan muy naturales.

Por otro lado, estoy segura de que con Peter nunca habría llegado muy lejos, porque tengo la sensación de que mi relación con la persona a la que quisiera contarle todas mis cosas tendría que ser bastante íntima. Tendría que tener la impresión de que me comprendiera totalmente, aun sin que yo le contara tanto. Pero entonces tendría que ser una persona a quien considerara intelectualmente superior a mí, y eso estando con Peter nunca es el caso. Entre tú y él sí que me podría imaginar una cosa así.

De modo que no necesitas hacerte ningún reproche de que me pueda faltar algo o porque estés haciendo algo que me correspondía a mí. Nada de eso. Tú y Peter solo saldréis ganando con el trato mutuo.

Esta fue mi respuesta:

Querida Margot:

Tu carta me pareció enormemente cariñosa, pero no ha terminado de tranquilizarme y creo que tampoco lo hará.

Entre Peter y yo aún no existe tal confianza en la medida que tú dices, aunque frente a una ventana abierta y oscura uno se dice más cosas que a plena luz del sol. También resulta más fácil contarse lo que uno siente susurrando, que no anunciándolo a los cuatro vientos. Tengo la impresión de que has ido desarrollando una especie de cariño fraternal por Peter y de que quisieras ayudarlo, al menos igual que yo. Quizá algún día puedas llegar a hacerlo, aunque esa no sea la confianza como la entendemos tú y yo. Porque opino que la confianza es una cosa mutua, y creo que es ese el motivo por el cual entre papá y yo nunca hemos llegado a ese punto. No nos ocupemos más del asunto y ya no me hables de él. Si quieres alguna otra cosa de mí, te pido que me lo hagas saber por escrito, porque así podré expresar mucho mejor que oralmente lo que te quiera decir. No sabes lo mucho que te admiro y solo espero que algún día yo también pueda tener algo de la bondad de papá y de la tuya, porque entre las dos ya no veo mucha diferencia.

Tu Anne.

Descripción del horario de Anne Frank de los días laborables: lunes, martes, miércoles, jueves y viernes, en la primavera de 1944 en la Casa de atrás:

Despertarse, entre las 6.30 y las 7.30.

Despertar a papá: 7.30.

Levantarse: 7.38.

Vestirse: de 7.38 a 7.55; incluye recoger la cama, sacarse los rulos, llevarse ropa, el agua oxigenada, el peine, el espejo y la pomada.

Cuarto de baño: 8.00.

Acabar de vestirse y peinarse: ± 8.15, recoger el orinal y los libros, etcétera etcétera hasta las 8.30.

Pausa para lectura u otra actividad silenciosa: de 8.30 a 9.00.

Desayuno: de 9.00 a 9.30.

Mondar patatas: de 9.30 a 10.00 o 10.30.

Estudiar con los libros; con interrupciones para hablar, escribir en el diario, charlar y no hacer nada (a veces café ± a las 10.45) de 10.30 a 12.

Desván: de 12.00 a 12.45. Tomar el aire.

Tareas domésticas: de 12.45 a 13.00. Se refiere a limpiar el lavabo.

Radio: de 13.00 a 13.15.

Comer: de 13.15 o 13.30 a 13.50.

Sobremesa: de 13.50 a 14.00.

Transmisión de la Wehrmacht: de las 14.00 a poco después de las 14.00.

Deambular por arriba y por abajo hasta las 14.30.

Estudiar, nuevamente con varias interrupciones, a menudo también leer mucho, dependiendo del tipo de lectura: de 14.30 a 15.45.

Merienda: de 15.45 a 16.00.

Refrescarse: de 16.00 a 16.15.

Café: 16.15

Ir a buscar patatas: después del café hasta poco antes de las 16.30. El café se sirve arriba. Es que Margot y yo siempre subimos a las 16.15.

En el cuarto de Peter para hacer francés y hablar: de 16.30 a 17.15.

Libertad, parten los de la oficina y barullo en casa: de 17.15 a 18.00.

Radio: de 18.00 a 18.15.

Charlar, deambular por la casa y no hacer nada: de 18.15 a 18.30.

Cena: de 18.30 a 19.00.

Fregar platos: de 19.00 a 19.30.

Leer, escribir, hablar: de 19.30 a 20.30.

Desvestirse: de 20.30 a 20.50.

Cuarto de baño: de 20.50 a 21.15.

Acicalarse: de 21.15 a 21.30.

Dar las buenas noches, apagar la luz: 21.30 a 21.45.

Pensar, soñar, rezar y disfrutar: de 21.45 a 22.15.

Dormir: de 22.15 o 22.30 a ± 7.00.

Anne Frank.

Miércoles 22 de marzo de 1944.

Querida Kitty:

Esta es la respuesta de Margot, que recibí anoche:

Querida Anne:

Tu carta de ayer me ha dado la desagradable impresión de que cada vez que vas a estudiar o a charlar con Peter te da cargo de conciencia, pero de verdad me parece que no hay motivo para ello. Muy dentro de mí algo me dice que una persona tiene derecho a la confianza mutua, y yo aún no estoy preparada para que esa persona sea Peter.

Sin embargo, tal como me has escrito, me da la impresión de que Peter es como un hermano, aunque, eso sí, un hermano menor, y de que nuestros sentimientos extienden unas antenas buscándose mutuamente, para que quizá algún día, o tal vez nunca, puedan encontrarse en un cariño como de hermano a hermana; pero aún no hemos llegado a tanto, ni mucho menos.

De modo que de verdad no hace falta que te compadezcas de mí. Disfruta lo más que puedas de la compañía que has encontrado.

———

Ahora aquí todo es cada día más hermoso. Creo, Kitty, que en la Casa de atrás quizá tengamos un verdadero gran amor. Todas esas bromas sobre que Peter y yo terminaremos casándonos si seguimos aquí mucho más tiempo, ahora resulta que no estaban tan fuera de lugar. No es que esté pensando en casarme con él, nada de eso; no sé cómo será cuando sea mayor, ni si llegaremos a querernos tanto como para que deseemos casarnos.

Entretanto estoy convencida de que Peter también me quiere; de qué manera exactamente, no lo sé. No alcanzo a descubrir si lo que busca no es más que una buena camarada, o si le atraigo como chica, o bien como hermana.

Cuando me dijo que siempre lo ayudo cuando sus padres se pelean, me puse muy contenta y me pareció que era el primer paso para creer en su amistad. Ayer le pregunté qué haría si hubiera aquí una docena de Annes que lo visitaran continuamente. Su respuesta fue:

—Si fueran todas como tú, no sería tan grave.

Es muy hospitalario conmigo y creo que de verdad le gusta que vaya a verlo.

Ahora estudia francés con mucho empeño, incluso por la noche en la cama, hasta las diez y cuarto.

¡Ay, cuando pienso en el sábado por la noche, en nuestras palabras, en nuestras voces, por primera vez estoy satisfecha conmigo misma! Me refiero a que ahora volvería a decir lo mismo y que no lo cambiaría todo, como suele ser el caso.

Es muy guapo, tanto cuando se ríe como cuando está callado, con la mirada perdida. Es muy cariñoso y bueno y guapo. Creo que lo que más le ha sorprendido de mí es darse cuenta de que no soy en absoluto la Anne superficial y frívola, sino otra soñadora como él, con las mismas dificultades.

Anoche, después de fregar los platos, contaba absolutamente con que me invitaría a quedarme arriba; pero nada de eso ocurrió: me marché, él bajó a llamar a Pfeffer para escuchar la radio, se quedó bastante tiempo en el cuarto de baño, pero como Pfeffer tardaba demasiado en venir, subió de nuevo a su habitación. Allí lo oí pasearse de un lado a otro, y luego se acostó muy temprano.

Estuve toda la noche muy intranquila, y a cada rato me iba al cuarto de baño a lavarme la cara con agua fría, leía un poco, volvía a soñar, miraba la hora y esperaba, esperaba, esperaba y lo escuchaba. Cuando me acosté, temprano, estaba muerta de cansancio.

Esta noche me toca bañarme, ¿y mañana?

¡Falta tanto para mañana!

tu Anne M. Frank.

Mi respuesta:

Querida Margot:

Me parece que lo mejor será que esperemos a ver lo que pasa. Peter y yo seguro que no tardaremos en tomar una decisión: seguir como antes, o cambiar. Cómo será, no lo sé; en ese sentido, prefiero no pensar «más allá de mis narices».

Pero hay una cosa que seguro haré: si Peter y yo entablamos amistad, también le contaré que tú también lo quieres mucho y que estás a su disposición para lo que pueda necesitar. Esto último seguro que no lo querrás, pero eso ahora no me importa. No sé qué piensa Peter de ti, pero se lo preguntaré cuando llegue el momento.

Seguro que no piensa mal, más bien todo lo contrario. Pásate por el desván si quieres, o dondequiera que estemos, de verdad que no nos molestas, ya que creo que tácitamente hemos convenido que cuando queramos hablar, lo haremos por la noche, en la oscuridad.

¡Ánimo! Yo intento tenerlo, aunque no siempre es fácil. A ti también te tocará, tal vez antes de lo que te imaginas.

tu Anne.

Jueves, 23 de marzo de 1944.

Queridísima Kitty:

Desde la mañana de ayer han pasado tantísimas cosas que de verdad no sé por dónde empezar. En primer lugar, paso a contarte las novedades de fuera. A B. y D. los han soltado de la cárcel. Al respecto circulan las versiones más graciosas, pero basta con que te diga que el pueblo holandés es fantástico. La mujer de Brouwer espera dar a luz uno de estos días; por eso lo han soltado, aunque el asunto no está completamente resuelto. ¡Esperemos que todo salga bien!

El señor Kleiman no está nada bien. Su mujer y todos nosotros no estamos contentos con su médico. Su última hemorragia estomacal resultó ser muy grave, de ahí la pérdida de conocimiento.

Ayer por la mañana volvió Miep, pero hoy se ha metido en la cama Jan: tiene catarro y escalofríos. Bep está otra vez algo mejor, aunque la tos aún no se le ha quitado. Ayer se estrelló un avión cerca de aquí. La gente se salvó saltando todavía a tiempo en paracaídas. El aparato fue a parar a un colegio, donde por suerte no había niños. Hubo algunos muertos y un pequeño incendio. El aparato tiene que haber sobrevolado de muy cerca las naves del mercado. Nunca antes hemos tenido unos disparos tan fuertes como en el caso de este avión. Eran los alemanes, que disparaban con ametralladoras a la tripulación que había saltado y al avión en descenso. Diez minutos duraron los tiros ensordecedores. Fue aterrador.

Paso a contarte de mí.

Ayer, cuando fui a ver a Peter, no sé cómo fue que tocamos el tema de la sexualidad. Hacía mucho que me había propuesto hacerle algunas preguntas al respecto. Lo sabe todo. Cuando le conté que ni Margot ni yo estábamos demasiado informadas, se sorprendió mucho. Le conté muchas cosas de Margot, y de papá y mamá, y de que últimamente no me atrevo a preguntarles nada. Se ofreció para informarme sobre el tema y yo aproveché gustosa su ofrecimiento. Me contó cómo funcionan los anticonceptivos y le pregunté muy osada cómo hacen los chicos para darse cuenta de que ya son adultos. Dijo que necesitaba tiempo para pensarlo, y que me lo diría por la noche. Entre otras cosas, le conté aquella historia de Jacque y de que las chicas, ante la fuerza de los varones, están indefensas.

—¡Pues de mí no tienes nada que temer! —dijo.

Cuando volví por la noche, seguimos hablando largo y tendido sobre el tema y entonces me contó lo de los chicos. Me dio un poco de vergüenza, pero me gustó poder hablar de estas cosas con él. Ni él ni yo nos podíamos imaginar que algún día pudiésemos hablar tan abiertamente sobre los asuntos más íntimos con otra chica u otro chico, respectivamente.

Creo que ahora lo sé todo. Me contó muchas cosas sobre los «preventivos», o sea, los preservativos.

———

Por la noche, en el cuarto de baño, Margot y yo estuvimos hablando de Bram y Trees.

———

Esta mañana me esperaba algo muy desagradable: después del desayuno, Peter me hizo señas para que lo acompañara arriba.

—Me has tomado el pelo, ¿verdad? —dijo—. Oí lo que comentabais tú y Margot anoche en el cuarto de baño. Creo que solo querías ver lo que Peter sabía del asunto y luego divertirte con ello.

¡Ay, me dejó tan desconcertada! Intenté por todos los medios quitarle de la cabeza esas mentiras infames. ¡Me imagino lo mal que se debe de haber sentido, y sin embargo nada de ello es cierto!

—Que no, Peter —le dije—. Nunca podría ser tan ruin. Te he dicho que no diría nada, y así será. Hacer teatro de esa manera y ser tan ruin adrede, no, Peter, eso ya no sería divertido, eso sería desleal. No he dicho nada, de verdad. Todo lo que te he dicho es cierto. ¿Me crees?

Me aseguró que me creía, pero aún tendré que hablar con él al respecto. No hago más que pensar en ello todo el día. Menos mal que enseguida dijo lo que pensaba; imagínate que hubiera llevado dentro de sí semejante ruindad por mi parte. ¡El bueno de Peter!

¡Ahora sí que deberé y tendré que contarle todo!

tu
Mary Anne Frank.

¡equivocación!
Eso debe de ser de la emoción, porque me late el corazón como si fueran mazazos.

tu Anne.

Viernes, 24 de marzo de 1944.

Querida Kitty:

Al final no le he contado todo, aunque también así todo está bien, o mejor dicho, mucho mejor. No puedes imaginarte lo agradecida que estoy de que esto todavía me haya sido dado aquí en la Casa de atrás.

Ayer por la tarde, estando con Peter otra vez no hicimos inglés, hablamos de nuestros padres. Es que los Van Pels siempre dicen tonterías cuando salgo del cuarto de Peter por la noche y Peter también dice que con Pfeffer se pasan el rato cuchicheando sobre el tema. Ahora Peter me aconsejó que no les hiciera caso.

—¿Y abajo te dicen algo?

—Sí, mamá es muy curiosa, pero yo siempre busco alguna excusa para salir del paso.

—Seguro que anoche también te dijeron algo —continuó.

—Sí, claro, me dijeron: «¿Todavía sigues allí? Claramente se ha convertido en tu segunda patria».

—Pfeffer me dijo que no corresponde recibir visitas de jóvenes señoritas en la habitación tan tarde por la noche, y también le respondí algo así como que no era asunto suyo. A mis padres les dije que nos tienen envidia porque ellos ya son viejos y nosotros todavía somos jóvenes. Pero tú pásate cuando quieras, que a mí (de verdad) me gusta.

Y en otro orden de cosas, cuando le dije: «Pero esas cosas no se las dices a todo el mundo…» (se trataba de nuestra conversación en la ventana), él respondió: «¡Pero tú no eres todo el mundo!».

Esta página me la había saltado sin querer, por lo que para continuar con la página anterior hay que volver atrás.

Papá siempre dice que soy vanidosa, pero no es cierto, solo soy coqueta. No me han dicho muchas veces que soy guapa, salvo C. N., que me dijo que le gustaba cuando me reía.

Ayer Peter me hizo un cumplido sincero y, por gusto, te citaré más o menos nuestra conversación.

Peter me decía a menudo «¡Sonríe!», lo que me llamaba la atención. Entonces, ayer le pregunté:

—¿Por qué siempre quieres que sonría?

—Porque me gusta. Es que se te forman hoyuelos en las mejillas. ¿De qué te saldrán?

—Son de nacimiento. También tengo uno en la barbilla. Son los únicos elementos de belleza que poseo.

—¡Qué va, eso no es verdad!

—Sí que lo es. Ya sé que no soy una chica guapa; nunca lo he sido y no lo seré nunca.

—Pues a mí no me parece que sea así. Yo creo que eres guapa.

—No es verdad.

—Créetelo, te lo digo yo.

Yo, naturalmente, le dije lo mismo de él.

———

Cuando anoche oí que los Van Pels abrían su ventana, estaba muy indecisa; a las ocho decidí hacer un intento. Llamé suavemente a la puerta y el señor Van Pels me recibió diciendo:

—¡Anda, Mouschi, a por ella!

—¡Oh!, ¿es mejor que me vaya? —pregunté, pero no obstante fui directamente al cuarto de Peter.

Allí estaba la señora, que ipso facto me preguntó si venía a tomar el aire. Se quedó un momento hablando con nosotros, pero cuando el señor cerró la ventana, Peter quiso que se fuera. La señora se negó, quería quedarse con nosotros. Naturalmente, eso también nos pareció bien, pero a los cinco minutos al final se fue. Todavía le dije que de todos modos nuestra compañía tampoco era tan interesante, pero ella no estaba de acuerdo y dijo que volvería.

Cuando estuvimos solos, Peter enseguida me dijo:

—De verdad, no tienen nada en contra de que vengas, nunca lo prohibirán; ya les había dicho que luego vendrías.

—Ah —dije—, pues casi no vengo.

Muy sorprendido, respondió:

—¡Pero si te había guiñado un ojo desde el otro lado de la mesa antes de que bajaras!

—Mira, Peter —le dije entonces—. De ninguna manera puedo pasarme todas las noches.

—¿Y por qué no?

—Pues porque no lo haré. Ya me da no sé qué subir así como así. La única manera, y al mismo tiempo el justo medio, sería que bajaras un momento y me acompañaras arriba. Tú prefieres no bajar todas las noches para pedirme que suba, y yo prefiero no subir sola, entonces eso sería lo mejor.

—Pero…, pero…, pero…

—Tú hazme ese favor.

Eso tuvo el efecto deseado. Enseguida me dijo:

—Está bien.

Luego preguntó si tenía que pasar por nuestra habitación.

—Claro que no, simplemente pasa por el cuarto de baño, yo estaré en mi cuarto.

Luego quiso saber si tenía que hablar en voz alta, a lo que yo respondí:

—Haz lo que más te convenga.

———

Más tarde volvió a decir que por favor me pasara:

—Es que si no, solo, me aburro.

—¡Hasta ahora tampoco te habías aburrido!

—¡No, pero eso fue algo muy distinto!

——

—¡Qué gracioso esto que nos ha pasado!, ¿verdad? Al principio yo tenía muchas ganas de hacer algo contigo, pero a ti no te gustaba para nada que vinieras a verte. Luego, durante un año, me olvidé casi por completo de tu existencia, hasta que un día de repente me acordé de que todavía existía algo así como un Peter.

—Si entonces tú no hubieras venido hacia mí, yo habría ido hacia ti.

——

¿No es una coincidencia, Kitty, que nos hayamos descubierto casi al mismo tiempo? Ahora, de todas esas palabras y acciones suyas bien puedo concluir que él también siente mucho por mí. Cuando él no sube al desván, seguro que es porque yo le he dicho que alguna vez también quisiera estar sola. De verdad, no sé cómo ha de seguir todo esto, ni si siempre tendremos algo de que hablar. Pero si lo nuestro sigue en pie, también podremos estar juntos sin necesidad de hablar. Lo único que me molesta es que Margot esté tan sola abajo cuando yo estoy arriba con Peter, pero cuando se lo digo no quiere saber nada.

Papá no pregunta ni dice nada, pero también es menos infantil. Mamá sabe que ella no me importa mucho, lo mismo que los padres de Peter a él. Además, Kitty, me está dando la sensación de que ya no soy tan ajena a Peter, de que en realidad voy detrás de él, de que dependo de sus favores.

¡Ojalá los viejos del piso de arriba no fueran tan estúpidos! Seguro que es porque prefieren no verme. De todas formas, Peter y yo nunca les diremos de qué hablamos. ¡Imagínate si supieran que tratamos aquellos temas tan íntimos! Hablar de la regla con un chico y que un chico hable sobre sus asuntos con una chica ciertamente no es tan habitual. Me gustaría preguntarle a Peter mucho más sobre el tema, pero siempre me temo que piense que no sé hablar de otra cosa.

Quisiera preguntarle si sabe cómo es realmente el cuerpo de una chica. Creo que en los varones la parte de abajo no es tan complicada como la de las mujeres. En las fotos o imágenes de hombres desnudos puede apreciarse perfectamente cómo son, pero en las mujeres no. Los órganos sexuales (o como se llamen) de las mujeres están más escondidos entre las piernas. Es de suponer que Peter nunca ha visto a una chica de tan cerca, y a decir verdad, yo tampoco. Realmente lo de los varones es mucho más sencillo. ¿Cómo diablos tendría que explicarle a Peter el funcionamiento del aparato femenino? Porque, por lo que me dijo una vez, ya me he dado cuenta de que no lo sabe exactamente. Dijo algo de la abertura del útero, pero esta está por dentro, y no se la puede ver. Es notable lo bien organizada que está esa parte del cuerpo en nosotras. Antes de cumplir los once o doce años, no sabía que también estaban los labios de dentro de la vulva, porque no se veían. Y lo mejor del caso es que yo pensaba que la orina salía del clítoris.

Una vez, cuando le pregunté a mamá lo que significaba esa cosa sin salida, me dijo que no sabía. ¡Qué rabia me da que siempre se esté haciendo la ignorante!

Pero volvamos al tema. ¿Cómo diablos hay que hacer para describir la cosa sin un ejemplo a mano? ¿Hacemos la prueba aquí? ¡Pues vamos! De frente, cuando estás de pie, no ves más que pelos. Entre las piernas en realidad hay una especie de almohadillas, unos elementos blandos, también con pelo, que cuando estás de pie se tocan, y no se puede ver lo que hay dentro. Cuando te sientas, se separan, y por dentro tienen un aspecto muy rojo y carnoso, nada bonito. En la parte superior, entre los labios mayores, arriba, hay como un pliegue de la piel, que mirado más detenidamente resulta ser una especie de almohadilla, y que es el clítoris. Luego vienen los labios menores, que también están pegados uno a otro como si fueran un pliegue. Cuando se abren, dentro hay un bultito carnoso, no más grande que la punta de un dedo. La parte superior es porosa: allí hay unos cuantos orificios por donde sale la orina. La parte inferior parece estar compuesta solo de piel, pero sin embargo allí está la vagina. Está casi toda cubierta de pliegues de la piel, y es muy difícil descubrirla. Es tan tremendamente pequeño el orificio que está debajo, que casi no logro imaginarme cómo un hombre puede entrar ahí, y menos cómo puede salir un niño entero. Es un orificio al que ni siquiera con el dedo puedes entrar fácilmente. Eso es todo, y pensar que todo esto juega un papel tan importante.

tu Anne M. Frank.

Esto es de hace unas semanas, ahora ya no cuenta, pero como mis versos son tan contados, te los copio:
De nuevo el día no ha traído nada,
ha sido cual una noche cerrada.

Anne. (Rea).

Sábado, 25 de marzo de 1944.

Querida Kitty:

Cuando una va cambiando, solo lo nota cuando ya está cambiada. Yo he cambiado, y mucho: completa y totalmente. Mis opiniones, mis pareceres, mi visión crítica, mi aspecto, mi carácter: todo ha cambiado. Y puedo decir tranquilamente, porque es cierto, que todo ha cambiado para bien.

Ya alguna vez te he contado lo difícil que ha sido para mí dejar atrás esa vida placentera de personita adorada y venir aquí, en medio de la cruda realidad de regañinas y de mayores. Pero papá y mamá son culpables en gran parte de muchas de las cosas por las que he tenido que pasar.

En casa veían con gusto que fuera una chica alegre, y eso estaba bien, pero aquí a la postre no debieron haberme instigado ni mostrado solo «su» lado de las peleas y cotilleos. Eso estuvo mal, aunque creo que en la mayoría de las peleas ellos tenían razón y que en el carácter de los Van Pels hay mucho para criticar.

Hay un proverbio o un dicho según el cual en todos los reproches y palabras dichas en un arrebato de pasión, siempre hay algo de verdad. En mi caso pasa igual. Había mucha verdad en lo que me reprochaban, solo que yo no actuaba con malicia y, con mis críticas graciosas y respuestas rápidas, encima despertaba admiración. De hecho, mis adversarios muchas veces se quedaban fuera de combate, aunque aún más veces la que quedaba fuera de combate era yo, en mi interior.

Pasó mucho tiempo antes de darme cuenta de que aquí, en cuestión de peleas, van más o menos empatados. Pero ahora sé cuántos errores se han cometido aquí, por parte de los mayores y por parte de los jóvenes.

El error más grande de papá y mamá con respecto a los Van Pels es que nunca hablan de manera franca y amistosa (aunque lo amistoso solo sea fingido). Yo lo que quisiera es, ante todo, preservar la paz y no pelearme ni cotillear. En el caso de papá y de Margot no es tan difícil; en el de mamá, sí lo es, y por eso está muy bien que ella misma a veces me llame la atención. Al señor Van Pels una puede ganárselo dándole la razón, escuchándolo muda y sin rechistar, y sobre todo… respondiendo a sus múltiples chistes y bromas pesadas con otra broma. A la señora hay que ganársela hablando con franqueza y admitiéndolo todo. Ella también reconoce sus fallos, que son muchos, sin regatear.

Me consta que ya no piensa tan mal de mí como al principio, y solo es porque soy sincera y a la gente también le digo a la cara las cosas menos halagüeñas. Quiero ser sincera, y creo que siéndolo se llega mucho más lejos. Además, la hace sentir a una mucho mejor.

De ninguna manera actuaré en contra de papá y mamá; ya no quiero meterme en peleas y discusiones (por suerte, en ese frente las cosas están relativamente tranquilas últimamente), aunque tampoco estoy en el mismo barco que papá y mamá en las buenas y en las malas. ¡También tengo mi propia opinión con respecto a esas cosas, y me niego a tomar siempre partido por ellos simplemente por decencia!

Ayer la señora me habló de este asunto y también del arroz que le hemos dado a Kleiman:

—Le hemos dado, y dado, y vuelto a dar —dijo—. Pero llega un momento en que hay que decir: basta, ya es suficiente. El propio señor Kleiman, si se toma la molestia, puede conseguir arroz por su cuenta. ¿Por qué hemos de dárselo todo de nuestras provisiones? Los niños y todos nosotros aquí lo necesitamos igual que él.

—No, señora —le contesté—. No estoy de acuerdo con usted. Tal vez sea cierto que el señor Kleiman puede conseguir arroz, pero le fastidia tener que ocuparse de ello. No es asunto nuestro criticar a quienes nos protegen. Debemos darles todo lo que no nos haga absolutamente falta a nosotros y que ellos necesiten. Un platito de arroz a la semana no nos sirve de mucho, también podemos comer legumbres.

A la señora no le pareció que fuera así, pero también dijo que, aunque no estaba de acuerdo, no le importaba ceder, que era algo completamente distinto.

Bueno, dejémoslo ahí; a veces sé muy bien cuál es mi lugar, y otras aún estoy en la duda, pero ya me abriré camino, ¡sí, señor!

Y sobre todo ahora, que tengo ayuda, porque Peter me ayuda a roer bastantes huesos duros y a tragar mucha saliva. Ya me ha dicho que me cuidará si me enfermo, me consolará cuando haya disparos o llegue la invasión, y me ayudará todo lo que pueda. ¡Y por supuesto también al revés!

De verdad no sé hasta qué punto me quiere o si alguna vez nos llegaremos a dar un beso. De cualquier manera, no quisiera forzarlo. A papá le he dicho que voy mucho a ver a Peter y le pregunté si le parecía bien. ¡Naturalmente que le pareció bien!

A Peter le cuento cosas con gran facilidad, que a otros nunca les cuento. Así, por ejemplo, le he dicho que más tarde me gustaría mucho escribir, e incluso ser escritora, o al menos no dejar de escribir aunque ejerza una profesión o desempeñe alguna otra tarea. ¡Ah, sí!: no quiero haber vivido para nada, como la mayoría de las personas. Quiero ser de utilidad y alegría para los que viven a mi alrededor, aun sin conocerme. ¡Quiero seguir viviendo, aun después de muerta! Y por eso le agradezco tanto a Dios que me haya dado desde que nací la oportunidad de instruirme y de escribir, o sea, de expresar todo lo que llevo dentro de mí.

No soy rica en dinero ni en bienes terrenales; no soy bella, ni inteligente ni lista; ¡pero soy feliz y lo seguiré siendo! Soy feliz por naturaleza, quiero a las personas, no soy desconfiada y quiero verlas a todas felices conmigo.

tuya, afectísima, Anne M.
Frank

Lunes, 27 de marzo de 1944.

Querida Kitty:

En nuestra historia de escondidos escrita, no debería faltar un extenso capítulo sobre política, pero como el tema no me interesa tanto, no le he prestado demasiada atención. Por eso, hoy te escribiré una carta dedicada a la política. Es natural que haya muchas opiniones distintas al respecto, y es aún más lógico que en estos tiempos difíciles de guerra se hable mucho del asunto, pero… ¡es francamente estúpido que todos se peleen tanto por ella! Que apuesten, que se rían, que digan palabrotas, que se quejen, que hagan lo que les venga en gana y que se pudran si quieren, pero que no se peleen, porque eso por lo general acaba mal. La gente que viene de fuera nos trae muchas noticias que no son ciertas; sin embargo, nuestra radio hasta ahora nunca ha mentido. En el plano político, los ánimos de todos (Jan, Miep, Kleiman, Bep y Kugler) van para arriba y para abajo, los de Jan algo menos que los de los demás.

Aquí, en la Casa de atrás, el ambiente en lo que a política se refiere es siempre el mismo. Los múltiples debates sobre la invasión, los bombardeos aéreos, los discursos, etcétera, etcétera, van acompañados de un sinnúmero de exclamaciones, tales como «¡Im-po-sii-ble! ¡Por el amor de Dios, si todavía no han empezado, adónde irremos a parrar! ¡Todo va viento en poo-pa, es-tu-penn-do, ex-ce-lenn-te!».

Optimistas y pesimistas, sin olvidar sobre todo a los realistas, manifiestan su opinión con inagotable energía, y como suele suceder en todos estos casos, todos siempre creen que tienen razón.

A cierta señora le irrita la confianza sin igual que les tiene a los ingleses su señor marido, y cierto señor ataca a su señora esposa a raíz de los comentarios burlones y despreciativos de esta respecto de su querida nación. Y así sucesivamente, de la mañana a la noche, y lo mejor es que nunca se aburren. He descubierto algo que de hecho funciona a las mil maravillas: es como si pincharas a alguien con alfileres, haciéndole pegar un bote. Exactamente así funciona mi descubrimiento. Ponte a hablar sobre política, y a la primera pregunta, la primera palabra, la primera frase... ¡ya ha metido baza toda la familia!

––––

Como si las noticias del frente alemanas y de la BBC inglesa no fueran suficientes, no hace mucho han empezado a transmitir un «aviso de las posiciones aéreas». Estupendo, en una palabra; pero la otra cara de la moneda muchas veces también decepciona. Los ingleses han hecho de su arma aérea una empresa de régimen continuo, que solo se puede comparar con las mentiras alemanas, que son ídem de ídem.

O sea, que la radio se enciende ya a las ocho de la mañana (si no más temprano) y se la escucha cada hora, hasta las nueve, las diez o muchas veces incluso las once de la noche.

Esta es la prueba más clara de que los adultos tienen paciencia y un cerebro de difícil acceso (algunos de ellos, naturalmente; no quisiera ofender a nadie). Con una sola emisión, o dos a lo sumo, nosotros ya tendríamos bastante para todo el día, pero esos viejos gansos... en fin, que ya lo he dicho.

El programa para los trabajadores, Radio Oranje, Frank Philips o su majestad la reina Guillermina, a todos les llega su turno y a todos se les sigue con atención; si no están comiendo o durmiendo, es que están sentados alrededor de la radio y hablan de comida, de dormir o de política. ¡Uf!, es una lata, y si no nos cuidamos nos convertiremos todos en unos viejos aburridos. Aunque esto a los mayores ya no les afecta...

—

Para dar un ejemplo edificante, el discurso de nuestro muy querido Winston Churchill resulta ideal.

Nueve de la noche del domingo. La tetera está en la mesa, debajo del cubreteteras. Entran los invitados. Pfeffer se sienta junto a la radio, a la izquierda. El señor Van Pels delante, y Peter detrás de él; mamá junto al señor, la señora delante, Margot y yo detrás del todo y papá se sienta a la mesa. Ya sé que no soy muy clara, pero nuestros sitios tampoco importan mucho. Los señores fumaban sin parar, Peter escuchaba con los ojos cerrados por el esfuerzo, mamá llevaba un negligé largo, oscuro, y la señora no hacía más que temblar de miedo a causa de los aviones, que no hacían caso del discurso y enfilaban alegremente hacia Essen. Papá bebiendo té a sorbos, Margot y yo compartiendo fraternalmente a Mouschi, la primera con un pañuelo a la cabeza para los rulos, la última con un camisón demasiado pequeño, corto y ceñido. La escena parecía íntima, armoniosa, pacífica, y por esta vez también lo era, aunque yo aún espero con el corazón en un puño las consecuencias que traerá.

Y es que casi no pueden esperar hasta el final, se mueren de impaciencia por ver si habrá pelea o no. «¡Chis, chis!», como si intentaran atraer a un gato que está en su cesta, todos se azuzan mutuamente hasta acabar en riñas y disputas.

—

Martes, 28 de marzo de 1944.

Queridísima Kitty:

Podría escribirte mucho más sobre política, sobre las noticias por la mañana temprano, sobre las preguntas de Miep y Bep, etcétera, etcétera, pero hoy tengo antes muchas otras cosas que contarte. En primer lugar, mamá en realidad me ha prohibido que vaya arriba, porque según ella la señora Van Pels está celosa. En segundo lugar, Peter ha invitado a Margot para que también vaya arriba, no sé si por cortesía o si va en serio. En tercer lugar, le he preguntado a papá si le parecía que debía hacer caso de esos celos y me ha dicho que no.

¿Qué hacer? Mamá está enfadada, quiere que vuelva a estudiar en la habitación con Pfeffer, no me deja ir arriba, quizá también sienta celos. Papá está de acuerdo con que Peter y yo pasemos esas horas juntos y se alegra de que nos llevemos tan bien. Margot también quiere a Peter, pero según ella no es lo mismo hablar sobre determinados temas a tres que a dos.

Por otra parte, mamá cree que Peter está enamorado de mí, te confieso que me gustaría que lo estuviera, así estaríamos a la par y podríamos comunicarnos mucho mejor. Mamá también dice que Peter me mira mucho; es cierto que más de una vez nos hemos guiñado el ojo estando en la habitación, y que él me mira los hoyuelos de las mejillas, pero ¿acaso es culpa mía?

Estoy en una posición muy difícil. Mamá está en mi contra, y yo en la suya. Papá cierra los ojos ante la lucha silenciosa entre mamá y yo. Mamá está triste, ya que aún me quiere; yo no estoy triste para nada, ya que ella y yo hemos terminado.

¿Y Peter...? No quiero renunciar a él. ¡Es tan bueno y lo admiro tanto! Entre nosotros puede que ocurra algo muy bonito, pero ¿por qué tienen que estar metiendo los viejos sus narices?

Por suerte, estoy acostumbrada a ocultar lo que llevo dentro, por lo que no me resulta nada difícil no demostrar lo mucho que lo quiero. ¿Dirá él algo alguna vez? ¿Sentiré alguna vez su mejilla, tal como sentí la de Petel en sueños? ¡Peter y Petel, sois el mismo! Ellos no nos entienden, nunca entenderán que nos conformamos con estar juntos sin hablar. No entienden lo que nos atrae tanto mutuamente. ¡Ay!, ¿cuándo superaremos todas estas dificultades? Y sin embargo, está bien superarlas, así es más bonito el final. Cuando él está recostado con la cabeza apoyada en sus brazos y los ojos cerrados, es aún un niño. Cuando juega con Mouschi o habla de él, es cariñoso. Cuando carga patatas o alguna otra cosa pesada, es fuerte. Cuando va a mirar los disparos o los ladrones en la oscuridad, es valiente, y cuando hace las cosas con torpeza y falto de habilidad, es tierno.

Me gusta mucho más que él me explique alguna cosa, y no que le tenga que enseñar algo yo. ¡Cuánto me gustaría que tuviera ascendiente sobre mí en casi todo!

¡Qué me importan a mí todas esas madres! ¡Ay, ojalá hablara!

tu Anne M. Frank.

Miércoles, 29 de marzo de 1944

Querida Kitty:

Anoche, por Radio Oranje, el ministro Bolkestein dijo que después de la guerra se hará una recolección de diarios y cartas relativos a la guerra. Por supuesto que todos se abalanzaron sobre mi diario.

¡Imagínate lo interesante que sería editar una novela sobre la Casa de atrás! El título daría a pensar que se trata de una novela de detectives. Pero hablemos en serio. Seguro que diez años después de que haya acabado la guerra, resultará gracioso contar cómo hemos vivido, comido y hablado ocho judíos escondidos. Pero si bien es cierto que te cuento bastantes cosas sobre nosotros, solo conoces una pequeña parte de nuestras vidas. El miedo que tenemos a veces aquí las mujeres (por ejemplo el domingo, cuando trescientos cincuenta aviones tiraron media tonelada de bombas sobre IJmuiden), cómo tiemblan las casas por las bombas; la cantidad de epidemias que hay, como la difteria, la escarlatina, etcétera. Lo que come la gente, cómo hace cola para comprar verdura y miles de artículos más, casi no se puede describir.

Los médicos tienen muchísimo trabajo, cada dos por tres en la calle les roban los vehículos, en los hospitales no hay sitio para los muchos enfermos contagiosos, por teléfono te dan una receta para un jarabe.

Sobre todo no te puedes imaginar los infinitos robos y hurtos que hay. A veces te preguntas si ahora de repente a los holandeses les ha dado por robar tanto. Niños de ocho y once años rompen las ventanas de las casas y entran a desvalijarlas. Roban todo lo que hay, no se puede dejar la casa sola, porque en los cinco minutos que uno se ha ido, le desaparecen todas sus cosas. Todos los días salen avisos en los periódicos ofreciendo recompensas por la devolución de máquinas de escribir, alfombras persas, relojes eléctricos, máquinas, también juguetes, bisutería, ropa blanca y telas robados. Las cosas más insólitas. También el gamberrismo entre los jóvenes aumenta cada día, los relojes eléctricos callejeros y los teléfonos de las cabinas los desarman todos, rompen cristales, roban bicicletas, rompen todo lo que se pueda romper.

El ambiente entre la población no puede ser bueno; todos tienen hambre, la ración semanal no alcanza ni para dos días, salvo en el caso del sucedáneo del café. La invasión se hace esperar, a los hombres se los llevan a Alemania a trabajar, los niños caen enfermos o están desnutridos, y todos con ropa y zapatos en mal estado. Una suela cuesta f 7,50 en el mercado negro, pero la mayoría de los zapateros no acepta zapatos ni clientes nuevos, y si los aceptan, hay que esperar cuatro meses para que te arreglen los zapatos, si es que entretanto no los han robado. Pero hay una cosa buena, y es que por todas partes se sabotea, todo el mundo conoce gente que tiene documentos de identidad falsos. Muchos avisan (sobre todo empleados públicos) si saben que en algún lugar va a haber controles, la policía más de una vez hace la vista gorda cuando se trata de vendedores de cupones. El servicio encargado del racionamiento provee clandestinamente de cartillas a «Holanda libre», gratis. Desde el lechero hasta la modista, todos ayudan, aunque muchos, muchísimos, son delatados o son demasiado imprudentes.

Fíjate en nuestros proveedores de verduras, que saben que aquí hay gente escondida y siempre nos procuran verduras sin cupones y por el precio normal. Toda Holanda, toda la población, todos nosotros ya llevamos casi cuatro años en una prisión estrecha. Cada día que pasa se reduce nuestro espacio vital. ¿Se terminará lo suficientemente pronto para que no nos asfixiemos y muramos de hambre?

tu Anne M. Frank.

Viernes, 31 de marzo de 1944.

Querida Kitty:

Imagínate que con el frío que aún hace, la mayoría de la gente ya lleva casi un mes sin carbón. ¿No te parece terrible? Los ánimos en general han vuelto a ser optimistas con respecto al frente ruso, que es formidable. Es cierto que no te escribo tanto sobre política, pero ahora sí que tengo que comunicarte su posición: están muy cerca del Gobierno General y a orillas del Prut, en Rumanía. Han llegado casi hasta Odesa y han sitiado Tarnopol, etcétera, etcétera. Desde allí esperan todas las noches un comunicado extra de Stalin.

En Moscú tiran tantas salvas de cañón, que la ciudad se estremece a diario. No sé si será que les gusta hacer como si la guerra estuviera cerca, o si es la única manera que conocen para expresar su alegría.

Hungría ha sido ocupada por tropas alemanas. Allí todavía viven un millón de judíos. Ahora seguro que les ha llegado la hora.

Aquí no pasa nada en especial. Hoy es el cumpleaños del señor Van Pels. Le han regalado dos paquetes de tabaco, café como para una taza, que le había guardado su mujer; Kugler le ha regalado ponche de limón, Miep sardinas, y nosotros agua de colonia; luego dos ramas de lilas y tulipanes, sin olvidar una tarta rellena de frambuesas y grosellas, un tanto gomosa por la mala calidad de la harina y la ausencia de mantequilla, pero aun así deliciosa.

Las habladurías sobre Peter y yo han remitido un poco. Esta noche pasará a buscarme; muy amable de su parte, ¿no te parece?, sobre todo porque odia hacerlo. Somos muy amigos, estamos mucho juntos y hablamos de los temas más variados. Estoy tan contenta de que nunca necesite contenerme al tocar temas delicados, como sería el caso con otros chicos. Así, por ejemplo, hemos estado hablando sobre la sangre, y eso también abarca la menstruación, etcétera.

Dice que las mujeres somos muy tenaces, por la manera en que resistimos la pérdida de uno a dos litros de sangre así como así. Dijo que también yo era muy tenaz. Adivina por qué.

Ya casi vamos a comer. Mi vida aquí ha mejorado mucho, muchísimo. Dios no me ha dejado sola, ni me dejará tu Anne M. Frank.

Sábado, 1 de abril de 1944.

Queridísima Kitty:

Y sin embargo todo sigue siendo tan difícil, ya sabes a lo que me refiero, ¿verdad? Deseo fervorosamente que me dé un beso, ese beso que está tardando tanto. ¿Seguirá considerándome solo como una camarada? ¿Acaso no soy ya algo más?

Tú sabes y yo sé que soy fuerte, que la mayoría de las cargas puedo soportarlas yo sola. Nunca he estado acostumbrada a compartir mis cargas con nadie, nunca me he aferrado a una madre, pero ¡cómo me gustaría ahora reposar mi cabeza contra su hombro y tan solo estar tranquila!

No puedo, nunca puedo olvidar el sueño de la mejilla de Peter, cuando todo estaba tan bien. ¿Acaso él no desea lo mismo? ¿O es que solo es demasiado tímido para confesarme su amor? ¿Por qué quiere tenerme consigo tan a menudo? ¡Ay!, ¿por qué no habla?

Será mejor que acabe, que recupere la tranquilidad. Seré fuerte, y con un poco de paciencia también aquello llegará, pero… y eso es lo peor, que parece que siempre fuera yo la que lo persigue, siempre soy yo la que va arriba, y no él quien viene hacia mí. Pero eso es por la distribución de las habitaciones, y él entiende muy bien el inconveniente. Como también entiende tantas otras cosas.

tu Anne M. Frank.

Lunes, 3 de abril de 1944.

Queridísima Kitty:

Contrariamente a lo que tengo por costumbre, pasaré a escribirte con todo detalle sobre la comida, ya que se ha convertido en un factor primordial y difícil, no solo en la Casa de atrás, sino también en toda Holanda, en toda Europa y aun más allá.

En los veintiún meses que llevamos aquí, hemos tenido unos cuantos «ciclos de comidas». Te explicaré de qué se trata. Un «ciclo de comidas» es un periodo en el que todos los días comemos el mismo plato o la misma verdura. Durante una época no hubo otra cosa que comer que escarola: con arena, sin arena, con puré de patatas, sola o en la fuente refractaria; luego fueron las espinacas, a las que siguieron los colinabos, los salsifíes, los pepinos, los tomates, el chucrut, etcétera, etcétera.

Te aseguro que no es nada agradable comer todos los días chucrut, por ejemplo, y menos aún dos veces al día; pero cuando se tiene hambre, se come cualquier cosa; ahora, sin embargo, estamos en el mejor periodo: no se consigue nada de verdura. El menú de la semana para la comida del mediodía es el siguiente: judías pintas, crema de guisantes, patatas con albóndigas de harina, *cholent* de patatas; luego, cual regalo del cielo, nabizas o zanahorias podridas, y de nuevo judías. De primero siempre comemos patatas; en primer lugar a la hora del desayuno, a falta de pan, pero entonces al menos las rehogan un poco. Hacemos sopa de judías pintas o blancas, crema de patatas, sopa juliana de sobre, sopa de pollo de sobre o sopa de judías pintas de sobre.

Todo lleva judías pintas, hasta el pan.

Por las noches siempre comemos patatas con sucedáneo de salsa de carne y ensalada de remolachas, que por suerte todavía hay. De las albóndigas de harina faltaba mencionar que las hacemos con harina del Gobierno, agua y levadura. Son tan gomosas y duras que es como si te cayera una piedra en el estómago, pero en fin...

El mayor aliciente culinario que tenemos es el trozo de embutido de hígado de cada semana y el pan seco con mermelada. ¡Pero aún estamos con vida, y a veces todas estas cosas hasta saben bien!

tu Anne M. Frank.

Como tú nunca has vivido una guerra, Kitty, y como a pesar de todas mis cartas tampoco te haces una idea clara de lo que es vivir escondido, por gusto pasaré a escribirte cuál es el deseo más ferviente de cada uno de nosotros para cuando volvamos a salir de aquí:

Lo que más anhelan Margot y el señor Van Pels es un baño de agua caliente hasta el cogote, durante por lo menos media hora. La señora Van Pels quisiera irse enseguida a comer pasteles; Pfeffer en lo único que piensa es en su Charlotte, y mamá en su café. Papá iría a visitar al señor Voskuijl; Peter iría al centro y al cine, y yo de tanta gloria no sabría por dónde empezar.

tu Anne.

Miércoles, 5 de abril de 1944.

Queridísima Kitty:

Durante mucho tiempo me he preguntado para qué sigo estudiando; el final de la guerra está terriblemente lejos y es tan irreal, tan de cuento de hadas y tan maravilloso. Si a finales de septiembre aún estamos en guerra, ya no volveré a ir al colegio, porque no quiero estar retrasada dos años.

Los días estaban compuestos de Peter, nada más que de Peter, sueños y pensamientos, hasta que el sábado por la noche sentí que me entraba una tremenda flojera, un horror... Estuve con Peter conteniendo las lágrimas, y más tarde, mientras tomábamos el ponche de limón con los Van Pels, no paré de reírme, de lo animada y excitada que estaba, pero apenas estuve sola, supe que tenía que llorar para desahogarme. Con el camisón puesto me dejé deslizar de la cama al suelo y recé primero muy intensamente mi largo rezo; luego lloré con la cabeza apoyada en los brazos y las rodillas levantadas, a ras del suelo, toda encorvada. Un fuerte sollozo me hizo volver a la habitación y contuve mis lágrimas, ya que al lado no debían oírme.

Entonces empecé a balbucear unas palabras para alentarme a mí misma: «¡Debo hacerlo, debo hacerlo, debo hacerlo...!». Entumecida por la inusual postura, fui a dar contra el borde de la cama y seguí luchando, hasta que poco antes de las diez y media me metí de nuevo en la cama. ¡Se me había pasado!

Y ahora ya se me ha pasado del todo. Debo seguir estudiando, para no ser ignorante, para progresar, para ser periodista, porque eso es lo que quiero ser. Me consta que sé escribir. Algunos cuentos están bien, mis descripciones de la Casa de atrás son humorísticas, muchas partes del diario son expresivas, pero… aún está por ver si de verdad tengo talento.

«El sueño de Eva» es mi mejor cuento de hadas, y lo curioso es que de verdad no sé de dónde lo he sacado. Mucho de «La vida de Cady» también está bien, pero en su conjunto no vale nada.

Yo misma soy mi mejor crítico aquí, y el más duro. Yo misma sé lo que está bien escrito, y lo que no. Quienes no escriben no saben lo bonito que es escribir. Antes siempre me lamentaba por no saber dibujar, pero ahora estoy más que contenta de que al menos sé escribir.

Y si llego a no tener talento para escribir en los periódicos o para escribir libros, pues bien, siempre me queda la opción de escribir para mí misma. Pero quiero progresar; no puedo imaginarme que tenga que vivir como mamá, la señora Van Pels y todas esas mujeres que hacen sus tareas y que más tarde todo el mundo olvidará. Aparte de un marido e hijos, necesito otra cosa a la que dedicarme.

Cuando escribo se me pasa todo, mis penas desaparecen, mi valentía revive. Pero entonces surge la gran pregunta: ¿podré escribir algo grande algún día? ¿Llegaré algún día a ser periodista y escritora?

¡Espero que sí, ay, espero tanto que sí! Porque al escribir puedo plasmarlo todo: mis ideas, mis ideales y mis fantasías.

Hace mucho que he abandonado «La vida de Cady»; en mi mente sé perfectamente cómo la historia ha de continuar, pero me cuesta escribirlo. Tal vez nunca la acabe; tal vez vaya a parar a la papelera o a la estufa. No es una idea muy alentadora, pero si lo pienso, reconozco que a los catorce años, y con tan poca experiencia, tampoco se puede escribir filosofía. Así que adelante, con nuevos ánimos, ya saldrá, ¡porque he de escribir, sea como sea!

tu Anne M. Frank.

Jueves, 6 de abril de 1944.

Querida Kitty:

Me has preguntado cuáles son mis pasatiempos y aficiones, y quisiera responderte, pero te aviso: no te asustes, que son unos cuantos.

En primer lugar: escribir, pero eso en realidad no lo considero un pasatiempo.

En segundo lugar: los árboles genealógicos. En todos los periódicos, libros y demás papeles busco genealogías de las familias reales de Francia,

Alemania, España, Inglaterra, Austria, Rusia, los países nórdicos y Holanda. En muchos casos ya voy bastante adelantada, sobre todo ya que hace mucho que llevo tomando apuntes cuando leo alguna biografía o algún libro de historia. Muchos párrafos de historia hasta me los copio enteros.

Y es que mi tercer pasatiempo es la historia, y en ese ámbito papá ya me ha comprado muchos libros. ¡No veo la hora de poder ir a la biblioteca pública para documentarme!

Mi cuarto pasatiempo es la mitología de Grecia y Roma. También sobre este tema tengo unos cuantos libros. Puedo nombrarte de memoria las nueve musas y las siete amantes de Zeus, me conozco al dedillo las esposas de Hércules, etcétera, etcétera.

Otras aficiones que tengo son las estrellas de cine y los retratos de familia.

Me encantan la lectura y los libros. Me interesa mucho la historia del arte, sobre todo los escritores, poetas y pintores. Los músicos quizá vengan más tarde.

Auténtica antipatía le tengo al álgebra, a la geometría y a la aritmética. Las demás asignaturas me gustan todas, pero especialmente historia.

tu Anne M. Frank.

Martes, 11 de abril de 1944.

Queridísima Kitty:

La cabeza me da vueltas, de verdad no sé por dónde empezar. El jueves (la última vez que te escribí) fue un día normal. El viernes fue Viernes Santo; por la tarde jugamos al juego de la Bolsa, al igual que el sábado por la tarde. Esos días pasaron todos muy rápido. El sábado por la mañana también vinieron todos, alrededor de las dos empezaron a cañonear; eran cañones de tiro rápido, según los señores. Por lo demás, todo tranquilo.

El domingo a las cuatro y media de la tarde vino a verme Peter, por invitación mía; a las cinco y cuarto subimos al desván de delante, donde nos quedamos hasta las seis.

De seis a siete y cuarto pusieron por la radio un concierto muy bonito de Mozart; sobre todo me gustó mucho la *Pequeña serenata nocturna*. En la habitación casi no puedo escuchar música, porque cuando es música bonita, dentro de mí todo se pone en movimiento.

El domingo por la noche Peter no pudo bañarse, porque habían usado la tina para poner ropa en remojo en la cocina de abajo. Por eso, a las ocho subimos juntos al desván de delante, y para tener algo blando en que sentarnos me llevé el único cojín que encontré en nuestra habitación. Nos sentamos encima de un baúl. Tanto el baúl como el cojín eran muy estrechos; estábamos sentados uno pegado al otro, apoyados en otros baúles. Mouschi nos hacía compañía, de modo que teníamos un espía. De repente, a las nueve menos cuarto, el señor Van Pels nos silbó y nos preguntó si nos habíamos llevado un cojín del señor Pfeffer. Los dos nos levantamos de un salto y bajamos con el cojín, el gato y Van Pels. El cojín de marras todavía nos trajo un buen disgusto. Pfeffer estaba enfadado porque me había llevado el cojín que usaba de almohada, y tenía miedo de que tuviera pulgas. Por ese bendito cojín movilizó a medio mundo. Para vengarnos de él y de su repelencia, Peter y yo le metimos dos cepillos bien duros en la cama, que luego volvimos a sacar, ya que Pfeffer quiso volver a entrar en la habitación.

Nos reímos mucho con este interludio.

Domingo por la noche, 9 de abril de 1944.

Pero nuestra diversión no duraría mucho. A las nueve y media, Peter llamó suavemente a la puerta y le pidió a papá si podía subir para ayudarlo con una frase difícil de inglés.

—Aquí hay gato encerrado —le dije a Margot—. Está clarísimo que ha sido una excusa. Están hablando en un tono como si hubieran entrado ladrones.

Mi suposición era correcta: en el almacén estaban robando. Papá, Van Pels y Peter bajaron en un santiamén. Margot, mamá, la señora y yo nos quedamos esperando.

Cuatro mujeres muertas de miedo necesitan hablar, de modo que hablamos, hasta que abajo oímos un golpe, y luego todo volvió a estar en silencio. El reloj dio las diez menos cuarto. Se nos había ido el color de las caras, pero aún estábamos tranquilas, aunque teníamos miedo. ¿Dónde estarían los hombres? ¿Qué habría sido ese golpe? ¿Estarían luchando con los ladrones? Nadie pensó en otra posibilidad, y seguimos a la espera de lo que viniera.

Las diez. Se oyen pasos en la escalera. Papá, pálido y nervioso, entra seguido del señor Van Pels.

—Apagad las luces y subid sin hacer ruido. Es probable que venga la policía.

No hubo tiempo para tener miedo. Apagamos las luces, cogí rápido una chaqueta y ya estábamos arriba.

—¿Qué ha pasado? ¡Anda, cuenta!

Pero no había nadie que pudiera contar nada. Los hombres habían vuelto a bajar.

No fue hasta las diez y diez cuando volvieron a subir los cuatro; dos se quedaron montando guardia junto a la ventana abierta de Peter; la puerta que da al descansillo tenía el cerrojo echado, y la puerta giratoria estaba cerrada. Alrededor de la lamparilla de noche colgamos un jersey, y luego nos contaron:

Peter había oído dos fuertes golpes en el descansillo, corrió hacia abajo y vio que del lado izquierdo de la puerta del almacén faltaba una gran tabla.

Corrió hacia arriba, avisó al sector combatiente de la familia y los cuatro partieron hacia abajo. Cuando entraron en el almacén, los ladrones todavía estaban robando. Sin pensarlo, Van Pels gritó: «¡Policía!». Se oyeron pasos apresurados fuera, los ladrones habían huido. Para evitar que la policía notara el hueco, volvieron a poner la tabla, pero una fuerte patada desde fuera la hizo volar de nuevo por el aire. Semejante descaro dejó perplejos a nuestros hombres; Van Pels y Peter sintieron ganas de matarlos. Van Pels cogió un hacha y dio un fuerte golpe en el suelo. Ya no se oyó nada más. Volvieron a poner la madera en el hueco, y nuevamente fueron interrumpidos. Desde fuera, un matrimonio iluminó con una linterna muy potente todo el almacén. «¡Rediez!», murmuró uno de nuestros hombres, y... ahora su papel había cambiado del de policía al de ladrones. Los cuatro subieron corriendo, Pfeffer y Van Pels cogieron los libros del primero, Peter abrió puertas y ventanas de la cocina y del despacho de papá, tiró el teléfono al suelo y, cargando la tina con la ropa en remojo, por fin todos desaparecieron detrás de las paredes del escondite.

Fin de la primera parte.

———

Muy probablemente, el matrimonio de la linterna avisó a la policía. Era domingo por la noche, la noche del domingo de Pascua, y el lunes de Pascua no habría nadie en la oficina, o sea, que antes del martes por la mañana no nos podríamos mover. ¡Imagínate, dos noches y un día aguantando con ese miedo! Nosotros no nos imaginamos nada, estábamos en la más plena oscuridad, porque la señora, por miedo, había desenroscado completamente la bombilla; las voces susurraban, y cuando algo crujía se oía «¡Chis, chis!».

Se hicieron las diez y media, las once, ningún ruido; por turnos, papá y Van Pels venían a estar con nosotros. Entonces, a las once y cuarto, un ruido abajo. Entre nosotros se oía la respiración de toda la familia, por lo demás no nos movíamos. Pasos en la casa, en el despacho de papá, en la cocina, y luego... ¡en nuestra escalera! Ya no se oía la respiración de nadie, solo los latidos de ocho corazones. Pasos en nuestra escalera, luego un traqueteo en la puerta giratoria. Ese momento no te lo puedo describir.

—¡Estamos perdidos! —dije, y ya veía que esa misma noche la Gestapo nos llevaría consigo a los quince.

Traqueteo en la puerta giratoria, dos veces, luego se cae una lata, los pasos se alejan. ¡Hasta ahí nos habíamos salvado! Todos sentimos un estremecimiento, oí castañetear varios dientes de origen desconocido, nadie decía aún una sola palabra, y así estuvimos hasta las once y media.

No se oía nada más en el edificio, pero en el descansillo estaba la luz encendida, justo delante del armario. ¿Sería porque nuestro armario resultaba misterioso? ¿Acaso la policía había olvidado apagar la luz? ¿Vendría aún alguien a apagarla? Se desataron las voces, ya no había nadie en la casa, tal vez un guardia delante de la puerta. A partir de ese momento hicimos tres cosas: enunciar suposiciones, tener miedo y temblar, y lo tercero fue tener que ir al retrete. Los cubos estaban en el desván; solo nos podría servir la papelera de lata de Peter. Van Pels empezó, luego vino papá, a mamá le daba demasiada vergüenza. Papá trajo la papelera a la habitación, donde Margot, la señora y yo hicimos buen uso de ella, y por fin también mamá se decidió. Cada vez se repetía la pregunta de si había papel. Por suerte, yo tenía algo de papel en el bolsillo.

La papelera apestaba, eran todo susurros y estábamos cansados, eran las doce de la noche.

«¡Tumbaos en el suelo y dormid!». A Margot y a mí nos dieron una almohada y una manta a cada una. Margot estaba acostada a cierta distancia de la despensa, y yo entre las patas de la mesa. A ras del suelo no olía tan mal, pero aun así, la señora fue a buscar sigilosamente polvos de blanqueo; tapamos el orinal con un paño de cocina a modo de doble protección. Conversaciones en voz alta, conversaciones en voz baja, mieditis, mal olor, ventosidades y un orinal continuamente ocupado: ¡a ver cómo vas a dormir! A las dos y media, sin embargo, ya estaba demasiado cansada y hasta las tres y media no oí nada. Me desperté cuando la señora estaba acostada con la cabeza encima de mis pies.

—¡Por favor, deme algo que ponerme! —le pedí.

Algo me dio, pero no me preguntes qué: unos pantalones de lana para ponerme encima del pijama, el jersey rojo y la falda negra, medias blancas y unos calcetines rotos. Entonces, la señora fue a instalarse en el sillón y el señor vino a acostarse sobre mis pies. A partir de las tres y media me puse a pensar, y como todavía temblaba, Van Pels no podía dormir. Me estaba preparando para cuando volviera la policía. Tendríamos que decir que éramos un grupo de escondidos. Si eran holandeses del lado bueno, no pasaría nada, pero si eran del NSB, tendríamos que sobornarlos.

—¡Hay que esconder la radio! —suspiró la señora.

—¡Sí, en el horno…! —le contestó el señor—. Si nos encuentran a nosotros, ¡que también encuentren la radio!

—¡Entonces también encontrarán el diario de Anne! —se inmiscuyó papá.

—¡Pues quemadlo! —sugirió la más miedosa de todos.

Eso y cuando la policía se puso a traquetear en la puerta armario fueron mis momentos de mayor angustia; ¡mi diario no, a mi diario solo lo quemarán conmigo! Pero papá ya no contestó, por suerte.

De nada sirve que te cite todas las conversaciones que recuerdo. Dijimos un montón de cosas, y yo estuve tranquilizando a la señora, que estaba muerta de miedo. Hablamos de huir y de interrogatorios de la Gestapo, de llamar por teléfono y de tener valor.

—Ahora tendremos que comportarnos como soldados, señora. Si perdemos la vida, que sea por la reina y por la patria, por la libertad, la verdad y la justicia, como suele decir Radio Oranje. Lo único terrible es que junto con nosotros sumimos en la desgracia a todos los demás.

Después de una hora, el señor Van Pels se volvió a cambiar con su mujer, y papá vino a estar conmigo. Los hombres fumaban sin parar; de vez en cuando un profundo suspiro, luego alguien que hacía pis, ¡y otra vez vuelta a empezar!

Las cuatro, las cinco, las cinco y media. Ahora me senté a escuchar junto a Peter, uno pegado al otro, tan pegados, que cada uno sentía los escalofríos en el cuerpo del otro; nos dijimos alguna que otra palabra y aguzamos los oídos.

Dentro quitaban los paneles de oscurecimiento y apuntaban los puntos que querían contarle a Kleiman por teléfono. Y es que a las siete querían llamar por teléfono a Kleiman y hacer venir a alguien. Existía el riesgo de que el guardia que estaba delante de la puerta o en el almacén oyera la conversación por teléfono, pero era mayor el riesgo de que volviera la policía.

Aunque inserto aquí la hoja con la memoria de lo ocurrido, lo pasaré a limpio para mayor claridad.

Han entrado ladrones: inspección de la policía, llegan hasta puerta giratoria, pero no pasan. Ladrones, al parecer interrumpidos, forzaron puerta del almacén y huyeron por jardín. Entrada principal con cerrojo, Kugler tiene que haber salido por segunda puerta.

(¡Peter quitó allí las trancas!).

La máquina de escribir y la de calcular están seguras en caja negra de despacho principal.

También colada de Miep o Bep en tina en la cocina. Solo Bep o Kugler tienen llave de segunda puerta; cerradura quizá estropeada.

Intentar avisar a Jan para buscar llave y echar vistazo a oficina; también dar comida al gato.

———

Por lo demás, todo salió a pedir de boca. Llamaron a Kleiman, se quitaron las trancas, pusieron la máquina de escribir en la caja. Luego nos sentamos alrededor de la mesa a esperar a Jan o a la policía.

Peter se había dormido, el señor Van Pels y yo estábamos tumbados en el suelo, cuando abajo oímos pasos firmes. Me levanté sin hacer ruido.

—¡Ese debe de ser Jan!

—¡No, no, es la policía! —dijeron todos los demás.

Llamaron a nuestra puerta armario, Miep silbó. Para la señora Van Pels fue demasiado: blanca como el papel, se quedó medio traspuesta en su sillón, y si la tensión hubiera durado un minuto más, se habría desmayado.

Cuando entraron Jan y Miep, la habitación ofrecía un espectáculo maravilloso; la sola mesa merecía que le sacaran una foto: un ejemplar de *Cinema & Theater* lleno de mermelada y pectina contra la diarrea estaba abierto en una página con fotos de bailarinas, dos tarros de mermelada, medio bollo por un lado y un cuarto de bollo por otro, pectina, espejo, peine, cerillas, ceniza, cigarrillos, tabaco, cenicero, cerillas, libros, unas bragas, linterna, peineta de la señora, papel higiénico, etcétera, etcétera.

Recibimos a Jan y Miep con gritos de júbilo y lágrimas, naturalmente. Jan tapó con madera blanca el hueco de la puerta y al poco tiempo salió de nuevo con Miep para dar cuenta del robo a la policía. Debajo de la puerta del almacén, Miep había encontrado una nota de Sleegers, el sereno, que había descubierto el hueco y avisado a la policía. También a él pasarían a verlo.

Teníamos entonces media hora para arreglarnos. Nunca antes vi producirse tantos cambios en media hora. Abajo, Margot y yo tendimos las camas, fuimos al retrete, nos lavamos los dientes y las manos y nos arreglamos el pelo. Luego recogí un poco la habitación y volví arriba. Allí ya habían recogido la mesa, cogimos agua del grifo, hicimos té y café, hervimos leche y pusimos la mesa para la hora del café. Papá y Peter vaciaron y limpiaron los recipientes de orina y excrementos con agua caliente y polvos de blanqueo; el más grande estaba lleno a rebosar y era tan pesado que era muy difícil levantarlo, y además perdía, de modo que hubo que llevarlo dentro de un cubo.

A las once estábamos sentados alrededor de la mesa con Jan, que ya había vuelto, y poco a poco se fue creando ambiente. Jan nos contó la siguiente versión:

En casa de Sleegers, su mujer —Sleegers dormía— le contó que su marido descubrió el hueco de la puerta de casa al hacer su ronda nocturna por los canales, y que, junto con un agente de policía al que avisó, recorrieron la planta baja del edificio. El señor Sleegers es sereno particular y todas las noches hace su recorrido por los canales en bicicleta, con sus dos perros. Tenía pensado venir a ver a Kugler el martes para deliberar. En la comisaría todavía no sabían nada del robo, pero tomaron nota enseguida para venir a ver también el martes.

En el camino de vuelta, Jan pasó de casualidad por la tienda de Van Hoeven, nuestro proveedor de patatas, y le contó lo del robo.

—Ya estoy enterado —contestó Van Hoeven, como quien no quiere la cosa—. Anoche pasábamos con mi mujer por su edificio y vimos un hueco en la puerta. Mi mujer quiso que pasáramos de largo, pero yo miré con la linterna, y seguro que entonces los ladrones se largaron. Por las dudas, no llamé a la policía; en el caso de ustedes, preferí no hacerlo. Yo no sé nada, claro, pero tengo mis sospechas.

Jan se lo agradeció y se marchó. Seguro que Van Hoeven sospecha que estamos aquí escondidos, porque siempre trae las patatas después de las doce y media y nunca después de la una y media. ¡Buen tipo!

Cuando Jan se fue y nosotras acabamos de fregar los platos, se había hecho la una. Los ocho nos fuimos a dormir. A las tres menos cuarto me desperté y vi que el señor Pfeffer ya había desaparecido. Por pura casualidad, en el cuarto de baño me encontré, semidormida, con Peter, que acababa de bajar. Quedamos en vernos abajo. Me arreglé un poco y bajé. Delante de la puerta del retrete oí:

—¡Chis, chis, estoy aquí!

—Está bien, te espero.

Me senté en una silla en la cocina, pero no tuve que esperar mucho.

—¿Aún te atreves a ir al desván de delante? —me preguntó.

Dije que sí, cogí mi almohada envuelta en una tela y nos fuimos al desván de delante. Hacía un tiempo maravilloso, y al poco rato sonaron las sirenas, pero nos quedamos donde estábamos. Peter me rodeó el hombro con el brazo, yo hice lo mismo y así nos quedamos, abrazados, esperando tranquilamente hasta que a las cuatro nos vino a buscar Margot para merendar.

Comimos un bocadillo, tomamos limonada y estuvimos bromeando, lo que por suerte era posible otra vez, y por lo demás todo normal. Por la noche agradecí a Peter ser el más valiente de todos.

———

Ninguno de nosotros ha pasado jamás por un peligro tan grande como el que pasamos esa noche. Dios nos protegió una enormidad, figúrate: la policía delante de la puerta del escondite, la luz del descansillo encendida, ¡y nosotros aun así pasamos inadvertidos! «¡Estamos perdidos!», dije entonces en voz baja, pero otra vez nos hemos salvado.

Si llega la invasión y las bombas, cada uno podrá defenderse a sí mismo, pero esta vez el miedo era por los buenos e inocentes cristianos. «¡Estamos salvados, seguid salvándonos!». Es lo único que podemos decir.

———

Esta historia ha traído consigo bastantes cambios. En lo sucesivo, Pfeffer por las noches se instala en el cuarto de baño, Peter baja a controlar la casa a las ocho y media y a las nueve y media. Ya no podemos abrir la ventana de Peter, puesto que el hombre de Keg vio que estaba abierta. Después de las nueve y media ya no podemos tirar de la cadena. El señor Sleegers ha sido contratado como vigilante nocturno. Esta noche vendrá un carpintero clandestino, que usará la madera de nuestras camas blancas de Frankfurt para fabricar unas trancas para las puertas.

En la Casa de atrás se somete ahora todo a debate. Kugler nos ha reprochado nuestra imprudencia; nunca debemos bajar, ha dicho también Jan. A propósito, a Kugler ni siquiera le hemos contado toda la verdad.

Ahora es cuestión de averiguar si Sleegers es de fiar, saber si sus perros se echan a ladrar si oyen a alguien detrás de la puerta, cómo fabricar las trancas, etcétera.

Hemos vuelto a tomar conciencia del hecho de que estamos escondidos, de que somos judíos encadenados, encadenados a un único lugar, sin derechos, con miles de obligaciones. Los judíos no podemos hacer valer nuestros sentimientos, tenemos que tener valor y ser fuertes, tenemos que cargar con todas las incomodidades y no quejarnos, tenemos que hacer lo que está a nuestro alcance y confiar en Dios.

¡Algún día esta horrible guerra habrá terminado, algún día volveremos a ser personas y no solamente judíos!

¿Quién nos ha impuesto esto? ¿Quién ha hecho de nosotros la excepción entre los pueblos? ¿Quién nos ha hecho sufrir tanto hasta ahora? Ha sido Dios quien nos ha hecho así, pero será también Dios quien nos eleve. Si cargamos con todo este dolor y aun así siguen quedando judíos, algún día los judíos dejarán de ser los eternos condenados y pasarán a ser un ejemplo. Quién sabe si algún día no será nuestra religión la que pueda enseñar al mundo y a todos los pueblos lo bueno, y por eso, solo por eso nosotros tenemos que sufrir. Nunca podemos ser solo holandeses o solo ingleses o pertenecer a cualquier otra nación: aparte de nuestra nacionalidad, siempre seguiremos siendo judíos, estaremos obligados a serlo, pero también queremos seguir siéndolo.

¡Valor! Sigamos siendo conscientes de nuestra tarea y no nos quejemos, que ya habrá una salida. Dios nunca ha abandonado a nuestro pueblo. A lo largo de los siglos ha habido judíos que han sobrevivido, a lo largo de los siglos ha habido judíos que han tenido que sufrir, pero a lo largo de los siglos también se han hecho fuertes. Eligen a los débiles, pero ¡los fuertes sobrevivirán y nunca sucumbirán!

————

Esa noche supe realmente que debía morir; esperé a que llegara la policía, estaba preparada, preparada como los soldados en el campo de batalla. Quería sacrificarme gustosa por la patria, pero ahora, ahora que me he vuelto a salvar, mi primer deseo después de la guerra es: ¡hacedme holandesa!

Amo a los holandeses, amo a nuestro país, amo la lengua y quiero trabajar aquí. Y aunque tenga que escribirle a la reina en persona: ¡no desistiré hasta que haya alcanzado mi objetivo!

————

Cada vez me independizo más de mis padres, a pesar de mis pocos años, tengo más valor vital y un sentido de la justicia más preciso e intacto que mamá. Sé lo que quiero, tengo una meta, una opinión formada, una religión y un amor. Que me dejen ser yo misma, y me daré por satisfecha. Sé que soy una mujer, una mujer con fuerza interior y con mucho valor.

Si Dios me da la vida, llegaré más lejos de lo que mamá ha llegado jamás, no seré insignificante, trabajaré en el mundo y para la gente.

¡Y ahora sé que lo primero que hace falta es valor y alegría!

tu Anne M. Frank.

Han entrado ladrones: inspección de la policía, llegan hasta puerta giratoria, pero no pasan. Ladrones, al parecer interrumpidos, forzaron puerta del almacén y huyeron por jardín.

Entrada principal con cerrojo, Kugler <u>tiene que</u> haber salido por segunda puerta.

La máquina de escribir y la de calcular están seguras en caja negra de despacho principal.

También colada de Miep o Bep en lavadero de la <u>cocina</u>.

Solo Bep o <u>Kugler</u> tienen llave de segunda puerta; cerradura quizá estropeada.

Intentar avisar a Jan para buscar llave y echar vistazo a oficina; también dar comida al gato.

Viernes, 14 de abril de 1944.

Querida Kitty:

Hay todavía un ambiente muy tenso. Pim está que arde, la señora está en cama con catarro y despotricando, el señor sin sus pitillos está pálido; Pfeffer, que ha sacrificado mucha comodidad, se pasa el día haciendo comentarios y objeciones, etcétera, etcétera. A propósito, de momento ciertamente no estamos de suerte. El retrete pierde y el grifo se ha pasado de rosca. Gracias a nuestros múltiples contactos, tanto una cosa como la otra podrán arreglarse pronto.

———

A veces me pongo sentimental, ya lo sabes… pero es que aquí a veces también hay lugar para el sentimentalismo. Cuando Peter y yo estamos sentados en algún duro baúl de madera, entre un montón de trastos y polvo, con los brazos al cuello y pegados uno al otro, él con un rizo mío en la mano. Cuando fuera los pájaros cantan trinando; cuando ves que los árboles se ponen verdes; cuando el sol invita a salir fuera; cuando el cielo está tan azul, entonces… ¡ay, entonces quisiera tantas cosas!

———

Aquí no se ven más que caras descontentas y gruñonas, no se oyen más que suspiros y quejas contenidas, es como si de repente nuestra situación hubiera empeorado muchísimo. De verdad, las cosas van tan mal como uno las hace ir. Aquí, en la Casa de atrás, nadie marcha al frente dando el buen ejemplo, aquí cada uno tiene que apañárselas para dominar sus ánimos. Ojalá todo acabe pronto, es lo que se oye todos los días.

———

Mi trabajo, mi esperanza, mi amor, mi valentía,
me hacen buena y me mantienen erguida.

———

De veras creo, Kit, que hoy estoy un poco loca, aunque no sé por qué. Todo aquí está patas arriba, las cosas no guardan ninguna relación, y a veces me entran serias dudas sobre si más tarde le interesará a alguien leer mis bobadas. «Las confidencias de un patito feo»: ese será el título de todas estas tonterías. De verdad, no creo que a los señores Bolkestein y Gerbrandy les sea de mucha utilidad mi diario.

tu Anne M. Frank.

Sábado, 15 de abril de 1944.

Querida Kitty:

«Un susto trae otro».

«¿Cuándo acabará todo esto?».

Son frases que ahora realmente podemos emplear... ¿A que no sabes lo que acaba de pasar? Peter olvidó quitar el cerrojo de la puerta, por lo que Kugler no pudo entrar en el edificio con los hombres del almacén. Tuvo que ir al edificio de Keg y romper la ventana de la cocina. Teníamos las ventanas abiertas, y esto Keg también lo vio. ¿Qué pensarán los de Keg? ¿Y Van Maaren? Miep también se ha vuelto a llevar un buen susto ya que se han llevado a M. y a S., pero eso ahora no tiene nada que ver con nosotros. Kugler está que trina. Le reprochamos que no hace nada para cambiar las puertas, ¡y nosotros cometemos semejante animalada!

Puedo decirte que Peter no sabe dónde meterse. Cuando en la mesa mamá dijo que por quien más compasión sentía era por Peter, él casi se echó a llorar. La culpa es de todos nosotros por igual, porque le preguntamos casi a diario si ha quitado el cerrojo, y también el señor Van Pels se lo pregunta casi siempre. Tal vez luego pueda ir a consolarlo un poco. ¡Me gustaría tanto poder ayudarlo!

A continuación, te escribo algunas confidencias de la Casa de atrás de las últimas semanas:

1. Miep estuvo con gripe durante más de 15 días; acababa de reponerse cuando Jan también la cogió. Como el médico no hace visitas en caso de gripe normal y Jan no tenía tantas náuseas como ella, Miep le pasó algo de los polvos que le había recetado el médico y encima le dio una aspirina. ¡Un remedio basta para todas las enfermedades, sean náuseas o dolor de cabeza!

2. El sábado de la semana pasada, Moffi se puso malo de repente. Estaba muy silencioso y babeaba. Miep enseguida lo cogió, lo envolvió en un trapo, lo puso en la bolsa de la compra y se lo llevó a la clínica para perros y gatos. El veterinario le dio un jarabe, ya que Moffi padecía del vientre. Peter le dio un poco del brebaje varias veces, pero al poco tiempo Moffi desapareció y se quedó fuera día y noche, seguro que con su novia.

3. Moffi no tardó mucho en curarse. Pero ahora tiene la nariz toda hinchada y cuando lo tocas, se queja. Probablemente le han dado un golpe en algún sitio donde ha querido robar.

4. Mouschi estuvo unos días con la voz trastornada. Justo cuando nos habíamos propuesto llevarlo al veterinario también a él, estaba ya prácticamente curado.

5. Nuestra ventana del desván ahora también la dejamos entreabierta por las noches. Peter y yo a menudo vamos allí a sentarnos después del anochecer.

6. Gracias a un pegamento y pintura al óleo, pronto se podrá arreglar la taza del lavabo.

7. El grifo que estaba pasado de rosca también se ha cambiado por otro.

8. El señor Kleiman anda ya mejor de salud, por suerte. Ya sale un poco a la calle y puede comer carne que no ha salido al mercado. Pronto irá a ver a un especialista, siempre que tenga los niveles de sangre normales. Esperemos que no haga falta operarlo del estómago.

9. Después del susto de esta mañana, ya no abriremos las ventanas hasta las nueve de la mañana. Esperemos que nuestro padre de familia sea lo suficientemente juicioso para no dejar más las ventanas entreabiertas por las noches, ni siquiera en verano.

10. Este mes, a través de Br., hemos recibido ocho cartillas para la compra de alimentos. Desafortunadamente, en lugar de a copos de avena o cebada, para los primeros quince días solo dan derecho a legumbres.

11. El señor Pfeffer se sienta por las noches en el cuarto de baño a leer. Hasta pasadas las nueve y media acapara mi atención contándome historias de su mujer y sus hijos.

12. Nuestro manjar más novedoso es el *piccalilly*. Si no tienes suerte, en un tarro solo te vienen pepinos y algo de salsa de mostaza.

13. Verdura no hay en absoluto. Solo lechuga, lechuga y otra vez lechuga. Nuestras comidas tan solo traen patatas y sucedáneo de salsa de carne.

14. Los rusos tienen en su poder más de la mitad de Crimea. En Cassino los ingleses no avanzan. Lo mejor será confiar en el muro del oeste.

15. Bombardeos hay muchos y de gran envergadura.

16. En La Haya un bombardero ha atacado el edificio del Registro civil nacional. A todos los holandeses les darán nuevas tarjetas de identificación.

———

Basta por hoy.

tu Anne M. Frank.

Domingo, 16 de abril de 1944.

Queridísima Kitty:

Grábate en la memoria el día de ayer, pues es muy importante en mi vida. ¿No es importante para cualquier chica cuando la besan por primera vez? Para mí al menos lo es. El beso que me dio Bram en la mejilla derecha no cuenta, y el que me dio Woudstra en la mano derecha tampoco.

¿Que cómo ha sido lo del beso? Pues bien, te lo contaré.

Anoche, a las ocho, estaba yo sentada con Peter en su diván, y al poco tiempo me puso el brazo al cuello. (Como era sábado, no llevaba puesto el mono).

—Corrámonos un poco, así no me doy con la cabeza contra la estantería.

Se corrió casi hasta la esquina del diván, yo puse mi [...] en su espalda y costado por debajo de su brazo y por poco sucumbo bajo el peso de su brazo sobre mis hombros.

Es cierto que hemos estado sentados así en otras ocasiones, pero nunca tan pegados como anoche. Me estrechó bien fuerte contra su cuerpo, yo tenía mi pecho izquierdo pegado al suyo, sentí cómo me palpitaba el corazón, pero todavía no habíamos terminado.

No descansó hasta que tuvo mi cabeza reposada en su hombro, con su cabeza encima de la mía. Cuando a los cinco minutos, aproximadamente, quise sentarme un poco más derecha, enseguida cogió mi cabeza en sus manos y la llevó de nuevo hacia sí. ¡Ay, fue tan maravilloso! No pude decir gran cosa, la dicha era demasiado grande. Me acarició con su mano algo torpe la mejilla y el brazo, jugó con mis rizos y la mayor parte del tiempo nuestras cabezas estuvieron pegadas una contra la otra.

No puedo describirte la sensación que me recorrió todo el cuerpo, Kitty; me sentía demasiado dichosa, y creo que él también.

A las ocho y media nos levantamos. Entró Pfeffer y dio media vuelta después de coger su abrigo. Peter se puso sus zapatillas de deporte para hacer menos ruido al hacer su segunda ronda por la casa, y yo estaba de pie a su lado. No me preguntes cómo hice para encontrar el movimiento adecuado, porque no lo sé; lo cierto es que antes de bajar me dio un beso en el pelo, medio sobre la mejilla izquierda y medio en la oreja. Bajé corriendo sin volverme, y ahora estoy muy deseosa de ver lo que va a pasar hoy.

tu Anne M. Frank.

Domingo por la mañana, poco antes de las 11.00.

Lunes, 17 de abril de 1944.

Querida Kitty:

¿Crees tú que papá y mamá estarían de acuerdo en que yo, una chica que aún no ha cumplido los quince años, estuviera sentada en un diván, besando a un chico de diecisiete años y medio? En realidad creo que no, pero lo mejor será confiar en mí misma al respecto. Me siento tan tranquila y segura al estar en sus brazos, soñando, y es tan emocionante sentir su mejilla contra la mía, tan maravilloso saber que alguien me está esperando... Pero, y es que hay un pero, ¿se contentará Peter con esto? No es que haya olvidado su promesa, pero al fin y al cabo él es un chico.

Yo misma también sé que soy bastante precoz; a algunos les resulta un tanto difícil entender cómo puedo ser tan independiente, cuando aún no he cumplido los quince años. Estoy casi segura de que Margot nunca besaría a un chico si no hubiera perspectiva concreta de compromiso o boda, porque ni Peter ni yo tenemos planes en ese sentido. Seguro que mamá tampoco tocó a ningún hombre antes que a papá. ¿Qué dirían mis amigas y Jacque si me vieran en brazos de Peter, con mi corazón contra su pecho, mi cabeza sobre su hombro, su cabeza y su cara sobre mi cabeza? ¡Ay, Anne, qué escándalo! Pero la verdad es que a mí no me parece ningún escándalo. Estamos aquí encerrados, aislados del mundo, presas del miedo y la preocupación, sobre todo últimamente. Entonces ¿por qué los que nos queremos habríamos de permanecer separados? ¿Por qué no habríamos de besarnos, con los tiempos que corren? ¿Por qué habríamos de esperar hasta tener la edad adecuada? ¿Por qué habríamos de pedir permiso para todo?

Yo misma me encargaré de cuidarme, y él nunca haría nada que me causara tristeza o me hiciera daño; entonces ¿por qué no habría de dejarme guiar por lo que me dicta el corazón y dejar que seamos felices los dos? Sin embargo, Kitty, creo que notarás un poco mis dudas; supongo que es mi sinceridad, que se rebela contra el escondimiento. ¿Te parece que es mi deber contarle a papá lo que hago? ¿Te parece que nuestro secreto debería llegar a oídos de un tercero? Perdería mucho de su encanto, pero ¿me haría sentir más tranquila por dentro? Tendré que consultarlo con «él».

Por cierto, aún hay muchas cosas de las que quisiera hablar con él, porque a solo acariciarnos no le veo el sentido. Para poder contarnos lo que sentimos necesitamos mucha confianza, pero saber que disponemos de ella nos hará más fuertes a los dos.

tu Anne M. Frank.

P.D.: Ayer por la mañana, toda la familia ya estaba levantada a las seis, ya que habíamos oído ruido de ladrones. Esta vez la víctima quizá haya sido uno de nuestros vecinos. Cuando a las siete controlamos las puertas del edificio, estaban herméticamente cerradas. ¡Menos mal!

————

El asunto del cerrojo olvidado ya se ha arreglado, Kugler se mostró extremadamente razonable; delante del cristal roto de la cocina han puesto un trozo de madera. Figúrate que el jefe de Keg ya había ido a buscar una escalera para trepar por la ventana abierta. Kugler justo alcanzó a detenerlo, ya que por suerte la escalera era demasiado corta.

Pelea con Pfeffer, no por mi parte, sino por parte del señor van Pels y papá: el domingo se instaló en el despacho de Kugler pese a que se lo habían prohibido. Esto ha quedado resuelto para siempre, porque ahora podrá usar el antiguo despacho de papá. Está profundamente ofendido e incluso se saltó un concierto de Händel que transmitieron por la radio.

El señor Van Pels estaba que ardía, la señora y mamá quieren que se suspenda la correspondencia con la señora Pfeffer, yo no creo que eso vaya a suceder, si bien en efecto trae consigo un gran riesgo innecesario. Ya no abrimos las ventanas hasta las nueve, tampoco en verano vamos a dejarlas ya abiertas día y noche; incluso han prohibido el palito de Pfeffer, que también ha sido motivo de disputas.

La tía R. seguro que está deprimida, tiene una hija y un yerno en Polonia, un hijo y una nuera detenidos y L. muerto. Solo le queda P. (F.).

Miep está muy afligida por el caso mencionado. La hermana de S. también ha caído. Por suerte, Miep no tuvo nada que ver en el asunto.

El sábado vino a visitarnos Kleiman. Él y Kugler se quedaron hasta las cuatro menos cuarto. Kleiman se va recuperando lentamente,

tu Anne.

tengo que estudiar, se hace tarde,
ya son las once menos diez, lunes por la mañana.

Diario 3: del 18 de abril de 1944
al 1 de agosto de 1944

Diario de

    Anne Frank

del 17 de abril de 1944 al

                Casa de atrás
                    Ámsterdam (Centro)

En parte cartas a «Kitty»
Lema de vida de la propietaria:
¡El hombre ha de tener brío!

18 de abril de 1944.
Martes.

Querida Kitty:

Ha vuelto a haber un tesoro que ha deshecho un cuaderno de química para procurarme un nuevo diario, esta vez ha sido Margot.

Por aquí todo bien. Ayer al caer la tarde vino de nuevo el carpintero, que empezó con la colocación de las planchas de hierro delante de los paneles de las puertas. Nuestro retrete ha vuelto a funcionar, solo que antes y después del horario de oficina ya no podemos tirar de la cadena, solo enjuagar con un poco de agua. Cuando están los de la oficina, tampoco se puede tirar mucho, ya que Van Maaren no nos debe oír. Pero uno se acostumbra a todo, así que a esto también.

Papá acaba de decir que está seguro de que antes del 20 de mayo habrá operaciones a gran escala, tanto en Rusia y en Italia como en el frente occidental. Cada vez resulta más difícil imaginarme que nos vayan a liberar de esta situación.

Ayer Peter y yo por fin tuvimos ocasión de tener la conversación que llevábamos postergando por lo menos diez días. Le expliqué todo lo relativo a las chicas, sin escatimar los detalles más íntimos. Me pareció bastante cómico que creyera que normalmente omitían dibujar el orificio de las mujeres en las ilustraciones. De verdad, Peter no se podía imaginar que se encontrara tan metido entre las piernas.

La noche acabó con un beso mutuo, más o menos al lado de la boca. ¡Es realmente una sensación maravillosa!

Tal vez un día me lleve conmigo el libro de frases bonitas cuando vaya arriba, para que por fin podamos ahondar un poco más en las cosas. No me satisface pasarnos todos los días abrazados sin más, y quisiera imaginarme que a él le pasa igual.

Después de un invierno de medias tintas, ahora nos está tocando una primavera hermosa. Abril en efecto es maravilloso; no hace ni mucho calor ni mucho frío, y de vez en cuando cae algún chubasco. El castaño del jardín está ya bastante verde, y aquí y allá ya asoman los primeros tirsos.

El sábado, Bep nos mimó trayéndonos cuatro ramos de flores: tres de narcisos y uno de jacintos enanos, este último era para mí.

El aprovisionamiento de periódicos del señor Kugler es cada vez mejor. También me trae todas las semanas la revista *Cinema & Theater*, muchos ejemplares de *De Prins* y *Rijk der Vrouw*, cada semana el *Haagse Post*, a veces *Das Reich*, etcétera.

Tengo que estudiar álgebra, Kitty, ¡hasta luego!

tu Anne M. Frank.

Miércoles, 19 de abril de 1944.

Amor mío:

(Así se titula una película en la que actúan Dorit Kreysler, Ida Wüst y Harald Paulsen).

¿Existe en el mundo algo más hermoso que estar sentada delante de una ventana abierta en los brazos de un chico al que quieres, mirando la naturaleza, oyendo a los pájaros cantar y sintiendo cómo el sol te acaricia las mejillas? ¡Me hace sentir tan tranquila y segura con su brazo rodeándome, y saber que está cerca y sin embargo callar! No puede ser nada malo, porque esa tranquilidad me hace bien. ¡Ay, ojalá nunca nos interrumpieran, ni siquiera Mouschi!

tu Anne M. Frank.

Viernes, 21 de abril de 1944.

Queridísima Kitty:

Ayer por la tarde estuve en cama con dolor de garganta, pero como ya esa misma tarde me aburrí y no tenía fiebre, hoy me he levantado. Y hoy el dolor de garganta prácticamente ha «des-a-pa-rrecii-do».

Ayer, como sin duda ya habrás descubierto tú misma, cumplió cincuenta y cinco años nuestro Führer. Hoy es el 18.º cumpleaños de su alteza real, la princesa heredera Isabel de York. Por la BBC han comunicado que, contrariamente a lo que se acostumbra a hacer con las princesas, todavía no la han declarado mayor de edad. Ya hemos estado conjeturando con qué príncipe desposarán a esta beldad, pero no hemos podido encontrar al candidato adecuado. Quizá su hermana, la princesa Margarita Rosa, quiera quedarse con el príncipe Balduino, heredero de la corona de Bélgica…

Aquí caemos de una desgracia en la otra. No acabábamos de ponerles unos buenos cerrojos a las puertas exteriores, cuando aparece de nuevo en escena Van Maaren. Es casi seguro que ha robado fécula de patata, y ahora le quiere echar la culpa a Bep. La Casa de atrás, como te podrás imaginar, está convulsionada. Bep está que trina. Quizá Kugler ahora haga vigilar a ese libertino.

Esta mañana vino el tasador de la Beethovenstraat. Nos ofrece *f* 400 por el cofre; también las otras ofertas nos parecen demasiado bajas.

Voy a pedir a la redacción de *De Prins* que publiquen uno de mis cuentos de hadas; bajo seudónimo, naturalmente, pero como los cuentos que he escrito hasta ahora son demasiado largos, no creo que vaya a tener suerte.

Hasta la próxima, *darling*.

tu Anne M. Frank.

Martes, 25 de abril de 1944

Querida Kitty:

Hace como diez días que Pfeffer y Van Pels otra vez no se hablan, y eso solo porque hemos tomado un montón de medidas de seguridad después de que entraron los ladrones. Una de ellas es que a Pfeffer ya no le permiten bajar por las noches, como ya te he informado. Peter y el señor Van Pels hacen la última ronda todas las noches a las nueve y media, y luego nadie más puede bajar. Después de las ocho de la noche en el retrete ya no se puede tirar de la cadena, y tampoco después de las ocho de la mañana. Las ventanas no se abren por la mañana hasta que esté encendida la luz en el despacho de Kugler, y por las noches ya no se les puede poner las tablitas. Esto último ha sido motivo del enfurruñamiento de Pfeffer. Asegura que Van Pels le ha soltado un gruñido, pero ha sido culpa suya. Dice que antes podría vivir sin comer que sin respirar aire puro, y que habrá que buscar un método para que puedan abrirse las ventanas.

—Hablaré de ello con el señor Kugler —me ha dicho, y le he contestado que estas cosas no se discuten con el señor Kugler, sino que se resuelven en comunidad—. ¡Aquí todo se hace a mis espaldas! —refunfuñó—. Tendré que hablar con tu padre al respecto.

Tampoco le dejan instalarse en el despacho de Kugler los sábados por la tarde ni los domingos, porque podría oírlo el jefe de la oficina de Keg cuando viene. Pero Pfeffer no hizo caso y se volvió a instalar allí. Van Pels estaba furioso y papá bajó a prevenirlo. Por supuesto que se salió con algún pretexto pero esta vez ni papá lo aceptó. Ahora también papá habla lo menos posible con él, porque Pfeffer lo ha ofendido, no sé de qué manera, ni lo sabe ninguno de nosotros, pero debe de haber sido grave. También se ha suspendido casi completamente la correspondencia con su mujer.

¡Y pensar que la semana que viene el desgraciado festeja su cumpleaños! Cumplir años, no decir ni mu, estar con cara larga y recibir regalos: ¿cómo casa una cosa con otra? Mientras tanto pasó otra cosa desagradable, que todavía no se ha resuelto. Van Maaren le quiere echar la culpa a Bep de todas las mercancías robadas y cuenta las mentiras más descaradas sobre ella. Ha desaparecido mucha fécula de patata, y es una lástima que nuestro arcón privado en el desván de delante lo hayan desvalijado casi completamente.

Probablemente Van Maaren también sospeche de nosotros; en el almacén pone los libros y papelillos en los extremos de las mesas, de modo que con solo caminar por allí, ya tengan que caerse. Bep ya no es la última en marcharse; cierra Kugler. Kleiman, que mientras tanto ha estado aquí, Kugler y los dos señores han examinado desde todos los ángulos cómo deshacerse de ese tipo. A los de abajo les parece demasiado arriesgado. ¿Acaso así no es mucho más arriesgado?

_____

El estado del señor Voskuijl va empeorando mucho. Lleva más de diez días con casi cuarenta grados de fiebre, todas las noches. Ayer hasta le subió a 40,7. Por la mañana no son más que ± 37,7. El médico dice que no hay esperanzas, creen que el cáncer ha llegado hasta el pulmón. Pobre hombre, ¡cómo nos gustaría ayudarlo! Pero solo Dios puede hacerlo.

He escrito un cuento muy divertido. Se llama «Blurry, el descubridor del mundo», y ha gustado mucho a mis tres oyentes.

Aún sigo muy acatarrada, y he contagiado tanto a Margot como a mamá y a papá. Espero que no se le pegue también a Peter, quiso que le diera un beso y me llamó su El Dorado. Pero ¡si eso ni siquiera es posible, tonto! De cualquier manera, es un cielo.

tu Anne M. Frank.

Jueves, 27 de abril de 1944

Querida Kitty:

Esta mañana la señora estaba de mal humor. No hacía más que quejarse, primero por su resfriado, y porque no le daban caramelos, y porque no aguanta tener que sonarse tantas veces la nariz. Luego porque no había salido el sol, por la invasión que no llega, porque no podemos asomarnos por la ventana, etcétera, etcétera. Nos hizo reír mucho con sus quejas, y por lo visto no era todo tan grave, porque le contagiamos la risa. Receta del *cholent* de patatas, modificada por escasez de cebollas:

Se cogen patatas peladas, se pasan por el molinillo, se añade un poco de harina del Gobierno y sal. Se untan con parafina o estearina las bandejas de horno o fuentes refractarias y se cuece la masa durante 2 ½ horas. Cómase con compota de fresas podridas. (No se dispone de cebollas ni de manteca para la fuente y la masa).

En estos momentos estoy leyendo *El emperador Carlos V*, escrito por un catedrático de la Universidad de Gotinga, que estuvo cuarenta años trabajando en este libro. En cinco días me leí cincuenta páginas, más es imposible. El libro consta de 298 páginas, así que ya puedes ir calculando cuánto tiempo tardaré en leérmelo todo, ¡y luego viene el segundo tomo! Pero es muy interesante.

¡Hay que ver la cantidad de cosas a las que pasa revista una estudiante de secundaria como yo a lo largo de una jornada! Primero traduje del neerlandés al inglés un párrafo sobre la última batalla de Nelson. Después, repasé la continuación de la Gran Guerra del Norte (1700-1721), con Pedro el Grande, Carlos XII, Augusto el Fuerte, Estanislao Leszczynski, Mazepa, Von Görtz, Brandemburgo, Pomerania anterior y ulterior y Dinamarca, más las fechas de rigor.

A continuación, fui a parar al Brasil, y leí acerca del tabaco de Bahía, la abundancia de café, el millón y medio de habitantes de Río de Janeiro, de Pernambuco y São Paulo, sin olvidar el río Amazonas; de negros, mulatos, mestizos (!), blancos, más del 50% de analfabetos y de la malaria. Como aún me quedaba algo de tiempo, le di un repaso rápido a una genealogía: Juan el Viejo, Guillermo Luis, Ernesto Casimiro I, Enrique Casimiro I, hasta la pequeña Margarita Francisca, nacida en Ottawa en 1943.

Las doce del mediodía: continué mis estudios en el desván, repasando diáconos, curas, pastores, papas... ¡uf!, hasta la una.

Después de las dos, la pobre criatura (¡ejem!) volvió nuevamente a sus estudios; tocaban los monos catarrinos y platirrinos. Kitty, ¡a que no sabes cuántos dedos tiene un hipopótamo!

Luego vino la Biblia, el Arca de Noé, Sem, Cam y Jafet. Luego Carlos V.

En la habitación de Peter leí *El coronel* de Thackeray, en inglés. Repasamos léxico francés y luego comparamos el Mississippi con el Missouri.

Basta por hoy. ¡Adiós!

tu Anne M. Frank.

Viernes, 28 de abril de 1944.

Querida Kitty:

Nunca he olvidado aquella vez en que soñé con Peter Schiff (véase principios de enero). Cuando me vuelve a la memoria, aún hoy siento su mejilla contra la mía, y esa sensación maravillosa que lo arreglaba todo. Aquí también he tenido alguna vez esa sensación con Peter, pero nunca en tal medida, hasta... anoche, cuando estábamos sentados juntos en el diván, abrazados, como de costumbre. En ese momento la Anne habitual se esfumó de repente, y en su lugar apareció la segunda Anne, esa segunda Anne que no es temeraria y divertida, sino que tan solo quiere amar y ser tierna. Estaba sentada pegada a él y sentí cómo crecía mi emoción, se me llenaron los ojos de lágrimas, la de la izquierda le cayó en el mono a Peter, la de la derecha me resbaló por la nariz, voló por el aire y también fue a parar al mono. ¿Se habrá dado cuenta? Ningún movimiento lo reveló. ¿Sentirá lo mismo que yo? Tampoco dijo casi palabra. ¿Sabrá que tiene frente a sí a dos Annes? Son todas preguntas sin responder. A las ocho y media, cuando Pfeffer ya había terminado, me levanté y me acerqué a la ventana, donde siempre nos despedimos. Todavía temblaba, aún era la segunda Anne, él se me acercó, yo lo abracé a la altura del cuello y le di un beso en la mejilla izquierda. Justo cuando quería hacer lo mismo en la derecha, mi boca se topó con la suya y nos dimos el beso allí. Embriagados, nos apretamos el uno contra el otro, una y otra vez, hasta nunca acabar, ¡ay!

———

A Peter le hace falta algo de cariño, por primera vez en su vida ha descubierto a una chica, ha visto por primera vez que las chicas que más bromean tienen también su lado interior y un corazón, y que cambian a partir del momento en que están a solas contigo.

Por primera vez en su vida ha dado su amistad y se ha dado a sí mismo; nunca jamás ha tenido un amigo o una amiga. Ahora nos hemos encontrado los dos, yo tampoco lo conocía, ni había tenido nunca un confidente, y esto es lo que ha resultado de ello... Otra vez la pregunta que no deja de perseguirme: ¿está bien? ¿Está bien que ceda tan pronto, que sea impetuosa, tan impetuosa y tan ansiosa como el propio Peter? ¿Puedo dejarme llevar de esa manera, siendo una chica?

Solo existe una respuesta: estaba deseándolo tanto y desde hace tanto tiempo... Estaba tan sola, ¡y ahora he encontrado un consuelo!

———

Por la mañana estamos normales, por la tarde también bastante, salvo algún caso aislado, pero por la noche vuelve a surgir el deseo contenido durante todo el día, la dicha y la gloria de todas las veces anteriores, y cada cual solo piensa en el otro. Cada noche, después del último beso, querría salir corriendo, no volver a mirarlo a los ojos, irme lejos, para estar sola en la oscuridad. ¿Y qué me espera después de bajar los catorce escalones? La plena luz, preguntas por aquí y risitas por allá, debo actuar y disimular.

Tengo aún el corazón demasiado blando como para quitarme de encima un golpe como el de anoche. La Anne suave aparece muy pocas veces y por eso no se deja mandar a paseo tan pronto. Peter me ha afectado como jamás me he visto afectada en mi vida, salvo en sueños. Me ha sacudido, ha sacado hacia fuera mi parte interior, y entonces ¿no es lógico que una quiera estar tranquila para restablecerse por dentro? ¡Ay, Peter! ¿Qué me has hecho? ¿Qué quieres de mí? ¿Adónde iremos a parar? ¡Ay, ahora entiendo a Bep!

Ahora que estoy pasando por esto, entiendo sus dudas. Si yo fuera mayor y Peter quisiera casarse conmigo, ¿qué le contestaría? ¡Anne, di la verdad! No podrías casarte con él, pero también es difícil dejarlo ir. Peter tiene aún poco carácter, poca voluntad, poco valor y poca fuerza. Es un niño aún, no mayor que yo por dentro; solo quiere encontrar la tranquilidad y la dicha.

¿De verdad solo tengo catorce años? ¿De verdad no soy más que una colegiala tonta? ¿De verdad soy aún tan inexperta en todo? Tengo más experiencia que los demás, he vivido algo que casi nadie conoce a mi edad.

Me tengo miedo a mí misma, tengo miedo de que, impulsada por el deseo, me entregue demasiado pronto. ¿Qué hacer para que las cosas salgan bien con otros chicos en el futuro? ¡Ay, qué difícil es! Siempre está esa lucha entre el corazón y la razón, hay que escuchar la voz de ambos a su debido tiempo, pero ¿cómo saber a ciencia cierta si he escogido el buen momento?

tu Anne M. Frank.

Martes, 2 de mayo de 1944.

Querida Kitty:

El sábado por la noche le pregunté a Peter si le parecía que debía contarle a papá algo de lo nuestro, y tras algunas idas y venidas le pareció que sí. Me alegré, porque es una señal de su buen sentir. Enseguida después de bajar, acompañé a papá a buscar agua, y ya en la escalera le dije:

—Papá, como te imaginarás, cuando Peter y yo estamos juntos, hay menos de un metro de distancia entre los dos. ¿Te parece mal?

Papá no contestó enseguida, pero luego dijo:

—No, mal no me parece, Anne; pero aquí, en este espacio tan reducido, debes tener cuidado.

Dijo algo más por el estilo, y luego subimos.

El domingo por la mañana me llamó y me dijo:

—Anne, lo he estado pensando —¡ya me lo temía!—; en realidad creo que aquí, en la Casa de atrás, lo vuestro no es conveniente; pensé que solo erais camaradas. ¿Peter está enamorado?

—¡Nada de eso! —contesté.

—Mira, Anne, tú sabes que os entiendo muy bien, pero tienes que ser prudente; ya no subas tanto a su habitación, no lo animes más de lo necesario. En estas cosas el hombre siempre es el activo, la mujer puede frenar. Fuera, en libertad, es otra cosa totalmente distinta; ves a otros chicos y chicas, puedes marcharte cuando quieres, hacer deporte y demás; aquí, en cambio, cuando estás mucho tiempo juntos y quieres marcharte, no puedes, te ves a todas horas, por no decir siempre. Ten cuidado, Anne, y no te lo tomes demasiado en serio.

—No, papá. Pero Peter es un chico decente, y es muy bueno.

—Sí, pero no es fuerte de carácter; se deja influenciar fácilmente hacia el lado bueno, pero también hacia el lado malo. Espero por él que siga siendo bueno, porque lo es por naturaleza.

Seguimos hablando un poco y quedamos en que también le hablaría a Peter.

El domingo por la tarde, en el desván de delante, Peter me preguntó:

—¿Y qué, Anne, has hablado con tu padre?

—Sí —le contesté—. Te diré lo que me ha dicho. No le parece mal, pero dice que aquí, al estar unos tan encima de otros, es fácil que tengamos algún encontronazo.

—Pero si hemos quedado en que no habría peleas entre nosotros, y yo estoy dispuesto a respetar nuestro acuerdo.

—También yo, Peter, pero papá no sabía lo que había entre nosotros, creía que solo éramos camaradas. ¿Crees que eso ya no es posible?

—Yo sí, ¿y tú?

—Yo también. Y también le he dicho a papá que confiaba en ti. Confío en ti, Peter, tanto como en papá, y creo que te mereces mi confianza, ¿no es así?

—Espero que sí. —Lo dijo muy tímidamente y poniéndose medio colorado.

—Creo en ti, Peter —continué diciendo—. Creo que tienes un buen carácter y que te abrirás camino en el mundo.

Luego hablamos sobre otras cosas, y más tarde aún le dije:

—Si algún día salimos de aquí, sé muy bien que no te interesarás más por mí.

Se le subió la sangre a la cabeza:

—¡Eso sí que no es cierto, Anne! ¿Cómo <u>puedes</u> pensar eso de mí?

En ese momento nos llamaron.

————

Papá habló con él, me lo dijo el lunes.

—Tu padre cree que en algún momento nuestra camaradería podría desembocar en enamoramiento —dijo—. Pero le contesté que sabremos contenernos mutuamente.

————

Papá ahora quiere que por las noches suba menos a ver a Peter, pero yo no quiero. No es solo que me gusta estar con él, sino que también le he dicho que confío en él. Y es que confío en él, y quiero demostrárselo, pero nunca lo lograría quedándome abajo por falta de confianza.

¡No, señor, subiré!

————

Entretanto se ha arreglado el drama de Pfeffer. El sábado por la noche, a la mesa, presentó sus disculpas en correcto neerlandés. Van Pels enseguida se dio por satisfecho. Seguro que Pfeffer se pasó el día estudiando su discurso.

El domingo, día de su cumpleaños, pasó sin sobresaltos. Nosotros le regalamos una botella de vino de 1919, los Van Pels —que ahora podían darle su regalo— un tarro de *piccalilly* y un paquete de hojas de afeitar, Kugler una botella de limonada, Miep un libro, *El pequeño Martín*, y Bep una plantita. Él nos convidó a un huevo para cada uno.

tu Anne M. Frank.
(¡ya está la comida! 18.30)

Miércoles, 3 de mayo de 1944.

Querida Kitty:

Primero las novedades de la semana. La política está de vacaciones; no hay nada, lo que se dice nada que contar. Poco a poco también yo estoy empezando a creer que se acerca la invasión. No pueden dejar que los rusos hagan solos todo el trabajo, aquellos por cierto tampoco están haciendo nada de momento.

El señor Kleiman viene de nuevo todas las mañanas a la oficina. Todavía no tiene los niveles de sangre normales, con lo que aún no puede ir a ver al especialista. Ha conseguido un nuevo muelle para el diván de Peter, de modo que Peter tendrá que ponerse a tapizar; como comprenderás, no le apetece nada tener que hacerlo. Kleiman también nos ha traído pulguicida para el gato.

¿Ya te he contado que ha desaparecido Moffi? Desde el jueves pasado, sin dejar ni rastro. Seguramente ya estará en el cielo gatuno, mientras que algún amante de los animales lo habrá usado para hacerse un guiso. Tal vez vendan su piel a una niña adinerada para que se haga un gorro. Peter está muy desconsolado a raíz del hecho. Bep ha obtenido un verdadero triunfo: va a nadar con Bertus. ¿Cuánto tiempo aguantará?

Desde el sábado (hace dos semanas), venimos almorzando ese día a las once y media, con lo que por la mañana debíamos aguantarnos con una taza de papilla. A partir de mañana tendremos lo mismo todos los días, con el propósito de ahorrar una comida. Todavía es muy difícil conseguir verdura; hoy por la tarde comimos lechuga podrida cocida. Lechuga en ensalada, espinacas y lechuga cocida: otra cosa no hay. A eso se le añaden patatas podridas. ¡Una combinación deliciosa!

Hacía más de dos meses que no me venía la regla, pero por fin el domingo me volvió. A pesar de las molestias y la aparatosidad, me alegro mucho de que no me haya dejado plantada durante más tiempo.

———

Como te podrás imaginar, aquí vivimos diciendo y repitiendo con desesperación «Para qué, ¡ay!, para qué diablos sirve esa guerra, por qué los hombres no pueden convivir pacíficamente, por qué tienen que destruirlo todo...».

La pregunta es comprensible, pero hasta el momento nadie ha sabido formular una respuesta satisfactoria. De verdad, ¿por qué en Inglaterra construyen aviones cada vez más grandes, bombas cada vez más potentes y, por otro lado, casas prefabricadas para la reconstrucción del país? ¿Por qué hay a diario millones para la guerra y no se reserva ni un céntimo para la medicina, los artistas y los pobres? ¿Por qué la gente tiene que pasar hambre, cuando en otras partes del mundo hay comida en abundancia pudriéndose? ¡Ay!, ¿por qué el hombre es tan estúpido?

Yo no creo que la guerra solo sea cosa de grandes hombres, gobernantes y capitalistas. ¡Nada de eso! Al hombre pequeño también le gusta; si no, los pueblos ya se habrían levantado contra ella. Es que hay en el hombre un afán de destruir, un afán de matar, de asesinar y ser una fiera, y mientras toda la humanidad, sin excepción, no haya sufrido una gran metamorfosis, la guerra seguirá haciendo estragos, y todo lo que se ha construido, cultivado y desarrollado hasta ahora quedará truncado y destruido, para luego volver a empezar.

Muchas veces he estado decaída, pero nunca he desesperado; este periodo de estar escondidos me parece una aventura, peligrosa, romántica e interesante. En mi diario considero cada una de nuestras privaciones como una diversión. ¿Acaso no me había propuesto llevar una vida distinta de las otras chicas, y más tarde también distinta de las amas de casa corrientes? Este es un buen comienzo de esa vida interesante y por eso, solo por eso, me da la risa en los momentos más peligrosos, por lo cómico de la situación.

Soy joven y aún poseo muchas cualidades encerradas; soy joven y fuerte y vivo esa gran aventura, estoy aún en medio de ella y no puedo pasarme el día quejándome de que no puedo más que divertirme.

Muchas cosas me han sido dadas al nacer: felicidad por naturaleza, mucha alegría y fuerza. Cada día me siento crecer por dentro, siento cómo se acerca la liberación, lo bella que es la naturaleza, lo buenos que son quienes me rodean, lo interesante y divertida que es esta aventura. Entonces ¿por qué habría de desesperar?

tu Anne M. Frank.

Viernes, 5 de mayo de 1944.

Querida Kitty:

Papá no está conforme conmigo; se pensó que después de nuestra conversación del domingo, automáticamente dejaría de ir todas las noches arriba. Quiere que acabemos con los «amoríos». No me gustó nada esa palabra; bastante difícil ya es tener que hablar de ese tema. ¿Por qué me quiere hacer sentir tan mal? Hoy hablaré con él. Margot me ha dado algunos buenos consejos. Lo que le voy a decir es más o menos lo siguiente:

«Papá, creo que esperas que te dé una explicación, y te la daré. Te he desilusionado, esperabas que fuera más recatada. Seguramente quieres que me comporte como ha de comportarse una chica de catorce años, pero ¡te equivocas!

»Desde que estamos aquí, desde julio de 1942 hasta hace algunas semanas, las cosas no han sido nada fáciles para mí. Si supieras lo mucho que he estado llorando por las noches, lo desesperanzada y desdichada que he sido; lo sola que me he sentido, comprenderías por qué quiero ir arriba. No ha sido de un día para otro que me las he apañado para llegar al punto de poder vivir sin una madre y sin la ayuda de nadie en absoluto. Me ha costado mucho, muchísimo sudor y lágrimas llegar a ser tan independiente. Ríete si quieres y no me creas, que no me importa. Sé que soy una persona que está sola y no me siento responsable en lo más mínimo ante vosotros. Te he contado todo esto porque no quisiera que pensaras que estoy ocultándote algo, pero solo a mí misma tengo que rendir cuentas de mis actos.

»Cuando me vi en dificultades, vosotros, y también tú, cerrasteis los ojos e hicisteis oídos sordos, y no me ayudasteis; al contrario, no hicisteis más que amonestarme, para que no fuera tan escandalosa. Pero yo solo era escandalosa por no estar siempre triste, era temeraria por no oír continuamente esa voz dentro de mí. He sido una comedianta durante año y medio, día tras día; no me he quejado, no me he salido de mi papel, nada de eso, y ahora he dejado de luchar. ¡He triunfado! Soy independiente, en cuerpo y alma, ya no necesito una madre, la lucha me ha hecho fuerte.

»Y ahora, ahora que he superado todo esto, y que sé que ya no tendré que seguir luchando, quisiera seguir mi camino, el camino que me plazca. No puedes ni debes considerarme una chica de catorce años; las penas vividas me han hecho mayor. No me arrepentiré de mis actos, y haré lo que crea que puedo hacer.

»No puedes impedirme que vaya arriba, de no ser con mano dura: o me lo prohíbes del todo, o bien confías en mí en las buenas y en las malas, de modo que déjame en paz».

tu Anne M. Frank.

Hace ± una semana publicaron un artículo en el periódico en el que mencionaban a un hombre que agarró un gato que se había metido en su casa y lo mató a golpes con el atizador. El juez lo condenó a un mes de cárcel.

Con motivo de este hecho, copio el siguiente poema:

Gatástrofes.

Llegan a la redacción y a quien suscribe
de poblaciones y ciudades apartadas

sobre el tema de los gatos de vecinos
sendas quejas muy airadas y variadas.
Los gatos de vecinos invaden parterres
y también sembrados sin ton ni son,
degluten canarios indefensos
y beben leche sin mediar cupón.
Gatos ajenos sin más ni más buscan
en casas de vecinos un buen techo,
roban carne y acaban revolviendo
el jardín, el salón y el arenero.
Después, al vecino del vecino
—como es natural— le da mucha rabia,
sobre todo cuando el gato muy tranquilo
lo observa cómo despotrica a la distancia.
Cuando el vecino luego a golpes
mata al gato, pasándose de rosca,
se crean enseguida dos campos:
a favor de los gatos o en su contra.
Ambos al director escriben cartas,
planteando cada cual su pregunta:
¿Por qué no puede pasear mi gato?
o ¿de dónde esta gran plaga gatuna?
.. ..
Cada caso tiene siempre dos caras,
algo que también aquí queda claro;
y solo quien examina ambas
puede ser considerado sabio.
El gato del vecino, por tanto,
tiene también dos caras gatunas
y la sabia opinión del rey Salomón
podría ser aquí muy oportuna.
No por tener también él un gato,
sino porque el buen hombre poseía
una idea monumental y gigantesca
de lo que son el derecho y la justicia.
A lo mejor —repito: a lo mejor—
el hombre sabio diría aquí tajante:
¡Apreciados progatos y antigatos,
aprendan a ser más tolerantes!
Antigatos: estén siempre vigilantes
y tengan lista, por ejemplo, una manguera
para alejar a los inoportunos gatos,
mas innecesariamente crueles nunca sean.

Ustedes, progatos: reténganlos en casa,
entre sus rejas y cuatro paredes
pues aun siendo animales domésticos,
los vecinos en sus casas no los quieren...

Clinge Doorenbos.

Sábado, 6 de mayo de 1944.

Querida Kitty:

Ayer, antes de comer, le metí a papá la carta en el bolsillo. Después de leerla estuvo toda la noche muy confuso, según Margot. (Yo estaba arriba fregando los platos). Pobre Pim, podría haberme imaginado las consecuencias que traería mi esquela. ¡Es tan sensible...! Enseguida le dije a Peter que no preguntara ni dijera nada.

Pim no ha vuelto a mencionar el asunto. ¿Lo hará aún?

Aquí todo ha vuelto más o menos a la normalidad. Kleiman ayer no se encontraba muy bien y se marchó pronto a casa. Miep está enfadada con nosotros, en todo toma partido por Pfeffer y no se muestra muy amable con nosotros. Bep hoy ha ido a la peluquería, ¡permanente nueva! Las cosas que nos cuentan Jan, Kugler y Kleiman sobre los precios y la gente de fuera son verdaderamente increíbles; un cuarto de kilo de té cuesta f 350; un cuarto de café, f 80; la mantequilla está a f 35 el medio kilo, y un huevo vale f 1,45. ¡El tabaco búlgaro se cotiza a f 14 los cien gramos! Todo el mundo compra y vende en el mercado negro, cualquier recadero te ofrece algo para comprar. El chico de la panadería nos ha conseguido seda para zurcir, a f 0,90 una madejuela, el lechero nos consigue cartillas de racionamiento clandestinas, un empresario de pompas fúnebres nos suministra queso. Todos los días hay robos, asesinatos y hurtos, los policías y vigilantes nocturnos no se quedan atrás con respecto a los ladrones de oficio, todos quieren llenar el estómago y como está prohibido aumentar los salarios, la gente se ve obligada a contrabandear. La policía de menores no cesa de buscar el paradero de chicas de quince, dieciséis, diecisiete, dieciocho y más años que desaparecen a diario.

Nelly Voskuijl está en Laón, en Francia. Sufre terribles bombardeos y quiere volver a casa a toda costa. A uno de sus muchos amigos, un piloto de Eindhoven, lo llamó una noche por teléfono mientras estaba durmiendo, para suplicarle que la ayudara. Según ella, la enfermedad de su padre era un buen motivo para que le concedieran una licencia, pero solo en caso de que el pobre hombre fallezca a su hija la dejan viajar. Nelly siente un gran remordimiento por su conducta de antes y en sus cartas pide perdón. ¿Es de sorprender que los Voskuijl hace rato que volvieron a enternecerse? ¡Claro que no!

Intentaré terminar el cuento del hada Ellen. Se lo podría regalar a papá para su cumpleaños, en broma, incluidos los derechos de autor. ¡Hasta más ver! (en realidad está mal, en la emisión en alemán de la radio inglesa dicen *Auf wiederhören*, «Hasta más oír», con lo cual yo debería despedirme con un «Hasta más escribir»).

tu Anne M. Frank.

Domingo, 7 de mayo de 1944, por la mañana.

Querida Kitty:

Papá y yo estuvimos ayer por la tarde conversando largo y tendido. Lloré mucho, y papá hizo otro tanto. ¿Sabes lo que me dijo, Kitty?

«He recibido muchas cartas en mi vida, pero ninguna tan horrible como esta. ¡Tú, Anne, que has experimentado tanto amor de tus padres, que tienes unos padres siempre dispuestos a ayudarte, y que siempre te han defendido en lo que fuera, tú hablas de no sentirte responsable! Estás ofendida y te sientes abandonada. No, Anne, has sido muy injusta con nosotros.

»Tal vez no haya sido esa tu intención, pero lo has escrito así, Anne, y de verdad, ¡«nosotros» no nos merecemos tus reproches!».

¡Ay, qué error tan grande he cometido! Es el acto más vil que he hecho en mi vida. No he querido más que darme aires con mis llantos y mis lágrimas, y hacerme la importante para que él me tuviera respeto. Es cierto que he sufrido mucho, y lo que he dicho de mamá es verdad, pero inculpar así al pobre Pim, que siempre ha hecho todo por mí y que sigue haciéndolo, ha sido más que vil.

Está muy bien que haya descendido de las alturas inalcanzables en las que me encontraba, que se me haya quebrado un poco el orgullo, porque se me habían subido demasiado los humos. Lo que hace la señorita Anne no siempre está bien, ¡ni mucho menos! Alguien que hace sufrir tanto a una persona a la que dice querer, y aposta además, es un ser bajo, muy bajo.

Pero de lo que más me avergüenzo es de la manera en que papá me ha perdonado; ha dicho que echará la carta al fuego, en la estufa, y me trata ahora con tanta dulzura, que es como si fuera él quien ha hecho algo malo. Anne, Anne, aún te queda muchísimo por aprender. Empieza por ahí, en lugar de mirar a los demás por encima del hombro y echarles la culpa de todo.

Sí, he sufrido mucho, pero ¿acaso no sufren todos los de mi edad? He sido una comedianta muchas veces sin darme cuenta siquiera; me sentía sola, pero casi nunca he desesperado. Nunca he llegado a los extremos de papá, que alguna vez salió a la calle armado con un cuchillo para quitarse la vida.

He de avergonzarme y me avergüenzo profundamente. Lo hecho, hecho está, pero es posible evitar que se repita. Quisiera volver a empezar y eso no será tan difícil, ya que ahora tengo a Peter. Con su apoyo podré hacerlo. Ya no estoy sola, él me quiere, yo lo quiero, tengo mis libros, mis cuadernos y mi diario, no soy tan fea, ni me falta inteligencia, soy alegre por naturaleza y quiero tener un buen carácter.

Sí, Anne, te has dado perfecta cuenta de que tu carta era demasiado dura y falsa, y sin embargo te sentías orgullosa de haberla escrito. Debo volver a tomar ejemplo de papá, y <u>voy</u> a enmendarme.

tu Anne M. Frank.

Lunes, 8 de mayo de 1944.

Querida Kitty:

¿Te he contado alguna vez algo sobre nuestra familia? Creo que no, y por eso empezaré a hacerlo enseguida. Papá nació en Frankfurt del Meno, y sus padres eran gente de dinero. Michael Frank era dueño de un banco, y con él se hizo millonario, y Alice Stern era de padres muy distinguidos y también de mucho dinero. Michael Frank no había sido rico en absoluto de joven, pero fue escalando posiciones. Papá tuvo una verdadera vida de niño bien, con reuniones todas las semanas, y bailes, fiestas, chicas guapas, valses, banquetes, muchas habitaciones, etcétera, etcétera. Todo ese dinero se perdió cuando murió el abuelo, y después de la guerra mundial y la inflación no quedó nada. Hasta antes de la guerra aún nos quedaban bastantes parientes ricos, como Olga Spitzer en París y Milly Stanfield en Londres. ¡Tampoco Jacob y Hermann en Luxemburgo podían quejarse de que les faltara dinero! O sea, que papá ha tenido una educación de primera, y por eso ayer le dio muchísima risa cuando, por primera vez en sus cincuenta y cinco años de vida, tuvo que rascar la comida del fondo de la sartén.

Mamá no era tan tan rica, aunque sí bastante, con lo que ahora nos deja boquiabiertos con sus historias de fiestas de compromiso de doscientos cincuenta invitados, bailes privados y grandes banquetes.

Ya no podemos llamarnos ricos, ni mucho menos, pero tengo mis esperanzas puestas en lo que vendrá cuando haya acabado la guerra. Te aseguro que no le tengo ningún apego a la vida estrecha, como dicen tener mamá y Margot. Me gustaría irme un año a París y un año a Londres, para aprender el idioma y estudiar historia del arte. Compáralo con Margot, que quiere irse a Palestina a trabajar de enfermera en una maternidad. A mí me siguen haciendo ilusión los vestidos bonitos y la gente interesante, quiero ver mundo y tener nuevas experiencias, no es la primera vez que te lo digo, y algún dinero no me vendrá mal para poder hacerlo…

Esta mañana, Miep nos contó algunas cosas sobre la fiesta de compromiso de su prima, a la que fue el sábado. La prima en cuestión tiene veintisiete años y su prometido veintitrés. La prima es una chica grandota, simpática, de padres ricos, el novio un muchachito enclenque de padres más ricos aún.

Los dos son hijos únicos, con lo que ya pueden contar con las herencias respectivas. Se nos hizo la boca agua cuando Miep nos contó lo que comieron: sopa juliana con albondiguillas, queso, canapés de carne picada, entremeses variados con huevo y rosbif, canapés de queso, bizcocho borracho, vino y cigarrillos, de todo a discreción.

Miep se bebió diez copas y se fumó tres cigarrillos. ¿Es esta la mujer antialcohólica que dice ser? Si Miep estuvo bebiendo tanto, ¿cuánto se habrá echado al coleto su señor esposo? En esa fiesta todos deben de haberse achispado un poco, naturalmente. También había dos agentes de la brigada de homicidios de la policía, que sacaron fotos a la pareja. Como verás, Miep no se olvida ni un instante de sus escondidos, porque enseguida memorizó los nombres y las señas de estos dos señores, por si llega a pasar algo y hacen falta holandeses de confianza. ¡Cómo no se nos iba a hacer la boca agua, cuando solo habíamos desayunado dos cucharadas de papilla de avena y teníamos un hambre que nos moríamos; cuando día a día no comemos otra cosa que no sean espinacas a medio cocer (por aquello de las vitaminas) con patatas podridas; cuando en nuestros estómagos vacíos no metemos más que lechuga en ensalada y lechuga cocida, y espinacas, espinacas y otra vez espinacas! Quién sabe si algún día no seremos tan fuertes como Popeye, aunque de momento no se nos note...

Si Miep nos hubiera invitado a que la acompañáramos a la fiesta, no habría quedado un solo bocadillo para los demás invitados. Si hubiéramos estado nosotros en esa fiesta, habríamos organizado un gran pillaje y no habríamos dejado ningún mueble en su sitio.

Te puedo asegurar que le íbamos sacando a Miep las palabras de la boca, que nos pusimos a su alrededor como si en la vida hubiéramos oído hablar de una buena comida o de gente distinguida. ¡Y esas son las nietas del famoso millonario! ¡Cómo pueden cambiar las cosas en este mundo!

tu Anne M. Frank.

Martes, 9 de mayo de 1944.

Querida Kitty:

He terminado el cuento del hada Ellen. Lo he pasado a limpio en un bonito papel de cartas, adornado con tinta roja, y lo he cosido. En su conjunto tiene buena pinta, pero no sé si no será poca cosa. Margot y mamá han hecho un poema de cumpleaños cada una.

En la pastelería Siemons nos venden cincuenta *petits fours* casi como los de antes de la guerra.

A mediodía subió el señor Kugler a darnos la noticia de que la señora Broks tiene la intención de venir aquí todos los mediodías durante dos horas a tomar café, a partir del lunes. ¡Imagínate! Ya nadie podrá subir a vernos, no podrán traernos las patatas, Bep no podrá venir a comer, no podremos usar el retrete, no podremos hacer ningún ruido, y demás molestias por el estilo. Pensamos en toda clase de posibilidades que pudieran disuadirla. Mamá le dijo en dos palabras al señor Kugler cómo lo tenía que hacer, Van Pels sugirió que bastaría con darle un buen laxante en el café.

—No, por favor —contestó Kleiman—. ¡Que entonces ya no saldría más del excusado!

Todos soltamos la carcajada.

—¿Del excusado? —preguntó la señora—. ¿Y eso qué significa?

Se lo explicamos.

—¿Y esta expresión se puede usar siempre? —preguntó muy ingenua.

—¡Vaya ocurrencia! —dijo Bep entre risitas—. Imaginaos que uno entrara en unos grandes almacenes y preguntara por el excusado… ¡Ni lo entenderían!

Por lo tanto, Pfeffer ahora se encierra a las doce y media en el «excusado», por seguir usando la expresión. Hoy cogí resueltamente un trozo de papel rosa y escribí: Horario de uso del retrete para el señor Pfeffer.

> Mañana: de 7.15 a 7.30
> Mediodía: después de las 13
> Por lo demás, a discreción.

Sujeté el cartel en la puerta verde del retrete estando Pfeffer todavía dentro. Podría haber añadido fácilmente: «En caso de violación de esta ley se aplicará la pena de encierro».

Y es que el retrete se puede cerrar tanto por dentro como por fuera.

El último chiste de Van Pels:

A raíz de la clase de religión y de la historia de Adán y Eva, un niño de trece años le pregunta a su padre:

—Papá, ¿me podrías decir cómo nací?

—Pues… —le contesta el padre— la cigüeña te cogió de un charco grande, te dejó en la cama de mamá y le dio un picotazo en la pierna que la hizo sangrar, y tuvo que guardar cama una semana.

Para enterarse de más detalles, el niño fue a preguntarle lo mismo a su madre:

—Mamá, ¿me podrías decir cómo naciste tú y cómo nací yo?

La madre le contó exactamente la misma historia, tras lo cual el niño, para saberlo todo con pelos y señales, acudió igualmente al abuelo:

—Abuelo, ¿me podrías decir cómo naciste tú y cómo nació tu hija?

Y por tercera vez consecutiva, oyó la misma historia.

Por la noche escribió en su diario: «Después de haber recabado informes muy precisos, cabe concluir que en nuestra familia no ha habido relaciones durante tres generaciones».

¡Ya son las tres!, y todavía tengo que estudiar.
tu Anne M. Frank.

P.D.: Como ya te he contado que tenemos una nueva asistenta, quisiera añadir que esta señora está casada, tiene sesenta años y es dura de oído. Esto último viene bien, teniendo en cuenta los posibles ruidos procedentes de ocho escondidos.

¡Ay, Kit, hace un tiempo tan bonito! ¡Cómo me gustaría salir a la calle!

tu Anne.

Miércoles, 10 de mayo de 1944.

Querida Kitty:
Ayer por la tarde estábamos estudiando francés en el desván, cuando de repente oí detrás de mí un murmullo como de agua. Le pregunté a Peter qué pasaba, pero él, sin responderme siquiera, subió corriendo a la buhardilla —el lugar del desastre—, y cogiendo bruscamente a Mouschi, que en lugar de usar su cubeta, ya toda mojada, se había puesto a hacer pis al lado, lo metió con brusquedad en la cubeta para que siguiera haciendo pis allí. Se produjo un gran estrépito y Mouschi, que entretanto había acabado, bajó como un relámpago.

Resulta que el gato, buscando un poco de comodidad cubetística para hacer sus necesidades, se había sentado encima de un montoncito de serrín que tapaba una raja en el suelo de la buhardilla, que es bastante poroso; el charco que produjo no tardó en atravesar el techo del desván y, por desgracia, fue a parar justo dentro y al lado del tonel de las patatas.

El techo chorreaba, y como el suelo del desván tiene a su vez unos cuantos agujeros, algunas gotas amarillas lo atravesaron y cayeron en la habitación, en medio de una pila de medias y un libro que había sobre la mesa.

El espectáculo era tan cómico que me entró la risa: Mouschi acurrucado debajo de un sillón, Peter dándole al agua, a los polvos de blanqueo y a la bayeta, y Van Pels tratando de calmar los ánimos. El desastre se reparó pronto, pero como bien es sabido, el pis de gato tiene un olor horrible, lo que quedó demostrado ayer de forma patente por las patatas y también por el serrín, que papá llevó abajo en un cubo para quemarlo. ¡Pobre Mouschi! ¡¿Cómo iba él a saber que el polvo de turba es tan difícil de conseguir?!

Anne.

Jueves, 11 de mayo de 1944.

Querida Kitty:

Otro episodio que nos hizo reír:

Había que cortarle el pelo a Peter y su madre, como de costumbre, haría de peluquera. A las siete y veinticinco desapareció en su habitación, y a las siete y media en punto volvió a salir, todo desnudo, aparte de un pequeño bañador azul y zapatillas de deporte.

—¿Vamos ya? —le preguntó a su madre.

—Sí, pero espera que encuentre las tijeras.

Para ayudarla a buscar, se puso a hurgar descaradamente en el cajón donde la señora guarda sus artículos de tocador.

—¡No me revuelvas las cosas, Peter! —se quejó.

No entendí qué le contestó Peter, pero debió de haber sido alguna impertinencia, porque la señora le dio un golpe en el brazo. Él se lo devolvió, ella volvió a golpearle con todas sus fuerzas y Peter retiró el brazo haciendo una mueca muy cómica.

—¡Vente ya, vieja!

La señora se quedó donde estaba, Peter la cogió de las muñecas y la arrastró por toda la habitación. La señora lloraba, se reía, profería maldiciones y pataleaba, pero todo era en vano. Peter condujo a su prisionera hasta la escalera del desván, donde tuvo que soltarla por la fuerza. La señora volvió a la habitación y se dejó caer en una silla con un fuerte suspiro.

—El rapto de la madre —bromeé.

—Sí, pero me ha hecho daño.

Me acerqué a mirar y le llevé agua fría para aplacar el dolor de sus muñecas, que estaban todas rojas por la fricción. Peter, que se había quedado esperando junto a la escalera, perdió de nuevo la paciencia y entró en la habitación como un domador, con un cinturón en la mano. Pero la señora no lo acompañó; se quedó sentada frente al escritorio, buscando un pañuelo.

—Primero tienes que disculparte.

—Está bien, te pido disculpas, que ya se está haciendo tarde.

A la señora le dio la risa a pesar suyo, se levantó y se acercó a la puerta. Una vez allí, se sintió obligada a darnos una explicación antes de salir. (Estábamos papá, mamá y yo, fregando los platos).

—En casa no era así —dijo—. Le habría dado un golpe que le hubiera hecho rodar escaleras abajo (!). Nunca ha sido tan insolente, y ya ha recibido unos cuantos golpes, pero es la educación moderna, los hijos modernos, yo nunca habría tratado así a mi madre, ¿ha tratado usted así a la suya, señor Frank?

Estaba exaltada, iba y venía, preguntaba y decía de todo, y mientras tanto seguía sin subir. Hasta que por fin, ¡por fin!, se marchó.

No estuvo arriba más que cinco minutos. Entonces bajó como un huracán, resoplando, tiró el delantal, y a mi pregunta de si ya había terminado, contestó que bajaba un momento, lanzándose como un remolino escaleras abajo, seguramente en brazos de su querido Putti.

No subió hasta después de las ocho, acompañada de su marido. Hicieron bajar a Peter del desván, le echaron una tremenda regañina, le soltaron unos insultos, que si insolente, que si maleducado, que si irrespetuoso, que si mal ejemplo, que si Anne es así, que si Margot hace asá: no pude pescar más que eso.

Lo más probable es que hoy todo haya vuelto a la normalidad.

tu Anne M. Frank.

P.D.: El martes y el miércoles por la noche habló por la radio nuestra querida reina. Dijo que se tomaba unas vacaciones para poder regresar a Holanda refortalecida. Dijo que «Cuando vuelva... pronta liberación... coraje y valor... y cargas pesadas».

A ello le siguió un discurso del ministro Gerbrandy. Este hombre tiene una vocecita tan infantil y quejumbrosa, que mamá, sin quererlo, soltó un ¡ay! de compasión. Un pastor protestante, con una voz robada a Don Fatuo, concluyó la velada con un rezo, pidiéndole a Dios que cuidara de los judíos y de los detenidos en los campos de concentración, en las cárceles y en Alemania.

tu Anne.

Jueves, 11 de mayo de 1944.

Querida Kitty:

Como me he dejado la «caja de chucherías» arriba, y por lo tanto también la pluma, y como no puedo molestar a los que duermen su siestecita (hasta las dos y media), tendrás que conformarte con una carta escrita a lápiz.

De momento tengo muchísimo que hacer, y por extraño que parezca, me falta el tiempo para liquidar la montaña de cosas que me esperan. ¿Quieres que te cuente en dos palabras todo lo que tengo que hacer? Pues bien, para mañana tengo que leer el primer tomo de la biografía de Galileo Galilei, ya que hay que devolverlo a la biblioteca. Empecé a leer ayer, y voy por la página 220. Como son 320 páginas en total, lo acabaré. La semana que viene tengo que leer *Palestina en la encrucijada* y el segundo tomo de Galileo. Ayer también terminé de leer la primera parte de la biografía del emperador Carlos V y tengo que pasar a limpio urgentemente la cantidad de apuntes y genealogías que he extraído de ella. A continuación tengo tres páginas de vocablos extranjeros que tengo que leer en voz alta, apuntar y aprenderme de memoria, todos extraídos de los distintos libros. En cuarto lugar está mi colección de estrellas de cine, que están todas desordenadas y necesitan urgentemente que las ordene; pero puesto que tal ordenamiento tomaría varios días y que la profesora Anne, como ya se ha dicho, está de momento agobiada de trabajo, el caos por de pronto seguirá siendo un caos. Luego también Teseo, Edipo, Peleo, Orfeo, Jasón y Hércules están a la espera de un ordenamiento, ya que varias de sus proezas forman como una maraña de hilos de colores en mi cabeza; también Mirón y Fidias necesitan un tratamiento urgente, para evitar que se conviertan en una masa informe. Lo mismo es aplicable, por ejemplo, a las guerras de los Siete y de los Nueve Años: llega un momento en que empiezo a mezclarlo todo. ¿Qué voy a hacer con una memoria así? ¡Imagínate lo olvidadiza que me volveré cuando tenga ochenta años!

¡Ah, otra cosa! La Biblia. ¿Cuánto faltará para que me encuentre con la historia del baño de Susana? ¿Y qué querrán decir con aquello de la culpa de Sodoma y Gomorra? ¡Ay, todavía quedan tantas preguntas y tanto por aprender! Y mientras tanto, a Liselotte von der Pfalz la tengo totalmente abandonada.

Kitty, ¿ves que la cabeza me da vueltas?

Sin embargo, no he de olvidar las últimas noticias: Nelly Voskuijl ha vuelto de Laón, cuando llegó traía casco y máscara de gas. Las últimas semanas allí no hicieron más que encerrarse en el refugio antiaéreo, Nelly pasó muchísimo miedo. También tenía muchos deseos de volver a su casa y de ver a su padre, todas las noches iba a ver al comandante del aeropuerto para preguntarle si no podían concederle una licencia, el comandante se empezó a cansar y le dijo si no podía pasar antes en lugar de después de la comida. «¡Ni por pienso! —respondió Nelly—, ¡no voy a dejar que encima me arruinen el apetito!». Por lo demás le dijo al señor comandante que nunca les perdonaría a los alemanes que su padre se muriera sin que ella pudiese ir a saludarlo. Solo porque era la única empleada buena del aeropuerto, el comandante todavía no quería dejarla ir, pero al final acabó cediendo a sus súplicas.

Por la radio ya dijeron más de una vez que estas personas, tanto las chicas como los chicos, tanto las mujeres como los hombres, después de la guerra serán castigados por alta traición. En el movimiento clandestino aquí en Holanda se habla de campos de concentración en la Guinea neerlandesa. Para Nelly la mejor solución sería que se casara con uno de esos alemanes, así la tratarían como a una ciudadana alemana más.

Aquí están convencidos de que Nelly no es cien por ciento normal; por ejemplo, está el asunto de la foto de la reina que se había llevado a Laón en su cartera y por la que se peleó con una compañera. ¡Seguro que al lado de la reina había una foto del Führer!

Ahora otro tema: hace mucho que sabes que mi mayor deseo es llegar a ser periodista y más tarde una escritora famosa. Habrá que ver si algún día podré llevar a cabo este delirio (?!) de grandeza, pero temas hasta ahora no me faltan. De todos modos, cuando acabe la guerra quisiera publicar un libro titulado *La Casa de atrás*; aún está por ver si resulta, pero mi diario podrá servir de base. También tengo que terminar «La vida de Cady». He pensado que en la continuación del relato, Cady vuelve a casa tras la cura en el sanatorio y empieza a cartearse con Hans. Eso es en 1941. Al poco tiempo se da cuenta de que Hans tiene simpatías nacionalsocialistas y, como Cady está muy preocupada por la suerte de los judíos y la de su amiga Marianne, se produce entre ellos un alejamiento. Rompen después de un encuentro en el que primero se reconcilian, pero después del cual Hans conoce a otra chica. Cady está hecha polvo y, para dedicarse a algo bueno, decide hacerse enfermera. Cuando acaba sus estudios de enfermera, se marcha a Suiza por recomendación de unos amigos de su padre, para aceptar un puesto en un sanatorio para enfermos de pulmón. Sus primeras vacaciones allí las pasa a orillas del lago de Como, donde se topa con Hans por casualidad. Este le cuenta que dos años antes se casó con la sucesora de Cady, pero que su mujer se ha quitado la vida a raíz de un ataque de depresión.

A su lado, Hans se ha dado cuenta de lo mucho que ama a la pequeña Cady, y ahora vuelve a pedir su mano. Cady se niega, aunque sigue amándolo igual que antes, a pesar suyo, pero su orgullo se interpone entre ellos. Después de esto, Hans se marcha, y años más tarde Cady se entera de que ha ido a parar a Inglaterra, donde acaba más enfermo que sano.

La propia Cady se casa a los veintisiete años con Simon, un hombre de campo con un buen pasar. Empieza a quererlo mucho, pero nunca tanto como a Hans. Tiene dos hijas, Lilian y Judith, y un varón, Nico. Simon y ella son felices, aunque en los pensamientos ocultos de Cady siempre sigue estando Hans. Hasta que una noche sueña con él y se despide de él.

No son meras sensiblerías, porque en el relato está entrelazada en parte la historia de papá.

tu Anne M. Frank.

Sábado, 13 de mayo de 1944.

Queridísima Kitty:

Ayer fue el cumpleaños de papá, papá y mamá cumplían diecinueve años de casados, no tocaba asistenta y el sol brillaba como nunca lo ha hecho en lo que va de 1944. El castaño está en flor de arriba abajo, y repleto de hojas además, y está mucho más bonito que el año pasado.

Kleiman le regaló a papá una biografía sobre la vida de Linneo, Kugler también un libro sobre la naturaleza, Pfeffer el libro *Ámsterdam desde el agua*, los Van Pels una caja gigantesca adornada como por un decorador de primera, con tres huevos, una botella de cerveza, un yogur y una corbata verde dentro. Nuestro pote de melaza desentonaba un poco. Mis rosas despiden un aroma muy rico, a diferencia de los claveles rojos de Miep y Bep. Lo han mimado mucho.

De la pastelería Siemons trajeron cincuenta *petits fours* (¡qué bien!), y además papá nos convidó a pan de especias, y a cerveza para los hombres y yogur para las mujeres. ¡Todos lo apreciaron!

tu Anne M. Frank.

Martes, 16 de mayo de 1944.

Queridísima Kitty:

Para variar (como hace tanto que no ocurría) quisiera contarte una pequeña discusión que tuvieron ayer el señor y la señora:

La señora: «Los alemanes a estas alturas deben de haber reforzado mucho su muro del Atlántico; seguramente harán todo lo que esté a su alcance para detener a los ingleses. ¡Es increíble la fuerza que tienen estos alemanes!».

El señor: «¡Sí, sí, terrible!».

La señora: «¡Pues sí!».

El señor: «Seguro que los alemanes acabarán ganando la guerra, de lo fuertes que son».

La señora: «Pues podría ser; a mí no me consta lo contrario».

El señor: «Será mejor que me calle».

La señora: «Aunque no quieras, siempre contestas».

El señor: «¡Qué va, si no contesto casi nunca!».

La señora: «Sí que contestas, y siempre quieres tener la razón. Y tus predicciones no siempre resultan acertadas, ni mucho menos».

El señor: «Hasta ahora siempre he acertado en mis predicciones».

La señora: «¡Eso no es cierto! La invasión iba a ser el año pasado, los finlandeses conseguirían la paz, Italia estaría liquidada en el invierno, los rusos ya tenían Lemberg… ¡Tus predicciones no valen un ochavo!».

El señor (levantándose): «¡Cállate de una buena vez! ¡Ya verás que tengo razón, en algún momento tendrás que reconocerlo, estoy harto de tus críticas, ya me las pagarás!». (Fin del primer acto).

————

No pude evitar que me entrara la risa, mamá tampoco, y también Peter tuvo que contenerse. ¡Ay, qué tontos son los mayores! ¿Por qué no aprenden ellos primero, en vez de estar criticando siempre a sus hijos?

————

Desde el viernes abrimos de nuevo las ventanas por las noches.

tu Anne M. Frank.

Asuntos que interesan a la familia de escondidos en la Casa de atrás: (Relación sistemática de asignaturas de estudio y de lectura).

El señor Van Pels: no estudia nada; consulta mucho la enciclopedia Knaur; le gusta mucho leer, novelas de detectives, libros de medicina e historias de suspense y de amor sin importancia.

La señora Van Pels: estudia inglés por correspondencia; le gusta leer biografías noveladas y algunas novelas.

El señor Frank: estudia inglés (¡Dickens!) y algo de latín; nunca lee novelas, aunque sí le gustan las descripciones serias y áridas de personas y países.

La señora Frank: estudia inglés por correspondencia; lee de todo, menos las historias de detectives.

El señor Pfeffer: estudia inglés, español y neerlandés sin resultado aparente; lee de todo; su opinión se ajusta a la de la mayoría.

Peter Van Pels: estudia inglés, francés (por correspondencia), taquigrafía neerlandesa, inglesa y alemana, correspondencia comercial en inglés, carpintería, economía política y, a veces, aritmética; lee poco, a veces libros sobre geografía.

Margot Frank: estudia inglés, francés, latín por correspondencia, taquigrafía inglesa, alemana y neerlandesa, mecánica, goniometría, estereometría, física, química, álgebra, geometría, literaturas inglesa, francesa, alemana y neerlandesa, contabilidad, geografía, historia moderna, biología, economía; lee de todo, preferentemente libros sobre religión y medicina.

Anne Frank: estudia francés, inglés, alemán, taquigrafía neerlandesa, geometría, álgebra, historia, geografía, historia del arte, mitología, biología, historia bíblica, literatura neerlandesa; le encanta leer biografías, áridas o entretenidas, libros de historia (a veces novelas y libros de esparcimiento).

Viernes, 19 de mayo de '44.

Querida Kitty:

Ayer estuve muy mal. Vomité (¡yo, figúrate!), me dolía la cabeza, la tripa, todo lo que te puedas imaginar. Hoy ya estoy mejor, tengo mucha hambre, pero las judías pintas que nos dan hoy será mejor que no las toque.

El miércoles por la noche Bep fue a una boda. Aunque la novia era una viuda con un hijo de dos años y medio, no por eso se divirtieron menos. Bebió mucho y tiene una ligera resaca, por lo demás todo se desarrolló a pedir de boca.

El peligro Ans Broks se ha pospuesto hasta el próximo lunes, quizá incluso todavía pueda conjurarse por completo. Miep ha traído mis dos blusas blancas, las que pasaron un año en casa de la modista, la nueva ha quedado muy bonita, con encajes en el frente, en las mangas y en el cuello. En casa de los Voskuijl vuelve a ser la vieja historia, Nelly no está nunca en casa, seguro que por la atracción de Eindhoven, el padre tiene que guardar cama y se lo pasa sollozando. ¿Es de sorprender? Él dice que tal vez no se levante más de la cama y ahora le causan una pena tan grande. Nel le ha escrito muy descaradamente al comandante de Laón que no volverá hasta que le den zapatos nuevos, ya que con estos andrajos no puede caminar. A Peter y a mí nos va muy bien. El pobre tiene más necesidad de cariño que yo, sigue poniéndose colorado cada vez que le doy el beso de las buenas noches y siempre me pide que le dé otro como si tal cosa. ¿Seré algo así como una sustituta mejorada de Moffi? A mí no me importa, él es feliz sabiendo que alguien lo quiere. Después de mi tortuosa conquista, estoy un tanto por encima de la situación, pero no te creas que mi amor se ha entibiado. Es un encanto, pero yo he vuelto a cerrarme por dentro; si Peter quisiera romper otra vez el candado, esta vez deberá usar una palanca más fuerte...

tu Anne M. Frank.

Sábado, 20 de mayo de 1944.

Querida Kitty:

Por fin, después de mucho cavilar, me he puesto a redactar mi «Casa de atrás». En mi cabeza ya lo tengo prácticamente acabado, o todo lo acabado que se puede, pero en realidad seguro que no avanzará tan rápido, si es que alguna vez puedo acabarlo.

Anoche bajé del desván, y al entrar en la habitación vi enseguida que el hermoso jarrón de los claveles había rodado por el suelo. Mamá estaba de rodillas fregando y Margot intentaba pescar mis papeles mojados del suelo.

—¿Qué ha pasado aquí? —pregunté, llena de malos presentimientos, y sin esperar una respuesta me puse a estimar los daños desde la distancia.

Toda mi carpeta de genealogías, mis cuadernos, libros, todo empapado. Casi me pongo a llorar y estaba tan exaltada, que empecé a hablar en alemán. Ya no me acuerdo en absoluto de lo que dije, pero según Margot murmuré algo así como «daños incalculables, espantosos, horribles, irreparables» y otras cosas más. Papá se reía a carcajadas, mamá y Margot se contagiaron, pero yo casi me echo a llorar al ver todo mi trabajo estropeado y mis apuntes pasados a limpio todos emborronados.

Ya examinándolo mejor, los «daños incalculables» no lo eran tanto, por suerte. En el desván despegué y clasifiqué con sumo cuidado los papeles pegoteados y los colgué en hilera de las cuerdas de colgar la colada. Resultaba muy cómico verlo y me volvió a entrar risa: María de Médicis al lado de Carlos V, Guillermo de Orange al lado de María Antonieta.

—¡Eso es *Rassenschande*! —bromeó el señor Van Pels.

Tras confiar el cuidado de mis papelotes a Peter, volví a bajar.

—¿Cuáles son los libros estropeados? —le pregunté a Margot, que estaba haciendo una selección de mis tesoros librescos.

—El de álgebra —dijo.

Me acerqué deprisa, pero lamentablemente ni siquiera el libro de álgebra se había estropeado realmente.

¡Ojalá se hubiera caído en el jarrón! Nunca he odiado tanto un libro como el de álgebra. En la primera página hay como veinte nombres de chicas que lo tuvieron antes que yo; está viejo, amarillento y lleno de apuntes, tachaduras y borrones. Cualquier día que me dé un ataque de locura, cojo y lo rompo en pedazos.

tu Anne M. Frank.

Lunes, 22 de mayo de 1944.

Querida Kitty:

El 20 de mayo, papá se apostó cinco tarros de yogur con la señora Van Pels. Pero la invasión no se ha producido aún, y creo poder decir que en todo Ámsterdam, en toda Holanda y en toda la costa occidental europea hasta España, se habla, se discute y se hacen apuestas noche y día sobre la invasión, sin perder las esperanzas.

La tensión sigue aumentando. No todos los holandeses de los que pensamos que pertenecen al bando «bueno» siguen confiando en los ingleses. No todos consideran que los faroles ingleses son una muestra de maestría, nada de eso, la gente por fin quiere ver actos, actos de grandeza y heroísmo.

Nadie ve más allá de sus narices, nadie piensa en que los ingleses luchan por sí mismos y por su país; todo el mundo opina que los ingleses tienen la obligación de salvar a Holanda lo antes posible y de la mejor manera posible. ¿Por qué habrían de tener esa obligación? ¿Qué han hecho los holandeses para merecer la generosa ayuda que esperan con tanta certeza que les darán? No, los holandeses se llevarán un chasco; los ingleses, pese a todos sus faroles, ciertamente no se han desacreditado más que todos los otros países, grandes y pequeños, que ahora están ocupados. De veras, los ingleses no van a presentar sus disculpas por haber dormido mientras Alemania se armaba, porque los demás países, los que limitaban con Alemania, también dormían. Con la política del avestruz no se llega a ninguna parte, eso lo ha podido ver Inglaterra y lo ha visto el mundo entero, y ahora tienen que pagarlo caro, uno a uno, y la propia Inglaterra tampoco se salvará.

Ningún país va a sacrificar a sus hombres en vano, sobre todo si lo que está en juego son los intereses de otro país, y tampoco Inglaterra lo hará. La invasión, la liberación y la libertad llegarán algún día; pero la que puede elegir el momento es Inglaterra, y no algún territorio ocupado, ni todos ellos juntos.

Con gran pena e indignación por nuestra parte nos hemos enterado de que la actitud de mucha gente frente a los judíos ha dado un vuelco. Nos han dicho que hay brotes de antisemitismo en círculos en los que antes eso era impensable. Este hecho nos ha afectado muchísimo a los ocho. La causa de este odio hacia los judíos es comprensible, a veces hasta humana, pero no es buena. Los cristianos les echan en cara a los judíos que se van de la lengua con los alemanes, que delatan a quienes los protegieron, que por culpa de los judíos muchos cristianos corren la misma suerte y sufren los mismos horribles castigos que tantos otros. Todo esto es cierto. Pero como pasa con todo, tienen que mirar también la otra cara de la moneda: ¿actuarían los cristianos de otro modo si estuvieran en nuestro lugar? ¿Puede una persona, sin importar si es cristiano o judío, mantener su silencio ante los métodos alemanes? Todos saben que es casi imposible. Entonces ¿por qué les piden lo imposible a los judíos?

En círculos de la resistencia se murmura que los judíos alemanes emigrados en su momento a Holanda y que ahora se encuentran en Polonia no podrán volver a Holanda; aquí tenían derecho de asilo, pero cuando ya no esté Hitler, deberán volver a Alemania.

Oyendo estas cosas, ¿no es lógico que uno se pregunte por qué se está librando esta guerra tan larga y difícil? ¿Acaso no oímos siempre que todos juntos luchamos por la libertad, la verdad y la justicia? Y si en plena lucha ya empieza a haber discordia, ¿otra vez el judío vale menos que otro? ¡Ay, es triste, muy triste, que por enésima vez se confirme la vieja sentencia de que lo que hace un cristiano es responsabilidad suya, pero lo que hace un judío es responsabilidad de todos los judíos!

Sinceramente no me cabe en la cabeza que los holandeses, un pueblo tan bondadoso, honrado y recto, opinen así sobre nosotros, opinen así sobre los pueblos más oprimidos, desdichados y lastimeros del mundo entero tal vez.

Solo espero una cosa: que ese odio a los judíos sea pasajero, que los holandeses en algún momento demuestren ser lo que son en realidad, que no vacilen en su sentimiento de justicia, ni ahora ni nunca, ¡porque esto de ahora es injusto!

Y si estas cosas horribles de verdad se hicieran realidad, el pobre resto de judíos que queda abandonará Holanda. También nosotros liaremos nuestros bártulos y seguiremos nuestro camino, dejaremos atrás este hermoso país que nos ofreció cobijo tan cordialmente y que ahora nos vuelve la espalda.

¡Amo a Holanda, en algún momento he tenido la esperanza de que a mí, apátrida, pudiera servirme de patria, y aún conservo esa esperanza!

tu Anne M. Frank.

Jueves, 25 de mayo de 1944.

Querida Kitty:

¡Bep se ha comprometido! El hecho en sí no es tan sorprendente, aunque a ninguno de nosotros nos alegra demasiado. Puede que Bertus sea un muchacho serio, simpático y deportivo, pero Bep no lo ama y eso para mí es motivo suficiente para desaconsejarle que se case.

Bep ha puesto todos sus empeños en abrirse camino en la vida, y Bertus la detiene. Es un obrero, un hombre sin inquietudes y sin interés en salir adelante, y no creo que Bep vaya a sentirse feliz con esa situación.

Es comprensible que ponga fin a esta cuestión de medias tintas; hace apenas cuatro semanas había roto con él, pero luego se sintió más desdichada, y por eso volvió a escribirle, y ahora ha acabado por comprometerse.

En este compromiso entran en juego muchos factores. En primer lugar, el padre enfermo, que quiere mucho a Bertus; en segundo lugar, el hecho de que es la mayor de las hijas de Voskuijl y que su madre le gasta bromas por su soltería; en tercer lugar, el hecho de que Bep tiene todavía veinticuatro años, algo que para ella cuenta bastante.

Mamá dijo que habría preferido que empezaran teniendo una relación. Yo no sé qué decir, compadezco a Bep y entiendo que se sintiera sola. De todos modos, la boda no podrá ser antes de que acabe la guerra, ya que Bertus es un clandestino, o sea, un «hombre negro», y además ninguno de ellos tiene un céntimo y tampoco tienen ajuar. ¡Qué perspectivas tan miserables para Bep, a la que todos nosotros deseamos lo mejor! Esperemos que Bertus cambie bajo el influjo de Bep, o bien que Bep aún encuentre a un hombre bueno que sepa valorarla.

tu Anne M. Frank.

El mismo día.

Todos los días pasa algo nuevo. Esta mañana han detenido a Van Hoeven. En su casa había dos judíos escondidos. Es un duro golpe para nosotros, no solo porque esos pobres judíos están ahora al borde del abismo, sino que también es horrible para Van Hoeven.

El mundo está patas arriba. A los más decentes los encierran en campos de concentración, en cárceles y celdas solitarias, y la escoria impera sobre jóvenes y viejos, ricos y pobres. A unos los pillan por dedicarse al estraperlo, a otros por los judíos u otros escondidos, y nadie que no pertenezca al movimiento nacionalsocialista sabe lo que puede pasar mañana.

También para nosotros lo de Van Hoeven supone una enorme pérdida. Primero fue Br., pero Van Hoeven es todavía peor. Bep no puede ni debe cargar con esas raciones de patatas; lo único que nos queda es comer menos. Ya te contaré cómo lo arreglamos, pero seguro que no será nada agradable. Mamá dice que no habrá más desayuno: papilla de avena y pan al mediodía, y por las noches patatas rehogadas, y tal vez verdura o lechuga una o dos veces a la semana, más no.

Pasaremos hambre, pero cualquier cosa es mejor que ser descubiertos.

tu Anne M. Frank.

Viernes, 26 de mayo de 1944.

Queridísima Kitty:

Por fin, por fin ha llegado el momento de sentarme a escribir tranquila junto a la rendija de la ventana para contártelo todo, absolutamente todo.

Me siento más miserable de lo que me he sentido en meses, ni siquiera después de que entraron los ladrones me sentí tan destrozada por dentro y por fuera. Por un lado Van Hoeven, la cuestión de los judíos, que es objeto de amplios debates en toda la casa, la invasión que no llega, la mala comida, la tensión, el ambiente deprimente, la desilusión por lo de Peter y, por el otro lado, el compromiso de Bep, la recepción por motivo de Pentecostés, las flores, el cumpleaños de Kugler, las tartas y las historias de teatros de revista, cines y salas de concierto. Esas diferencias, esas grandes diferencias, siempre se hacen patentes: un día nos reímos de nuestra situación tan cómica de estar escondidos, y al otro día y tantos otros días tenemos miedo, y se nos notan en la cara el temor, la angustia y la desesperación.

Miep y Kugler son los que más sienten la carga que les ocasionamos, tanto nosotros como los demás escondidos; Miep en su trabajo, y Kugler, que a veces sucumbe bajo el peso que supone la gigantesca responsabilidad hacia nosotros ocho, y que ya casi no puede hablar de los nervios y la exaltación contenida. Kleiman y Bep también cuidan muy bien de nosotros, de verdad muy bien, pero hay momentos en que también ellos se olvidan de la Casa de atrás, aunque tan solo sea por unas horas, un día, acaso dos. Tienen sus propias preocupaciones que atender, Kleiman su salud, Bep su compromiso, que dista mucho de ser de color de rosa, y aparte de esas preocupaciones también tienen sus salidas, sus visitas, toda su vida de gente normal, para ellos la tensión a veces desaparece, aunque solo sea por poco tiempo, pero para nosotros no, nunca, desde hace dos años. ¿Hasta cuándo esa tensión seguirá aplastándonos y asfixiándonos cada vez más?

Otra vez se han atascado las tuberías del desagüe, no podemos dejar correr el agua, salvo a cuentagotas, no podemos usar el retrete, salvo si llevamos un cepillo, y el agua sucia la guardamos en una gran tinaja. Por hoy nos arreglamos, pero ¿qué pasará si el fontanero no puede solucionarnos el problema él solo? Los del ayuntamiento no trabajan hasta el martes…

Miep nos mandó una hogaza con pasas con una inscripción que decía «Feliz Pentecostés». Es casi como si se estuviera burlando, nuestros ánimos y nuestro miedo no están nada «felices».

Nos hemos vuelto más miedosos desde el asunto de Van Hoeven. A cada momento se oye algún «¡chis!», y todos tratan de hacer menos ruido. Los que forzaron la puerta en casa de Van Hoeven eran de la policía, de modo que tampoco estamos a buen recaudo de ellos. Si nos llegan a… no, no debo escribirlo, hoy la pregunta es ineludible, al contrario, todo el miedo y la angustia se me vuelven a aparecer en todo su horror.

A las ocho de la noche he tenido que bajar sola al retrete, abajo no había nadie, todos estaban escuchando la radio, yo quería ser valiente, pero no fue fácil. Sigo sintiéndome más segura aquí arriba que sola en el edificio tan grande y silencioso; sola con los ruidos sordos y enigmáticos que se oyen arriba y los bocinazos de los coches en la calle, me pongo a temblar cuando no me doy prisa y reflexiono un momento sobre la situación.

Miep se ha vuelto mucho más amable y cordial con nosotros desde la conversación que ha tenido con papá. Pero eso todavía no te lo he contado. Una tarde, Miep vino a ver a papá con la cara toda colorada y le preguntó a quemarropa si creíamos que también a ella se le había contagiado el antisemitismo. Papá se pegó un gran susto y habló con ella para quitárselo de la cabeza, pero a Miep le siguió quedando en parte su sospecha. Ahora nos traen más cosas, se interesan más por nuestros pesares, aunque no debemos molestarlos contándoselos. ¡Son todos tan tan buenos!

Una y otra vez me pregunto si no habría sido mejor para todos que en lugar de escondernos ya estuviéramos muertos y no tuviéramos que pasar por esta pesadilla, y sobre todo que no comprometiéramos a los demás. Pero también esa idea nos estremece, todavía amamos la vida, aún no hemos olvidado la voz de la naturaleza, aún tenemos esperanzas, esperanzas de que todo salga bien.

Y ahora, que pase algo pronto, aunque sean tiros, eso no nos podrá destrozar más que esta desazón, que venga ya el final, aunque sea duro, así al menos sabremos si al final hemos de triunfar o si sucumbiremos.

tu Anne M. Frank.

Miércoles, 31 de mayo de 1944.

Querida Kitty:

El sábado, domingo, lunes y martes hizo tanto calor, que no podía sostener la pluma en la mano, por lo que me fue imposible escribirte. El viernes se rompió el desagüe, el sábado lo arreglaron. La señora Kleiman vino por la tarde a visitarnos y nos contó muchas cosas sobre Jopie, por ejemplo que se ha hecho socia de un club de hockey junto con Jacque van Maarsen. El domingo vino Bep a ver si no habían entrado ladrones y se quedó a desayunar con nosotros. El lunes de Pentecostés, el señor Gies hizo de vigilante del escondite y el martes por fin nos dejaron abrir otra vez las ventanas. Rara vez hemos tenido un fin de semana de Pentecostés tan hermoso y cálido, hasta podría decirse que caluroso. Cuando en la Casa de atrás hace mucho calor es algo terrible; para darte una idea de la gran cantidad de quejas, te describiré los días de calor en pocas palabras:

El sábado: «¡Qué bueno hace!», dijimos todos por la mañana. «¡Ojalá hiciera menos calor!» por la tarde, cuando hubo que cerrar las ventanas.

El domingo: «¡No se aguanta el calor, la mantequilla se derrite, no hay ningún rincón fresco en la casa, el pan se seca, la leche se echa a perder, no se puede abrir ninguna ventana. Somos unos parias que nos estamos sofocando, mientras los demás tienen vacaciones de Pentecostés!», según la señora.

El lunes: «¡Me duelen los pies, no tengo ropa fresca, no puedo fregar los platos con este calor!». Quejidos desde la mañana temprano hasta las últimas horas de la noche. Fue muy desagradable.

Sigo sin soportar bien el calor, y me alegro de que hoy sople una buena brisa y que igual haga sol.

tu Anne M. Frank.

Viernes, 2 de junio de 1944.

Querida Kitty:

«Quienes suban al desván, que se lleven un paraguas bien grande, de hombre si es posible». Esto para guarecerse de las lluvias que vienen de arriba. Hay un refrán que dice: «En lo alto, seco, santo y seguro», pero esto no es aplicable a los tiempos de guerra (por los tiros) y a los escondidos (por el pis de gato). Resulta que Mouschi ha tomado más o menos por costumbre depositar sus menesteres encima de unos periódicos o en una rendija en el suelo, de modo que no solo el miedo a las goteras está más que fundado, sino también el temor al mal olor. Sépase, además, que también el nuevo Moortje del almacén padece los mismos males, y todo aquel que haya tenido un gato pequeño que hiciera sus necesidades por todas partes sabrá hacerse una idea de los aromas que flotan por la casa aparte del de la pimienta y del tomillo.

Por otra parte, tengo que comunicarte una flamante receta antitiros: al oír fuertes disparos, dirigirse rápidamente a la escalera de madera más cercana, bajar y volver a subir por la misma, intentando rodar por ella suavemente hacia abajo al menos una vez en caso de repetición. Los rasguños y el estruendo producidos por las bajadas y subidas y por las caídas te mantienen lo suficientemente ocupada como para no oír los disparos ni pensar en ellos. Quien escribe estas líneas ciertamente ha probado esta receta ideal, ¡y con éxito!

tu Anne M. Frank.

Lunes, 5 de junio de 1944.

Querida Kitty:

Nuevos disgustos en la Casa de atrás. Pelea entre Pfeffer y los Frank a raíz de la distribución de la mantequilla. Capitulación de Pfeffer. Gran amistad entre la señora Van Pels y el último, coqueteos, besitos y sonrisitas simpáticas. Pfeffer empieza a sentir deseos de estar con una mujer.

Los Van Pels no quieren que hagamos un pan de especias para el cumpleaños de Kugler, porque aquí tampoco se comen. ¡Qué miserables! Arriba un humor de perros. La señora con catarro. Pillamos a Pfeffer tomando tabletas de levadura de cerveza, mientras que a nosotros no nos da nada.

Entrada en Roma del 5.º Ejército, la ciudad no ha sido destruida ni bombardeada. Enorme propaganda para Hitler.

Hay poca verdura y patatas, una bolsa de pan se ha echado a perder.

El Esqueleto (así se llama el nuevo gato del almacén) no soporta bien la pimienta. Utiliza la cubeta retrete para dormir, y para hacer sus necesidades coge virutas de madera de las de empacar. ¡Vaya un gato imposible!

El tiempo, malo. Bombardeos continuos sobre el paso de Calais y la costa occidental francesa.

A Kleiman le espera una nueva operación del estómago. Imposible vender dólares, oro menos aún, empieza a verse el fondo de nuestra caja negra. ¿De qué viviremos el mes que viene?

tu Anne M. Frank.

Martes, 6 de junio de 1944.

Queridísima Kitty:

This is the day, ha dicho a las doce del mediodía la radio inglesa, y con razón. *This is the day*: ¡La invasión ha comenzado!

Esta mañana, a las ocho, los ingleses anunciaron: intensos bombardeos en Calais, Boulogne-sur-Mer, El Havre y Cherburgo, así como en el paso de Calais (como ya es habitual). También una medida de seguridad para los territorios ocupados: toda la gente que vive en la zona de treinta y cinco kilómetros desde la costa tiene que prepararse para los bombardeos. Los ingleses tirarán volantes una hora antes, en lo posible.

Según han informado los alemanes, en la costa francesa han aterrizado tropas paracaidistas inglesas. «Lanchas inglesas de desembarco luchan contra la infantería de marina alemana», según la BBC.

Conclusión de la Casa de atrás a las nueve de la mañana durante el desayuno: es un desembarco piloto, igual que hace dos años en Dieppe.

La radio inglesa en su emisión de las diez, en alemán, neerlandés, francés y otros idiomas: *The invasion has begun*, o sea, la invasión *de verdad*.

La radio inglesa en su emisión de las once, en alemán: discurso del general Dwight Eisenhower, comandante de las tropas.

La radio inglesa en su emisión de las doce, en inglés: «*This is the day*». El general Eisenhower le ha dicho al pueblo francés: «Nos espera un duro combate, pero luego vendrá la victoria. 1944 será el año de la victoria total. ¡Buena suerte!».

La radio inglesa en su emisión de la una, en inglés: once mil aviones están preparados y vuelan incesantemente para transportar tropas y realizar bombardeos detrás de las líneas de combate. Cuatro mil naves de desembarco y otras embarcaciones más pequeñas tocan tierra sin cesar entre Cherburgo y El Havre. Los ejércitos inglés y estadounidense se encuentran ya en pleno combate. Discursos del ministro holandés Gerbrandy, del primer ministro belga, del rey Haakon de Noruega, de De Gaulle por Francia y del rey de Inglaterra, sin olvidar a Churchill.

¡Conmoción en la Casa de atrás! ¿Habrá llegado por fin la liberación tan ansiada, la liberación de la que tanto se ha hablado, pero que es demasiado hermosa y fantástica como para hacerse real algún día? ¿Acaso este año, este 1944, nos obsequiará la victoria? Ahora mismo no lo sabemos, pero la esperanza, que también es vida, nos devuelve el valor y la fuerza. Porque con valor hemos de superar los múltiples miedos, privaciones y sufrimientos. Ahora se trata de guardar la calma y de perseverar, y de hincarnos las uñas en la carne antes de gritar. Gritar y chillar por las desgracias padecidas, eso lo pueden hacer en Francia, Rusia, Italia y Alemania, pero nosotros todavía no tenemos derecho a ello...

¡Ay, Kitty, lo más hermoso de la invasión es que me da la sensación de que quienes se acercan son amigos! Los malditos alemanes nos han oprimido y nos han puesto el puñal contra el pecho durante tanto tiempo, que los amigos y la salvación lo son todo para nosotros. Ahora ya no se trata de los judíos, se trata de toda Holanda, Holanda y toda la Europa ocupada. Tal vez, dice Margot, en septiembre u octubre aún pueda volver al colegio.

tu Anne M. Frank.

P.D.: ¡Te mantendré al tanto de las últimas noticias!

Anne.

Esta mañana, y también por la noche, desde los aviones soltaron muñecos de paja y maniquíes que fueron a parar detrás de las posiciones alemanas; estos muñecos explotaron al tocar tierra. También aterrizaron muchos paracaidistas, que estaban pintados de negro para pasar inadvertidos en la noche. A las seis de la mañana llegaron las primeras embarcaciones, después de que se había bombardeado la costa por la noche, con cinco mil toneladas de bombas. Hoy entraron en acción veinte mil aviones. Las baterías costeras de los alemanes ya estaban destruidas a la hora del desembarco. Ya se ha formado una pequeña cabeza de puente, todo marcha a pedir de boca, por más que haga mal tiempo.

El ejército y también el pueblo tienen la misma voluntad y la misma esperanza.

Anne.

Viernes, 9 de junio de 1944.

Querida Kitty:

¡La invasión marcha viento en popa! Los aliados han tomado Bayeux, un pequeño pueblo de la costa francesa, y luchan ahora para entrar en Caen. Está claro que la intención es cortar las comunicaciones de la península en la que está situada Cherburgo. Los corresponsales de guerra informan todas las noches de las dificultades, el valor y el entusiasmo del ejército, se llevan a cabo las proezas más increíbles, también los heridos que ya han vuelto a Inglaterra han hablado por el micrófono. A pesar de que hace un tiempo malísimo, los aviones van y vienen. Nos hemos enterado a través de la BBC que Churchill quería acompañar a las tropas cuando la invasión, pero que este plan no se llevó a cabo por recomendación de Eisenhower y de otros generales. ¡Figúrate el valor de este hombre tan mayor, que ya tiene por lo menos setenta años!

La conmoción del otro día ya ha amainado; sin embargo, esperamos que la guerra acabe por fin a finales de año. ¡Ya sería hora! Las lamentaciones de la señora Van Pels no se aguantan; ahora que ya no nos puede dar la lata con la invasión, se queja todo el día del mal tiempo. ¡Te vienen ganas de meterla en un cubo de agua fría y subirla a la buhardilla!

La Casa de atrás en su conjunto, salvo Van Pels y Peter, ha leído la trilogía *Rapsodia húngara*. El libro relata la historia de la vida del compositor, pianista y niño prodigio Franz Liszt. Es un libro muy interesante, aunque para mi gusto contiene demasiadas historias de mujeres; Liszt no fue tan solo el más grande y famoso pianista de su época, sino también el mayor de los donjuanes aun hasta los setenta años. Tuvo relaciones amorosas con la condesa Marie d'Agoult, la princesa Carolina de Sayn-Wittgenstein, la bailarina Lola Montes, las pianistas Agnes Kingworth y Sophie Menter, la princesa circasiana Olga Janina, la baronesa Olga von Meyendorff, la actriz de teatro Lilla no sé cuántos, etcétera, etcétera: son una infinidad. Las partes del libro que tratan de música y otras artes son mucho más interesantes. En el libro aparecen: Schumann y Clara Wieck, Hector Berlioz, Johannes Brahms, Beethoven, Joachim, Richard Wagner, Hans von Bülow, Anton Rubinstein, Frédéric Chopin, Victor Hugo, Honoré de Balzac, Hiller, Hummel, Czerny, Rossini, Cherubini, Paganini, Mendelssohn, etcétera, etcétera.

El propio Liszt era un tipo estupendo, muy generoso, nada egoísta, aunque extremadamente vanidoso; ayudaba a todo el mundo, no conocía nada más elevado que el arte, amaba el coñac y a las mujeres, no soportaba las lágrimas, era un caballero, no denegaba favores a nadie, no le importaba el dinero, era partidario de la libertad de culto y amaba al mundo.

tu Anne M. Frank.

A raíz de un artículo del profesor Sleeswijk en *De Telegraaf*, sobre las bacterias al besar.

> Peligros del beso.
> Recomienda el profesor Sleeswijk:
> Sé parco a la hora de besar
> que el germen del dolor de garganta
> te podrías fácilmente contagiar.
> No beses bebés si te son caros,
> y tampoco beses a «extraños»;
> da un número limitado de besos
> como si estuvieran racionados.
> Pues legiones enteras de microbios
> están en todo momento dispuestas:
> millones para saltar de ella a él
> y millones para saltar de él a ella.
>
> — — — — — — — — — — — —
>
> ¿Sabe usted lo que pasa, profesor?
> Usted, como perito, está en lo justo;
> pero los legos siempre distinguen
> entre práctica y teoría, para su disgusto.
> La gente adopta a veces el enfoque
> de los verdaderos fatalistas:
> mejor el riesgo de una bronquitis
> que perderse un beso, aunque usted insista.
> Si vamos a dejar de besarnos
> por lo que impone la sanidad,

¿no acaba siendo el higiénico remedio
mucho peor que la enfermedad?
Si hacemos una votación
entre grandes y pequeños por igual
sobre quién quiere ser besado
y quién dejaría de besar,
creo que en la mayoría de los votos
figuraría el siguiente refrán:
Quien el huevo de la felicidad quiera encontrar,
alguna vez una acequia deberá saltar…

Clinge Doorenbos.

(¡Prohibida la reproducción!).

Martes, 13 de junio de 1944.

Querida Kit:

Ha vuelto a ser mi cumpleaños, de modo que ahora ya tengo quince. Me han regalado un montón de cosas:

Papá y mamá, los cinco tomos de la historia del arte de Springer, un juego de ropa interior, dos cinturones, un pañuelo, dos yogures, un tarro de mermelada, dos panes de miel (de los pequeños) y un libro de botánica; Margot un brazalete sobredorado, Van Pels un libro de la colección «Patria», Pfeffer un tarro de malta Biomalt y un ramillete de almorta, Miep caramelos, Bep caramelos y unos cuadernos, y Kugler lo más hermoso: el libro *María Teresa* y tres lonchas de queso con toda su crema. Peter me regaló un bonito ramo de peonías. El pobre hizo un gran esfuerzo por encontrar algo adecuado, pero no tuvo éxito.

———

La invasión sigue yendo viento en popa, pese al tiempo malísimo, las innumerables tormentas, los chaparrones y la marejada.

Churchill, Smuts, Eisenhower y Arnold visitaron ayer los pueblos franceses conquistados y liberados por los ingleses. Churchill se subió a un torpedero que disparaba contra la costa; ese hombre, como tantos otros, parece no saber lo que es el miedo. ¡Qué envidia!

Desde nuestra «fortaleza de atrás» nos es imposible sondear el ambiente que impera en Holanda. La gente sin duda está contenta de que la ociosa (!) Inglaterra por fin se haya puesto manos a la obra. No saben lo injusto que es su razonamiento cuando la gente dice una y otra vez que aquí no quiere una ocupación inglesa. Con todo, el razonamiento viene a ser más o menos el siguiente: Inglaterra tiene que luchar, combatir y sacrificar a sus hijos por Holanda y los demás territorios ocupados. Los ingleses no pueden quedarse en Holanda, tienen que presentar sus más serviles disculpas a todos los

Estados ocupados, tienen que devolver las Indias a sus antiguos dueños, y luego podrán volverse a Inglaterra, empobrecidos y maltrechos.

Pobres diablos los que piensan así, y sin embargo, como ya he dicho, muchos holandeses parecen pertenecer a esta categoría. Y ahora me pregunto yo: ¿qué habría sido de Holanda y de los países vecinos si Inglaterra hubiera firmado la paz con Alemania, la paz posible en tantas ocasiones? Holanda habría pasado a formar parte de Alemania y asunto concluido.

A todos los holandeses que aún miran a los ingleses por encima del hombro, que tachan a Inglaterra y a su gobierno de viejos seniles, que califican a los ingleses de cobardes, pero que sin embargo odian a los alemanes, habría que sacudirlos como se sacude una almohada, así tal vez sus sesos enmarañados se plegarían de forma más sensata…

———

En mi cabeza rondan muchos deseos, muchos pensamientos, muchas acusaciones y muchos reproches. De verdad que no soy tan presumida como mucha gente cree, conozco mis innumerables fallos y defectos mejor que nadie, con la diferencia de que sé que quiero enmendarme, que me enmendaré y que ya me he enmendado un montón.

¿Cómo puede ser entonces, me pregunto muchas veces, que todo el mundo me siga considerando tan tremendamente sabidilla y poco modesta? ¿De verdad soy tan sabidilla? ¿Soy realmente yo sola, o quizá también los demás? Suena raro, ya me doy cuenta, pero no tacharé la última frase, porque tampoco es tan rara como parece. La señora Van Pels y Pfeffer, mis principales acusadores, tienen fama ambos de carecer absolutamente de inteligencia y de ser, sí, digámoslo tranquilamente, «ignorantes». La gente ignorante no soporta por lo general que otros hagan una cosa mejor que ellos; el mejor ejemplo de ello son, en efecto, estos dos ignorantes, la señora Van Pels y el señor Pfeffer. La señora me considera ignorante porque yo no padezco esa enfermedad de manera tan aguda como ella; me considera poco modesta, porque ella lo es menos aún; mis faldas le parecen muy cortas, porque las suyas lo son más aún y por eso también me considera una sabidilla, porque ella misma habla el doble que yo sobre temas de los que no entiende absolutamente nada. Lo mismo vale para Pfeffer. Pero uno de mis refranes favoritos es «En todos los reproches hay algo de cierto», y por eso soy la primera en reconocer que algo de sabidilla tengo.

Sin embargo, lo más molesto de mi manera de ser es que nadie me regaña y me increpa tanto como yo misma; y si a eso mamá añade su cuota de consejos, la montaña de sermones se hace tan inconmensurable que yo, en mi desesperación por salir del paso, me vuelvo insolente y me pongo a contradecir, y automáticamente salen a relucir las viejas palabras de Anne: «¡Nadie me entiende!».

Estas palabras las llevo dentro de mí, y aunque suenen a mentira, tienen también su parte de verdad. Mis autoinculpaciones adquieren a menudo proporciones tales, que desearía encontrar una voz consoladora que lograra reducirlas a un nivel razonable y a la que también le importara mi fuero interno, pero, ¡ay!, por más que busco, no he podido encontrarla.

Ya sé que estarás pensando en Peter, ¿verdad, Kit? Es cierto, Peter me quiere, no como un enamorado, sino como amigo, su afecto crece día a día, pero sigue habiendo algo misterioso que nos detiene a los dos, y que ni yo misma sé lo que es.

A veces pienso que esos enormes deseos míos de estar con él eran exagerados, pero en verdad no es así, porque cuando pasan dos días sin que haya subido, me vuelven los mismos fuertes deseos de verlo que he tenido siempre. Peter es bueno y bondadoso, pero no puedo negar que muchas cosas en él me decepcionan. Sobre todo su rechazo a la religión, las conversaciones sobre la comida y muchas otras cosas de toda índole no me gustan en absoluto. Sin embargo, estoy plenamente convencida de que nunca reñiremos, tal como lo hemos convenido sinceramente. Peet es amante de la paz, tolerante y capaz de ceder. Acepta que yo le diga muchas más cosas de las que le permite a su madre. Intenta con gran empeño borrar las manchas de tinta en sus libros y de poner cierto orden en sus cosas. Y sin embargo, ¿por qué sigue ocultando lo que tiene dentro y no me permite llegar hasta allí? Es mucho más cerrado por naturaleza que yo, es cierto; pero yo sé, y ahora realmente por la práctica (recuerda la «Anne en teoría» que sale a relucir una y otra vez), que llega un momento en que hasta las personas más cerradas ansían, en la misma medida que otras, o más, tener un confidente.

En la Casa de atrás, Peter y yo ya hemos tenido nuestros años para pensar, a menudo hablamos sobre el futuro, el pasado y el presente, pero como ya te he dicho: echo en falta lo auténtico y sin embargo estoy segura de que está ahí.

———

¿Será que el no haber podido salir al aire libre ha hecho que creciera mi afición por todo lo que tiene que ver con la naturaleza? Recuerdo perfectamente que un límpido cielo azul, el canto de los pájaros, la luz de la luna o el florecimiento de las flores antes no lograban captar por mucho tiempo mi atención. Aquí todo eso ha cambiado: para Pentecostés, por ejemplo, cuando hizo tanto calor, hice el mayor de los esfuerzos para no dormirme por la noche, y a las once y media quise observar bien la luna por una vez a solas, a través de la ventana abierta. Lamentablemente mi sacrificio fue en vano, ya que la luna emitía mucha luz y no podía arriesgarme a abrir la ventana. En otra ocasión, hace ya unos cuantos meses, subí una noche por casualidad, estando la ventana abierta. No bajé hasta que terminó la hora de airear. La noche oscura y lluviosa, la tormenta, las nubes que pasaban rápido me cautivaron; después de año y medio, era la primera vez que veía a la noche cara a cara. Después de aquella vez, mis deseos de volver a ver la noche así superaron mi miedo a los ladrones, a la casa a oscuras y llena de ratas y a los asaltos. Bajé completamente sola a mirar hacia fuera por la ventana del despacho de papá y la de la cocina. A mucha gente le gusta la naturaleza, muchos duermen alguna que otra vez a la intemperie, muchos de los que están en cárceles y hospitales no ven el día en que puedan volver a disfrutar libremente de la naturaleza, pero son pocos los que viven tan separados y aislados de aquello que desean, y que es igual para ricos y pobres.

No es ninguna fantasía cuando digo que ver el cielo, las nubes, la luna y las estrellas me tranquiliza y me mantiene expectante. Es mucho mejor que la valeriana o el bromo: la naturaleza me empequeñece y me prepara para recibir cualquier golpe con valentía.

En alguna parte estará escrito que solo pueda ver la naturaleza, de vez en cuando y a modo de excepción, a través de unas ventanas llenas de polvo y con cortinas sucias delante, y hacerlo así no resulta nada agradable. ¡La naturaleza es lo único que realmente no admite sucedáneos!

———

Más de una vez, una de las preguntas que no me dejan en paz por dentro es por qué en el pasado, y a menudo aún ahora, los pueblos conceden a la mujer un lugar tan inferior al que ocupa el hombre. Todos podrán decir que es injusto, pero con eso no me doy por contenta: lo que quisiera conocer es la causa de semejante injusticia.

Es de suponer que el hombre, dada su mayor fuerza física, ha dominado a la mujer desde el principio. El hombre, que gana el sustento; el hombre, que procrea; el hombre, al que todo le está permitido… Ha sido una gran equivocación por parte de todas esas mujeres tolerar, hasta hace poco tiempo, que todo siguiera así sin más, porque cuantos más siglos perdura esta norma, tanto más se arraiga. Por suerte, la enseñanza, el trabajo y el desarrollo le han abierto un poco los ojos a la mujer. En muchos países las mujeres han obtenido la igualdad de derechos; muchas personas, sobre todo mujeres, aunque también hombres, ven ahora lo mal que ha estado dividido el mundo durante tanto tiempo, y las mujeres modernas exigen su derecho a la independencia total.

Pero no se trata solo de eso: ¡también hay que conseguir la valoración de la mujer! En todos los continentes el hombre goza de una alta estima generalizada. ¿Por qué la mujer no habría de ser la primera en compartir esa estima? A los soldados y héroes de guerra se les honra y rinde homenaje, a los descubridores se les concede fama eterna, se venera a los mártires, pero ¿qué parte de la humanidad en su conjunto también considera soldados a las mujeres?

En el libro *Combatientes de por vida* pone algo que me ha llamado mucho la atención, y es algo así como que por lo general las mujeres, tan solo por el hecho de tener hijos, padecen más dolores, enfermedades y desgracias que cualquier héroe de guerra. ¿Y cuál es la recompensa por aguantar tantos dolores? La echan en un rincón si ha quedado mutilada por el parto, sus hijos al poco tiempo ya no son suyos, y su belleza se ha esfumado. Las mujeres son soldados mucho más valientes, mucho más valerosos, que combaten y padecen dolores para preservar a la humanidad, mucho más que tantos héroes de la libertad con sus bocazas...

Con esto no quiero decir en absoluto que las mujeres tendrían que negarse a tener hijos, al contrario, así lo quiere la naturaleza y así ha de ser. A los únicos que condeno es a los hombres y a todo el orden mundial, que nunca ha querido darse cuenta del importante, difícil y a su tiempo también bello papel desempeñado por la mujer en la sociedad.

Paul de Kruif, el autor del libro mencionado, cuenta con toda mi aprobación cuando dice que los hombres tienen que aprender que en las partes del mundo llamadas civilizadas, un parto ha dejado de ser algo natural y corriente. Los hombres lo tienen fácil, nunca han tenido que soportar los pesares de una mujer, ni tendrán que soportarlos nunca.

Creo que todo el concepto de que el tener hijos constituye un deber de la mujer cambiará a lo largo del próximo siglo, dando lugar a la estima y a la admiración por quien lleva esa carga al hombro, sin rezongar y sin pronunciar grandes palabras.

tu Anne M. Frank.

Viernes, 16 de junio de 1944.

Querida Kitty:

Nuevos problemas: la señora está desesperada, habla de pegarse un tiro, de la cárcel, de ahorcarse y suicidarse. Tiene celos de que Peter deposite en mí su confianza y no en ella, está ofendida porque Pfeffer no hace suficiente caso de sus coqueteos, teme que su marido gaste en tabaco todo el dinero del abrigo de piel, riñe, insulta, llora, se lamenta, ríe y vuelve a empezar con las riñas.

¿Qué hacer con una individua tan plañidera y tonta? Nadie la toma en serio, carácter no tiene, se queja con todos y anda por la casa con un aire de «vista por detrás, liceo; vista de frente, museo». Y lo peor de todo es que Peter se vuelve insolente con ella, el señor Van Pels susceptible, y mamá cínica. ¡Menudo panorama! Solo hay una regla a tener siempre presente: ríete de todo y no hagas caso de los demás. Parece egoísta, pero en realidad es la única medicina para los autocompasivos.

A Kugler lo mandan cuatro semanas a Alkmaar a cavar; intentará salvarse presentando un certificado médico y una carta de Opekta.

Kleiman quiere someterse a una operación de estómago lo antes posible. Anoche, a las once de la noche, cortaron el teléfono a todos los particulares.

tu Anne M. Frank.

Viernes, 23 de junio de 1944.

Querida Kitty:

No ha pasado nada en especial por aquí. Los ingleses han iniciado la gran ofensiva hacia Cherburgo; según Pim y Van Pels, el 10 de octubre seguro que nos habrán liberado. Los rusos participan en la operación, ayer comenzó su ofensiva cerca de Vítebsk. Son tres años clavados desde la invasión alemana.

Bep sigue teniendo un humor por debajo de cero. Casi no nos quedan patatas. En lo sucesivo vamos a darle a cada uno su ración de patatas por separado, y que cada cual haga con ellas lo que le plazca. Miep se toma una semana de vacaciones anticipadas a partir del lunes. Los médicos de Kleiman no han encontrado nada en la radiografía. Duda mucho si operarse o dejar que venga lo que venga.

tu Anne M. Frank.

Martes, 27 de junio de 1944.

Queridísima Kitty:

El ambiente ha dado un vuelco total: las cosas marchan de maravilla. Hoy han caído Cherburgo, Vítebsk y Slobin. Un gran botín y muchos prisioneros, seguramente. En Cherburgo han muerto cinco generales alemanes, y otros dos han sido hechos prisioneros. Ahora los ingleses podrán desembarcar todo lo que quieran, porque tienen un puerto: ¡toda la península de Cotentin en manos de los ingleses, tres semanas después de la invasión! ¡Se han portado! En las tres semanas que han pasado desde el «Día D» no ha parado de llover ni de haber tormenta ni un solo día, tanto aquí como en Francia, pero esta mala racha no impide que se manifieste —¡y cómo!— toda la fuerza de los ingleses y los norteamericanos. La que sí ha entrado en plena acción es la *Wuwa*, pero ¿qué puede llegar a significar semejante nimiedad, más que unos pocos daños en Inglaterra y grandes titulares en la prensa teutona? Además, si en Teutonia se dan cuenta de que ahora de verdad se acerca el peligro bolchevique, les dará la tembladera como nunca.

Las mujeres y los niños alemanes que no trabajan para el ejército alemán serán evacuados de las zonas costeras y llevados a las provincias de Groninga, Frisia y Güeldres. Mussert ha declarado que si la invasión llega a Holanda, él se pondrá un uniforme militar. ¿Acaso ese gordinflón tiene pensado pelear? Para eso podría haberse marchado a Rusia hace tiempo… Finlandia rechazó la propuesta de paz en su momento, y también ahora se han vuelto a romper las negociaciones al respecto. ¡Ya se arrepentirán los muy estúpidos!

¿Cuánto crees que habremos adelantado el 27 de julio?

tu Anne M. Frank.

Viernes, 30 de junio de 1944.

Querida Kitty:

Mal tiempo, *o bad weather from one at a stretch to the thirty June*. ¿Qué te parece? Ya ves cómo domino el inglés, y para demostrarlo estoy leyendo *Un marido ideal* en inglés (¡con diccionario!). La guerra marcha a pedir de boca: han caído Bobruisk, Moguiliov y Orsha; muchos prisioneros.

Por aquí todo bien. Los ánimos mejoran, nuestros optimistas a toda prueba irritan, los Van Pels hacen malabarismos con el azúcar, Bep se ha cambiado de peinado y Miep está de vacaciones durante una semana. Hasta aquí las noticias.

Me están haciendo un tratamiento muy desagradable del nervio, nada menos que en uno de los dientes incisivos, ya me ha dolido una enormidad, tanto que Pfeffer se pensó que me desmayaría. Pues faltó poco. Al rato le empezó a doler la muela a la señora…

tu Anne M. Frank.

P.D.: De Basilea nos ha llegado la noticia de que Bernd ha hecho el papel de mesonero en *Minna von Barnhelm*. Mamá dice que tiene madera de artista.

Jueves, 6 de julio de 1944.

Querida Kitty:

Me entra un miedo terrible cuando Peter dice que más tarde quizá se haga criminal o especulador. Aunque ya sé que lo dice en broma, me da la sensación de que él mismo tiene miedo de su débil carácter. Una y otra vez, tanto Margot como Peter me dicen: «Claro, si yo tuviera tu fuerza y tu valor, si yo pudiera imponer mi voluntad como haces tú, si tuviera tu energía y tu perseverancia…».

¿De verdad es una buena cualidad el no dejarme influenciar? ¿Está bien que siga casi exclusivamente el camino que me indica la conciencia?

A decir verdad, no puedo imaginarme que alguien diga «Soy débil» y siga siéndolo. Si uno lo sabe, ¿por qué no combatirlo, por qué no adiestrar su propio carácter? La respuesta fue: «¡Es que es mucho más fácil así!». La respuesta me desanimó un poco. ¿Más fácil? ¿Acaso una vida comodona y engañosa equivale a una vida fácil? No, no puede ser cierto, no ha de ser posible que la facilidad y el dinero sean tan seductores. He estado pensando bastante tiempo lo que debía responder, cómo tengo que hacer para que Peter crea en sí mismo y sobre todo para que se mejore a sí mismo. No sé si habré acertado.

Tantas veces me he imaginado lo bonito que sería que alguien depositara en mí su confianza, pero ahora que ha llegado el momento, me doy cuenta de lo difícil que es identificarse con los pensamientos de la otra persona y luego encontrar <u>la</u> respuesta. Sobre todo dado que «fácil» y «dinero» son conceptos totalmente ajenos y nuevos para mí. Peter está empezando a apoyarse en mí, y eso no ha de suceder bajo ningún concepto. Es difícil valerse por sí mismo en la vida, pero más difícil aún es estar solo, teniendo carácter y espíritu, sin perder la moral.

Estoy flotando un poco a la deriva, buscando desde hace muchos días un remedio eficaz contra la palabra «fácil», que no me gusta nada. ¿Cómo puedo hacerle ver que lo que parece fácil y bonito hará que caiga en un abismo, en el que ya no habrá amigos, ni apoyo, ni ninguna cosa bonita, un abismo del que es prácticamente imposible salir?

Todos vivimos sin saber por qué ni para qué, todos vivimos con la mira puesta en la felicidad, todos vivimos vidas diferentes y sin embargo iguales. A los tres nos han educado en un buen círculo, podemos estudiar, tenemos la posibilidad de llegar a ser algo en la vida, tenemos motivo suficiente para pensar que llegaremos a ser felices, pero… nos lo tendremos que ganar a pulso. Y eso es algo que no se consigue con algo que sea fácil. Ganarse la felicidad implica trabajar para conseguirla, y hacer el bien y no especular ni ser un holgazán. La holgazanería podrá <u>parecer</u> atractiva, pero la satisfacción solo la <u>da</u> el trabajo.

No entiendo a la gente a la que no le gusta trabajar, aunque ese tampoco es el caso de Peter, que no tiene ninguna meta fija y se cree demasiado ignorante e inferior como para conseguir lo que se pueda proponer. Pobre chico, nunca ha sabido lo que significa poder hacer felices a los otros, y yo tampoco puedo enseñárselo. No tiene religión, se mofa de Jesucristo, usa el nombre de Dios irrespetuosamente; aunque yo tampoco soy ortodoxa, duele cada vez que noto lo abandonado, lo despreciativo y lo pobre de espíritu que es. Las personas que tienen una religión deberían estar contentas, porque no a cada cual le es dado creer en cosas sobrenaturales. Ni siquiera hace falta tenerles miedo a los castigos que pueda haber después de la muerte; el purgatorio, el infierno y el cielo son cosas que a muchos les cuesta imaginarse, pero sin embargo el tener una religión, no importa de qué tipo, hace que el hombre siga por el buen camino. No se trata del miedo a Dios, sino de mantener en alto el honor y la conciencia de uno. ¡Qué bellas y buenas serían las personas si todas las noches, antes de cerrar los ojos para dormir, pasaran revista a los acontecimientos del día y analizaran con precisión los aspectos buenos y malos de sus acciones! Sin darte casi cuenta, cada día intentas mejorar y superarte desde el principio, y lo más probable es que al cabo de algún tiempo consigas bastante. Este método lo puede utilizar cualquiera, no cuesta nada y ciertamente es de gran utilidad. Porque para quien aún no lo sepa, que tome nota y lo viva en su propia carne: ¡una conciencia tranquila te hace sentir fuerte!

tu Anne M. Frank.

Sábado, 8 de julio de 1944.

Querida Kitty:

Broks estuvo en Beverwijk y consiguió fresas directamente de la subasta. Llegaron aquí todas cubiertas de polvo, llenas de arena, pero en grandes cantidades. Nada menos que veinticuatro cajas, a repartir entre los de la oficina y nosotros, y el resto para el propio Broks. Al final de la tarde hicimos los primeros seis tarros grandes de conserva y ocho pequeños de mermelada. A la mañana siguiente Miep iba a hacer mermelada para la oficina.

A las doce y media echamos el cerrojo a la puerta de la calle, bajamos las cajas, Peter, papá y Van Pels haciendo estrépito por la escalera, Anne sacando agua caliente del calentador, Margot que va a buscar el cubo, ¡todos manos a la obra! Con una sensación muy extraña en el estómago, entré en la cocina de la oficina, que estaba repleta de gente: Miep, Bep, Kleiman, Jan, papá, Peter: los escondidos y su brigada de aprovisionamiento, todos mezclados, ¡y eso a plena luz del día! Las cortinas y las ventanas abiertas, todos hablando alto, portazos... Me dio la tembladera de tanta excitación. «¿Es que estamos aún realmente escondidos? —pensé—. Esto debe de ser lo que se siente cuando uno puede mostrarse al mundo otra vez». La olla se llenó, ¡rápido, arriba! En nuestra cocina estaba el resto de la familia de pie alrededor de la mesa, quitándoles las hojas y los rabitos a las fresas, al menos eso era lo que supuestamente estaban haciendo, porque la mayor parte iba desapareciendo en las bocas en lugar de ir a parar al cubo. Pronto hizo falta otro cubo, y Peter bajó a la cocina, sonó el timbre, el cubo se quedó abajo, Peter subió corriendo, se cerró la puerta armario. Nos moríamos de impaciencia, no se podía abrir el grifo y las fresas a medio lavar estaban esperando su último baño, pero hubo que atenerse a la regla del escondite de que cuando hay alguien en el edificio no se abre ningún grifo por el ruido que hacen las tuberías.

A la una sube Jan: era el cartero. Peter vuelve a bajar rápidamente las escaleras. ¡Ríííín!, otra vez el timbre, media vuelta. Voy a escuchar si viene alguien, primero detrás de la puerta armario, luego arriba, en el rellano de la escalera. Por fin, Peter y yo estamos asomados al hueco de la escalera cual ladrones, escuchando los ruidos que vienen de abajo. Ninguna voz desconocida. Peter baja la escalera sigilosamente, se para a medio camino y llama: «¡Bep!». Nadie responde. Otra vez: «¡Bep!». El bullicio en la cocina tapa la voz de Peter. Corre escaleras abajo y entra en la cocina. Yo me quedo tensa mirando para abajo.

—¿Qué haces aquí, Peter? ¡Fuera, rápido, que está Van Erp, vete ya!

Es la voz de Kleiman. Peter llega arriba dando un suspiro, la puerta armario se mantiene cerrada. Por fin, a la una y media, sube Kugler:

—Madre mía, no veo más que fresas, para el desayuno fresas, Jan comiendo fresas, Kleiman degustando fresas, Miep cociendo fresas, Bep limpiando fresas, en todas partes huele a fresas, vengo aquí para escapar de ese maremágnum rojo, ¡y aquí veo gente lavando fresas!

Con lo que ha quedado de ellas hacemos conserva. Por la noche se abren dos tarros, papá enseguida los convierte en mermelada. A la mañana siguiente resulta que se han abierto otros dos, y por la tarde otros cuatro. Van Pels no los había esterilizado a temperatura suficiente. Ahora papá hace mermelada todas las noches. Comemos papilla con fresas, suero de leche con fresas, rebanadas de pan con fresas, fresas de postre, fresas con azúcar, fresas con arena. Durante dos días enteros hubo fresas, fresas y más fresas dando vueltas por todas partes, hasta que se acabaron las reservas o quedaron guardadas bajo siete llaves, en los tarros.

———

—¿A que no sabes, Anne? —me dice Margot—. La señora Van Hoeven nos ha enviado guisantes, nueve kilos en total.

—¡Qué bien! —respondo. Es cierto, qué bien, pero ¡cuánto trabajo!

—El sábado por la mañana tendréis que ayudar todos a desenvainarlos —anuncia mamá cuando estamos sentados a la mesa.

Y así fue. Esta mañana, después de desayunar, pusieron en la mesa la olla más grande de esmalte, que rebosaba de guisantes. Desenvainar guisantes ya es una lata, pero no sabes lo que es pelar las vainas. Creo que la mayoría de la gente no sabe lo ricas en vitaminas, lo deliciosas y blandas que son las cáscaras de los guisantes, una vez que les has quitado la piel de dentro. Sin embargo, las tres ventajas que acabo de mencionar no son nada comparadas con el hecho de que la parte comestible es casi tres veces mayor que los guisantes por sí solos.

Quitarles la piel a las vainas es una tarea muy minuciosa y meticulosa, indicada quizá para dentistas pedantes y especieros quisquillosos, pero para una chica de poca paciencia como yo es un suplicio. Empezamos a las nueve y media, a las diez y media me siento, a las once me pongo de pie, a las once y media me vuelvo a sentar. Oigo como una voz interior que me va diciendo: quebrar la punta, tirar de la piel, sacar la hebra, desgranarla, etcétera, etcétera. Todo me da vueltas: verde, verde, gusanillo, hebra, vaina podrida, verde, verde, verde. Para ahuyentar la desgana me paso toda la mañana hablando, digo todas las tonterías posibles, hago reír a todos y me siento deshecha por tanta estupidez. Con cada hebra que desgrano me convenzo más que nunca de que jamás seré solo ama de casa. ¡Jamás!

A las doce por fin desayunamos, pero de las doce y media a la una y cuarto toca quitar pieles otra vez. Cuando acabamos me siento medio mareada, los otros también un poco. Me acuesto y duermo hasta las cuatro, pero al levantarme siento aún el mareo a causa de los malditos guisantes.

tu Anne M. Frank.

Sábado, 15 de julio de 1944.

Querida Kitty:

De la biblioteca nos han traído un libro con un título muy provocativo: *¿Qué opina usted de la adolescente moderna?* Sobre este tema quisiera hablar hoy contigo.

La autora critica de arriba abajo a los «jóvenes de hoy en día»; sin embargo, no los rechaza totalmente a todos como si no fueran capaces de hacer nada bueno. Al contrario, más bien opina que si los jóvenes quisieran, podrían construir un gran mundo mejor y más bonito, que los jóvenes disponen de los medios, pero que al ocuparse de cosas superficiales, no reparan en lo esencialmente bello.

En algunos momentos de la lectura me dio la fuerte sensación de que la autora se refería a mí con sus censuras, y por eso ahora por fin quisiera mostrarte cómo soy realmente por dentro y defenderme de este ataque.

Tengo una cualidad que sobresale mucho y que a todo aquel que me conoce desde algún tiempo tiene que llamarle la atención, y es el conocimiento de mí misma. Soy capaz de observarme en todos mis actos, como si fuera una extraña. Sin ningún prejuicio ni con una bolsa llena de disculpas, me planto frente a la Anne de todos los días y observo lo que hace bien y lo que hace mal. Esa conciencia de mí misma nunca me abandona y enseguida después de pronunciar cualquier palabra sé: esto lo tendrías que haber dicho de otra forma, o: esto está bien dicho. Me condeno a mí misma en miles de cosas y me doy cuenta cada vez más de lo acertadas que son las palabras de papá, cuando dice que cada niño debe educarse a sí mismo. Los padres tan solo pueden dar consejos o buenas indicaciones, pero en definitiva la formación del carácter de uno está en sus propias manos. A esto hay que añadir que poseo una enorme valentía de vivir, me siento siempre tan fuerte y capaz de aguantar, tan libre y tan joven… La primera vez que me di cuenta de ello me puse contenta, porque no pienso doblegarme tan pronto a los golpes que a todos nos toca recibir.

Pero de estas cosas ya te he hablado muchas veces, ahora prefiero tocar el tema de «papá y mamá no me entienden». Mis padres siempre me han mimado mucho, han sido siempre muy buenos conmigo, me han defendido ante los ataques de los de arriba y han hecho todo lo que estaba a su alcance. Sin embargo, durante mucho tiempo me he sentido terriblemente sola, excluida, abandonada, incomprendida. Papá intentó hacer de todo para moderar mi rebeldía, pero sin resultado. Yo misma me he curado, haciéndome ver a mí misma lo errado de mis actos. ¿Cómo es posible que papá nunca me haya apoyado en mi lucha, que se haya equivocado de medio a medio cuando quiso tenderme una mano? Papá ha recurrido a métodos desacertados, siempre me ha hablado como a una niña que tiene que pasar por una infancia difícil. Suena extraño, porque nadie ha confiado siempre en mí más que papá y nadie me ha dado la sensación de ser una chica sensata más que papá. Pero hay una cosa que ha descuidado, y es que no ha pensado en que mi lucha por superarme era para mí mucho más importante que todo lo demás. No quería que me hablaran de «cosas de la edad», «otras chicas» y «ya se te pasará», no quería que me trataran como a una chica como todas, sino como a Anne en sí misma, y Pim no lo entendía. Además, yo no puedo confiar ciegamente en una persona si no me cuenta un montón de cosas sobre sí misma, y como yo de Pim no sé nada, no podré recorrer el camino de la intimidad entre nosotros. Pim siempre se mantiene en la posición del padre mayor que en su momento también tuvo inclinaciones pasajeras parecidas, pero que ya no es capaz de participar de mis asuntos como amigo de los jóvenes, por mucho que se esfuerce. Todas estas cosas han hecho que, salvo a mi diario y alguna que otra vez a Margot, nunca le contara a nadie mis filosofías de vida ni mis teorías bien meditadas. A papá siempre le he ocultado todo lo que me conmovía, nunca he dejado que compartiera mis ideales, y a sabiendas he creado una distancia entre nosotros.

No podía hacer otra cosa, he obrado totalmente de acuerdo con lo que sentía, he obrado de manera egoísta, pero he obrado de un modo que favoreciera mi tranquilidad. Porque la tranquilidad y la confianza en mí misma que he construido de forma tan tambaleante, las perdería completamente si ahora tuviera que soportar que me criticaran mi labor a medio terminar. Y eso no estoy dispuesta a hacerlo ni siquiera por Pim, por más crudo que suene, porque no solo no he compartido en modo alguno con Pim mi vida interior, sino que a menudo mi susceptibilidad lo aparta cada vez más de mí.

Es un tema que me da mucho que pensar: ¿por qué será que a veces Pim me irrita tanto? Que casi no puedo estudiar con él, que sus múltiples mimos me parecen fingidos, que quiero estar tranquila y preferiría que me dejara en paz, hasta que me sintiera un poco más segura frente a él. Porque me sigue carcomiendo el reproche por la carta tan mezquina que tuve la osadía de escribirle aquella vez que estaba tan exaltada. ¡Ay, qué difícil es ser realmente fuerte y valerosa por los cuatro costados!

Sin embargo, no ha sido esa la causa de mi mayor decepción, no, mucho más que por papá me devano los sesos por Peter. Sé muy bien que he sido yo quien lo ha conquistado a él, y no a la inversa, me he forjado de él una imagen de ensueño, lo veía como al chico callado, sensible, bueno, muy necesitado de cariño y amistad. Yo necesitaba expresarme alguna vez con una persona viva. Quería tener un amigo que me pusiera otra vez en camino, acabé la difícil tarea y poco a poco hice que él se volviera hacia mí. Cuando por fin había logrado que tuviera sentimientos de amistad para conmigo, llegaron solas las intimidades que ahora, pensándolo bien, me parecen inauditas. Hablamos de las cosas más ocultas, pero hasta ahora hemos callado las que me pesaban y aún me pesan en el corazón. Todavía no sé cómo tomar a Peter. ¿Es superficialidad o timidez lo que lo detiene, incluso frente a mí? Pero dejando eso de lado, he cometido un gran error al excluir cualquier otra posibilidad de tener una amistad con él, y al acercarme a él a través de las intimidades. Está ansioso de amor y me quiere cada día más, lo noto muy bien. Nuestros encuentros le satisfacen, a mí solo me producen el deseo de volver a intentarlo una y otra vez con él y no tocar nunca los temas que tanto me gustaría sacar a la luz. He atraído a Peter hacia mí a la fuerza, mucho más de lo que él se imagina, y ahora él se aferra a mí y de momento no veo ningún medio eficaz para separarlo de mí y hacer que vuelva a valerse por sí mismo. Es que desde que me di cuenta, muy al principio, de que él no podía ser el amigo que yo me imaginaba, me he empeñado para que al menos superara su mediocridad y se hiciera más grande aun siendo joven.

«Porque en su base más profunda, la juventud es más solitaria que la vejez». Esta frase se me ha quedado grabada de algún libro y me ha parecido una gran verdad.

Entonces ¿de verdad los mayores aquí lo tienen más difícil que los jóvenes? No, de ninguna manera. Las personas mayores tienen su opinión formada sobre todas las cosas y en sus actos ya no van tambaleándose por la vida. A los jóvenes nos resulta doblemente difícil mantener nuestras opiniones en unos tiempos en los que se destruye y se aplasta cualquier idealismo, en los que la gente deja ver su lado más desdeñable, en los que se duda de la verdad y de la justicia y de Dios.

Quien así y todo sostiene que aquí, en la Casa de atrás, los mayores lo tienen mucho más difícil, seguramente no se da cuenta de que a nosotros los problemas se nos vienen encima en mucha mayor proporción, problemas para los que tal vez seamos demasiado jóvenes, pero que igual acaban por imponérsenos, hasta que al cabo de mucho tiempo creemos haber encontrado una solución, que por lo general resulta no ser resistente a las armas que la hacen rodar por el suelo. Ahí está lo difícil de estos tiempos: la terrible realidad ataca y aniquila totalmente los ideales, los sueños y las bellas esperanzas en cuanto se presentan. Es un milagro que todavía no haya renunciado a todas mis esperanzas, porque parecen absurdas e irrealizables. Sin embargo, sigo aferrándome a ellas, pese a todo, porque sigo creyendo en la bondad interna de los hombres.

Me es absolutamente imposible construir cualquier cosa sobre la base de la muerte, la desgracia y la confusión. Veo cómo van convirtiendo poco a poco el mundo en un desierto, oigo cada vez más fuerte el trueno que se avecina y que nos matará, comparto el dolor de millones de personas, y sin embargo, cuando me pongo a mirar el cielo, pienso que todo cambiará para bien, que esta dureza también acabará, que la paz y la tranquilidad volverán a reinar en el orden mundial. Mientras tanto tendré que mantener bien altos mis ideales, tal vez en los tiempos venideros aún se puedan llevar a la práctica...

tu Anne M. Frank.

Viernes, 21 de julio de 1944.

Querida Kitty:

¡Me han vuelto las esperanzas, por fin las cosas resultan! Sí, de verdad, ¡todo marcha viento en popa! ¡Noticias bomba! Ha habido un atentado contra Hitler y esta vez no han sido los comunistas judíos ni los capitalistas ingleses, sino un germanísimo general alemán, que es conde y joven además. La «divina providencia» le ha salvado la vida al Führer, y por desgracia solo ha sufrido unos rasguños y quemaduras. Algunos de sus oficiales y generales más allegados han resultado muertos o heridos. El autor principal del atentado ha sido fusilado.

Sin duda es la mejor prueba de que muchos oficiales y generales están hartos de la guerra y querrían que Hitler se fuera al otro barrio, para atraer hacia sí una dictadura militar, por medio de ella firmar la paz con los aliados, armarse de nuevo y empezar una nueva guerra después de una veintena de años. Tal vez la providencia se haya demorado un poco aposta en quitarlo de en medio, porque para los aliados es mucho más sencillo y económico que los inmaculados germanos se maten entre ellos, así a los rusos y los ingleses les queda menos trabajo por hacer y pueden empezar antes a reconstruir las ciudades de sus propios países. Pero todavía falta para eso, y no quisiera adelantarme a esos gloriosos acontecimientos. Sin embargo, te darás cuenta de que lo que digo contiene la verdad y nada más que la verdad. A modo de excepción, por una vez dejo de darte la lata con mis charlas sobre nobles ideales.

Además, Hitler ha sido tan amable de comunicarle a su leal y querido pueblo que, a partir de hoy, todos los militares tienen que obedecer las órdenes de la Gestapo y que todo hombre o todo soldado que sepa que su comandante ha tenido participación en el cobarde y miserable atentado tiene permiso para meterle un balazo.

¡Menudo cirio se va a armar! Imagínate que a Perico de los Palotes le duelan los pies de tanto caminar, y su jefe el oficial le grita. Perico coge su escopeta y exclama: «Tú querías matar al Führer, ¡aquí tienes tu merecido!». Le pega un tiro y el jefe mandón, que osa regañar a Perico, pasa a mejor vida (¿o a mejor muerte?). Al final, el asunto va a ser que los señores oficiales van a hacérselo encima de miedo cuando se topen con un soldado o cuando tengan que impartir órdenes en alguna parte, porque los soldados tendrán más autoridad y poder que ellos.

¿Me sigues, o me he ido por las ramas? No lo puedo remediar, estoy demasiado contenta como para ser coherente, si pienso en que tal vez en octubre ya podré ocupar nuevamente mi lugar en las aulas. ¡Ayayay!, ¿acaso no acabo de decir que no me quiero precipitar? Perdóname, no por nada tengo fama de ser un manojo de contradicciones...

tu Anne M. Frank.

Martes, 1 de ago. de 1944.

Querida Kitty:

«Un manojo de contradicciones» es la última frase de mi última carta y la primera de esta. «Un manojo de contradicciones», ¿serías capaz de explicarme lo que significa? ¿Qué significa contradicción? Como tantas otras palabras (puede entenderse de dos maneras), tiene dos significados, contradicción por fuera y contradicción por dentro. Lo primero es sencillamente no conformarse con las opiniones de los demás, pretender saber más que ellos, tener la última palabra, en fin, todas las cualidades desagradables por las que se me conoce, y lo segundo, que no es por lo que se me conoce, es mi propio secreto.

Ya te he contado (dicho) alguna vez que mi alma está dividida en dos, como si dijéramos. En una de esas dos partes reside mi alegría extrovertida, mis bromas y risas, mi alegría de vivir y sobre todo el no tomarme las cosas a la tremenda. Eso también incluye el no ver nada malo en los coqueteos, en un beso, un abrazo, un chiste verde. Ese lado está generalmente al acecho y desplaza al otro, mucho más bonito, más puro y más profundo. No es verdad, el lado bonito de Anne no lo conoce nadie, y por eso a muchos no les caigo bien. Es cierto que soy un payaso divertido por una tarde, y luego durante un mes todos están de mí hasta las narices. En realidad soy lo mismo que una película de amor para los intelectuales: simplemente una distracción, una diversión por una vez, algo para olvidar rápidamente, algo que no está mal pero que menos aún está bien. Es muy desagradable para mí tener que contártelo, pero ¿por qué no habría de hacerlo, si sé que es la pura verdad? Mi lado más ligero y superficial siempre ganará por la mano al más profundo, y por eso siempre vencerá. No te puedes hacer una idea de cuántas veces he intentado apartar a esta Anne, que solo es la mitad de todo lo que lleva ese nombre, de darle la vuelta, de esconderla, pero no lo logro y yo misma sé por qué no puede ser.

Tengo mucho miedo de que todos los que me conocen tal y como siempre soy descubran que tengo otro lado, un lado mejor y más bonito. Tengo miedo de que se burlen de mí, de que me encuentren ridícula, sentimental y de que no me tomen en serio. Estoy acostumbrada a que no me tomen en serio, pero solo la Anne ligera está acostumbrada a ello y lo puede soportar, la Anne de mayor peso es demasiado débil. Cuando de verdad logro alguna vez con gran esfuerzo que suba a escena durante quince minutos la Anne auténtica, se encoge como una mimosa sensitiva en cuanto le toca decir algo, cediéndole la palabra a la primera Anne y desapareciendo antes de que me pueda dar cuenta.

O sea, que la Anne buena no se ha mostrado nunca, ni una sola vez, en sociedad, pero cuando estoy sola casi siempre lleva la voz cantante. Sé perfectamente cómo me gustaría ser y cómo soy… por dentro, pero lamentablemente lo soy solo para mí. Y esa quizá sea, no, seguramente es, la causa de que yo misma me considere una persona feliz por dentro, y de que la gente me considere una persona feliz por fuera. Por dentro, la Anne auténtica me indica el camino, pero por fuera no soy más que una cabrita exaltada que trata de soltarse de las ataduras.

———

Como ya te he dicho, siento las cosas de modo distinto a cuando las digo, y por eso tengo fama de correr detrás de los chicos, de coquetear, de ser una sabihonda y de leer novelitas de poca monta. La Anne alegre lo toma a risa, replica con insolencia, se encoge de hombros, hace como si no le importara, pero no es cierto: la reacción de la Anne callada es totalmente opuesta. Si te soy totalmente sincera, he de confesarte que me afecta, y que hago un esfuerzo enorme para ser de otra manera, pero que una y otra vez sucumbo a ejércitos más fuertes.

Dentro de mí oigo un sollozo: «Ya ves lo que has conseguido: malas opiniones, caras burlonas y molestas, gente que te considera antipática, eso es lo que te encuentras, y todo ello solo por no querer hacer caso de los buenos consejos de tu propio lado mejor». ¡Ay, cómo me gustaría hacerle caso, pero no puedo! Cuando estoy callada y seria, todos piensan que es una nueva comedia, y entonces tengo que salir del paso con una broma, y para qué hablar de mi propia familia, que enseguida se piensa que estoy enferma, y me hace tragar píldoras para el dolor de cabeza y calmantes, me palpa el cuello y la sien para ver si tengo fiebre, me pregunta si estoy estreñida y me critica mi mal humor, y yo no lo aguanto; cuando se fijan tanto en mí, primero me pongo arisca, luego triste y, al final, termino volviendo mi corazón, con el lado malo hacia fuera y el bueno hacia dentro, buscando siempre la manera de ser como de verdad me gustaría ser y como podría ser… si no hubiera otra gente en este mundo.

tu Anne M. Frank.

Soit gentil et tiens courage!

Versión B

Para alguien como yo es una sensación muy extraña escribir un diario. No solo porque nunca he escrito, sino porque me da que más tarde ni a mí ni a ninguna otra persona le interesarán las confidencias de una colegiala de trece años. Pero eso en realidad da igual, tengo ganas de escribir y mucho más de desahogarme y sacarme de una vez unas cuantas espinas. «El papel aguanta más que las personas». Me acordé de esta frase uno de esos días medio melancólicos en que estaba sentada con la cabeza apoyada entre las manos, aburrida y desganada, sin saber si salir o quedarme en casa, y finalmente me puse a cavilar sin moverme de donde estaba. Sí, es cierto, el papel lo aguanta todo, y como no tengo intención de enseñarle nunca a nadie este cuaderno de tapas duras llamado pomposamente «diario», a no ser que alguna vez en mi vida tenga un amigo o una amiga que se convierta en el amigo o la amiga «del alma», lo más probable es que a nadie le interese.

He llegado al punto donde nace toda esta idea de escribir un diario: no tengo ninguna amiga.

Para ser más clara tendré que añadir una explicación, porque nadie entenderá cómo una chica de trece años puede estar sola en el mundo. Es que tampoco es tan así: tengo unos padres muy buenos y una hermana de dieciséis, y haciendo cuentas tengo como treinta conocidas y lo que llaman amigas. Tengo un montón de admiradores que tratan de que nuestras miradas se crucen o que, cuando no hay otra posibilidad, intentan mirarme en clase a través de un espejito roto. Tengo parientes, unas tías muy buenas y un buen hogar. Al parecer no me falta nada, salvo la amiga del alma. Con las chicas que conozco lo único que puedo hacer es divertirme y pasarlo bien. Nunca hablamos de otras cosas que no sean las cotidianas, nunca llegamos a hablar de cosas íntimas. Y ahí está justamente el quid de la cuestión. Tal vez la falta de confidencialidad sea culpa mía, el asunto es que las cosas son como son y lamentablemente no se pueden cambiar. De ahí este diario. Para realzar todavía más en mi fantasía la idea de la amiga tan anhelada, no quisiera apuntar en este diario los hechos sin más, como hace todo el mundo, sino que haré que el propio diario sea esa amiga, y esa amiga se llamará Kitty.

———

Como nadie entendería nada de lo que fuera a contarle a Kitty si lo hiciera así, sin ninguna introducción, tendré que relatar brevemente la historia de mi vida, por poco que me plazca hacerlo. Mi padre, el más bueno de todos los padres que he conocido en mi vida, no se casó hasta los treinta y seis años con mi madre, que tenía veinticinco. Mi hermana Margot nació en 1926 en Alemania, en Frankfurt del Meno. El 12 de junio de 1929 la seguí yo, y como somos judíos «de pura cepa», en 1933 emigramos a los Países Bajos, donde mi padre fue nombrado director de Opekta, una compañía holandesa de preparación de mermeladas. Nuestras vidas transcurrían con cierta agitación, ya que el resto de la familia que se había quedado en Alemania seguía siendo víctima de las medidas antijudías decretadas por Hitler. Tras los pogromos de 1938, mis dos tíos maternos huyeron y llegaron sanos y salvos a Norteamérica; mi pobre abuela, que ya tenía setenta y tres años, se vino a vivir con nosotros.

Después de mayo de 1940, los buenos tiempos quedaron definitivamente atrás: primero la guerra, la capitulación, la invasión alemana, y así comenzaron las desgracias para nosotros los judíos. Las leyes antijudías se sucedieron rápidamente y se nos privó de muchas libertades, pero todavía se aguanta, pese a la estrella, las escuelas separadas, la hora de volver a casa, etcétera, etcétera.

La abuela murió en enero de 1942, a Margot y a mí nos cambiaron al Liceo Judío en octubre de 1941, a ella a cuarto año y a mí a primero. Nuestra familia de cuatro miembros todavía está bien, y así hemos llegado al día de hoy, en que estreno mi diario con toda solemnidad.

Ámsterdam
20 de junio de 1942

Anne Frank.

20 de junio de 1942
Sábado

Querida Kitty:

Empiezo ahora mismo, que en casa está todo tranquilo. Papá y mamá han salido y Margot ha ido a jugar al ping-pong con unos chicos en casa de su amiga Trees. Yo también juego mucho al ping-pong últimamente, tanto que incluso hemos fundado un club con otras cuatro chicas, llamado «La Osa Menor menos dos». Es cierto que es un nombre algo curioso, pero es que se basa en una equivocación. Buscábamos un nombre bien original para nuestro club, y como las socias somos cinco pensamos en las estrellas.

Creíamos que la Osa Mayor estaba formada por siete estrellas y la Osa Menor por cinco, pero luego averiguamos y las dos resultaron tener siete. De ahí lo de «menos dos». Ilse Wagner tiene un juego de ping-pong y la gran mesa del comedor de los Wagner está siempre a nuestra disposición. Susanne Ledermann es nuestra presidenta, Jacqueline van Maarsen la secretaria, Elizabeth Goslar, Ilse y yo conformamos las socias restantes. Como a las cinco jugadoras de ping-pong nos gusta mucho el helado, sobre todo en verano, y jugando al ping-pong nos acaloramos mucho, nuestras partidas suelen terminar en una visita a alguna de las heladerías más próximas abiertas a los judíos, como Oase o Delphi. No nos molestamos en llevar nuestros monederos o dinero, Oase está generalmente tan concurrida que entre los presentes siempre se encuentra algún señor dadivoso perteneciente a nuestro amplio círculo de amistades, o algún admirador, que nos ofrecen más helado del que podríamos tomar en toda una semana.

Supongo que te extrañará un poco el hecho de que, a pesar de ser tan joven (soy la más joven del club), te hable de admiradores. Lamentablemente, aunque en algunos casos no tanto, en nuestro colegio parece ser un mal ineludible. Tan pronto como un chico me pregunta si me puede acompañar a casa en bicicleta y entablamos una conversación, nueve de cada diez veces puedo estar segura de que el muchacho en cuestión tiene la maldita costumbre de apasionarse y no quitarme más los ojos de encima. Después de algún tiempo, el enamoramiento se les va pasando, sobre todo porque yo no hago mucho caso de sus miradas fogosas y sigo pedaleando alegremente. Cuando a veces la cosa se pasa de castaño oscuro y empiezan a desvariar sobre preguntarle a papá, sacudo un poco la bici, se me cae la cartera, el joven se siente obligado a detenerse para recogerla, y cuando me la entrega yo ya he cambiado completamente de tema. Estos no son sino los más inofensivos; también los hay que te tiran besos o que intentan cogerte del brazo, pero conmigo lo tienen difícil: o bien freno y me niego a seguir aceptando su compañía, o bien me hago la ofendida y les digo sin rodeos que se vayan a su casa.

Basta por hoy. Ya hemos sentado las bases de nuestra amistad. ¡Hasta mañana!

Tu Anne.

21 de junio de 1942
Domingo.

Querida Kitty:
Todo el 1 L II tiembla. El motivo, claro, es la reunión de profesores que se avecina. Media clase se pasa el día apostando a que si aprueban o no el curso. Mi vecina de pupitre G.Z. y yo nos morimos de risa por culpa de

nuestros compañeros de atrás, C.N. y Jacques Kokernoot, que ya han puesto en juego mutuamente todo el capital que tenían para las vacaciones. «¡Que tú apruebas!», «¡Que no!», «¡Que sí!», y así todo el santo día, pero ni las miradas suplicantes de G. pidiendo silencio, ni las broncas que yo les suelto, logran que aquellos dos se calmen. Calculo que la cuarta parte de mis compañeros de clase deberán repetir curso, por lo zoquetes que son, pero como los profesores son gente muy caprichosa, quién sabe si ahora, a modo de excepción, no les da por repartir buenas notas.

En cuanto a mis amigas y a mí misma no habrá problemas, un par de tareas y recuperaciones y con eso creo que todo saldrá bien. Solo las matemáticas me preocupan un poco. En fin, habrá que esperar. Mientras tanto, nos damos ánimos unas a otras.

Con todos mis profesores y profesoras me entiendo bastante bien. Son nueve en total: siete hombres y dos mujeres. El profesor Keesing, el viejo de matemáticas, estuvo un tiempo muy enfadado conmigo porque hablaba demasiado. Me previno y me previno, hasta que un día me castigó. Me mandó hacer una redacción; tema: «La parlanchina». ¡La parlanchina! ¿Qué se podría escribir sobre ese tema? Ya lo vería más adelante. Lo apunté en mi agenda, guardé la agenda en la cartera y traté de tranquilizarme.

Por la noche en casa, cuando ya había acabado con todas las demás tareas, descubrí que todavía me quedaba la redacción. Con el extremo de la pluma en la boca, me puse a reflexionar sobre el tema. Era muy fácil desvariar al buen tuntún y escribir lo más espaciado posible, pero dar con una prueba convincente de la necesidad de hablar ya resultaba más difícil. Estuve pensando y repensando, hasta que al final se me ocurrió una cosa, llené las tres hojas que me había dicho el profe y me quedé satisfecha. Los argumentos que había aducido eran que hablar era propio de las mujeres, que intentaría moderarme un poco, pero que lo más probable era que la costumbre de hablar no se me quitara nunca, ya que mi madre hablaba tanto como yo, si no más, y que los rasgos hereditarios eran muy difíciles de cambiar.

Al profesor Keesing le hicieron mucha gracia mis argumentos, pero cuando en la clase siguiente seguí hablando, tuve que hacer una segunda redacción, esta vez sobre «La parlanchina empedernida». También entregué esa redacción, y Keesing no tuvo motivo de queja durante dos clases. En la tercera, sin embargo, le pareció que había vuelto a pasarme de la raya. «Anne Frank, castigada por hablar en clase. Redacción sobre el tema: "Cuacuá, cuacuá, parpaba la pata"». Todos mis compañeros soltaron la carcajada. No tuve más remedio que reírme con ellos, aunque ya se me había agotado la inventiva en lo referente a las redacciones sobre el parloteo. Tendría que ver si le encontraba un giro original al asunto. La casualidad acudió en mi ayuda: mi amiga Susanne, poetisa excelsa, me ofreció su ayuda para hacer la redacción en verso de principio a fin, con lo que me dio una gran alegría. Keesing quería ponerme en evidencia mandándome hacer una redacción sobre un tema tan ridículo, con mi poema yo le pondría en evidencia a él por partida triple.

Logramos terminar el poema y quedó muy bonito. Trataba de una mamá pata y un papá cisne que tenían tres patitos. Como los patitos eran tan parlanchines, el papá cisne los mató a picotazos. Keesing por suerte entendió y soportó la broma; leyó y comentó el poema en clase y hasta en varios otros cursos. A partir de entonces no se opuso a que hablara en clase y nunca más me castigó; al contrario, ahora es él el que siempre está gastando bromas.

Tu Anne.

Miércoles, 24 de junio de 1942.

Querida Kitty:

¡Qué bochorno! Nos estamos asando, y con el calor que hace tengo que ir andando a todas partes. Hasta ahora no me había dado cuenta de lo cómodo que puede resultar un tranvía, sobre todo los que son abiertos, pero ese privilegio ya no lo tenemos los judíos: a nosotros nos toca ir en el «coche de San Fernando». Ayer a mediodía tenía hora con el dentista en la Jan Luykenstraat, que desde el colegio en Stadstimmertuinen es un buen trecho. Lógico que luego por la tarde en el colegio casi me durmiera. Menos mal que la gente te ofrece algo de beber sin tener que pedirlo. La ayudante del dentista es verdaderamente muy amable. El único medio de transporte que nos está permitido coger es el transbordador; en el canal Jozef Israëlskade hay un barquito, cuyo barquero nos cruzó nada más pedírselo. De verdad, los holandeses no tienen la culpa de que los judíos padezcamos tantas desgracias. Ojalá no tuviera que ir al colegio. En las vacaciones de Semana Santa me robaron la bici, y la de mamá, papá la ha dejado en custodia en casa de unos amigos cristianos. Pero por suerte ya se acercan las vacaciones: una semana más y ya todo el sufrimiento habrá quedado atrás. Ayer por la mañana me ocurrió algo muy gracioso. Cuando pasaba por el garaje de las bicicletas, oí que alguien me llamaba. Me volví y vi detrás de mí a un chico muy simpático que conocí anteanoche en casa de Wilma. Se me acercó algo tímido y me dijo que se llamaba Hello Silberberg. Yo estaba un tanto sorprendida y no sabía muy bien lo que pretendía, pero no tardó en decírmelo: buscaba mi compañía y quería acompañarme al colegio. «Ya que vamos en la misma dirección, podemos ir juntos», le contesté, y juntos salimos. Hello ya tiene dieciséis años y me cuenta cosas muy entretenidas. Hoy por la mañana me estaba esperando otra vez, y supongo que en adelante lo seguirá haciendo.

Anne.

Miércoles, 1 de julio de 1942.

Querida Kitty:

Hasta hoy te aseguro que no he tenido tiempo para volver a escribirte. El jueves estuve toda la tarde en casa de unos conocidos, el viernes tuvimos visitas y así sucesivamente hasta hoy.

Hello y yo nos hemos conocido más a fondo esta semana. Me ha contado muchas cosas de su vida. Es oriundo de Gelsenkirchen y vive en Holanda en casa de sus abuelos. Sus padres están en Bélgica, pero él no tiene la posibilidad de viajar allí para reunirse con ellos. Hello tenía una novia, Ursula. La conozco, la dulzura y el aburrimiento personificados. Desde que me conoció a mí, Hello se ha dado cuenta de que al lado de Ursul se duerme. O sea, que soy una especie de antisomnífero. ¡Una nunca sabe para lo que puede llegar a servir!

El lunes, por la tarde, vino Hello a casa a conocer a papá y mamá. Yo había comprado una tarta y dulces, y además había té y galletas, pero ni a Hello ni a mí nos apetecía estar sentados en una silla uno al lado del otro, así que salimos a dar una vuelta, y no regresamos hasta las ocho y diez. Papá se enfadó mucho, dijo que no podía ser que llegara a casa pasada la hora. Tuve que prometerle que en adelante estaría en casa a las ocho menos diez a más tardar. El sábado que viene Hello me ha invitado a ir a su casa. Mi amiga Jacque siempre me está tomando el pelo por lo de Hello. Yo no es que esté enamorada, nada de eso. ¿Es que no puedo tener amigos? Con eso no hago mal a nadie.

Papá está mucho en casa últimamente; en la oficina ya no tiene nada que hacer. No debe de ser nada agradable sentirse un inútil. El señor Kleiman se ha hecho cargo de Opekta y el señor Kugler de Gies & Co., la compañía de (los sucedáneos de) especias, fundada hace poco, en 1941. Hace unos días, cuando estábamos dando una vuelta alrededor de la plaza, papá empezó a hablar del tema de la clandestinidad. Dijo que será muy difícil vivir completamente aislados del mundo. Le pregunté por qué me estaba hablando de eso ahora.

—Mira, Anne —me dijo—. Ya sabes que desde hace más de un año estamos llevando ropa, alimentos y muebles a casa de otra gente. No queremos que nuestras cosas caigan en manos de los alemanes, pero menos aún que nos pesquen a nosotros mismos. Por eso, nos iremos por propia iniciativa y no esperaremos a que vengan por nosotros.

—Pero, papá, ¿cuándo será eso?

La seriedad de las palabras de mi padre me angustió.

—De eso no te preocupes, ya lo arreglaremos nosotros. Disfruta de tu vida despreocupada mientras puedas.

Eso fue todo. ¡Ojalá que estas tristes palabras tarden mucho en cumplirse!

Tu Anne.

Domingo por la mañana,
5 de julio de 1942.

Querida Kitty:

El acto de fin de curso del viernes en el Teatro Judío salió muy bien. Las notas que me han dado no son nada malas: un solo insuficiente (un cinco en álgebra) y por lo demás todo sietes, dos ochos y dos seises. En casa se pusieron contentos, pero es que en cuestión de notas mis padres son muy distintos a otros padres; nunca les importa mucho que mis notas sean buenas o malas; solo se fijan en si estoy sana, en que no sea demasiado fresca y en si me divierto. Mientras estas tres cosas estén bien, lo demás viene solo. Yo soy todo lo contrario: no quiero ser mala alumna. Me admitieron en el liceo de forma condicional, ya que en realidad me faltaba ir al séptimo curso del sexto colegio Montessori, pero cuando a los chicos judíos nos obligaron a ir a colegios judíos, el señor Elte, después de algunas idas y venidas, nos dejó matricularnos a Lies Goslar y a mí de manera condicional. Lies también ha aprobado el curso pero tendrá que hacer un examen de recuperación de geometría bastante difícil. Pobre Lies, en su casa casi nunca puede estudiar tranquila. En su habitación se pasa jugando todo el día su hermana pequeña, una bebé consentida que está a punto de cumplir dos años. Si no hacen lo que Gabi quiere, se pone a gritar, y si Lies no se ocupa de ella, la que se pone a gritar es su madre. De esa manera es imposible estudiar nada, y tampoco ayudan mucho las incontables clases de recuperación que tiene a cada rato.

Y es que la casa de los Goslar es una verdadera casa de tócame Roque; de las cinco habitaciones que tiene la casa de Zuider Amstellaan, una la tienen alquilada, los padres de la señora viven en la casa de al lado, pero comen con ellos. Luego hay una criada, la bebé, el eternamente distraído y despistado señor y la siempre nerviosa e irascible señora, que está nuevamente embarazada. Con un panorama así, la patosa de Lies está completamente perdida.

A mi hermana Margot también le han dado las notas, estupendas como siempre. Si en el colegio existiera el cum laude, se lo habrían dado. ¡Es un hacha! Acaban de llamar al timbre. Es Hello. Lo dejo.

tu Anne.

Miércoles, 8 de julio de 1942.

Querida Kitty:

Desde la mañana del domingo hasta ahora parece que hubieran pasado años. Han pasado tantas cosas que es como si de repente el mundo estuviera patas arriba, pero ya ves, Kitty: aún estoy viva, y eso es lo principal, como dice papá.

Sí, es cierto, aún estoy viva, pero no me preguntes dónde ni cómo. Hoy no debes de entender nada de lo que te escribo, de modo que empezaré por contarte lo que pasó el domingo por la tarde.

A las tres de la tarde (Hello acababa de salir un momento, luego volvería) alguien llamó a la puerta. Yo no lo oí, ya que estaba leyendo en una tumbona al sol en la galería. Al rato apareció Margot toda alterada por la puerta de la cocina.

—Ha llegado una citación de las SS para papá —murmuró—. Mamá ya ha salido para la casa del señor Van Pels.

Me asusté muchísimo. ¡Una citación! Todo el mundo sabe lo que eso significa. En mi mente se me aparecieron campos de concentración y celdas solitarias. ¿Acaso íbamos a permitir que a papá se lo llevaran a semejantes lugares?

—Está claro que no irá —me aseguró Margot cuando nos sentamos a esperar en el salón a que regresara mamá—. Mamá ha ido a preguntarle a Van Pels si podemos instalarnos en nuestro escondite mañana. Los Van Pels se esconderán con nosotros. Seremos siete.

Silencio. Ya no podíamos hablar. Pensar en papá, que sin sospechar nada había ido al asilo judío a hacer unas visitas, esperar a que volviera mamá, el calor, la angustia, todo ello junto hizo que guardáramos silencio.

De repente llamaron nuevamente a la puerta.

—Debe de ser Hello —dije yo.

—No abras —me detuvo Margot, pero no hacía falta, oímos a mamá y al señor Van Pels abajo hablando con Hello. Luego entraron y cerraron la puerta. A partir de ese momento, cada vez que llamaran a la puerta, una de nosotras debía bajar sigilosamente para ver si era papá; no abriríamos la puerta a extraños.

A Margot y a mí nos hicieron salir del salón; Van Pels quería hablar a solas con mamá. (Van Pels es un conocido nuestro y socio en la empresa de papá). Una vez en nuestra habitación, Margot me confesó que la citación no estaba dirigida a papá, sino a ella. De nuevo me asusté muchísimo y me eché a llorar. Margot tiene dieciséis años. De modo que quieren llevarse a chicas solas tan jóvenes como ella… Pero por suerte no iría, lo había dicho mamá, y seguro que a eso se había referido papá cuando conversaba conmigo sobre el hecho de escondernos.

Escondernos… ¿Dónde nos esconderíamos? ¿En la ciudad, en el campo, en una casa, en una cabaña, cómo, cuándo, dónde…? Eran muchas las preguntas que no podía hacer, pero que me venían a la mente una y otra vez. Margot y yo empezamos a guardar lo indispensable en una cartera del colegio. Lo primero que guardé fue este cuaderno de tapas duras, luego unas plumas, pañuelos, libros del colegio, un peine, cartas viejas… Pensando en escondernos, metí en la cartera las cosas más disparatadas, pero no me arrepiento. Me importan más los recuerdos que los vestidos.

A las cinco llegó por fin papá. Llamamos por teléfono al señor Kleiman, pidiéndole que viniera esa misma tarde. Van Pels fue a buscar a Miep. Miep vino, y en una bolsa se llevó algunos zapatos, vestidos, chaquetas, ropa interior y medias, y prometió volver por la noche. Luego hubo un gran silencio en la casa: ninguno de nosotros quería comer nada, aún hacía calor y todo resultaba muy extraño. La habitación grande del piso de arriba se la habíamos alquilado a un tal señor Goldschmidt, un hombre divorciado de treinta y pico, que esa noche por lo visto no tenía nada que hacer, por lo que se quedó matando el tiempo hasta las diez con nosotros en el salón, sin que hubiera manera de hacerle entender que se fuera. A las once llegaron Miep y Jan Gies. Miep trabaja desde 1933 para papá y se ha hecho íntima amiga de la familia, al igual que su flamante marido, Jan. Nuevamente desaparecieron zapatos, medias, libros y ropa interior en la bolsa de Miep y en los grandes bolsillos del abrigo de Jan, y a las once y media también ellos mismos desaparecieron.

Estaba muerta de cansancio, y aunque sabía que sería la última noche en que dormiría en mi cama, me dormí enseguida y no me desperté hasta las cinco y media de la mañana, cuando me llamó mamá. Por suerte hacía menos calor que el domingo; durante todo el día cayó una lluvia cálida. Todos nos pusimos tanta ropa que era como si tuviéramos que pasar la noche en un frigorífico, pero era para poder llevarnos más prendas de vestir. A ningún judío que estuviera en nuestro lugar se le habría ocurrido salir de casa con una maleta llena de ropa. Yo llevaba puestas dos camisetas, tres bragas, un vestido, encima una falda, una chaqueta, un abrigo de verano, dos pares de medias, zapatos cerrados, un gorro, un pañuelo y muchas cosas más; estando todavía en casa ya me entró asfixia, pero no había más remedio. Margot llenó de libros la cartera del colegio, sacó la bicicleta del garaje para bicicletas y salió detrás de Miep, con un rumbo para mí desconocido. Y es que yo seguía sin saber cuál era nuestro misterioso destino.

A las siete y media también nosotros cerramos la puerta a nuestras espaldas. Del único del que había tenido que despedirme era de Moortje, mi gatito, que sería acogido en casa de los vecinos, según le indicamos al señor Goldschmidt en una nota.

Las camas deshechas, la mesa del desayuno sin recoger, medio kilo de carne para el gato en la nevera, todo daba la impresión de que habíamos abandonado la casa atropelladamente. Pero no nos importaba la impresión que dejáramos, queríamos irnos, solo irnos y llegar a puerto seguro, nada más.

Seguiré mañana.

Tu Anne.

Jueves, 9 de julio de 1942.

Querida Kitty:

Así anduvimos bajo la lluvia torrencial, papá, mamá y yo, cada cual con una cartera de colegio y una bolsa de la compra, cargadas hasta los topes con una mezcolanza de cosas. Los trabajadores que iban temprano a trabajar nos seguían compasivos con la mirada. En sus caras podía verse claramente que lamentaban no poder ofrecernos ningún transporte: la estrella amarilla que llevábamos era bien elocuente.

Solo cuando ya estuvimos en la calle, papá y mamá empezaron a contarme poquito a poco el plan del escondite. Llevaban meses sacando de la casa la mayor cantidad posible de muebles y enseres, y habían decidido que entraríamos en la clandestinidad voluntariamente, el 16 de julio. Por causa de la citación, el asunto se había adelantado diez días, de modo que tendríamos que conformarnos con unos aposentos menos arreglados y ordenados.

El escondite estaba situado en el edificio donde tenía las oficinas papá. Como para las personas ajenas al asunto esto es algo difícil de entender, pasaré a dar una aclaración. Papá no ha tenido nunca mucho personal: el señor Kugler, Kleiman y Miep, además de Bep Voskuijl, la taquimecanógrafa de veintitrés años. Todos estaban al tanto de nuestra llegada. En el almacén, el jefe de almacén, el señor Voskuijl, padre de Bep, al que no le habíamos dicho nada, y dos mozos.

El edificio está dividido de la siguiente manera: en la planta baja hay un gran almacén, que se usa para el depósito de mercancías. Este está subdividido en distintos cuartos, como el que se usa para moler la canela, el clavo y el sucedáneo de la pimienta, el cuarto de las provisiones y el invernadero. Al lado de la puerta del almacén está la puerta de entrada normal de la casa, tras la cual una puerta de paso da acceso a la escalera. Subiendo la escalera se llega a una puerta de vidrio traslúcido, en la que antiguamente ponía «oficina» en letras negras. Se trata de la oficina grande de delante, muy amplia, muy luminosa y muy llena. De día trabajan allí Bep, Miep y el señor Kleiman. Pasando por un cuartito donde está la caja fuerte, el guardarropa y un armario para guardar útiles de escritorio, se llega al pequeño despacho de la dirección, bastante oscuro y húmedo. Antes lo compartían el señor Kugler y el señor Van Pels, ahora solo lo ocupa el primero. También se puede acceder al despacho de Kugler desde el pasillo, aunque solo a través de una puerta de vidrio que se abre desde dentro y que es difícil de abrir desde fuera. Saliendo de ese despacho se va por un pasillo largo y estrecho, se pasa por la carbonera y, después de subir cuatro peldaños, se llega a la habitación que es el orgullo del edificio: el despacho principal. Muebles oscuros muy elegantes, el piso cubierto de linóleo y alfombras, una radio, una hermosa lámpara, todo verdaderamente precioso. Al lado, una amplia cocina con calentador de agua y dos hornillos, y al lado de la cocina, un retrete. Ese es el primer piso. Desde el pasillo de abajo se sube por una escalera corriente de madera. Arriba hay un pequeño rellano, al que llamamos normalmente descansillo. A la izquierda y derecha del descansillo hay una puerta. La de la izquierda comunica con la casa de delante, con el cuarto de las especias, el cuarto del medio, el despacho de delante, el desván de delante y la buhardilla de delante. Al otro extremo de esta parte delantera del edificio hay una escalera, superempinada, típicamente holandesa (de esas en las que es fácil romperse la crisma), que lleva a la segunda puerta que da a la calle.

A la derecha del descansillo se halla «la Casa de atrás». Nadie sospecharía nunca que detrás de la puerta pintada de gris, sin nada de particular, se esconden tantas habitaciones. Delante de la puerta hay un escalón alto, y por allí se entra. Justo enfrente de la puerta de entrada, una escalera empinada; a la izquierda hay un pasillito y una habitación que pasó a ser el cuarto de estar y dormitorio de los Frank, y al lado otra habitación más pequeña: el dormitorio y estudio de las señoritas Frank. A la derecha de la escalera, un cuarto sin ventanas, con un lavabo y un retrete cerrado, y otra puerta que da a la habitación de Margot y mía. Subiendo la escalera, al abrir la puerta de arriba, uno se asombra al ver que en una casa tan antigua de los canales pueda haber una habitación tan grande, tan luminosa y tan amplia. En este espacio hay un fogón (esto se lo debemos al hecho de que aquí Kugler tenía antes su laboratorio) y un fregadero. O sea, que esa es la cocina, y a la vez también dormitorio del señor y la señora Van Pels, cuarto de estar general, comedor y estudio. Luego, una diminuta habitación de paso, que será la morada de Peter van Pels, y, finalmente, al igual que en la casa de delante, un desván y una buhardilla. Y aquí termina la presentación de toda nuestra hermosa Casa de atrás.

tu Anne.

Viernes, 10 de julio de 1942.

Querida Kitty:

Es muy probable que te haya aburrido tremendamente con mi tediosa descripción de la casa, pero me parece importante que sepas dónde he venido a parar. A través de mis próximas cartas ya te enterarás de cómo vivimos aquí.

Ahora primero quisiera seguir contándote la historia del otro día, que como sabes todavía no he terminado. Una vez que llegamos al edificio de Prinsengracht 263, Miep nos llevó enseguida por el largo pasillo, subiendo por la escalera de madera, directamente hacia arriba, a la Casa de atrás. Cerró la puerta detrás de nosotros y nos dejó solos. Margot había llegado mucho antes en bicicleta y ya nos estaba esperando. El cuarto de estar y las demás habitaciones estaban tan atiborradas de trastos que superaban toda descripción. Las cajas de cartón que a lo largo de los últimos meses habían sido enviadas a la oficina se encontraban en el suelo y sobre las camas. El cuartito pequeño estaba hasta el techo de ropa de cama.

Si por la noche queríamos dormir en camas decentes, teníamos que ponernos manos a la obra de inmediato. A mamá y a Margot les era imposible mover un dedo, estaban echadas en las camas sin hacer, cansadas, desganadas y no sé cuántas cosas más, pero papá y yo, los dos «ordenalotodo» de la familia, queríamos empezar cuanto antes.

Anduvimos todo el día desempaquetando, poniendo cosas en los armarios, martilleando y ordenando, hasta que por la noche caímos exhaustos en las camas limpias. No habíamos comido nada caliente en todo el día, pero no nos importaba; mamá y Margot estaban demasiado cansadas y nerviosas como para comer nada, y papá y yo teníamos demasiado que hacer. El martes por la mañana retomamos la tarea donde la habíamos dejado el lunes. Bep y Miep hicieron la compra usando nuestras cartillas de racionamiento, papá arregló los paneles para oscurecer las ventanas, que no resultaban suficientes, fregamos el suelo de la cocina y estuvimos nuevamente trajinando de la mañana a la noche. Hasta el miércoles casi no tuve tiempo de ponerme a reflexionar sobre los grandes cambios que se habían producido en mi vida. Solo entonces, por primera vez desde que llegamos a la Casa de atrás, encontré ocasión para ponerte al tanto de los hechos y al mismo tiempo para darme cuenta de lo que realmente me había pasado y de lo que aún me esperaba.

Tu Anne.

Sábado, 11 de julio de 1942.

Querida Kitty:

Papá, mamá y Margot no logran acostumbrarse a las campanadas de la iglesia del Oeste, que suenan cada quince minutos anunciando la hora. Yo sí, me gustaron desde el principio, y sobre todo por las noches me dan una sensación de amparo. Te interesará saber qué me parece mi vida de escondida, pues nada, solo puedo decirte que ni yo misma lo sé muy bien. Creo que aquí nunca me sentiré realmente en casa, con lo que no quiero decir en absoluto que me desagrade estar aquí; más bien me siento como si estuviera pasando unas vacaciones en una pensión muy singular. Reconozco que es una concepción un tanto extraña de la clandestinidad, pero las cosas son así, y no las puedo cambiar. Como escondite, la Casa de atrás es ideal; aunque hay humedad y está toda inclinada, estoy segura de que en todo Ámsterdam y quizá hasta en toda Holanda no hay otro escondite tan confortable como el que hemos instalado aquí. La pequeña habitación de Margot y mía, sin nada en las paredes, tenía hasta ahora un aspecto bastante desolador. Gracias a papá, que ya antes había traído mi colección de tarjetas postales y mis fotos de estrellas de cine, pude decorar con ellas una pared entera, pegándolas con cola. Quedó muy muy bonito, por lo que ahora parece mucho más alegre. Cuando lleguen los Van Pels, ya nos fabricaremos alguna estantería y otros chismes con la madera que hay en el desván. Margot y mamá ya se han recuperado un poco. Ayer mamá quiso hacer la primera crema de guisantes, pero cuando estaba abajo charlando, se olvidó de la crema, que se quemó de tal manera que los guisantes quedaron negros como el carbón y no había forma de despegarlos del fondo de la olla. El señor Kleiman me trajo el «Libro para la juventud». Ayer por la noche bajamos los cuatro al antiguo despacho de papá y pusimos la radio inglesa. Yo tenía tanto miedo de que alguien pudiera oírnos que le supliqué literalmente a papá que volviéramos arriba. Mamá comprendió mi angustia y subió conmigo. También con respecto a otras cosas tenemos mucho miedo de que los vecinos puedan vernos u oírnos. Ya el primer día tuvimos que hacer cortinas, que en realidad no se merecen ese nombre, ya que no son más que unas telas sueltas, totalmente diferentes entre sí en cuanto a forma, calidad y dibujo. Papá y yo, que no entendemos nada del arte de coser, las unimos de cualquier manera con hilo y aguja. Estas verdaderas joyas las colgamos luego con chinchetas delante de las ventanas, y ahí se quedarán hasta que nuestra estancia aquí acabe. A la derecha de nuestro edificio se encuentra una filial de la compañía Keg, de Zaandam, y a la izquierda una ebanistería. La gente que trabaja allí abandona el recinto cuando termina su horario de trabajo, pero aun así podrían oír algún ruido que nos delatara. Por eso, hemos prohibido a Margot que tosa por las noches, pese a que está muy acatarrada, y le damos codeína en grandes cantidades.

Me hace mucha ilusión la venida de los Van Pels, que se ha fijado para el martes. Será mucho más ameno y también habrá menos silencio. Porque es el silencio lo que por las noches y al caer la tarde me pone tan nerviosa, y daría cualquier cosa por que alguno de nuestros protectores se quedara aquí a dormir.

Ayer tuvimos mucho trabajo; tuvimos que deshuesar dos cestas de cerezas para la oficina. El señor Kugler quería usarlas para hacer conservas. Con la madera de las cajas de cerezas haremos estantes para libros. Durante el día tenemos que andar sin hacer ruido y hablar en voz baja, porque en el almacén no nos deben oír.

Me llaman.
tu Anne.

Viernes, 14 de agosto de 1942.

Querida Kitty:
Durante todo un mes te he abandonado, pero es que tampoco hay tantas novedades como para contarte algo divertido todos los días. Los Van

Pels llegaron el 13 de julio. Pensamos que vendrían el 14, pero como entre el 13 y el 16 de julio los alemanes empezaron a poner nerviosa cada vez a más gente, enviando citaciones a diestro y siniestro, pensaron que era más seguro adelantar un día la partida, antes de que fuera demasiado tarde. A las nueve y media de la mañana —todavía estábamos desayunando— llegó Peter, el hijo de los van Pels, que no ha cumplido aún los dieciséis años, un muchacho desgarbado, bastante soso y tímido, de cuya compañía no cabe esperar gran cosa. El señor y la señora llegaron media hora más tarde. Para gran regocijo nuestro, la señora traía una sombrerera con un enorme orinal dentro.

—Sin orinal no me siento en mi casa en ninguna parte —sentenció, y el orinal fue lo primero a lo que le asignó un lugar fijo: debajo del diván cama. El señor no traía orinal, pero sí una mesa de té plegable bajo el brazo. El primer día de nuestra convivencia comimos todos juntos, y al cabo de tres días los siete nos habíamos hecho a la idea de que nos habíamos convertido en una gran familia. Como es natural, los Van Pels tenían mucho que contar de lo sucedido durante la última semana que habían pasado en el mundo exterior. Entre otras cosas nos interesaba mucho saber qué había sido de nuestra casa y del señor Goldschmidt.

El señor Van Pels nos contó lo siguiente:

—El lunes por la mañana, a las nueve, el señor Goldschmidt nos telefoneó y me dijo si podía pasar por ahí un momento. Fui enseguida y lo encontré muy alterado. Me dio a leer una nota que le habían dejado los Frank y, siguiendo las indicaciones de la misma, quería llevar al gato a casa de los vecinos, lo que me pareció estupendo. Temía que vinieran a registrar la casa, por lo que recorrimos todas las habitaciones, ordenando un poco aquí y allá, y también recogimos la mesa. De repente, en el escritorio de la señora encontré un bloc que tenía escrita una dirección en Maastricht. Aunque sabía que ella lo había hecho adrede, me hice el sorprendido y asustado y rogué encarecidamente al señor Goldschmidt que quemara ese papel, que podía ser causante de alguna desgracia. Todo el tiempo hice como si no supiera nada de que ustedes habían desaparecido, pero después de ver el papelito se me ocurrió una buena idea. «Señor Goldschmidt —le dije—, ahora que lo pienso, me parece saber con qué puede tener que ver esa dirección. Recuerdo muy bien que hace más o menos medio año vino a la oficina un oficial de alta graduación, que resultó ser un gran amigo de infancia del señor Frank. Prometió ayudarlo en caso de necesidad, y precisamente residía en Maastricht. Se me hace que este oficial ha mantenido su palabra y que de alguna manera ayudará al señor Frank a pasar a Bélgica y de allí a Suiza. Puede decirles esto a los amigos de los Frank que pregunten por ellos. Claro que no hace falta que mencione lo de Maastricht». Dicho esto, me retiré. La mayoría de los amigos y conocidos ya lo saben, porque en varias oportunidades ya me ha tocado oír esta versión.

La historia nos causó mucha gracia, pero todavía nos hizo reír más la fantasía de la gente cuando Van Pels se puso a contar lo que algunos decían. Una familia de la Merwedeplein aseguraba que nos había visto pasar a los cuatro temprano por la mañana en bicicleta, y otra señora estaba segurísima de que en medio de la noche nos habían cargado en un furgón militar.

Tu Anne.

Viernes, 21 de agosto de 1942.

Querida Kitty:

Nuestro escondite solo ahora se ha convertido en un verdadero escondite. Al señor Kugler le pareció que era mejor que delante de la puerta que da acceso a la Casa de atrás colocáramos una estantería, ya que los alemanes están registrando muchas casas en busca de bicicletas escondidas. Pero se trata naturalmente de una estantería giratoria, que se abre como una puerta.

La ha fabricado el señor Voskuijl, para lo cual hubo que empapelar las paredes del descansillo. (Hemos puesto al corriente al señor Voskuijl de los siete escondidos, y se ha mostrado muy servicial en todos los aspectos). Ahora, cada vez que queremos bajar al piso de abajo, tenemos que agacharnos primero y luego saltar. Al cabo de tres días, todos teníamos la frente llena de chichones de tanto darnos con la cabeza al pasar por la puerta, demasiado baja. Para amortiguar los golpes en lo posible, Peter ha colocado un paño con virutas de madera en el umbral. ¡Veremos si funciona! Estudiar no estudio mucho. Hasta septiembre he decidido que tengo vacaciones. Papá me ha dicho que luego él me dará clases, pero primero tendremos que comprar todos los libros del nuevo curso.

Miep y Jan han ido a ver a Goldschmidt para llevarse algo más de ropa nuestra, pero todos los armarios estaban vacíos. Goldschmidt dijo que no entendía cómo habíamos comido los últimos días, dado que en la casa no quedaba más que un solo plato y una sola taza. ¿No te parece vil? Vete a saber lo que hizo con nuestras cosas, pero es muy mezquino negarse a entregárselas a Miep. No es que no quiera dárselas a desconocidos, porque conoce muy bien a Miep. Estábamos muy indignados, pero ya no podemos cambiar nada.

Fuera hace buen tiempo y calor, y pese a todo tratamos de aprovecharlo en lo posible, tumbándonos en la cama de tablitas que tenemos en el desván.

Peter sigue sin caerme más simpático que antes; es un chico latoso, que está todo el día ganduleando en la cama, luego se pone a martillear un poco y cuando acaba se vuelve a tumbar. ¡Vaya un tonto!

Tu Anne.

Miércoles, 2 de septiembre de 1942.

Querida Kitty:

Los Van Pels han tenido una gran pelea. Nunca he presenciado una cosa igual, ya que a papá y mamá ni se les ocurriría gritarse de esa manera. El motivo fue tan insignificante que ni merecía la pena prestarle atención. En fin, allá cada uno.

Claro que es muy desagradable para Peter, que está en medio de los dos, pero a Peter ya nadie lo toma en serio, porque es tremendamente quisquilloso y vago. Ayer andaba bastante preocupado porque tenía la lengua de color azul en lugar de rojo. Este extraño fenómeno, sin embargo, desapareció tan rápido como se había producido. Hoy anda con una gran bufanda al cuello, ya que tiene tortícolis, y por lo demás el señor se queja de que tiene lumbago. Tampoco le son ajenos unos dolores en la zona del corazón, los riñones y el pulmón. ¡Es un verdadero hipocondriaco! (Se les llama así, ¿verdad?).

Mamá y la señora Van Pels no hacen muy buenas migas. Motivos para la discordia hay de sobra. Por citarte un pequeño ejemplo: la señora ha sacado del ropero común todas sus sábanas, dejando solo tres. ¡Si se cree que toda la familia va a usar la ropa de cama de mamá, se llevará un buen chasco cuando vea que mamá ha seguido su ejemplo!

Además, la señora está de mala uva porque no usamos nuestra vajilla, y sí la suya. Siempre está tratando de averiguar dónde hemos metido nuestros platos; están más cerca de lo que ella supone: en el desván, metidos en cajas de cartón, detrás de un montón de material publicitario de Opekta. Mientras estemos escondidos, los platos estarán fuera de alcance. ¡Tanto mejor!

A mí siempre me ocurren toda clase de desgracias. Ayer rompí en mil pedazos un plato sopero de la señora.

—¡Ay! —exclamó furiosa—. Ten más cuidado con lo que haces, que es lo <u>uno</u> que me queda.

Por favor, ten en cuenta, Kitty, que las dos señoras de la casa hablan un neerlandés macarrónico (de los señores no me animo a decir nada, se ofenderían mucho). Si vieras cómo mezclan y confunden todo, te partirías de risa. Ya ni prestamos atención al asunto, ya que no tiene sentido corregirlas. Cuando te escriba sobre alguna de ellas, no te citaré textualmente lo que dicen, sino que lo pondré en neerlandés correcto. La semana pasada ocurrió algo que rompió un poco la monotonía: tenía que ver con un libro sobre mujeres y Peter. Has de saber que a Margot y Peter les está permitido leer casi todos los libros que nos presta el señor Kleiman, pero este libro en concreto sobre un tema de mujeres, los adultos prefirieron reservárselo para ellos. Esto despertó enseguida la curiosidad de Peter. ¿Qué cosas prohibidas contendría ese libro? Lo cogió a escondidas de donde lo tenía guardado su madre mientras ella estaba abajo charlando, y se llevó el botín a la buhardilla. Este método funcionó bien durante dos días; la señora Van Pels sabía perfectamente lo que pasaba, pero no decía nada, hasta que su marido se enteró. Este se enojó, le quitó el libro a Peter y pensó que la cosa terminaría ahí. Sin embargo, había subestimado la curiosidad de su hijo, que no se dejó impresionar por la enérgica actuación de su padre. Peter se puso a rumiar las posibilidades de seguir con la lectura de este libro tan interesante. Su madre, mientras tanto, consultó a mamá sobre lo que pensaba del asunto. A mamá le pareció que este no era un libro muy recomendable para Margot, pero los otros no tenían nada de malo, según ella.

—Entre Margot y Peter, señora Van Pels —dijo mamá—, hay una gran diferencia. En primer lugar, Margot es una chica, y las mujeres siempre son más maduras que los varones; en segundo lugar, Margot ya ha leído bastantes libros serios y no anda buscando temas que ya no le están prohibidos, y en tercer lugar, Margot está mucho más adelantada y es más juiciosa, puesto que ya ha ido cuatro años al liceo.

La señora Van Pels estuvo de acuerdo, pero de todas maneras consideró que en principio era inadecuado dar a leer a los jóvenes libros para adultos.

Entretanto, Peter encontró el momento indicado en el que nadie se preocupara por el libro ni le prestara atención a él: a las siete y media de la tarde, cuando toda la familia se reunió en el antiguo despacho de papá para escuchar la radio, se llevó de nuevo el tesoro a la buhardilla. A las ocho y media tendría que haber vuelto abajo, pero como el libro lo había cautivado tanto, no se fijó en la hora y justo estaba bajando la escalera del desván cuando su padre entraba en el cuarto de estar. Lo que siguió es fácil de imaginar: un cachete, un golpe, un tirón, el libro tirado sobre la mesa y Peter de vuelta en la buhardilla. Así estaban las cosas cuando la familia se reunió para cenar. Peter se quedó arriba, nadie le hacía caso, tendría que irse a la cama sin probar bocado. Seguimos comiendo, conversando alegremente, cuando de repente se oyó un silbido penetrante. Todos soltamos los tenedores y nos miramos con las caras pálidas del susto. Entonces oímos la voz de Peter por el tubo de la chimenea:

—¡No os creáis que bajaré!

El señor Van Pels se levantó de un salto, se le cayó la servilleta al suelo y con la cara de un rojo encendido exclamó:

—¡Hasta aquí hemos llegado!

Papá lo cogió del brazo, temiendo que algo malo pudiera pasarle, y juntos subieron al desván. Tras muchas protestas y pataleo, Peter fue a parar a su habitación, la puerta se cerró y nosotros seguimos comiendo. La señora Van Pels quería guardarle un bocado a su niñito, pero su marido fue terminante.

—Si no se disculpa inmediatamente, tendrá que dormir en la buhardilla.

Todos protestamos; mandarlo a la cama sin cenar ya nos parecía castigo suficiente. Si Peter llegaba a acatarrarse, no podríamos hacer venir a ningún médico.

Peter no se disculpó, y volvió a instalarse en la buhardilla. El señor Van Pels no intervino más en el asunto, pero por la mañana descubrió que la cama de Peter había sido usada. Este había vuelto a subir al desván a las siete, pero papá lo convenció con buenas palabras para que bajara. Al cabo de tres días de ceños fruncidos y de silencios obstinados, todo volvió a la normalidad.

tu Anne.

Lunes, 21 de sept. de 1942.

Querida Kitty:

Hoy te comunicaré las novedades generales de la Casa de atrás. Por encima de mi diván cama han instalado una lamparita para que pueda tirar de una cuerda en caso de que haya disparos. Sin embargo, de momento esto no es posible, ya que tenemos la ventana entornada día y noche.

La sección masculina de la familia Van Pels ha fabricado una despensa muy cómoda, de madera barnizada y provista de mosquiteros de verdad. Al principio habían instalado el armatoste en el cuarto de Peter, pero para que esté más fresco lo han trasladado al desván.

La señora Van Pels es insufrible. Arriba me regañan continuamente porque hablo sin parar, pero yo no les hago caso. De vez en cuando nos llegan noticias de otros judíos; lamentablemente, no les está yendo demasiado bien. Entre otras cosas, sé que a una compañera mía del colegio se la han llevado con toda su familia. El señor Kleiman me trae cada quince días algunos libros para niñas. Me encanta la serie de libros sobre Joop ter Heul. Todos los de Cissy van Marxveldt por lo general me gustan mucho. *Locura de verano* me lo he leído ya cuatro veces, pero me siguen divirtiendo mucho las situaciones tan cómicas que describe.

Ya hemos empezado con los estudios. Yo hago mucho francés, y cada día me machaco la conjugación de cinco verbos irregulares. Peter ha encarado con muchos suspiros su tarea de inglés. Algunos libros de texto acaban de llegar; los cuadernos, lápices, gomas de borrar y etiquetas me los he traído de casa en grandes cantidades. A veces me pongo a escuchar Radio Oranje; hace poco habló el príncipe Bernardo, que contó que para enero esperan el nacimiento de un niño. A mí me encanta la noticia, pero en casa no entienden mi afición por la Casa de Orange.

———

Hace unos días estuvimos hablando de que todavía soy muy ignorante, por lo que al día siguiente me puse a estudiar como loca, porque no me apetece nada tener que volver a primero cuando tenga catorce o quince años.

En esa conversación también se habló de que casi no me permiten leer nada. Mamá de momento está leyendo *Señores, criados y mujeres*, pero a mí por supuesto no me lo dejan leer (¡a Margot sí!); primero tengo que tener más cultura, como la sesuda de mi hermana. Luego hablamos de mi ignorancia en temas de filosofía, psicología y fisiología, y es cierto que de eso no sé nada. ¡Tal vez el año que viene ya sepa algo! (Esas palabras tan difíciles he tenido que buscarlas en el diccionario). He llegado a la aterradora conclusión de que no tengo más que un vestido de manga larga y tres chalecos para el invierno. Papá me ha dado permiso para que me haga un jersey de lana blanca. La lana que tengo no es muy bonita que digamos, pero el calor que me dé me compensará de sobra. Tenemos algo de ropa en casa de otra gente (entre otros, donde Broks), pero lamentablemente solo podremos ir a recogerla cuando termine la guerra, si es que para entonces todavía sigue allí.

Hace poco, justo cuando te estaba escribiendo algo sobre ella, apareció la señora. ¡Plaf!, tuve que cerrar el diario de golpe.

—Oye, Anne, ¿no me enseñas algo de lo que escribes?

—No, señora.

—¿Tampoco la última página?

—No, señora, tampoco.

Menudo susto me llevé, porque lo que había escrito sobre ella justo en esa página no era muy halagüeño que digamos.

Tu Anne.

Viernes, 25 de septiembre de 1942.

Querida Kitty:

Papá tiene un antiguo conocido, el señor Dreher, un hombre de unos setenta y cinco años, bastante sordo, enfermo y pobre, que tiene a su lado, a modo de apéndice molesto, a una mujer veintisiete años menor que él, igualmente pobre, con los brazos y piernas llenos de brazaletes y anillos, falsos y de verdad, que le han quedado de otras épocas doradas. Este señor Dreher ya le ha causado a papá muchas molestias, y siempre he admirado su inagotable paciencia cuando atendía a este pobre tipo al teléfono. Cuando aún vivíamos en casa, mamá siempre le recomendaba a papá que colocara el auricular al lado de un gramófono, que a cada tres minutos dijera «Sí, señor Dreher; no, señor Dreher», porque, total, el viejo no entendía ni una palabra de las largas respuestas de papá. Hoy el señor Dreher telefoneó a la oficina y le pidió al señor Kugler que pasara un momento a verlo. Al señor Kugler no le apetecía y dijo que enviaría a Miep. Miep llamó por teléfono para disculparse. Luego la señora Dreher telefoneó tres veces, pero como presuntamente Miep no estaba en toda la tarde, tuvo que imitar al teléfono la voz de Bep. En el piso de abajo, en las oficinas, y también arriba hubo grandes carcajadas, y ahora, cada vez que suena el teléfono, dice Bep: «¡Debe de ser la señora Dreher!», por lo que a Miep ya le da la risa de antemano y atiende el teléfono entre risitas muy poco corteses. Ya ves, seguro que en el mundo no hay otro negocio como el nuestro, en el que los directores y las secretarias se divierten horrores.

Por las noches me paso a veces por la habitación de los Van Pels a charlar un rato. Comemos una «galleta apolillada» con melaza (la caja de galletas estaba guardada en un ropero atacado por las polillas) y lo pasamos bien. Hace poco hablamos de Peter. Yo les conté que Peter me acaricia a menudo la mejilla y que eso a mí no me gusta. Ellos me preguntaron de forma muy paternalista si yo no podía querer a Peter, ya que él me quería mucho. Yo pensé «¡huy!» y contesté que no. ¡Figúrate! Pim (así llamo cariñosamente a papá) pretende que le demos clases de neerlandés. A mí no me importa dárselas, en compensación por la ayuda que me presta en francés y otras asignaturas. Pero no te imaginas los errores garrafales que comete. ¡Son increíbles! Uno de ellos fue «la rana golpea con los ojos» en lugar de «las olas golpeaban contra el muelle», es un germanismo puro.

Debo decir que la Comisión de Escondidos de la Casa de atrás (sección masculina) es muy inventiva. Fíjate lo que han ideado para hacerle llegar al señor Broks, representante de la Cía. Opekta, conocido nuestro y depositario de algunos de nuestros bienes escondidos, un mensaje de nuestra parte: escriben una carta a máquina dirigida a un tendero que es cliente indirecto de Opekta en la provincia de Zelanda, pidiéndole que rellene una nota adjunta y nos la envíe a vuelta de correo en el sobre también adjunto. El sobre ya lleva escrita la dirección en letra de papá. Cuando el sobre llega de vuelta de Zelanda, reemplazan la nota por una señal de vida manuscrita de papá. Así, Broks la lee sin albergar sospechas. Han escogido precisamente Zelanda porque al estar cerca de Bélgica la carta puede haber pasado la frontera de manera clandestina y porque nadie puede viajar allí sin permiso especial. Un representante corriente como Broks seguro que nunca recibiría un permiso así.

Tu Anne.

Domingo, 27 de septiembre de 1942.

Querida Kitty:
Pelea con mamá, por enésima vez en los últimos tiempos. Lamentablemente, entre nosotras las cosas no van muy bien; con Margot tampoco me llevo bien. Aunque en nuestra familia nunca hay enfrentamientos como el que te acabo de describir, para mí no siempre es agradable ni mucho menos formar parte de ella. La manera de ser de Margot y de mamá me es muy extraña. Entiendo mejor a mis amigas que a mi propia madre. Una lástima, ¿verdad?

Hablamos mucho sobre ciertos problemas de después de la guerra, por ejemplo que no hay que hablar despectivamente de criadas, aunque esto me pareció menos grave que la diferencia entre tratar de «señorita» o «señora» a una mujer casada.

La señora está de mala uva por enésima vez. Está muy malhumorada y va escondiendo cada vez más pertenencias personales. Lástima que mamá, a cada ocultación vanpelsiana, no responda con una ocultación frankiana.

Hay algunas personas a las que parece que les diera un placer especial educar no solo a sus propios hijos, sino también participar en la educación de los hijos de sus conocidos. Tal es el caso de Van Pels. A Margot no hace falta educarla, porque es la bondad, la dulzura y la sapiencia personificadas; a mí, en cambio, me ha tocado en suerte ser maleducada por partida doble. Cuando estamos todos comiendo, las recriminaciones y las respuestas insolentes van y vienen más de una vez. Papá y mamá siempre me defienden a capa y espada, si no fuera por ellos no podría entablar la lucha tantas veces sin pestañear. Aunque a cada rato me dicen que tengo que hablar menos, no meterme en lo que no me importa y ser más modesta, mis esfuerzos no tienen demasiado éxito y si papá no tuviera tanta paciencia, yo ya habría perdido hace mucho las esperanzas de llegar a satisfacer las exigencias de mis propios padres, que no son nada estrictas.

Cuando en la mesa me sirvo poco de alguna verdura que no me gusta nada y como patatas en su lugar, el señor Van Pels, y sobre todo su mujer, no soportan que me consientan tanto. No tardan en dirigirme un «¡Anda, Anne, sírvete más verdura!».

—No, gracias, señora —le contesto—. Me basta con las patatas.

—La verdura es muy sana, lo dice tu propia madre. Anda, sírvete —insiste, hasta que intercede papá y confirma mi negativa.

Entonces, la señora empieza a despotricar:

—Tendrían que haber visto cómo se hacía en mi casa. Allí por lo menos se educaba a los hijos. A esto no lo llamo yo educar. Anne es una niña terriblemente malcriada. Yo nunca lo permitiría. Si Anne fuese mi hija…

Así siempre empiezan y terminan todas sus peroratas: «Si Anne fuera mi hija…». ¡Pues por suerte no lo soy! Pero volviendo a nuestro tema de la educación, ayer, tras las palabras elocuentes de la señora, se produjo un silencio. Entonces papá contestó:

—A mí me parece que Anne es una niña muy bien educada, al menos ya ha aprendido a no contestarle a usted cuando le suelta sus largos sermones. Y en cuanto a la verdura, no puedo más que contestarle que a lo dicho, viceversa.

La señora estaba derrotada, y bien. Está claro que el «viceversa» de papá se refería directamente a la ración mínima de ella. Para que la consientan, la señora aduce que comer demasiada verdura antes de acostarse le causa problemas a la hora de hacer de vientre. En cualquier caso, que no se meta conmigo. Es muy cómico ver la facilidad con que se pone colorada. Yo por suerte no, y se ve que eso a ella, secretamente, le da mucha rabia.

Tu Anne

Lunes, 28 de sept. de 1942

Querida Kitty:
Cuando todavía faltaba mucho para terminar mi carta de ayer, tuve que interrumpir, de ahí que siga ahora. Te informaré sobre otra disputa

Lunes, 28 de sept. de 1942

Querida Kitty:
Cuando todavía faltaba mucho para el final de mi carta de ayer, tuve que dejar de escribir. No puedo reprimir las ganas de informarte sobre otra disputa, pero antes de empezar debo contarte otra cosa: me parece muy curioso que los adultos se peleen tan fácilmente, tanto y por toda clase de pequeñeces. Hasta ahora siempre había pensado que reñir era cosa de niños, y que con los años se pasaba. Claro que a veces hay motivo para pelearse en serio, pero las rencillas de aquí no son más que riñas de poca monta. Como están a la orden del día, en realidad ya debería estar acostumbrada a ellas. Pero no es el caso, y no lo será nunca, mientras sigan hablando de mí en casi todas las discusiones (esta es la palabra que usan en lugar de riña, lo que por supuesto está muy mal, pero la confusión es por el alemán). Nada, pero absolutamente nada mío les cae bien: mi comportamiento, mi carácter, mis modales, todos y cada uno de mis actos son objeto de un tremendo chismorreo y de continuas habladurías, y las duras palabras y gritos que me sueltan, dos cosas a las que no estaba acostumbrada, me los tengo que tragar alegremente, según me ha recomendado una autoridad en la materia. Pero ¡yo no puedo! Ni pienso permitir que me insulten de esa manera. Ya les enseñaré que Anne Frank no es ninguna tonta, se quedarán muy sorprendidos y deberán cerrar sus bocazas cuando les haga ver que antes de ocuparse tanto de mi educación, deberían ocuparse de la suya propia. Pero ¡qué se han creído! ¡Vaya unos zafios! Hasta ahora siempre me ha dejado perpleja tanta grosería y, sobre todo, tanta estupidez (de la señora Van Pels). Pero tan pronto como esté acostumbrada, y ya no falta mucho, les pagaré con la misma moneda. ¡Ya no volverán a hablar del mismo modo! ¿Es que realmente soy tan maleducada, tan terca, tan caprichosa, tan poco modesta, tan tonta, tan haragana, etcétera, etcétera, como dicen los de arriba? Claro que no. Ya sé que tengo muchos defectos y que hago muchas cosas mal, pero ¡tampoco hay que exagerar tanto! Si supieras, Kitty, cómo a veces me hierve la sangre cuando todos se ponen a gritar y a insultar de ese modo. Te aseguro que no falta mucho para que toda mi rabia contenida estalle.
Pero basta ya de hablar de este asunto. Ya te he aburrido bastante con mis disputas, y sin embargo no puedo dejar de relatarte una discusión de sobremesa harto interesante. A raíz de no sé qué tema llegamos a hablar sobre la gran modestia de Pim. Dicha modestia es un hecho indiscutible, que

hasta el más idiota no puede dejar de admitir. De repente, la señora Van Pels, que siempre tiene que meterse en todas las conversaciones, dijo:

—Yo también soy muy modesta, mucho más modesta que mi marido.

¡Habrase visto! ¡Pues en esta frase sí que puede apreciarse claramente toda su modestia! El señor Van Pels, que creyó necesario aclarar aquello de «que mi marido», replicó muy tranquilamente:

—Es que yo no quiero ser modesto. Toda mi vida he podido ver que las personas que no son modestas llegan mucho más lejos que las modestas.

Y luego, dirigiéndose a mí:

—No te conviene ser modesta, Anne. No llegarás a ninguna parte siendo modesta.

Mamá estuvo completamente de acuerdo con este punto de vista, pero la señora Van Pels, como de costumbre, tuvo que añadir su parecer a este tema educacional. Por esta única vez, no se dirigió directamente a mí, sino a mis señores padres, pronunciando las siguientes palabras:

—¡Qué concepción de la vida tan curiosa la suya, al decirle a Anne una cosa semejante! En mis tiempos no era así, y ahora seguro que tampoco lo es, salvo en una familia moderna como la suya.

Esto último se refería al método educativo moderno, tantas veces defendido por mamá. La señora estaba coloradísima de tanto sulfurarse, y mamá, al contrario, en lo más mínimo, y una persona que se pone colorada se altera cada vez más por el acaloramiento y por consiguiente lleva todas las de perder frente a su adversario. La madre no colorada, que quería zanjar el asunto lo antes posible, recapacitó tan solo un instante, y luego respondió:

—Señora Van Pels, también yo opino ciertamente que en la vida es mucho mejor no ser tan modesta. Mi marido, Margot y Peter son todos tremendamente modestos. A su marido, a Anne, a usted y a mí no nos falta modestia, pero tampoco permitimos que se nos dé de lado.

La señora:

—¡Pero, señora, no la entiendo! De verdad que soy muy pero que muy modesta. ¡Cómo se le ocurre llamarme poco modesta a mí!

Mamá:

—Es cierto que no le falta modestia, pero nadie la consideraría verdaderamente modesta.

La señora:

—Me gustaría saber en qué sentido soy poco modesta. ¡Si yo aquí no cuidara de mí misma, nadie lo haría, y entonces tendría que morirme de hambre, pero eso no significa que no sea igual de modesta que su marido!

Lo único que mamá pudo hacer con respecto a esta autodefensa tan ridícula fue reírse. Esto irritó a la señora, que continuó su maravillosa perorata soltando una larga serie de hermosas palabras germano-holandesas y holando-germanas, hasta que la oradora nata se enredó tanto en su propia palabrería que finalmente se levantó de su silla y quiso abandonar la habitación, pero entonces sus ojos se clavaron en mí. ¡Deberías haberlo visto! Desafortunadamente, en el mismo momento en que la señora nos había vuelto la espalda, yo meneé burlonamente la cabeza, no a propósito, sino de manera más bien involuntaria, por haber estado siguiendo la conversación con tanta atención. La señora se volvió y empezó a reñirme en voz alta, en alemán, de manera soez y grosera, como una verdulera gorda y colorada. Daba gusto verla. Si supiera dibujar, ¡cómo me habría gustado dibujar a esa mujer bajita, ridícula y tonta en esa posición tan cómica! De todos modos, he aprendido una cosa, y es lo siguiente: a las personas no se las conoce bien hasta que se ha tenido una verdadera pelea con ellas. Solo entonces puede uno juzgar el carácter que tienen.

Tu Anne.

Martes, 29 de sept. '42.

Querida Kitty:

A los escondidos les pasan cosas muy curiosas. Figúrate que como no tenemos bañera, nos bañamos en una pequeña tina, y como solo la oficina (con esta palabra siempre me refiero a todo el piso de abajo) dispone de agua caliente, los siete nos turnamos para bajar y aprovechar esta gran ventaja. Pero como somos todos tan distintos y la cuestión del pudor y la vergüenza está más desarrollada en unos que en otros, cada miembro de la familia se ha buscado un lugar distinto para bañarse. Peter se baña en la cocina, pese a que esta tiene una puerta de cristal. Cuando va a darse un baño, pasa a visitarnos a todos por separado para comunicarnos que durante la próxima media hora no debemos transitar por la cocina. Esta medida le parece suficiente. El señor se baña en el piso de arriba. Para él la seguridad del baño tomado en su propia habitación le compensa la molestia de subir toda el agua caliente tantos pisos. La señora, de momento, no se baña en ninguna parte; todavía está buscando el mejor sitio para hacerlo. Papá se baña en su antiguo despacho, mamá en la cocina, detrás de una mampara, y Margot y yo hemos elegido para nuestro chapoteo la oficina de delante. Los sábados por la tarde cerramos las cortinas y nos aseamos a oscuras. Mientras una está en la tina, la otra espía por la ventana por entre las cortinas cerradas y curiosea a la gente graciosa que pasa.

Desde la semana pasada ya no me agrada este lugar para bañarme y me he puesto a buscar un sitio más confortable. Fue Peter quien me dio la idea de instalar la tina en el amplio lavabo de las oficinas. Allí puedo sentarme, encender la luz, cerrar la puerta con el pestillo, vaciar la tina yo sola sin la ayuda de nadie, y además estoy a cubierto de miradas indiscretas. El domingo fue el día en que estrené mi hermoso cuarto de baño, y por extraño que suene, me gusta más que cualquier otro sitio. El miércoles vino el fontanero para desplazar del lavabo de las oficinas al pasillo las tuberías de agua y de desagüe. Este cambio se ha hecho pensando en un invierno frío, para evitar que la tubería se congele. La visita del fontanero no fue nada placentera para nosotros. No solo porque durante el día no podíamos dejar correr el agua, sino porque tampoco podíamos ir al retrete. Ya sé que no es muy fino contarte lo que hicimos para remediarlo, pero no soy tan pudorosa como para no hablar de estas cosas. Ya al principio de nuestro periodo de escondidos, papá y yo improvisamos un orinal; al no disponer de uno verdadero, sacrificamos para este fin un frasco de los de hacer conservas. Durante la visita del fontanero, pusimos dichos frascos en la habitación y allí guardamos nuestras necesidades de ese día. Esto me pareció mucho menos desagradable que el hecho de tener que pasarme todo el día sentada sin moverme y sin hablar. No puedes imaginarte lo difícil que le resultó esto a la señorita Cuacuá, cuacuá. Habitualmente ya debemos hablar en voz baja, pero no poder abrir la boca ni moverse es mil veces peor.

Después de estar tres días seguidos pegada a la silla, tenía el trasero todo duro y dolorido. Con unos ejercicios de gimnasia vespertina pude hacer que se me quitara un poco el dolor.

Tu Anne.

Jueves, 1 de oct. de 1942.

Querida Kitty:

Ayer me di un susto terrible. A las ocho alguien tocó el timbre muy fuerte. Pensé que serían ya sabes quiénes. Pero cuando todos aseguraron que serían unos gamberros o el cartero, me calmé.

Los días transcurren en silencio. Levinsohn, un farmacéutico y químico judío menudo que trabaja para Kugler en la cocina, conoce muy bien el edificio y por eso tenemos miedo de que se le ocurra ir a echar un vistazo al antiguo laboratorio. Nos mantenemos silenciosos como ratoncitos bebés. ¡Quién iba a decir hace tres meses que «doña Anne Puro Nervio» debería y podría estar sentada quietecita horas y horas!

El 29 cumplió años la señora Van Pels. Aunque no hubo grandes festejos, se la agasajó con flores, pequeños obsequios y buena comida. Los claveles rojos de su señor esposo parece que son una tradición familiar.

Volviendo a la señora, puedo decirte que una fuente permanente de irritación y disgusto para mí es cómo coquetea con papá. Le acaricia la mejilla y el pelo, se sube muchísimo la falda, dice cosas supuestamente graciosas y trata de atraer de esta manera la atención de Pim. Por suerte a Pim ella no le gusta ni la encuentra simpática, de modo que no hace caso de sus coqueteos.

Peter tiene alguna ocurrencia divertida de vez en cuando. Al menos una de sus aficiones, que hace reír a todos, la comparte conmigo: le gusta disfrazarse. Un día aparecimos él metido en un vestido negro muy ceñido de la señora y yo con un traje suyo, bien ataviados con sombrero y gorra. Se partían de risa los mayores y nosotros no nos divertimos menos.

Bep ha comprado unas faldas nuevas para Margot y para mí en los grandes almacenes Bijenkorf. Son de una tela malísima, parecen sacos de arpillera, y valen *f* 24 y *f* 7,75, respectivamente. ¡Qué diferencia con las faldas de antes! Otra cosa divertida que se avecina: Bep ha encargado a una academia unas clases de taquigrafía por correspondencia para Margot, para Peter y para mí. Ya verás en qué maravillosos taquígrafos nos habremos convertido el año que viene. A mí al menos me parece superinteresante aprender a dominar de verdad esa escritura secreta.

Para terminar esta serie de noticias variadas, un chiste muy divertido del señor Van Pels: ¿Sabes lo que hace 99 veces clic y una vez clac? ¡Un ciempiés con una pata de palo!

adiós, tu Anne.

Viernes, 9 de octubre de 1942.

Querida Kitty:

Hoy no tengo más que noticias desagradables y desconsoladoras para contarte. A nuestros numerosos amigos y conocidos judíos se los están llevando en grupos. La Gestapo no tiene la mínima consideración con ellos, los cargan nada menos que en vagones de ganado y los envían a Westerbork, el gran campo de concentración para judíos en la provincia de Drente. Debe de ser un sitio horroroso, para esos miles de personas hay un lavabo, un retrete y los lugares para dormir están todos mezclados. Hombres, mujeres y niños duermen juntos. Por eso se comenta que reina una inmoralidad extrema; muchas mujeres y muchas jóvenes que ya llevan un tiempo allí están embarazadas.

Huir es prácticamente imposible: los recluidos en ese campo llevan la marca inconfundible de su cabeza rapada o también la de su aspecto judío.

Si ya en Holanda la situación es tan desastrosa, ¿cómo vivirán en las regiones apartadas y bárbaras adonde los envían? Nosotros suponemos que a la mayoría los matan. La radio inglesa dice que los matan en cámaras de gas, quizá sea la forma más rápida de morir.

Estoy muy confusa por las historias de horror tan sobrecogedoras que cuenta Miep y que también a ella la estremecen. Hace poco, por ejemplo, delante de la puerta de su casa se había sentado una viejecita judía tullida esperando a la Gestapo, que había ido a buscar una furgoneta para llevársela. La pobre vieja estaba muy atemorizada por los disparos dirigidos a los aviones ingleses que sobrevolaban la ciudad, y por el relampagueo de los reflectores. Sin embargo, Miep no se atrevió a hacerla entrar en su casa. Nadie lo haría. Sus señorías alemanas no escatiman medios para castigar.

También Bep está muy callada; a su chico lo mandan a Alemania. Cada vez que los aviones sobrevuelan nuestras casas, ella tiene miedo de que suelten sus cargas explosivas de hasta mil toneladas en la cabeza de su Bertus.

Las bromas del tipo «Seguro que mil toneladas no le caerán» y «Con una sola bomba basta» me parece que están un tanto fuera de lugar. No creas que Bertus es el único, todos los días salen trenes llenos de muchachos holandeses que van a trabajar a Alemania. En el camino, cuando paran en alguna pequeña estación, algunos se bajan a escondidas e intentan buscar refugio. Una pequeña parte de ellos quizá lo consiga.

Todavía no he terminado con mis lamentaciones. ¿Sabes lo que es un rehén? Es el último método que han impuesto como castigo para los saboteadores. Es lo más horrible que te puedas imaginar. Detienen a destacados ciudadanos inocentes y anuncian que los ejecutarán en caso de que alguien realice un acto de sabotaje. Cuando hay un sabotaje y no encuentran a los responsables, la policía verde sencillamente pone a cuatro o cinco rehenes contra el paredón. A menudo los periódicos publican esquelas mortuorias sobre estas personas, calificando sus muertes de «accidente fatal». ¡Bonito pueblo el alemán, y pensar que en realidad yo también pertenezco a él! Pero no, hace mucho que Hitler nos ha convertido en apátridas. De todos modos, no hay enemistad más grande en el mundo que entre los alemanes y los judíos.

tu Anne.

Martes, 20 de octubre de 1942.

Querida Kitty:

Todavía me tiembla la mano, a pesar de que ya han pasado dos horas desde el enorme susto que nos dimos. Debes saber que en el edificio hay cinco aparatos Minimax contra incendios. Los de abajo fueron tan inteligentes de no avisarnos que venía el carpintero, o como se le llame, a rellenar estos aparatos. Por consiguiente, no estábamos para nada tratando de no hacer ruido, hasta que en el descansillo (frente a nuestra puerta armario) oí martillazos. Enseguida pensé que sería el carpintero y avisé a Bep, que estaba comiendo, de que no podría bajar a la oficina. Papá y yo nos apostamos junto a la puerta para oír cuándo se iba el hombre. Tras haber estado unos quince minutos trabajando, depositó el martillo y otras herramientas sobre nuestro armario (por lo menos, así nos pareció) y golpeó a la puerta. Nos pusimos blancos. ¿Habría oído algún ruido y estaría tratando de investigar el misterioso mueble? Así parecía, porque los golpes, tirones y empujones continuaban. Casi me desmayo del susto, pensando en lo que pasaría si aquel perfecto desconocido lograba desmantelar nuestro hermoso escondite.

Y justo cuando pensaba que había llegado el fin de mis días, oímos la voz del señor Kleiman, diciendo:

—Abridme, soy yo.

Le abrimos inmediatamente. ¿Qué había pasado? El gancho con el que se cierra la puerta armario se había atascado, con lo que nadie nos había podido avisar de la venida del carpintero. El hombre ya había bajado y Kleiman vino a buscar a Bep, pero no lograba abrir el armario. No te imaginas lo aliviada que me sentí. El hombre que yo creía que quería entrar en nuestra casa había ido adoptando en mi fantasía proporciones cada vez más gigantescas, pasando a ser un fascista monstruoso como ninguno. ¡Ay!, por suerte esta vez todo acabó bien. El lunes nos divertimos mucho. Miep y Jan pasaron la noche con nosotros. Margot y yo nos fuimos a dormir una noche con papá y mamá, para que los Gies pudieran ocupar nuestro lugar. La cena de honor estuvo deliciosa. Hubo una pequeña interrupción originada por la lámpara de oficina de papá, que causó un cortocircuito y nos dejó a oscuras. ¿Qué hacer? Plomos nuevos había, pero había que ir a cambiarlos al oscuro almacén del fondo, y eso de noche no era una tarea muy agradable. Igualmente, los hombres de la casa hicieron un intento y a los diez minutos pudimos volver a guardar nuestras velas iluminatorias. La semana que viene también Bep nos hará una visita nocturna.

Tu Anne.

Jueves, 29 de octubre de 1942.

Queridísima Kitty:

Estoy muy preocupada; papá se ha puesto malo. Tiene mucha fiebre y le han salido granos colorados. Parece que tuviera viruela. ¡Y ni siquiera podemos llamar a un médico! Mamá lo hace sudar, quizá con eso le baje la fiebre. Esta mañana Miep nos contó que han «desmueblado» la casa de los Van Pels, en la Zuider Amstellaan. Todavía no se lo hemos dicho a la señora, porque últimamente anda bastante nerviosa y no tenemos ganas de que nos suelte otra jeremiada sobre su hermosa vajilla de porcelana y las sillas tan elegantes que debió abandonar en su casa. También nosotros hemos tenido que abandonar casi todas nuestras cosas bonitas. ¿De qué nos sirve ahora lamentarnos? Últimamente me dejan leer más libros para adultos. Ahora estoy leyendo *La niñez de Eva*, de Nico van Suchtelen. No veo que haya mucha diferencia entre las novelas para chicas y esto. Papá ha sacado los dramas de Goethe y de Schiller de la biblioteca grande, y quiere leerme unos párrafos todas las noches. Ya hemos empezado por *Don Carlos*.

Siguiendo el buen ejemplo de papá, mamá me ha dado su libro de oraciones. Para no contrariarla he leído algunos rezos en alemán. Me parecen bonitos, pero no me dicen nada. ¿Por qué me obliga a ser tan beata y religiosa?

Mañana encenderemos la estufa por primera vez. Seguro que se nos llenará la casa de humo, porque hace mucho que no han deshollinado la chimenea. ¡Esperemos que tire!

tu Anne.

Sábado, 7 de nov. de 1942

Querida Kitty:

Mamá anda muy nerviosa, y eso para mí siempre es muy peligroso. ¿Puede ser casual que papá y mamá nunca regañen a Margot, y siempre sea yo la que cargue con la culpa de todo? Anoche, por ejemplo, pasó lo siguiente: Margot estaba leyendo un libro con ilustraciones muy bonitas. Se levantó y dejó de lado el libro con intención de seguir leyéndolo más tarde. Como yo en ese momento no tenía nada que hacer, lo cogí y me puse a mirar las láminas. Margot volvió, vio «su» libro en mis manos, frunció el ceño y me pidió que se lo devolviera, enfadada. Yo quería seguir mirando un poco más. Margot se enfadó más y más, y mamá se metió en el asunto diciendo:

—Ese libro lo estaba leyendo Margot, así que dáselo.

En eso entró papá sin saber siquiera de qué se trataba, pero al ver que le estaban haciendo un mal a Margot, arremetió contra mí:

—¡Ya quisiera ver lo que harías tú si Margot se pusiera a hojear tu libro!

Yo enseguida cedí, solté el libro y salí de la habitación, «ofendida» según ellos. No estaba ofendida ni enfadada, sino triste.

Papá no estuvo muy bien al juzgar sin conocer el objeto de la controversia. Yo sola le habría devuelto el libro a Margot, e incluso mucho antes, de no haberse metido papá y mamá en el asunto para proteger a Margot, como si de la peor injusticia se tratara.

Que mamá salga a defender a Margot es normal, siempre se andan defendiendo mutuamente. Yo ya estoy tan acostumbrada, que las regañinas de mamá y los piques de Margot ya no me hacen nada. Las quiero solo porque son mi madre y Margot; como personas, por mí que se vayan a freír espárragos. Con papá es distinto. Cuando hace distinción entre las dos, aprobando todo lo que hace Margot, alabándola y haciéndole cariños, yo siento que algo me carcome por dentro, porque a papá yo lo adoro, es mi gran ejemplo, no quiero a nadie más en el mundo entero sino a él.

No es consciente de que a Margot la trata de otra manera que a mí. Y es que Margot es la más lista, la más buena, la más bonita y la mejor. Pero ¿acaso no tengo yo también derecho a que se me trate un poco en serio? Siempre he sido la payasa y la traviesa de la familia, siempre he tenido que pagar dos veces por las cosas que hacía: por un lado, las regañinas, y por el otro, la desesperación dentro de mí misma. Ahora esos mimos frívolos ya no me satisfacen, como tampoco las conversaciones presuntamente serias. Hay algo que quisiera que papá me diera que él no es capaz de darme.

No tengo celos de Margot, nunca los he tenido. No ansío ser tan lista y bonita como ella, tan solo desearía sentir el amor verdadero de papá, no solamente como su hija, sino también como Anne-en-sí-misma. Intento aferrarme a papá, porque cada día desprecio más a mamá, y porque papá es el único que todavía hace que conserve mis últimos sentimientos de familia. Papá no entiende que a veces necesito desahogarme sobre mamá. No quiere hablar, elude todo lo que pueda hacer referencia a los errores de mamá. Y sin embargo es ella, con todos sus defectos, la que más me pesa en el corazón. No sé qué actitud adoptar; no puedo restregarle por las narices su dejadez, su sarcasmo y su dureza, pero tampoco encuentro siempre la culpa de todo en mí.

Soy exactamente opuesta a ella en todo, y eso, naturalmente, choca. No juzgo su carácter porque no es algo que yo pueda juzgar, solo la observo como madre. Para mí, mamá no es una madre. Yo misma tengo que ser mi madre. Me he separado de ellos, ahora navego sola y ya veré dónde voy a parar. Todo tiene que ver sobre todo con el hecho de que veo en mí misma un gran ejemplo de cómo ha de ser una madre y una mujer, y no encuentro en ella nada a lo que pueda dársele el nombre de madre.

Siempre me propongo no volver a mirar los malos ejemplos que ella me da; tan solo quiero ver su lado bueno, y lo que no encuentre en ella, buscarlo en mí misma. Pero no me sale, y lo peor es que ni papá ni mamá son conscientes de que están fallando en mi vida, y de que yo se lo tomo a mal. ¿Habrá gente que sí pueda satisfacer plenamente a sus hijos? A veces creo que Dios me quiere poner a prueba, tanto ahora como más tarde. Debo ser buena sola, sin ejemplos y sin hablar, solo así me haré más fuerte.

———

¿Quién sino yo leerá luego todas estas cartas? ¿Quién sino yo misma me consolará? Porque a menudo necesito consuelo; muchas veces no soy lo suficientemente fuerte y fallo más de lo que acierto. Lo sé, y cada vez intento mejorar, todos los días.

Me tratan de forma poco coherente. Un día Anne es una chica muy sensata y le permiten saberlo todo, y al día siguiente es una borrica que no sabe nada y cree haber aprendido de todo en los libros. Ya no soy la bebé ni la niña mimada que encima causa gracia haciendo cualquier cosa. Tengo mis propios ideales, mis ideas y proyectos, pero aún no sé expresarlos en palabras.

¡Ah!, me vienen tantas cosas a la cabeza cuando estoy sola por las noches, y también durante el día, cuando tengo que soportar a todos los que ya me tienen harta y siempre interpretan mal mis intenciones. Por eso, al final siempre vuelvo a mi diario: es mi punto de partida y de llegada, porque Kitty siempre tiene paciencia conmigo. Le prometeré que, a pesar de todo, perseveraré, que me abriré mi propio camino y me tragaré mis lágrimas.

Solo que me gustaría poder ver ya los resultados, o que alguien que me quisiera me animara a seguir.

No me juzgues, sino considérame como alguien que a veces siente que está rebosando.

tu Anne.

Lunes, 9 de nov. de 1942.

Querida Kitty:

Ayer fue el cumpleaños de Peter. Cumplió dieciséis años. Los regalos eran bastante bonitos. Le han regalado, entre otras cosas, el juego de la Bolsa, una maquinilla de afeitar y un encendedor de cigarrillos. No es que fume mucho; al contrario, pero es por motivos de elegancia. La mayor sorpresa nos la dio el señor Van Pels, cuando nos informó de que los ingleses habían desembarcado en Túnez, Argel, Casablanca y Orán. «Es el principio del fin», dijeron todos, pero Churchill, el primer ministro inglés, que seguramente oyó la misma frase en Inglaterra, dijo: «Este desembarco es una proeza, pero no se debe pensar que sea el principio del fin. Yo más bien diría que significa el fin del principio». ¿Te das cuenta de la diferencia? Sin embargo, hay motivos para mantener el optimismo. Stalingrado, la ciudad rusa que ya llevan tres meses defendiendo, aún no ha sido entregada a los alemanes.

Para darte una idea de otro aspecto de nuestra vida en la Casa de atrás, tendré que escribirte algo sobre nuestra provisión de alimentos. (Has de saber que la sección de arriba son unos verdaderos golosos). El pan nos lo provee un panadero muy amable, un conocido de Kleiman. No conseguimos tanto pan como en casa, naturalmente, pero nos alcanza. Las cartillas de racionamiento también las compramos de forma clandestina. El precio aumenta continuamente; de *f* 27 ha subido ya a *f* 33. ¡Y eso solo por una hoja de papel impresa!

Para tener una reserva de víveres no perecederos, aparte de las cien latas de conserva, hemos comprado 135 kilos de legumbres. Eso no es todo para nosotros solos; también se ha tenido en cuenta la oficina. Los sacos de legumbres estaban colgados en el pasillito que hay detrás de la puerta armario, con ganchos. Algunas costuras de los sacos saltaron debido al gran peso.

Decidimos que era mejor subir nuestras provisiones de invierno al desván, y encomendamos la tarea a Peter. Cuando cinco de los seis sacos ya se encontraban arriba sanos y salvos y Peter estaba subiendo el sexto, la costura de debajo se soltó y una lluvia, mejor dicho un granizo, de judías pintas voló por el aire y rodó por la escalera. En el saco había unos 25 kilos, de modo que fue un ruido infernal. Abajo pensaron que se les venía el viejo edificio encima. Peter se asustó un momento, pero soltó una carcajada cuando me vio al pie de la escalera como una especie de isla en medio de un mar de judías, que me llegaba hasta los tobillos. Enseguida nos pusimos a recogerlas, pero las judías son tan pequeñas y resbaladizas que se meten en todos los rincones y grietas posibles e imposibles. Cada vez que ahora alguien sube la escalera, se agacha para recoger un puñado de judías, que seguidamente entrega a la señora. Casi me olvidaba de decirte que a papá ya se le ha pasado totalmente la enfermedad que tenía.

tu Anne.

P.D.: Acabamos de oír por radio la noticia de que ha caído Argel. Marruecos, Casablanca y Orán ya hace algunos días que están en manos de los ingleses. Ahora solo falta Túnez.

———

tu Anne.

Martes, 10 de noviembre de 1942.

Querida Kitty:
¡Gran noticia! ¡Vamos a acoger a otro escondido!
Sí, es cierto. Siempre habíamos dicho que en la casa en realidad aún había lugar y comida para una persona más, pero no queríamos que Kugler y Kleiman cargaran con más responsabilidad. Pero como nos llegan noticias cada vez más atroces respecto de lo que está pasando con los judíos, papá consultó a los dos principales implicados y a ellos les pareció un plan excelente. «El peligro es tan grande para ocho como lo es para siete», dijeron muy acertadamente. Cuando nos habíamos puesto de acuerdo, pasamos revista mentalmente a todos nuestros amigos y conocidos en busca de una persona soltera o sola que encajara bien en nuestra familia de escondidos. No fue difícil dar con alguien así: después de que papá había descartado a todos los parientes de los Van Pels, la elección recayó en un dentista llamado Fritz Pfeffer. Vive con una mujer cristiana muy agradable y mucho más joven que él, con la que seguramente no está casado, pero ese es un detalle sin importancia. Tiene fama de ser una persona tranquila y educada, y a juzgar por la presentación, aunque superficial, tanto a Van Pels como a nosotros nos pareció simpático. También Miep lo conoce, de modo que ella podrá organizar el plan de su venida al escondite. Cuando venga Pfeffer, tendrá que dormir en mi habitación en la cama de Margot, que deberá conformarse con la cama de tablitas.

tu Anne.

Jueves, 12 de noviembre de
1942.

Querida Kitty:
Cuando entró en su consulta, Pfeffer enseguida le preguntó a Miep si no sabía de un escondite. Se alegró muchísimo de que Miep le contara que sabía de uno y que tendría que ir allí lo antes posible, mejor ya el mismo sábado. Pero eso lo hizo entrar en la duda, ya que todavía tenía que ordenar su fichero, atender a dos pacientes y hacer la caja. Esta fue la noticia que nos trajo Miep esta mañana. No nos pareció bien esperar tanto tiempo. Todos esos preparativos significan dar explicaciones a un montón de gente que preferiríamos no implicar en el asunto. Miep le iba a preguntar si no podía organizar las cosas de tal manera que pudiera venir el sábado, pero Pfeffer dijo que no, y ahora llega el lunes. Me parece muy curioso que no haya aceptado inmediatamente nuestra propuesta. Si lo detienen en la calle tampoco podrá ordenar el fichero ni atender a sus pacientes. ¿Por qué retrasar el asunto entonces? Creo que papá ha hecho mal en ceder.
Ninguna otra novedad.

tu Anne.

Martes, 17 de noviembre de
1942.

Querida Kitty:
Ha llegado Pfeffer. Todo ha salido bien. Miep le había dicho que a las once de la mañana estuviera en un determinado lugar frente a la oficina de correos, y que allí un señor lo pasaría a buscar. A las once en punto, Pfeffer se encontraba en el lugar convenido. Se le acercó el señor Kleiman, informándole de que la persona en cuestión todavía no podía venir y que si se podía pasar por la oficina de Miep. Kleiman volvió a la oficina en tranvía y Pfeffer hizo lo propio andando. A las once y veinte Pfeffer tocó a la puerta de la oficina. Miep lo ayudó a quitarse el abrigo, para que no se le viera la estrella, y lo condujo al antiguo despacho de papá, donde Kleiman lo entretuvo hasta que se fue la asistenta. Esgrimiendo la excusa de que tenían que desocupar el despacho, Miep acompañó a Pfeffer arriba, abrió la estantería giratoria y, para gran sorpresa de este, entró en nuestra Casa de atrás. Los siete estábamos sentados alrededor de la mesa con coñac y café, esperando a nuestro futuro compañero de escondite. Miep primero le enseñó nuestro cuarto de estar; Pfeffer enseguida reconoció nuestros muebles, pero todavía no pensó ni remotamente en que nosotros pudiéramos encontrarnos encima de su cabeza. Cuando Miep se lo dijo, casi se desmaya del asombro. Pero por suerte, Miep no le dejó tiempo de seguir asombrándose y lo acompañó arriba. Pfeffer se dejó caer en

un sillón y se nos quedó mirando sin decir palabra, como si primero quisiera enterarse bien de lo ocurrido a través de nuestras caras. Luego tartamudeó:

—Perro... entonces ¿ustedes no son en la Bélgica? ¿El militar no es aparrecido? ¿El coche? ¿El huida no es logrrado?

Le explicamos cómo había sido todo, cómo habíamos difundido la historia del militar y el coche a propósito, para despistar a la gente y a los alemanes que pudieran venir a buscarnos. Pfeffer de nuevo no tenía palabras ante tanta ingeniosidad, y el resto del día no pudo más que asombrarse al hacer un primer recorrido por nuestra querida y superpráctica Casita de atrás. Comimos todos juntos, Pfeffer se echó a dormir un momento y luego tomó el té con nosotros, ordenó las poquitas cosas suyas que Miep había traído de antemano y muy pronto se sintió como en su casa. Sobre todo cuando se le entregaron las siguientes normas de la Casa escondite de atrás (obra de Van Pels):

Prospecto y guía de la Casa de atrás. Establecimiento especial para la permanencia temporal de judíos y similares.

Abierto todo el año. Convenientemente situado, en zona tranquila y boscosa en el corazón de Ámsterdam. Sin vecinos particulares. Se puede llegar en las líneas 13 y 17 del tranvía municipal, en automóvil y en bicicleta. En los casos en que las autoridades alemanas no permiten el uso de estos últimos medios de transporte, también andando.

Distancia de la Torre de la Moneda: 5 minutos. Distancia de la Zona Sur: 45 minutos. Disponibilidad permanente de pisos y habitaciones, amueblados y sin amueblar, con pensión incluida o sin ella. Alquiler: gratuito. Cocina dietética: sin grasas.

Agua corriente: en el cuarto de baño (sin bañera, lamentablemente) y en varias paredes interiores y exteriores. Estufas y hogares de calor agradable. Amplios depósitos para guardar bienes de todo tipo. Dos grandes y modernas cajas de seguridad. Central de radio propia: con enlace directo desde Londres, Nueva York, Tel Aviv y muchas otras capitales.

Este aparato está a disposición de todos los inquilinos a partir de las seis de la tarde, no existiendo emisoras prohibidas, con la salvedad de que las emisoras alemanas solo podrán escucharse a modo de excepción, por ejemplo audiciones de música clásica y similares. El servicio de noticias radiofónicas funciona de manera continua, en tres turnos. Por la mañana a las siete y a las ocho, al mediodía a la una y por la tarde a las seis. Horario de descanso: desde las 10 de la noche hasta las 7.30 de la mañana, los domingos hasta las 10.15. Debido a las circunstancias reinantes, el horario de descanso también regirá durante el día, según indicaciones de la dirección. ¡¡Se ruega encarecidamente respetar estos horarios por razones de seguridad!! Ocio: suspendido hasta nueva orden por lo que respecta a actividades fuera de casa.

Uso del idioma: es imperativo hablar en voz baja a todas horas; admitidas todas las lenguas civilizadas; o sea, el alemán no.

Lectura y entretenimiento: no se podrán leer libros en alemán, excepto los científicos y de autores clásicos; todos los demás, a discreción.

Ejercicios de gimnasia: a diario.

Canto: en voz baja exclusivamente, y solo después de las 18 horas.

Cine: funciones a convenir.

Clases: de taquigrafía, una clase semanal por correspondencia; de inglés, francés, matemáticas e historia, a todas horas; retribución en forma de otras clases, de idioma neerlandés, por ejemplo.

Queda terminantemente prohibido escuchar y difundir noticias alemanas (indistintamente de dónde provengan).

———

Sección especial: para animales domésticos pequeños, con atención esmerada (excepto bichos y alimañas, que requieren un permiso especial).

———

Precio: a determinar previa consulta.

———

Reglamento de comidas: desayuno todos los días, excepto domingos y festivos, a las 9 de la mañana; domingos y festivos, a las 11.30, aproximadamente.

———

Almuerzo: parcialmente completo. De 13.15 a 13.45.

———

Cena: fría y/o caliente; sin horario fijo, en relación con los partes informativos.

———

Correcciones:

Los convecinos solicitan amablemente que cuando alguien cometa un error al hablar o pronunciar el idioma neerlandés, se les corrija; ello ciertamente redundará en beneficio de todos.

Obligaciones con respecto a la brigada de aprovisionamiento:

Estar siempre dispuestos a asistir en las tareas de oficina.

Aseo personal: los domingos a partir de las 9 de la mañana, los inquilinos pueden disponer de la tina; posibilidad de usarla en el lavabo, la cocina, el despacho o la oficina de delante, según preferencias de cada uno.

Bebidas fuertes: solo por prescripción médica.

Fin.

tu Anne.

Jueves, 19 de nov. de 1942.

Querida Kitty:

Como todos suponíamos, Pfeffer es una persona muy agradable. Por supuesto, le pareció bien compartir la habitación conmigo; yo sinceramente no estoy muy contenta de que un extraño vaya a usar mis cosas, pero hay que hacer algo por la causa común, de modo que es un pequeño sacrificio que hago de buena gana. «Con tal que podamos salvar a alguno de nuestros conocidos, todo lo demás es secundario», ha dicho papá, y tiene toda la razón. El primer día de su estancia aquí, Pfeffer empezó a preguntarme enseguida toda clase de cosas, por ejemplo cuándo viene la asistenta, cuáles son las horas de uso del cuarto de baño, cuándo se puede ir al lavabo, etcétera. Te reirás, pero todo esto no es tan fácil en un escondite. Durante el día no podemos armar barullo, para que no nos oigan desde abajo, y cuando hay otra persona, como por ejemplo la asistenta, tenemos que prestar más atención aún para no hacer ruido. Se lo expliqué prolijamente a Pfeffer, pero hubo una cosa que me sorprendió: que es un poco duro de entendederas, porque pregunta todo dos veces y aun así no lo retiene.

Quizá se le pase, y solo es que está aturdido por la sorpresa. Por lo demás todo va bien. Pfeffer nos ha contado mucho de lo que está pasando fuera, en ese mundo exterior que tanto echamos de menos. Todo lo que nos cuenta es triste. A muchísimos de nuestros amigos y conocidos se los han llevado a un horrible destino. Noche tras noche pasan las furgonetas militares verdes y grises. Llaman a todas las puertas, preguntando si allí viven judíos. En caso afirmativo, se llevan en el acto a toda la familia. En caso negativo continúan su recorrido. Nadie escapa a esta suerte, a no ser que se esconda. Muchas veces también llevan listas y solo llaman allí donde saben que obtendrán un rico botín. A menudo pagan un precio por persona que se llevan: tantos florines por cabeza. ¡Como una cacería de esclavos de las que se hacían antes! Pero no es broma, la cosa es demasiado dramática para eso. Por las noches veo a menudo a esa pobre gente inocente desfilando en la oscuridad, con niños que lloran, siempre en marcha, cumpliendo las órdenes de esos individuos, golpeados y maltratados hasta casi no poder más. No respetan nada: ancianos, niños, bebés, madres embarazadas, enfermos, todos sin excepción marchan camino de la muerte.

Qué bien estamos aquí, qué bien y qué tranquilos. No necesitaríamos tomarnos tan a pecho toda esta miseria, si no fuera que tememos por lo que les está pasando a todos los que tanto queríamos y a quienes ya no podemos ayudar. Me siento mal, porque mientras yo duermo en una cama bien abrigada, mis amigas más queridas quién sabe dónde estarán tiradas.

Me da mucho miedo pensar en todas esas personas con quienes me he sentido siempre tan íntimamente ligada y que ahora están en manos de los más crueles verdugos que hayan existido jamás. Y todo por ser judíos.

tu Anne.

Viernes, 20 de nov. de 1942.

Querida Kitty:

Ninguno de nosotros sabe muy bien qué actitud adoptar. Hasta ahora nunca nos habían llegado tantas noticias sobre la suerte de los judíos y nos pareció lo mejor conservar en lo posible el buen humor. Las pocas veces que Miep ha soltado algo sobre las cosas terribles que le sucedieron a alguna conocida o amiga, mamá y la señora Van Pels se han puesto cada vez a llorar, de modo que Miep decidió no contarles nada más. Pero a Pfeffer enseguida lo acribillaron a preguntas, y las historias que contó eran tan terribles y bárbaras que no eran como para entrar por un oído y salir por el otro. Sin embargo, cuando ya no tengamos las noticias tan frescas en nuestras memorias, seguramente volveremos a contar chistes y a gastarnos bromas. De nada sirve seguir tan apesadumbrados como ahora. A los que están fuera de todos modos no podemos ayudarlos. ¿Y qué sentido tiene hacer de la Casa de atrás una «Casa melancolía»?

En todo lo que hago me acuerdo de todos los que están ausentes. Y cuando alguna cosa me da risa, me asusto y dejo de reír, pensando en que es escandaloso que esté tan alegre. Pero ¿es que tengo que pasarme el día llorando? No, no puedo hacer eso, y esta pesadumbre ya se me pasará.

A todos estos pesares se les ha sumado ahora otro más, pero de tipo personal, y que no es nada comparado con la desgracia que acabo de relatar. Sin embargo, no puedo dejar de contarte que últimamente me estoy sintiendo muy abandonada, que hay un vacío demasiado grande a mi alrededor. Antes nunca pensaba realmente en estas cosas; mis alegrías y mis amigas ocupaban todos mis pensamientos. Ahora solo pienso en cosas tristes o acerca de mí misma. Y finalmente he llegado a la conclusión de que papá, por más bueno que sea, no puede suplantar él solo a mi antiguo mundo. Mamá y Margot ya no cuentan para nada en cuanto a mis sentimientos. Pero ¿por qué molestarte con estas tonterías, Kitty? Soy muy ingrata, ya lo sé, pero ¡la cabeza me da vueltas cuando no hacen más que reñirme, y además, solo me vienen a la mente todas estas cosas tristes!

tu Anne.

Sábado, 28 de nov. de 1942.

Querida Kitty:

Hemos estado usando mucha luz, excediéndonos de la cuota de electricidad que nos corresponde. La consecuencia ha sido una economía exagerada en el consumo de luz y la perspectiva de un corte en el suministro. ¡Quince días sin luz! ¿Qué te parece? Pero quizá no lleguemos a tanto. A las cuatro o cuatro y media de la tarde ya está demasiado oscuro para leer, y entonces matamos el tiempo haciendo todo tipo de tonterías. Adivinar acertijos, hacer gimnasia a oscuras, hablar inglés o francés, reseñar libros, pero a la larga todo te aburre. Ayer descubrí algo nuevo: espiar con un catalejo las habitaciones bien iluminadas de los vecinos de atrás. Durante el día no podemos correr las cortinas ni un centímetro, pero cuando todo está tan oscuro no hay peligro. Nunca antes me había dado cuenta de lo interesante que podían resultar los vecinos, al menos los nuestros. A unos los encontré sentados a la mesa comiendo, una familia estaba haciendo una proyección y el dentista de aquí enfrente estaba atendiendo a una señora mayor muy miedica.

El señor Pfeffer, el hombre del que siempre decían que se entendía tan bien con los niños y que los quería mucho a todos, ha resultado ser un educador de lo más chapado a la antigua, a quien le gusta soltar sermones interminables sobre buenos modales y buen comportamiento. Dado que tengo la extraordinaria dicha (!) de compartir mi lamentablemente muy estrecha habitación con este archidistinguido y educado señor, y dado que por lo general se me considera la peor educada de los tres jóvenes de la casa, tengo que hacer lo imposible para eludir las muchas veces reiteradas regañinas y advertencias y hacerme la sueca. Todo esto no sería tan terrible si el estimado señor no fuera tan soplón y, para colmo de males, no hubiera elegido justo a mamá para irle con el cuento. Cada vez que me suelta un sermón, al poco tiempo aparece mamá y la historia se repite. Y cuando estoy realmente de suerte, a los cinco minutos me llama la señora Van Pels para pedirme cuentas, y ¡vuelta a empezar!

De veras, no creas que es tan fácil ser el foco maleducado de la atención de una familia de escondidos entrometidos. Por las noches, cuando me pongo a repensar en la cama los múltiples pecados y defectos que se me atribuyen, la gran masa de cosas que debo considerar me confunde de tal manera que o bien me echo a reír, o bien a llorar, según cómo esté de humor. Y entonces me duermo con la extraña sensación de querer otra cosa de la que soy, o de ser otra cosa de la que quiero, o quizá también de hacer otra cosa de la que quiero o soy. ¡Santo cielo!, ahora también te voy a confundir a ti, perdóname, pero no me gusta hacer tachones, y tirar papel en épocas de gran escasez está prohibido. De modo que solo puedo recomendarte que no releas la frase de arriba y sobre todo que no te pongas a analizarla, porque de cualquier modo no sacarás nada en limpio.

tu Anne.

Lunes, 7 de dic. de 1942.

Querida Kitty:

Este año Januká y San Nicolás casi coinciden; hubo un solo día de diferencia. Januká no lo festejamos con tanto bombo, solo unas chucherías que nos regalamos mutuamente y luego las velas. Como hay escasez de velas, no las tenemos encendidas más que diez minutos, pero si va acompañado del cántico, con eso basta. El señor Van Pels ha fabricado un candelabro de madera, así que eso también lo tenemos. La noche de San Nicolás, el sábado, fue mucho más divertida. Bep y Miep habían despertado nuestra curiosidad cuchicheando todo el tiempo con papá entre las comidas, de modo que ya nos olíamos que algo estaban tramando. Y así fue: a las ocho de la noche todos bajamos por la escalera de madera, pasando por el pasillo superoscuro (yo estaba aterrada y hubiese querido estar nuevamente arriba, sana y salva), hasta llegar al pequeño cuarto del medio. Allí pudimos encender la luz, ya que este cuartito no tiene ventanas. Hecho esto, papá abrió la puerta del armario grande.

—¡Oh, qué bonito! —exclamamos todos.

En el rincón había una enorme cesta adornada con papel especial de San Nicolás y con una careta de su criado Pedro el Negro. Rápidamente nos llevamos la cesta arriba. Había un regalo para cada uno, acompañado de un poema alusivo. Ya sabrás cómo son los poemas de San Nicolás, de modo que no te los voy a copiar todos, pero tanto el de mamá como el de la señora Van Pels eran muy apropiados:

> Armarse de paciencia
> parece tan sencillo,
> no es ninguna ciencia.
> Pero esperar y esperar
> con el pensamiento
> lleno de pesar
> es muy difícil,
> aunque así deba ser.
> Quiso, pues, premiar
> esa paciencia San Nicolás.
> Un bonito calendario
> le supieron mostrar
> y a su paje Pedro el Negro
> le ordenó llevar
> este lindo presente
> para la señora Frank.

> ———

> Esmerada y hacendosa
> cada día ella se muestra.
> Es quizá ese el motivo
> de que aquí todos la quieran. (¡falso piropo!).
> Siempre con horno y gas
> muchos ricos platillos

nos sabe preparar.
Mas… cuando para de guisar
¿en qué piensa, me pregunto?
¡Hacer punto, hacer punto!
Por eso pensó San Nicolás,
que no es ningún granuja,
que bien le vendría a esta mujer
un lindo estuche para sus agujas.

Producción: Jan Gies.

A mí me regalaron un muñequito de feria, a papá unos sujetalibros, etcétera. Lo principal es que todo era muy ingenioso y divertido, y como ninguno de los ocho escondidos habíamos festejado jamás San Nicolás, este estreno estuvo muy acertado.

tu Anne.

P.D.: Para los de abajo por supuesto también había regalos, todos procedentes de otras épocas mejores, y además algún dinero, que a Miep y Bep siempre les viene bien.

Hoy supimos que el cenicero que le regalaron a Van Pels, el portarretratos de Pfeffer y los sujetalibros de papá los hizo todos Voskuijl en persona. ¡Es asombroso lo que ese hombre sabe fabricar con las manos!

tu Anne.

Jueves, 10 de dic. de 1942.

Querida Kitty:

El señor Van Pels ha trabajado toda su vida en el ramo de los embutidos, las carnes y las especias. En el negocio de papá se le contrató por sus cualidades de especiero, pero ahora está mostrando su lado de charcutero, lo que no nos viene nada mal. Habíamos encargado mucha carne (clandestinamente, claro) para conservar en frascos para cuando tuviéramos que pasar tiempos difíciles. Van Pels quiso hacer salchichas, longanizas y salchichones. Fue gracioso ver cómo pasaba primero por la picadora los trozos de carne, dos o tres veces, y cómo introducía en la masa de carne todos los aditivos y llenaba las tripas a través de un embudo. Las salchichas nos las comimos enseguida al mediodía con el chucrut, pero las longanizas, que eran para conservar, primero debían secarse bien, y para ello las colgamos de un palo que pendía del techo con dos cuerdas. Todo el que entraba en el cuarto y veía la exposición de embutidos se echaba a reír. Es que era todo un espectáculo.

En el cuarto reinaba un gran ajetreo. El señor Van Pels tenía puesto un delantal de su mujer y estaba, todo lo gordo que era (parecía más gordo de lo que es en realidad), atareadísimo preparando la carne. Las manos ensangrentadas, la cara colorada y las manchas en el delantal le daban el aspecto de un carnicero de verdad. La señora hacía de todo a la vez: estudiar neerlandés con un librito, remover la sopa, mirar la carne, suspirar y lamentarse por su costilla pectoral superior rota. ¡Eso es lo que pasa cuando las señoras mayores (!) se ponen a hacer esos ejercicios de gimnasia tan ridículos para rebajar el gran trasero que tienen!

Pfeffer tenía un ojo inflamado y se aplicaba compresas de manzanilla junto a la estufa. Pim estaba sentado en una silla justo donde le daba un rayo de sol que entraba por la ventana; le pedían que se hiciera a un lado continuamente. Seguro que de nuevo le molestaba el reúma, porque torcía bastante el cuerpo y miraba lo que hacía el señor Van Pels con un gesto de fastidio en la cara. Era clavado a uno de esos viejecitos inválidos de un asilo de ancianos. Peter se revolcaba por el suelo con el gato (llamado Mouschi), y mamá, Margot y yo estábamos pelando patatas, pero finalmente nadie hacía bien su trabajo para poder mirar a Van Pels.

———

Pfeffer ha abierto su consulta de dentista. Para que te diviertas, te contaré cómo ha sido el primer tratamiento. Mamá estaba planchando la ropa y la señora Van Pels, la primera víctima, se sentó en un sillón en el medio de la habitación. Pfeffer empezó a sacar sus cosas de una cajita con mucha parsimonia, pidió agua de colonia para usar como desinfectante, y vaselina para usar como cera. Le miró la boca a la señora y le tocó un diente y una muela, lo que hizo que se encogiera del dolor como si se estuviese muriendo y emitiera sonidos ininteligibles. Tras un largo reconocimiento (según le pareció a ella, porque en realidad no duró más que dos minutos), Pfeffer empezó a escarbar una caries. Pero ella no se lo iba a permitir. Se puso a agitar frenéticamente brazos y piernas, de modo que en determinado momento Pfeffer soltó el escarbador... ¡que a la señora se le quedó clavado en un diente! ¡Ahí sí que se armó la gorda! La señora empezó a hacer aspavientos, lloraba (en la medida en que eso es posible con un instrumento así en la boca), intentaba sacarse el escarbador de la boca, pero en vez de salirse, se le iba metiendo más. El señor Pfeffer observaba el espectáculo con toda la calma del mundo, con las manos en la cintura. Los demás espectadores nos moríamos de risa, lo que estaba muy mal, porque estoy segura de que yo misma habría gritado más fuerte aún. Después de mucho dar vueltas, patear, chillar y gritar, la señora logró quitarse el escarbador y el señor Pfeffer, sin inmutarse, continuó su trabajo. Lo hizo tan rápido que a la señora ni le dio tiempo de volver a la carga. Es que Pfeffer contaba con más ayuda de la que había tenido jamás: el señor y yo éramos sus dos asistentes, lo cual no era poco. La escena parecía una estampa de la Edad Media, titulada «Curandero en acción». Entretanto, la señora no se mostraba muy paciente, ya que tenía que vigilar «su» sopa y «su» comida. Lo que es seguro es que la señora dejará pasar algún tiempo antes de pedir que le hagan otro tratamiento.

tu Anne.

Domingo, 12 de dic. de 1942.

Querida Kitty:
Estoy cómodamente instalada en la oficina de delante, mirando por la ventana a través de la rendija del cortinaje. Estoy en la penumbra, pero aún hay suficiente luz para escribirte.

Es curioso ver pasar a la gente, parece que todos llevaran muchísima prisa y anduvieran pegando tropezones. Y las bicicletas, bueno, ¡esas sí que pasan a ritmo vertiginoso! Ni siquiera puedo ver qué clase de individuo va montado en ellas. La gente del barrio no tiene muy buen aspecto que digamos, y sobre todo los niños están tan sucios que da asco tocarlos. Son verdaderos barriobajeros, con los mocos colgándoles de la nariz. Cuando hablan, casi no entiendo lo que dicen. Ayer por la tarde, Margot y yo estábamos aquí bañándonos y le dije:

—¿Qué pasaría si con una caña de pescar pescáramos a los niños que pasan por aquí y los metiéramos en la tina, uno por uno, les remendáramos la ropa y volviéramos a soltarlos?

A lo que Margot respondió:

—Mañana estarían igual de mugrientos y con la ropa igual de rota que antes.

Pero basta ya de tonterías, que también se ven otras cosas: coches, barcos y la lluvia. Oigo pasar el tranvía y a los niños, y me divierto.

Nuestros pensamientos varían tan poco como nosotros mismos. Pasan de los judíos a la comida y de la comida a la política, como en un tiovivo. Entre paréntesis, hablando de judíos: ayer, mirando por entre las cortinas, y como si se tratara de una de las maravillas del mundo, vi pasar a dos judíos. Fue una sensación tan extraña… como si los hubiera traicionado y estuviera espiando su desgracia.

Justo enfrente de aquí hay un barco vivienda en el que viven el patrón con su mujer y sus hijos. Tienen uno de esos perritos ladradores, que aquí solo conocemos por sus ladridos y por el rabo en alto, que es lo único que sobresale cuando recorre los pasadizos del barco.

¡Uf!, ha empezado a llover y la mayoría de la gente se ha escondido bajo sus paraguas. Ya no veo más que gabardinas y a veces la parte de atrás de alguna cabeza con gorro. En realidad no hace falta ver más. A las mujeres ya casi me las conozco de memoria: hinchadas de tanto comer patatas, con un abrigo rojo o verde y zapatos de tacones desgastados, un bolso colgándoles del brazo, con un aire furioso o bonachón, según cómo estén de humor sus maridos.

tu Anne.

*Martes, 22
de dic. de 1942.*

Querida Kitty:
La Casa de atrás ha recibido la buena nueva de que para Navidad entregarán a cada uno 125 gramos de mantequilla extra. En el periódico dice un cuarto de kilo, pero eso es solo para los mortales dichosos que reciben sus cartillas de racionamiento del Estado, y no para judíos escondidos, que a causa de lo elevado del precio compran cuatro cartillas en lugar de ocho, y clandestinamente.

Con la mantequilla todos pensamos hacer alguna cosa de repostería. Yo esta mañana he hecho galletas y dos tartas. En el piso de arriba todos andan trajinando como locos, y mamá me ha prohibido que vaya a estudiar o a leer hasta que hayan terminado de hacer todas las tareas domésticas. La señora Van Pels guarda cama a causa de su costilla contusionada, se queja todo el día, pide que le cambien los vendajes a cada rato y no se conforma con nada. Daré gracias cuando vuelva a valerse por sí misma, porque hay que reconocer una cosa: es extraordinariamente hacendosa y ordenada y también alegre, siempre y cuando esté en forma, tanto física como anímicamente. Como si durante el día no me estuvieran insistiendo bastante con el «¡chis, chis!» para que no haga ruido, a mi compañero de habitación ahora se le ha ocurrido chistarme también por las noches a cada rato. O sea, que, según él, ni siquiera puedo volverme en la cama. Me niego a hacerle caso, y la próxima vez le contestaré con otro «¡chis!».

Cada día que pasa está más fastidioso y egoísta. De las galletas que tan generosamente me prometió, después de la primera semana no volví a ver ni una. Sobre todo los domingos me pone furiosa que encienda la luz tempranísimo y se ponga a hacer gimnasia durante diez minutos.

A mí, pobre víctima, me parece que fueran horas, porque las sillas que hacen de prolongación de mi cama se mueven continuamente bajo mi cabeza, medio dormida aún. Cuando acaba con sus ejercicios de flexibilidad, haciendo unos enérgicos movimientos de brazos, el caballero comienza con su rito indumentario. Los calzoncillos cuelgan de un gancho, de modo que primero va hasta allí a recogerlos y luego vuelve a donde estaba. La corbata está sobre la mesa, y para ir hasta allí tiene que pasar junto a las sillas, a empujones y tropezones. Pero mejor no te molesto con mis lamentaciones sobre viejos latosos, ya que de todos modos no cambian nada, y mis pequeñas venganzas, como desenroscarle la lámpara, cerrar la puerta con el pestillo o esconderle la ropa, debo suprimirlas, lamentablemente, para mantener la paz. ¡Qué sensata me estoy volviendo! Aquí todo debe hacerse con sensatez: estudiar, obedecer, cerrar el pico, ayudar, ser buena, ceder y no sé cuántas cosas más. Temo que mi sensatez, que no es muy grande, se esté agotando demasiado rápido y que no me quede nada para después de la guerra.

tu Anne.

Miércoles, 13 de ene. de 1943.

Querida Kitty:

Tenemos una nueva actividad: llenar paquetes con salsa de carne (en polvo), un producto de Gies & Co. El señor Kugler no encuentra gente que se lo haga, y haciéndolo nosotros también resulta mucho más barato. Es un trabajo como el que hacen en las cárceles, muy aburrido, y que a la larga te marea y hace que te entre la risa tonta. Fuera pasan cosas terribles. Día y noche se están llevando a esa pobre gente, que no lleva consigo más que una mochila y algo de dinero. Y aun estas pertenencias se las quitan en el camino. A las familias las separan sin clemencia: hombres, mujeres y niños van a parar a sitios diferentes. Al volver de la escuela, los niños ya no encuentran a sus padres. Las mujeres que salen a hacer la compra, al volver a sus casas se encuentran con la puerta sellada y con que sus familias han desaparecido. Los holandeses cristianos también empiezan a tener miedo, pues se están llevando a sus hijos varones a Alemania a trabajar. Todo el mundo tiene miedo. Y todas las noches cientos de aviones sobrevuelan Holanda, en dirección a Alemania, donde las bombas que tiran arrasan con las ciudades, y en Rusia y África caen cientos o miles de soldados cada hora. Nadie puede mantenerse al margen. Todo el planeta está en guerra, y aunque a los aliados les va mejor, todavía no se logra divisar el final.

¿Y nosotros? A nosotros nos va bien, mejor que a millones de otras personas. Estamos en un sitio seguro y tranquilo y todavía nos queda dinero para mantenernos. Somos tan egoístas que hablamos de lo que haremos «después de la guerra», de que nos compraremos ropa y zapatos nuevos, mientras que deberíamos ahorrar hasta el último céntimo para poder ayudar a esa gente cuando acabe la guerra, e intentar salvar lo que se pueda. Los niños del barrio andan por la calle vestidos con una camisa finita, los pies metidos en zuecos, sin abrigos, sin gorros, sin medias, y no hay nadie que haga algo por ellos. Tienen la panza vacía, pero van mordiendo una zanahoria, dejan sus frías casas, van andando por las calles aún más frías y llegan a las aulas igualmente frías. Holanda ya ha llegado al extremo de que por las calles muchísimos niños paran a los transeúntes para pedirles un pedazo de pan. Podría estar horas contándote las desgracias que trae la guerra, pero eso haría que me desanimara aún más. No nos queda más remedio que esperar con la mayor tranquilidad posible el final de toda esta desgracia. Tanto los judíos como los cristianos están esperando, todo el planeta está esperando, y muchos están esperando la muerte.

tu Anne.

Sábado, 30 de ene. de 1943.

Querida Kitty:

Me hierve la sangre y tengo que ocultarlo. Quisiera patalear, gritar, sacudir con fuerza a mamá, llorar y no sé qué más, por todas las palabras desagradables, las miradas burlonas, las recriminaciones que como flechas me lanzan todos los días con sus arcos tensados y que se clavan en mi cuerpo sin que pueda sacármelas. A mamá, Margot, Van Pels, Pfeffer y también a papá me gustaría gritarles: «¡Dejadme en paz, dejadme dormir por fin una noche sin que moje de lágrimas la almohada, me ardan los ojos y me latan las sienes! ¡Dejadme que me vaya lejos, muy lejos, lejos del mundo si fuera posible!». Pero no puedo. No puedo mostrarles mi desesperación, no puedo hacerles ver las heridas que han abierto en mí. No soportaría la compasión ni las burlas bienintencionadas. En ambos casos me daría por gritar.

Todos dicen que hablo de manera afectada, que soy ridícula cuando callo, descarada cuando contesto, taimada cuando tengo una buena idea, holgazana cuando estoy cansada, egoísta cuando como un bocado de más, ignorante, cobarde, calculadora, etcétera, etcétera. Todo el santo día me están diciendo que soy una tipa insoportable, y aunque me río de ello y hago como que no me importa, en verdad me afecta, y me gustaría pedirle a Dios que me diera otro carácter, uno que no haga que la gente siempre descargue su furia sobre mí.

Pero no es posible, mi carácter me ha sido dado tal cual es, y siento en mí que no puedo ser mala. Me esfuerzo en satisfacer los deseos de todos, más de lo que se imaginan aun remotamente. Arriba trato de reír, pues no quiero mostrarles mis penas.

Más de una vez, después de recibir una sarta de recriminaciones injustas, le he soltado a mamá: «No me importa lo que digas. No te preocupes más por mí, que soy un caso perdido». Naturalmente, ella me contestaba que era una descarada, me ignoraba más o menos durante dos días y luego, de repente, se olvidaba de todo y me trataba como a cualquier otro.

Me es imposible ser toda melosa un día, y al otro día echarles a la cara todo mi odio. Prefiero el justo medio, que de justo no tiene nada, y no digo nada de lo que pienso, y alguna vez trato de ser tan despreciativa con ellos como ellos lo son conmigo. ¡Ay, ojalá pudiera!

tu Anne.

Viernes, 5 de feb. de 1943.

Querida Kitty:
Hace mucho que no te escribo nada sobre las riñas, pero de todos modos, nada ha cambiado al respecto. El señor Pfeffer al principio se tomaba nuestras desavenencias, rápidamente olvidadas, muy a la tremenda, pero está empezando a acostumbrarse a ellas y ya no intenta hacer de mediador.

Margot y Peter no son para nada lo que se dice «jóvenes»; los dos son tan aburridos y tan callados... Yo desentono muchísimo con ellos, y siempre me andan diciendo «Margot y Peter tampoco hacen eso, fíjate en cómo se porta tu hermana». ¡Estoy harta! Te confesaré que yo no quiero ser para nada como Margot. La encuentro demasiado blandengue e indiferente, se deja convencer por todo el mundo y cede en todo. ¡Yo quiero ser más firme de espíritu! Pero estas teorías me las guardo para mí, se reirían mucho de mí si usara estos argumentos para defenderme.

En la mesa reina por lo general un clima tenso. Menos mal que los «soperos» cada tanto evitan que se llegue a un estallido. Los soperos son todos los que suben de la oficina a tomar un plato de sopa. Esta tarde el señor Van Pels volvió a hablar de lo poco que come Margot: «Seguro que lo hace para guardar la línea», prosiguió en tono de burla. Mamá, que siempre sale a defenderla, dijo en voz bien alta:

—Ya estoy cansada de oír las sandeces que dice.

La señora se puso colorada como un tomate; el señor miró al frente y no dijo nada.

Pero muchas veces también nos reímos de algo que dice alguno de nosotros. Hace poco la señora soltó un disparate muy cómico cuando estaba hablando del pasado, de lo bien que se entendía con su padre y de sus múltiples coqueteos:

—Y saben ustedes que cuando a un caballero se le va un poco la mano —prosiguió—, según mi padre, había que decirle: «Señor, que soy una dama», y él sabría a qué atenerse.

Soltamos la carcajada como si se tratara de un buen chiste.

Aun Peter, pese a que normalmente es muy callado, de tanto en tanto nos hace reír. Tiene la desgracia de que le encantan las palabras extranjeras, pero que no siempre conoce su significado. Una tarde en la que no podíamos ir al retrete porque había visitas en la oficina, Peter tuvo gran necesidad de ir, pero no pudo tirar de la cadena. Para prevenirnos del olor, sujetó un cartel en la puerta del lavabo, que ponía «svp gas». Naturalmente, había querido poner «cuidado, gas», pero svp le pareció más fino. No tenía la más mínima idea de que eso en francés significa «por favor».

tu Anne.

Sábado, 27 de feb. de 1943.

Querida Kitty:

Según Pim, la invasión se producirá en cualquier momento. Churchill ha tenido una pulmonía, pero se está restableciendo. Gandhi, el independentista indio, hace su enésima huelga de hambre. La señora afirma que es fatalista. ¿A quién le da más miedo cuando disparan? Nada menos que a Gusti. Jan nos ha traído la carta pastoral de los obispos dirigida a la grey católica. Está escrita en un estilo muy bonito y muy exhortativo. «¡Holandeses, no permanezcáis pasivos! ¡Que cada uno luche con sus propias armas por la libertad del país, de su pueblo y de su religión! ¡Ayudad, dad, no dudéis!». Esto lo proclaman sin más ni más desde el púlpito. ¿Servirá de algo? Decididamente no servirá para salvar a nuestros correligionarios. No te imaginas lo que nos acaba de pasar: el propietario del edificio ha vendido su propiedad sin informar a Kugler ni a Kleiman. Una mañana se presentó el nuevo dueño con un arquitecto para ver la casa. Menos mal que estaba el señor Kleiman, que les enseñó todo el edificio, salvo nuestra Casita de atrás. Supuestamente había olvidado la llave de la puerta de paso en su casa. El nuevo casero no insistió.

Esperemos que no vuelva para ver la Casa de atrás, porque entonces sí que nos veremos en apuros.

Papá ha vaciado un fichero para que lo usemos Margot y yo, y lo ha llenado de fichas con una cara todavía sin escribir. Será nuestro fichero de libros, en el que las dos apuntaremos qué libros hemos leído, el nombre de los autores y la fecha.

Tenemos un nuevo sistema para la distribución de la mantequilla y la margarina. A cada uno se le da su ración en el plato, pero la distribución es bastante injusta. Los Van Pels, que son los que se encargan de hacer el desayuno, se dan a sí mismos casi el doble de lo que nos ponen a nosotros. Mis viejos no dicen nada porque no quieren pelea. Lástima, porque pienso que a esa gente siempre hay que pagarle con la misma moneda.

tu Anne.

Jueves, 4 de mar. de '43.

Querida Kitty:

La señora tiene un nuevo nombre; la llamamos la Sra. Beaverbrook. Claro, no comprenderás el porqué. Te explico: en la radio inglesa habla a menudo un tal mister Beaverbrook sobre que se bombardea demasiado poco a Alemania. La señora Van Pels siempre contradice a todo el mundo, hasta a Churchill y al servicio informativo, pero con mister Beaverbrook está completamente de acuerdo. Por eso, a nosotros nos pareció lo mejor que se casara con este señor Beaverbrook, y como se sintió halagada, en lo sucesivo la llamaremos Sra. Beaverbrook.

Vendrá a trabajar un nuevo mozo de almacén. Al viejo lo mandan a trabajar a Alemania. Lo lamentamos por él, pero a nosotros nos conviene porque el nuevo no conoce el edificio. Los mozos del almacén todavía nos tienen bastante preocupados.

Gandhi ha vuelto a comer. El mercado negro funciona a las mil maravillas. Podríamos comer todo lo que quisiéramos si tuviéramos el dinero para pagar los precios prohibitivos que piden. Broks el otro día en el tren compró medio kilo de mantequilla, el verdulero le compra las patatas a la Wehrmacht y las trae en sacos al antiguo despacho de papá. Sabe que estamos escondidos, y por eso siempre se las arregla para venir al mediodía, cuando los del almacén se van a sus casas a comer.

Cada vez que respiramos, nos vienen estornudos o nos da la tos, de tanta pimienta que estamos moliendo. Todos los que suben a visitarnos nos saludan con un «¡achís!». La señora afirma que no baja porque se enfermaría si sigue aspirando tanta pimienta.

No me gusta mucho el negocio de papá; no vende más que gelatinizantes y pimienta. ¡Un comerciante en productos alimenticios debería vender por lo menos alguna golosina!

Esta mañana ha vuelto a caer sobre mí una tormenta atronadora de palabras. Hubo rayos y centellas de tal calibre que todavía me zumban los oídos. Que esto y que aquello, que «Anne mal» y que «Van Pels bien», que patatín y que patatán.

tu Anne.

Miércoles, 10 de mar. de 1943.

Querida Kitty:

Anoche se produjo un cortocircuito. Además, hubo tiros a granel. Todavía no le he perdido el miedo a todo lo que sea metrallas o aviones y casi todas las noches me refugio en la cama de papá para que me consuele. Te parecerá muy infantil, pero ¡si supieras lo horrible que es! No puedes oír ni tus propias palabras, de tanto que truenan los cañones. La Sra. Beaverbrook, la fatalista, casi se echó a llorar y dijo con un hilito de voz:

—¡Ay, por Dios, qué desagradable! ¡Ay, qué disparos tan fuertes!

Lo que viene a significar: ¡Estoy muerta de miedo!

A la luz de una vela no parecía tan terrible como cuando todo estaba oscuro. Yo temblaba como una hoja y le pedí a papá que volviera a encender la vela. Pero él fue implacable y no la encendió. De repente empezaron a disparar las ametralladoras, que son diez veces peor que los cañones. Mamá se levantó de la cama de un salto y, con gran disgusto de

Pim, encendió la vela. Cuando Pim protestó, mamá le contestó resueltamente:

—¡Anne no es soldado viejo!

Y sanseacabó.

¿Te he contado los demás miedos de la señora? Creo que no. Para que estés al tanto de todas las aventuras y desventuras de la Casa de atrás, debo contarte también lo siguiente: una noche, la señora creyó que había ladrones en el desván. De verdad oyó pasos fuertes, según ella, y sintió tanto miedo que despertó a su marido. Justo en ese momento, los ladrones desaparecieron y el único ruido que oyó el señor fue el latido del corazón temeroso de la fatalista.

—¡Ay, Putti —el apodo cariñoso del señor—, seguro que se han llevado las longanizas y todas nuestras legumbres! ¡Y Peter! ¡Ay!, ¿estará todavía en su cama?

—A Peter difícilmente se lo habrán llevado, no temas. Y ahora, déjame dormir.

Pero fue imposible. La señora tenía tanto miedo que ya no se pudo dormir. Algunas noches más tarde, toda la familia del piso de arriba se despertó a causa del ruido fantasmal. Peter subió al desván con una linterna y, ¡trrrr!, vio cómo un ejército de ratas se daba a la fuga.

Cuando nos enteramos de quiénes eran los ladrones, dejamos que Mouschi durmiera en el desván, y los huéspedes inoportunos ya no regresaron. Al menos, no por las noches. Hace algunos días, Peter subió a la buhardilla a buscar unos periódicos viejos. Eran las siete y media de la tarde y aún había luz. Para poder bajar por la escalera, tenía que agarrarse de la trampilla. Apoyó la mano sin mirar y… ¡casi se cae del susto y del dolor! Sin saberlo, había apoyado la mano en una enorme rata, que le dio un fuerte mordisco en el brazo. La sangre había traspasado la tela del pijama cuando llegó tambaleándose y más blanco que el papel donde estábamos nosotros. No era para menos: acariciar una rata no debe de ser nada agradable y recibir una mordedura encima, menos aún.

tu Anne.

Viernes, 12 de mar. de '43

Querida Kitty:

Permíteme que te presente: mamá Frank, defensora de los niños.

Más mantequilla para los jóvenes, los problemas de la juventud moderna: en todo sale en defensa de los jóvenes y, tras una buena dosis de disputas, casi siempre se sale con la suya.

Un frasco de lengua en conserva se ha echado a perder. Festín para Mouschi y Moffi.

Moffi aún es un desconocido para ti. Sin embargo, ya pertenecía al edificio antes de que nos instaláramos aquí. Es el gato del almacén y de la oficina, que ahuyenta a las ratas en los depósitos de mercancías. Su nombre político es fácil de explicar. Durante una época, la firma Gies & Co. tenía dos gatos, uno para el almacén y otro para el desván. A veces sucedía que los dos se encontraban, lo que acababa en grandes peleas. El que atacaba era siempre el almacenero, aunque luego fuera el desvanero el que obtuviera la victoria. Igual que en la política. Por eso, el gato del almacén pasó a ser el alemán o Moffi, y el del desván, el inglés o Tommie.

Tommie ya no está, pero Moffi hace las delicias de todos nosotros. Hemos comido tantas habas y judías pintas que ya no las puedo ni ver. Con solo pensar en ellas se me revuelve el estómago.

Hemos tenido que suprimir por completo el suministro de pan para cenar. Bombardeos terribles en Alemania. El señor Van Pels está de mal humor. El motivo: la escasez de tabaco. La discusión sobre si debemos consumir o no las latas de conservas la hemos ganado nosotros.

Ya no me entra ningún zapato, salvo las botas de esquí, que son poco prácticas para andar por dentro de casa. Un par de sandalias de esparto de ƒ 6,50 solo pude usarlas durante una semana, luego ya no me sirvieron. Quizá Miep consiga algo en el mercado negro.

Todavía tengo que cortarle el pelo a papá. Pim dice que lo hago tan bien que cuando termine la guerra nunca más irá a un peluquero. ¡Ojalá no le cortara tantas veces en la oreja!

tu Anne.

Jueves, 18 de mar. de '43.

Queridísima Kitty:
Turquía ha entrado en guerra. Gran agitación. Esperamos con gran ansiedad las noticias de la radio.

Viernes, 19 de mar. de '43.

Querida Kitty:
La alegría dio paso a la decepción en menos de una hora. Turquía aún no ha entrado en guerra; el ministro de allí solo mencionó la supresión inminente de la neutralidad. Un vendedor de periódicos de la plaza del Dam exclamaba: «¡Turquía del lado de Inglaterra!». La gente le arrebataba los ejemplares de las manos. Así fue como el grato rumor llegó también a nuestra casa.

Los billetes de mil florines serán declarados sin valor, lo que supondrá un gran chasco para los estraperlistas y similares, pero aún más para los que tienen dinero negro y para los escondidos. Los que quieran cambiar un billete de mil florines tendrán que explicar y demostrar cómo lo consiguieron exactamente.

Para pagar los impuestos todavía se pueden utilizar, pero la semana que viene eso habrá acabado. Y para esa misma fecha, también los billetes de *f* 500 habrán perdido su validez. Gies & Co. aún tenía algunos billetes de *f* 1.000 en dinero negro, pero los han usado para pagar un montón de impuestos por adelantado, con lo que ha pasado a ser dinero limpio. A Pfeffer le han traído un pequeño torno a pedal. Supongo que en poco tiempo más me tocará hacerme una revisión a fondo.

Hablando de Pfeffer, no acata para nada las reglas del escondite. No solo le escribe cartas a la mujer, sino que también mantiene una asidua correspondencia con varias otras personas. Las cartas, escritas en holandés, se las da a Margot, la profesora de neerlandés de la Casa de atrás, para que se las corrija. Papá le ha prohibido terminantemente que siga con sus cartas. La tarea de corregir de Margot ha terminado, pero personalmente supongo que Pfeffer no estará mucho tiempo sin escribir.

El «Führer de todos los germanos» ha hablado con los soldados heridos. Daba pena oírlo. El juego de preguntas y respuestas era más o menos el siguiente:

—Me llamo Heinrich Scheppel.

—¿Lugar donde fue herido?

—Cerca de Stalingrado.

—¿Tipo de heridas?

—Pérdida de los dos pies por congelamiento y rotura de la articulación del brazo izquierdo.

Exactamente así nos transmitía la radio este horrible teatro de marionetas. Los heridos parecían estar orgullosos de sus heridas. Cuantas más tenían, mejor. Uno estaba tan emocionado de poder estrecharle la mano al Führer (si es que aún la tenía), que casi no podía pronunciar palabra.

Se me ha caído al suelo la pastilla de jabón de Pfeffer, y como luego la pisé, se le ha quedado en la mitad. Ya le he pedido a papá una indemnización por adelantado, sobre todo porque a Pfeffer no le dan más que una pastilla de jabón al mes.

tu Anne.

*25 de marzo
1943.
Jueves*

Querida Kitty:

Mamá, papá, Margot y yo estábamos plácidamente reunidos, cuando de repente entró Peter y le susurró algo al oído a papá. Oí algo así como «un barril volcado en el almacén» y «alguien forcejeando con la puerta». También Margot había entendido eso, pero trató de tranquilizarme un poco, porque me había puesto más blanca que el papel y estaba muy nerviosa, naturalmente.

Las tres nos quedamos esperando a ver qué pasaba, mientras papá bajó con Peter. No habían pasado dos minutos cuando la señora Van Pels, que había estado escuchando la radio abajo, subió para decir que Pim le había pedido que la apagara y que subiera sin hacer ruido. Pero como suele pasar cuando uno no quiere hacer ruido: los escalones de una vieja escalera justamente crujen más que nunca. A los cinco minutos volvieron Peter y Pim, blancos hasta la punta de las narices, y nos contaron sus peripecias.

Se habían apostado a esperar al pie de la escalera, sin consecuencias, pero de repente escucharon dos fuertes golpes, como si dentro de la casa se hubieran cerrado con violencia dos puertas. Pim subió en dos zancadas, pero Peter fue antes a avisar a Pfeffer, que haciendo muchos aspavientos y estruendo llegó también por fin arriba. Luego todos subimos en calcetines al piso de los Van Pels. El señor estaba muy acatarrado y ya se había acostado, de modo que nos reunimos alrededor de su lecho y le susurramos nuestras sospechas.

Cada vez que se ponía a toser fuerte, la señora y yo pensamos que nos iba a dar algo del susto. Esto siguió así hasta que a alguien se le ocurrió la brillante idea de darle codeína. La tos se le pasó enseguida.

De nuevo esperamos y esperamos, pero ya no se oyó nada más. Entonces en realidad todos supusimos que los ladrones, al oír pasos en la casa por lo demás tan silenciosa, se habrían largado. Pero el problema era que la radio abajo había quedado sintonizada en Inglaterra, y las sillas ordenadamente dispuestas alrededor. Si alguien había forzado la puerta y los de la defensa antiaérea se enteraban y avisaban a la policía, las consecuencias podrían ser muy desagradables para nosotros. Así que el señor Van Pels se levantó, se puso los pantalones y la chaqueta, se caló el sombrero y siguió a papá escaleras abajo, cautelosamente, con Peter detrás, que para mayor seguridad iba armado con un gran martillo. Las mujeres (incluidas Margot y yo) nos quedamos arriba esperando con gran ansiedad, hasta que a los cinco minutos los hombres volvieron diciendo que en toda la casa reinaba la calma. Convinimos en que no dejaríamos correr el agua ni tiraríamos de la cadena, pero como el revuelo nos había trastocado casi a todos el estómago, te podrás imaginar el aroma que había en el retrete cuando fuimos uno tras otro a depositar nuestras necesidades. Cuando pasa algo así, siempre hay un montón de cosas que coinciden. Lo mismo que ahora: en primer lugar, las campanas de la iglesia no tocaban, lo que normalmente siempre me tranquiliza. En segundo lugar, el señor Voskuijl se había retirado la tarde anterior un rato antes de lo habitual, sin que nosotros supiéramos a ciencia cierta si Bep se había hecho con la llave a tiempo o si había olvidado cerrar con llave. Pero no importaban los detalles. Lo cierto es que aún era de noche y no sabíamos a qué atenernos, aunque por otro lado ya estábamos algo más tranquilos, ya que desde las ocho menos cuarto, aproximadamente, hora en que el ladrón había entrado en la casa a merodear, hasta las diez y media no oímos más ruidos. Pensándolo bien, nos pareció bastante poco probable que un ladrón hubiera forzado una puerta a una hora tan temprana, cuando todavía puede haber gente andando por la calle. Además, a uno de nosotros se le ocurrió que era posible que el jefe de almacén de nuestros vecinos, la compañía Keg, aún estuviera trabajando, porque con tanta agitación y dadas nuestras paredes tan finitas, uno puede equivocarse fácilmente en los ruidos, y en momentos tan angustiantes también la imaginación suele jugar un papel importante.

Por lo tanto nos tumbamos en nuestras camas, pero no todos podíamos conciliar el sueño. Tanto papá como mamá, y también el señor Pfeffer, estuvieron mucho rato despiertos, y exagerando un poco puedo asegurarte que tampoco yo pude pegar ojo. Esta mañana los hombres bajaron hasta la puerta de entrada, controlaron si aún estaba cerrada y vieron que no había ningún peligro.

Lo acontecido, que por lo demás no había sido nada agradable, le fue relatado, naturalmente, con pelos y señales a todos los de la oficina, ya que pasado el trance es fácil reírse de esas cosas, y solo Bep se tomó el relato en serio.

tu Anne

P.D.: Esta mañana el retrete estaba muy atascado, y papá ha tenido que sacar de la taza con un palo bien largo todas las recetas con fresas (nuestro actual papel higiénico) junto con unos cuantos kilos de caca. El palo luego lo quemamos entero.

tu Anne.

Sábado, 27 de mar. de 1943.

Querida Kitty:

El curso de taquigrafía ha terminado. Ahora empezamos a practicar la velocidad. ¡Seremos unas hachas! Te voy a contar algo más sobre nuestras «asignaturas matarratos», que llamamos así porque las estudiamos para que los días transcurran lo más rápido posible, y de ese modo hacer que el fin de nuestra vida de escondidos llegue pronto. Me encanta la mitología, sobre todo los dioses griegos y romanos. Aquí piensan que son aficiones pasajeras, ya que nunca han sabido de ninguna jovencita con inclinaciones deístas. ¡Pues bien, entonces seré yo la primera!

El señor Van Pels está acatarrado, o, mejor dicho, le pica un poco la garganta. A causa de eso se hace el interesante: hace gárgaras con manzanilla, se unta el paladar con tintura de mirra, se pone bálsamo mentolado en el pecho, la nariz, los dientes y la lengua, y aun así está de mal humor.

Rauter, un pez gordo alemán, ha dicho en un discurso que para el 1 de julio todos los judíos deberán haber abandonado los países germanos. Del 1 de abril al 1 de mayo se hará una purga en la provincia de Utrecht (como si de cucarachas se tratara), y del 1 de mayo al 1 de junio en las provincias de Holanda Septentrional y Meridional. Como si fueran ganado enfermo y abandonado, se llevan a esa pobre gente a sus inmundos mataderos. Pero será mejor no hablar de ello, que de solo pensarlo me entran pesadillas.

Una buena nueva es que ha habido un incendio en la sección alemana de la Bolsa de trabajo, por sabotaje. Unos días más tarde le tocó el turno al Registro civil. Unos hombres con uniformes de la policía alemana amordazaron a los guardias e hicieron desaparecer un montón de papeles importantes.

tu Anne.

Jueves, 1 de abril de '43.

Querida Kitty:

No te creas que estoy para bromas (fíjate en la fecha). Al contrario, hoy más bien podría citar aquel refrán que dice: «Las desgracias nunca vienen solas». En primer lugar, el señor Kleiman, que siempre nos alegra la vida, sufrió ayer una grave hemorragia estomacal y tendrá que guardar cama por lo menos durante tres semanas. Has de saber que al señor Kleiman estas hemorragias le vienen a menudo, y que al parecer no tienen remedio. En segundo lugar, Bep con gripe. En tercer lugar, al señor Voskuijl lo ingresan en el hospital la semana que viene. Según parece, tiene una úlcera y lo tienen que operar. Y en cuarto lugar, iban a venir los directores de la fábrica Pomosin, de Frankfurt, para negociar las nuevas entregas de mercancías de Opekta. Todos los puntos de las negociaciones los había conversado papá con Kleiman, y no había habido suficiente tiempo para informar bien de todo al señor Kugler.

Los señores de Frankfurt vinieron y papá temblaba pensando en los resultados de la reunión.

—¡Ojalá pudiera estar yo presente, ojalá pudiera estar yo allí abajo! —decía.

—Pues échate en el suelo con el oído pegado al linóleo. Los señores se reunirán en tu antiguo despacho, de modo que podrás oírlo todo.

A papá se le iluminó la cara, y ayer a las diez y media de la mañana, Margot (dos oyen más que uno) y Pim tomaron sus posiciones en el suelo. A mediodía la reunión no había terminado, pero papá no estaba en condiciones de continuar con su campaña de escuchas por la tarde. Estaba molido por la posición poco acostumbrada e incómoda. A las dos y media de la tarde, cuando oímos voces en el pasillo, yo ocupé su lugar. Margot me hizo compañía. La conversación era en parte tan aburrida y tediosa que de repente me quedé dormida en el suelo frío y duro de linóleo. Margot no se atrevía a tocarme por miedo a que nos oyeran abajo, y menos aún podía llamarme. Dormí una buena media hora, me desperté asustada y había olvidado todo lo referente a la importante conversación. Menos mal que Margot había prestado más atención.

Viernes, 2 de abril de 1943.

Querida Kitty:

¡Ay!, nuevamente se ha ampliado mi extensa lista de pecados. Anoche estaba acostada en la cama esperando que viniera papá a rezar conmigo y darme las buenas noches, cuando entró mamá y, sentándose discretamente en el borde de la cama, me preguntó:

—Anne, papi todavía no viene, ¿quieres que rece yo contigo?

—No, Mansa —le contesté.

Mamá se levantó, se quedó de pie junto a la cama y luego se dirigió lentamente a la puerta. De golpe se volvió, y con un gesto de amargura en la cara me dijo:

—No quiero enfadarme contigo. El amor no se puede forzar.

Salió de la habitación con lágrimas deslizándose por sus mejillas. Me quedé quieta en la cama y enseguida me pareció mal de mi parte haberla rechazado de esa manera tan ruda, pero al mismo tiempo sabía que no habría podido contestarle de otro modo. No puedo fingir y rezar con ella en contra de mi voluntad. Sencillamente no puedo. Sentí compasión por ella, una gran compasión, porque por primera vez en mi vida me di cuenta de que mi actitud fría no le es indiferente. Pude leer tristeza en su cara, cuando decía que el amor no se puede forzar. Es duro decir la verdad, y sin embargo es verdad cuando digo que es ella la que me ha rechazado, ella la que me ha hecho insensible a cualquier amor de su parte, con sus comentarios tan faltos de tacto y sus bromas burdas sobre cosas que yo difícilmente podía encontrar graciosas. De la misma manera que siento que me encojo cuando me suelta sus duras palabras, se encogió su corazón cuando se dio cuenta de que el amor entre nosotras realmente había desaparecido.

Lloró casi toda la noche y toda la noche durmió mal. Papá ni me mira, y cuando lo hace solo un momento, leo en sus ojos las siguientes palabras: «¡Cómo puedes ser así, cómo te atreves a causarle tanta pena a tu madre!».

Todos esperan que le pida perdón, pero se trata de un asunto en el que no puedo pedir perdón, sencillamente porque lo que he dicho es cierto y es algo que mamá tarde o temprano tenía que saber. Soy y parezco indiferente a las lágrimas de mamá y a las miradas de papá, porque es la primera vez que sienten algo de lo que yo me doy cuenta continuamente. Mamá solo me inspira compasión. Ella misma tendrá que buscar cómo recomponerse. Yo, por mi parte, seguiré con mi actitud fría y silenciosa, y tampoco en el futuro le tendré miedo a la verdad, puesto que cuanto más se la pospone, tanto más difícil es enfrentarla.

tu Anne.

Martes, 27 de abril de '43.

Querida Kitty:

La casa entera retumba por las disputas. Mamá y yo, Van Pels y papá, mamá y la señora, todos están enojados con todos. Bonito panorama, ¿verdad? Como de costumbre, sacaron a relucir toda la lista de pecados de Anne. El sábado pasado volvieron a pasar los señores extranjeros. Se quedaron hasta las seis de la tarde. Estábamos todos arriba inmóviles, sin apenas respirar. Cuando no hay nadie trabajando en todo el edificio ni en los aledaños, en el despacho se oye cualquier ruidito. De nuevo me ha dado la fiebre sedentaria: no es nada fácil tener que estar sentada tanto tiempo sin moverme y en el más absoluto silencio.

El señor Voskuijl ya está en el hospital, y el señor Kleiman ha vuelto a la oficina, ya que la hemorragia estomacal se le ha pasado antes que otras veces. Nos ha contado que el Registro civil ha sido dañado de forma adicional por los bomberos, que en vez de limitarse a apagar el incendio, inundaron todo de agua. ¡Me gusta!

El hotel Carlton ha quedado destruido. Dos aviones ingleses que llevaban un gran cargamento de bombas incendiarias cayeron justo sobre el centro de oficiales alemán. Toda la esquina de Singel y Vijzelstraat se ha quemado. Los ataques aéreos a las ciudades alemanas son cada día más intensos. Por las noches ya no dormimos; tengo unas ojeras terribles por falta de sueño.

La comida que comemos es una calamidad. Para el desayuno, pan seco con sucedáneo de café. El almuerzo ya hace quince días que consiste en espinacas o lechuga. Patatas de veinte centímetros de largo, dulces y con sabor a podrido. ¡Quien quiera adelgazar, que pase una temporada en la Casa de atrás! Los del piso de arriba viven quejándose, pero a nosotros no nos parece tan trágico.

Todos los hombres que pelearon contra los alemanes o que estuvieron movilizados en 1940 se han tenido que presentar en los campos de prisioneros de guerra para trabajar para el Führer. ¡Seguro que es una medida preventiva para cuando sea la invasión!

tu Anne.

Sábado, 1 de mayo de 1943.

Querida Kitty:

Ha sido el cumpleaños de Pfeffer. Antes de que llegara el día se hizo el desinteresado, pero cuando vino Miep con una gran bolsa de la compra rebosante de regalos, se puso como un niño de contento. Su mujer Lotje le ha enviado huevos, mantequilla, galletas, limonada, pan, coñac, pan de especias, flores, naranjas, chocolate, libros y papel de cartas. Instaló una mesa de regalos de cumpleaños, que estuvieron expuestos nada menos que tres días. ¡Viejo loco!

No vayas a pensar que pasa hambre; en su armario hemos encontrado pan, queso, mermelada y huevos. Es un verdadero escándalo que tras acogerlo aquí con tanto cariño para salvarlo de una desgracia segura, se llene el estómago a escondidas sin darnos nada a nosotros. ¿Acaso nosotros no hemos compartido todo con él? Pero peor aún nos pareció lo miserable que es con Kleiman, Voskuijl y Bep, a quienes tampoco ha dado nada. Las naranjas que tanta falta le hacen a Kleiman para su estómago enfermo, Pfeffer las considera más sanas para el suyo propio.

Anoche recogí cuatro veces todas mis pertenencias, a causa de los fuertes disparos. Hoy he hecho una pequeña maleta, en la que he puesto mis cosas de primera necesidad en caso de huida. Pero mamá, con toda la razón, me ha preguntado: «¿Adónde piensas huir?».

Toda Holanda está castigada por la huelga de tantos trabajadores. Han declarado el estado de sitio y a todos les van a dar un cupón de mantequilla menos. ¡Eso les pasa a los niños por portarse mal!

Al final de la tarde le lavé la cabeza a mamá, lo que en estos tiempos no resulta nada fácil. Como no tenemos champú, debemos arreglarnos con un jabón verde todo pegajoso, y en segundo lugar Mans no puede peinarse como es debido, porque al peine de la familia solo le quedan diez púas.

tu Anne.

Martes, 18 de mayo de '43

Querida Kitty:

He sido testigo de un feroz combate aéreo entre aviadores ingleses y alemanes. Algunos aliados han tenido que saltar de sus aviones en llamas, lamentablemente. El lechero, que vive en Halfweg, vio a cuatro canadienses sentados a la vera del camino, uno de los cuales hablaba un neerlandés fluido. Este le pidió fuego para encender un cigarrillo y le contó que la tripulación del avión había estado compuesta de seis personas. El piloto se había quemado y el quinto hombre se había escondido en alguna parte. A los otros cuatro, que estaban vivitos y coleando, se los llevó la «policía verde» alemana. ¡Qué increíble que después de un salto tan impresionante en paracaídas todavía tuvieran tanta presencia de ánimo!

Aunque ya va haciendo calor, tenemos que encender la lumbre un día sí y otro no para quemar los desechos de verduras y la basura. No podemos usar los cubos, porque eso despertaría las sospechas del mozo de almacén. La menor imprudencia nos delataría.

Todos los estudiantes que este año deseen o bien empezar o bien continuar sus estudios tienen que firmar una lista del Gobierno, declarando que «simpatizan con todos los alemanes y con el nuevo orden político». El ochenta por ciento se ha negado a traicionar su conciencia y a renegar de sus convicciones, pero las consecuencias no tardaron en hacerse notar. A los estudiantes que no firmaron los envían a campos de trabajo en Alemania. ¿Qué quedará de la juventud holandesa si todos tienen que trabajar tan duramente en Alemania?

Anoche mamá cerró la ventana a causa de los fuertes estallidos. Yo estaba en la cama de Pim. De repente, oímos cómo en el piso de arriba la señora saltó de la cama, como mordida por Mouschi, a lo que inmediatamente siguió otro golpe. Sonó como si hubiera caído una bomba incendiaria junto a mi cama. Grité «¡luz, luz!» y Pim encendió la luz. No me esperaba otra cosa sino que en pocos minutos estuviera la habitación en llamas. No pasó nada. Todos nos precipitamos por la escalera al piso de arriba para ver lo que pasaba. Los Van Pels habían visto por la ventana abierta un resplandor de color rosa. El señor creía que había fuego por aquí cerca, y la señora pensaba que la que se había prendido fuego era nuestra casa. Cuando se oyó el golpe, la bendita señora ya estaba en pie y le temblaban las piernas. Pfeffer se quedó arriba fumando un cigarrillo, mientras nosotros nos metíamos de nuevo en nuestras camas. Cuando aún no habían pasado quince minutos, volvimos a oír tiros. La señora se levantó enseguida y bajó la escalera a la habitación de Pfeffer, para buscar junto a él la tranquilidad que no le era dada junto a su cónyuge. Pfeffer la recibió pronunciando las palabras «Acuéstate aquí conmigo, hija mía», lo que hizo que nos desternilláramos de risa. El tronar de los cañones ya no nos preocupaba: nuestro temor había desaparecido.

tu Anne.

Domingo, 13 de junio de 1943 (!)

Querida Kitty:

El poema de cumpleaños que me ha hecho papá es tan bonito que no quisiera dejar de enseñártelo.

Como Pim escribe en alemán, Margot ha tenido que ponerse a traducir. Juzga por ti misma por el fragmento citado lo bien que ha cumplido su tarea de voluntaria. Tras el habitual resumen de los acontecimientos del año, pone lo siguiente:

> Siendo la más pequeña, aunque ya no una niña,
> no lo tienes fácil; todos quieren ser
> un poco tu maestro, y no te causa placer.
> «¡Tenemos experiencia!». «¡Te lo digo yo!».
> «Para nosotros no es la primera vez,
> sabemos muy bien lo que hay que hacer».
> Sí, sí, es siempre la misma historia
> y todos tienen muy mala memoria.
> Nadie se fija en sus propios defectos,
> solo miran los errores ajenos;
> a todos les resulta muy fácil regañar
> y lo hacen a menudo sin pestañear.
> A tus padres nos resulta difícil ser justos,
> tratando de que no haya mayores disgustos;
> regañar a tus mayores es algo que está mal
> por mucho que te moleste la gente de edad,
> como una píldora has de tragar
> sus regañinas para que haya paz.
> Los meses aquí no pasan en vano,
> aprovéchalos bien con tu estudio sano,
> que estudiando y leyendo libros por cientos
> se ahuyenta el tedio y el aburrimiento.
> La pregunta más difícil es sin duda:
> «¿Qué me pongo? No tengo ni una muda,
> todo me va chico, pantalones no tengo,
> mi camisa es un taparrabo, pero es lo de menos.
> Luego están los zapatos: no puedo ya decir
> los dolores inmensos que me hacen sufrir».
> Cuando creces 10 cm no hay nada que hacer;
> ya no tienes ni un trapo que te puedas poner.

————

Margot no logró traducir con rima la parte referida al tema de la comida, así que no te la he copiado. Pero el resto es muy bonito, ¿verdad? Por lo demás me han consentido mucho con los hermosos regalos que me han dado; entre otras cosas, un libro muy gordo sobre mitología griega y romana, mi tema favorito. Tampoco puedo quejarme de los dulces, ya que todos me han dado algo de sus respectivas últimas provisiones. Como benjamina de la familia de escondidos me han mimado verdaderamente mucho más de lo que merezco.

tu Anne.

Martes, 15 de junio de 1943

Querida Kitty:

Han pasado cantidad de cosas, pero muchas veces pienso que todas mis charlas poco interesantes te resultarán muy aburridas y que te alegrarás de no recibir tantas cartas.

Por eso, será mejor que te resuma brevemente las noticias.

Al señor Voskuijl no lo han operado del estómago. Cuando lo tenían tumbado en la mesa de operaciones con el estómago abierto, los médicos vieron que tenía un cáncer mortal en un estado tan avanzado, que ya no había nada que operar. Entonces le cerraron nuevamente el estómago, le hicieron guardar cama durante tres semanas y comer bien, y luego lo mandaron a su casa. Pero cometieron la estupidez imperdonable de decirle exactamente en qué estado se encuentra. Ya no está en condiciones de trabajar, está en casa rodeado de sus ocho hijos y cavila sobre la muerte que se avecina. Me da muchísima lástima, y también me da mucha rabia no poder salir a la calle, porque si no iría muchas veces a visitarlo para distraerlo. Para nosotros es una calamidad que el bueno de Voskuijl ya no esté en el almacén para informarnos sobre todo lo que pasa allí o todo lo que oye. Era nuestra mayor ayuda y apoyo en materia de seguridad, y lo echamos mucho de menos.

El mes que viene nos toca a nosotros entregar la radio. Kleiman tiene en su casa una radio miniatura clandestina, que nos dará para reemplazar nuestra Philips grande. Es una verdadera lástima que haya que entregar ese mueble tan bonito, pero una casa en la que hay escondidos no debe, bajo ningún concepto, despertar las sospechas de las autoridades. La radio pequeñita nos la llevaremos arriba, naturalmente. Entre judíos clandestinos, dinero clandestino y cobre clandestino, qué más da una radio clandestina.

Todo el mundo trata de conseguir una radio vieja para entregar en lugar de su «fuente de ánimo». De verdad, a medida que las noticias de fuera van siendo peores, la radio con su voz prodigiosa nos ayuda a que no perdamos las esperanzas y digamos cada vez: «¡Adelante, ánimo, ya vendrán tiempos mejores!».

tu Anne.

Domingo, 11 de julio de 1943.

Querida Kitty:

Volviendo por enésima vez al tema de la educación, te diré que hago unos esfuerzos tremendos para ser cooperativa, simpática y buena y para hacer todo de tal manera que el torrente de comentarios se reduzca a una leve llovizna. Es endiabladamente difícil tener un comportamiento tan ejemplar ante personas que no soportas, sobre todo al ser tan fingido. Pero veo que realmente se llega más lejos con un poco de hipocresía que manteniendo mi vieja costumbre de decirle a cada uno sin vueltas lo que pienso (aunque nunca nadie me pida mi opinión ni le dé importancia). Por supuesto que muy a menudo me salgo de mi papel y no puedo contener la ira ante una injusticia, y durante cuatro semanas no hacen más que hablar de la chica más insolente del mundo. ¿No te parece que a veces deberías compadecerme? Menos mal que no soy tan refunfuñona, porque terminaría agriándome y perdería mi buen humor. Por lo general me tomo las regañinas por el lado humorístico, pero me sale mejor cuando es otra persona a la que ponen como un trapo, y no cuando esa persona soy yo misma.

Por lo demás, he decidido abandonar un poco la taquigrafía, aunque me lo he tenido que pensar bastante. En primer lugar quisiera dedicar más tiempo a mis otras asignaturas, y en segundo lugar a causa de la vista, que es lo que más me tiene preocupada. Me he vuelto bastante miope y hace tiempo que necesito gafas. (¡Huy, qué cara de lechuza tendré!). Pero ya sabes que a los escondidos no les está permitido (etcétera).

Ayer en toda la casa no se habló más que de la vista de Anne, porque mamá sugirió que la señora Kleiman me llevara al oculista. La noticia me hizo estremecer, porque no era ninguna tontería. ¡Salir a la calle! ¡A la calle, figúrate! Cuesta imaginárselo. Al principio me dio muchísimo miedo, pero luego me puse contenta. Sin embargo, la cosa no era tan fácil, porque no todos los que tienen que tomar la decisión se ponían de acuerdo tan fácilmente. Todos los riesgos y dificultades debían ponerse en el platillo de la balanza, aunque Miep quería llevarme inmediatamente. Lo primero que hice fue sacar del ropero mi abrigo gris, que me quedaba tan pequeño que parecía el abrigo de mi hermana menor. Le sacamos el dobladillo y ya no puedo abotonármelo. Realmente tengo gran curiosidad por saber lo que pasará, pero no creo que el plan se lleve a cabo, porque mientras tanto los ingleses han desembarcado en Sicilia y papá tiene la mira puesta en un «desenlace inminente».

Bep nos da mucho trabajo de oficina a Margot y a mí. A las dos nos da la sensación de estar haciendo algo muy importante, y para Bep es una gran ayuda. Archivar la correspondencia y hacer los asientos en el libro de ventas lo hace cualquiera, pero nosotras lo hacemos con gran minuciosidad.

Miep parece un verdadero burro de carga, siempre llevando y trayendo cosas. Casi todos los días encuentra verdura en alguna parte y la trae en su bicicleta, en grandes bolsas colgadas del manillar. También nos trae todos los sábados cinco libros de la biblioteca. Siempre esperamos con gran ansiedad a que llegue el sábado, porque entonces nos traen los libros. Como cuando les traen regalitos a los niños. Es que la gente corriente no sabe lo que significa un libro para un escondido. La lectura, el estudio y las audiciones de radio son nuestra única distracción.

tu Anne.

Viernes, 16 de julio de 1943.

Querida Kitty:

Nuevamente han entrado ladrones, pero esta vez ha sido de verdad. Esta mañana a las siete, como de costumbre, Peter bajó al almacén y enseguida vio que tanto la puerta del almacén como la de la calle estaban abiertas. Se lo comunicó enseguida a Pim, que en su antiguo despacho sintonizó la radio alemana y cerró la puerta con llave. Entonces subieron los dos. La consigna habitual para estos casos, «no lavarse, guardar silencio, estar listos a las ocho y no usar el retrete», fue acatada rigurosamente como de costumbre. Todos nos alegrábamos de haber dormido muy bien y de no haber oído nada durante la noche. Pero también estábamos un poco indignados de que en toda la mañana no se le viera el pelo a ninguno de los de la oficina, y de que el señor Kleiman nos dejara hasta las once y media en ascuas. Nos contó que los ladrones habían abierto la puerta de la calle con una palanca de hierro y luego habían forzado la del almacén. Pero como en el almacén no encontraron mucho para llevarse, habían probado suerte un piso más arriba. Robaron dos cajas de caudales que contenían *f* 40, talonarios en blanco de la caja postal y del banco, y lo peor: toda nuestra asignación de azúcar, no menos de *f* 150.

El hecho se comunicó enseguida a la central de harina, por si pueden concedernos nuevos cupones, pero no va a ser tan fácil.

El señor Kugler cree que el ladrón pertenece a la misma cofradía que el que estuvo aquí hace seis semanas y que intentó entrar por las tres puertas (la del almacén y las dos puertas de la calle), pero que en aquel momento no tuvo éxito. El asunto nos ha estremecido a todos, y casi se diría que la Casa de atrás no puede pasar sin estos sobresaltos. Naturalmente nos alegramos de que las máquinas de escribir y la caja fuerte estuvieran a buen recaudo en nuestro ropero.

tu Anne.

P.D.: Desembarco en Sicilia. Otro paso más que nos acerca a...

Lunes, 19 de julio de 1943.

Querida Kitty:

El domingo hubo un terrible bombardeo en el sector norte de Ámsterdam. Los destrozos parece que son enormes. Calles enteras han sido devastadas, y tardarán mucho en rescatar a toda la gente sepultada bajo los escombros. Hasta ahora se han contado doscientos muertos y un sinnúmero de heridos. Los hospitales están llenos hasta los topes. Se dice que hay niños que, perdidos entre las ruinas incandescentes, van buscando a sus padres muertos. Cuando pienso en los estruendos que se oían en la lejanía, que para nosotros eran una señal de la destrucción que se avecinaba, me da escalofríos.

Viernes, 23 de julio de '43.

De momento, Bep ha vuelto a conseguir cuadernos, sobre todo diarios y libros mayores, que son los que necesita mi hermana la contable. Otros cuadernos también se consiguen, pero no me preguntes de qué tipo y por cuánto tiempo. Los cuadernos llevan actualmente el siguiente rótulo: «Venta sin cupones». Como todo lo que se puede comprar sin cupones, son un verdadero desastre.

Un cuaderno de estos consiste en doce páginas de papel grisáceo de líneas torcidas y estrechas. Margot está pensando si seguir un curso de caligrafía por correspondencia de la misma academia de la que nos mandaron las clases de taquigrafía. Yo se lo he recomendado encarecidamente; nos puede servir para corregir la escritura. Mamá me prohíbe que yo también participe, por no arruinarme la vista, pero me parece una tontería. Lo mismo da que haga eso u otra cosa.

Nos hemos preguntado unos a otros qué sería lo primero que haríamos si algún día volvemos a ser personas normales. Margot: meterse en una bañera de agua caliente hasta el cogote; mamá quiere ir primero a una pastelería, papá visitar a Voskuijl, ¡y yo de tanta gloria no sabría por dónde empezar!

Lo que más anhelo es una casa propia, poder moverme libremente y que por fin alguien me ayude en las tareas, o sea, ¡volver al colegio! Bep nos ha ofrecido fruta, pero cuesta lo suyo, ¡y cómo! Uvas a *f* 5 el kilo, grosellas a *f* 0,70 el medio kilo, un melocotón a *f* 0,50, melón a *f* 1,50 el kilo. Y luego ponen todas las tardes en el periódico en letras enormes: «¡El alza de los precios es usura!».

Lunes, 26 de julio de 1943.

Querida Kitty:
Ayer fue un día de mucho alboroto, y todavía estamos exaltados. No me extrañaría que te preguntaras si es que pasa algún día sin sobresaltos. Por la mañana, cuando estábamos desayunando, sonó la primera prealarma, pero no le hacemos mucho caso, porque solo significa que hay aviones sobrevolando la costa. Después de desayunar fui a tumbarme un rato en la cama porque me dolía mucho la cabeza. Luego bajé a la oficina. Eran alrededor de las dos de la tarde. A las dos y media, Margot había acabado con su trabajo de oficina. No había terminado aún de recoger sus bártulos cuando empezaron a sonar las sirenas, de modo que la seguí al piso de arriba. Justo a tiempo, porque menos de cinco minutos después de llegar arriba comen-

zaron los disparos y tuvimos que refugiarnos en el pasillo. Y en efecto, ahí
retumbó toda la casa y cayeron las bombas. Yo tenía mi bolsa para la huida
bien apretada entre los brazos, más para tener algo a que aferrarme que para
huir realmente, porque de cualquier modo no nos podemos ir, o en caso
extremo la calle implica el mismo riesgo de muerte que un bombardeo. Después de media hora se oyeron menos aviones, pero dentro de casa la actividad aumentó. Peter volvió de su atalaya en el desván de delante. Pfeffer estaba en la oficina de delante, la señora se sentía más segura en el antiguo
despacho de papá, el señor Van Pels había observado la acción por la ventana de la buhardilla, y también los que habíamos esperado en el descansillo
nos dispersamos para ver las columnas de humo que se elevaban en la zona
del puerto. Al poco tiempo todo olía a incendio y fuera parecía que hubiera
una tupida bruma.

A pesar de que un incendio de esa magnitud no es un espectáculo agradable, para nosotros el peligro felizmente había pasado y todos volvimos a
nuestras respectivas ocupaciones. Al final de la tarde, a la hora de la comida:
alarma aérea. La comida era deliciosa, pero al oír la primera sirena se me
quitó el apetito. Sin embargo, no pasó nada y a los cuarenta y cinco minutos
ya no había peligro. Cuando habíamos fregado los platos: alarma aérea, tiros,
muchísimos aviones. «¡Cielos, dos veces en un mismo día es mucho!», pensamos todos, pero fue inútil, porque nuevamente cayeron bombas a raudales,
esta vez al otro lado de la ciudad, en la zona del aeropuerto. Los aviones caían
en picado, volvían a subir, había zumbidos en el aire y era terrorífico. A cada
momento yo pensaba: «¡Ahora cae, ha llegado tu hora!».

Puedo asegurarte que cuando me fui a la cama a las nueve de la noche,
todavía no podía tenerme en pie sin que me temblaran las piernas. A medianoche en punto me desperté: ¡más aviones! Pfeffer se estaba desvistiendo, pero no me importó: al primer tiro salté de la cama totalmente
despabilada. Hasta la una estuve metida en la cama de papá, a la una y media
vuelta a mi propia cama, a las dos otra vez en la de papá, y los aviones volaban y seguían volando. Por fin terminaron los tiros y me pude volver a casita. A las dos y media me dormí.

Las siete. Me desperté de un sobresalto y me quedé sentada en la cama.
Van Pels estaba con papá. «Otra vez ladrones», fue lo primero que pensé.
Oí que Van Pels pronunciaba la palabra «todo» y pensé que se lo habían
llevado todo. Pero no, era una noticia gratísima, quizá la más grata que
hayamos tenido desde que comenzó la guerra. Ha renunciado Mussolini. El
rey-emperador de Italia se ha hecho cargo del gobierno. Pegamos un grito
de alegría. Tras los horrores de ayer, por fin algo bueno y… ¡nuevas esperanzas! Esperanzas de que todo termine, esperanzas de que haya paz. Kugler ha pasado un momento y nos ha contado que los bombardeos del aeropuerto han causado grandes daños a la fábrica de aviones Fokker. Mientras
tanto, esta mañana tuvimos una nueva alarma aérea con aviones sobrevolán-

donos y otra vez prealarma. Estoy de alarmas hasta las narices, he dormido mal y no me puedo concentrar, pero la tensión de lo que pasa en Italia ahora nos mantiene despiertos y la esperanza por lo que pueda ocurrir de aquí a fin de año...

tu Anne.

Jueves, 29 de julio de 1943

Querida Kitty:

La señora Van Pels, Pfeffer y yo estábamos fregando los platos y yo estaba muy callada, cosa poco común en mí y que seguramente les debería de llamar la atención. A fin de evitar preguntas molestas busqué un tema neutral de conversación, y pensé que el libro *Enrique, el vecinito de la acera de enfrente* cumplía con esa exigencia. Pero me equivoqué de medio a medio. Cuando no me regaña la señora, me regaña el señor Pfeffer. El asunto era el siguiente: el señor Pfeffer nos había recomendado este libro muy especialmente por ser una obra excelente. Pero a Margot y a mí no nos pareció excelente para nada. El niño estaba bien caracterizado, pero el resto... mejor no decir nada. Al fregar los platos hice un comentario de este tenor, y eso me sirvió para que toda la artillería se volviera contra mí.

—¡¿Cómo habrías de entender la psiquis de un hombre?! La de un niño, aún podría ser (!). Eres demasiado pequeña para un libro así. Aun para un hombre de veinte años sería demasiado difícil.

Me pregunto por qué nos habrá recomendado entonces el libro tan especialmente a Margot y a mí. Ahora Pfeffer y la señora arremetieron los dos juntos:

—Sabes demasiado de cosas que no son adecuadas para ti. Te han educado de manera totalmente equivocada. Más tarde, cuando seas mayor, ya nada te hará disfrutar. Dirás que lo has leído todo en los libros hace veinte años. Será mejor que te apresures en conseguir marido o en enamorarte, porque seguro que nada te satisfará. En teoría ya lo sabes todo, solo te falta la práctica.

No resulta nada difícil imaginarse cómo me sentí en aquel momento. Yo misma todavía me sorprendí de que pudiera guardar la calma para responder: «Quizá ustedes opinen que he tenido una educación equivocada, pero no todo el mundo está de acuerdo con ustedes».

¿Acaso es de buena educación sembrar cizaña todo el tiempo entre mis padres y yo (porque eso es lo que hacen muchas veces)? Y no hablarle de esas cosas a una chica de mi edad seguro que es estupendo... Los resultados de una educación semejante están a la vista.

En ese momento habría querido darles un bofetón a los dos, por ponerme en ridículo. Estaba fuera de mí de la rabia y realmente me habría gustado contar los días que faltaban para librarme de esa gente, de haber sabido dónde terminar.

¡La señora Van Pels es un caso serio! Es un modelo de conducta... pero ¡de qué conducta! A la señora Van Pels se la conoce por su falta de modestia, su egoísmo, su actitud taimada y calculadora y porque nunca nada la satisface. A esto se suman su vanidad y su coquetería. No hay más vueltas que darle, es una persona desagradable como ninguna. Podría escribir libros enteros sobre madame Van Pels, y puede que alguna vez lo haga. Cualquiera puede aplicarse un bonito barniz exterior. La señora es muy amable con los extraños, sobre todo si son hombres, y eso hace que uno se equivoque cuando la conoce poco.

Mamá la considera demasiado tonta para gastar saliva en ella, Margot demasiado insignificante, Pim demasiado fea (tanto por dentro como por fuera) y yo, tras un largo viaje —porque nunca me dejo llevar por los prejuicios—, he llegado a la conclusión de que es las tres cosas a la vez, y muchísimo más. Tiene tantas malas cualidades, que no sabría con cuál quedarme.

– tu Anne.

Martes, 3 de agosto de 1943.

Querida Kitty:

La política marcha viento en popa. En Italia, el partido fascista ha sido prohibido. En muchos sitios el pueblo lucha contra los fascistas, y algunos militares participan en la lucha. ¿Cómo un país así puede seguir haciéndole la guerra a Inglaterra? La semana pasada entregamos nuestra hermosa radio. Pfeffer estaba muy enfadado con Kugler porque la entregó en la fecha estipulada. Mi respeto por Pfeffer se reduce cada día más; ya debe de andar por debajo de cero. Son tales las sandeces que dice en materia de política, historia, geografía o cualquier otro tema, que casi no me atrevo a citarlas. «Hitler desaparece en la historia. El puerto de Rotterdam es más grande que el de Hamburgo. Los ingleses son idiotas porque no bombardean Italia de arriba abajo, etcétera, etcétera».

Ha habido un tercer bombardeo. He apretado los dientes, tratando de armarme de valor.

La señora Van Pels, que siempre ha dicho « Que vengan» y «Más vale un final con susto que ningún final», es ahora la más cobarde de todos. Esta mañana se puso a temblar como una hoja y hasta se echó a llorar. Su marido, con quien acaba de hacer las paces después de estar reñidos durante una semana, la consolaba. De solo verlo casi me emociono. Mouschi ha demostrado de forma patente que el tener gatos en la casa no solo trae ventajas: todo el edificio está infestado de pulgas, y la plaga se extiende día a día.

El señor Kleiman ha echado polvo amarillo en todos los rincones, pero a las pulgas no les hace nada. A todos nos pone muy nerviosos; todo el tiempo creemos que hay algo arañándonos un brazo, una pierna u otra parte del cuerpo. De ahí que muchos integrantes de la familia estén siempre haciendo ejercicios gimnásticos para mirarse la parte trasera de la pierna o la nuca. Ahora pagamos la falta de ejercicio: tenemos el cuerpo demasiado entumecido como para poder torcer bien el cuello. La gimnasia propiamente dicha hace mucho que no la practicamos.

tu Anne

Miércoles, 4 de ago. de 1943.

Querida Kitty:
Ahora que llevamos más de un año de reclusión en la Casa de atrás, ya estás bastante al tanto de cómo es nuestra vida, pero nunca puedo informarte de todo realmente. ¡Es todo tan extremadamente distinto de los tiempos normales y de la gente normal! Pero para que te hagas una idea de la vida que llevamos aquí, a partir de ahora describiré de tanto en tanto una parte de un día cualquiera. Hoy empiezo por la noche.
A las nueve de la noche comienza en la Casa de atrás el ajetreo de la hora de acostarse, y te aseguro que siempre es un verdadero alboroto. Se apartan las sillas, se arman las camas, se extienden las mantas, y nada queda en el mismo estado que durante el día. Yo duermo en el pequeño diván, que no llega a medir un metro y medio de largo, por lo que hay que colocarle un añadido en forma de sillas. De la cama de Pfeffer, donde están guardados durante el día, hay que sacar un plumón, sábanas, almohadas y mantas.
En la habitación de al lado se oye un terrible chirrido: es la cama de tablitas de Margot. Nuevamente hay que extraer mantas y almohadas del diván: todo sea por hacer un poco más confortables las tablitas de madera de la cama. Arriba parece que se hubiera desatado una tormenta, pero no es más que la cama de la señora. Es que hay que arrimarla junto a la ventana, para que el aire pueda estimular los pequeños orificios nasales de Su Alteza de la mañanita rosa.
Las nueve: cuando sale Peter entro en el cuarto de baño y me someto a un tratamiento de limpieza a fondo. No pocas veces —solo en los meses, semanas o días de gran calor— ocurre que en el agua del baño se queda flotando alguna pequeña pulga. Luego toca lavarme los dientes, rizarme el pelo, tratarme las uñas, preparar los algodones con agua oxigenada —que son para teñir los pelillos negros del bigote— y todo esto apenas en media hora.
Las nueve y media: me pongo rápidamente el albornoz. Con el jabón en una mano y el orinal, las horquillas, las bragas, los rulos y el algodón en la otra, me apresuro a dejar libre el cuarto de baño, pero por lo general después

me llaman para que vuelva y quite la colección de pelos primorosamente depositados en el lavabo, pero que no son del agrado del usuario siguiente.

Las diez: colgamos los paneles de oscurecimiento y... ¡buenas noches! En la casa aún se oyen durante un cuarto de hora los crujidos de las camas y el rechinar de los muelles rotos, pero luego reina el silencio; al menos, cuando los de arriba no tienen una disputa de lecho conyugal.

Las once y media: cruje la puerta del cuarto de baño. En la habitación entra un diminuto haz de luz. Crujido de zapatos, un gran abrigo, más grande que la persona que lo lleva puesto... Pfeffer vuelve de sus tareas nocturnas en el despacho de Kugler. Durante diez minutos se le oye arrastrar los pies, hacer ruido de papeles —son los alimentos que guarda— y hacer la cama. Luego, la figura vuelve a desaparecer y solo se oye venir a cada rato un ruidito sospechoso del lavabo.

A eso de las tres de la madrugada: debo levantarme para hacer aguas menores en la lata que guardo debajo de la cama y que para mayor seguridad está colocada encima de una esterilla de goma contra las posibles pérdidas. Cuando me encuentro en este trance, siempre contengo la respiración, porque en la latita se oye como el gorgoteo de un arroyuelo en la montaña. Luego devuelvo la lata a su sitio y la figura del camisón blanco, que a Margot le arranca cada noche la exclamación: «¡Ay, qué camisón tan indecente!», se mete en la cama. Entonces, alguien que yo sé permanece unos quince minutos atenta a los ruidos de la noche. En primer lugar, a los que puedan venir de algún ladrón en los pisos de abajo; luego, a los procedentes de las distintas camas de las habitaciones de arriba, de al lado y la propia, de los que por lo general se puede deducir cómo está durmiendo cada uno de los convecinos, o si están pasando la noche medio desvelados. Esto último no es nada agradable, sobre todo cuando se trata de un miembro de la familia que responde al nombre de doctor Pfeffer.

Primero oigo un ruidito como de un pescado que se ahoga. El ruido se repite unas diez veces, y luego, con mucho aparato, pasa a humedecerse los labios, alternando con otros ruiditos como si estuviera masticando, a lo que siguen innumerables vueltas en la cama y reacomodamientos de las almohadas. Luego hay cinco minutos de tranquilidad absoluta, y toda la secuencia se repite tres veces como mínimo, tras lo cual el doctor seguramente se habrá adormilado por un rato.

También puede ocurrir que de noche, variando entre la una y las cuatro, se oigan disparos. Nunca soy realmente consciente hasta el momento en que, por costumbre, me veo de pie junto a la cama. A veces estoy tan metida en algún sueño, que pienso en los verbos franceses irregulares o en las riñas de arriba. Cuando termino de pensar, me doy cuenta de que ha habido tiros y de que me he quedado en silencio en mi habitación. Pero la mayoría de las veces pasa como te he descrito arriba. Cojo rápidamente un pañuelo y una almohada, me pongo el albornoz, me calzo las zapatillas y voy corriendo donde papá, tal como lo describió Margot en el siguiente poema con motivo de mi cumpleaños: «Por las noches, al primerísimo disparo, se oye una puerta crujir y aparecen un pañuelo, una almohada y una chiquilla…».

Una vez instalada en la cama grande, el mayor susto ya ha pasado, salvo cuando los tiros son muy fuertes.

Las siete menos cuarto: ¡Trrrrr…! Suena el despertador, que puede elevar su vocecita a cada hora del día, bien por encargo, bien sin él. ¡Crac…! ¡Paf…! La señora lo ha hecho callar. ¡Cric…! Se ha levantado el señor. Pone agua a hervir y se traslada rápidamente al cuarto de baño.

Las siete y cuarto: la puerta cruje nuevamente. Ahora Pfeffer puede ir al cuarto de baño. Una vez que estoy sola, quito los paneles de oscurecimiento, y comienza un nuevo día en la Casa de atrás.

tu Anne.

Jueves, 5 de ago. de 1943.

Querida Kitty:

Hoy le toca el turno a la hora de la comida, a mediodía.

Son las doce y media: toda la compañía respira aliviada. Por fin Van Maaren, el hombre de oscuro pasado, y De Kok se han ido a sus casas. Arriba se oye el traqueteo de la aspiradora que la señora le pasa a su hermosa y única alfombra. Margot coge unos libros y se los lleva bajo el brazo a la clase «para alumnos que no avanzan», porque así se podría llamar a Pfeffer.

Pim se instala en un rincón con su inseparable Dickens, buscando un poco de tranquilidad. Mamá se precipita hacia el piso de arriba para ayudar a la hacendosa ama de casa, y yo me encierro en el cuarto de baño para adecentarlo un poco, haciendo lo propio conmigo misma.

La una menos cuarto: gota a gota se va llenando el cubo. Primero llega el señor Gies; luego Kleiman o Kugler, Bep y a veces también un rato Miep.

La una: todos escuchan atentos las noticias de la BBC, formando corro en torno a la radio miniatura. Estos son los únicos momentos del día en que los miembros de la Casa de atrás no se interrumpen todo el tiempo mutuamente, porque está hablando alguien al que ni siquiera el señor Van Pels puede llevar la contraria.

La una y cuarto: comienza el gran reparto. A todos los de abajo se les da un tazón de sopa, y cuando hay algún postre, también se les da. El señor Gies se sienta satisfecho en el diván o se reclina en el escritorio. Junto a él, el periódico, el tazón y, la mayoría de las veces, el gato. Si le falta alguno de estos tres, no dejará de protestar. Kleiman cuenta las últimas novedades de la ciudad; para eso es realmente una fuente de información estupenda. Kugler sube la escalera con gran estrépito, da un golpe seco y firme en la puerta y entra frotándose las manos, de buen humor y exaltado, o de mal humor y callado, según los ánimos.

Las dos menos cuarto: los comensales se levantan y cada uno retoma sus actividades. Margot y mamá se ponen a fregar los platos, el señor y la señora vuelven al diván, Peter al desván, papá al otro diván, Pfeffer también, y Anne a sus tareas.

Ahora comienza el horario más tranquilo. Cuando todos duermen, no se molesta a nadie. Pfeffer sueña con una buena comida, se le nota en la cara, pero no me detengo a observarlo porque el tiempo apremia y a las cuatro ya tengo al doctor pedante a mi lado, con el reloj en la mano, instándome a desocupar la mesita que he ocupado un minuto de más.

tu Anne.

Sábado, 7 de ago. de '43.

Querida Kitty:
Una interrupción de las descripciones de la Casa de atrás. Unas semanas atrás me puse a escribir un cuento, algo que fuera pura fantasía, y me ha dado tanto gusto hacerlo que mi producción literaria ya se va amontonando.

Como te había prometido que te haría un informe fiel y sin adornos de todas mis vivencias, también deberás juzgar si a los niños pequeños les podrían llegar a gustar mis cuentos.

Kaatje

Kaatje es nuestra vecinita de al lado, y cuando miro por la ventana hacia fuera, si hace buen tiempo puedo verla jugando en el jardín.

Kaatje tiene un vestido de terciopelo color rojo vino para los domingos y otro de algodón para diario, pelo rubio pajizo con dos coletas muy finitas y los ojos azul claros.

Kaatje tiene una madre muy buena, pero ya no tiene padre. La mamá de Kaatje es lavandera. Durante el día a veces se va para mantener limpias las casas de otra gente, y por las noches hace en su casa la colada de esa gente. A las once todavía sacude alfombras y tiende hileras de ropa lavada.

Kaatje tiene como seis hermanitos y hermanitas. Entre ellos también hay un pequeñajo muy chillón, que se agarra a las faldas de su hermana de once años cuando la madre les dice en voz alta: «¡A dormir!».

Kaatje tiene un gatito negro que parece un moro, de lo negro que es. Ella cuida muy bien de su gatito. Todas las noches, justo antes de la hora de acostarse, la oigo llamar: «¡Gati-to, gati-to, *ka-tje, ka-tje*...». Y de ahí le vino el nombre de Kaatje. A lo mejor ni siquiera se llama así, aunque por su aspecto bien podría ser.

Kaatje también tiene dos conejitos, uno blanco y otro marrón, que saltan de aquí para allá sobre la hierba, al pie de la escalera que lleva a la casa de Kaatje.

A veces Kaatje también se porta mal, igual que otros niños, y eso suele ser cuando se pelea con sus hermanitos. ¡Huy, cómo se enfada Kaatje! ¡Y hay que ver cómo pega, patea y muerde! Los pequeños le tienen mucho respeto a su hermana grandota y forzuda.

—¡Kaatje, ve a hacer la compra! —la llama su madre.

Kaatje se tapa rápidamente los oídos para poder decirle luego sin mentir que no la oyó. Kaatje detesta hacer la compra, pero tampoco le merece la pena mentir por no hacer un recado. Kaatje no miente, eso se nota enseguida por sus ojos azules.

Un hermano de Kaatje ya tiene dieciséis años y trabaja como aprendiz de comercio. A este hermano le gusta mangonear a los niños como si fuera el papá. A Piet Kaatje tampoco se atreve a decirle nada, porque Piet es muy brusco, y Kaatje sabe por experiencia que si se le obedece puede que caiga un caramelo. Los caramelos a Kaatje le gustan mucho, y a sus hermanitas también.

Los domingos, cuando las campanas de la iglesia hacen talán, talán, la madre de Kaatje va a la iglesia con todos los hermanitos y hermanitas. Entonces Kaatje reza por su amado papá que está en el cielo y también por su mamá, para que siga viviendo muchos años. Cuando salen de la iglesia, dan un paseo con la mamá. Eso a Kaatje le encanta, por el parque y alguna vez también van al zoológico. Pero para volver al zoológico todavía hay que esperar unos meses, hasta septiembre, que es cuando la entrada solo cuesta veinticinco céntimos, o hasta que llegue el cumpleaños de Kaatje, que entonces podrá pedir como regalo que la lleven. Para otros regalos, la madre de Kaatje no tiene dinero.

Kaatje consuela a menudo a su madre, pues por la noche, cuando ha trabajado duro y está cansada, suele echarse a llorar, y entonces Kaatje promete comprarle todo lo que desee, cuando sea mayor.

A Kaatje le gustaría muchísimo ser ya mayor, así podría ganar dinero y comprarse ropa bonita, y darles también caramelos a las hermanitas, igual que Piet.

Pero antes Kaatje tiene que aprender muchas cosas e ir muchos años a la escuela. Su madre quiere que después aún vaya a la escuela de economía doméstica, pero eso a Kaatje no la atrae nada. Ella no quiere ser empleada de una señora, quiere ir a la fábrica, igual que esa ristra de chicas que pasan todos los días. En la fábrica no estará sola, y además podrá charlar, ¡algo que a Kaatje le encanta! En la escuela a veces la mandan castigada al rincón por hablar, pero por lo demás es buena alumna.

Kaatje también quiere mucho a su profesora, que por lo general es muy buena con ella y es muy muy sabia. ¡Qué difícil debe de ser llegar a ser tan sabia! Pero con menos una también se las puede arreglar. La madre de Kaatje siempre dice que si se vuelve muy sabia luego no encontrará marido, y eso a Kaatje no le gustaría nada. Porque más tarde quisiera tener hijos, pero no como sus hermanitos y hermanitas: los hijos de Kaatje serán mucho más buenos y también mucho más hermosos. Tendrán un hermoso pelo rizado color castaño, y no rubio pajizo, que no es bonito, ni pecas, que Kaatje las tiene a montones. Tampoco quiere tener tantos hijos como su madre; con dos o tres le basta. Pero, bueno, todavía falta muchísimo, como el doble de su propia vida.

—¡Kaatje! —la llama la madre—. Ven aquí, niña traviesa, ¿dónde te habías metido? ¡Vete rápido a la cama, que seguro que andabas soñando otra vez!

Kaatje suspira. ¡Justo estaba haciendo unos hermosos planes de futuro!

tu Anne.

Lunes, 9 de ago. de 1943.

Querida Kitty:

Sigo con la descripción del horario que tenemos en la Casa de atrás. Tras la comida del mediodía, ahora le toca a la de la tarde.

El señor Van Pels: comencemos por él. Es el primero en ser atendido a la mesa, y se sirve bastante de todo cuando la comida es de su gusto. Por lo general participa en la conversación, dando siempre su opinión, y cuando así sucede, no hay quien le haga cambiar de parecer, porque cuando alguien osa contradecirle, se pone bastante violento. Es capaz de soltarte un bufido como un gato, y la verdad es que es preferible evitarlo. Si te pasa una vez, haces lo posible para que no se repita.

Tiene la mejor opinión, es el que más sabe de todo. De acuerdo, sabe mucho, pero también su presunción ha alcanzado altos niveles.

Madame: en verdad sería mejor no decir nada. Ciertos días, especialmente cuando se avecina alguna tormenta, más vale no mirarla a la cara. Bien visto, es ella la culpable de todas las discusiones, ¡pero no el tema! Todos prefieren no meterse; pero tal vez pudiera decirse que ella es la iniciadora. Azuzar, eso es lo que le gusta. Azuzar a la señora Frank y a Anne, a Margot y al señor no es tan fácil.

Pero volvamos a la mesa. La señora siempre recibe lo que le corresponde, aunque ella a veces piensa que no es así. Escoger las patatas más pequeñas, el bocado más sabroso, lo más tierno de todo: esa es su consigna. «A los demás ya les tocará lo suyo, primero estoy yo». (Exactamente así piensa ella que piensa Anne Frank). Lo segundo es hablar, siempre que haya alguien escuchando, le interese o no, eso al parecer le da igual. Seguramente piensa que a todo el mundo le interesa lo que es la señora Van Pels.

Las sonrisas coquetas, hacer como si entendiera de cualquier tema, aconsejar un poco a todos o dárselas de madraza, eso seguro que <u>deja</u> una buena impresión. Pero si uno mira más allá, lo bueno se acaba enseguida. En primer lugar hacendosa, luego alegre, luego coqueta y a veces una cara bonita. Esa es Petronella Van Pels.

El tercer comensal: no dice gran cosa. Por lo general, el joven Van Pels es muy callado y no se hace notar. Por lo que respecta a su apetito: un pozo sin fondo, que no se llena nunca. Aun después de la comida más sustanciosa, afirma sin inmutarse que podría comerse el doble.

En cuarto lugar está Margot: come como un pajarito, no dice ni una palabra. Lo único que toma son frutas y verduras. «Consentida», en opinión de Van Pels. «Falta de aire y deporte», en opinión nuestra.

Luego está mamá: un buen apetito, una buena lengua. No da la impresión de ser la dueña de la casa, como es el caso de la señora Van Pels. ¿La diferencia? La señora cocina y mamá friega los platos y limpia.

En sexto y séptimo lugar: de papá y yo será mejor que no diga mucho. El primero es el más modesto de toda la mesa. Siempre se fija en primer lugar si todos los demás ya tienen. No lo necesita todo, lo mejor es para los jóvenes.

Es la bondad personificada, y a su lado se sienta el terremoto de la Casa de atrás.

Pfeffer: se sirve, no mira, come, no habla. Y cuando hay que hablar, que sea sobre la comida, así no hay disputa, solo presunción. Deglute raciones enormes y nunca dice que no: tanto en las buenas como también bastante poco en las malas.

Pantalones que le llegan hasta el pecho, chaqueta roja, zapatillas negras de charol y gafas de concha: así se le puede ver sentado frente a la mesita, eternamente atareado, no avanzando nunca, interrumpiendo su labor solo para dormirse su siestecita, comer y… acudir a su lugar preferido: el retrete. Tres, cuatro, cinco veces al día hay alguien montando guardia delante de la puerta, conteniéndose, impaciente, balanceándose de una pierna a otra, casi sin aguantar más. ¿Se da por enterado? En absoluto. De las siete y cuarto a las siete y media, de las doce y media a la una, de las dos a las dos y cuarto, de las cuatro a las cuatro y cuarto, de las seis a las seis y cuarto y de las once y media a las doce. Se puede tomar nota, son sus «asientos fijos», de los que no se aparta. Tampoco hace caso de la voz implorante al otro lado de la puerta que presagia una catástrofe inminente.

La novena no forma parte de la familia de la Casa de atrás, pero sí es una convecina y comensal. Bep tiene un buen apetito. No deja nada, no es quisquillosa. Todo lo come con gusto, y eso justamente nos da gusto a nosotros. Siempre alegre y de buen humor, bien dispuesta y bonachona: esos son sus rasgos característicos.

Martes, 10 de agosto de
1943.

Querida Kitty:

Una nueva idea: en la mesa hablo más conmigo misma que con los demás, lo cual resulta ventajoso en dos aspectos. En primer lugar, a todos les agrada que no esté charlando continuamente, y en segundo lugar no necesito estar irritándome a causa de las opiniones de los demás. Mi propia opinión a mí no me parece estúpida, y a otros sí, de modo que mejor me la guardo para mí. Lo mismo hago con la comida que no me apetece para nada: pongo el plato delante de mí, me imagino que es una comida deliciosa, la miro lo menos posible y me la como sin darme cuenta. Por las mañanas, al levantarme —otra de esas cosas nada agradables—, salgo de la cama de un salto, pienso «enseguida puedes volver a meterte en tu camita», voy hasta la ventana, quito los paneles de oscurecimiento, me quedo aspirando el aire que entra por la rendija y me despierto. Deshago la cama lo más rápido posible, para no poder caer en la tentación. ¿Sabes cómo lo llama mamá? «El arte de vivir». ¿No te parece graciosa la expresión?

Desde hace una semana todos estamos un poco desorientados en cuanto a la hora, ya que por lo visto se han llevado nuestra querida y entrañable campana de la iglesia para fundirla, por lo que ya no sabemos exactamente qué hora es, ni de día, ni de noche. Todavía tengo la esperanza de que inventen algo que a los del barrio nos haga recordar un poco nuestra campana, como, por ejemplo, un artefacto de estaño, de cobre o de lo que sea.

Vaya a donde vaya, ya sea al piso de arriba o al de abajo, todo el mundo me mira con admiración los pies, que llevan un par de zapatos verdaderamente hermosos para los tiempos que corren. Miep los ha conseguido por ƒ 27,50. Color vino, de piel de ante y cuero y con un tacón bastante alto. Me siento como si anduviera con zancos y parezco mucho más alta de lo que soy. Ayer fue un día de mala suerte. Me pinché el pulgar derecho con la punta gruesa de una aguja. En consecuencia, Margot tuvo que pelar las patatas por mí (su lado bueno debía tener) y yo casi no podía escribir.

Luego, con la cabeza me llevé por delante la puerta armario y por poco me caigo de espaldas, pero me cayó una regañina por hacer tanto ruido y no podía hacer correr el agua para mojarme la frente, por lo que ahora tengo un chichón gigantesco encima del ojo derecho. Para colmo de males, me enganché el dedo pequeño del pie derecho en una clavija de la aspiradora. Me salía sangre y me dolía, pero estaba tan ocupada con mis otros males, que me olvidé completamente de este fastidio. Mal hecho, porque el dedo del pie se me ha infectado, y tengo que ponerme basilicón y gasas y esparadrapo, y no puedo ponerme mis preciosos zapatos.

Pfeffer nos ha puesto en peligro de muerte por enésima vez. Créase o no, Miep le trajo un libro prohibido, lleno de injurias dirigidas a Mussolini.

En el camino la rozó una moto de las SS. Perdió los estribos, les gritó «¡miserables!» y siguió pedaleando. No quiero ni pensar en lo que habría pasado si se la llevaban a la comisaría.

tu Anne.

Viernes, 10 de septiembre de 1943.

Querida Kitty:

Cada vez que te escribo ha pasado algo especial, aunque la mayoría de las veces se trata de cosas más bien desagradables. Ahora, sin embargo, ha pasado algo bonito.

El miércoles 8 de septiembre último a las siete de la tarde estábamos escuchando la radio, y lo primero que oímos fue lo siguiente: *«Here follows the best news from whole the war: Italy has capitulated!».* ¡Italia ha capitulado incondicionalmente! A las ocho y cuarto empezó a transmitir Radio Oranje: «Estimados oyentes: hace una hora y quince minutos, cuando acababa de redactar la crónica del día, llegó a la redacción la muy grata noticia de la capitulación de Italia. ¡Puedo asegurarles que nunca antes me ha dado tanto gusto tirar mis papeles a la papelera!».

Se tocaron el *God save the King*, el himno nacional de Estados Unidos y la Internacional rusa. Como de costumbre, Radio Oranje levantaba los ánimos, aun sin mostrarse demasiado optimista.

Los ingleses desembarcaron en Nápoles. El norte de Italia había sido ocupado por los alemanes. El viernes 3 de septiembre ya se firmó el armisticio, justo el día en que se produjo el desembarco de los ingleses en Italia. Los alemanes maldicen a Badoglio y al emperador italiano en todos los periódicos, por traidores.

Sin embargo, también tenemos nuestras desventuras. Se trata del señor Kleiman. Como sabes, todos le queremos mucho, y aunque siempre está enfermo, tiene muchos dolores y no puede comer ni andar mucho, anda siempre de buen humor y tiene una valentía admirable. «Cuando viene el señor Kleiman, sale el sol», ha dicho mamá hace poco, y tiene razón.

Resulta que deben ingresarlo en el hospital para una operación muy delicada de estómago, y que tendrá que quedarse allí por lo menos cuatro semanas. Tendrías que haber visto cómo se despidió de nosotros: como si fuera a hacer un recado, así sin más.

tu Anne.

Jueves, 16 de sept. de 1943.

Querida Kitty:

Las relaciones entre los habitantes de la Casa de atrás empeoran día a día. Pfeffer y Van Pels son grandes amigos hasta la siguiente pelea. En la mesa nadie se atreve a abrir la boca —salvo para deslizar en ella un bocado—, por miedo a que lo que diga resulte hiriente o se malinterprete. El señor Voskuijl nos visita de vez en cuando. Es una pena que esté tan malo. A su familia tampoco se lo pone fácil, ya que anda siempre con la idea de que se va a morir pronto, y entonces todo le es indiferente. No resulta difícil hacerse una idea de la atmósfera que debe de reinar en la casa de los Voskuijl, basta con pensar en lo susceptibles que ya son todos aquí.

Todos los días tomo valeriana contra la angustia y la depresión, pero esto no logra evitar que al día siguiente esté todavía peor de ánimo.

Poder reír alguna vez con gusto y sin inhibiciones: eso me ayudaría más que diez valerianas, pero ya casi nos hemos olvidado de lo que es reír. A veces temo que de tanta seriedad se me estirará la cara y la boca se me arqueará hacia abajo. Los otros no lo tienen mejor; todos miran con malos presentimientos la mole que se nos viene encima y que se llama invierno. Otro hecho nada alentador es que Van Maaren, el mozo de almacén, tiene sospechas relacionadas con el edificio de atrás. A una persona con un mínimo de inteligencia le tiene que llamar la atención la cantidad de veces que Miep dice que va al laboratorio, Bep al archivo y Kleiman al depósito de Opekta, y que Kugler sostenga que la Casa de atrás no pertenece a esta finca, sino que forma parte del edificio de al lado.

No nos importaría lo que el señor Van Maaren pudiera pensar del asunto, si no fuera porque tiene fama de ser poco fiable y porque es tremendamente curioso, y que no se contenta con vagas explicaciones. Un día, Kugler quiso ser en extremo cauteloso: a las doce y veinte del mediodía se puso el abrigo y se fue a la droguería de la esquina. Volvió antes de que hubieran pasado cinco minutos, subió la escalera de puntillas y entró en nuestra casa. A la una y cuarto quiso marcharse, pero en el descansillo se encontró con Bep, que le previno que Van Maaren estaba en la oficina. Kugler dio media vuelta y se quedó con nosotros hasta la una y media. Entonces se quitó los zapatos y así, a pesar de su catarro, fue hasta la puerta del desván de la casa de delante, bajó la escalera lenta y sigilosamente, y después de haberse balanceado en los escalones durante quince minutos para evitar cualquier crujido, aterrizó en la oficina como si viniera de la calle. Bep, que mientras tanto se había librado un momento de Van Maaren, vino a buscar al señor Kugler a casa, pero Kugler ya se había marchado hacía rato, y todavía andaba descalzo por la escalera. ¿Qué habrá pensado la gente en la calle al ver al señor director calzándose los zapatos fuera? ¡Ajá, sabe el director dónde le aprieta el zapato!

Domingo, 17 de oct. de 1943.

Querida Kitty:
Ha vuelto Kleiman. ¡Menos mal! Todavía se le ve pálido, pero sale a la calle de buen talante a vender ropa para Van Pels.

Es un hecho desagradable el que a Van Pels se le haya acabado completamente el dinero. Los últimos ƒ 100,- los ha perdido en el almacén, lo que nos ha traído problemas. ¿Cómo es posible que un lunes por la mañana vayan a parar ƒ 100,- al almacén? Todos motivos de sospecha. Entretanto, los ƒ 100,- han volado. ¿Quién es el ladrón?

Pero te estaba hablando de la escasez de dinero. La señora no quiere desprenderse de ninguno de sus abrigos, vestidos ni zapatos; el traje del señor es difícil de vender, y la bicicleta de Peter ha vuelto de la subasta, ya que nadie la quiso comprar. No se sabe cómo acabará todo esto. Quiera o no, la señora tendrá que renunciar a su abrigo de piel. Según ella, la empresa debería mantenernos a todos, pero no logrará imponer su punto de vista. En el piso de arriba han armado una tremenda bronca al respecto, aunque ahora ya han entrado en la fase de reconciliación, con los respectivos «¡Ay, querido Putti!» y «¡Kerli preciosa!».

Las palabrotas que han volado por esta honorable casa durante el último mes dan vértigo. Papá anda por la casa con los labios apretados. Cuando alguien lo llama se espanta un poco, por miedo a que nuevamente lo necesiten para resolver algún asunto delicado. Mamá tiene las mejillas rojas de lo exaltada que está, Margot se queja del dolor de cabeza, Pfeffer no puede dormir, la señora se pasa el día lamentándose y yo misma no sé dónde tengo la cabeza. Honestamente, a veces ya ni sé con quién estamos reñidos o con quién ya hemos vuelto a hacer las paces.

Lo único que me distrae es estudiar, así que estudio mucho.

tu Anne.

Miércoles, 29 de septiembre de 1943.

Querida Kitty:
Hoy cumple años la señora Van Pels. Aparte de un cupón de racionamiento para comprar queso, carne y pan, tan solo le hemos regalado un tarro de mermelada. También el marido, Pfeffer y los de la oficina le han regalado flores y alimentos exclusivamente. ¡Los tiempos no dan para más! El otro día a Bep casi le da un ataque de nervios, de tantos recados que le mandaban hacer. Diez veces al día le encargaban cosas, insistiendo en que lo hiciera rápido, en que volviera a salir o en que había traído alguna cosa equivocada. Si te pones a pensar en que abajo tiene que terminar el trabajo de oficina, que Kleiman está enfermo, que Miep está en su casa con catarro,

que ella misma se ha torcido el tobillo, que tiene mal de amores y en casa un padre que se lamenta continuamente, te puedes imaginar cuál es su estado. La hemos consolado y le hemos dicho que si dijera unas cuantas veces con firmeza que no tiene tiempo, las listas de los recados se acortarían solas.

El sábado tuvimos un drama, cuya intensidad superó todo lo vivido aquí hasta el momento. Todo empezó con Van Maaren y terminó en una disputa general con llanto. Pfeffer se quejó ante mamá de que lo tratamos como a un paria, de que ninguno de nosotros es amable con él, de que él no nos ha hecho nada, y le largó toda una sarta de halagos y lisonjas de los que mamá esta vez felizmente no hizo caso. Le contestó que él nos había decepcionado mucho a todos y que más de una vez nos había causado disgustos. Pfeffer le prometió el oro y el moro, pero como siempre, hasta ahora nada ha cambiado.

Con los Van Pels el asunto va a acabar mal, ya me lo veo venir. Papá está furioso, porque nos engañan. Esconden carne y otras cosas. ¡Ay, qué desgracia nos espera! ¡Cuánto daría por no verme metida en todas estas trifulcas! ¡Ojalá pudiera escapar! ¡Nos van a volver locos!

tu Anne.

Viernes, 29 de oct. de 1943.

Queridísima Kitty:

El señor Kleiman se ha tenido que ausentar del trabajo nuevamente. Su estómago no lo deja tranquilo. Ni él mismo sabe si la hemorragia ha parado. Nos vino a decir que se sentía mal y que se marchaba para su casa. Es la primera vez que lo vi tan de capa caída.

Aquí ha vuelto a haber ruidosas disputas entre el señor y la señora. Fue así: a los Van Pels se les ha acabado el dinero. Quisieron vender un abrigo de invierno y un traje del señor, pero nadie quiso comprarlos. El precio que pedían era demasiado alto.

Un día, hace ya algún tiempo, Kleiman comentó algo sobre un peletero amigo. De ahí surgió la idea del señor de vender el abrigo de piel de la señora. Es un abrigo hecho de pieles de conejo que ya tiene diecisiete años. Le dieron *f* 325 por él, una suma enorme. La señora quería quedarse con el dinero para poder comprarse ropa nueva después de la guerra, y al señor no le resultó nada fácil convencerla de que ese dinero era más que necesario para los gastos de la casa.

No puedes ni imaginarte los gritos, los chillidos, los golpes y las palabrotas. Fue algo espeluznante. Los de mi familia estábamos aguardando al pie de la escalera conteniendo la respiración, listos para separar a los contrincantes en caso de necesidad.

Todas esas peleas, llantos y nerviosismos provocan tantas tensiones y tiranteces, que por las noches caigo en la cama llorando, dando gracias al cielo de que por fin tengo media hora para mí sola.

A mí me va bien, salvo que no tengo ningún apetito. Viven repitiéndome: «¡Qué mal aspecto tienes!». Debo admitir que se esfuerzan mucho por mantenerme más o menos a nivel, recurriendo a la dextrosa, el aceite de hígado de bacalao, a las tabletas de levadura y de calcio. Mis nervios no siempre consigo dominarlos, sobre todo los domingos me siento muy desgraciada, cuando reina aquí en casa una atmósfera deprimente, aletargada y pesada; fuera no se oye cantar a ningún pájaro; un silencio sofocante y de muerte lo envuelve todo, y esa pesadez se aferra a mí como si quisiera arrastrarme hasta los más profundos infiernos. Papá, mamá y Margot me son entonces indiferentes de tanto en tanto, y yo deambulo por las habitaciones, bajando y subiendo la escalera, y me da la sensación de ser un pájaro enjaulado al que le han arrancado las alas violentamente, y que en la más absoluta penumbra choca contra los barrotes de su estrecha jaula al querer volar. Oigo una voz dentro de mí que me grita: «¡Sal fuera, al aire, a reír!». Ya ni le contesto; me tumbo en uno de los divanes y duermo para acortar el tiempo, el silencio, y también el miedo atroz, ya que es imposible matarlos.

tu Anne.

Miércoles, 3 de nov. de 1943.

Querida Kitty:

Para proporcionarnos un poco de distracción y conocimientos, papá ha pedido un folleto de los cursos por correspondencia de Leiden. Margot estuvo hojeando el voluminoso librito como tres veces, sin encontrar nada que le interesara y a la medida de su presupuesto. Papá fue más rápido en decidirse, y quiso escribir a la institución para solicitar una clase de prueba de «Latín elemental». Dicho y hecho. La clase llegó, Margot se puso a estudiar con buenos ánimos y el cursillo, aunque caro, se encargó. Para mí es demasiado difícil, aunque me encantaría aprender latín.

Para que yo también empezara con algo nuevo, papá le pidió a Kleiman una biblia para jóvenes, para que por fin me entere de algunas cosas del Nuevo Testamento.

—¿Le vas a regalar a Anne una biblia para Januká? —preguntó Margot algo desconcertada.

—Pues… en fin, creo que será mejor que se la regale para San Nicolás —contestó papá.

Y es que Jesús y Januká no tienen nada que ver.

Como se ha roto la aspiradora, todas las noches me toca cepillar la alfombra con un viejo cepillo. Cierro la ventana, enciendo la luz, también la estufa, y paso el escobón. «Esto no puede acabar bien —pensé ya la primera vez—. Seguro que habrá quejas». Y así fue: a mamá las espesas nubes de polvo que quedaban flotando en la habitación le dieron dolor de cabeza, el nuevo diccionario de latín de Margot se cubrió de suciedad, y Pim hasta se quejó de que el suelo no había cambiado en absoluto de aspecto. «A buen servicio mal galardón», como dice el refrán.

La última consigna de la Casa de atrás es que los domingos la estufa se encienda con normalidad a las siete y media de la mañana, en vez de a las cinco y media. Me parece una cosa peligrosa. ¿Qué van a pensar los vecinos del humo que eche nuestra chimenea?

Lo mismo pasa con las cortinas. Desde que nos instalamos aquí siempre han estado herméticamente cerradas. Pero a veces, a alguno de los señores o a alguna de las señoras le viene el antojo de mirar hacia fuera un momento. El efecto: una lluvia de reproches. La respuesta: «¡Pero si no lo ve nadie!». Por ahí empiezan y terminan todos los descuidos. Que esto no lo ve nadie, que aquello no lo oye nadie, que a lo de más allá nadie le presta atención. Es muy fácil decirlo, pero ¿se corresponderá con la verdad? De momento las disputas tempestuosas han amainado, solo Pfeffer está enfadado con Van Pels. Cuando habla de la señora, no hace más que repetir las palabras «vaca idiota», «morsa» y «yegua»; viceversa, la señora califica al estudioso infalible de «vieja solterona», «damisela susceptible», etcétera, etcétera.

Dijo la sartén al cazo: «¡Apártate, que me tiznas!».

tu Anne.

Jueves, 11 de nov. de 1943

Querida Kitty:

Se me acaba de ocurrir un buen título para este capítulo:

Oda a la estilográfica
«In memoriam»
De la *schola latina* de Margot.

La estilográfica había sido siempre para mí un preciado tesoro; la apreciaba mucho, sobre todo por la punta gruesa que tenía, porque solo con la punta gruesa de una estilográfica sé hacer una letra realmente bonita. Mi estilográfica ha tenido una larga e interesante vida de estilográfica, que pasaré a relatar brevemente.

Cuando tenía nueve años, mi estilográfica me llegó, en un paquete, envuelta en algodón, catalogada como «muestra sin valor», procedente de Aquisgrán, la ciudad donde residía mi abuela, la generosa remitente. Yo estaba en cama con gripe, mientras el viento frío de febrero bramaba alrededor de la casa. La maravillosa estilográfica venía en un estuche de cuero rojo y fue mostrada a todas mis amigas el mismísimo día del obsequio. ¡Yo, Anne Frank, orgullosa poseedora de una estilográfica!

Cuando tenía diez años, me permitieron llevarla al colegio, y la señorita consintió que la usara para escribir. A los once años, sin embargo, tuve que guardarla, ya que la señorita del sexto curso solo permitía que se usaran plumas y tinteros del colegio como útiles de escritura. Cuando cumplí los doce y pasé al Liceo Judío, mi estilográfica, para mayor gloria, fue a dar a un nuevo estuche, en el que también cabía un lápiz y que, además, parecía mucho más auténtico, ya que cerraba con cremallera. A los trece la traje conmigo a la Casa de atrás, donde me acompañó a través de un sinnúmero de diarios y otros escritos. El año en que cumplí los catorce, fue el último año que mi estilográfica y yo pasamos juntas, y ahora...

———

Fue un viernes por la tarde después de las cinco; salí de mi habitación y quise sentarme a la mesa a escribir, pero Margot y papá me obligaron bruscamente a cederles el lugar para poder dedicarse a su clase de latín. La estilográfica quedó sobre la mesa, sin utilizar; suspirando, su propietaria tuvo que contentarse con un pequeñísimo rincón de la mesa y se puso a pulir judías. «Pulir judías» significa aquí dentro adecentar las judías pintas enmohecidas. A las seis menos cuarto me puse a barrer el suelo, y la basura, junto con las judías malas, la tiré en la estufa, envuelta en un periódico. Se produjo una tremenda llamarada, y me puse contenta, porque el fuego estaba aletargado y se restableció.

Había vuelto la calma, los latinistas habían desaparecido y yo me senté a la mesa para volver a la escritura, pero por más que buscara en todas partes, la estilográfica no aparecía. Busqué otra vez, Margot también buscó, y mamá, y también papá, y Pfeffer, pero el utensilio había desaparecido sin dejar rastro.

—Quizá se haya caído en la estufa, junto con las judías —sugirió Margot.

—¡Qué ocurrencia! —le contesté.

Sin embargo, cuando por la noche, mi estilográfica aún no había aparecido, todos supusimos que se había quemado, sobre todo porque el celuloide arde que es una maravilla. Y en efecto, mi triste presentimiento se confirmó a la mañana siguiente cuando papá, al vaciar la estufa, encontró el clip con el que se sujeta una estilográfica en medio de una carga de cenizas. De la plumilla de oro no encontramos el menor rastro.

—Debe de haberse adherido a alguna piedra al arder —opinó papá.

Al menos me queda un consuelo, aunque sea pequeño: mi estilográfica ha sido incinerada, tal como quiero que hagan conmigo llegado el momento.

El clip hay que guardar
(La pluma ya no está)
Sirve para las alarmas
He tenido mala pata
tu Anne.

Noche del lunes, 8 de noviembre de 1943.

Querida Kitty:

Si pudieras leer mi pila de cartas una detrás de otra, seguramente te llamarían la atención los distintos estados de ánimo en que fueron escritas. Yo misma lamento que aquí, en la Casa de atrás, dependa tanto de los estados de ánimo. En verdad, no solo a mí me pasa; nos pasa a todos. Cuando leo un libro que me causa una impresión profunda, tengo que volver a ordenar bien toda mi cabeza antes de mezclarme con los demás, si no podrían llegar a pensar que me ocurre algo extraño. De momento, como podrás apreciar, estoy en una fase depresiva.

De verdad no sabría explicarte a qué se debe, pero creo que es mi cobardía, con la que tropiezo una y otra vez.

Hace un rato, cuando aún estaba con nosotros Bep, se oyó un timbre fuerte, largo y penetrante. En ese momento me puse blanca, me vino dolor de estómago y taquicardia, y todo por la mieditis.

Por las noches, en sueños, me veo sola en un calabozo, sin papá y mamá. O a veces vagabundeo por la carretera, o se quema nuestra Casa de atrás, o nos vienen a buscar de noche y me escondo debajo de la cama, desesperada. Veo todo como si lo estuviera viviendo en mi propia carne. ¡Y encima tengo la sensación de que todo esto me puede suceder en cualquier momento! Miep dice a menudo que nos envidia tal como estamos aquí, por la tranquilidad que tenemos. Puede ser, pero se olvida de nuestra enorme angustia.

No puedo imaginarme en absoluto que para nosotros el mundo vuelva a ser normal alguna vez. Es cierto que a veces hablo de «después de la guerra», pero es como si hablara de un castillo en el aire, algo que nunca podrá ser realidad.

Pienso en Merry, como le decimos a nuestra plaza, en mis amigas, la escuela, las diversiones, etcétera como algo que vivió otra persona y no yo. Nos veo a los ocho y a la Casa de atrás, como si fuéramos un trozo de cielo azul, rodeado de nubes de lluvia negras, muy negras. La isla redonda en la que nos encontramos aún es segura, pero las nubes se van acercando paulatinamente, y el anillo que nos separa del peligro inminente se cierra cada vez más.

Ya estamos tan rodeados de peligros y de oscuridad, que la desesperación por buscar una escapatoria nos hace tropezar unos con otros.

Miramos todos hacia abajo, donde la gente está peleándose entre sí, miramos todos hacia arriba, donde todo está en calma y es hermoso, y entretanto estamos aislados por esa masa oscura, que nos impide ir hacia abajo o hacia arriba, pero que se halla frente a nosotros como un muro infranqueable, que quiere aplastarnos, pero que aún no lo logra.

No puedo hacer otra cosa que gritar e implorar: «¡Oh, anillo, anillo, ensánchate y ábrete, para que podamos pasar!».

tu Anne.

Miércoles, 17 de nov. de 1943.

Querida Kitty:

Están ocurriendo hechos estremecedores. En casa de Bep hay difteria, y por eso tiene que evitar el contacto con nosotros durante seis semanas. Resulta muy molesto, tanto para la comida como para los recados, sin mencionar la falta que nos hace su compañía.

Kleiman sigue postrado y lleva tres semanas ingiriendo leche y finas papillas únicamente.

Kugler está atareadísimo. Por suerte la empresa vuelve a tener 2500 kg de pimienta para moler. Las multas que nos impusieron del control de precios el año pasado subieron tanto que, oficialmente, Gies & Co. ni siquiera puede tener en caja ese importe.

Las clases de latín enviadas por Margot vuelven corregidas por un profesor. Margot las envía usando el nombre de Bep. El profesor, un tal A. C. Nielson, es muy amable y muy gracioso además. Debe de estar contento de que le haya caído una alumna tan inteligente.

Pfeffer está totalmente confuso, y nadie sabe por qué. Todo comenzó con que cuando estábamos arriba no abría la boca y no intercambiaba ni una sola palabra con el señor Van Pels ni con la señora. Esto llamó la atención a todos. Como la situación se prolongaba, mamá aprovechó la ocasión para prevenirlo que de esta manera la señora ciertamente podía llegar a causarle muchos disgustos. Pfeffer dijo que el que había empezado a no decir nada era el señor Van Pels, y que por lo tanto no tenía intención de romper su silencio. Debes saber que ayer fue 16 de noviembre, día en que se cumplió un año de su venida a la Casa de atrás. Con ocasión de ello, le regaló a mamá un jarrón de flores, pero a la señora Van Pels, que durante semanas había estado haciendo alusión a la fecha en varias oportunidades, sin ocultar en lo más mínimo su opinión de que Pfeffer tendría que convidarnos a algo, no le regaló nada.

En vez de expresar de una buena vez su agradecimiento por la desinteresada acogida, no dijo ni una palabra. Y cuando el 16 por la mañana le pregunté si debía darle la enhorabuena o el pésame, contestó que podía darle lo que quisiera.

Mamá, que quería hacer el noble papel de paloma de la paz, no avanzó ni un milímetro y al final la situación se mantuvo igual.

No exagero si te digo que en la mente de Pfeffer hay algo que no funciona. A menudo nos mofamos en silencio de su falta de memoria, opinión y juicio, y más de una vez nos reímos cuando transmite, de forma totalmente tergiversada y mezclándolo todo, las noticias que acaba de oír.

Por otra parte, ante cada reproche o acusación esgrime una bella promesa, que en realidad nunca cumple.

«El hombre es grande de espíritu, ¡pero sus actos son tan nimios!».

tu Anne.

Sábado, 27 de noviembre de
<u>*1943*</u>.

Querida Kitty:

Anoche, antes de dormirme, se me apareció de repente Hanneli.

La vi delante de mí, en harapos, con el rostro demacrado. Tenía los ojos muy grandes y me miraba de manera tan triste y con tanto reproche, que en sus ojos pude leer: «Ay, Anne, ¿por qué me has abandonado? ¡Ayúdame, ay, ayúdame a salir de este infierno!».

Y yo no puedo ayudarla, solo puedo mirar cómo otras personas sufren y mueren, y estar de brazos cruzados, y solo puedo pedirle a Dios que nos la devuelva. Es nada menos que a Hanneli a quien vi, ninguna otra sino Hanneli... y entendí. La juzgué mal, era yo demasiado niña para entender sus problemas. Ella estaba muy encariñada con su amiga y era como si yo quisiera quitársela. ¡Cómo se habrá sentido la pobre! Lo sé, yo también conozco muy bien ese sentimiento.

A veces, como un relámpago, veía cosas de su vida, para luego, de manera muy egoísta, volver a dedicarme enseguida a mis propios placeres y dificultades.

No hice muy bien en tratarla así, y ahora me miraba con su cara pálida y su mirada suplicante, tan desamparada... ¡Ojalá pudiera ayudarla! ¡Dios mío, cómo es posible que yo tenga aquí todo lo que se me antoja, y que el cruel destino a ella la trate tan mal! Era tan piadosa como yo, o más, y quería hacer el bien, igual que yo; entonces ¿por qué fui yo elegida para vivir y ella tal vez haya tenido que morir? ¿Qué diferencia había entre nosotras? ¿Por qué estamos tan lejos una de otra?

A decir verdad, hacía meses, o casi un año, que la había olvidado. No del todo, pero tampoco la tenía presente con todas sus desgracias. Ay, Hanneli, espero que, si llegas a ver el final de la guerra y a reunirte con nosotros, pueda acogerte para compensarte en parte el mal que te he hecho.

Pero cuando vuelva a estar en condiciones de ayudarla, no precisará mi ayuda tanto como ahora. ¿Pensará alguna vez en mí? ¿Qué sentirá?

Dios bendito, apóyala, para que al menos no esté sola. ¡Si pudieras decirle que pienso en ella con amor y compasión, quizá eso le dé fuerzas para seguir aguantando!

No debo seguir pensando, porque no encuentro ninguna salida. Siempre vuelvo a ver sus grandes ojos, que no me sueltan. Me pregunto si la fe de Hanneli es suya propia, o si es una cosa que le han inculcado desde fuera.

Ni siquiera lo sé, nunca me he tomado la molestia de preguntárselo.

Hanneli, Hanneli, ojalá pudiera sacarte de donde estás, ojalá pudiera compartir contigo todas las cosas de que disfruto.

Es demasiado tarde. No puedo ayudar ni remediar todo lo que he hecho mal. ¡Pero nunca la olvidaré y siempre rezaré por ella!

tu Anne.

Lun. 6 dic. '43

Querida Kitty:

A medida que se acercaba el día de San Nicolás, sin quererlo todos pensamos en la cesta primorosa del año pasado, y sobre todo a mí me pareció una lástima tener que saltárnoslo todo este año. Estuve mucho tiempo pensando hasta que encontré algo, algo que nos hiciera reír.

Lo consulté con Pim, y la semana pasada pusimos manos a la obra para escribir un poema para cada uno.

El domingo por la noche a las ocho y cuarto aparecimos en el piso de arriba llevando el canasto de la colada entre los dos, adornado con pequeñas figuras y lazos de papel carbón de color celeste y rosa. El canasto estaba cubierto de un gran papel de embalar color marrón, que llevaba una nota adherida. Arriba todos estaban un tanto asombrados por el gran volumen del paquete sorpresa.

Cogí la nota y me puse a leer:

Prólogo:
Como todos los años, san Nicolás ha venido
y a la Casa de atrás regalos ha traído.
Lamentablemente la celebración de este año
no puede ser tan divertida como antaño,
cuando teníamos esperanzas y creíamos
que conservando el optimismo triunfaríamos,
que la guerra acabaría y que sería posible
festejar San Nicolás estando ya libres.
De todas maneras, hoy queremos celebrar
y aunque ya no queda nada para regalar
podemos echar mano de un último recurso
(y mientras papá y yo levantábamos el papel de embalar:)
que se encuentra en el zapato de cada uno...

———

Cuando todos sacaron sus zapatos del canasto, hubo una carcajada general. En cada uno de ellos había un paquetito envuelto en papel de embalar, con la dirección de su respectivo dueño. No te copiaré todos los poemas, porque sería un poco aburrido. Sin embargo, algunos fueron tan del agrado general que a ti seguro que también te agradarán.

A la Srta. A. M. Frank.
Cuando de noche pasan los aviones
a nadie le molesta lo que se oye
salvo a Anne, la benjamina,
el retoño más joven de la familia.

Y si el *Bullerjaan* también truena
llega un momento en que Anne «suena».
El remedio no es aceite de bacalao,
sino la valeriana, muy «indicao».
Como queda poca, para ayudar
te la repone hoy San Nicolás.
(El regalo era una valeriana).

     A la Sra. E. Frank

Son tiempos anormales
sin árboles frutales
ni naranjas de la China,
ergo: pocas vitaminas.
¡Pero no hay que quedarse muda,
si también falta la verdura cruda!
Es muy moderno comer
las patatas con su piel,
perejil y rabanitos,
aunque sea solo un poquito.
San Nicolás, que coincide con usted,
algo de verdura cruda le quiere ofrecer.

     Al Sr. P. A. van Pels

¿Quién limpia siempre el desván?
Peter lo hace en un pispás.
¿Quién va a buscar patatas, carbón y verdura?
Peter se ocupa con premura.
¿Quién les da de comer a los gatos?
Peter nunca los tiene olvidados.
¿Quién va a buscar leña y quita la ceniza?
¿Quién pone en remojo su propia ropita?
Peter hace eso, y mucho más,
lo que pone contento a San Nicolás.
Por eso es que ha salido a buscar
y le quiere ofrecer cupones *extrá*.

     A la Sra. G. van Pels

Me haré una prenda y ya sé qué.
Tengo algo de lana, calculo que es
bastante para camisa o pantalón,
pero antes busco un buen patrón.

Avanzo rápido, pero no tardo en ver
que el material bastante no va a ser.
Deshago lo hecho, elijo otro patrón,
y haré un tocado para mi hijo varón.

No me gusta el color, lo mando a teñir.
¡En el tinte de Palthe no se va a derretir!

———

Señora, si vuelve usted a empezar
mire antes lo hecho por San Nicolás:
esta prenda ya le ha preparado
¡y un nuevo punto ha inventado!

———

Yo había hecho algo de punto y lo había pasado a unas cerillas.

Miércoles, 22 de dic. de 1943.

Querida Kitty:

Una fuerte gripe ha impedido que te escribiera antes. Es un suplicio caer enferma aquí; cuando me venía la tos, me metía enseguida debajo de las sábanas y trataba de acallar mi garganta lo más que podía, lo que por lo general tenía como consecuencia que la picazón no se me iba en absoluto y que había que recurrir a la leche con miel, al azúcar o a las pastillas. Me da vértigo pensar en todas las curas por las que me hicieron pasar: sudación, compresas, paños húmedos y secos en el pecho, bebidas calientes, gargarismos, pinceladas de yodo, reposo, almohada térmica, bolsas de agua caliente, limón exprimido y el termómetro cada dos horas. ¿Puede una curarse realmente de esa manera? Lo peor de todo me pareció cuando el señor Pfeffer se puso a hacer de médico y apoyó su cabeza engominada en mi pecho desnudo para auscultar los sonidos que había dentro. No solo me hacía muchísimas cosquillas su pelo, sino que me daba vergüenza, a pesar de que en algún momento, hace treinta años, estudió para médico y tiene el título. ¿Por qué tiene que estar ese hombre posando su cabeza donde tengo el corazón? ¿Acaso se cree mi amante? Además, lo que pueda haber de bueno o de malo allí dentro, él no lo oye, y debería hacerse un lavado de oídos, porque últimamente está teniendo serios problemas de audición. Pero basta ya de hablar de enfermedades. Ahora me siento como nueva, he crecido un centímetro, he aumentado un kilo de peso, estoy pálida y deseosa de ponerme a estudiar.

No hay muchas novedades que contar. Bep sigue separada de nosotros, para Navidad nos darán una ración extra de aceite, de caramelos y de melaza, el regalo ha sido un broche, fabricado con una moneda de dos céntimos y medio lustrada y brillante. En fin, no te lo puedo describir, es sencillamente muy bonito.

Hace un tiempo feo y lluvioso, la estufa despide mal olor y la comida nos cae muy pesada a todos, lo que produce unos «truenos» tremendos por todos los rincones.

Tregua en la guerra, humor de perros.

tu Anne.

Viernes, 24 de dic. de 1943.

Querida Kitty:

Ya te he escrito en otras oportunidades sobre lo mucho que todos aquí dependemos de los estados de ánimo, y creo que este mal está aumentando mucho últimamente, sobre todo en mí. Aquello de *Himmelhoch jauchzend, zu Tode betrübt* ciertamente es aplicable en mi caso. En «la más alta euforia» me encuentro cuando pienso en lo bien que estamos aquí y me comparo con otros chicos judíos, y «la más profunda aflicción» me viene, por ejemplo, cuando ha estado aquí la señora Kleiman y nos ha hablado del club de hockey de Jopie, de paseos en canoa, representaciones teatrales y tés con amigas. No creo que envidie a Jopie, pero lo que sí me da es un ansia enorme de poder salir a divertirme como una loca y reírme hasta que me duela la tripa. Sobre todo ahora, en invierno, con las fiestas de Navidad y Año Nuevo, estamos aquí encerrados como parias, aunque ya sé que en realidad no debo escribir estas palabras, porque parecería que soy una desagradecida, pero piensen lo que piensen de mí, no puedo guardármelo todo, y prefiero citar mis palabras del principio: «El papel lo aguanta todo».

Cuando alguien acaba de venir de fuera, con el viento entre la ropa y el frío en el rostro, querría esconder la cabeza debajo de las sábanas para no pensar en el momento en que nos sea dado volver a oler el aire puro. Pero como no me está permitido esconder la cabeza debajo de las sábanas, sino que, al contrario, debo mantenerla firme y erguida, mis pensamientos me vuelven a la cabeza una y otra vez, innumerables veces.

Créeme, cuando llevas un año y medio encerrada, hay días en que ya no puedes más. Entonces ya no cuenta si es justo ni si soy desagradecida; los sentimientos no se dejan ahuyentar. Montar en bicicleta, bailar, silbar, mirar el mundo, sentirme joven, saber que soy libre, eso es lo que anhelo, y sin embargo no puedo dejar que se me note, porque imagínate que los ocho empezáramos a lamentarnos o pusiéramos caras largas... ¿Adónde iríamos a parar?

tu Anne.

Domingo, 2 de ene. de 1944.

Querida Kitty:

Esta mañana, como no tenía nada que hacer, me puse a hojear mi diario y me topé varias veces con cartas que tratan el tema de la madre con tanta vehemencia, que me asusté y me pregunté: «Anne, ¿eres tú la que hablabas de odio? ¡Ay, Anne!, ¿cómo has podido escribir una cosa así?». Me quedé con el diario abierto en la mano, y me puse a pensar en cómo había podido ser que estuviera tan furiosa y tan verdaderamente llena de odio, que tenía que confiártelo todo. He intentado entender a la Anne de hace un año y de perdonarla, porque no tendré la conciencia tranquila mientras deje que sigas cargando con estas acusaciones, y sin que te haya explicado cómo fue que me puse así. He padecido y padezco estados de ánimo que me mantenían con la cabeza bajo el agua —en sentido figurado, claro— y que solo me dejaban ver las cosas como eran de manera subjetiva, sin que intentara detenerme a analizar tranquilamente las palabras de la otra parte, para luego poder actuar conforme al espíritu de aquellas personas a las que, por mi temperamento efervescente, haya podido ofender o causado algún dolor.

Me he recluido en mí misma, me he mirado solo a mí misma, y he escrito en mi diario de modo imperturbable todas mis alegrías, mofas y llantos. Para mí este diario tiene valor, ya que a menudo se ha convertido en el libro de mis memorias, aunque en muchas páginas ahora podría poner: «Pertenece al ayer».

Estaba furiosa con mamá, y a menudo lo sigo estando. Ella no me entendía, es cierto, pero yo tampoco la entendía a ella. Como me quería, era cariñosa conmigo, pero como también se vio envuelta en muchas situaciones desagradables por mi culpa, y a raíz de ello y de muchas otras circunstancias tristes estaba nerviosa o irascible, es de entender que me tratara como me trató.

Yo me lo tomaba demasiado en serio, me ofendía, me insolentaba y la trataba mal, lo que a su vez la entristecía. Era entonces, en realidad, un ir y venir de cosas desagradables y tristezas. De ningún modo fue placentero, para ninguna de las dos, pero todo pasa. El que yo no quisiera verlo y tuviera mucha compasión conmigo misma también es comprensible.

Las frases tan violentas solo son manifestaciones de enfado, que en la vida normal habría podido ventilar dando cuatro patadas en el suelo, encerrada en una habitación, o maldiciendo a mamá a sus espaldas.

El periodo en que condeno a mamá bañada en lágrimas ha quedado atrás; ahora soy más sensata, y los nervios de mamá se han calmado. Por lo general me callo la boca cuando algo me irrita, y ella hace lo mismo, por lo que todo parece marchar mejor.

Porque sentir un verdadero amor filial por mamá es algo que no me sale. Tranquilizo mi conciencia pensando en que los insultos más vale confiárselos al papel, y no que mamá tenga que llevarlos consigo en el corazón.

tu Anne.

Jueves, 6 de enero de 1944.

Querida Kitty:
Mis ansias de hablar con alguien se estaban volviendo tan grandes que de alguna manera se me ocurrió escoger a Peter para ello. Antes, cuando de tanto en tanto entraba de día en su cuartito, me parecía siempre un sitio muy

acogedor, pero como Peter es tan modesto y nunca echaría a una persona que se pusiera latosa de su cuarto, nunca me atreví a quedarme mucho tiempo, temiendo que mi visita le resultara aburrida. Buscaba la ocasión de quedarme en el cuartito sin que se notara, charlando, y esa ocasión se presentó ayer. Y es que a Peter le ha entrado de repente la manía de resolver crucigramas, y ya no hace otra cosa. Me puse a ayudarlo, y al poco tiempo estábamos sentados uno a cada lado de su mesita, uno frente al otro, él en la silla y yo en el diván.

Me dio una sensación muy extraña mirarlo a los ojos, de color azul oscuro, y ver lo cohibido que estaba por la inusual visita.

Me habría gustado pedirle que me contara algo sobre sí mismo; que viera más allá de ese fatídico afán mío de charlar. Sin embargo, me di cuenta de que ese tipo de peticiones son más fáciles de preparar que de ejecutar.

Por la noche, en la cama, toda la situación no me resultaba nada alentadora y la idea de que debía suplicar los favores de Peter me repelía. Uno hace cualquier cosa para satisfacer sus deseos, como podrás apreciar en mi caso, porque me propuse ir a sentarme más a menudo con Peter para hacer que, de una u otra manera, se decidiera a hablar.

En ningún caso vayas a creer que estoy enamorada de Peter, ¡nada de eso! Si los Van Pels hubieran tenido una niña en vez de un hijo varón, también habría intentado trabar amistad con ella.

Esta mañana me desperté a eso de las siete menos cinco y enseguida recordé con gran seguridad lo que había soñado. Estaba sentada en una silla, y frente a mí estaba sentado Peter… Schiff. Estábamos hojeando un libro ilustrado por Mary Bos, en el que siempre había dibujos únicamente de un lado, del otro había distintos ejemplos de figuras. Mi sueño era tan nítido que aún recuerdo en parte las ilustraciones. Pero aquello no era todo, el sueño seguía. De repente, los ojos de Peter se cruzaron con los míos, y durante algún tiempo me detuve a mirar esos hermosos ojos de color pardo aterciopelado. Entonces, Peter me dijo susurrando:

—¡De haberlo sabido, hace tiempo que habría venido a tu lado!

Me volví bruscamente, porque sentía una emoción demasiado grande. Después sentí una mejilla suave y deliciosa rozando la mía, y todo estuvo tan bien, tan bien…

En ese momento me desperté, mientras seguía sintiendo su mejilla contra la mía y sus ojos pardos mirándome en lo más profundo de mi corazón, tan profundamente que él había leído allí dentro cuánto lo había amado y cuánto seguía amándolo. Los ojos se me volvieron a llenar de lágrimas, y me sentí muy triste por haber vuelto a perderlo, pero al mismo tiempo también contenta, porque sabía con seguridad que Peter seguía siendo mi elegido.

Es curioso que a menudo tenga estos sueños tan nítidos. La primera vez fue cuando, una noche, vi a mi abuela Omi de forma tan clara, que su piel parecía de terciopelo suave y grueso. Luego se me apareció la abuela Oma como si fuera mi ángel de la guarda, y luego Hanneli, que me sigue pareciendo el símbolo de la miseria que pasan todos mis amigos y todos los judíos; por lo tanto, cuando rezo por ella, rezo por todos los judíos y por toda esa pobre gente junta. Y ahora Peter, mi querido Peter; no necesito tener una foto suya: ante mis ojos lo veo lo suficientemente bien.

Viernes, 7 de ene. de 1944.

Querida Kitty:

¡Idiota de mí, que no me di cuenta en absoluto de que nunca te había contado la historia de mi gran amor! Cuando era aún muy pequeña, pero ya iba al jardín de infancia, mi simpatía recayó en Sally Kimmel. Ya no tenía padre y vivía con su madre en casa de una tía. Un primo de Sally, Appy, era un chico guapo, esbelto y moreno que más tarde tuvo todo el aspecto de un perfecto galán de cine y que cada vez despertaba más admiración que el gracioso, bajito y rechoncho de Sally. Durante algún tiempo anduvimos mucho juntos, aunque mi amor nunca fue correspondido, hasta que se cruzó Peter en mi camino y me entró un amor infantil elevado al cubo. Yo también le gustaba, y durante todo un verano fuimos inseparables. En mis pensamientos aún nos veo cogidos de la mano, caminando por la Zuider Amstellaan, él con su traje de algodón blanco y yo con un vestido corto de verano. Cuando acabaron las vacaciones de verano, él pasó a primero de la secundaria y yo a sexto de primaria. Me pasaba a recoger al colegio o yo a él. Peter era un muchacho hermoso, alto, guapo, esbelto, de aspecto serio, sereno e inteligente. Tenía el pelo oscuro y hermosos ojos castaños, mejillas marrón rojizas y la nariz respingona. Me encantaba sobre todo su sonrisa, que le daba un aire pícaro y travieso.

En las vacaciones me fui afuera y al volver no encontré a Peter en su antigua dirección; se había mudado de casa y vivía con un chico mucho mayor que él. Este le hizo ver seguramente que yo no era más que una chiquilla tonta, y Peter me soltó. Yo lo quería tanto que me negaba a ver la realidad y me seguía aferrando a él, hasta que llegó el día en que me di cuenta de que si seguía detrás de él, me tratarían de «perseguidora de chicos».

Pasaron los años. Peter salía con chicas de su edad y ya ni me saludaba.

Empecé a ir al Liceo Judío, muchos chicos de mi curso se enamoraron de mí, a mí eso me gustó, me sentí halagada, pero por lo demás no me hizo nada. Más adelante, Hello estuvo loco por mí, pero como ya te he dicho, nunca más me enamoré.

Hay un refrán que dice: «El tiempo todo lo cura». Así también me pasó a mí. Me imaginaba que había olvidado a Peter y que ya no me gustaba nada. Pero su recuerdo seguía tan latente en mí, que a veces me confesaba a mí misma que estaba celosa de las otras chicas, y que por eso él ya no me gustaba. Esta mañana me di cuenta de que nada ha cambiado; al contrario, mientras me hacía mayor y maduraba, también mi amor crecía en mí. Su rostro se me apareció de manera muy nítida, y ahora sé que nunca llevaré grabada en mi mente la imagen de otro chico como la de él.

Después del sueño estoy totalmente confusa. ¿Hay algo que pueda ayudarme? Tengo que seguir viviendo y pedirle a Dios que si llego a salir de aquí, ponga a Peter en mi camino y que, mirándome a los ojos y leyendo mis sentimientos, me diga: «¡Anne, de haberlo sabido, hace tiempo que habría venido a tu lado!».

tu <u>Anne</u>.

Miércoles, 12 de ene. de 1944.

Querida Kitty:

Bep volvió a la oficina hace quince días, aunque a su hermana no la dejan ir al colegio hasta dentro de una semana. Ahora Bep ha estado dos días en cama con un fuerte catarro. Tampoco Miep y Jan han podido acudir a sus puestos de trabajo; los dos tenían el estómago revuelto. De momento me ha dado por el baile y la danza y todas las noches practico pasos de baile con mucho empeño. Con una enagua de color violeta claro con encaje de Mansa me he fabricado un traje de baile supermoderno. Arriba tiene un lazo que cierra a la altura del pecho. Una cinta rosa acanalada completa el conjunto. En vano he intentado transformar mis zapatillas de deporte en verdaderas zapatillas de baile. Mis endurecidos miembros van camino de recuperar rápidamente su antigua flexibilidad. Un ejercicio que me encanta hacer es sentarme en el suelo y levantar las piernas en el aire cogiéndolas con las manos por los talones. Solo que debo usar un cojín para sentarme encima, para no maltratar demasiado la rabadilla.

En casa están leyendo un libro titulado *Madrugada sin nubes*. A mamá le pareció un libro estupendo porque describe muchos problemas de los jóvenes. Con cierta ironía pensé para mí que sería bueno que primero se ocupara de sus propias jóvenes… Creo que a mamá siguen sin abrírsele los ojos, en la medida en que no ve que nuestra relación con nuestros padres no es para nada tan superbuenísima como ella siempre se ha imaginado y también pensado que era. ¿Has notado que hablo de «nuestra»? Margot se ha vuelto más buena; me parece muy distinta a como era antes. Ya no es tan arisca y se está convirtiendo en una verdadera amiga. Ya no me considera para nada una pequeñaja a la que no es necesario tener en cuenta.

Es muy raro eso de que a veces yo misma me vea como a través de los ojos de otra persona. Observo lo que le pasa a una tal Anne Robin con toda parsimonia y me pongo a hojear el libro de mi vida como si fuera ajeno.

Antes, en mi casa, cuando aún no pensaba tanto las cosas, de vez en cuando me daba la sensación de no pertenecer a la misma familia que Mansa, Pim y Margot, y que siempre sería una extraña. Entonces, a veces me hacía la huérfana como medio año, hasta que me castigaba a mí misma, reprochándome que solo era culpa mía, que me hacía la víctima, pese a estar todavía tan bien. A eso seguía un periodo en el que me obligaba a ser amable. Todas las mañanas, cuando oía pasos en lo alto de la escalera del desván, esperaba que fuera mamá que venía a darme los buenos días. Después, a raíz de algún comentario, era poco amable conmigo y yo me iba al colegio con los ánimos por el suelo. En el camino de vuelta a casa la perdonaba, pensaba que tal vez tuviera problemas, llegaba a casa de buen ánimo, hablando por los codos, hasta que se repetía lo ocurrido por la mañana y yo salía de casa con la cartera del colegio, apesadumbrada.

A veces me proponía seguir enfadada, pero al volver del colegio tenía tantas cosas que contar, que se me olvidaba lo que me había propuesto y mamá no tenía más remedio que prestar atención a los relatos de mis andanzas.

Hasta que volvían los tiempos en que por la mañana no me ponía a escuchar los pasos en la escalera, me sentía sola y por las noches bañaba de lágrimas la almohada.

Aquí las cosas son aún peores; en fin, ya lo sabes, y ahora he llegado al punto en que estampo un beso en mi colgante de oro, pienso en que nada ha de importarme todo el rollo ¡y me pongo a hacer planes de futuro!

tu Anne.

P.D.: Te habrá llamado la atención que a mamá por lo general le digo Mans o Mansa. Eso me lo he inventado para poder llamarla usando una palabra parecida a «mamá». Es como si dijésemos una mamá imperfecta, a la que me gustaría honrar cambiándole un poco las letras al nombre que le he puesto, pero que por suerte no es consciente del significado de su nombre.

tu Anne.

Sábado, 15 de ene. de 1944

Querida Kitty:

De nada sirve que te describa una y otra vez con todo detalle nuestras peleas y disputas. Me parece suficiente contarte que hay muchas cosas que ya no compartimos, como la manteca y la carne, con lo que ahora comemos nuestras propias patatas rehogadas y para la carne ya no tenemos que preguntarles a los Van Pels cómo la quieren, ni necesitamos controlar las ollas para imaginarnos los trozos desaparecidos. Hace algún tiempo que comemos un poco de pan de centeno extra, porque a eso de las cuatro ya estábamos todos esperando ansiosamente que llegara la hora de la comida y casi no podíamos controlar nuestros estómagos.

El cumpleaños de mamá se acerca a pasos agigantados. Kugler le ha regalado algo de azúcar extra, lo que ha suscitado la envidia de los Van Pels, ya que para el cumpleaños de la señora nos hemos saltado los regalos. Pero de qué serviría realmente aburrirte con palabras duras, llantos y conversaciones acres; basta con que sepas que a nosotros nos aburren aún más.

Mamá ha manifestado el deseo, por ahora irrealizable, de no tener que verle la cara al señor Van Pels durante quince días.

Me pregunto continuamente si uno siempre acaba enfadado con toda la gente con la que convive durante tanto tiempo. ¿O es que hemos tenido mucha mala suerte? Cuando Pfeffer, mientras estamos a la mesa, se sirve la cuarta parte de la salsa de carne que hay en media salsera, dejándonos a todos los demás sin salsa para comer, así como así, a mí se me quita el apetito, y me levantaría de la mesa para abalanzarme sobre él y echarlo de la habitación a empujones.

¿Acaso el género humano es tan tremendamente egoísta y avaro en su mayoría? El método de los Van Pels es: «Una vez que nosotros tenemos suficiente, les toca a los otros; nosotros lo mejor, nosotros primero, nosotros más». Pfeffer va un paso más allá: «Me sirvo de todo la cantidad que yo quiero, no me fijo si queda algo y les digo a todos que soy muy modesto». Me parece bien haber adquirido aquí un poquito de mundología, pero me parece que ya ha sido suficiente. Sea como sea, a la guerra no le importan nuestras rencillas o nuestros deseos de aire y libertad, y por lo tanto tenemos que tratar de que nuestra estancia aquí sea lo más placentera posible. Estoy sermoneando, pero es que creo que si sigo mucho más tiempo aquí encerrada, me convertiré en una vieja avinagrada. ¡Cuánto me gustaría poder seguir comportándome como una chica de mi edad!

tu <u>Anne.</u>

Sábado, 22 de ene. de <u>1944.</u>

Querida Kitty:

¿Serías capaz de decirme por qué la gente esconde con tanto recelo lo que tiene dentro? ¿Por qué será que cuando estoy en compañía me comporto de manera tan distinta de como debería hacerlo? ¿Por qué la gente se confía mutuamente tan pocas cosas? Sí, ya sé, algún motivo habrá, pero a veces me parece muy feo que en ninguna parte, aun entre los seres más queridos, una encuentre tan poca confianza.

Se me hace que desde aquella noche del sueño me he hecho mayor, que soy mucho más una persona por mí misma. Te sorprenderá mucho que te diga que hasta los Van Pels han pasado a ocupar un lugar distinto para mí. De repente, todas esas discusiones, disputas y demás, ya no las miro con la misma predisposición que antes. ¿Por qué será que estoy tan cambiada?

Verás, de repente pensé que si mamá fuera distinta, una verdadera madre, nuestra relación también habría sido muy pero que muy distinta. Naturalmente, es cierto que la señora Van Pels no es una mujer demasiado agradable, pero sin embargo pienso que si mamá no fuera una persona tan difícil de tratar cada vez que sale algún tema espinoso, la mitad de las peleas podrían haberse evitado. Y es que la señora Van Pels tiene un lado bueno: con ella siempre se puede hablar. Pese a todo su egoísmo, su avaricia y su hipocresía, es fácil convencerla de que ceda siempre que no se la irrite ni se le lleve la contraria. Esto no dura hasta la siguiente vez, pero si se es paciente, se puede volver a intentar y ver hasta dónde se llega.

Todas nuestras cuestiones relacionadas con la educación, con cómo nos consienten nuestros padres, con la comida: todo, absolutamente todo habría tomado otro cauce si se hubieran encarado las cosas de manera abierta y amistosa, en vez de ver siempre solo el lado malo de las cosas. Sé perfectamente lo que dirás, Kitty: «Pero, Anne, ¿son estas palabras realmente tuyas? ¡Tú, que has tenido que tragarte tantos reproches provenientes del piso de arriba, y que has sido testigo de tantas injusticias!».

En efecto, son palabras mías. Quiero volver a examinarlo todo a fondo, sin dejarme guiar por el refrán que dice «De tal palo tal astilla». Quiero analizar a los Van Pels por mí misma y ver qué hay de cierto y qué de exagerado. Si yo también acabo decepcionada, podré seguirles los pasos a papá y mamá; de lo contrario, tendré que tratar de quitarles de la cabeza en primer lugar la idea equivocada que tienen, y si no resulta, mantendré en alto de todos modos mi propia opinión y mi propio parecer.

Aprovecharé cualquier ocasión para hablar abiertamente con la señora sobre muchos puntos controvertidos, y a pesar de mi fama de sabihonda, no tendré miedo de decir mi opinión neutral.

Tendré que callarme lo que vaya en contra de los míos, pero a partir de ahora, el cotilleo por mi parte pertenece al pasado, aunque eso no significa que en algún momento dejaré de defenderlos contra quien sea. Hasta ahora estaba plenamente convencida de que toda la culpa de las peleas la tenían ellos, pero es cierto que gran parte de la culpa también la teníamos nosotros. Nosotros teníamos razón en lo que respecta a los temas, pero de las personas razonables (¡y creemos que lo somos!) se podía esperar un mejor criterio en cuanto a cómo tratar a las personas.

Espero haber adquirido una pizca de ese criterio y encontrar la ocasión de ponerlo buenamente en práctica.

tu Anne.

Lunes, 24 de ene. de 1944

Querida Kitty:

Me ha ocurrido algo —aunque en realidad no debería hablar de «ocurrir»— que a mí me parece muy curioso.

Antes, en el colegio y en casa, se hablaba de las cuestiones sexuales de manera o bien misteriosa, o bien repulsiva. Las palabras que hacían referencia al sexo se decían en voz baja, y si alguien no estaba enterado de algún asunto, a menudo se reían de él. Esto siempre me ha parecido extraño, y muchas veces me he preguntado por qué estas cosas se comentan susurrando o de modo desagradable. Pero como de todas formas no se podía cambiar nada, yo trataba de hablar lo menos posible al respecto o les pedía información a mis amigas. Cuando ya estaba enterada de bastantes cosas, mamá una vez me dijo:

—Anne, te voy a dar un consejo. Nunca hables del tema con los chicos y no contestes cuando ellos te hablen de él.

Recuerdo perfectamente cuál fue mi respuesta:

—¡No, claro que no, faltaría más!

Y ahí quedó todo.

Al principio de nuestra estancia en el escondite, papá a menudo me contaba cosas que habría preferido oír de boca de mamá, y el resto lo supe por los libros o por las conversaciones que oía. Peter van Pels nunca fue tan fastidioso en cuanto a estos temas como mis compañeros de colegio; al principio quizá alguna vez, pero nunca para hacerme hablar.

Ayer, cuando Margot, Peter y yo estábamos pelando patatas, la conversación derivó sola hacia Moffi.

—Seguimos sin saber de qué sexo es Moffi, ¿no? —pregunté.

—Sí que lo sabemos —contestó Peter—. Es macho.

Me eché a reír.

—¿Cómo puede ser macho si va a tener cría?

Peter y Margot también se rieron de lo gracioso de la equivocación. Y es que hacía unos dos meses Peter había comprobado que Moffi no tardaría en tener descendencia, porque se le estaba hinchando notablemente la panza. Pero la hinchazón resultó ser fruto del gran número de huesecillos que robaba, y las crías no siguieron creciendo, y nacer, menos todavía. Peter se vio obligado a defenderse de mis acusaciones:

—No —dijo—. Tú misma podrás verlo si vienes conmigo. Una vez, jugando con él, vi muy bien que era macho.

No fui capaz de contener mi curiosidad y bajé con él al almacén. Pero no era la hora de recibir visitas de Moffi, y no se le veía por ninguna parte. Esperamos un rato, nos entró frío y volvimos a subir todas las escaleras.

Un poco más avanzada la tarde, oí que Peter bajaba por segunda vez la escalera. Me envalentoné para recorrer sola el silencioso edificio y fui a parar al almacén. En la mesa de embalar estaba Moffi jugando con Peter, que justo lo estaba poniendo en la balanza para controlar su peso.

—¡Hola! ¿Quieres verlo?

Sin mayores preparativos, cogió al animal y, manteniéndolo boca arriba por las patas y por la cabeza, comenzó la lección:

—Este es el genital masculino, estos son unos pelitos sueltos y ese es el culito.

El gato volvió a darse la vuelta y se quedó apoyado en sus cuatro botitas blancas.

A cualquier otro chico que me hubiera indicado el «genital masculino» no le habría vuelto a dirigir la palabra. Pero Peter siguió hablando como si nada sobre este tema siempre tan espinoso, sin segundas intenciones, y al final me tranquilizó, en el sentido de que a mí también me terminó pareciendo un tema normal.

Jugamos con Moffi, nos divertimos, charlamos y finalmente nos encaminamos hacia la puerta del amplio almacén.

—Yo la información siempre me la encuentro por casualidad en algún libro. ¿Tú no? —le pregunté.

—No hace falta. Yo les pregunto a mis padres. Ellos saben más que yo y tienen más experiencia.

Ya habíamos llegado a la escalera y me callé.

«Todo es posible», dijo el poeta. Te aseguro que con una chica jamás habría hablado del tema de un modo tan normal. También estoy segura de que mamá nunca se refería a esto cuando me prevenía de los chicos.

Pese a todo, anduve todo el día un tanto desorientada; cada vez que recordaba nuestra conversación, me parecía algo curiosa. Pero hay un aspecto en el que al menos he aprendido algo: también hay jóvenes, y nada menos que del otro sexo, que son capaces de conversar de forma natural y sin gastar bromas pesadas.

¿Les preguntará Peter realmente muchas cosas a sus padres? ¿Será en verdad tal como se mostró ayer?

En fin, ¡yo qué sé!

tu <u>Anne.</u>

Viernes, 28 de ene. de 1944.

Querida Kitty:

Últimamente he desarrollado una fuerte afición por los árboles y cuadros genealógicos de las casas reales y he llegado a la conclusión de que, una vez comenzada la investigación, hay que hurgar cada vez más en la antigüedad y así descubrir las cosas más interesantes.

Aunque pongo muchísimo esmero en el estudio de mis asignaturas del colegio y ya puedo seguir bastante bien las audiciones de la radio inglesa, todavía me paso muchos domingos seleccionando y ordenando mi gran colección de estrellas de cine, que ya está adquiriendo proporciones más que respetables. El señor Kugler me da una gran alegría todos los lunes, cuando me trae la revista *Cinema & Theater*. Aunque los menos mundanos de entre mis convecinos opinan que estos obsequios son un despilfarro y que con ellos se me malcría, se quedan sorprendidos una y otra vez por la exactitud con que, después de un año, recuerdo todos y cada uno de los nombres de las figuras que actúan en una determinada película. Los sábados, Bep, que a menudo pasa sus días libres en el cine en compañía de su novio, me comunica el título de la película que piensa ir a ver, y yo le nombro de un tirón tanto el reparto completo de protagonistas como las críticas publicadas.

No hace mucho, Mans dijo que más tarde no necesitaré ir al cine, ya que ya me sé de memoria los argumentos, los actores y las críticas.

Cuando un día aparezco con un nuevo peinado, todos me miran con cara de desaprobación, y puedo estar segura de que alguien me preguntará qué estrella de cine luce semejante *coiffure*. Si contesto que se trata de una creación personal, solo me creen a medias. En cuanto al peinado, solo se mantiene durante media hora, porque después me canso tanto de oír los juicios de rechazo, que corro al cuarto de baño a restaurar mi peinado de rizos habitual.

tu <u>Anne</u>.

Viernes, 28 de ene. de 1944.

Querida Kitty:

Esta mañana me preguntaba si no te sientes como una vaca que tiene que estar rumiando cada vez las mismas viejas noticias y que, harta de tan poca variedad de alimento, al final se pone a bostezar y desea en silencio que Anne le presente algo nuevo. Sé lo aburrida que debes de estar de mis repeticiones, pero imagínate lo harta que estoy yo de tantas viejas historias que siempre vuelven. Si el tema de conversación durante la comida no llega a ser la política o algún delicioso banquete, mamá o la señora no tardan en sacar a relucir sus eternas historias de cuando eran jóvenes, o Pfeffer se pone a disertar sobre el amplio vestuario de su mujer, o sobre hermosos caballos de carreras, botes de remo que hacen agua, niños que saben nadar a los cuatro años, dolores musculares o pacientes miedicas. Todo se reduce a que cuando alguno de los ocho abre la boca para contar algo, los otros siete ya saben cómo seguir contando la historia. Sabemos cómo terminan todos los chistes, y el único que se ríe de ellos es quien los cuenta. Los comentarios de las antiguas amas de casa sobre los distintos lecheros, tenderos y carniceros ya nos parecen del año de la pera; en la mesa han sido alabados o criticados millones de veces. Es imposible que una cosa conserve su frescura o lozanía cuando se convierte en tema de conversación de la Casa de atrás.

Todo esto sería soportable, si los adultos no tuvieran la manía de repetir diez veces las historias contadas por Kleiman, Jan o Miep, adornándolas cada vez con sus propias fantasías, de modo que a menudo debo darme un pellizco a mí misma bajo la mesa, para reprimirme y no indicarle al entusiasmado narrador el buen camino. Los menores, como por ejemplo Anne, bajo ningún concepto están autorizados a corregir a los mayores, sin importar las meteduras de pata o la medida en que estén faltando a la verdad o añadiendo cosas inventadas por ellos mismos.

Un tema al que a menudo hacen honor Kleiman y Jan es el de la clandestinidad. Saben muy bien que todo lo relativo a otra gente escondida o refugiada nos interesa sobremanera, y que nos solidarizamos sinceramente con los escondidos cuando son encontrados y deportados por los alemanes, de la misma manera que celebramos la liberación de los que han estado detenidos. Hablar de ocultos y escondidos se ha convertido en algo tan común como lo era antes poner las zapatillas de papá delante de la estufa. En Holanda hay muchas organizaciones clandestinas, tales como «Holanda libre», que falsifican documentos de identidad, dan dinero a quienes viven en la clandestinidad, preparan lugares para usar como escondite o dan trabajo a los jóvenes cristianos escondidos, y es admirable la labor noble y abnegada que realizan estas personas, que, a riesgo de sus propias vidas, ayudan y salvan a otros. El mejor ejemplo de ello creo que son nuestros propios protectores, que nos han ayudado hasta ahora a sobrellevar nuestra situación y, según espero, nos conducirán a buen puerto; de lo contrario, correrán la misma suerte que todos los perseguidos. Jamás les hemos oído hacer alusión a la molestia que seguramente les ocasionamos, ninguno de ellos se ha quejado jamás de la carga que representamos. Todos suben diariamente a visitarnos y hablan de negocios y política con los hombres; de comida y de los pesares de la guerra con las mujeres, y de libros y periódicos con los menores. En lo posible ponen buena cara, nos traen flores y regalos en los días de fiesta o cuando celebramos algún cumpleaños, y están siempre a nuestra disposición. Esto es algo que nunca debemos olvidar: mientras otros muestran su heroísmo en la guerra o frente a los alemanes, nuestros protectores lo hacen con su buen ánimo y el cariño que nos demuestran.

——

Circulan los rumores más disparatados, y sin embargo se refieren a hechos reales. Así, por ejemplo, el otro día Kleiman nos informó de que en la provincia de Güeldres se ha jugado un partido de fútbol entre un equipo formado exclusivamente por escondidos y otro por once policías nacionales. El ayuntamiento de Hilversum va a expedir nuevas tarjetas de identificación. Para que al gran número de escondidos también les toque su parte del racionamiento (las cartillas con los cupones para la compra de alimentos solo podrán adquirirse mostrando la tarjeta de identificación o al precio de *f* 60 cada una), las autoridades encargadas de expedirlas han citado a una hora determinada a todos los escondidos de los alrededores, para que puedan retirar sus tarjetas en una mesa aparte. Hay que andarse con muchísimo cuidado para que semejantes osadías no lleguen a oídos de los alemanes.

tu <u>Anne</u>.

Jueves, 3 de feb. de <u>1944</u>.

Querida Kitty:

En todo el país aumenta día a día el clima de invasión, y si estuvieras aquí, seguro que por un lado te impresionarían los preparativos igual que a mí, pero por el otro te reirías de nosotros por hacer tantos aspavientos, quién sabe si para nada.

Los periódicos no hacen más que escribir sobre la invasión y vuelven loca a la gente, publicando: «Si los ingleses llegan a desembarcar en Holanda, las autoridades alemanas deberán hacer todo lo posible para defender el país, llegando al extremo de inundarlo si fuera necesario». Junto a esta noticia imprimen mapas en los que aparecen sombreadas las zonas inundables de Holanda. Como entre ellas figura gran parte de Ámsterdam, lo primero que nos preguntamos fue qué hacer si las calles de la ciudad se llenan con un metro de agua.

Las respuestas a esta difícil pregunta fueron de lo más variadas:

—Como será imposible ir andando o montar en bicicleta, tendremos que ir vadeando por el agua estancada.

—Que no, que hay que tratar de nadar. Nos ponemos todos un gorro de baño y un bañador, y nadamos en lo posible bajo el agua, para que nadie se dé cuenta de que somos judíos.

—¡Pamplinas! Ya quisiera yo ver nadando a las mujeres, con las ratas mordiéndoles los pies. (Esto, naturalmente, lo dijo un hombre. ¡Ya veremos quién grita más cuando lo muerdan!).

—Ya no podremos abandonar la casa. El almacén se tambalea tanto que con una inundación así sin duda se desplomará.

—Bueno, bueno, basta ya de bromas. Tendremos que hacernos con un barquito.

—¿Para qué? Tengo una idea mucho mejor. Cada uno coge del desván de delante una caja de las de lactosa y un cucharón para remar.

—Pues yo iré en zancos. En mis años mozos era un campeón.

—A Jan Gies no le hacen falta. Se sube a su mujer al hombro, y así Miep tendrá zancos propios.

Supongo que te habrás hecho una idea, ¿verdad, Kit? Toda esta conversación es muy divertida, pero la realidad será muy distinta. Y no podía faltar la segunda pregunta con respecto a la invasión: ¿qué hacer si los alemanes deciden evacuar Ámsterdam?

—Irnos con ellos, disfrazándonos lo mejor que podamos.

—¡De ninguna manera salir a la calle! Lo único es quedarnos aquí. Los alemanes son capaces de llevarse a toda la población a Alemania, y una vez allí, dejar que se mueran.

—Claro, por supuesto, nos quedaremos aquí. Esto es lo más seguro. Trataremos de convencer a Kleiman para que se instale aquí con su familia. Conseguiremos una bolsa de virutas de madera y así podremos dormir en el suelo. Que Miep y Kleiman vayan trayendo mantas. Encargaremos más cereal, aparte de los treinta kilos que tenemos. Que Jan trate de conseguir más legumbres; nos quedan unos treinta kilos de judías y cinco kilos de guisantes. Sin contar las cincuenta latas de verdura. Mamá, ¿podrías contar los demás alimentos que aún nos quedan?

—Diez latas de pescado, cuarenta de leche, diez kilos de leche en polvo, tres botellas de aceite, cuatro tarros (de los de conserva) con mantequilla, cuatro tarros de carne, dos damajuanas de fresas, dos de frambuesas y grosellas, veinte de tomates, cinco kilos de avena en copos y cuatro kilos de arroz. Eso es todo.

—Las reservas parecen suficientes, pero si tienes en cuenta que con ellas también tenemos que alimentar a las visitas y que cada semana consumimos parte de ellas, no son tan enormes como parecen.

—Carbón y leña quedan bastante, y velas también. (Januká nos lo hemos saltado).

—Cosámonos todos unos bolsillos en la ropa, para que podamos llevarnos el dinero en caso de necesidad.

—Haremos listas de lo que haya que llevar primero si debemos huir, y por lo pronto… ¡a llenar las mochilas!

—Cuando llegue el momento pondremos dos vigías para que hagan guardia, uno en la buhardilla de delante y otro en la de atrás.

—¿Y qué hacemos con tantos alimentos, si luego no nos dan agua, gas ni electricidad?

—En ese caso tendremos que usar la estufa para guisar. Habrá que filtrar y hervir el agua. Limpiaremos unas damajuanas grandes para conservar agua en ellas. Además, nos quedan tres calderas de las de hacer conservas y una tina para usar como depósito de agua.

—Pediremos que nos traigan lo antes posible de la casa donde están guardados nuestra caja de la Cruz Roja, todos los abrigos de invierno, zapatos, coñac, agua de colonia y azúcar.

—También tenemos unas diez arrobas de patatas de invierno en el cuarto de las especias.

———

Estos son los comentarios que oigo todos los días, que si habrá invasión, que si no habrá invasión. Discusiones sobre pasar hambre, morir, bombas, mangueras de incendio, sacos de dormir, carnets de judíos, gases tóxicos, etcétera, etcétera. Nada de esto resulta demasiado alentador.

Un buen ejemplo de las claras advertencias de los señores de la casa es la siguiente conversación con Jan:

Los señores: Tenemos miedo de que los alemanes, cuando emprendan la retirada, se lleven consigo a toda la población.

Jan: Imposible. No tienen suficientes trenes a su disposición.

Los señores: ¿Trenes? ¿Se piensa usted que van a meter a los civiles en un coche? ¡De ninguna manera! El coche de San Fernando es lo único que les quedará. (*Per pedes apostolorum*, como suele decir Pfeffer).

Jan: Yo no me creo nada de eso. Lo ven ustedes todo demasiado negro. ¿Qué interés podrían tener los alemanes en llevarse a todos los civiles?

Los señores: ¿Acaso no sabe lo que ha dicho Goebbels? «Si tenemos que dimitir, a nuestras espaldas cerraremos las puertas de todos los territorios ocupados».

Jan: Se han dicho tantas cosas...

Los señores: ¿Se piensa usted que los alemanes son demasiado nobles o humanitarios como para hacer una cosa así? Lo que piensan es: «Si hemos de sucumbir, sucumbirán todos los que estén al alcance de nuestro poder».

Jan: Ustedes dirán lo que quieran, yo no me lo creo.

Los señores: Siempre la misma historia. Nadie quiere ver el peligro que lo rodea hasta que lo siente en su propio pellejo.

Jan: No saben ustedes nada a ciencia cierta. Todo son meras suposiciones.

Los señores: Pero si ya lo hemos vivido todo en nuestra propia carne, primero en Alemania y ahora aquí. Y además, ¿qué está pasando en Rusia?

Jan: Si dejamos fuera de consideración a los judíos, no creo que nadie sepa lo que está pasando en Rusia. Al igual que los alemanes, tanto los ingleses como los rusos exagerarán por hacer pura propaganda.

Los señores: Nada de eso. La radio inglesa siempre ha dicho la verdad. Y suponiendo que las noticias sean exageradas en un diez por ciento, los hechos siguen siendo horribles, porque no me va usted a negar que es un hecho que en Polonia y en Rusia están asesinando a millones de personas pacíficas o enviándolas a la cámara de gas, sin más ni más.

El resto de nuestras conversaciones me las reservaré. Me mantengo serena y no hago caso de todo este lío. He llegado al punto en que ya me da lo mismo morir que seguir viviendo. El mundo seguirá girando aunque yo no esté, y de cualquier forma no puedo oponer ninguna resistencia a los acontecimientos. Que sea lo que haya de ser, y por lo demás seguiré estudiando y esperando que todo acabe bien.

tu Anne.

Martes, 8 de feb. de 1944

Querida Kitty:

Como por lo visto atravieso en este momento un periodo de reflexión y dejo vagar mi mente por esto y aquello, mis pensamientos se han dirigido naturalmente hacia el matrimonio de papá y mamá. Me lo han presentado siempre como un matrimonio ideal. Sin una sola pelea, sin malas caras, perfecta armonía, etcétera, etcétera.

Sé unas cuantas cosas sobre el pasado de papá, y lo que no sé lo he imaginado; creo saber que se casó con mamá porque la consideraba apropiada para ocupar el lugar de su esposa. Debo decir que admiro a mamá por la manera en que ha ocupado ese lugar, y nunca, que yo sepa, se ha quejado ni ha tenido celos. No puede ser fácil para una esposa afectuosa saber que nunca será la primera en el corazón de su marido, y mamá lo sabía. Sin duda papá admiraba la actitud de mamá y pensaba que tenía un carácter excelente. ¿Por qué casarse con otra? Papá ya había dejado atrás su juventud, y sus ideales se habían esfumado. ¿En qué clase de matrimonio se ha convertido? No hay peleas ni discrepancias, pero no es precisamente un matrimonio ideal. Papá aprecia a mamá y la quiere, pero no con la clase de amor que yo concibo para un matrimonio. Acepta a mamá tal como es, se enfada a menudo pero dice lo menos posible, porque es consciente de los sacrificios que ella ha tenido que hacer. Papá no siempre le pide su opinión sobre el negocio, sobre otros asuntos, sobre la gente, sobre cualquier cosa. No le cuenta casi nada, porque sabe que ella es demasiado exagerada, demasiado crítica, y a menudo demasiado prejuiciosa. Papá no está enamorado. La besa como nos besa a nosotras. Nunca la pone como ejemplo, porque no puede. La mira en broma, o con expresión burlona, pero nunca con cariño. Es posible que el gran sacrificio que mamá ha hecho la haya convertido en una persona adusta y desagradable hacia quienes la rodean, pero eso con toda seguridad la apartará aún más del camino del amor, hará que despierte menos admiración, y un día papá, por fuerza, se dará cuenta de que si bien ella, en apariencia, nunca le ha exigido un amor total, en su interior ha estado desmoronándose lenta pero irremediablemente. Mamá lo quiere más que a nadie, y es duro ver que esa clase de amor no es correspondido.

———

Así pues, ¿debería sentir mucha más compasión por mamá? ¿Debería ayudarla? ¿Y a papá?… No puedo, siempre estoy imaginando a otra madre. Sencillamente no puedo. ¿Cómo voy a poder? Ella nunca me ha contado nada de sí misma, ni yo le he preguntado. ¿Qué sabemos ella y yo de nuestros respectivos pensamientos? No puedo hablar con ella; no puedo mirar afectuosamente esos fríos ojos suyos, no puedo. ¡Nunca! Si tuviera tan solo una de las cualidades que se supone que debe tener una madre comprensiva —ternura o simpatía o paciencia o *algo*—, seguiría intentando aproximarme

a ella. Pero en cuanto a querer a esta persona insensible, a este ser burlón...
cada día me resulta más y más imposible.

tu Anne.

Sábado, 12 de feb. de 1944.

Querida Kitty:
Hace sol, el cielo está de un azul profundo, hace una brisa deliciosa y yo
tengo unos enormes deseos de... ¡de todo! Deseos de hablar, de ser libre, de
ver a mis amigos, de estar sola. Tengo tantos deseos de... ¡de llorar! Siento
en mí una sensación como si fuera a estallar, y sé que llorar me aliviaría. Pero
no puedo. Estoy intranquila, voy de una habitación a la otra, respiro por la
rendija de una ventana cerrada, siento que mi corazón palpita como si me
dijera: «¡Cuándo cumplirás mis deseos!».
Creo que siento en mí la primavera, siento el despertar de la nueva estación, lo siento en el cuerpo y en el alma. Tengo que contenerme para comportarme de manera normal, estoy totalmente confusa, no sé qué leer, qué
escribir, qué hacer, solo sé que ardo en deseos...

tu Anne.

Lunes, 14 de feb. de 1944.

Querida Kitty:
El domingo por la noche estaban todos sentados alrededor de la radio,
menos Pim y yo, escuchando «Música inmortal de maestros alemanes». Pfeffer no dejaba de tocar los botones del aparato, lo que exasperaba a Peter y
también a los demás. Después de media hora de nervios contenidos, Peter,
un tanto irritado, le rogó a Pfeffer que dejara en paz los botones. Pfeffer le
contestó de lo más airado:
—Tú déjame a mí.
Peter se enfadó, se insolentó, el señor Van Pels le dio la razón y Pfeffer
tuvo que ceder. Eso fue todo.
El asunto en sí no tuvo demasiada trascendencia, pero parece que Peter se lo tomó muy a pecho; lo cierto es que esta mañana, cuando estaba
yo en el desván, buscando algo en el baúl de los libros, se me acercó y me
empezó a contar toda la historia. Yo no sabía nada; Peter se dio cuenta de
que había encontrado a una interlocutora interesada y atenta, y pareció
animarse.
—Bueno, ya sabes —me dijo—, yo nunca digo gran cosa, porque sé de
antemano que se me va a trabar la lengua. Tartamudeo, me pongo colorado
y lo que quiero decir me sale al revés, hasta que en un momento dado tengo

que callarme porque ya no encuentro las palabras. Ayer me pasó igual; quería decir algo completamente distinto, pero cuando me puse a hablar, me hice un lío y la verdad es que es algo horrible. Antes tenía una mala costumbre, que aun ahora me gustaría seguir poniendo en práctica: cuando me enfadaba con alguien, prefería darle unos buenos tortazos antes que ponerme a discutir con él. Ya sé que este método no lleva a ninguna parte, y por eso te admiro. Tú al menos no te lías al hablar, le dices a la gente lo que le tienes que decir y no eres nada tímida.

—Te equivocas de medio a medio —le contesté—. En la mayoría de los casos digo las cosas de un modo muy distinto del que me había propuesto, y entonces digo demasiadas cosas y hablo demasiado tiempo, y eso es un mal no menos terrible.

—Puede ser, pero sin embargo tienes la gran ventaja de que a ti nunca se te nota que eres tímida. No cambias de color ni te inmutas.

Esta última frase me hizo reír para mis adentros, pero quería que siguiera hablando sobre sí mismo con tranquilidad; no hice notar la gracia que me causaba, me senté en el suelo sobre un cojín, abrazando mis rodillas levantadas, y miré a Peter con atención.

Estoy muy contenta de que en casa haya otra persona a la que pueden darle los mismos ataques de furia que a mí. Se notaba que a Peter le hacía bien poder criticar a Pfeffer duramente, sin temor a que me chivara. Y a mí también me hacía sentirme muy bien, porque notaba una fuerte sensación de solidaridad, algo que antes solo había tenido con mis amigas.

tu Anne.

Jueves, 17 de feb. de 1944.

Querida Kitty:

El nimio asunto con Pfeffer trajo mucha cola, y todo únicamente por culpa suya.

El lunes al final de la tarde, Pfeffer se acercó a mamá con aire triunfal y le contó que, esa misma mañana, Peter le había preguntado si había pasado una buena noche, y había agregado que lamentaba lo ocurrido la noche del domingo y que lo del exabrupto no había ido tan en serio. Entonces Pfeffer había tranquilizado a Peter, asegurándole que él tampoco se lo había tomado tan a mal. Todo parecía acabar ahí.

Mamá me vino a mí con el cuento y yo, en secreto, me quedé muy sorprendida de que Peter, que estaba tan enfadado con Pfeffer, se hubiera rebajado de esa manera a pesar de todas sus afirmaciones.

No pude dejar de tantear a Peter al respecto, y por él me enteré enseguida de que Pfeffer había mentido. ¡Tendrías que haber visto la cara de Peter, era digna de fotografiar! En su cara se alternaban claramente la indignación por la mentira, la rabia, consultarme sobre lo que debía hacer, la intranquilidad y muchas cosas más.

En realidad, lamenté un poco haberme precipitado con mi pregunta, porque por la cara que puso me di cuenta que no lo dejaría ahí. Y efectivamente, mi sospecha se hizo realidad. Por la noche, tanto el señor como Peter tuvieron un acalorado altercado con Pfeffer, luego dos días de silencio y hoy todo el asunto ha pasado a la historia. ¡Felizmente!

Desde ayer hace un tiempo maravilloso fuera y me siento como nueva. Casi todas las mañanas subo al desván para purificar el aire viciado de la habitación que llevo en los pulmones. Desde mi rincón favorito en el suelo miré el cielo azul, el castaño sin hojas con sus ramas llenas de gotitas resplandecientes, las gaviotas y demás pájaros que en su vuelo rasante parecían de plata, y todo eso nos conmovió y nos sobrecogió a ambos tanto que ya no podíamos hablar. Él estaba de pie, con la cabeza apoyada contra un grueso travesaño, y yo estaba sentada. Respiramos el aire, miramos hacia fuera y sentimos que era algo que no había que interrumpir con palabras. Nos quedamos mirando hacia fuera un buen rato, y cuando se puso a cortar leña, supe que era un buen tipo. Subió la escalera de la buhardilla, yo lo seguí, y durante el cuarto de hora que estuvo cortando leña no dijimos palabra. Desde el lugar donde me había instalado me puse a observarlo, viendo cómo se esmeraba visiblemente para cortar bien la leña y mostrarme su fuerza. Pero también me asomé a la ventana abierta, y pude ver gran parte de Ámsterdam, y por encima de los tejados hasta el horizonte, que era de un color celeste tan claro que no se distinguía bien su línea.

«Mientras exista este sol y este cielo tan despejado, y pueda yo verlo —pensé—, no podré estar triste».

Para todo el que tiene miedo, está solo o se siente desdichado, el mejor remedio sin duda es salir al aire libre, a algún sitio donde poder estar totalmente solo, solo con el cielo, con la naturaleza y con Dios. Porque solo entonces, solo así se siente que todo es como debe ser y que Dios quiere que los hombres sean felices en la sencilla, aunque hermosa naturaleza.

Mientras todo esto exista, y creo que existirá siempre, sé que toda pena tiene consuelo, en cualquier circunstancia que sea. Y estoy convencida de que la naturaleza es capaz de paliar muchas cosas terribles, pese a todo el horror.

¡Ay!, quizá ya no falte tanto para poder compartir este sentimiento de felicidad avasallante con alguien que se tome las cosas de la misma manera que yo.

tu Anne.

Miércoles, 1 de marzo de
1944.

Querida Kitty:

Mis propias tribulaciones se han escondido en un segundo plano porque… ¡han entrado ladrones! Ya estarás aburrida de mis historias de ladrones, pero ¿qué culpa tengo yo de que a los señores ladrones les dé tanto gusto honrar a Gies & Co. con su visita? Esta vez, el asunto fue más complicado que la vez anterior, en julio del año pasado.

Anoche, cuando el señor Van Pels se dirigió a las siete y media al despacho de Kugler como de costumbre, vio que la puerta de paso de cristal y la puerta del despacho estaban abiertas, lo que le sorprendió. Siguió andando y se fue sorprendiendo cada vez más, al ver que también estaban abiertas las puertas del cuartito intermedio y que en la oficina de delante había un tremendo desorden.

—Por aquí ha pasado un ladrón —se le pasó por la cabeza, y para tener certeza inmediata al respecto, bajó la escalera, fue hasta la puerta de entrada y palpó la cerradura: todo estaba cerrado—. Entonces, esta tarde tanto Bep como Peter habrán sido muy descuidados —supuso.

Se quedó un rato en el despacho de Kugler, apagó la luz, subió al piso de arriba y no se preocupó demasiado ni por las puertas abiertas ni por el desorden que había en la oficina de delante.

Pero esta mañana temprano, Peter llamó a la puerta de nuestra habitación y nos contó la no tan agradable noticia de que la puerta de entrada estaba abierta de par en par, y también que del armario empotrado habían desaparecido el proyector y el maletín nuevo de Kugler. Le ordenaron a Peter que cerrara la puerta; Van Pels relató sus experiencias de la noche anterior y a nosotros nos entró una gran intranquilidad.

La única explicación posible para toda esta historia es que el ladrón debe de tener una copia de la llave de la puerta, porque la cerradura no había sido forzada en lo más mínimo. Debe de haber entrado al edificio sigilosamente al final de la tarde. Cerró la puerta tras de sí, Van Pels lo interrumpió, el ladrón se escondió hasta que Van Pels se fue, y luego se escapó llevándose el botín y dejando la puerta abierta, con las prisas.

Es un misterio. ¿Quién puede tener la llave de la puerta? ¿Por qué el ladrón no fue al almacén? ¿Acaso el ladrón será uno de nuestros propios mozos del almacén, y no nos delatará, ahora que seguramente ha oído y quizá hasta visto a Van Pels?

Estamos todos muy asustados, porque no sabemos si al susodicho se le ocurrirá abrir otra vez la puerta. ¿O acaso se habrá asustado él de que hubiera un hombre dando vueltas por aquí?

tu Anne.

P.D.: Si acaso pudieras recomendarnos un buen detective, te lo agradeceríamos mucho. Naturalmente, se requiere discreción absoluta en materia de escondites.

tu Anne.

Martes, 7 de mar. de 1944.

Querida Kitty:

Cuando me pongo a pensar en la vida que llevaba en 1942, me parece una irrealidad. Esa vida la vivía una Anne muy distinta de la que educan en la Casa de atrás. Visto desde aquí, nuestra casa del Merry parece haber sido maravillosa, muchos amigos y amigas, consentida por papá y mamá, muchos dulces, dinero suficiente... ¿qué más se podía pedir?

Seguro que te preguntarás de qué manera me ganaba la simpatía de la gente. No era mi encanto personal, de ninguna manera; eran mis respuestas, mis ocurrencias, mi ojo crítico y mi buen humor. No había más. Me encantaba coquetear y era coqueta, y a veces divertida. Tenía algunas ventajas por las que me ganaba el favor de los que me rodeaban: mi esmero y mi sinceridad. Nunca le habría negado a nadie, fuera quien fuera, que en clase copiara de mí, siempre admitía mis errores y no era engreída en absoluto. Sin embargo, ¿a la larga no lo habría sido? ¿Esa vida no me habría vuelto temeraria? Aún ha habido suerte, y es que en medio de todo aquello, en el punto culminante de la fiesta, volviera de repente a la realidad, y ha tenido que pasar más de un año para que me acostumbrara a que ya nadie me demuestra su admiración.

Veo a esa Anne como si fuera una niña graciosa, pero muy superficial, que ya no tiene nada que ver conmigo. Peter tenía razón cuando ha dicho de mí: «Siempre que te veía, estabas rodeada de dos o más chicos y un grupo de chicas. Siempre te reías y eras el centro de la atención». ¿Qué es lo que ha quedado de aquella chica? Ya sé que he conservado mis risas y mi manera de responder, y que aún no he olvidado cómo criticar a la gente, e incluso lo hago mejor que antes, y que puedo coquetear... si quiero. Ahí está el busilis: una noche, un par de días, una semana me gustaría volver a vivir así, aparentemente despreocupada y alegre. Pero al final de esa semana estaría muerta de cansancio y al primero que se le ocurriera hablarme de algo interesante le estaría enormemente agradecida.

No quiero admiradores, sino amigos, no quiero que se maravillen por mi sonrisa lisonjera, sino por mi manera de actuar y mi carácter. Sé muy bien que en ese caso el círculo de personas en torno a mí se reduciría bastante, pero ¿qué importaría que no me quedaran sino unas pocas personas? Pocas, pero sinceras.

Pese a todo, en 1942 tampoco era enteramente feliz: eso es imposible. A menudo me sentía abandonada, pero como estaba ocupada de la mañana a la noche, no me detenía a pensar y me divertía todo lo que podía.

Ahora examino mi propia vida y me doy cuenta de que al menos una fase ha concluido irreversiblemente: la edad escolar, tan libre de preocupaciones y problemas, que nunca volverá. Ya ni siquiera la echo mucho en falta: la he superado. Ya no puedo hacer solamente tonterías; una pequeña parte en mí siempre conserva su seriedad.

Veo mi vida placentera hasta el Año Nuevo de 1944 como bajo una lupa muy potente. En casa, la vida con mucho sol; luego aquí, en 1942, el cambio tan repentino, las peleas, las recriminaciones; no lograba entenderlo, me había cogido por sorpresa, y la única postura que supe adoptar fue la de ser insolente. La primera mitad de 1943, los accesos de llanto, la soledad, el ir dándome cuenta paulatinamente de todos mis fallos y defectos, que son muy grandes y que parecían ser el doble de grandes. De día hablaba y hablaba cambiando siempre de tema, intentaba atraer a Pim hacia mí, pero sin resultado, me encontraba sola ante la difícil tarea de hacerme a mí misma de tal forma que ya no me hicieran esos reproches que tanto me oprimían y desalentaban. En la segunda mitad de ese año las cosas mejoraron un poco. Dejé de ser tan niña, me empezaron a ver más como a una adulta. Comencé a pensar, a escribir cuentos, y llegué a la conclusión de que los demás ya no tenían nada que ver conmigo, que no tenían derecho a empujarme de un lado para otro como si fuera el péndulo de un reloj; quería reformarme a mí misma según mi propia voluntad. Comprendí que me podía pasar sin mamá, de manera total y absoluta, lo que me dolió, pero algo que me afectó mucho más fue darme cuenta de que papá nunca llegaría a ser mi confidente. No confiaba en nadie más que en mí misma.

Después de Año Nuevo el segundo gran cambio: mi sueño... con el que descubrí mis enormes deseos de conseguir todas cosas hermosas y buenas.

Y por las noches, cuando acabo mis rezos pronunciando las palabras «Te doy las gracias por todas las cosas buenas, queridas y hermosas», oigo gritos de júbilo dentro de mí, porque pienso en esas cosas buenas, como nuestro escondite, mi buena salud y todo mi ser, en lo querido de lo que algún día llegará, ese amor, el futuro, la dicha, y en las cosas hermosas, que se refieren al mundo. El mundo, la naturaleza y la gran belleza de todas, todas las cosas hermosas juntas.

En esos momentos no pienso en la desgracia, sino en todas las cosas bellas que aún quedan. Ahí está gran parte de la diferencia entre mamá y yo. El consejo que ella da para combatir la melancolía es: «Piensa en toda la desgracia que hay en el mundo y alégrate de que no te pase a ti». Mi consejo es: «Sal fuera, a los prados, a la naturaleza y al sol. Sal fuera y trata de reencontrar la felicidad en ti misma; piensa en todas las cosas bellas que hay dentro de ti y a tu alrededor, y sé feliz».

En mi opinión, la frase de mamá no tiene validez, porque ¿qué se supone que tienes que hacer cuando esa desgracia sí te pasa? Entonces, estás perdida. Por otra parte, creo que toda desgracia va acompañada de alguna cosa bella, y si te fijas en ella, descubres cada vez más alegría y encuentras un mayor equilibrio. Y el que es feliz hace feliz a los demás; el que tiene valor y fe nunca estará sumido en la desgracia.

tu Anne M. Frank.

Domingo, 12 de marzo de 1944.

Querida Kitty:

Últimamente estoy hecha un culo de mal asiento. Voy de abajo al piso de arriba y vuelta abajo. Me gusta mucho hablar con Peter, pero siempre tengo miedo de molestarlo. Me ha contado algunas cosas sobre su vida de antes, sobre sus padres y sobre sí mismo. Yo con eso no tengo suficiente y cada cinco minutos me pregunto cómo se me ocurre pedir más. A él yo antes le parecía insoportable, lo que era una cosa recíproca; ahora yo he cambiado de opinión, entonces ¿también él habrá cambiado de opinión? Supongo que sí, pero eso no implica que tengamos que ser grandes amigos, aunque para mí eso haría mucho más soportable toda esta historia de estar escondida. Pero no me engaño; me ocupo bastante de él y no tengo por qué aburrirte a la vez que a mí, porque la verdad es que ando bastante desanimada. El sábado por la tarde, después de escuchar una ristra de noticias tristes de fuera, estaba tan hecha polvo que me eché en el diván para dormir un rato. Solo quería dormir, para no pensar.

Dormí hasta las cuatro de la tarde, y entonces tuve que ir a la habitación. Me resultó muy difícil responder a todas las preguntas de mamá y encontrar una excusa para explicarle a papá por qué había dormido. Como pretexto dije que tenía dolor de cabeza, con lo que no mentí, puesto que de verdad lo tenía… ¡por dentro!

La gente normal, las chicas normales, las adolescentes como yo, dirán que ya basta de tanta autocompasión, pero ahí está el quid de la cuestión: yo a ti te cuento todo lo que me pesa en el corazón, y el resto del día me muestro de lo más atrevida, alegre y segura de mí misma, con tal de evitar cualquier pregunta y de no enfadarme conmigo misma por dentro.

Margot es muy buena conmigo y quisiera ser mi confidente; sin embargo, yo no puedo contarle todas mis cosas. Es buena y amorosa y bonita, pero le falta desenvoltura para hablar de cosas más profundas. Me toma en serio, demasiado en serio, y reflexiona mucho sobre su hermanita loca, me mira con ojos inquisitivos cuando le cuento algo y siempre se pregunta: «¿Me lo dice en serio o me lo dice por decir?». Todo tiene que ver con que estamos siempre juntas y con que yo no soportaría tener a mi confidente siempre a mi lado.

¿Cuándo saldré de esta maraña de pensamientos? ¿Cuándo volverá a haber paz y tranquilidad dentro de mí?

tu Anne.

Martes, 14 de mar. de 1944.

Querida Kitty:

Te parecerá divertido —para mí no lo es en absoluto— saber cómo comeremos hoy. En estos momentos, dado que abajo está trabajando la asistenta, estoy sentada junto a la mesa con el hule de los Van Pels, tapándome la nariz y la boca con un pañuelo impregnado de un exquisito perfume de antes de escondernos. Supongo que no entenderás nada, de modo que empezaré por el principio.

Como a nuestros proveedores de cupones se los han llevado los alemanes, ya no tenemos cupones ni manteca; solo nos quedan nuestras cinco cartillas de racionamiento clandestinas. Como Miep y Kleiman están otra vez enfermos, Bep no puede salir a hacer la compra, y como hay un ambiente muy triste, la comida también lo es. A partir de mañana ya no habrá nada de manteca, mantequilla ni margarina. Ya no desayunamos patatas rehogadas (por ahorrar pan), sino papilla de avena, y como la señora teme que nos muramos de hambre, hemos comprado una cantidad extra de leche entera. La comida caliente de hoy consiste en un guiso de patatas y col rizada de conserva. De ahí las medidas preventivas con el pañuelo. ¡Es increíble el olor que despide la col rizada, que seguramente ya lleva varios años en conserva! La habitación huele a una mezcla de ciruelas en descomposición, conservante amargo y huevos podridos. ¡Qué asco! La sola idea de que tendré que comerme esa porquería me da náuseas.

A ello hay que sumarle que nuestras patatas han sufrido unas enfermedades tan extrañas que de cada dos cubos de tubérculos, uno va a parar a la estufa. Nos divertimos tratando de determinar con exactitud las distintas enfermedades que tienen, y hemos llegado a la conclusión de que se van turnando el cáncer, la viruela y el sarampión. Entre paréntesis, no es ninguna bicoca tener que estar escondidos en este cuarto año de guerra. ¡Ojalá que toda esta porquería se acabe pronto!

A decir verdad, lo de la comida me importaría poco, si al menos otras cosas aquí fueran más placenteras. Ahí está el quid de la cuestión: esta vida tan aburrida nos tiene fastidiados a todos. Te enumero la opinión de cinco escondidos adultos sobre la situación actual (los menores no pueden opinar, algo a lo que por una vez me he atenido):

La señora Van Pels.

«La tarea de reina de la cocina hace rato que no tiene ningún aliciente para mí. Pero como me aburre estar sentada sin hacer nada, me pongo otra vez a cocinar. Y sin embargo me quejo: cocinar sin manteca es imposible, me marean los malos olores. Y luego me pagan con ingratitud y con gritos todos mis esfuerzos, siempre soy la oveja negra, de todo me echan la culpa. Por otra parte, mi parecer es que la guerra no adelanta mucho, los alemanes al final se harán con la victoria. Tengo mucho miedo de que nos muramos de hambre y despotrico contra todo el mundo cuando estoy de mal humor».

El señor Van Pels.

«Necesito fumar, fumar y fumar, y así la comida, la política, el mal humor de Kerli y todo lo demás no es tan grave. Kerli es una buena mujer.

»Si no me dan nada que fumar, me pongo malo, y además quiero comer carne, y además vivimos muy mal, nada está bien y seguro que acabaremos tirándonos los trastos a la cabeza. ¡Vaya una estúpida que está hecha esta Kerli mía!».

La señora Frank.

«La comida no es tan importante, pero ahora mismo me gustaría comer una rebanada de pan de centeno, porque tengo mucha hambre. Yo, en el lugar de la señora Van Pels, le habría puesto coto hace rato a esa eterna manía de fumar del señor. Pero ahora me urge fumar un cigarrillo, porque tengo la cabeza que está a punto de estallar.

»Los Van Pels son una gente horrible. Los ingleses cometen muchos errores, pero la guerra va adelantando; necesito hablar, y alegrarme de no estar en Polonia».

El señor Frank.

«Todo está bien, no me hace falta nada. Sin prisas, que tenemos tiempo. Dadme mis patatas y me conformo. Hay que guardar parte de mi ración para Bep. La política sigue un curso estupendo, soy muy optimista».

El señor Pfeffer.

«Tengo que escribir mi cuota diaria, acabar todo a tiempo. La política va viento en poopa, es im-po-sii-ble que nos descubrran. ¡Yo, yo y yo...!».

tu Anne.

Jueves, 23 de
marzo de 1944.

Querida Kitty:

Aquí todo marcha nuevamente sobre ruedas. A nuestros proveedores de cupones los han soltado de la cárcel, ¡por suerte!

Ayer volvió Miep. Hoy le ha tocado a su marido meterse en el sobre: tiene escalofríos y fiebre, los consabidos síntomas de la gripe. Bep está mejor, aunque la tos aún no se le ha quitado; Kleiman todavía tendrá que quedarse en casa bastante tiempo.

Ayer se estrelló un avión cerca de aquí. Los ocupantes se salvaron saltando a tiempo en paracaídas. El aparato fue a parar a un colegio donde no había niños. Un pequeño incendio y algunos muertos fueron las consecuencias del episodio. Los alemanes dispararon con ensañamiento a los aviadores mientras bajaban, los amsterdameses que lo vieron soltaron bufidos de rabia por un acto tan cobarde. Nosotras, las mujeres de la casa, nos asustamos de lo lindo. ¡Puaj, cómo odio los tiros!

Últimamente subo mucho a la habitación de Peter por las noches a respirar algo del aire fresco nocturno. En una habitación a oscuras se puede conversar como Dios manda, mucho más que cuando el sol te hace cosquillas en la cara. Es un gusto estar sentada arriba a su lado delante de la ventana y mirar hacia fuera. Van Pels y Pfeffer me gastan bromas pesadas cuando desaparezco en la habitación de Peter. «La segunda patria de Anne», dicen, o «¿Corresponde a un caballero recibir la visita de una joven tan tarde por la noche, en la oscuridad?». Peter tiene una presencia de ánimo sorprendente cuando nos hacen esos comentarios supuestamente graciosos. Por otra parte, mamá es bastante curiosa y le encantaría preguntarme de qué temas hablamos, si no fuera porque secretamente tiene miedo a un rechazo por mi parte. Peter dice que lo que pasa es que los mayores nos tienen envidia porque somos jóvenes y no hacemos caso de sus comentarios ponzoñosos. A veces viene abajo a buscarme, pero eso también es muy penoso, porque pese a todas las medidas preventivas se pone colorado como un tomate y se le traba la lengua. ¡Qué suerte que yo nunca me pongo colorada! Debe de ser una sensación muy desagradable. Por lo demás, me sabe muy mal que mientras yo estoy arriba gozando de buena compañía, Margot esté abajo sola. Pero ¿qué ganamos con cambiarlo? A mí no me importa que venga arriba con nosotros, pero es que sobraría y no se sentiría cómoda.

Todo el día me hacen comentarios sobre nuestra repentina amistad, y te prometo que durante la comida ya se ha dicho no sé cuántas veces que tendremos que casarnos en la Casa de atrás, si la guerra llega a durar cinco años más. Y a nosotros, ¿qué nos importan esas habladurías de los viejos? De cualquier manera no mucho, porque son una bobada. ¿Acaso también mis padres se han olvidado de que han sido jóvenes? Al parecer sí; al menos, siempre nos toman en serio cuando les gastamos una broma, y se ríen de nosotros cuando hablamos en serio.

tu Anne.

Jueves, 16 de mar. de 1944.

Querida Kitty:

¡Pfff…! ¡Al fin! He venido a descansar después de oír tantas historias tristes sobre los de la oficina. Lo único que andan diciendo es: «Si pasa esto o aquello, nos veremos en dificultades, y si también se enferma aquella, estaremos solos en el mundo, que si esto, que si aquello…». En fin, el resto ya puedes imaginártelo; al menos supongo que conoces a los de la Casa de atrás lo bastante como para adivinar sus conversaciones.

El motivo de tanto «que si esto, que si aquello» es que al señor Kugler le ha llegado una citación para ir seis días a cavar, que Bep está más que acatarrada y probablemente se tendrá que quedar en su casa mañana, que a

Miep todavía no se le ha pasado la gripe y que Kleiman ha tenido una hemorragia estomacal con pérdida del conocimiento. ¡Una verdadera lista de tragedias para nosotros!

Lo primero que tiene que hacer Kugler según nosotros es consultar a un médico de confianza, pedir que le dé un buen certificado y presentarlo en el ayuntamiento de Hilversum. A la gente del almacén le han dado un día de asueto mañana, así que Bep estará sola en la oficina. Si (¡otro «si»!) Bep se llegara a quedar en su casa, la puerta de entrada al edificio permanecerá cerrada, y nosotros deberemos guardar absoluto silencio, para que no nos oiga Keg, y Jan vendrá al mediodía a visitar a los pobres desamparados durante media hora, haciendo las veces de cuidador de parque zoológico, como si dijéramos. Hoy, por primera vez después de mucho tiempo, Jan nos ha estado contando algunas cosas del gran mundo exterior. Tenías que habernos visto a los ocho sentados en corro a su alrededor, parecía una imagen de los hermanos Grimm: «Los cuentos de la abuelita». Jan habló y habló ante un público ávido, en primer lugar sobre la comida, por supuesto. La señora Pf., una conocida de Miep, cocina para él. Esta señora, después de mucho insistir, logró que el verdulero le vendiera tres zanahorias. Anteayer le hizo zanahorias con guisantes, ayer se tuvo que comer los restos de anteayer, hoy le hace guisantes grises, y mañana un guiso con las zanahorias que hayan sobrado.

Le preguntamos por el médico de Miep.

—¿Médico? —preguntó Jan—. ¿Qué queréis de él? Esta mañana lo llamé por teléfono, me atendió una de esas asistentas de la consulta, le pedí una receta para la gripe y me contestó que para las recetas hay que pasarse de ocho a nueve de la mañana. Si tienes una gripe muy fuerte, puedes pedir que se ponga al aparato el propio médico, y te dice: «Saque la lengua, diga "Aaa". Ya veo, tiene la garganta irritada. Le daré una receta, para que se pase por la farmacia. ¡Buenos días!».

Y sanseacabó. Atendiendo solo por teléfono, ¡así cualquiera tiene una consulta! Pero no les reprochemos nada a los médicos, que al fin y al cabo también ellos solo tienen dos manos, y en los tiempos que corren los pacientes abundan y los médicos escasean. De todos modos, a todos nos hizo mucha gracia cuando Jan reprodujo la conversación telefónica. Me imagino cómo será la consulta de un médico hoy en día. Ya no desprecian a los enfermos del seguro de enfermedad, sino a los que no padecen nada, y piensan: «Y usted, ¿qué es lo que viene a hacer aquí? ¡A la cola, que primero se atiende a los enfermos de gravedad!».

tu Anne.

Viernes, 17 de marzo de 1944.

Queridísima Kitty:
Todo vuelve a estar bien. Kugler ha sido absuelto por el consejo superior. Bep le ha dado un toquecito de atención a su nariz y le ha prohibido terminantemente que hoy la molestara. La Casa de atrás respira aliviada.

tu Anne.

*Lunes, 27 de marzo de
1944.*

Querida Kitty:
En nuestra historia de escondidos escrita, no debería faltar un extenso capítulo sobre política, pero como el tema no me interesa tanto, no le he prestado demasiada atención. Por eso, hoy dedicaré una carta entera a la política. Es natural que existan muchas opiniones distintas al respecto, y es aún más lógico que en estos tiempos difíciles de guerra se hable mucho del asunto, pero... ¡es francamente estúpido que todos se peleen tanto por ella! Que apuesten, que se rían, que digan palabrotas, que se quejen, que hagan lo que les venga en gana y que se pudran si quieren, pero que no se peleen, porque eso por lo general acaba mal. La gente que viene de fuera nos trae muchas noticias que no son ciertas; sin embargo, nuestra radio hasta ahora nunca ha mentido. En el plano político, los ánimos de todos (Jan, Miep, Kleiman, Bep y Kugler) van para arriba y para abajo, los de Jan algo menos que los de los demás.

Aquí, en la Casa de atrás, el ambiente en lo que a política se refiere es siempre el mismo. Los múltiples debates sobre la invasión, los bombardeos aéreos, los discursos, etcétera, etcétera, van acompañados de un sinnúmero de exclamaciones, tales como «¡Im-po-sii-ble! ¡Por el amor de Dios, si todavía no han empezado, adónde irremos a parrar! ¡Todo va viento en poopa, es-tu-penn-do, ex-ce-lenn-te!».

Optimistas y pesimistas, sin olvidar sobre todo a los realistas, manifiestan su opinión con inagotable energía, y como suele suceder en todos estos casos, cada cual cree que solo él tiene razón. A cierta señora le irrita la confianza sin igual que les tiene a los ingleses su señor marido, y cierto señor ataca a su señora esposa a raíz de los comentarios burlones y despreciativos de esta respecto de su querida nación.

Y así sucesivamente, de la mañana a la noche, y lo mejor es que nunca se aburren. He descubierto algo que funciona a las mil maravillas: es como si pincharas a alguien con alfileres, haciéndole pegar un bote. Exactamente así funciona mi descubrimiento. Ponte a hablar sobre política, y a la primera pregunta, la primera palabra, la primera frase... ¡ya ha metido baza toda la familia!

Como si las noticias del frente alemanas y de la BBC inglesa no fueran suficientes, hace algunos días han empezado a transmitir un «aviso de las posiciones aéreas». Estupendo, en una palabra; pero la otra cara de la moneda muchas veces también decepciona. Los ingleses han hecho de su arma aérea una empresa de régimen continuo, que solo se puede comparar con las mentiras alemanas, que son ídem de ídem.

O sea, que la radio se enciende ya a las ocho de la mañana (si no más temprano) y se la escucha cada hora, hasta las nueve, las diez o muchas veces incluso las once de la noche. Esta es la prueba más clara de que los adultos tienen paciencia y un cerebro de difícil acceso (algunos de ellos, naturalmente; no quisiera ofender a nadie). Con una sola emisión, o dos a lo sumo, nosotros ya tendríamos bastante para todo el día, pero esos viejos gansos… en fin, que ya lo he dicho.

El programa para los trabajadores, Radio Oranje, Frank Philips o su majestad la reina Guillermina, a todos les llega su turno y a todos se les sigue con atención; si no están comiendo o durmiendo, es que están sentados alrededor de la radio y hablan de comida, de dormir o de política. ¡Uf!, es una lata, y si no nos cuidamos nos convertiremos todos en unos viejos aburridos. Aunque esto a los mayores ya no les afecta…

Para dar un ejemplo edificante, el discurso de nuestro muy querido Winston Churchill resulta ideal.

Nueve de la noche del domingo. La tetera en la mesa, debajo del cubreteteras. Entran los invitados. Pfeffer se sienta junto a la radio, a la izquierda. El señor delante, y Peter a su lado; mamá junto al señor, la señora detrás, Margot y yo detrás del todo y Pim se sienta a la mesa. Me parece que no te he descrito muy claramente dónde se ha sentado cada uno, pero nuestros sitios tampoco importan tanto. Los señores fuman sin parar, los ojos de Peter se cierran por el esfuerzo que hace al escuchar, mamá en negligé largo, oscuro, y la señora no hace más que temblar de miedo a causa de los aviones, que no hacen caso del discurso y enfilan alegremente hacia Essen. Papá bebe té a sorbos, Margot y yo estamos fraternalmente unidas por Mouschi, que ha acaparado una rodilla de cada una para dormir. Margot se ha puesto rulos, yo llevo un camisón demasiado pequeño, corto y ceñido.

La escena parece íntima, armoniosa, pacífica, y por esta vez lo es, pero yo espero con el corazón en un puño las consecuencias que traerá el discurso.

Y es que casi no pueden esperar hasta el final, se mueren de impaciencia por ver si habrá pelea o no. ¡Chis, chis!, como un gato que está al acecho de un ratón, todos se azuzan mutuamente hasta acabar en riñas y disputas.

tu Anne.

Miércoles, 29 de marzo de 1944.

Querida Kitty:

Anoche, por Radio Oranje, el ministro Bolkestein dijo que después de la guerra se hará una recolección de diarios y cartas relativos a la guerra. Por supuesto que todos se abalanzaron sobre mi diario.

¡Imagínate lo interesante que sería editar una novela sobre la Casa de atrás! El título daría a pensar que se trata de una novela de detectives. Pero hablemos en serio. Seguro que diez años después de que haya acabado la guerra, resultará gracioso que contemos cómo hemos vivido, comido y hablado ocho judíos escondidos. Pero si bien es cierto que te cuento bastantes cosas sobre nosotros, solo conoces una pequeña parte de nuestras vidas.

El miedo que tenemos las mujeres cuando hay bombardeos, por ejemplo el domingo, cuando trescientos cincuenta aviones ingleses tiraron media tonelada de bombas sobre IJmuiden, haciendo temblar las casas como la hierba el viento; la cantidad de epidemias que se han desatado. De todas estas cosas tú no sabes nada, y yo tendría que pasarme el día escribiendo si quisiera contártelo todo y con todo detalle. La gente hace cola para comprar verdura y miles de artículos más; los médicos no pueden ir a asistir a los enfermos porque cada dos por tres les roban el vehículo; son tantos los robos y hurtos que hay, que te preguntas si a los holandeses les ha picado un bicho, pues de pronto les ha dado por robar tanto. Niños de ocho y once años rompen las ventanas de las casas y entran a desvalijarlas. Nadie se atreve a dejar su casa más de cinco minutos, porque si te vas, desaparecen todas tus cosas. Todos los días salen avisos en los periódicos ofreciendo recompensas por la devolución de máquinas de escribir, alfombras persas, relojes eléctricos, telas, etcétera robados. Los relojes eléctricos callejeros los desarman todos, y a los teléfonos de las cabinas no les dejan ni los cables. El ambiente entre la población no puede ser bueno; todo el mundo tiene hambre, la ración semanal no alcanza ni para dos días, salvo en el caso del sucedáneo del café. La invasión se hace esperar, a los hombres se los llevan a Alemania a trabajar, los niños caen enfermos o están desnutridos, todo el mundo tiene la ropa y los zapatos en mal estado.

Una suela cuesta *f* 7,50 en el mercado negro. Además, la mayoría de los zapateros no acepta clientes nuevos, o hay que esperar cuatro meses para que te arreglen los zapatos, que entretanto muchas veces han desaparecido.

Hay una cosa buena en todo esto, y es que el sabotaje contra el Gobierno aumenta a medida que la calidad de los alimentos empeora y las medidas contra la población se hacen más severas. El servicio encargado del racionamiento, la policía, los funcionarios, todos cooperan para ayudar a sus conciudadanos, o bien los delatan para que vayan a parar a la cárcel. Por suerte, solo un pequeño porcentaje de la población holandesa colabora con el bando contrario.

tu Anne.

Entrada en el diario relativa al 20 de junio de 1942

Introducción

Anne Frank escribió dos veces en hojas sueltas la entrada relativa al 20 de junio de 1942 al comienzo de su diario: una vez de modo exhaustivo y otra vez de manera breve. El primer intento forma parte de la versión B y ha venido publicándose desde la edición original holandesa del *Diario* («La Casa de atrás»), de 1947. El segundo, que se reproduce a continuación, fue descubierto a finales de la década de 1990* e incluido en la edición del NIOD de 2001 a cargo de David Barnouw y Gerrold van der Stroom.

En letra manuscrita de Anne, ocupa dos páginas.

Al mismo tiempo, resultó que Anne había escrito un largo párrafo de la entrada correspondiente al 8 de febrero de 1944 no solo en la primera versión de su diario —la versión A—, sino que también lo reescribió en tres hojas sueltas previamente desconocidas de su versión B. Este texto fue publicado asimismo por el NIOD en 2001 con el permiso del Fondo Anne Frank, de Basilea, e integra desde entonces la versión D del *Diario*.

Es una sensación muy nueva y extraña para mí escribir un diario. Hasta ahora nunca lo he hecho, y si tuviera una buena amiga a la que contarle todo lo que me pesa en el corazón, no se me habría ocurrido comprarme un grueso cuaderno de tapas duras y llenarlo ahora de tonterías que más tarde ya no interesarán a nadie. Pero ya que me lo he comprado, perseveraré y me encargaré de que después de un mes no acabe en un rincón olvidado, y también cuidaré que no caiga en manos de nadie. Puede que Papá, mamá y Margot sean muy buenos y que también pueda contarles muchas cosas, pero mi

---

* Véase Melissa Müller, *Das Mädchen Anne Frank. Biografie.* Múnich, 1998; edición ampliada: Frankfurt del Meno, 2013; [ediciones españolas: «La joven Ana Frank, la biografía», Barcelona, 2001, y «Ana Frank, la biografía», Barcelona, 2015].

diario y los secretos de mis amigas no les incumben. Para imaginarme todavía más que tengo una amiga, una amiga de verdad que comparta mis aficiones y entienda mis preocupaciones, no mantendré al día mi diario sin más,
sino que dirigiré mis cartas a la amiga imaginaria Kitty.

¡Adelante, pues!

Árbol genealógico de la familia Frank

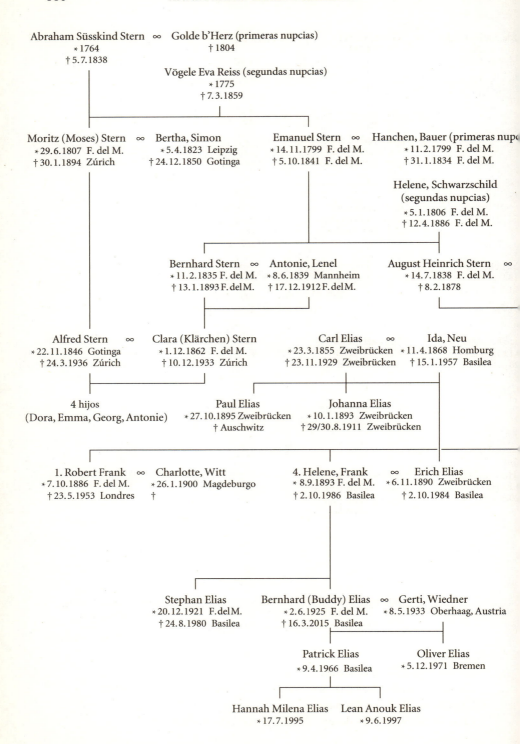

Abraham Süsskind Stern ∞ Golde b'Herz (primeras nupcias)
*1764   †1804
†5.7.1838

Vögele Eva Reiss (segundas nupcias)
*1775
†7.3.1859

Moritz (Moses) Stern ∞ Bertha, Simon   Emanuel Stern ∞ Hanchen, Bauer (primeras nup
*29.6.1807 F. del M.   *5.4.1823 Leipzig   *14.11.1799 F. del M.   *11.2.1799 F. del M.
†30.1.1894 Zúrich   †24.12.1850 Gotinga   †5.10.1841 F. del M.   †31.1.1834 F. del M.

Helene, Schwarzschild
(segundas nupcias)
*5.1.1806 F. del M.
†12.4.1886 F. del M.

Bernhard Stern ∞ Antonie, Lenel   August Heinrich Stern ∞
*11.2.1835 F. del M.   *8.6.1839 Mannheim   *14.7.1838 F. del M.
†13.1.1893 F. del M.   †17.12.1912 F. del M. †8.2.1878

Alfred Stern ∞ Clara (Klärchen) Stern   Carl Elias ∞ Ida, Neu
*22.11.1846 Gotinga   *1.12.1862 F. del M.   *23.3.1855 Zweibrücken *11.4.1868 Homburg
†24.3.1936 Zúrich   †10.12.1933 Zúrich   †23.11.1929 Zweibrücken †15.1.1957 Basilea

4 hijos   Paul Elias   Johanna Elias
(Dora, Emma, Georg, Antonie)   *27.10.1895 Zweibrücken   *10.1.1893 Zweibrücken
                               †Auschwitz   †29/30.8.1911 Zweibrücken

1. Robert Frank ∞ Charlotte, Witt   4. Helene, Frank ∞ Erich Elias
*7.10.1886 F. del M.   *26.1.1900 Magdeburgo   *8.9.1893 F. del M.   *6.11.1890 Zweibrücken
†23.5.1953 Londres   †   †2.10.1986 Basilea   †2.10.1984 Basilea

Stephan Elias   Bernhard (Buddy) Elias ∞ Gerti, Wiedner
*20.12.1921 F. del M.   *2.6.1925 F. del M.   *8.5.1933 Oberhaag, Austria
†24.8.1980 Basilea   †16.3.2015 Basilea

Patrick Elias   Oliver Elias
*9.4.1966 Basilea   *5.12.1971 Bremen

Hannah Milena Elias   Lean Anouk Elias
*17.7.1995   *9.6.1997

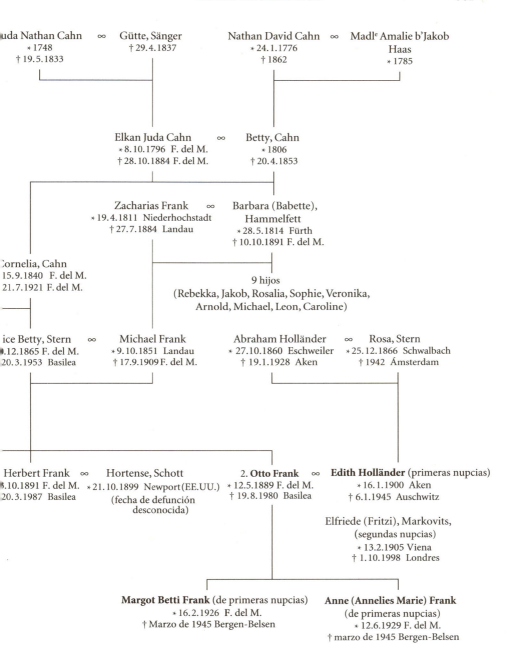

uda Nathan Cahn ∞ Gütte, Sänger   Nathan David Cahn ∞ Madle Amalie b'Jakob
   * 1748   † 29.4.1837   * 24.1.1776   Haas
   † 19.5.1833   † 1862   * 1785

Elkan Juda Cahn ∞ Betty, Cahn
   * 8.10.1796 F. del M.   * 1806
   † 28.10.1884 F. del M.   † 20.4.1853

Zacharias Frank ∞ Barbara (Babette),
   * 19.4.1811 Niederhochstadt   Hammelfett
   † 27.7.1884 Landau   * 28.5.1814 Fürth
                                     † 10.10.1891 F. del M.

Cornelia, Cahn
15.9.1840 F. del M.
21.7.1921 F. del M.

9 hijos
(Rebekka, Jakob, Rosalia, Sophie, Veronika,
Arnold, Michael, Leon, Caroline)

ice Betty, Stern ∞ Michael Frank   Abraham Holländer ∞ Rosa, Stern
.12.1865 F. del M.   * 9.10.1851 Landau   * 27.10.1860 Eschweiler   * 25.12.1866 Schwalbach
20.3.1953 Basilea   † 17.9.1909 F. del M.   † 19.1.1928 Aken   † 1942 Ámsterdam

Herbert Frank ∞ Hortense, Schott   2. **Otto Frank** ∞ **Edith Holländer** (primeras nupcias)
.10.1891 F. del M.   * 21.10.1899 Newport (EE.UU.)   * 12.5.1889 F. del M.   * 16.1.1900 Aken
20.3.1987 Basilea   (fecha de defunción   † 19.8.1980 Basilea   † 6.1.1945 Auschwitz
                       desconocida)

Elfriede (Fritzi), Markovits,
(segundas nupcias)
* 13.2.1905 Viena
† 1.10.1998 Londres

Margot Betti Frank (de primeras nupcias)   **Anne (Annelies Marie) Frank**
   * 16.2.1926 F. del M.   (de primeras nupcias)
   † Marzo de 1945 Bergen-Belsen   * 12.6.1929 F. del M.
                                                       † marzo de 1945 Bergen-Belsen

Este árbol genealógico no pretende ser exhaustivo.
Agradecimientos a Alice Frank-Schulman (París), Edith Oppenheimer († 2008),
Lotti Thyes y Wolf von Wolzogen.
La abreviatura «F. del M.» designa la ciudad de Frankfurt del Meno.

Cronología

12 de junio de 1929	Annelies Marie Frank, llamada Anne, nace en Frankfurt. Sus padres son Otto Frank, nacido en 1889, y Edith Frank, nacida en 1900. Su hermana Margot había nacido el 16 de febrero de 1926.
1931	Los Frank se mudan de Marbachweg 307 a la calle Ganghoferstrasse.
30 de enero de 1933	Toma del poder por parte de Adolf Hitler.
marzo de 1933	Los Frank se mudan a la casa de Alice Frank en la Mertonstrasse.
septiembre de 1933	Otto Frank se muda a Ámsterdam, mientras que Edith se instala un par de meses en casa de su madre en Aquisgrán con las dos niñas.
diciembre de 1933	Edith y Margot Frank llegan a Ámsterdam, al piso de la plaza Merwedeplein 37.
febrero de 1934	Llegada de Anne Frank a Ámsterdam.
1 de septiembre de 1939	Comienzo de la Segunda Guerra Mundial con la invasión alemana de Polonia.
10 de mayo de 1940	Las tropas alemanas invaden los Países Bajos.
14 de mayo de 1940	Capitulación de los Países Bajos.

20 de enero de 1942	Durante la conferencia de Wannsee se decide proceder a la «solución final» del problema judío.
mayo de 1942	Introducción de la estrella judía en los Países Bajos.
12 de junio de 1942	Con ocasión de su decimotercer cumpleaños, a Anne Frank le regalan un diario de tapas a cuadros rojos y blancos. Comienza a escribir en él.
5 de julio de 1942	Margot Frank recibe una citación para presentarse al «servicio de trabajo en el este».
6 de julio de 1942	Otto y Edith Frank se esconden con sus hijas Anne y Margot en el refugio instalado en la «Casa de atrás» de Prinsengracht 263.
13 de julio de 1942	Auguste y Hermann van Pels también se esconden en la Casa de atrás con su hijo Peter.
16 de noviembre de 1942	Fritz Pfeffer se esconde en la Casa de atrás.
10 de julio de 1943	Desembarco de las tropas aliadas en Sicilia.
6 de junio de 1944	Desembarco de las tropas aliadas en Normandía.
4 de agosto de 1944	Detención de los ocho escondidos y sus protectores Victor Kugler y Johannes Kleiman.
8 o 9 de agosto de 1944	Los ocho escondidos son conducidos al campo de tránsito de Westerbork.
3 de septiembre de 1944	Integrando el último traslado que parte de Westerbork, los ocho escondidos son deportados a Auschwitz, adonde llegan el 6 de septiembre. Edith, Margot y Anne Frank van a parar al campo de mujeres de Auschwitz-Birkenau.

septiembre de 1944	Hermann van Pels es asesinado en las cámaras de gas de Auschwitz nada más llegar. La fecha de defunción de su mujer Auguste se desconoce.
fines de octubre/principios de noviembre de 1944	Anne y Margot son trasladadas al campo de concentración de Bergen-Belsen.
20 de diciembre de 1944	Fritz Pfeffer muere en el campo de concentración de Neuengamme.
6 de enero de 1945	Edith Frank muere en el campo de concentración de Auschwitz-Birkenau.
27 de enero de 1945	Liberación del campo de concentración de Auschwitz por el Ejército Rojo. Otto Frank es uno de los supervivientes.
fines de febrero/principios de marzo de 1945	Margot y Anne mueren a causa del tifus en el campo de Bergen-Belsen.
5 de mayo de 1945	Peter van Pels muere en el campo de concentración de Mauthausen después de haber sobrevivido a una «marcha de evacuación» desde el campo de concentración de Auschwitz.
8 de mayo de 1945	Fin de la Segunda Guerra Mundial.
1947	El diario de Anne Frank (versión C) se publica en neerlandés bajo el título de *Het Achterhuis* (La Casa de atrás).
19 de agosto de 1980	Otto Frank fallece en Birsfelden (Suiza).
1986	El Instituto de Documentación de Guerra de los Países Bajos publica la edición académica bajo el título de *De dagboeken van Anne Frank* (Los diarios de Anne Frank); versiones A, B y C.

1991	Bajo el título de *Het Achterhuis* (La Casa de atrás) se publica la edición ampliada del diario, compilada por Otto Frank y Mirjam Pressler (versión D).
noviembre de 2013	Por primera vez se publica una edición de las obras completas de Anne Frank.

Bibliografía abreviada

Ediciones de texto

De Dagboeken van Anne Frank (Los diarios de Anne Frank). Introducción de David Barnouw, Harry Paape y Gerrold van der Stroom. Ámsterdam, 1986 (7.ª edición corregida y ampliada, Ámsterdam, 2004). (versiones A, B y C)

Het Achterhuis. Dagboekbrieven 12 juni 1942-1 augustus 1944. (La Casa de atrás. Diario epistolar, 12 de junio de 1942 - 1 de agosto de 1944). Compilado por Otto Frank y Mirjam Pressler. Ámsterdam, 1991 (63.ª edición revisada, Ámsterdam, 2013). (versión D) [edición española: *Diario*, Barcelona, 1983].

Anne Frank. Verhaaltjes en gebeurtenissen uit het Achterhuis/Cady's leven (Anne Frank. Pequeñas historias y episodios de la Casa de atrás/ La vida de Cady). Redacción a cargo de Gerrold van der Stroom. Ámsterdam, 2001. [edición española: *Cuentos del escondite secreto*, Barcelona, 2000].

Mooie-zinnenboek (Libro de frases bonitas). Redacción a cargo de Gerrold van der Stroom. Ámsterdam, 2004.

Sobre Anne Frank

Anne Frank 75. Compilación de charlas y conferencias con ocasión del 75.º natalicio de Anne Frank. Ámsterdam, 2004.

Barnouw, David, *Anne Frank voor beginners en gevorderden* (Anne Frank para principiantes y avanzados), La Haya, 1989.

—, *Het fenomeen Anne Frank* (El fenómeno Anne Frank), Ámsterdam, 2012.

— y Gerrold van der Stroom, *Wie verraadde Anne Frank?* (¿Quién delató a Anne Frank?), Ámsterdam, 2003.

Bloom, Harold (ed.), *A scholarly look at The Diary of Anne Frank* (Una mirada académica al Diario de Anne Frank), Filadelfia, 1999.

Costa, Denise da, *Anne Frank & Etty Hillesum*, Ámsterdam, 1996.

Coster, Theo, *Klasgenoten van Anne Frank* (Compañeros de clase de Anne Frank), Ámsterdam, 2009.

Enzer, Hyman A. y Sandra Solotaroff-Enzer (red.), *Anne Frank. Reflections on Her Life and Legacy* (Anne Frank. Reflexiones sobre su vida y su legado), Chicago, 2000.

Funnekotter, Bart, *Anne Frank in een notendop* (Anne Frank en cuatro palabras), Ámsterdam, 2011.

Gies, Miep y Alison Leslie Gold, *Anne Frank Remembered. The Story of the Woman Who Helped to Hide the Frank Family*, Nueva York, 1987 [Hay trad. española: *Mis recuerdos de Ana Frank. El relato de la mujer que ayudó a la familia Frank a esconderse y salvó el Diario de Ana*, Barcelona, 1987].

Graver, Lawrence, *An Obsession with Anne Frank. Meyer Levin and the Diary* (Una obsesión con Anne Frank. Meyer Levin y el Diario), Berkeley (etc.), 1997.

Heyl, Matthias, *Anne Frank*, Reinbek, 2002.

Kirshenblatt-Gimblett, Barbara y Jeffrey Shandler, *Anne Frank Unbound. Media. Imagination. Memory* (Anne Frank sin encuadernar. Medios. Imaginación. Memoria), Bloomington, 2012.

Lans, Jos van der y Herman Vuijsje, *Het Anne Frank Huis. Een biografie* (La Casa de Anne Frank. Una biografía), Ámsterdam, 2010.

Lee, Carol Ann, *Roses from the Earth: The Biography of Anne Frank*, Londres, 2000; [Hay trad. española: *Biografía de Ana Frank 1929-1945*, Barcelona, 1999]. Edición ampliada: *Anne Frank: 1929-1945. Het leven van een jong meisje. De definitieve biografie* (La vida de una joven. La biografía definitiva), Ámsterdam, 2009.

—, *The Hidden Life of Otto Frank* (La vida oculta de Otto Frank), Londres, 2002.

Maarsen, Jaqueline van, *Anne en Jopie. Leven met Anne Frank* (Anne y Jopie. Vivir con Anne Frank). Ámsterdam, 1990.

—, *Ik heet Anne, zei ze, Anne Frank*, Ámsterdam, 2003; [Hay trad. española: *Me llamo Ana, dijo, Ana Frank*, Madrid, 2015].

—, *De erflaters. Herinneringen van de jeugdvriendin van Anne Frank* (Los legatarios. Recuerdos de la amiga de la infancia de Anne Frank), Ámsterdam, 2004.

Melnick, Ralph, *The Stolen Legacy of Anne Frank. Lillian Hellman, and the Staging of the Diary* (El legado robado de Anne Frank. Lillian Hellman y la escenificación del *Diario*), New Haven/Londres, 1997.

Müller, Melissa, *Das Mädchen Anne Frank. Biografie*. Múnich, 1998; edición ampliada, Frankfurt del Meno, 2013; [Hay trad. españolas: *La joven Ana Frank, la biografía*, Barcelona, 2001, y *Ana Frank, la biografía*, Barcelona, 2015].

Polak, Bob, *Naar buiten, lucht en lachen. Een literaire wandeling door het Amsterdam van Anne Frank* (Salir fuera, aire y risas. Un paseo literario por la Ámsterdam de Anne Frank), Ámsterdam, 2006.

Pressler, Mirjam, *Ich sehne mich so. Die Lebensgeschichte der Anne Frank*, Weinheim, 1992; [Hay trad. española: *¿Quién era Ana Frank?* Barcelona, 2001].

—, *»Grüße und Küsse an alle«. Die Geschichte der Familie von Anne Frank* (con Gerti Elias). Frankfurt del Meno, 2009; [Hay trad. española: *Saludos y besos: La extraordinaria historia de la familia de Ana Frank*, Barcelona, 2010].

Prose, Francine, *Anne Frank. The Book, the Life, the Afterlife* (Anne Frank. Su libro, su vida, su vida después de la muerte), Nueva York, 2009.

Rensman, Eva, *De Anne Frank Stichting en haar lessen uit de Tweede Wereldoorlog 1957-1994* (La Fundación Anne Frank y sus lecciones de la Segunda Guerra Mundial 1957-1994), Utrecht, 1995.

Rittner, Carol Ann (ed.), *Anne Frank in the World: essays and reflections* (Anne Frank en el mundo: ensayos y reflexiones), Armonk, 1998.

Schnabel, Ernst, *Anne Frank. Spur eines Kindes. Ein Bericht* (Tras las huellas de una niña. Un informe), Frankfurt del Meno, 1997.

Schroth, Simone, *Das Tagebuch. The Diary. Le Journal. Anne Franks Het Achterhuis als Gegenstand eines kritischen Übersetzungsvergleichs* (El diario de Anne Frank como objeto de una comparación crítica de la traducción), Münster, 2006.

Siems, Marion, *Erläuterungen und Dokumente zu Anne Frank: Tagebuch* (Anotaciones y documentos sobre el diario de Anne Frank), Stuttgart, 2003.

Steenmeijer, Anna G., (red.), *Weerklank van Anne Frank* (Resonancia de Anne Frank), Ámsterdam, 1970.

Stehn, Jürgen y Wolf von Wolzogen (red.), *Anne aus Frankfurt. Leben und Lebenswelt der Anne Frank* (Anne de Frankfurt. Vida y mundo vital de Anne Frank), Frankfurt del Meno, 1990.

Stroom, Gerrold van der, (red.), *De vele gezichten van Anne Frank. Visies op een fenomeen* (Las múltiples caras de Anne Frank. Visiones sobre un fenómeno), Ámsterdam, 2003.

—, 'Anne Frank, een miskend literair fenomeen' (Anne Frank, un fenómeno literario ignorado), en: *de Volkskrant*, 15 de noviembre de 2004.

Ulrich, Hans, *Wie was Anne Frank?* (¿Quién era Anne Frank?), Laren, 2011.

Weiss Wilson, Cara, *Dear Cara: Letters from Otto Frank* (Querida Cara: cartas de Otto Frank), Sandwich, 2001.

Zee, Nanda van der, *De kamergenoot van Anne Frank* (La compañera de habitación de Anne Frank), Ámsterdam, 1990.

Nota editorial

La presente edición contiene todos los escritos de Ana Frank que los compiladores han conseguido localizar. En 1991, Mirjam Pressler completó, por encargo del Fondo Anne Frank, de Basilea (Suiza), la versión C del diario —compilada por Otto Frank en 1947— mediante la incorporación de numerosos textos procedentes de las versiones A y B del manuscrito original. La edición de Pressler, denominada versión D, es la más completa y está considerada como el texto estándar del diario. Por ese motivo, se decidió publicar esta versión del diario al principio de las obras completas e incluir las versiones A y B como anexos. Estas dos últimas versiones del diario, que no estaban disponibles hasta ahora por separado para el público en general como textos continuos, pueden compararse hoy fácilmente con la versión D en esta edición. La versión C se ha obviado, puesto que ha sido reemplazada por la versión D hace ya cierto tiempo.

De las cartas que Anne Frank escribió durante su infancia a su familia en Suiza, solo unas pocas se habían publicado hasta la fecha. Atestiguan, por un lado, sus lazos de unión con la familia y muestran al mismo tiempo [en la edición original neerlandesa] cómo pasa a utilizar gradualmente el neerlandés en lugar de su lengua materna, el alemán. En la presente edición se publican todas íntegramente por primera vez.

También el llamado «Libro de Egipto» se publica aquí por vez primera. En el cuaderno correspondiente, Anne pegó imágenes recortadas de la colección *Kunst in Beeld*, copiando los textos alusivos y, en algunos casos, reformulándolos con sus propias palabras.

Esta edición contiene asimismo el «Libro de frases bonitas», en el que Anne copiaba textos de libros que le habían llamado la atención, «Historias y episodios de la Casa de atrás», la novela en ciernes «La vida de Cady», los otros cuentos y los poemas que Anne Frank escribió en los álbumes recordatorios de sus amigas.

Salvo que se indique lo contrario, la presente edición sigue al pie de la letra los manuscritos de Anne Frank. Los errores de ortografía, puntuación, gramática y uso de mayúsculas se han corregido en gran medida tácitamente y se han adaptado al uso contemporáneo para facilitar en lo posible la lectura. Debido a que Anne escribió sus cartas y tarjetas postales en parte siendo aún muy joven, y debido también a que, por su propia naturaleza, su redacción tiene un carácter más fugaz, presentan un número relativamente elevado de esa clase de imperfecciones.

La forma de fechar las entradas de la versión D del diario y en las historias, las cartas y el Libro de frases bonitas se ha normalizado. Las abreviaturas utilizadas por Anne se reflejan con todas sus letras. A fin de limitar el número de notas a pie de página, algunos datos explicativos se han insertado entre corchetes en el mismo texto.

Las versiones A y B del diario y la entrada del 20 de junio de 1942 recogidas en los Anexos se reproducen exactamente de acuerdo con los manuscritos originales (incluidos algunos errores de redacción y similares), como ya se ha hecho en la edición académica del NIOD. Sin embargo, en esta ocasión se publican los nombres completos de las personas que Anne describió en su diario y que en la publicación del NIOD se sustituyeron por iniciales escogidas al azar por razones de privacidad.

Colaboradores de la presente edición

Mirjam Pressler (1940-2019) cursó estudios en la Escuela Superior de Bellas Artes de Frankfurt del Meno y se dedicó a la escritura y la traducción. Escribió unos cuarenta libros y obtuvo numerosos premios. Pressler tradujo al alemán tanto el diario de Anne Frank, como la correspondiente edición académica. Asimismo, escribió una biografía de Anne Frank (*Ich sehne mich so. Die Lebensgeschichte der Anne Frank.* Weinheim, 1992) [edición española: *¿Quién era Ana Frank?* Barcelona, 2001] y, junto con Gerti Elias, la historia de la familia Frank („ *Grüße und Küsse an alle".* *Die Geschichte der Familie von Anne Frank*, Frankfurt del Meno, 2009) [edición española: *Saludos y besos: La extraordinaria historia de la familia de Ana Frank*, Barcelona, 2010].

Gerhard Hirschfeld (1946) es catedrático de la facultad de Historia de la Universidad de Stuttgart. Hasta 2011 fue director en esa entidad de la Biblioteca de Historia Contemporánea. Uno de sus ámbitos de investigación son los Países Bajos durante la ocupación alemana. Hirschfeld es miembro del comité académico del NIOD (Instituto de Estudios de Guerra, Holocausto y Genocidio) de Ámsterdam y autor, entre otros textos, de *Bezetting en collaboratie: Nederland tijdens de oorlogsjaren* (Ocupación y colaboracionismo: Los Países Bajos durante los años de guerra, Haarlem, 1991).

Francine Prose (1947) es escritora y crítica literaria. Es catedrática invitada del Bard College en el estado de Nueva York y fue, en 2007 y 2008, presidenta del PEN America. Publica con regularidad en *The New York Times* y en *The Atlantic*. Es autora, entre otros libros, de *Anne Frank. The Book, the Life, the Afterlife* (Anne Frank. Su libro, su vida, su vida después de la muerte, Nueva York, 2009).

Diego J. Puls (1956) es licenciado en Traductología por la Universidad de Ámsterdam. Ha traducido obras emblemáticas de la literatura neerlandesa, como *Delicias turcas*, de Jan Wolkers, *La fragata Johanna Maria*, de Arthur van Schendel, *Una confesión póstuma*, de Marcellus Emants, y *Carácter*, de Ferdinand Bordewijk, así como poesía de varias decenas de autores neerlandeses y flamencos por encargo de, entre otros, los Fondos de las Letras de los Países Bajos y de Flandes, Poetry International y la Fundación Carlos de Amberes. En 2010, el Fondo de las Letras de los Países Bajos le concedió el Premio al Traductor como Intermediario Cultural.

ANNE FRANK FONDS®

FOUNDED BY OTTO FRANK

El Fondo Anne Frank (*Anne Frank Fonds*, AFF), de Basilea (Suiza), fue fundado en 1963 por Otto Frank y es su heredero universal, también por lo que respecta a los derechos de autor del patrimonio en papel de su familia. El AFF es una fundación sin ánimo de lucro con arreglo al derecho suizo. Los beneficios de la venta de libros y licencias se destinan a organizaciones benéficas y proyectos educativos alrededor del mundo. El AFF trabaja en estrecha colaboración con UNICEF, centrándose en programas de formación y de información sobre los derechos del niño.